《当代中国人物传记》丛书

书名题字：张 震

《粟裕传》编写组 著

当代中国出版社
Contemporary China Publishing House

图书在版编目(CIP)数据

粟裕传/《粟裕传》编写组著.—北京：当代中国出版社，2007.7（2025.1重印）

ISBN 978-7-80092-921-2

Ⅰ.粟… Ⅱ.粟… Ⅲ.粟裕（1907~1984）—传记 Ⅳ.K825.2

中国版本图书馆 CIP 数据核字（2007）第 101938 号

出 版 人	蔡继辉
策划编辑	陈德仁
责任编辑	陈 莎 周显亮
责任校对	王小芸
印制监制	刘艳平
装帧设计	北京华子图文设计公司
出版发行	当代中国出版社
地 址	北京市地安门西大街旌勇里 8 号
网 址	http://www.ddzg.net
邮政编码	100009
编 辑 部	（010）66572180
市 场 部	（010）66572281 66572157
印 刷	北京润田金辉印刷有限公司
开 本	720 毫米×1060 毫米 1/16
印 张	41 印张 4 插页 846 千字
版 次	2012 年 1 月第 3 版
印 次	2025 年 1 月第 12 次印刷
定 价	148.00 元

版权所有，翻版必究；如有印装质量问题，请拨打（010）66572159 联系出版部调换。

《粟裕传》编写组

组　　长　朱　楹
成　　员　温镜湖　熊铮彦　杜魁元

出 版 说 明

1982年,中共中央书记处讨论通过、中共中央宣传部发文布置在全国范围内编写出版《当代中国》丛书。根据编写计划,《当代中国》丛书依内容共分为五类,人物传记是其中之一。由于人物传记涉及方方面面,情况繁杂,且编写时间长,1991年人物传记从《当代中国》丛书中分立出来,确定为《当代中国人物传记》丛书。

《当代中国人物传记》丛书编辑委员会在丛书第1版总序中说:

"二十世纪的中国,是一个风云际会、英杰辈出的时代。正是伟大的时代造就出灿若群星的历史伟人;也正是历史伟人们艰苦卓绝的奋斗历程和忘我建树的光辉业绩,才能充分地体现着潮流之所趋、人心之所向,才最深刻最生动地反映着奔腾前进的伟大时代。他们一生的业绩,恰恰构成了从旧中国到新中国这一旷古未有的历史性大变革的缩影。正因为这样,修撰作为中华人民共和国缔造者的一代杰出历史人物的传记,其意义自是远远超越记述个人身世的范围。这套传记丛书,无疑应当看作是,当代中国千百万爱国志士、革命先驱的杰出代表用毕生的血和汗谱写出的挽救祖国、振兴中华的可歌可泣的历史画卷,它将是永远矗立于世世代代人民心中的革命丰碑。《当代中国人物传记》丛书中的每一部传记,都可读作当代中国的救国史,中华人民共和国的开国史、建国史;每一部传记都可读作结束中国苦难危亡命运的革命史,披荆斩棘建设社会主义的奠基史、创业史。"

"《当代中国人物传记》丛书,首批编撰的是中华人民共和国建国时期的开国元勋和各方面的最杰出人士的传记。这批传记的主人公将包括:党和国家的主要领导人(其中毛泽东、周恩来、刘少奇、朱德、邓小平、陈云的传记,将由中共中央文献研究室编写、出版)、人民军队中功勋卓著的元帅、参与新中国创建大业的各民主党派的领导人和各方面的著名爱国人士、贡献突出的著名科学家、文学家和艺术家,以及为中国民主革命事业和社会主义事业做出重大贡献的国际主义战士,等等。毫无疑问,他们既是当代中国最卓越的代表,同时也是彪炳千秋青史的历史巨人。当然,如同一切历史人物一样,我们时代的杰出代表也不可能不受到历史条件的限制,也必然会具有这样那样的弱点、短处,一生中也不免会发生这样那样的某些过失。但是,所有这些,当如日月之蚀,堂堂正正公之于众亦无损于他们形象的光辉。他们为中华民族创建的功业,他们的革命精神、高尚情操,他们的鸿才睿智、嘉言懿行,无不震古铄今,垂范后世。这是中华民族一份永远值得倍加珍摄的宝贵精神财富。"

"愿人们从这部《当代中国人物传记》丛书中,以这些历史人物的光辉业绩为典范,学习他们的革命献身精神、爱国主义情操和坚定的社会主义信念,为中华民族的历史伟业做出更大的贡献。"

我社有幸承担了《当代中国人物传记》丛书的编辑出版工作,自1991年以来陆续出版了一批中华人民共和国开国元勋的传记,获得很好的社会影响。我们将继续按照丛书的编辑出版方针,把《当代中国人物传记》丛书编辑出版工作做好,以飨读者。

书中图片绝大部分为本书编写组提供,因时间仓促等,有的图片未能注明著作权,特致歉。请相应著作权人知晓后,与当代中国出版社总编室联系(电话:010-66572131),以便我们再版时准确署名及支付稿酬。

当代中国出版社
2021年11月

粟　裕（摄于1980年）

目 录

第一章 湘西育英才 ………………………………………………… 1
　一、毛泽东笑问粟裕：你是少数民族吧？ …………………… 1
　二、地主家的少爷偏偏和长工结成要好的朋友，立志做
　　　为民除害的剑侠。 ………………………………………… 2
　三、十几岁的高小学生智斗欺压百姓的"痞子兵"。萌
　　　生"拉一支保护老百姓的好队伍"念头。 ………………… 6
　四、半个多月的沅江水路，湖湘文化和现实社会的生动
　　　一课。 ……………………………………………………… 10
　五、在革命洪流和"人才摇篮"中成长，在革命实践中
　　　建立为共产主义事业献身的坚定信念。 ………………… 11
　六、在白色恐怖中投笔从戎。粟裕说："不拿起枪杆子，
　　　打倒新老军阀就是一句空话。" …………………………… 15

第二章 南昌起义前后 ……………………………………………… 18
　一、投军二十四师教导队，完成由青年学生到革命军人
　　　的转变。 …………………………………………………… 18
　二、参加南昌起义。头部中弹昏迷，醒来首先想到的
　　　是："绝对不能离开革命。" ……………………………… 20
　三、激流归大海。军事生涯展开新的一页。 ………………… 24

第三章 井冈山和中央苏区时期 …………………………………… 28
　一、跟着毛泽东、朱德学打仗，学到了指挥作战的精髓。 …… 28
　二、红军基层部队的党代表。毛泽东的建军主张和根据
　　　地建设思想在他心中扎下了根。 ………………………… 30
　三、进军赣南、闽西。在新的作战中学习战略决策和

　　　　指挥。…………………………………………………… 36

　　四、"左"倾领导一再指示主力红军夺取大城市。第二
　　　　次打长沙，从实践中接受正反两方面的经验。……… 39

　　五、二十多岁的红军师长反"围剿"屡建战功。毛泽东
　　　　填词称赞："前头捉了张辉瓒。"…………………… 41

　　六、坚持正确路线，反被"左"倾领导内定为"反对
　　　　政治委员制度的危险人物"。……………………… 44

第四章　红军北上抗日先遣队 ………………………………… **49**

　　一、中革军委紧急组建红军北上抗日先遣队。先遣队领
　　　　导却不知道中共中央的真正意图。………………… 49

　　二、孤军深入白区步步艰险。参谋长纵有妙策，惜乎无
　　　　权实施。……………………………………………… 53

　　三、两千多公里征战，以周密的运筹使困境中的部队尽
　　　　量减少损失，争取胜利。…………………………… 57

　　四、危急关头更显出军事家胆识。…………………… 59

第五章　浙南三年游击战 ……………………………………… **67**

　　一、再次奉命挺进浙江。出奇兵，过灵山，渡信江。… 67

　　二、在闽浙边辗转游击，创造挺进浙江建立根据地的
　　　　战机。………………………………………………… 70

　　三、斋郎战斗。胜利完成打开进入浙西南通道的任务。… 72

　　四、借鉴井冈山斗争经验，吸取先遣队失败教训，把
　　　　工作重点放到"两个转变"。……………………… 76

　　五、面对蒋介石40个团的"围剿"，第一次提出并运
　　　　用"敌进我进"作战方针。………………………… 79

　　六、开创又一个大发展的局面。适应新情况调整新政策，
　　　　游击根据地建设有许多新创造。…………………… 85

　　七、抗击敌人43个团的第二次大"围剿"，创造一系列
　　　　游击战的新战法。…………………………………… 89

　　八、根据全局形势发展变化，主动实现由国内革命战争
　　　　向抗日战争的转变。与国民党当局达成停战协议。
　　　　周子昆报告毛泽东："粟裕还在。"………………… 93

　　九、整训扩编部队，迎接抗日高潮。率部开赴皖南加入

　　　　　新四军序列。 …………………………………………… 97

第六章　威震江南 …………………………………………… **103**
　　一、毛泽东指示派有军事知识之人去江南侦察。再次受
　　　　命抗日先遣。 ………………………………………… 103
　　二、韦岗处女战。陈毅赋诗称赞："镇江城下初遭遇，
　　　　脱手斩得小楼兰。"国民政府军事委员会发来嘉
　　　　奖电：所属粟部，殊堪嘉尚。 ……………………… 108
　　三、小丹阳反"扫荡"。奇袭官陡门。国民党军专请传
　　　　授游击战经验。日军惊呼："新四军是个神。" …… 111
　　四、具有战略远见的举措——创办教导队，以先进的军
　　　　事思想培养教育干部。 ……………………………… 116
　　五、积极思考江南新四军战略发展方向。任江南指挥部
　　　　副指挥。坚定贯彻"向北发展"。 ………………… 119

第七章　黄桥决战 …………………………………………… **128**
　　一、领导部队树立打大歼灭战思想。东进攻取黄桥。 …… 128
　　二、从攻占黄桥到退出姜堰。政治仗与军事仗巧妙结合。
　　　　积极准备"独立作战"解决韩德勤。 ……………… 132
　　三、以5000人劣势迎击韩顽三万余人进攻，战略上战役
　　　　上都要以少胜多。排兵布阵奇中见奇。 …………… 137
　　四、坐镇黄桥指挥。一举解决苏北问题。中共中央书记
　　　　处评价黄桥决战胜利"对全国有绝大意义"。 …… 139

第八章　创建苏中抗日民主根据地 ………………………… **144**
　　一、担任新四军第一师师长和苏中战略区领导人。确立
　　　　苏中抗日斗争的战略指导思想。 …………………… 144
　　二、组织指挥讨李战役和春季反"扫荡"。适时主动地实
　　　　行由城镇到农村、由正规战到游击战的战略性转变。 … 147
　　三、粉碎日伪军秋冬季大"扫荡"。敌进我进与要点争夺。
　　　　为把苏中建成基本根据地奠定基础。 ……………… 151
　　四、以武装斗争为中心建设抗日民主根据地。坚持立足
　　　　当前着眼发展的治军思想。 ………………………… 156
　　五、在抗日烽火中结成终身伴侣。陈毅对粟裕说："我
　　　　看你的恋爱观念和你指挥打仗一样，认准了目标是

不会改变的。" …………………………………… 162

　　六、在反"扫荡"、反"清剿"中坚持武装斗争，坚持
　　　原地斗争。创造平原水网地带游击战新战法。…… 165

　　七、建议并实行党的一元化领导。改善三结合武装力量
　　　体制。邹韬奋说：我在苏中看到了新中国的光明！… 171

　　八、领导和指挥艰苦卓绝的反"清乡"斗争。"人民斗
　　　争的胜利"。 …………………………………………… 176

第九章　对日局部反攻 …………………………………………… **184**

　　一、组织发起车桥战役。将苏中军区适时地推进到局部
　　　战略反攻。 …………………………………………… 184

　　二、车桥大捷。华中抗日战争由相持阶段向反攻阶段发
　　　展。日军俘虏敬畏地说："粟裕埃拉伊！" ………… 189

　　三、南坎战役。对日连续局部反攻。苏中抗日根据地成
　　　为"汉高祖的关中"。 ………………………………… 192

第十章　进军苏浙皖 ……………………………………………… **195**

　　一、中共中央决定："扩大解放区，缩小沦陷区。"第三
　　　次先遣，跨江南下，发展东南。 …………………… 195

　　二、新四军向日寇收复失地，首先遇到的对手却是国民
　　　党正规军——天目山第一次反顽大捷。 …………… 201

　　三、任凭几路来，我只打一路——天目山反顽第二次
　　　大捷。 ………………………………………………… 204

　　四、"如果手中有三个纵队，就能成建制歼灭敌人。"坚
　　　主后续梯队及早南下。 ……………………………… 207

　　五、驾驭变化，能动示形，诱敌深入。顾祝同、李觉终
　　　于上当了。 …………………………………………… 210

　　六、天目山第三次反顽大捷。中共中央高度评价粟裕。…… 215

第十一章　战和交织的岁月 ……………………………………… **220**

　　一、抗日战争胜利以后，在中国两种命运两个前途的
　　　激烈搏斗中，开始谱写他军事生涯中大放异彩的
　　　新篇章。 ……………………………………………… 220

　　二、参与组建华中战略区领导机构。传为美谈的"一
　　　让司令"。 …………………………………………… 225

三、组建强有力的华中野战军。从大兵团作战需要出
发组训部队。·· 228

四、探索解放战争的特点和规律。力主举行高邮邵伯
战役和陇海路东段战役,开辟自卫作战战场。······ 232

五、当和平烟雾弥漫的时候,粟裕指出:这场内战可
能一直打下去,直到打出一个新中国。··············· 239

六、及时完成对付全面内战的各项准备,造成"蒋不
攻李,粟不攻蒋,蒋若攻李,粟必攻蒋"的战略
态势。··· 243

第十二章 苏中七战七捷 ··· **247**

一、面对全面内战即将爆发的严峻形势,探索战争初
期指导规律,作出华中作战部署。···························· 247

二、提出战争初期内线歼敌建议。中共中央对外线
出击的战略方针作重要调整。································· 251

三、出奇制胜首战宣泰,声西击东再胜如南。面对四
倍于我的敌军,粟裕说"还他一个六打一"。······ 255

四、智撤海安,奇袭李堡。为夺取战争主动权创造战
机。为坚持内线作战方针"斗胆直陈"。··············· 262

五、奇兵险棋顿收奇效,攻黄救邵打援一举三得。苏
中民谣:粟司令打仗仗仗胜。································· 271

六、苏中战役经验的科学总结。歼敌数字以外的意义。··· 278

第十三章 艰难和胜利的转折 ··· **281**

一、华中野战军挥师北上奋战淮海。粟裕预言:撤出
两淮是对蒋军大规模歼灭战的开始。······················ 281

二、华中分局建议山野和华野集中行动改变战局。中
共中央指示:"战役指挥交粟负责。"······················ 289

三、涟水城畔铁拳痛击张灵甫。利用矛盾妙算智斗
"猴子军"。·· 294

四、一手抓打仗,一手抓建军。总结战争初期的实践
经验。··· 298

五、宿北战役。华东战局第一个转折的标志。在解放
战争的战役指挥中最感紧张的第一次。·················· 299

六、鲁南大捷。胜利实现华东战局的第一个转折。独创性的战争转折理论。……………………………… 305

第十四章　沂蒙连战连胜 …………………………… **313**

一、适应两军合编、战争发展的新形势，增强全军团结凝聚力，统一作战指导思想，特别关注技术兵种建设。……………………………………………… 313

二、示形于鲁南，决胜于鲁中，沂蒙山区首创莱芜大捷。陈毅说：粟裕将军的战役指挥愈出愈奇愈打愈妙。………………………………………………… 317

三、打乱蒋介石的重点进攻部署，用"耍龙灯"的办法创造战机。泰山脚下再歼蒋军第七十二师。…… 327

四、以中央突破对中央突破，"于百万军中取上将首级"，孟良崮上全歼蒋军"王牌"整编第七十四师。………………………………………………… 332

第十五章　从"七月分兵"到经略中原 ……………… **342**

一、自觉服从战略全局利益的决策。"七月分兵"后的几个消耗仗。……………………………………… 342

二、为华野几仗未打好引咎自责，认真总结经验教训，进一步探索战争发展规律。…………………………… 347

三、毛泽东说："粟裕同志巧酉电意见极为正确。"华东战局第二个转折的标志——沙土集战役。……… 351

四、纵横驰骋于"四战之地"，胜利完成三军配合经略中原的战略任务。……………………………………… 360

第十六章　从子养电到豫东之战 …………………… **368**

一、在"中原逐鹿"的关键时刻，"斗胆直陈"发展战略进攻、改变中原战局的建议。…………………… 368

二、在中共中央作出分兵南进的战略决策的时候，再次"斗胆直陈"集中兵力打大仗的意见，建议华野三个纵队暂缓渡江南进。…………………………… 372

三、城南庄会议决定华野三个纵队暂缓过江，粟裕觉得是向中央立了军令状。有口皆碑的"二让司令"。… 376

四、扭转中原战局的豫东之战。驾驭战局转折的指挥

艺术。第二个作战指挥上最紧张的战役。⋯⋯⋯⋯⋯ 382

五、实践证明在中原地区集中兵力打大仗是正确的，
中共中央再次调整战略部署，决定解放军第三年
仍然全部在长江以北作战。⋯⋯⋯⋯⋯⋯⋯⋯⋯ 389

第十七章　揭开战略决战的序幕 ⋯⋯⋯⋯⋯⋯⋯⋯⋯ **392**

一、逐步形成南线决战的战略构想。建议集中华野全
军攻济打援。⋯⋯⋯⋯⋯⋯⋯⋯⋯⋯⋯⋯⋯⋯ 392

二、攻济打援并举的作战方针。用兵布阵的辩证运筹。⋯ 395

三、中共中央军委指令"全军指挥由粟裕担负"。
周恩来说：三大战役的序幕是济南战役。⋯⋯⋯ 397

四、当济南巷战尚在激烈进行的时候，提出下一步举
行淮海战役的建议。⋯⋯⋯⋯⋯⋯⋯⋯⋯⋯⋯ 401

第十八章　南线决战建奇功 ⋯⋯⋯⋯⋯⋯⋯⋯⋯⋯⋯ **404**

一、在"小淮海"演变为"大淮海"的关键时节，提
出三个关键性建议。⋯⋯⋯⋯⋯⋯⋯⋯⋯⋯⋯ 404

二、提前两天发起战役的果断决策。中共中央军委授
权"机断专行"。⋯⋯⋯⋯⋯⋯⋯⋯⋯⋯⋯⋯ 410

三、选择关羽打过败仗的土山作指挥所，要在这里打
一个全歼黄百韬兵团的大胜仗。⋯⋯⋯⋯⋯⋯⋯ 416

四、战役关键阶段一肩勇挑三担，度过他战役指挥中
第三个最紧张时刻。⋯⋯⋯⋯⋯⋯⋯⋯⋯⋯⋯ 423

五、再献解决百万人吃饭问题良策。总前委第一次全
体会议策划即将到来的渡江作战。⋯⋯⋯⋯⋯⋯ 430

六、军事攻势与政治攻势齐显神威。杜聿明集团 30 万
大军土崩瓦解。⋯⋯⋯⋯⋯⋯⋯⋯⋯⋯⋯⋯⋯ 433

七、毛泽东说：淮海战役，粟裕同志立了第一功。⋯⋯ 435

第十九章　军政全胜过大江 ⋯⋯⋯⋯⋯⋯⋯⋯⋯⋯⋯ **437**

一、稳操胜券的京沪杭战役部署。周密组织渡江作战
各项准备。⋯⋯⋯⋯⋯⋯⋯⋯⋯⋯⋯⋯⋯⋯⋯ 437

二、白马庙运筹帷幄，扬子江雄师扬威。争取军政全
胜的战役指导思想。⋯⋯⋯⋯⋯⋯⋯⋯⋯⋯⋯ 444

三、机断专行一着神算，乘胜追歼十万逃敌。⋯⋯⋯⋯ 452

四、精心设计解放上海的两全之策。粟裕说："对上海采取完整接收，宁可让敌逃窜。" 455

第二十章　在历史转折关头 **464**

一、自觉实行由战争到建国的战略转变。组织指挥进军浙闽和解放华东沿海岛屿之战。 464

二、精心组织指导两航起义和上海防空。深谋远虑的华东空军建设方针。 472

三、毛泽东主席两次点将，要粟裕担负解放台湾和抗美卫国之战指挥重任。 475

四、以沧海一粟自况，以普通一兵自律。 480

第二十一章　进入统帅部任副总参谋长 **484**

一、毛主席亲自点将。周恩来、朱德登门传达中共中央命令。就任副总参谋长。 484

二、以主要力量抓大事、抓战略性问题。毛泽东说：粟裕能比较好地看出问题。 486

三、建设一支诸军兵种合成的现代化军队。从解决建设方针、建设重点抓起。 489

四、建军先建校。整编整顿已有军校，筹划建设新院校。 493

五、力主利用抗美援朝和抗法援越战争锻炼部队。提高海军出海作战能力。 496

第二十二章　就任总参谋长 **500**

一、受命担任总参谋长。毛泽东亲自谈话，传达中共中央命令。毛泽东说："根据我的了解，你可以胜任！" 500

二、对未来战争类型和模式的科学预测。"我们并不怕原子战争，但应积极准备……有备无患。" ... 501

三、提出重新划分全国军区方案。协助军委确定战略方针。主持制订作战计划。 507

四、一系列富有创见的建议，围绕一个目标：努力建成积极防御体系。 509

五、指导华东沿海对敌斗争。踏勘边防海岛。 513

六、代表中共中央、中央军委完成的一项特殊使命。……519

七、坚持原则，不卑不亢——总参谋长的国格、
人格。………………………………………………… 524

第二十三章 一九五八年蒙冤 ………………………………… **527**

一、在军委扩大会议上，突然受到历时五十多天的
批判。………………………………………………… 527

二、这场悲剧的主因。………………………………… 533

三、历经坎坷，长达36年的冤案最终得到公正
了结。………………………………………………… 534

第二十四章 战斗在军事科研战线上 ………………………… **538**

一、协助叶剑英创建军事科学院。在逆境中坚持实
事求是研究军事科学。……………………………… 538

二、以毛泽东思想和唯物辩证法指导军事科研。协
助叶帅做好"军委训委"工作。…………………… 542

三、"对镜不须叹白发，白发犹能再挥鞭"——一个
老兵的高尚情操。…………………………………… 544

四、叶剑英说："不要换小班，要准备接大班。"
"你是战将，要准备打仗。"………………………… 546

第二十五章 名将不减当年勇——"十年动乱"中 ………… **549**

一、逆流中奋击。被江青、康生列入黑名单。林彪
集团说他有"特嫌"，对他进行秘密审查。……… 549

二、"主席说过，你过去有战功。现时打不倒，你
去支撑这个局面吧！"临危受命，负责国防工
业军管。……………………………………………… 550

三、"将来一旦打起仗来，我还要重上前线！" 7000
公里边境行。实地考察诺曼底登陆场。…………… 554

四、整顿交通口。"为革命工作就要大胆好好干，
要打倒，我们一起打倒！"………………………… 559

五、动乱中争来的水运工业"黄金时代"和港口建设
高潮。………………………………………………… 561

六、身在地方工作，心系国家安危，两次上书中共
中央，提出现代条件下卫国建军方略。…………… 564

七、与"四人帮"最后一搏——再任军委常委后的
特殊任务。………………………………………… 566

第二十六章 鞠躬尽瘁 ………………………………… **570**

一、全身心地投入拨乱反正的斗争。叶剑英说：
"你这第一政委这一关把得好！"力主开展军
事外交。………………………………………… 570

二、首要问题是"统一全军作战指导思想"。提出
在新形势下军事改革设想。…………………… 575

三、一篇报告引起强烈反响。系统提出未来反侵略
战争初期作战的战略、战术构想。…………… 580

四、重病中的特殊奉献和最后的金玉良言。………… 585

粟裕生平大事年表 …………………………………… **591**
后　记 ………………………………………………… **642**

第一章　湘西育英才

一、毛泽东笑问粟裕：你是少数民族吧？

1951年10月1日，中华人民共和国首都北京，国庆节狂欢之夜。天安门广场，各族人民载歌载舞。天安门城楼，党政军领导人谈笑风生。

毛泽东主席和粟裕这两位湖南同乡谈兴正浓。

毛泽东笑问粟裕："你是少数民族吧？是不是苗族？"

粟裕回答："我们家乡少数民族很多。我们家是汉族。"

粟裕的家乡湖南省会同县，是侗族、苗族等少数民族聚居区，侗族占全县总人口的45.8%。在旧社会里，由于存在民族歧视和民族压迫，当地许多少数民族居民便自称汉族。粟裕在这里度过了童年。他听家中老人说粟姓居民是汉族，所以一直认为自己是汉族。

直到毛泽东、粟裕逝世以后，毛泽东生前提出的问题才得到了准确的答案。1986年1月，会同县人民政府根据当地侗族群众的要求，经过长期的调查和识别，确认会同县粟姓居民的祖先是由湖南省通道县迁来的侗族。按照中国共产党的民族政策和中华人民共和国国务院全国人口普查文件，粟姓后裔全部恢复为侗族。粟裕一家也相应地由汉族恢复为侗族。

粟裕由一个生长在偏僻山区的普通侗家子弟，投身中国共产党领导的人民革命斗争，成长为杰出的无产阶级革命家、军事家、战略家，走过了一条不同寻常的道路。

公元1907年8月10日，清光绪三十三年七月初二，粟裕出生于湖南省会同县伏龙乡（今坪村镇）枫木树脚村，幼名继业，学名多珍，字裕。17岁离家外出读书以后，即称字而不称名。战争年代，曾经化名金米、余良、苏群，与家人通信时称季业、季业之。

会同县位于湖南省西南部，南倚云贵高原，东枕雪峰山脉，历来是侗、苗、瑶等民族聚居的地方。在漫长的历史岁月里，这里一直被中原人士视为荒凉落后的"蛮夷腹地"。然而，这里不仅有秀丽的山川和丰富的物产，而且有悠久的历史和灿烂的文化。

会同县属于亚热带季风性湿润气候地带，境内层峦叠嶂，溪流交织，景色如画，满山林木，遍地矿藏，是久负盛名的杉木、桐油、黄金产地。所产杉木，以高大、通直、少节驰名国内，被誉为"广木之乡"。所产桐油，在清末民初就以"洪油"为名远销海外。漠滨金矿已开采600余年，至今年产仍在2000两左右。

会同县的历史，可以上溯到几万年以前的旧石器时代。20世纪80年代发现的文化遗址表明，与北京山顶洞人同时，这里就有先民繁衍生息，而且与中原地区的发展息息相通。春秋战国时代，这里属楚国的黔中地。秦始皇统一中国，这里属于天下三十六郡之一的黔中郡。两汉时代，这里是"武陵五溪"之一的雄溪所在地。三国时代，诸葛亮曾经掌管湖南一带征调赋税、安抚少数民族事务，在这里留下了"诸葛营"、"诸葛井"等遗迹。唐宋以后，先后有王昌龄等文学家、政治家被"流放蛮荒"，在这里做官，客观上促进了中原与湘西的文化交流。北宋崇宁初年，县名由朗溪县改为会同，迄今沿用800余年。从宋代到清代，会同地区多次爆发各族人民反抗封建王朝的武装起义，并且与全国性的农民起义互相呼应。粟裕邻村塘口人粟朝仪，在塘口创办广德书院，开会同书院建设之先河。清朝末年到民国初年，洒口人杨勉之、团河人马耀湘先后参加孙中山领导的同盟会，在会同等地从事革命活动，成为辛亥革命的骨干分子。在漫长的历史进程中，会同地区兵连祸结，侗汉各族人文荟萃，形成了尚武奋进的民族精神和绚丽多彩的文化传统。

在湘西会同这块古老秀丽而又富有革命传统的土地上，粟裕迈出了人生道路的第一步。

二、地主家的少爷偏偏和长工结成要好的朋友，立志做为民除害的剑侠。

粟裕的少年时代，是在急剧变动的社会历史环境中度过的。

当时的中国，内忧外患，战乱频繁，社会动荡，革命风起云涌。

1911年，孙中山领导的辛亥革命，推翻了清王朝，于翌年建立中华民国。

1914年，第一次世界大战爆发，帝国主义趁机侵占中国领土，袁世凯政府与日本签订丧权辱国的"二十一条"。

1915年，以蔡锷为代表的资产阶级民主革命派发动讨袁护国战争，粉碎了袁世凯复辟封建帝制的阴谋。护国军打到会同的时候，会同人民用捐款等方式积极支援。

1917年，俄国十月革命开创无产阶级革命的新纪元。"十月革命一声炮响，给我们送来了马克思列宁主义。"

1919年，"五四运动"爆发，势如烈火燎原，迅速蔓延全国，标志着新民主主义革命的开端。会同也举行了支持北京学生运动的游行示威活动。

1920年,在帝国主义列强的操纵下,中华大地爆发了连年不断的军阀混战。会同县,特别是境内的洪江镇一度成为激烈争夺的地区。

1921年,中国共产党成立,中国革命面貌为之一新。

1924年,中国共产党与中国国民党实行第一次合作,展开了席卷全国的大革命。革命军的势力迅速发展到湘西会同一带。

革命与反革命、侵略与反侵略、革新与守旧的激烈搏斗,强烈震撼着祖国大地,震撼着粟裕的家乡,震撼着粟裕的家庭,对成长中的粟裕产生了深刻的影响。

粟裕的出生地伏龙乡枫木树脚村,坐落在会同县中部四面环山的丘陵地带,是一个有五六十户人家的村寨。侗族喜欢依山傍水结寨。枫木树脚村,前临双溪河,后靠大泽峖。从双溪河北望,金龙山余脉银匠界状若卧龙,有人说伏龙乡由此得名。大泽峖北麓枫树成林,村寨因而名为枫木树脚。粟裕一家居于村寨南隅,有东西两个院落。东院是正房,是家人居住的地方,粟裕就出生在这里。西院是花厅和其他附属建筑,是接待宾朋和雇工居住的地方,粟裕幼年读书的私塾就设在花厅,还有他练习武术的晒谷场。两院建筑,融侗汉两族风格于一体。两院之间,有山间小溪潺潺流过。夏日水涨,粟裕常在这里嬉水纳凉。宅后有古枫、古檀、古樟,树干高大挺拔,枝叶郁郁葱葱,像几把绿色大伞撑在上空,浓荫覆盖粟家房屋。村前双溪河畔有粟家稻田,村民称之为"跑马长丘",是粟裕幼年练习骑马的地方。

粟裕旧居

粟裕的父辈兄弟姊妹四人。粟裕的父亲粟周亨,字嘉会,是一个落第秀才,为人忠厚老实,写得一手好字,平日深居简出,不事劳动,除了练字、作诗以外,常常帮助别人书写对联一类文字。粟裕的二叔粟周贞青年时代在长沙读书,接受了民主革新思想,毕业回乡以后创办新式学堂,积极传播新学。粟裕兄弟姊妹五人,他排行第三。生活在这样的家庭环境里,童年的粟裕就感觉到,在会同这个偏僻的山区外面,还有广阔的天地。

1916年,粟裕9岁的时候,祖父去世,父辈兄弟三人分家,家境开始衰落。粟裕一家八口,分得一百多担谷田(约合30亩),人多地少,常常入不敷出。后来,为了躲避匪患,举家迁入会同城内,修建新居欠了一百多银元的债,生活更加拮据,常常以酸辣子、渍干菜佐饭,妈妈还不时提醒孩子们:"看菜吃饭。"

粟裕自幼聪明伶俐,勤学好问,心灵手巧,深得家人喜爱。夏日天气炎热,他把竹席漂浮在小溪水面,平躺在上面纳凉。秋天橙子成熟,他爬上橙树,背靠树杈,用竹竿捅下橙子,悠然自得地品尝。他见什么学什么,学什么会什么。看到别人下象棋,他就捡起打破的碗底作模具,用泥土制作象棋棋子。他还学会了理发、缝纫、做木工活,时常帮助雇工理发、补衣服,给妈妈做袜底,用小竹筒锯成圆梳给家人梳头,用竹片做成"孝子"给父母搔痒。看到妈妈缠足,行动不便,就做了一个恭凳给妈妈用。这个恭凳,妈妈一直使用了三十多年。

父母亲把希望寄托在粟裕身上,为他起名"继业",亲昵地称他为"继业朋"("朋"为侗语,对男孩的爱称),一心要把他培养成封建地主家庭的接班人。

然而,与父辈的愿望相反,粟裕走上了另一条道路。

粟裕从小就愿意和雇工一起玩耍,一起劳动。粟家雇有两个长工,一个叫阿陀,20岁左右;另一个是"躲毛儿",本名粟永忠,是粟裕的同族兄弟。农忙季节还雇一些临时工,当地称为"做阳春"。粟裕与他们相处得很好,经常跟他们一起上山捡桐籽、茶籽,给他们理发、补衣服。粟裕的祖母有时责骂阿陀。粟裕劝她和气待人,说:"阿陀哥人老实,又勤劳,您不要骂他。"粟裕的妹妹喊粟永忠为"躲毛儿"。粟裕对她说:"不要这样喊他,要叫他躲毛大哥。"1984年11月20日,粟裕逝世不久,在粟裕家做过临时工的粟永连老人,回忆当时的情景说:"我帮他家做了十多年阳春,常在他家吃饭。粟裕和我们同桌吃饭,对我们很好。他是个忠厚人,不欺负人,冒起(没有)一点财主架势。"

长工阿陀是粟裕最要好的朋友。阿陀比粟裕大十来岁,没有读过书,讲话口吃,但是很会讲故事。粟裕特别喜欢听他讲除暴安良、杀富济贫的剑侠故事。

阿陀讲起故事来绘声绘色。他给粟裕讲"草上飞"的故事:有一个绰号"草上飞"的剑侠,身轻如燕,专爱抱打不平。他又给粟裕讲"一枝梅"的故事:有一个绰号"一枝梅"的剑侠,做了除霸惩奸的好事,就在墙上画一枝梅花作标记,然后远走高飞。官府对他毫无办法,老百姓拍手称快。

粟裕听阿陀讲故事,可以说是全身心投入,感情随着故事主人公的喜怒哀乐而变化起伏,对受苦受难的人们同情极了,对为非作歹的恶霸痛恨极了,对为民除害的剑侠崇拜极了。粟裕幼小的心灵里渐渐萌生一种遐想：长大以后，也要做一个为民除害的剑侠。

学剑侠，做剑侠，首先要有真本事。粟裕就和阿陀一起练功习武。他们用布袋装满沙子，捆在腿上，蹦呀跳呀，练习"飞檐走壁"功夫。他们把竹竿的节隔打通，灌上沙子，做成棍棒，在晒谷场上挥舞跳跃。他们在收割后的稻田里练习骑马射箭。有一次粟裕从马上摔下来，被缰绳勒伤手指，但仍然坚持不懈。他们自己制造火药，用竹筒、子弹壳制造发射铁砂的火枪，又从田里捉来癞蛤蟆，挂在树上，当做贪官恶霸"枪毙"。后来，他们觉得枪毙"恶霸"（癞蛤蟆）不过瘾，还要食其肉寝其皮，就在野地里埋锅，杀狗吃肉，结果闹出了一场风波。

当地风俗不准吃狗肉，说谁吃了死后不能上神龛，不能跟祖宗牌位摆在一起。粟裕的继祖母本来就对粟裕的父亲不满，听说粟裕吃了狗肉，借题发挥，大骂大闹。粟裕不敢回家，在邻居家东躲西藏。后来还是粟裕的母亲求情，这场风波才平息下来。

粟裕和阿陀的感情日益加深。湘西侗族习惯自制蜜饯，用冬瓜、丝瓜、梨子、芋头作原料，用小刀刻出虫鸟花卉等美丽的形象，经过糖渍晾晒，做成美观可口的食品。主人待客捧上三杯茶，同时送上蜜饯等佐茶食品。粟裕特别喜欢吃妈妈亲手做的蜜饯，常常拿蜜饯给阿陀吃。客人们带来的花生、红枣、板栗等，粟裕也拿来与阿陀分享。有一次，粟裕把妈妈挂在屋梁上的半篮子板栗吃光了，把壳子嚼碎再放回篮子里，妈妈还以为是老鼠偷吃的。

1913年，粟裕刚满6岁，父亲就把他送到私塾读书。父亲对粟裕与雇工亲密交往、整天弄枪舞棒很不满意，希望通过私塾的管教实现自己的目标。

私塾设在粟家西院花厅，教书先生是粟裕的一位堂伯父。开始时读《三字经》、《百家姓》、《幼学故事琼林》一类启蒙课本，后来读《论语》、《孟子》、《诗经》。讲课的方法是老师念一句，学生学一句。老师第一天教，学生第二天背，叫做"背温书"。老师教规很严。学生"背温书"，丢一句打一板，错一字打一板。粟裕很聪明，也很调皮。他对老师讲课不感兴趣，有时背不出来。粟裕的二姑粟竹英，比粟裕大8岁，记忆力很好，老师教一遍，她就能记得住、背得出。粟裕对她说："二姑，我要是背不出来，你就提醒我。"有时粟裕背不出来，她就小声提示，粟裕大声念出来。老师以为粟裕都能背出来。因此，粟裕一般不会挨手板。1984年，邻居粟永连老人回忆当年与粟裕在私塾读书时的情况说："我比粟裕大几岁，曾经一起在私塾读书两年。他记性好，性情好。我家里生活困难，要放牛、割草，耽误了课，他就帮我补课。我把'目'字写成'月'字，先生打板子。他细心地教我认读，搞清了两个字的区别。"

1912年，以孙中山为总统的中华民国临时政府成立，第一任教育总长蔡元培对教育制度进行重大改革，创办新式学堂。粟裕的二叔粟周贞在邻村塘口广德书院遗址办起了第八国民学校，实行新学制，开设修身、国文、算术、体操、音乐等课程。粟裕常常跑到这所学校去看，觉得那里上的课内容好，听得懂，学生还唱歌、打球、做游戏，就要求转到这所学校去。父亲不准，他就偷偷地去。有一次，私塾老师在讲台上讲课，粟裕悄悄地带着同学们上新学堂去了。老师发现以后，要处罚学生。粟裕挺身而出，说："这不关他们的事，是我带他们去的，要罚就罚我一个人。"后来，他们终于冲破斗室，由私塾转到了第八国民学校。粟裕在这里第一次受到新学教育。

童年的粟裕，逐渐养成一副扶困济贫的侠义心肠。看到同学家中生活困难，就背着祖母和父亲，拿出几升米送给同学。父亲要他到佃户家收租谷，他看到佃户家生活困难，交了租谷全家就要断粮，就给佃户留下两担稻谷，回来对父亲说："租谷收齐了。"有一次，政府发下派缴农业税的"还粮单"，当地土豪劣绅玩弄手段，对老实的农民敲诈勒索。粟裕对此愤愤不平。哥哥和一些进步青年宣传"打倒土豪劣绅"，粟裕感到正合心意，觉得非常痛快。

1916年，蔡锷的护国军与北洋军阀部队在会同展开激战。北洋军阀部队败退时，途经枫木树脚村。粟裕一家躲在山上，亲眼看到军阀部队边走边打枪，疯狂抢劫老百姓的财物。这场劫难使粟裕认识到，不铲除这些祸国殃民的旧军队，老百姓就没有好日子过。一定要实现自己的抱负，做一个为民除害的剑侠。

晚年的粟裕回忆起童年的生活，满怀深情地说："我的童年早已随着时光流逝了，但它曾带给我欢乐，开启我的心灵，对我的成长和献身革命都是有关系的。"他总是特别怀念童年时代最要好的朋友阿陀。他说："几十年来，阿陀的美好形象和名字一直印在我的脑海里。我深深地怀念他，因为他对我的影响很深刻，可以说是我童年的启蒙老师。"

三、十几岁的高小学生智斗欺压百姓的"痞子兵"。萌生"拉一支保护老百姓的好队伍"念头。

1918年，粟裕11岁。会同境内土匪肆虐，烧杀抢掠。有一天晚上，土匪侵扰枫木树脚一带，绑架了粟裕堂叔家的孩子，要他们拿银元去赎。粟裕的父亲感到乡下安全没有保障，第二天便举家搬到会同县城。为了防备土匪，他们在城里造了一个"窨子屋"，一座两层的木楼，周围是高高的围墙，还有厚厚的木板门。粟嘉会庆幸自己一家躲过了匪祸，亲自书写门额"余庆"和对联"莺迁乔木，凤栖梧桐"。

在会同县城，粟裕先后进入粟氏私立初级国民学校和会同县立第一高等小学读书。会同县立第一高等小学校前身，是创办于1666年（清康熙五年）的三江书院，到粟裕入学读书时，已有250多年历史。按照中华民国临时政府颁布的《普遍教育暂行办法》，高等小学"废止读经"，提倡新学，设置修身、国文、算术、中华历史、中华地理、博物、理化、国画、手工、体操、唱歌等课程。粟裕被编入高级部第12班，是高级部年龄最小的学生。

高等小学的课程，使粟裕耳目一新。他在这里不仅学到了新的科学文化知识，而且接受了民族民主革命思想。在国文课里，他第一次知道了孙中山的三民主义，初步懂得了要使中国独立强盛起来，必须摆脱受帝国主义列强宰割瓜分的命运，打倒列强，铲除军阀。他学习刻苦，成绩总是名列前茅。学习兴趣也很广泛，音乐、体育样样喜欢，学会了唱歌、吹笛、吹箫、吹口琴、弹月琴。粟裕家与城隍庙一墙之隔，庙内戏楼经常演唱汉剧，粟裕坐在阁楼上就可以听到。日积月累，他又迷上了汉剧，还可以唱上几句。参加革命以后，在紧张的战斗生活里，仍然可以听到他哼唱少年时代喜欢的歌曲《小麻雀》、《葡萄仙子》，用口琴演奏《苏武牧羊》……

会同县城虽然不大，但是与乡村的封闭状态有所不同，使粟裕扩大了生活范围，有机会广泛接触社会各阶层人士。在建房过程中，他和砖匠师傅混得很熟，常常和他们一起干活。往脚手架上送砖，他抛得很准。站在脚手架上接瓦，五片瓦一叠，接得也很稳。砖匠师傅都喜欢他，称赞他能干。他常常到会同街上购买日用杂货，看到伙计忙不过来，就主动上去帮忙，帮助糖铺包"客糖包子"，帮助油盐店算账、数铜板。他同缝纫师傅周合堂交上了朋友，跟他学习缝纫技术。周师傅要买缝纫机，钱不够，他就把积蓄的零用钱送给周师傅。在社会生活实践中，粟裕与劳动人民的感情一天天加深。

会同城里驻扎着湖南省第五守备区一个连的军阀部队。连长姓卢，横行霸道，县太爷都得听他的话，成了会同县的"太上皇"。卢连长手下有个周班长，是个中士，人们管他叫周中士。周中士也成了会同城里了不起的人物，还在县城设了公馆。这个连的官兵经常在城里打人骂人，调戏妇女，欺压百姓。会同城街道很窄，乡下人进城做生意，把粮食、蔬菜、水果、茶油等摆在路旁卖。卢连长的部队进出会同城，不顾街上人多路窄，总是排成四路纵队横冲直撞，肆意践踏粮担、菜篮、油罐。老百姓恨透了他们，管他们叫"痞子兵"。

粟裕和同学们看到痞子兵这样欺侮百姓，心中很气愤，就一起商量怎样惩治这些痞子兵。有一天，高等小学的学生放学回家，正好与卢连长的痞子兵相遇。粟裕一声口哨，几十名同学排成队，手挽手地朝前走，故意撞在痞子兵身上。痞子兵骂："狗崽子，瞎了眼！"粟裕和同学们针锋相对："我们操练，你们为什么挡路？"几十张小嘴一齐开火，把痞子兵痛骂一顿。

一次又一次交锋，双方积仇越来越深。

有一次，县城城隍庙唱戏，高等小学的师生和卢连长的官兵都站在广场上看戏。痞子兵站在前面。学生们站在后面，个子又矮小，看不到，大家心里很窝火。偏偏有个痞子兵还找了条长凳，站在上面看。

"拉下来！拉下来！"粟裕和学生们高声喊叫。

那个痞子兵充耳不闻，仍然大模大样地站在凳子上看戏。

几个学生冲上去，把那个痞子兵从长凳上拉下来。痞子兵抡起长凳就打。学生还击。广场秩序大乱。这时，有人大声喊叫："有土匪！土匪来了！"戴白边帽的保安队朝天打了几枪，看戏的人们吓得四处逃散。

粟裕和同学们乘机返回学校，把校门紧紧关上。痞子兵排长带着一排人追到学校，要闯进去抓人。湘西民风尚武，学校里有军事操练课，学生们常常打着绑腿训练。学生们集合起来，手拿木枪、匕首，守在校门内。卢连长怕事态扩大，阻止那个排长进入学校。那个排长不肯罢休，扬言："以后见到学生就抓，就打，就杀！"

有一天，痞子兵抓住一个学生，问："你是不是高等小学的？"这个学生见势不妙，回答："不是。"痞子兵把他放了。这个学生回到学校一说，全校顿时紧张起来，所有走读生都不敢回家了。同学们决定罢课抗议。一位姓杨的教员支持学生们的行动，鼓励学生们坚持斗争。他说："闹出祸来没关系，我在省城里有朋友，可以拉一支队伍来跟他们斗。"学生们用木枪木棒装备起来操练，准备对付痞子兵的袭击。

学潮越闹越大，会同县县长不得不出面调停。卢连长保证不抓学生，不打学生，不杀学生。学生们答应复课。一场风波才平息下来。

经过这场斗争，粟裕产生了自己搞武装的念头，想到外面去闯一闯，拉一支保护老百姓的好队伍，好好惩治那些骑在老百姓头上作威作福的痞子兵。

由立志做为民除害的剑侠，到想拉一支保护老百姓的好队伍，这是少年粟裕思想上的一次飞跃，为他后来参加革命武装斗争作了必要的思想准备。

粟裕的父亲看到粟裕上了几年私塾，又读了几年洋学堂，认为学到的本事够用了，就把管家、记账的责任加在粟裕身上。这样，粟裕除了上街采购、下河担水、打扫卫生等家务劳动外，还要管理家庭经济账目，每天收入多少，支出多少，买了什么东西，都要详细记账。每月结一次账，送给父亲检查。这些事虽不复杂，但很烦琐，粟裕经常因此不能按时上课、交作业，学习成绩下降，不得不留级。这件事叫粟裕心烦。

那时粟裕的哥哥已经结婚。父亲不让哥哥管家，引起嫂嫂不满。她常常发火骂人，埋怨粟裕管得不好，吃得不好。这件事也使粟裕不快。

粟裕的父亲不顾粟裕反对，包办代替，为粟裕定下一门亲事。对方姓吴，年长粟裕两三岁，还是个缠足姑娘。粟裕对父亲的做法十分不满，坚决不干，心情更为烦躁。

尽管湘西历史悠久、人文荟萃，但粟裕少年时代的会同是封闭的。远大的抱负与狭窄的空间、黑暗的社会、封建的枷锁，一次又一次地在粟裕的思想中发生尖锐的矛盾冲突。粟裕觉得，要想学到一点真本事，将来做一点为民除害的事，必须冲出家庭这个笼子，到外面去闯一闯。

机会终于来了。

1923年冬天，湖南省立第二师范在湘西各县招生。这所学校设在常德。招生的办法是，首先由各县考选预备生，然后到第二师范正式考试，择优录取。会同分到两个预备生名额。粟裕报名参加考试，被录取了。

粟裕拿着录取通知书对母亲说："我考上了，要到常德去念书了。"

20 世纪 50 年代初期粟裕与母亲（中）、大姐（右）于南京。

母亲梁满妹，慈祥和蔼，通情达理，虽然舍不得儿子远离，但是理解儿子求学上进的急切心情。她迟疑地说："现在岁月不太平啊！不能出去噢！过一段时间外边太平了，再出去念书也不晚啊。"

粟裕听母亲这样说，认为她实际上答应了。

1924 年 1 月 8 日，17 岁的粟裕决心实现到外面闯一闯的愿望，自行离家出走。他步行 110 多华里，到达沅江码头洪江镇，准备从那里乘船去常德。

这时，粟裕发现自己没有带足路费，只好写信向家里要。会同的邮差把信从门缝塞进粟裕家里。事有凑巧，这封信被粟家喂养的一头大母猪咬掉一部分。粟裕的父亲捡到咬剩下的信一看，上面只有断断续续几句话，大意是坚决离开家乡到常德读书，如果家里不给路费，"讨米也要走"。

正在为粟裕出走而焦急的父母亲，看到"讨米也要走"这句话，更加担心了。父亲立即回信，答应他外出读书的要求，答应给他筹集路费，要他回家"从长计议"。

粟裕接到父亲来信，觉得情意殷切，就由洪江返回会同。但又担心回到家里被父亲扣留，就留在离城十余里的二姑家里，再次写信给父亲，要求把钱送来。

父亲派粟裕的哥哥多瑞去接弟弟，并转达他的许诺：一定筹足路费，让粟裕外出求学。粟裕才放心地回到家里。

父亲为粟裕筹集了几十块银元路费，还办了酒席为粟裕送行。席间，父亲很动感情，流下了眼泪。粟裕离家以后，父亲常常想念儿子。有一次，接到粟裕从常德寄来的信和好吃的东西，晚上做了一个梦，梦见吃梨子。醒来后伤心地说："我梦见梨子（谐音离子）了，再也见不到继业朋了！"三年以后，粟裕的父亲因躲避国民党反动派的迫害，逃离家乡得风寒而死，年仅 42 岁。

粟裕离家以后，还专门写了一封信，声明解除与吴家姑娘的婚约。信上说，自己十年八年，甚至一辈子也回不了家。吴是良家女子，请她另嫁高门。粟裕的姐姐看过这封信,对女儿说:"你舅舅最有良心了,他不愿耽误人家的终身大事。"

粟裕终于摆脱封建家庭的束缚,闯过了人生道路上的第一个关口,走出偏僻的山区,奔向广阔的天地。

四、半个多月的沅江水路,湖湘文化和现实社会的生动一课。

1924年1月中旬,粟裕第二次到达洪江镇,搭乘沅江航船去常德。

沅江,是湖南省湘、沅、资、澧四大水系之一,全长1060公里,"上捍云贵,下蔽湖湘",自古就是联结中原地区与云贵高原的重要交通孔道。从洪江到常德,是得天独厚的风景带:连绵不断的崇山峻岭,遮天蔽日的原始森林,清澈见底的滔滔江水,鬼斧神工的奇石险滩,构成了秀丽不让阳朔、险峻敢比三峡的自然景观。几千年川流不息的沅江,也是中华各民族交往发展的见证。历史上许多著名的政治家、军事家、思想家、文学家,例如屈原、马援、诸葛亮、王昌龄、王守仁、石达开、林则徐等等,都在沅江两岸留下了他们的足迹。

粟裕登舟出发地洪江镇(今洪江市),古称雄溪,位于沅江与巫水交汇处,是湘西著名的军事、经济重镇。这里"百工毕集,商贾辐辏",不仅是会同县的商贸中心,而且是沅江上游各县外运和内销商品的集散地。由洪江外运的桐油、杉木,远销港澳地区和东南亚各国。由沿海各省市运来的工业品,经洪江转销湘黔边境各县。在辛亥革命以及后来的军阀混战、讨袁护国战争中,这里多次成为兵家必争之地。当年的洪江,可以说是半封建半殖民地旧中国的一个小小缩影。

沅江流域土匪猖獗,商船不敢单独行驶,要聚集上百条船一起行动,还要有军队护送。为了等船,粟裕在洪江停留了一个多月。在这段时间里,粟裕实地体验了洪江的社会生活。

粟裕搭乘的船队,2月下旬出发,途经黔阳、溆浦、辰溪、泸溪、沅陵、桃源,3月上旬到达常德,历时半个多月。一路上,粟裕饱览沅江两岸秀丽景色,目睹劳动人民遭受压迫剥削的苦难,听老船工和同行旅客讲述沿江名胜古迹和风物传说。

船队在辰溪县境内进入一段S形航道,到达著名的险滩辰州滩。这里航道曲折狭窄,流急浪猛,船队必须减速前进。突然,西岸的椿木湾响起枪声,一伙土匪冲下山来。

椿木湾位于凤凰山南麓,遍布茂密的原始森林,是土匪的大本营。1916年,北洋军阀一个师的部队战败溃散湘西,人枪散落民间,兵匪结为一体。他们沿江设卡截船,抢劫财物,气焰嚣张。土匪喝令船队停航,冲上船来,翻箱倒柜,用铁棒乱捅,装在木桶里的桐油哗哗地往外流,迫使货主赶快把买路钱送上。护送这个船队的一个营军队,视若不见,听如不闻,任凭土匪胡作非为。看到这一幕"兵匪一体"的闹剧,粟裕进一步加深了对旧军队腐败的认识,增强了自己拉一支保卫老百姓的好队伍的决心。

船队行至辰溪与泸溪交界处,老船工指点前面就是著名的箱子岩。粟裕放眼望去,全是刀削斧劈般的悬崖峭壁,遍布大大小小的洞穴、石罅,里面摆放着先民留下的"悬棺"和"船棺",还有几只用横木支撑的红色木箱。老船工说,这些红色木箱是诸葛亮存放兵书的地方。在沅陵和桃源交界处,还有传说诸葛亮安营设寨的营盘洲和布置疑兵的"孔明灯"。

沅江之行,给粟裕留下了深刻的印象,直到晚年仍然记忆犹新。广阔的天地,秀丽的山河,悠久的历史,灿烂的文化,腐败的社会,苦难的人民,壮烈的斗争,光荣的传统,一齐展现在粟裕面前,使他上了湖湘文化和现实社会的生动一课,进一步增强了他的爱国热情、求知欲望和革命豪情。

五、在革命洪流和"人才摇篮"中成长,在革命实践中建立为共产主义事业献身的坚定信念。

1924年3月,粟裕到达常德。

20世纪20年代的常德,虽是只有十多万人口的小县城,但水陆交通发达,商品经济发展,是湘西政治、文化、经济中心。日、英、美帝国主义把魔爪伸向常德,在这里开办十几家洋行,作为向湘西倾销洋货和掠夺西南各省资源的据点。各派军阀也把常德视为必争之地,你来他往,连年混战,"民国以来无日不当兵事之冲"。同时激起当地人民的反抗和斗争,常德随之成为湘西革命策源地和新思想新文化传播中心。"五四"运动以后,随着马克思主义的传播和中国共产党的成立,常德反帝反封建的学生运动、工人运动、农民运动迅猛发展。

粟裕就在这个革命高潮中到达常德。这时,第二师范1924年度招生考试时间已过,粟裕只好另谋就学之路,等待第二师范下一次考试。他的远房堂叔、堂婶分别在二师和二师附小当教师。通过他们,粟裕进入二师附小,插班在高小三年级读书。

粟裕在二师附小毕业,离二师考期还有半年,又考进了常德市平民中学。平民中学校长是教会学校毕业生,特别重视英语教学。每周四十几堂课,英语课和用英语讲授的其他课程就有31堂。粟裕没有学过英语,学起来非常吃力。他靠着坚韧不拔的毅力,很快适应了这里的学习环境,完成了学业。几十年后,他同子女们谈到外语学习,以自己的切身体会告诉他们,学外语就是要多开口,要像演员在舞台上那样"目中无人",多背多练,熟能生巧,并把那时学的英语成段地背给子女们听。

粟裕想到来之不易的学习机会,下定决心,分秒必争,发愤读书。粟裕上课的教室就是课外的自习室,听课的座位就是自习的座位。每天除了吃饭、睡觉,他几乎整天不离座位,也很少有社交活动。在这段时间里,他只跟自己座位前后左右的四个同学讲过话,读书真是到了"如饥似渴"、"如痴如呆"的程度。结果，不到两个月就害了一场大病，咳嗽吐血，头发脱落。究竟得的是什么病，连他自己也不知道，既没有打针吃药，更没有条件住医院，凭着年轻，在床上躺着休息了一段时间，硬是扛过来了。新中国成立以后，粟裕检查身体，发现肺部有钙化点，联想到那场大病，推测那时得的可能是肺结核。

接受这场大病的教训，粟裕开始重视体育锻炼。每天早上，晨光熹微，一个瘦小的身影就出现在校园操场上，天天坚持长跑5000米，不论寒暑，风雨无阻，还积极参加体操、篮球等体育活动。这样，他的身体渐渐健壮起来。

常德各界爱国反帝运动日益高涨，粟裕和同学们一起参加了抵制日货等活动。平民中学附近有一所外国传教士办的教堂。粟裕和同学们向在教堂做工的中国同胞宣传，动员他们不买日本货，不做洋奴才。

在这段时间里，粟裕一度感到苦闷彷徨，性格也变得沉静多思。有时独自抱着一把月琴，拨弄琴弦，陷入沉思。他抱着"为民除害"、"拉一支保护老百姓的好队伍"的愿望，到外面来闯一闯。社会生活的现实告诉他，要实现自己的抱负，只靠个人的行侠仗义是不行的。他开始把个人的抱负与国家的命运联系起来，思考社会的现状、祖国的命运、人生的意义和青年的责任，可是一时找不到正确的答案。

1925年春天，湖南省立常德第二师范招生。粟裕终于进入第二师范读书了。第二师范惯例，学生班次按历年招生顺序排列。当时的在校学生是第24至第29班，粟裕被编在第27班。

湖南省立第二师范是一所具有悠久历史和革命传统的学校，前身是洋务派著名人物熊希龄创办于1902年的西路师范讲习所，辛亥革命以后改名为湖南省立第二师范，被誉为湘西"达德成材"的最高学府，与长沙的第一师范、衡阳的第三师范并列为湖南三大著名学校。这所学校以培养具有新思想新知识的人才为己任，教师多为海内外著名学者，教学内容突出当代科学文化知识，不收学费，供给膳宿、制服、医药、图书和部分文具。学生以贫寒家庭子弟居多，而且"多湘西隽秀"。许多有志青年在这里学习成才，踏上成功之路，成为著名的革命家、政治家、科学家、实业家，其中有辛亥革命首义总司令蒋翊武，原为辛亥革命元老后来成为杰出无产阶级革命家的林伯渠，著名学者余嘉锡、舒新城，著名实业家李烛尘等等。二师因而名播四方，被誉为"人才摇篮"。

粟裕进入二师读书的时候，那里已经有中国共产党领导的共产主义青年团支部，并且建立了读书会等外围组织，公开组织指导学生们阅读宣传革命思想的书刊，学校政治空气很浓，学生思想活跃。在常德各界人民反帝国主义反封建势力的革命运动中，二师共青团和学生会常常居于领先和骨干地位。震惊全国的"五卅惨案"发生以后，以二师共青团员为领导骨干的常德学联，发动各界人民罢课、罢工、罢市，举行游行示威，组织查禁洋货的行动小组，高呼"打倒帝国主义"、"打倒反动军阀"的口号，动员人民"不坐日本船，不吸英国烟"。斗争持续两个多月，迫使日、英轮船公司一度停业，经销日、英货物的洋行一度关门。

在这样的环境中学习和生活，粟裕感到如鱼得水，思想豁然开朗。他立刻投入中国共产党领导的革命学生运动，废寝忘食地阅读秘密传送的革命书刊，包括阐述马克思主义原理的《共产主义ABC》和中国共产党主办的《向导》、《新青年》等刊物。通过这些活动，他懂得了只有共产主义才能救中国的道理，懂得了改造旧社会必须反帝反封建的道理，并且从亲身经历中看到了工农群众的伟大力量，思想上产生了新的飞跃。

粟裕后来回忆说："这些书刊，使我明白了共产主义一定会在全世界实现，这是人类历史发展的必然规律，不以任何人的意志为转移的；懂得了当前革命任务是反对帝国主义和封建势力。当我一旦明白必须推翻旧世界和建立共产主义新世界的道理，就觉得少年时代的'路见不平，拔刀相助'的行侠思想是多么幼稚可笑，后来的彷徨、苦闷，思路又是多么狭窄。我决心将自己的一生献给壮丽的共产主义事业。"①

社会生活的实践表明，人们对于社会本质及其发展规律的认识一旦转化为信念，就会形成指引和鼓舞他们为之奋斗献身的巨大精神力量，从而使他们的精神风貌和生活态度发生决定性变化。

粟裕积极参加共青团组织的一切活动，包括共青团和学生会组织的文艺、体育、旅游、演讲等活动。学校有一个足球队，参加者多是富家子弟。粟裕和他们谈不来。他喜欢与贫寒家庭出身的同学一起打篮球，既为锻炼身体，也为联络感情。假日还常常一起到常德郊外旅游，去得最多的地方是德山。德山有一所峻德中学，是美国传教士办的教会学校。1925年暑假，粟裕和同学们到德山旅游，趁美国教师离校休假之际，动员峻德中学的学生们转学到长沙和常德其他学校，使这所教会学校几乎瓦解。

1992年，粟裕当年的音乐、美术教师，时年92岁的仓愧吾老先生，回忆粟裕在二师读书时的情况，师生之情溢于言表。他说："粟裕同学给我留下的印象最深。当时不知道他是共青团员，只知道他是思想进步很活跃的人。他中等身材，面目清秀，长得结实有力，一望便知是个精明强干的人。他好学多才，品学兼优，在同学中颇孚众望，教师也很喜欢他，是全校有名的模范生。他喜欢唱歌、演戏，善于演讲。学校有什么大型活动，总少不了他。每当上台演讲，他态度从容，缓缓走到台前，目光炯炯地环视一周，把众人的注意力吸引到他身上。演说有声有色，头头是道。演讲时，场内鸦雀无声。讲完后，全场掌声齐鸣。"仓老先生还说："粟裕爱好音乐，常来找我探讨音乐理论、声乐和作曲。他对当代作曲家的作品经常进行评论，发表独到的见解。我喜欢打牌，他劝我不要打，说打牌玩物丧志，浪费时间。他还常常要我讲上海学生运动的情况，听后兴奋不已，惋惜自己未能身临其境。"

从1925年到1926年，随着常德工农革命运动和学生运动的发展，以共产党员、共青团员和国民党左派为骨干的革命左派同国民党右派的斗争日益尖锐。

---

① 《粟裕战争回忆录》，解放军出版社，1988年11月，第1版，第19页。

1925年11月，国民党上层右派人物掀起了一股反共逆流，戴季陶等在广州组织"孙文主义学会"，邹鲁等在北京纠集"西山会议派"，南北呼应，反对孙中山的"联俄、联共、扶助农工"三大政策，破坏国共合作。常德的国民党右派势力也成立了"孙文主义学会"，组织了以"孙文主义学会"成员为骨干的"常德县体育会"，纠集反共势力，伺机向左派进攻。当时的长沙，《大公报》报道："常德学生界以二师为中心，故双方争执均以二师学生为领袖。"

在二师学生中也形成了左、右两派。左派以共产党员邓兴明、滕代远等为代表，其成员是共产党员、共青团员组织领导下的"救国义勇队"。右派以"体育会"骨干黄均德为代表，其成员是参加"体育会"的富家子弟。两派之间还有为数众多的中间力量。随着常德地区革命和反革命斗争的发展，二师两派之间的斗争也日益激化，终于爆发了震动湖南全省的"二师事件"。

"二师事件"，又称"二师械斗"、"二师惨案"，发生在1926年春季，是国民党右派势力制造的一起反革命暴力事件，直接起因是滕代远支持桃源第二女子师范学潮。

滕代远，湖南省麻阳县人，比粟裕早一年进入二师读书，编在第24班。他1924年加入共青团，1925年转为共产党员，是共青团常德地方执行委员会委员、常德工学联合会执行委员、常德非基（督教）大同盟干事长。

1926年4月，桃源湖南省立第二女子师范学校爆发学生罢课斗争。罢课的原因是学生们反对学校黑暗统治，要求给予集会、结社、言论、出版自由，不得干涉学生的救国活动；近因则是学校拒绝录取并当众侮辱泸溪学生彭琮。按照惯例，第二女师每年从湘西29县招收60名学生，平均每县2名。可是学校主管招生的人员往往徇私舞弊，把分给别县的名额"照顾"到自己家乡。例如教务主任文焕章是石门县人，录取的石门籍学生就有五六人。泸溪选送的学生彭琮，成绩较差，学生们认为泸溪教育不发达，应予照顾，要求从宽录取。几经交涉，学校不答应。教务主任文焕章还把彭琮的考试成绩张榜公布，并加上"请看落第生"的讽刺性标题。因此引起公愤，两名学生撕掉文焕章的榜示。学校决定开除这两名学生的学籍，因而使矛盾激化，爆发了全校的罢课风潮。

桃源女师学生代表向常德学联通报消息，请求支援。共青团常德地方执行委员会和常德学生联合会派滕代远、邓兴明、金潜等前去指导女师的罢课斗争。女二师校长得知这个消息，表面上不动声色，暗地里写信给二师校长，指责滕代远假借二师学生会名义到桃源煽动风潮，扰乱学校秩序。二师校长接到来信，原文照贴于学校公告处。"体育会"一派学生如获至宝，立即召开所谓"全校学生大会"，攻击滕代远"藐视校规，败坏校誉"，宣布取消滕代远的学生会会员资格，撤销他在常德学联的职务，开除他的学籍。参加学生会和"救国义勇队"的学生坚决反对，不承认"体育会"召开的学生集会为"全校学生大会"，宣布这个集会的"决定"无效，决定另行召开全校学生大会，请在桃源的滕代远立即偕同女二师代表返校，说明事实真相。粟裕坚定地站在"救国义勇队"一边。

4月8日晚上，全校学生大会在理化教室召开。开会之前，双方都作了充分准备，除了准备辩论以外，还准备了木棒、石头一类东西，剑拔弩张，气氛紧张。校长和教职员工看到形势不妙，把房门一锁，提前下班了。

理化教室与对面的"耐"字楼有一条走廊直通。"耐"字楼上层是"救国义勇队"办公室，实际上是共产党和共青团组织的办公室；下层是"体育会"办公室，实际上是"孙文主义学会"的办公室。这是公开的秘密，大家心照不宣。

在全校学生大会上，滕代远和桃源女师的代表说明事实真相，驳斥右派学生的诬蔑和攻击，双方发生激烈辩论。粟裕和共产党员、共青团员一起，义正词严，批驳得右派学生张口结舌。右派理屈词穷，由动口发展到动手。"孙文主义学会"的黄均德率领预先埋伏在会场外面的右派学生，手持木棒、刀子、砖石冲进会场，高声喊打，顿时棍棒交加，砖石乱掷，打伤进步学生三十多人。"救国义勇队"负责人杨杰卿、邓兴明、何汝霖被打成重伤。右派学生从理化教室打到"耐"字楼，一个叫邓永祥的学生冲向二楼"救国义勇队"办公室。守护在楼梯口的进步学生手持红缨枪拦阻。邓永祥胸部中枪，摔下楼来。右派学生趁机大喊大叫："救国义勇队杀人啦！共产党杀人啦！"原来同情左派的中间派，见状发生动摇，纷纷走散。左派由优势变为劣势，许多人跳窗翻墙逃走。黄均德等擅自下令全校戒严，搜捕进步学生，抓到了二师党支部的一名组织委员，搜到了一本党员、团员名册，企图进一步迫害左派学生。

常德二师右派明目张胆的反共暴行，受到湖南全省社会舆论的强烈谴责，却得到国民党右派控制的湖南省和常德县政府的支持。湖南省教育司指令二师开除滕代远等39名共产党员和共青团员学生的学籍，常德县政府还把邓兴明等3名学生领袖逮捕入狱。

"二师事件"以后，二师的共产党和共青团组织遭到破坏，"孙文主义学会"和"体育会"等右派势力气焰嚣张。但是，左派革命力量没有被消灭，开始改变斗争策略，在学校中开展隐蔽活动。一度产生动摇的中间派，由于对右派的倒行逆施不满，转而倾向左派，二师一度被压抑的革命情绪再次高涨起来。

粟裕后来谈到二师这场斗争的经验教训时说：这场斗争，本来对我们是非常有利的，同情滕代远和反对开除滕代远学籍的不仅是我们左派，还有大批中间派学生，人数上我们占了压倒的优势。可是就因为动了武，尤其是我们又伤了"体育会"的人，把中间派给吓跑了，我们由优势变为劣势。经过这次事件，我懂得了革命运动要取得一般群众的支持，否则自己会陷于孤立。

六、在白色恐怖中投笔从戎。粟裕说："不拿起枪杆子，打倒新老军阀就是一句空话。"

1926年6月，粟裕回到故乡会同度暑假。此时家中经济更加困难，父母亲不愿让他再到外面读书。他在家里住了四个月，直到10月中旬才第二次离家出走，返回常德二师。

在家乡的这段时间里，他常常向家人和同学介绍常德的情况，动员同学粟宏贵到常德读书。粟裕头戴五色凉帽，在晒谷场与粟宏贵畅谈一两个小时。粟裕还劝父亲让妹妹粟粹芸同他一起到常德读书，或者到工厂做工。他勉励妹妹说："你要崽劲（侗语，意为努力）识字念书，日后大有好处。"

粟裕回到常德的时候，国民革命军北伐部队正经由湖南境内胜利进军。1926年8月，贺龙在常德就任国民革命军第九军第一师师长，积极支持常德共产党和共青团组织的活动。常德党、团工作空前活跃，工农革命运动和青年学生运动蓬勃发展。在常德共产党组织和总工会、农民协会的领导下，二师学生中的党员团员深入湘西各县，建党建团，组织农会，动员群众，支援北伐，在湘西各地掀起了声势浩大的革命群众运动。粟裕回到常德，立即投入火热的革命斗争，同二师的共产党员、共青团员一起，始终站在斗争的前列。

1926年11月，粟裕经邱育之、萧钟岳介绍，加入中国共产主义青年团。在庄严的入团宣誓时，他再次表达了为共产主义事业奋斗终生的坚定信念。一个月以后粟裕担任团小组长。

从1926年冬天到1927年春季，常德地区的革命形势进一步发展，革命与反革命的斗争更加激烈。粟裕以一个共产主义革命者的姿态，更加自觉更加勇敢地参加党和团组织领导的革命活动。

1927年初，湖南省立第二师范与第二女子师范、第二中学合并为湖南省立第二中学，实现了男女学生合校的进步主张。不久又撤换了反动校长和部分守旧的教职员，校长由年仅28岁的共产党员胡佐武担任，增聘了一些进步教师，学生总数达到1700多人。共产党、共青团组织迅速发展，全校党员团员发展到四五百名。国民党右派势力销声匿迹，共产党领导的左派势力重占优势。在党、团组织领导下，粟裕和同学们积极参加反帝反封建、解放工农、打倒土豪、破除迷信、禁烟禁赌等活动。

1927年4月12日，蒋介石在上海发动反革命政变。紧接着许克祥在长沙发动"马日事变"。常德的形势突然紧张起来。5月初，常德各校学生举行声势浩大的"红色宣传周"活动，在城乡各地召开了有十万人参加的群众大会，声讨蒋介石叛变革命的罪行，号召人民团结起来，同国民党反动派作坚决斗争。中共常德地委决定，由农运部长、二中（原来的二师）学生陈昌厚负责，组建革命武装，准备对付反革命政变。二中的党、团员和进步学生纷纷捐款买枪。粟裕与同学滕久忠凑钱买了一支驳壳枪和200发子弹，准备参加武装斗争。后来，常德党组织认为公开进行武装斗争的条件还不成熟，他们就把枪弹藏在贮藏室里，隐蔽待机。

5月20日，常德郊区土豪劣绅残忍杀害农民协会委员长萧洪贵，发出了反革命政变信号。5月24日，驻常德的反动军警发动"敬日事变"，疯狂屠杀共产党员和共青团员，血腥镇压工农和青年学生。当时二中学生集资购买的枪械大约有几十支，外界传闻有七八百条枪，反动军警不敢轻易对二中动手，首先阴谋诱捕校长胡佐武。

胡佐武是二中共产党、共青团委的总书记，又是国民党常德市党部的主任委员、《湘西民报》（中共常德地委机关报）馆馆长。

湖南省防军独立旅旅长熊震派人叫胡佐武去"谈话"。同志们认为局势险恶，劝他不要去。胡佐武说："不怕，夫子何惧之有！"毅然前往。结果被反动军警扣押起来，遭到严刑拷打，几天后被拖到东门外砍头。胡佐武高呼："打倒军阀！""共产党万岁！"坚贞不屈，视死如归。

反动军警紧接着出动两个营的兵力包围二中，在校门口架起了机关枪。警察局长朱兴曙带兵到校园内逐室搜查共产党员和共青团员，白色恐怖笼罩全校。

面对这种形势，二中党组织通知党、团员迅速分头撤离学校。粟裕坚持到最后一刻，才和滕久忠等同学一起撤离。

面对军警包围，粟裕早就想好了撤退路线。常德雨季常常发生水涝灾害，所以城内的下水道特别粗大，而且直通城外。他和同学们从校园内的下水道入口，悄悄进入下水道里，蹚着臭气熏人的污泥浊水，一直走到常德城外。在洞庭湖畔，搭乘一条木船，沿湘江南下长沙。在长沙北站，乘黑夜爬上火车，藏在座椅下面。火车沿洞庭湖东侧向北奔驰，第二天清晨进入湖北境内。这时，粟裕和同学们才松了一口气。粟裕晚年谈到这件事，风趣地说："这是我第一次坐火车，坐了一个特等车。"

粟裕的目的，是到当时的中共中央所在地武汉，参加革命军队。他说："反动派发动的'四一二'和'马日事变'的血腥屠杀、共产党员胡佐武校长的鲜血和'二师'被围，深刻地教育了我，使我意识到，不拿起枪杆子，打倒新老军阀就是一句空话。"[①]他决心投笔从戎，用武装的革命反对武装的反革命，打倒新老军阀。

从立志做为民除害的剑侠到决心为共产主义事业献身，从想拉一支保护老百姓的好队伍到毅然参加中国共产党领导的革命军队，这是粟裕青少年时代思想发展的根本性转变。从这时起直到生命的最后一息，他一直恪守自己的信念，不论遇到什么艰难险阻，不管受到什么打击迫害，一刻也没有动摇过共产主义的坚定信念，一天也没有离开过中国共产党领导的人民军队。

[①]《粟裕战争回忆录》，解放军出版社，1988年11月，第1版，第22页。

第二章 南昌起义前后

一、投军二十四师教导队，完成由青年学生到革命军人的转变。

1927年5月28日，粟裕逃到武昌。这时的武汉政府还没有公开反共。中共党组织已在武昌叶挺领导的第二十四师成立了教导队，专门收容湖南、湖北地区被反革命迫害的青年学生和工农干部，把他们培养成为中共党的基层军事干部。粟裕一到武昌就接上了关系，中共党组织的安排和粟裕的心愿完全一致。他毫不犹豫地来到宾阳门外的招生处，办好入学手续，顺利进入二十四师教导队，任学员班长，走上了武装斗争道路。

二十四师教导队规模很大，一千多名学员几乎是清一色的共产党员和共青团员。中共党组织非常重视这批新生力量，派了坚强的政治、军事干部来领导。这批年轻人革命热情很高，但绝大多数出身小资产阶级家庭，缺乏革命斗争的实际锻炼。教导队十分重视对学员的军事、政治教育，力争尽快把他们从一个革命青年转变为坚定的掌握武装的无产阶级革命军人。

周恩来、恽代英、叶挺等中共党和军队中的领导人，经常到教导队作报告。粟裕每听一次报告，都感到收获很大。几十年后粟裕依然清晰记得，周恩来给大家作过两次报告，都是讲形势和任务。他说话爽朗明快，阐述的观点深刻鲜明，分析透彻精辟。周恩来对斗争前途满怀信心的革命坚定性，强烈地感染了粟裕和同学们。周恩来在报告中不时亲切地询问大家："你们都是些学生，怕不怕苦？现在这样严格的军事生活，吃得消吗？"语重心长地鼓励大家"一定要肩负起阶级的重托"，"学会打仗，用革命的军队去战胜反革命的军队，去夺取革命的胜利！"[①]周恩来的话，句句说到了粟裕的心里。他直接受过反革命武装的迫害，深知没有革命武装的痛苦和建立革命武装的重要性，为自己能拿起枪杆参加到这场伟大的斗争中去感到高兴、振奋。恽代英讲话很幽默，富有鼓动力量，而且妙语连珠。

---

① 《粟裕战争回忆录》，解放军出版社，1988年11月，第1版，第24页。

粟裕和同学们听着听着情不自禁地发出一阵阵爽朗的笑声，不少深刻的道理，就在这笑声中弄明白了。蒋介石叛变革命，一部分国民党人士实际上亲蒋，表面上却标榜自己是中间派，孙科就是其中的代表。恽代英是这样形象地给孙科画像的："人家说孙科是中间派，我看他是站在中间，向前走一步，向右看齐！"① 有一次，某部参加讨伐夏斗寅叛军失利，败下阵来。有人嘲讽他们不会打仗。恽代英却力排众议，以坚定的语气对同学们说："我看他们是演习了一次退却。打仗总是要在战争中才能学会的。"② 听着恽代英的报告，粟裕只觉得全身热血沸腾，信心百倍。"在战争中学会打仗"从此成为粟裕参加军事斗争实践的指南，成为他从一名青年学生成长为无产阶级军事家的奥秘。叶挺给粟裕留下的是又一种印象。他讲话严肃，干脆利落，典型的军人气派。粟裕和同学们对这位北伐名将很敬佩，经常传诵关于他身先士卒的动人事迹。

　　教导队的军事训练非常严格。一般军队每天都是"三操两讲"，二十四师教导队却是"四操三讲"。"四操"是：早晨一次跑步，上、下午各一次军事课目操练，黄昏一次军事体操；"三讲"是：上、下午各一次政治课或军事课，晚上一小时点名训话，实际上也是一堂简明的政治课或军人修养课。每天清晨起床号一响，粟裕和同学们立即跳下床铺，穿衣、洗漱，整理内务完毕，便是例行的十公里长跑，到达终点时按先后次序站队，最后一名站在排尾。虽然队长没有一声表扬，也没有批评一人，谁看了心中都有数。列队完毕只休息五分钟，然后重新集合，带回营区，直接走进饭堂。吃罢早饭就是军事训练。教官对学员要求十分严格，一个动作不符合要求，就要重做十几次，直到完全合格了才做下一个，有时一个排以至一个连都重复做一个动作，直到全排、全连整齐划一为止。武汉是有名的"火炉"，教导队开学又是在夏天，为了培养学员的吃苦精神，适应未来战争环境的要求，炎夏酷暑照常出操，有时还特意命令大家脱下帽子，光着头在烈日下晒。长官训话，大家肃静立正，连虫子叮咬都不准动一动。军事训练是严格的，生活又很艰苦，平常吃的饭经常有意掺杂谷粒、沙子，时间规定五分钟，谁也顾不上细嚼慢咽，更无法边拣沙子边吃饭。

　　艰苦、紧张的军旅生活犹如大浪淘沙，一些人吃不消了，退却了，先后离开了教导队；许多人坚持下来了，后来当了红军的师长、团长，绝大多数在革命战争中牺牲了。解放后担任空军副司令的谭家述，就是粟裕在二十四师教导队同学中的幸存者。粟裕从来没有经历过这样艰苦的生活，开始时很不适应，一天操课下来浑身酸痛，疲惫不堪，但他立志从军，献身革命，崇高的理想、信念给了他战胜一切艰难困苦的力量。他把艰苦的生活和紧张的操课，当做磨炼自己的最好机会，咬着牙坚持，自觉适应军旅的要求。

　　教导队是共产党领导的军校，很重视培养学员的集体主义思想和劳动观点，假日外出必须集体行动，二人以上就要齐步行进。洗澡换下的衣服要在规定的时

---

① 《粟裕战争回忆录》，解放军出版社，1988 年 11 月，第 1 版，第 25 页。
② 同上。

间集体洗晒。教导队设在武昌宾阳门外一所原来的大学里，宿舍的油漆地板，规定必须每天擦拭干净。尽管训练和管理都很严格，由于教导队废除了旧军队盛行的体罚，实行官兵平等的新型制度，内部关系比较融洽。上级的命令是必须服从的，但在中共党的会议上，大家都是共产党员、共青团员，不分上级下级、军官士兵，彼此之间都可以开展同志式的批评。发现谁有什么缺点或思想认识问题，便真诚地做工作，帮助教育。生活在这样的集体里，粟裕感到心情很舒畅。刚开学时一些青年学生出身的学员对严格的训练生活不习惯，中共党组织立即加强了思想教育，说明中国革命的特点是武装的革命反对武装的反革命，掌握武装、壮大革命力量，对于革命胜利具有极其重要的意义，使大家明确肩负责任的重大。有一次上政治课，教员突然提出了这样一个问题："艰苦与死何者更难受？"

一名学员站起来回答："死更难受！"

教员扫了大家一眼，接着说："不对。艰苦比死更难受。死只是瞬间的事，而艰苦则是长期的，时刻都会遇到的。如果你们能战胜艰苦，那么还有什么不可战胜呢？"

经过一个多月的训练，粟裕完全习惯了军旅生活，深深爱上了这样的军队，身体锻炼得更结实了，黑里透红的脸色，四肢肌肉鼓鼓的，走起路来虎虎有生气，比较好地实现了从青年学生到革命军人的转变。部队发的枪支很陈旧，"汉阳七九式"步枪就算是新式武器了，一个连只有寥寥几支，最多的是"老套筒"，还有九响毛瑟枪。粟裕懂得手中武器的分量和肩负责任的重大，对枪支倾注了深深的爱，一有空就认真擦拭，细心保护，枪身枪膛没有一点污迹。

1927年6月，粟裕由中国共产主义青年团员转为中国共产党员。

二、参加南昌起义。头部中弹昏迷，醒来首先想到的是："绝对不能离开革命。"

蒋介石叛变革命。汪精卫逐步暴露出假左派真右派面目，加快了反共步伐。武汉形势越来越紧张。中国共产党中央总书记陈独秀推行右倾投降主义路线，不但没有采取果断措施，还下令解散了武汉的工人纠察队，收了工人纠察队的枪支，自动交给武汉政府的唐生智总部，并把共产国际要中国共产党开展武装斗争的指示送给汪精卫过目，以表示同国民党合作的诚意。面对紧张局势，1927年7月中旬，中共中央改组，停止陈独秀的领导，组成临时中央常务委员会，决定将由共产党掌握和影响的部队，以"东征讨蒋"为名，沿长江东进，经九江到南昌集中，准备举行武装起义。

粟裕和教导队的同学们早就憋不住了，都想拿起枪杆和反动派干一场。汪精卫政府对这支由清一色共产党员、共青团员组成的部队极端仇视和害怕，千方百计想缴教导队的枪。一天，粟裕和同学们正在议论下一步该怎么走，突然听到值勤哨兵一声"立正"口令，大家顿时寂静下来，一齐站起来，注视门外，原来是叶挺师长来了。粟裕和同学们迎上去，有人急切地问："师长，我们怎么办？部队究竟开到哪里去？"叶挺用坚定的口气回答："你们准备好，过三天就出发！"叶师长指示每人准备好两双草鞋。学员们虽然对具体的任务还不清楚，但知道部队要行动了，都很兴奋。当天晚上各连都召开动员大会，传达叶挺师长命令。粟裕和战士们连夜动手打草鞋。第三天，出发命令下来了，教导队离开武昌，经湖北的大冶、黄石港，坐民船沿长江而下，直奔九江。粟裕心情激荡，和同学们一路高歌："工农兵，联合起来向前进……""打倒军阀，打倒军阀……"为了沿途减少目标，各个中队改名为手枪队、迫击炮连、监护连。教导队到达九江不久，贺龙领导的二十军也到了，接着周恩来等都到了九江。粟裕预感到部队将有重大军事行动。果然，新的命令下来了："部队沿南浔路往南开，月底前到南昌集中。"

部队按时到达南昌。粟裕所在的中队奉命执行南昌起义总指挥部警卫队任务。南昌起义革命委员会是起义总指挥部，设在江西大旅社。这是一座四层楼房，进门是一个长方形庭院，南方称"天井"。穿过天井是大旅社的宴会厅，叫喜庆厅，三大间，呈长方形，一式花格子长窗。二楼有大小两套房间，大的是负责和领导起义的中共前敌委员会书记周恩来的办公室兼卧室。周恩来平时不住，来大旅社开会时在这里休息，或找人在这里谈话。起义前几天，警卫队就在江西大旅社总指挥部执行门岗和内卫任务，归前敌委员会委员、政治保卫处长李立三直接领导。粟裕明白肩负的责任重大。他把江西大旅社里里外外，包括周围地形，房间位置、布局、大小，乃至房前屋后一草一木，都仔细看在眼里，默记在心里，保卫总指挥部和首长的安全。那些天喜庆厅特别繁忙，叶挺指挥的二十四师和贺龙领导的二十军的一些高级将领进进出出，二楼房间的灯光几乎天天彻夜通明。粟裕知道这是周恩来等在召开重要会议。他预感到马上会有重大行动发生，抑制不住内心的激动。粟裕格外提高警惕，在喜庆厅门口放了双岗，严禁外人入内，还架起两挺俄式水联珠重机枪，枪口对着旅社门外街道，亲自带班，在楼下往来巡逻。

7月31日，南方的炎夏高温灼人。傍晚，等待已久的命令终于下来了："擦拭武器，补充弹药，整理行装，待命行动。"粟裕带领全班一边擦枪，一边小声议论："要打仗了吧，跟谁打啊？是人家来打我们，还是我们去打敌人？"天渐渐黑了，部队还没有行动的迹象，粟裕早就全副武装，坐在打好的背包上待命。这时周恩来来了，他走到粟裕所在的中队跟前停下来，睿智的目光迅速扫了大家一眼，平静地说："同志们，要打仗了，怕不怕？"粟裕和战士们齐声回答："不怕！"周恩来满意地笑了笑，接着说，"好！这次打仗，我们是有完全胜利的把握的，你们准备接受光荣任务吧！"时间已经是半夜，外面一片寂静，战士们谁也不想睡觉。突然一声哨音划破夜空，随即传来紧急命令："全体集合，班、排长到中队接受任务！"粟裕和战友们奉命去策应一支部队起义。这时南昌城内已响起清脆的枪声。枪声由稀到密，紧接着机关枪、迫击炮也一齐轰鸣起来。粟裕和战友们跑步向第三军军官教育团驻地赶去，到达目的地立即把军官教育团营区包围起来，按照规定的联络信号，对空打了一排子弹。短时间的沉寂以后，军官教育团营区响起了表示敬礼和欢迎的号声。不一会，粟裕看到一队武装人员护卫着一位身材魁伟、仪表威严、蓄着大胡须的40岁上下的军官走了过来。警卫队有人小声说："朱德，他就是朱德。"这是粟裕第一次见到朱德。朱德满脸带笑，边走边和蔼地向大家招手致意。粟裕和警卫队战士立刻迎上前去，把朱德护送到江西大旅社起义总指挥部。当时朱德的公开身份是第三军军官教育团团长，他顺利地组织、领导了军官教育团全部起义。

8月1日上午，国民党江西省政府主席朱培德留在南昌的部队全部被缴械了。中国共产党领导的军队打响了武装反对国民党反动派的第一枪，胜利占领南昌。

国民党当局迅速调集重兵逼近南昌，镇压革命。起义总指挥部决定撤出南昌，南下广东。8月6日，粟裕所在的警卫队奉命出发，沿途仍担任革命委员会和起义总指挥部参谋团的警卫任务，并负责押运在南昌缴获的大批武器弹药。粟裕除随身带的驳壳枪和子弹外，还身背两支步枪、二百多发子弹，加上背包、军毯、水壶、饭盒、铁镐、铁铲，共重三十多公斤。另外，每班要抬一顶大帐篷，每人还要照管一个挑枪支的民夫。8月盛夏，天上一片云彩也没有，每天行军三四十公里，又热又累，谁照管的民夫途中跑了，那些枪支就得自己挑，行军第一天就有一些人中暑死了。

这是粟裕入伍以后经历的第一次长途徒步行军，从南昌出发，边走边打，边打边走，经江西抚州、宜黄、广昌、石城、瑞金、会昌和福建长汀、上杭及广东大埔，9月23、24日占领广东的潮州、汕头，整整走了一个多月才停下歇息。起义部队在瑞金以北的壬田寨打了一个胜仗；在会昌又打了一个大胜仗，歼灭敌人一个多师，缴获六千多支枪。粟裕奉命带领一个班把这些枪支装上船，押送去东江。对于粟裕来说，一路上任务很重，既要押送缴获的枪支，又要保卫起义军领导机关的安全，还要随时准备参加战斗，高度紧张，高度疲劳，粟裕始终保持着高昂的斗志。起义军占领潮州后，粟裕所在排奉命留在城内，负责后勤部门和物资仓库的警卫任务。大约是27、28日，前方传来隆隆炮声。粟裕知道，这是起义军在向揭阳、汤坑（今丰顺）的敌人发起进攻。起义总指挥部的意图是：打败广东境内的主要敌人国民党第八路军，起义部队重整旗鼓，以广东为基地，组织第二次北伐。粟裕和战士们怀着急迫的心情期待着前线的胜利消息。9月30日早晨，炮声突然由远而近，越来越激烈，从前方撤下来了一些零散部队。粟裕从他们口中得知，起义军进攻敌陈济棠师和薛岳师，开始节节胜利，后来在汤坑受挫，伤亡很大，部队正在后撤。接着，潮州城郊也响起了激烈的枪声，国民党第八路军副总指挥黄绍竑率领三个师，沿韩江西岸向潮州扑来。留在潮州的起义军力量单薄，坚持战斗到黄昏，不得不撤出潮州城。这时从汕头方面传来消息，在帝国主义军舰配合下，国民党军队攻占汕头，革命委员会已经撤出。粟裕等保卫着后勤部门领导和其他干部，找到几条船只，东渡韩江，打算经饶平去三河坝，同二十五师等部会合。途中，前方又传来更坏的消息：革命委员会撤出汕头西进到乌石,与从汤坑转移出来的起义军主力部队会合,但遭敌人重兵围攻,受到覆灭性失败。

粟裕随部队翻山越岭到达饶平时,二十五师等部已在朱德率领下先期由三河坝撤到饶平。短短几天,形势发生了根本性变化,起义部队处境极其险恶。国民党集中五个师,约四万余人,企图一举扑灭革命火种。起义部队突然遭到失败的打击,组织上、思想上都相当混乱。这时部队与周恩来领导的起义军总指挥部已失去联系,留下来的最高领导人就是担任第九军副军长的朱德,而下面的部队绝大部分不是他原来统率的,领导起来非常困难。关键时刻,朱德毫不迟疑地挑起这副重担。他深刻分析当前形势,指出:起义军主力虽然失败了,但"八一"起义这面旗帜绝对不能丢,武装斗争的道路一定要走下去。现在的情况是,反革命军阀部队已经聚集在我们周围,随时都有可能向我们扑来。我们必须尽快离开这里,甩开敌人重兵围攻,摆脱险恶处境,否则就有全军覆灭的危险。当时部队还有 2500 多人,师和团的建制还存在。朱德领导部队略加整顿以后,立即出发,一路急行军向闽粤赣交界方向作战略转移。

这是粟裕在短短两个月内经历的又一次长途行军,由广东饶平经平和、大埔、永定、武平、信丰,直奔赣粤边的南康、大庾地区。这是战斗严重失利以后的退却和转移,与撤离南昌时相比,士气低落,精神不振。国民党军很快发觉起义军意图,紧追不舍。沿途反动地方武装也纷纷出动堵截。连续行军打仗,起义部队减员很大,一些意志不坚定的人对革命产生了动摇,陆续离开部队,其中有士兵,也有师、团领导干部。二十四师七十三团任七连连长的林彪,和几个黄埔生一起找到七十三团指导员陈毅,说"部队不行了"、"一碰就垮了",表示要离开部队,动员陈毅和他们"一起穿便衣走"。陈毅坚定地回答:"我不走。"他开导林彪说:"现在我拿着枪,我可以杀死土豪劣绅,我一离开队伍,土豪劣绅就杀我。"陈毅还严肃地说:"你们要走你们走,把枪留下,我们继续干革命。队伍存在,我们也能存在,要有革命的气概,在困难中顶得住,即使个人牺牲了,中国革命还是有希望的,拖枪逃跑最可耻!"①

粟裕面对起义失败的重重困难,没有动摇,没有退缩。他参加二十四师教导队,就是要实现青少年时期确定的志向,拿起枪杆组织一支为穷人的队伍。现在不管有多大的风险和艰难,仍初衷不改,坚定不移。

10 月 16 日,起义军进到闽赣交界的武平。17 日,国民党军钱大钧部跟着到了武平。朱德指挥部队在这里打了一个退却战,打退钱大钧两个团的进攻,随后命令粟裕所在排占领武平西门外的山坡,掩护大部队转移。钱大钧部进入武平城内,随即追出西门。粟裕和战友们一阵猛打,敌人不知虚实,慌慌张张退回到城内。

就在武平战斗中,粟裕第一次负伤,子弹从他的右耳上侧头部颞骨穿了过去。

---

① 《粟裕战争回忆录》,解放军出版社,1988 年 11 月,第 1 版,第 41 页。

粟裕只觉得受到猛烈一击，倒在地上，动弹不得，心里却依然很明白。他听到排长在说话："粟裕呀，我不能管你啦。"排长卸下了粟裕的驳壳枪，丢下他走了。过了不多久，粟裕睁开眼来，四下空无一人，静得可怕。他身子稍稍可以动弹了，但浑身没有一点力气，站不起来。粟裕心中想："无论如何要站起来，赶上部队，绝对不能离开革命。"他咬紧牙关猛地站了起来，随即腿一软身子一晃，又倒在地上。粟裕用力顺着山坡往下滚，又艰难地朝路上爬去，不料滑到了路边一片水田里。这时正好有几个起义部队战友沿着山边走来，发现了在水田里挣扎的粟裕，连忙把他扶起来，给他包扎好伤口，搀着他赶上了部队。

武平城西北五公里有条山路叫石径岭，这里地势险峻，悬崖峭壁间只有一个隘口可以通过，已经被地主武装民团占领了。这时朱德突然出现在队伍前面，他镇定地指挥部队疏散隐蔽，随即亲自率领几个警卫人员，从长满灌木的陡壁攀登而上，出敌不意地在民团侧后发起进攻。战斗力本来就不强的民团，突然遭到天降神兵的打击，丢下武器四散逃命，让开了隘口和通路。朱德威武地站在断壁上，手里握着驳壳枪，指挥大部队胜利通过石径岭。

粟裕目睹了那惊心动魄的情景，内心油然而生对朱德无限钦佩和信赖的深情。

失败既是严峻的考验，也是一次汹涌澎湃的大浪淘沙。身带重伤、刚满20岁的青年粟裕，在自己认准的道路上，义无反顾，勇往直前。

三、激流归大海。军事生涯展开新的一页。

在朱德指挥下，经过武平和石径岭战斗，起义部队摆脱了国民党反动派的重兵追击，在赣南山区小路穿行，在深山密林宿营。此时已是10月下旬，山区气温低，寒冷、饥饿像影子一样纠缠着大家，痢疾、疟疾更是折磨人。大革命失败了，特别是南昌起义军主力又在潮汕几乎覆没，革命的前途如何？武装斗争的道路还能不能坚持？这支孤立无援的部队究竟向何处去？严峻的问题摆在每个起义军战士面前，严酷的斗争现实无情地考验着每一个人。有的不辞而别了，有的叛变投敌了，有的带着一个班、一个排甚至一个连自寻出路去了，部队到达江西信丰一带时只剩下七八百人，连那些原来握有实权的中、高级军官，也相继离队而去了。

粟裕没有走，他拖着重伤的身躯，艰难地然而坚定地跟着部队前进。行军途中，两位领导人的形象时时出现在粟裕眼前，看到他们，粟裕心中便充满了战胜困难的力量。

南昌起义当天，粟裕第一次见到朱德。勇夺石径岭隘口，粟裕眼望屹立在石径岭上英勇无畏的朱德军长，忘掉了头部中弹后伤口的疼痛，受到极大鼓舞。现在身穿和战士一样灰色粗布军装的朱德，满怀信心地走在转移队伍的前面，临大敌不惊，处险恶不乱，一路上谈笑风生，给基层官兵讲革命道理，提高大家的觉悟，坚定大家的信心，在困境中看到光明前景。他有马不骑，和士兵一样肩扛步枪，背着背包，有时还搀扶着伤员、病号前进，对稳定军心起了很大作用。在粟裕心目中,朱德不仅是这支部队的最高领导,也是这个革命集体的好"当家人"。

另一位领导人就是陈毅。粟裕原不认识陈毅,也不了解陈毅。在转移的路上,听人讲起陈毅的一些情况,特别是亲眼看到了陈毅的所作所为,对陈毅由不了解到逐步了解,进而由衷地钦佩。那时政工干部在部队是不被人重视的。南昌起义时陈毅是武汉军政分校共产党的负责人,8月2日奉中共中央军委命令,从武昌乘船急赴南昌。他排除各种险阻来到南昌时,起义军已于前一天全部撤走了。陈毅日夜兼程向南追赶,终于在江西宜黄地区赶上队伍。前委书记周恩来分配他到号称"铁军"的第七十三团当指导员,笑着说:"派你干的工作太小了,你不要嫌小。"陈毅爽朗地回答:"什么小不小哩!你叫我当连指导员我也干,只要拿武器我就干。"潮汕失败以后,许多原来握实权的人都离队走了,在师、团级政工干部中陈毅没有走。他挺身而出协助朱德带好队伍,痛斥动摇逃跑分子的可耻,赢得了官兵的尊敬和信任,在部队中建立起了威信,成为粟裕敬重的领导人。

1927年10月下旬,在江西信丰城西十多公里的一个山坳中,朱德亲自主持召开了一次具有重要意义的全体军人大会。粟裕参加了这次大会,聆听朱德浓重四川口音的讲话。朱德首先当众宣布,今后这支部队就由他和陈毅来领导,接着大义凛然地说:"愿意继续革命的跟我走,不愿革命的可以回家,不勉强。"并且恳切地说服一些思想不太坚定的人"无论如何不要走"。朱德军长拿俄国革命打比喻,说明革命胜利道路的曲折性,讲得通俗、深刻,在粟裕脑海里留下很深烙印。朱德说:"1905年的俄国革命失败了,留下来的'渣渣'就是十月革命的骨干。我们这一次就等于俄国的1905年革命,我们只要留得一点人,在将来的革命中间就要起很大的作用。过去那个搞法不行,我们现在'伸伸展展'来搞一下。"朱德还卓有预见地指出,军阀之间的战争一定要爆发。他说:"军阀不争地盘是不可能的,要争地盘就要打仗,现在新军阀也不可能不打。他们一打,那个时候我们就可以发展了。"①

作为政治工作领导人,另一个四川人陈毅的讲话富有鼓动性,他诚挚地开导大家说:"南昌起义是失败了,南昌起义的失败不等于中国革命的失败。中国革命还是要成功的。我们大家要经得起失败局面的考验,在胜利发展的情况下,做英雄是容易的,在失败退却的局面下,做英雄就困难得多了。只有经过失败考验的英雄,才是真正的英雄。我们要做经得起失败的英雄。"②

粟裕听着朱德、陈毅分析入理的讲话,更坚定了在失败面前百折不挠的斗志。在以后的革命斗争历程中,粟裕经历过许多艰难困苦,都能坚强挺立,昂首阔步前进,最终夺取胜利,堪称经得起失败考验的真正英雄。

10月底,部队从信丰来到赣粤边境的大庾山区。正如朱德早些日子所料,这时国民党新军阀各派之间的矛盾日益尖锐,继宁汉战争之后,又爆发了几场混战。

---

① 《粟裕战争回忆录》,解放军出版社,1988年11月,第1版,第42页。
② 同上书,第42—43页。

他们各自忙于互相争夺，不得不放松了对起义军的追击。朱德和陈毅抓住这个时机，对部队进行了一次比较全面的整顿，这就是著名的"大庾整编"。粟裕自始至终参加了整编。

这次整编的重点是加强共产党对部队的领导。首先由陈毅主持整顿共产党和共青团组织，重新登记了党、团员，调整了党、团组织，成立了共产党支部。此时部队有共产党员五六十人，约占部队总人数的十分之一。陈毅把他们分配到各个连队去，加强了党在基层的工作。在此同时，对部队进行了统一整编，共组成九个连队，其中七个步兵连，一个迫击炮连，一个重机枪连。粟裕从班长直接被提升担任步兵第五连指导员，连长耿凯是朱德领导的军官教育团学生，后来牺牲了。为了缩小目标，便于隐蔽，部队使用"国民革命军第五纵队"番号，朱德任司令，对外化名王楷（由朱德的号玉阶演化而来），指导员陈毅，参谋长王尔琢。经过"大庾整编"，部队加强了思想政治工作，气氛渐渐活跃起来了，官兵再也不是愁眉苦脸，精神面貌大为改观。部队转战赣南山区时离队和走散的一些人，这时也陆续返回部队。部队总人数虽然只有饶平出发时的三分之一，约七八百人，但都是大浪淘沙保存下来的精华，是不灭的革命火种。

11月上旬，朱德、陈毅率部离开大庾县境，来到湘、粤、赣三省交界的崇义县以西的上堡、文英、古亭地区。这里大革命时期农民运动高涨，群众基础较好，又是一片连绵不断的大山。朱德、陈毅决定部队进入山区，发动群众，开展游击战争。起义部队首先打跑了占山为王、作恶多端的土匪，收缴了地主的武器，接着整顿原来的关卡，征收了一点税金，解决部队的给养。干部战士每天的任务除了出操上课进行政治、军事训练外，就是分散帮助农民生产劳动，向群众宣传共产党的主张，宣传革命一定会取得胜利的道理。起义部队在这里活动了大约20天，粟裕和战士们受到的教育很深。过去大家只知道打仗，现在也做群众工作了，开始懂得要把武装斗争和农民运动结合起来。虽然这还是初步的尝试，但这是一个很大的进步，意义重大。

12月上旬，部队转移到粤北仁化，得知中共中央决定举行广州起义。就在这时，中共中央来信指示朱德、陈毅，率部于12月15日赶到广州，参加起义。部队日夜兼程南下，刚到韶关城郊却传来了广州起义失败的消息，于是部队转移到了韶关西南郊的西河坝，住在一座天主教堂里。官兵对国民党反动派的仇恨很深，每天集合都要高唱《国际歌》，高呼打倒国民党的口号。不久部队转移到韶关西北30公里的集镇犁铺头。粟裕和起义军官兵白天休养生息和练兵，晚上以连、排为单位分散到农村宣传群众、发动群众，并且开始了打土豪。

这一时期，粟裕跟着朱德、陈毅转战，探索和寻找把中国革命引向胜利的道路。朱德、陈毅领导部队逐步实现了从城市到农村、从正规战到游击战的重大战略转变，尝试了把武装斗争同农民运动结合。朱德还从当时实际情况出发，正确运用革命策略，利用敌人阵营内部矛盾，同他早年在云南讲武堂的同班同学滇军将领范石生实行短暂的"合作"，从而解决了起义部队弹药、冬衣、被服等供给困难。平时好学不倦的粟裕从中受到很大教育，增长了见识，学到了适时转变斗争策略、斗争形式，发动和依靠群众，以及从大局着眼思考和决策的本领。

1928年初，广东军阀张发奎命令范石生缴起义部队的械。范石生立即把这个消息秘密告诉朱德。朱德、陈毅连夜率部离开犁铺头，西渡武水，向湖南开进。1月22日，正是农历年关的前一天，在中共湘南特委协助下，朱德、陈毅带领这支打着国民党军队旗号的部队，利用早就参加革命但未暴露身份的宜章大地主的儿子胡少海的名义，兵不血刃地占领宜章县城。县政府门前的国民党青天白日旗被扯了下来，县政府官员和豪绅地主被抓了起来，起义部队还解除了县衙门内外反动团队的武装，标志工农革命的红旗高高升起。部队正式打出了"工农革命军第一师"的红色军旗，建立工农革命政权，工会、农会、妇女会、学生会、儿童团等群众组织也先后成立，响亮提出了"打土豪，分田地"的口号，广大群众踊跃参军。粟裕和战士们撕掉军帽上的国民党帽徽，每人在脖子上系一条红带子作标记。粟裕几次率一个班出去执行任务，回来时后面跟着一长列要求参军的青壮年。不到半个月，朱德、陈毅率领工农革命军第一师在湘南创造了一片大好形势。

早在1927年10月南昌起义军抵达信丰时，赣南特委派来接头的人，就第一次对他们说了毛委员率领秋收起义部队开始上井冈山的消息。以后，朱、毛分别率领的起义军，都千方百计主动做了不少联系工作。1928年2月，湘南大好形势遭到"左"倾盲动主义领导的严重损害。各派系军阀又互相勾结，集中七个师的兵力"协剿"起义军。为了保存革命力量，4月上旬，朱德、陈毅果断决定撤出湘南，向井冈山地区转移。毛泽东亲率井冈山工农革命军赶来迎接，并掩护湘南部队顺利到达砻市。4月24日前后，毛泽东领导的秋收起义部队和朱德、陈毅领导的南昌起义保存下来的部队，在井冈山胜利会师了。清澈的龙江穿过群山环抱的宁冈砻市，江畔屹立着一座古老建筑——龙江书院，两位伟人——毛泽东和朱德，还有陈毅，在这里举行了历史性的会见，共同决定部队合编为中国工农革命军第四军，朱德任军长，毛泽东任军党代表和军委书记。5月4日，在砻市龙江河滩召开了会师庆祝大会，南昌起义部队和秋收起义部队分坐在会场左、右两边，全军共有六千多人。就在这次大会上，正式宣布中国工农革命军第四军成立，不久改称中国工农红军第四军。粟裕被委任为二十八团五连中共党代表。自从潮汕失败以后，南昌起义部队没有过过一天安稳日子，现在上了井冈山，粟裕感到革命总算有个"立足点"了。粟裕军事生涯从此翻开了新的一页。

第三章　井冈山和中央苏区时期

一、跟着毛泽东、朱德学打仗，学到了指挥作战的精髓。

在战争年代，粟裕没有机会进学校学习军事，他的成长道路是从战争中学习战争。

从1928年4月上井冈山开始，到参加中央苏区的创建和反"围剿"斗争，粟裕一直跟着毛泽东、朱德转战，身在军队最基层和战斗第一线，学军事的注意力却放在高层次战略决策和战法问题，在实战中学到了毛泽东、朱德指挥战争的精髓，从红军的一名基层干部，成长为高级指挥员。五十多年后粟裕回忆这段历程，深有体会地说："我跟随毛泽东、朱德同志学习打仗所得到的最深刻的体会，是战争有它自己的规律，克敌制胜的办法必须依据敌我双方的实际情况和战争内在规律去寻找。我学到的这条道理，使我终身受益。"[①]

南昌起义部队向广东进军，沿途同国民党军队打的都是正规战，两军对阵，正面交锋，谁把谁打垮就是胜利。后来，起义部队几经消耗，只有几百人了，不能再按老办法打了。朱德、陈毅决定把部队带上山打游击，在湘、粤、赣三省交界的崇义县西边一带活动个把月，上上下下都觉得这样搞有出路。根据形势变化，战略战术要从打正规战转变为打游击战的认识，就这样在实践中产生出来了。湘南起义以后，朱德、陈毅运用打游击性运动战的新战法，创造了以一个团的兵力打败许克祥五个团的以少胜多的范例。粟裕细细体察这段亲身经历，从胜利和失败正反两个方面学习军事战略转变的道理。

南昌起义余部上井冈山和秋收起义部队胜利会师，新成立的红四军和敌人周旋所采取的战争形式，初期以游击战为主，也有比较初级的运动战，后期则是游击战和运动战相结合。红军的军事训练不同于国民革命军，完全从实战出发，适应新的战略战术要求，增加了许多新的内容。部队活动和作战区域都是大山，平时特别重视爬山训练，提高官兵山区作战机动能力。粟裕在连队当指挥员，每天

[①]《粟裕战争回忆录》，解放军出版社，1988年11月，第1版，第74—75页。

起床第一件事就是集合部队爬山，不管山多高，粟裕带领大家一个冲刺到了山顶，休息几分钟又快步冲下山来，完成任务再吃早饭。夜战训练也是重点课目。有的战士头脑里残留不少迷信思想，夜晚在荒山坟地摸爬滚打，怕碰上"鬼"。粟裕给他们讲科学知识，以科学破除迷信，夜晚和大家一起操练，消除战士的顾虑，把连队锤炼成"夜老虎"。部队弹药奇缺，一支枪一般只有三发子弹。这三发子弹怎样使用，粟裕专门作了规定：冲锋前打一两发，打的是排枪，造成声势，压倒敌人。接着大家端着枪勇敢地往前冲，节省子弹，不准打枪。第三发留在追击时用。平时训练，谁都舍不得打实弹。因此，粟裕特别重视射击训练，每天组织全连苦练单手无依托举枪瞄准，许多人练出了好枪法。粟裕在二十四师教导队时练过手劲、臂力，现在练得更强壮了，单手举枪瞄准，可以坚持20分钟，瞄准和射击精度很高，在部队很有点名气。

上井冈山不久，毛泽东、朱德就总结提出了游击战争的"十六字诀"："敌进我退，敌驻我扰，敌疲我打，敌退我追。"这16个字听得明，记得牢，包含的道理弄得清，粟裕把它作为学习军事指挥的好教材，熟记在心，结合战例细细体会，举一反三运用。

朱德用兵灵活机动，对付不同的敌人，采用不同的战法。粟裕在朱德直接指挥下作战，连连取胜。打歼灭战是红军作战的基本方针，战略战术的运用常以歼灭敌人为作战目的和获胜标准。对付战斗力不强、一打就垮的敌人，朱德常常采取穷追猛打的战法；对付战斗力较强的敌人，则运用迂回包围战术。井冈山第二次反"进剿"作战，粟裕跟随朱德向江西遂川一带运动，突然遇到了江西国民党军第三十一军一部。该部是地方部队，战斗力不强，和红军刚一接触就慌忙后撤。朱德立即命令追击，一面领着部队跑步猛追，一面不停地督促大家："快追，快追！"粟裕带领全连跟着朱德军长连续追了35公里。粟裕和红军战士天天练爬山，体力强，耐力好，追得敌人一个个气喘吁吁，溃不成军，结果俘敌营长以下官兵300多人，缴枪250多支。粟裕把这种迅猛追击总结为歼灭敌人的一种战术。

1928年6月，粟裕运用毛泽东、朱德讲授的战法，在七溪岭打了一个漂亮仗，展示了这位年轻军官的勇气、胆识和指挥才能。那时，蒋介石国民党抽调湘、赣两省各五个团的兵力，分两路对井冈山革命根据地发动第四次"进剿"。湘敌吴尚部五个团由茶陵向宁冈推进，赣敌杨池生、杨如轩部五个团由吉安向永新推进。毛泽东、朱德指挥红军，对战斗力较强的湘敌采取守势，集中兵力打战斗力较弱的赣敌。红军主动撤出江西永新县城，退到根据地中心地区宁冈，把主力集中在敌人进攻的必经之路新、老七溪岭，控制要冲，寻机歼敌。粟裕那时在二十八团当连长。朱德命令粟裕控制老七溪岭。粟裕率领全连迂回赶到时，赣敌右路先头部队已抢先占领了老七溪岭制高点。粟裕组织部队多次攻击，从早上打到中午，都没有成功。经过半天激战，双方都很疲劳了，枪声一停，敌人一个个躺下休息。粟裕却成竹在胸，他抓住时机，不怕疲劳，连续作战，趁敌人午后疲惫松懈时隐蔽接敌，突然发起攻击，出其不意，突破了敌人防御阵地。七溪岭山峦重叠，地形险要。粟裕冲在最前面,迅速冲上了制高点。他回头一看,发现只跟上来九个人,连队其他人还在后面。粟裕不由得倒吸了一口冷气。怎么办?退下去,等于又一次攻击失败;冲过去,敌众我寡,力量悬殊,危险性很大。狭路相逢勇者胜。粟裕没有犹豫,当机立断,把九个人分成两组,六人控制制高点,接应后续部队,自带三名战士,越过山顶,猛追逃敌。翻过山坳,粟裕发现有百余名敌人猬集在一起,立即冲上去,大声喊道:"放下枪,你们被俘虏了!"留在制高点的司号员十分机灵,在山顶吹起了冲锋号,旗手又不停地挥动手中的红旗。敌人一时懵了,不知道红军上来了多少人马,后面还有多少人马,吓得乖乖地缴枪投降。粟裕命令俘虏把枪机卸下,背着枪下山,四人押了上百名俘虏。敌人完全被粟裕和红军战士的大无畏气概镇住了,没有一人敢乱说乱动。粟裕的精彩指挥,迅速在红军中传开,被誉为"青年战术家"。在朱德指挥下,这次战斗取得了歼敌一个团、击溃两个团的重大胜利。红军乘胜追击,一直追到永新,重新占领永新县城。红军官兵中很快流传开了两句顺口溜:"不费红军三分力,打败江西两只'羊'(指杨池生、杨如轩)。"

这次战斗胜利,粟裕进一步深刻体会到了毛泽东、朱德坚持井冈山斗争所采取的战略和作战方针的正确:对湖南采取守势,因为湖南的敌人是地方军,有一定战斗力;对广东不主动惹它,因为广东的敌人是正规军,战斗力较强;对江西则采取攻势,因为江西的敌人是从云南开来的,既水土不服,又不愿为江西的军阀老财卖命,士气低落。粟裕把这种战略、战法概括为"打弱不打强"。在兵力使用上,毛泽东、朱德很注意发挥各支部队的特长:战斗力较强的团用在打迂回、打进攻,战斗力中等的团用在协助正面攻击,战斗力较弱的团用在牵制和骚扰敌人。同时还注意针对敌人弱点作战。从云南来到江西的杨池生、杨如轩部,官兵大都抽鸦片,刚过足烟瘾时部队很有一些战斗力,可以打几个冲锋,往后就不行了。摸准了这个特点,毛泽东、朱德便命令红军先和敌人"熬","熬"得他们烟瘾发作,又流鼻涕又流眼泪,哈欠不断,一点精神也提不起来,这时红军一个冲锋,就把他们冲垮了。粟裕在实战中学习,在实战中体会,学战略、学战法,提高实战本领,一点一滴地增长军事才干。

二、红军基层部队的党代表。毛泽东的建军主张和根据地建设思想在他心中扎下了根。

朱德、毛泽东分别领导的两支红军部队井冈山会师以后,建设一支什么样的军队这个重大课题,摆到了毛泽东和朱德面前。这两位无产阶级革命家以极大的精力,亲自领导了军队的全面建设和改造:在红军中肃清旧军队习气的残余,与旧军队的旧制度、旧思想、旧作风、旧习惯彻底决裂,把贫苦农民、知识青年、旧军人改造成无产阶级的革命军人,按照无产阶级和人民利益的需要,建设一支中国共产党绝对领导的人民军队。井冈山斗争时期的粟裕还是一名基层干部,他经历了军队建设和改造的各个重要阶段，又爱思考问题，对毛泽东的主张和建军思想体会很深，得益很大。后来他独当一面领导革命和战争中，对军队和根据地建设所采取的一些基本原则和做法，从指导思想到具体实践，都可以从他在井冈山战争时期跟着毛泽东、朱德学习找到源头。

1928年4月底，毛泽东、朱德在砻市龙江书院文星阁召开了连以上干部会议，接着召开了中国共产党红军第四军第一次代表大会。两个会议，一个主题，都是研究建军原则。作为连队党代表，粟裕参加了这两次会议，直接聆听毛泽东在会上讲话，阐述建军原则。精深的马克思主义道理，毛泽东讲得通俗生动，许多没有文化的泥腿子、庄稼汉一听就懂，牢记心里。毛泽东在会上宣布了"三大纪律，六项注意"，详细解说执行"三大纪律，六项注意"与保持人民军队本质的关系。粟裕跟随朱德、陈毅转战粤、闽、湘、赣边途中，经历过几次卓有成效的整顿和整编，军队面貌大变，但回想起来，粟裕感到毛泽东阐述得最深刻，说到了根本上，说到了最关键的问题，也说到了大家心里。

不久，毛泽东又召开了一次连以上党代表会议，再次讨论建军原则问题。粟裕在党领导的国民革命军第二十四师教导队学习时，接受了不少马克思列宁主义基本原理教育，但二十四师的教育特别是军事教育，基本上沿用的是旧军队那一套，强调下级对上级绝对服从。现在，粟裕这样来自基层连队的政工干部，能够和毛委员等领袖人物坐在一起，平等商讨军队建设的重大问题，这本身就是新的建军思想的生动体现，粟裕感到心情特别舒畅。他联系南昌起义部队南下途中的所见所闻所思，在会上毫无顾虑地发表了不少看法。就在这次会上，毛泽东重申了"三湾改编"时确定的"支部建在连上"这一强有力的政治和组织原则，进一步加强了党对军队的领导。朱德、陈毅领导南昌起义部队在大庾整编的时候，特地派党员担任连队的领导干部，加强了基层党的力量，但党支部还只是建在团上。毛泽东的"支部建在连上"这个建党措施，就使党的工作在部队基层扎了根。粟裕经历了这个过程，又在连队担任党代表，深深感到毛泽东的主张高明，意义重大，衷心拥护。回到连队，他按照毛泽东的教导，认真发展党员，很快把中共党支部建立起来，成为连队的战斗堡垒。

在井冈山斗争时期，粟裕多次调动工作，一会儿任连队党代表，一会儿任连长，每次调动都是为了加强连队共产党的领导力量，加强政治工作。连队新成分和解放过来的战士多了，需要加强对他们的政治教育，提高他们的阶级觉悟，上级便调粟裕去当党代表。某个连长军阀作风严重，需要调离。连长谁来当？上级又想到了文武双优的粟裕，于是他便由党代表改任连长，既负责军事工作，又做政治工作。

在旧军队里，官大一级压死人，长官打骂和体罚士兵是常有的事。红军是新型的人民军队，毛泽东早就明令实行官兵平等，建立全新的官兵关系，规定长官不得随意惩罚士兵，特别是废除了肉刑。但由于红军中一部分部队来自旧军队，一部分军官原来就是旧军队的长官，习惯了过去那一套，军官打骂士兵的风气一时还比较盛行。粟裕坚决拥护毛泽东倡导的官兵平等原则，在自己连队废除了肉刑，但受旧传统观念的影响，有时遇到一些做了坏事的人，觉得还是要给他一点苦头吃，不然改不过来。连里有个通信员喜欢赌博，屡教不改，一次他正在赌钱被当场抓住了。粟裕很生气，就对他罚站，命令他脚跟并拢，两腿半弯曲下蹲，双手举起。大家把这种惩罚架势称为"两腿半分弯"，身体再壮的人，这样站久了也受不了。这个通信员虽然吃了苦头，但嗜赌的恶习还是改不了。为了教育这个人彻底改掉恶习，粟裕想了很久，最后觉得还是应该给他讲明道理。后来，这个人又一次赌博被抓住。粟裕这次没有罚他，把他叫到连部，耐心地同他谈话，讲赌博的坏处，讲革命战士应该树立远大理想，和旧的恶习决裂，一连讲了两个小时，讲得他掉下了眼泪，既痛心又羞愧，发誓以后决不再赌博。这个通信员明白了事理，果然不再赌了，还检举别的经常赌博的人，协助连队干部做好禁赌工作。粟裕从这件事深刻体会到了政治思想工作的威力，感慨地说："对待自己的同志，舌头比拳头还灵啊！"

在粟裕心目中形成了一个很牢固的观念：只要是毛泽东、朱德提出的，坚决照着去做，没有错！井冈山斗争时期部队生活很艰苦，那时布匹缺乏，即使有钱也难买到，军衣都是自己动手缝。有时领到的是白布，又没有染料，怎么办？粟裕和大家一起找来锅底灰，放在锅里煮，再把白布放进去染成灰黑色。连里没有人会做衣服，怎么办？粟裕第一次做裤子时，先把身上穿的裤子脱下来，沿缝线拆开，分成一块一块，再照着样子剪裁，照着样子一针一针缝。做一条新裤子，同时还要拆一条、缝一条旧裤子，自己做的新裤子穿在身上感到特别高兴。天气冷了，部队缺乏棉衣，毛泽东、朱德号召共产党员、共青团员不穿棉衣，把棉衣让给伤病员。粟裕带头响应。

部队的伙食费，除粮食外油盐和菜金每人每天五个铜板。那时按市价一块银元可以换330个铜板。每个星期还可以分一次节余的"伙食尾子"。战士们用这仅有的属于个人的一点钱，买来最便宜的油豆腐打"牙祭"。粟裕和战士们相处得像兄弟，大家都爱把他请去，一起吃得很开心。主食几乎餐餐吃红米、南瓜。南瓜吃多了胀肚，不舒服。战士们风趣地编了一首歌谣："红米饭，南瓜汤，秋茄子，味道香，餐餐吃得精打光。"歌谣生动地唱出了红军战士的革命乐观主义情怀。粟裕很喜欢这支歌，经常和战士们一起高唱。由于敌人封锁，生活上最困难的是缺少盐。长期没盐吃，行军、作战没有一点力气。粟裕便和战士们一起把长在房屋墙脚下的一种白毛刮下来，熬成硝盐。这东西又苦又涩，但总比没有盐要好。有时部队筹款多了，就能发点零花钱，多的时候一人一次可以发四五元，大家便用来剃头、买牙刷、肥皂，有时候还可以买只鸡改善生活。多数时候是连续几个月不发一元钱。部队生活虽然艰苦，但从朱军长、毛委员起，吃的穿的用的都一样，当官的没有一点特殊。只有军医受优待，每月给发十元零花钱，因为部队军医很少。而旧军队官兵差别很大，当官的还克扣当兵的军饷，所以常常有闹饷的事。红军中官兵一个样，从来没有闹饷的事发生。

在红军驻地到处可以看到这样一副对联:"红军中官兵夫薪饷吃穿一样,军阀里将校尉起居饮食不同。"部队吃的粮食都是自己从山下往山上挑的。有一次,朱军长开会回来,走在路上正好遇到挑粮队伍,就跳下马抢过一条扁担,和大家一起挑了起来,还让人把体弱同志的粮担放到马背驮上。红军中很快传开了"朱德记"扁担的佳话,一直从井冈山时期流传到现在。粟裕在和战士挑粮的时候,亲眼看到过朱军长挑粮和那根写着"朱德记"三字的扁担,心里热乎乎的。粟裕从这里看到了伟大革命家的榜样力量、人格力量,看到了毛泽东建军思想的真谛。

几十年后,粟裕回忆起井冈山斗争时期毛泽东、朱德倡导的官兵平等原则,有一段极其深刻的论述:"也许现在的青年人不能体会到官兵平等、废除肉刑这些基本制度所产生的强大威力,因为他们是在人与人的平等关系中成长起来的。而当时,这些基本制度,唤醒了被压迫者长期被压抑着的人的尊严,激发着对未来美好的无限希望,成为大家为共产主义事业奋斗牺牲的强大力量。这些新型的制度,是进行政治工作的强大武器。那时对于红军最有力的宣传就是:'红军官兵平等','红军不打士兵'。这简单的语言,对劳苦农民和广大士兵,具有无穷的吸引力,它是红军阶级本质的具体体现。"[①]

粟裕参加了创建井冈山根据地的斗争,在斗争实践中确立了根据地建设的思想,这对他以后独立领导和支撑一个战略地区的武装斗争,并且取得重大胜利,奠定了很好的基础。

南昌起义部队潮汕失败以后,朱德、陈毅率余部艰苦转战,一直想寻找一个革命立足点。南昌起义部队登上井冈山的时候,毛委员领导的井冈山红色根据地已经初具规模。粟裕上井冈山的第一个感觉就是革命有了一个"家"了,再也用不着像陈毅形象比喻的那样做"釜底游魂"了,心里无比喜悦。

在朱德、毛泽东领导下,粟裕带领连队积极参加建设和保卫根据地的斗争。湘南起义以后,部队打下一个地方,夺取了政权,也要做群众工作。粟裕把两种做法进行对比,仔细思考:湘南起义以后做群众工作,重点是扩大红军,较多从军事上着眼。上井冈山后,武装斗争和根据地建设两件事紧密结合在一起了。粟裕觉得井冈山的做法高明得多了。毛泽东规定所有部队都要做社会调查。粟裕带领连队完成一天的训练任务后,就按照军部发给的社会调查表要求,认真进行调查:驻地的地主、富农、中农、贫农各有多少,各占多大比例,各阶层分别占有多少土地及所占土地的比例,群众斗争情况,当地工价、物价、地方农产品、土特产品生产情况,地形特点,河流宽窄、深浅及流速、流量、流向,粟裕对每一项都了解得很细,除了把调查情况写成报告上报外,还和大家一起分析研究,把调查的过程变成学政治、学经济、学军事、学阶级斗争的很好途径。

[①]《粟裕战争回忆录》,解放军出版社,1988年11月,第1版,第69页。

1978年5月24日粟裕（右二）重访井冈山黄洋界（取自朱楹："陪粟裕同志外出活动"照1977年5月至1978年6月）。

每到一个新区，粟裕都积极参加建立中共地方党和政权的工作。总是先物色对象，然后有目的地让他送情报，经过几次考验，任务完成得都很好，就作为建党建政骨干，地方党组织和政权很快建立起来了。毛泽东常说：人不能老走着，老站着，也得有坐下来的时候，坐下来就靠屁股，根据地就是红军的屁股。毛泽东用幽默、形象、通俗的语言和比喻，说明了中国革命富有创造性的一个伟大思想。毛泽东把武装斗争同根据地建设有机结合起来的领导方法，概括成好懂好记的两句话："分兵以发动群众，集中以打击敌人"，保证部队参加根据地建设工作制度化，对纠正单纯军事观点起了重大作用。耳提面命，粟裕在井冈山经常直接聆听毛泽东讲革命道理，结合实际体会，认识不断提高。

1928年夏天，井冈山根据地红军遭受了"八月失败"，这件事从反面教育粟裕，进一步认识到毛泽东提出的根据地思想的重要意义。

红军初创时期流寇思想、乡土观念、极端民主化比较严重，一些人不愿意在农村做艰苦细致的群众工作，认为老在山沟里哪能打天下。还有人觉得老住在一个地方，土豪打完了，没有猪肉、鸡子那些好东西吃了，总想打到外面去、打到城镇去。这种错误思想很容易接受党内"左"倾盲动主义的影响。中共湖南省委派杜修经来井冈山，趁毛泽东不在的时候，把红四军主力二十八团、二十九团都拉到湘南去了。第一仗就是打郴州。战斗开始还顺利，打下了郴州县城，缴获颇丰。黄昏敌人反攻了。红军一梯队和二梯队相继垮下来，只好退出郴州，缴获的两房子枪支弹药全丢掉了。粟裕那时在二十八团三连任连长，奉命掩护部队撤退，经资兴，转战到了桂东。由湘南暴动的农民武装发展建立起来的二十九团乡土观念更重，战斗一失利部队就散了伙，战士们都往老家跑。这就是军史上说的"八月失败"。毛泽东闻讯，带了一个营到桂东来接二十八团，并且交代留在井冈山的三十一团，见面不准讲二十八团的缺点和失误。二十八团受挫后情绪低落，粟裕听说毛委员亲自来接大家，心情非常激动。两支部队见面，战友重逢，倍感亲密，有的同志说这是第二次会师。

在二十八团、二十九团去湘南的时候，湘、赣两省的国民党军乘机对井冈山根据地发动了"会剿"，出动四个团占领了宁冈的茅坪，向黄洋界哨口进攻。守山的红军只有一个营，他们运用毛委员的战略战术，利用黄洋界有利地形迷惑敌人，打击敌人，取得了黄洋界保卫战胜利，井冈山根据地转危为安。红军战士套用京剧《空城计》的唱腔，编了一段唱词，叫《空山计》，歌颂黄洋界保卫战胜利，很快在红军中传唱开了。1978年春天，粟裕重访井冈山登黄洋界，情不自禁地唱起了当年唱熟的《空山计》：

> 我站在黄洋界上观山景，
> 忽听得山下人马乱纷纷，
> 我举目抬头来观看，
> 原来是湘赣发来的兵。
> 只因我农民斗争少经验，
> 三十一团分了兵，
> 二十八团又离开了永新。
> 你连占我宁冈茅坪多侥幸，
> 贪而无厌又来夺我的五井。
> 你既来就该把山进，
> 为何在山下扎大营？
> 你莫要左思右想心不定，
> 我这里内无埋伏外无援兵。
> 你上得山来我别无敬，
> 我准备了红米南瓜，南瓜红米，
> 犒赏你的众三军。
> 你来，来，来！
> 我毛泽东在黄洋界上把驾等，
> 等候你到此谈谈心。

1928年10月上旬，湘赣边界共产党的第二次代表大会在离茅坪镇几里地的步云山召开。会议针对"八月失败"造成的损失，既批判了"左"倾盲动主义错误，又批驳了一味主张分兵，东流西走，走州过府，不要根据地的流寇主义。毛泽东在茅坪八角楼写下的那篇著名文章《中国的红色政权为什么能够存在?》就是为这次党代表大会写的决议案的一部分。粟裕参加了这次会议，受到很大教育。他根据自己的理解和体会，把毛泽东的根据地建设思想概括为两句话：打仗是为了建设根据地，建设根据地是为了给打更大的胜仗创造条件。

1929年12月底，中共红四军第九次党代表大会在福建省上杭县的古田村召开，即著名的"古田会议"。粟裕参加了会议。对于粟裕来说，参加这次会议，是对毛泽东建军思想的一次系统学习，也是对红四军中共党内存在的各种非无产阶级思想影响的一次系统清理。会议制定了人民军队建设的一系列方针、原则、制度，粟裕打心眼里拥护，在以后几十年的军队工作中，不管客观条件如何变化，按照"古田会议"决议精神建设部队，始终是粟裕严格遵循的最高原则。

三、进军赣南、闽西。在新的作战中学习战略决策和指挥。

湘赣边界罗霄山脉中段的井冈山，地势险要，易守难攻，群众基础较好，反动统治力量薄弱。但井冈山地区经济落后，范围狭小，缺少回旋余地。它西有湘江，东是赣江，都是流急水深，不能徒涉，限制了红军的行动；向北是九江、南昌、武汉、岳阳等大中城市，向南是国民党军力强大的广东。从战略和发展观点看，以井冈山作为红军的一个后方是可以的，但作为大发展的基地不够理想。从政治、经济、军事、地理和群众基础种种条件分析，紧相毗邻的赣南、闽西，可以在三十多个县开展工农武装割据，有条件发展成为大块根据地。1928年12月，彭德怀、黄公略率领平江起义的红五军主力上了井冈山。蒋介石集中湘、赣两省六个旅约三万兵力，对井冈山发动以前未曾有过的联合"会剿"。1929年1月4日，毛泽东主持召开前委、红四军军委、红五军军委、湘赣边界特委及边界各县中共党组织负责人联席会议，作出了红四军向赣南出击，红五军留守井冈山的决定。十天以后的1月14日，粟裕跟随毛泽东、朱德率领的红四军主力离开井冈山，出崇义，战大庾，折南雄，过三南（全南、定南、龙南），经瑞金，血战大柏地，攻占宁都城，一路征战，历时三个月。对红军来说，这是一次重要的长距离战略转移。粟裕亲身参加了这段历程，从战略的高度认识这种转移，认为它既是退却，又是特殊形式的进攻，即从一个方向和区域向另一个更有利的方向和区域去求得发展。粟裕就是这样不断在实践中学习、思考，加深对毛泽东、朱德的战略思想和用兵之道的理解。

红四军下井冈山第一个目的地是大庾，在大庾城东北与赣军三个团激战失利，二十八团党代表何挺颖身负重伤，不幸牺牲。何挺颖是人民军队初创时期的优秀政治工作领导干部，深受粟裕和官兵爱戴。粟裕听说何党代表牺牲，十分悲痛。

红军沿粤赣边界转战。蒋介石前堵后截，穷追不放。红军连战失利，陷入被动。1月底的一天凌晨，红军突然遭到赣军刘士毅部袭击。粟裕所在的二十八团担任后卫。二十八团团长林彪却拉起队伍就走，把毛泽东、朱德和军直机关都抛在后面。红四军领导机关身边只剩下一个后卫营掩护，情况危急。后来，毛泽东带着机关干部冲出来了，朱德等却被打散了。粟裕带着连队来到一个叫圣公堂的地方休息，听说军长失散了，急得就像天塌似的。战士们个个心中悬着一块石头，为军长的安危担心，都打不起精神。二十八团是参加南昌起义的老部队，粟裕担任过起义总指挥部的警卫班长，行军作战，朱德总是和二十八团在一起，对粟裕很器重。粟裕和战士们也都敬重、热爱朱军长。下午4点多钟，朱德脱险回来了。粟裕和官兵们看到军长安然无恙，非常高兴，士气顿时高涨起来了。不幸的是朱军长的爱人伍若兰被敌人抓去了，后来惨遭杀害。

　　毛泽东、朱德和红四军前委都在认真考虑如何摆脱敌人，变被动为主动。前委曾决定分散活动，但分散很可能被各个击破，很快放弃了这个计划。爱动脑子的粟裕也在思考：在敌占区活动，长距离转移，面对敌人的围歼和种种不利条件，如何处理好走与打的关系，争取主动？粟裕认为，只有走得好才能走得脱，既尽量避免对我不利和不必要的战斗，保存有生力量，又能选择有利时机，打击敌人，夺取主动权。粟裕认为，走好是打好的前提，打好了才能走得更好，始终掌握着打仗的主动权。粟裕在战略转移中思考得到的这些真知灼见，在以后的战争实践中不断被深化，被丰富，成为粟裕军事思想的重要内容。

　　这时已是隆冬，部队穿行在崇山峻岭，山岭一片冰雪。红军战士身上穿的还是单衣，而且都已破破烂烂，山风劲吹，冻得瑟瑟发抖。毛泽东、朱德指挥官兵不停地走着，每天五六十公里。粟裕想的和毛泽东、朱德正在指挥红军做的是那样地一致：用走得好来实现打得好，摆脱被动，争取主动。粟裕越走越感到脚下生风。连续的急行军，炊事担子掉在后面，赶不上为大家做饭。粟裕和战士们想出了"快速煮饭法"，他们每人带一个搪瓷缸子，一到宿营地，各人往自己的搪瓷缸子里放一把米，加上水，一个班烧起一堆篝火，把缸子放在火中，大家围着火睡觉，等到醒来时饭也熟了，吃过饭接着走，既省事又省时间。粟裕在走的过程中学到了毛泽东的战略战术。

　　粟裕和红军战士们继续向东疾走，经瑞金北部，向大柏地前进。国民党军依然在后面紧追。红军好长时间没有打仗了，一直被国民党军追着跑，战士人人心中憋着一股气，燃烧着一团火。朱德军长照例跟着二十八团行军，走在粟裕他们身边。先是谁也不吭声，过了一会，几个战士装作没有看见朱德，自言自语发起牢骚，大声说："当军长，不打仗！怕死就让我们来指挥好了！"谁知朱军长接过话茬说："你们想打仗吗？打就打！"说罢，军长大衣一甩，粟裕和战士们立即跑过来领受作战任务。朱德带领大家一个反冲击，很快把尾追的敌人打垮了，还缴了七八十条枪。战士们兴高采烈，围着军长有说有笑。这一仗并不是偶然的胜利，毛泽东、朱德早就选好了打击敌人的好战场好战机，朱德军长又因势利导战士的杀敌情绪。敌人一路紧跟着红军追赶，骄横不可一世，说什么也没有想到红军会突然来个反冲击，被打了个措手不及。

　　毛泽东、朱德牵着刘士毅的鼻子走。刘士毅错误估计形势，还以为红军陷入了困境，急切地想邀功领赏，加紧往前追赶，十五旅更是孤军突出，弱点已经暴露出来。

农历除夕，红四军到达大柏地。官兵们先是打土豪、送旧年，然后封锁消息，主力埋伏在离大柏地十多公里的石板道两旁山间树林里。第二天是大年初一，天下起了毛毛雨，雨停了便刮风，风停了又下雨，粟裕身上穿的单衣湿了又干，干了又湿，裹在身上非常难受。大约下午3点钟光景，刘士毅部大摇大摆地来了，毫无觉察地走进了包围圈。红军官兵立即开火，双方激战整整一夜。粟裕指挥连队扼守要隘，把刘士毅部死死堵在伏击圈内。这一仗，红四军歼灭刘士毅部两个团大部，活捉团长以下官兵八百多名。这是红四军离开井冈山以来的第一个重大胜利。陈毅后来给中央写报告，称大柏地战斗是"红军成立以来最有荣誉之战争"。

大柏地战斗胜利，红军改变了大庾失利造成的被动局面。实践证明毛泽东、朱德军事战略的胜利，也证明粟裕关于走与打的辩证关系的认识符合实际。红四军乘胜进占宁都县城。在宁都战斗中，粟裕臀部受伤，被送到卫生队治疗。这是粟裕第二次负伤。

1929年3月12日，部队进至闽西长汀四都镇，接着围歼驻在长汀的地方军阀郭凤鸣旅，全歼郭旅两千多人，旅长郭凤鸣在距城十公里的长岭寨被击毙。红军乘胜占领汀州。这是红四军占领的第一个大城市。很快在这里打开局面，接着建立了新的革命根据地。

1929年4月蒋桂战争爆发。毛泽东、朱德抓住战机，立即挥师江西，打通闽西与赣南的联系。闽西革命形势迅速发展，5月23日红军进占龙岩县城。按照敌我力量对比，红军完全可以打下闽西另一个城市漳州，但毛泽东和朱德决定不打。这是为什么呢？粟裕细细琢磨。原来漳州是福建地方军阀张贞的后方基地，红军如果打漳州，张贞势必会向蒋介石求救。蒋介石正好乘机派中央军进入福建内地，这不利于红军在闽西发展和苏区建设。毛泽东、朱德用兵着眼全局，深谋远虑，给了粟裕许多启示。

1929年6月22日，中共红四军第七次党代表大会在龙岩召开，粟裕参加了这次会议。会后毛泽东离开红四军主要领导岗位，住在永定附近一座叫天子嵝的大山半山坡上养病。粟裕带领三连担负保卫毛泽东的重任。粟裕把全连分成两部分，亲自率领一部分跟随毛泽东身边，另一部分在住地附近活动，严密监视敌人。粟裕每次到毛泽东住地去看望，总是见到毛泽东在聚精会神写东西。粟裕悄悄地走进去，停留一小会，看看没有事，又悄悄地走出来，不敢去打搅。广东军阀陈维远的部队就在永定附近，始终未敢进山活动。

1929年9月上旬，红四军发展到七千多人。部队又一次整编，粟裕由三连连长升任一纵队二支队党代表，时年22岁。

1929年10月中旬，中共中央决定红四军由闽西进入广东，开辟新的根据地。从井冈山开始，粟裕一直跟随毛泽东转战，对毛泽东的战略思想已有很深的认识。

毛泽东从南方数省敌我力量对比出发，提出了"攻赣、防湘、不惹粤"的战略方针。实践证明这个战略方针是正确的。中共中央进军广东的指示显然和毛泽东的一贯主张不一致。但是中共中央的命令不能不执行，结果部队遭受了很大挫折，中共中央不得不放弃打到广东建立新的根据地的决定。

1929年11月初红四军撤回赣南、闽西，继续发展，后来建立了以赣南、闽西为中心的中央苏区，从此在中国出现了两个中央政权对立的局面，第二次国内革命战争进入到了新的阶段。

粟裕从南昌起义到井冈山，又从井冈山进军赣南、闽西，短短两年多一点时间，经历三次大的战略转移，从战士成长为红军的基层指挥员。他的职务决定他有时能直接听到毛泽东和朱德的讲话，从中认真学习，吸取营养，但更多的时候是从执行毛泽东、朱德的战略决策和军事指挥中学习。粟裕平时话不多，但爱思索、想问题、善总结，一次次的成功和失败，都给他提供了学习的丰富材料。他从这些曲折中体会到成功或失败，都与战略出击方向的选择紧紧关联在一起。

他在晚年撰写战争回忆录时说："出击方向的选择是战略问题。要对敌我形势作正确的分析，要对具体地域的自然、地理、政治、经济、军事等诸种条件作综合分析，尤其要注意选择敌人统治比较薄弱的环节和注意利用敌人之间的矛盾，同时出击时机的选择也十分重要。"[①]粟裕跟随毛泽东、朱德学习选择战略发展方向问题，得益匪浅。

四、"左"倾领导一再指示主力红军夺取大城市。第二次打长沙，从实践中接受正反两方面的经验。

1930年上半年，全国革命形势发展很快。随着"立三路线"在上海中共中央领导机关占统治地位，"左"倾冒险主义错误也影响了红军作战指导。在错综复杂的形势下，粟裕随红军部队开始了新的行动，经过了一段不平凡的战斗历程，受到新的锻炼和考验。

1月，粟裕与支队长萧克率二支队随主力红军进军赣南，2月下旬在吉水、吉安一带参加消灭单独进犯苏区的唐云山旅战斗。战斗中，一发迫击炮弹打过来，在粟裕身边爆炸。粟裕只觉得头部被猛地一击，昏了过去。他在地上躺了一会，挣扎着站起来，可是说什么也站不稳。战士们见他满脸是血，急忙把他送到后方医院，治疗三个多月，6月初才伤愈归队。根据中央指示，红四军、红六军、红十二军整编组成红一军团，粟裕任红十二军五支队支队长。在以后的革命战争岁月中，工作一劳累，战事一紧张，他就要犯头痛病。解放以后医生检查，发现他头骨里有块弹片。粟裕这时才想起是消灭唐云山旅战斗头部负伤时留下的。这块弹片直到粟裕去世遗体火化，才从骨灰中取出来。

[①]《粟裕战争回忆录》，解放军出版社，1988年11月，第1版，第89页。

8月，中共中央指示主力红军攻取大城市。粟裕率部由赣南向湖南进军。红军官兵个个满怀革命激情，斗志高昂，一夜急行军35公里，直奔文家市。河水阻隔，大家顾不得找船摆渡，奋勇游水过去。20日拂晓，红军犹如神兵天降出现在敌人面前，不到一个小时，装备精良的敌戴斗垣旅就被消灭了，旅长戴斗垣被打死，俘敌一千多人。也许是急行军出了一身汗，接着游泳过河着了凉，粟裕当天晚上就发起高烧，也没有什么药吃，凭着年轻壮实，抵抗力强，蒙头睡了一晚上，第二天就好了。

8月底，部队奉命第二次打长沙。粟裕支队的任务是从南面大托铺攻城。这时的形势与7月下旬第一次打长沙时大不一样。长沙守敌达31个团，计10万人，周围筑了坚固的防御工事，还有外壕、铁丝网、电网等好几层障碍物。而红军不会搞近迫作业，连交通壕都不大会挖，又不会爆破，更没有炸药，挖工事的铁锹也很少，完全没有打坚固设防城市的装备和技术。粟裕利用黑夜掩护，组织部队悄悄挺进到敌人铁丝网前，破坏敌人工事，挖掘前沿工事。天一亮，敌人发现了红军的意图，立即组织反击。粟裕便命令挺进到城下的部队撤下来。可是晚上再突到前面去继续挖时，头天晚上挖好的工事已被敌人破坏了，只得重新来。红军发动了两次总攻，都失败了，伤亡很大。粟裕心情焦急，同时产生了许多疑问。他冷静对比敌我，认为以红军现有的力量和装备、技术，根本不具备攻打大城市的能力，在上海的中共中央提出的"饮马长江，会师武汉"的口号虽然动人，但一时成不了现实，他企盼早日纠正打长沙的错误决定，避免不必要的过大伤亡。9月12日，毛泽东、朱德果断下令撤长沙之围。粟裕闻讯称赞毛泽东、朱德决策英明。

第二次围攻长沙历时16天，昼夜作战，粟裕连续十多天没有很好睡过觉，高度疲劳。部队转移到醴陵，他竟一觉睡了两天一夜，才缓过劲来。

部队在株洲、醴陵、萍乡、攸县一带活动，中共中央长江局派周以栗为代表，要主力红军回师打南昌。红军一些领导对打大城市很有兴趣。毛泽东坚决不同意长江局的决策，反复做工作说服了周以栗，决定改打江西中部的中等城市吉安。毛泽东指挥红军从湖南向江西杀了个回马枪，10月4日顺利攻下工商业发达的吉安。中共中央接着又派涂正农来宣传"立三路线"，要红军继续打南昌、九江，会师武汉。结果涂振农又被毛泽东说服了，同意毛泽东的主张。毛泽东还积极做红军高级指挥员的工作，在峡江一带不停地开会统一思想。这时毛泽东已经敏锐地洞察到蒋介石就要向中央苏区发动大规模进攻了，红军应该有所准备，便在11月1日运用政治委员具有的最后决定权，以红一方面军总前委书记和政治委员的双重身份，和朱德总司令一起签发命令，红军紧急渡过赣江，进到东固地区整训，准备迎击强大的敌人。

部队在峡江转来转去的时候，担任支队长的粟裕，知道有的领导人仍然热衷于打大城市，领导层中对红军下一步行动的意见不一致，等待作出最后决定。但粟裕从打长沙的教训中深切地感到，红军不能再去打南昌、打九江，当务之急是准备对付即将进犯苏区的敌人。他接到毛泽东、朱德署名的命令，压在心上的一块石头放下来了。

五、二十多岁的红军师长反"围剿"屡建战功。
毛泽东填词称赞："前头捉了张辉瓒。"

1930年冬天，粟裕调到红二十二军任第六十五师师长。军长为陈毅。

1930年12月，蒋介石调集八个师十万军队，对中央苏区红军发动了第一次军事"围剿"。红二十二军缩编成第六十四师。粟裕后来担任了六十四师师长，参加了第一次反"围剿"作战，时年23岁。

国民党军"围剿"中央苏区的总指挥是鲁涤平，部队以平均日行35公里的速度，多路向中央苏区进攻。张辉瓒的十八师和谭道源的五十师，是鲁涤平的嫡系，也是这次"围剿"的主力。红一方面军总前委书记毛泽东提出"撤开两手，诱敌深入，待机破敌"的作战方针，和朱德一起指挥红军向根据地中部退却，集中4万兵力的绝对优势，在运动中寻机分别歼灭各有1.4万人的张辉瓒师和谭道源师。红军东渡赣江，12月25日在宁都小布召开苏区军民歼敌誓师大会，毛泽东特意写了一副对联，贴在主席台两旁的柱子上，高度概括了歼敌的战略指导思想，上联是："敌进我退，敌驻我扰，敌疲我打，敌退我追，游击战里操胜算"，下联是："大步进退，诱敌深入，集中兵力，各个击破，运动战中歼敌人"①。粟裕反复吟诵，钦佩这副对联概括得好，短短46个字，把红军的战略战术说得明明白白，通俗好记，称赞它是"克敌制胜的法宝"，认真揣摩，细细研究，灵活运用到指挥作战中。红军第六十四师武器装备比较差，除去几百条土造的"单打一"长枪外，其余都是梭镖，因此有人称六十四师是"梭镖大队"。就是这样一支部队，在粟裕带领下参加第一次反"围剿"作战，取得了辉煌胜利。

毛泽东、朱德原来准备先打谭道源师，两次设伏都没有得到战机。这时，张辉瓒师孤军深入，弱点逐渐显露出来。朱总司令、毛总政委决定把张辉瓒的十八师一步步引进龙冈予以歼灭。粟裕领导的六十四师参加了这次战斗。12月29日，张辉瓒师被诱进入龙冈。30日清晨，龙冈大雾笼罩。上午10时左右，浓雾渐渐散去，毛泽东、朱德下达了战斗命令，埋伏在龙冈四周的红军一齐出击，敌人顿时慌了手脚，乱了阵势。战斗持续到黄昏，敌十八师不漏一人一枪全部被歼灭，师长张辉瓒也当了红军的俘虏。红军取得了第一次反"围剿"作战胜利。第六十四师大改装，所有的梭镖和土造的"单打一"长枪，全部换上了五响快枪"汉阳造"。战后，毛泽东诗兴大发，挥毫填了一首词：《渔家傲·反第一次大"围剿"》，以磅礴的气势，记录下了这一历史性的伟大胜利，同时记录下了粟裕率领的六十四师参加战斗的辉煌战绩：

---

① 《毛泽东年谱》上卷，人民出版社、中央文献出版社，1993年12月，第1版，第329页。

> 万木霜天红烂漫,
> 天兵怒气冲霄汉。
> 雾满龙冈千嶂暗,
> 齐声唤,
> 前头捉了张辉瓒。

毛泽东、朱德接着指挥红军打谭道源师。粟裕率六十四师担任正面攻击。战斗异常激烈。谭道源依仗优势装备,向粟裕师发起反击。前面的部队一时未能挡住敌人攻势,被冲开一个缺口。敌人一直冲到六十四师师部指挥阵地跟前。这时师部只有一个警卫排,加上司号员、通信员等少数几个人,形势非常危急。粟裕临危不乱,指挥大家全力拼杀,不让敌人再前进一步。突然有人在粟裕身后打冷枪,子弹从他身边穿过,把通信员打死了。后来查明,打冷枪的是一个混到红军队伍里的坏分子,他原来想在混乱中打死粟裕,也许是害怕,手一抖打偏了。幸好军部就在六十四师指挥阵地后面山头上,相距只有二三百米,发现这里情况紧急,立即派一个连增援,从翼侧迂回到敌后,实施两面夹击,把这股敌人消灭了。1931年1月3日,红军歼灭谭道源师一个旅,俘敌三千多人。

打张辉瓒和打谭道源两仗,前后相隔不过五天,战果悬殊。作为红军师长的粟裕,站在更高的层次上思考战略战术的运用问题,他对这两仗作了对比,打张辉瓒部队迂回得好,红军从四面八方重重包围敌人,张辉瓒无路可逃,乖乖就歼。打谭道源,有一支红军部队行动慢了点,对敌没有及时形成包围,因而没有获得全歼敌人的胜利。粟裕从中得出两条经验:第一,山地作战是红军的主要形式,部队一定要善于爬山,谁先抢占山头谁就占据优势,谁能坚持到最后谁就占据优势;第二,打歼灭战,迂回、包围很重要,特别是山区作战,只要迂回得好,把几个口子卡住,就能形成包围,敌人插翅也跑不掉了。粟裕在第一次反"围剿"作战中总结得出的经验,以后发展成为他指挥大兵团作战的战法,几万、十几万、几十万地聚歼敌人。

红军以后的几次反"围剿",粟裕都在前线带兵作战,他有意识地体会毛泽东灵活用兵克敌制胜的战略战术,每次都有新的体会新的收获。

蒋介石的第二次军事"围剿",于1931年4月1日发起进攻,总兵力增加到20万,由何应钦指挥,摆开了一字长蛇阵,西起赣江岸边,向东一直延伸到福建省的建宁,战线长达500公里,左、右两翼战斗力很强,中间是一些杂牌部队。能否以根据地为依托,粉碎敌人的"围剿",苏区和红军领导层中意见不一。中央苏区中央局几次召开扩大会议讨论,粟裕每次都参加了。会上,毛泽东反复阐述红军留在中央根据地作战的理由。粟裕越听越觉得毛泽东的主张正确,坚决支持留下来打。几种意见争论很激烈,会议一次次开,结论还是定不下来。毛泽东早就成竹在胸,预作运筹,他一边参加会议讨论,一边命令部队向东固方向推进,逐步作好战略展开。当大家终于同意毛泽东的意见时，部队已经完成战略部署。

怎样确定作战方向呢？毛泽东的形象比喻，给粟裕留下了很深的印象。毛泽东说：现在敌人的阵势是只螃蟹，两边两只大钳子，中间是个软肚皮。软肚皮好打，但搞得不好，钳子就会夹过来。毛泽东又精辟分析了国民党军队的派系斗争：蒋介石一贯借刀杀人，扫除异己。红军先打中间软肚皮的杂牌军，蒋介石的嫡系部队不会积极前来救援。战局发展完全如毛泽东总政委所料，红军从富田、东固之间打起，对准中间软肚皮的上官云相、孔繁祥两支北方部队开刀，长驱15日，横扫700余里，一直打到福建省的建宁。敌阵左翼蒋介石的"四大金刚"陈诚、罗卓英、赵观涛、卫立煌四支战斗力很强的部队都没有出动；右翼蔡廷锴、蒋鼎文两支部队也是作壁上观。红军顺利捅破了"软肚皮"。国民党军队的"一字长蛇阵"全线崩溃。5月31日，蒋介石的第二次军事"围剿"以失败告终。

粟裕经历了第二次反"围剿"的高层决策过程，又在师的领导岗位上参加了作战的全过程。他深刻体会到第二次反"围剿"是正确选择打击目标的一个典范，毛泽东、朱德指挥作战的一个重要特点，就是充分发挥红军和根据地优势，准确选择歼击对象，其中包含着极其丰富的军事辩证法思想。一般说来打仗总是先打弱敌。但什么是强敌？什么是弱敌？粟裕认为这些都是相比较而存在的，强敌因未展开，虽强犹弱；弱敌作困兽斗，虽弱亦强。所以，强与弱因时因地因情况不同而变化着，关键在于正确判断，难就难在正确选择。粟裕钦佩毛泽东、朱德对这个作战原则的运用得心应手，深受教育，深得教益。

蒋介石第三次军事"围剿"来势之快，出乎红军意料。蒋介石集中30万兵力，亲赴南昌行营指挥，并变换作战方针，实行分路围攻、长驱直入战略，趁红军主力还在分散做群众工作之机，急速推进到苏区中心地区，占领了东固、富田、东韶、黄陂等许多地方。毛泽东、朱德快马传令，三万多红军主力部队日夜兼程，神不知鬼不觉地转回到了苏区。毛泽东、朱德灵活指挥红军避强击弱，先打上官云相。8月7日至11日，红军接连打了三个歼灭战，毙、伤、俘敌1万多人，从被动中初步夺得了主动。毛泽东、朱德又充分利用在苏区内线作战的有利条件，故示假象，牵着敌人穿行于高山险路。敌人像匹瞎马乱奔了两个月，有三个师在运动中遭到红军歼灭性打击，其余部队受尽苏区军民不断袭扰和坚壁清野之苦，哀叹"肥的拖瘦，瘦的拖死"。就在此时，两广军阀趁蒋介石陷在江西脱不出身，向湖南衡阳进兵。蒋介石一时变成两面受敌，不得不对红军实行总退却。红军趁势分路出击，又歼敌两万多人，赢得第三次反"围剿"作战的胜利。

在敌人撤退的时候，红四军和红三军团联手打了一场恶仗，对手是战斗力很强的蒋鼎文、蔡廷锴。双方打到最后都急红了眼，蒋、蔡集中军官、军士冲锋，红军则集中共产党员、共青团员拼杀。双方伤亡都很大。粟裕率部参加了这场恶战。他认真总结这一仗的教训，认为实在没有必要和敌人硬拼，因为敌人已经决定撤退了，又是战斗力较强的部队。他进一步认识到，作为一名战场指挥员，随时都应该保持冷静的头脑，切忌感情冲动，特别是在敌强我弱情况下，保存有生力量任何时候都至关重要。

粟裕参加第一、二、三次反"围剿",在毛泽东、朱德直接指挥下作战,以少胜多,以弱胜强,对毛泽东、朱德用兵之灵活,创造和捕捉战机之巧妙,深为钦佩。他细细体会毛泽东和朱德的军事思想,感到两军对阵,不仅是兵力、火力、士气的较量,也是指挥员指挥艺术的较量,战争指挥艺术是一门永无止境的学问。从此,随着职务的变化,粟裕处处注意学习和研究指挥艺术,特别是在敌强我弱情况下的军事运筹,逐步达到了很高境界。

第三次反"围剿"结束,1931年11月,粟裕调任红四军参谋长。不久中央军委在江西瑞金创办中央军事政治学校(即红军学校),叶剑英担任第一任校长。红军学校下设四个连,粟裕被调任三连连长。红军学校每期学习三个月。四连即政治连是第二期成立的,粟裕又被调去担任政治连连长。叶剑英调任红军参谋长以后,萧劲光、刘伯承先后担任校长。政治连有四百多名学员。粟裕对学员要求很严格,又处处以身作则。每天的军事训练很紧张,粟裕和三名排长亲自讲课做示范。负责讲军事课的还有伍修权、朱瑞等。政治连特别重视政治教育,教员中有从苏联回国的蔡畅、郭化若等。红军学校经常请一些领导人来校作报告,邓颖超就给大家讲过马克思列宁主义基本理论课。政治连住在一家祠堂里,尽管很拥挤,粟裕还让腾出一间洁净明亮的房子,布置成为"列宁室",墙上贴着标语、地图,桌上放有书报,训练之余大家都爱到这里来看书学习,开展娱乐活动。粟裕经常和大家一起唱歌做游戏,辅导文化低的学员学文化。政治连的墙报办得很有特色,版面是一块布,贴满稿件,挂在"列宁室"墙上,每周出一期,都是学员自己写的,内容都是发生在连队和学员身边的新事。政治连学员毕业回到部队,许多人担任了政治指导员,为加强红军的政治建设作出了贡献。1960年,粟裕去广州,同当年在中央苏区红军学校政治连学习的廖冠贤不期而遇。二人回忆起将近30年前的这段难忘经历,粟裕动情地说:"红校四连的同志们多数在革命战争中牺牲了,至今留下已知道的,只有你我二人。我们是幸存者,创业难啊,不要忘记死难的烈士!"

1932年2月,在红军学校带过两期学员的粟裕,被调回红四军仍任参谋长。1932年12月,粟裕被调任红一方面军教导师师长。半年后学员毕业,教导师随即解散。1933年1月,方志敏在赣东北创建的红十军奉调到了中央苏区,和红三十一师合编成立红十一军,军长周建屏,政治委员萧劲光,粟裕被调去担任参谋长,不久参加第四次反"围剿"。

六、坚持正确路线,反被"左"倾领导内定为"反对政治委员制度的危险人物"。

蒋介石对中央苏区的第四次"围剿",规模超过了以往几次,集中50万兵力,分左、中、右三路,采取"分进合击"的作战方针,同时进一步加紧经济封锁。

这时王明"左"倾错误已经扩展到中央苏区，毛泽东被排挤出了红军领导岗位。第四次反"围剿"作战是周恩来、朱德指挥的。他们运用前三次反"围剿"的成功经验用兵，先实行战略退却，诱敌深入，再采取灵活机动的战略战术，集中兵力各个击破。粟裕所在的红十一军在东线福建方面作战。周恩来、朱德命令红十一军伪装红军主力，执行牵制任务。2月中、下旬，粟裕协助周建屏军长、萧劲光政委率红十一军先打新丰镇，再东渡抚河，大摇大摆地向黎川前进，迷惑、吸引敌人，掩护红军主力秘密转移到东韶、洛口地区待机歼敌，在宜黄的黄陂山打了个漂亮的大兵团伏击战，全歼敌五十二师，五十九师仅一个团逃脱。3月中旬，红十一军再次奉命担任钳制和吸引敌人先头纵队的任务。粟裕精细筹划，在地方部队配合下，牵着敌人先头部队鼻子加快南进步伐，与后续部队间的距离越拉越大，为主力红军创造了各个歼灭的战机。埋伏在东陂地区的主力红军又打了一个漂亮的山地运动战，一举歼灭敌十一师大部和第九师一部。红军取得了第四次反"围剿"的胜利。

第四次反"围剿"结束以后，王明"左"倾冒险主义进一步发展，命令红军部队进行所谓"不停顿的进攻"。5月，粟裕与政委萧劲光奉命率红十一军进攻江西东部的硝石。驻防硝石的是1927年在湖南发动"马日事变"的刽子手许克祥部第二十四师，战斗力比较强。红军战士恨透了许克祥，仇人相见，战斗十分激烈。天下着雨，红二十八师攻打一个山头失利，形势紧张。粟裕和萧劲光闻讯赶到前沿，组织部队再次冲击，迅速把敌人打垮了。红二十八师乘胜追击，没有料到敌第二梯队突然从红军后面打了过来。这时粟裕手中已没有部队，情况极其危险。粟裕立即带领身边的警卫人员冲上去堵截，压住敌人进攻。一颗子弹飞来，击中粟裕左臂，血管被打断，鲜血直流，粟裕当场昏了过去。幸好身边的警卫员懂得一些急救知识，迅速用绑腿把粟裕左臂上部扎紧，止住了流血，又找来担架，抬着粟裕送往二十多公里外的救护所。山道崎岖，雨大路滑，走了三四个小时才送到。第二天，粟裕负伤的左臂肿得像腿一样粗，皮肤变成了紫褐色。救护所见伤势严重，连忙把粟裕转送到了军医院。医生一检查，子弹是从左前臂的两根骨头中间穿过去的，骨头都伤了，还打断了神经，已经感染，出现坏死现象。医生决定立即截肢，否则有生命危险。粟裕想，只剩下一条胳膊，在前线作战该多不方便，坚持不截肢。他对医生说："即使有生命危险，我也不锯胳膊。"医生只好尊重粟裕的意见。

伤口很快化脓了，需要开刀。医院没有麻药，医生拿来几根麻绳，把粟裕的左臂紧紧绑在凳子上固定好，然后切开伤口，挤出脓血，清除坏死组织。粟裕疼得浑身大汗淋漓。他用右手紧紧抓住桌子，咬紧牙关，刚毅地坚持着支撑着，没有喊一声痛。医院没有药品，治疗就靠盐水。医生把蚊帐布剪成二指宽、五六寸长的布条子，放在盐水里浸泡，每天早晨从子弹进口处捅进去，第二天从子弹出口处抽出来，再放进一条清洁的布条子。这样捅了几个月，每捅一次粟裕都是钻心痛，伤口虽然没有再感染，可就是长不好。眼看敌人第五次军事"围剿"就要开始，其他伤员一个个伤愈出院返回前线，粟裕心急如焚。就在此时，粟裕经历了一次遭敌特袭击的危险。

那是一个赶集日子的早晨。军医院设在硝石南边的团城。敌人的便衣队伪装赶集混了进来，袭击军医院。医院毫无准备，又没有武装力量，大家立即分散四处隐蔽。粟裕一跑出门就遇到四个敌人便衣。敌人紧追不放。粟裕虽胳膊负伤，但两条腿很利索，而且平时训练有素，一口气跑了十多公里，甩掉敌人，转危为安。后来粟裕被送到方面军司令部手术队，用当时根据地最好的外科药品碘酒治疗，不到半个月伤口就长好了。这是粟裕第四次负伤，左臂虽然保住了，但留下了终身残疾。

粟裕伤愈出院回到部队时，第五次反"围剿"已经开始一个多月。中共中央决定成立第七军团，下辖十九、二十、二十一师。十九师是由红十一军改编而成的。寻淮洲任七军团军团长，萧劲光任政委，粟裕任军团参谋长兼第二十师师长。11月11日参加了浒湾、八角亭战斗。

浒湾、八角亭靠近敌人的战略要点江西抚州的金溪县。守浒湾的是冷欣的一个师，下辖五个团。中共中央军委命令七军团正面进攻，夺取浒湾，三军团迂回侧后。七军团发起攻击后，与固守八角亭的敌人形成对峙。粟裕率领的二十师是刚由地方部队改编成立的，全师只有2000多人，而攻击正面宽达十公里，还要派出两个营去掩护兄弟部队，用在主阵地的兵力实际上只有1500人左右。敌人发现三军团进攻其侧后，立即倾全力猛攻正面。粟裕指挥二十师和十九师一起奋力反击，第一天把敌人打垮了，还缴了几百条枪，天黑后各自收兵。从枪声判断，三军团和敌人打得很激烈，但三军团一次也没有和七军团联络，彼此不知道对方情况，没有协同配合，各自打成了消耗战。第二天早晨，敌人继续在正面猛攻，还出动了飞机、装甲车。红军战士没有见过装甲车，面对这样的铁家伙，不知该怎样对付，十九师的阵地被敌人两辆装甲车冲垮了。擅长游击战的红军指战员，从来没有见到过飞机轰炸场面，望着集中投下的炸弹，有人大声叫喊："不得了啦，不得了啦！"他们不是胆小怕死，而是不知该怎样对付敌人的空中袭击。粟裕指挥的二十师阵地战斗也很激烈，敌人以密集队形冲杀，二十师师部阵地最后只有机枪排的一挺重机枪，仅剩七十多发子弹。机枪排长舍不得把子弹打光，粟裕抢步上前，夺过机枪，猛扣扳机，"哒、哒、哒"，七十多发子弹一齐射向敌阵，遏制了敌人的攻势。子弹、手榴弹全打光了，粟裕和战士们就用枪托和石头砸，一直坚持到天黑。敌人进攻的枪声渐渐停止了，粟裕率领幸存的战士们沿着抚河撤退，第二天早晨才找到七军团指挥部。

浒湾战斗失利，粟裕总结得出了很多教训。从红军总兵力看，是完全可以把敌人消灭的。由于红军通讯联络太差，兄弟部队之间没有一点配合，对敌没有形成有力夹击，打成了伤亡很大的消耗战。这次战斗，红军还吃了不了解敌人新式装备的大亏。五十多年后粟裕还说："这一仗给我留下了很深的印象，它说明随着战争规模的扩大和敌军武器装备的变化，我军的战术、技术也需要相应地发展。

所以我历来主张要给部队讲真实情况，让部队了解敌人。由于受'左'的影响，有一种倾向，就是不敢实事求是地讲敌人的力量。"①粟裕认为，实事求是看到敌人的优势，绝不是"左"倾领导人所说的"恐敌病"。了解敌人才能最终战胜敌人。与其战争打响了由于缺乏思想准备而"恐慌"，不如交锋前"恐慌"。战前"恐慌"还有时间做好工作，研究对策；战时"恐慌"想补救已经晚了，等待的只能是打败仗。

此时，王明"左"倾冒险主义军事战略已在中央苏区占统治地位，提出了"御敌于国门之外"的方针，共产国际又派遣只会用地图指挥作战的李德来担任军事顾问。第五次反"围剿"开始不久，萧劲光被撤销七军团政委职务，由乐少华接任。部队的气氛和过去不大一样了，沉闷、压抑，没有生气。粟裕也被乐少华扣上了"反对政治委员制度"的帽子，受到限制和监督使用。50年后粟裕撰写战争回忆录时，披露了这段现在看来是那么荒唐的事，说起了这顶大帽子的由来："我们在闽赣边执行牵制任务时，一次我们阻击向江西前进的敌第十师李默庵部，消灭了一部分敌军。我从前沿跑回来请示是否继续追击。当时军团长和政委坐在一根木头上。军团长说：'好，好，好！'表示要继续追击。政委没有做声。我以为他同意了，一转身就走。他突然跳了起来大叫：'站住！妈那个×，政治委员制度不要了！回来！回来！'我们只得停止追击。当晚军委来电批评我们为何不继续追击。他才没有说的。但他从此把我作为反对政治委员制度的危险人物加以限制和监视。"②

浒湾战斗以后，粟裕率部队在清流、归化、将乐、沙田一带活动。军委给七军团的任务是无论如何都要拖住福建方面的敌人，不让他们向江西增援。七军团兵力不多，不能打规模大一点的运动战。粟裕从实际出发，积极筹划打游击性的运动战。他指挥部队占领交通要道附近的山头，居高监视敌人，发现敌人向江西方面行动，马上就打出去，袭击敌人尾巴，把大部队吸引回来，牵制住敌人。粟裕还谋划了奇袭永安县城，取得很大胜利。

永安是国民党军鲁涤平部的后方，县城周围筑有较高的城墙。这时红军战士已经学会了一些攻城技术。粟裕总结第二次打长沙的教训，组织指挥战士把坑道一直挖到永安城墙脚下，又找来一口棺材，里面装满黑色炸药，挑选一批战士伪装出殡队伍，把棺材抬到城门口，趁敌不备点着引信，把城墙炸开一个大缺口。预先埋伏在城边坑道中的战士一跃而起，冲进了永安县城。那个负责点燃导火索的工兵排长，因为来不及撤离，被炸塌的城墙埋在里面，光荣牺牲了。打进永安城，缴获了敌人一个兵工厂。中央苏区派来了许多民夫，把兵工厂里的武器、弹药、机器都搬走了。在清理战利品的时候，还发生了这样一个小插曲：部队打下兵工厂，发现有许多长方形的铁皮桶，里面不知装的是什么，摇摇还有液体流动的响声。通讯员想办法打开了铁皮桶盖，点了根火柴，凑到桶口去察看，谁知

---

① 《粟裕战争回忆录》，解放军出版社，1988年11月，第1版，第104页。
② 同上书，第105—106页。

"嘭"的一声巨响，桶里那水一样的液体烧起来了，幸亏扑灭得快，没有造成大火，那个通讯员为此受了处分。原来铁皮桶装的是美国援助蒋介石的汽油，汽油一碰到明火，自然要燃烧爆炸。贫苦农民出身的通讯员从来没见过汽油，更不懂得这些道理，挨个处分实在有点冤！

由于攻占永安城的胜利，七军团受到了表扬和奖励。然而，粟裕和红军战士们用鲜血和生命换来的局部的个别的胜利，却无法扭转王明"左"倾冒险主义错误造成的失败，也无法在总体上粉碎蒋介石的第五次军事"围剿"。

从井冈山到中央苏区，粟裕在毛泽东、朱德的领导和指挥下转战，在血与火的斗争中学习、成长。领导层中正确与错误不同意见的争论，胜利与失败正反两个方面的经验，给粟裕学习中国革命的道路和中国革命战争的规律，提供了极其丰富的生动的教材。他在实战中逐步加深了对积极防御和诱敌深入战略方针的理解。粟裕从亲身的经历中深深体会到："作为军事指挥员应该懂得中国革命战争的战略问题。一个指挥员对战略问题有了深刻的理解，有了清醒的头脑，才能运筹自如地指挥作战。"[①]从此以后，粟裕更加自觉地刻苦地学习和研究中国革命战争的战略问题，站在战略的高度思考作战，从全局出发驾驭局部，即使是在以后长期远离中共中央乃至与上级党组织失去联系的情况下，他也尽可能地去了解和重视学习战略性问题，所以能对各种错综复杂的形势作出正确判断，采取适应新情况的方针政策，把革命推向前进。

---

① 《粟裕战争回忆录》，解放军出版社，1988年11月，第1版，第100页。

第四章　红军北上抗日先遣队

**一、中革军委紧急组建红军北上抗日先遣队。
先遣队领导却不知道中共中央的真正意图。**

1934年7月6日晚，中央苏区首府江西瑞金出发一支部队，执行北上抗日先遣任务，它就是中国工农红军北上抗日先遣队。粟裕担任先遣队的参谋长。这是中共中央决定战略转移最早派出的一支红军部队。但中共中央派出这支部队最迫切的真实的意图，包括粟裕在内的先遣队领导谁也不清楚。若干年以后，粟裕见到了当年在极小范围内阅读的两份中央文件，才明白了中共中央的意图。

1933年10月，蒋介石调集百万大军，对红军发动了第五次军事"围剿"，其中五十多万兵力是重点进攻中央苏区。此时，王明"左"倾冒险主义者已经把持中共中央的领导权，他们排挤毛泽东对中央苏区和红军的领导，否定红军许多高级指挥员的正确主张，第五次反"围剿"打了整整一年，大小战斗上百次，红军没有打过一次痛快的歼灭战，越打越被动，越打越憋气，苏区根据地也越打越小，到1934年4月已由原来的纵横各近千里缩小到各三百余里。到1934年6月情势更为严重，"左"倾冒险主义领导最后决定放弃中央苏区，向西南突围，准备到湘西去与第二、第六军团会师，创建新苏区。红军北上抗日先遣队正是在这种背景下组成和派出的。

1979年底，粟裕向军委副主席叶剑英询问：抗日先遣队是否是在王明"左"倾错误指导下派出的？叶剑英说："五次反'围剿'初期，毛主席主张过把红军主力挺进到苏、浙、皖、赣地区，以打破蒋介石的'围剿'。当时毛主席不在位，中央没有采纳。后来派出先遣队，主力红军已经要作战略转移，那时毛主席处于无权地位。"[①]那么，那时中共中央的战略意图是什么呢？当时任中央革命军事委员会主席的朱德元帅，1973年12月回答军事科学院的提问时明确指出："是准备退却，派先遣队去做个引子。不是要北上，而是要南下（指中央红军主力从中央苏区西南部转移）。"[②]

[①]《粟裕战争回忆录》，解放军出版社，1988年11月，第1版，第134页。
[②] 同上。

执行北上抗日先遣任务的是红七军团。接替萧劲光担任政委的是乐少华。1934年7月初，红七军团奉命从福建连城地区调回到瑞金休整补充。中共中央、中央革命军事委员会几位领导人和共产国际派来的军事顾问李德（德国人，原名奥托·布劳恩，化名李德，又叫华夫，1933年9月到达中央根据地），接见了军团长寻淮洲、政委乐少华、参谋长粟裕、政治部主任刘英，当面交代任务，宣布由红七军团组成红军北上抗日先遣队，立即向闽、浙、赣、皖等省出动，宣传共产党的抗日主张，推动抗日运动发展，最后到达地域为皖南，要求在一个半月内赶到。中央政治局书记处、中央政府人民委员会、中央革命军事委员会还发出了《关于组织北上抗日先遣队给七军团作战任务的训令》。

"训令"规定红七军团的任务："中央及军委决定派七军团长期到福建、浙江去行动，发展游击战争，创建游击区域，一直到在福建、浙江、安徽诸地界建立新的苏维埃的根据地；开展反日运动；消灭敌人后方的单个部队；深入到敌人后方去，经过闽江流域，一直到杭（州）江（山）铁路及安徽的南部，以吸引蒋敌将其兵力从中央苏区调回一部到其后方去。"

"训令"对红七军团的行动计划和完成时间，规定得很具体："行动计划预定分为三步：第一步，七军团于7月7日晚由瑞金出动，经连城之北，永安东南，尤溪之东，约于7月25日到达闽清以西之闽江地域渡闽江；第二步，渡过闽江后，七军团即以中国工农红军抗日先遣队的名义活动，经由古田、庆元、遂昌向浙西前进，8月中旬应抵达杭江铁路之兰溪地域，在红十军的协助下消灭浙赣边境上的敌人；第三步，8月下旬，在浙江及皖南地域，创立广大的游击地区及苏维埃的根据地。"

"训令"对先遣队决策领导核心和任务也作了具体规定："党中央派中央代表曾洪易及工作团随军行动。如联系中断时，则由中央代表、军团长、军团政委三人组织七军团的军委，中央代表领导党的工作、反日运动和游击战争，并与地方秘密党组织取得联系。"

为什么规定红七军团在一个半月内赶到皖南呢？因为这时中共中央领导人已内部制订了一个中央苏区"大突围"、"大撤退"计划，拟定在9、10月间实施。派红七军团去皖南，威胁国民党的腹心地区，吸引和调动"围剿"中央苏区的国民党军，正是为了配合中央红军主力实行"大搬家"的战略意图。但中共中央领导人并没有把这个意图告诉红七军团领导，为此制定的绝密文件也没有向红七军团领导传达。

七军团是中央苏区红军主力中较新的军团，接受抗日先遣任务时，全军团约有4000人。奉调到瑞金后突击补充2000多名新战士，总共6000多人，其中战斗人员4000多人，分编为3个师，实际上各相当一个大团；非战斗人员约2000人，包括中共中央派出的随军工作团。全军团仅有长短枪1200到1300支，一部分轻重机枪，6门迫击炮，许多战士拿的是梭镖。但其他物资却不少，中共中央为他们印制了大批宣传品，有300多担，连同部队的后勤物资和炊事工具，总共500

多担。新成分多、非战斗人员多，武器不足，负荷沉重，行动迟缓，给七军团行军打仗带来很大不便，也使27岁的军团参谋长粟裕运筹戎机增加了困难。

红七军团离开瑞金，经福建的长汀、连城、永安，攻克大田县城，经尤溪以东，进入闽中地区。中共中央命令罗炳辉率领的红九军团专程从江西东进，护送七军团北上。两支劲旅同时挥师东进。国民党正规部队慑于红军强大威力，龟缩在县城据点不敢出来，沿途民团和地主武装更是不堪一击。7月30日七军团从闽江下游南岸的樟湖坂镇胜利渡过闽江，完全进入白区。

按照中共中央"训令"，七军团此时应由福建北上经浙南、浙西去皖南，实现第二步、第三步行动计划。中共中央革命军事委员会忽然改变计划，7月31日电令七军团由谷口东进，占领水口，威胁并相机袭取福州。粟裕马上重新选择进军路线和制订作战方案，转兵向东，8月1日进占福州西北闽江边上的重要集镇水口，另一部占领古田县城。按照中共中央军委指示，军团部在水口镇召开"八一"纪念大会，向部队正式宣布：对外以"中国工农红军北上抗日先遣队"的名义活动，对内仍称红七军团，并在大会上对北上行动和攻打福州进行了动员。官兵情绪高涨，斗志昂扬。

中共中央出于总的战略意图考虑，对红七军团北上行动作了突出宣扬。中央政府主席毛泽东专门接受中央苏区《红色中华》报记者采访，谈目前时局和红军抗日先遣队。毛泽东主席详细分析了日本帝国主义加紧对中国侵略和国民党几十万军队对苏区第五次"围剿"的形势，指出：苏维埃中央政府与革命军事委员会，派遣了一支抗日先遣队，这两天已经迫近福州，即将经东部各省北上抗日。毛泽东特别强调，这支先遣部队"有充分的战斗力，配备了充足的火力，战斗员指挥员都是质量很好的曾经在同国民党军队作战中表现了最大的英勇"，并且预言"先遣队必能得到沿途民众的援助"，"很快壮大成为抗日作战的大力量"。这篇谈话刊登在1934年8月1日的《红色中华》第二版。8月1日，毛泽东主席在瑞金参加"八一"阅兵典礼发表演说。8月2日出席红军家属第一次代表大会作政治报告，都论述了红军抗日先遣队北上抗日的意义。《红色中华》作了详细报道。从8月1日到9月21日，《红色中华》连续刊登14条电讯稿，报道抗日先遣队北上的胜利消息，最多时一天刊登4条，都在第一版。

红七军团突然在闽中地区出现，引起国民党当局震惊。福建省主席陈仪命令部署在闽东宁德、福安、霞浦和泉州等地"剿匪"的第八十七师王敬久部集中到福州。蒋介石急调在湖北整训的第四十九师伍诚仁部由长江水路和海运驰援福建。"围剿"中央苏区的国民党东路军总司令蒋鼎文也急忙从漳州飞到福州视察。8月7日，红七军团到达福州西北近郊，当晚便发起进攻。

红七军团横渡闽江的时候，军团长寻淮洲坠马负伤，军事指挥重任落到了参谋长粟裕身上，眼前的重要一仗就是中革军委电令的袭取福州。福州是福建省的省会，是东南沿海的大城市，筑有高大的城墙和坚固的防御工事。红七军团远道而来，对福州驻军的兵力和工事情况都不了解，以装备粗劣的数千之众去攻打省会大城市，带有很大的盲目性。粟裕从来没有打过这种无准备无把握之仗，从心里不同意打福州。然而，中革军委命令非常明确，还说福州市内的地下党组织将进行策应配合。作为军人和下级，粟裕只有服从，不容许违抗命令。他默默地提醒自己：把各种不利因素想得周到些，争取以尽量小的牺牲，换取尽量大的胜利。

粟裕命令部队迅速展开，占领城外一带高地。深夜11时左右，粟裕下令攻击。几个连的攻城部队犹如猛虎下山，直扑福州北关外围小北岭一线。战局开始发展很顺利，后来，遭到凭险扼守的敌人猛烈还击。善于野战的红七军团不熟悉近迫作业，又缺乏攻城器材，而且根本没有所称市内地下党组织的策应。实际上福州地下党中心市委已在1934年4月被敌人破坏了。部队几度强攻都未奏效。8日下午，粟裕指挥红七军团再次向福州外围发动猛攻，战士们打得十分英勇，仍然没有办法打进城里。蒋介石出动了飞机，对红七军团阵地轮番轰炸、扫射。红七军团损失很大。面对严峻的局势，粟裕心急如焚。为了保存实力，避免过大伤亡，给部队以后行动带来新的困难，必须趁夜晚迅速撤出战斗。可是粟裕不在七军团的决策层内，没有这个权力。如何说服军团领导采纳他的意见呢？粟裕反复考虑，特别强调说，中革军委的命令是要红七军团"相机袭取福州"，现在已经没有这种"袭取"的机会，即使付出很大代价攻进城去，也解决不了城中敌人，权衡轻重，还是以撤退为上。中共中央代表曾洪易、政委乐少华也觉得"袭取"福州无望，再攻下去只有加大伤亡，粟裕提出的撤退意见有道理，只好表示同意。

夜幕笼罩了福州北岭，北门外的里洋、笔架山、隐士山坡一带高地一片漆黑。粟裕指挥红七军团主动撤出战斗，8月9日晚转移抵达福州东北20公里的桃源、北石岭地区宿营。这里离闽东游击区只有10公里左右。

长期的行军、作战，部队十分疲劳，干部战士一躺下很快便进入梦乡。作为参谋长，粟裕知道肩上的责任，他把部队目前的处境又认真想了一遍，派出一支侦察部队，以防尾追之敌袭击。不料黑夜里侦察部队走错了路，从福州追来的蒋军八十七师一个团突然闯入桃源与降虎之间的梧桐山高地，与先遣队警戒部队相遇，双方立即接上了火。情况十分危急。粟裕迅速率部投入战斗，组织优势兵力和火力首先将突入之敌击退，接着紧急部署部队抢占阵地，迎击敌人反扑。天渐渐亮了，战斗同时在桃源西南的降虎、茶亭、汤岭、板桥等地展开，激战整整一天，双方逐步形成对峙状态。敌人增援部队源源开来，企图实施两翼包抄，还出动飞机狂轰滥炸，俯冲扫射。形势对红七军团越来越不利。粟裕敏锐地洞察敌人意图，力主尽快撤出战斗。先遣队政委乐少华也感到形势严重，赞成粟裕的意见。部队趁着夜幕悄悄撤出战斗。粟裕亲率一个连殿后掩护。部队继续向闽东游击区转移。

中革军委电令攻打福州，给红七军团以后的行动造成很大困难。部队刚过闽江时声势浩大，国民党军弄不清先遣队究竟有多大兵力。攻打福州这一仗，暴露了红七军团实力，不过是一支几千人的牵制力量。从此，国民党军就一直疯狂地追击、堵截，千方百计要消灭这支部队。

攻打福州失败和桃源血战，两次危急关头都由于粟裕随机应变，处理得当，七军团避免了更大伤亡。这两仗引起了粟裕的思考：攻城，不是红军的长处，红军既没有这方面的作战经验，又没有必要的器械，特别是不顾攻守双方力量对比悬殊，以深入敌占区的一支并不强大之师，去强攻并且还想占领敌重兵防守之城，口号虽然鼓舞人，结果不仅不能奏效，还造成重大伤亡，影响士气。桃源激战一昼夜，红七军团采用的还是阵地战打法，猛打硬攻，虽然毙伤俘敌很多，缴获几百支机枪、步枪，但自己伤亡七八百名，还牺牲了几名师、团干部。这种打法是不是适合处在新形势新环境中的先遣队？粟裕心中打了一个很大的问号，一路行军一路深沉地想着。

二、孤军深入白区步步艰险。
　参谋长纵有妙策，惜乎无权实施。

8月10日夜晚，粟裕指挥先遣队从桃源、降虎一带阵地撤出战斗，继续东进。国民党军第八十七师一直紧紧尾追，到连江县潘渡一带把"追剿"任务移交给从武昌坐船赶来的第四十九师。

8月的南国，赤日炎炎，大地生烟。先遣队在白区行动，民夫很不好找，重伤员大部分由干部战士抬着，行动更加困难。粟裕既要代理军团长寻淮洲指挥作战，又要完成参谋长的本职工作，忙得不可开交，无暇休息。

红军北上抗日先遣队攻打福州的时候，中共连江县委潘渡区委就派游击队员前往北岭一带侦察。先遣队转移到达潘渡，连江县委接到潘渡区委报告，立即派宣传部长陈元前来迎接。中共连江县委迅速组织苏区群众和赤卫队员，还动员了几百名船工，不分昼夜将先遣队的伤病员抢运到安全区，分散到连江沿海的鹤屿、颜屿、下屿、下宫等地红军医院和临时医院治疗。粟裕来到海边，和转移的伤病员道别，鼓励他们安心养伤，坚持斗争。先遣队安排好伤员，粟裕立即指挥部队向罗源挺进。寻淮洲、乐少华、刘英、曾洪易等在罗源百丈村先后会见了连江、罗源中心县委和闽东红军独立团、连（江）罗（源）红军第十三独立团的领导人。闽东红军独立团团长任铁锋要求先遣队配合地方红军打下一些县城，使几块小游击区连成一片。寻淮洲等考虑到中革军委交给的任务，答应了闽东方面提出的攻打罗源县城的要求。寻淮洲把攻城任务交给粟裕具体实施。

罗源县城驻有国民党地方保安团一个营、海军陆战队一个连，还有县警备队、民团等。粟裕率先遣队右翼部队抵达罗源白塔，离县城大约五公里。连（江）罗（源）红军第十三独立团一部由参谋长杨采衡率领，配合先遣队攻城。粟裕认真分析情况：从兵力对比来说，我强敌弱，这与打福州时完全不一样。敌人守在城内，先遣队缺乏攻城作战经验和器械，这是与打福州相同的。但是攻打福州失利的阴影还留在相当一部分干部战士心中，产生着消极影响。粟裕反复思考着、比较着，如何以尽量小的代价攻下罗源县城？粟裕和杨采衡等商量，确定了智取的作战方案。他们派出侦察兵化装成农民，与地方红军游击队侦察员一起混进城里，摸清敌人兵力部署、工事设施和地形交通。然后一部分人出城汇报情况，一部分人隐藏在城区原清政府军械库作内应。与此同时，地方党动员赤卫队、贫农团积极行动，赶制攻城竹梯、火把，并且杀猪宰羊，舂谷春米，准备庆贺胜利。部队的情绪很快振奋起来了。

8月13日下午，粟裕在白塔召开攻城部队战前会议，具体交代作战任务。夜晚10时，各部队分别到达预定位置。8月14日零时30分，粟裕一声令下，战斗首先在东门、西门打响。敌人连忙调兵增援东门、西门。打东门、西门是粟裕的佯攻计，南门才是真正的主攻方向。忽然南门起火，潜伏在城内的侦察员按时放火为号，策应攻城部队。城内城外夹击，南门守敌吓得不知所措，纷纷投降。战斗仅仅进行了两个多小时，红军就攻克罗源县城，歼敌1000多名，缴获机枪3挺，步枪200余支，还有许多弹药，活捉县长、国民党县党部指导员、保安团营长及警备队长等。红军打开县监狱牢门，救出40多名革命志士和无辜群众。8月15日，先遣队把俘虏交给地方红军，离开罗源县城，向毗邻的宁德县挺进。中共地方党组织和红军在大街中心召开诉苦公审大会，判处罗源县长等7名罪大恶极的反动分子死刑，就地枪决。群众拍手称快。

同样是攻城，粟裕巧妙运筹，以很小的代价攻克罗源县城，震惊了国民党当局。粟裕在这次指挥作战中充分显示了他的军事才能。可惜的是七军团的大权掌握在"左"倾宗派主义领导人手中，粟裕的军事才能不能得到很好发挥，无法起到应有的作用。

先遣队进入闽东，这是红军主力部队第一次到这个地区。当地党、红军和苏区群众非常兴奋，热烈欢迎。闽东游击区领导人叶飞等前来欢迎，在宁德县赤溪的阳谷村和先遣队领导会面。这是粟裕和叶飞第一次会见。闽东党、红军和苏区群众迅速妥善安排好了先遣队的伤病员，还动员一批青年参加先遣队，支持中央红军北上抗日。先遣队连续在罗源、穆阳镇打了几个胜仗，极大地鼓舞了闽东党、红军和根据地群众。根据先遣队领导决定，粟裕从部队挑了几百条好枪送给闽东党和红军。先遣队留下的几百名伤病员，后来许多人成为闽东独立师的骨干。

8月16日，中共中央电令先遣队离开闽东，沿闽浙边境向闽北前进。此时寻淮洲伤势好转，重新参加一些军事指挥。粟裕在帮助军团长遂行军事指挥的同时，努力做好参谋长的工作。

先遣队转战闽东，向闽北转移，国民党军第四十九师紧紧咬住不放。粟裕是先遣队领导人中最忙的一个。敌人靠近了，他立即运筹阻击，制订作战方案，提请军团领导下决心，狠狠打它一仗，杀杀敌人威风。仗刚打完，又要运筹如何迅速摆脱敌人，变被动为主动。然而，先遣队在军事上的被动局面一直无法彻底扭转过来。粟裕感到困惑。先遣队离开中央苏区以后，行军走什么路线，每天前进多少里程，在什么地方宿营，攻打哪一个城镇，都由中革军委电报遥控指挥，在作战指导和指挥上实行绝对集中，规定得非常具体。例如，中革军委要先遣队每天挺进 15 公里左右，不要你多走，也不让你少走。这一切同粟裕在毛泽东等领导下参加井冈山斗争和中央苏区反"围剿"作战完全不一样。随着仗打得越多，粟裕在军事上越来越成熟，思想越来越开阔，想问题越来越深刻。他认为，先遣队孤军深入白区，面对的是优势国民党军的围追堵截，行军、作战等军事行动必须不断根据变化着的情况，作出灵活机动的改变。古时用兵尚且有"将在外君命有所不受"的说法，现在怎么能不顾敌情我情，一味按完全脱离实际的电报指示行动呢？粟裕又认为，先遣队北上远离后方，沿途经过的游击根据地和游击区就是最好的依托，应该凭借来休整部队、安置伤病员、补充新成分，并在根据地群众支援下，抓住战机打几个漂亮仗，为下一步行动打下基础。可是上面不让停留。粟裕走一路思索一路，对新环境中的行军、作战，形成了自己的一套见解：行军，应该采取跳跃式前进，根据地形、敌情，该快则快，该慢则慢，动若脱兔，静似处子。作战，面对强敌追击，应适当分散兵力，同敌人盘旋兜圈子，多打游击战，以吸引、迷惑和寻机打击敌人；遇到有利战机则集中兵力，打游击性的运动战，歼敌一部，以改变不利态势，争取战场主动权；既要积极打击敌人，又不盲目地打硬仗，拼消耗。粟裕把自己的这些想法和看法，同寻淮洲军团长等领导干部交谈过。大家都有同感，都很赞成。粟裕也向随军中央代表曾洪易和七军团政委乐少华建议过，可是，把持了军团领导权的曾洪易、乐少华，对粟裕的正确意见听不进、不采纳。

曾洪易曾在闽浙赣苏区任中共中央代表和省委书记，推行"左"倾路线，给闽浙赣苏区造成极大危害。来到抗日先遣队以后，面对艰险的斗争环境，一直悲观动摇，最终叛变投敌。乐少华既无实际斗争经验，又蛮横霸道，动辄拍桌子骂娘，用"反政治委员制度"的大帽子压人，滥用"政治委员最后决定权"。在军团三人领导核心中，只有寻淮洲是在革命斗争中锻炼成长起来的优秀青年军事指挥员。他参加过秋收起义，作战勇敢，联系群众，有胆有识，机智灵活。但是，把持中共中央领导权的"左"倾机会主义者推行宗派主义组织路线，对红军中从基层成长起来的有实战经验和领导水平的干部，采取排斥和不信任态度，寻淮洲虽是军团长、军事一把手，却无法行使军事指挥权。乐少华对行军作战都要指手画脚瞎指挥，有时军团长刚下令部队展开，乐少华则要部队撤下来，使下级指挥员无所适从。粟裕不是军团军事委员会成员，他的许多正确主张尽管得到中下层干部拥护，却得不到曾洪易、乐少华重视。粟裕出于公心，维护军团长寻淮洲的权威。乐少华大为恼火，大声呵斥粟裕是"反对政治委员制度的危险分子"，扬言要撤粟裕的职。一向平和的粟裕愤怒抗议说："你还没有资格撤我的职！"

军团主要领导人之间的矛盾日益尖锐。乐少华和寻淮洲一开会就吵架，天天如此，几乎造成指挥上的瘫痪。曾洪易愈益暴露出严重的恐慌动摇，竟然要求离开部队。部队攻克闽东豪绅地主集中地福安县穆阳镇，筹集到三万元现洋和大量物资。8 月 24 日，部队离开穆阳继续北上，乐少华独断专行确定一条行动路线，结果走错了路。军团长寻淮洲气愤地批评乐少华。乐少华蛮横地与寻淮洲大吵大闹。曾洪易身为中共中央代表，不仅不支持寻淮洲的正确意见，连他们吵架也不劝阻，站在一旁冷眼观看。从内心里说，粟裕是支持寻淮洲的，但在这种情况下他觉得必须顾全大局，不能使寻、乐矛盾再扩大。形势这样险恶，主要领导再不团结，必然会给部队带来重大损失。他默默地给自己加了一项新任务：部队每到一地，粟裕除了周密安排宿营、警戒外，还要派出人员去调查下一步行动路线，提出行军方案，然后送给曾洪易、寻淮洲、乐少华，等三个人签名盖章都同意后再去组织实施。

按照粟裕提出的行军路线，部队在闽浙边行动，继续向闽北前进，8月26日由福建寿宁进入浙西南的庆元县，连续击溃国民党地方保安团和地主武装大刀会的拦阻，8月28日下午攻克庆元县城。部队在庆元县休整一天，8月30日向西挺进，在竹口歼灭国民党浙江保安第三团（缺一个营），消灭丽水保安警察大队和庆元县保卫团大部，活捉庆元县长张致远，击毙县保卫团副团长丁南，浙江保安二支队司令官杜志成落荒而逃，浙江保安第三团团长何世澄兵败自杀。先遣队短短几天内连战告捷，军威大振，9月初进入闽北苏区东北的古楼一带游击区。

以崇安为中心的闽北苏区，是闽浙赣苏区的一部分，领导人是享有很高威望的老共产党员黄道。先遣队离开中央苏区以来，一路马不停蹄，战斗一个接着一个，此时全军已不足4000人。国民党军第四十九师始终咬住不放。粟裕、寻淮洲等都竭力主张利用闽北苏区有利条件，让部队好好休整一下，同时坐下来认真总结出师以来的经验教训，以利今后的行动和作战。在国民党军优势兵力的前堵后追下，先遣队一直处在被动地位，也需要闽北苏区的支援，寻找战机打几个胜仗，振奋士气，摆脱被动局面。可是，中革军委一次又一次来电，催促七军团行动。9月4日电令七军团："现已开始作战计划的第三步，中心任务是：继续彻底破坏进攻红十军及闽北苏区之敌的后方；在闽浙赣边境广泛开展游击战争，创建新苏区"，并规定"上述任务应于9月内完成"。9月7日，中革军委又来电批评七军团："你们拟于闽北边区休息，这恰合敌人的企图，因敌人企图阻止你们北进"，并命令："立即执行4日的训令"，"集结兵力转移到新的隐蔽地域"。9月10日军委两次来电："命令七军团仍应执行原定北上任务"。实际上，那时皖南暴动已经失败，"左"倾路线领导人把持的中共中央明知这个情况，仍然机械地要先遣队按原计划到皖南去，这是战略指导上的又一次重大失误。而此时粟裕的战略思想和中革军委指示完全不一样：从眼前看，粟裕竭力主张七军团应该依托闽北苏区，寻找战机给尾追之敌第四十九师以有力打击；往下一步想，还应在福建地方党组织和地方红军配合下，以军事斗争作支撑，更大规模发动群众，把闽东、闽北根据地连成一片，再同群众条件较好的浙西南庆元地区连接起来，创造较大的局面；最后从这里跳跃式地向浙西和皖南发展，建立新的苏维埃根据地，真正调动敌人离开中央苏区。可是粟裕的真知灼见既未引起中革军委重视，也没有被曾洪易、乐少华采纳。凝视闽北苍山峻岭，想起中革军委三令五申的脱离实际错误指挥，粟裕心中极度惆怅。

按照中革军委指示，七军团在闽北只停留了短短几天，安置好一批伤病员，随即离开浦城县古楼游击区，通过枫岭关，向北进入浙江省江山县境内，从此结束了在福建省境内的战斗历程。为了破坏交通和迷惑敌人，粟裕派一个团殿后。9月14日，这个团在江山县清湖镇归队，但去接应的红五团却在峡口与敌遭遇，被封锁在杭（州）江（山）铁路和衢江南边，与七军团主力失去联系。政委洪家云率领部队冲出包围，撤回到闽北苏区，便留下来归中共闽北党领导，改编为红三团，在闽浙边的浦城、江山、龙泉等县开展游击战争。1935年3月，粟裕、刘英率新组建的挺进师挺进浙西南，途经闽北，洪家云和红三团重新归建，编入挺进师。

三、两千多公里征战，以周密的运筹使困境中的部队尽量减少损失，争取胜利。

先遣队进入闽北苏区时，已是从瑞金出发后两个月，超过了中共中央规定的到达皖南的期限。按照中革军委9月4日电报指示，先遣队离开闽北，已开始了出发时规定的作战计划的第三步，即"在浙江及皖南地域，创立广大的游击地区及苏维埃的根据地"。那么，部队就应该向皖南急进。粟裕感到困惑的是，就在9月4日的同一个电报指示中，中革军委又给先遣队规定了当前的"中心任务"：一是"继续彻底破坏进攻红十军及闽北苏区之敌的后方"；二是"在闽浙赣边境广泛开展游击战争，创建新苏区"，还进一步指出："首先破坏龙泉、浦城、广丰、玉山间的公路交通线，其次破坏兰溪、衢州、玉山、江山、常山间的铁路和公路交通线"，并且明令"上述任务应于9月内完成"。参谋长粟裕接到中革军委这样的电报心里直犯难。叫粟裕犯难的何止9月4日电令！这段时间，中革军委电报不断。部队加快一点行军速度，以便早一些赶到皖南，中革军委马上来电严厉批评："不须以急行军增加病员与疲劳，每日行二三十里。"[①] 敌人乘机加紧了追击围堵。在这种情况下，参谋长的工作非常艰难：既要按照中共中央指示，深入敌后进行破袭活动，又要对付强大的敌人和保存自己。眼前的情况对先遣队十分不利。粟裕认为，从实际出发，当前最好的战略决策就是避敌锋芒，"走"为上计。中革军委却多次批评："对保安团畏惧其截击是不对的。"事实上，这段时间先遣队也连续打了不少胜仗：9月13日攻占江山县清湖镇，消灭浙江保安团一个营。9月15日在江（山）常（山）公路的大陈地区，打垮了浙江保安三个团七个连的进攻，一度攻入常山县城，缴获一批物资和现金。

浙江是蒋介石的老巢，反革命的社会基础雄厚，保安团人数多装备精良战斗力较强，保甲制度严密，加上交通和通讯便捷，蒋介石能及时掌握红军行动情况，迅速调集部队"围剿"。而先遣队行军作战的指挥权，掌握在千里之外的中革军委手里，他们对当面实际情况完全不了解，凭主观愿望发号施令。先遣队只能机械

---

① 《粟裕战争回忆录》，解放军出版社，1988年11月，第1版，第119页。

地按照电报规定的时间、地点、路线、里程慢慢走,差不多天天要打掩护仗、遭遇仗,尽管也取得了不少胜利,但处境越来越被动,越来越困难。特别是一仗打下来伤员无法安置,只好自己抬着边走边打,边打边走。一个伤员要安排两个战士抬,还要一个作替换,部队战斗力受到严重影响。随军中共中央代表曾洪易越来越悲观动摇。

部队在浙西艰苦转战。9月17日,中革军委电报严令七军团:"在未执行军委给予的破坏杭江铁路及其附近公路的任务之前,禁止继续北进。"粟裕拿着电报,忧心忡忡地去找寻淮洲、乐少华和曾洪易。粟裕心中很清楚,限于当时当地的群众基础和七军团的技术、装备条件,要在敌人心脏地区广大地段上破坏铁路、公路,是根本办不到的事。中革军委的指示完全脱离实际,闭门造车。寻淮洲、乐少华、曾洪易看了电报,都没有说什么。粟裕站在旁边等了一会,又默默地退了出去。18日,中革军委又来电令:"应即向遂安前进,以袭击方法占领该城,并确保于我军手中",规定先遣队要以遂安为中心,开展游击战争,建立苏区,而后再向浙皖边境发展。粟裕把电报交给寻淮洲,焦急地问:"怎么办?"

粟裕早就把遂安那一带的情况侦察清楚了。他对寻淮洲说,遂安位于新安江上游,距离杭州只有200公里。这里虽然是山区,但处于衢江、兰江、新安江三角地带,江水较深,汽船可以通到建德、兰溪,还有浙赣铁路和公路干线,交通方便,敌人行动十分便捷。居民多以竹木为业,产粮很少,部队进去以后给养困难极大。而且这里没有共产党的工作基础,相反,赣东北的逃亡地主都在这里聚居。显然,要以遂安为中心建立根据地是不适宜的。粟裕又向军团领导扼要分析敌情:国民党第四十九师、浙江保安第一、第二纵队,以及新增调来的补充第一旅王耀武部,正从几个方向加紧对先遣队追击、"围剿",企图堵死红军前进道路,实施多路合击。先遣队再次陷入危急境地。乐少华听了粟裕分析,感到事态严重,弄不好七军团会全军覆没。乐少华和军团其他领导反复研究,决定不顾中革军委的批评和电示,率部向皖赣边行动。在向皖赣边转战中,粟裕右臂中弹负伤,弹头一直留在臂内,新中国成立后才取出。

9月30日,七军团一路征战到达皖赣边之段莘地区(婺源县北)。这里距离原定最后目的地皖南已经不远,粟裕及七军团官兵这时才知道皖南几个县的暴动早已失败,幸存的一些干部和群众分散在山里坚持斗争。粟裕千方百计派人寻找他们,了解情况。有次在路上遇到皖赣特委和当地游击队的负责人,粟裕和军团领导同他们长时间交谈,询问皖南敌我斗争形势,根据他们的建议,决定继续西进到黎痕地区。

粟裕经过详细调查分析,认为皖赣边和皖南各方面的条件,比七军团经过的浙赣边、浙西都要好。这里既有大山区,又有丘陵地,河道可以徒涉,便于隐蔽和机动;经济比较富庶,有利于解决部队的粮食、给养;文化教育事业比较发达,稍大一点的村子都有报纸,便于了解全国的形势、动向;有共产党的工作基础和群众条件;地理位置也很重要,向东北可威胁芜湖、南京,向东可以威胁杭州。

粟裕积极建议在这里停下来，开展游击战争。军团领导接受了粟裕的意见，马上致电中共中央和中革军委，提出在皖赣地区开展游击战争，与当地党和游击队密切配合，争取在休宁、婺源、祁门一带消灭尾随之敌，以扩大皖赣苏区，寻找有利时机再进入浙江。由于连续作战和长途行军疲劳，部队大量减员，每个步兵连多的只有二十多人，少的仅十几人。给中共中央的请示电还建议将部队整编为四个营，精简机关，充实连队，以便机动作战。为此，粟裕认真制订了整编方案。离开瑞金以来，粟裕感到最苦恼的是，身在敌占区斗争第一线的军团领导，面对瞬息多变的复杂形势，对行军作战却没有一点机动权。他力主在电报中向中共中央和中革军委建议，在敌人严重进攻的情况下，允许军团领导机动、自主地解决问题。遗憾的是，粟裕和寻淮洲等符合实际情况和需要的建议，都没有被采纳和批准。

10月15日，中革军委指示七军团转移到闽浙赣苏区整顿补充。军团领导专门开会研究。粟裕坚持皖赣边有发展条件。军团领导这次同意了粟裕的意见，认为进入闽浙赣苏区还要通过敌人几条封锁线。如果今后仍然要去皖南，则不如不去闽浙赣苏区，主力向皖南游击区行动。18日，中革军委复电同意，21日却又电令：七军团仍要去闽浙赣苏区。粟裕手持中革军委电令，心中久久不能平静。这明明是一个错误的决定，可是军令如山，必须坚决服从，随即做好了转移的一切准备工作。部队迅速由皖赣边出发，在浮梁、德兴之间通过敌人两道封锁线，进入闽浙赣苏区重溪地区。

七军团自江西瑞金出发到进入闽浙赣苏区，转战闽、浙、赣、皖四省的几十个县，历时近四个月，行程1600多公里。这是红军北上抗日先遣队的第一阶段转战。由于"左"倾错误的决策和指挥，七军团历尽艰难，损失很大。但广大官兵用生命和鲜血在军史上写下了永放光辉的一页。在几千里征战中，粟裕越来越深切地看到了"左"倾路线的错误及其对红军的危害。他所处的地位，决定了他无法对部队的军事行动起决定作用，更无力扭转局面；但他的周密运筹和军团其他一些领导同志的努力，对部队在困境中尽量减少损失和夺取局部胜利，起了举足轻重的作用，使先遣队在到达闽浙赣苏区时，仍保持了部队的主体力量。教训也是一种财富。粟裕在失败中学习，形成了许多正确的认识，特别是他对先遣队行动战略指导上的许多见解和建议，都是与"左"倾领导者针锋相对的，是毛泽东军事思想在新情况新形势下的灵活运用。遗憾的是粟裕这些正确意见没有被决策者重视和采纳，无法得到贯彻，直到他独立领导浙西南游击战争时才得以充分发挥。

四、危急关头更显出军事家胆识。

1934年10月，在中共中央、中革军委率领下，中央苏区中国工农红军第一方面军（即中央红军），开始战略转移。中央苏区成立了以项英为首的中共中央分局和中央军区。中革军委明令各根据地和留下来的红军部队接受中央军区指挥。

此时，先遣北上的红七军团正在闽浙赣苏区休整。

闽浙赣苏区是著名革命家方志敏创建的老苏区。方志敏（1899—1935），江西弋阳人，1922年8月参加中国社会主义青年团，1924年3月转为中国共产党党员，曾任江西省农民协会常委兼秘书长。大革命失败后，领导弋（阳）横（峰）起义，创建赣东北（即闽浙赣）苏区和中国工农红军第十军，并胜利粉碎了国民党军多次"围剿"，红旗一直在这里高高飘扬。红七军团的主要组成部分是闽浙赣苏区的红十军。1933年红十军奉命调到中央苏区，后来组成红七军团，闽浙赣苏区随后成立了新的红十军。红七军团这次来到闽浙赣苏区，等于是子弟兵回老家，苏区人民格外热情欢迎，亲切地称七军团为"老十军"，方志敏亲自到驻地看望大家。11月7日，七军团召开全体军人大会，纪念苏联十月革命节，方志敏应邀参加。就在这次大会上，粟裕第一次见到方志敏。方志敏对粟裕这位红军青年将领的军事才能早有所闻，今日得见，紧握着粟裕的手热情问好。

七军团在闽浙赣苏区召开政治委员会会议，检查从瑞金出发以来的工作，开展对曾洪易右倾机会主义错误的斗争。会后，曾洪易一气之下独自跑到闽浙赣省委所在地葛源去了。七军团领导把会议精神报告中央军区。中央军区复电指出：不仅是机会主义错误，而且已形成了严重的曾洪易的退却逃跑路线。

从瑞金到闽浙赣苏区，在四个月的艰苦征战中，粟裕对身为中共中央代表的曾洪易的表现历历在目。曾洪易给七军团造成了极大危害，今天开会清算完全必要。但是，造成七军团一路被动、损失重大的根本原因是什么呢？亲历其境的粟裕已经作了很长时间的思考，有了自己的认识。根本原因是中共中央、中革军委的决策层和七军团掌握实权的个别领导人战略决策和军事指挥上的严重脱离实际，领导作风上动辄训人、压制不同意见的家长式统治，干部路线上的宗派主义。不彻底揭发和清算"左"倾错误，就不能正确吸取过去四个月的经验教训，还会继续危害革命，危害七军团。

粟裕自始至终参加了这次会议，他深深感到会议的指导思想不对头。在七军团的主要领导人中，曾洪易和乐少华虽然有矛盾，但他们贯彻执行来自中革军委的"左"倾路线决策基本一致，没有分歧。特别是乐少华，认为中革军委的指示都是正确的，因为七军团没有坚决执行，所以没有完成中共中央赋予的任务。粟裕认为，七军团的当务之急是清算"左"倾错误。恰恰在这个最重要的问题上，这次会议没有涉及。

1934年11月4日，中革军委发布命令，红七军团和闽浙赣苏区的红十军合编，成立红军第十军团。七军团整编为第十九师，红十军和新升级的地方武装，分别编为第二十师和第二十一师。原闽浙赣军区司令员刘畴西任军团长，乐少华仍担任军团政委，原七军团军团长寻淮洲被降任第十九师师长，支持寻淮洲的原七军团参谋长粟裕被调离主力部队，担任闽浙赣军区参谋长。为了统一领导十军团与创造新苏区的行动，不久中央军区又决定由方志敏、刘畴西、乐少华、聂洪钧（第十九师政委）、刘英等五人组成军政委员会。对于这种干部任命，粟裕内心感到非常不理解,并为寻淮洲军团长受到的不公正对待愤愤不平!

新成立的红十军团的任务是:十九师出动到浙皖赣边,打击"追剿"之敌,发展新苏区。二十师、二十一师留在闽浙赣老苏区打击"围剿"之敌,保卫苏区。寻淮洲率十九师通过封锁线,出敌不意,向浙皖赣边进发。摆脱了"左"倾领导的干扰,寻淮洲从实际出发用兵,灵活机动指挥,抓住战机歼敌,渡新安江,逼近昌化、于潜(今于潜镇,属临安县)、临安,震动了杭州;又从浙江入皖南,克旌德县城,一路北上,威胁芜湖、南京,表现出了卓越的军事指挥才能。

1934年冬,蒋介石集中正规部队和各省保安团二十多万人,封锁闽浙赣苏区和"围剿"红军北上抗日先遣队。而闽浙赣红军总数只有两万余人,敌我兵力对比悬殊,形势越来越严重。中央军区电令十军团立即率二十、二十一师转到外线,同十九师会合,集中兵力以运动战消灭敌人,创造浙皖赣边新苏区。军政委员会主席方志敏随十军团行动。方志敏非常器重粟裕的军事指挥才能,由于他的提议,粟裕重新担任主力红军十军团参谋长。12月10日,红十军团部率领二十、二十一师进至黄山东南的汤口,与先期到达的十九师会合。粟裕非常熟悉十军团所属的各支部队:红十军和闽浙赣苏区的地方武装长于打游击战,现在把他们集中起来,进行大兵团活动,企图打大仗,显然不符合实际。这是"左"倾错误没有得到清算造成的战略指导又一次重大失误。几十年以后,粟裕在总结这一段历史经验时沉痛地说:这一重大失误,"为后来红十军团的挫折和失败埋下了祸根"①。1973年12月,朱德元帅在评论合编成立十军团的教训时指出:"编成一个军团,不编不垮,一编正规战打不成,游击战也打不成。经验还是要把正规军变成游击队。"②

谭家桥战斗是红十军团三个师全部转向外线作战后进行的第一仗,对于红十军团至关重要。蒋介石国民党调集重兵多路围追堵截,企图围歼红十军团。13日,红十军团沿屯溪至青阳的公路向北转移,经乌泥关进到黄山东麓谭家桥地区。据侦察获得的情报,蒋介石嫡系王耀武率领的补充第一旅及浙江保安第三团一个加强营,紧紧尾随"追剿"已抵汤口,其他各部相距尚远。此时红十军团兵力与补充第一旅等部差不多,虽装备不如对手,但所占地形十分有利,且部队士气高涨,群众条件也好。红十军团领导决定利用乌泥关至谭家桥段公路两侧有利地形,打一场伏击战,争取歼灭孤立突出的补充第一旅大部,粉碎国民党军企图围歼红军的阴谋。根据军团首长决心,粟裕立即作了安排。

十军团的作战部署是:从乌泥关起沿公路两侧自南而北,按十九师、二十师、二十一师顺序设伏,并在公路上埋了地雷。十九师是十军团战斗力较强的师,配置在上峰,以一个连控制乌泥关隘口制高点,主要兵力部署在乌泥关以北,与二十师、二十一师阵地依次衔接。二十一师以一个营的兵力在谭家桥正面构筑工事坚守,待补充第一旅通过乌泥关进入伏击地域以后,即行封锁乌泥关口,断敌退

---

① 《粟裕战争回忆录》,解放军出版社,1988年11月,第1版,第126页。

② 同上书,第137—138页。

路，同时阻击可能增援之敌。二十师、二十一师会同十九师部分部队对敌拦腰出击，并排冲杀下去，将其大部歼灭于乌泥关至谭家桥的公路上。

粟裕提出的作战部署和军团首长的决定是正确的。敌补充第一旅曾被第十九师打败过。现在十军团有三个师，对付补充第一旅应该说是有一定把握的。结果由于轻敌，关键时刻军团首长指挥不果断，加上改编不久的二十师和二十一师缺乏野战经验，几个师之间战斗配合不好，战斗力较强的十九师没有按原计划配置兵力，以及因地形限制兵力展不开来等原因，双方从12月14日上午9时激战到黄昏，十军团最终失败，撤出战斗，向北转移。激战中，十九师寻淮洲师长亲率部队夺回一度失守的乌泥关制高点时身负重伤，在转移途中牺牲，年仅22岁。寻淮洲的牺牲，是红十军团的一大损失。谭家桥战斗，十军团伤亡近千人，特别是牺牲了不少很有军事才华的师团指挥员。红十军团外线作战初战失利，愈加陷于被动。

谭家桥战斗之后，蒋军第四十九师、补充第一旅、第二十一旅及一些地方部队，共约20个团的兵力，蜂拥而来一齐追击红十军团。红十军团在皖南和皖浙赣边的十几个县往返转战，大小战斗十余次，打的都是消耗战，虽然给予敌人相当杀伤，但红十军团处境更为艰险。面对这种形势，回想起七军团离开瑞金以来作战的经验教训，粟裕认为，采取正规军打运动战的办法，不适合不利于红十军团；红十军团要摆脱已经形成的被动局面，坚持长期斗争，关键是要迅速将正规军转变为游击队，把正规战转变为游击战。

1935年1月9日，红十军团转移到浙江西部遂安县茶山村。军团领导召开了一次紧急会议，中心议题是部队向何处去和如何摆脱目前的困境。军团师以上干部全部出席，在谭家桥战斗中负伤的乐少华、刘英，也挂着绷带参加会议。会上出现了两种截然不同的意见，争论异常激烈。一种意见主张分兵：粟裕、刘英率十九师到浙西南活动，方志敏率二十一师回赣东北坚持，乐少华、刘畴西率二十师留皖南作战；另一种意见主张暂不分兵，一起回赣东北，先休整后分兵。军团长刘畴西主张后一种意见，而粟裕力主分兵。七军团时期，粟裕曾在浙南、浙西活动。七军团改编为十九师以后，部队又在浙江打了不少胜仗，击溃过王耀武的补充第一旅。粟裕对浙南、浙西比较熟悉。中央军区也有电报，命令十军团转向浙西南活动。在茶山会议上粟裕提出，部队要摆脱困境，必须立即分兵，改变大兵团集结的部署，迅速实现两个"转变"：由正规军转变为游击队，由正规战转变为游击战。中革军委决定组建红十军团后，1934年11月18日中央军区即命令十军团全部出击，明确指示："集中主力争取在运动中消灭敌人，以创造皖浙边苏区。"粟裕接到电报就对中央军区的这一战略指导持有不同意见。他认为改编后的红十军团仅有八千多人，和敌人相比力量悬殊，面对极端不利的态势，组成大兵团，集中起来打运动战，树大必招风，再说这棵树并不是真正的"大树"，最终必然会被大"风"吹折。但粟裕在红十军团内不是主要负责人，没有进入决策层，没有决策决定的权力。实战中的一次次失败，粟裕愈加认识到必须改变大兵团打运动战的作战指导方针，在茶山会议上充分阐述了已在心中积压很久的意见。

刘畴西等十军团主要领导一心想着部队急需休整，坚持全军返回赣东北苏区。粟裕的分兵主张没有被采纳，甚至使个别领导感到厌烦。茶山会议最后作出了全军南下返回赣东北苏区的决策。历史已经证明，这是造成怀玉山惨痛失败的一个主要原因。方志敏被俘后在狱中写下的《我从事革命斗争的略述》，沉痛地总结了返回赣东北苏区的教训："一来，进苏区通过敌人封锁线很难；二来，进了苏区，在被封锁线圈得很小的地方内，易被敌人包围；三来，再出苏区，又要通过封锁线，更加困难。"方志敏最后总结说："这种决定，正等于老鼠钻牛角"，并把这作为这次失败的"主因"。

茶山会议后，为了调动敌人、摆脱敌人，粟裕指挥部队经安徽的茂林、泾县、宁国等地向宣城、广德挺进。尾追的国民党军30个团慌了手脚，他们怕红军突然向芜湖、南京进军，赶忙跑到前面堵截。粟裕立即来个"回马枪"，红十军团全部约3000人，由浙江遂安经开化、婺源、德兴苏区南下赣东北大苏区。粟裕率领先头部队800多人走在前面。这支所谓的先头部队由军团机关人员、后勤人员、伤病员以及没有弹药的迫击炮连、重机枪连组成，战斗力很弱，方志敏和在谭家桥激战中负伤躺在担架上的乐少华、刘英随同行动，但军事指挥全由粟裕负责。主力部队2000多人组成另外一路，由军团长刘畴西率领。

粟裕深知形势险恶和肩上担子沉重，摆脱险境的唯一办法，就是赶在敌人包围圈合拢之前，不惜一切代价急行军，突出封锁线，靠拢苏区越近越安全。粟裕把部队编成三个战斗连队，1月10日晚上从茶山村出发，向南挺进。这时国民党军调集20个团的"追剿"部队，全部南下围截。粟裕率领的先头部队行至开化县西北的大龙山，就遭遇国民党军拦击。粟裕当机立断，命令部队在夜幕掩护下转移，避开敌人，绕道山脊荒径继续南下。部队在荒山野岭行进，找不到向导，又无现成的道路可走。粟裕凭着地图和指北针指挥，判明进入赣东北的方向，命令部队在荆棘中开路前进。1月12日清晨，部队抵达开化县的杨林。从这里翻过一个山头就是开化、婺源、德兴苏区了。部队昼夜行军打仗，十分疲劳，又饥又冷，有人觉得这里比较安全了，主张休息一下再走。粟裕坚决否定了这种意见，果断地率领先头部队连续行军，破冰踏雪，一鼓作气冲出敌人还没有来得及合拢的浙赣边境封锁线，前进到靠近闽浙赣大苏区的港头，才命令大家停下来休息，等候主力部队。

而此时率领2000人主力部队的刘畴西，却是另外一种运筹和决策，终于铸成了极大危害。

刘畴西，湖南长沙人，1920年冬加入中国社会主义青年团，1922年参加共产党，黄埔军校第一期毕业，1925年东征打陈炯明时负重伤，截去左臂。1927年参加南昌起义，在第二十四师任营长，潮汕失败后又参加广州起义。1928年至1930年在苏联学习，回国后先后任红军师长、军长、中央红军学校政治部主任。他是一位具有光荣革命历史的领导人、军事学者，但实战经验不丰富，谭家桥战斗就表现出了他优柔寡断和紧急情况下缺乏办法的弱点。红十军团现在的处境远比谭家桥战斗时严峻,刘畴西的弱点表现得格外明显。

粟裕率领的先头部队从杨林出发不久,刘畴西军团长率领的主力部队接着到了杨林。刘畴西心想山那边就是苏区,又顾虑部队过度疲劳,命令在当地宿营,到第二天(13日)下午才继续前进。这是关键时刻指挥上的关键性错误。就在十军团主力在杨林宿营休息的时候,国民党浙江保安第二纵队第五团从星口连夜急进35公里,赶在十军团主力部队之前到达开化、婺源、德兴苏区东部边缘的王坂、徐家村,占领了堵截十军团前进的有利阵地。十军团主力进到徐家村,立即受到先一步到达的敌人阻击,双方展开激战。刘畴西以一部分兵力掩护,大部队改变行军路线撤退。战斗持续到14日下午,至15日十军团主力部队才大部分进入开化、婺源、德兴苏区。

开化、婺源、德兴苏区是闽浙赣大苏区北面的一个外围小苏区,直径约15公里,周围约50公里。蒋介石觉察到了红十军团的意图,加紧往这里调集人马,堵截十军团进入闽浙赣大苏区。1月16日,已经到达港头的方志敏和粟裕商谈军情,二人一致认为,敌情严重,部队应该立即行动,不能再在这里延误。方志敏决定粟裕率先头部队先走,同时通知刘畴西率军团主力迅速跟上,全军团务必在当天夜晚全部通过封锁线,进入闽浙赣苏区。下午6时左右,粟裕集合先头部队刚要出发,刘畴西派人来通知,军团主力部队已经到齐,距离这里只有五里路,但人员疲劳极了,当晚不能再走。粟裕一听大吃一惊,马上向方志敏汇报。方志敏召来政治部副主任涂振农商量。粟裕很着急,对方志敏说,情况这样紧急,决不能再迟疑延误了,部队今天晚上必须通过封锁线。方志敏完全同意粟裕的意见。方志敏让粟裕以他的名义,给刘畴西和接替寻淮洲任十九师师长的王如痴写了一封短信,让刘畴西派来的传令兵带回去。信上说,敌情万分严重,限令无论如何在今夜迅速跟进,通过封锁线。

1935年元月16日晚,粟裕率北上抗日先遣队先头部队在怀玉山突破敌人封锁线,进入化婺德苏区。图为国民党军封锁线所在地。

信送走了，粟裕心中仍很不平静，很不踏实，这样一封短信能否改变军团长的决策？他想到作战指挥经验丰富的寻淮洲已经牺牲，刘畴西军团长指挥又不果断，两千多名指战员的生命岌岌可危。于是粟裕主动向方志敏建议，由他回去协助军团长掌握部队，迅速跟进，连夜通过封锁线。方志敏觉得粟裕的提议很正确，也很必要。但他认为以粟裕的资历、职务，很难改变刘畴西的决心，方志敏决定自己留下来，以十军团军政委员会主席的身份和政治委员的最后决定权，改变刘畴西的错误决定，率部尽快脱离险境。

敌情正如粟裕估计，国民党军虽然已经加强了开化、婺源、德兴小苏区和闽浙赣大苏区之间的封锁线，因为兵力不足，一时尚未形成牢固的包围圈。粟裕率先头部队通过时，山上碉堡里的敌人用猛烈的火力阻击。粟裕迅速派出两个战斗班机动灵活作战，把敌人火力吸引过去，同时命令部队不顾一切往前冲。黑暗中，敌人弄不清红军情况，不敢离开碉堡。粟裕率先头部队八百多人午夜前全部通过封锁线，17日平安到达闽浙赣苏区广财山地区，等候方志敏和主力部队。粟裕肩上的一块石头放下了，但他的心仍然悬在大部队。下半夜过去了。天亮了。主力部队没有过来。第二天、第三天、第四天，仍然不见主力部队踪影。粟裕几次派干部组成便衣队前去接应，都没有联系上。开始还能听到远处的炮声、枪声，以后就沉寂了。粟裕惦记部队、惦记战友、惦记已经脱险为了全局毅然返回去的方志敏，心急如焚。大约经过一个星期，闽浙赣省委告诉粟裕，从截获敌人的无线电通讯得知：先是搜山敌军报告"清剿"基本结束，要求撤出休整；后是蒋介石传来命令，方志敏、刘畴西等仍在山上，务必搜查抓获，谁敢撤出休整，"杀毋赦"。最后又从敌人通讯中获知：方志敏、刘畴西都在敌人搜山中被捕了。

战局的发展也正如粟裕估计，刘畴西坚持就地休息，延误了戎机，后来通过封锁线时指挥又不果断，敌人一打枪阻击，刘畴西就命令部队返回改换突围方向，接连几个回合折腾，耽误了几天时间。追击的敌人火速赶来，把早已疲惫不堪的十军团主力重重包围在怀玉山区，再实施分割"搜剿"。十军团勇士们进行了艰苦卓绝的斗争，最后弹尽粮绝，又遇天气骤变，风雪交加，满山一片银白。战士们冻得瑟瑟发抖，仍坚持人自为战，表现了革命战士无比坚强、无比忠诚的大无畏精神。被围部队只有少数人跑回闽浙赣苏区，另有一小部分突围到皖南坚持斗争。方志敏隐蔽在陇首封锁线附近的山里，1月24日被敌搜山部队抓获，1935年8月初在南昌英勇就义。刘畴西也在敌人搜山中被捕，惨遭杀害。

得到主力部队全军覆没的消息，粟裕内心非常悲痛，他意识到在此情况下自己肩上的担子更重了。先头部队的同志们都关心着主力部队，关心着方志敏同志。为了稳定部队，粟裕和乐少华、刘英等商量后，决定先不公布这个噩耗，率领部队去找闽浙赣省委、省军区。出发前，粟裕站在队伍前，抑制内心的悲痛讲话说："同志们，我们已经突破了敌人的包围，回到根据地。方主席虽然没有过来，但我们的主力部队已改编为游击队，回皖南打游击去了，暂时不能回到闽浙赣来，所以我们不必在这里等了。现在我们要开到磨盘山去与省委、省军区会合。"在极其困难的条件下，粟裕以自己的军事才能和指挥艺术，为党和红军保存了一支拥有800人之多的久经考验的骨干力量，他们都是党和红军的宝贵财富。在粟裕等的率领下，这支部队从挫折中站起来，踏上了新的征程。

红军北上抗日先遣队自1934年7月初从江西瑞金出发，到1935年1月底在怀玉山失败，全部过程处于王明"左"倾冒险主义的统治时期。粟裕所处的地位，决定了他不可能改变这种败局。但是他确实以自己的军事才能和周密运筹，使这支部队尽量减少损失，为革命尽可能多地保留了一批骨干。善于总结成功的经验与失败的教训，是粟裕的一个重要特点。抗日先遣队历时6个月、跋涉2800多公里的艰苦征战，给了粟裕的一生和成长重大影响。他走一路思考一路总结一路，以对党对革命无限忠诚的精神和高度责任心，提出了许多创造性的意见和建议，可惜绝大部分没有被采纳，而凡是被采纳了的，无不立即为实践证明是正确的。以后他独立领导一个游击区、一个战区、一个野战军的军事斗争所采取的战略决策，很多指导思想都可以在抗日先遣队时期找到滥觞。

四十多年以后，粟裕在回忆这一段斗争生活时，认为红军北上抗日先遣队失败的原因，除了客观上敌人强大外，主要还是"左"倾冒险主义的错误领导，它给了我们极其深刻而沉痛的教训。这种主观上的主要的原因，粟裕着重总结了以下四点：

第一，中共中央决定派出抗日先遣队的战略意图，赋予抗日先遣队的战略任务，是要以它的北上行动，促敌人进行战略与作战部署上的变更。这个过高的要求，实际上完全没有实现的客观基础，因而是主观主义的。战略决策的错误，最终导致了在作战指导上的盲动冒险。

第二，在客观形势已经发生根本变化、敌我力量对比悬殊的情况下，军事上未能及时实行由正规战向游击战、由正规军向游击队的战略转变。成立新的大兵团十军团更是一个严重教训，导致了几乎全军覆没。

第三，在作战指导上实行绝对集中的指挥，严重脱离实际，导致部队作战行动不从实际出发，处处被动挨打。这种绝对集中的指挥错误，既有中共中央"左"倾路线决策者的责任，又有军团内部只知机械地执行上级指示的极少数几个领导人的责任，造成的危害极大。

第四，"左"倾宗派主义的干部政策，严重损害了军团领导核心的战斗力，给军团带来了无法摆脱的灾难，这是导致红军北上抗日先遣队失败的组织上的原因。

粟裕认为，红军北上抗日先遣队的斗争历史，首先是一部惊天动地的无产阶级革命战争的英雄史。方志敏、寻淮洲领导的广大指战员和烈士们创造的光辉战斗业绩，已经成为红军斗争史中英勇悲壮的一页，永垂青史；红军北上抗日先遣队留下的深刻的历史教训有力地证明：违背了毛泽东思想，中国革命的伟大事业就要遭受挫折。这是无数前辈和先烈用生命和鲜血换来的。

第五章 浙南三年游击战

一、再次奉命挺进浙江。出奇兵，过灵山，渡信江。

1935年春节前后，在闽浙赣根据地崇山峻岭之中，夜幕渐渐低垂，笼罩群山，一间竹木搭起的草屋里油灯亮了。粟裕一动不动地站在窗前，对着隐没在黑暗中的松林竹海沉思。

这些日子，无论是白天还是夜晚，粟裕居住的这间草屋进进出出的人特别多，有时几个人凑在一起轻声细语商量，有时十多人围坐在桌子四周热烈讨论，每个人的神情都很严肃。晚饭以前，一个重要会议刚刚结束，人散了，屋里沉静了，粟裕没有和大家一起去吃晚饭，他要把会上讨论的问题和各种意见重新好好想一想，选择最佳方案，以便作出最后决策。

前些日子，大约是1月底2月初，闽浙赣省委把粟裕和抗日先遣队政治部主任刘英召去，传达苏区中央分局转来的中共中央指示电，要他们以先遣队突围部队为基础，迅速组建中国工农红军挺进师，粟裕任师长，刘英任政治委员，率部立即进入浙江境内，开展游击战争，创建苏维埃根据地，并以积极的作战行动，打击、吸引和牵制敌人，保卫闽浙赣根据地及邻近游击区域，从战略上配合主力红军行动。这时，党的遵义会议已经举行，毛泽东重新回到了中共中央领导岗位，正指挥红军胜利进行"四渡赤水"战斗，摆脱一路上被敌人围追堵截的被动挨打局面。但是，有关遵义会议的情况，粟裕他们一点都不知道，苏区中央分局转来的中共中央指示，也没有提到遵义会议精神。

粟裕对浙江并不陌生，1934年他任红军北上抗日先遣队参谋长时，曾率部路过浙江，经历了一段艰难历程。粟裕静静听完闽浙赣省委负责人传达的中共中央指示，在片刻的沉默中，对即将担负的艰巨任务和面临的险恶形势，在脑海里飞快地作了一番思考，然后同刘英一起站起来，坚定地说："请转告苏区中央分局和党中央，坚决完成任务。"粟裕认为：浙江是国民党统治的腹心地区，是蒋介石的老巢和发迹地。蒋、宋、孔、陈四大家族，浙江就占了蒋、陈两家。国民党统治集团中的许多重要成员，如陈诚、胡宗南和特务头子戴笠等都是浙江人。"卧榻之旁岂容他人鼾睡!"红军挺进师进入浙江,就像一把钢刀对着蒋介石集团胸膛,蒋介石怎能睡得安稳,岂能听之任之!但是浙江的工农劳苦大众是有革命传统的,1930年初夏,在浙江南部诞生了中国工农红军第十三军。它是直属中共中央军委领导的编入正式序列的全国14支红军部队之一,革命烽火燃遍浙南的温州、台州、丽水和金华地区20余县。由于反动势力强大,红十三军失败了,浙江共产党组织遭受严重破坏,全省已没有一块红色根据地或游击区域可以作为挺进师的依托,但红十三军在浙南留下了不少革命火种。挺进师进入浙江,还可以同坚持在南方斗争的周围一些省的几个老苏区互相配合,互相支援。浙南山岭起伏,森林茂密,地理条件也有利于红军挺进师活动。

红军北上抗日先遣队怀玉山失败以后,粟裕一直在考虑这次失败的严重教训。粟裕认为,从军事战略和战术上总结,"左"倾路线错误的一个重要方面,就是先遣队领导人没有根据变化了的敌情、社情和地理环境,适时实行战略转变:确立分散打游击的认识和决心,自觉把正规军变成游击队,把打正规战变成打游击战。挺进师只要能完成好这两个决定性的转变,完全可以在浙江立脚生根。

在中共闽浙赣省委和省军区帮助、支持下,粟裕和刘英很快完成了挺进师的组建工作,王蕴瑞为参谋长,黄富武为政治部主任,姚阿宝任政治特派员,刘达云任供给部长,谢文清任没收委员会主任,张友昆任卫生部长。闽浙赣省委将闽浙赣独立师100多名精兵补充编入挺进师。全师共500多人,有轻重机枪12挺,长短枪400多支。为了适应游击战争需要,师以下不设团、营、连,编成三个支队、一个师直属队。支队实际上只是连的规模,但大都由团级干部担任领导,战士中许多人都是有实战经验的红军基层干部。宣布挺进师成立那一天,500多人齐刷刷地站好队,虽然天气寒冷,大家衣服单薄,但个个精神抖擞。粟裕、刘英走到队前,立正,向大家敬礼,刚毅的目光从排头扫到排尾。他们先宣布中央分局转达的中共中央电令、挺进师编制及各级领导干部名单,然后分别讲话,从全国的形势讲到挺进师的任务,从挺进浙江的困难讲到夺取胜利的信心。粟裕讲话时强调说:今天的事实充分说明,党中央还在领导着中国革命,主力红军还在艰苦战斗,闽浙赣省委还在敌后坚持,北上先遣队的不少老同志不是也都站在这里吗?共产党和红军是消灭不了的,革命的烈火是扑灭不了的!我们一定要叫革命的烽火燃遍浙江。

挺进浙江,到哪里落脚?粟裕多次派侦察人员出去了解情况,和刘英等挺进师领导反复商量研究,最后大家选择以仙霞岭为中心的浙西南地区,作为进入浙江创建根据地的第一个目标。这里地处闽、浙、赣三省交界,可以与闽东、闽北和闽浙赣几块游击根据地互为犄角,互相支援。这里的群众基础比较好,还有一个青帮组织,其领导人长期以来一直反抗国民党反动统治,同共产党有联系,可以作为挺进师挺进浙江的初步依托。这里大部分地区山岭连绵,古木参天,道路曲折,便于游击队隐蔽和机动。

挺进浙江,走哪条路线?这是粟裕考虑的又一个问题。挺进师组建时,正是蒋介石集团对苏区第五次大规模"围剿"之后，敌人在苏区四周重兵设防，碉堡林立，挺进师要人不知鬼不觉地从敌人包围圈中跳出闽浙赣根据地，挺进浙江，困难很大。粟裕和大家商量后确定，进军路线由闽浙赣根据地的上饶地区南下，先到闽北，然后进入浙江。南下闽北必须渡过信江。敌人在信江北岸布置了几道封锁线。为了迷惑敌人，2月上旬，粟裕运筹了一次"声东击西"的军事行动。那时，进攻闽浙赣根据地的蒋军第五十七师一部，驻防在江西省贵溪县的裴源、河上溪一带。粟裕率领挺进师日夜兼程，穿越三县，向五十七师一部发动突然袭击，歼敌两百余人，狠狠打击了进攻苏区的蒋军气焰。就在这时，粟裕又出奇兵，命令挺进师迅速撤出裴源，突然向北，返回闽浙赣苏区德兴县的童山关一带隐蔽。

这一带有座大山叫灵山。过灵山只有走乌鸦弄。虽说有条路，那是采药人"踩"出来的，崎岖险峻，一边是望不到底的悬崖，另一边是直插云天的峭壁，一般人都不知道，所以敌人没有设防。但要过乌鸦弄，没有可靠的向导不行。粟裕把这个任务交给上饶中心县委书记徐旺生。三天后，徐旺生领了一位年过花甲、两鬓霜染的老人来见粟裕。粟裕和蔼地问："老人家，你是做什么活的？这一带的山路熟悉吗？"老人身板结实，说话爽朗，他拿起旱烟管，打上火，抽了一口，乐呵呵地说："我常在灵山采药，哪条路都走过几十回。"又说，"那年闹暴动，山里成立了苏维埃政府，工农药店缺少一种叫杜仲的药材，我背起药篓进了山。杜仲这味药这里很少见，苏维埃政府洪福大，那次进山采到了一大堆。托苏维埃政府的福，这次一定能带着你们顺顺当当过灵山。"说得粟裕和挺进师战士都笑了起来。

2月27日下午4时左右，粟裕指挥挺进师从德兴南下，翻越灵山。采药老人在前面带路，战士们一字长蛇阵排开，鱼贯前进，不一会就上了乌鸦弄。凭着几十年采药练成的翻山越岭本领，老人带领几个尖兵攀登上一道峭壁，放下早就准备好的绳子，战士们一个个拉着绳子向上爬。粟裕两臂都负过伤，攀登峭壁困难大，在同志们帮助下，一步一步往上攀。部队胜利通过乌鸦弄，登上灵山顶。

山高风急。爬山时人人出了一身汗，登上山顶寒风一吹，冷得瑟瑟发抖。粟裕命令部队立刻下山。战士们一夜急行军七十多公里，路上遇到敌人喊话不理睬，打枪不还击，关卡岗哨问话由化装成国民党军的侦察连上前应付，连续突破六道封锁线，拂晓到达信江岸边。

天渐渐亮起来了，激流翻滚的信江横卧在面前。它足有百丈宽，成为一条天然巨堑，两岸青山环绕，险峰耸立。部队如果不能在天亮以前渡过江，进入闽北苏区，将彻底暴露在追赶过来的敌人面前，就有全军覆没的危险。粟裕迅速派出两支小分队，分别到上游和下游寻找船只。忽然，队伍中有人喊了声："来船了！"粟裕循声望去，江上果然驶来了六七只木船。粟裕一面命令部队就地警戒，防止发生意外，一面派侦察连向船上喊话。原来这是从上饶到河口镇的运货船，他们开始以为是国民党军队抓差，不肯靠岸，后来听说是红军，就把船驶到岸边，卸下货物，分批把挺进师战士渡过江去。粟裕心头的一块大石头暂时放下了。

二、在闽浙边辗转游击，创造挺进浙江建立根据地的战机。

挺进师渡过信江，3月1日清晨，在上饶县石溪宿营。战士们刚刚从酣睡中醒来，突然背后山顶响起密集的枪声，部队遭到袭击。粟裕拿起望远镜向四周山峦观察，根据枪声判断，敌人是战斗力不强的地方部队。粟裕命令一支队迅速出击，向敌人发起进攻，其他人员集合立即转移。朝阳从东方升起来，金色的阳光首先把山顶照亮，从低处向高处仰望，敌人的举动看得清清楚楚。粟裕命令神枪手端起长枪瞄准、射击，"叭叭"两声枪响，山顶上两个敌人应声倒在了血泊中。敌人是铅山县石塘街靖卫团，团丁们突然遭到打击，顿时乱作一团。粟裕接着命令："冲锋！"冲锋号划破长空，激荡山间。一支队战士如利箭出弦，连追几个山头。敌人四散逃窜。整个战斗只进行了40分钟，打死打伤敌人十几人，俘敌12人。但挺进师仅有的一部电台在遭袭击中被敌人打毁了，从此挺进师和中共中央及上级党组织失去了联系。

石溪一带原是闽浙赣苏区上饶县河南区委领导的"灰白区"，蒋介石发动军事"围剿"，这里和苏区失去了联系，但党团组织、工会组织和贫雇农协会、妇女会还在。群众听说从赣东北苏区来的红军部队把靖卫团打垮了，个个喜出望外，躲进山里的纷纷跑了回来，亲切地向战士问长问短。粟裕、刘英看到这种情况，命令部队原地休息，分散举行群众会，开展宣传，扩大红军影响。下午，挺进师召开全师排以上干部会，粟裕在会上讲话说："早晨这场战斗虽然取得了胜利，但我们仅有的一部电台被敌人打掉了，这是我们的最大损失。这次战斗的教训，是我们翻越灵山、一夜突破六道封锁线后产生了轻敌思想，敌人埋伏在跟前也不知道，遭了袭击。这个教训一定要认真记住。"会议决定夜袭上饶县甘溪镇，压一压敌人气焰。粟裕向大家详细布置了行动计划。晚饭以后，天很快黑下来了，战士们手持竹篾子编的火把，向甘溪镇进发，远远望去就像一条游动的火龙。已经到了甘溪镇，走在前面的侦察排在镇外抓"舌头"时开了枪。镇上的靖卫团团丁刚要吃晚饭，听到枪声，吓得扔下饭碗，枪也不敢放，各顾各逃命去了。这是挺进师出发以来打下的第一个集镇，供给部干部战士全部出动，筹集粮食、布匹、食盐和中西药材。不少群众前来报告，有个大地主兼资本家开的店铺里堆满了大米和盐。战士们进去一看，果然满仓满囤的稻谷、白米和食盐。战士们向政治部主任黄富武请示如何处理。粟裕、刘英、黄富武研究决定，叫这个大老板捐粮1000担、食盐5000斤和一部分现金，限他下午2点前交齐，一部分补充部队，一部分分给贫苦百姓。供给部同志还在镇上买了1000多匹布和800多元钱的中西药材、卫生器械。

挺进师在甘溪镇住了一夜，第二天继续前进，开始进入闽北苏区。国民党对苏区发动军事"围剿"，实行"三光政策"。红军战士一路上只见倒塌的房屋，荒芜的土地，不见人烟。挺进师从闽浙赣根据地出发前，曾向闽北党组织通报了进军路线，请他们派人接应。可是，部队进入闽北根据地时，找了好几天也没有找到闽北的同志，却到处碰到敌人。敌人似乎早已知道挺进师要从远道来闽北。这究竟为什么呢？战士们从村里和凉亭边捡来一堆敌人的宣传品，粟裕细细翻阅，发现里面有一些是署名李德胜的"劝降书"，这才真相大白。那个李德胜原是闽北军分区司令员，他把挺进师要到浙江去的行动计划作为晋见礼出卖给国民党当局，叛变投敌了，并且带着蒋军来闽北伏击和"清剿"挺进师。形势突然变得更加严峻了。粟裕和刘英决定暂时放弃先到闽北同闽北苏区领导人黄道联系的计划，独立灵活机动作战，伺机打开进入浙西南的通道。

3月初，挺进师进入闽北崇安县坑口乡车盆坑，终于与闽北中共党组织和红军会师了。战士们就像到了家一样高兴。粟裕、刘英抓住这个间隙，对部队作了一次整顿，安置伤员，清理无用的笨重装备，特别是召开全师官兵大会宣布：中央红军长征已经到达四川、贵州边境。这个消息极大地鼓舞了全师官兵，大家从这里看到了红军的力量，看到了胜利，多少日子一直被压抑的情绪迸发出来了，多少日子听不到的歌声又响起来了。师部宣传员根据形势新编了一支歌，很快就在全师唱开了：

> 中央红军野战军，
> 沿途胜利多得很，
> 创造大片新苏区，
> 消灭很多白匪军。

每当歌声响起的时候，粟裕往往情不自禁地掏出随身携带的口琴，悠扬地吹了起来，为战士们伴奏。歌声琴声吸引了闽北苏区乡亲。

1934年7月红军北上抗日先遣队进入浙江时，红五团二营政委洪家云，奉命率四连和六连去闽北执行接应兄弟部队任务，后来与主力部队失去联系，留在闽北坚持斗争。挺进师和闽北红军会师后，洪家云接到通知，立即赶来和老部队会合。在崇安县岚谷，分别八个月的战友重逢了。同志们热烈地欢呼、拥抱，激动得热泪直流。大家在野外点燃起一堆堆篝火，围坐在一起开怀畅谈，说起怀玉山失败和已经为革命牺牲的战友，心情都很沉重。火光下，粟裕笑吟吟地走过来了，同重逢的战友一一握手，向大家问好。洪家云和战士们"呼"地围了上来，激动得说不出话来。从此洪家云部重新归建挺进师。挺进师在岚谷进行了短期整训，刘英向大家作政治形势报告，粟裕作部队整编和今后任务报告。粟裕说："按照中央要求，我们今后的任务是：跳出闽北苏区，插到浙江敌人后方去！"师部决定，将原来三个支队扩编为三个纵队，纵队设立行动委员会。各纵队领导是：第一纵队纵队长王蕴瑞（兼），政委刘达云（兼），下辖第一、第三支队；第二纵队纵队长李重才，政委洪家云，下辖第四、第六支队；第三纵队纵队长刘汉南，政委方志富，下辖第七、第九支队。师机关人员编为政治连，连长王维信，政委宗孟平。刘英、粟裕、黄富武、宗孟平、王维信、姚阿宝、刘达云、洪家云、方志富等九人组成挺进师政治委员会，作为最高领导机关，统一领导挺进师及其活动区域的党政军工作。挺进师组建时补充编入的原闽浙赣独立师第一团100多人，在挺进师离开闽浙赣根据地时，大都故意掉队跑回老家去了。洪家云部有150余人、几十支步枪、几挺机枪，他们的归建，使挺进师人员又恢复到500多人。

1935年3月23日深夜，春雨紧一阵疏一阵下个不停，天黑得伸手不见五指。粟裕指挥挺进师离开闽北苏区，夜越仙霞岭。

海拔近2000米的仙霞岭，横卧在闽、浙、赣三省交界地带，成为阻隔三省交通的天然屏障，也是敌人阻挡红军从闽、赣进入浙西南的最后一道封锁线，隘口、要道碉堡林立。粟裕早已派人把山岭碉堡分布和敌人活动规律调查得清清楚楚。每天晚上10点以后，守碉堡的敌人就哼着小曲，到附近村里"吃野食"搞女人去了，现在又下着大雨，真是天赐良机。部队冒雨挺进，快过封锁线了，粟裕命令大家就地隐蔽，侦察排按照预定作战计划，迅速迂回到碉堡跟前，严密监视敌人动静。部队加快步伐，从半山腰悄无声息地过了封锁线，凌晨4点多钟来到闽北浦城县仙阳镇。小镇还在沉睡中，只有几条狗偶尔狂吠几声。粟裕命令部队露宿街头屋檐下，不准惊扰老百姓。宣传员忘记了一夜翻山行军的劳累，分头张贴标语。山村百姓都有早起的习惯，天刚破晓，镇上的人一开门，看到满街的标语："打倒国民党反动派！""打倒蒋介石！""中国共产党万岁！""红军万岁！"，又看到蜷缩身体睡在湿漉漉石子路上的队伍，又惊又喜。粟裕命令挺进师官兵立即开展宣传工作。这一带群众对红军并不陌生，特别是贫苦百姓，听说挺进师就是共产党领导的红军，格外亲热。这一天，仙阳镇店铺照常开门营业，早市仍像平时一样热闹，人人脸上都露出几分惊喜。

三、斋郎战斗。胜利完成打开进入浙西南通道的任务。

浙西南是一个重要战略地区，国民党在那里驻有较强的保安团。如何以最小的代价顺利地打进去，是粟裕运筹挺进师进军全局的一件大事。他冷静分析敌情，认为挺进师直接打进去，可能会遭受较大伤亡，不利于以后的坚持和发展，决定先在外围活动，迷惑敌人，调动敌人，把保安团吸引出来，给予各个打击、歼灭，伺机进入浙西南。1935年3、4月间，粟裕、刘英率领挺进师，在闽浙边境进进出出，游击于龙泉河以南的庆元、景宁、松溪、政和、寿宁、泰顺一带，往返作战，一度进到浙江省的江山县，先后打了大小几十仗，歼灭一批保安团和地主武装。

3月25日拂晓，粟裕指挥挺进师，在龙泉县住溪打响了进入浙西南的第一仗，旗开得胜，消灭地主武装一个分队，缴获枪支40多支，俘敌30多人。挺进师没收镇上土豪的财产，打开谷仓，分给穷苦百姓。部队继续朝东北方向前进。夜里，天下起了纷纷扬扬的小雪，气温下降。战士们买来干柴烤火取暖，挨在火堆边宿营。凌晨3点钟左右，担任前卫的部队突然遭到敌人保安队袭击。前卫部队一个反击,就把保安队打垮了,还抓了两个俘虏。粟裕细细审问,得知江山县和遂昌县一些乡镇都驻有保安队或武装警察,正准备联合进攻挺进师。粟裕立刻和刘英商量,改变行军路线,避开敌人锋芒,向东南转移,沿着九龙山前进。

九龙山坐落在江山、遂昌、龙泉三县交界处,海拔约2000米,山套山、峰连峰,深渊绝壁,一条弯弯曲曲的羊肠小道崎岖难行,加上连日下雪,道路难辨,更增加了几分险情。战士们手拉手艰难地往上爬,一个人不小心滑一跤,就会接二连三撞倒一大串。山越爬越高,气温越来越低。战士们身上衣服单薄,光脚穿双草鞋,有的连草鞋也没有,赤脚踏雪前进。许多人脚板被锋利的岩石、树杈划破了,鲜血滴在皑皑白雪上,像绽开一朵朵红艳艳的杜鹃花。粟裕脚穿一双破布鞋,鞋底已经磨破,扎着几张棕片。他走在队伍前面,往高坎爬时,顺手抓住身边被积雪压弯的树枝,一用力借势登了上去,回头对后面的同志说:"抓住它,这是我们的好帮手!"师部宣传员手里拿着红旗,边摇边喊:"同志们加油,看谁得红旗!"有的人别出心裁,在山上用雪堆了个"敌人",朝着山下喊道:"冲啊,不让敌人逃跑!"战士们的情绪都被鼓动起来了。

第二天傍晚,部队翻过九龙山,赶到龙泉县高山村宿营。刚进村,迎面走来一位老农民,说要找"长官"。粟裕走过去,和气地问:"大伯,你有什么事吗?"他打量了粟裕好一会神秘地问:"听说红军在江山、庆元那边打败了很多白军!"站在一旁的战士抢着回答:"是啊!"老农民指指白皑皑的九龙山又问:"这山那么高,你们会飞吗?"战士拍拍双腿戏谑地说:"翅膀长在这里!"粟裕和老农民都笑了。

景宁县的沙湾镇南通庆元,北达遂昌,东至温州,西连龙泉,是邻近几县的交通枢纽。镇上驻有浙江省保安第二团一个中队,镇两头各有小塔形状的水泥碉堡。保安团自恃这里地势险要,工事坚固,恣意残害周围群众,猖狂极了。挺进师决定挥师沙湾,拔掉这颗"钉子",压压敌人气焰。4月的一天,晨曦微露,战士们匆匆吃过早饭,集合好队伍,等待师首长下达出发命令,每人腰间都挂着一个小布袋,里面装满了饭团。粟裕走到全副武装的队伍面前,习惯地扫了大家一眼,坚毅而刚劲地说:"同志们,今晚我们要攻下沙湾镇。第一个任务是要用我们的飞毛腿越过五条长岭、十几座大山,大家有没有信心?"

"有!"五百多名战士喊出同一个声音,震荡山谷。

粟裕命令二纵队担任前卫。队伍一会儿走在风化的山岩沙砾路上,发出沙沙的响声;一会儿钻入古木参天的深山老林,阴森潮湿。饿了,抓把饭团塞到嘴里,边走边吃,脚下依然快步如风。日头已经过了头顶,行军速度渐渐慢下来了。粟裕命令宣传员在前面山冈设起了"行军鼓动站",小鼓"咚咚咚"一擂,小锣"哐哐哐"一敲,山冈上响起了清脆的山歌:

同志们,累不累?
说不累,有点累。

同志们，苦不苦？
不怕苦，真艰苦。
为谁苦？为谁累？
自己肚里都有数。
同志们，快快走，
前面已到王家口，
翻过"刀子山"，
就是沙湾镇。
……

经过大半天急行军，战士们都精疲力竭了，忽然听到既不像快板也不是曲子的鼓动词，顿时来了精神，脚下不由得轻快起来了。太阳偏西时，尖刀班忽然碰到几个农民神色慌张往山里跑。一查问，说是县老爷坐着轿子，带了六七十个民团团丁，到王家口吃喜酒来了。粟裕一听，笑了笑说道："真是兔子撞到枪口上了！"立即命令："前卫排，迅速剪断电话线，在各个山口放哨警戒，封锁消息，其他人员跑步跟进！"说完大步走在队伍前面，带领战士急速跑了十几里山路，将王家口团团围住。战斗进行了不过十分钟，几十个团丁刚刚还在兴高采烈地猜拳喝喜酒，转眼间都乖乖当了俘虏，只是狡猾的县老爷在混乱中逃跑了。战士们在村后树丛里捡到一只斜纹呢布鞋，是县老爷慌乱中跑丢的。

部队重新起程出发，天黑时赶完180多里路，来到沙湾镇附近。粟裕从二支队挑选十几名精壮机灵的战士，在夜色掩护下分头摸到镇两边的碉堡。突然碉堡上的信号灯亮了，奇袭碉堡成功了。守候在镇外的战士一齐行动，如猛虎下山一样冲进沙湾镇，枪声、喊杀声交织成一片。敌人做梦也没有想到会有神兵天降，一时乱了阵脚，哪里还顾得上抵抗，各自夺路逃命。

粟裕指挥挺进师在龙泉河以南接连打了几仗。敌人震惊，同时产生了错觉。国民党当局判定挺进师要在龙泉河以南的浙闽边境立脚，立即把龙泉河以北的浙江省保安团调到河南，命令福建的新十军和第五十六师北进，企图南北夹击，消灭挺进师。粟裕却悄悄地率领挺进师向北转移了，4月下旬进入浙江省庆元县斋郎地区。这里地处庆元、龙泉、景宁三县交界，山高林密，重峦叠嶂，是打伏击战的好地方。粟裕命令部队抓紧时间抢修工事，然后就地休息，养精蓄锐，自己带了几个参谋登上海拔1248米的主峰，拿起望远镜仔细观察周围地形，一个以逸待劳、以少胜多的作战方案很快在心中形成了。

部队在村里休整了两天。战士们按照红军的老传统，利用修工事间隙，把村里村外打扫得干干净净，还给各家挑水、劈柴，像对待亲人一样，并在墙上写满了"打土豪，分田地"、"打倒蒋介石，建立新中国"等大字标语。由于国民党的造谣宣传，挺进师刚到斋郎，群众大都躲到山里去了，村里只留下几名老弱病残。他们见到红军这样和蔼可亲，顾虑消除了，纷纷把躲在山里的亲人找了回来。

国民党当局发现挺进师到了斋郎，立刻命令保安团从东北、正东和东南三个方向分进合击斋郎。浙江省保安第一团团长李秀率1200多人，福建省保安第二团团长马洪深率1000多人，还有近千人的地主武装（主要是"大刀会"）配合。敌人用心险恶，他们知道挺进师兵力有限，弹药不多，更无后方补给，便让地主武装打头阵，先对挺进师进行骚扰和消耗，然后出动主力突进，以收渔翁之利。如何对付这几路敌人，粟裕早已作了周到安排，成竹在胸。

4月28日早晨，太阳渐渐升高，照得群山金光闪耀。突然，山下响起了"呜呜"的牛角号声，接着传来一阵阵零乱的"冲啊、杀啊"的呐喊声。数百名地主武装"大刀会"会众，率先向挺进师阵地发起了冲锋。这些人身穿红色或黄色衣裤，袒露胸膛，耳朵里塞着棉花，嘴里念念有词，自以为吃了咒符，神仙附身，刀枪不入，大模大样地往前冲。粟裕命令部队沉着应战，把敌人放近了再打。敌人的子弹在挺进师战士头上呼啸，炮弹在附近炸起团团烟尘，粟裕和战士们毫不理会，瞪大双眼注视山下。敌人离挺进师阵地只有二十多米了。"打！"粟裕一声令下，手榴弹、枪弹一齐射向敌人。冲在前面的"大刀会"门徒哗啦啦倒了一片，死的死，伤的伤。走在后面的看到咒符不灵验，神仙不保佑，子弹照样要他们的命，吓得魂飞魄散，转身就逃，保命要紧，队伍乱了阵脚。粟裕驳壳枪一挥，大声喊道："同志们，冲下山去消灭敌人！"说完，第一个跃出掩体。司号兵吹起了嘹亮的冲锋号。战士们看到粟师长一马当先，斗志倍增，像猛虎下山一样冲向敌阵。粟裕精心指挥，没有花费多少弹药，第一个回合较量很快结束了，"大刀会"死伤10多人，20多人当了俘虏。这些人大都是山区农民，粟裕、刘英对他们教育以后，全部放了回去。

这时浙保第一团李秀部到了离斋郎五里地的黄麻岭。李秀自以为人多装备好，坐在轿子里指挥作战，骄纵轻进。粟裕早已派出一支小部队，在黄麻岭一带和李秀部若接若离，似打似走，引诱李秀一步步进入了粟裕预先安排好的阵地前沿。挺进师居高临下，灵活机动作战，利用有利地形隐蔽杀敌。浙保第一团1200多人挤在一条狭窄山谷里，兵力施展不开，优势变成劣势。李秀吓得六神无主，一会儿命令向大垄岭进攻，一会儿命令沿放牛场前进，连续发动十多次冲锋，都被挺进师压了下去。

激烈的战斗从上午一直打到傍晚，李秀不甘心失败，爬到一个小山包上指挥，被挺进师战士一枪打断了手。李秀胆战心惊，率领残部慌慌张张向斋郎东北方向的景宁县英川溃逃。粟裕命令全师出击。战士们一直追到五公里外的温堆，来不及逃跑的敌人纷纷缴枪投降。这一仗，打死打伤浙保第一团300多人，俘虏200多人，缴获长短枪150多支，轻重机枪5挺，子弹万余发。挺进师有20多名战士牺牲。战斗最激烈的时候，闽保第二团马洪深部从庆元出发进到离斋郎十公里的梅奄，就不敢再前进了。浙保第一团大败后，闽保第二团感到孤立无援，很快撤出了浙西南。

斋郎战斗是挺进师挺进闽浙边的关键一仗。斋郎战斗的胜利，迫使国民党保安团在以后一段时间内由进攻转为退守,龙泉河以北的敌人已比较空虚,一些反动地主纷纷逃离浙西南。挺进师获得了开辟以仙霞岭为中心的浙西南游击根据地的有利时机,胜利完成进军以来的第一个作战任务——打开进入浙西南开辟游击根据地的通道。

一支只有五百多人的装备简陋的部队,远离根据地,孤军插入国民党统治的腹心地区,每一步都有万分艰险,每一步都可能陷入覆没境地,其艰难险阻绝不亚于当年的抗日先遣队。然而粟裕运筹和实施战略指挥,无论行军还是作战,每一步都出乎敌人意料,叫敌人摸不透,抓不住,打不着,不但处处被动,还时时挨打。挺进师挺进浙西南,胜利完成第一个作战任务,充分显示了粟裕从实际出发灵活用兵的军事指挥才能。

四、借鉴井冈山斗争经验,吸取先遣队失败教训,把工作重点放到"两个转变"。

斋郎战斗胜利,挺进师威名大振。国民党浙江省当局十分惊慌。4月6日省府机关报《东南日报》还吹嘘说:"浙省无匪迹……治安绝无问题",不到一个月便惊呼:"松遂龙各县大半赤化。"① 浙江省保安处副处长宣铁吾4月30日的一份报告,对地方当局的心态作了形象描写:"明知景、泰(即景宁、泰顺二县)最近只四五百匪,而县政府、县党部等非常恐慌,每天有许多的电报打来告急,好像不得了的样子。有一县,一听到城里步哨走火的枪声,县府主持人就赶快逃得很远……专顾自己保全性命。"②

5月上旬,挺进师在闽北政和县境内召开政委会会议。经过一个多月在闽浙边进进出出作战和调查,粟裕对浙西南的具体情况有了进一步了解。这时,挺进师已改编为四个纵队和二个独立支队。在政委会会议上,粟裕分析敌情,对一个多月军事行动的经验教训作了初步总结,提出了下一步的作战方针。粟裕认为,挺进师前一个时期的主要任务是作战。进入浙西南地区以后,再集中行动对我不利,要在这里站住脚跟,完成中共中央交给的任务,就要把武装斗争和建设新的根据地结合起来,挺进师要尽快实现由正规军向游击队的转变,由全师集中行动打正规战到分散开展广泛游击战争的转变。粟裕提出:把第四纵队留在龙泉河以南的浙闽边境活动,牵制敌人;第一、第二纵队担负开辟基本区,建立根据地的任务;其余则随师部北进,辗转游击于浙赣路以南一线。经过讨论,政委会会议决定:开创以仙霞岭及其以东地区为中心的浙西南游击根据地,具体行动方案包括:第一,选择龙泉、浦城、江山、遂昌和龙泉、云和、松阳、遂昌东西两片地区,作为建立第一块游击根据地的基本区,这里有比较好的群众基础和工作条件;

---

① 《粟裕战争回忆录》,解放军出版社,1988年11月,第1版,第154页。
② 《南方三年游击战争——浙南游击区》,解放军出版社,1993年4月,第1版,第491—482页。

第二，洪家云率领第二纵队，回龙泉、浦城、江山、遂昌、衢州等县开展游击战争，宗孟平任第二纵队随军代表兼行动委员会书记；第三，师政治部全体人员和第一纵队，分散于龙泉、云和、松阳、遂昌等县间活动，建立共产党和各级革命组织，由黄富武、王蕴瑞、刘达云组成政委会分会，黄富武任书记；第四，粟裕、刘英率第三纵队至杭（州）江（山）铁路沿线附近游击，吸引国民党军主力北调，掩护第一、第二纵队活动；第五，成立浙西南特委，宗孟平任书记，开展地方党的工作。各个纵队均采取井冈山斗争时期毛泽东教导的方法：分兵以发动群众，集中以打击敌人。每个干部、战士都要学会打游击和做群众工作两套本领。

挺进师原来所在的老部队，是中央苏区一支长于打野战的正规兵团，现在要分散打游击，一切都得从头学起。粟裕决定把干部放到实际斗争中去锻炼，掌握新本领，适应新形势。开始时，他让团级干部带一支小部队出去单独活动，约定三天后在某地会合，以后逐步把单独活动时间延长到五天、七天、十天……干部、战士单独活动的办法渐渐多了，胆子也大了。在单独活动中，干部、战士了解了群众的疾苦，熟悉了当地风俗习惯，学会了一些浙南方言，积累了在新区做群众工作的经验。开始群众对红军不了解，加上国民党地方当局的反动宣传，男女老少都很害怕，红军一来纷纷躲了起来，有时连个向导都找不到。粟裕和大家一起想了个办法：部队开到一个村子，叫侦察员装扮成百姓，满山满坡乱跑，嘴里不停地喊："红军来了，快跑啊！"躲在山上的群众听到喊声，以为红军来搜山了，都钻出来跟着跑。这时侦察员再把他们拦住，向他们耐心宣传，说明红军是怎样一支部队，到浙西南来干什么的。如果要找向导带路，说明带十里地给一元银洋。群众从亲身接触中感到这支部队对老百姓很亲，一点也不可怕，非但不抢百姓东西，带路还给银洋。一传十、十传百，群众很快了解了红军，拥护挺进师。1934年浙西南大旱，农业歉收。1935年春天又发大水，夏粮荡然无收，浙江农村经济濒临破产，到处是灾民、饥民。国民党政府和地主豪绅依然对农民残酷剥削，敲诈勒索，阶级矛盾尖锐。面对这种状况，粟裕认为，这是把群众紧紧团结在共产党周围的最好时机。他和刘英商量后公开对百姓提出："打土豪，开仓济贫，帮助群众战胜夏荒。"挺进师的口号和举动，赢得了挣扎在死亡线上的浙西南农民的心，国民党地方当局的欺骗宣传彻底破产了。挺进师争取了群众，也就取得了在浙西南分散打游击、建立根据地的主动权。

龙泉、浦城、江山、遂昌一带青帮组织有较大势力。粟裕通过深入调查，对这个组织的领袖人物松阳县安岱后村的陈凤生和斗潭村的卢子敬，有了全面的了解。他们和共产党及红军早有联系。陈凤生年轻时在外地经商，接触进步思想，借青帮之名组织农友开展革命斗争，1930年3月19日领导了攻打国民党警察所的武装斗争。卢子敬早年留学日本，接受了马克思主义，萌发变革思想，中途归国在乡里办学，积极学习和传播革命道理，后与陈凤生、陈丹山在松阳、遂昌、龙泉三县边境发展青帮5000余人，提出"打土豪，分田地"政治主张。陈凤生、卢子敬和陈丹山实际上是当地很有威望的群众领袖。青帮会众绝大多数是贫苦青壮年农民，有强烈的朴素的革命要求。挺进师一到浙西南，立即受到陈凤生、卢子敬、陈丹山和青帮会众热烈欢迎。许多青壮年围着挺进师战士问这问那，表示要参加红军。陈凤生、卢子敬主动找刘英、粟裕介绍当地情况，真诚希望得到共产党的领导。粟裕积极主张对青帮采取团结和教育政策。挺进师从此在浙西南就有了很强的依靠力量。陈凤生、卢子敬、陈丹山等先进分子，在斗争中先后加入了中国共产党。

粟裕提出的"两个转变"思想，使浙西南革命斗争迅速出现了新的形势。挺进师各个纵队时分时合，机动灵活，打得敌人晕头转向。5月17日，粟裕率第三纵队攻打松阳重镇古市，陈凤生组织千余农民配合，俘虏地方保安基干队10余人，缴枪20多支，活捉并就地处决了镇长叶薪、巡官石振雄。5月21日，粟裕指挥第二、第三纵队夜袭龙游溪口，处决罪大恶极的县第三公安分局局长陈笺年。国民党浙江省政府主席黄绍竑率士官教育团到金华及浙赣铁路沿线视察。士官教育团装备精良，黄绍竑视为"怀中利剑"。粟裕得到侦察员报告，精心运筹，以逸待劳。6月14日，粟裕指挥第三纵队和师直属队，先在宣平北乡打了个漂亮仗，歼灭士官教育团一个连。15日又在汤溪小溪口出奇制胜，再歼士官教育团一个连。黄绍竑两天损折两个连，再也没有心思"视察"，于20日匆匆跑回杭州。7月中旬，粟裕率第一、第二、第三纵队袭击龙泉住溪镇，全歼保安基干分队30余人，缴获长短枪30余支。国民党浙江省保安处在遂昌设立"浙南剿匪指挥部"，宣铁吾任总指挥，调集浙保三个团和一个税警团、九个保安大队"进剿"遂昌、龙泉间的九龙山。粟裕巧用声东击西计谋，引得保安团队在黑夜里互相乒乒乓乓混战一场。

粟裕及时提出并努力实现的"两个转变"战略决策，在浙西南武装斗争中发挥了极大作用，短短四个多月，浙西南游击根据地迅速发展。松遂之间的安岱后、大泮坑、大横坑、苏马坪，龙遂之间的玉岩、枫坪、小吉、上田、东畲，遂西南的王村口、独口，龙西的碧溪、住溪，福建浦城的毛垟，甚至丽水的雅溪、曳岭、丽云，龙南的上田、季山头、黄桶……几乎是一片火红。这些基本地区都建立了红色游击队，发展了群众武装，普遍成立了各种革命群众组织。住溪、王村口、官塘、枫坪、谷陈等地建立了临时苏维埃政府。挺进师迅速发展到近千人，扩编为五个纵队、两个独立支队，连同地方工作人员，不下2000人，还有地方武装近千人。挺进师在浙江的第一块游击根据地，已在江山、浦城、龙泉、遂昌、松阳五县之间建立起来，纵横百余公里。领导中心就放在遂昌县的王村口，师部和王村口苏维埃政府设在建于清乾隆年间的蔡相庙内，并在这里建立了后方基地，在后山设有军需物资供应站、军械修理所和伤病员休养所。游击区域发展到北抵浙赣路，南到闽浙边界西段，西到赣闽边境，东到丽水、宣平广大地区。挺进师初步实现了中共中央交给的任务，在浙江站住了脚跟。

眼看"八一"建军节就要到来了，挺进师在松阳玉岩召开政委会会议，决定"八一"前夕在浙西南开展一次以"缴枪扩军"为内容的声势浩大的大示威，各纵队全面出击，向敌人显示红军力量，进一步扩大共产党和红军的政治、军事影响，发展根据地。

誓师大会在遂昌王村口的天妃宫举行。王村口天妃宫始建于清朝乾隆五十九年，咸丰、光绪年间几次重修。庙宇构造精细，气势宏伟，基础全用块石垒砌，红漆宫墙，相配青石栏杆，宫门上方青砖浮雕栩栩如生。主殿正中塑有天妃娘娘神像，高处悬挂着皇帝的敕封匾。1935年5月挺进师进驻王村口，宽敞的天妃宫就成为挺进师和王村口苏维埃政府召开群众大会的会场。誓师大会开得很热烈，挺进师五个纵队的代表争先恐后上台表决心，互相挑战，要在大示威中比一比谁缴的枪多，谁消灭的敌人多。

"八一"大示威打了不少胜仗，第二纵队夜袭衢州城最富有传奇色彩和戏剧性。衢州是国民党的军事重地，城东有军用的江南机场。按照粟裕的部署，二纵队从王村口出发，经过两天翻山越岭，先在衢州南面的龙潭山上隐蔽下来。7月31日深夜，队伍悄悄地下山，在漆黑的田野时而快速疾走，时而匍匐前进，直奔火车站。敌人的探照灯光柱扫来扫去，战士们头上身上都有伪装，敌人一点也没有发觉。战士们先是轻手轻脚地撬铁轨，没有多久，被撬下的铁轨横七竖八地躺在路基边。突然，二纵队的行动被敌人的巡逻队发现了，双方立即乒乒乓乓开了仗。火车站的警备队听到枪声也紧急出动了，机枪"哒哒哒"地乱打，探照灯忽左忽右、忽前忽后急速乱扫。二纵队领导挑选几个机灵战士摸上去剪断了照明电线，探照灯立即瞎了眼，衢州城顿时陷入黑暗之中。城里的达官贵人、富商阔佬听到枪声已是心惊肉跳，电灯一灭更是慌作一团。守城军警漫无目的地开枪壮胆，全城格外混乱。二纵队领导命令一个排摸到城东飞机场。夜幕中的机场很快冲起一片火光，接着响起了震天的爆炸声。等到敌人接通电源，调来部队包抄，二纵队早已悄无声息地转移了。在此同时，一纵队袭击了仙居，三纵队袭击了遂昌、汤溪、金华，四纵队袭击了龙泉八都镇，五纵队袭击了龙泉、松阳。这次行动共缴获长短枪100多支，轻机枪2挺，扩充红军新战士400多人，散发标语、传单数万张。

"八一"大示威沉重打击了国民党反动派，极大地扩大了红军在浙西南新区的影响。但由于"左"的思想影响，也有严重的失误。粟裕以后在回忆这一段战斗历程时说："八一"大示威，"虽然给了敌人保安团队和反动地主武装以相当的打击，但却过早暴露和消耗了我们的力量。"① 不久，国民党当局提前集中力量对浙西南根据地进行了第一次"围剿"。挺进师遭受了严重损失。

五、面对蒋介石40个团的"围剿"，
第一次提出并运用"敌进我进"作战方针。

浙西南游击根据地的建立和发展，无疑在国民党后院建起了一座革命堡垒，

---

① 《粟裕战争回忆录》，解放军出版社，1988年11月，第1版，第158页。

烧起了一把烈火。国民党浙江省政府的《东南日报》大声疾呼："浙江素称平安之区，自粟、刘窜浙后，匪化已波及全浙……若当局未能迅速肃清，前途实堪可虑。"

蒋介石是绝不容许共产党领导的红军在他身边立足的，迅速调集地方保安团"清剿"。保安团屡屡失败，革命烈火越"剿"越旺。蒋介石下令调主力部队入浙"围剿"。7、8月间，国民党军事委员会先后任命卫立煌和第十八军军长罗卓英，担任"闽赣浙皖四省边区清剿总指挥部"正、副总指挥。"闽赣浙皖四省边区清剿总指挥部"原来设在江西上饶，主要对付红军北上抗日先遣队。后来移到福建南平，重点对付闽赣边境红军。红军挺进师进入浙江以后，7月下旬又移到靠近浙江的福建浦城，9月中旬进一步移到浙赣铁路上的浙江省江山县，一步步逼近浙西南游击根据地。这时，刚提升担任浙江省保安处长的宣铁吾，也把他设在遂昌的"浙南剿匪指挥部"搬到了龙泉，与"闽赣浙皖四省边区清剿总指挥部"成犄角之势，从西北和东南两个方向把挺进师的浙西南游击根据地钳制在中间。8月23日，国民党当局"闽赣浙皖四省边区清剿总指挥部"制定了对四省边区红军游击队的《第一期清剿计划》，明确提出"以各边区大部对粟刘"，"限10月15日前全部肃清之"①。蒋介石认为，主力红军长征以后，留在南方坚持斗争的游击队，只不过是红军的"残余"，对他们用兵只能称"清剿"，而不叫"围剿"，以示轻视。

国民党在福建、江西、浙江、安徽四省共有63个正规团，受"闽赣浙皖四省边区清剿总指挥部"节制，归罗卓英统一指挥。罗卓英的十八军是陈诚起家的老本，装备精良，兵员充足，训练有素，战斗力较强，后来成为国民党军的五大主力之一。黄维、霍揆彰、胡琏、阙汉骞、高魁元等一批国民党高级将领，当时都是这个军的师、团长。

按照《第一期清剿计划》，罗卓英的部署是：第十四师3个团在北面，第九十四师3个团在东北，第六十七师3个团在东南，浙江省的4个保安团在南面，第三师2个旅5个团在西南，郐子举的"剿共军"第二纵队2个支队4个团在西北，动用了这样强大的军事力量，把挺进师的浙西南游击根据地团团包围起来。罗卓英按照蒋介石"围剿"中央苏区的战法，命令各部都构筑碉堡，整个包围圈形成一个碉堡圈。从北面的溪圩到南面的龙泉，又用碉堡群把包围圈分为东西两部分。还调第五十六师的2个旅6个团，在东南方向构筑了第二道封锁线，切断挺进师向闽东、闽北转移的退路。这次"清剿"，国民党当局出动正规军32个整团近7万人，连同地主武装，号称40个团。9月21日，罗卓英亲临龙泉"视察"，24日在丽水发表谈话，不得不承认红军在浙西南发展之迅速。罗卓英说："当时刘英、粟裕等仅有数百人，现在统计数达3000人以上……其进展程度，比江西还要厉害。"②明令各部队："遵照委座（指蒋介石）历颁各项剿匪要旨……动作敏捷，

---

① 《南方三年游击战争——浙南游击区》，解放军出版社，1993年4月，第1版，第484—485页。
② 同上书，第478页。

勿处被动地位，致失机宜。"①

就在罗卓英到龙泉"视察"的时候，挺进师政委会召开会议，研究怎样粉碎敌人的大规模"围剿"。粟裕分析敌我双方力量，认为浙西南游击根据地面临的形势，与当年井冈山根据地和中央苏区有很大的不同，反"围剿"的作战方针必须相应改变。他在政委会会议上详细阐述了这个观点，提出了新的作战方针。粟裕说，当年蒋介石对中央苏区"围剿"时，毛委员领导我们以运动战歼敌，开展反"围剿"斗争。尽管红军在总体上处于劣势，但是仍然有可能集中相当数量的优势兵力，各个歼灭来犯敌人。那时的情况是，只要有一路敌人被打败，敌人的"围剿"也就被粉碎了。井冈山斗争时期，朱总司令和毛委员领导我们用游击战和运动战相结合的战法，粉碎敌人的进攻，保卫红色政权。现在的情况是，我们只是一支游击队，一次最多只能消灭敌人一个营，而敌人整团整师压过来。我们必须用游击战的战略战术来粉碎敌人的"围剿"，保存有生力量，保卫根据地。参加会议的人都觉得粟裕的分析和提出的战略方针有道理。面对蒋介石大军压境，游击战该怎样打呢？大家都期待粟裕进一步拿出办法。粟裕接着指出，游击战很难谈得上防御，虽然有时也主动进攻，但不能大量歼灭敌人，只能你打你的，我打我的，实行敌进我进方针。现在敌人压过来，我们留下一部分部队就地坚持，主力部队迅速跳出包围圈，以积极的作战行动进到敌人后方去，吸引敌人，调动敌人，开辟和建立新的根据地，这就叫敌进我进。

在中国共产党的将领中，粟裕早在1935年9月就提出了敌进我进战略方针，并对它通俗、形象地作了阐述。这是粟裕在战争中学习战争，并不断上升到战略高度的一个重大成果，是他对毛泽东军事思想的创造性发展。

政委会一致赞同粟裕的意见。会议决定：留下第二、第五纵队和广浦独立营，在浙西南特委和军分区领导下，就地坚持斗争，和敌人周旋；第一、第三、第四纵队及师直属队，在粟裕、刘英率领下，从浙西南游击根据地中心南下，趁着夜幕掩护，偷涉龙泉河，突破敌人云（和）龙（泉）封锁线。粟裕和刘英各带一部分队伍，向南挺进到闽浙边境的福安、福鼎、寿宁、泰顺、庆元等地区活动，以吸引敌人、调动敌人，开辟新的游击根据地。

罗卓英是狡猾的老狐狸，很快发现挺进师主力已经突出重围，进入浙闽边境。罗卓英知道，在浙闽边境这样地形复杂的大山区，以数万兵力"围剿"化整为零、分散游击的红军，劳师动众，不会取得大的效果。在罗卓英心目中，"追剿"突围红军固然不能放松，摧毁共产党在浙西南刚建立起来的游击根据地，亦是当务之急。罗卓英决定：用一个师约五个团的兵力，追堵"围剿"突围红军，务求全歼；命令几十个团的主力部队，就地死死箍住纵横百多公里的浙西南游击根据地中心区，步步紧逼，不断收缩，彻底摧毁红军根据地。9月19日，罗卓英开始血

---

① 《南方三年游击战争——浙南游击区》，解放军出版社，1993年4月，第1版，第478页。

洗浙西南。浙西南红军和人民群众陷入了极度的危险境地,遭受了持续八个月的前所未有的灾难。

挺进师第二、第五纵队、广浦独立营和浙西南群众,在浙西南特委和军分区领导下,浴血奋战,用生命和鲜血保卫根据地。10月30日,挺进师政治部主任、浙西南特委书记黄富武在遂昌王村口馒头岭附近遭敌袭击负伤被捕,大义凛然,威武不屈。12月12日,在丽水大水门外英勇就义。1980年2月,丽水县为他修建了纪念碑。

第二纵队是留在浙西南坚持斗争的主力。纵队政委洪家云率领第六支队,纵队长李重才率领第四支队,大量杀伤敌人后分头杀出重围。他们袭击乡公所,痛歼自卫队,积极创建新的游击根据地。1936年4月,国民党当局出动正规军4个团,在江(山)浦(城)遂(昌)三县地方武装配合下,对第二纵队新开辟的根据地进行"围剿"。在战斗中李重才光荣牺牲。正患重病的洪家云,被国民党军包围在藏身养病的岩洞里,壮烈牺牲。

和第二纵队一起坚持浙西南根据地斗争的第五纵队,是以当地干部、共产党员和青年积极分子为主体组建起来的浙西南子弟兵,在反"围剿"中给敌人以沉重打击,作出了很大牺牲。陈凤生、卢子敬和陈丹山都把一腔热血洒在故乡的土地上。

国民党军对挺进师游击队和根据地人民的杀戮惨无人道。他们漫山遍野放火,来回"清剿"。抓到游击队和革命群众就砍头示众,开膛挖出心肝下酒,被捕杀和活埋的基层干部、群众不计其数。但是浙西南人民没有被吓倒,没有屈服,掩埋好同志的尸体,擦干身上的血迹,继续战斗,意志更加坚定。

几十年后,粟裕回忆这一段战斗历史时,不无沉痛地说:"后来的实践证明,我们将两个纵队的兵力留在浙西南是留得多了。如果我们当时对敌情有足够估计的话,主力部队还可以少留一些下来;留下的部队也应该化整为零,采取武工队和秘密工作相结合的活动方式坚持斗争。"①

粟裕、刘英率领的挺进师主力撤出浙西南中心区,南渡龙泉河,和追堵的国民党军周旋于浙闽边境。敌人的追堵部队有五个团,十倍于挺进师,还有地方保安团和地主武装配合。挺进师处境仍很艰险,战斗频繁激烈。10月5日,在福建省寿宁县郑家坑,粟裕、刘英和中共闽东特委主要负责人叶飞等会师。1934年8月,中国工农红军北上抗日先遣队渡过闽江向闽浙边挺进经过闽东时,粟裕和叶飞第一次见面,那时粟裕是抗日先遣队参谋长,叶飞作为闽东特委和闽东红军代表前来迎接。时隔一年,两人再次见面,战友重逢,心情都很激动。刘英、粟裕和叶飞等多次交谈,一致认为,敌人组建了一个"闽赣浙皖四省边区清剿总指挥部",统一指挥四省边区部队对付红军。红色游击区却互不联系,各自为战,这对斗争很不利。浙江与闽东、闽北这三个地区的红军和根据地应该密切联系起来,

---

① 《粟裕战争回忆录》,解放军出版社,1988年11月,第1版,第160页。

即使一时难以做到统一行动，也可以在战略上互相协调、互相策应，便能更加有力地打击敌人和粉碎敌人的"围剿"。双方很快取得一致意见：成立中共闽浙边临时省委。经协商，临时省委由刘英、粟裕、叶飞、黄富武、刘达云、阮英平、范式人、许信馄、洪家云、方志富、许旺等11人组成，刘英任书记，粟裕任组织部长，叶飞任宣传部长兼少共临时省委书记；同时相应成立闽浙边临时省军区，粟裕任司令员，刘英任政委。

11月7日是苏联十月社会主义革命胜利纪念日，挺进师和闽东红军在泰顺县白柯湾搭起讲台，召开纪念大会。两支红军部队亲如家人，互相拉歌，齐声欢唱，会场气氛很热烈。闽浙边临时省委和临时省军区主要领导人刘英、粟裕、叶飞等走上讲台先后讲话，从苏联人民的胜利讲到中国革命的前景，战士们很受鼓舞，全场不时发出一阵阵掌声。

种种情况表明，狡猾的罗卓英不受红军调动，集中兵力要摧垮浙西南根据地，军事斗争形势严峻。省军区司令员粟裕反复思考，分析比较，认为浙南地区有许多有利条件，应该把斗争重点放在开辟浙南游击根据地。他对刘英说，浙南地区东濒东海，南接闽东，山岭连绵，地势险要。比起浙西南来，浙南有两个更为有利的条件：一是从1924年起，这里就有共产党的活动。1929年冬至1931年，共产党在这里领导了武装暴动，成立了红军第十三军，红旗插遍瓯江两岸许多乡镇，在群众中造成很深的影响。闽东党的工作也在这里有了较好的基础，可以作为挺进师的依靠。二是这里远离浙赣铁路，国民党统治比较薄弱，便于挺进师活动。刘英认为粟裕的建议很有道理，并和粟裕详细研究了行动方案。

挺进师在闽东根据地经过一段时间整训，开始踏上新的征程。叶飞特地调一个步兵排给挺进师。粟裕、刘英把一挺重机枪连同机枪班充实闽东红军。挺进师从浙闽边境出发，向东北疾进，出敌不意攻下浙江省瑞安县的珊溪镇，先在瑞安、平阳、泰顺三县交界地区立足，再向东南和东北发展，一直打到瓯江南部，直抵东海之滨。粟裕灵活用兵，指挥挺进师在浙南兜了两个大圈子，把敌人拖得疲劳不堪。挺进师乘机攻下瑞安、平阳、泰顺外围几十个重要市镇和据点，很快打开了局面。粟裕和刘英作了分工：刘英带少数短枪队和省委机关在瑞安、平阳、泰顺地区开展浙南根据地建设工作；粟裕率领武装部队，在浙闽边界进进出出，从浙江打到福建，又从福建打到浙江，吸引和打击敌人，掩护和保卫省委开展工作，支援浙西南斗争，寻找和收拢在敌人包围圈里艰苦战斗的战友。

在粟裕指挥下，部队采用迂回战术向北行动，白天隐蔽，晚上行军；有时突然来个"回马枪"，引诱敌人"狗咬狗"自己打自己。挺进师一路上打土豪、"请财神"，把地主家的粮食、衣服分给贫苦农民，镇压了一批罪大恶极的乡保长、土豪劣绅，越过浙赣铁路，直指天目山麓。围困浙西南根据地的敌人坐不住了，终于被粟裕"牵"了出来。

坚持浙西南斗争的第二纵队，纵队长李重才、政委洪家云等大部分同志牺牲以后，四支队支队长余龙贵带领12名战友，在遂昌、浦城交界的山区打游击。冰雪封山的严冬过去了，转眼到了1936年暮春。这时，粟裕率主力部队回到了浙西南，寻找散失在山里游击的红军战士。这一带是老区，乡亲们对红军很亲切。他们告诉粟裕有一个扛机枪的高个子红军，带着十多个战士，常来村里活动。粟裕一听，马上想到那个"扛机枪的高个子红军"很可能是余龙贵，心里很高兴，马上对乡亲们说："你们快去寻找，一定要找到他们，就说过三天金米来带他们！"乡亲们也很高兴，不少人自告奋勇上山寻找。

那天，余龙贵和12名战友正在山坡上休息，远远望见几个打柴的老乡，挥舞砍柴刀向山上跑来，边跑边喊："可找到你们啦，可找到你们啦！"余龙贵和战友们很奇怪，迎上去问道："老乡，好久没有见面了，今天为什么这么高兴啊？"老乡气喘吁吁地说："我们的队伍回来了，红军回来了！"同志们一听，又惊又喜，抓住老乡的手，要他们说得详细一些。老乡说："前天村里来了一支红军部队，带队的脸色较黑，个子不高，但很敦实。他一住下就打听这里有没有红军，要我们赶快来找你们，还说他叫'金米'，过三天来带你们。"

"金米"，这不是粟师长的代号吗？师长亲自来找我们，大家心里不知有多高兴、多激动，就像流落他乡的孤儿马上就要见到母亲一样，一个个面露笑容，心潮激荡。

第三天，粟师长果然来了。时间已是傍晚，太阳就将落山，金色的阳光洒满山村，在老乡带领下，余龙贵和12名战友急切地跑进村里，只见粟师长早就站立在门口，挥动右臂在向大家招手。余龙贵和12名战友快步跑上去，围在粟裕身边。粟裕挨个和大家握手，嘴里连声说："好哇，都回来了，都回来了！"挺进师的同志听说二纵队战友回来了，都高兴得一齐围了过来。战友久别重逢，有多少心里话要说啊，可是许多人连一句话都说不出来了。

余龙贵向粟师长汇报了半年来二纵队的战斗历程和重大牺牲。粟裕心情沉重，仔细地听着，对牺牲的每一个干部、战士的情况，都询问得很详细。听罢汇报，粟裕长时间地陷入了沉思，然后抬起头，看着余龙贵等二纵队战友，缓慢而坚定地说："我坚信毛委员说的话：星星之火，可以燎原。为革命牺牲的同志的可歌可泣事迹，我们要把它记在功劳簿上，让子孙后代永远记住他们，纪念他们！"

已是深夜了，粟裕站起来送余龙贵等回去休息，转身看见了床铺底下的油布包，马上叫住余龙贵，笑着说："这包玩意儿还得你来收拾收拾！"

"什么好东西？"余龙贵问。

"机枪零件！"师长的警卫员抢着回答。

余龙贵一听，马上来了精神，顾不得回去休息，当场把油布包打开，原来是一挺捷克式轻机枪的全套零件。在中央苏区的时候，余龙贵就是一名出色的机枪手，他"咔嚓、咔嚓"一阵摆弄，一挺新机枪很快装好了。粟裕接过机枪，反复欣赏，赞许地点点头，笑着说："好哇，一堆废铁一会就变成一件宝了！"余龙贵和战士们都高兴地笑了。

1936年4月，粟裕从国民党当局的报纸上发现一条报道，说浙东南山上有

"共匪"活动，立即率部跋山涉水赶到浙东南，转战于丽水、武义、永康、缙云、永嘉一带，寻找战友。这时，原国民党陕西省政务厅厅长、现任第四十六军秘书处长的陈素子，正好返归缙云老家祭祖。他看到红军势力越来越强大，便和地主、豪绅密谋，组织了有千余人的民团，专和红军作对。4月7日夜晚，粟裕师长巧用奇兵，人不知鬼不觉地包围了民团指挥所，活捉了陈素子和民团另一名头子、土豪李志仁。群众一致要求枪毙这两个反动家伙。第二天，独立师在缙云召开公审大会，就地处决了陈素子、李志仁。

5月中旬，粟裕在缙云县壶镇王龙坑见到了张文碧带领的第一纵队十多名同志。从浙西南突围以后，一纵队六十多名精壮战士，奉命北渡瓯江，向浙东地区发展，在当地坚持斗争，开辟新的根据地。在敌人的"清剿"和反"清剿"中，纵队长王屏等几十名战士先后牺牲了。张文碧等十多名战士在深山老林里苦苦支撑，熬过严冬，迎来了与主力会合的春天。粟裕告诉大家，现在整个闽浙赣的革命斗争仍很艰难，但全国的形势已经发生变化，对我们十分有利。在毛泽东领导下，中央红军击败几十万敌军的围追堵截，战胜无数天险，长征二万五千里，已经胜利到达陕北，革命的火焰又在北方燃烧起来了。大家听了心情都很激动和兴奋。

六、开创又一个大发展的局面。适应新情况调整新政策，游击根据地建设有许多新创造。

从1935年9月到1936年6月，是挺进师经受严峻考验的重要时期。浙西南游击根据地暂时丧失了，但又在浙南开辟了大块新的游击根据地，并在浙西南、浙闽边、浙东、浙南更广泛地开展游击战。从总体上说，罗卓英40个团的"围剿"没有能够消灭红军，挺进师虽然遭到严重损失，仍取得第一次反"围剿"的胜利。

1936年6月"两广事变"爆发，广东军阀陈济棠和广西军阀李宗仁、白崇禧，以北上抗日为名发表通电，出兵湖南，反对蒋介石，企图夺取南京国民党政权。蒋介石急电嫡系罗卓英部主力南调，同时采取收买两广部队的手段，对付陈济棠和李宗仁、白崇禧。挺进师面临的敌情和军事压力缓和了。从"两广事变"爆发到是年12月"西安事变"的和平解决，是红军挺进师游击战争的第二个发展时期。

在第一次反"围剿"斗争中，粟裕和刘英经常分开活动，组织形式也相应有了新的变化，即组建了"突击队"和"牵制队"。所谓"突击队"，就是武装工作队，由刘英带领，主要任务不是打仗，而是带领便衣队、短枪队，和省委机关一起在浙南基本地区坚持斗争，发动群众进行根据地建设。"牵制队"是挺进师游击队的主力部队，由粟裕带领，主要任务是在广大范围内开展公开的武装斗争，牵制、吸引和打击敌人，掩护和保卫基本地区，发展新的游击区。

"两广事变"以后，中共闽浙边临时省委根据新形势，作出两项决定：一是刘英、粟裕分别以中共闽浙边临时省委和挺进师政治部名义发表宣言,揭露蒋介石"攘外必先安内"的反动政策,反对军阀内战,要求国民政府放弃反共,枪口对外,一致抗日;二是恢复浙西南游击根据地,许信焜任中共浙西南特委书记,同时重建第二纵队,赵春和任纵队长,张文碧任政委,由粟裕统一领导,回到浙西南地区活动,再度占领龙泉的住溪和遂昌的王村口。

粟裕率领"牵制队"单独活动,独立处理政治和军事问题,他的军事才能和政策水平得到了更好的发挥。这对红军挺进师游击战争第二个发展时期的出现,起了十分重要的作用。

粟裕脑海里经常考虑着一个问题:红军游击队要在敌后长期坚持,形成比较巩固的游击区,必须为游击队主力提供更多的"落脚点"和主动向敌人出击的"跳板"。粟裕从实际情况出发,使游击根据地建设有许多新的发展。他带领"牵制队"一面打仗一面建设根据地,在一些重要地区把几个或十几个工作基础较好的村庄连成一片,建成一个游击基点,相隔二三十里再建一个。这样逐步向外发展,一个个游击基点联系起来,便建立了相对稳定的较大块的游击根据地。在较大块游击根据地外围,还有一些小块的游击根据地和游击基点。这些小块游击根据地和游击基点开始是临时性的,经过斗争考验不断加强和发展巩固,而且形式多种多样,有公开的,也有秘密的,在敌人势力比较强大、敌我争夺频繁的边缘地区,还有"白皮红心"的两面政权。这种两面政权,或者是把原来的保、甲长争取过来,为红军游击队做事,或者是把秘密共产党员派进去担任保、甲长。敌人来了,他们赔着笑脸接待,虚与委蛇应付,成了红军游击队的保护伞和挡箭牌;敌人走了,他们又明里暗里按照红军游击队的主张办事。小块游击根据地的政权完全为红军游击队掌握,当地群众心中都明白这个秘密。

随着日本帝国主义对中国的武装侵略步步加紧,民族矛盾日益上升为主要矛盾。粟裕虽然被隔绝在一个封闭的区域内活动,但他时刻关心着全国的大局,使局部地区的斗争适应全国的形势和大局。他通过各种途径主动了解全国形势,以敏锐的洞察力和卓越的决策水平,不断调整游击根据地内实行的政策,靠政策团结越来越多的人,加上有力的武装作依靠,游击根据地和游击基点不断巩固、发展。

浙江商品经济比较发达,地主兼工商业者多。粟裕改变了过去打土豪的政策,以抗日、反蒋为前提,扩大团结对象,缩小打击目标。粟裕调整了对敌斗争政策和口号,对国民党的乡长、镇长和保长由镇压改为争取;把"穷人不打穷人"的口号改为"中国人不打中国人";把"欢迎白军士兵杀死长官拖枪过来当红军",改为"欢迎白军官兵枪口对外和红军共同抗日";把苏区沿用多年的"没收委员会"改为"征发委员会",对地主兼工商业者征收"抗日捐"。游击队每到一地,找到当地的士绅地主,根据游击队的需要和征收对象的财产情况,要他们捐助一定数量的大米、衣服和现金,并说明这是资助游击队抗日。地主士绅见红军的要求并不过分,而且很有道理,一般都愿意捐献。有时红军游击队进村时地主士绅已经吓跑了，游击队住在这些大户家里，杀圈里的猪，吃囤里的米，临走时留下条子，提出各家应捐的款额，扣除吃掉的米、肉，要他们把不足部分送到指定的地方去。地主士绅回来发现条子，再看看家财没有什么损失，心里比较踏实，大都按游击队的要求把不足部分的钱物送去。这样做的结果，红军游击队和地主士绅的矛盾不但不会激化，相反得到他们称道。当然也有顽固抗拒的。粟裕命令游击队先是给他写信警告，后是罚款惩处，最后便采取强硬措施。汤溪周村有个当乡长的地主，游击队通知他出500元"抗日捐"。他不理睬。游击队对他发出警告，加倍罚款，限期交付1000元，否则严办不贷。他冷笑说："想惩办我，谅他们没有这个本事！"粟裕决定杀一杀这个顽固分子的气焰。游击队掌握了这个乡长的行踪，一天趁他出门，在半路上来个"攻其无备"，把他抓了起来。这个乡长见红军游击队较了真，吓得面如土色，腿似筛糠。游击队还是采取有理有利有节的策略，严肃指出他的错误态度，给他讲交"抗日捐"的道理，问他认罚不认罚。这个乡长连连点头，再三表示："认罚，认罚。"粟裕下令把他放了回去。这个乡长很快送来了捐款和罚款，逢人便说："共军厉害，共军讲道理！"

浙江山区竹木茂密，资源丰富。粟裕在领导游击根据地建设过程中，不仅重视军事斗争，而且重视发展山区经济，专门制定了支持竹木和山货外运的政策，允许中立的地主士绅和商人自由来去，欢迎平原城镇的商人进山做买卖。遂昌县的门阵乡坐南向北，背靠大岭，面对金（华）汤（溪）平原，群峰守望，竹木葱茏。这里可以扼制三条交通线，还有一条竹木放筏必经的小溪。1936年底和1937年初，粟裕先后派部队到这里开展工作，实行新的政策，建成了新的游击根据地中心。门阵乡一时经济发展，商业繁荣，被群众称为"小上海"。平原地区的客商运来了根据地极其需要的布匹、药品，再把山区的特产运出去。离门阵较近的浙江经济较发达的城市金华，实际上成了红军挺进师的"军需补给基地"。商品流通促使山区经济发展，群众得益，生活改善，更加拥护红军，协助游击队防奸防特。

粟裕还重视团结和争取知识分子，亲自向他们特别是向青年宣传革命和抗日。1936年初冬的一个深夜，粟裕率领部队来到深山的一座古庙前。山区的夜寒气袭人，战士们轻轻叩门，想进庙里避风休息。庙里是所小学，教师从门缝张望，借着月光，看见门外站着一批衣衫不整的带枪的人，以为来了强盗，吓得不肯开门，任凭粟裕和战士怎样解释也没有用。粟裕命令大家靠在墙脚下避风。夜风习习，寒彻肌骨，战士们谁也没有一点睡意。有人提议："请师长来一段口琴吧！"粟裕从口袋里掏出多年来一直随身携带的口琴吹奏起来。粟裕吹的是许多人熟悉的《苏武牧羊》乐曲，深沉的琴声，吹奏出了西汉使臣苏武被羁漠北坚贞不屈的爱国主义情怀。战士们先是静静地听着，继而和着琴声低吟，最后放开嗓门高歌。琴声歌声，抒发了红军战士誓以血肉之躯筑起抗日长城的豪情壮志。乐声歌声刚停，庙里响起喝彩声，接着庙门"吱"的一声打开，一名青年教师神情激昂，手提灯笼走了出来，后面跟着两鬓斑白的老校长。校长连声说"请"，把大家招呼进门，不住称赞："我在山里教书多年，从来没有见过纪律这么好的军队，这位老兵的口琴吹得太好了！"粟裕和老校长、青年教师彻夜长谈，向他们宣传共产党的抗日民族统一战线主张。老校长和青年教师频频点头拥护。后来这所小学校成了挺进师的联络点和情报站。粟裕利用各种机会做工作，把越来越多的知识分子团结在共产党周围，通过他们，粟裕收集到各种新出版的报纸和书刊，从中掌握了许多国内外重要情况。

粟裕领导的这个时期的军事斗争更加灵活自如，得心应手，游击战的范围更加广泛。有了公开的、半公开的、秘密的游击基点作依托，部队打过仗疲劳了，粟裕便带着大家急行军一个晚上，顺利转移到游击基点。群众站在游击队一边，封锁了消息，游击队就可以安安稳稳住下来，休整三五天。粟裕又利用这个间隙派人侦察敌情，部署下一步行动，适时跳出去打击敌人。

"两广事变"爆发，蒋介石无暇顾及浙西南红军。粟裕率领"牵制队"掩护和策应刘英率领的"突击队"行动，集中力量打通了浙南根据地内各县、区之间的联系，使各基本区连成一片，然后又发展新区，扩大根据地，打通了温州沿海的交通口岸。1936年8月，粟裕、刘英与活动在平阳北港的一支革命力量会合。这支队伍是由老共产党员叶廷鹏为首组织起来的。在复杂的斗争环境中，叶廷鹏与共产党组织失去了联系，但他仍在那里发动群众，坚持斗争。挺进师进入浙江，革命形势有了发展，叶廷鹏团结了一批革命青年，并与北港凤翱乡群众领袖郑海啸一起，在平阳北港和瑞安、平阳边界创建了一块纵横15公里的秘密工作地区，主动要求闽浙边临时省委来领导。刘英、粟裕和叶廷鹏会合，浙南游击根据地范围进一步扩大，成为红军游击队的大后方。

粟裕率领的"牵制队"的活动范围也有了很大发展，东进可到永康、武义、东阳、仙居、天台，南下可达云和、景宁、庆元和福建的寿宁、松溪、政和等浙闽边地区。粟裕巧妙地把活动重点地区放在对敌人威胁最大、对外界影响最大的浙赣线南侧，迭出奇兵，有时打到武义汤恩伯的家乡，有时打到青田陈诚的老家，有次还逼近蒋介石的老家奉化溪口。

根据地进一步扩大，由浙闽边境东段向北，一直延伸到飞云江中游的南北两岸，纵横五百余里，成立了浙南和浙东南两个特委、十个县委和一个中心县委，建立了浙南人民革命委员会，"党、政、军、民、学、工、青、农、妇、儿"各种组织齐全，工作十分红火，一批地方干部迅速在斗争中成长。一度丧失的浙西南游击根据地不仅重新组织了浙西南特委，还重建了龙浦、龙遂、江浦三个县委及若干个区委。粟裕亲赴浦城，宣布恢复龙浦县委。浙西南为浙、闽、赣三省通道，敌人势所必争。粟裕清醒洞察这个局势，接受第一次反"围剿"的教训，决定在这里以秘密工作为主，表面上看起来工作不像过去那样轰轰烈烈，但更加扎实，干部群众更加坚强，对付敌人"围剿"更有办法了。活跃在浙东地区的游击队，出没于瓯江北岸广大地区，建立了共产党的浙东特委和几个县委，各个县委都有自己的武装。敌人专门成立了"绥靖专员公署"对付红军浙东游击队，始终不能得逞。

1936年底，红军挺进师再次由几百人发展到1500多人，地方游击队和群众武装达到数千人。挺进师活动范围扩大到了温州、台州、处州、金华、衢州、绍兴等地区所属的三十多个县境,游击战的经验越来越丰富。红军挺进师在浙江又呈现出一个大发展的局面。

七、抗击敌人43个团的第二次大"围剿",
创造一系列游击战的新战法。

1936年12月12日,中国政治生活中发生了一件大事:"西安事变"爆发。蒋介石被迫接受停止反共内战条件,国共两党达成"团结抗战,共赴国难"协议。

粟裕和挺进师游击队是从城里搜集来的《东南日报》和上海《申报》上得知"蒋委员长西安被扣"消息的。战士们高兴万分,奔走相告,都盼着早些把这个"独夫民贼"杀掉。不久又传来消息,中共中央派周恩来副主席去西安做工作,"西安事变"和平解决,蒋介石同意"停止内战,共同抗日",已经平安回到南京。战士们尽管思想上很不理解,但想到这是党中央的决定,对革命事业总是有利的,也就不再说什么了。

早在"西安事变"之前,蒋介石一解决"两广事变",就策划好了对红军南方游击区新的"围剿"方案。10月初,国民党军委会任命张发奎为"闽浙赣皖边区主任公署"主任。仅仅过了两个月,国民党军委会又从湖南调来第四路"剿匪"总指挥刘建绪代替张发奎,担任"闽浙赣皖边区主任公署"主任。刘建绪是个反共老手,在湖南时同贺龙领导的红军打过仗,从中摸到了红军打仗的许多特点。"西安事变"和平解决以后,蒋介石立即采取"北和南剿"反动策略,妄图在第二次国共合作之前,一举消灭南方的红军游击队。蒋介石还派国民党CC系骨干分子朱家骅接替黄绍竑担任浙江省主席,调浙江省保安处副处长蒋志英到温州地区主持"剿共"。

闽浙赣皖四省边区"清剿"总指挥部的"清剿"范围,原来包括浙南、赣东北、闽浙赣、闽东、皖南等地区的红军游击队,后来蒋介石把浙南红军游击区作为"围剿"的主要进攻目标。1936年12月15日,刘建绪由杭州到达江山"闽浙赣皖四省边区清剿总指挥部"任总指挥,随即调集主力部队6个师、2个独立旅以及四省保安团,共43个团的兵力,10万余人,准备大规模进攻浙南游击区。"闽浙赣皖边区主任公署"制定了非常详尽的《闽浙赣皖边区绥靖计划》,确定军事政治密切协同、互相推进的"清剿"要领,强调"纵横反复搜剿,以及尽绝根枝",最终达到"肃清闽浙赣皖边区残匪(指挺进师游击队)之目的",并且明令"各部均于1月15日开始总清剿,限6个月内,将全区之匪,一律肃清"。[①] 从1937年1月1日开始,刘建绪不断电令所属各部队长官,加紧"清剿"、"进剿"、"驻剿"、"堵剿"、"围剿"、"搜剿"、"合剿"红军挺进师。

浙南游击区的范围已经大为扩展,刘建绪不可能采取罗卓英那样包围浙西南

---

① 《南方三年游击战争——浙南游击区》,解放军出版社,1993年4月,第1版,第517—524页。

游击根据地的作战方针,改为拉网式逼进,由北而南、由西而东、由外围到中心逐次展开,企图先把挺进师压向东南,然后在浙南包围聚歼。刘建绪命令第六十三师等部由浙赣路一线向南推进,压挺进师南下;命令新五师、第五十二师及赣、闽保安团沿江山至浦城公路及松溪、庆元、政和一线驻防,由西压迫挺进师东移;在浙闽边大量陈兵,构筑稠密碉堡工事,专门组织了"浙闽边清剿指挥部",任命第十九师师长李觉、永嘉保安司令许蟠云为正、副指挥官,企图切断挺进师向福建机动的通道,被迫转移沿海地带堕入包围圈受歼。此外,还强迫群众组织"联甲"及"剿共义勇队"、壮丁队,配合国民党军"进剿";采取移民并村,焚烧边区零星房屋、茅棚,按人头逐日配给油盐柴米,用种种高压手段把红军和群众隔开来,然后困而消灭之。

由于客观条件限制,挺进师领导对"西安事变"以后的形势还不能迅速作出正确的判断,为了推动革命形势发展,挺进师决定对当面敌人发动一次勇猛进攻,这就是1937年1月的"峰文战斗"。

峰文是泰顺县境内的一个村子,在根据地中心区,地势险要。粟裕、刘英决定利用有利地形,同四个团的敌人作一次较量。战斗进行了一天一夜,敌我互有伤亡,最后形成各自据险对峙局面。从兵力对比来说,显然是敌众我寡,如果敌人的援兵开上来,红军挺进师很可能会陷入被包围的不利境地。粟裕分析战局,认为必须迅速结束战斗,再也不能延误时间。这时师侦察排获悉,福鼎、平阳、泰顺交界处的大东山下驻有闽保一个团,战斗力比较弱。粟裕和刘英决定集中兵力打歼灭战,吃掉这个保安团,由此撤到峰文村南面的大山里,摆脱被动局面。

时间已是下半夜,群山静悄悄,偶尔传来几声清脆的枪声。粟裕命令余龙贵率领二纵队少数部队,迷惑和牵制、阻击峰文岭当面敌人,主力部队悄悄撤出战斗,向大东山迂回。粟裕深知,这一仗的关键,在于二纵队能否迷惑和阻击住西、北、南三面的强大敌人。望着粟师长严峻的脸,余龙贵回答:"坚决完成任务!"

天还没有亮,趁着浓雾掩护,粟裕、刘英率领的挺进师主力,突然出现在大东山下,与福建保安团接了火。敌人很快发觉了挺进师的意图,调动兵力猛攻峰文岭,企图打开一条驰救大东山和"围剿"挺进师的通路。峰文岭是一座拔地耸立的山嶂,岭北是800米高的峭壁,东南面坡度陡直,整个山峰易守难攻。满山满坡的敌人吃力地往上爬。余龙贵命令战士沉着应战,还特意挑了几个好射手,专拣敌人指挥官打。蛇无头不行。一个个指挥官在挺进师射手的精确瞄准下栽倒,冲锋的敌人乱了阵脚,爬一会躲一躲,生怕红军的子弹打过来。当敌人进入火力网时,余龙贵一声喊"打",两挺机枪和步枪一齐"哒哒哒"地怒吼起来,手榴弹紧跟着飞向敌阵,炸得敌人抱头鼠窜,滚下山去。

敌人调来迫击炮轰击,密集的炮弹炸得山头硝烟弥漫,碎石乱飞,碗口粗的树干被炸断,茅草燃起熊熊大火。挺进师战士以山崖石壁做工事,这边烧着了滚到那边去打,那边烧着了又滚到烧灭的地方坚守。敌人不断增兵,始终无法攻上峰文岭。天快黑了,敌人的攻势越来越猛烈,从四面八方往上爬。可是二纵队一直没有接到撤退命令。余龙贵心想：阻击已经打了整整一天，主力肯定顺利转移出去了，如果再在岭上坚守，剩下的一百多名战士都会牺牲，他们可是久经考验的革命宝贵财富啊！余龙贵果断地下令撤退。在夜幕掩护下，大家利用战斗间隙，迅速从东南面峭壁上攀着葛藤滑下去。山脚下是一条干涸的溪沟，大家沿着溪沟拼命往前奔。东、南两面山上的敌人离二纵队不过百米，可是天黑雾浓看不清楚，大声喊问："哪个部队？跑什么！"听口音，是福建保安团。余龙贵赶忙让闽北籍战士答话："自己人，'共匪'跑了，快追！"大家一口气跑了十多里，摆脱了敌人，来到约定的会合地点冬瓜坪。粟裕、刘英已在这里心焦地等了好一会，一听说二纵队回来了，喜出望外，快步跑来迎接。原来粟裕、刘英率领的挺进师主力击溃闽保一个团后，已在下午两点钟左右撤退到了目的地，并派传令兵去通知二纵队立即撤出战斗，谁知命令没有传达到，传令兵也没有回来，可能是途中牺牲了。

峰文战斗以后，刘建绪接连不断电令各部寻找挺进师主力和领导机关。就在这时，浙南军分区司令员罗连生被捕叛变，供出闽浙边临时省委和省军区主要领导人的活动地区。刘建绪立即调集部队对瑞安、平阳、泰顺、福鼎一带发起大规模进攻。

面对严峻的敌情和形势，粟裕认为，蒋介石调集了这样强大的部队"围剿"挺进师，用意是要在实现第二次国共合作之前，一举全歼红军南方游击队。因此，目前这一仗很可能是国共双方已经打了三年的游击战争的最后一仗。粟裕从第一次反"围剿"斗争的教训出发，确定了这一次反"围剿"作战的指导思想：在强敌进攻面前，为了保存红军游击队，坚持武装斗争，必须确立隐蔽精干、保存力量同机动灵活、积极作战相统一的指导思想，粉碎敌人的"围剿"。

粟裕率主力冲破刘建绪独立第九旅和保安团的几道封锁线，果断地跳到龙泉河以北的松阳、遂昌地区，回到原浙西南根据地坚持斗争。挺进师一路上穿行于敌人封锁圈和碉堡之间，差不多天天要连打数仗，最多时一天打了七仗。这段时间，粟裕按照自己确定的战略方针和游击战争战略战术同敌人周旋，是他运用游击战术的成熟时期。针对敌人"大拉网"战术，粟裕采取与敌人相向对进、易地而战的打法。敌人的"网"拉过来，粟裕率挺进师巧妙地钻过去；敌人要红军游击队的山头，红军游击队要敌人的后方。敌人大规模"围剿"，粟裕又把挺进师主力作战单位分小、分散，有时几十人，有时十几人，乃至几个人活动，组自为战，人自为战，人少目标小，敌人抓不住，"咬"不着。瞅准机会，粟裕便把分散的部队迅速集合起来，狠狠地"咬"敌人一口。农历大年除夕，在龙泉通往云和的公路上，挺进师游击队成功地伏击了敌人一辆汽车，缴获大批年货，还有许多十万分之一、五万分之一的军用地图。这真是给化整为零活动的挺进师雪中送炭！

井冈山斗争时期，粟裕在朱德、毛泽东指挥下打过许多胜仗，对红军游击战的"十六字诀"体会很深。在浙南游击战争时期，粟裕以"十六字诀"为指导，结合浙南游击区斗争实际，在作战实践中总结出了一套新经验。

在游击战术的具体运用上，粟裕归纳得出六条原则：（1）以最小的牺牲换取最大的胜利；（2）不在消灭敌人，而在消磨敌人；（3）支配敌人，掌握主动；（4）积极进攻，绝少防御；（5）飘忽不定，出没无常；（6）越是敌人后方，越是容易成功。

对作战、行军、宿营等，粟裕提出了一套通俗好记的要领。在作战行动方面，粟裕总结了这样五条：（1）反敌人之道而行，竭尽欺诈之能事，敌进我退，敌集我散，敌大我避，敌小我欺，避实就虚，声东击西；（2）不要企图太大，只要常有小胜；（3）站在敌人翼侧、后方和圈子外围，不为敌人所合击；（4）一切作战行动必须迅速、勇猛、坚决，迟疑犹豫等于等死；（5）注意使用突然的白刃袭击，只要枪一响，刺刀就要杀到敌人肚皮上去。粟裕认为，隐蔽游击队的行动和企图，是一条重要的原则。因此，他十分重视游击队的行动方式，总结出了兜圈子、大小圈、"8"字形、"S"形、电光形、杀回马枪以及东去西返、早出晚归等多种多样的活动形式，做到飘忽不定，出没无常，叫敌人无法捉摸。每次行军，都要派专人殿后，负责清除沿途留下的痕迹，踩倒的草要扶起来，足迹要抹掉，有时还故意在某个方向造出一点痕迹，迷惑敌人。宿营一般选择小村庄，最好独立砖瓦屋，而且一定要有前后门。粟裕规定部队实行"五班制"，粟裕亲率一个班，成员有参谋、警卫员、卫生员、绘图员、司号员、炊事员、理发员等，他们既是指挥机关的干部及专业人员，同时又是战斗员，站岗、放哨、侦察、打仗样样精。每到宿营地，这个班住在中间，东、南、西、北四个方向分别放一个班，哪个方向发现敌情，就由驻在那个方向的班顶住，掩护其他班迅速转移，摆脱敌人后到预定地点集合。粟裕每天都要给大家规定至少两个集合点，如果第一集合点有敌情，就到第二个点去集合，分散集中非常灵活，非常有效，很适应游击战的情况和需要。部队每到一地，粟裕都规定必须认真调查地形、道路，而且规定得很细，例如，从驻地出发，往前走多少距离有岔路，往右走通到哪里，往左地形怎样；从某地到某地，大路如何走，抄小道有几条，都掌握得清清楚楚。这样，即使在路上遭遇敌人，三转两转便能摆脱。为了做到"知己知彼"，粟裕非常重视向敌人调查，千方百计收集敌占区报纸，细细分析，从字里行间、正面反面判断情况。浙江通讯事业比较发达，乡镇都通电话。粟裕经常派游击队从电话线偷听来往通话，从中了解情况。有时，粟裕还采取"火力侦察"办法掌握敌情，先出其不意袭击某个乡公所或镇公所，把乡长或镇长抓起来，让他给县长打电话，报告这里情势紧急，要求县里赶快派兵来。县长的答复就是最权威的军事情报。

粟裕认为，积极进攻是游击战的一大特色。敌人进攻游击队，游击队居被动地位，赶快转移，摆脱被动。游击队进攻敌人，游击队是主动的有计划的，而且早作好了准备，只要情况没有变化，坚决打。在积极进攻中，粟裕运用最多的是袭击，敌人后方是游击队袭击的主要目标。他把袭击的主要对象分为三种：一是国民党基层政权和民愤大的爪牙。游击队经常人不知鬼不觉地把他们抓起来，根据他们的罪行大小或杀或罚，造成地方统治者恐慌。二是袭击敌人哨兵和侦探，动摇敌人军心。三是捕杀敌人落伍、掉队官兵，挺进师称之"截尾子"、"打尾巴"。敌人大部队出动，都在岔路口做路标。游击队摸准了这个规律，事先在岔路口埋伏好侦察员，敌军一过，就巧妙地移动路标，将掉队的零星人员引到设伏地段，轻而易举地活捉或歼灭。

这段时间挺进师游击队要抗击刘建绪43个团的"围剿"，是粟裕在浙南三年游击战争中最艰苦、最险恶以及作战最频繁的时期。国民党军不仅人多，往来"追剿"一刻不停，而且也摸索到了一些有效的"围剿"办法。挺进师游击队时不时地在路上和敌人遭遇，不知经历过多少次惊险。有一次，粟裕率领的一支游击队，被敌人压缩、包围在龙泉河和松阳溪之间一片二三十里长的三角地带。粟裕带着大家一忽儿向南，一忽儿向北，又兜圈子，又杀回马枪，一天一夜急行军90公里，连打7仗，才冲出包围圈。还有一次，游击队被敌人逼到了浙南的飞云江，冒险在下游渡江。熟悉水性的粟裕刚下水，就被旋涡卷了进去。粟裕奋力搏斗，转了三四个圈子，还是划不出来，眼看就要被旋涡卷到中心往下沉，后面的同志急中生智伸过来一把雨伞，粟裕迅速攥住伞柄，趁势脱离旋涡。为了摆脱敌人追堵，有次游击队连续三天三夜没有歇一会脚，最后到达金华附近的秘密游击基点，一个个倒头便睡，粟裕一觉竟睡了近40个小时。

刘建绪的"围剿"动用兵力比罗卓英那次多，持续时间也长，但是由于粟裕领导游击战的经验越来越丰富，驾驭越来越娴熟，始终掌握着斗争的主动权，加上别的一些因素，尽管浙南游击区的中心地区遭受了严重摧残，但是几块游击根据地坚持下来了，而且保存了较多的干部。浙南这个红军在南方的重要战略支撑点坚如磐石。

粟裕在红七军团、红军北上抗日先遣队及浙南挺进师（三年游击战争）工作期间，由于对"左"倾错误指导下的种种做法不满和抵制，与有的领导人在工作上产生了分歧，有过多次挨整的经历。晚年粟裕撰写战争回忆录，记叙了这些经历，并以求实向前看的态度和宽广的胸怀说："当时我们都还年轻，又失去了中央和中央分局的领导，这就不能不使我们在思想上行动上和对问题的处理上，留下不成熟的痕迹。"[①]解放战争时期华东野战军司令员兼政治委员陈毅，三年游击战争时期是中央军区领导人，1948年4月25日他在华东野战军高干会议上说：粟裕"是多年受委屈的，是提拔得最慢的一个。他受过人家的打击，决不会打击人家"。陈毅说的这段话，既是对粟裕在上述历史时期遭受错误打击的公正评述，也是对粟裕为革命忍辱负重工作高尚品质的赞扬。

八、根据全局形势发展变化，主动实现由国内革命战争向抗日战争的转变。与国民党当局达成停战协议。周子昆报告毛泽东："粟裕还在。"

粟裕领导挺进师主力在浙南、浙西南坚持游击战争的时候，日本帝国主义的侵略魔爪一步一步从东北伸向华北、华东等地。1935年的"华北事变"，使由"九一八

[①]《粟裕战争回忆录》，解放军出版社，1988年11月，第1版，第170页。

事变"以来逐步上升的中日民族矛盾成为主要矛盾。1937年7月7日,卢沟桥事变爆发,中国人民的全民族抗战开始。1937年8月13日,日本侵略军在上海扩大侵略,淞沪抗战爆发。1937年12月13日,日本侵略军占领南京,在南京进行了灭绝人性的大屠杀,30多万无辜百姓惨遭杀害。寇深祸亟,中华民族到了最危险的时候。以国家、民族利益为重的中国共产党尽管还在艰苦的长征途中,于1935年8月1日发表了《八一宣言》,年底进一步提出抗日救国十大纲领,1936年12月又促成"西安事变"和平解决,终于实现第二次国共合作,共同抗击日本侵略者。

早就同中共中央和上级党组织失去联系又单独活动的粟裕,以革命家的政治敏感和洞察力,密切注视着形势发展,千方百计揣摩和了解中共中央新的精神,以使自己的行动融入全党中心的大局。粟裕率部每到一地,就要大家广泛收集国民党统治区的报纸和一些大城市出版的杂志,从字里行间了解情况,分析形势。通过各种渠道,从上海等地搞来《大众生活》等进步刊物,看到了中共中央的《八一宣言》和1935年底提出的抗日救国十大纲领,了解了全国的政治形势和党的总路线,马上组织部队学习和宣传,并且发表宣言和公开信,拥护中共中央建立抗日民族统一战线的主张。挺进师每到一个村镇,就把大字标语写到那里,过去写的内容都是"打倒蒋介石"、"蒋介石卖国",简短几个字,饱含着红军战士的深仇大恨。现在,粟裕让宣传员把书写的大标语改为"联蒋抗日"。对蒋介石要联合,战士们这个思想弯子可就转得大了,连老乡也感到奇怪,一边看一边悄悄询问:"是不是写错了?"粟裕耐心地给大家讲形势课,进行教育,帮助大家转好这个思想弯子,适应革命形势的发展变化。

1937年春,经过多方努力,中共闽浙边临时省委同上级党组织取得了联系,并通过上海地下共产党与中共中央恢复了联系。但那时粟裕和临时省委失去了联系,处在闭塞状态。刘建绪对挺进师的"围剿"屡屡失败,格外疯狂。1937年4月,粟裕率领部队转移到遂昌、金华交界地区的门阵一带活动,开辟新的根据地。他们在"白舫岗"搭草棚建营。战士们白天在山上练兵,和群众一起种苞米,晚上下山做群众工作,发展党组织,有时还跳到外线袭击敌人,很快建立了以门阵为中心方圆近百里的沿铁路线革命根据地。这是继浙西南、浙南之后粟裕率挺进师在浙江建立的又一块游击根据地,并根据形势变化,在门阵采取了与过去完全不同的政策,把更多的人团结在周围。

1937年9月,金(华)衢(州)平原不时传来消息,有的说:"国共合作了",有的说:"共产党投降了","红军被收编了"。真真假假,众说纷纭。粟裕分析形势,认为很可能是国共合作了。他把刘亨云找来,交给他一个秘密任务。刘亨云立即带领一个排出发了。他们身穿国民党军装,大模大样来到龙泉县溪口镇,直往镇公所里走。一个巡官模样的人迎上来,笑着问:"你们是哪个部门的,从哪里来,有什么公干?"刘亨云仰着头回答:"我们是出来剿共的,我是连长,奉上级命令,有急事要和县政府联络。"那巡官见刘亨云口气不小,看牌牌是上尉军官,哪敢怠慢,连忙讨好地为他叫通了县政府的电话。刘亨云拿过话机,打起官腔，哼啊哈呀地问："报上都说朱、毛红军投降了，究竟怎么回事，这共还剿不剿？"电话里传出对方声音："现在国共合作抗日了，蒋委员长已向全国下达了全民抗战命令。共军改编为八路军，听从蒋委员长指挥了。"

侦察的情况证实了粟裕的判断，他迅速召开干部会议，研究行动部署，决定把部队集中起来，进行动员和教育。大家听说国共合作抗日了，都很兴奋，觉得1934年7月接受的先遣抗日任务，到今天就要实现了。粟裕特别告诫大家说："代表地主资产阶级利益的蒋介石，一直是工农大众的死对头。现在形势变化了，他不得不接受中央团结抗日主张，但我们千万不能放松警惕，以防发生意外。"粟裕让人把当地的保长找来，要他把挺进师的抗日宣言和通电送到遂昌县政府，要他们尽快派代表来和红军谈判，以便早日开赴抗日前线。

遂昌县长接到粟裕送来的信，9月18日便复函同意谈判，并派兵役科长朱镇山为代表去门阵。粟裕同大家一起商定了谈判的原则和条件，特别明确了必须坚持的几个重大问题，指派谢文清为代表出面谈判，自己悄悄坐在一门之隔的房间里静静地听着。

10月14日，朱镇山来到门阵。谢文清客气地把他请到屋里。谈判在门阵一家姓张的村民客堂里进行，中间一张八仙桌，两边面对面坐的是血战十年的死对头——国共双方代表。尽管是和平谈判，气氛仍很紧张，还带几分杀气。谢文清腰里别着手枪，屋外山头上加了荷枪实弹的岗哨。十年血与火的斗争，"围剿"和反"围剿"，不知有多少共产党员和红军战士牺牲在国民党蒋介石的屠刀下，大仇未报，血债未偿，今天却面对面坐着谈判合作抗日和改编红军的事来了，粟裕和挺进师官兵心里有情绪。但是，为了民族大义和国家大局，粟裕再三要大家克制感情，冷静处理团结抗日大事。朱镇山首先提出，现在国共合作了，请粟师长和全体弟兄下山到遂昌城里集中，听候改编。谢文清根据粟裕预定的方案，当即严正拒绝，说："为了共同抗日，我们愿意同国民党地方当局举行停战谈判。但国共合作并不是谁投降谁，当前我们应当以民族利益为重，合作共同抗日。"谢文清提出了早已准备好的三点意见：第一，红军游击队将开赴浙南根据地，国民政府和军队沿途不得留难；第二，红军游击队已经停止了打土豪，政府应给予补充弹药、给养；第三，合作不是投降，改编不是收编，双方是平等合作。红军游击队要保持独立性，不进城驻扎。

经过唇枪舌剑的争论，国民党当局最后答应了挺进师坚持的原则立场和条件，表示欢迎粟师长率部下山。这时部队早已奉粟师长命令，集中在门阵组织学习和练兵，迎接民族民主革命新高潮的到来。1937年7月成立的宣（平）遂（昌）汤（溪）工委，也在向群众进行广泛的宣传教育，发动群众为即将开拔的红军游击队筹备给养，缝制新衣。当日夜晚，国共双方代表和门阵军民在白沙庙召开联欢会，粟裕特地让人请来了木偶剧团为大家演出。山村沸腾了，乡亲们舞起了传统的"板龙灯"，百多条木板长凳连接组成一条长龙，百多名年轻力壮的小伙子每人肩扛一条板凳，踏着锣鼓点子起舞，条条板凳上都点有油灯，远远望去，就像一条火龙在山间游动，十分壮观。

几天后，粟裕率领红军游击队和地方干部五十多人出发了，官兵们依依不舍地告别门阵的乡亲。门阵乡亲含着热泪送了一程又一程。红军游击队翻山越岭，避开大道，沿着崎岖山路南下，绕过遂昌县城，经石练、湖山、王村口、大潘坑、船寮、青田、大峃，到达飞云江南岸，和刘英派来的联络员相遇，随即一起上路，抵达平阳北港，和刘英等挺进师新老战友会合。历尽劫难，胜利重逢，刘英和粟裕两双坚强有力的手紧紧握在一起。

刘英向粟裕介绍了闽浙边临时省委同国民党浙江当局谈判的经过。1937年4月，已经和上海中共地下党组织接上关系的闽浙边临时省委，了解到中共中央关于"联蒋抗日"的主张，以临时省委和省军区名义，向浙江省国民党当局发出"停止内战，一致抗日"文电。刘建绪奉蒋介石之命，在报上公开表示要和浙江红军谈判。双方代表在鳌江谈了三天。国民党代表妄图以和谈为名，逼迫红军投降。中共闽浙边临时省委代表据理力争，坚持合作抗日立场。谈判随之破裂。8月，迫于抗日高潮到来，刘建绪亲笔致信中共闽浙边临时省委，要求重开和谈。9月16日，双方代表在温州达成合作抗日协议。

实现国共两党合作抗日，这是由国内革命战争向民族抗日战争的两个革命战争时期的转变。中国共产党中央的主张顺应历史潮流，合乎全国民心，在中国历史上具有重大意义。作为浙西南游击根据地领导人的粟裕，在与中共中央失去联系、得不到中共中央任何指示的情况下，自己的思想和行动能够如此准确地与中共中央新的精神一致、合拍，自觉实现两个革命时期的战略转变，所采取的原则立场和策略完全符合中共中央的方针、政策，这不能不令人叹服粟裕胸怀全局驾驭局部的本领。共产党人的革命坚定性和一切以大局为重的宽广胸怀，在粟裕身上得到了完美统一。

挺进师分散在浙南各地的游击队，先后来到平阳北港山门街集中，大约有500人。这个数字和挺进师1935年初离开苏区挺进浙江时差不多，但成员结构有了很大变化。原七军团、十军团的老骨干不多了，他们绝大部分已经为革命流尽了最后一滴血。充实的许多新成分，有浙西南、浙南、闽浙边的工农子弟，有来自上海、温州等城市的知识青年。部队装备虽然仍很落后，但官兵的思想觉悟高了，作战经验丰富了，战斗力强了。按照中共中央指示和国共合作抗日协议，1937年10月部队正式改编为"国民革命军浙闽边抗日游击总队"，粟裕任司令员，刘英任政委，下辖三个支队、一个教导队。抗日游击总队在平阳凤翱乡凤林村召开成立大会，粟裕、刘英分别讲话，阐明国共合作和部队改变番号的意义，号召大家坚决执行党中央抗日民族统一战线政策，保持和发扬红军优良传统，加强学习，加紧训练，准备开赴抗日前线。

粟裕1934年7月离开中央苏区以后，毛泽东一直挂念着这位井冈山时期智勇双全的青年将领，苦于通讯联络中断，三年得不到粟裕一点消息。闽浙边临时省委和中共中央一接上关系，党中央、毛主席很快来电询问粟裕情况。这时粟裕和刘英也失去了联系，临时省委几次派人寻访都没有音信，便如实报告中共中央："粟裕同志可能已经牺牲。"1937年5月陕北召开苏区代表会议，洛甫（张闻天）

致开幕词,首先悼念在各个战线上无数英勇牺牲的战士、我们的最忠诚的同志、中华民族的最优秀儿女,接着宣布李大钊等烈士名单,其中就有粟裕。1938年初,闽浙边临时省委派人到南昌新四军军部向项英汇报工作,请示今后行动,专门介绍了粟裕在浙西南坚持斗争的情况,并说:"粟裕现在已经回到省委,正同刘英在一起加紧培养干部,训练部队。"刚从延安过来的新四军副参谋长周子昆立刻把这个喜讯报告延安:"粟裕还在。"毛泽东主席闻听非常高兴。

九、整训扩编部队,迎接抗日高潮。率部开赴皖南加入新四军序列。

历史翻开了新的一页。一个新的极端重要的问题摆到粟裕面前:从国内革命战争转变为抗日战争,中共中央的总路线和方针、政策变化了,民族解放战争赋予了革命战士特殊的新使命,斗争形势将更加复杂。如何使大家的思想和行动自觉地适应这种新的发展和变化呢?粟裕经过深思熟虑,又同刘英反复商量,决定抓住从部队集中到出发抗日这个间隙,在加紧练兵同时,组织党政军干部重新学习革命理论和党的政策。中共闽浙边临时省委在凤林村召开了扩大会议作动员,粟裕在会上作抗战形势报告,向党政军干部提出重新学习革命理论和党的政策的任务。临时省委和"抗日游击总队"接着决定采取两项有力措施:举办军政干部训练班和开办"抗日救亡干部学校"。

军政干部训练班主要集训部队连以上和地方县以上干部,每期半个月,连续办了三期,粟裕亲自讲课,教育训练内容有三个重点:一是民族矛盾和阶级矛盾、国际主义和爱国主义的关系;二是坚持抗日民族统一战线和坚持党的独立性的关系;三是公开工作和秘密工作的内容和相互关系。这些党政军基层干部阶级立场坚定,作战勇敢,为革命不怕吃苦,不怕牺牲,就是文化水平低,理论基础薄,一开始学习,对什么叫矛盾就是弄不懂。最后还是粟裕给大家讲了关于"矛和盾"的那个古代寓言,才算叫大家开了一点窍,慢慢跨进了革命理论的大门。

"抗日救亡干部学校"设在山门街畴溪小学内,粟裕担任校长,公开招收抗日青年入学培训。1938年1月5日,温州《浙瓯日报》刊登了经粟裕亲自审定的《国民革命军浙闽边抗日游击总队救亡干部训练班》招生启事:

(一)宗旨:培养抗日救国的军事、政治干部人才。

(二)资格:初中程度或同等学级,男女兼收。

(三)年龄:20岁以上至35岁。

(四)受训时间:暂定3个月。

(五)校址:平阳北港。

(六)名额:100名。

(七)报名日期及手续:自即日起至1月10日止,凡愿来训的,请至下列各处:(1)各驻地办事处,温州九柏园头4号;(2)本部政治部;(3)平阳北港民教馆。

（八）开学日期：1938年1月15日。

（九）入学手续：于开学前3日到校，经考试及格后编队受训。

（十）待遇：有钱出钱，没有钱由本校津贴伙食，但服装被铺自备。①

消息传开，首先是温州的热血青年奔走相告，纷纷来到"抗日游击总队"驻温州办事处报名。浙江其他地方乃至外省的一些向往共产党和红军的爱国青年，也赶来报名或联系入学事宜。最后录取学员大约150名，大多数是中学生，少数小学生，个别大学生，还有当过工人和小学教师的，其中女学员30人左右。开学典礼那一天，粟裕和刘英都来出席，向年轻人介绍共产党和红军的历史、宗旨，讲述当前抗战形势和共产党的抗日民族统一战线政策，说明学校的性质、任务，目的是培养抗日救亡运动的青年干部。课程有游击战术、抗日民族统一战线政策、政治经济学、群众工作、时事和农村经济、哲学等。粟裕亲自讲授游击战术课。粟裕每次来校讲课，衣着和普通战士差不多，不同的只是有时披一件黑色军大衣。他用浓重的湖南话给学员讲课，举出一个个实际战例，把游击战术讲得生动易懂，引人入胜。粟裕说话很有风趣，他左臂负过伤，刘英右手腕负伤致残，有次上课粟裕说："人们以为刘英和我是三头六臂，其实我们两个人加起来只有一双完整的手。"说得大家都笑了。

把抗日游击战上升到战略高度去论述，在共产党军队将帅中，粟裕是最早这样认识和实践的人之一。他向学员讲授游击战术课时，开宗明义就阐明抗日游击战争的战略意义。他说："抗战以来的事实证明，抵抗日本帝国主义的侵略，只有正规军在正面进行的正规战争是很不够的，必须同时在敌人的后方开展游击战争，才能实现全面的全民族的抗战，才能最后把侵略者赶出去。"②接着对游击队的任务、游击队的组织、游击战术、游击队的教育工作、游击队的补充与供给工作，作了全面充分的讲授。特别是对游击战术，粟裕讲授得格外详细，分17个方面逐个阐述，包括游击战术原则、游击队的动作要领、行军、宿营、侦察、警戒、破坏工作、工事构筑、通信联络、保守军事秘密、战斗准备、战斗动作、战后动作、怎样设伏和什么样的地形适宜打埋伏、怎样截击敌人的行军纵队和运输队、游击队的进袭和怎样进行运动防御。对他在实战中总结概括的游击战术的六条原则，一条条举例详细讲解。在授课中，粟裕第一次正式讲述了他在1935年提出的"敌进我进"的游击战方针，这是他对毛泽东、朱德在井冈山斗争时期提出的游击战用兵"十六字诀"的创造性应用和发展。

新四军军部成立后，连续接到两次来电，催促"浙闽边抗日游击总队"开赴皖南集中。1937年9月下旬，刘英曾派吴毓、龙跃到杭州，向国民党主持谈判事宜的邓切和第十集团军总司令刘建绪作礼节性拜访，然后乘汽车由京杭国道抵达南京，找到八路军办事处。中共中央代表博古听了他们的汇报很高兴，并告诉吴、

---

① 《南方三年游击战争——浙南游击区》，解放军出版社，1993年4月，第1版，第96页。

② 《粟裕军事文集》，解放军出版社，1989年7月，第1版，第1页。

龙，南方各省游击队准备改编为新编第四军，拟请叶挺出任军长。博古特别叮嘱在新四军组成之前，为防止国民党阴谋，没有我博古的亲笔信，别人来调你们部队，不要听他们的命令。所以对这两次电令，粟裕和刘英商量后都没有执行。1938年3月，中共中央东南分局副书记兼组织部长曾山来到平阳山门街，向粟裕、刘英传达上级指示，研究部队进一步整编问题。中共中央政治局对南方各游击区在极其艰苦的条件下长期坚持英勇的游击战争，给予了高度评价。种种迹象表明，日本侵略军可能在温州沿海登陆。为了做好日寇登陆后我在闽浙赣地区开展游击战争的准备工作，并防止国民党当局再次背信弃义，发生变故，中共中央决定撤销闽浙边临时省委，成立浙江临时省委，刘英留下来任书记，继续主持浙江省的工作，带领部分武装人员和干部坚持斗争；粟裕率"抗日游击总队"开赴皖南，参加新四军的战斗行列。"抗日救亡干部学校"部分人员组成战地服务团，随部队行动。粟裕陪同曾山来到"抗日救亡干部学校"作报告。曾山从抗日战争形势讲到党中央的主张和国共合作抗日，从抗日救亡讲到青年肩负的历史重任。大家听了受到很大教育和鼓舞。

新的革命使命在召唤中华民族的优秀儿女。3月的浙南已是春光明媚，春意盎然。18日清晨，粟裕率领"抗日游击总队"500多名健儿，从平阳小镇山门街出发。和红军游击队结下血肉情谊的浙南群众，从四乡八镇赶来。他们敲锣打鼓，唱着歌，呼着口号，站在镇中街道两旁欢送。三年来，浙南游击区的群众把这支队伍当做自己的子弟兵，用生命和鲜血保护这支队伍，支援这支队伍渡过难关，战胜敌人，发展壮大。怀着依依不舍的深情，粟裕边走边和乡亲们挥手告别，和

■ 1938年春，原红军挺进师干部与中央局代表曾山于浙江平阳县山门街合影。后排左六至左八依次为粟裕、刘英、曾山。

留下来坚持斗争的挺进师新老战友握手告别。

部队经过几天行军，到达丽水县大港头。国民党浙江省政府主席黄绍竑在丽水碧湖会见粟裕。粟裕的大名，黄绍竑早已如雷贯耳，在他的想象中，粟裕一定是个威风凛凛的英雄，一见面却是个身材瘦小的普通人，斯斯文文像个知识分子，一双深陷的眼睛闪着睿智的光芒，不由得肃然起敬。黄绍竑客气地留粟裕在碧湖吃午饭。席间，粟裕邀请黄绍竑去"抗日游击总队"视察。黄绍竑一口答应。饭后，粟裕陪同黄绍竑乘车来到大港头。"抗日游击总队"这时已经集合在一座小庙旁边的空地上，500多人的队伍虽然装备落后，各式各样的枪支都有，不少人拿着大刀、长矛，有的还是赤手空拳，也没有制式军装，但一个个精神抖擞，士气高昂。黄绍竑脸上再次露出了钦佩的神情。粟裕首先致欢迎词，浓重的湘西话句句掷地有声。他说："在我们伟大的中华民族久远的历史上，凡是团结的、统一的都能有效地抵御外侮。今天，面对日本帝国主义的侵略，我们的国家和民族濒临着亡国灭种的危险。'国共联合，团结抗日'，适合世界之潮流，合乎民众之需要。我们要为国共两党的团结抗日，为加强民族统一战线，为增进四万万五千万同胞的大团结，为驱逐日寇、光复中华而努力奋斗。"

接着，粟裕请黄绍竑讲话。黄绍竑再三对大家表示慰勉，预祝大家开赴前线旗开得胜，为国家为黎民多立战功。1938年3月上旬刘英随曾山去南昌中共中央东南分局请示工作，在金华与黄绍竑进行过一次会谈，要求省政府拨给"抗日游击总队"500支步枪、10万发子弹和1000套军装。黄绍竑答应发给5万发子弹、1000套军装。在大港头讲话时，黄绍竑当众宣布："应贵方要求，经省政府批准，发给你们军装、子弹等军需物资。"兑现了和刘英会谈时的承诺。

3月25日下午3时左右，粟裕率领的"抗日游击总队"北进抵达遂昌。在坚持浙西南三年游击战争期间，遂昌是红军挺进师活动的重要地区，挺进师师部和领导中心就设在遂昌的王村口。遂昌人民把红军看成自己的救星，他们听说"金米"师长带领的队伍路过遂昌开赴前线抗日，纷纷赶来迎送。县抗日自卫委员会也通知各机关团体、学校及各界人士到东岳宫集合欢迎。粟裕决定部队在遂昌稍作停留，他把战地服务团负责人陈雨笠找来，要他们安排做好四件事：第一，召开各党派、各阶层座谈会；第二，访问当地进步人士；第三，举行军民联欢晚会；第四，服务团走上街头向群众开展宣传活动。粟裕强调说："这四件事一个中心、一个目的，都是为了宣传党的抗日民族统一战线政策，宣传抗日救国十大纲领。"

当晚7时左右，军民联欢大会在县城王家祠堂举行，百姓争先恐后潮水般涌向会场。"抗日游击总队"官兵全体参加，他们身穿新军装，高唱抗日战歌，列队雄赳赳跨进会场，1000多名群众以热烈的掌声欢迎。粟裕英姿焕发走上讲台作团结抗日演说："我们的红军在浙西南坚持艰苦的三年游击战争，由于广大人民特别是遂昌人民积极的支援，使我们不断地取得胜利。我代表全体指战员向你们致敬。"粟裕举起右手，恭恭敬敬地向遂昌父老乡亲行了一个军礼，全场报以雷鸣般掌声。粟裕接着说："自从日本帝国主义侵略我国以来，民族危机日深一日，只有各党派、各阶层人民团结一致,齐心协力,全面抗战,才能求得民族解放、主权独立。我们必须坚持团结,反对分裂;坚持抗战,反对投降,对敌人的任何幻想都是灭亡之路。我军是人民的部队,艰苦奋斗、英勇牺牲是我们的优良传统;我们不怕任何敌人,不怕任何困难。现在,我们就要开赴前线,歼灭日寇,保卫神圣的祖国,保卫我们的家乡。"粟裕和全场军民一起振臂高呼:"坚持抗战到底!""打倒日本帝国主义!""中华民族解放万岁!"

26日上午,陈雨笠代表粟裕邀请30多名知名人士,在县民众教育馆召开座谈会。陈雨笠向大家宣讲抗日救国十大纲领,同大家一起商讨关于释放"政治犯"问题。不少人听了共产党的主张,纷纷站起来发言,拥护国共团结抗日,呼吁尽快释放"政治犯"。会后,粟裕几次致函遂昌县政府和县长,指出:"自西安事变后,各党各派划除成见,停止内战,枪口一致对外,形成抗日民族统一战线。""当此国共两党亲密合作,尚有共党及共党嫌疑犯仍禁锢囹圄,诚令人不得其解!"提出释放雷有德等20名"政治犯","俾使参加抗战",并开列出了具体名单。

粟裕亲赴监狱看望这些为革命失去自由的志士,表示慰勉。遂昌县长复信,同意释放"政治犯"。27日,粟裕亲自将他们带回部队参加抗日。

"抗日救亡总队"告别遂昌继续北进,一路上不断和当局交涉释放"政治犯"。这时,浙西南抗日救亡运动的巨浪已经形成汹涌澎湃之势,许多地方都成立了"抗日自卫委员会",部队每到一地都收到许多传单和慰问信,受到很大鼓舞。部队到达龙游县,这里有铁路通往衢州,战士们要求坐火车过把瘾,同时也好早些奔赴抗日前线。粟裕派人交涉,500多人全部坐了一段路程火车。1938年4月18日,部队到达新四军军部所在地安徽省歙县岩寺,加入新四军的战斗序列,整编为新四军第二支队第四团第三营。粟裕担任二支队副司令员。

1942年春天,在浙江坚持斗争的刘英,由于叛徒出卖在温州被捕。他在狱中顽强斗争,坚贞不屈,5月18日被蒋介石下令杀害了。粟裕和刘英从1934年开始在一起工作,共同经历了北上抗日先遣队和浙南三年游击战争这两段极其艰难的历程,其中有并肩战斗的战友深情,也有对一些问题分歧产生的隔阂。但是,在粟裕的心目中,刘英仍然是一位坚定的

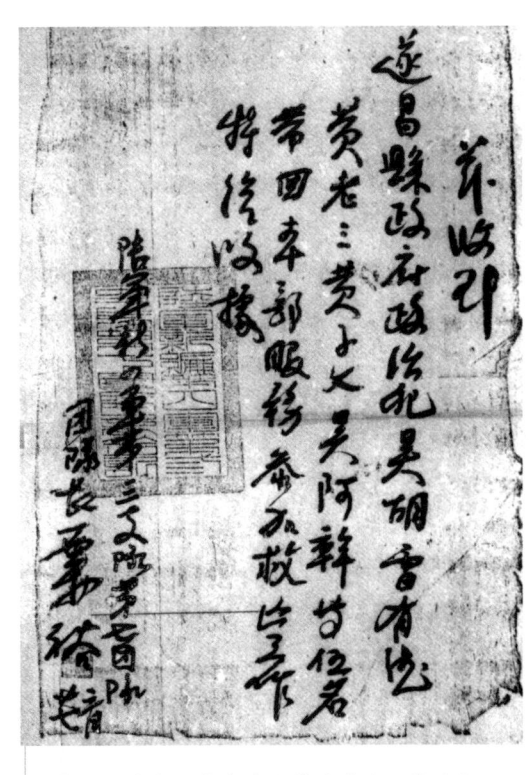

■ 粟裕给遂昌县政府的已释放政治犯收函之一

无产阶级革命家，是一位为人民不屈不挠奋斗一生的优秀共产党员。刘英牺牲以后，粟裕千方百计找到烈士的遗孀和遗孤，把他们接到江苏淮安根据地，主动担负起了抚养的责任。刘英的岳母是一位小脚老太太，走路不便，两个孩子还小。粟裕让人专门为他们准备了一辆马车，遇有敌情便坐马车随大部队转移，保证他们的安全。

浙南三年游击战争的道路是艰难曲折的。失去中共中央和上级党组织的领导，面对国民党军几十个团的一次次"进剿"、"围剿"，挺进师内部领导人之间后来又产生了严重分歧，在这样复杂和严峻的情况下，粟裕把在井冈山和中央苏区时期学到的经验，以及在抗日先遣队时期总结的教训，运用到了新的斗争环境，坚持从实际出发，自觉地实现由正规军到游击队和由国内革命战争到抗日战争的两次转变，所采取的重大举措完全符合中共中央的意图。他在艰苦的环境中保持了浙南这个支点，在一定程度上策应了中共中央和主力红军的战略行动，配合和掩护了邻近游击区的斗争，并为以后组建新四军培养、锻炼和储备了一批战斗骨干。这一切都和粟裕能够不断地思考战略性问题，从而在关系全局的重大问题上保持清醒的头脑有重要关系。

浙南三年游击战争的形势险恶。粟裕不仅坚定地坚持下来，而且不断走向胜利，还有一个重要原因，就是粟裕对中国共产党及其领导的革命事业的坚强信念。在浙南三年游击战争期间，粟裕已经萌生了一个想法：以后革命胜利了，一定要把这场艰苦的斗争好好写一本书。他把书名都想好了，就叫《信念》。每经历一次新的紧张复杂的斗争，他的这个想法愈加强烈。新中国成立以后，粟裕经常对人说："浙南三年游击战争，不管形势怎样险恶，鼓舞我们的强大精神力量始终是对中国共产党及其领导的革命事业的坚强信念，相信我们的事业是正义的，正义的事业总是要胜利的，革命的前途是光明的。这个信念，推动着我们从失败和挫折中接受教训，推动着我们在新的斗争中逐步走向成熟，走向新的发展。"

浙南三年游击战争，是粟裕逐步成长为无产阶级军事家、战略家的一个重要历程。

第六章　威震江南

一、毛泽东指示派有军事知识之人去江南侦察。再次受命抗日先遣。

1937年7月7日"卢沟桥事变"以后，抗日战争全面爆发。国共两党经过多次谈判，建立了抗日民族统一战线，宣布国共合作抗日。中共中央与国民党当局协商，蒋介石同意将共产党留在南方8个省14块根据地坚持斗争的红军和游击队改编为新四军，任命北伐名将叶挺为军长。10月12日，国民政府军事委员会正式颁布了国民革命军陆军新编第四军番号。10月14日，中共中央决定成立中共中央军事委员会新四军分会，由项英担任书记，陈毅担任副书记。刚成立的新四军下辖四个支队。1938年3月，第一、第三支队先后在安徽省歙县岩寺集中。4月，二支队抵达岩寺。长江以北的第四支队也在皖西集中。

粟裕是1938年4月中旬率"浙闽边抗日游击总队"到达皖南岩寺的。部队整编为新四军第二支队第四团第三营。二支队下辖第三、第四团。粟裕任二支队副司令员，司令员是张鼎丞。这时抗日战争全面爆发已经近10个月。占领上海、南京的日本侵略军正把主要兵力集中投放在徐州方向，企图进一步夺取徐州，打通津浦线。中共中央对刚组建的新四军发出一系列指示，要他们深入敌后，创建以茅山为中心的苏南抗日根据地。4月24日，毛泽东致电中共中央军委新四军分会书记项英，指示新四军"主力开泾县、南陵一带，先派支队去溧水一带侦察"，并特别强调"须派电台及一有军事知识之人随去"[①]。经中共中央批准，中共中央东南分局和新四军军部从第一、二、三支队抽调部分团以下干部和侦察分队组成先遣支队，共400多人，由粟裕任司令员兼政委，熊梦辉任参谋长，钟期光任政治处主任。熊因病未到职。

按照中共中央指示，新四军军部赋予先遣支队挺进苏南敌后战略侦察的具体任务是：在政治上，宣传共产党的抗日救国纲领，宣传持久战的战略方针，开展

[①] 《毛泽东年谱》中卷，人民出版社、中央文献出版社，1993年12月，第1版，第65页。

任新四军第二支队副司令员、先遣支队司令员时的粟裕

抗日民族统一战线工作；在军事上，在新四军主力部队开进之前，先到江南侦察了解日军、伪军情况，特别是敌人的薄弱环节，了解江南平原的地形及风俗民情、群众条件，附带了解国民党军队的情况，为后来开进的部队创造和准备条件。

此时粟裕刚到皖南仅几天。抗日救亡的历史使命在召唤。他毅然受命，再次担当起了先遣抗日的重任。粟裕深知，一支仅有数百人的游击队，深入到已经沦陷的江南侦察，在日本侵略军重兵控制的腹心地区活动，困难很多，危险很大。粟裕同时深知，先遣支队的成败关系甚大，但是只要采取正确的战略和方针、策略，运用红军时期担负先遣任务和在敌人腹心地区长期坚持游击战争的丰富经验，一定能够在苏南敌后站住脚跟。他对完成这次任务满怀信心。陈毅知道粟裕肩上的担子很重，便将身边得力的副官和测绘参谋派到先遣支队。粟裕感动地说："陈毅同志把强兵能将都调来给我了。"

临行前，新四军军部召开先遣支队到敌后作战略侦察动员大会。新四军领导人到会讲话，进一步明确先遣支队担负的任务的重要意义，强调大家一定要在粟司令的统一领导和指挥下，团结战斗，胜利完成党交给的光荣任务。

4月28日，正是江南草长莺飞时节，粟裕率领先遣支队出发了。陈毅从岩寺赶到南陵，与驻扎在这里的川军交涉，为先遣支队疏通前进道路。再往前就是日本侵略军占领的宣（城）芜（湖）路封锁线了，陈毅这才和粟裕挥手告别。

先遣支队编成极为精干，下辖司令部、政治处和三个侦察连，成员全是经过十年内战的骨干。干部实行高配。侦察员都是干部。三个侦察连挑选的都是各支队武器装备最好的连队。

先遣支队向敌后开进愈深入，战争的气氛愈紧张、愈浓烈。自从出征以来，粟裕总是走在队伍的前列，每天出发时都要集合大家讲话，明确当天的任务和要求。一到宿营地就抓紧时间了解社情民情敌情，勘察地形，做群众工作。夜深了，部队休息了，粟裕还在和各级领导研究情况，部署第二天的工作。粟裕这一年刚好30岁，虽然每天都是满负荷工作，但始终精力旺盛，斗志高昂。

先遣支队到达南陵县城时，受到当地百姓热烈欢迎。部队在东门外宿营。连日行军疲劳，指战员们很快进入了梦乡。子夜时分，粟裕突然下令紧急集合。指战员们站好队，粟裕讲话说："同志们，我们是负有光荣任务的部队，群众所以欢迎我们，是因为我们不是从前方溃逃下来的，而是向敌人开进的。但也正因为如此，我们必定受到了敌特、汉奸的监视。这里离敌控的芜湖很近，说不定我们的行踪已经被敌人发觉了，敌人很可能对我们发动突袭。因此我们决不可高枕无忧，必须立即转移。"

天刚破晓，敌人的飞机果然来了，在南陵城东门上空盘旋，狂轰滥炸，俯冲扫射。全城群众都在为先遣支队担心。而这时先遣支队早已平安转移到离南陵不远的麒麟桥一带山村宿营了。队员们被炸弹的爆炸声惊醒，望着东门外腾起的滚滚烟尘，由衷地佩服粟裕料敌如神，指挥英明。南陵群众发现先遣支队安然无恙，由惊转喜，议论纷纷，都说这支部队是神兵。国民党东北军部队也称赞说，新四军指挥员有远见，敌人飞机炸了个空。

先遣支队深入敌后，沿途受到很多不应有的阻碍，特别是那些一心只想抢地盘的所谓"游击队"，更是处处刁难，不让通过。直到5月19日徐州失陷那一天，先遣支队才正式进入苏南敌后战场。

粟裕这时更忙了。每到一地，他部署好部队的宿营与警戒，就亲自动手调查研究，找当地有名望的人士和村长、商人、农民谈话，了解情况。经常一夜只休息三四个小时。为了迅速弄清敌情，粟裕不仅派出便衣侦察，还派出三个组进行武装侦察：一个组去丹阳一带侦察常州方向的情况，一个组去龙潭、下蜀一带侦察南京方向的情况，一个组从溧水县以北的乌山越过京杭国道，经句容天王寺，到了茅山的乾元观，后又经宝堰到上党，侦察镇江方向的情况。武装侦察组迂回于南京近郊，出没于铁路沿线，游击于敌人后方，侦察敌人军事部署和行动，并且测绘了地形图。

进入江南敌后以后，粟裕几乎天天都要把部队行动和侦察得到的情况发电报告新四军军部，亲自动笔写了一份综合报告，派专人送回皖南。粟裕根据战略侦察掌握的大量第一手材料，对江南敌后错综复杂的军事、政治形势和经济情况、社会情况、地理地形、群众条件等，作了极其详细的分析汇报，并提出了自己的看法和建议，供中共中央东南分局和新四军军部决策参考。

粟裕的汇报归纳起来有以下一些重要内容：

粟裕从全局上分析新四军挺进江南战场的重要意义。他认为，江南处于日寇侵略我华中内地的主要后方。新四军进入江南，能够大量地牵制日军的兵力，对全国的抗战局势有利。南京、芜湖失陷以后，江南战场在战略上降到了次要地位，日寇下一个进攻目标是徐州，抽调了最强大的兵力到津浦线去作战，包括京沪杭、京芜、京杭在内的整个东战场地区，兵力相对不多，这就有利于新四军在这一带站住脚跟，发展壮大，开辟新的抗日根据地。

粟裕从政治方面和军事方面对敌我双方作了详细对比，实事求是地指出，从江南整个情况来看，敌人处于优势，我们处于劣势。粟裕进一步透过现象看本质，以大量事实说明，敌人的优势和我们的劣势都是暂时的，是可以转变的。

政治方面：

敌人占领了上海、南京等大中城市和战略要地，气焰嚣张，骄傲蛮横，肆无忌惮，三五个士兵，甚至徒手士兵，也敢到远离据点十里、八里的村庄横行。这就孕育着"骄兵必败"的历史必然。日寇在占领区内到处建立伪政权（维持会），培养了许多汉奸、护路警。这些民族败类死心塌地为日寇效力。人民遭受敌人烧杀淫掠，敢怒而不敢言，一时毫无抵抗的能力。

军事方面：

敌人占领了一批大中城市和战略要地，更便利其继续向我们进攻，特别是控制了交通线和掌握了交通工具，往来顺畅通行，毫无阻碍。但敌人兵力不足，在交通线上相距五六十里地才有一个据点，每个据点多则20余人，少则仅3人或4人。但他们的兵器及技术条件都占了优势。江南的（江）宁镇（江）丘陵地带也有利于敌人机械化部队和骑兵展开。粟裕分析我们各方面所处的暂时劣势，着重汇报了江南人民的情绪，指出：京、沪、杭、芜等地相继失守，给江南人民的抗日情绪以极大的打击。南京失陷以后，江南已没有一个地方政府，人民感到无所依恃，政府的抗日国策也无法传达到人民中间。江南老百姓已有半年多没有见到中国军队了，渴望有一支能打日寇的军队。而那些留在沦陷区的所谓"游击队"，其成分最大部分是流氓、地痞、土匪，还有吃了败仗的散兵游勇。他们不仅不抗日，还和日寇互相默契，互不侵犯，却对新四军先遣支队百般阻碍，不让通过；对老百姓敲诈勒索，奸淫抢掠。群众恨之入骨，咒骂他们是"小日本"。有些地方的群众自动组织起来武装自卫，和这种"游击队"对抗。江南人民不了解新四军，看见他们穿和国民党军一样的军装，误认为也是这种"游击队"。这样增加了先遣支队深入江南敌后侦察和发动群众的困难。

粟裕在报告中向中共中央东南分局和新四军军部提出，在苏南敌后广泛开展发动群众的工作，在当前至关重要。他说，上海、南京失陷后，中共江苏省委虽然在群众中做了一些卓有成效的工作，但仅仅局限于上海周围一些地区。对老百姓提出的一些现实问题，一时也很难使他们得到信服的答案。如不少老百姓提出："既然你们说抗战一定会胜利，敌人力量在削弱，为什么徐州又撤退了呢？"这些都要通过艰苦细致的工作去解决。

粟裕还详细汇报了先遣支队在苏南敌后开展宣传和统一战线工作的做法和已经取得的效果。

粟裕率先遣支队走到哪里，就把宣传工作做到哪里，全体指战员人人都是宣传员。先遣支队在乌溪镇召开群众大会，粟裕站在一张方桌上对乡亲们说："我们新四军为驱逐日本帝国主义出中国来到敌后南京城下，为执行中国共产党的'抗日救国十大纲领'解放江南人民而战斗到底！新四军是保障人民利益的队伍，要开展抗日游击战争，收复失地，希望各界人士大力配合。"在小丹阳、薛镇，粟裕召开地主士绅、民主人士座谈会。在亭头，粟裕接见了安徽当涂青年抗日救亡团负责人朱昌鲁。救亡团成员主要是学生和小学教员。朱昌鲁向粟裕详细汇报当涂青年抗日救亡团的情况，并提出参加新四军的要求。粟裕赞扬救亡团的抗日举动，接受了他们的要求，派政治处干部陈雨笠负责指导救亡团的工作。薛镇地区的刘一鸿是当涂县采石镇邮电局长、国民党员，毅然决然带了队伍投向新四军。他激动地对粟裕说："我为何要投奔共产党，道理很简单，蒋介石不抵抗，国民党太腐败！我是中国人，不甘忍受日寇的蹂躏欺侮。我要抗日，所以我到新四军来了。我要把鲜血洒在疆场上！"

粟裕率先遣支队在敌后作战略侦察，特别强调部队一定要严格执行铁的纪律，以自己的模范行动表明新四军是民众的队伍，取得群众的信任、拥护和支持。江南群众不了解共产党、新四军。先遣支队初进江南时，群众不让他们进村进屋，队伍一靠近村庄，群众自卫组织就开枪。粟裕命令大家不准回击。有时无法进村做饭，便以干粮充饥，在野地露宿。有时还饿肚子。遇到下雨，没有地方躲避，个个都成了"落汤鸡"。但是从支队司令粟裕开始，大家严格执行"三大纪律十项注意"。粟裕反复强调，对群众不能直呼"老百姓"，要亲切地尊称"老乡"。先遣支队终于以秋毫无犯的模范行动赢得了江南群众。长久以来，江南群众中流传这样一句话："出门遇到兵，有理讲不清"，现在大家把这句话改成"遇到新四军，亲如一家人"。

新四军的美名很快传遍江南。乡亲们把战士们请到家里做客，协助先遣支队送信、带路、打探消息、捕捉敌探、破坏敌人交通，还出现了牺牲自己生命救护新四军伤员的动人事迹。先遣支队与江南人民成了同生死共患难的兄弟。

粟裕率先遣支队深入江南侦察获得了大量第一手材料，向新四军军部的汇报有事实有分析，既充分看到了在敌后活动的种种困难，又提供了怎样在不利条件下做好工作、开创局面的成功做法和经验。

1938年5月4日，中共中央和毛泽东主席电示新四军："在侦察部队出去若干天之后，主力就可准备跟进，在广德、苏州、镇江、南京、芜湖五区之间广大地区创造根据地，发动民众的抗日斗争，组织民众武装，发展新的游击队，是完全有希望的。在茅山根据地大体建立起来之后，还应准备分兵一部进入苏州、镇江、吴淞三角地区去，再分一部渡江进入江北地区。"[1] 5月中旬，陈毅率一支队由皖南东进，沿着先遣支队开辟的路线向敌后挺进，通过宣（城）芜（湖）路封锁线，6月3日抵达苏南的高淳。粟裕闻讯立即赶去。8日，一支队与先遣支队在石臼湖东的溧水会师。粟裕根据敌后侦察20天的情况，向陈毅汇报了长达5个小时。陈毅对粟裕卓有成效的工作极为满意。

陈毅向粟裕传达了毛泽东关于向敌后进军，发动广泛的游击战的"五四"指示精神。粟裕结合亲身的实践，更深刻地领会了中共中央的战略意图。粟裕还同陈毅就江南形势、新四军发展方向等重大问题交换了意见。二人看法完全一致。

先遣支队深入江南敌后作战略侦察的任务至此已圆满完成。粟裕在新四军波澜壮阔抗日战争历史的开卷，写下了浓墨重彩的光辉一章。

---

[1]《毛泽东军事文集》第二卷，军事科学出版社、中央文献出版社，1993年12月，第1版，第220页。

二、韦岗处女战。陈毅赋诗称赞:"镇江城下初遭遇,脱手斩得小楼兰。"国民政府军事委员会发来嘉奖电:所属粟部,殊堪嘉尚。

粟裕考虑问题从来都是走一步、想几步,预作谋划。深入苏南敌后的所见所闻,引起粟裕许多思考,一个既有现实针对性,又有深远意义的问题在他脑海里盘旋:日本侵略军步步进逼,国民党正规军节节败退,老百姓对抗战胜利缺乏信心。粟裕和先遣支队经过一段时间工作,江南人民逐渐了解了新四军,但他们心中仍在嘀咕:"新四军好是好,可是队伍少,武器差,能打败鬼子吗?"江宁铜山镇叶家庄一个叫叶文明的士绅,有一次直言不讳对粟裕说:"你们讲的抗日大道理非常正确,你们这支部队作为抗日宣传队是无可非议的。如果你们真要同日军交战,就不那么简单了。国军百万大军,还有飞机、大炮、坦克支援,在上海、南京都遭到惨败,何况你们……"粟裕认为,苏南的形势和群众的情绪已向先遣支队提出了一个责无旁贷的问题:尽快打一个胜仗!江南百姓需要用打胜仗来激发抗日热情,鼓舞胜利斗志;新四军指战员们渴望用胜仗来杀一杀日本侵略军的嚣张气焰,粉碎他们不可战胜的神话,同时显示自己的战斗威力。几天来,粟裕一有空闲就对着作战地图凝思:新四军深入江南敌后的第一仗必须打胜,不许打败!这一仗怎样打,选在哪里打呢?粟裕的目光渐渐停留在地图上一个名叫"韦岗"的地方,前几天他率领先遣支队侦察敌情到过这里,他随手拿起一根火柴棒,在地图上量出韦岗到南京、镇江的距离,计算日军增援部队到达的最快时间。利用韦岗有利地形出敌不意打一个伏击战的方案在粟裕脑海里愈来愈清晰。

恰在此时,国民党第三战区司令长官部于6月11日下达命令,要新四军"派兵一部,挺进于南京、镇江间破坏铁路,以阻击京沪之敌,务于三日内完成任务,否则严厉处分"。新四军军部当即决定:由粟裕率先遣支队及一支队各一部,共四个连,携带电台一部,由现地出发,务于三日内到达镇江、龙潭间完成破坏该段铁路的任务。

任务来得突然、急迫。经过短促动员和紧张准备,当日下午4时粟裕便率先遣支队两个连和一支队两个连由溧水县李家山出发了。同时,陈毅率一支队向东到竹篑桥,再向北折宝堰、白兔,相机策应。

粟裕本来准备在当晚通过天王寺与溧水间公路,部队刚到新桥东北5里地的王庄,就为国民党军七十六师警戒部队所阻,一直被拖延到12日午后才由王庄继续前进,连续三个雨夜急行军100公里,15日拂晓前进抵句容至下蜀公路以东的徐家边隐蔽。当日下午4时出发,晚10时到达下蜀,按预定计划开始破击铁路。粟裕一边指挥,一边和大家一起奋力干,四个半小时破坏铁路40米。此时已近凌晨3点钟,粟裕命令警戒部队向火车站之敌发起攻击,进行袭扰,同时散发传单,张贴标语,虚张声势,扬言要在数日内攻克句容县,造成敌人恐慌,引诱敌人增援，以便寻机歼灭之。16日黎明前部队全部安全撤至下蜀以南20公里的东谢村隐蔽休整。京沪铁路交通被迫中断数小时。

新四军胜利完成破路任务，大大激发了官兵的斗志。下蜀与韦岗相距不远。积极作战是粟裕一贯的作战指导思想。他决定立即奔赴韦岗，按预想的方案打一场伏击战。

韦岗位于镇江西南15公里，相对江南平原、水网地形来讲，这一带是丘陵和小山地，镇（江）句（容）公路从这里蜿蜒通过。在韦岗以南的公路东侧有标高198米的赣船山，西侧有标高455米的高骊山，公路夹在两山脚下，形成一条弯道。敌人的汽车南来北往，每天有五六十辆，通行时间以上午8时至9时和午后4时前后最多。粟裕把干部召到一片竹林开会，宣布在韦岗伏击敌人车队的决定。他说："为了求得秘密，伏击队必须在夜间急行军出发，拂晓前进入伏击阵地，采取突然行动。"他亲自给部队作战斗动员，说明首战的重要意义，向指战员提出吃苦耐劳、迅速、隐蔽、灵活、勇敢等战斗要求，最后从各连挑选精干人员百余名，组成6个步枪班、1个机枪班、1个短枪班，参加战斗行动。

午夜以后，粟裕下令部队从下蜀后山出发。天正下着大雨，能见度极差，周围是黑乎乎的一片。粟裕率参战部队消失在茫茫雨夜之中，沿着曲折泥泞的小路，向伏击地点韦岗急行军。部队到达赣船山与高骊山之间的预定地点后，粟裕立即布置大家隐伏于公路一侧有利地形，准备截击日军汽车队。

17日上午8时20分，由镇江方向开来的日军第一辆汽车逼近伏击区域。先遣支队机枪班迎头射击，击中汽车，车上敌人弃车逃命。也许是天雨有雾，也许是公路弯道，后面的敌人没有发现前面的情况，没有听到枪声。六七分钟后，第二辆汽车进入伏击区，又遭到新四军机枪、手榴弹一阵猛击，翻入公路北侧水沟中。车上坐的都是军官，驾驶员和日军少佐土井被当场击毙，大尉梅泽武四郎潜伏在车底下，用刺刀刺伤近前搜索的新四军战士，当即被击毙。又过了约五分钟，敌第三、四、五辆汽车接踵而至，车上约有日军30余人。粟裕命令已经全部进入阵地的战士们猛烈射击，第三、四辆车被击中。第五辆车见势不妙，紧急刹车停在伏击火力射程之外，车上日军全部跳下车，潜伏在公路两侧，以密集的火力抵抗。一场激战过后，日军只抢了一部分伤兵和死尸上车逃走了。粟裕命令部队打扫战场，收集战利品及焚毁日军汽车，然后迅速分路撤退。很快自镇江开来17卡车日军，还有1辆坦克，赶到战地大肆轰击，又飞来3架飞机低空盘旋侦察。而此时粟裕早已率部安全撤离了。

韦岗伏击战激战半小时，击毙日军10余名，伤数十名，击毁汽车4辆，缴获长短枪10余支，日钞7000余元，以及车中满载的军需物品。

韦岗伏击战的胜利证明：日军的暂时优势并不可怕。新四军在江南敌后完全能打胜仗。粟裕兴奋之余，作五言诗一首："新编第四军，先遣出江南。韦岗斩土井，处女奏凯还。"陈毅司令员喜闻新四军深入苏南敌后首战告捷，在宿营地又看到几百名乡亲兴冲冲前来围观战利品，当即口占七绝一首，抒发心中的欣喜：

"故国旌旗到江南,终夜喧呼敌胆寒。镇江城下初遭遇,脱手斩得小楼兰。"新四军军部盛赞:"先遣队的确起了先锋作用,奠定了我们在江南发展和胜利基础",并"在全军表扬,号召全军学习"。国民政府军事委员会也向新四军军部发了嘉奖电:"叶军长:所属粟部,袭击韦岗,斩获颇多,殊堪嘉尚。"

1938年6月17日,也就是韦岗战斗结束的当天,粟裕给新四军军部写了一份长达五六千字的报告,题目就叫《卫(韦)岗处女战》。报告分两部分,第一部分汇报奉命破坏铁路的全部情况,第二部分汇报韦岗战斗经过。报告特别强调了韦岗战斗胜利的意义,指出:"(1)这是本军出动江南的处女战,这一胜利真是旗开得胜,因此大大地提高了战斗情绪及本军的政治影响。(2)自南京失陷后,江南广大人民未见过中国军队的胜利,这次战斗大大的振奋了群众。(3)战区司令长官给我们的任务只是破坏京镇铁道,但我们不仅完成了破坏铁道的任务,而且更加倍地取得了战斗的胜利,这使本军提高了在抗战军队中的地位。(4)打击了日寇横行无忌的行为。"①

由于韦岗战斗的这种特殊作用和意义,粟裕在报告中以政治家、军事家的睿智和眼光,详细论述了敌我双方的优点和弱点,为新四军军部制定深入江南敌后的战略战术,为兄弟部队正确吸取经验教训开展敌后游击战争,提供了极其有说服力的战例作佐证。

韦岗战斗的特点是伏击日军的汽车。日军依仗其机械化优势,在江南平原地区作战机动性很强。伏击敌人运兵车将是新四军在江南作战的一种重要形式。粟裕敏锐地洞察到了这一点,在报告的最后部分专门列出一节,论述今后伏击敌汽车应注意之事,从打汽车之地形选择、火力配备、截获后的处置等十个方面,分别加以详细阐述,连一些细节都介绍得很周到,如投掷手榴弹的提前量应为多少米,为兄弟部队提供了克敌制胜的许多好经验新招数。

韦岗战斗结束没几天,国民党第三战区某游击司令部派人来找粟裕,向新四军要日本步枪2支、手枪1支、军刀1把、望远镜1具、军大衣1件、军帽1顶、皮鞋1双等,并且提出要以1挺机枪换1支日本步枪。粟裕微笑着对他们说:"你们要,我们可以送给你们,只要第三战区司令长官部打个收条给我们。"来人灰溜溜走了。对粟裕此举很多人不解,问道:"粟司令,人家出高价同我们交换,赚钱的生意你不做,还要白送给他们?"粟裕笑眯眯地说:"你们都是小傻瓜,如果按来人的意思做了,我们就上当了。他们若得到这些日本武器装备,就可以拍出照片,到处吹牛皮,说这仗是他们打的。"经粟裕一指点,大家豁然开朗。

6月下旬,临时组建不到两个月的先遣支队光荣完成了历史使命,几个连队各归原建制。新四军军部来电称赞:"先遣队的确起了先锋作用,奠定了我们在江南发展和胜利基础。"②

---

① 《粟裕军事文集》,解放军出版社,1989年7月,第1版,第18页。
② 《新四军——文献(1)》,解放军出版社,1993年4月,第1版,第230页。

三、小丹阳反"扫荡"。奇袭官陡门。国民党军专请传授
　　游击战经验。日军惊呼:"新四军是个神。"

　　新四军第一支队进入苏南,杀敌攻城,捷报频传。他们首次生俘日军,首创攻入县城,摧毁伪政权,火烧京沪铁路重要据点新丰车站,全歼日军80余人,南京、上海为之震惊。第二支队奉命也于6月中旬从皖南出发,先后到达(南)京芜(湖)铁路以东(南)京杭(州)公路以西的江宁、溧水、高淳及安徽的当涂地区,开展抗日游击战争。新四军军部指示:"二支队主力到达指定地点后,归粟指挥。"① 完成先遣抗日任务的粟裕回到二支队。不久二支队司令部移驻当涂塘南阁。

　　6月中旬,国民党军同日本侵略军进行的新一轮武汉会战已经开始。南京失陷以后,武汉实际上成了当时全国军事、政治、经济的中心。1938年5月日军攻陷徐州,随即大规模向武汉进攻。国民政府军事委员会调集100余万兵力,在安徽、江西、河南、湖北等省抗击日军进攻,保卫武汉。23日,新四军军部指示挺进江南敌后的新四军:"目前中心任务是,开展胜利的游击战来配合各方执行保卫武汉的总任务,同时使本军在全国政治地位提高。"② 然而,在交通发达、人口稠密、日军驻有重兵的江南丘陵、平原和水网地带,能不能够开展抗日游击战争,除了韦岗战斗外还缺乏更多的作战实践。在共产党内部,甚至在新四军高层,看法也不一致。新四军官兵打惯了山地游击战,能不能在日军占有极大优势条件下进行丘陵、平原和水网地区游击战,并且取得胜利,谁都心里没有底。从作战对象讲,同国民党军较量过十年,对他们摸得比较透了,但对付日军将是怎样呢?大家都缺乏了解,心中没有底。粟裕认为,八省健儿走出深山野林,汇成新四军的抗日铁流,只是从政治上、思想上、组织上完成了转变,至于军事上的转变只能靠军事实践来完成。根据新四军军部指示精神,粟裕率领二支队以更加积极的姿态开展更加广泛的丘陵、平原、水网地区敌后游击战和发动群众的工作。

　　7月初,二支队三团一营伏击当涂至芜湖之间的火车,击毁敌军车一列,缴获大批军用品。8月5日,第二支队一部在芜湖以东永安桥与日军遭遇,首次俘获日军1名。8月中旬,二支队司令张鼎丞率第四团从南陵出发,通过封锁线,到达第二支队司令部当涂县塘南阁。后来张鼎丞根据上级安排去了延安。

　　国民党当局对挺进江南敌后的新四军,一方面玩弄"借刀杀人"诡计,企图借日军之手消灭这支共产党领导的部队;另一方面又实行"画地为牢",规定江南新四军活动的区域,只能在京沪铁路以南,东西长不过百余公里、南北宽只有五六十公里的一块狭长地带作战,倘若"越界",就要被视作违反"军令"、"政令"

---

① 《新四军——文献(1)》,解放军出版社,1993年4月,第1版,第234页。
② 同上书,第230页。

处罚。

粟裕坚决贯彻中共中央指示精神,冲破国民党当局设置的"牢笼",领导和指挥二支队迅速展开于京芜铁路以东、京杭公路以西地区,独立自主地游击江南,打击日本侵略军。

此时,正面战场的武汉会战正酣。国民党当局迫切需要深入江南敌后的新四军配合正面战场作战,更多地牵制敌人一些兵力。新四军不负众望,以一系列的战斗行动有效地配合了正面战场作战。这是日军万万没有料到的。日军立即调整兵力部署,采取防御性的攻势反扑。8月22日至26日,日、伪军出动步兵4000余人,骑兵500余人,并有轰炸机20余架配合,兵分八路,水陆并进"扫荡",企图一举聚歼初进江南敌后的新四军二支队三团于小丹阳。

粟裕敏锐地注视着敌情发展,筹谋应敌良策,决定采取"敌进我进"游击战术,变被动为主动,分散袭击敌人后方。粟裕命令二支队三团一部进袭当涂,造成敌之恐慌;一部进击南京以南的陶吴,牵制敌兵力;另选精兵一支,奔袭南京近郊,夺取雨花台制高点,袭击中华门内外日、伪军事目标。此时一支队已动员广大地方武装及人民群众将京沪、京杭、镇句、句丹、京镇各公路彻底破坏,并派部队进袭麒麟门,给南京敌人以极大威胁,有力地配合了二支队的作战行动。日军到达小丹阳,不见新四军踪影,却连连收到后方告急电报,慌忙撤退回防。粟裕抓住战机,命令部队勇猛追击,连克小丹阳、薛镇、护驾墩、博望等村镇,毙伤敌50余人,粉碎了日军的合击计划,自己无一伤亡。

粟裕指挥的敌后游击战节节胜利,打得日军胆战心惊。日军气急败坏又无可奈何地说:"新四军是个神,你打他时一个也没有,他打你时都出来了。"

1939年1月,粟裕亲自组织指挥了奇袭官陡门,在新四军挺进江南敌后抗战史上谱写了新的光辉篇章。

官陡门位于安徽芜湖附近,驻有伪军200余人,据点四周河沟交叉,离飞机场6里许,离铁路仅3里,南面8里的永安桥、北面10里的年陡均有日伪军驻守。可供进攻官陡门的路线有两条,都要通过几条深不可徒涉的河流,并且必经敌人之青山、黄池据点。官陡门有什么风吹草动,西、南、北三面各据点派出的增援部队,在半点钟内都可以赶到。出动飞机不到两分钟就可以飞临上空扫射。官陡门的街道建在河两岸的堤埂上,不到100米长,全是砖瓦房屋,河上只有约1米宽的木板桥贯通。敌人认为这是最安全的地方。粟裕却在这样的地方导演了一幕出奇制胜的活剧。

1月18日,粟裕在二支队司令部驻地狸头桥对参战的三团作了简短动员,便率队北进,25公里路只一次小休息就走到了,当天下午便停止行动宿营。第二天上午部队继续原地休息。下午,粟裕组织队伍悄悄地上船,突然转向西开,划到丹阳湖西岸。部队翻过堤埂,改乘早已预备好的几只装肥料的船,继续由水道西进,午夜以后到达预定地点隐蔽集结。这里距攻击目的地还有35公里。20日下午5时,粟裕带领部队冒着寒风向西疾进。21日凌晨2时行进到离官陡门差不多

20 里的地方，前面还需渡过一条河。如果再走水路，敌人可能已经封锁渡船。粟裕当机立断，多绕 5 公里地改走陆路，一定要抢在天亮前发起攻击并结束战斗。部队跑步前进，巧妙地通过了敌人的头道桥据点，4 时许隐蔽到达敌据点前沿。按照预定作战方案，粟裕率主力过桥，从西向东打；另一部留在河东岸打。枪声、手榴弹爆炸声、冲锋号声和"缴枪不杀"的呐喊声响成一片。突击队迅速冲破铁丝网和其他障碍物。敌人来不及从掩蔽部里跑出来，就被炸了个人仰马翻，不是丢了命，就是当了俘虏。新四军一举攻占了伪军司令部。

战斗只花了 8 分钟，连清扫战场总共用了 20 分钟。周围之敌还没弄清怎么回事，粟裕已率部押着俘虏带着战利品安全撤出了。奇袭官陡门，粟裕指挥的新四军以轻伤 2 名的最小代价，换来俘敌 57 名的重大胜利，打死打伤的敌伪无法统计，还缴获了一大批枪支弹药。粟裕组织指挥游击战的美名在江南广为传颂。重庆《新华日报》后来发表了粟裕撰写的介绍战斗经验的文章《芜湖近郊官陡门的奇袭》。

1939 年 1 月，粟裕根据挺进江南敌后的实战经验，与二支队参谋长罗忠毅合编了一本《实战经验录》，2 月 25 日延安翻印了这本小册子。粟裕对挺进江南敌后的新四军开展游击战争提出了许多新观点。粟裕认为，新四军进入江南敌后进行的完全是游击战。相对八路军来说，新四军人少，武器装备也差，没有打大仗的经验，活动区域狭小，作战条件更差，通讯联络也很落后。一、二支队唯一的通讯工具是各有一架电台，可以互相通报情况，与军部联络。而敌人交通方便。新四军处在敌人据点网之中，打大规模的战斗或运动战是很困难的，甚至是不可能的。

关于游击战的协同和原则问题。粟裕认为：在形式上看是各打各的，但是在统一意图下独立自主地进行的。我们的原则是积小胜为大胜，不贪多，哪怕只打死一个敌人，只缴一支枪都是好的。只要天天有胜利。

关于战法问题。粟裕认为：要打夜战、近战、白刃战、伏击战、袭击战……这是由于我们的武器装备等条件决定的。日本的武器精良，我们拼他不过。只有近战、夜战、白刃战，才能避开敌人之长，发挥我军之长。打他措手不及，使之处于被动。

关于打击对象和目标选择问题。粟裕说：新四军专打弱敌，或打敌人弱点，打的是运动中的敌人，一般不打驻止之敌。

关于战术动作问题。粟裕认为，过去三年游击战是在交通不发达的山区打的，而现在则在丘陵、平原、水网地区。在这样地区作战，要求更加速战速决。解决战斗要求非常迅速，必须采取突然的、短促的像闪电一样的突击，打他个措手不及。不让敌占领一个阵地，使其没有站足的地方，没有还手的工夫。只有这样，才能更有效地消灭敌人。他还形象地比喻说：我们要像鹰抓兔子式的才行。战斗行动最多两小时，一般的超过两小时不能解决战斗的，就果断撤出战斗。在敌人增援快的情况下，一定要注意迅速脱离和远离敌人。

粟裕的思考非常细致周到，他强调：战前的侦察、破坏交通非常重要，如地形要详细侦察（哪些地形我用，哪些地形留给敌人），要预先作出周密布置。作战方法和作战手段只能用一次，要适当及时的改变，否则敌会迅速抓住我们的规律，而使我们吃亏。

国民党第三战区部队对粟裕高超的游击战组织指挥艺术非常敬服，专门派人来请粟裕去传授游击战的经验。粟裕连续给他们讲了几个小时，有理论有战例，生动活泼，通俗深刻。许多国民党军将领深感获益匪浅。一名川军师长感慨地说："粟司令，从前我对你们共产党的军队是有点瞧不起的。可是今天听了你的报告，我才知道你们的水平太高了。共产党里有你这样的人，难怪立于不败之地！以后还请多多关照。"

在粟裕领导下，二支队在取得一系列游击战胜利的同时，较好地开展抗日民族统一战线工作，卓有成效地做好群众工作。粟裕对敌后抗战中的群众工作，也有许多新的见解和观点。他认为，中日战争爆发，民族矛盾是主要矛盾，这种情况下的群众工作较之国内革命战争时期有着许多新的特点：日本侵略军是中华民族的共同敌人，侵略他国使其根本没有社会基础，因而它比国内革命战争时期的阶级敌人还孤立。江南平原、水网地带虽不如山地较容易开展游击战，但内在潜力较山区有过之而无不及。江南人口众多，物产丰富，能给新四军更多的人力物力支援。只要把群众组织起来，新四军非但能生存，而且能发展，同样也能建立较大根据地。

粟裕十分注意发现群众中的积极分子，努力培养他们成为群众的领袖。他认为，这样做，"新四军就与群众之间搭起了桥梁，架起了一条线"。在粟裕的组织领导下，二支队活动区域普遍建立起了农抗会、妇抗会、青抗会、工人救国会、商界救国会、教育界救国会、儿童团等群众抗日团体，一些地方还发展了新党员，成立了共产党的组织。

二支队防区周围有巫恒通、樊玉琳、孔庆哲等地方实力派武装。粟裕与他们频繁接触，对他们做了大量统战工作。巫恒通领导的自卫武装后来接受新四军的领导，1939年初成立的新四军新三团，就是以巫恒通领导的自卫武装为基础组建的。1939年9月下旬，国民党当涂县政府恢复组织，粟裕领导的二支队很快与他们加强了联系，双方约定交换军事情报，共同组织县的动员委员会，修理军械，医护伤病员，领导人互访，达成了合作抗日协议。

粟裕认为，开展抗日民族统一战线工作，应首先在开明士绅中找对象，通过他们去扩大统一战线更容易收效。有些士绅、地主吃过日、伪军的亏，心中有一股怨气，去做他们的工作往往是容易成功的。新四军英勇善战和模范遵守纪律的影响、教育作用很重要，这样会使这些人正确地认识共产党、新四军，并对共产党、新四军产生向心力。政策和力量是做好统一战线工作之根本。对开展抗日民族统一战线工作的方式和细节，粟裕也总结出不少新经验。他认为，对象不同，方式不同，要有适当分寸。有时要负责人亲自出马，同他们接触周旋，给他某种面子，甚至抬他一下；有时负责同志就不能出面，以免增加他欺骗群众的资本。

新四军对日、伪作战取得一系列胜利，在江南敌后百姓之中树起了崇高的威

1939年新四军领导人与周恩来合影。左起前排：李一氓、粟裕、王集成、邓子恢；后排：袁国平、陈毅、周恩来、项英。

信。日、伪军连遭打击再也不敢轻易出动，群众的利益得到了某些保障。随之而来的便是群众积极要求抗日和参加新四军，部队迅速发展壮大。

粟裕对那些勾结日伪、阻碍抗战、残害群众的土匪武装，经多次教育无效的，采取了坚决的打击行动。粟裕认为，非此不能更好地发动群众，非此不足以平民愤，非此不足以严惩汉奸卖国贼。国民党溃军军官朱永祥率众千余人，自称"苏皖游击司令"，名为抗日救国，实则扰民诈财，不亚寇匪。群众恨之入骨，称之为"小日本"。后来朱永祥竟发展到与日伪沆瀣一气，勾结日伪袭击新四军。1938年7月6日，新四军一支队一部与二支队一部在当地民众武装配合下，将朱部一举歼灭。朱永祥被活捉，解送国民政府第三战区司令长官部法办。百姓无不拍手称快。

挺进江南敌后的新四军经过半年多的斗争，在敌后先后建立起了茅山、丹北、横山、江句、句北、小丹阳等十多块小型的游击基地，拥有40万人口。

1940年1月1日，当时在新闻界颇有影响的上海《申报》，刊登了一篇题为《粟裕将军会见记》的文章，作者署名"任重"。文章一开始就说："在江南游击区里流行着一支歌曲，其中有两句是'司令将军亲自上火线，弟兄们赶快冲上去'。我想这一定是指粟司令。"文章称："在日军重兵包围之中，在江南最艰苦的游击区里能与这位后方民众所称颂的游击司令会面，实是十分幸运的事情。"

文章以崇敬的深情，称赞粟裕"率领先遣支队挺入京镇沦陷区"，取得韦岗处女战、官陡门之战的胜利，而且"不断地向日人进攻，一直进攻到南京、镇江的外围日人的据点里","简直要使外来侵略者发抖"。

文章作者说,他在南京附近与粟司令会面,差不多每夜秉烛长谈,听粟司令从军事、政治、经济三方面分析江南游击区错综复杂的抗战形势。作者高度评价粟裕这位青年将领对江南大局观察的敏锐,对政治有深刻的认识,军事上深知战略战术,而且深知敌我在政治上经济上以及社会上的实际情况。作者经过"实际的观察与考查",得出了一个结论:"粟司令不是一个平凡的军人。"他不但"运筹帷幄之中",而且"决胜千里之外"。

四、具有战略远见的举措——创办教导队, 以先进的军事思想培养教育干部。

新四军挺进江南敌后,粟裕用了相当的精力,对部队教育训练特别是干部培养教育问题,进行了认真的探索和有益的实践,成为他在江南时期军事活动的重要组成部分。

粟裕率部从浙南开赴皖南集中时即敏锐指出:"现在需要大量的知识青年充实部队新的血液。"粟裕率二支队挺进江南以后,充分利用江南有利条件,大量吸收知识分子特别是知识青年充实到抗日的洪流中来,二支队的骨干得到了很大加强。

对于这样一支部队应该怎样加紧教育训练?对于这样一支干部队伍应该怎样加紧教育培养?粟裕认真地思索:经过三年游击战争的干部都有一定的战斗经验,但文化素质差;知识分子出身的干部文化基础虽好,但缺乏战斗经验。从整体上说,他们都普遍缺乏现代战争知识。而新四军面对的恰恰是现代化装备的日军。粟裕认为,培养训练干部增强现代战争意识,加强现代战争知识的学习已是当务之急。

二支队挺进江南初期,处在一种特殊环境中,教育训练部队主要采取以战教战的方法,打一仗马上就总结经验教训,以实战经验和要求来教育干部,训练部队。随着根据地的建立和部队发展,支队司令部专门组建了一个训练队,经常抽一到两个连来宣城县狸头桥司令部进行军事轮训,每次两到三个月。集训内容:军事以射击、投弹、刺杀等技术为主,辅以队列、战术训练,总结战斗经验;还有政治、文化学习。

挺进江南敌后的新四军人少、枪少,尤其是干部骨干少,有的连队只有连长一个人主持全面工作,直接制约和影响了部队的壮大和发展。粟裕把江南新四军发展的目光投向苏北以后,更感到培养和训练干部的紧迫,仅靠军事轮训远远不能满足部队发展需要。粟裕认为必须办一个教导队,更好地解决干部、骨干培训问题。

1939年3月,皖南新四军军部教导总队根据军部命令,组织十个人到前方参观学习,以充实教学实践内容。粟裕亲自向参观团介绍情况。参观团结束活动返回军部时,粟裕又一次会见他们,特地对参观团说,我们这里要办一个教导队,需要有办教导队经验的人。我已给军部周子昆副参谋长打电报,建议你们留下一个人。

军部教导总队七队队长杜屏是到二支队的参观团成员,军部决定派他到二支队工作。1939年5月，杜屏奉命来二支队报到。粟裕亲自接待，任命杜屏为教导队队长，并向他详细介绍自己的想法。粟裕说："教导队的干部，指导员、文书、文化教员、军事干事、政治干事我们都准备好了。下一步主要就是选调学员。学员以班排两级干部为主，少数为连级干部，训练时间半年左右。"粟裕亲自审定学员名单，严格把关，不合格的坚决退回部队。粟裕特别强调"三不要"：一是体弱多病的不要；二是在部队表现不好的不要；三是没有培养前途的不要。第一期学员90多人，都是从各部队精心挑选出来的。粟裕还认真审定教学计划，教学内容中军事训练课占70%，政治教育课占30%。军事训练主要有游击战术、射击、投弹，还有班、排、连、营四级攻防战术。政治课主要是统一战线、群众工作、政治常识及个人教育等。

二支队教导队成立后，粟裕对教导队的建设倾注了很大心血。他对教导队的训练事必躬亲，提出明确的要求，还每星期听取一次汇报，并组织检查，亲自督促、示范、讲解、授课。1939年8月，新四军军部决定组建江南指挥部。月底，粟裕前往具体负责江南指挥部组建工作，他别的部队没有带，只带了教导队，并亲手操持了一、二支队教导队的合并，成立了江南指挥部教导队，杜屏任大队长，温华贵任教导员，下设三个中队。原二支队教导队的学员并未因合并而影响教学，到11月初完成计划规定的学业后毕业。

粟裕还通过言传身教，对机关干部进行培养教育，提高他们的军政素养和业务能力。江南指挥部驻地的早晨，天刚蒙蒙亮，起床的哨音刚响，指挥部机关人员就跑到训练场，而这时粟裕已经着装整齐地站在小山坡上等候大家了，几乎天天这样。发现操练和指挥上的问题，他总是不声不响地走来，耐心指出，亲自示范，一一纠正。粟裕从不大声斥责人，即使批评也是声调平和，脸色并不严峻，有时还带着一点笑意。但他那深邃的目光里有一种力量，使你觉得非改不可，非学会不可。训练时每个人都那么认真，不敢疏忽大意。一次射击练习，有几个刚来不久的青年学生觉得已经达到了要求，便趴在那里悄悄谈起天来。突然他们觉得有人过来了，抬头一看，粟裕已站在身前。粟裕一声不吭地从口袋里掏出一枚铜元，放在一个学生的枪上，发出口令："击发！"随着扣动扳机时的振动，铜元掉到了地上。粟裕拿过枪，一个卧姿趴下，让那学生给他放好铜元，发出射击命令，几次击发铜元纹丝不动。他站起来走了。这件事前后不过几分钟，除了一个口令，粟裕没有多说一句话，可是对几个青年学生和指挥部人员的教育很深。对于刚调来司令部担任见习参谋的新成员，粟裕鼓励他们大胆工作，有意布置他们起草文书、命令，去现场测绘地图。写不好、绘得不准确，他一一指出，让他们重做，在实践中提高，使他们的工作很快适应战争的要求。

粟裕到皖南新四军军部开会，应邀去新四军教导总队第九队讲军事课。第九队是高干队，学员多数是红军出身的营团干部，他们来自工农，文化基础较差。粟裕结合实际战例讲课，形象生动，深入浅出，广征博引。学员们听得懂、记得住、领会深，留下了深刻的印象。粟裕几次回皖南军部，都被教导总队请去讲形势、上军事课,成了他不可少的活动内容。学员们都非常喜欢听他的课。

1940年4月16日,粟裕给集中整训的主力部队指挥员讲授"关于组织战斗"课,听课的都是各级领导干部,大都没有系统地学过军事理论,不少人打了十几年仗,取得过不少胜利,但对怎样才能保证战争的胜利,在理论上说不清楚。粟裕以自己的丰富实战经验和深刻的理论思考给大家讲课,把马克思主义军事理论讲得通俗易懂。他在讲课中着重指出:"什么是组织战斗?战争不仅是军事力量的对比,也是政治、经济力量的对比,是各种力量的总决赛。要保障战争的胜利,一定要把人力、物力、财力等各方面的力量组织好;战争的哪一方能多动员些力量,那一方就多一层胜利的保障。"①

粟裕认为,随着生产和科学技术的发展,新式武器不断产生出来,同时战争的性质、战争的范围和规模、战争的形式和手段,都在不断变化,于是军队的指挥关系也不断演进。粟裕把有军队以来到现在的军队的指挥关系分为三个时期,逐个讲解,使大家了解过去,更好地掌握现在:首先是火药发明和用于战争之前的冷兵器时代,军队作战的战斗队形和战术,无论攻和防都较简单。所以只有简单的指挥关系,通常由军队的主将以口语或旌旗、鼙鼓之类的信号传达命令,进行指挥,称之为"司令时期";二是火器发明,特别是18世纪末19世纪初发生的法国大革命和拿破仑战争,使军事艺术发展到了一个新的高峰,指挥关系复杂起来了,有了参谋处的雏形组织,称为"拿破仑时期";三是19世纪初叶以来,人类经过第一次世界大战,目前正在进行着第二次世界大战,由于生产和科学技术的更加发展,由于战争的需要,军队的编成和武器装备日益复杂、精良,现代化海空军和装甲兵的出现,使战争由地面扩展到海上和空中,由线式的战争发展成为面的和立体的战争。因此在军队使用和指挥关系上也起了变化。作战时,要使各军兵种在规定的时间和战线上协同配合,发挥最大威力,取得预定效果,就必须有周密的组织部署,所以现在是"组织战斗时期"。

他所以讲这些内容,是联系到江南新四军下一步发展方向和作战规模变化的需要。他说:"可能不久的将来,我们要打更大规模的仗。打大仗,不像打小仗那样,打得了就打,打不了就走;这样多人,如果打不好,走是走不了的。所以,现在我们就要作准备,准备愈充分,胜利愈有保证。"②接着他又从明确任务了解意图、战争动员、侦察、制订作战方案、战时勤务和战后勤务等问题,分门别类讲述。讲课中粟裕一概以实战为例说明问题,所引用的战例大都是他亲身经历的,所以讲得生动活泼。

那时粟裕刚从三年游击战争的深山老林里走出来,投入江南敌后抗战的洪流,仍处在一个范围不大的作战圈子里,然而他讲授的"关于组织战斗"课,体现了粟裕的认识和思维的超前性及视野的开阔性。他的"战争不仅是军事力量的对比,也是政治、经济力量的对比,是各种力量的总决赛"的观点、关于"由线式的战

---

① 《粟裕军事文集》,解放军出版社,1989年7月,第1版,第32页。

② 同上书,第33—34页。

争发展成为面的和立体的战争"的阐述，在今天仍有重要意义。他的三个作战指挥时期的划分和界定也是科学的，是符合战争发展的规律和特点的。粟裕之所以具有超前的思维意识与现代的军事理论观念，很重要的一条是他善于学习，勤于思考，注重研究新情况。当年和他一起工作的同志都记得他的办公桌上放着一大堆书，多数是马、恩、列、斯和毛主席的著作，还有《孙子兵法》等。1940年春，部队缴获到一台收音机，粟裕要司令部安排人每晚轮流值班，收听新闻广播，并速记下来，选重要的每天抄送首长传阅。诸如这种通过各个渠道收集来的情况和信息，丰富了他的头脑，扩大了他的视野，使他虽处局部，却能从全局思考问题，把握今天，预想明天。

五、积极思考江南新四军战略发展方向。任江南指挥部副指挥。坚定贯彻"向北发展"。

国共两党第二次合作，新四军挺进江南，坚持敌后抗战。然而，粟裕对与之较量过十年的老对手国民党当局始终保持着清醒的认识和高度的警惕。

1938年10月25日武汉失陷，抗日战争逐步由战略防御阶段进入战略相持阶段。日军停止了正面战场的进攻，对国民党政府由集中军事打击改为以政治诱降为主、军事打击为辅，将重点转向华北、华中占领区，对付共产党领导的八路军、新四军。在国民党蒋介石方面，当初把新四军放在敌人统治力量最强、交通最方便、作战最困难的条件下开展游击战争，虽有牵制日军、配合正面战场的作用和需要，但主要意图是想假日军之手削弱以至消灭新四军。然而，半年多过去了，陈、粟等领导的挺进江南敌后的新四军非但没有被削弱，反而扎根于江南这片沃土，发展壮大。国民党蒋介石对此非常嫉恨和恐惧。正面战场一连串失败，以蒋介石为首的一部分人对抗战采取消极态度，对内对外政策有了很大变化，并于1939年1月国民党召开五届五中全会，制定了"溶共"、"限共"、"防共"、"反共"的政策，设立了防共委员会。以此为标志，国民党的反共政策在不断悄然升级。

挺进敌后的新四军处在日军、伪军和国民党顽固派夹击的错综复杂形势之中，随着抗日战争相持阶段的到来，处境更加严峻了。粟裕形容这种军事、政治斗争的复杂形势是"党内外，敌友我，矛盾重重相交错"。一从敌方说，江南是日军侵华的指挥部所在地，战略地位极为重要，且人口众多，物产丰富，工农业发达，是军需、给养的补给基地。从1939年1月起，日军在京镇芜三角地带进一步增加兵力，采用攻守并用的战术，深入重要集镇，构筑"梅花桩"式的据点，加强了对新四军挺进江南初期创立的茅山抗日根据地的"扫荡"。二从友方说，国民党第三战区抛出了《江南沦陷区内诸种武力之整理方案》，对新四军活动区域采取"画地为牢"政策，规定江南新四军只能在江宁、句容、丹阳、镇江、当涂、芜湖等县境活动。还成立了所谓"第三战区抗敌总动员委员会"，规定一切社会宣传、群众工作、扩军、减租减息等均由该会负责，任何驻军不得插手。三从我方说，面对这种形势，江南新四军的战略发展方向更显得重要，粟裕更为关注。因为这个问题解决不好，便不能从根本上冲破国民党当局的限制和束缚，也就谈不上发展由共产党领导的独立自主的抗日局面。而恰恰在这个关系大局的重大问题上中共党内意见尚未统一，一波三折。

早在1938年2月，中共中央和毛泽东就对新四军的战略发展方向指出："目前最有利于发展地区还在江苏境内的茅山山脉。"①5月4日又进一步指示："在敌后进行游击战争虽有困难，但比在敌前同友军一道并受其指挥反会要好些，方便些，放手些。敌情方面虽较严重，但只要有广大群众，活动地区充分，注意指挥的机动灵活，也能够克服这种困难……在茅山根据地大体建立起来之后，还应准备分兵一部进入苏州、镇江、吴淞三角地区去，再分一部渡江进入江北地区。"②粟裕坚决拥护中共中央和毛泽东的指示，挺进江南以后积极贯彻执行中共中央的战略意图，很快打开了江南敌后抗战局面。

而这时新四军高层领导中对中共中央的战略意图和方针存有不同的意见，项英主张"在皖南要建立一个根据地"，并作出了"部队不宜全部出动"的决定，致使新四军的部分主力、许多骨干和大批新参加革命的知识青年滞留在皖南，在很大程度上影响了新四军在敌后的迅速发展。

1939年2月23日，中共中央军委副主席周恩来到皖南云岭新四军军部视察工作。第二次国共合作，周恩来担任国民政府军事委员会政治部副部长，他是借视察第三战区工作的机会，专程来新四军传达和贯彻中共中央六届六中全会精神的。

皖南春早，景色宜人。周恩来的到来，使云岭更加生气勃勃。

新四军主要领导和各支队负责人聚集在皖南。粟裕从苏南回到军部参加这次重要会议，听取周恩来根据中共中央六届六中全会精神作的《关于统一战线工作》、《目前形势和新四军的任务》的报告。周恩来再次强调中国共产党及其领导的军队必须"独立自主"地宣传抗日，发动群众，扩大武装，建立、巩固和发展抗日根据地。会议期间，周恩来同新四军领导交谈，广泛听取包括粟裕在内的各支队负责人和其他干部的意见。他肯定一、二支队在江南敌后的发展是符合六届六中全会精神的。经过整整两天讨论，根据中共中央巩固华北、发展华中的指示精神，周恩来与项英等商定新四军今后发展的战略方针是："向南巩固，向东作战，向北发展。"从此在中共中央和新四军军部之间、军部和各支队之间，对新四军战略发展方向形成了比较一致的意见。

皖南之行是粟裕进入江南敌后以来参加的一次高级别会议，讨论的是新四军战略发展方针这样的重要问题。这使他对全国的斗争形势和中共中央的战略意图有了更深刻的理解。粟裕非常拥护周恩来与项英等商定的新四军战略发展方向，

---

① 《毛泽东年谱》中卷，人民出版社、中央文献出版社，1993年12月，第1版，第48页。
② 《毛泽东军事文集》第二卷，军事科学出版社、中央文献出版社，1993年12月，第1版，第220页。

■ 1939年陈毅、粟裕、傅秋涛、周恩来、朱克靖、叶挺（自左至右）在皖南新四军军部合影。

■ 1939年2月7日新四军第二次政工会议期间，参加南昌起义的战友们合影。前排左起：陈毅、周子昆、粟裕、叶挺。

积极贯彻中共中央的战略意图。

粟裕率二支队挺进敌后,既以主要精力考虑对付日军,还以相当精力注意友军的摩擦;在开展敌后抗日斗争中,既贯彻中共中央的"独立自主"原则,又关照抗日民族统一战线不因反对摩擦而遭致破坏。粟裕把军事斗争同政治斗争结合起来,做到有理、有利、有节,最终以军事斗争的胜利来推动政治目标的实现。国民党第三战区给新四军二支队划定了南京、天王寺、秣陵关这个最长距离不过30公里狭长三角地带的活动区域。粟裕认为,不能盲从这个规定,必须冲破国民党当局的束缚。结果二支队向南打到高淳、郎溪,西南打到芜湖,东北打到镇江、金坛一带。在冲破种种束缚的过程中,粟裕巧妙地把握好"度",不四面出击,过分刺激友军。抗日无罪,冲破防区的抗日行动得到了广大人民的支持。斗智的结果,二支队一次次地打到防区以外,虽也遭致国民党第三战区的"追查"、"警告",但他们也不好过深追究,最终造成一个个冲出防区的既成事实。而冲出防区的每一次行动,不仅在军事上打击了日寇,而且在政治上扩大了新四军的影响。二支队活动的根据地也在一次次冲出防区作战行动中扩大、延伸,部队得到了锻炼、提高、发展。二支队挺进江南敌后不到一年时间,便由原来的1700余人发展到6000余人。

此时,苏南的局势发生了新的变化,国民党江苏省政府江南行署移驻溧阳山丫桥,又成立了第一游击区指挥部,第三战区司令长官顾祝同兼总指挥,江南行署主任、六十三师师长冷欣兼副总指挥,并将四十师、五十二师一部前调,监督新四军,蓄意挑衅。日、伪军也增加兵力,对新四军抗日根据地发动更大规模的"扫荡"。1939年4月10日,日军千余人分三路向二支队驻地狸头桥进犯,寻歼新四军第二支队主力。粟裕派少数兵力佯动,阻滞敌人,掩护主力转移,相机打击敌人。阻击部队顽强抗击敌人五小时后迅速撤出。当晚敌人进至狸头桥附近,却找不到二支队的踪影,只好宿营于红杨树。这时,粟裕派出的游击小组夜袭红杨树之敌。黑夜中日军固守房屋应战,第二天早晨灰溜溜地撤退了。这一仗二支队毙敌40余人,伤敌30余人,粉碎了日军的分进合击计划。

为加强统一领导,集中力量打破敌顽夹击,坚持江南敌后抗战,1939年8月,新四军军部决定第一、第二支队合并指挥。11月7日,江南指挥部在溧

1939年秋任新四军江南指挥部副指挥时的粟裕

阳县水西村正式成立,陈毅任指挥,粟裕任副指挥,罗忠毅任参谋长,刘炎、钟期光分任政治部正副主任。江南指挥部领导的主力部队及地方武装共计1.4万余人。

陈毅坚决执行中共中央的战略决策,政治上恢廓大度,有远见。粟裕对中共中央的决策也是坚定不移地贯彻执行,且长于战役的组织指挥,用兵如神。在陈毅领导下,作为陈毅的助手,粟裕的军事才能得到了充分发挥;而陈毅又把全盘的军事指挥重任放手交给了粟裕,让他尽情地施展。陈、粟二人同住在水西村一家李姓的宗祠内。白天二人根据分工忙着各自的工作,晚上,透过宗祠阁楼的灯光,便可看见陈、粟在一起商议军政大事的身影。在江南指挥部粟裕负责的摊子大了,担子重了,工作更忙了。指挥陈毅把主要精力用在抓统战工作上。新四军军部虽然下达了罗忠毅任参谋长的命令,但罗忠毅一直在二支队司令部驻地狸头桥主持工作。这样粟裕便兼起了江南指挥部参谋长职务,作战、训练、后勤及地方政权建设等全盘工作落在了他的肩上。1940年2月7日(农历除夕),陈毅亲笔写了一副对联:"轻裘缓带羊叔子,食少事繁诸葛公",贴在粟裕宿舍门上,称赞粟裕面对繁忙工作所表现的敬业、负责精神,同时提醒他注意身体和休息。

就在江南指挥部正式成立那一天,宝堰日军一个加强中队采取夜间出动、拂晓攻击的战法,奔袭延陵。陈、粟早有准备。日军扑了个空,灰溜溜地撤回据点。陈、粟又安排好了击敌方案。日军还在途中,王必成团长率领的新四军第二团突然杀了出来,会同新六团、丹阳独立支队,将日军包围在贺甲村。8日下午3时,王必成指挥各部发起总攻。日军依托有利地形,构筑环形工事,负隅顽抗。新四军前赴后继,连续攻击拼搏,经过26小时强攻,全歼日军一个加强中队,击毙武村中队长以下日军168名,生俘3人,缴获轻机枪4挺、步枪28支、掷弹筒2具、指挥刀2把。延陵大捷,开创了江南敌后歼敌的新纪录,受到延安总部通报表彰。

江南局势越来越严峻。新四军在国民党顽固派和日军的进攻中处境更加困难。1939年11月7日,秦邦宪、董必武、叶剑英等在重庆与新四军军长叶挺商谈,一致认为新四军只有坚决而秘密地执行以一部坚持江南现地区、主力向江北发展的方针,把工作重心移到江北去,才能保全武装,继续发展。中共中央和毛泽东进一步指出:华中为我党我军最重要的生命线。我党我军不控制华中不能生存。并在军事上派八路军主力两万余人南下。已进入华中敌后的中共中央代表、中原局书记刘少奇,经过几个月的调查研究和与持不同意见同志的讨论,也认为苏北是当时华中最有利、最能发展的地区,是我军的战略突击方向。这样,发展苏北的任务便由关系新四军发展方向的一个局部问题,上升到关系对日、对顽斗争的全局位置上来了。粟裕坚决拥护和赞同中共中央的战略方针,认为"向北发展"已到了时不我待的程度,应当采取更有力的措施,力争主动。

事实上,江南新四军"向东作战"目的达到后,陈毅和粟裕一直在考虑"向北发展"的问题,并且积极做了大量准备工作。粟裕认为,新四军在江南主要与日军作战,打的是一些小规模的游击战,一旦向北发展,势必要受到国民党顽固派的阻挠,就会与他们打更大规模的仗。粟裕站在这个战略高度思考,从皖南回到江南后,在集中整训主力部队指挥员向他们讲授"关于组织战斗"军事课时,反复提醒大家:"可能不久将来,我们要打更大规模的仗。"引导大家在思想上提前作好准备:作战对象要从主要打日军变为打国民党顽固派,作战形式要从打日军的小规模游击战变为打国民党顽固派的大仗。

大约是在1939年10月底11月初,出现了一个千载难逢的良机,粟裕及时紧紧抓住,协助陈毅做了一篇"向北发展"的绝妙文章。

苏北地方实力派李明扬,通过他的同乡、国民党第三战区副司令长官兼第二十五军军长王敬久,弄到10万发子弹。王敬久要李明扬自己派部队去取。因途中要通过日军严密控制的重重封锁线,危险很大,李明扬决定找新四军帮助,托人捎了一封亲笔信给陈毅。11月11日,陈毅接信后即找粟裕商量。粟裕毫不迟疑地提出:从二支队抽出力量,由卢胜、陶勇率领四团团部及第二营,担任协助护送弹药的任务。弹药于11月中旬送到了李明扬手中。卢胜、陶勇所带的部队也借机渡江北上,后进入苏皖边区,与先前渡江北上在那里活动的梅嘉生支队合编为苏皖支队,最终同活动在淮南的第五支队取得了联系。这是粟裕协助陈毅走出的"向北发展"关键一着棋。接着,粟裕又和陈毅走出了另一着妙棋,决定叶飞率领老六团由苏南开到扬中,与管文蔚部合编为新四军挺进纵队,然后渡江北上,加强苏北力量,在扬州东部地区开展斗争。这样,大江两岸的苏南、苏中、淮南三面连通,互为犄角,造成了新四军足跨长江两岸随时可以发展的有利态势。

新四军东进北上和八路军南下,蒋介石十分害怕。共产党领导的两支劲旅一旦会合携起手来,共同发展华中,在蒋介石看来后果将是不堪设想的。他急令顾祝同和韩德勤先在江南江北形成两面包围新四军的战略态势,再乘机拔掉眼中钉。1939年底,中共中央在对时局的指示中强调指出:顾、韩兵力在冬季反攻名义下,从江南、江北两面包围新四军,各地必须在一切地方准备对付突然事变。为此,1940年1月项英主持召开了中共中央东南局和中共中央军委新四军分会联席会议。项英主张:皖南与江南组成两个独立作战单位,在不影响争取苏北的条件下,由江南加强皖南力量。在国民党大举进攻皖南新四军军部时,先打破其进攻,随即向浙、闽发展。会后,项英将这一决定上报中央军委。

项英的主张传到苏南,粟裕坚决反对新四军军部"向浙闽发展"。在这方面粟裕是有切身体会的。历史的教训不能重演。粟裕向陈毅谈了自己的看法。陈毅完全同意粟裕的意见,反对项英的主张。4月21日,新四军江南指挥部可以和中共中央直接通电报了,陈、粟等四人联名向中共中央发出了第一份电报,建议皖南新四军军部及主力部队东移苏南,并提出"皖南、苏南分则力弱,合作可以开展局面","应先放弃皖南,集中全力发展苏南,直到海边"[①]。

中共中央书记处也复电项英,重申新四军"向北发展"的方针,不同意由江南抽兵到皖南。再次强调"江南陈毅同志应努力向苏北发展"[②]。

[①]《新四军——文献(1)》,解放军出版社,1993年4月,第1版,第157页。
[②]《陈毅传》,当代中国出版社,1991年8月,第1版,第217页。

■ 粟裕（前右二）与叶挺（前左三）、袁国平（前左二）、陈毅（前左四）等合影。

国民党顽固派制造的摩擦在向严重化方向发展。顾祝同调集5个师、1个旅，连同地方保安团约18个团的兵力，切断新四军皖南、苏南之联系，围歼皖南、威逼苏南之企图已昭然若揭。同时勒令新四军江北第四、第五支队和叶飞、陶勇部队南调。蒋介石的目的是要截断新四军与八路军的南北联系，陷入皖南、苏南狭窄地区，任其摆布，最终消灭之。

黑云压城，山雨欲来。粟裕认为，苏南与皖南最大不同点，苏南是敌后地区，国民党军队不敢去，即使去也是少量的。真正摩擦起来，新四军未必吃亏。皖南地非敌后，皖南新四军处在国民党第三战区部队的三面包围之中。蒋顽对两个地区形势的分析说得更为露骨："叶、项在皖南，如瓮中之鳖，手到擒来；陈、粟在苏南，如海滨之鱼，稍纵即逝。"

以当时新四军兵力来看，实难在皖南、苏南两处应敌。可行的策略是皖南军部率部即向苏南靠拢。一旦两处会合，身处敌后，东进北上，就更如"海滨之鱼"往苏南、苏北纵横驰骋，纵然与顽摩擦，也有全胜的把握。4月9日，中共中央军委指示项英：如顽军大举进攻皖南、苏南，军部与皖南部队向陈毅靠拢为有利。粟裕完全赞同中共中央军委的指示。

5月2日，陈毅和粟裕再次致电中共中央，建议把皖南主力集中苏南，并指出：皖南部队企图于顽方进攻时长征闽浙，不可轻试。

可是项英一再坚持自己的意见，以种种理由不执行中共中央关于新四军军部北上江北和东移苏南的指示。形势越来越严峻。粟裕想尽一切办法，力促皖南主力迅速北上或东移苏南。

5月4日，中共中央再次指示新四军"军部、后方机关及皖南主力移至苏南"，同时指出：新四军一、二、三支队主力的主要发展方向"是在苏南、苏北广大敌人后方直至海边之数十个县，尤其是长江以北地区"。① 也就是在这天，由毛泽东起草，中共中央政治局发出了《放手发展抗日力量，抵抗反共顽固派的进攻》的极为重要的指示，即第二个"五四指示"，严肃批评项英的严重右倾观点，强调：不受国民党的限制，超越国民党所能允许的范围，不要别人委任，不靠上级发饷，独立自主地放手地扩大军队，坚决地建立根据地，在这种根据地上独立自主地发动群众，建立共产党领导的抗日统一战线的政权，向一切敌人占领区域发展。

收到中共中央第二个"五四指示"，陈毅和粟裕立即召集团级干部会议传达，研究拟订了贯彻实施的具体计划。经商议，于5月17日、19日和27日，由陈毅以中央军委新四军分会副书记的身份三次致电中共中央和项英，促请军部及皖南主力速移苏南。考虑到电报不能详细地、原原本本地反映他们的意图，又派江南指挥部政治部民运科长曾如清专程赴皖南汇报。

为迎接新四军军部东移，粟裕从军事上作好了周密安排。3、4月间，粟裕亲率战地服务团前往溧阳山丫桥冷欣的副总指挥部，以汇报和"慰问"为名，侦察冷欣进攻新四军的意向、方案及其指挥部周围地区兵力部署，设想反击和进攻冷欣指挥部的作战计划。

粟裕对此行可能会遇到的情况考虑得很周到，出发前就向随行的作战参谋交代，一路上要注意观察打听，到了冷欣指挥部就以卫士身份出现，见了大官不要害怕，见机行事。到了山丫桥，粟裕去给冷欣汇报，要作战参谋带了材料和地图跟随，嘱咐参谋利用挂地图的机会，观察原挂在那里的冷欣部队的部署图，用脑子记下来。粟裕在山丫桥三天，每天清晨都和参谋起来跑步锻炼身体，每天各跑一个方向，把看到、了解到的情况悄悄绘成图。粟裕特别关照要注意收集纸篓和厕所里的纸片。参谋人员果然在厕所里发现一张国民党挺进纵队南调茅山的草图。返回江南指挥部后，粟裕根据这次实地侦察，很快拟订了一个作战计划，冷欣一旦对江南新四军发起进攻，粟裕只要用两个加强团，便可拿下他的指挥部。

粟裕还派作战科长吴肃率领侦察组，配合军部作战科长李志高率领的侦察组，由江南和皖南分头对进侦察，为军部东移勘察选择一条合适的路线。出发前粟裕向吴肃作了专门交代。吴肃返回江南指挥部后向粟裕详细汇报。粟裕据此拟订了派三个团接应军部东移的计划。粟裕与参谋人员精确计算，从江南指挥部控制的水阳、狸头桥及江南指挥部驻地到军部驻地皖南泾县云岭，仅80公里到150公里路程，互相对进，一昼夜便可接应上。

---

① 《毛泽东军事文集》第二卷，军事科学出版社、中央文献出版社，1993年12月，第1版，第547页。

然而，由于项英的错误，皖南新四军东移之事最终没有实现。

此时大江南北反共风云日紧。蒋介石部署的由顾祝同、冷欣、韩德勤、李品仙从南、北、西三个方面向新四军进攻的阵势已基本就绪。苏南的冷欣企图合围新四军江南指挥部。江北的韩德勤步步紧逼已北渡长江的新四军部队，并断绝了江上交通线。形势发展到了最后抉择的关键时刻。粟裕和陈毅每天晚上都要商讨到深夜。粟裕敏感到此时如不跨江北上，江南新四军势必陷入冷欣的包围之中，后果不堪设想。他向陈毅直抒己见，坚决主张北上。6月15日，陈毅将他与粟裕商讨的最后结果急电中共中央和项英、刘少奇："目前只有集中苏北攻击韩或者集中苏南打冷欣两个途径。一切应付已到穷尽之时，再不决定必致苏北苏南两方受损"，"我决心布置移往苏北"，"皖南军部方面宜速部署"。①

在粟裕周密筹划下，北移的全部工作已经准备完毕。陈、粟决定将指挥部及所属北上部队首先移到茅山。粟裕率部离开水西村，过溧（水）武（进）公路，亲去茅山地区扩军。冷欣发现江南新四军主力有渡江北上意图，连夜调集两个团赶来堵截。6月18日，粟裕调兵遣将，在茅山脚下的西塔山附近亲自指挥反顽战斗，歼灭国民党军两个团各一部。粟裕接着又巧施"金蝉脱壳"之计，引诱前来"扫荡"的日军和顽军乒乒乓乓打了几个小时，双方才发现自己打的不是新四军。冷欣气急败坏地说："粟裕真厉害，我们上了大当，吃了大亏。"

江南还未摆脱危险，江北又出现了剑拔弩张局面。苏北地方实力派李明扬、李长江将以十倍的兵力大举围攻驻郭村的新四军挺进纵队。这时陈、粟紧急商定：陈毅身着便衣于6月28日夜由扬中过江，处理江北事端；粟裕组织机关、部队随后跟进。就在粟裕部署部队过江的时候，郭村战斗爆发。陈毅退至长江中的新老洲写信给粟裕："速派主力部队，克服一切困难，渡江支援。"

粟裕立即加快了渡江进程。他深知军中电台和机要人员的重要，7月初亲自安排先把十几个机要人员化装送过运河和铁路，一直看着他们平安过去才返回部队，半夜再率指挥部机关及大部队通过运河及铁路封锁线，抵达江边。

7月8日，粟裕率江南指挥部渡过长江。此时郭村保卫战已获胜利。江南与江北两支新四军部队胜利会合于吴家桥地区。驰骋江南两年的粟裕开始投入到苏北抗日洪流之中。

---

① 《陈毅传》，当代中国出版社，1991年8月，第1版，第227页。

第七章 黄桥决战

一、领导部队树立打大歼灭战思想。东进攻取黄桥。

1940年7月8日，陈毅、粟裕率新四军江南指挥部主力渡江抵达苏北。7月12日，遵照中共中央指示，新四军江南指挥部改称苏北指挥部，陈毅任指挥兼政委，粟裕任副指挥兼参谋长。粟裕时年33岁。

江苏省长江以北地区有2000多万人口，在抗日战争中具有特定的重要战略地位。这里盛产粮、棉、盐等战略物资，既是控制日寇沿长江进出的重要翼侧，又是连接新四军与八路军的纽带。苏北的抗日局面打开以后，向南可以和共产党领导的江南抗日部队相呼应，扼制长江下游，直接威胁南京的日本侵略军总部和汪精卫伪政府；向北、向西发展，可以与山东、淮南、淮北抗日根据地相连接，直通华北、中原。因此，苏北是侵华日军、国民党顽固派、共产党领导的新四军三种力量的必争之地。

1939年底和1940年初，中共中央作出了大力发展和巩固华中的战略部署，1940年4月5日中共中央明确指出"整个苏北、皖东、淮北为我必争之地。凡扬子江以北，淮南路以东，淮河以北，开封以东，陇海路以南，大海以西，统须在一年以内造成民主的抗日根据地"①。命令八路军主力两万多人由冀鲁豫分路南下，会同新四军第四、五、六支队以及由江南指挥部领导的已到达苏北的挺进纵队和苏皖支队，共同完成发展华中的任务。当时的苏北除日本侵略军外，广大敌后地区大都为国民党所统治。蒋介石顽固派江苏省政府主席兼鲁苏战区副总司令韩德勤，素以"反共专家"著称。他从不抗日，却不断制造摩擦，摧残抗日力量。他指挥的苏北地区国民党军总兵力有16万人，其中韩系8万人，号称10万人，嫡系主力是第八十九军和独立第六旅。其他是驻在泰州及其附近地区的鲁苏皖边区游击总指挥部李明扬、李长江部，驻在曲塘一带的税警总团陈泰运部。他们深受韩德勤排挤和歧视，政治态度和韩德勤有差异，属中间势力。李明扬是老同盟

---

① 《毛泽东军事文集》第二卷，军事科学出版社、中央文献出版社，1993年12月，第1版，第543页。

会员，有一定的民族意识。贵州籍苗族人陈泰运属宋子文系统，有一定的抗日意识，前些时候遭韩德勤软禁，得到了共产党的帮助才脱险。因此，苏北抗战的主要障碍是韩德勤。新四军北渡长江，必然为韩德勤所不容。新四军与韩德勤的斗争，中心是夺取抗日战争领导权问题。新四军要坚持和发展苏北抗日战争，建立抗日民主根据地，必须从韩德勤手中把苏北抗战的领导权夺过来。早在1940年5月8日陈毅就向中共中央提出："解决苏北问题，应先向省韩下手。"[①]

粟裕对苏北的各种派系武装进行了具体分析，认为力量最大的是日本侵略军，占领了长江北岸及运河沿线各县城及大镇、要点；其次是韩德勤部，控制了东台、兴化、阜宁及广大乡村；再其次是李明扬部，控制了泰州和如皋以南地区；先行渡江在苏北活动的新四军挺进纵队力量很小，仅开辟了吴家桥小片地区，只算得上第四位或者第三位。粟裕分析李、陈等地方实力派与韩德勤之间的矛盾，认为他们间的矛盾虽有其自身的利害关系，但也包含有坚持抗战与破坏抗战的成分。在苏北国民党顽固派与新四军之间，李、陈等地方实力派处于重要的地位。如果他们能保持中立，新四军就便于同韩德勤作最后的较量。粟裕完全支持陈毅提出的"联李、击敌、反韩"的斗争策略。

新四军苏北指挥部在扬州、泰州间的塘头进行了整编，所属部队整编为3个纵队9个团。一纵叶飞任司令员兼政委，下辖一、四、五团；二纵王必成任司令员，刘培善任政委，下辖二、六、九团；三纵陶勇任司令员，刘先胜任政委，下辖三、七、八团，全部共7000余人。紧接着陈、粟召开会议，讨论新四军以何处为中心建设根据地问题。对这个问题会前有三种议论：一是扼守扬（州）泰（州）地区，二是北进兴化，三是进取黄桥。粟裕力主东进黄桥。在会上，粟裕发言充分阐述进取黄桥的理由：第一，黄桥处于靖江、如皋、泰州、泰兴四县之间，以黄桥为中心建立根据地，便于向（南）通、如（皋）、海（门）、启（东）发展。只有控制通、如、海、启才可以与我江南部队相呼应，控制长江通道，威胁日寇和切断韩顽与江南冷欣的联系。第二，已为北渡新四军控制的吴家桥、郭村一带，原为李明扬和李长江的势力范围，地区比较狭小，如果向外发展，势将与"二李"发生矛盾，影响全力对韩，与我统战方针违背。水城兴化是韩德勤盘踞中心，周围全是水网，对我进出不利，且地域偏西，对日寇威胁不大。第三，占据黄桥一带的保安第四旅何克谦部，一贯勾结日、伪，积极反共，敲诈勒索，久失人心，而且战斗力较弱，易于歼灭。第四，黄桥地区有我党的工作和影响，群众基础好。我军东进抗日，必能获得地方党的配合和广大人民的热烈拥护。

粟裕的意见得到了与会绝大多数同志赞同。陈毅当即决定：部队休整一个星期，而后向东挺进。苏北指挥部随即发布了政治动员令，提出"团结、抗战、反顽"口号，要求全体指战员作好打运动战、歼灭战的充分准备，严格执行纪律，宣传中国共产党的政策，开展群众工作。

---

① 《粟裕战争回忆录》，解放军出版社，1988年11月，第1版，第213页。

进军黄桥，必经"二李"防区。陈毅和粟裕研究决定同"二李"谈判，明确告诉李明扬、李长江，新四军东进以后，把每个月能收税五万元的吴家桥地区让给"二李"。以此为条件，请他们协助新四军东进。

有的同志对此不很理解，认为让出吴家桥一带是"太大方了"；有的担心"二李"出尔反尔，不让新四军经过其防区。粟裕耐心地向大家解释，做工作。粟裕说：我们这么做有利于集中兵力，不用分兵去把守吴家桥。而"二李"得了吴家桥，增加了收入，扩大了地盘，还把我们送到抗日前线去，离他们更远一些，他们何乐而不为呢？

经过多次谈判，双方达成口头协定："二李"掩护新四军东进；新四军东进后，即将江都县（即扬州）境内的仙女庙（现江都市）以东的宜陵、吴家桥地区的15平方公里防地让给"二李"，但"二李"不得摧残新四军党政干部和群众；将来如果韩德勤与新四军作战，"二李"须严守中立；今后抗敌一致行动。

"二李"的工作做通了，但粟裕深知，前面还有曲塘的税警总团陈泰运部、黄桥一带的保安第四旅何克谦部，韩德勤更是在北面窥视着新四军苏北指挥部的一举一动。部队在出发前抓紧休整，粟裕亲临前方做好东进的各项具体准备工作。

眼前摆着两个对手：税警总团和保安第四旅。粟裕认为税警总团属争取势力，至少在同韩顽大战之前要尽可能地争取，打他主要是为了拉他。对极为反动的何克谦部，则必须狠狠地打击他，消灭他，而后新四军才能进驻黄桥。一旦与这两部交起火来，应区别对待，把握不同的"度"数。粟裕找各个纵队指挥员开会、谈话，让他们都了解和掌握这些原则和策略，同时积极作好对付韩德勤的作战准备。

为了使部队适应即将到来的作战对象、作战规模的变化，粟裕多次深入部队进行教育动员。新四军挺进苏北，情况变化了。军事上必须来一次转变，即由游击战向运动战的作战方式转变；在作战指导上也要树立打歼灭战的思想。粟裕特地在塘头附近彭家庄召开了苏北指挥部参谋工作会议，并亲自在会上作《战时参谋工作》的报告。他指出："我们要依据环境，依据我们的技术、物质条件和有生力量，区别不同作战对象，确定我们的作战方针。对日寇，因为它装备技术比我们强，还是同它打游击战。其规模大小，因地制宜。""在苏北，目前敌人的据点少，间隔、空隙大，可以采取游击兵团形式，打大一点的游击战。对于正在准备向我们进攻的顽固派军队，因为他们除了数量多，装备好之外，其他方面都不如我们，完全可以而且必须采取主力战、歼灭战、运动战的自卫作战方针，集中几万人进行会战，在会战中歼灭他。"①

早在三个月前，即在江南水西村时，粟裕便对局势发展作出了正确判断，极有远见地断言："可能不久的将来，我们要打更大规模的仗。"如今江南新四军主力已北渡，"不久的将来"变成了"就在眼前"。因为韩德勤秉承蒋介石意旨，决不容新四军在苏北立足生根，必定要乘新四军立足未稳而解决之。粟裕形象地分

---

① 《粟裕军事文集》，解放军出版社，1989年7月，第1版，第43页。

析说：他（指韩德勤）来进攻，我们背靠长江，退无可退，只有坚决自卫，下定破釜沉舟的决心，要包打胜仗。这一仗打成平手不行，或者只消灭他一部分也太可惜，非要打个干净彻底的歼灭战不可。假如打得他只痒不痛，他以后还再来，所以现在的问题是如何能把他吃干净的问题，只要我们从各方面进行充分准备，一定能搞好。

粟裕提早进行了战略战术动员。他在东进前的一次会议上说："像今天这样集中兵力准备打的大仗，还是五六年前在内战中打过，在座的高级干部有的参加过，中下级干部基本没有参加过。在南方三年游击战争中和抗日战争以来，没有打过这样的大仗。这几年部队长期分散，开展独立自主的游击战争，通信联络很困难，都是各打各的。虽然部队游击战术有了进步，但滋长了一些游击习气。这种情况，对于集中兵力打大仗是很不利的。"为了确定和贯彻好打歼灭战的作战指导思想，他要求部队第一要绝对服从命令，第二要严格遵守时间，第三要树立兵团观念，第四要协同一致。

7月25日，陈毅、粟裕率部按计划开始东进。部队通过口（岸）泰（州）线上的"二李"防区时，李部如约让路，朝天鸣枪，以掩韩顽耳目。"二李"给韩德勤报告称："在缪湾一带发生激战"，"新四军伤亡惨重，一部绕道东去……"

韩德勤得知新四军东进消息，一面打电话责问李明扬为何不阻拦，一面命令何克谦率保安第四旅由黄桥及其以南地区向北攻击；命令陈泰运税警总团由曲塘南下至北新街一带，妄图南北夹击，消灭新四军于运动中。陈、粟早已成竹在胸，把同顽固派争夺中间派的策略思想运用于军事，把政治仗同军事仗结合起来打。新四军东进到北新街以南，粟裕突然命令部队调头向北，击溃陈泰运2个团，歼灭1个多营，然后把俘虏的官兵都释放，并归还了缴获的武器，叫他们回去告诉陈泰运，只要不打内战就可相安无事。在对付陈泰运的同时，命令第二纵队攻占黄桥以北及东北的蒋垛、古溪、营溪，第一纵队攻占搬经，截断何克谦的退路，第三纵队攻占黄桥及其以南地区。

7月27日，二纵已经包围营溪，何克谦部负隅顽抗。粟裕亲临第一线指挥。在接敌运动中，随行的两名参谋人员被冷枪打伤。粟裕处险地而不慌，依然坚毅沉着，双目炯炯注视周围，机敏前进。天蒙蒙亮了，粟裕靠近到距敌三四百米的斜坡上，用望远镜仔细观察敌人火力点和兵力配置。二纵这时缴到了一门八二炮，但不会使用。粟裕得知此事，要王必成找使用过这种炮的解放战士来打。王必成叫人把从蒋垛俘虏的国民党军炮兵排长带来，用这门炮摧毁了敌碉堡。营溪被新四军攻克。之后，又经28日一夜激战，各部胜利完成了任务。29日凌晨解放黄桥。此战歼何克谦部主力近2000人，在共产党团结抗日号召下，何部两个团由陈宗保等率领于战后起义。随后，陈、粟率指挥部开进黄桥。当晚各界群众1000余人在黄桥中学操场举行军民联欢大会。

顺利攻取黄桥，是实现建立大黄桥根据地战略目标的第一步，也是非常关键的一步。紧接着，陈、粟马不停蹄，以黄桥为中心，积极开展大根据地建设的各

1940年10月初,粟裕在黄桥战场指挥了著名的黄桥决战。这是7月底陈毅(骑马者前)与粟裕(骑马者后)率部向黄桥开进。

项活动:分兵发动群众,清剿散兵游勇;成立泰县、如皋、靖江、泰兴、江都5个县政府,委派惠浴宇、梁灵光、刘万里、陈同生等任县长;指示管文蔚筹建苏北临时行政委员会;成立苏北军政干校;出版石印的《抗敌报》(苏北版);建立4个税卡,五天便收税近6000元;十天内扩大新兵100多名。同时,陈、粟还派部队攻下了黄桥以南靖江县属的孤山,西来镇等日、伪据点,挫败了日军两次报复性"扫荡"。根据地的各方面建设开展得有声有色,扎实深入,共产党及其领导的新四军声威大震,群众情绪高涨,以黄桥为中心的大根据地很快初具规模,为以后与韩德勤决战准备了比较理想的战场。

从7月29日进入黄桥那天起,粟裕更加繁忙了,他除了参与领导根据地建设的各项工作外,还对照着军用地图,一一实地核对黄桥及其附近地区的桥梁通道、村舍、房屋、树林、田畴等等,对黄桥地区的地形特点从宏观到微观都有个准确的了解和把握,随时准备在黄桥地区同韩顽进行一场大的较量。

二、从攻占黄桥到退出姜堰。政治仗与军事仗巧妙结合。积极准备"独立作战"解决韩德勤。

陈、粟进占黄桥,建立以黄桥为中心的大根据地,韩德勤感到这是对他的莫大威胁。他的主力在兴化附近,鞭长莫及,只有强令南面的"二李"和陈泰运等地方实力派武装来对付陈、粟。但他知道,"二李"、陈泰运等是靠不住的。于是,他于8月14日派一姓仇的代表来黄桥向陈、粟问罪,诬称陈、粟率部"擅自江南北进","此次攻占黄桥各地,尤违中央抗战及团结御侮之旨"等,最后假惺惺地以高姿态同陈、粟达成协议:韩部驻姜堰、曲塘一线,不再南下;新四军驻黄桥、蒋垛、营溪、花园桥一带,不再北进。实际上韩顽暗中却在调动兵力,调整部署,妄图消灭新四军于立足未稳之时。

粟裕根据多方面的情报分析,对韩德勤军事上的阴谋看得非常透彻:韩方作出和平姿态，同意各守防地，一是缓兵之计，在他们的主力尚未到海安、姜堰一线之时用来限制新四军，使新四军不好进一步夺取姜堰等要点；二是懈兵之计，使新四军麻痹松懈，不作应战准备，以便他们密调主力，突然袭击。粟裕精确计算、判断，还有半个月时间韩德勤将向新四军发动进攻。8月15日，粟裕以个人名义报告中共中央和叶挺、项英、胡服（刘少奇），提出对付韩德勤挑战的部署：（一）派一纵队（即管文蔚、叶飞部）全部即东进如皋以东南及南通以北攻石港，以截断省韩与上海之交通，使海门、启东全入我手；（二）二、三纵队主力及直属队仍控制于黄桥至如皋之线，加紧江北地方工作及本身扩训；（三）为集中力量以对付不可避免之省韩的进攻，决将张道庸（即陶勇）全部东移，而将塘头、宜陵地区暂放弃并借此为争取"二李"之中立；（四）今后与江南交通已由江上另新建路线，正在开始。粟裕在报告的最后表示："我们决以全力对付"韩德勤。

从军事实力看，韩德勤数倍于苏北新四军。中共中央和中共中央中原局原来的意图，是要等黄克诚率领的八路军增援部队南下后，与苏北新四军一起解决韩德勤。中共中央为此还对韩德勤公开提出了"韩不攻陈（毅），黄（克诚）不攻韩；韩若攻陈，黄必攻韩"①的严重警告。粟裕分析形势，认为苏北局势已发展到"箭在弦上"的紧要关头，离决战的时间不多了，苏北新四军必须立足于独立解决韩顽而不依赖八路军部队南下的远道增援上。陈毅报中共中央和胡服的电报也建议，八路军和新四军五支队迅速推进到运河以东增援，同时表示："我们亦积极准备单独解决决战任务。"②

粟裕果断地将塘头、宜陵一带的新四军撤离东移。这样虽然使苏北指挥部与淮南五支队的间隔更遥远了，苏北指挥部也更不能抽出部队去接应五支队东渡运河过来增援了，但达到了集中兵力。后来的实践证明，粟裕的这个决心是正确的。由于种种原因，八路军南下部队前进速度不快，不可能对苏北指挥部新四军作直接的战役配合。暂时放弃的"已得阵地"，在决战胜利的条件下恢复并不太难，而最大限度地集中兵力才是对决战生死攸关的第一要着！更何况与韩顽相比处于绝对劣势的新四军，每增加或多集中一名士兵，便可增加几倍的信心和勇气。

一切都在粟裕的预料之中。8月21日，韩德勤在东台副总司令部下达了分左、右两翼向黄桥地区新四军进攻的作战命令。为了把"二李"、陈泰运拖上战车，韩德勤特任命李明扬为"进剿"军总指挥，李守维、李长江为副总指挥，陈泰运为右翼副指挥官，要求在8月30日集结完毕，9月2日起开始攻击前进。与此同时还下令封锁粮食，不准海安、泰州一线以北大米产区的粮食南运，使黄桥地区的新四军处境更加困难。

"狼总是要吃人的。"粟裕经常用这句话告诫作战部门的同志看清韩德勤的反动本质，作好对付韩德勤进攻的准备。

粟裕深知，韩顽这次进攻，意味着新四军将第一次和国民党军主力进行正面

---

① 《毛泽东年谱》中卷，人民出版社、中央文献出版社，1993年12月，第1版，第208页。
② 《陈毅传》，当代中国出版社，1991年8月，第1版，第241页。

交锋。新四军处于"东南一隅",兵力对比上居绝对劣势。粟裕当然希望八路军部队迅速南下,配合新四军一举解决苏北问题,但他和陈毅还是以可能出现的最困难情况为着眼点,向中共中央和胡服、叶挺、项英表示了自己的决心:"积极准备单独解决决战任务",并协助陈毅做好了各项准备工作。

陈、粟的意图得到了中原局领导人胡服的支持。胡服当即决定"以九个团从苏北全部南下",配合陈、粟解决韩军主力。然而尽快实施远道增援是不现实的。后来事实证明,在这次战役中,八路军南下部队只是作了战略配合。

与此同时,陈、粟做好了单独解决决战任务的部署。粟裕从新得到的各种情报正确判断:韩军虽倾力来犯,但右翼只有"二李"、陈泰运的部队。新四军渡江北进,对"二李"、陈泰运早做了大量工作,共产党的统战政策已在他们身上产生了作用;而且"二李"、陈泰运也不愿受韩德勤驱使与新四军拼实力。他们只是接受命令而未执行,这样右翼等于无翼。左翼虽是韩军主力部队,但也只是一一七师(少1个旅)、独立六旅(少1个营)、保安一旅(少2个营)。这样算来,韩军进攻的总兵力不过7个团。情况变得对新四军有利起来了。

陈毅和粟裕商量采取了正确的作战方针,一方面严守自卫立场,坚持不先放第一枪;另一方面逐步收缩,诱顽左翼深入新四军防区,再集中兵力予以各个歼灭。韩军左翼骄横冒进。9月5日,保安第一旅占领营溪,同一天,一一七师打到古溪北面,随即猛攻古溪。此时粟裕早已做好了反击的部署。5日夜,新四军第一纵队按预定计划出击营溪,一举击溃韩军先头部队保一旅两个团,俘虏数百人。接着第二纵队、第三纵队从古溪正面出击。韩军一看势头不妙,即以一部兵力以强大火力掩护主力迅速缩回曲塘、海安。新四军反击得手。陈、粟命令释放俘获的保一旅全部人员,发还了他们的枪支。保安一旅是新四军的争取势力,中共江北特委对他们早已做了不少工作。大战还在后头,陈、粟绝不放过争取任何可能争取的力量。陈、粟此举在各保安旅、团中影响甚大,尤其是保一旅旅长薛承宗大为震动,在以后的黄桥决战中果然保持了中立。

营溪反顽是新四军与韩德勤在军事上正面交锋的第一仗。这一仗的胜利使粟裕更加坚定了"单独解决决战任务"的决心。后来,面对韩顽大军压境,9月11日中共中央又明确来电:"八路军、新四军只能作战略配合,不可能希望他们作战役配合",要陈、粟"准备独立作战"。虽然形势非常严峻,但在陈毅统一领导下,粟裕依然从容布兵,敢于迎接常人难以想象的挑战。

营溪之战,韩德勤尝到了新四军的厉害,便改变战术,缩据水网地区暂不出击,指令保安第九旅张少华部进驻原税警总团防地姜堰,严密封锁新四军粮源,并挟制"二李一陈",企图把新四军压缩在沿长江狭小地区,勾结日伪合击。姜堰是运盐河上的重镇,素有"金姜堰,银曲塘"之说,有着四通八达的地理位置,是周围有名的粮、棉、盐、油主要进出地。姜堰一卡住,运盐河以南黄桥地区的生活必需品马上就会发生困难。权衡整个情况,粟裕深深感到,与韩顽长期相持对我十分不利。要摆脱困境,必须首先打下姜堰。

保安九旅在姜堰一带借查封粮运敲诈勒索。韩军军官们却自己运粮走私，甚至资助日寇，大发其财。粮食缺乏，物价暴涨，民众绅商苦不堪言，对韩德勤的封粮苛敛大为不满。陈、粟决定先在政治上揭露韩德勤粮禁真相。老百姓中很快传开了四句话："饿了老百姓，肥了韩德勤，难了新四军，帮了日本兵。"各界代表纷纷出面奔走和平，反对粮禁，强烈谴责保安九旅。苏北名宿韩国钧致函陈毅，引经据典，痛斥时弊："征引及宋、明不亡于外寇，而亡于内部，痛心之言，闻之泪下！"

保九旅已处于"老鼠过街，人人喊打"的境地。用武力解决保九旅，攻占姜堰，打开粮源，各方面条件已经成熟。

负责军事指挥的粟裕，早已将张少华的保九旅驻防情况摸得一清二楚。韩德勤在姜堰驻有6个团，而粟裕手中的部队总共不过9个团，用9个团对据堡固守的6个团实施攻坚，伤亡势必不小。粟裕决定用调虎离山之计将韩顽驻姜堰部队调走一部分。他命令一个纵队东进佯攻海安，乒乒乓乓打得很激烈，并威胁如皋、海门、启东。自诩精于谋略的韩德勤果然上当，像听从粟裕的命令一样立即把姜堰驻军调了一部分到海安，只留下两个团驻防。

保九旅旅长张少华依托姜堰南面的运盐河，构筑了以36个碉堡为核心的防御工事，并加设了电网，以求固守。粟裕决定采用"孙悟空钻进铁扇公主肚皮里去"的战术，挑选两个排的优秀战士组成"勇敢队"，担任突击任务，在碉堡与碉堡的间隙中穿越，直捣保九旅司令部，乱其指挥，得手后再由里向外打，实施内外夹攻。

粟裕谋划的这种战法收到了奇效。9月13日，粟裕以第二、第三纵队围攻姜堰，第一纵队在白米、马沟一带打援。在夜色掩护下，由共产党员率领的"勇敢队"悄悄涉水渡河，自姜堰镇北突击，用橡皮裹着刀把的马刀，奋力砍倒电网，猛插进去。保九旅做梦也没有想到新四军会这样打进来，顿时阵脚大乱。担任突击任务的"勇敢队"很快打掉了保九旅司令部，然后由内向外打，四面开花冲击。新四军主攻部队也迅速由外向内攻击。粟裕实施内外夹击，仅一昼夜就结束战斗，攻克姜堰，歼敌千余，缴获一大批军用物资。

打开姜堰，粮源畅通。为保持政治上的优势和进一步争取上层人士，陈毅和粟裕张弛有度，再次向韩德勤呼吁"停止内战，团结抗日"，表明共产党、新四军初衷不变。苏北知名人士韩国钧、黄逸峰、朱履先等积极响应，联名向各方军事长官发出呼吁电，希望各方"停战息争，一致抗战"。在陈毅建议下，大家商定9月27日在姜堰召开苏北各界军民代表会议。韩国钧、李明扬、陈泰运都将派代表参加。

然而，韩德勤反共是铁了心的。在此之前，他已召开了旅以上军官参加的军事会议，并在嫡系心腹八十九军军长李守维和独立六旅旅长翁达两名中将的唱和下，决心在一星期内把陈、粟"赶下长江"。韩德勤向亲信布置了两条密计：一是佯攻姜堰，诱新四军分重兵把守姜堰，韩军主力却从海安、曲塘出击，直取陈、粟大本营黄桥。二是要陈、粟退出姜堰，作为和谈的先决条件。在他看来，新四军以鲜血换来的"金姜堰"是决不会退出的;如果不退,他就有了向新四军进攻的借口。

韩德勤拒绝参加苏北军民代表会议,还在会议前夕通过韩国钧向陈毅转来电报:"新四军如有合作诚意,应先退出姜堰,再言其他。"中间人士都非常担心,认为韩德勤要价太高,新四军必不答应,和谈必将失败。

陈、粟对韩德勤的阴谋洞察无遗。粟裕早已在军事上作好了对付韩德勤的作战部署。9月27日,各方代表云集姜堰,军民代表大会正式召开。陈毅慷慨陈词,语出惊人,宣布新四军退出姜堰,表明共产党顾全大局、忍让求全。陈毅铿锵恳切之言,博得了所有代表的同声赞叹。

让新四军退出姜堰,只不过是韩德勤的托词而已。果然,会议在结束的时候又接到韩德勤电报:新四军必须立即撤出姜堰,经黄桥开回江南,否则无商谈余地。代表们闻讯大骂韩德勤言而无信,姜堰的普通民众也被激怒了。大家更加同情和拥护陈、粟,在短时间内筹措6000多元慰劳新四军。

陈、粟决定新四军撤出姜堰,并送个大人情给"二李一陈",进一步争取他们。"二李"得知他们将从新四军手中接防姜堰,白捡到"金姜堰",喜出望外,立即派部队单独接管姜堰。陈泰运则从陈、粟那里得到100多条枪。"二李一陈"皆大欢喜,深感新四军讲信义,向陈、粟保证,如韩德勤进攻新四军,他们决不参战,并答应给新四军提供情报。陈泰运还与新四军订立了条约:如果韩德勤叫他打新四军,他朝天开枪,新四军不必还枪。韩德勤什么也没有捞到,反而加深了与"二李一陈"的矛盾。

粟裕后来回忆这一段尖锐复杂的斗争时说:"我军自攻取黄桥到让出姜堰,把军事仗与政治仗、自主的原则与以退为进的策略结合得十分巧妙。尤其是姜堰,如不夺取,便没有让出的文章可做。而让出姜堰,对我是'一举三得',既揭露了韩德勤积极反共、破坏抗战的罪恶阴谋,在政治上赢得了社会各阶层的极大同情,造成我党我军完全有理的地位;又加深了苏北国民党军队内部派系之间的矛盾;还使我适时集中了兵力,在军事上对付韩顽的进攻处于有利地位。这些处置是陈毅同志对党的斗争策略的杰出运用。"①

9月30日,新四军信守诺言,全部退出姜堰。就在这天,韩德勤电令所属各部"务集中力量",对新四军"包围而歼灭之"。看来韩德勤不把陈、粟"赶下长江"是绝不会罢休的。

决战黄桥已是不可避免。陈、粟向中共中央报告称:"韩之进攻企图已极明显,一周内大战必爆发。""部队已积极准备作战,以独立作战为原则。"②

早在9月13日夜新四军攻克姜堰时,粟裕就以战略家的眼光估计:"15天到20天之内,顽军将有大动作……这才是苏北命运的决战。"从那以后过了20天,即10月3日,韩军果然大举进攻,决定苏北命运的大战爆发。

---

① 《粟裕战争回忆录》,解放军出版社,1988年11月,第1版,第226页。
② 《新四军——文献(1)》,解放军出版社,1993年4月,第1版,第635页。

三、以 5000 人劣势迎击韩顽三万余人进攻，战略上战役上都要以少胜多。排兵布阵奇中见奇。

新四军进驻黄桥已经两个月了，粟裕对黄桥及其周围地区的地形已经了如指掌：黄桥为中心的地区，北面、东面是通扬运河，南边是长江，西南有一条从泰州到口岸的通江运河，周围有如皋、泰兴、靖江等日军据点。这个地区河多、桥多、路窄，对于顽军的重武器如各种山炮、野炮之类，实在是天然的障碍，韩顽窜犯不易，逃跑更为困难。相反，那黄桥周围的旱地，高秆作物半割半留，既便于伏兵隐蔽、藏匿，又利于迂回、突击。新四军尽管占了地利优势，但粟裕仍感压力极大，因为敌情毕竟太严重了。韩德勤调集 26 个团，总兵力 3 万余人，组成右、中、左三路向黄桥扑来。中路是进攻军的主力，以其嫡系部队组成。右路是"二李一陈"的部队，总兵力 1.2 万人。蒋介石、韩德勤以高压辅以利诱，令其向新四军进攻，同时掩护中路军。左路由第一、第五、第六、第九、第十共 5 个保安旅的大部组成，攻击黄桥东南地区，牵制新四军防御兵力。中路本身又分为三路：八十九军的三十三师为左翼，由加力、分界攻黄桥东面；独立六旅为右翼，由高桥南下，攻黄桥北面；八十九军军长李守维亲率一一七师大部及军部直属队、炮兵居中，由营溪南下，攻黄桥东北。

大兵压境，仗怎样打呢？粟裕心里非常清楚，他掌握的部队总共只有 7000 人，而战斗部队不过 5000 人，就是与韩顽三路大军中的任何一路相比，也不占优势。以往红军、新四军与敌人作战，在战略上是以少胜多，在战役、战斗上都是以多胜少，当前的形势却要求不仅在战略上，而且在战役、战斗上都要以少胜多，还必须打歼灭战，使他无法卷土重来，以利于新四军开辟苏北、发展华中。

粟裕将所有智慧融入了制订黄桥决战的作战计划之中。按照粟裕的思想，作战部门很快拿出了三套方案供选择：

一是乘韩德勤进攻黄桥时，新四军以一部主力攻占海安。好处是在敌强我弱的情况下在军事上争取主动，避实击虚，出乎敌人意料，容易取得胜利。但在韩德勤主力尚未被歼的情况下，攻占海安很不容易。若攻不下海安，黄桥又丢了，不仅会影响士气，还会影响人民群众的情绪，对新四军失去信心。

二是乘韩德勤还未向新四军进攻，先以一部兵力向东发展，控制通、如、海、启几县，造成北进东台的局面，以主力守卫黄桥地区。这个方案的好处是继续东进有胜利的把握；把通、如、海、启等县变成新四军的根据地，可以同上海、江南连成一片，这是战略上的胜利；新四军东进和北进，韩德勤必然派一部分兵力对付，这样使他兵力分散，防御线宽，有利于新四军黄桥决战；在东边创造了一块新区后，可与西边黄桥地区形成犄角之势，互相呼应，而且人力物力都能得到迅速补充。然而，我军兵力本来就少，如果派一部东进，黄桥部队减少，黄桥就未必能保住；还有可能韩德勤下决心集中兵力攻下黄桥后再打东边。先敌出击向东发展，也会影响对中间势力开展统一战线，新四军就更为不利了。

三是全力依托群众觉悟较高、粮草充足的黄桥，以黄桥为轴心，诱敌深入，最后达到各个击破的目的，并保住黄桥。以黄桥为轴心，主动权仍然在新四军手里，可以利用轴心向左右自由转动，自如用兵；依托黄桥作战，完全是自卫，在政治上可以赢得广大人民群众的支持；黄桥离顽军驻地较远，在顽军行军的过程中，新四军可利用时间充分准备，部署兵力，以逸待劳；可以大量吸引韩军，并且充分利用有利地形，机动使用兵力，迟滞、消耗和钳制各路敌人，最后各个歼灭。

粟裕反复权衡，分析比较，决定采用第三方案。

粟裕接着又专注于首战对象的选择上，这将极大地影响决战的进程，甚至关系整个战局的成败。粟裕对韩德勤三路大军方方面面作了分析对比，把首歼目标定在了韩德勤系统的有名主力独立六旅翁达部上。粟裕认为，新四军首战歼灭翁旅，对于拉开"二李"、陈泰运同韩德勤的距离，稳定李、陈的立场将起重要作用，韩德勤的右翼就失去了掩护。翁旅是韩德勤中路右翼，把它消灭了，就把韩德勤的中路军打开了缺口，新四军就可以实现对韩军主力的包围与迂回。翁旅是韩德勤嫡系主力，如首战被歼可以给韩军士气以严重打击，使其他杂牌军不敢动作。首战歼灭翁达旅，对战役的转变会起决定性影响。

翁旅在韩德勤的战斗序列中是战斗力最强的部队之一，全旅3000多人，清一色的"中正式"七九步枪，每个步兵连都有崭新的捷克式机枪9挺，装备漂亮，号称"梅兰芳式"部队，军官大都是军校毕业生。正因为它自恃强大，说什么也不会想到新四军首战拿它来开刀。韩德勤早在"围剿"中央根据地时就和红军交过手，略知共产党军队作战原则是先打弱敌，后打强敌，更不会估计到这次会先打强敌。粟裕对韩德勤和翁旅的了解真可谓洞若观火。

粟裕决定以四分之三的兵力作为突击力量，仅以四分之一的兵力守卫黄桥。粟裕了解自己的部队，三个纵队都善于勇猛攻击，第一、第二纵队兵力比较充足，第三纵队全部不足2000人。粟裕决定把一、二纵队用于突击方向，隐蔽集结于黄桥西北顾高庄、严徐庄、横港桥地区待机。第二纵队又派出两个营实行运动防御，诱敌深入。命令第三纵队担任黄桥守备，并派出一个营进至分界以西地区，用敌兵战积极阻击敌人，迟缓其行动，疲惫其兵力。

粟裕这样部署是有他极深的用意的，在敌众我寡的条件下做到了集中最大兵力。这是粟裕指挥新四军独立歼韩最大胆也是最得力的一着。但风险也大，尤其是黄桥方向以常人想象不到的极少兵力担任守卫，其能否成功将是达成战役目的的关键。三纵队是粟裕亲自带起来的部队，他深信部队能够经得起考验和胜任正面阻击任务。

粟裕将作战计划送给陈毅。陈毅连声叫好，称赞说："首歼独六旅是一着奇兵！整个作战计划处处都是奇兵！只有这样打才能解决问题。我完全同意，交给大家再讨论一次就下达。"陈毅听说粟裕将把守黄桥的任务交给陶勇的三纵时，马上体察了粟裕的另外一层心意：三纵的老底子是粟裕带起来的。稍有军事常识的人都知道，此次坚守黄桥的部队，必是挨炮弹多、伤亡多、缴获少。粟裕偏偏把这个绝对的"苦差"交给自己的老部队。这不能不激起陈毅内心的强烈震动！他注视着粟裕清瘦而平静的面庞，平和而深情地说："黄桥，就交给陶勇吧！"

粟裕对日寇是否会趁机"搅"进来的可能性也进行了分析。判断顽军向新四军大举进攻时，日军会坐山观虎斗，日顽联合攻击新四军的局面不会出现。粟裕对"二李一陈"还是有些担心，尽管统战工作已做到了家，但中间势力总有他天生的摇摆性。而粟裕的作战方案，恰恰是以"二李一陈"不在背后捅刀子为前提的。粟裕将自己的担心向陈毅提了出来。陈毅爽朗地说："泰州方向由我和朱克靖顶着。"陈、粟还商定：把留在江南的两个主力营都调过来，而且照会"二李"："敝军两个团即将过江通过贵军防区"，暗示"二李"不要轻举妄动。陈毅又把朱克靖、黄逸峰等派到"二李"指挥部和各中间势力部队去掌握动向，并发动朱履先等再次致电重庆，请蒋介石命令省韩将部队调去打日军，进一步赢得政治上的主动。

粟裕大胆用奇兵的决心更加坚定了。

陈、粟随后召集各纵队领导干部开会。粟裕在会上宣布了作战计划。大家很快统一了认识。叶飞、王必成、陶勇相继表态：誓死保卫黄桥，坚决打好这一仗！

黄桥和黄桥周围的党政军民都迅速行动起来。政治部印发了军分会和党代表的《敬告指战员同志书》，反复强调打好这一仗的政治、军事意义，号召全体同志为打败顽军的进攻而战，为巩固和扩大苏北抗日民主根据地而战。地方党政机关和人民群众掀起了支援子弟兵作战的热潮。数千民兵和人民群众扛着门板和各种器材帮助部队赶修工事。在支前委员会的组织领导下，救护站、担架队迅速组成，待命出动；老百姓家家磨面，烧水，烙饼，仅黄桥镇上就架起了60多个烧饼炉为前线烘烧饼。《黄桥烧饼歌》响彻四方：

> 黄桥烧饼黄又黄，
> 黄黄烧饼慰劳忙。
> 烧饼要用热火烤，
> 军队要靠百姓帮。
> 同志们呀吃个饱，
> 多打胜仗多缴枪。

粟裕在黄桥负责战场指挥。陈毅坐镇距离黄桥十几公里的严徐庄掌握全局。粟裕全身心地投入到黄桥决战的具体作战指挥中去了。

抗战以来全国规模最大的反摩擦战役开始了。

四、坐镇黄桥指挥。一举解决苏北问题。中共中央书记处评价黄桥决战胜利"对全国有绝大意义"。

9月30日，韩顽全军出动。然而天公不作美，连降大雨，韩顽不得不放慢行军速度，甚至停止开进。对新四军来说这是及时雨，为更周密布兵，建立稳固的防御阵线，赢得了宝贵时间。

按照粟裕的部署，此时一、二纵队已经展开。粟裕与陶勇披蓑戴笠来到黄桥东门，检查工事构筑。对于黄桥的防御，鉴于兵力严重不足，粟裕只能保证重点，机动部署。黄桥周围全长约两公里，粟裕与陶勇商定，西边、南边不派部队，由后勤、伙夫担子担负警戒。北门只放一个班。其余兵力全部集中在东门之南、北一线。整个防御部署不墨守成规，积极灵活。

10月2日下午，雨停转阴。3日，太阳出来了，雨过天晴。顽第八十九军军长李守维下令所部攻击前进。按照粟裕的指示，新四军第二、第三纵队前出的各个营、连开始节节阻击、袭扰，以打乱八十九军的进攻节奏，迫使其提早展开攻击队形。营溪、古溪、加力等地都有新四军预设阵地，摆出了"坚守"的态势。顽军咄咄逼人，在炮火掩护下冲锋前进。新四军前出部队达到了阻击效果和目的，佯装"仓皇溃退"。顽军便兵分几路扑向黄桥，当日中午开始炮击黄桥新四军外围阵地。下午，外围前哨战打响。翌日凌晨4时，第八十九军三十三师向黄桥东门发起了猛烈进攻。

黄桥决战形势严峻。苏北各种政治势力的注意力都集中到了黄桥这块弹丸之地。4日下午，李明扬宣布"谢绝会客"，中止了和新四军方面代表见面，日夜询问前线战况；陈泰运派人在通扬河堤上向南眺望；泰兴日探进到黄桥以西七八公里的石梅观战；周围伪军据点的汉奸队伍也在注视黄桥的风云变幻。一时间，以黄桥为中心的苏北战场上，出现了两方对战、多方围观的奇妙局面，观战各方都在暗地准备应付突变。

粟裕用望远镜仔细观察周围一切，表情严肃、平静。苏北大地上的这种奇局告诉他：必须在军事上迅速歼敌取胜。

顽军的进攻是疯狂的，枪声炮声震耳欲聋。他们想首轮总攻便将新四军黄桥防线彻底冲垮，竟一次投入三个多团的兵力。4日上午11时顽军开始初次总攻。正在这时，江南来增援的一个营已经赶到。守卫黄桥的指战员士气大振。顽军猛烈的炮火把新四军防御工事大部摧毁了。新四军防御部队伤亡较大。顽三十三师一部居然在尘土硝烟中突进了东门。情况异常紧张。黄桥如果失守，后果不堪设想。第三纵队司令员陶勇、参谋长张震东把上衣一脱，挥动马刀，带领部队冲出去，硬是将顽军杀出东门，然后架起机关枪，把进攻的敌人死死封住。顽军的首轮总攻被挫败了。

粉碎顽敌的第一次总攻，只是黄桥决战的序幕。此时，粟裕计划的首歼对象独立六旅翁达部尚未登场。翁达自以为棋高一筹，满心要等新四军主力在黄桥以东拼得焦头烂额时，他再率部直入北门，稳拿头功，所以姗姗来迟。

粟裕的决心并未因翁达迟迟不出现而改变。黄桥方向打得非常激烈，粟裕依然命令第一、第二纵队严阵以待。"泰山崩于前而色不变，麋鹿兴于右而目不瞬。"这是粟裕最喜欢的一句为将之道的名言。长期的军事斗争实践使他深深懂得：善于坚持正确的决心，不为各种突发的、危急的意外情况所转移，往往是取胜的关键。

果然，下午3时翁达率领他的3000多名"梅兰芳式"部队开始向黄桥进军了。粟裕立即命令：守卫黄桥的第三纵队以全力阻止敌人突击，尤其要打破敌人黄昏时的第二次总攻，为求先发制人，以一个团左右的兵力先敌出击，来打破敌第二次总攻。之后他便离开指挥所，带着随身警卫直奔北门，去指挥歼击翁达的作战了。

歼击翁旅是整个决战的重头戏，粟裕对方方面面都考虑得极为细致周密，尤其是出击时机的把握更要恰到好处。如果突击过早，只打到它的先头部队，没有打到它的要害，顽军不但可以退缩、避免就歼，而且还会暴露新四军的部署和意图；如果出击过晚，顽军多路会攻黄桥，新四军将难以坚守，观战各方就可能争先扑杀过来，情势会更危险了。因此，把握最有利的出击时机无疑是圆满达成首歼任务的第一要着。根据侦察员报告：翁旅前锋已抵黄桥以北两三公里处。粟裕亲自登上土城高处观察，进一步判明情况。他看见北面两三公里远的大路上，有许多群众惊慌地向西南奔跑，判明独立第六旅的先头部队确已来到。熟谙各种行军作战数据的粟裕作了一番精确计算：独立第六旅采用一路纵队前进，如果两人之间的距离为1.5米，全部3000多人的队形将是长达四五公里的长蛇阵。从黄桥到高桥约7.5公里，其先头部队抵达黄桥以北2.5公里时，后尾必然已过高桥，也就是说敌人已经全部进入了新四军的设伏地区，此时出击正可以将独立第六旅拦腰斩断。

粟裕决心采用"黄鼠狼吃蛇"的战法，实施多路突击，特别要首先歼其首脑机关。决心下定，粟裕立即要通陈毅的电话：

"陈司令员，敌人已经进入了我们的伏击圈。我看可以动手了！"

"还是再等一等！"

"不能再等了，再等就错过时机了！"粟裕在电话里坚持说。

"那就听你的！"

粟裕放下电话，马上向突击部队下达了攻击命令。

第一纵队的战士早就急不可耐了，接到攻击命令，便如猛虎下山，分四路插入敌人行军纵队，迅速将独立六旅切成几段，首先歼其旅部和后卫团，迫使先头团回援。然后以一部迂回到翁旅后方，乘势将其包围。经过三个小时激战，独立六旅大部被新四军歼灭，中将旅长翁达自杀身亡。

外号"梅兰芳式"部队的独立六旅刚刚"登台表演"，便全军覆没了。顽军中路右翼被斩掉，主力第八十九军便完全暴露和孤立了。

此时，顽第三十三师集中三个团果然准备于4日黄昏向黄桥作第二次总攻。新四军第三纵队按粟裕妙计以一个团兵力先行出击，打破了敌总攻计划，并且俘获了一部分人、枪。顽军计划的所谓第二次猛攻破产了。

危险阶段过去了，战局出现对新四军极为有利的转折。粟裕及时把指挥重心又转到关照黄桥城下及其以东地区。根据各方面的敌情报告,粟裕判断:黄桥东面之敌第三十三师正在集结,准备于5日拂晓总攻,第二梯队(估计系第一一七师)已进至西官庄、刘家堡之线,准备于次日拂晓配合第三十三师作第三次猛攻。粟裕立即决定:第三纵队于4日晚12时以两个团的兵力出击黄桥东面之敌,打破其拂晓的总攻击,并配合突击部队夹击该敌。

10月5日凌晨3时,黄桥以东西官庄附近枪声密集,粟裕判断新四军第二纵队已经抄袭到敌后,急令第三纵队出击的两个团迅速猛攻。原来第二纵队已在4日午夜悄然向东南穿过八字桥插至分界,将顽军归路截断。在新四军第二、第三纵队的勇猛攻击下,韩顽拂晓总攻又告失败。李守维预感大势不妙,急将第八十九军大部集结在黄桥东北一线,企图最后猛扑黄桥或固守待援。此时新四军第一纵队已进至八字桥以南地区与敌人对峙。新四军完全形成对敌包围态势。粟裕决定5日下午对包围之敌实行总攻。

战场情况千变万化。就在此时,粟裕得到密报:韩军增援部队约八个团已进至黄桥东北不远的地方。粟裕平时对韩军兵力编成作过深入研究,各种情况都准确地装在他心中。粟裕判断顽军增援部队不可能有八个团,但两三个团或有可能,便果断应变,尽量提前实行总攻。但是提前总攻的命令已经来不及下达了,粟裕想了一个妙策:命令第三纵队以小部队向黄桥以东之敌佯攻,引起敌人回击,造成浓密的枪声,以此作为同第一、第二纵队的联络信号。在战场上枪声就是命令。第一纵队听到枪声迅速南下,第二纵队则立即西进。粟裕紧接着命令第三纵队全部出击。他不无幽默地对三纵队领导说:"第二纵队已插到如黄公路分界一带,切断了顽军归路,今晚就要消灭韩的嫡系八十九军军部和一一七师。你们纵队趁顽军混乱时,从黄桥东门及其两侧地区全线出击,配合第二纵队聚歼第三十三师,狠狠地打,这样韩德勤就输得连裤子也要送进典当铺子喽!"

战争也有其戏剧性。顽第三十三师昨天还在猛攻黄桥,气焰不可一世,今天却已是士无斗志、溃不成军了,最终大部被歼,师长孙启人被活捉,只有少数残部突出重围。孙启人被俘后说:"不瞒长官,我看过《霸王别姬》的戏,有十面埋伏、四面楚歌,我今天尝到的滋味,比那还要严重得多!"

粟裕命令各部克服各种困难,发扬连续作战精神,加速对第八十九军军部及一一七师的围歼。

晚上9时,韩军主力大部被歼。为扩大战果,粟裕下达了追击命令,要求各部不顾疲劳,不惜一切牺牲,不重缴获,乘胜追击,占领海安。

三个纵队按照粟裕规定的路线和任务,一路快跑,向海安追击前进。

海安是苏中的战略要点和交通枢纽,(南)通(赣)榆公路、(南)通扬(州)公路以及从海安向东延伸到黄海边的公路都联结于此;贯穿南北的串场河,沟通东西的运粮河,在此交汇。控制了海安就能割断如皋、南通、海门、启东四县顽军与海安以北顽军主力的联系。占据海安,无疑为新四军今后进一步发展苏中抗日斗争创造了良好的条件。所以粟裕指示各部"不顾伤亡、不计俘获,占领海安就是胜利"。他还亲自对从江南赶来的增援部队作战斗动员说:"同志们,你们从江南赶来,本来应该让你们休息一下,现在任务紧急,只能先执行任务了。"

6日清晨,顽第八十九军军长李守维见军部已被彻底歼灭,妄想渡河逃窜,失足落水,淹死于八尺沟河中。

新四军各部按照粟裕命令,逢水过水,见桥夺桥,边打边追,直奔海安。驻海安顽军见势不妙,三十六计走为上计。新四军胜利占领海安。

韩德勤见大势已去,率残部千余人向老巢兴化狼狈逃窜。

陈、粟本着有理、有利、有节的原则,命令追击部队到达东台便停止向西北前进,给韩德勤留下一条后路,做到仁至义尽。同时,派出一支部队沿通榆公路北进,迎接南下的八路军。

至此黄桥决战胜利结束,共歼顽军第八十九军及独立六旅等部12个团,连同被歼的保安旅团,共歼敌1.1万多人,其中第八十九军中将军长李守维、独立第六旅中将旅长翁达及旅、团长数人毙命,俘第三十三师师长孙启人、第九十九旅旅长苗瑞林及第一一七师参谋长等师、团军官10余名,下级军官600名,士兵3000余名。缴获长短枪3800余支,轻重机枪189挺,山炮3门,迫击炮59门,还有大批弹药和军需物资。

10月10日,苏北新四军部队前锋与黄克诚率领南下的八路军第五纵队先头部队会师于东台县白驹镇。11月7日,陈毅、粟裕率苏北指挥部和地方党政领导同志在海安隆重举行大会,欢迎刘少奇和八路军南下部队的领导同志。粟裕主持了这次大会。战士们盼望已久的大会师,终于在决战胜利之后实现了。

黄桥决战,新四军获得了军政全胜。战后不久,粟裕在海安西寺干部会上作了《黄桥战役总结》的报告,深刻指出这次决战胜利的意义:"首先,解决了一个最大的问题,就是使中国最进步、抗战最坚决、革命最彻底的八路军、新四军会合起来了,能够互相取得更好的配合和更多的发展;使苏北的抗日民主根据地和华北的抗日民主根据地连成一片;不仅奠定了苏北抗日民主根据地的基础,而且使华中革命势力取得第一步的优势,也就是增加了中国革命胜利的有利条件。这是第一等的重要意义。""其次是,造成了我党我军在苏北抗战的领导地位。""第三,大大发挥了统一战线的威力,获得了丰硕成果。""第四,使韩德勤最终丧失了单独向我们进攻的能力。""第五,解决了抗日的后方问题。"[①]

黄桥决战新四军取得了历史上空前的胜利。中共中央中原局书记刘少奇评价黄桥决战"有伟大的决定的意义"[②]。

中共中央书记处指出:黄桥决战以后,"苏北大部为我占领并连成一片,此为华中最大一块根据地,对全国有绝大意义"[③]。

---

① 《粟裕军事文集》,解放军出版社,1989年7月,第1版,第57—58页。
② 《陈毅传》,当代中国出版社,1991年8月,第1版,第254页。
③ 《新四军——文献(1)》,解放军出版社,1993年4月,第1版,第647页。

第八章　创建苏中抗日民主根据地

一、担任新四军第一师师长和苏中战略区领导人。
确立苏中抗日斗争的战略指导思想。

1941年1月，国民党顽固派制造震惊中外的"皖南事变"，在安徽茂林地区围歼奉命北移的新四军军部和皖南部队9000多人，悍然宣布取消新四军番号，把第二次反共高潮推到了顶点。

在那段时间内，粟裕陆续接待了一些从皖南突围出来的同志，同他们讨论"皖南事变"的经验教训，分析国内外形势及其发展趋势。针对一些同志的疑虑和悲观情绪，他强调指出："皖南事变，就新四军整体来说，只是局部的失利。我们党经过的重大挫折和局部失败，例如大革命的失败、第五次反'围剿'的失败、西路军和红军北上抗日先遣队的失败等等，算起来已经很多次了。但是，党领导的革命事业总是在前进。我们在皖南虽然受到损失，但在敌后执行中央指示的部队发展很快。暂时的挫折、暂时的困难不要紧，今后我们会发展得更快。"从皖南突围出来的钱俊瑞（后来担任中共中央华中局文委书记、新四军政治部宣教部长）到达江北盐城的当天，粟裕就会见了他，二人亲切交谈。钱俊瑞注意到，粟裕的办公桌上放着一大堆书籍，多数是马克思、恩格斯、列宁、斯大林和毛泽东的著作，还有《孙子兵法》。谈到"皖南事变"的教训，粟裕说："这次皖南事变，正像周副主席讲的，是千古奇冤。主要的当然是国民党反动派太坏了。但从主观上讲，也是由于项英同志政治上组织上的错误，最后使我军遭受重大损失，自己也牺牲了。这个惨痛教训，我们人人都要牢记。"谈到国内外形势，粟裕预言德国法西斯在西线得手后可能东进向苏联开刀，日本军国主义将会在太平洋发动一场大战。钱俊瑞回忆这次交谈说："粟裕同志的话，对于我这样一个参加党所领导的革命军队不久，而又身历险境的人，真是上了一堂很好的课。我深深钦佩他对时局观察分析的深刻，以后的历史事实完全证明他的预见多么正确。"

"皖南事变"以后，中国共产党坚持抗战，反对投降，坚持团结，反对分裂，坚持进步，反对倒退，同国民党顽固派进行了针锋相对又有理有利有节的斗争，毅然决定在江北重建新四军军部,任命陈毅为代理军长、刘少奇为政治委员,将活动于大江南北的新四军部队和八路军一部改编为新四军的七个师。同时决定实行小省制,各师活动范围各为一个战略区,每个战略区设党委、军区和行政公署,以适应抗日游击战争的需要,便于各地独立自主地应付复杂环境。

根据中共中央和华中局的决定,原新四军苏北指挥部所属部队改编为新四军第一师,随后又成立苏中军区、苏中军政党委员会和苏中行政公署,粟裕被任命为第一师师长、苏中军区司令员,刘炎被任命为第一师政委、苏中军区政委、苏中军政党委员会书记。后来,刘炎因病不在位,他的职务由粟裕兼任。

这是粟裕第一次独立地担负一个战略区的领导和指挥重任。

"眼中形势胸中策","乱云飞渡仍从容"。粟裕以清醒的头脑观察错综复杂的形势,以坚定的信念迎接更加艰巨的斗争。

1月17日,粟裕从盐城出发到东台,着手组建新四军第一师。为了迅速建成新四军新的指挥机关,原苏北指挥部机关的干部绝大部分分配到新四军军部,分配到第一师的只有包括粟裕在内的24人。

"怎么样,人太少了吧?"陈毅代军长问粟裕。

粟裕深深感到肩上担子的分量,但是有决心和信心完成任务。他爽朗地回答:"好男不吃分家饭嘛!军长放心,哪里有群众,哪里有敌人,哪里就有我们的发展。"

陈毅听了很高兴,连说:"好!好!"

粟裕把师部设在东台县城东二里桥一座地主宅第后,立即展开紧张的工作。当时,没有设副师长和参谋长,师一级指挥员只有粟裕、刘炎和政治部主任钟期光三人,各项工作都要他们亲自过问、具体布置,但是有条不紊,速见成效,很快就组建起短小精干、效率很高的指挥机关,同时完成所属部队的改编任务。原新四军苏北指挥部所属三个纵队改编为第一师三个旅:第一旅,旅长兼政委叶飞;第二旅,旅长王必成,政委刘培善;第三旅,旅长陶勇,政委刘先胜。这三支部队,后来转战大江南北、齐鲁大地、黄淮平原,在战争中不断发展壮大,成为华中野战军、华东野战军和第三野战军的几支主力

■ 任新四军第一师师长、苏中军区司令员时的粟裕

部队。

苏中战略区当时的管辖范围是：盐城的斗龙港至淮安以南，长江以北，运河以东，黄海以西，拥有2.3万平方公里土地、800余万人口，下辖4个分区、1个特区：第一分区包括江都、高邮、宝应3个县；第二分区包括兴化、东台、台北、泰东4个县；第三分区包括泰兴、泰州、如西、靖江4个县；第四分区包括如东、如中、通中、通西、通海及海启6个县；兴（化）东（台）泰（州）特区为中共领导下的联合抗日部队活动区域。

苏中战略区在经济上、政治上、军事上具有极其重要的地位。经济上，是由平原水网地带构成的"鱼米之乡"，盛产粮食、棉花、食油、海盐等重要战略物资，现代工商业和交通比较发达，历来是官僚资本江浙财团的重要原料基地和商品销售市场；抗日战争开始后，成为日本侵略军占领下的南京、上海等大中城市的重要供应基地；同时也是中国共产党领导的华中各战略区中所能控制人力物力财力占据首位的地区，对支持华中抗日斗争有重要作用。政治上，苏中抗日民主政权与日伪统治中心南京、国际都市上海隔江对峙，苏中抗日斗争的胜利和民主建设的成就，可以通过京沪迅速传播全国全世界，因而成为连接国内外反法西斯力量的桥梁。军事上，苏中与苏南唇齿相依，地扼京沪咽喉，控制长江下游航道，直接威胁日本侵略军的大本营南京、上海，威胁日军在长江中下游的占领区，在转入战略反攻时将对敌人构成更大威胁。因此，苏中就成为日本侵略军、国民党顽固派与中国共产党三方必争之地。

苏中的抗日斗争有两个突出的特点：一是在苏中战略区建立之时，抗日战争已经进入相持阶段，日本侵略军有较多力量使用于敌后，这使苏中战略区一成立就面临与强大敌人的斗争；二是苏中新四军部队处于日伪军和国民党顽固派的夹击之中，呈现三种政权并存的局面，新四军控制的根据地和游击区约占60%，日伪军占领区约占30%，国民党军队控制区约占10%。三种力量之间，矛盾错综复杂，斗争尖锐激烈。

粟裕认为，苏中是华中抗日民主根据地的重要组成部分，是华中战略区东南部的一个前哨阵地，又是将来向江南发展的一个重要基地，在抗日战争以至整个新民主主义革命进程中具有特殊的战略地位。中共中央把"独立自主的游击战"作为抗日战争的战略方针，既是从日军强大、占地甚广但兵力不足和我军弱小这一实际状况出发，又关照到抗日战争胜利以后的斗争，就是要通过抗日游击战争积聚起雄厚的革命力量，既为抗日战争的战略反攻作准备，也为抗战胜利以后打败反动武装的进攻、实现民主革命总任务作准备。因此，在确定苏中抗日斗争的指导思想时，必须把现阶段的抗战任务与将来实现民主革命的总任务联系起来。

粟裕的这一认识与中共中央的指示是完全一致的。1941年2月1日，中共中央在发给刘少奇、陈毅并告彭德怀的电报中说："目前华中指导中心应着重三个基本战略地区"，即鄂豫陕边、江南根据地和苏鲁战区，特别强调苏鲁战区是"目前华中的基本根据地"和"向西向南发展的策源地"，它"在总任务上的作用是出干部、派军队向西边南边去的地方,好像汉高祖的关中"①。苏鲁战区,包括山东省大部和江苏省长江以北地区。苏中区位于苏鲁战区南部,是它的重要组成部分。粟裕从苏中的实际情况出发,自觉地把局部与全局、当前与长远联系起来考虑,形成了既符合中共中央战略意图又符合苏中实际的战略指导思想。他认为,苏中的抗日斗争,不仅应求得军事斗争的胜利,而且应把苏中建成基本根据地,而不是游击根据地或游击区。军事斗争应成为根据地建设的支柱,并且应为下一步夺取整个民主革命的胜利作好必要的准备。他把这个认识作为领导苏中抗日斗争全过程的指导思想。

这个指导思想,来源于他对中国新民主主义革命性质、任务和发展道路的深刻认识,来源于他对苏中战略地位和战略任务的深刻认识,来源于他对苏中抗日斗争特点和规律的深刻认识,是驾驭全局、掌握未来的指导思想。

在各个抗日根据地被敌人分割的条件下,作为远离中央的战略区的领导人,能够独立地提出这样的战略指导思想,是难能可贵的。

在这个思想指导下,粟裕作为苏中战略区的主要领导者和指挥者,辩证地处理全局与局部、军事斗争与根据地建设、抗日斗争与反顽斗争(民族矛盾是主导的基本的矛盾,同时关注矛盾可能的转化)、抗日战争与现代战争的关系,以及军事斗争策略上的进与退、攻与防、大打与小打等方面的关系,在错综复杂的斗争中坚持正确的方向,在形势转变的关键时刻及时实行战略转变,全面展示了他驾驭全局、掌握未来的战略才能,表明他作为战略家已经达到成熟阶段。在后来的解放战争中,苏中地区和苏中部队所以能够在战争初期就作好迎击强敌的准备,是与粟裕领导苏中抗日斗争的指导思想及其贯彻实施分不开的。

二、组织指挥讨李战役和春季反"扫荡"。适时主动地实行由城镇到农村、由正规战到游击战的战略性转变。

1941年春天,华中地区的矛盾斗争格局发生新的变化,苏中抗日斗争进入一个新阶段。

日本侵略军为了实现它全面占领苏北、苏中的战略目的,乘"皖南事变"和新四军重建之机,加强对苏中和苏北的进攻。它重新调整军事部署,把战斗力较强的第十二独立混成旅团(旅团长南浦襄吉少将,简称南浦旅团)由江南调到苏中,苏中日军兵力由1个联队增加到5个步兵大队、1个特种兵大队共5600多人。苏中地区的国民党军队在"曲线救国"的幌子下纷纷叛国投敌,摇身一变成为伪军,苏中的伪军由两个师增加到13个师、3个旅、42个正规团、11股杂牌部队,共3.7万余人。

1941年1月,日伪军出动3000多兵力占领黄桥,并向黄桥以北地区"扫荡"。

---

① 《毛泽东军事文集》第二卷,军事科学出版社、中央文献出版社,1993年12月,第1版,第621—623页。

这是新四军东进以后日伪军对苏中根据地的第一次"扫荡"。与此同时，在泰州的国民党军队李长江部与日伪军加紧勾结，策划叛国投敌。

粟裕判断，日军将继续攻占海安等重要城镇和交通干线，然后与李长江叛军合击中共中央华中局和新四军军部所在地盐城。他认为，为了坚定根据地军民坚持抗战的信心，保障华中局和新四军军部的安全，必须坚决反击日伪军的进攻，首先给李长江叛军以歼灭性打击。为此，他将主力部队隐蔽集结于海安附近地区，制订出周密的作战方案，只待李长江叛国投敌的面目公开暴露，立即予以歼灭性打击。同时，在干部和群众中进行反"扫荡"的动员和准备，并适时撤出城镇，转入农村开展游击战争。

李长江是国民党苏鲁皖边区游击总指挥部的副总指挥，实际上拥有对这支武装力量的控制能力。苏鲁皖边区总指挥部下辖7个纵队1.5万余人，是苏中地区最具影响力的地方实力派。2月13日，李长江在泰州挂起太阳旗，宣布就任伪军第一集团军总司令，率领所部6个纵队1万余人投敌。

2月13日，陈毅代军长来到第一师师部，与粟裕进一步商定讨逆作战部署，并决定随第一师指挥机关行动。

2月18日，新四军代军长陈毅、政委刘少奇发出讨伐李逆长江命令，任命粟裕为讨逆军总指挥。当天，粟裕就指挥一师所属三个旅发起讨李战役。

粟裕采取中央突破、两翼合围的战法，指挥部队沿海（安）泰（州）公路及其两侧向姜堰、泰州攻击前进，命令一旅攻克姜堰后直取泰州，一旅、三旅从南北两翼围歼李长江主力。2月19日午夜，粟裕率参谋和侦察、通信人员数人前进到泰州城郊指挥作战。他命令二旅一个主力团利用暗夜突入城内，直捣李长江的指挥所，打乱敌人的指挥体系，使敌军丧失组织抵抗的能力，然后与其他攻城部队里应外合攻克泰州。

这一招完全出乎敌人意料。二旅一个主力团隐蔽接敌，从相距仅一百几十米的两座碉堡之间顺利进入城内，迅速打到李长江的指挥所。叛军猝不及防，乱作一团，李长江翻墙逃跑。经过三天激战，第一师部队攻克泰州城及姜堰等重要据点，俘虏李长江叛军500多人，并争取两个支队（团）的叛军反正。讨李战役胜利结束。

在讨李战役过程中，日伪军为接应李长江投敌，对苏中发起第二次大"扫荡"。2月18日，从扬州、高邮、黄桥、如皋等地出动数千人，企图夹击泰州地区新四军主力，进攻盐城。国民党江苏省主席韩德勤的部队也乘机制造反共"摩擦"，侵占了盐阜区部分村镇。

2月21日，讨李战役一结束，粟裕就按照预定计划，指挥部队撤离战场，转入反"扫荡"作战。三个旅的部队分散转移到敌人侧翼和后方广大农村，以团或营为单位广泛开展游击战争，同时以主力一部阻击北犯盐城的日军。第一旅进入泰州、海安线以南地区（后划为苏中三分区），第二旅进入海安、李堡线以北地区（后划为苏中二分区），第三旅进入海安、如皋、南通线以东，海安、李堡线以南地区（后划为苏中四分区）。第一师师部进至海安、东台线以东以三仓为中心的滨海地区，筹建基本根据地。

在新四军强有力的正面阻击和四处进攻下，日伪军在这次大"扫荡"中虽然占领了海安、东台、泰州以及沿线许多村镇，但是摧毁新四军首脑机关、围歼第一师主力的阴谋未能得逞。

粟裕指挥的讨逆战役和反"扫荡"作战，是新四军重建后第一师与日伪军的第一次较量，在形势转变的紧急关头重振"铁军"神威，不仅粉碎了敌人"消灭新四军于立足未稳之际"的阴谋，给日汪蒋联合反共的逆流以当头棒喝，增强了广大军民坚持抗日斗争的信心，而且及时完成了在广大农村开展游击战争的兵力部署，为创建苏中抗日民主根据地造成了有利条件，取得了军事上政治上的双重胜利。

捷报传到延安，正在为反击国民党顽固派的反共逆流而运筹帷幄的中共中央领导人高兴异常。毛泽东特地发电报给在重庆的周恩来，指出："李长江叛变，陈毅率新四军讨伐，20日占领泰州，俘获人枪数千，李率数百人西逃，逆部有两个支队反正，望广为宣传。"[①]

1941年4月，日军第十二混成旅团集结千余兵力，纠集5000名伪军，"扫荡"泰州、泰兴农村。为了掩护苏中根据地建设，策应北线新四军第三师的作战行动，粟裕指挥第一师部队，发动了对日军的攻势作战。第一旅部队首先向泰州、靖江地区的日伪军据点发起攻击，连克古溪、蒋垛、苏陈庄、大泗庄、孤山、老庄头、姚家堡等据点。在姚家堡战斗中，击毙日军泰兴城防司令以下20多人，生俘日军2名。第二旅部队在兴化水田地、梓辛河战斗中，击沉日军汽艇1艘，歼敌1个小队，生俘日军2名。第三旅部队在海安、东台间通榆公路沿线袭击敌人，使日伪军无法侵占盐城。这一系列的胜利，粉碎了日伪军的"扫荡"计划，稳定了苏中群众的情绪，坚定了军民坚持敌后抗战的信心。

粟裕在指挥对敌作战的同时，一直把实现工作重心的转变放在战略指导的首位。

苏中区的工作当时处于开辟阶段，党政军各系统在思想上、组织上、作战方法和工作作风上与即将到来的严重形势还不相适应。部队许多干部，特别是团以上干部，虽然经历过三年游击战争的锻炼，但在进到江北以后主要是对付国民党反动派，夺取抗日战争领导权，作战方式是打运动战，因而对游击战生疏了。新参加部队的干部更是缺乏游击战的锻炼。地方工作的重心还在城镇，工作对象主要是社会上层，没有来得及深入乡村。对于日益严重的斗争形势，许多人缺乏正确的认识。相当多的干部盲目乐观，缺乏应付艰巨的斗争环境、深入农村做艰苦工作的思想准备。也有一些干部存在"恐日病"，对与拥有现代装备的日军作战缺乏必胜信心。还有一些干部存在一种糊涂观念，认为我们不去刺激敌人，就可以避免敌人的"扫荡"。广大人民群众也为新四军能不能战胜日本侵略军、能不能坚

---

① 《毛泽东年谱》中卷，人民出版社、中央文献出版社，1993年12月，第1版，第276页。

持苏中抗日斗争而担忧。

如何统一干部、群众的思想，树立对日军敢打必胜的信念，自觉实行工作重心和作战方法等一系列战略性转变，成为当时战略指导上亟待解决的关键问题。

粟裕分析苏中矛盾斗争格局及其发展趋势，认为经过黄桥决战的胜利和此后一段时间的工作，苏中地区抗日斗争领导权问题已经解决，苏中的局面已由三角斗争变成了基本上是新四军与日本侵略军两方面的斗争。摆在苏中区面前的任务，第一是以积极的作战行动打击和顿挫日伪军的进攻，抑制其嚣张气焰，坚定干部、群众的抗日信心；第二是转好思想弯子，不失时机地将工作重心由城镇转向农村，作战对象由顽军转向日军，作战方法由运动战转向游击战，并以游击战为中心，实行组织形式、领导方法、工作作风等各方面的转变。粟裕强调指出："这一转变就苏中来说是战略性的，不转变，肯定要吃大亏，转变得不适时，转变得不好，也要吃亏。"①

苏中区的战略转变是从1941年1月开始，同对敌作战结合起来进行的。粟裕在指挥作战的同时，一面领导部队实现作战方法由正规战向游击战的转变，一面领导党的工作重心从城镇转入农村。1月，日军出动三千兵力对苏中新四军进行第一次"扫荡"，并准备攻取黄桥。有人提出要打"黄桥保卫战"，与战斗力较强、装备优良的日军拼一拼。粟裕果断地否定了这一主张，命令守卫黄桥的部队适时撤出，由正规战转向游击战，以游击战粉碎敌人的"扫荡"。在以后的反"扫荡"作战中，部队进一步实现了作战方法的转变。苏中区党委确定将党的工作重心由城镇转入农村后，大量发展地方党和群众组织，建立和发展地方武装。

粟裕认为，顺利实现这种战略性的转变，关键在于转好思想弯子，首先是各级干部转好思想弯子。为此，他进行了一系列深入细致的思想工作，连续在干部会议上作了几个重要报告，反复说明苏中区的战略地位和战略任务，分析苏中抗日斗争的特点和规律，阐述苏中抗日斗争的指导思想以及实现战略转变的必要性。

1941年4月10日，在海安县城以东的角斜旧场召开第一师直属队干部会议，粟裕作《由正规战转变为游击战的一些问题》的报告。他从战略的高度分析苏中面临的形势和战略转变的必要性，全面阐述实行思想上、组织上、工作上和战术上一系列转变的方针政策和具体措施，强调"一切工作深入农村"、"一切工作适于游击战"、"一切工作作为了发动群众抗敌"、"一切工作为了保障抗战胜利"、"一切工作转入下层"、"一切工作要求实际具体"、"一切工作要有准确性"。在作战方法上，要实行由运动战到游击战的转变，采取"敌进我退（进），敌驻我扰，敌大我避，敌小我欺，敌疲我打，敌退我追"的战术原则。他说，现在敌人占了城镇和交通线，广大的农村仍然在我们手中，广大人民群众站在我们一边。我们要适应新的形势，深入农村坚持长期斗争，把游击战打得热火朝天，像春节放鞭炮一样遍地开花、处处响枪。这样，敌人虽然占了点线，却无异于把圈套套在自己脖

---

① 《粟裕战争回忆录》，解放军出版社，1988年11月，第1版，第248页。

子上。我们要下定决心,坚持斗争,积小胜为大胜,夺取最后胜利。我们要把眼光放远一点,充分认识苏中抗日斗争的深远战略意义。苏中处于长江下游,面对敌人的统治中心南京、上海,隔着一条长江同敌人唱对台戏。这个对台戏是很精彩的,我们这里打一个胜仗,消息很快就传到南京、上海,政治意义太大了。将来大反攻时,我们要像打渔一样,在长江口上张开一张大渔网,把从长江逃跑的敌人统统收罗起来。

干部们反映,粟裕的报告高屋建瓴,说理透彻,生动具体,听了以后头脑清醒,方向明确,精神振奋,提高了实行战略转变的自觉性和坚持长期斗争的信心。

根据这样的指导思想,粟裕同苏中军政党委员会诸同志一起,领导苏中党政军民及时主动地实现了这一战略转变,以武装斗争为中心创建抗日民主根据地的各项工作随即全面深入地开展起来。

在军事斗争胜利的鼓舞和掩护下,苏中各地创建抗日民主根据地的工作迅速展开。粟裕率领一师指战员,同党政机关干部一起,深入农村,发动群众,建立共产党和群众组织,建立抗日民主政权,发展地方武装,发展统一战线,团结一切爱国民主人士和开明士绅一致抗日。经过几个月的艰苦工作,苏中区党政军在广大农村立足生根,各级抗日民主政权相继建立,县一级地方武装发展到10个团6200多人,脱离生产的民兵自卫队发展到近万人,不脱离生产的民兵发展到16万人,开创出苏中抗日民主根据地建设的新局面。

粟裕在回忆这一段战斗历程时说:"在华中局、新四军军部的正确领导下,我们在形势急剧变化的情况下,比较主动、适时地完成了工作重心的转变,并且在农村中站住了脚,为对付以后日军更频繁、残酷的'扫荡'作好了准备。"[①]

三、粉碎日伪军秋冬季大"扫荡"。敌进我进与要点争夺。为把苏中建成基本根据地奠定基础。

1941年4月20日,苏中军区在栟茶镇正式成立,粟裕以新四军第一师师长兼任苏中军区司令员。

从1941年6月开始,国内外形势和苏中形势都发生重大变化。与德国法西斯发动对苏联的战争相呼应,日本军国主义积极准备发动太平洋战争。日本侵略军加紧对中国占领区的掠夺和控制,企图把中国变成它的战略后方。在华中,它加紧"伪化苏北"的步伐,而把进攻的重点指向苏中。为此,它一面在重要村镇增设据点,修筑纵横交错的公路线,企图分割和缩小苏中抗日根据地;一面频繁发动"扫荡",采取"铁壁合围"、"梳篦拉网"的战法,企图摧毁苏中根据地基本区,围歼新四军第一师主力。从1941年6月到1942年春天,万人以上的大"扫荡"三次,千人上下的"扫荡"十天半月一次。斗争日益尖锐激烈。

---

① 《粟裕战争回忆录》,解放军出版社,1988年11月,第1版,第252—253页。

粟裕从战略全局上考虑利弊得失，勇挑重担，知难而进，把苏中当面斗争与看守好华中局和新四军军部南大门紧密结合起来，以积极的作战行动打击敌人和调动敌人，敢于刺激敌人，敢于威胁敌人，以求最大限度地把敌人吸引到苏中地区，保障华中局和新四军军部的相对安全，保证中共中央战略意图的实现。

7月下旬，日军南浦旅团倾巢出动，加上李长江部伪军，集中1.7万人的兵力，四路合击盐城，再次围攻新四军首脑机关。华中局和新四军军部发出了"保卫盐城"的号召。粟裕率领苏中主力部队全力以赴，除抽调第二旅专门负责保卫军部，直接协助第三师作战以外，其余部队则以凌厉的攻势，在苏中南部的泰兴、如皋、南通、靖江地区广泛出击，袭击日伪据点和交通干线，有力地打击和钳制了敌人，陷敌于顾此失彼的被动地位。又乘日军后方空虚之机，以"围魏救赵"的战法，突然回师进攻南浦旅团部驻地泰州。粟裕说，敌人集中兵力在北线"扫荡"，南线就空虚了，好比光着屁股等着挨打，我们就狠狠地打它个皮开肉绽。他指挥苏中军民奋力迎敌，在南线攻克古溪，收复黄桥，围攻泰州、泰兴，迫使日军南浦旅团南撤；在北线攻克裕华镇、大中集等日伪军重要据点，歼灭日伪军2100多人。再次粉碎了日伪军摧毁新四军首脑机关的阴谋，完成了守卫华中局和新四军军部南大门的任务。

对于第一师这种从全局出发的积极作战行动，新四军军部给予充分肯定。9月17日，新四军发言人在关于苏北反"扫荡"的谈话中指出："由于我军在南线发动凌厉攻势，迫敌南调，我北线部队乘机大举反攻"，"敌向我盐阜区'扫荡'之主动权完全丧失"，"军部仍巍然屹立于敌后"。

日本侵略军痛感苏中对它的威胁极大，转而将进攻的重点指向苏中。从此以后，苏中就一直成为日军对华中地区进攻的重点。

1941年8月13日，日军集中1万余兵力向苏中地区进行空前的报复性大"扫荡"，先后占领李堡、栟茶、掘港、马塘、双甸、岔河、石港、三余、大中集、潘家镢等集镇，袭击苏中党政机关，抢劫群众财物。粟裕领导苏中军民与日伪军展开坚决的斗争，广泛开展反"扫荡"，与各路敌人纠缠、游击，连续作战42昼夜，战斗130多次，毙伤日伪军1300多人，活捉日军14名、伪军800名，毁敌汽艇30多艘。日军在大"扫荡"受挫以后，转为小规模的分区"扫荡"，控制河流，修筑公路，封锁交通，把苏中根据地分割成零碎的小块，企图逐步缩小进而全面占领苏中根据地。

为了粉碎敌人的新阴谋，粟裕制定并实施了敌进我进、要点争夺的作战方针。

从9月中旬到10月初，粟裕先后派出三支部队，到日伪控制薄弱地区开辟新区。第一旅参谋长张藩率领第二团进入江都、高邮、宝应地区，加上已在当地的江高独立团，控制邵伯以东和高邮东南地区，建立了高宝同情区（同情区实行与中心区不同的政策，暂不减租，不收税，不改变基层政权）。第二旅参谋长杜屏率领第六团主力一部，向淮阴、宝应地区发展。第三旅参谋长梅嘉生和彭德清率领的南进支队，向南通、海门地区发展，先后作战20余次，击溃盘踞当地的伪军5

个团，建立了通海、通西同情区。这样，根据地不仅没有缩小，反而更加扩大，打破了日伪军蚕食根据地的阴谋。

在实施敌进我进方针的同时，粟裕分析敌我态势，认为基本区的争夺和反争夺、"扫荡"和反"扫荡"将成为苏中抗日斗争的主要形式。敌人把苏中作为重点进攻的目标。在这种情况下，不能设想全区都保持相对稳定的局面，但是必须保持一定范围的基本区相对稳定。这样，才能使领导机关有相对稳定的活动地域，在任何严重的形势下都能在基本区实施对全区的不间断指挥；才能有比较巩固的后方，办学校培训干部，办医院收治伤病员，进行军需生产，为支持长期战争积蓄力量；才能相对地集结和训练主力兵团，形成有力的拳头，以保持主动权，在需要时刻，在主要方向，实施有力的突击。粟裕认为，在敌情严重的游击战争环境中，实现主力地方化，化整为零，相对地说比较容易办到，而要经常集中一定数量的主力部队在手，保持强有力的拳头，则比较困难。如果没有一块回旋余地较大的相对稳定的基本区是办不到的。也只有这样，才能由点到面逐步发展，把整个苏中建成基本根据地。为了达到这个目的，粟裕决定采取积极争夺、坚决反击的方针，不让敌人分割、封锁和压缩我根据地的阴谋得逞。他还认为，敌人既要分兵把守点线，又要集中兵力"扫荡"，存在着占地企图过大与机动兵不足的矛盾。这是它的一个弱点。只要我们采取正确的方针和策略，巧妙利用敌人的弱点，就可以粉碎敌人的阴谋，保持基本区的相对稳定。

因此，粟裕确定这一时期的对敌斗争方针是：对于敌人将要占领而我不能长久保持的一切集镇，以游击战尽量迟滞敌人的进攻行动，推迟其占领时间，以掩护我根据地的创建工作；对于我们的基本区域和重要基点，则采取各种有效战法，坚决与敌人争夺，使其久占企图不能得逞，以改善我军态势，保障基本区相对稳定。

根据这样的指导思想，粟裕对苏中各区作了有纵深有层次的战略布局。

当时苏中的四个分区、一个特区中，三、四分区位于物阜民丰的长江北岸，是日伪军重点控制的地区，斗争将日趋紧张，我军回旋余地将更加缩小；第一分区位于京杭运河东侧，国民党顽固派势力较强，工作尚待开辟；兴（化）东（台）泰（州）特区是"联抗"活动区，是共产党与国民党协议的缓冲区；第二分区北靠华中局和新四军军部驻地盐阜区，南有三、四分区作屏障，东临大海，西接水网，境内有以三仓镇为中心的沿海滩涂地带。这里地广人稀，交通闭塞，不利于敌人活动，而有利于我们回旋，还可以作为向海上发展的依托，把陆上斗争与海上斗争结合起来。早在组建第一师的时候，粟裕就在这里进行了广泛深入的调查研究，认为这里具有创建根据地基本区的客观条件，并且具体指导、亲自参与创建工作，已成为苏中抗日民主根据地的基本区，是苏中党政军领导机关经常活动的地区，因而也就成为日伪军"扫荡"的重点，成为敌我双方激烈争夺的战略要点。

要点争夺战，首先集中在第二分区的三仓地区和第四分区的丰利地区。这两个地区互为犄角之势，是当时面积较大，相对稳定的基本区。敌人企图攻占三仓和丰利，打通东西南北两条互相交叉的公路，把以三仓为中心的基本区一分为二，并切断第二分区与第三、第四分区之间的联系，进攻的重点是捕捉新四军苏中指挥机关。敌人的用心极其险恶。粟裕和苏中区其他领导同志一起提出"保卫三仓"、"保卫丰利"的口号，领导和指挥苏中党政军民同日伪军展开了持续八个月的要点争夺战。

三仓争夺战实际上从1941年6月就已开始了。当时，日伪由潘家镬进犯三仓，粟裕指派第三旅第七团北上三仓，击退了敌人的进攻。从7月开始，日伪军修筑由潘家镬西到东台、南到三仓两条公路。粟裕判断，敌人企图分割第二分区，并进攻三仓基本区。为此，他作出保卫三仓的作战部署。果如所料，9月下旬，日伪军集中二千多人，分三路分进合击，并占领三仓镇。但是，苏中区领导和指挥机关已经跳出包围圈。日伪军围歼苏中区首脑机关的企图落空。粟裕指挥主力部队，首先破坏了东台至潘家镬的公路，使三仓陷于突出、孤立境地，而后实施两次进击，夺回了三仓。10月初，日伪军二千多人从富安、李堡、潘家镬三路出击，合围三仓。此时三仓只有第七团团部和少量兵力。第七团巧妙布阵，团部撤出三仓，以机枪连在一仓设伏，使从潘家镬南犯的四百多日伪军受到重挫。三路日伪军进入三仓后，未发现新四军踪影，合击的企图再次落空。部分日伪军当夜就在三仓安营扎寨，准备长期占领。粟裕早有明确指示，不让敌人在三仓立足。第七团连夜袭击三仓。日伪军勉强支持到天明，死伤三十多人，最后逃离三仓。12月9日，潘家镬日军石井大队及伪军七百多人，分两路进占三仓。粟裕命令第二、第三、第七共三个主力团及抗大苏中大队，将进攻之敌全部包围于三仓，昼夜激战，予以重大杀伤。黎明时候，日伪军突围窜逃。这种以主力部队为主进行的三仓争夺战，先后有七次之多。

在三仓争夺战中，粟裕采用了机动灵活的战术。对进攻的敌人，派出若干主力小分队，配合广大民兵，在敌人分进合击途中开展广泛的游击战，迟滞敌人的行动，破坏敌人的协同，消耗、疲惫敌人。主力则在三仓镇及其外围构筑隐蔽工事，待敌人进入火力范围时突然开火，予以杀伤，并适时猛烈反击，迫其收兵。敌人后撤时，主力部队立即尾追打击。在敌人兵力占绝对优势情况下，我军以坚守防御的姿态，以火力和适时的反冲击，予敌以重大杀伤，不待敌合围即有组织地以运动防御迅速脱离。对占领三仓的敌人，则以主力配合民兵围困，使敌人昼夜不堪其扰；另以部分主力配合民兵游击队，破坏桥梁、道路，切断三仓通往其他据点之联系，使三仓之敌断缺粮水和军需供应，被迫撤退。在游击战争中，带游击性的运动战与坚守防御相结合，实属游击战术的一种创举。

经过反复激烈的争夺，只有二十多户人家的三仓镇被夷为平地，但是日伪军始终未能在那里安下据点，也未能修通三仓至潘家镬的公路。三仓地区仍然作为苏中根据地的基本区而巍然屹立。

丰利争夺战反复进行过五次。粟裕估计，丰利地区我们难以长期控制，但是可以直接策应三仓争夺战，用丰利争夺战来钳制和调动敌人。五次争夺战打得都很激烈。12月上旬，日伪军集中3000多人，从南北两线进攻丰利和三仓。新四军第一师主力部队和地方武装奋起反击，首先在丰利东南之花市街、双灰山给南路敌军以沉重打击，予以全部消灭，生俘日伪军官兵200多人，南浦襄吉的督战代表小野大山被击毙，分队长羽田和士兵3人屈膝缴枪，另有10多名士兵弃枪逃窜，把气焰嚣张的"皇军"打得丧魂落魄。在北线，进占三仓的日伪军立足未稳，就遭到第一师部队围攻，被迫窜回原据点。气急败坏的南浦旅团长果然听从粟裕调动，把进攻的重点转向丰利，先后五次从东台、兴化等地调兵增援，亲自出马指挥，经过五昼夜激战，虽然暂时占领丰利，但是付出了伤亡800多人的惨重代价。

1941年12月上旬，日伪军在争夺三仓、丰利的同时，开始对苏中区的冬季大"扫荡"。为策应和配合基本区的要点争夺战，粉碎敌人的"扫荡"，粟裕组织发动了"十团大战"，指挥第一旅、第二旅、第三旅主力部队和地方武装，在广大民兵和人民群众配合下，向日伪军守备薄弱的据点主动出击。北自东台，南达长江，西至泰州、兴化，东抵黄海，作战地域纵横数百里，作战时间持续一个月，向日伪军据点如皋、古溪、李堡、栟茶、余西、二甲、掘港、双甸、岔河、临泽、时堡、福镇庙、王家营等处主动攻击，攻克掘港、临泽等敌军据点，歼敌五百多人，沉重地打击了敌人，振奋了苏中军民的抗战精神。

在这段时间内，粟裕一直留在"扫荡"圈内，率领一个十几人的指挥机构和一个加强排的警卫队同敌人周旋，多次身历险境，但指挥若定，化险为夷。

第五次丰利争夺战以后，粟裕率领"前指"到三仓以东的滨海地区休整，并与隐蔽在海上的师直机关会合。当天黄昏得到情报：敌人在周围几条线增兵。粟裕判断，敌人将在第二天发动对三仓地区的"扫荡"，决定敌进我进，跳出合围圈，向敌人来路富安、安丰方向开进。第二天拂晓，粟裕率部到达一个小村鲁家灶。这里村北有一条小河，村南有一条通向安丰的小路。粟裕知道，敌人在同我军作战中也学乖了，改变了惯走大路的做法，估计敌人可能从小路向三仓开进。于是立即下令赶快过河，不要在鲁家灶停留。果然，师部机关人员刚刚过河，后卫部队就同从安丰过来的敌人交上了火。粟裕率部转移到张家灶，已是深夜，正准备宿营休息，侦察员跑步回来报告：鬼子集合在唐家洋的广场上，指挥官正在训话，一部分鬼子押着抢来的东西往李堡据点运。粟裕判断，敌人不待天明就集合，又急于往据点运东西，肯定不是返回据点，而是要杀"回马枪"。立即组织指挥部队转移，率领一师指挥机关继续南进，越过海安到丁家所的公路，跳到如皋汤家园地区。

粟裕带领部队走上公路，发现路边有一堆人粪，用树枝挑起一看，里面还是软的。用手电察看路面，发现许多穿着钉子皮鞋的脚印。他判断，有一批敌人刚刚通过，后面还可能有敌人跟进，决定利用这一间隙迅速越过公路。部队还没有全部通过，敌人后续部队果然开了过来。粟裕命令部队隐蔽于公路两侧，不准发出声响。待敌人通过后，安全转移到目的地汤家园。

后来得知,他们离开张家灶不久,敌人果然杀了一个"回马枪",然而扑了一个空。这次行动,连续行军一天两夜,行程一百多公里。敌人"扫荡"的重要目标是寻歼苏中区领导机关。粟裕率领的指挥机关就在"扫荡"圈内活动,多次与敌人擦肩而过,却一次也没有被敌人发现,一直坚持着对全区反"扫荡"实施不间断指挥。

要点争夺与敌进我进相结合,辩证地解决了军事斗争与根据地建设的关系问题,这是粟裕对抗日游击战争的独创性贡献。要点争夺战,亦称根据地基本区争夺战,贯穿于苏中抗日斗争的全过程,后来的"坚持原地斗争"是它的进一步发展。

粟裕晚年谈到苏中抗日斗争的经验,反复强调要点争夺战的重要作用。他说,要写苏中抗日斗争,我就写要点争夺战。没有要点争夺战,就没有苏中抗日民主根据地。所谓要点,不是指某个具体的点,而是指根据地的基本区和战略要点。要点争夺不是盲目硬拼,而是积极斗争。如果在敌人严重进攻面前,不采取积极斗争的方针,就会使敌人分割、封锁、压缩根据地的企图得逞,就不可能建成基本根据地。既是游击战,又是要点争夺,是不是矛盾?不。游击战的特点在于秘密而周到的准备,迅速而突然的动作,主动而灵活的指挥。游击战的战术是在实践中发展的,我们应该根据新的情况创造新的战法。

四、以武装斗争为中心建设抗日民主根据地。坚持立足当前着眼发展的治军思想。

在创建苏中抗日民主根据地过程中,粟裕始终把武装斗争摆在中心地位。他指出:"武装的建设,尤其在今天敌后斗争,更有其特殊的严重的意义。从敌后斗争发展的历史来看,也可以说是武装斗争的发展史。没有武装则一切根据地的建设就不可能;没有武装则一切进步主张也便失去了保证。"[①]

为了掌握苏中武装斗争的特点和规律,粟裕进行了广泛的调查研究,不仅研究苏中抗日斗争的实践经验,而且研究全国以至世界范围的战争,探索现代战争的一般规律和抗日战争的特殊规律,探索苏中抗日战争的特点和规律,用以指导苏中的武装斗争。

1941年5月底到6月初,粟裕先后主持召开第一师参谋工作会议和苏中军区地方武装工作会议,并在这两个会议上作总结报告。这两个报告,继1940年的《关于组织战斗》和《战时参谋工作》之后,再次系统论述了他对现代战争一般规律与抗日战争特殊规律的探索成果,从理论与实践的结合上阐述了苏中抗日斗争的特点和规律以及由此产生的治军和作战方针。

粟裕在报告中指出,"由于科学的发达,生产技术的进步,新式武器的发明,

[①]《粟裕论苏中抗战》,江苏人民出版社,1993年3月,第1版,第319页。

使战争起了很大的变化"。"现在的战争不仅是线的战争、面的战争,而且是立体的战争;不仅在平地上打,而且在水中打,在土里打,在空中打,像《封神榜》上的一套法宝出来了。这些说明现在的战争,兵器新奇了,战术复杂了,技术当然更复杂了。"① 他认为,我军在武器装备和技术水平上虽然离现代化很远,但是我们的对手是拥有现代化装备的日本侵略军,我们必须懂得现代战争的特点和规律,懂得敌人的优长和弱点,扬己之长,攻敌之短,最终战胜敌人。

根据这样的认识,粟裕在对苏中抗日战争的指导上,创造性地运用毛泽东军事思想,辩证地处理现代战争一般规律与抗日战争特殊规律的关系,立足当前,着眼发展,从而形成了他独具特色的治军思想。

他一手抓主力部队建设,一手抓地方武装建设,创建适应抗日战争发展规律的三结合武装力量体制。1941年6月,苏中军区专门召开地方武装工作会议,粟裕在总结报告中指出,中国是一个弱国,同日本帝国主义作战,完全打正规战是不行的,必须开展广泛的游击战争。只有广大的群众加入了武装斗争,建立起了地方武装,才能开展广泛的游击战争,才能防止日伪力量侵入到农村里面,才能逐渐转变敌我力量对比,而最终驱逐日寇出境。同时指出,游击战不能解决最后胜利问题,取得最后胜利还要靠正规战。所以,一定要使地方武装逐步发展,上升为主力部队,成为充实主力兵团的后备力量。他说:一个抗日根据地的坚持和巩固,没有主力兵团作拳头固然是不能设想的;但是,没有具有相当战斗力的地方兵团,势必把主力兵团长时间限制在地方任务上,而不能起到它应有的拳头作用。只有建立起主力部队、地方部队和广大民兵相结合的武装力量体制,才能算是真正地建立了强大的武装力量,才能坚持目前的斗争,应付将来更大的局面,夺取战争的最后胜利。他提出,要利用减租减息蓬勃开展的有利时机,放手发动群众,大力发展地方武装,并从主力部队抽调大批骨干加强地方部队的领导力量,抽调部分主力部队作为各县地方部队的基础,要求在每个乡镇普遍建立地方武装和民兵自卫队,使全苏中能有上百万地方武装和民兵自卫队。他要求主力部队采取"老母鸡孵小鸡"的办法,像师傅带徒弟一样把地方部队带出来,在适当的时候放手让他们独立坚持一个地区的斗争。随着形势的发展,使一部分地方武装上升为主力部队,但又不能采取割韭菜的办法,刚长出来就一刀砍光。在苏中区党政军领导机关的组织领导下,苏中各县很快就组建起十个警卫团以及遍布各个乡村的地方武装,主力部队也由7000多人发展到1.3万余人,形成了主力部队、地方部队、民兵三结合的武装力量体制。随着形势的发展,这种三结合的武装力量体制不断发展和完善,不仅保证有足够的力量坚持苏中抗日斗争,而且为后来完成中共中央赋予的向南发展的战略任务积蓄了雄厚的力量。

粟裕尊重知识,尊重人才,把提高部队、特别是干部的科学文化素质放在部队建设的重要地位。他指出:"我们部队要真正变成现代化,提高干部的水平是

---

① 《粟裕军事文集》,解放军出版社,1989年7月,第1版,第84—85页。

先决问题。"① 在组建第一师同时,就创办了第一师抗日军政干部学校。1941年9月,该校与抗大五分校合并,成立抗大苏中大队,1942年5月改称抗大九分校,粟裕兼任校长。利用苏中文化教育事业发达,又靠近上海、南京的有利条件,大量吸收知识分子,经过短期训练,把他们分配到部队担任军事、政治干部,让他们在实践中锻炼成长。据1941年10月统计,知识分子在主力部队营以下干部中占60%,在连队政治指导员中占70%(后来达到80%—90%),在师团营干部中还有一些大学生和留学生。他们在苏中区的武装力量建设和根据地建设中发挥了重要作用,许多人后来成为治国治军的骨干和著名的作家、艺术家、科学家。在师、旅两级,都有一支由知识分子组成的战地服务团。他们都是政治工作的多面手,不仅在军内做宣传鼓动工作,而且到地方做群众工作,能够创作演出配合当前斗争的文艺节目,还能排演《日出》、《钦差大臣》等中外名剧。第一师的政治工作生动活泼,朝气蓬勃,成为部队的传统。

粟裕对知识分子干部热情关怀,严格要求,大胆使用,同他们结下了深厚的战斗友谊。长沙湘雅医学院的高才生李振湘,为了实现抗日救国的抱负,毅然放弃即将到手的毕业文凭,参加组建不久的新四军,先后担任新四军第二支队军医处长、第一师和苏中军区卫生部长,在粟裕领导下工作。他个性鲜明,有棱有角。有人说他锋芒毕露,要把他的棱角锉去。粟裕没有这样做,而是尊重他,信任他,支持他,鼓励他的开拓创新精神,为他创造工作条件,使他大胆放手地工作,并且耐心引导他实现由民主主义向共产主义的思想转变。共同的理想,共同的爱憎,共同的责任,把他们两人紧紧结合在一起,成为息息相通、配合默契的同志和战友。李振湘救死扶伤,成绩卓著,被誉为"军中华佗"。他说:"我是一个普通的医生,如果没有粟司令这样的好师长好领导,我充其量只能是看几个病人、做几个手术而已。离开了这个特定条件,是不可能有什么作为的。"

粟裕把改善部队的武器装备作为军队建设的重要任务,特别重视技术兵种的发展和技术人才的培训。他认为,"为了战胜具有现代技术装备的敌人,除从政治及人力动员上去压倒敌人外,还应在技术与装备上适当的提高,以改善敌我优劣悬殊的形势"。因此,提出大力发展军工生产,积极发展技术兵种。他说:"现在应努力训练一批技术兵种干部,以利将来发展。"②

在组建第一师和苏中军区机关的时候,粟裕就着手组建军工部,并派张渭清等得力干部到上海建立秘密采购站,招收技术人才,采购军需物资。被称为"军工智星"的程望,原是上海同济大学机械造船系学生,抗日战争爆发后投笔从戎。粟裕把他调来担任一师军工部副部长(后担任部长),要他协助罗湘涛部长组建一师军工部,交给他们"生产各旅不能生产的迫击炮弹、复装子弹和修理技术比较复杂的连发枪"的任务,后来又要他们研制小型迫击炮。军工部前身是一个只有30余名工人的修械所,设备只有老虎钳、锤子和土造的锉刀。他们在极其困难的

---

① 《粟裕军事文集》,解放军出版社,1989年7月,第1版,第86页。
② 《粟裕论苏中抗战》,江苏人民出版社,1993年3月,第1版,第214、235页。

环境中艰苦奋斗，建成了拥有 50 多名干部、200 多名工人的相当正规的兵工厂，发展到能够制造迫击炮、月产 1 万发炮弹的生产能力。程望主持研究设计的迫击炮，具有曲射、平射两种功能，在对日作战中大显神威，被日军误认为"俄国造的新式武器"。

粟裕对技术兵种的建设特别关注。他利用黄桥战役和曹甸战役中缴获的三门山炮，创建了苏中军区第一个炮兵连，在抗大九分校开办训练炮兵干部的班队，培养出一批炮兵指挥员和技术骨干。

在苏中部队中，流传着许多粟裕重视和爱护炮兵的故事。有一个"粟司令看炮"的故事，发生在 1942 年春天。

那时，粟裕正在考虑如何对付敌人掩体后面火力的问题，指示军工部研究制造一种轻便的小迫击炮。他对军工部副部长程望说："要摧毁敌人掩体后面的火力点，手榴弹投不到，要有曲射火器。"这时恰好第七团在三阳镇打了一个漂亮仗，缴获日军一门 88 式掷弹筒。听到这个消息，粟裕十分高兴，特地下令把它调到师部，同军工部的同志一起研究，作为设计小型迫击炮的参考。

粟裕看了掷弹筒，连声夸赞："这家伙造得好！"

送炮的小战士说："好是好，就是太小了。"

"小吗？"

"可不是咋的。"战士把小炮搂过来，指指炮管说，"粟司令你看，这和洗衣棒槌差不多。"

"照我看，还是小点好，再大些你就扛不动了。"粟裕笑起来，看着个子不高的小战士说。忽然话题一转，问小战士："这炮是哪个连缴的？"

"三连。"

"三连干得好！"粟裕朗声说，"今天缴小炮，明天缴大炮，后天咱们就有炮群了。"

"炮群？"小战士第一次听到这个名词，弄不清是怎么回事，忙问道，"啥叫炮群？"

粟裕耐心地解释："炮群，就是许多炮摆在一起，有的打飞机，有的打坦克，有的打敌人的散兵，有的破坏城墙、碉堡，分工负责，一扫而光！"

"能有那一天？"

"能！"粟裕说，"你们团是从哪里来的？"

"听老同志说，是从闽西、浙南过来的红军游击队。"

"红军游击队是从哪里来的？"

"还用问吗，再早就是庄户人家了。"

"庄户人家有枪吗？"

"没有。过去，我们那一带地主才有。"

"对呀，过去没有枪，现在有了枪，过去没有炮，现在有了炮。我们现在有小炮，将来会有大炮，有炮群。只要大家向三连学习，总会有这一天的。"

没有多长时间，粟裕的预言就变成了现实。1944年，一师部分主力部队进军江南时，苏中军区军工部突击制造73毫米和52毫米两种口径的迫击炮350余门、炮弹1万余发。在第一批南下部队中，每个团都有1个炮兵连、每连1个炮兵班，73迫击炮配发到排，52迫击炮配发到班，并且拥有一批炮兵指挥员和技术骨干，为后来实行从游击战到运动战的战略转变创造了必需的物质条件。

粟裕还颇有远见地把同敌人的争夺扩展到海上，把陆上斗争与海上斗争结合起来。

在苏中区开辟阶段，以三仓为中心的滨海滩涂地区，三面对敌，一面临海，是匪霸横行、"司令如毛"的地方。这个地区的弶港，是黄海四大渔港之一，也是苏中根据地对外联系的重要门户，而出海船只都控制在渔会和实业保安队手中，苏中区机关和部队的机动受到很大限制，军需运输和供应十分困难。土匪、海盗活动猖獗，不仅祸害盐民、渔民，而且与新四军为敌，扬言："四老爷有种海上见！"国民党顽固派和日伪特务组织操纵的"大刀会"，制造"新四军长不了"的谣言，绑架和杀害抗日民主政权干部，严重干扰和破坏抗日民主根据地的建设。

面对这种形势，粟裕率领第一师指战员，同地方党政干部一起，采取正确的政策和策略，创建滨海基地，建立海防武装，开辟海上交通。

他们深入农村、渔村，发动和组织群众，成立渔民盐民抗敌协会和自卫队，配合主力部队和地方武装，同日伪军和国民党操纵的反动势力以及渔霸、土匪、海盗作斗争。粟裕指出，匪患是旧社会遗留下来的社会问题。参加土匪、海盗的，既有恶霸、流氓等坏分子，也有不少被"逼上梁山"的贫苦人民，其中许多人具有爱国民族意识。因此，对土匪和海盗要采取区别对待的政策。对那些作恶多端的土匪和海盗，坚决打击和消灭；对那些贫苦家庭出身又具有民族意识的土匪和海盗，则采取分化瓦解、争取改造的政策。军事打击与政治争取双管齐下，先后消灭了以恶霸地主吴其海为首的土匪和作恶多端的黄少卿等部海匪，成功地实现了对影响较大的孙二富部海盗的争取改造，其余土匪、海盗闻风丧胆，有的悔过自新，有的逃窜他处，沿海匪患迅速消除。后来，又以坚决果断的措施平息了"大刀会"暴乱，打掉了日伪军和国民党特务组织借以兴风作浪的据点，保卫了人民群众的生命财产安全，建立了抗日民主的新秩序。人民群众拍手称快，说："历史上没有解决也不可能解决的问题，你们解决了。"

粟裕指派得力干部展开统一战线工作，并且亲自做争取开明船主的工作，说服他们团结抗日，协助开辟海上交通。经过耐心细致的工作，船主顾雍海首先表示愿为抗战出力，毅然决定用四条大船帮助一师运输军需物资。

有一天，粟裕来到顾雍海家，一进门就紧紧握住顾雍海的手说："谢谢你，帮了我们的大忙了！"顾雍海说："事情办得不好，请首长多多指教。"粟裕说："要我指教，首先一条，今后跟我们不要见外，都是打渔人，同舟共济嘛！"一句话把顾雍海说得心里热乎乎的。主客之间谈笑风生，直到深夜才握手告别。顾雍海事后得知，这位客人就是大名鼎鼎的粟师长，感慨万千地说："过去多次为当兵的卖命，没有听到一句好话。如今刚给新四军跑了几趟船，大首长就登门道谢，新四军到底是仁义之师啊！"此后，他以做生意为掩护，常年往返于上海、青岛等地，为苏中军区运输军需物资。在他的带动下，其他船主也纷纷摆脱渔会的控制，主动出借近百条船为第一师运输物资和伤病员，在反"扫荡"和反封锁斗争中起了重要作用。

1941年3月，粟裕决定组建海防部队，作为坚持海上斗争的武装力量。为了指导海上斗争，他率领师部机关人员到海船上进行海上生活和海上战斗演习，调查研究气象和潮汐变化规律，探索海上生活和作战的有关问题。在冬季反"扫荡"中，他带上电台到海上活动，一面指挥反"扫荡"，一面进行调查研究。在这个基础上，决定组建海防团，从师部警卫团抽出三个连作为组建海防团的骨干，指派三旅陶勇旅长兼团长，一师后勤部罗湘涛部长兼政委，吴福海为副团长，何振声为政治处主任。粟裕对他们详细交代了海防团的任务和海上斗争的方针政策，指出海防团首先要完成三项任务：第一，打通苏中到浙东和山东的南北交通。第二，发动沿海渔民、盐民群众，建立自己的武装，保护自己的利益，巩固苏中海防。第三，保护转移到海上的军区后勤各单位和一个山炮连。根据粟裕的指示，他们很快就建成了第一个海防团，后来进一步建成包括三个团的海防纵队；控制了沿海重要港口和滨海地区，从盐城的斗龙港，经东台的弶港、如皋的环港，到南通的吕四港，构成了相对安全的滨海基点，成为苏中根据地的后方基地；开辟了海上交通线，不仅从上海等大城市源源运来大量军需民用物资，而且沟通了苏中根据地与山东根据地、浙东根据地的联系。海防团平时保护渔民下海打渔，掩护海上交通线；战时掩护一师机关、后勤单位和山炮连到海上隐蔽。这支海防部队，当时是新四军、八路军中第一支"土海军"，后来成为人民解放军第一支海军部队华东海军的组成部分。

1941年是苏中区在急剧变化的形势下及时实行战略转变并取得重大胜利的一年，也是苏中抗日民主根据地在同敌人的激烈争夺中由开辟创建到奠定基础的一年。粟裕指挥苏中区主力部队和地方武装作战500多次，毙伤日伪军官兵6800多人，俘虏日伪军官兵5300多人，粉碎了日伪军三次大"扫荡"和频繁的小"扫荡"。经过反复争夺，日伪军虽然占领了几乎所有的城镇，控制了主要的交通干线，使苏中根据地面积有所缩小；但是，苏中区赢得了时间，打乱了日本侵略军"伪化苏中"的计划，保持了回旋余地较大、相对稳定的基本区，各个分区也保持有相对稳定的中心区和广阔的游击区，苏中根据地的面积仍然占苏中区总面积的47%、总人口的60%。中共党组织的建设有了新的发展，全区有中共党员9600人，支部1001个，区委120个，县委12个和县分委4个。建立了各级抗日民主政权，坚决实行减租减息，牢固团结各阶层群众，扩大抗日民族统一战线，并在接敌的边缘区逐步建立起敷衍日伪而主要为抗日服务的"两面性政权"。组建了遍布广大农村的地方武装和民兵。特别重要的是，全区军民在严酷的战争中经受了锻炼，结成了鱼水相依的亲密关系，共产党和新四军在广大农村立足生根。粟裕说:"到了这时,可以说我们已经为长期坚持苏中抗日根据地奠定了基础,由此开始了苏中抗日根据地的全面建设时期。"①

中共中央华中局书记刘少奇对第一师和苏中区的工作给予全面的评价。1942年初,他在华中局第一次扩大会议上所作的报告指出:"我一师几年来工作是获得了最大的成绩,在抗战中建立了最大的功劳。在我全军中以第一师部队作战最多,战果最大。""由于我一师部队的英勇战斗及苏中地方工作同志的努力,所以虽在敌人反复'扫荡'之下,我们仍然打下了长期坚持苏中抗战的基础,并开辟了一些敌伪地区的工作,使汪伪完全伪化苏中的企图失败,因而也就牵制着敌汪对其他地区的伪化发生更大的困难。"②

五、在抗日烽火中结成终身伴侣。陈毅对粟裕说:"我看你的恋爱观念和你指挥打仗一样,认准了目标是不会改变的。"

1941年冬天是在激烈的战火中度过的。在接连取得反"扫荡"斗争的胜利之后,粟裕估计可能有一周的间隙,决定抽出时间来安排个人的婚姻大事。

12月26日,粟裕与楚青在黄海之滨一个名叫石家庄(现如东县石庄)的小村里结婚。他们从初见到结合,经历了将近三年的相识、相知、相爱过程。

楚青,原名詹永珠,1923年出生于扬州一个职员家庭。她的父亲在南京一家银行做事。楚青幼年很得祖母喜爱,她对祖母的感情也很深。祖母思想开明,主张男女平等。楚青小学毕业后,祖母鼓励她向父亲要求继续读中学。父亲提出的条件是:必须考上省立扬州中学。当时的江苏省立扬州中学,在省内外享有盛誉,对学生的素质要求很高,胡乔木、乔冠华等出类拔萃的人才都曾是这所学校的学生。楚青刻苦攻读,终于如愿以偿,进入省扬中读书。

楚青对日本军国主义怀有国恨家仇。她的祖父于光绪三十一年(1905年)被日本暴徒抛入大海,尸骨无存,年仅43岁。抗日战争爆发,日本侵略军先后侵占上海、南京、扬州等地,所到之处,烧杀抢掠,强奸妇女,无恶不作。楚青的父亲侥幸躲过"南京大屠杀"的厄运,回到扬州,全家人过着屈辱非人的亡国奴生活。楚青深切感到,没有国就没有家。她再也无心读书,立志参加抗日救亡活动。1938年,她随父母逃难到上海租界后,私自离家出走,找到皖南新四军军部,被分配到军部教导总队第八队学习,时年15岁。

1939年3月,粟裕在皖南军部参加周恩来副主席召开的会议期间,第一次见到楚青。粟裕询问了她的家庭情况、个人经历和参军动机,然后问她对将来工作有什么要求。楚青说希望到前方去当侦察员。粟裕问:"为什么?"楚青说:"到前方可以直接打鬼子。"粟裕笑了,说:"你这个人志气倒不小!"

---

① 《粟裕战争回忆录》,解放军出版社,1988年11月,第1版,第263页。
② 《苏中抗日斗争》,江苏人民出版社,1987年3月,第1版,第254、255页。

粟裕对楚青一见钟情，感到她不仅可以成为很有前途的工作人员，而且可以作为自己的终身伴侣。从军部教导队回来一个多月，此事一直挂在心头。自从少年时代辞退父母包办的婚约以后，虽然先后有几位女同志对他表示爱慕之情，他都没有动心，现在却认真地把爱情和婚姻提上了日程。他写了一封表示爱慕的信寄给楚青。

楚青本来认为粟裕是找她谈工作分配问题的，收到这样一封信，感到不快：不是来谈工作吗，怎么谈起这个来了，岂有此理嘛！因此没有回信。

不料，粟裕又托人带来第二封信。江南指挥部第二支队政治主任王集成到军部办事，粟裕托他把信面交当时在速记班学习的楚青。王集成跟楚青开玩笑，说："你要请我吃糖啊，给你带好东西来了！"说着把信递去。楚青把信拿过来，看也没看，就把它撕碎了。

粟裕没有想到会有这样的结果，不免有些失望，但也加深了他对楚青与众不同性格的了解。他说："爱情首先是情感，它对一些人是宽容的，对另一些人是严厉的。我属于后一种人。楚青不愿意同我谈恋爱，我无法责怪她，因为她有选择的自由。"

楚青在军部速记班毕业后，分配到江南指挥部，先后担任速记员、机要秘书。她当时的心情是矛盾的：这样满足了她到前方的愿望，但又怕在那里遇到麻烦。到了江南指挥部，她和粟裕同住在一座楼里，见面的机会很多。她采取回避态度，尽量减少接触。粟裕却若无其事，对她们几个女兵工作上严格要求，生活上关怀照顾，还亲自动手帮助她们搭建草房。随着时间的推移，楚青对粟裕戒备的心理逐渐减轻了。

有一天，粟裕把楚青叫到办公室，询问她的工作情况，再次表明对她的爱慕之情。楚青说："首长，我对你的为人和指挥才能内心是钦佩的。可是，我出来的目的就是打日本鬼子，现在是国恨家仇，报仇心切，不想谈个人问题。何况我年纪还小。"

粟裕执著地说："楚青同志，我请你再考虑一下，最好我们能交个朋友，以后互相体谅，互相照顾，互相帮助。这与干革命、报仇并没有矛盾。"

楚青沉默了一会，说："首长，虽然你是一番好意，可是我现在不想考虑这个问题。"

粟裕不无遗憾地表示："我会耐心地等待的。"

此事很快传开，引起纷纷议论。有人说楚青"太清高"、"太骄傲"。也有人说她"有志气，有自己的见解"。

这些议论传到陈毅的耳朵里。陈毅为老战友的婚姻大事着急，问粟裕："你们近来谈得怎么样？我总觉得那个女孩子年龄太小，不懂什么爱情。"

"是啊，你说对了，毫无进展。"

"那就干脆换一个吧。我等着喝喜酒哩。"

"不行啊，我已经把她挂在心上了。短时间内不能让她理解不要紧，只要出于真心，坚持下去，她是会理解的。"

陈毅说："我看你的恋爱观念和你指挥打仗一样，认准了目标是不会改变的。"

转眼两年过去了，江南指挥部由江南挺进江北，粟裕与楚青相互间的了解越来越深。横渡长江，决战黄桥，开辟苏中，粟裕在战火中英姿焕发，使楚青加深了对粟裕的敬佩。粟裕执著地追求，温柔地等待，毫不动摇他的决心。

1941年秋天，粟裕又一次对楚青提起婚姻问题。

粟裕说："我有我的审美观。有的女同志给我信，也有人给我介绍别人，但我不动心。和你见了一面，就觉得你与众不同，外表灵秀，内在坚毅。这正是我理想中的恋人的形象、气质。"

楚青也坦诚地说出了自己的顾虑。她说："我追求自己的独立，不愿从属别人，又不善于人际交往。这种性格不适合做首长夫人。如果我们结合了，将来你会失望，我也会有内疚。"

"楚青同志，我也不愿意把自己的爱人当成附属品。"粟裕诚恳地说，"我会尊重你的人格的，一定要保证你的独立性。你放心好了！"

一度搁浅的爱情之舟，在互相了解的基础上，终于扬帆起航了，直到结成终身伴侣。

结婚刚过三天，粟裕、楚青就投入反"扫荡"作战，紧张的战斗生活代替了他们的蜜月。粟裕说："等到春节，找个机会向同志们宣布结婚，请大家吃一餐。"不料，这个计划也未能实现。

粟裕和楚青

1942年元旦，一师机关干部会餐。突然有人站起来说："同志们，你们知道今天会餐的意义吗？一个是过年，一个是粟师长和楚青同志结婚。"食堂内顿时欢腾起来，纷纷向粟裕和楚青祝贺。粟裕说："本来你们可以多吃一顿，这么一宣布，倒叫我省下了。"饭后，粟裕笑着对楚青说："真可怜，结婚没有举行仪式，想补请一次客的机会也没有得到。"

结婚以后，粟裕一直恪守自己的诺言，尊重楚青的志愿，支持她独立工作。在战争年代，他们各自战斗在自己的工作岗位上。新中国成立以后，他鼓励楚青尽早转业做地方工作，使视野更加开阔一些。粟裕的晚年，既长期身处逆境，又多种重病缠身。楚青毅然离开原来的工作岗位，陪同粟裕与病魔作斗争。几十年来，他们一直保持着互敬互爱、祸福与共、始终如一的亲密夫妻和战友关系，经受了战争环境和政治风浪的严峻考验，如同凛冽寒风中的苍松劲草，表现了他们坚贞不渝的纯真爱情。

粟裕逝世后，楚青填词悼亡，艺术地再现了他们独具特色的夫妻关系。

> 长相忆，
> 兄长与伴侣。
> 甜酸苦辛共品尝，
> 崎岖坎坷相扶携，
> 能不记心里。

六、在反"扫荡"、反"清剿"中坚持武装斗争，坚持原地斗争。创造平原水网地带游击战新战法。

从1942年开始，苏中的抗日斗争进入最困难阶段，粟裕肩上的担子更重了。

日本侵略军在1941年12月发动太平洋战争以后，进一步加紧对苏中地区的控制和掠夺，继频繁发动日益残酷的"扫荡"后，又发动"清剿"和"清乡"，企图把苏中占领区变成它的后方基地。以苏、英、美、中为首的世界反法西斯阵线形成以后，蒋介石担任中国战区最高统帅，成为"四大巨头"之一，也更加神气起来，变本加厉地推行消极抗日、积极反共政策，在大江南北加紧制造反共军事"摩擦"。苏中地区再次成为矛盾斗争的焦点。

随着斗争形势的发展变化，苏中区的管辖范围日益扩大，苏中区党委和第一师的任务也日益加重。

1941年12月，华中局和新四军军部重新调整各战略区管辖范围。这时新四军第六师领导机关和主力部队已经陆续由苏南撤到苏中，第三师在盐城地区的部分防务已由第一师接替。华中局和新四军军部决定，将苏中区的管辖范围向南扩大到京沪路以北的镇（江）丹（阳）武（进）地区，向北扩大到盐城；后来又决定将苏南的澄（江阴）锡（无锡）虞（常熟）和苏（州）常（熟）太（仓）地区划归苏中区党委领导。

1942年春天，华中局和新四军军部决定，第一师与第六师合并（对外番号不变），第六师部队统一归第一师指挥，任命粟裕为合并后的第一师师长，谭震林为政委（华中局和新四军军部已批准第一师政委刘炎长期休养）。谭震林没有到职。新四军军部决定："一、六两师政委即由粟师长兼代，一、六两师统一归粟指挥，以便利事权统一。"1942年10月26日，中央军委和总政治部根据华中局和新四军军部的建议，正式发布命令："一、六两师领导机关对内合并，由粟裕同志统一指挥。"

1942年11月，根据中共中央和华中局的决定，撤销苏中区军政党委员会，成立中共苏中区委员会，粟裕担任中共苏中区委员会书记。

这样，粟裕集党政军主要领导职务于一身，担负起苏中以及江南部分地区抗日斗争的领导和指挥重任。

粟裕密切注视形势的发展，全面谋划自己的对策。他对苏中形势的观察和分析，总是与对华中形势、全国形势以及国际形势的观察分析结合起来。他常说："苏北（这里所说的苏北，泛指江苏省北部地区，包括苏中）的形势不能单独地讲，因为苏北不是单独存在的，它是华中的苏北，也是全中国、全世界的苏北，国内国际形势的变化，都会影响苏北的形势。"①他认为，苏中的斗争形势将更加尖锐与复杂，斗争形式虽有可能由反日伪"扫荡"为主转变到日顽我之间的三角斗争，但是日我之间的矛盾仍然是主要的矛盾，我们要准备对付日寇更凶狠、更残暴、更毒辣的进攻。他估计，位于长江与黄海三角地带的第四分区对敌人的威胁最大，势将成为苏中全区斗争最尖锐的地区，敌我争夺的重心将由第二分区转移到第四分区。因此决定率领第一师指挥机关转移到第四分区，直接指导那里的斗争。

中共中央根据太平洋战争爆发后的新形势，明确提出了全党全军的方针和任务，作出了后来概括为"十大政策"的一系列重要指示。华中局第一次扩大会议提出华中区工作的总方针总任务是："继续坚持华中敌后抗战，完全巩固各根据地，加强与聚集力量，以便在适当时机反攻敌人，争取中国抗战的最后胜利与中国人民的彻底解放。"②

1942年4月中旬，粟裕在启东县海复镇主持苏中区军政党委员会第二次扩大会议，根据中共中央、华中局的指示和苏中的实际情况，提出把"一面巩固，一面发展"作为当前和以后一段时间的指导方针，既要坚持原地斗争，粉碎敌人的一切进攻；又要积蓄和加强力量，准备和迎接反攻。他在会议上作总结报告，再次系统论述苏中的特殊战略地位和战略任务，深刻分析苏中的斗争形势及其发展趋势，指出："苏中是各方面争夺的重要地区，今后的斗争形势将更尖锐与复杂，战争也更加残酷、艰苦。今后的斗争形式虽有可能由反'扫荡'为主转变到三角斗争，但这一斗争形式不能长久存在，仍然要归并到日我两方的尖锐斗争。胜利的取得主要决定于我们主观实力和政策的正确运用。"③这次会议，对于统一苏中区党政军的思想和行动起了重要作用，为迎接更加严重的斗争奠定了坚实的思想基础。

苏中大部是水网和半水网地带。从地图上看，河渠纵横，密如蛛网，城镇村落，港汊环绕。在这种特殊地理条件下作战，用木船对付敌人的汽艇，有许多不利条件：敌进我退，难以摆脱敌人追击；敌退我追，难以阻止敌人逃窜。敌人却

---

① 《粟裕论苏中抗战》，江苏人民出版社，1993年3月，第1版，第99页。
② 《粟裕战争回忆录》，解放军出版社，1988年11月，第1版，第265页。
③ 《粟裕论苏中抗战》，江苏人民出版社，1993年3月，第1版，第140页。

凭借装备上的优势，在河湖港汊中横冲直撞，对抗日根据地发动突然袭击，使抗日军民遭受重大损失。

粟裕总结群众斗争的实践经验，针对有人认为"利用水网以建立相当巩固根据地已不可能"的论断，指出："对于战争中的地形条件，应该辩证地看。水网地形其实是既有利又有弊，只要充分发动群众，加强对地形的改造，加强部队的适应性训练，就可以变对我不利为有利，变对敌有利为不利。"①粟裕的结论是：在平原水网地带创建巩固的抗日民主根据地是可能的。主张积极创造条件，坚持原地斗争。

从 1941 年底起，苏中区军政党委员会在总结群众斗争经验的基础上，利用农闲和冬季水位降低的有利时机，掀起改造地形的群众运动。

他们在河道上构筑明坝、暗坝、交通坝、阻塞坝，使当地的平底木船（吃水浅，可数人拉过坝）通行无阻，敌人的尖底汽艇寸步难行。

他们改大桥为小桥，改固定桥为活动桥，改大路为小路，改直路为弯路，使新四军行军作战来去自如，日伪军行动困难重重。

他们开凿了许多小运河，使河流连接起来，沟通了各个分区之间的水陆交通联系。

在改造地形的同时，粟裕又领导部队改进作战方法，根据改造后的地理条件，进行适应性作战训练，掌握在水网地带打游击战的规律。

改造地形、改进战法的群众运动，为在平原水网地带坚持抗日斗争，创建巩固的基本根据地，创造了有利条件，在反"扫荡"、反"清剿"斗争中大见成效。

1942 年春天，第一师与日伪军争夺的重点由第二分区的三仓地区向南推移到第四分区的启东、海门地区。形势发展完全在粟裕预料之中。

1942 年 1 月，为掩护启海地区抗日根据地建设，粟裕指挥第一师部队进击并收复三阳镇，又乘胜扩大战果，攻击二厂、久隆，两度击退敌人的进攻，前后战斗共达半月之久。1 月下旬，日伪军 500 多人分五路"扫荡"江（都）高（邮）宝（应）地区，以后日伪军又多次"扫荡"这一地区，并增设据点，增加驻军。2 月，日伪军"扫荡"第二分区的泰东地区，袭击新四军后方兵站、仓库及行署机关，并进占一仓。2 月 28 日、3 月 2 日，日伪军两次对启海地区发动"扫荡"。3 月底，又将伪第三十二师徐承德部调来启东以西地区，企图复占三阳、二厂、久隆一线。遭到第一师部队打击后，日伪军又集结兵力侵占了悦来镇、三阳镇。

与此同时，日军为了解决其兵力不足的问题，再次变换手法，运用"交通政策"，加紧修筑公路，以提高机动能力，加强对点和面的控制，在战术上采取步步为营、稳扎稳筑、推进一段、巩固一段的战法，企图分割、缩小抗日根据地，寻歼苏中区指挥机关和主力部队。

针对日伪军的战法，粟裕提出：坚持原地斗争以粉碎敌人的进攻，尽一切可

---

① 《粟裕战争回忆录》，解放军出版社，1988 年 11 月，第 1 版，第 267 页。

能保持和巩固现有根据地。他命令地方武装、民兵和广大群众展开交通破击战，迫使敌人打通如（皋）黄（桥）公路、启（东）海（门）公路的计划推迟数月，建成以后也常常不能全线通车。他组织精干部队和短枪队袭击敌人腹背，迫使敌人不敢把大量兵力调到第一线，小分队不敢单独离开据点活动；主力部队则机动作战，选择有利战机，采取突然袭击动作，猛扑敌人一路，或攻其一点，屡战屡胜。三阳镇战斗，争取1个团伪军反正。一仓战斗，歼灭伪军200多人，迫使敌人放弃已经占领的地方。陆家庄战斗，全歼伪军王杜山部。悦来镇战斗，伪旅长徐承德毙命。金沙镇战斗，歼敌100多人，沉重打击了最顽固的伪军张圣伯部。据不完全统计，在三个月时间内，以破袭战、袭击战为主的战斗就进行了168次，攻克据点20余处，粉碎了日伪军的"扫荡"。

就在这一年春天，粟裕还巧妙利用日伪军与国民党顽固派之间以及国民党军队之间的矛盾，胜利地反击国民党顽固派的进攻。

1942年初，蒋介石策动第三次反共高潮。国民党第三战区司令长官顾祝同指令"忠义救国军"2000多人，乘日伪军对苏中区发动"扫荡"之机，由江南侵入江北的靖江、泰兴地区，勾结伪军进行破坏活动，并且企图继续北上打通与韩德勤（驻曹甸、车桥地区）、张星炳（驻溱潼镇地区）等顽固派军队的联系，胁迫倾向新四军的李明扬、陈泰运等部（驻泰州以北周家庄地区）改变态度，在江北建立反共基点。

粟裕识破了他们的阴谋，随即作出军事斗争和政治斗争部署。他指出："目前苏中反顽斗争中心，首在歼灭'忠救'。因此举不仅可以打断顽方与苏南之联系及形成韩（德勤）、张（星炳）之孤立，且可更有力争取李（明扬）、陈（泰运）。"在军事上，他集中四个团的主力部队全力歼灭"忠救军"，并以第二旅、第十八旅（原属第六师，1941年底由苏南撤到苏中，归第一师指挥）和"联抗"部队监视韩德勤，相机打击张星炳，隔断他们之间的联系。在政治上，利用顽军各部之间的矛盾，揭露"忠救军"假抗日真反共的阴谋，孤立韩德勤和张星炳，使中间势力保持与新四军合作的态度。

经过几个月的斗争，"忠救军"无法实现打通南北联系的计划，而它与伪军公开勾结又激化了日顽之间的矛盾，引起日军对它发动进攻。"忠救军"被迫回窜江南。

"忠救军"到达江南镇丹武地区后，企图长期占据这一战略通道，蚕食苏南抗日根据地。粟裕认为，这一战略通道对坚持大江南北抗日斗争极为重要，绝对不能让"忠救军"控制。他电令在苏南的第十六旅把打击"忠救军"作为中心任务，指示他们"集中绝对优势之兵力，迅速加以歼灭"。第十六旅集中全旅最强的部队连续作战，终于迫使"忠救军"退回江苏省溧阳县以南的蒋管区。

国民党顽固派企图在江北建立反共基点、在江南控制战略通道的阴谋统统破产了。

日伪军对苏中的全面"扫荡"、分区"扫荡"以及乘虚跃进、交通政策等手段都失败后，决定实行军事、政治、经济、文化的"总力战"，从 1942 年夏天开始，对苏中实行持续半年的"清剿"。6 月上旬，对第四分区的海门、启东地区进行第一期"清剿"。7 月到 8 月，对第三分区的靖江、泰兴地区进行第二期"清剿"。9 月到 11 月，对第一分区的江都、高邮、宝应地区进行第三期"清剿"。

这次"清剿"，又叫"机动清乡"。日本侵略军提出"三分军事，七分政治"的口号，妄图同苏中新四军进行全面较量。在军事上，他们组成以日军为主的机动部队，配以特务队和"清乡"队，对"清剿"区实行水陆封锁，然后分进合击或多路合围，寻歼苏中主力部队和地方武装。在政治上，采取欺骗和镇压并用的手段，宣传"只打新四军不打老百姓"以离间军民关系，对上层士绅和乡保长采取笼络争取和威胁利用政策，对基本群众和抗日军人家属先是胁迫为敌人办事，不从者格杀勿论，企图摧毁抗日基层政权和群众基础。在经济上，设立统制委员会，统制一切物资，对抗日根据地实行封锁，并在一些重要地区实行杀光、抢光、烧光的"三光政策"。苏中的形势进一步严酷起来。

华中局和新四军军部于 1942 年 7 月几次致电苏中区，指示适应新的斗争形势，采取新的斗争方针，指出苏中斗争是长期的，至少准备苦斗一年到两年，苏中工作应以领导武装斗争、建立敌伪军工作、组织领导革命两面派、领导民兵为中心；认为全线大的突击作战不可能改变敌人的部署，而小型的武装挺袭与群众交通破坏战则起了积极作用，全军全师的全线出击不甚适宜。

粟裕认真研究华中局和新四军军部的指示，认为指示的基本精神是要求对敌情作充分估计，对形势作最坏的打算，给予苏中区的任务是留有余地的。他分析苏中当前形势，认为日军这次"清剿"是在其整个战略重心逐渐转向敌后的情况下进行的。日军对苏中的方针不再是伪化问题，而是殖民地化问题。敌人有可能在苏中增加兵力，进一步加强对苏中根据地的分割和封锁，形势将比过去任何时期更加严重。但是，我们不能因此得出不能坚持原地斗争的结论。回顾浙南三年游击战争，那时的条件比现在困难得多，都坚持过来了。当前，国际局势比过去任何时期对我们更为有利，德国法西斯在欧洲战场上、日本军国主义在太平洋战场上连连失利。在力量对比上，敌人虽然占有相当优势，但我们并不是绝对劣势，而在社会基础和群众基础上占有强大的优势。经过两年来的残酷斗争，我们的武装力量得到锻炼和发展，抗日民主政权更加巩固，广大人民群众经受了血与火的考验，这将是摧毁敌人"清剿"的决定因素。他认为，苏中抗日民主根据地是能够长期坚持的，是能够对全局作出较大贡献的。能不能粉碎敌人的"清剿"，决定于我们主观力量的强弱与斗志坚定与否，以及指导得是否正确。关键是既要防止对敌情缺乏清醒的估计，不顾实际地盲目硬拼；更要防止在严重形势下看不到有利因素，丧失坚持原地斗争的信心，消极地化整为零。因此，他强调提出了"坚持武装斗争，坚持原地斗争"的方针，确定以武装斗争为主，进一步处理好武装斗争与非武装斗争、公开斗争与秘密斗争、合法斗争与非法斗争的关系，彻底打破了敌人的"清剿"阴谋。

在作战指导上，粟裕认为，日军虽然将军事重心转向敌后，但并未停止对正面战场的进攻，势必会分散它的军事力量，用于"清剿"的兵力不足，不可能在苏中全区同时进行"清剿"，使我们有可能选择敌人的弱点和后方予以突击，迫使它推迟或局部改变部署，将敌人进攻的重点压缩到更小范围。敌人的主要战术手段是分进合击、多路合围，需要高度协同，但它是深入我根据地作战，如同瞎子、聋子，又受改造后地形的限制，加上沿途受我民兵、游击队袭扰，很难达成合击，反而会给我军造成有利战机。敌人集中兵力于一个地区"清剿"，势必造成其他地区空虚，给我军以可乘之机。只要我们扬己之长，击敌之短，运用灵活机动的战略战术，充分发挥人民战争的威力，就可以取得反"清剿"斗争的胜利。因此决定：在"清剿"区内以地方武装和民兵就地坚持，县不离县，区不离区，对敌不断予以袭扰，捕杀敌特汉奸；主力部队适时跳到"清剿"区外，实施机动作战，特别是向敌人的后方和弱点进攻；同时加强敌占区、接敌区和对日伪军的工作，把公开斗争与秘密斗争结合起来。

根据这样的方针和部署，苏中党政军民团结一致，各个分区的攻势作战此伏彼起，互相策应，互相支援，先后举行了石港攻坚战、海门袭击战、如西反击战、二鸯歼灭战等较大的战斗，接连粉碎敌人的一、二、三期"清剿"，取得了坚持原地斗争的胜利。

在反"清剿"过程中，粟裕为了取得实践经验以指导全区斗争，带领一个精干的指挥所，包括警卫部队共一百多人，留在"清剿"区内，领导全区的反"清剿"斗争，并多次亲临前线指挥一些重要战斗。

日伪军在"清剿"开始之前，加紧修筑一条横穿启东的公路，企图把第四分区根据地一分为二，为实行分割"清剿"作准备。粟裕决定先发制人，命令第三旅第七团攻击这条公路上的据点三阳镇，打乱敌人的部署。由于准备不足，第一次战斗未能攻下三阳镇，只毙伤敌军六七十人，第七团也受到损失，牺牲营长一人。粟裕把第七团指挥员召集到师部，一起总结经验教训，研究改进战法。他说："三阳镇这一仗，部队打得英勇顽强，杀伤了不少敌人，应当说打得还是好的。但是必须指出，我们的消耗确实也不小，并且没有捉到俘虏，也没有缴到枪。我们打仗，不能单同敌人拼消耗。毛主席不是说过吗，我们要争取多打歼灭战，做到既大量消耗敌人，又能大量补充自己。这个问题，同志们应该好好研究一下。"他指出，敌人正为三阳镇的伤亡而恼怒，急于寻找我军报复。要利用敌人骄狂求战的心理，引蛇出洞，消灭敌人于运动之中。

根据粟裕的指示，第七团指挥员集思广益，很快形成了一个引诱三阳之敌出击的计划，在启东斜桥地区打了一个漂亮的伏击战，全歼日军70多人、伪军100多人，缴获敌人全部武器装备，包括重武器平射炮1门。

这一仗，给正在准备"清剿"的日伪军以当头棒喝，苏中日军最高指挥官南浦也不得不折服。向来吹嘘在战场上不丢尸体的日军，由于被新四军全歼，连拖尸体回去的人也没有了，只好请求新四军送还日军尸体。按照日本军律规定，丢失重武器的指挥官要受到严厉惩处。南浦不得不给新四军第七团写信,说什么"贵军三阳镇伏击,可谓英勇神速,殊堪钦佩。如蒙归还皇军前所丢失之平射炮,尔后贵我两军当和睦相处。"

第七团团长严昌荣把这封信转给粟裕。粟裕看过信,笑嘻嘻地对严昌荣说:"这一下,你们七团可把南浦揍痛了,我们师部在海复镇也住不成了,只好搬家。"

严昌荣说:"可以利用敌人急于要炮的心理,拉着它转,转得它晕头转向。"

粟裕含笑点头,对这位指挥员的谋略显然是满意的。

1942年9月25日,正是农历八月十五中秋节。第一师部队刚刚取得石港攻坚战胜利,师部机关和第七团部队集结在南通二窎镇附近休整。日军南浦旅团第五十二大队保田中佐大队长率领日伪军400多人,兵分两路向二窎镇进犯,企图奔袭第一师指挥机关和主力部队。粟裕立即作出作战部署,决心在二窎镇以南的谢家渡打一个伏击战。担任诱敌深入的部队与敌人前卫一交战,日军立即互相靠拢,企图在谢家渡口围歼第一师主力。粟裕当机立断,决定乘敌军立足未稳,改伏击战为进攻战,并亲临前线指挥。结果全歼这股敌军,毙伤日军保田大队长以下官兵110多人,生俘日军3人。此战胜利,迫使敌人第一期"清剿"仓皇收兵。

粟裕指示,把保田中佐的尸体整理好,装进棺材,送到日军据点麒麟镇,并附信一封,警告日军不要再屠杀中国人民,否则难逃保田的下场。三天以后,南浦回信,扬言还要与新四军决战,但又不得不承认:"贵军战后归还战骸,宽仁厚德,诚贵军政略之胜利。"

经过持续半年的激烈较量,苏中区终于取得反"清剿"斗争的胜利。日伪军虽然增设了一些据点,增筑了一些公路,据点增加到339处,公路达到450公里,因而使苏中抗日根据地有所缩小,部分游击区变成了敌占区,部分中心区变成了游击区;但是,整个苏中仍然保持着相对稳定的基本区,保持着相当数量的主力部队,各个分区仍然保持着一定范围的中心区和广大的游击区,各县地方武装在县境内坚持原地斗争。同时,敌占区、接敌区工作和对日伪军的工作也有很大进展,苏中抗日民主根据地更加巩固了。

七、建议并实行党的一元化领导。改善三结合武装力量体制。邹韬奋说:我在苏中看到了新中国的光明!

在尖锐激烈的反"扫荡"、反"清剿"斗争中,粟裕对根据地的各项建设事业也是抓得很紧的。在对苏中全盘工作的指导上,他辩证地处理军事斗争与根据地建设的关系,始终坚持以军事斗争为中心,全面推进根据地的各项建设事业,及时研究解决斗争实践中迫切需要解决的问题。

粟裕从苏中抗日斗争的实际出发,建议并实行共产党的一元化领导。

苏中的干部来自五湖四海,有从延安派来的经过长征的干部,有坚持江南游击战争的干部,有在本地斗争中成长起来的干部,有从事地下党工作和长期在国民党内从事统战工作的干部，还有来自上海、南京的知名人士。苏中的部队来自不同的"山头"，又长期分散独立活动，形成了不同的传统和风格。加上非无产阶级思想的影响，共产党员和干部队伍中存在着分散主义和本位主义等不良现象。如何处理党政军各个系统、各支部队、各个地区以及军队工作与地方工作、外来干部与本地干部之间的关系，保证中共中央的方针政策和华中局、新四军军部的指示在整个苏中贯彻执行，是一个经常遇到的问题。

粟裕在实践中深切体会到，在游击战争的环境里，特别是在苏中的特殊情况下，加强党委对各个系统、各项工作的集中统一领导极为重要。在1942年4月举行苏中区军政党委员会扩大会议上，粟裕在总结报告中强调："求得全党思想行动之一致，这才是完成华中局给我们任务的保证。"他指出，思想统一是行动一致的基础。为了达到党内思想的统一，必须有计划系统地教育党员和培训干部，通过党员、干部的核心和骨干作用取得党的领导权。他提议创办中共苏中区委员会机关报，以统一苏中党的意志与行动及教育党员。经过充分酝酿和准备，中共苏中区委员会正式作出创办《苏中报》的决定，粟裕兼任党报委员会书记和《苏中报》社社长。粟裕亲自撰写发刊词，强调指出"武装头脑是进行武装斗争的先决条件"。他说："党指示我们一条最高的原则，就是要一切为了抗战、为了坚持、为了胜利，也就是说要一切为了武装斗争。否则就什么也谈不上，或者说，什么也弄不好。而在进行武装斗争中，又有一个先决条件，就是武装头脑，就是要使我们全体干部、党员和群众，在思想上政治上工作上，能够应付任何变化、任何险恶、任何艰难困苦，在任何惊涛骇浪之中，斜风泼雨之中，出生入死之中，能够不断地发扬革命斗志，坚定胜利信心，兀然站稳在自己的哨岗上、战线上和阵地上。"①

1942年7月，粟裕总结苏中领导工作的实践经验，进一步提出实行共产党的一元化领导，在领导体制上统一和协调各个系统各个方面的关系。当时，在苏中军政党委员会领导下，苏中党政军各系统的配合总的来说是好的，但也存在不少问题，不能适应斗争形势和根据地发展的要求，在反"清剿"的严重斗争中这些问题进一步暴露出来。为此，他两次向华中局和新四军军部建议，在苏中区从上到下建立一元化领导体制，以适应在反"清剿"中坚持原地斗争的需要。在7月19日的电报中，他建议："使党政军民一元化，区党委与师部机关合并，其负责人可兼军区政委或主任职务，分区亦然。军区及师部、旅部负责人亦应参加地方党委之一部分工作，以便完全协调而利于坚持斗争。某些军队与地方干部可酌量对调之。"②在7月29日的电报中，再次就组织形式问题提出补充建议，以"统一党政军领导，确实做到一元化"。

粟裕的上述意见，得到了苏中区军政党委员会诸同志的原则同意。

华中局与新四军军部7月29日和8月3日复电，原则同意"新的斗争形势要

---

① 《粟裕论苏中抗战》，江苏人民出版社，1993年3月，第1版，第341页。
② 《粟裕军事文集》，解放军出版社，1989年7月，第1版，第131页。

求有新的方针、新的组织形式以适应之",要苏中区"就具体情况作仔细妥善研究"。

粟裕关于实行党的一元化领导的建议未能立即实施。

1942年9月1日,中共中央作出关于统一抗日根据地党的领导及调整各组织间关系的决定,明确指出:"根据地的建设与民主制度的实行,要求每个根据地的领导一元化。""根据地领导的统一与一元化,应当表现在每个根据地有一个统一的领导一切的党委员会(中央局、分局、区党委、地委)。因此,确定中共中央代表机关(中央局、分局)及各级党委(区党委、地委)为各地区的最高领导机关,统一各地区的党、政、军、民工作的领导,取消过去各地党政军委员会(党政军委员会的设立,在根据地创立时期是必要的正确的)。各级党委的性质与成分必须改变。各级党委不应当仅仅是领导地方工作的党委,而应当是该地区的党、政、军、民的统一的领导机关(但不是联席会议)。因此,它的成分必须包括党务、政府、军队中主要负责的党员干部(党委之常委亦应包括党务、政府及军队三方面的负责干部),而不应全部或绝大多数委员都是党务工作者。各级党委的工作应当是照顾各方面,讨论与检查党、政、军、民各方面的工作,而不应仅仅局限于地方工作。"中共中央的决定特别指出:"在游击区因为它的特殊性,领导的一元化不仅是在相互关系上应有所确定,而且在党、政、军、民的机构上,在必要时亦须一元化。党委、政府、民众团体的机关,可与军队指挥机关、政治机关合并。党、政、民干部在军队或游击队中担任一定的职务(如正副军事指挥员、政委及政治部各种工作),战时参加军队与游击队工作,战斗空隙时则仍实行其原来的党、政、民职务(如党委书记、县长、工会主席)。"①

按照中共中央的决定,并经华中局批准,苏中区实行党的一元化领导。11月中旬,撤销苏中军政党委员会,建立中共苏中区委员会,作为苏中区的最高统一领导机关,以粟裕、陈丕显、管文蔚、周季方为委员,粟裕任书记。随后,又在第一、二、三、四分区和兴东泰特区分别建立中共地区委员会。在苏中区建立起了从上到下的党的一元化领导体制。

根据当前斗争的要求并为将来的战略反攻作准备,粟裕进一步改善主力部队、地方武装、民兵三结合武装力量体制。

当时,苏中区三结合的武装力量体制已经形成,但是还存在一些问题:一是主力部队长期频繁作战,消耗过大,缺少整训,不利于今后的大发展;二是地方武装数量虽已超过主力,但较多用于执行警备任务,较少用于进击敌人,还不能独立地担负起坚持原地斗争的任务;三是从斗争发展趋势来看,除第二分区北部可能稍趋缓和外,其他各区,特别是第三、第四分区将更趋紧张,回旋余地更加狭窄,部队过于拥挤,存在"塘小鱼大"的矛盾,容易遭受损失。这种状况,不仅对坚持原地斗争有莫大影响,而且对将来实行战略反攻影响甚大。因此,他在7月19日和7月29日上报华中局、新四军军部的两份电报中,建议改善三结合

---

① 《新四军——文献(3)》,解放军出版社,1994年11月,第1版,第20—24页。

的武装力量体制，抽出一部分主力团在较为安定的地区进行整训，其余主力团实行地方化，与当地武装合并，加强坚持原地斗争的武装力量。

这个建议，被华中局和新四军军部采纳。经过反复商讨，苏中区党委决定，并经华中局、新四军军部批准，苏中军区和第一师所属部队于1942年9月统一整编，第一、二、三旅和第十八旅各保留一个经过充实加强的主力团。为保持一定数量的主力部队和加强苏南工作，决定派第二旅旅长王必成率第四团、教导队及盐城兴化警卫团各一部共2000人南下，与第六师之第十六旅会合，编成一个旅，仍用第十六旅番号，旅长王必成，政委江渭清。南下部队于12月到达苏南溧阳地区。除保留上述主力部队外，其余主力团实行地方化，与各县地方武装合并，作为地方团的骨干。另组建担负培训干部和师部警卫任务的教导团，保留担负海上斗争任务的海防团。经过这次整编，使第一师师部和苏中军区有主力在手，随时可以对重要方向实施突击；而各分区各县也都有较强的武装作为机动兵力，配合游击队和民兵，担负坚持原地斗争的任务。同时，主力部队得到了轮流作战、轮流整训的条件；地方部队则大为加强，并在斗争中逐步上升为新的主力；大量半脱产和不脱产的民兵，则成为群众性抗日游击战争的伟大力量和补充壮大主力军、地方军的不竭源泉。

粟裕领导的这次整编，既加强了主力部队，也加强了地方武装，使三结合的武装力量体制得到进一步改善，是根据地军事建设上的一项成功的战略性措施。陈毅在代表华中局、新四军军部向中共中央的报告中说，这一做法"是走的加强其地方性以最终消灭其地方性转化为主力的道路。这一辩证的发展，便把主力地方化、地方军主力化的矛盾正确解决了"。

与此同时，粟裕全面推进苏中根据地的政治、经济、文化建设，并把改造基层政权的工作摆在重要地位。

从1941年开始，到1942年冬天，苏中区广泛深入地开展减租减息斗争，为根据地的建设打下了坚实的群众基础。

1942年10月下旬到11月上旬，在如东南坎镇举行的苏中军政党委员会第三次扩大会议（又称南坎会议）上，粟裕尖锐地提出了改造基层政权问题。他指出，当时政权工作中存在的最严重缺点是区以下的机构不健全，大部的乡、保政权还未经过改造，是"新民主主义的头，半封建势力的脚"。只有改造了基层政权，才能巩固抗日民主根据地，才能团结各阶层。"改造政权，不但对在今天根据地内实行民主政治有重要意义，而且对将来在战后建设新中国时更有绝大的重要意义。"根据粟裕的提议，苏中区党委于1942年11月19日作出《关于改造基层政权机构、加强民主建设的决定》。粟裕对陈丕显、管文蔚等说：我们到苏北已整整两年，确实做了大量工作，武的文的都有成绩。就政权工作来说，迄今为止，县以上都建立了民主政府，区一级一般也都经过局部改造，半数以上的乡村建立了党支部，各类不同形式的群众性抗敌组织也建立了不少，这正好说明基层群众已树立了优势。现在最严重的问题，就是区以下的乡保旧政权还未经过改造。有不少地方，我们发的命令，在乡保政权实行起来还是老一套，使人民群众感觉不到抗日民主政府的新力量和新面貌。列宁有句名言：革命的根本问题是政权问题。现在，大力改造根据地的一切旧政权，已经成为当务之急；若再拖延，则原地斗争也难坚持。他再三嘱咐：要把政治民主交到群众手里，让人民自己来推选有威信的领导人，这可是一件开天辟地的大事呀，要抽调一批得力的干部来做这项工作。

从1942年冬季开始，苏中全区展开了轰轰烈烈的改造基层政权的群众运动，到1943年底，全区经过改造的乡一级政权达到74%强，基本上建成了从上到下的抗日民主政治体制。同时，根据地的经济、文化建设也出现蓬勃发展的局面。在日伪军反复"扫荡"、"清剿"和严密封锁的条件下，开展了轰轰烈烈的大生产运动，创办了被服厂、印刷厂、卷烟厂等生产企业，建立了税收、贸易等财政经济制度，并且在华中各根据地中首先发行了自己的货币，不仅保证了苏中根据地的需要，而且完成了华中局赋予的每年百万担公粮、两千万元税收的上缴任务。在文化教育方面，创办了各种学校和识字班，广泛开展社会教育，使广大群众都有受教育的机会。据1943年统计，苏中全区共有54所中学、1548所小学，拥有中学教师420多人、小学教师3320多人，在校中小学生16.4万余人，在艰苦的战争环境中坚持教学活动，培养出了一批又一批人才。

1942年冬天，著名民主人士、"七君子"之一的邹韬奋由香港赴延安，途经苏中参观考察。粟裕和陈丕显、管文蔚等热情接待，向他详细介绍了苏中根据地的情况，并按照他的意愿安排实地考察民主政治建设和文化教育情况。在第二分区，他视察了东台县许墩乡民选乡长的活动，参加了干部、群众和中小地主的座谈会，对苏中根据地的民主建设称赞不已。他深有感慨地说：在这里看到了真正的民主政治。农民群众能投票选举乡长，只有在共产党领导下才能做到。这在中国历史上是空前的创举，也是中国的希望所在。在第四分区，他参观了粟裕指导创办的骑岸中学，说：在新四军的抗日根据地，能办出这样一所中学，是不简单的。在苏中区举行的欢迎会上，邹韬奋发表热情洋溢的讲话，畅谈他在苏中考察

苏中抗日民主根据地发行的货币

的感受,兴奋地说:我在苏中看到了新中国的光明!

八、领导和指挥艰苦卓绝的反"清乡"斗争。"人民斗争的胜利"。

1943年是苏中抗日根据地敌情最严重、斗争最艰苦的一年。日本侵略军为了实现它"以华制华"、"以战养战"的战略目标,进一步加紧对华中占领区的控制和掠夺。鉴于对苏中"清剿"的失利,日军决定把"清乡"的重点由苏南转向苏中,并将易于分割封锁、对其威胁最大的第四分区作为"苏北第一期清乡实验区"。日本侵华派遣军总部决定由参加过苏南"清乡"的第六十师团(简称"小林师团")接替在苏中屡遭失败的南浦旅团,并增调第三十二、第三十三、第三十四等3个伪军师,集中1.5万余人的兵力,加上大批警察、特务和行政人员,兵力的密集程度为敌后华中战场所罕见。他们企图在六个月内消灭苏中新四军主力,摧毁苏中抗日民主政权,并且"扫荡"一切"敌性军队",在苏中建立起彻底的殖民地化统治。日本侵华派遣军总司令官畑俊六扬言,要把苏中新四军赶到黄海边统统消灭,在江北造成一个"大东亚圣战的华中确保区"。

苏中的形势骤然紧张起来。

能不能打破敌人的"清乡",反"清乡"斗争应当采取什么方针,成为当时战略指导上亟待解决的问题。

日伪军这次"清乡",是在苏南"清乡"的基础上进行的。苏南区党委和第六师经过一段时间的艰苦奋战,转而采取合法斗争、隐蔽坚持的方针,第六师指挥机关和所属第十八旅等部队先后撤到苏中。日伪军认为他们胜利了,因而视苏南"清乡"经验为法宝,企图在苏中如法炮制。在新四军内部,也有人从苏南反"清乡"斗争中得出消极结论,断言敌人的"清乡"是"不可打破的",只能采取合法斗争、隐蔽坚持的方针。1942年10月举行的南坎会议传达中共中央提出的"今年打败希特勒,明年打败日本"口号,大家很受鼓舞。没有过几个月,面对突然紧张的形势,有的干部、群众的思想弯子一下子转不过来,或者对形势的严重性估计不足,或者对坚持原地斗争消极悲观、惊慌失措。

作为苏中区的主要领导者,粟裕对形势始终保持着清醒的头脑。他在南坎会议上作总结报告时指出:"假如我们准备不充分,就不能顺利的配合全面反攻。"粟裕认为,中共中央提出今年打败德国、明年打败日本,是在欧洲建立第二条战线的前提下作出的断言。因此,他在总结报告中特别提醒大家,要认识到"即使明年开始反攻,也并不是说明年我们就可以回家或到上海过年。我们还要准备也许还要多吃几年苦。我们还要认识我们的弱点,即在抗战中我们的力量虽是大大发展了,并且控制了广大的平原地区,……然而我们所在的平原只不过是乡村,主要交通线及城市仍在敌人手中"。"我们的技术若不能提高,装备若不能改善,反攻是谈不上的"。"我们要估计以后斗争会更尖锐,将要遭受更多的困难和可能更大的削弱，这就要求我们在战略指导上要非常谨慎小心。而且敌人可能抢在同盟国反攻以前来解决中国问题，把中国作为他的赌本，因此敌人必将更加强对敌后的控制，这就是接近胜利时的困难。""因此必须保存我们的力量。""总之，反攻是要付出代价的，空喊毫无用处，必须切实准备好雄厚的实力。"①

粟裕这些卓有远见的科学论断，为苏中迎接艰苦的反"清乡"斗争提前作了思想准备。

粟裕和苏中区党委诸同志一起，首先把工作重点放在进一步统一干部和群众的思想认识、制定反"清乡"斗争的方针政策上。

粟裕明确指出，1943年将是苏中抗日斗争最尖锐最艰苦的时期，也是"黎明前的黑暗"时期。在指导思想上，要全面地分析斗争形势，正确地掌握斗争方向，防止和克服消极退却和盲目硬拼两种片面性，在坚持原地斗争、保存有生力量的总方针下统一思想统一行动，在坚持原地斗争中反对盲目硬拼，在保存有生力量上反对退却逃跑。1943年1月，粟裕向苏中区全体共产党员和干部发出五项政治号召：一切为了坚持原地斗争，反对退却逃跑；一切为了胜利，反对盲目硬拼；一切为了革命利益，反对个人打算；一切为了战争的胜利，要做困难时的英雄；巩固党内外团结，维护党的绝对领导。他强调指出："根据地是我们生存、发展、争取最后胜利的基础。没有了根据地，我们就失掉了一切。所以，每个同志都要下定决心坚持斗争，要有为坚持苏中根据地而流最后一滴血的精神。我们有绝对胜利的把握。退却逃跑、流寇主义的思想，只有陷自己于绝境，我们全区党政军民都应坚决反对。"②

粟裕又强调指出："虽然，我们有着坚持胜利的客观有利条件和决定胜利的主观力量，然而胜利需要争取才能得来，决不会自己送上门来。"③他要求大家作好充分的精神准备，迎接更加艰苦更加复杂的斗争，并且准备在必要时作出最大的牺牲，夺取反"清乡"斗争的胜利。

经过广泛深入的思想工作，不到半个月时间，干部、群众的情绪就稳定下来，满怀信心地投入以反"清乡"为重点的斗争。

粟裕依据中共中央华中局和新四军军部的总方针，认真研究苏南反"清乡"斗争的经验教训，从苏中实际情况出发，寻求苏中反"清乡"斗争的方针政策。他认为，苏中反"清乡"应当采取不同于苏南的方针。苏中是华中抗日根据地的前哨阵地，如果苏中不能保住，势必将敌我斗争的第一线向北推移到盐阜和淮南、淮北诸地区，显然对全局是十分不利的。因此，他和苏中区党委诸同志一起制定了"以公开的武装斗争为主，达到坚持原地斗争的目的"的苏中反"清乡"斗争方针。这一方针得到了中共中央华中局的批准。

粟裕认为，实行这样的方针，不仅是必要的，也是可能的。从自己一方来说，

---

① 《粟裕论苏中抗战》，江苏人民出版社，1993年3月，第1版，第219—220页。
② 同上书，第278页。
③ 同上书，第285页。

已经具有必需的条件：第一，第四分区的地理状况虽然与苏南大致相同，临江濒海，水网交织，交通便利，有利于敌人活动，但它背靠大块根据地，有苏中全区支援。第二，苏中有坚强的武装力量，有在平原水网地区开展游击战争的丰富经验，可以在军事斗争中取胜。第三，苏中抗日根据地是在同敌人的反复激烈斗争中坚持和巩固起来的，全区人民和各级组织经受过锻炼和考验，并且已经取得反对"清剿"即"机动清乡"的斗争经验。第四，苏中区领导已经作了应付最坏形势的准备，在领导体制、斗争方针、组织形式、作战指导、物资储备等方面做了许多工作，全区领导处于有准备状态。从敌人一方来说，日军调小林师团代替南浦旅团主持苏中"清乡"，使长期盘踞苏中的南浦惴惴不安，他既怕小林插足分肥，又怕被远调到太平洋作战，企图维持现状，因而对"清乡"采取一定程度的消极态度。日军为了加强对伪军的控制，对苏中原有伪军实行强制改编，扫除一切"敌性军队"，以苏北"清乡"主任公署主任兼保安司令张北生为代表的新派伪军，对以李长江、杨仲华为代表的旧派伪军实行打击、吞并政策，因而激发日军内部、日伪之间、伪伪之间的矛盾斗争，削弱了敌人"清乡"的力量，给我们造成了可乘之隙。所有这些，都是我们战胜敌人"清乡"的有利条件。

为了打乱敌人的部署，鼓舞群众的斗志，粟裕决定采取先发制人的策略，抓住敌人"清乡"尚未准备就绪、日伪军调防和某些据点空虚的有利战机，对日伪军发起军事政治攻势。2月23日，粟裕亲自指挥第一师教导团主力发起曹家埠战斗，并把轻易不用的山炮拿出来参加战斗。他说："把大炮用上，可以更加坚定群众坚持反'清乡'斗争的信心。"结果，几炮就把敌人的大碉堡轰开了，全歼曹家埠据点伪军1个营200多人，乘胜拔除孙家窑等伪军据点。紧接着，第三旅和第四分区主力相继攻克三阳镇、悦来镇等日伪军据点12处，摧毁敌军碉堡40余座；还以部分兵力挺进长江北岸，掩护群众烧毁日伪军用以构筑篱笆封锁线的大批毛竹。同时加强对伪军的分化瓦解工作，促使南通伪军500多人逃亡，海门伪军中立。这一系列凌厉的军政攻势，迫使日军推迟开始"清乡"的时间，也使苏中军民增强了反"清乡"斗争必胜的信心。

1943年4月，从日伪军占领区送来情报：敌人原定于3月1日开始的第一期"清乡"，因为第一师部队攻克曹家埠等十多处据点、烧毁用以封锁"清乡"区的大批毛竹，被迫推迟到4月10日。据点里纷纷传说："粟裕已经率部北去"，"清乡不需三个月就可成功"。粟裕闻听微微一笑说："这是敌人在说梦话。现在日本人、汪精卫都落下了极度困难的深渊，败局已定，但是他们还要穷凶极恶地进行垂死挣扎。我们也还要同他们作艰苦的坚决的斗争。"

粟裕当时并没有离开第四分区。他在作出反"清乡"斗争的具体部署以后，先将区党委、行政公署和军区机关转移到一、二分区，自己则率领十几名工作人员留在四分区吸引敌人，具体指导四分区的反"清乡"斗争。同时，还选派中层领导干部轮流进入"清乡"区，直接参加反"清乡"斗争。

从1943年4月起，日伪军首先在第四分区发动"第一期清乡"。他们封锁长江大小口岸,占领沿海集镇,切断海上与陆地交通,在"清乡"区边界构筑了长达175公里的竹篱笆封锁线,集中1.5万余人的兵力,加上大批警察、特务,采取军事进攻、政治欺骗、特务破坏、编查保甲、策动自首等手段,企图用六个月时间消灭抗日武装力量,摧毁抗日民主政权,建立起彻底的伪化统治。

粟裕与苏中区党委诸同志一起,以坚定彻底的革命精神和巧妙灵活的斗争艺术,领导和指挥苏中军民进行了艰苦卓绝的斗争。他密切注视形势的发展,及时提出切合实际的行动口号,把握斗争方向,进行具体指导。

在反"清乡"斗争初期,粟裕发出了"每乡每支部每月捕杀一个敌人"的号召。这个口号切实可行,得到广大群众的响应,迅速发展为乡与乡、支部与支部之间的杀敌竞赛。群众发动起来以后,有的地方组织成千上万群众围困伪军据点,发动政治攻势,劝告伪军投降,迫使伪军撤退。粟裕为此又专门发出《领导群众性对日伪斗争应注意的问题》的指示,肯定群众斗争的积极性和创造精神,同时提醒各级领导干部:组织成千上万的民兵围攻敌人据点,是在特定条件下的一种人民武装斗争方式,不能作为经常的战术,那是危险的。对群众性斗争要加强领导,防止自流,不要提过高的要求,以免招致不必要的损失,挫伤群众的积极性。

1943年6月下旬到10月初,日伪军逐步把"第一期清乡"转为"延期清乡"。这时,粟裕奉命到新四军军部汇报工作。临行之前,他特别提醒大家,在对反"清乡"斗争的领导上,要力求正确判断和把握形势,"必须防止轻敌与骄傲,以防止敌人的反袭"。果如粟裕所料,1943年10月,日伪军"第一期清乡"失败,紧接着发动了更加残酷的"延期清乡"。由于第一期反"清乡"斗争的胜利,第四分区领导干部产生了某些松懈情绪,对敌人的"延期清乡"缺乏应有的思想准备和工作准备,致使一些地区一度受到严重损失,干部、群众情绪波动,斗争陷入被动。一些人认为,敌人军事力量过于强大,群众斗争情绪出现退潮,对坚持公开的武装斗争、依靠群众性游击战争战胜敌人表示怀疑;另一些人则主张搞大规模的群众行动来回答敌人的暴行,认为只有硬打硬拼才能解决问题。在这个关键时刻,粟裕从军部回到苏中。他与苏中区党委诸同志一起,反复研究了第四分区的情况,作出了《关于提高群众反"清乡"斗争情绪的指示》。这个指示正确分析群众情绪波动现象,指出反"清乡"是长期和艰苦的斗争,越是接近胜利,斗争越是尖锐。面对严重的形势、敌人的残暴行为和狡猾手段,我们一方面要坚定胜利信心,教育干部、群众继续作顽强的斗争;同时要采取更加巧妙的策略和方式,把公开的武装斗争与合法斗争、秘密斗争结合起来。指示强调:"武装斗争仍是最主要的斗争方式,决不能因为采用其他复杂的斗争方式而减轻武装斗争的比重,相反地更应加强对武装斗争的领导;采取其他复杂的斗争方式,也正是加强武装斗争的有力步骤。"[①]这个指示及时指明了继续斗争的方向。第四分区党政军民统一思想统一行动,经受住了敌人"延期清乡"的严峻考验,达到了坚持原地斗争、保存有生力量的目的。

---

① 《粟裕军事文集》,解放军出版社,1989年7月,第1版,第158页。

从1943年2月到1944年2月，在持续一年的"清乡"与反"清乡"的激烈搏斗中，粟裕和苏中区党委诸同志一起，不断总结群众的实践经验，创造了许多独具特色的斗争方式，丰富和发展了对敌斗争的政策和策略。

在对武装斗争的指导上，粟裕强调充分发挥主力部队的骨干作用和三结合武装力量体制的威力。这时，第三旅和第四分区已经完成武装力量的整编，第三旅除保留第七团作为主力部队外，其余各团分别编入第四分区地方团，并抽出2000多人作为区游击队和民兵骨干，形成了适应反"清乡"斗争需要的武装力量体制。反"清乡"斗争开始后，按照粟裕的指示，主力部队实行"敌进我进"的方针，时而跳到"清乡"区外围攻击敌人守备薄弱的据点，时而突入"清乡"圈内直接掩护和配合群众斗争，仅4、5两月进行的主要战斗就有42次，先后袭击和攻克金沙、余东、六甲、悦来、麒麟、岔河、凤凰桥等重要集镇的日伪军据点，平毁碉堡108座。"清乡"区内的武装斗争，以地方武装和民兵开展群众性游击战争为主，以武工队对日伪军的重点打击为辅，坚持原地斗争。早在"清乡"开始以前，粟裕就指示从军队和公安部门抽调一批政治坚定、机智果敢、有作战经验的指战员，配备短枪，组成精悍的武工队（又称短枪队），开展城镇游击战，专门对付"清乡"的急先锋特工人员，并以第四专员公署名义颁布《反"清乡"期间紧急治罪条例》，规定对"国人皆曰可杀"的汉奸、特务就地处以极刑。反"清乡"斗争开始后，武工队神出鬼没，常常突然出现在敌人据点内，采取"扎粽子"、"包馄饨"、"背娘舅"、"老鹰捉鸡"等办法，开展锄奸斗争。据不完全统计，仅4、5两个月就处决汉奸、特务274人，敌人从苏南调来的"清乡"骨干被捕杀过半。敌"清乡"人员胆战心惊，许多人开小差，请长假，躲在南通城里不敢上任。原来准备增调的两个"清乡"大队也不敢再来。就这样，主力军、地方军与民兵相结合，内线作战与外线作战相结合，形成了不同层次不同形式的波澜壮阔的人民战争，使游击战争的战术技术发展到空前的水平。

在坚持以公开的武装斗争为中心的同时，粟裕指示要更加有效地开展其他各种形式的斗争，使武装斗争与非武装斗争相结合，军事斗争与政治斗争、经济斗争、文化斗争相结合，公开工作与秘密工作相结合，尽量团结、争取、利用一切力量，集中打击敌伪主持"清乡"的势力。在这个策略思想指导下，反"清乡"斗争发展为各个阶层、各种力量的最广泛的人民斗争，接连取得反封锁、反保甲、反抽丁、反维持、反自首、反伪捐等斗争的胜利。

构筑竹篱笆封锁圈，是日伪军在苏南"清乡"的法宝之一。他们企图在苏中如法炮制，吹嘘："篱笆打成功，清乡便成功"，"篱笆打好了，新四军跑不了"。粟裕针锋相对地提出"不让敌人打篱笆"的口号，号召群众拆毁敌人的封锁线。这个口号，既符合反"清乡"斗争的需要，又符合群众的切身利益，迅速变成群众的自觉行动。当时流传的民谣说："插篱笆，硬分家，南边田，北边家，有粮有菜收不到它。老百姓，本领大，你插下，我来拔，扛起毛竹回到家，编篮子，做扁担，用处实在大得野！"群众用绳索套在固定竹篱的木桩上把竹篱成片拉倒，在竹篱上扎油箍放火焚烧。开始是小规模的分散活动，后来发展为几个乡几个区的联合行动。苏中区党委因势利导，统一组织领导第三、第四两分区军民，于 1943 年 6、7 两月连续发动两次大规模的破袭战。仅 7 月 1 日夜间就出动 4 万余民兵、群众，在各级领导干部带领下，在主力部队和地方武装掩护下，在 100 多公里的封锁线上展开声势浩大的破袭战，火烧竹篱，挖毁公路，锯断电杆，把日伪军苦心经营三个多月的封锁线破坏殆尽。日伪军龟缩在据点里一动也不敢动，眼睁睁看着用 500 万根毛竹构成的篱笆在烈火中化为灰烬。绵延百余公里的冲天火光，噼噼啪啪的爆炸声响，响彻云霄的群众呐喊，构成具有典型意义的人民战争的壮丽景观。

"编查保甲"，是敌人进行"政治清乡"的重要手段，先是和平编查，后是强制编查。他们调集大量日伪军包围一个地区，强迫群众编查保甲，对反抗者血腥镇压，仅在南通县十总店一地就活埋 53 人。第四分区军民采取各种巧妙灵活的方式进行反保甲斗争。敌来我走，共产党员、干部和民兵临时转移，留下老弱群众敷衍敌人。群众说："铁将军把门，灶王爷看家，鬼子编保甲，请他编菩萨。"他们利用面对日伪、心向抗日的"两面派"乡保长，用慢编、乱编、假编应付敌人，动员群众把编好的保甲门牌烧掉，再向敌人报告是新四军烧掉的。他们布置秘密监视哨，及时发现内奸、特务，惩处伪保甲指导员，除掉敌人的耳目和爪牙。经过几个月的反复斗争，日伪军的"强制编查保甲"不得不停顿下来。

日伪军在"清乡"区内强抽壮丁，编组"自卫团"，掠夺人力资源。第四分区军民采取各种手段破坏敌人的抽丁活动，坚决镇压卖力为日伪抓壮丁的汉奸、特务，使日伪编组"自卫团"的计划大部落空。

苏中区党委和苏中军区还派遣一批秘密党员潜入伪组织中，分化瓦解敌人，开展隐蔽斗争。中共中央华中局决定，派汤景延等率领的通海自卫团打入伪军内部，进驻"清乡"重点区内，配合公开的反"清乡"斗争。这支部队以"灰色"面貌出现，实际上是共产党领导的抗日部队，团长汤景延、副团长沈仲彝、政委顾复生等都是中共党员。他们在极其复杂艰险的环境中，英勇机智地坚持特殊的战斗，控制了长江北岸几个港口，保证大江南北抗日根据地的交通联络。他们利用伪军经商作掩护，开办"协记公行"，采购和运输军需物资，护送苏中区党政军干部来往，搜集和传递重要情报。他们还根据上级指示，秘密处决日伪特务分子。1943 年 9 月完成任务以后，汤景延等奉命率部暴动，进袭日伪据点，然后胜利归来。汤景延团的行动，对日伪军是沉重的一击。伪苏北"清乡"主任公署主任张北生等为此受到小林师团长的严厉斥责，险些丢官丧命。粟裕说："汤团的领导、干部和群众英勇机智地完成了党所交给的任务，对于反'清乡'斗争起了积极作用。"

在错综复杂的反"清乡"斗争中，粟裕紧紧抓住主要矛盾，善于利用日伪内部矛盾，采取巧妙灵活的策略，达到了得心应手的境界。

1943 年 3 月 1 日，粟裕专门就反"清乡"的策略、方针问题，对第一师各旅、苏中各分区发出指示电，指出："反'清乡'的总的策略方针，是团聚一切反'清乡'势力，集中力量反对敌人'清乡'。对于日伪'清乡'阵营中之对'清乡'不满的消极分子,不论其出发点和立场如何,也不论其力量之大小与时间之久暂,我们均应争取,以便孤立主持'清乡'的敌人。"①在1943年6月上旬的苏中区党委扩大会议上,他又进一步阐述了反"清乡"斗争的政策和策略。

对于日军,粟裕指出,要利用南浦旅团与小林师团之间的矛盾,采取区别对待的策略,着重打击主持"清乡"的小林师团,而对南浦旅团的打击适可而止,促使南浦旅团对"清乡"采取消极态度。南浦因为对日本派遣军总部委任小林主持"清乡"不满,在换防时不等小林部队到来就开走,连工事、铁丝网都破坏了。苏中区民兵乘机收复了许多小据点。"清乡"开始后,南浦又采取不合作或消极服从态度,作战不力,后来被召回日本国内。

对于伪军,粟裕采取利用旧派、打击新派的策略。以张北生为代表的新派伪军是"清乡"的坚决执行者,日军给以支持和寄托,而对以李长江、杨仲华为代表的旧派伪军则实行打击、吞并政策,结果造成伪军内部的分化,日伪之间的矛盾加深,引起新旧两派伪军的激烈斗争。针对这种情况,粟裕提出,要善于利用日伪之间、伪伪之间的矛盾,打击新派伪军,利用旧派伪军。同时指出,新旧两派伪军都是我们的敌人,我们"既不是支持旧派使新派向旧派妥协,也不是支持旧派使新派完全失败,而是使新、旧两派的矛盾更其加深,并久拖不决而无法进行'清分'"②。

1944年1月16日,粟裕以苏中军区司令员名义发表《告"和平军"将领书》,向旧派伪军展开强大政治攻势。在这篇文告里,粟裕以大量事实揭露日本侵略军和汪精卫伪政府的阴谋,指出:"汉奸是没有好下场的,当'和平军'也决无出路。李士群是死得悲惨的,杨仲华、李长江是垮得悲惨的,项致庄(改编后的苏北伪军第一集团军总司令)以及今天得意的人物,也必然死得、垮得更其悲惨。因此,今天你们中不论是得意的人物或失意的人物,在我们看来都是可怜虫,都是在做黄粱美梦,而你们在黄粱未醒之际,已不知不觉中了鬼子的奸计。你们自己的前途,你们的生命,都是悬在刀口上了。你们叛国的罪行,也在不知不觉中被鬼子牵引着而加深了一步。"粟裕恳切劝告他们:"为了你们的前途,为了你们的生命财产,特别是为了你们不至于完全失去做中国人的资格,你们应即时猛醒,千万不要再上鬼子的当,不要再受项致庄的欺压蒙蔽,立即行动起来,反对'强化'、'改编',拒绝'调防',不接受作战命令,赶快和我们紧紧携起手来,重新回到中华民族的怀抱中来吧!"③

这些政策攻势,在伪军特别是旧派伪军中引起了巨大反响,唤醒了一部分伪军残存的民族意识,也促使他们考虑自己的利益和前途,因而使一部分旧派伪军向新四军靠拢,孤立了"清乡"的急先锋新派伪军,达到了集中主要力量打击主要敌人的目的。

---

① 《粟裕论苏中抗战》,江苏人民出版社,1993年3月,第1版,第289页。
② 同上书,第308页。
③ 同上书,第403—404页。

在领导和指挥第四分区反"清乡"过程中，粟裕对苏中全区的斗争作出了全面部署。他指出，"清乡"区与非"清乡"区的斗争方针要有所区别，"清乡"区与非"清乡"区的斗争要互相配合。他认为，敌人兵力不足，只能采取分区"清乡"的办法，在"清乡"区内力求打破现状，在非"清乡"区则有意或无意地维持现状。我们要利用敌人的矛盾和弱点，在非"清乡"区主动地打击敌人，促使敌人陷入顾此失彼的窘境，以减轻对"清乡"区的压力，从而使苏中全区以反"清乡"为重点，各区密切配合，互相支援，夺取反"清乡"和反"扫荡"的双重胜利。据 1943 年统计，苏中新四军主力部队和地方兵团作战 624 次，毙伤日伪军 15054 人，生俘日伪军 11949 人，缴获步马枪 30914 支、轻重机枪 294 挺、掷弹筒 62 个、炮 64 门；民兵自卫队作战 2855 次，毙伤俘日伪军 4105 人，缴获长短枪 596 支、机枪 4 挺、掷弹筒 5 个。群众性的反伪化斗争也取得了巨大成就，仅第一、第三两个分区 7 个县就动员 70 万群众参加斗争。经过斗争，第一分区和第十八旅控制了高邮、宝应、淮阴间大块地区，打通了与新四军第三师、第四师的联系，取得了有利的战略地位；第二分区部队接连粉碎了敌人两次大规模的"扫荡"，巩固了根据地的基本区；第三分区和第一旅通过反伪化反伪捐斗争，进一步缩小了敌占区；第四分区和第三旅不仅坚持了原有阵地，还有新的发展，乘机开辟了过去没有基础的沿江地区及敌据点附近地区。粟裕后来说："如果没有四分区的坚持，各分区在去年就不会得到这样大的发展，反之如果没有各分区积极发展与加强斗争的配合，则四分区的坚持也是会有困难的。"①

从 1943 年 4 月开始，经过六个月的反"第一期清乡"、三个月的反"延期清乡"和"高度清乡"，一直持续到 1944 年 2 月的激烈搏斗，最终以日、伪军的失败告终。苏中抗日军民在斗争中也付出了巨大代价，殷逸、王澄、鲍志椿等优秀干部壮烈牺牲。日本侵略军在"清乡"区内推行抢光、杀光、烧光政策，对抗日干部和人民群众实行活埋、剥皮、"点肉灯"、"吞火龙"、"腌咸肉"、"灌肚肺"、戳钢针、上电刑等灭绝人性的残害。据不完全统计，"清乡"区内牺牲干部 104 人，死难群众上万人，被奸淫的妇女 1300 多人，被抓壮丁 1900 多人，被毁民房 4000 余间，给第四分区人民造成了生命财产的巨大损失。但是，苏中党政军民在艰苦卓绝的斗争中越战越强。苏中抗日民主根据地在血与火的考验中巍然屹立。日本侵略军无可奈何地承认："苏北'清乡'的最大敌人是新四军"，苏中的反"清乡"斗争"有极强之基础及组织"，"其工作非常巧妙"，"一如散沙之农民，能被结成有组织之力量"，哀叹他们"工作之困难不待多言"，"殊难收肃清之效"。

苏中反"清乡"斗争是中华民族解放史上永放光芒的不朽篇章，表现了中国共产党领导下的人民战争的无比威力。40 年后，粟裕仍然以激动的心情绘声绘色地回忆这场斗争的情景，欣然为《苏中四分区反"清乡"斗争》一书题词："人民斗争的胜利"。

---

① 《粟裕军事文集》，解放军出版社，1989 年 7 月，第 1 版，第 168 页。

第九章 对日局部反攻

一、组织发起车桥战役。将苏中军区适时地
推进到局部战略反攻。

1944年的春天似乎来得特别早，苏中大地残雪融尽，路旁的杨柳鼓出新芽，田野麦苗开始返青。

此时，第二次世界大战反法西斯阵营胜利的形势更加明朗。在苏德战场上，德国法西斯败局已定，德军基本上被逐出苏联国境，苏军正准备发动强大攻势；日寇在太平洋战场节节败退，为了支援太平洋战争，从中国战场抽调一部分部队和老兵，对中国正面战场虽然发动了几场大的进攻，但已是强弩之末。苏中形势与其他抗日根据地一样，得到进一步恢复和发展。粟裕一直密切关注着国际、国内和苏中的形势，认为日寇在中国战场大势已去，虽然失败的确切时间还不好说，但肯定已经是穷途末路了。在苏中战场上，日军尽管还在进行"延期清乡"、"高度清乡"，但兵力使用上已是捉襟见肘，而且老兵成分越来越少，士气越来越低；而中国共产党领导的苏中区则基本上处于相对稳定发展状态。到1943年11月底，县以上早已建立了抗日民主政权，区一级政府一般都经过局部改选，半数以上的乡有了共产党的支部和群众组织，基层群众优势基本确立，并开始进行以乡政权为重点的基层政权改造。地方武装已能独立担负打击、歼灭日伪军和坚持原地斗争的任务，主力部队随时可以用于机动作战。粟裕深刻分析敌我态势，及时作出了科学的判断：苏中敌我力量的对比，我们在军事及技术等方面虽处劣势，但非绝对劣势；我们在政治上特别是在群众条件上，有着极大的优势。敌人正在作垂死挣扎，战争进行到了转折关头。我们应该看到这个变化，应该有压倒敌人的气概。作为苏中区党、政、军最高领导的粟裕，适时果断地提出：苏中区的领导重心要由以坚持为主转变为以发展为主，采取更顽强地坚持原地斗争和更有效地准备反攻力量的方针。

1944年2月，中共苏中区党委在三仓河召开扩大会议，总结1943年工作，布置1944年各项任务，一致同意粟裕提出的上述方针。在这次会议上，粟裕还阐述了一个重要的军事理论观点："在战略相持阶段，争取有利时机，推进局部的

战略反攻。"他的这个具有战略远见的观点，启发和提高了参加会议的区党委各位负责同志和新四军一师的旅、团干部的战略观念，使他们看清了华中敌后战场实行局部反攻的时机已经成熟。

紧接着，粟裕又在区党委和军区主要领导参加的小会上，以师长兼政委、军区司令员兼政委、区党委书记的身份，提出了在一分区高（邮）宝（应）地区即车桥、泾口、曹甸地区组织一次大规模战役的意见，并且详尽分析了当前形势、该地区战略地位的重要性和我取得胜利的可能性。

积蓄力量，准备反攻，一直是粟裕领导思想的一个重要方面，并一直注意为反攻作思想上、组织上、军事上、物质上的准备。组织发起车桥战役，已经在粟裕头脑中酝酿较长一段时间，现在逐步成熟了。

早在1943年初，粟裕就根据新四军军部指示，对苏中的反"清乡"斗争作了安排。4月1日，日伪军对四分区的"清乡"开始。为避免敌重兵合围遭受不必要的损失，新四军第一师主力部队和后方机关必须暂时跳出"清乡"区。而紧靠第四分区的第三分区，本来地区就较狭小，又是敌人的扩展"清乡"地区，这里的主力部队和后方机关同样必须向北转移。这样，第四、第三分区主力和后方机关都要移至第二分区。而第二分区所在的三仓地区东西和南北均不到百里，在如此狭小区域内集中这么多的主力部队、领导机关和后方单位，万一日寇对这里大举"扫荡"，新四军第一师将处于极为被动和不利地位。同时，中共中央规定1943年各敌后根据地工作中心为练兵、生产、整风学习三大任务，而当时苏中还有4000多干部没有参加整风。由于战斗频繁，部队、机关经常转移，整风无法正常进行。粟裕心中一直在考虑：要完成中共中央规定的三大任务，很需要有一个环境比较安全的地区。于是他萌发了一个作战构想：开辟新区以容纳第一师和第三、第四分区北移的主力和机关，并使主力部队的练兵和全区干部的整风学习，都有一个较为安定的地区。

这样的地区选在哪里呢？站在作战地图面前，粟裕的注意力停留在苏中区西北角的车桥、泾口、曹甸地区。1940年冬，他曾率苏北指挥部所属主力协同黄克诚部在此地区举行过曹甸战役，对该地区有一定的了解。1941年3月之后，韩德勤率江苏省政府、鲁苏战区副长官部及第二十四集团军总部和主力一部盘踞在该地区，将该地区经营为处于新四军华中抗日根据地中心腹地的反共基地。1943年2月，日军调集兵力向车桥、泾口地区发起了"扫荡"，并在方圆数十里内建立了以车桥为中心，包括周庄、受河、泾口、蚂蚁甸、杨恋桥、樊家河、张桥、塔儿头、曹甸、太仓镇等在内的十多处据点。

粟裕分析，该地区处于淮安、阜宁、宝应三县交界，是日军第六十五师团（师团部驻徐州）与第六十四师团（师团部驻扬州）的接合部。该地区伪军属徐州伪淮海省郝鹏举系统，宝应以南则属扬州项致庄系统。如新四军对该地区实施攻击，日军可能互相推诿和观望，配合作战不会协调。同时，该区又是新四军第一、第二、第三、第四师的接合部，如我攻击得手占领该区，不仅打通了相互之间的战略联系，第一、第三师主力还能互为依托，敌如不集中强大兵力绝不敢来犯，还便于将来进行大的战略机动。苏中军区既能将领导机关移至此处，有计划地轮训各主力团和分批集中干部进行整风学习，也可以就近加强对第十八旅（第一分区）工作的指导。

当然，粟裕的这些深谋远虑，由于时机尚未成熟，一直未向部属透露过，但在工作中已开始预作部署和准备。粟裕命令主力第七团分批进入兴化境内，以合塔、永丰、新老圩区等老根据地为依托，积极向南但主要是向西发展，在宝应以东地区打通与第十八旅（即一分区）的联系。粟裕亲自到三仓河北的北行镇向七团严昌荣团长、彭德清政委、俞炳辉参谋长和蒋新生主任交代任务，冒雨检阅七团部队，动员他们向宝应地区进军；要求七团打好仗，开辟新区，在新区建党建政建设地方武装，发动群众有计划地改造水网地区的地形，如在河道中筑明坝、暗坝、封锁坝、交通坝等，使敌人汽艇难以通行，而我军能来往自如；要求部队普遍学会游泳、划船、撑篙及组织船队进行水上行军作战和水网稻田地区行军作战的本领。

粟裕命令第十八旅（第一分区）第五十二团主力和高邮、宝应地方武装积极向界首、临泽、沙沟以北和宝应、曹甸、安丰以南地区发展和开辟新区，并加强侦察情报工作，随时掌握周围敌人情况。

1943年6月，粟裕奉命去新四军军部驻地江苏省盱眙县黄花塘参加整风会议和汇报工作。他借此次军部之行对沿途地形、敌情作了实地调查，进一步充实完善车桥作战构想。

此行于6月23日开始。粟裕带了师部侦察科负责人严振衡、测绘参谋秦叔瑾及押运上缴军部物资和经费的一个连的武装，踏上了西去军部之路。他们在东台县以北穿过通榆公路、串场河，经兴化地区南下到江都真武庙以西，从昭关坝伪军据点中通过扬淮公路，偷渡运河，泛舟邵伯湖，在扬州城北15公里邵伯湖南岸的黄珏桥上岸，越过扬（州）天（长）公路，历时近一个月，对沿途地形、道路、敌情、民情等作了充分的调查，于7月12日到达淮南黄花塘新四军军部。

粟裕在军部汇报工作，参加整风会议，治疗疾病，前后逗留两个月。返回苏中前，粟裕把严振衡找去，当面布置回苏中的准备工作。他说："这次来淮南，我们走的是南线，兴化、江都、高邮地区和淮南路东的南部、中部都去了一下，情况比较了解了。现在要回苏中了，我不想再走老路，想从北面绕回去，从龙岗坐帆船经闵家桥到黎城镇（今金湖县）的淮河口，再视情况乘船或步行到淮安、宝应以西地区看看，争取在平桥以南、泾河附近过运河，再向南、向东南回三仓地区去。"负责侦察、保卫工作的严振衡深知，淮安、宝应以西地区和平桥以南、泾河附近地区敌情较为严重。回苏中可走的路很多，为什么首长要绕得这么远，而且专拣我们从来没到过、敌情和地形较复杂，而我们的地方工作较薄弱，甚至完全没有地方工作的地区走呢？严振衡想得很多，疑问很多，但不便多问，也不好提意见，深感重任在肩，为首长的安全捏着一把汗。后来才恍然大悟，原来粟裕司令员此时已在为将来要选择在这个"遥远的地方"进行一个大战役作战场实地勘察！

8月30日，粟裕一行从军部到达高邮湖边的龙岗镇，巡视刚从苏南北撤到这里的抗大九分校,祝贺他们在苏南同第十六旅并肩反顽作战的胜利,并表示慰问。9月19日起程返苏中。粟裕率随行人员穿行于车桥、曹甸据点附近以及许多边沿区、接敌区和敌占区,一路察看地形,广泛了解敌情,同干部群众交谈,与第十八旅旅长兼第一分区司令刘先胜商讨军机。9月24日下午,天忽然下起雨来,粟裕和大家的衣服全被淋湿了。9月25日雨下了一天,大家只好在距敌人据点车桥很近的顾家庄住下来。粟裕趁此机会找村内的贫雇农,找保甲长谈话,还找地主、跑生意做买卖的人了解情况。他衣着简朴,平易近人,从周围水荡、田地和老百姓生活谈起,问到捕鱼、割苇子、跑生意的行情,再问到四面八方的水路、旱路怎么走,鬼子伪军下不下乡,周围据点有多少鬼子、伪军,车桥、泾口、曹甸一带买卖好不好做等等,问得很随便,答的人也没有什么拘束,许多重要情况就在这样的聊天中弄清楚了。

1943年10月3日,粟裕回到东台以东的吴家桥师部。三个月零十二天的学习整风文件、中共中央近期指示和往返途中的实地侦察调查,粟裕决心组织和发动以车桥、泾口为目标的攻势作战腹案趋于成熟了。为保证这一作战行动的胜利,粟裕于1943年10月18日向部队发出了《关于加强攻坚打援战术之研究》的指示,并派部队秘密修通了射阳湖靠北的大堤,以便于发起进攻前部队能从陆路隐蔽接敌。

1944年1、2月间,粟裕部署和指挥一师在苏中的高邮、兴化、宝应、东台、泰州和如皋等广大地区发动攻势,攻克了大官庄、王家营、永安、西团、安丰、运粮河、古溪等日伪军据点17处,争取伪军千余人反正。这一攻势起到了分散和迷惑敌人的作用。

粟裕经过长期酝酿、深入调查、周密策划形成的车桥战役腹案,在1944年2月召开的苏中区党委扩大会议上一提出,便得到了区党委其他领导的一致赞同。大家认为全苏中骨干武装力量已达20个团3万多人,士气正旺,主力部队集中进行了冬季练兵,战术、技术都有新的提高。只要组织和指挥得当,车桥战役的胜利是有很大把握的。

发起车桥战役会不会刺激敌人,引起日军对新四军大规模报复行动呢?粟裕对此也早有考虑。他全面分析形势说:"从全局来看,日军已是穷途末路,在我发起攻势作战后,难以对我进行大规模报复'扫荡',即使有些小动作,在我有所准备的情况下,影响也不会大。"[①]

苏中区党委会决定由粟裕负责战役全面的组织指挥,副师长叶飞负责车桥前线战场指挥。紧接着又召开团以上干部参加的作战会议,具体研究制定作战计划、方案。作战部门提出了三个攻坚方案,供作战会议讨论:一是由东向西,先攻泾口后攻车桥;二是车桥、泾口同时攻击;三是先攻车桥,后取泾口。经过分析比较,择优选取了第三方案。第三方案的优点很明显,粟裕力主此案。他认为:首先,打下车桥,敌人可能放弃一大片地区,我们可以得到最有利的战役效果。其次,车桥处敌中心地区,是敌人的心脏,工事坚固又有日军驻守,敌人自以为安全,而敌人认

---

① 《粟裕战争回忆录》,解放军出版社,1988年11月,第1版,第292—293页。

为安全的地方,往往是我最容易得手的地方,这是战争的辩证法。我们可以采取掏心战术,隐蔽接敌,突然进攻,必能收出奇制胜之效。第三,车桥周围的地形也对我有利。作战会议一致决定选择第三方案。粟裕又为这次战役定下了攻坚打援并举的方针,坚决攻占车桥,并歼灭敌人一批增援部队。

粟裕调集主力部队五个多团的兵力,还有地方部队参战。作战编组是:以七团为第二纵队,负责主攻车桥;以一团、三分区特务营及泰州独立团一个营为第一纵队,担任对两淮方向之警戒,完成歼灭或击退援敌之任务;以五十二团及江都独立团、高邮独立团各一个营组成第三纵队,担任对淮安、曹甸、宝应方向之警戒,完成歼灭或击退援敌之任务;以师教导团一营及四分区特务团(两个营)及炮兵大队组成总预备队。粟裕强调这次战役安排打援的部队多一些,但并不是"以打援为主",战役的目的是攻取车桥,解放这一片地区。过去对日军作战打的都是游击战,这次是游击战和运动战相结合,是一定规模的对日军攻势作战,这在苏中抗日游击战争中还没有先例。

作战会议结束,粟裕特意把七团团长兼政委彭德清和参谋长俞炳辉留下,斩钉截铁地说:"成败胜负,关系重大,你们团一定要完成任务,哪怕敌人筑了铜墙铁壁,也要砸开它!"彭德清坚定地表示:"请首长放心,我们一定拿下车桥!"

粟裕接着又将严振衡找去,命令他立即从作战科、侦察科、通信科各抽调一二名参谋,带两名机要员和一部电台,挑选侦察员、徒步通信员、电话员(带总机)各一个班,调师教导团第一连,由管理科配好行政和生活保障人员,安排一名得力的副官带领。这些人员编组好以后由严振衡统一管理和指挥,护送、陪同叶飞副师长去一分区淮宝地区,有重要作战任务,详细情况由叶副师长具体交代。对护送叶飞副师长到作战前线的路线,粟裕也对严振衡作了详细指示:尽量陆地行军,避免水上行军。路上一定要注意侦察警戒,昼伏夜行,严格保密,保证安全到达。

大部队行动保密工作十分重要。这一带是水网地区,封锁消息有不少有利条件,粟裕早就布置宝应县委动员3万多民兵和群众,于曹甸、安丰等地筑路打坝,筑起了顶宽1丈,高出水面5尺,穿越湖荡,绵延约15公里的5条大坝,以便于攻击部队隐蔽接敌,奔袭车桥。又组织了数以千计的船只,穿越宽阔的马家荡、绿草荡水面,把部队、云梯和其他器材以及担架队运送到车桥附近。还组织精干民兵,利用黑夜开沟挖塘,破坏敌伪据点之间的道路、桥梁,协助军队埋设地雷、放哨和监视敌人。

为保证战役的胜利,粟裕认真抓好了战前准备,特别是协同作战的准备。他要求部队充分摸清、摸透地形、敌情,包括敌之工事构筑、火力配置及与之有关的一切方面的详细情况,进行目标明确、目的清楚、要求具体的针对性练兵。主攻车桥的七团挑选干部进入车桥据点侦察,把车桥周围地形与开进路线勘察得清清楚楚;拟制了详尽的作战方案,最后又用15天时间,模拟敌人和地形地物进行战前练兵。

苏中大地上一场酝酿已久的向日本侵略者发起局部反攻的风暴就要来临!

二、车桥大捷。华中抗日战争由相持阶段向反攻阶段发展。日军俘虏敬畏地说:"粟裕埃拉伊!"

车桥镇坐落在涧河(又名菊花沟)两岸,东西长 2 里,南北约 1.5 里,河道上有 5 座桥梁,从高处俯瞰全镇,形如"車"字,是以得名。这里驻扎日军 1 个小队,约 40 余人,伪军 1 个大队,约 500 余人。敌人在车桥镇筑有 53 座碉堡,构成绵密的交叉火力网,四周围墙高达 2 丈,外壕宽 1.5 丈,壕中积水深七八尺,且与界河相通。以车桥为中心,外围还有十几个坚固的据点相拱卫,形成一个较完整的筑垒配系。

1944 年 3 月 3 日午后,以七团为主攻车桥的第二纵队,分南北两路开进。北路部队在七团团长兼政委彭德清、参谋长俞炳辉率领下于 5 日凌晨 1 时 50 分之前到达车桥以北攻击准备位置。南路由七团副团长张云龙、政治处主任蒋新生率领,亦于 5 日凌晨 1 时 50 分之前到达车桥西南飞机场一线。

负责两淮方向警戒、打援的一纵队,在廖政国、曾如清等率领下于 4 日午夜 12 时抵达车桥以西的石桥头、芦家滩之线,进入伏击阵地。

负责淮安、曹甸、宝应方向警戒与打援的第三纵队,于 4 日午夜 12 时到达警戒位置。

叶飞率师指挥所及总预备队、炮兵大队,于 5 日凌晨 2 时到达车桥北面之赵扬庄。

车桥守敌万万没有想到新四军一师主力敢于集中大兵团来攻,而且是采取掏心战术直取其中心据点。日、伪军苏中指挥机关对新四军作战意图及部队调动一无所知。

3 月 3 日,距车桥战役发起只有两天,粟裕收到一份敌情通报:日军百余人、伪军千余人增至安丰。安丰处于东台以南通榆公路上,是敌人的据点,距三仓河约 30 公里。伪军师长田铁夫也到了安丰,有向东"扫荡"模样;南边海安之敌一部进占了李堡,距三仓河约 20 公里,似企图向我台南地区"扫荡"。粟裕将计就计,不放弃任何一个"动敌"、"欺敌"的机会,决心在车桥战役发起之前,对敌实施一个"声东击西"的"佯动",吸引敌人注意力,掩护车桥战役的突然性。他将师直机关分为前后两个梯队,令苏中行署主任管文蔚率后梯队北移,跳出"扫荡"圈;自己率前梯队向南转移,故意"示形"迎击"扫荡"之敌,与其纠缠,麻痹敌人。

3 月 5 日是农历二月十八日。深夜,皎洁的月光给大地铺上了一层轻柔的薄纱。凌晨 1 时 50 分,攻城部队按预定计划出击。三旅旅长陶勇亲自指挥第二纵队,从南北两个方向直插车桥镇两翼。两路部队迅速越过外壕,架起云梯,爬上围墙,展开攻击,仅 20 分钟便突破围墙,攻下 10 余座碉堡,占领镇内全部街道,分割包围各日、伪部队。苏中新四军的突然攻击,顿时使敌人不知所措,完全处于被动中。天亮前忽然狂风大作，黄沙满天。这在当地是罕见的。老百姓都说："新四军有神灵保佑，天刮鬼风，帮助新四军打胜仗。"经激烈战斗，攻城部队于当日中午全部歼灭了镇内的伪军大队。车桥镇内只剩下日军的工事和碉堡了，呈现出激战前的暂时沉寂。下午3时半，第二纵队开始总攻"碉堡中之碉堡"的日军圩子，首先以迫击炮集中轰击敌外围，接着以山炮轰击大碉堡。日军一个小队大部被歼，残敌继续作困兽斗。第二纵队一方面进行近迫作业，重新布置炮火，准备再次攻击；另一方面展开政治攻势，随攻击部队前进的"日本反战同盟苏中支部"宣传委员松野觉，冒着枪弹进至碉堡旁喊话，瓦解日军，不幸头部中弹牺牲。

阻击打援也在激烈进行。

在三纵队方向，5日午后，驻曹甸、塔儿头日伪军百余名最先出动，行至大施河，触发新四军埋设的地雷，稍与新四军警戒部队接战即退回。

在一纵队方向，5日下午3时，淮阴、淮安、涟水等地日军，纠合伪军700余人，分批在淮安集结，乘车向车桥驰援。第一批7辆汽车载着240多名日军，进至周庄、芦家滩新四军预设的伏击阵地。一纵队战士突然猛烈开火，迫敌进入预设的地雷阵，当即炸死炸伤敌60余人。看到日军被炸得鬼哭狼嚎，伤亡惨重，指战员们兴奋异常。这次作战地雷发挥了很大威力。

第二批、第三批增援日军各约百余人跟着于下午4时、5时30分分别进入韩庄与第一批残敌会合，当晚向新四军阻击阵地进犯。一纵队战士从敌侧背奋勇出击，与敌白刃格斗，刺死敌60余人。日军华北派遣军第六十五师团第七十二旅团三泽大队长被击毙。敌人伤亡惨重，便向韩庄东北突围，在芦苇荡边被一纵队战士切成三段，大部就歼。6日凌晨3时左右，第四批增援日军120余人，乘两辆汽车又进至小王庄、韩庄，与残敌会合。

7日，车桥镇残敌在援军接应下狼狈逃窜。早已动员好的宝应县40多个乡的3万多民兵、群众立即进入车桥，迅速平毁工事，拆除围墙、碉堡，打扫战场，彻底摧毁敌人的巢穴。苏中新四军部队乘胜威逼车桥周围敌据点。曹甸、泾口、塔儿头、张桥之日伪军如惊弓之鸟，退守淮安。12日，苏中新四军收复望直港、蛤拖沟、鲁家庄、蚂蚁甸、受河。13日又收复周庄。

车桥战役至此胜利结束，共歼三泽大佐以下日军460余人，其中生俘山本一三中尉以下24人，歼伪军500余人，摧毁碉堡50余座，缴获步兵炮1门及大批武器弹药，收复敌伪据点12处。

车桥战役打响前，粟裕已与新四军第三师沟通了联系。车桥战役一打响，三师一部立即攻克涟水、车桥间的朱圩子敌据点，消灭伪军300余人，保障了一师作战部队北面侧后的安全。

多年以后粟裕回忆起车桥战役，他说："进行一个战役，首先要从战略上考虑，战役要同战略相结合，当前要与长远相结合。车桥战役首先是从战略大局考虑的，不然就变成了近视眼。另外从战机上考虑，当时敌人的情况同1942年不同了，士气低落，所以打车桥能够打下来，可以打。"①

车桥战役取得了攻坚与打援的双重胜利，粟裕在战役发起前的预见和意图一一得到实现：

（一）打通了苏中与苏北、淮南、淮北战略区的联系，淮宝地区纵横各50余公里的广阔地区被打开。一个月之后，苏中党、政、军领导机关便移驻到这里。4月18日，苏中区党委发出《夏秋季工作决定》，主要要求是"切实将整风列为工作第一位"。一师部队整风运动全面展开，全苏中有3000多名干部参加了不同形式的学习。主力部队也在这里得以整训，为下一个战略行动作了从容准备。后来中共中央根据国际国内形势发展，制定了一个发展东南的战略决策，接受新的任命的粟裕就是从这个地区出发，亲率经过整训、齐装满员的3个团，渡过长江去开辟苏浙军区。

（二）车桥战役之后，日军再也没有力量发动更大的军事"扫荡"。驻徐州的第六十五师团派出部队进行报复"扫荡"，以挽回"皇军"的面子，但他们行至离车桥几里路的地方，从望远镜观察到苏中部队正严阵以待，就不敢再向前走了，只是派几架飞机来作一番侦察飞行，在凤谷村投下几枚炸弹就飞走了。

（三）车桥战役是华中抗战史上对敌震动最大的一次攻势作战，它标志着苏中敌我相持的平衡被打破，抗日斗争形势从此走向转折。敌悲观情绪日甚一日，驻东台日军12人集体上吊自杀，驻平桥镇伪军营长带100多人反正。敌收缩据点采取守势，而苏中新四军则展开了局部战略反攻，在一、二、三、四分区不断出击，屡歼敌军。

在车桥之役中被俘的日军中尉山本一三说："这大概是你们新四军抗日以来在江苏省和日军作战最大的一次胜利吧，俘虏我们那么许多人是没有过的吧？""你们在坟地上埋设地雷的预谋，加上坟地周围设置的战壕，适时地掀开伪装，突然的出现，这是你们战术胜利的绝妙计策吧？"说到这里，山本一三目光不由得透出了敬畏的神色，突然收紧下巴："你们的粟裕埃拉伊！埃拉伊（日语'了不起'）！"

战役结束后，新华社向全国播发了"车桥大捷"消息，赞扬苏北新四军"以雄厚兵力"打了一个"大歼灭战"。延安《解放日报》发表社论祝贺胜利。陈毅也从延安发来了热情洋溢的嘉奖令。

3月8日，粟裕、叶飞将车桥战役的发起理由和战斗经过报告新四军军部。饶漱石主持工作的新四军军部，却向一师发电报，对车桥战役提出批评，指责"攻击方向不对"，"主动过分暴露自己力量"，"过分刺激敌人，很可能引起敌人大的报复"，"可能造成对全部各方不良的影响和牵制"。为此，3月11日粟裕、叶飞、陈丕显共同署名，复电进一步申述组织发起车桥战役的理由。事实证明军部的"担心"是多余的，不但没有出现"不良的影响"，相反有力地推动苏中以至

---

① 《粟裕论苏中抗战》，江苏人民出版社，1993年3月，第1版，第423页。

华中抗日战争由相持阶段向反攻阶段发展,揭开了苏中乃至华中的战略反攻序幕。车桥战役不仅在当时震惊中外,而且历经半个世纪风风雨雨的考验,一直作为一个辉煌的战例,彪炳史册。

三、南坎战役。对日连续局部反攻。
苏中抗日根据地成为"汉高祖的关中"。

南坎战役是粟裕组织指挥的苏中对日局部反攻的重要组成部分。它是以南坎作战为代表,在南线"清乡"区边缘及"清乡"区内发动的一系列反据点攻势作战的总称。这次战役历时五个多月,包括1944年5月开始的"清乡"区内的反据点斗争、攻克南坎镇作战及持续到10月的夏、秋季攻势。南坎战役共歼灭日伪军3000人以上,其中包括日军中队长以下近800人,拔除和逼走日伪据点七八十处。

车桥战役以后,如何进一步推进对我较为有利的苏中斗争形势,是粟裕思考问题的重点。

此时,日伪对四分区的"清乡"已转为以政治伪化为主,同时准备对第一、第三分区进行"扩展清乡",对第二分区进行"强化屯垦"。粟裕从抗战的整体局势出发,对当前苏中敌情和形势作了深刻分析,认为:日寇目前正以大力进攻平汉、粤汉铁路,相对减弱了后方的力量。但对已"清乡"的地区不会放松,将继续加紧进行"扩展清乡"与"屯垦"计划,因兵力不足,又不大可能从别的地方调兵来苏中,势必主要依靠现有力量集中使用,这样就使我们有打破其"扩展清乡"计划的可能。经过思考,粟裕把握了整个形势发展的本质,提出了对敌斗争的新策略:对敌人的"扩展清乡"与"强化屯垦"采取打破的方针。对四分区的反"清乡"则仍提"坚持"斗争,而不提"粉碎"敌人的"清乡"。因为过早地提"粉碎"敌人的"清乡",容易引起轻敌和急躁,导致敌人的报复,使群众遭受不必要的损失。同时,苏中区这时的领导重心已经转向准备反攻,如果第四分区形势再度紧张,对全局会有干扰。

1944年5月,苏中主力特务四团以奔袭行动突入"清乡"区的封锁线,与在那里坚持的地方武装和民兵配合,两次攻克"清乡"区内伪军据点童家甸。坚持在启东、海门地区的地方武装攻克了伪军据点竖河镇。各县警卫团、区队、民兵攻克日伪据点28处,歼灭日伪军近千人。攻克这些据点既削弱了敌人的有生力量,同时也进一步摸清了日伪军在"清乡"区内据点守备的实际战斗能力。

粟裕任书记的中共苏中区党委根据形势发展,指出反据点斗争是一切工作的中心环节,要用一切办法来达到反据点斗争的胜利,使敌人被逼放弃小据点,集中到大据点,并使大据点一个个处于孤立局面。

于是苏中全区展开了对日伪的攻势作战。粟裕思索已久的打破敌"扩展清乡"并进一步推动局部反攻的军事斗争方案渐趋成熟。

1944年6月3日,粟裕分析全国的抗战和苏中斗争形势,向新四军军部提出:"于最近进行一次较大的战役",以粉碎敌之"扩展清乡"计划。①

实施这个战役,粟裕提出了两个具体方案:

第一方案:在敌封锁线上打开缺口,以便于今后工作和加派兵力进入"清乡"区内,并造成打破敌"扩展清乡"的有利条件,因此第一个战斗必须先在四分区进行。

第二方案:如上述第一个方案的第一个战斗尚未进行,敌人即开始"扩展清乡"前的军事大"扫荡",则我暂停在四分区"清乡"区封锁线上打开缺口的原定计划,集中主力四个团的兵力在东台以东地区,寻找敌人弱点,于运动中歼敌一路或数路,以打破其计划。

粟裕决定以四分区敌封锁线东北边缘的南坎据点为主要攻占目标,得手后乘胜再打下八总据点,以打开封锁线上缺口,达成今后我主力进入"清乡"区内便利条件。6月5日,粟裕正式下达南坎战役作战命令,并把主攻任务交给七团、特务四团等,其他主力部队、地方兵团、区队和民兵的作战任务,都相应作了安排。苏中四地委也作了相应部署。

南坎镇位于如东县掘港以东,是日伪军的一个重要据点,驻有日军一个小队和伪军一个连,加上警察,共有300多人。这里地理位置比较突出,但并不孤立,四周有好几个据点互相呼应。"清乡"区内的反据点斗争是南坎战役的有机组成部分,也是南坎战役的前奏曲。粟裕认为,这样可以实现苏中区党委制定的反据点斗争方针和作战的根本目的。

6月22日,担负主攻的七团告别车桥大捷后的整训地东台唐家洋,以日行60公里的速度行进。团长兼政委彭德清和副团长张云龙预计到开进途中随时可能遇到出来"扫荡"的日伪军,早作好了随时投入战斗的充分准备,并且制订了战备计划,以便在行军途中立刻转入战斗。部队白天开进时不是走一路纵队,而是分成左右两个梯队,一旦遇敌,便可迅速展开兵力,乃至夹击歼灭敌人。

23日上午10时左右,七团急行军楔入如(皋)东地区,在耙齿凌与从栟茶据点出动"扫荡"的日伪军500余人遭遇。七团迅速展开成为战斗队形与敌交战。狭路相逢勇者胜。敌我一经接触就形成硬拼的局面。经过三个小时较量,七团勇猛杀敌,敢于刺刀见红,干净利落地消灭日军中队长加藤大尉以下百余人,伪军百余人,活捉日军小队长以下14人、伪军200余人。

遭遇战枪声刚停,七团顾不上休息,直奔南坎方向。此时,粟裕对原定的南坎战役由七团攻坚、特务四团打援的部署作了新的调整,改由特务四团攻坚,七团担任掘港方向打援。

南坎战役于6月26日夜间发起,进展比较顺利,特务四团先攻占了伪军据守的4座碉堡,歼灭伪军100余人,接着集中火力、兵力攻击据守在核心阵地的日军,最后以火攻解决战斗,又歼日军12名。由掘港向南坎增援的日伪军被担任打

---

① 《新四军——文献(4)》,解放军出版社,1995年2月,第1版,第103页。

援的七团全歼。各部队密切配合,乘胜连克八总店、鲍家坝、六甲和北新桥等日伪据点,给了坚持在"清乡"区内斗争的军民极大鼓舞。

在攻克南坎据点胜利的鼓舞下,在"清乡"区坚持的地方兵团、区队和广大民兵,掀起了波澜壮阔的夏、秋季攻势,高潮一直持续到10月间。据不完全统计,夏、秋季攻势仅地方兵团作战达192次,区队和民兵作战131次,共攻克据点25处,逼使日伪军撤走据点44处。

车桥大捷和南坎战役胜利,标志着苏中抗日根据地对日军局部反攻时机已经成熟。以粟裕为首的新四军第一师和苏中区党委领导,在开展抗日游击战争中,根据对敌斗争形势的发展,逐步由以坚持游击战争为主的内容与形式,向以运动战为主的内容与形式的转变,作战指导的基本原则仍然以游击战与运动战结合,但作战中运动战的成分明显地提高了。

形成鲜明对照的是,"清乡"区各地日伪军政人员异常恐慌,伪组织中的中层人员更是动荡,南通地区一日之内竟有七个伪区长辞职,伪乡保政权、伪自卫团大部瓦解,很多人向新四军自首,帮助新四军攻打日伪据点。

7月1日,苏中军区和一师领导粟裕等传令嘉奖南坎战役参战部队。第四分区军民在夏、秋季攻势中不仅恢复了"清乡"以来被日伪军占领的地区,而且还使根据地有所扩大,取得了反"清乡"斗争的决定性胜利。

按照粟裕的部署,苏中其他地区开展了"打破"与"粉碎"敌"扩展清乡"、"强化垦屯"的作战行动,连连获胜,日伪于1944年初设立的伪苏北屯垦总署被迫于11月1日宣布取消,日伪的"扩展清乡"、"强化屯垦"彻底破产。

此时,驻守在泰州、兴化、东台三县交界地区的国民党税警总团陈泰运部,勾结日伪不断对新四军攻击,断绝新四军南北交通,杀害新四军干部。粟裕报请新四军军部并转中共中央批准,对陈泰运组织了两次讨伐战役。第二次讨伐战役,粟裕亲临前线具体指导,至10月下旬讨陈战役结束。两次战役共毙俘陈部及伪军2300余人,攻克据点19处。陈泰运率残部900余人投敌。

从车桥战役到南坎战役,构成了苏中地区新四军对日作战的连续局部反攻,成为1944年苏中军事斗争的主线。这一年,粟裕领导和指挥的新四军一师主力部队和地方部队与日伪军作战825次,共歼日伪军1.6万人。

中共中央和毛泽东在1941年2月的指示电中曾把包括苏中在内的苏鲁战区作为"华中的基本根据地"和"向西向南发展的策源地",赋予它"好像汉高祖的关中"[①]的战略任务,粟裕领导的苏中经过几年战斗和建设,已建成了名副其实的"关中"。新四军在苏中能控制和储备的人力、物力、财力,在华中战略区中均占首位,成为华中抗日根据地的一块坚强前哨阵地。它不仅有足够的力量坚持和巩固现有地区,而且有力量随时执行发展和支援新区的任务,完全起到了"汉高祖的关中"的战略作用。

---

① 《毛泽东军事文集》第二卷,军事科学出版社、中央文献出版社,1993年12月,第1版,第623页。

第十章　进军苏浙皖

一、中共中央决定："扩大解放区，缩小沦陷区。"
　　第三次先遣，跨江南下，发展东南。

　　1944年下半年，世界反法西斯战争形势越来越好。在中国敌后战场，共产党领导的抗日根据地被敌人分割、包围的态势正在转变为敌人的孤立据点被大片抗日根据地封锁和包围。在这种形势下，中共中央进一步筹划扩大解放区、缩小沦陷区的战略部署，决定留守延安的八路军三五九旅一部南下向湘粤发展；在华中的新四军，一部向西向河南发展，一部向南向东南沿海发展。1944年9月27日，中共中央向华中局发出《关于发展苏浙皖地区总的方针和部署》的指示："我军为了准备反攻，造成配合盟军的条件，对苏浙地区应有新的发展部署，特别是浙江的工作，应视为主要发展方向。"①随后中共中央又指示华中局：新四军在执行西进、南下两大任务中，应以南下为主，江北兵力尽可能抽调南下，一切工作首先着眼保证南下任务的完成，争取全面控制苏、浙、皖、闽、赣诸省，使我党我军在举行战略反攻时处于有利的战略地位。中共中央决定新四军第一师（包括苏南地区的第十六旅）担任南进任务。

　　对于发展东南，粟裕怀有特殊的感情和革命责任感。当中共中央提出具体方案交华中局商议，华中局就此事征询苏中意见时，粟裕激动不已。从1934年7月红七军团组成北上抗日先遣队到三年游击战争，粟裕先后奉命执行向闽、浙、皖、赣挺进和在皖南、浙江创建苏维埃根据地的任务，经过艰苦卓绝的斗争，在浙闽边保住了战略支点。1942年5月，他根据浙江敌我斗争形势，就向华中局和新四军军部提出建议：增派部队向浙江发展。但这个建议未被采纳。陈毅回电指示：由于整个情况尚不明朗，目前仅可作准备。并于6月21日致电毛泽东、中共中央，认为：七师、一师建议南进，目前仅可准备，不宜轻动。毛泽东复电指示："皖南、浙西只可发展游击，我主力不应南进。"②但陈毅对粟裕的建议很重视，7

---

① 《粟裕战争回忆录》，解放军出版社，1988年11月，第1版，第304页。
② 《毛泽东年谱》中卷，人民出版社、中央文献出版社，1993年12月，第1版，第389页。

月便派谭启龙到浙东去加强领导，8月又派何克希带一批干部到浙东。陈毅还叮嘱何克希，经过苏中的时候，要听取粟裕的指示。粟裕在苏中热情接待了何克希一行，并从部队中抽了几个曾经在浙江打过游击的干部如张文碧、刘亨云等随何克希前往。苏中区党委和一师给浙东区以积极的多方面的支持，一直十分重视保持苏中与浙东的海上通道。以谭启龙、何克希为首的浙东区党委、浙东游击纵队在日伪顽夹击的复杂形势下艰苦奋斗，不仅建立与坚持了三北（指姚江以北的余姚、慈溪、镇海地区）游击根据地，保存了浦东原有的阵地，而且建立了以四明山为中心的敌后根据地，依托四明山向南和向浙赣沿线的金华、义乌、兰溪方向发展。

1942年5月，根据华中局决定，镇丹武、苏常太、澄锡虞地区正式划归苏中区党委领导，改建为苏中区第五、第六分区。粟裕对上述地区的斗争作出新的部署，并派部队和干部加强向南发展的领导力量。指示他们："务必完全控制沿江一线，以便将来作战略转移。"1942年12月，经华中局、新四军军部同意，粟裕又派王必成率领第一师第二旅及苏中党校、抗大九分校渡江南下，并将第二旅与第十六旅合编为新的第十六旅，作为坚持苏南抗日斗争的主力。经过艰苦卓绝的斗争，特别是1944年的反"清乡"、反"扫荡"、反"蚕食"、反伪化、反抢粮斗争，十六旅的力量伸展到了苏皖边的长兴、郎溪、广德地区，各分区也已连成一片。粟裕的这些部署，为恢复和发展苏南根据地，进而开辟苏浙皖边根据地，打下了基础，创造了条件。

东南的山水牵动着粟裕的心。他反复研究分析中共中央指示和华中局的征求意见电，心潮在涌动，决心把自己关于发展东南的想法报告新四军军部和华中局。

关于发展东南的指挥人选，中共中央原来的意见是派叶飞、朱克靖（苏中三分区行政专员公署专员）担任。粟裕认为，在苏浙地区他先后有抗日先遣队、浙南三年游击战争、新四军先遣支队和江南指挥部几个阶段的经历，对那里的地理、社情较为熟悉；苏浙现有的十六旅、浙东游击纵队及浙南游击队等，过去一直受他的领导和指挥，在干部关系上较好处理，由他南下对全局较为有利。他把请缨执行南下战略任务的意见上报华中局、新四军军部。华中局、新四军军部研究了粟裕的建议，认为"粟南去担任发展浙江任务确较为佳"。10月23日，华中局和新四军军部将他们的意见并粟裕原建议电报毛泽东、刘少奇并陈毅。翌日，中共中央军委致电新四军军部："同意粟裕率两个团南下发展苏浙。"①11月2日，毛泽东、刘少奇致电华中局和新四军军部："设立苏浙军区，以粟裕为司令员，谭震林为政委，统一指挥苏南及全浙"，并指示再抽调干部、部队南进。

11月12日，粟裕、叶飞一起到淮南中共中央华中局、新四军军部开会，根据中共中央指示精神研究发展东南的方针、政策、步骤、方法和可能抽调的力量及坚持苏中的有关问题。20日，华中局将研究结果上报中共中央：由粟裕先率3

---

① 《毛泽东军事活动纪事》，解放军出版社，1994年11月，第1版，第510页。

个团（七团、特一团、特四团，共 7000 余人）及党政干部 300 余人南进。配合十六旅、浙东游击纵队，进占吴兴、长兴、安吉、武康间之敌后地区，作为控制天目山全部之前进阵地。中共中央复电同意发展东南的部署。

12 月 5 日，苏中成立了南下司令部，为保密起见称练兵司令部，整训部队和开展大练兵，积极进行南下的各种准备工作。已成为"关中"的苏中积淀四年的底蕴这时释放出了它巨大的能量。新四军第一师暨苏中军区开展了全面的扩军运动，迅速将一部分地方武装上升为主力，以保证粟裕率一师主力南下后苏中留有足够的兵力。中共苏中区党委抽调了大批地方干部，筹集了大量军需物资，支援向南发展。军工部用了不到一个月时间赶造出 500 门小钢炮、5000 发炮弹。粟裕非常高兴，专门派人给后勤战线的军工们拍照褒奖。南下部队每连装备 3 门 52 毫米小炮，营成立了装备 73 毫米迫击炮和重机枪的机炮连，团成立了装备 82 毫米迫击炮的炮兵连。这些装备在后来的天目山战役和部队北移中发挥了很大作用。

部队进入新区运输供应是个突出问题。粟裕派得力干部先行南下，迅速建立起了从上海经无锡至长兴的比较安全可靠的运输线。从 1944 年底到抗日战争胜利的半年多时间里，这条交通运输线为苏浙军区运送了大量物资，护送了近百名军工技术人员、汽车司机和其他同志抵达苏浙军区。

南下开辟新区，技术侦察队伍建设至关重要。粟裕未雨绸缪，早有准备。他亲自选调干部，提前送他们到新四军军部学习，关心他们的成长进步，为他们解决生活困难。有的干部原来在部队做技术侦察工作，后来转到其他工作岗位上去了。粟裕马上把他调了回来担任原来的工作。

渡过长江是所有准备工作的重中之重。四年前，粟裕和陈毅一起开辟苏北，曾率江南指挥部及部队渡江北上，但那时毕竟人数较少。这一次他要率部队、地方干部及机关人员近万人，在同一时间内偷渡长江南下，之后还要跨铁路、渡运河、过公路，穿越几道封锁线，必须精心准备，缜密部署。粟裕多次召开座谈会，征询各级干部和沿江居民、船工、渔夫的意见，实地勘察流向、水速、潮汐起落等水流规律，查阅水文资料，最后选定东、西两个渡江地段，一是嘶马、大桥段，二是仪征、东沟段。粟裕又专门指示在上下游各延伸数十公里地段，从南京到江阴间，每数公里设一个观测站，24 小时不间断观测、侦察江面和两岸敌人的活动，包括日伪舰艇船只往返航速、巡航方向、路线、次数和岸上敌军活动状况，切实掌握了敌人活动规律。粟裕决定分成东西两路渡江，两路走的路线不同，过江过路的方法也不同。东路由刘先胜、陶勇等率特一团、特四团和机关后勤，从江都大桥地区嘶马、大桥间渡江，经丹（阳）北、句（容）北南下。他本人率领的西路第七团和干部队从淮南出发，在仪征、东沟（六合城东南）间渡江。为防意外，粟裕还在岸边预留了担任警戒和掩护的足够兵力。与此同时，江南部队和干部、群众，为江北部队渡江、过路、越运河也做了大量细致的准备工作。

这一年冬天苏北特别寒冷，临近渡江日子又下了一场大雪，更是平添几分寒气。入夜之后朔风凛冽，天寒地冻。12 月 26 日，粟裕率领的西路部队进至离江边约15公里的小营宿营,准备27日渡江。27日晚上,粟裕身穿一件黑色短皮夹克,头戴棉军帽,也没有放下风耳,站在江边注视着烟波浩渺的长江,不时从口袋里掏出怀表看时间。透过冷月清光,可见粟裕的神情是那样从容、沉稳。这时他刚满37岁。

粟裕指挥侦察分队先行过江。他们悄悄登上南岸的龙潭码头,先把十几个厂警之类的便衣武装稳住,接着大部队从沙窝子乘木船分批顺利过江到达南岸。有两艘日商轮船也被东路部队巧妙地调用参加运输。龙潭西靠伪首都南京,东邻伪江苏省会镇江,均有重兵驻守,两地之间的龙潭、下蜀、高资等铁路车站都是日伪据点,铁路与江岸平行,中间地带很狭窄,地形不利,但也正因为如此,敌人想不到新四军敢于从这里在他眼鼻子底下通过。由于人多船少,来不及运送第二次天即将亮了,后续一个营于次日晚仍然利用龙潭码头渡江。

"长江是我们的——我们可以千百次地自由来去!"这是一首在新四军中、在华中根据地群众中很流行的歌曲。然而,近万人在日伪封锁极为严密的长江防线上偷渡,绝不是轻而易举的事。但在粟裕的万无一失部署和指挥下,在各级党政部门的共同努力下,确实做到了"自由来去"。

部队过江后迅速从下蜀、龙潭之间通过京沪铁路。粟裕等同前来接应的丹北、茅山地委和江(都)镇(江)工委的领导同志及十六旅派来联络的参谋见面。大家格外兴奋,倍感亲切。各方的准备极为充分,甚至还出色地做了伪军的工作。东路部队从新丰据点过铁路和运河时,伪军头目把日寇"邀请"到据点里面吃喝作乐,把大部伪军都拉出去了,只留少数在岗哨上,实际是为新四军大部队通过作警戒。

12月31日,粟裕率部到达溧阳陶庄。这里是1938年新四军挺进江南建立的第一块根据地茅山根据地中心区。部队休息三天,高高兴兴过新年。军民一起联欢聚餐,热闹非凡。1945年1月4日,粟裕率部继续南进,6日晚到达目的地浙江长兴县的仰峰岕,与在当地坚持的十六旅会合。十六旅官兵举着用竹篾点燃的火把,为踏雪夜行的大部队照明。1月15日,陶勇、刘先胜率东路两个团与粟裕会合。东、西两路大军全部胜利完成南进的长途行军任务。

1月11日,粟裕电告新四军军部,为使敌伪顽不易知道我们虚实,建议对外称纵队,十六旅为第一纵队,辖一、二、三支队;浙东部队为第二纵队,辖四、五、六支队;陶(勇)旅为三纵队,辖七、八、九支队。13日,中共中央军委电令成立苏浙军区,统一指挥江南、浙东部队,任命粟裕为军区司令员,谭震林为政委(未到职),刘先胜为参谋长。华中局委托粟裕以华中局代表名义全面领导江南、浙东两个地区的党委工作,建立全面统一的指挥。部队整编按粟裕建议实施:第一纵队司令王必成,政委江渭清;第二纵队司令何克希,政委谭启龙;第三纵队司令陶勇,政委阮英平。4月,叶飞率领的苏中第二批南下部队到达,编为第四纵队,司令廖政国,政委韦一平。叶飞任苏浙军区副司令员。苏浙军区的活动范围包括苏南、浙西、浙东三个区域。苏南区指的是江苏的长江以南及皖南的宣

（城）郎（溪）广（德）和宣（城）当（涂）芜（湖）地区；浙西区指的是钱塘江、富春江及其上游信安江（衢江）以西以北地区；浙东区指的是钱塘江至信安江东南、瓯江以北地区。

挺进新区的各项工作全面展开。粟裕抓紧时间统一整编部队，确定战略部署。苏浙军区组织团以上干部集训，学习毛泽东的《中国革命战争的战略问题》。苏中部队过去长期活动于平原水网地区，今后向南发展的地区都是山地。粟裕亲自向连以上干部作山地战的专题报告，使部队尽快适应山地作战尤其是大兵团山地作战。他着重讲了掌握山地特性与大兵团作战的关系、大兵团山地战的行军和宿营、大兵团山地作战的一般要领以及大兵团山地作战的参谋工作和后勤保障等。关于山地作战的一般要领，粟裕强调指出八条：

1. 少数固守正面，集中绝大兵力突击敌人侧后；
2. 控制制高点；
3. 统一意图，发挥机动；
4. 根据上级意图独立完成任务；
5. 协同动作；
6. 多采用短兵火力袭击；
7. 注意通讯联络；
8. 注意地形了解。

粟裕不断在战争实践中丰富自己的认识，第二次反顽战役结束后，他将自己关于山地作战的观点、见解整理成《山地作战问题》一文，下发部队和上报新四军军部。军部将此文刊发。后来二野还转载了这篇文章。

粟裕关于大兵团山地作战问题的论述，对苏浙部队尽早完成从平原水网到山地作战的转变和从游击战向大兵团运动战的转变作了很好的理论准备。

与此同时，粟裕结合传达贯彻中共中央关于江南江北部队在会师中要注意团结的指示精神，号召新老部队之间、地方武装与主力之间、军队与地方之间、当地同志与外来同志之间都要互相尊重，虚心学习，组织部队间以连为单位选派代表互访互学，交流作战经验，增进革命友谊，提高日后协同作战的自觉性。同时，还加强了形势、任务和政策、纪律教育，要求提高革命责任感，正确执行党的各项政策，严格遵守群众纪律和发扬艰苦奋斗精神。

1月21日，粟裕向《苏南报》记者发表关于目前时局的谈话，指出：法西斯已临末日，我们的任务是加强团结，组织广大民众及人民武装，扩大解放区，争取战略反攻的胜利。

2月5日，天空疏云，山野残雪。苏浙军区在浙江长兴县槐花磡温塘村大操场上召开盛大的成立大会。主席台正面青松翠柏装点，一条红色横幅上写着"苏浙军区成立大会"八个大字。会场两侧挂满了各地党政机关和人民团体祝贺军区成立的锦旗。会场周围竖立的标语牌上写着"打倒日本帝国主义，抗战必胜！"由几十名司号员组成的军乐队排列两边。上万名抗日健儿组成的队伍威武雄壮，排

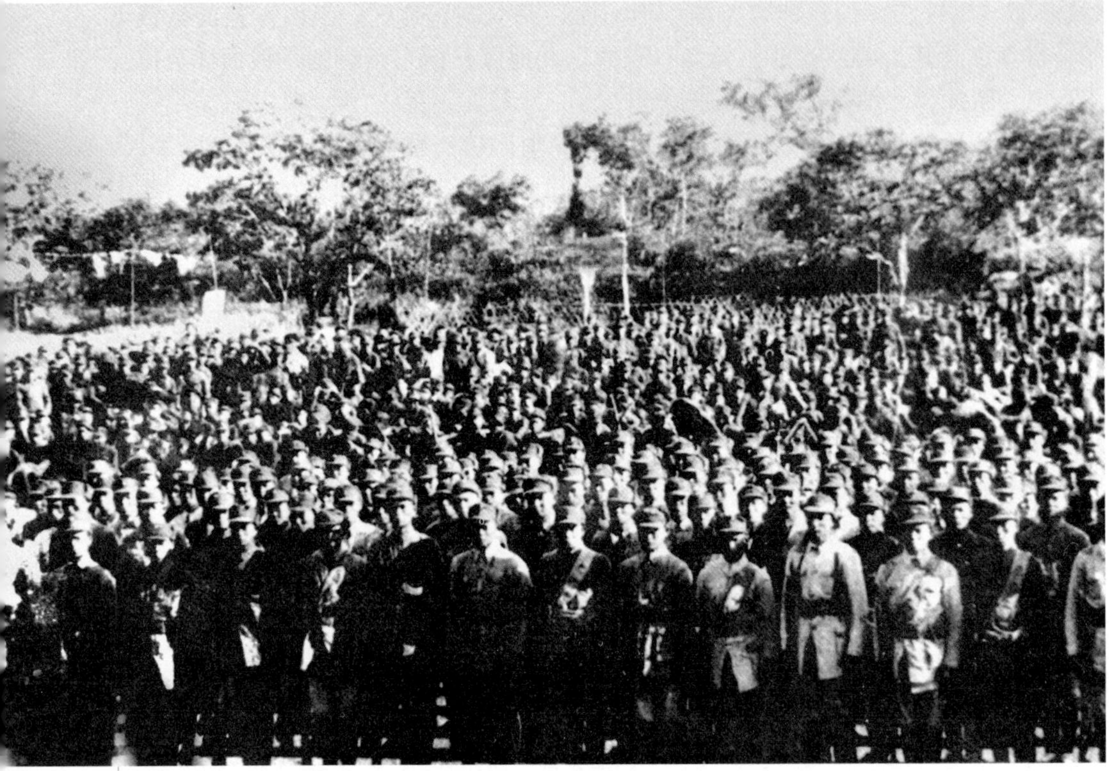

■ 苏浙军区成立大会在浙江省长兴县温塘村召开,图为大会会场。

■ 延安《解放日报》关于成立苏浙军区的报道

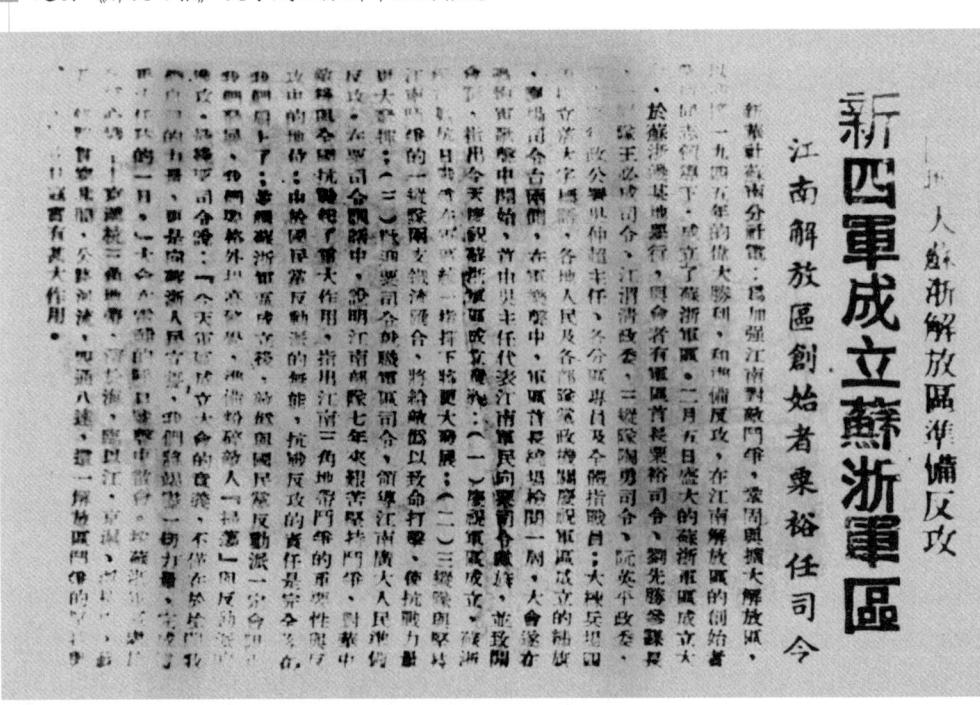

在最前列的是从日寇手中缴得的九二式大炮、各种型号的迫击炮和轻重机枪，队伍更显得英姿勃勃，意气风发。

粟裕和刘先胜等军区领导在军乐声中步下主席台，绕场一周检阅队伍。苏南行署主任吴仲超代表江南1000多万人民向粟裕赠送锦旗并致词，庆祝苏浙军区正式成立，欢迎粟裕就任军区司令员，领导江南广大人民准备反攻。粟裕在全场热烈的掌声中走到台前，向到会的党政军民致意，并简述了抗日大好形势，强调指出："今天军区成立大会的意义，不仅在于检阅我们自己的力量，而且是向苏浙人民宣誓，我们将竭尽一切力量，完成准备反攻，驱逐敌寇，争取抗战胜利的重大任务。"

2月22日，苏浙公学经过一个多月筹备正式创立，粟裕兼任校长。苏浙公学为军队和地方培养了大批干部，他们在抗日战争的反攻阶段以及后来的解放战争、抗美援朝战争中，发挥了重大作用。

二、新四军向日寇收复失地，首先遇到的对手却是国民党正规军——天目山第一次反顽大捷。

粟裕深知，中共中央和华中局给予的任务是，南下首先进占苏浙皖边敌后地区，进而依据天目山打通浦东、浙东联系，协同浙东部队向浙江全省首先是浙江沿海发展，并相机进入福建。总的战略设想是，一旦战略反攻开始，我军能够"破敌、收京、入沪、配合盟军登陆"，在日寇垮台时处于有利的战略地位。如果那时国民党发动全面内战，则我们能够在东南就地坚持独立抗击。归结起来，挺进苏浙敌后的具体任务是：深入苏南工作，打开浙西局面，打通与浙东联系。其中首要是打开浙西局面。打开了浙西局面才能保障苏南工作的深入和有依托地向浙东发展。

江苏、浙江两省是我国的富饶省份，抗战前是国民党政治、经济、文化中心，此时是日伪统治中心所在的腹心地区，沿海还是英、美盟军可能登陆的地域，敌顽都极力想占有这一地区。新四军向苏浙敌后发展，便构成了日、顽、新四军三种力量对这一地区的争夺。这是错综复杂、尖锐微妙的三角斗争。长期的斗争经验告诉粟裕：日、顽之间是既矛盾斗争，又默契反共，甚至公然勾结；他们都想制服对方，又都想借刀杀人，利用对方打击和消灭新四军。新四军在这里既要打击日伪，又要警惕顽方的反共阴谋，特别要防止日、顽的夹击。在斗争中要充分注意和掌握日、顽之间的矛盾。同时，这种斗争又因国际反法西斯斗争胜利形势的影响而更加复杂。美国看到胜利在握，对华政策转为扶蒋压共的方针；日寇为了集中兵力准备太平洋战场的决战，对蒋介石正加紧实施又压又诱和策动内战的方针。国民党顽固派则企图利用这种新的形势对共产党施加压力，并集中精锐部队驱赶新四军。因此这一地区的斗争又具有中、美、日国际斗争背景的色彩。

粟裕准备向东南敌后发展的新区，处于国民党第三战区的东北侧，扼长江三角洲西南门户。长期以来第三战区执行消极抗日、积极反共的政策，在制造"皖南事变"后仍把主要矛头对准新四军，专同新四军在东南争夺。粟裕形象地说："我们去向日寇收复失地，国民党顽军就向我们'收复失地'，历来如此。这次我们开辟浙西抗日根据地也不会例外。因此，我们既要对付日寇，又要对付顽军。这一点，要和部队讲清楚，作好充分的思想准备。我们首先遇到的对手主要将是国民党正规军。"

综合各方面情况，粟裕进一步分析敌情：杭州西北的天目山是浙西的脊梁。北麓和东麓的县城及较大集镇此时都为日、伪占领，但总的来说日寇已走下坡路，兵力使用捉襟见肘，因而主动作战行动已经不多。天目山地区集中的国民党中央军，在数量上、战斗力上均高于南下前的估计，占有绝对的优势。粟裕手头只有第一、第三两个纵队。第二纵队长期活动于浙东地区，此时还未与他们打通联系。粟裕反复盘算着、思谋着怎样合理运用有限兵力，发挥出各部队的优势，给敌以最大的打击，以达成总的战略目的。

1945年1月17日，他将顽情报告新四军军部，提出两个作战方案：一是全力向孝丰地区出动，而后在反击中控制天目山，再向浦东和浙东发展；二是先以一部进入天目山支脉莫干山地区，而后深入杭嘉湖，打通与浦东、海北（指杭州湾北的乍浦、平湖、嘉兴、海宁、海盐地区）的联系，再向浙东发展。

粟裕在电报中对两个方案的利弊进行了详尽分析。第一个方案的优点是可以迅速打开局面，完成控制天目山的任务，但以目前力量而论，不是很有把握，如后续部队不能迅速南来，还可能陷于僵局，而且我军主动进入顽区作战，在政治上、军事上都对我不利。第二个方案虽然发展较慢，但较稳妥有把握，且可以进一步摸清情况和创造实施第一方案的有利条件。粟裕同时还估计，如我以第一纵队进入莫干山地区，顽方可能以主力向北挺进，逼我于吴兴、长兴以南水网地区背水（太湖）作战，另以主力一路截断我第一纵队向西北转移之路；更大可能是仅以小部牵制我第一纵队，而以其强大主力袭击我后方，寻歼我指挥中心。双方的争夺重点将在天目山主脉。如果这样，我便可就势实施第一方案，也并非对我不利。

1月20日，新四军军部复电同意执行第二方案。

粟裕将一纵、三纵布成犄角之势，以第一纵队伸入敌后，伺机进退，亲率三纵留在宣（城）长（兴）路以北备战整训，盘马弯弓，待机而动；浙东的第二纵队则隔江活动，遥相呼应。

2月10日，正是农历新年前夕，大家都在忙碌着准备过春节。夜晚，刺骨的寒风卷着雨雪，劈头盖脸袭来，天空云层很厚，能见度很差。这样的时候敌人容易麻痹，粟裕抓住战机，擂响了向敌后行动的战鼓。一纵从郎（溪）广（德）地区出动，兵分三路，以迅雷不及掩耳之势粉碎了日伪和土顽多次出扰，全部进入莫干山区。第三纵队七支队担任侧翼掩护，进至广德以南柏垫以东地区。

顽军已于2月初得悉新四军一师主力南下并与十六旅会合的消息，认为新四军南下是企图进入莫干山建立根据地后，可能进入杭嘉湖与海北地区，准备尔后协同盟军登陆作战，以争夺国际信誉。当他们发现一师主力越过广（德）泗（安）路南下并东进时，顽第三战区以陶广为总司令的苏浙皖挺进军总部即令第二十八军以第六十二师主力"迅将该匪歼灭，毋使坐大"；并令"忠义救国军"、浙江保安二团、挺进第一纵队等部协力堵歼。顽军查知苏浙军区第一纵队已全部进入莫干山，广德以南仅有七支队，即集中第六十二师全部、"忠义救国军"1个团、浙保第二团共5个团，经孝丰及其西北向第七支队突然发起进攻，吹嘘以5比1的优势两天解决战斗。

一石激起千重浪。粟裕以一纵这块石子投向东面的莫干山，顽军果然积极动作起来，抢先动手对付新四军，使自己处于"政治上不利"地位，而新四军反击则师出有名。孝丰城是浙西山区与平原交界点之一，既是天目山北部门户，又是浙西与苏南、皖南来往的要冲，位置极为重要。欲控制天目山，必先控制孝丰。顽军主力由孝丰西北攻击苏浙军区第三纵队部队，也正按照粟裕设想的作战方向发展。

2月12日，天目山第一次反顽战役打响。第三纵队第七支队奋起自卫，当日在广德正南上堡里将顽"忠义救国军"一部击溃，随即以一部进至孝丰北之阳岱山、景和里一线。这是大战的前奏曲。13日，粟裕电令王必成率一纵主力日夜兼程西移孝丰以北，投入孝丰地区交战。15日命令第三纵队之第八、第九支队投入战斗。经过两天激战，16日晚苏浙军区第三纵队开始全线反击。顽军抵挡不住，又获悉苏浙军区第一纵队正回师西进参战，当即全线溃逃。

一纵队三支队六连16日夜间在向战场开进途中，发现有队伍向相反方向乱跑，便问是哪一部分的。对方答："是六连的。"六连连长一听心里窝火："还没有打仗连队就成了这个样子！"他大喊："我是六连连长，六连的向这边走，一个跟一个，不准掉队！"那些乱跑的兵便一个个插到队伍里来了。走不多时，队伍中有人开始发牢骚骂娘了。连长心里更怀疑了，仔细一辨认，虽看不清脸，却看出那些兵军帽上没有防寒护耳，心里明白了。他悄悄地作了布置，然后一面鸣枪，一面高喊："缴枪不杀！"吓得那些兵有的就地缴了枪，有的跑进路边树林里躲藏。天明后，三支队组织部队分片搜索，陆续搜出300多人，顽军第六十二师一八五团团长也在里面。

17日上午，第一纵队乘胜追击，于孝丰以北之塔山将顽第六十二师第一八四团残部击溃，午后1时占领孝丰城。残顽向孝丰城南报福坛逃窜。18日，第一纵队占领报福坛，并配合第三纵队于孝丰西会歼顽"忠义救国军"一部。残顽向天目山和宁国窜去。

粟裕率新四军一师主力南下第一次反顽自卫战胜利结束，共歼顽1700余人，缴获迫击炮3门，重机枪12挺，轻机枪30余挺，步枪600余支。第一次缴获了美制新式武器汤姆式枪、卡宾枪。此役双方作战兵力对比基本上是1比1。粟裕巧妙运筹，灵活用兵，同顽较量第一个回合便轻取孝丰，取得了对国民党正规军战而胜之的不少经验。粟裕同时又发现了部队不适应新情况的薄弱环节：报务员太少，通讯联络差，王（必成）旅不能按时赶到（王旅于敌溃退后两小时才赶至敌溃退路上），结果仅将敌人击溃而未能全歼。陶（勇）旅部队不善爬山，缺乏山地搜索经验，对钻入山林夺路而逃的敌人追赶不上，整个战役缴获不多，顽方未受严重打击。但新四军一师主力南下初战告捷，打出了威风，大长了志气。

这次战役结束后，粟裕让释放的俘虏给国民党第三战区司令长官顾祝同带去一封亲笔信。这封信写道：

"卑职率师南下抗日，正缺武器弹药，承蒙你慷慨解囊，无私奉送俘虏1700名，迫击炮3门，重机枪12挺，轻机枪30挺，汤姆式机枪14挺及步枪700支，解我燃眉之急，真乃雪中送炭，我等万分感激。武器乃多多益善，你如愿再次相送，我仍来者不拒。谢谢！"

顾祝同收到这张开付给蒋记"运输大队"的收条，肯定是别有一番滋味在心头。

三、任凭几路来，我只打一路——天目山反顽第二次大捷。

第一次反顽作战结束前，尽管新四军还有追击能力，但粟裕规定部队占领孝丰后仅把追击深度进到报福坛、渔溪口一线。对此，作为战略区的指挥员，粟裕有着深远的考虑：一则有理有利有节，适可而止，在政治上主动；二则部队要抓紧时间深入农村工作，把根基深深扎在群众之中；三则从军事上考虑，天目山易守难攻，顽军有纵深配备，过于深入顽区对我不利，强攻凭险据守的顽军，必将付出较大的伤亡。粟裕估计顽军在初战中遭受的打击还不很大，必定不肯善罢甘休，第二次进攻将接踵而来，不如以逸待劳，待顽出击，在天目山外于运动中歼其有生力量，然后乘胜而进，使顽虽占地理之利却无据守之优势，这样就可以较小代价迅速占领天目山。

粟裕决定在顽军再次进攻之前不作主动出击。粟裕料敌如神，此时顽军确实在部署对南下新四军的再次进攻。

一天，粟裕来到刚从苏北平原南下的第三纵队。第三纵队尽管战前专门进行了山地战的各方面训练，但训练与实战还有一定的差距，作战中不如已在江南战斗几年的第一纵队缴获多，干部战士有些想法。粟裕耐心地做思想工作，亲自给第三纵队连以上干部讲山地战斗课。第三纵队的基层干部绝大部分来自苏北平原和水网稻田地区，过去从未爬过山，甚至在南下之前还未见过山。粟裕从最基本的爬山要领讲起："你们上山要用脚尖，而下山时要侧身用脚跟，这样不但速度快，而且不会喘大气。"粟裕接着重点给大家讲山地作战的规律、特点及注意事项，"山地战斗，往往看得见，却打不着，为什么？因为你站在山上，看得远。守山头我们只要派小部队，把大部队掌握在指挥员手中，用来包围迂回。打完仗一定要派部队搜索，敌人往往在溃逃时把重武器和弹药扔进灌木丛中。山地行军也和平原行军不一样，在平原行军前头放几个尖兵就行了，在山地尤其是大山之中行军，要特别注意左右两面搜索。敌人要打你的埋伏，必然隐蔽在两面山腰"。

粟裕侃侃而谈，结合第一次反顽作战实际，以战教战，不需讲稿，不照本宣科。他说："山地战斗，山那么大那么高，又有竹林、树林掩盖，我们守山头要把部队放在半山腰，而且要派出战斗组到山下。枪声一响，战斗组边打边撤，此时连队指挥员就能做到心中有数，才有可能掌握敌情。"

他还对部队宿营警戒、哨兵和流动哨配备，以及如何根据不同的地形放军事哨和派出战斗小组等一一详细讲解。

会场鸦雀无声，大家对粟裕极有针对性的讲课听得入神，不知不觉太阳已经西沉，听课的干部们都觉得脑中充实多了。

2月24日，中共中央就新四军向南发展的战略方针，致电华中局，指出：在日军打通浙赣铁路以前，苏南、浙东、皖南的新四军部队应巩固现有地区，深入农村工作，整训和扩大部队，随时准备反击国民党顽固派可能的进攻，准备将来大举向南跃进。28日又致电华中局指出："粟部占莫干山后，暂不宜深入突进，以巩固现地，诱顽来攻为宜。"①

果然，国民党顽固派不甘心失败。实际上在顽军第一次向苏浙军区部队突袭遭到反击时，陶广已调第一九二师、第五十二师各一部驰援。无奈六十二师和"忠义救国军"垮得太快，他们纵然赶去亦属徒劳。孝丰乃战略要地，顽军绝不会坐视天目山"门户"被新四军控制。第三战区司令长官顾祝同密令陶广所部相机在孝丰附近将新四军南下主力围歼，粉碎新四军打通海北和浙东的企图，严防新四军以天目山作根据地。顾祝同也十分重视政治影响，再三叮嘱："对剿匪部队行动严守秘密，勿使盟军发觉，以重国际听闻。"②

对于将同顽军连续作战，粟裕早有充分预见。第一次反顽战役前他就判断："顽军既置重兵于天目山，我要进入杭嘉湖敌后，必将遭到顽军的拦击，这样就不可避免要与之进行一场恶战，战场将在孝丰地区。而且由于顽区纵深大，后备雄厚，作战将不止一次。"③通过进一步侦察，粟裕得知这一次陶广以第二十八军军长陶柳为前线总指挥，出动12个团，兵分四路，呈马蹄形向孝丰分进合击，包围过来。

粟裕分析认为，敌进攻部署的重点在孝丰以西，骨干力量是左中路的第五十二师和第一九二师各一个团，都是顽中央军，是第三战区主力。五十二师更是训练有素，反动教育深入，装备精良，配有苏式轻重机枪，是各部队中战斗力最强的。这个师在"皖南事变"中充当刽子手，此次又任急先锋。左路是诨名"猴子军"的"忠义救国军"，好打滑头仗，然而在得势时是有攻击力的。从整个兵力对比看，顽军两倍于我，表面上气势汹汹，但建制混杂，指挥不统一，内部矛盾重重。粟裕决定利用山地有利地形，以各个击破的战法对付顽军的分进合击：任凭

---

① 《新四军——文献（4）》，解放军出版社，1995年2月，第1版，第587页。
② 《粟裕战争回忆录》，解放军出版社，1988年11月，第1版，第326—327页。
③ 同上书，第318页。

几路来，我只打一路。

粟裕用少量部队钳制其他几路，将首歼重点对象选为西路，也就是敌人的左路，集中兵力捏成一个拳头，求歼第五十二师的第一五六团和"忠义救国军"主力。粟裕命令第三支队一部及独立第二团在孝丰周围担任正面守备，命令第八支队布防于孝丰西北一带阻击，第一、第三纵队主力分别控制孝丰及其西北地区，待机由孝丰西南和西北向西实施迂回包围，南北对进，合击进至孝丰西侧的顽军。

陶广严令各部抱定"有我无敌的决心"，务必达成夺取孝丰围歼新四军的目的。但顽军内部矛盾重重，发起进攻的时间原定3月1日，后来推迟至3日。首先由"忠义救国军"向孝丰西北之牛山、八卦山进攻，其他各路亦步步进逼。4日至6日，战斗十分激烈，许多阵地反复争夺。6日晚，苏浙军区各守备部队先后发起反击。

战役发展到了转折关头。7日，粟裕抓住战机，果断命令第一、第三纵队主力全线出击。西路"忠义救国军"见势不妙，早早溜之大吉，置翼侧中央军第五十二师一五六团于不顾，将其完全暴露。苏浙军区第三纵队决定切断顽第一五六团退路。双方在报福坛附近的黄泥岗遭遇，展开激战，反复争夺有利地形。第三纵队最终把一五六团消灭，顽军团长被击毙，副团长被俘。苏浙军区部队接着又在孝丰西南歼灭第一九二师一部。

顽军进攻的重点一路完全按粟裕的设想被歼灭了，其他各路哪敢再上，赶紧回缩逃遁。陶广四路分进合击的计划成了泡影。顽军兵败如山倒。

粟裕挥师扩大战果，决心占领天目山，指挥部队乘胜追击。天目山从东北向西南走势，绵亘百里以上，层峦叠嶂，竹林茂盛，山势险峻，大多数时间山头总是云雾笼罩，显得神秘莫测。天目山分东西两座，主峰均高达海拔1500米，支脉莫干山、昱岭、百丈峰等绵延。中共中央和毛泽东在1941年2月的一份指示电中就曾说，江南根据地是华中第二个战略中心，又分为苏南、皖南、浙东及闽浙赣边四个方面。苏南是江南聚集力量的中心。这个方向"将来应准备出天目山"①。粟裕南下后渴望早日控制天目山，如今实现这一夙愿的时机已经成熟。

东、西天目山之间的鞍部有个地方叫羊角岭，海拔1100米，岭上秃石耸立，形似羊角，岭脊长约14公里，是从北面进入天目山地区的必经之地，两侧悬崖峭壁，自古就有"一夫当关，万夫莫开"之险。第一次反顽战役中被击溃的顽第六十二师，就是从这条险道钻进天目山的。此次一纵队二支队一路尾追逃敌，顽军如惊弓之鸟，竟然不敢据羊角岭这个天险抵抗。二支队乘机巧夺羊角岭，一鼓作气直下天目山南部的一都。溃退到一都的顽军正想歇息，听到一点响声立即惊慌逃命。美军一个气象组住在天目山主峰，他们没有走。一纵队先头部队一到，美国人就送来名片，要求会见新四军高级指挥官。二支队长吴咏湘带着指挥组同他们接触，由会讲几句英语的卫生队长担任翻译。双方谈得很融洽，最后互赠了礼

---

① 《毛泽东军事文集》第二卷，军事科学出版社、中央文献出版社，1993年12月，第1版，第622页。

品，美方送给吴咏湘一支卡宾枪和一些急救包之类，吴咏湘回赠他们一支手枪。此事后来在国民党第三战区引起不小的震动。顾祝同曾再三叮嘱"剿匪部队行动严守秘密，勿使盟军发觉"。然而盟军到底还是知道了，更糟的是战役结果事与愿违，顽军大败，这杯苦酒顾祝同只能往自己肚子里咽了。

3月11日，华中局致电苏浙军区："你们在两次反顽大战中，再度创造以少胜众的新纪录，捷报传来至以为慰。特再传令嘉勉，以昭有功。"①

3月12日至26日，粟裕指挥苏浙军区部队又接连打了几个胜仗，完全占领天目山并解放了临安，第二次反击战胜利结束。苏浙军区部队再歼顽第一五六团团长朱丰以下1700余人，缴获许多枪炮弹药。浙西纵横100余公里的广大地区，包括长兴、广（德）南、孝丰、安吉、武康、德清、吴兴、余杭、临安、于潜、富阳等11个县的大部或一部均为苏浙军区控制。

四、"如果手中有三个纵队，就能成建制歼灭敌人。"
坚主后续梯队及早南下。

1945年4月4日，苏浙军区领导机关离开长兴西北的仰峰岕，到孝丰城与前指会合。苏浙局面随着两次反顽战役的胜利已初步打开了。但粟裕并未因此松一口气，忙着部署部队做好深入发动群众的工作，以巩固现有地区，发展敌后新区，还将相当的精力用于抓军事工作。第一、第二次反顽作战虽然战役目标都实现了，但歼敌与缴获不多，原因在哪里呢？粟裕静静地思索着。他总结得出的结论是："从顽军方面说，他们总想保存实力，进攻时等待观望，撤退时争先恐后，一碰硬马上缩回，我们布下的口袋他不钻，而且部队撤得很开，不像黄桥战役时那样靠拢。从我们方面说，虽然山地战的适应力提高了，但长期在游击战争中养成的独立自主各自为战的习惯一下不易改变，各打各的多，协同配合少。从打游击战向打运动战转变、向进行大兵团协同作战转变，只能在实践中逐步完成。"②除了以上这些原因外，粟裕深深感到最突出的问题还是兵力不足。二纵孤悬浙东，只能与一、三纵进行战略配合。粟裕在排兵布阵时总有兵力不敷使用之感，只好将两个纵队靠在一起，作战时不得不一根扁担挑两头。粟裕用兵善于使用预备队，现在他手中根本没有预备队可用，导致围歼战变成击溃战。他设想：如果手中有三个纵队，就可以拿一个纵队堵截，两个纵队突击，仗就好打多了，就能成建制歼灭敌人。

粟裕期望着南下后续梯队尽早到来。

中共中央最初计划在粟裕率部南下后，再派第二梯队甚至有可能派第三梯队南下，新四军军部也南移皖南，陈毅由陕北回来主持，组成"江南大营"，大举发展东南。第二梯队原计划为两路：一路由谭震林率二师五旅南下皖南，向皖浙赣

---

① 《钟期光回忆录》，解放军出版社，1995年10月，第1版，第168页。
② 《粟裕战争回忆录》，解放军出版社，1988年11月，第1版，第330页。

老苏区发展；另一路由叶飞率一师一个主力旅南下天目山，渡富春江，与浙东游击纵队会合，进入闽浙赣老苏区。由于日军收缩兵力，停止向正面战场进攻，还先后撤出南宁、柳州、福州以及新昌、兰溪等地，形势变了，中共中央决定暂缓执行大举南下计划。

但粟裕坚持后续部队宜尽快南下，至少叶飞部尽快南下。第一次反顽战役结束，他即建议华中局："希谭（震林）部及张宜友（新四军第一师第五十二团团长）等能早南来。"① 2月26日，他收到新四军军部根据中共中央指示发来的电报：谭震林、叶飞两部暂缓出动。即于28日起草报华中局电：建议叶部"仍如期南来"②，以利苏浙地区的巩固和发展。

3月2日，新四军军部复电，叶、谭两部暂不南下。粟裕又发电"坚主叶仍提早出动"。他在上报军部的电文中提出："自职等南渡后，敌、伪均多方注意，长江沿线多设碉堡，职部留江北之弹药，数度偷渡未成。谭、叶固可随时出动，但长江阻隔，决非铁路、公路、河道可比。俟敌增加据点，恐长年累月亦难通过。故职等再三建议，请令叶部南来。到此后，可留宣长路北及溧武路以南之广大地区，分别集结整训。"3月4日，新四军军部将粟"坚主叶仍提早出动"的电文转呈中共中央。③

3月11日，中共中央致电华中局："叶部可即令其南渡，谭部仍留现地待机。粟、叶两部以加强苏、浙、皖交界根据地工作为主要任务。"④

经周密准备，4月7日，叶飞、金明（第十旅兼淮海军分区政委）等率由一团、特二团和江高独立团组成的教导旅并地方干部200余人渡江南下。谭震林政委不能到职，粟裕提议留在苏中的钟期光南下协助主持政治工作。经中共中央和华中局批准，钟期光到达苏浙军区，任政治部副主任。因政治部主任萧望东未到职，由钟期光行使主任职权。粟裕在孝丰东南吴家道与大家会合。老战友相见，十分欣喜。教导旅番号改为苏浙军区第四纵队。一团、特二团、江高独立团分别改称第十支队、第十一支队、第十二支队。

第二次反顽战役结束不久，粟裕对当前形势作了进一步分析。他认为顽方第二次进攻失败，士气更加沮丧，兵力更感不足，他们已经知道苏中新四军第四纵队南下，正在加强防御，构筑碉堡线，第三次进攻时间将会推迟。这对我巩固现地区是有利的。粟裕等苏浙军区领导决定抓住这一机会，结合中共中央和华中局的有关指示，大力进行新区根据地建设：5月在临安地区成立浙西区党委和行政公署，并先后建立了天（目山）南、天（目山）北地委、专署和杭嘉湖工委及八个县的抗日民主政权；广泛宣传党的各项政策，揭露日伪罪行和国民党顽固派的欺骗宣传与反共内战阴谋；开展统一战线工作，初步发动和组织群众；以主力一

---

① 《新四军——文献（4）》，解放军出版社，1995年2月，第1版，第585页。
② 同上书，第592页。
③ 同上书，第595页。
④ 同上书，第596页。

部为骨干，建立和发展地方武装。在军事方面，立即部署大部主力整训，总结实战经验，进一步提高战斗力。

与此同时，粟裕加紧了向新区发展的筹划，力争尽早派部队开进新区。叶飞率部到达浙西前，他就建议新四军军部：拟叶飞同志到后，即令廖（政国）旅派一小团渡富春江，进至金（华）萧（山）地区，打开该地区局面，不仅对浙东有利，对分散顽方对天目山之主力亦有极大作用。新四军军部复电"同意"。4月中旬，粟裕决定再派一部进入杭嘉湖地区。新区从来没有到过新四军，进入新区的部队一定要给当地人民良好的影响。粟裕认为八支队是反"清乡"地区的翻身农民组织起来的，会做群众工作，就把这个任务交给了八支队。部队出发前，他还让第三纵队首长亲自转达他的指示："部队去杭嘉湖，首先必须政治上打胜仗，部队一切行动都要服从这个大前提。"

粟裕派八支队进军杭嘉湖地区还有另外一个重要考虑：杭嘉湖是粮源充足的地区，打开这一地区，至少可解决开进部队的粮食问题。浙西原本缺粮，1944年又灾荒严重，加上顽军封锁了皖南宁国粮道，缺粮问题更是雪上加霜，非常突出。老百姓早就家无存粮，吃南瓜叶和野菜了，有的甚至开始吃青苗。军队吃的粮食主要是从苏南解放区远道运来的，经过100多公里路程的背驮肩挑，一担米除去民工来回口粮，就所剩无几了。此时一般部队只有十天粮食，个别单位已经断炊，以野菜、竹笋充饥。浙西盛产毛竹，部队起初吃猪肉烧竹笋觉得鲜美异常，后来老是竹笋充饥，清肠刮胃，吃下去感到比不吃还要饿。

面对前所未有的粮食危机，粟裕等军区领导绞尽脑汁。他们派三纵队陶勇率领第七、第九支队回苏南打击抢粮的日伪军，同时解决自身的粮食问题。为了节约粮食，部队改吃稀饭，减少餐数，停止操练活动，减少体力消耗。有的连队让战士卧铺休息，听指导员讲故事。粟裕等军区首长以身作则，与指战员同甘苦渡难关。一次，军区机关司务长好不容易在孝丰镇买回一头猪，煮好后叫大家吃猪肉，可是没有饭光吃肉也不行啊！粟裕知道后，叫警卫员把他和叶飞副司令带的10多斤面粉全部拿来，给军区机关的同志烧面糊糊吃。后来干脆叫副官把他的一匹马也杀了，给大家当粮食吃。那匹马是车桥战役的战利品，是陶勇送给他驮东西的。

为了把有限的粮食合理分配和最有效地使用，军区组织了粮食领导小组，由叶飞副司令亲自主持分配。粟裕号召军区机关和各部队开展开荒生产运动，种粮种菜。他自己租借了贫农李茂才的一畦地，种上瓜菜，与夫人楚青带着儿子小戎在地里耕作、浇水、松地。粟裕的举动，鼓舞了部队和周围群众，一起种菜度荒。

粟裕深知，这些生产自救措施有的只能救燃眉之急，有的短时间难起作用。部队分散四出采购、筹集粮食带来的一些负面影响也不能轻视。不妥善解决严重缺粮问题，不但部队不能支持，人民也不能生活。经请示新四军军部，粟裕等苏浙军区领导决定把解决粮食困难问题和深入敌后工作结合起来，以战备姿态分兵就粮和开展对敌斗争。为防止顽军乘机进攻，粟裕对分兵深入敌后的地区、方向、距离——细心考虑，既有利于筹粮，又有利于发展，还要便于及时集中，并本着这一原则调整部署：以一部担任孝丰、天目山正面防务，扼要完成半永久性工事构筑，使之在抗击顽军进攻时能坚持到部队集中；其余各部基本上以支队为单位分赴苏南太湖以西地区、皖南宣芜地区、浙西杭嘉湖地区，一面发动群众开展工作，一面休整训练；另以一部向杭州、余杭、富阳间游击。就在此时，多年一直孤悬在浙东敌后的浙东纵队（即第二纵队）第一次和苏浙军区主力部队打通了联系，开始摆脱长年处于日伪顽夹击下的艰苦局面。

一天，粟裕在看五万分之一的军用地图时，发现皖浙交界处有大片空白，便将测绘参谋秦叔瑾找来，一起研究如何补测。秦叔瑾按粟裕指示组织六个人，用一个半月时间将空白处补测完毕。为了保证测绘工作进行，粟裕亲自写信要陶勇派部队掩护。地图整理拼接好马上印发部队，正好赶上天目山第三次反顽作战使用。在这个地区指挥作战的七支队支队长谭知耕、九支队支队长俞炳辉兴奋地说："粟司令想得周到，有远见。"

五、驾驭变化，能动示形，诱敌深入。
顾祝同、李觉终于上当了。

苏浙军区部队分兵不久，情况骤变。国民党军对苏浙军区部队第三次大举进攻迫在眉睫。

1945年5月5日至21日，国民党在重庆召开第六次全国代表大会。蒋介石5月14日在大会作政治报告说："党内许多同志夸大中共力量……我们必须消灭之。"在5月18日的大会上蒋介石又强调："今天的中心工作，在于消灭共产党……只有消灭中共，才能完成我们的任务。"就在这次大会闭幕后两天，即5月23日，蒋介石便命令上官云相指挥第三战区十个师的兵力，向苏浙军区进犯。顾祝同还派人会见大汉奸周佛海，表示希望南京与重庆配合共同"剿共"。顽、伪达成了夹击苏浙军区部队的默契。

粟裕对形势的变化早有估计，并预有措施。28日，从各个方向都传来了顽军出动的消息。粟裕当机立断，于29日晚集中一、三、四纵队的三个主力支队，决定乘顽立足未稳予以打击，打破顽方之进攻部署，便于我集中分散之兵力。粟裕迅速组成了由叶飞、王必成、陶勇、廖政国等参加的前线指挥部，叶飞任前敌指挥。同时发表《告浙西同胞书》，揭露国民党顽固派勾结日、伪向新四军进攻之阴谋，号召军民紧急动员起来，为粉碎日伪军的"扫荡"和顽军的第三次大举进攻而斗争。

第三次反顽战役由此揭开序幕。

5月29日晚，叶飞率三个主力支队向凭堡据守的参与"皖南事变"的刽子手顽七十九师发起反击。第一纵队王必成司令亲率一支队，第三纵队陶勇司令亲率七支队，第四纵队廖政国司令亲率十支队，三个威震大江南北的"老虎团"并肩作战，四位虎将共同指挥，其势锐不可当。经过三个整晚激战，突破顽军筑碉防线，占领与平毁碉堡300余个，6月2日攻占新登城。顽七十九师残部退守新登以西地区。苏浙军区部队继续向城西南发展。顽突击第一队奉命星夜赶到战场。突击第一队属突击总队建制。突击总队又称突击军，全部美械装备，经英国教官训练，编制系五五制，总队下辖5个突击队。每队辖5个战斗营及工兵连等直属分队；每营辖步兵4个连，重机枪、迫击炮各1个连；1个营约1000人，相当于1个小团；1个突击队相当于师，战斗力甚至强于第五十二师，是顽方最精锐的部队。

6月3日，顽七十九师在突击第一队增援、独立第三十三旅配合下实施反扑。双方反复争夺要点，激战一夜，苏浙军区部队再次重创顽军。突击第一队副司令受伤遁逃。苏浙军区部队共歼顽2300余人，自己在连续攻坚苦战中也付出了相当代价，伤亡900余人，特别是第一纵队一支队支队长刘别生在前沿指挥时不幸中弹，英勇牺牲在新登密山脚下。

从缴获的文件和俘虏口供中进一步证实：顽军确已向苏浙军区新四军大举进攻，第三战区副司令长官上官云相担任总指挥，并已到了前方。第二十五集团军总司令李觉代替被撤换的陶广为前敌总指挥。顽军援兵正不断向新登方向开来。

粟裕指挥分散的苏浙军区部队逐步收拢。在此情况下仗应该怎样打呢？粟裕考虑了三个方案：一是增援新登，继续在新登作战；二是撤退一步，在临安与顽军决战；三是大踏步后退，诱敌深入，寻机再战。粟裕审慎地考虑了以下情况：

1. 日寇正加紧策动顽军进行内战，目前不但不再向浙赣线进攻，而且放弃金华、兰溪等地，默示顽方放胆调用后备力量进攻新四军。顽、我已形成正面冲突。日军正部署由杭州、湖州等地出动向我苏南、浙西根据地"扫荡"。

2. 顽第三战区司令长官顾祝同6月1日电令，以一部凭碉堡固守新登、于潜、千秋关、夏红庙、水东镇之线，主力袭击苏浙军区新四军侧背，企图围歼我于临安地区。新登当面顽军正运动集结，宁国方向顽军不断进扰我孝丰西侧阵地外围，并窥视我后方。

3. 我在新登前线仅三个支队，连日激战部队过于疲劳。新登地区狭窄多山，而且是顽筑碉地带，我如继续在此作战，至少会有2000人以上伤亡，其中干部伤亡数将占很大比重。即使能获全胜，顽将紧接着发动第四次规模更大的进攻，我将不得不长期纠缠于艰苦的自卫作战之中。如与顽硬拼消耗，不仅不利于当前，更不利于今后发展。如在临安决战，虽可稍有休整，并有获胜把握，但基本情况并无大的改变，而且临安东邻余杭、杭州，敌情顾虑更大。

4. 顽军有广大后方，人力物力充足，后备兵力雄厚，可以得到源源增援接济。苏浙军区部队刚开辟的新区群众尚未发动，工作缺乏基础，一切军需补给完全仰赖苏南供应，运输线长，后勤保障困难，尤其是严重缺粮。新登作战中部队两天未吃上饭；而苏南在三个月中已动员民工50万人次，如此下去人力物力均难支持。

5. 苏南新区地方工作尚未深入,广大伪化区与接敌区尚未开辟;浙西地方工作数月来全力解决财经困难,发动群众减租减息和各种建设工作无法顺利进行;杭嘉湖、沪杭沿线、太湖边、宣当芜等广大敌后之敌后地区均有待开辟。我若继续被长期的反顽作战所牵制,必然严重影响上述地区的开辟和建设,而只有真正发动了群众,建立了巩固的根据地,才能立于不败之地。

粟裕的最后结论是不可在新登恋战,也不宜死守天目山,应该主动撤离新登、临安,诱使敌人脱离堡垒阵地,然后在运动中继续消灭顽军有生力量。粟裕立即把定下的决心通报给了在前指的叶飞。二人取得完全一致的意见。

命令很快传达到了新登前线:6月4日夜间新四军主动从新登全线分路撤退。奉命刚渡过富春江赶来增援的第十一支队官兵一时转不过弯来,与敌奋战数日并作好发起新的攻击准备的第一、第七、第十支队更是大惑不解。特别是第一支队的官兵们,他们失去了刘别生支队长,情绪激动,难以控制,决战复仇的心情更为强烈。但是高度的纪律观念和对粟裕的无限信赖,各部队都坚决执行了命令。

8日,各支队继续从临安北撤。

此时,野战医院有伤病员100多人,分散在三个医疗队,因连日大雨,还未撤走。野战医院院长陈海峰连夜赶到孝丰向粟裕请示。粟裕果断决定:"伤病员一个也不能丢!你们马上回去准备撤。天明以前等我的答复。"陈海峰返回医院不久就接到通知,粟裕派部队来帮助运送伤病员。天刚蒙蒙亮,苏浙军区一分区独立团官兵赶到。指战员和医务人员一起上山砍竹子,搓草绳,做担架。凡能走动的伤病员组织起来自己走,其余的用担架抬,仅一天工夫就把分散在各村各产的1000多名伤病员集中起来,安全运送到宣长公路以北一带根据地。

10日,华中局指示粟裕并报中共中央:在目前情况下,可留下部分武装坚持游击战争,主力转至敌后地区。

粟裕、叶飞、金明、朱克靖、刘先胜等党政军领导联名上报华中局,建议:暂时放弃天目山,向敌后之敌后发展。11日,华中局复电批准。

天目山一直由第一纵队三支队防守。这里是战略要地,粟裕曾再三指示三支队黄玉庭支队长和王直政委:"天目山是新登的西北翼,是宁国、屯溪的要冲,守住天目山,就可以保证我出击部队后侧的安全,因此要决心死守。"第三次反顽战役发起后,天目山防线受到顽军不停的攻击。新四军守备部队与顽军激烈对抗十多个昼夜,始终把天目山防线控制在自己手中。如今,忽然来了个180度大转弯,命令他们撤出天目山,到孝丰地区集结待命。15日,三支队利用地形和既设工事,节节抗击,掩护机关、辎重转移,逐步撤离了天目山。在孝丰龙王庙,黄玉庭和王直面见粟裕。粟裕听取了他们的汇报,留他俩一起吃中饭。望着他俩对撤离天目山大惑不解的神色,粟裕笑了笑说:"一成不变的东西是没有的,打仗也一样。敌人也是人,有脑筋,会走路,他打着打着变了招,我们就得跟着变招;即使他不变招,我们也常要根据战场的推演来变化打法。这叫敌变我变,敌不变我也变,一个明智的指挥员必须有这种辩证头脑。现在,整个战场起了变化,你们再死守天目山已失去意义，还守在那里做什么？你们看吧，如今是到了不守天目山的时候啦！"

局势在进一步向严重方向发展。与顽军早已达成默契的日伪军，除向茅山地区"扫荡"外，不断派部队骚扰进攻，企图切断苏南与浙西新四军的联系。顽军发动这次大规模进攻是下了很大决心和作了周密部署的，他们早已与日伪沆瀣一气。粟裕越来越清楚地认识到，从天目山后撤是为了寻找战机，但这仗非打不可，不打这一仗，面对敌顽的夹击，要到敌后去发展是不可能的。不打不足以粉碎其进攻，不粉碎其进攻就不能保持战场的主动权。目前除掉击退顽军的进攻之外，没有别的选择。这与四年多前的黄桥决战有异曲同工之妙，只不过黄桥决战，决定顽我在苏北的抗战领导权归属问题，此次天目山反顽发生在抗日战争即将取得最后胜利的前夜，国共双方提前展开较量，胜者无疑将在未来的再较量当中至少占有心理优势。

大战在即，粟裕的日常生活和平时一样，处理完工作便拿起农具到屋前的菜地劳动，同老农讨论怎样才能收成多一些。每天仍和往常一样喜欢看地图，所不同的是看地图的时间更长，神情更专注了。他常常仰起头，伸出手掌，丈量着几乎覆盖了整个墙壁的作战地图，左看右看，静静沉思，良久不语。地图所展示的地方历史上有过多次鏖战，当年红军北上抗日先遣队遭受袭击和方志敏蒙难的怀玉山区就在附近。历史在告诫粟裕：一着不慎，满盘皆输，更何况当面顽军又是蒋介石的精锐，是由美、英装备和训练的现代化部队。

看似平静，实则粟裕脑海里思潮翻滚。部队一撤新登，再撤临安，三撤天目山，由于仓促撤离战场，物资、伤员都由部队自抬自运，人员纷杂，道路拥挤。这种现象使顽军产生错觉，认为新四军苏浙军区部队已是"伤亡惨重，溃不成军"。粟裕决定充分利用这一假象，进一步诱敌深入，瞅准战机，各个击破。他指示部队加强战役伪装，还特意能动示形，诱顽军上当。

当地负有盛名的方司令（一支队长刘别生别名方志强）在新登作战中牺牲了，战时主官阵亡按理要保密，粟裕却让许多人抬着大红棺材招摇过市。

设在天目山的机关、医院、工厂、报社和军需物资向宣长路北转移，按理应当秘密行动，粟裕却让大家公开向群众告别，大白天行进。

部队从前线山头撤下来，子弹带是空的，米袋也是空的，粟裕却要他们从人口集中的新登县城通过，还叫后勤人员在街上到处买粮食。

第十一支队只是一支执行掩护任务的小部队，粟裕却让他们摆出主力大部队的架势，进行运动防御，且战且退，使顽军认为新四军确是在败退。

顽军吃过新四军的亏，并不轻易上钩。起初，"前敌总指挥"李觉还是比较谨慎，再三告诫各部："不要受骗上当，丛林深谷，容易埋伏，务必严密搜索。"如果说新四军新登撤退时的"败退"迹象没有打动他的心的话，那么，再退临安，甚至撤出战略要地天目山，就没有理由不使李觉相信新四军真的是败退了。

粟裕有意让部队放松看管，一些顽军俘虏跑回去报告说："新四军真的在败逃！"

再狡猾的狐狸终究要败在精明的猎人手下。顽军被粟裕一系列的示形假象所迷惑，第三战区司令长官也开始相信新四军真的是败退了。

6月9日，顾祝同电令李觉以有力兵团肃清东西天目山新四军并筑碉固守，主力组成左右两个"进剿"兵团，依托东西天目山，分由临安、宁国两地向孝丰分进合击，务期一举略取孝丰，求歼新四军主力；并续调突击总队第二队和第一四六师前来参战。李觉接令后即调整部署，右"进剿"兵团由七十九师、突击一队、突击二队（欠两个营）组成，以突击总队副司令胡琪三为指挥官；左"进剿"兵团为五十二师、一四六师、独立三十三旅、挺进第二纵队和"绥靖"第一纵队、第二纵队，以江南苏皖边区"绥靖"指挥部指挥官刘秉哲为指挥官；中路担任扼守东西天目山各隘口，并策应左右各兵团作战，由第二十八军军长陶柳指挥，下辖第一九二师和第六十二师的1个团，"忠义救国军"第一、第二、第三纵队各3个团和新编第一团；场口及新登附近由挺进第三纵队和浙保第四纵队担任守备。总兵力共15个师7.5万人。李觉限令各部于15日前完成各项准备，18日前占领各出击要点，19日开始全面进攻。

大军直指孝丰，大有黑云压城城欲摧之势。顽军妄图一举攻占孝丰，围歼苏浙军区新四军；围歼不成也要把他们赶回苏南，或逼他们退入杭嘉湖地区，假日伪之手予以消灭。

李觉不无得意地向顾祝同报告："据各部报称，18日止，东西天目山已无敌踪，扫荡之战，于焉告终。"

粟裕此时保持着极为冷静的头脑，他对敌情作了进一步分析判断，认为：顽军这次进攻兵力虽然众多，但其中路"忠义救国军"和二十八军的主要任务是扼守天目山隘口，意在牵制我，防我再次向南突进。该两部两次受我打击，不敢轻进。西路即左兵团虽有六个师的兵力，但第一四六师担任守备的占了两个团，只一个团参加第一线作战，并且是担任翼侧掩护；挺纵、绥纵等部或守备或跟进配合，只是起辅助作用；进攻的骨干力量是五十二师和独立三十三旅。独立第三十三旅虽然编制、装备、战斗力与正规师相等，但这个旅为保存实力好打滑头仗，捡便宜时进得快，碰硬时也溜得快，不会真正出力。第五十二师的一个团在上次作战中已受到歼灭性打击，这次我们要对付的主要是另外两个团。东路有三个师兵力，突击总队虽然是精锐部队，但我们已与之较量过。突击第一队同第七十九师在新登作战中均被歼一部，战斗力大损，突击第二队前来参战的只占该队的五分之三。所以对东西两路的任何一路，我集中力量都有把握予以歼灭。顽军仍然是分进合击，我必须仍以各个击破对付。

粟裕还对顽、我兵力、战斗力等进行了量化对比，真正做到知彼知己。他认为：在兵力上，我虽只有主力3个纵队的9个支队和1个独立二团共2万余人，顽我兵力总对比是3比1强，但我已完全集中，对付其一路尤其是集中对付其中一个部队，则我又将是优势。而且各部队经过前两次作战锻炼，协同动作和战术运用都有提高，已逐渐适应山地作战，兄弟部队间相互了解，团结信任,抢挑重担,对顽军脾性特点也已摸到,经过几天休整体力有所恢复,粮食尚能勉强维持,部队求战情绪高,地理、群众条件转为有利于我。顽军已脱离其既设筑碉地带,打运动战正是我军之长。

敌情明了后,粟裕立即排兵布阵。顽军左右两个集团远距离分头开进,前进速度不一致。第五十二师好大喜功,行动积极;东路右集团却按部就班步步为营,加上苏浙军区以小部队进行麻雀战迟滞其行动,前进缓慢。粟裕决定采取先阻东打西、后阻西打东的战法,连续作战各个击破两路顽军,并把作战分成两个阶段:第一阶段,先歼西边的顽左翼骨干第五十二师,相机求歼独立第三十三旅;第二阶段,视情况发展移兵东向,再歼顽右翼集团。

粟裕以第八、第十一两个支队和独立第二团组成阻击集团,任务是在孝丰周围既顶住顽军的进攻,又拖住它不使脱离。以第一、二、三、七、九、十共六个支队组成突击集团,位于孝丰西北地区伺机出击。已进入敌后的第十二支队仍隐伏在莫干山以东待机。

6月18日,顽第三十三旅为了抢头功,谎报军情,宣称已夺取孝丰城。第五十二师师长张乃鑫连忙派侦察排长带人去孝丰城联系,结果被游动在孝丰城郊的新四军侦察部队抓住,连人带信押送到粟裕面前。俘虏的口供印证了粟裕已掌握的情况,顽五十二师不再步步为营,而是孤军深入了。此时东路顽军仍然按部就班前进,先头部队与五十二师距离达20公里。粟裕估算,我以六个支队围歼第五十二师两个主力团,有把握在两天之内解决战斗。顽东路军想在这两天之内与五十二师会合这是绝不可能的。

歼敌良机终于出现了。粟裕以军事家特有的敏锐牢牢把握了这一战机。

六、天目山第三次反顽大捷。中共中央高度评价粟裕。

1945年6月19日夜晚,云淡星稀,风平树静。粟裕果断下达了反击命令,第一纵队第一、第二、第三支队对付顽第一五四团,第三纵队第七、第九支队和第四纵队第十支队对付顽第一五五团,分别进行包围歼击。反共急先锋五十二师一心想再做"皖南事变"中伏击新四军军部那样的美梦,扬言"再打一个茂林,完成皖南剿共未竟之功"。新四军苏浙军区部队针锋相对提出了"为'皖南事变'死难烈士报仇"这一激励人心的口号。

双方刚一接触,顽第五十二师还以为这是新四军小部队的夜间骚扰。紧接着枪声四起,战斗越来越激烈。顽五十二师发现情况不妙,各个方位的退路已被截断。第一纵队一部楔入顽五十二师与三十三旅接合部,直插杭岭头第一五四团团部。顽第一五四团指挥中断,一片慌乱。第一纵队顺势将独立第三十三旅的一个营歼灭,独立第三十三旅害怕被围,仓皇溜走。

天亮时五十二师的两个团已陷入新四军重围之中。

围歼第五十二师是整个战役的关键。粟裕与钟期光站在山头上观察战场,及时处置瞬息多变的情况,调整部署,指挥战斗。突然,粟裕从望远镜里发现对面山头的敌人正在组织炮击,当机立断拉着钟期光迅速离开。他们跑出不远,敌人的炮弹打过来了,正好落在他们原来站立的地方。几十年后钟期光回忆说:"这个惊险场面,终生难忘。"

20日下午,歼灭第五十二师已成定局。比原计划少用了一天。粟裕决定加快战役进程。此时,中路的"忠义救国军"、第二十八军奉令驰救第五十二师,但他们害怕被歼未敢轻动。这正符合粟裕的预料。粟裕应付裕如地把指挥重点从西线转向东线。他命令守备集团调整任务抽出八支队乘夜潜入顽右兵团阵地,切断顽军东南退路。命令突击集团除留第九支队收拾残顽并负责西线警戒外,其余全部东移。命令守备部队放开道路让顽右兵团进入孝丰空城。命令预伏在莫干山以东的十二支队21日晨赶到白水湾、港口地区,抄袭顽右兵团后路,堵住顽被包围后的唯一缺口。

粟裕的回马枪杀得如此迅速有力,连第五十二师一夜间就被歼灭李觉尚不知情,仍错误地认为新四军主力还在孝丰以西与第五十二师激战,电令右兵团连夜向孝丰、鹤鹿溪挺进,协同左兵团夹击。

顽突击第一队一部进入孝丰空城,见势不对急忙退出,但已来不及了。顽第七十九师与新四军在孝丰城东北制高点五峰山展开了激烈争夺。新四军抢先五分钟占领山顶,把第七十九师打了下去。

决战时刻临近了。

粟裕命令第四纵队第十支队从孝丰正面向东出击,打乱了顽敌部署。

粟裕命令第八支队由正面阻击转为乘夜间挥兵东进,插向东线顽军第七十九师和突击第二队的腹心地带。

粟裕及时从围歼第五十二师的战场调回了第七支队,向顽军第七十九师防地发起攻击。

敌我双方出现了互相分割、互相包围的混战局面。最后,第八支队在第七支队有力支援下,打得敌人四处逃窜,乱作一团。

作为粟裕一着"伏子"的第十二支队,这时按粟裕命令从莫干山地区迅速奔赴孝丰战场,投入到最需要兵力的地方,突然出现在顽军溃退路上,犹如一把利剑横挡在南逃顽军胸前。

顽军被新四军压缩于孝丰东南之草明山、白水湾、港口的狭小山谷地区,狼奔豕突,拼死突围。新四军各路部队咬紧牙关,在顽军"肚子"里大胆穿插分割,加速歼敌。

23日,总攻开始了。粟裕一改夜间发起攻击的常规为白天攻击。粟裕称这叫让"敌人想不到"。顽敌完全没有料到新四军会在白天发起总攻,仓促应战,乱了阵脚。粟裕指挥部队利用白天观察的便利,充分发挥迫击炮、小炮的优势,大量杀伤猬集的顽敌,壮大声威,压倒敌人。经过两昼夜激战,顽军突击第一队除留守临安一个营外全部被歼灭,第七十九师、突击第二队大部被歼,残顽夺路南逃。

这次战役共歼顽军突击第一队少将司令胡旭旰、第七十九师参谋长罗先觉等以下官兵 6800 余人,其中俘虏近 3000 人,缴获各种炮 17 门、轻重机枪 130 余挺、长短枪千余支。

顽军绝没有想到他们精心策划、周密部署并占有绝对优势兵力的第三次进攻就这样快地以惨败告终。突击总队是中央军的精锐,装备一流,训练有素,官兵臂上都佩戴有"奇兵"二字的袖章。战后,有个被俘的突击总队军官怎么也弄不懂他们这样的"奇兵",是如何稀里糊涂被吃掉的,嘴里不停地唠叨:"你们是怎么打的?是谁指挥的?"过了十多天,粟裕与钟期光一起到战俘集训班给被俘军官作报告。他们见到了指挥这场战役的苏浙军区新四军最高指挥官——粟裕。粟裕手中没有讲稿,从容不迫,侃侃而谈,纵论国际反法西斯战争形势,揭露国民党当局消极抗日、积极反共反人民,阐述天目山战役新四军完全是被迫自卫,责任不在新四军,等等。被俘的军官对粟裕的报告报以热烈的掌声。会后战俘们讨论粟裕的报告,对粟裕赞不绝口。有的说他智慧过人,有的说他有儒将风度,有的说他用兵如神,都说:"这次见到粟司令真是三生有幸!"

在这样短的时间内以这样好的方式粉碎国民党第三战区发动的第三次大规模进攻,从而一举争得共产党、新四军在苏浙地区的主动地位,也出乎新四军军部的意料。战事极为紧张,粟裕机断专行,于 6 月 19 日抓住战机果断发起战役后,一直没有空隙向军部及时报告。22 日,华中局以为苏浙部队已进入敌后,还就在江浙敌后开展抗日民族统一战线等工作问题致电粟裕。但这时反顽战役正进入第二阶段,围歼东路之顽战斗方酣,粟裕全身心专注于作战指挥,顾不上将当面情况报告军部。直到战役胜利结束后,粟裕才得空与叶飞一起将顽军第三次进攻部署、动员兵力情况和战役结果报告军部。军部于 28 日转报中共中央。新四军军部这时对苏浙军区部队的处境才松了一口气。中共中央对苏浙局势的担心也放下来了。

29 日,华中局致电粟裕等指出:"此次主动退出天目山,诱顽深入而齐歼的模范经验,值得深刻研究和发扬。"

中共中央军委和毛泽东来电盛赞苏浙部队打得好。

此时,粟裕和苏浙军区领导对是

■ 粟裕与叶飞(右二)、王必成(左一)、陶勇(右一)合影。

否要重占天目山进行着反复思考。顽军惨败，退出临安及孝丰全境，在天目山的部队也已大部后撤，仅留少数扼守要隘，并有逃窜模样。苏浙军区部队如乘势挺进，天目山唾手可得；如任其喘息休整，构成深沟高垒，那时再行攻占就不是那么容易了。华中局也同意他们派一两个团回占天目山，掩护主力休整与开展敌后之敌后工作。但粟裕没有马上行动，他再三研究国内外大局，仔细慎重考虑，结合中共中央和华中局一系列指示，认为：国际形势已发生重大变化，德国法西斯投降了，日寇也败在旦夕，国内局势处在重大变动中。从当面局部看，固然以迅速重占天目山为有利，但从整个国际国内形势看，则以不占为宜。

6月29日，粟裕将自己审慎考虑后的意见上报华中局，认为不需再进占天目山。他列举重占天目山有三点不利：1. 我主力大部仍将与顽主力对峙，无法安心休整，而自新登作战至孝丰作战，已连续战斗一个月，部队极度疲劳，伤亡甚大，极需好好休整。2. 主力大部如仍控制天目山地区，粮食供应甚难，势将大部由苏南供给，如此苏南又将陷于供应战争之苦境，无法以全力进行深入巩固工作与发动秋收群众运动，打下深厚工作基础。3. 将影响以大力进行敌后之敌后工作。粟裕强调：战斗应迅速结束，以便适时争取时间休整部队，深入苏南工作及开展敌后之敌后工作。为此目的，粟裕在军事上作了精心部署：1. 第一纵队全部回苏南就粮与休整。2. 第三纵队以一个团固守孝丰（构筑坚固据点），以两个团向宣当芜地区活动，开辟该地区之敌后工作及打通皖南联系。3. 第四纵队以一个团（十一支队）仍开回浙东，即拨归浙东建制，以便在浙东组成三个团之主力；另以一个团（十二支队）在莫干山、杭嘉湖深入敌后活动，并即将第十二支队地方化；第四纵队主力（十支队）控制于孝丰以北广德以南地区休整，掩护孝丰与莫干山；另派少数部队向天目山游击。

粟裕将自己的考虑和决定上报华中局后，稍稍松了一口气。一个月来他连续运筹思考，判断情况，部署用兵，指挥作战，夜以继日地超负荷工作，疲劳至极点。加之当地气候初春已感烦热，盛夏酷暑更是闷热难当，蚊虫又多，赶都赶不跑，粟裕更消瘦了。前些日子他患疟疾，带病指挥作战。如今疟疾刚好，但随之又得了美尼尔氏综合症，发起病来天旋地转，呕吐不止。然而粟裕很高兴。他后来在回忆录中写道："天目山战役是我在抗日战争中所经历的激烈和艰苦的重要战役之一，也是我华中部分主力锻炼成长的重要战役之一，正是通过天目山战役的胜利实践，使我们提早实现了从游击战到运动战的战略转变，为后来蒋介石对我们全面大打时作了思想上和战略战术上的准备。"①

在整个抗日战争中，新四军作战是以打内线的分散的游击战为主，这是中共中央确定的战略指导方针。但粟裕在指挥天目山三次反顽作战中勇于创新，因时而变，因地而变，因敌而变，因情措法。"皖南事变"后，蒋军一部分官兵错误地认为新四军只是些残兵败将，不堪一击。天目山战役，大杀国民党中央军之骄

---

① 《粟裕战争回忆录》，解放军出版社，1988年11月，第1版，第303页。

横气焰,极大地鼓舞了新四军士气。战斗中缴获的大量美式装备,不仅使新四军各个班、排普遍加强了近战火力,有的还配备了火焰喷射器,各团、营都增建了配有重型武器的机炮连,通讯联络手段也相应改善了,这些都为解放战争初期作战奠定了物质基础。更重要的是经过天目山三次反顽作战,锻炼了部队,苏浙军区的部队在全军率先实现了由分散游击战争向大兵团运动战的战略转变,为以后遂行解放战争的战略、战役任务在军事上作了重要的准备。许多在天目山作过战的同志后来回忆说:经过天目山战役,为以后打苏中战役(七战七捷),打宿北、鲁南、莱芜、孟良崮等战役,作了最重要的演练,打下了坚实的基础。他们对粟裕打运动战、歼灭战的一套战略战术都有了深刻领会。

天目山战役胜利是给正在召开的中国共产党"七大"极好的献礼。作为天目山战役的指挥者粟裕,正是在党的第七次全国代表大会上首次被选为中共中央候补委员。华中局组织部长曾山出席了"七大",返回新四军军部后他向军部直属单位排以上党员干部传达"七大"精神,谈到华中地区和新四军中哪些同志被选上中共中央委员、候补委员时,特别对粟裕作了介绍。他说:"粟裕同志在天目山地区连续打了几个漂亮仗,中共中央首长非常高兴,毛主席、周恩来等中央首长在酝酿选举中共中央委员人选时,给予粟裕同志高度评价,并说'粟裕同志将来可以指挥四五十万军队'。"后来的历史发展,证实了中共中央领导的预言。

随着三次反顽作战的胜利,新四军的影响迅速扩大,苏浙局势揭开了新的一页。

7月13日,"忠义救国军"第二纵队第四团第二营决定起义投奔新四军。粟裕派陶勇率第九支队接应。营长姚建率部近200人起义成功。粟裕立即接见了姚建,给姚建留下了深刻的印象。30多年后姚建回忆起此事说:"一见粟司令,我就感到仿佛回到家里见到亲人一般。粟司令讲道理就像谈家常,叫人觉不出他是个大首长。我平日看到的是国民党军官欺上压下,专横跋扈;来到革命队伍里,看到官兵一致,上下平等,自己好像变了个样!"

在粟裕领导和指挥下,分兵敌后地区的部队一面休整,一面开展工作。第四纵队率第十、第十一支队再渡富春江,在第二纵队和地方武装配合下,横扫金(华)萧(山)地区的伪军和地方游杂部队,挺进至浦江、金华附近。

8月初,华中局决定:原苏南、浙西两个区党委合并为苏浙区党委。9月1日,中共苏浙区委正式成立,由粟裕、金明、吴仲超、叶飞、江渭清五人组成,粟裕任书记,金明任副书记。在此之前,粟裕一直作为华中局代表,统一领导苏南、浙西、浙东三个区党委的工作。

粟裕对苏浙局势充满信心。一次,他同夫人楚青登山远眺,思绪万千,情不自禁出口咏道:"山发人深思,海令人遐想,朝霞鼓舞我迎战现实,夕照启发我思索未来。"

此时,抗日战争即将取得最后胜利的这抹"朝霞",又在鼓舞着粟裕迎战新的现实。

第十一章 战和交织的岁月

一、抗日战争胜利以后，在中国两种命运两个前途的激烈搏斗中，开始谱写他军事生涯中大放异彩的新篇章。

随着抗日战争的胜利结束，中国历史揭开了新的一页，进入第三次国内革命战争或全国解放战争时期，也是中国两种命运两个前途进行激烈搏斗、中国社会发生天翻地覆变化的伟大时代。

历史的步伐如此之快，大大超出人们的预料，把战后中国向何处去的问题尖锐地摆在中国人民面前。

正如中国共产党第七次全国代表大会所预见的，在打败了日本帝国主义以后，中国仍然存在着两种命运、两个前途的斗争："或者是一个独立、自由、民主、统一、富强的中国，就是说，光明的中国，中国人民得到解放的新中国；或者是另一个中国，半殖民地半封建的、分裂的、贫弱的中国，就是说，一个老中国。"①

从1945年8月到1946年6月，形势急剧变化，矛盾错综复杂，外战与内战交替，和谈与战争交织，整个中国处于由抗日民族战争过渡到国内革命战争的历史转折关头。

当这个历史转折开始的时候，粟裕刚满38周岁。按照中国的传统说法，尚未到不惑之年。然而，他已经以一个成熟的战略家姿态阔步迈进新的历史时期，开始谱写他军事生涯中大放异彩的新篇章。

1945年8月10日，日本乞求投降的消息传到江南的时候，粟裕正在浙江省长兴县仰峰岕主持召开苏浙军区高级干部会议，总结天目山战役的经验，研究如何完成中共中央给予的"破敌、收京（收复南京）、入沪（进入上海）"的战略任务。

8月10日晚上，苏浙军区举行文艺晚会，演出苏联著名话剧《前线》。粟裕和干部们一起观看。幕间休息时，有人递给粟裕一份电报。粟裕急速看了一遍，兴奋

---

① 《毛泽东选集》第三卷，人民出版社，1991年6月，第2版，第1026页。

地站起来宣布:"日本投降了!抗战胜利了!"整个会场立即沸腾起来,大家欢呼跳跃,有的抛起军帽,有的互相拥抱,热烈庆祝八年浴血奋战换来的伟大胜利。

粟裕以激动的心情与同志们共享胜利的欢乐,同时以冷静的态度思考当前的形势和所应采取的对策。

苏浙军区的高干会议尚未结束,就接到中共中央的指示。中共中央指出:"国民党积极准备向我解放区收复失地,夺取抗日胜利的果实。这一争夺战,将是极猛烈的。"在此情况下,我党任务分为两阶段:"目前阶段,应集中主要力量迫使敌伪向我投降","猛力扩大解放区,占领一切可能与必须占领的大小城市与交通要道";"将来阶段,国民党可能向我大举进攻,我党应准备调动兵力,对付内战"。特别指出,在江南等一部分地区,"第一阶段之时间可能甚短,对此应有充分估计"。①

根据中共中央指示,华中局和新四军军部于8月11日下令新四军全军实行总反攻,并经中央批准发动上海起义,命令苏浙军区部队立即行动,控制京沪杭交通要道,占领南京、上海、杭州三大城市,任命粟裕为南京特别市市长。

粟裕提议,会议提前结束。他说:会议再开下去对工作不利。要迅速行动起来,百倍努力去争取抗日战争反攻的伟大胜利。

争夺异常激烈,形势瞬息万变。京沪杭首当其冲,再次成为矛盾斗争焦点。蒋介石为了抢占京沪杭等大城市和交通要道,在美国航空队帮助下,赶运新六军等精锐部队到南京、上海,第三战区的部队也向京沪杭进军,同时任命钱大钧、马超俊分任上海、南京市长。中共中央根据形势的变化,改变了要新四军"集中主力去占领大城市和要点"的部署,指示华中局停止执行发动上海起义的决定,要求江南力量就现地向四周发展,夺取广大乡村及许多县城,准备内战战场。后来又进一步指出,在江南"有坚持现地,扩展胜利,创建苏浙皖边纵横数百里广大根据地威震江南(江北军亦如此)之极大可能"。中共中央要华中局将这个意图转达粟裕和叶飞,要他们"动员全党全军全民为此而奋斗"。②

粟裕坚决贯彻执行中共中央的战略意图。他认为,无论今后局势如何发展,无论是为了夺取抗战最后胜利还是准备对付内战,解决日伪军问题是最紧迫的任务,立即作出了作战部署。8月19日,他在发给苏浙军区所属各部队、各分区并报新四军军部的电报中说:"中央与华中局指示我苏浙部队暂不作占领京沪线各大城市之打算,改变方针,占领我根据地周围各县城和市镇,解决伪军,收集物资,放手发动群众,扩大武装,准备应付内战。根据上述方针,我们决定尽一切可能,尽一切力量,尽一切办法,力求在半个月到一个月内,分别占领溧阳、溧水、宜兴、金坛、句容、郎溪、广德、高淳、长兴、吴兴、安吉、武康、德清等县城及我根据地内各市镇,肃清日伪与残顽,完成将我苏南一、二分区及浙西打成一片之计划。"③按照这个部署,粟裕指挥苏浙军区所属部队,向浙东、浙西、

---

① 《毛泽东军事文集》第三卷,军事科学出版社、中央文献出版社,1993年12月,第1版,第1—2页。
② 同上书,第32页。
③ 《粟裕军事文集》,解放军出版社,1989年7月,第1版,第230页。

新四军苏浙军区部队在抗日战争大反攻中向苏南城镇进军。

皖南、苏南的日伪军展开猛烈进攻。旌旗所向,捷报频传。

8月13日至17日,攻克镇海、慈溪、余姚三县北部地区的伪据点30余处,直抵宁波城下。

8月18日,解放浦东南汇县城和李家桥等日伪据点,逼近上海市郊。

同一天,攻克浙江省的诸暨县三江口和金华县孝顺等日伪据点,歼灭日伪军1900多人。

8月19日,解放江苏省的溧水、溧阳、金坛和浙江省的长兴等县城,俘虏伪军2000多人。

8月23日,解放江苏省的句容、浙江省的安吉县城。

8月24日,攻克江苏省的宜兴县城,全歼由宜兴逃出的日军一个大队。

8月25日,解放安徽省的郎溪县城。

8月28日,解放江苏省的高淳和安徽省的广德县城。

到9月中旬,在北起京沪铁路,南至安吉、孝丰,东起太湖,西至宣(城)芜(湖)公路的广大地区内,苏浙军区部队先后收复县城11座、重要集镇100余处及广大乡村,苏浙解放区总面积扩大到10.87万平方公里,人口扩大到400余万,完成了中共中央和华中局赋予的战略任务。

这时,粟裕判断,中共中央指出的第一阶段即将结束,反内战阶段即将到来,及时地将注意力集中到未来的战略行动上。他在8月24日向华中局的报告中说:"我们再三考虑,苏南为南京外围,在内战条件下,四面受敌,地形不利,不能长期作为我军之根据地,必须另建立新根据地。""因此我们认为,现在一面应准备作坚持苏南、浙西、浙东现有阵地之打算，一面应即作建立新根据地之打算。"①

9月17日，中共中央作出"向北发展，向南防御"的战略决策，指示"新四军江南主力部队立即转移到江北"。中央认为，长江以南各个根据地，都靠近敌占的中心城市和交通要道，处在敌人四面包围之中，有遭受敌人各个击破的危险。我军主力撤出江南，转移江北，可以缩短战线，集中兵力，接替华中、山东开略目标。同时，在和平谈判中，作为让步条件提出，造成了良好的政治影响。毛泽东后来说，长江以南各个解放区，不让也得让，争也争不到，何不慷慨一点让出来呢？算总账，没有蚀本，没有吃亏，这个地方失了，那个地方得，失了一寸，得了一尺，还赚九寸。在不损害人民基本利益的原则下，容许作一些让步，用这些让步去换得全国人民需要的和平和民主。

延安《解放日报》关于新四军江南部队奉命北撤的报道

中共中央的战略思考和粟裕的战略思考，虽然所处地位不同，但都是从当时的实际情况出发，把当前的行动同长远的战略目标结合起来，因而在思路上达到了一致。

粟裕胸怀全局，心系人民。他由衷地认为，党中央的决策可以使我们在政治上、军事上取得主动，是有利于战略全局的一着高棋，不仅可以在政治上争取各阶层群众的支持，而且可以在军事上实现全面内战爆发前的战略集结，必须坚决贯彻执行。同时，他又想到，江南人民又将陷入水深火热之中，心中充满对江南人民依依不舍的深情，认真考虑和解决主力撤走后坚持斗争的种种问题。

从9月下旬开始，他一面组织苏浙区部队和地方干部北撤，一面对坚持江南斗争作具体布置。他主持组建苏浙皖特委，下设茅山、太滆、郎广、浙西等工委和若干特派员，成立浙东纵队留守处；留下一部分兵力改编为精干的武工队，坚持原地斗争，保卫地方党组织和人民群众，保护新四军伤病员和军人、烈士家属。他对干部和群众作深入细致的宣传解释，发表热情洋溢的《江南新四军北移告别民众书》，说明江南新四军北移，"这是共产党对国民党的一个极大的让步，但共

---

① 《粟裕军事文集》，解放军出版社，1989年7月，第1版，第231—232页。

产党为了制止敌伪和反动派的阴谋,为了避免内战,实现全国和平团结,就不能不忍痛这样做"。同时表示:"我们这番暂时和你们告别,在离你们不远的江北就有很多强大的解放区,我们将全心全力地支持你们,你们决不孤立!"

粟裕亲自组织指挥部队和地方党政机关北移。他特派作战科长严振衡率领部分参谋人员和侦察分队沿北移路线侦察敌情,征集渡船,架设浮桥;派陶勇率领部队保护北上通路;组织接应远在浙南的部队归还建制。当时粮食供应十分困难。粟裕要负责供应工作的黄志远拿出从江北带来的黄金,派便衣侦察员赶到归建部队途经地点,预先采购所需粮食,保证在浙南的部队顺利归建。

在粟裕的组织指挥下,苏浙军区所属部队和地方干部6.5万余人分批渡江北上。粟裕亲自率领第一、第三纵队和一部分地方武装渡江。他带着几个参谋、一部电台,在江边指挥。然后,乘坐一艘小船,与苏浙军区直属队和第八、第九支队指战员一起,于10月上旬渡过长江天险。第二、第四纵队和地方干部于11月中旬分别到达苏北、山东。

不幸的是,后来渡江的第四纵队一部发生重大事故。他们乘坐一艘轮船渡江,发现船舱漏水而未能采取适当措施,导致轮船沉没,纵队政委韦一平等800多同志遇难。粟裕为此深感痛心。无论是在战争年代,还是新中国成立以后,每当经过出事地点,他必到韦一平等同志墓地凭吊,怀念当年一起战斗的同志们。

粟裕率领的苏浙军区部队登上长江北岸,从七圩经毘卢寺、季家市到达黄桥,沿途受到人民群众的夹道欢迎和亲切慰问,并与陈丕显、管文蔚等率领的苏中区部队会师。战友重逢,亲人相见,分外亲热。

苏中区党政军民在黄桥召开盛大的欢迎会,热烈欢迎长期领导苏中抗日斗争的粟裕司令员和他率领的苏浙部队指战员。开会以前,举行了阅兵式,在广场上展出苏浙部队在天目山战役和对日大反攻中缴获的新式武器,用事实回答了国民党特务分子制造的"新四军在江南打了败仗"的谣言。

■ 苏中人民热烈欢迎北撤的新四军江南部队。

粟裕在欢迎会上发表了热情洋溢的讲话。他说:"自去年十二月过江南下以后,离开苏中将近一年。此次重来,对于我苏中的同志、同胞,感到格外的亲切!"他阐述了撤出江南的政治意义和军事意义,号召军民一手拿枪,一手生产,保卫胜利果实,保卫和平民主,敦促蒋介石实现"和平建国"的诺言,警惕内战突然爆发。

当时的苏中区党委书记陈丕显回忆说,"那时大家对中央的方针并不都有深刻的理解,有的同志甚至还认为撤出江南是示弱的表现","粟裕同志的讲话大大稳定了部队和群众的情绪"。

二、参与组建华中战略区领导机构。传为美谈的"一让司令"。

中共中央根据"向北发展,向南防御"的战略决策,确定"我党任务是夺取东北,巩固华北、华中"①,为此在全国范围内调整战略布局,同时调整各大战略区领导机构和主要将领,在原华中地区组建华中分局和华中军区。中共中央决定,由华中局提出华中分局和华中军区领导成员名单。

根据中共中央的指示,华中局提出了华中分局和苏皖军区(后改称华中军区)组织方案,于10月6日报到中共中央。这个方案提出,"江北苏皖地区必须尽力坚持控制,对国顽(按:指国民党顽固派军队)进犯必须采取打击和歼灭方针"。提议粟裕留在华中,"华中分局以邓子恢、谭震林、粟裕任常委",苏皖军区由"粟裕任司令员"。②

10月8日,中共中央电复华中局,"同意粟裕留华中任司令"③。后来又决定由刚从延安返回华中的张鼎丞任副司令员。

此时,粟裕刚刚到达长江北岸,不知道中共中央和华中局的上述决定。

10月上旬,粟裕率领北撤部队由黄桥转移到东台一带集结待命。在那里接到华中局和新四军军部通知,要他参加华中分局和华中军区的筹建。他立即带领少数参谋和警卫人员乘汽艇从东台到淮安。

淮安、淮阴两城相距15公里,合称"两淮",当时是华中解放区首府,中共中央华中局和新四军军部驻地。这两座具有两千多年历史的文明古城,是许多著名政治家、军事家的故乡。西汉名将韩信,原本"淮阴布衣",后被汉高祖刘邦拜为大将,以"将兵多多益善"著称于世。当代杰出的无产阶级革命家、政治家、军事家、人民的好总理周恩来,在这里度过了他的少年时代,更使两淮人民引为无上光荣。两淮"阻淮凭海,控制山东",是"南北咽喉,江浙要冲",战略地位十分重要。

粟裕到达淮安以后,在华中局看到了中共中央任命他为华中军区司令、张鼎

---

① 《毛泽东军事文集》第三卷,军事科学出版社、中央文献出版社,1993年12月,第1版,第365页。
② 《新四军——文献(5)》,解放军出版社,1995年3月,第1版,第365页。
③ 同上书,第367页。

丞为副司令的电报,当即向华中局负责同志提出建议,请求任命张鼎丞为司令,自己改任副职。

张鼎丞是一位德高望重的老同志,年长粟裕九岁,曾经参加领导福建西部的农民暴动,担任闽西南军政委员会主席。新四军组建初期,他和粟裕同在第二支队,张为司令,粟为副司令。后来,张鼎丞去延安参加整风,担任中央党校第二部主任。粟裕一向视张鼎丞为兄长,对他十分尊重。粟裕认为,由张鼎丞担任司令,更有利于工作,有利于团结。

粟裕的建议没有得到华中局负责同志同意。回到住地,天色已晚,机要科送来向部队转发中共中央决定的电报。他接过来一看,叹了口气说:"我已经提过意见了,张鼎丞同志是我的老上级,让他当我的副手,不利于工作,不利于团结。这份电报先不要发出去,我还要向中央提出我的意见。"立即坐下来起草电报稿,陈述自己的建议和理由,第二天发给中共中央。

中央:

　　昨在华中局阅悉中央以职及张鼎丞同志分任正副司令之电示,不胜惶恐。以职之能力,实不能负其重任。而鼎丞同志不论在才德资各方面均远较职为高超:抗战以前,均为长辈;抗战初期,则曾为职之上级;近数年来,又复在中央直接领导之下,功绩卓著,且对于执行党的政策与掌握全局均远非职所能及。为此,曾再三请求华中局,以鼎丞同志任司令,职副之,未蒙允许。为孚众望以利今后工作起见,特再电呈,请求中央以鼎丞同志为司令。职当尽力协助,以完成党中央所给予之光荣任务。

　　　　　　　　　　　　　　　　　　　　　　　粟　裕
　　　　　　　　　　　　　　　　　　　　　　　十月十五日

短短两百余字的电报,凝聚着共产党人对党的事业的赤胆忠心,展示了无产阶级革命家的博大胸怀和高尚情操。

粟裕这一建议,中共中央当时没有采纳,仍然坚持由粟裕任司令。

中共中央作出这样的决定,是经过慎重考虑的,是建立在对粟裕的深刻了解基础之上的。中共中央和华中局都认为,由粟裕担任华中军区司令员是适当的。

10月24日,中共中央批复华中局上报的华中分局和苏皖军区新的组织方案时,仍然坚持原来的决定,"同意以邓(子恢)、谭(震林)、粟(裕)、张鼎丞、刘晓五人组织华中〔分〕局常委,以邓为书记兼政委,粟为司令,张为副司令,谭为副书记兼副政委。组织华中军区,粟、谭到前方工作,指挥野战军,邓、张留后方工作"。

10月27日,华中局发出关于华中分局和苏皖军区组成的通知,根据中共中央的批复,再次宣布苏皖军区"以粟裕为司令,张鼎丞为副司令"。

当天深夜,粟裕发出了请求改任副职的第二次建议电,重申15日电报的理

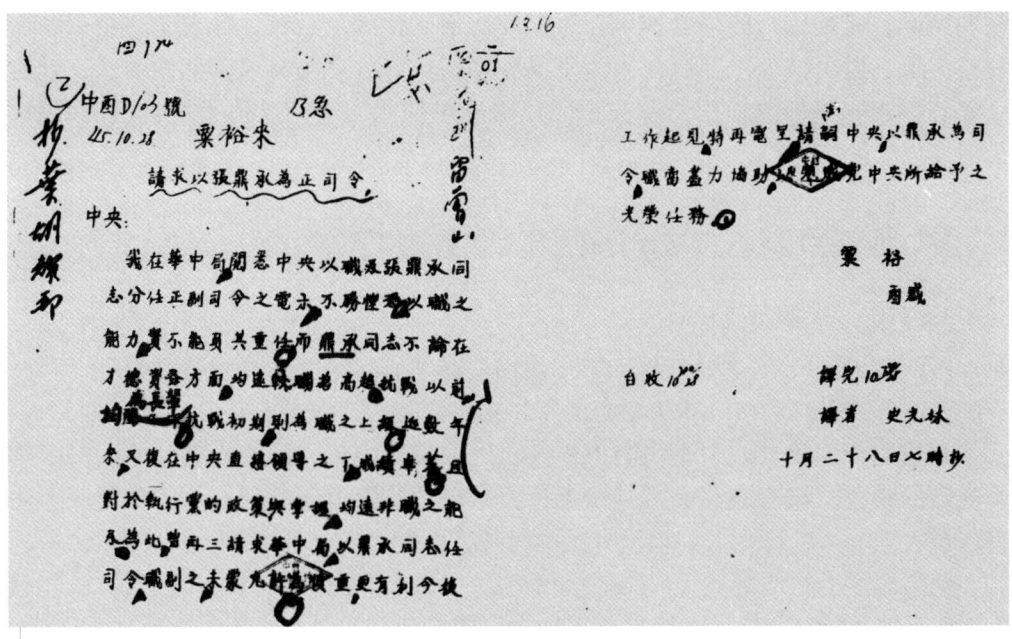

粟裕建议张鼎丞任司令、自己改任副职的电报

由,最后恳切地说:"为慎重并更有利今后工作起见,特再电呈,请求中央以鼎丞为司令,职当尽力协助,以完成中央所给予之光荣任务。"

粟裕一再提出由张鼎丞任司令、自己改任副职的建议,也是经过深思熟虑的,不能简单地理解为谦虚,而是出于对革命全局利益的考虑,是他大公无私高尚品德的集中表现。

中共中央收到并译出粟裕的电报,已是10月28日7时30分,当天就进行了慎重的研究,最后决定采纳粟裕的建议。10月29日,刘少奇为中共中央起草致华中局并告陈毅、黎玉的电报,认为粟裕的提议"是有理由的","中央同意以张鼎丞为华中军区(不称苏皖军区)司令,粟裕为副司令并兼华中野战军司令"。①

当时,华中军区的干部来自四面八方,新四军一师、四师的干部较多,还有二师、三师、七师北上后留下的干部。在组建华中军区和华中野战军领导机关过程中,如何安排各方面的干部,把领导班子配备好,是面临的一大难题。由于粟裕坚持"搞五湖四海"的用人原则,并以自己的实际行动带头,这个难题就迎刃而解了。

华中军区领导机关是以第四师机关为基础组建的。粟裕对原苏浙军区政治部主任钟期光说,要确定一条原则:凡是一师和苏浙军区的干部,原则上都担任副职,正职由四师和其他各师干部担任。由我做起,由你做起。粟裕任华中军区副司令员,钟期光任华中军区政治部副主任。苏浙军区司令部、政治部、供给部、卫生部原来的部长、科长,一般改任副部长、副科长。长期与粟裕在一起工作的

---

① 《新四军——文献(5)》,解放军出版社,1995年3月,第1版,第378页。

钟期光说，这是粟裕的一贯作风。过去几次部队整编、合编，他总是坚持以革命利益为重、以团结为重、以他人为重的原则，正确处理与兄弟部队的关系，让自己部队的正职干部改任副职，把正职让给兄弟部队的干部。他了解自己的部属，干部也理解他的意图，大家习以为常，没有怨言。

有一天，粟裕召集原苏浙军区的干部开会。

粟裕问到会干部："昨晚你们看了京剧团的慰问演出吗？"

"看了。"

"演得怎么样啊？"

干部们议论纷纷，大家认为《断桥》这出戏演得不错，有的说白娘子演得好，有的说许仙演得好，多数认为小青演得特别好。

粟裕说："我也认为小青演得最好。她虽然是配角，却恰到好处地演出了剧本规定的角色，没有喧宾夺主，没有抢白娘子的戏，但留给观众的印象很深，演得入情入理，活泼可爱。如果没有她的衬托，白素贞和许仙也不会演得那么好。"

粟裕滔滔不绝地讲，干部们悄悄议论："粟司令不但会打仗，还会评戏。"有人迷惑不解："他平时总是三句话不离本行，开口就讲打仗，今天怎么老是评戏？"

"由此可见，不可小看配角！"粟裕提高声音，把议论声盖住了。"我们部队何尝不是如此，要打好一个仗，军长、师长、团长的正确指挥固然重要，各级副手的密切配合也不可小看。副手在各自的岗位上，同样可以发挥他最大的作用。你们说，对不对啊？"

"对！"干部们齐声回答。

"你们愿意不愿意当配角呢？现在当正职的愿不愿退下来当副职啊？"粟裕用锐利的目光扫视着每一个人。

干部们一时不知如何回答。

粟裕郑重地说："告诉你们吧，中央决定成立华中军区，我们要和兄弟部队合编。为了顾全大局，搞好团结，我们决定在座的各位正职干部一律改为副职，希望你们当好配角。大家有什么意见？"

"没有！"干部们想起粟裕一再请求让出司令、改任副职的模范行动，从心底里发出一片赞同声。

这叫做信而生威。其身正，不令而行。

三、组建强有力的华中野战军。
从大兵团作战需要出发组训部队。

华中军区成立以后，粟裕便把注意力集中到组建华中野战军上。

中共中央虽然决定与国民党进行和平谈判，并且准备为争取和平作必要的让步，但是对于关系人民命运、革命前途的"枪杆子"是抓得很紧的。

8月11日，《中央关于日本投降后我党任务的决定》指出："各地应将我军大部迅速集中，脱离分散游击状态，分甲乙丙三等组成团或旅或师，变成超地方性的正规兵团，集中行动，以便在解决敌伪时保证我军取得胜利。解决敌伪后，主力应迅速集结整训，提高战斗力，准备用于制止内战方面。"①

10月12日，中共中央关于国共两党签订"双十协定"发给党内的指示，再次明确指出："解放区军队一枪一弹均必须保持，这是确定不移的原则"，"过去中央指示各地扩大军队编整主力计划，继续执行不变"。②

10月18日，中共中央发出给华中局和新四军的电报指示，华中、山东应组织两个野战军。华中野战军"由粟裕、谭震林组织野战司令部指挥之"。

任华中野战军司令员时的粟裕

10月24日，中共中央在给陈毅、黎玉和华中局的电报中进一步强调指出："华中可能为蒋介石最先向我进攻之地。如华中现有地区不能确切保障，不独影响山东局势，且对全国形势及国共谈判均极不利。故必须首先在华中组织一个强大的野战军。华中抽调到山东部队，除黄克诚及叶飞三个旅以外，暂以五个至六个旅为限，不宜抽调太多。"

11月12日，在中共中央政治局扩大会议上，毛泽东发表《抗战胜利三个月来的局势和今后若干工作方针》的讲话，指出："我们组建的野战军，算上已经走的和部分正在走的有：聂荣臻第一野战军原定七万人，现在不到七万；贺龙三万人，现在也不到三万；刘伯承七万；陈毅七万；李先念三万；粟裕五万。关内这六大军区，加上东北一个军区（林彪二十万），共七个大军区。"③

这些指示表明，中共中央决定实行由游击战到正规战的战略转变，并且把建设强大的野战军作为完成这个战略转变的重要条件。同时表明，中共中央把华中野战军的组建放在了相当重要的位置。

对于实行这种军事战略转变，粟裕是早有思想准备的，并且在天目山战役中提前实现了。但是，在新组建的华中军区实行这种转变，却进行了一系列艰苦的工作。

首先遇到的问题，是如何使主力部队保持完整的建制和原有的战斗力。

根据"向北发展，向南防御"的战略方针，中共中央决定从华中抽调新四军主力部队到山东、东北。华中局和新四军军部原来提出的方案，除第三师是以完

---

① 《毛泽东军事文集》第三卷，军事科学出版社、中央文献出版社，1993年12月，第1版，第1页。
② 同上书，第54—55页。
③ 《毛泽东文集》第四卷，人民出版社，1996年8月，第1版，第73页。

整建制调到东北以外,其余都是部分抽调。这样,无论是调到山东的部队还是留在华中的部队,大部分不是完整的建制。其中,原苏浙军区所属部队中,除第四纵队和浙东纵队外,还要抽调王必成的第一纵队到山东,而将已经调到山东的第二师抽出第四旅调回华中。

粟裕认为,这样做,不利于部队的建设和作战,而应尽可能保留主力部队的建制,以保持部队的传统作风和战斗力。他多次向华东局和华中分局建议,没有得到同意。为了革命事业的利益,粟裕以无私无畏的革命精神和实事求是的科学态度,"敢冒本位宗派主义之嫌",直接向中共中央发电报提出自己的建议。

中央:

此次华中北调部队,除三师保持整个建制外,其余各主力师均系分别抽调。似此,不同建制之部队今后须有较长时期方可打通思想,但对目前战斗之协同配合不利,特别华中分局领导下之部队可能发生重大影响。此点虽曾向华中局及分局建议,未蒙采纳。但职对此问题尚不能完全理解。因职以为各师地区既留有地方兵团,虽将当地主力师调走,对坚持似无大影响。因此,职意应尽可能不过分破坏建制较为有利。敢冒本位宗派主义之嫌,特电告中央,尚盼指示。

粟裕

酉感

"酉感"即 10 月 27 日。此电是与他第二次建议张鼎丞任华中军区司令员的电报同

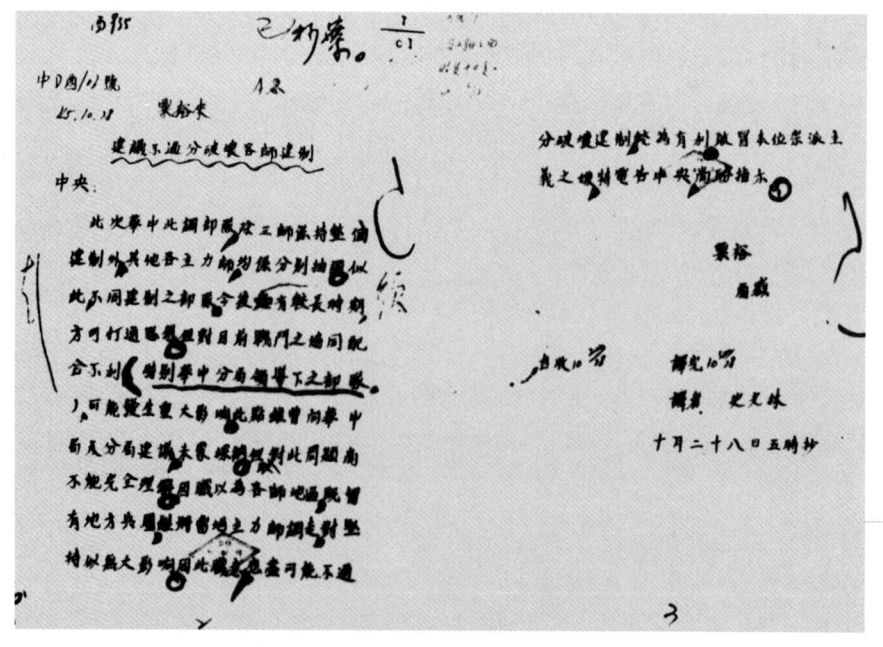

粟裕建议不过分破坏各师建制的电报

一天发出的。

刘少奇为中共中央起草的 10 月 29 日电报，同时答复粟裕两份电报，采纳了他的建议。

中共中央的复电说："粟裕酉感两电均悉。其提议是有理由的。""各师建制应尽可能不分割。请华中局考虑四旅调山东归罗（炳辉）韦（国清）纵队，二旅王必成（注：指王必成任司令员的第一纵队。这里沿用新四军第一师番号，那时王必成任第一师第二旅旅长。）留华中野战军。"①

11 月 10 日，华中野战军正式组成，下辖四个纵队，包括由原苏浙军区第一纵队扩编的第六纵队，由苏中部队组建的第七纵队，由原苏浙军区第三纵队扩编的第八纵队，由新四军第二师、第四师各一部组建的第九纵队。这些部队，编制不统一，兵员不充实，装备不齐全，除参加过天目山战役的部队以外，大部缺乏大兵团作战的思想准备和战略战术训练。

因此，在野战军初步组建起来以后，粟裕就按照大兵团作战的要求，抓紧进行部队的整编和训练，实行统一编制、统一制度、统一纪律、统一指挥，充实战斗部队，组织各级干部学习大兵团作战的战略战术和天目山战役的经验，实行由游击兵团向正规军、由游击战向运动战的战略转变。

与此同时，粟裕还和华中军区其他领导同志一起，抓紧进行地方部队和民兵的建设，重新建立了八个军分区，调整和加强了主力部队、地方部队和民兵三结合的武装力量体制，加强了地方部队和民兵的武器装备和军政训练。做到了县有独立团，区有大队，乡有中队，村有民兵基干队，使他们不仅可以完成守卫地方、配合野战军作战的任务，而且能够逐级上升，成建制地补充野战军，成为野战军源源不断、越打越大的人力源泉。

粟裕从现代战争的规律和大兵团作战的需要出发，特别重视参谋机关的建设。早在抗日战争时期，他就开始探索现代战争的特点和规律，以及由此产生的参谋机关的地位和作用。他认为，"最近几十年来，科学技术突飞猛进，军队武器装备日益精良，军队的组成部分也更加复杂，战争规模越来越大，军队的指挥方式，演进到了现在的组织战斗时代"，"参谋机关是军事的首脑机关，全军的发动机"。在"决定胜负的诸因素中，参谋机关的强弱、对战争指导的正确与错误，是重要因素之一"。② 在他的主持下，华中军区和华中野战军都建立了参谋处，下设作战训练、侦察、通信、机要、管理各科，并且组建了一个专管技术侦察的情报处，抽调得力干部担任处长、科长和参谋。他亲自组织参谋机关的干部进行业务学习，组织参谋处与政治部、供给部、卫生部等部门的分工协作。还把苏浙军区随营学校和苏中公学改建为雪枫大学，亲自兼任校长，开办各种短期训练队，培养适应未来战争要求的军政干部和参谋人才。

在粟裕的组织指导下，在短短两三个月的时间内，就完成了中共中央赋予的

---

① 《新四军——文献（5）》，解放军出版社，1995 年 3 月，第 1 版，第 378 页。
② 《粟裕军事文集》，解放军出版社，1989 年 7 月，第 1 版，第 42、86 页。

组建"强大的华中野战军"任务,并且从思想上、组织上和战略战术上实现了由游击战到运动战的战略转变。

四、探索解放战争的特点和规律。力主举行高邮邵伯战役和陇海路东段战役,开辟自卫作战战场。

在华中野战军组建过程中,粟裕及时地把注意力集中到未来战争规律的探索,以及作战方向的选择和战场准备上。

1945年10月22日,毛泽东为中央军委起草给新四军领导人的电报,对山东、华中的作战问题作了原则的指示,指出我军"必须将占领地段向南北扩展,创造出有利于打运动战的战场"。后来又反复强调,"为准备战胜必然要来的大举进攻,除集中与整训部队外,必须创造更广阔的战场","将创造战场的任务当做战略任务"。

1945年11月9日至16日,蒋介石在重庆召开军事会议,制定了"半年剿共计划",确定了"先安关内,再图关外"的战略步骤。蒋介石和他的参谋总长陈诚扬言"两个月内消灭苏北共军"。

会后,蒋介石增调重兵于华东地区:北线,有13个军集结于徐州地区,企图北攻山东,南攻两淮,打通津浦线;南线,沿江摆开5个军的兵力,并已进占江北的扬州、泰州、泰兴、靖江、南通一线,企图沿运河北进,把华中解放区分割为两块,然后全线向北推进,与徐州南下部队会攻两淮。

一场大战迫在眉睫,华中局势骤然紧张起来。

面对蒋介石发动全面内战的危险,华中解放区处于内战前线的战略地位,粟裕深感重任在肩,推动他努力探索即将开始的这场战争的特点和规律,思考应该采取的对策。

他是站在特有的基点上进行这种思考的。在领导苏中区和苏浙区抗日斗争中,他的指导思想就是"把现阶段的抗战任务和将来的实现民主革命总任务联系起来","通过抗日游击战争积聚起雄厚的革命力量,既为抗日反攻作准备,也为抗战胜利以后打败反动武装的进攻、实现民主革命的总任务作准备"。[①]在这个思想指导下,在抗日战争末期的天目山战役中,提前实现了由游击战到运动战的战略转变,为对付蒋介石的全面内战作了思想上和战略战术上的准备。

对于即将开始的全面内战,粟裕把中共中央提出的巩固华中的战略任务与华中地区的实际结合起来,把保卫抗战胜利果实与准备对付全面内战结合起来,从敌我双方的实际情况出发,对这场战争的特点和规律进行分析和探索。他认为,即将到来的全面内战,既不同于八年抗战,也不同于十年内战,敌我双方虽然是老对手,但是情况发生了新变化,由此产生了战争的新特点和新规律。这场战争

---

① 《粟裕论苏中抗战》,江苏人民出版社,1993年3月,第1版,第4页。

的性质,如党的"七大"所指出的,将是中国两种命运决定胜败的斗争。蒋介石发动的全面内战是违反人民利益和愿望的,我们进行的自卫战争是得到全国人民拥护和支持的,人心向背是决定战争胜负的经常起作用因素,我们在政治上占有优势。我党领导的解放区和人民军队也有很大的发展。解放区拥有1.3亿人口,相当于中央苏区人口总数的52倍;占有城市506座,相当于中央苏区城市总数的24倍。野战军和地方军发展到了127万人,民兵220万人,武器装备也有所改善。特别是各个解放区(除中原军区外)连成了一片,打破了敌人对我根据地四面包围的战略态势,使我军在战争初期就有一个空前广阔的内线作战战场。但是,敌强我弱的总形势仍然存在。蒋介石掌握着全国性政权,占有3/4的国土、3/4的城市和62%的铁路。他的军事实力发展到430万人,并且接收了100万日军的武器装备和战争物资。此外,还得到美国军事上财政上的巨大援助。敌人在战略上数量上技术上占有很大优势。粟裕判断,这场战争的主要形式将不再是局部地区"围剿"和反"围剿"的长期反复,而势必成为敌我双方在全国范围的持久较量。这个战争的新特点和新规律要求我们,在战争指导上必须充分发挥人民战争的优势,充分利用解放区内线作战的有利条件,以着眼于消灭敌人有生力量为基本作战指导思想,以运动战为主要作战形式,在力量对比上逐步实现由劣势到优势的转化,积局部优势为整体优势,进而夺取战争的最后胜利,直到打出一个新中国。

粟裕认为,在这场战争中,华中处于极为重要的战略地位,可能是蒋介石最先进攻之地。为了完成中共中央给予的巩固华中的战略任务,除了加紧进行根据地和武装力量的建设以外,还必须对未来作战方向作出准确的判断,在主要作战方向上集中足够的兵力,开辟有利于打运动战的广阔战场。

粟裕从战略全局及其发展趋势考虑,认为必须在华中地区南北两线各组织一个战役:在南线,组织高邮邵伯战役,攻克并控制高邮、邵伯、泰州一线,打破蒋军沿运河北进分割华中解放区的企图,解除南线蒋军对两淮的威胁,改善苏中与淮南的战略态势,创造未来自卫反击作战的战场;在北线,组织陇海路东段战役,破坏并控制徐州至海州段铁路线,使华中与山东两大战略区连成一片,创造华中野战军与山东野战军在战略上相配合作战的广阔战场。

1945年12月3日,粟裕与张鼎丞、邓子恢、谭震林、曾山联名发电报给中共中央并陈毅、黎玉、张云逸、饶漱石,建议举行高邮邵伯战役,提出:"我为打破顽军分割华中根据地企图,以便以后之坚持及主力之机动,建议即集中野战军三个纵队,攻占高邮与歼灭可能来援之顽二十五军。"[①]

高邮,南临扬州,北靠两淮,是京杭大运河上的重镇。日伪军在这里盘踞七年之久,修筑了坚固的防御工事,城内驻有日军1个大队和1个炮兵中队共1100多人,伪军第二方面军孙良诚部2个师6个团以及伪保安大队、警察大队等武装共5000多人。日本宣布投降后,蒋介石要他们"维持治安"、"收复失地",拒绝

[①]《新四军——文献(5)》,解放军出版社,1995年3月,第1版,第178页。

向共军缴械投降,并要已到达扬州国民党第二十五军准备北上"接收"邵伯、高邮。国民党军队认为,"运河是道门,高邮是把锁",是进攻华中解放区的重要通道,扬言要"开锁进门,长驱直入,直捣两淮,置共军于死地"。

因此,高邮就成为南线作战的首要目标。

粟裕等人的建议很快得到批准。1945年12月5日,中央军委复电指示:"同意江(3日)电夺取高邮,同时集结主力准备打援部署。"[①]根据中共中央军委的指示,粟裕立即制订作战计划,组织部队投入紧张的战前准备。决定集中华中野战军第六、第七、第八3个纵队和苏中军区各地方团队,首先攻克高邮、邵伯、泰州以及扬(州)泰(州)线各据点,歼灭由扬州北上增援的蒋军,然后向扬州发展胜利。

五天以后,中共中央军委改变了原来的决定。12月10日,中共中央军委给陈毅、张云逸、饶漱石的电报指示:"据各方情报,蒋顽将集中力量打通津浦路。""对你们的战略要求,是消灭北上顽军主力,阻止顽军北上,如不能完全阻止顽军北上,亦须大量消灭顽军。望你们本此要求,根据当前情况准备一切。"同时指示:"粟裕部队,前电同意他们去打高邮,争取孙良诚反正,打击北进之二十五军,但也请你们考虑是否适宜,是否须要粟裕部队到津浦南段行动,配合你们,请你们决定,电告粟裕。"

12月11日午时,陈毅和新四军军部兼山东军区其他领导人,根据中共中央军委指示作出津浦路作战部署,指令"粟(裕)谭(震林)率六、八、九纵迅集津浦南段,进行大的战略破击,力求一举即能控制百里至二百里的铁道,并相机求得能歼灭北上顽一至二个师","华中应以张藩纵、管(文蔚)胡(炳云)纵之力量包围高邮。应一面包围,一面争取孙良诚迅速反正,并部署打击二十五军之出援。六、八两纵不宜用在高邮方向而应专力应付津浦"。中共中央军委于12月12日复电指示:"同意真午(12月11日午时)电关于津浦路作战部署,望即依照执行,并告张(鼎丞)、邓(子恢)、粟(裕)、谭(震林)即令王(必成)陶(勇)纵队执行津浦路作战任务,不去高邮了。"

此时陶勇的第八纵队已经开进宝应以南,王必成的第六纵队到达淮阴,张鼎丞和粟裕到达邻近高邮的兴化,一切准备就绪,预定于12月18日发起高邮邵伯战役。同时,敌情也发生了新变化。国民党军队正向徐州及津浦路徐蚌段集结重兵。占据扬州的国民党第二十五军有在日伪军掩护下进占高邮的动向。国民党第四十九军也有从江阴渡江北进企图。

南线之战一触即发。战机稍纵即逝。

粟裕手捧电令,心急如焚。他认为,高邮之战,势在必打,迟早要打,迟打不如早打。速战而胜,既利当前,又利长远。若失战机,后患无穷。当务之急,乃是火速实现战役决策。想到这里,下定决心,亲自起草长达千言的电报,再次建议举行高邮邵伯战役和陇海路东段战役。

[①]《新四军——文献(5)》,解放军出版社,1995年3月,第1版,第187页。

在这份电报里，粟裕首先分析了敌我双方的战略态势，指出："根据目前顽集重兵于徐州、宿县、蚌埠及设立徐州行营的情况，判断该顽将全力对付我山东及华中，其今后第一步行动之最大可能，除加强徐（州）海（州）间铁道之封锁外，将利用淮北平原发挥其优势兵器，以重兵由徐州东南沿睢宁、宿迁向两淮前进，海州、淮南、运河线均为其辅助方向。如此，不仅华中将被分割与孤立，即华中对山东之配合亦将大减其效能。"同时，根据国民党第二十五军将由扬州北进接替日伪军占据高邮的动向判断，"顽军对高邮之控制，势在必行，尔后沿运河线北上，对我华中分割之威胁甚大。果如此，苏中部队将受其牵制，张藩纵队（按：即华中野战军第七纵队）亦将长期留置运河线上，无法机动"。粟裕认为，进行津浦路南段战役，"如达目的，有调动徐宿蚌沿线顽军对我之可能，对错乱顽方部署及对山东我军之配合均有利。但欲与顽军决战，以确保暂占之铁道线，恐非我华中野战军三个纵队所能胜任"。

因此，粟裕建议首先举行高邮邵伯战役和陇海路东段战役。他说："为解除顽军自高邮沿运河向北分割华中之威胁，建议仍按原计划夺取高邮、邵伯（刻我各部已接近该线，当尽量争取政治上解决）。如此举成功，则今后张藩纵队亦可离开苏中，先去淮北作战；更可使苏中区的经济财政保证对华中之主要供给，否则今后之作战供应，亦将受极大影响"。同时"建议山东与华中部队于一九四六年一月间组织一次大战役，将徐海段铁路彻底破坏并完全控制之。此举有如下好处：使华中、山东连成一片，两个野战军能有效配合；战场扩大，尤其是控制了淮北平原，便于我大兵团机动，迫使顽军在我山东与华中两个根据地之间的起伏地及半河川地区作战，便于我在运动中大量歼灭其主力。果如此又能获得成功，则顽军受挫后，势将暂时退守徐州，以待重整旗鼓。斯时，我再以一部破袭徐蚌段及徐郑段铁道，使徐州孤立，于我更利"。①

显然，这是当时情况下一个符合战略全局利益、符合华东战场实际的战略构想。

新四军军部同意第七、第八两个纵队先打高邮、邵伯，而将第六纵队留在淮海地区，待机协同山东野战军在津浦路作战。

这样一来，用于高邮邵伯之战的主力部队三缺其一，在兵力对比上失去绝对优势，而且对手是战斗力相当强的据有坚固防御工事的日伪军。此战有无必胜把握？有的同志感到担心，提请粟裕考虑：如果没有十分把握，这一仗是不是缓一缓，等第六纵队归建后再打。

粟裕权衡利弊得失，认为这是一个有把握打胜之仗。首先，我军在政治上处于优势地位，而日伪军已是穷途末路，只要揭露日本已战败投降的真相，就可动摇其拒降顽抗的意志。其次，我军在兵力对比上占据一比一略多的优势，主力部队具有大兵团作战经验。因此决定举行高邮邵伯战役的计划不变。但是，由于我军兵力并不占绝对优势，敌人还可能得到扬泰线蒋军的增援，为了保证战役全胜，

---

① 《粟裕军事文集》，解放军出版社，1989年7月，第1版，第235—236页。

必须扬长避短，趋利避害，抓住主要关节，提前拿下邵伯，控制运河走廊，保证攻打高邮的部队有充分的时间。根据这个设想，他调整了作战部署，缩小作战规模，改变作战步骤：第一阶段，首先以第七纵队和苏中军区的地方团队攻打邵伯以及扬泰线上日伪据点，控制蒋军北援的通道运河大堤，给主力部队攻打高邮争取充分的时间。在此阶段，以第八纵队肃清高邮外围，完成对高邮城的四面合围。第二阶段，第八纵队对高邮发起总攻，全歼守敌；第七纵队及苏中军区各团坚决阻援，并相机歼击扬泰线增援蒋军。这是一个既果断又谨慎的作战部署。

高邮邵伯之战终于在1945年12月19日打响。粟裕率领精干的指挥班子到达邵伯前线，把指挥所设在离邵伯镇几里路的一个小村庄里，就近指挥第七纵队攻打邵伯。邵伯位于高邮、扬州之间。提前拿下邵伯，就可以为下一步作战创造有利条件。第七纵队一个团攻进邵伯，战斗尚在进行，粟裕就带着参谋进入邵伯，直接指挥这个团围攻负隅顽抗的日军。他用"围三阙一"的战法，诱使日军突围。仓皇逃窜的日军从粟裕的指挥所门前通过。粟裕带领参谋和警卫战士稳守门内，不动声色，待日军离开工事进入开阔地带时，立即下令聚而歼之。第七纵队攻克邵伯，歼灭日伪军2000多人，其中日军150多人。与此同时，华中野战军特务团和苏中军区部队先后拔除扬泰线日伪据点16处，歼灭伪军4000多人，为攻城打援准备了良好的战场。

邵伯战斗一结束，粟裕就组织部队向高邮发起总攻。他和陶勇一起视察高邮地形，对总攻作具体部署。他说，我军的主攻方向是北门和南门。总攻开始时，炮兵首先对东门内的日军司令部实行集团射击，牵制敌军主力于东门，以利于我军主攻方向作战。西门紧挨公路、运河和高邮湖，地形不利于我而有利于敌，敌人可能认为我军不会置重兵于此地。我们要利用敌人这种心理，尽力以偷袭方式，用云梯爬上西城墙，接应北门作战。他吩咐部队："切记力争偷袭，准备强攻。偷袭不成，立即强攻，以收神效。"

12月25日夜晚，阴云密布，细雨蒙蒙，是一个不利于攻城的天气，粟裕出敌意料命令部队发起猛烈攻击。攻击部队首先突破南门，攻入城内进行巷战。在城西北方向，担任攻城突击队的是著名的"老虎团"第七团，最先登上城墙的是该团的三连一班。班长袁金生带领全班隐蔽地接近城墙，冒着敌人的猛烈射击和钩镰枪的推刺，踏着摇摇摆摆的毛竹云梯，奋不顾身地登上三丈多高的城头，与日军展开了惊心动魄的白刃战，打垮了敌人的多次反扑，保证后续部队源源不断地从突破口进入城内。第二天拂晓，粟裕从突破口登上城头。他跷起大拇指，表扬第七团指战员："不愧为老虎团！"对袁金生说："好样的！英雄！"在战后召开的庆功会上，粟裕宣布授予袁金生"华中军区特级战斗英雄"称号，亲自给他戴上了大红花。

经过一夜又一天激战，加上强大的政治攻势，日伪军终于宣布缴械投降。粟裕指示，受降仪式由第八纵队政治部主任韩念龙主持，在日军司令部举行。粟裕跟随部队进城，在夜幕中悄悄来到受降现场。他一进入日军司令部大院，看到一个日本军人正在焚烧文件，立即走过去用脚把火踩灭，吩咐侦察参谋张焕文立即收缴敌人的一切文书资料,任何人不得销毁。看到我方战士为搬运武器与日军发生争执,他立即指示作战科长严振衡前去处理,规定一切枪械弹药均须造册点缴,受降后再行分配。受降仪式结束,粟裕不声不响地离开大院。这一切,不仅日军指挥官不知道,连主持受降的韩念龙也没有发现。三天以后,粟裕接见缴械投降的日本军官,人们才得知此事。日本军官惊讶异常,连连表示:"不胜感激之至!不胜荣幸之至!"日军司令官岩奇学大佐双手捧起一把紫光闪闪的指挥刀,向粟裕深深地鞠躬,说道:"谨将这柄远祖相传的紫云刀敬献给久已仰慕大名的中国将军!"

攻克高邮之战,歼灭日军官兵 1100 多人(内生俘 931 人),歼灭伪军第四十二师师长王和民以下官兵 5000 多人(内生俘 3942 人),缴获各种炮 61 门、各种枪 4308 支,并且击退了自扬泰线增援的蒋军和日伪军。

高邮邵伯战役的胜利,创造了抗日战争期间一次战役歼灭日军人数的最高纪录,打破了蒋军"开锁进门,长驱直入,直捣两淮"的企图,大大改善了华中南线战略态势,为后来的苏中战役创造了良好的战场条件。

当高邮战役将要结束的时候,徐州地区的国民党军队开始向山东临城以东的枣庄、峄县地区进犯。新四军军部决定在临城地区组织决战,命令华中野战军第六纵队入鲁参战。

1946 年 1 月 4 日,华中分局发电报给中共中央、华东局和陈毅,再次提出组织陇海路东段战役的建议。

■ 高邮邵伯中接受日军投降的日军司令部旧址

这份建议电,首先全面分析了华中敌情,认为"华中徐州之顽第一步是入鲁,但在入鲁不成时,则向运河线夺我两淮地区,海州之五十一军,可能加上其他,以便由灌云南下,占我涟水,将我盐阜、淮海分成两块。顽这一企图受我阻击,要在十五号以后才能部署完毕"。因此,建议"为打破顽之企图,在主要方向采取先发制人手段,除六纵北上外,决以八、九两纵,于十号或十二号,开始对陇海路东段大破击战,淮海、盐阜各抽三个地方团参加。完成任务后,再向东集结,以巩固盐阜地区,求得控制二百里以上之铁路线在我手,吸引顾(祝同)顽出击,求得消灭他一二个师,直接配合鲁南决战"。

中共中央军委和新四军军部批准华中分局的建议。

粟裕率领刚刚参加高邮邵伯战役的第八纵队和特务团,日夜兼程北上,

延安《解放日报》关于高邮邵伯战役胜利的报道

集结于宿迁以北地区,准备发起陇海路东段战役。接到中央军委和新四军军部的复电,已经是1月10日。时间紧迫,来不及发布书面作战命令,就向第八纵队和盐阜区首长当面下达作战任务。

此时传来消息,国共两党停战协定将于1月13日午夜生效。蒋介石连发两个密令,要国民党军队"星夜前进","抢占战略要点"。粟裕原计划于1月13日晚发起战斗,"为能在停战命令下达后五天内仍能达成控制陇海线与打通华中与山东联系",决定于11日晚提前发起战斗。

1月11日,粟裕派作战科长严振衡骑自行车赶到第九纵队,向张震司令员当面传达作战命令,告诉他停战令将在13日24时生效,在停战令生效前首先要把陇海线东段两头的日伪据点拿下来:九纵打掉曹八集等日伪军据点,同时切断通往徐州的电话线路;华中军区教导团攻占新安镇以东的日伪军据点;然后派主力部队控制曹八集到新安镇的铁道线。如果国民党军队来攻,立即自卫还击。

陇海路东段战役,经过三昼夜激战,歼灭日伪军1900多人,拔除了从曹八集到白塔埠的全部日伪军据点,控制了陇海东段铁路线300余里,使华中和山东两大战略区连成一片,为华野、山野纵深迂回、南北机动、协同配合,为后来举行宿北、鲁南等大歼灭战,创造了有利的战场条件。

战后，粟裕在一次谈话中谈到陇海路东段战役的战略意义，指出："这一仗打通了华中与山东的交通线，非常重要。如果敌人大举进攻陇海线，我军就可以一部正面守备，主力摆在两侧。"他两手环抱，然后作出一个斩杀动作，坚定地说："那时，我军从两侧出击，消灭他！"

显然，粟裕建议发起陇海路东段战役，是从整个华东战场（而不是只从华中战场）的全局利益和长远的战略需要出发的，是从日后进行大兵团运动战的战略要求出发的，表现了他驾驭全局、掌握未来的战略远见和战略才能。

五、当和平烟雾弥漫的时候，粟裕指出：这场内战可能一直打下去，直到打出一个新中国。

1945年底到1946年初，中国局势发生了微妙的变化。

蒋介石反动政府，三个多月来，在向解放区的进攻作战中连连失利，损兵折将，内外交困，迫使他不得不改变策略，实行缓兵之计，散布"和谈"烟幕，以争取时间，赶调军队，调整部署，进行全面大打的准备。

共产党打了不少胜仗，仍然高举"和平、民主、团结"的旗帜。毛泽东多次声明，打是为了和。即使是短暂的和平，也是对人民有利的，也要争取。因此，决定抓住有利时机，发动和平攻势，迫使蒋介石回到谈判桌上来。

中国内战的发展趋势，也使美国政府的决策者坐卧不安。他们认为，蒋介石非但不能在内战中取胜，反倒有在内战中垮台的可能。12月15日，美国总统杜鲁门发表对华政策声明，并派马歇尔为总统特使来华，企图借所谓"调解"作掩护，从各方面加强蒋介石。

12月27日，中断一个多月的国共谈判再度恢复，先后达成停战协定、政协协议，东方地平线上出现了一线和平民主的曙光，全国人民为之欢欣鼓舞。

但是，这种短暂的和平很快就被蒋介石的战争行动破坏了。停战协定生效后，他不仅在东北大打出手，在关内各地也不停地发动进攻，出现了和战交织、边谈边打、关外大打、关内小打的复杂局面。

当时的中国，和平烟雾弥漫，内战乌云翻滚，形势变幻莫测，令人眼花缭乱。

在这种情势下，如何保持清醒的头脑，坚持正确的政治方向，正确处理和与战的关系，这对每一个领导者的政治洞察力和战略远见，都是一个严峻的考验。

粟裕在和谈与内战交织的岁月里，始终保持着清醒的头脑，无论是对干部作报告，还是对记者发表谈话，从来是讲两点论，既指出有争取和平的可能，又指出存在内战的危险。特别是在内部讲话中，他更加明确地指出，蒋介石"十年围剿"、"八年摩擦"、三个月局部内战的历史告诉我们，他是千方百计要削弱和消灭我们的，今后也决不会让我们存在下去，是一定要跟我们打内战的。只有把他彻底消灭掉，才有真正的和平与安宁。一方面要看到，经过斗争，可能争取一个和平局面；另一方面也要看到，可能一直打下去，直到打出一个新中国。现在，蒋介石玩弄两手策略，我们也要用两手策略对付他，以谈对谈，以打对打。和得成与和不成，是中央考虑的问题。一旦打起来，打得好与打不好，我们责任在身。作为军人，必须立足于打，丢掉幻想，准备打仗。

春节期间，粟裕从陇海路前线返回淮安，对华中军区机关和部队干部作战况报告。他说，我们从江南北撤是真诚地执行和平协议条款的，但从华中解放区周围情况看，我们必须高度提高警惕。苏中、淮南解放区境内，没有缴械投降的伪军均已戴上国民党军队的帽徽，还不断向我解放区挑衅。陇海前线被我军抓获的伪军，也自称他们不是"和平救国军"，而变成"国军"了，并说他们长官讲要把共军统统赶走。这个俘虏讲的是真实情况，国民党军队里就是这样宣传的。我们真诚拥护和平，但要密切注意蒋介石搞假和谈真内战的阴谋。

当时也有个别领导人片面理解中共中央关于"和平民主新阶段"的指示。他们说，现在要成立联合政府，军队要国家化，枪杆子要收起来，靠笔杆子、政治斗争解决问题。有人说，今后是政治斗争第一，经济斗争第二，文化斗争第三，军事斗争第四。有人说，将来听不到枪声了；如果听到枪声，那可能是哪位同志走火了。对于这些论调，华中分局、华中军区和华中野战军的多数领导同志和广大干部是持有不同看法的，是自觉抵制的。1946年3、4月间，在淮安举行的华中区宣教工作会议上，有的领导同志对当时极不稳定的和平作了过于乐观的估计，并且由此得出文艺不再为工农兵服务的结论。参加会议的军队代表对这种说法很不以为然。他们说，自从由江南撤到江北，部队一会儿调到津浦线，一会儿拉到陇海路，到处看到国民党在紧张地调兵遣将，我们怎么可以要军队解甲归田呢？大家对如何在军队中传达会议精神感到为难，就把情况报告华中军区。不久，华中军区通知与会军队代表到淮安开会，根据粟裕等领导同志的意见，明确地告诉他们：别听那一套。你们回到部队，要抓紧动员，准备打仗。

1946年3月15日，毛泽东在延安召开的中共中央政治局会议上发言，指出："蒋介石的主张有两条：第一条，对一切革命党全部消灭之；第二条，即如一时不能消灭，则暂时保留，以待将来消灭之。""蒋介石的两条，第一条很清楚，第二条是人们容易忘记的，稍为平静一点就忘了。二月一日到九日就忘记了，较场口事件以后就不忘记了。马歇尔能放长线，蒋介石也较何应钦不同。假如有一个放长线的，放半年我们就会忘了，那就危险得很。"[①]

粟裕当时并不知道毛泽东这个发言内容，但是他从实际出发，得出了与毛泽东一致的结论。

在停战协定生效的当天，1946年1月13日，成立了由美方代表罗伯逊、中共代表叶剑英、国民党代表郑介民为委员的北平军事调处执行部，调解国共军事冲突，监督停战协定的执行。当时，虽已明令停战，但仍然是"关外大打，关内小打"的局面。华中地区则是大打不多，小打不断。在停战协定即将生效前几天，

---

① 《毛泽东年谱》下卷，人民出版社、中央文献出版社，1993年12月，第1版，第61页。

国民党军队就在扬中、南通等处渡过长江，侵占了华中解放区的泰兴、靖江和南通的平潮等城镇。停战协定生效后，又继续向如皋的白蒲、林梓等地发动进攻，并侵占了白蒲。

粟裕和华中军区其他领导人一起，对国民党反动派进行了针锋相对的斗争，以谈对谈，以打对打，取得一个又一个胜利。

1946年2月底到3月初，周恩来、张治中和马歇尔三人军事小组到全国各地检查停战协定和整军协议执行情况，预计3月初到达徐州。中共中央军委通知华中军区，要粟裕和谭震林到徐州参加谈判，主要谈"粟裕部与顾祝同部的摩擦问题"。

3月2日，粟裕和谭震林携带国民党军队违反停战协定进攻华中解放区的材料，乘坐北平军事调处执行部派来的飞机，由淮阴起飞，到达徐州。当天就见到了由临沂到徐州的陈毅。第二天，三人军事小组到达徐州。国民党徐州绥靖公署主任顾祝同举行了欢迎宴会。

顾祝同见到粟裕，拱手连称："久仰！久仰！佩服！佩服！"

顾祝同与粟裕是老对手了。在抗日战争中，顾祝同担任第三战区司令长官，粟裕指挥的部队曾经战斗在由他管辖而又失陷于日伪的地区。首战韦岗，威震江南。决战黄桥，开辟苏中。三战天目，所向披靡。粟裕的赫赫战功和神机妙算，显然给顾祝同留下了深刻的印象。顾祝同的客套话并非完全客套。

宴会结束，粟裕和陈毅、谭震林等一起，来到周恩来住处，见到久别的周副主席。周恩来对他们详细分析了当时的政治军事形势，指出美蒋玩弄两面手法的阴谋，阐明了我党的方针政策，对山东和华中的工作作了具体指示。谈话一直续到4日凌晨4时。两小时后，周恩来即与张治中、马歇尔乘飞机离开徐州。

当天下午，粟裕和陈毅、谭震林乘飞机离开徐州。国民党在徐州的将领顾祝同等到机场送行。这时，一批美制P51型蒋机在机场起落，啸声刺耳，有意显示威风。

站在粟裕身旁的国民党徐州绥靖公署副参谋长笑指天空，趾高气扬地说："现代的空军威力真是伟大啊！"

粟裕微微一笑，冷冷地回答："遗憾的是，天上的飞机还不能到地面来抓俘虏。"

飞机场上这场唇枪舌剑的较量，反映了两种战争观的较量。蒋介石集团的决策者们迷信武器装备的威力，以为有了美国政府送来的现代化武器装备，就可以在中国为所欲为。然而，与他们的愿望相反，没过多久，这场机场上的较量就由战场上的较量作出了结论，人民解放军用"小米加步枪"战胜了美制飞机、大炮装备起来的国民党军队。

国民党军队侵占白蒲、屠杀人民群众的暴行，激起了华中人民的强烈反对。粟裕对美国记者罗尔波发表谈话，揭露国民党军队破坏停战协定、进攻华中解放区的真相。他指出，在"双十协定"以后，国民党军队先后侵占我苏皖解放区26座县城、3000多个村镇，杀死我军民上万人。他与张鼎丞联名发电报给北平军事调处执行部，控诉国民党军队侵占白蒲，要求军事调处执行部"调查真相，予以制裁"。

在华中区军民一再要求下,北平军事调处执行部决定成立淮阴执行小组,负责调处华中区执行停战令中的问题。

粟裕认为,这是与国民党进行政治斗争的一种方式,也是进行战略侦察的极好机会。他把苏中军区政治部主任韩念龙派去担任我方首席代表,并要身边的工作人员严振衡以中校作战科长身份、秘书主任蒯斯曛以中校翻译身份参加执行小组。他要严振衡转告韩念龙:对方很可能拖我们去陇海线,你们要尽力不去陇海线,而把他们拖到南面去解决白蒲问题。在那里,是他们打我们,我们反击。

粟裕还告诉严振衡,刚刚收到北平军事调处执行部发出的和字第 2 号令,这个命令规定以双方现在占据的城市为中心划出半径 30 公里的缓冲区。粟裕说:"这还得了!国民党现在占据着大中城市和交通要道,如果按照这个规定划缓冲区,我们要退出许多地方。"粟裕在地图上边画边说:"这是一个无法执行的命令。如果美、蒋代表提出划缓冲区,你们告诉他们:我们无权决定,要请示当地军事长官。另外,这个命令有中英两种文本。英语的 city,可以解释为城市,也可以解释为市镇。你们可以据此提出,我们占据的集镇也要按照同样的原则划缓冲区,美、蒋代表是不会答应的。"后来,粟裕打电话给严振衡转告韩念龙,中央有指示,和字第 2 号令不能执行。

由于中共代表坚持,淮阴执行小组决定到如皋、南通地区执行调处任务。国民党代表拿出事先准备好的地图,要求按照和字第 2 号令划出如皋、南通的缓冲地带。中共代表按照粟裕的指示回答。美方代表横眉竖目,蒋方代表哑口无言,他们的阴谋未能得逞。

3 月 15 日,淮阴执行小组到达如皋。迎接他们的是如皋以及临近各县群众代表送上的和平请愿书和揭露国民党军队侵占白蒲等地的罪行调查报告。

3 月 16 日,如皋各界举行欢迎会,苏中第一分区临时参议会筹备会议长代表全区人民提出"国民党军队退出白蒲,严惩汉奸,解散伪军"三项要求。

3 月 18 日,淮阴执行小组到达南通,南通青年的欢迎队伍冒雨游行,涌向执行小组下榻的桃之华旅馆请愿。

国民党和美国代表这时才发现,淮阴执行小组到如皋、南通地区调处,使他们处处陷入被动地位。虽然他们费尽心机,千方百计地掩盖事实真相,精心编造伪证,指使当地反动分子扮演"控诉共产党的难民",但一一宣告破产。黔驴技穷,便采取血腥镇压的法西斯手段,接连制造了残杀如皋县参议员、人民代表徐浩泉的"白蒲血案"和暗杀参加南通要求和平民主集会游行的八名青年的"南通惨案"。国民党反动派的暴行,更加暴露了他们假和平真内战、假民主真独裁的本来面目,激起了华中人民以至全国人民的强烈反对,使国民党在华中地区遭到一次政治上的惨败。

有一天,桃之华旅馆的接待员悄悄地领来一位穿便衣的人,进了中共代表的客房。他是南通地下党的同志,带来粟裕的口信,说驻在南通的国民党军队可能向东进犯南通小海镇,美、蒋代表策划以汤恩伯邀请三方代表为名,骗你们离开南通去上海。你们不要上当。你们可到如皋。

第二天，美、蒋代表果然以汤恩伯总部的名义向中共代表发出邀请，跟他们一起去上海休息。

中共代表明白，国民党军队将趁机发动进攻。于是将计就计，说："我们是执行调处任务的，如果打起来怎么办？不能擅离职守。你们要去上海可以，我们不能奉陪，我们回如皋恭候。"

执行小组离开南通以后，国民党军整编第四十九师一〇五旅就对小海镇等地发动进攻。粟裕命令陶勇的第八纵队实行反击。经两天一夜激战，收复被敌人强占的小海、观音山等地，歼敌1400多人。

中共代表看到第八纵队获胜，估计美蒋代表可能回来纠缠，就说："走吧，我们到淮安述职。"

在上海的美、蒋代表气急败坏地坐飞机赶到如皋，又由如皋赶到淮阴，要中共代表赶快与他们会合。中共代表心中有数，缓步徐行。到达淮阴时，美、蒋代表已经焦急地等候在码头上，一见面就指责中共代表："你们擅离职守，造成严重流血事件！"中共代表严正回答："擅离职守的是你们！小海镇是我军防地，你们破坏停战协定，发动进攻，被我军歼灭，应该！"美、蒋代表自讨没趣，此事不了了之。

4月22日，粟裕和张鼎丞接见淮阴执行小组成员。粟裕说，对苏中地区的军事调处问题，国共双方均应抱赤诚态度。我们反对内战，但要执行自卫原则：人不犯我，我不犯人；人若犯我，我必犯人！

在战和交织、错综复杂的斗争中，粟裕以其原则的坚定性和策略的灵活性，无论是在战场的较量中，还是在会场的较量中，都稳操胜券，挫败强敌。

六、及时完成对付全面内战的各项准备，造成"蒋不攻李，粟不攻蒋，蒋若攻李，粟必攻蒋"的战略态势。

1946年4月以后，全国范围的局势再度紧张起来。蒋介石利用暂时停战的时间，在美国的帮助下，把他80%的正规军160万人调集到内战前线。在苏中区南部沿江一带，集结了5个整编师（即原来的军，有的仍称军）10万人马，作好了全面进攻的准备。摆在长江南岸沪宁线上的二线部队随时准备渡江北进。大战有一触即发之势。

1946年5月1日，中共中央发出《关于练兵问题的指示》，指出"国民党反动派除在东北扩大内战外，现正准备发动全面内战，在此种情况下，我党必须有充分准备，能够于国民党发动内战时坚决彻底粉碎之"[①]。

粟裕与华中分局、华中军区其他领导同志一起，坚决贯彻执行中共中央的指示精神，为对付全面内战进行了积极的全面的准备。

---

① 《毛泽东军事文集》第三卷，军事科学出版社、中央文献出版社，1993年12月，第1版，第193页。

首先是扩充和加强三结合的武装力量。1946年3月6日，中共中央曾经发出关于精兵简政问题的指示，特别提出对山东、晋冀鲁豫、华中三地的要求："你们三处兵额最大，负担极重，如何实行精简，应速决定方针。我们意见，第一期精简三分之一，并于三个月内外完成。被精简人员武器，有计划地妥善地分配到农村生产中去。第一期完成后，取得经验，第二期再精简三分之一。"①华中野战军主力部队当时有四万多人，如果按照这个方案精简，只能剩下一万多人。

粟裕主管华中野战军，精简首当其冲。他从华中的实际情况出发，联系毛泽东主席关于"人民的武装，一支枪、一粒子弹都要保存"的指示，考虑如何执行中央的指示。他认为，当时华中地区敌我力量对比悬殊，国民党有12个整编师（军）部署在华中南线，我军不是兵力太多，而是兵力不足。国民党也搞"整编"，把原来的军改为整编师，实际上人员、装备更加充实，战斗力比以前有所提高。我们应当"以其人之道还治其人之身"。中共中央指示的基本精神是"精兵"，即中共中央后来强调的"精简老弱，充实部队"，我们精简的重点应当是老弱病残人员，而不能削弱主力部队和地方部队。

在这个思想指导下，他们只精简了1017名老弱病残人员，却扩充了主力部队，并将一部分地方武装上升为主力部队。经中央军委和新四军军部批准，继续使用新四军第一师、第六师番号，将第八纵队扩充为第一师（粟裕兼师长、政委，副师长陶勇，副政委王集成），第六纵队扩充为第六师（谭震林兼师长、政委，副师长王必成，副政委江渭清），每个师由下辖5个团扩充为2个旅6个团；充实了第七纵队、第九纵队；又将第五军分区等部队和一部分起义部队改编为第十纵队。为了适应大兵团运动战和连续作战的要求，充实战斗连队，每个步兵连一百五六十人，每个团2000到3000人。华中野战军由4个纵队4万余人发展到2个师、3个纵队共6万余人，超额完成了中共中央给予的组建5万野战军的任务。同时，扩大和加强地方武装，地方团队发展到6万余人。还组织了民兵参战团，建立了支前司令部和伤员转运站、粮草供应站等兵员补充和后勤保障系统。

根据中共中央和华东局的指示，在部队中广泛开展"百日练兵运动"，提出的口号是："敌人磨刀我磨刀，我比敌人磨得更光亮！"

毛泽东后来总结这一段精简的经验教训说："今年（按：指1946年）一二月，以为蒋介石有办好事的模样，结果还是办了坏事。我们复员吃了亏，部队不充实，减少了民兵。"②而在华中地区，特别是在粟裕直接指导下的华中野战军和其他武装，并没有出现这种情况。通过精简整编，华中地区的主力部队、地方部队和民兵不仅没有削弱，反而得到扩充和加强，为对付后来的全面大打准备了必要的武装力量。

华中地区为对付全面内战采取的另一项具有重大战略意义的措施，就是普遍深入地开展土地改革运动。

---

① 《毛泽东年谱》下卷，人民出版社、中央文献出版社，1993年12月，第1版，第59页。
② 《党的文献》，中央文献研究室编，1994年第4期。

1946年5月4日，中共中央发出关于土地改革问题的指示。华中分局书记邓子恢和常委曾山参加了中共中央在延安召开的土地问题会议，返回淮安后立即召开华中分局和地委书记联席会议，决定在华中全区普遍展开土地改革。当时有一种意见，认为内战迫近，不宜搞土地改革。粟裕坚决主张立即开展土改运动。他认为，土改和备战相辅相成，并不矛盾。通过土地改革，把广大农民群众发动起来，动员他们为保卫土改的成果而斗争，才能更好地巩固解放区，充分发挥人民战争的优势，这是具有重大战略意义的战争准备。他教育广大指战员坚决执行土地改革的政策法令，旗帜鲜明地支持农民群众的翻身斗争。在粟裕长期工作过的苏中区，贯彻执行"五四指示"尤其坚定和积极。在内战已经打响的地方，提出的口号是："一手拿枪，一手拿算盘"，"白天打仗，夜晚分田"，"前方打仗，后方分田"。轰轰烈烈的土地改革，不仅大大激发了农民群众保卫解放区、发展生产、支援战争的积极性，而且提高了人民子弟兵的阶级觉悟和战斗意志，掀起了汹涌澎湃的参军热潮。农民原来有"三乐三愁"：打败了鬼子心里乐，听到"刮（国）民党"要来心里愁；进行土改心里乐，生怕地富暗中捣鬼有点愁；斗争地主心里乐，担心逃亡在外的地主还乡团反攻倒算有点愁。经过教育，翻身农民认识到了掌握枪杆子的极端重要性。他们说："枪在地主手，农民吃苦头。枪在农民手，保田不用愁。""得田容易保田难，大家保田就勿难。上千青年进主力，勿怕地主还乡团。"一队一队年轻力壮的小伙子，穿过父老乡亲的欢送人群，奔向主力部队。据（南）通、如（皋）、海（门）、启（东）地区的不完全统计，翻身农民参加主力部队和地方武装的有27918人，还有21200人参加支援前线的活动。土改和战备互相促进，为即将到来的解放战争提供了坚实的群众基础和源源不断的人力、物力、财力资源。

对于这件事，陈毅在1948年4月召开的华野一兵团高干会议总结时说："粟裕同志在苏中自卫战争开始时，坚持先搞土改，这是政治水平很高的表现。当时战争情况很紧张，军事指挥员强调地方搞支前工作是很自然的，他反而注重土改，这是很好的。"

面对日益紧张的形势，粟裕加紧筹划对付全面内战的作战部署，首先是选择有利于发挥人民战争优势的战场，及时完成军事力量的战略集结。

粟裕认为，苏中地区必将成为敌人发动全面内战时的进攻重点，也是我军自卫反击作战的理想战场。苏中是新四军第一师坚持六年之久的抗日根据地，有经过严重斗争锻炼的人民群众和武装力量。苏中又是鱼米之乡，人口占华中全区人口总数的五分之二，粮食产量占华中区总产量的五分之二，税收占华中区的二分之一。苏中地势平坦，交通发达，有利于大兵团机动。如能在苏中首战告捷，就可以为以后打更大规模的歼灭战创造条件。他判断，全面内战爆发时，国民党军队主力将沿运河以及如皋、海安线向北进攻，首先侵占沿江鱼米之区。为完成中共中央赋予的巩固华中的战略任务，打乱敌人在解放区长驱直入的战略部署，决定将华中野战军主力部队集结于苏中地区，首先保卫沿江鱼米之区。

5月5日,蒋介石在南京举行返都仪式,同时加紧发动全面内战的步伐,策划首先在中原、苏北发起进攻。

同一天深夜,张鼎丞、粟裕、谭震林发出致陈毅并中共中央的电报:

> 我们为确保沿江财源区域,并扩大政治影响,震撼京沪,因此我们已集中六、七、八纵队于苏中地区,并拟于五师战斗大爆发时,不待苏中顽军之动作,而先行发动攻势,以便夺取泰州,扫除靖江、泰兴,并相机进占扬州与南通,而便今后转移主力,向西北以配合山东夹击徐州。但是否可在五师大战爆发时,先行发动进攻,请即电示。

中共中央5月6日复电指示:"如果国方进攻五师,全国内战再爆发,你们先下手的计划是可行的,但必须得到中央的命令之后才能行动。"

经过反复磋商,终于确定了华中南线的作战部署。华中野战军主力部队集结于苏中地区,与地方部队和广大民兵一起,投入了紧张的战前准备,厉兵秣马,严阵以待,摆出一个"蒋不攻李(按:指李先念指挥的中原军区部队),粟不攻蒋,蒋若攻李,粟必攻蒋"的战略态势。

5月8日,粟裕以华中军区副令员兼华中野战军司令员身份发表谈话,严正指出:华中形势非常紧张,国民党屠杀人民的枪炮已架在面前。倘再忍让,徒使反共分子的气焰更加嚣张。为了实现我党巩固和平、建设新中国的一贯主张,只有坚决实行自卫!

苏中大地上,军民同仇敌忾,斗志昂扬,战歌嘹亮,呈现一派人民战争的壮丽景象。

> 我们是苏中人民的子弟兵,
> 坚守在自卫的最前线。
> 我们经过了战火的洗礼,
> 鲜血的考验,
> 艰苦的斗争中生长壮大。
> 不让反动派的魔手夺去我们自由幸福的田园。
> 我们是苏中人民的子弟兵,
> 坚守苏中,
> 坚守苏中,
> 坚守在自卫的最前线!

第十二章　苏中七战七捷

一、面对全面内战即将爆发的严峻形势，探索战争初期指导规律，作出华中作战部署。

1946年夏，全国形势已是"山雨欲来风满楼"。蒋介石把他80%的正规军193个整编旅158万人调集到内战前线，全面内战的急风暴雨即将来临。

中共中央密切注视着时局的动向。6月1日，毛泽东为中共中央起草的电报判断："美蒋对我极为恶劣，全面内战不可避免。"6月6日，对华中分局发出指示："目前我们方针是力争和平，但你们的工作必须是一切都准备打。"

面对迫在眉睫的全面内战，如何认识和掌握这场战争的规律？采取什么样的战略方针夺取这场战争的胜利？这是迫切需要解决的首要问题。

粟裕后来回忆说："全面内战爆发以前，当我们看到这场战争已经不可避免的时候，我们在苏中面对即将进犯的敌人，深感重担在肩，推动着我们对敌我双方情况进行调查研究，分析敌我双方互相对立着的许多特点；推动着我们反复思索，从中探寻战争的客观规律，特别是战争初期的规律，并努力使自己的行动适应客观存在的规律，以争取胜利。"①

抗日战争胜利以后，经过十个月来的探索，粟裕对这场全面内战的特点和规律已经有了基本的认识，现在他着重探索的是战争初期的指导规律。

粟裕认为，在整个战略防御阶段中，有一个具有相对独立性的初期作战阶段。在这个阶段，敌人在力量对比上占有很大优势，在战略上居于主动地位，势必采取速战速决的战略方针。我们已经建立了大块巩固的根据地，战争一开始就有一个空前广阔的内线作战战场，具有持久作战的巨大潜在能力。由此产生了战争初期作战的特点和规律。

——战争初期是一个变被动为主动的过程。实现这种转变的决定因素，是敌我双方有生力量的消长。在战争指导上，要采取以消灭敌人有生力量为主而不是

---

① 《粟裕战争回忆录》，解放军出版社，1988年11月，第1版，第394页。

全面内战爆发时华东战场敌我态势图

(1946年7月10日)

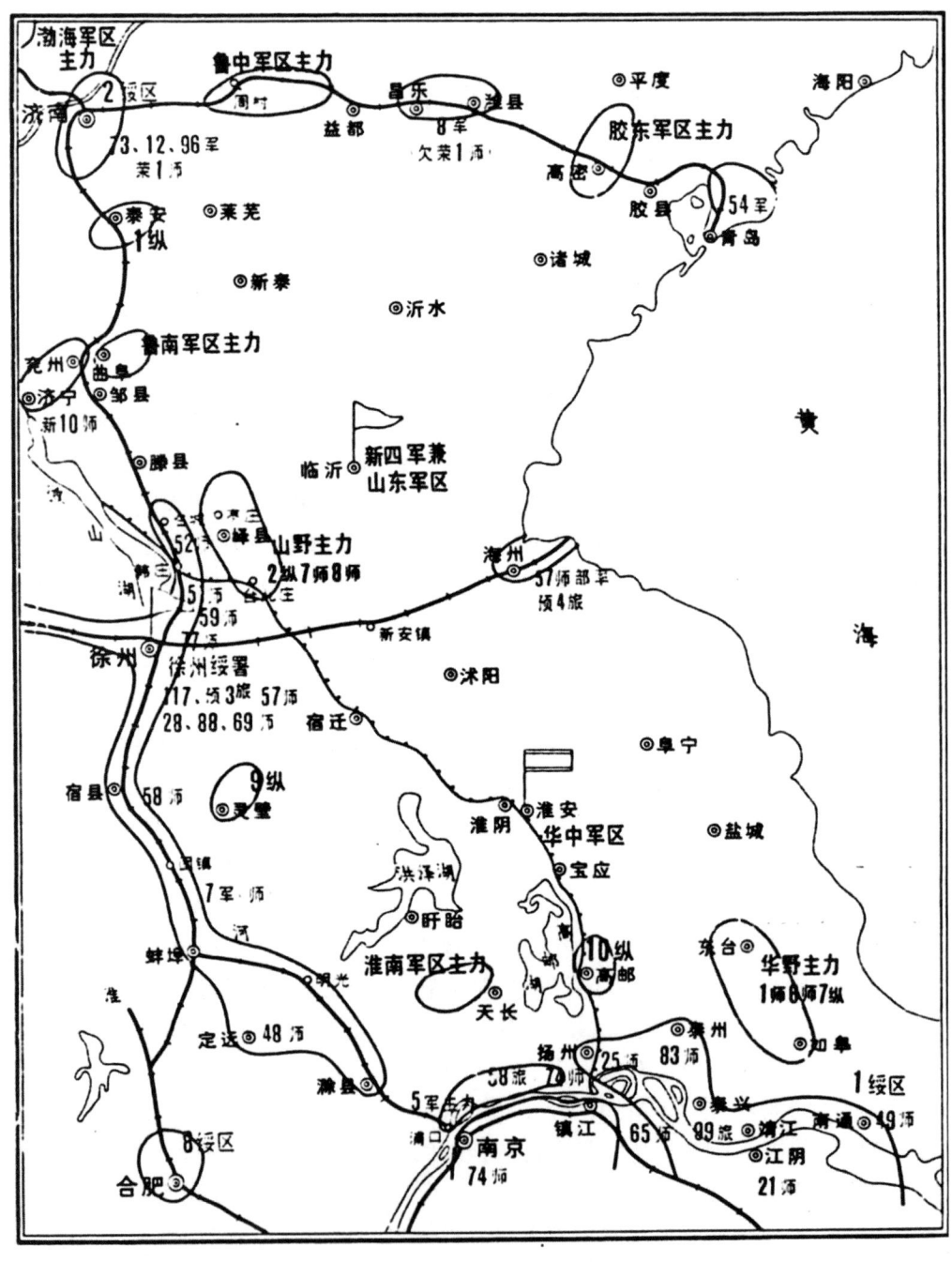

以保守地方为主的战略方针，充分利用内线作战的有利条件，哪里好消灭敌人就在那里打仗，什么时候好消灭敌人就什么时候打仗，哪部分敌人好消灭就消灭那部分敌人，什么战法有效就采取什么战法，大量消灭敌人的有生力量，夺取战争的主动权。

——在战争初期，敌强我弱的形势是很明显的。敌人依恃其强大军事力量，势必采取速战速决的战略方针，企图在短时间内占领我解放区。我们虽然有对付全面内战准备，但是需要一定时间完成适应战时需要的各种转变，以便充分发挥人民战争的优势和潜力。我军初期作战的重要任务，是抗住敌人的战略进攻，遏制敌人在解放区内长驱直入，顿挫敌人速战速决的战略企图，打乱敌人的战略部署，以掩护我解放区纵深地区实现由平时到战时的各种转变，为持续作战创造有利条件。

——在敌强我弱的总形势下，集中兵力打歼灭战的规模，势必经历一个由小到大的发展过程。各个战略区和主要作战方向，要充分利用内线作战的有利条件，集中优势兵力，各个歼灭敌人。各个战略区之间，在战略上互相配合，不宜过早地作战役性配合，更不宜过早地举行大会战。随着敌我力量的消长、我军指挥艺术的提高和战局向解放区纵深发展，逐步扩大作战规模。

——在敌人陆续增强兵力进攻的情况下，主战场由解放区前部向纵深转移是可以预见的发展趋势。各个战略区，在中央总的战略方针指导下，具有相对独立自主的方面，在各个作战阶段之间存在着战区的转折。在战争指导上，要处理好转折过程中错综复杂的关系，掌握转移的时机、转移后的出击方向和战略布局，为进一步集中兵力打大歼灭战创造条件。

粟裕对战争初期规律的认识，是在毛泽东思想指导下，在总结实践经验的基础上，具有独创性的理论贡献。他所说的战争初期，与过去所说的"初战"不同，不是一次战役或战斗，而是由若干战役或战斗组成的一个作战阶段。他从理论与实际的结合上解决了如何把握毛泽东提出的"必须打胜；必须照顾全战役计划；必须照顾下一战略阶段"的"初战"三原则，以及如何处理战略全局与各个战略区的关系问题，并对战争初期的指导规律作了理论的概括。在这个基础上，形成了华中野战军初期作战的战略构想。

1946年5月31日，粟裕与张鼎丞、邓子恢、谭震林、曾山联名发电报给新四军陈毅军长和中共中央军委，报告华中战略态势和作战部署，提出华中战略区初期作战的战略构想。电报分析华中敌我战略态势，判断国民党对华中的军事部署已经完成，在华中周围集结有12个军、32个师、2个纵队、3个独立团加海州的徐继泰部伪军共约40万人，可能于近期向华中进攻。"估计顽主力将以苏中为主要攻击方面，可能以一百军、二十五军、九十九军、二十一军等四个军，以泰州、靖江为基点向北进犯，夺我海安、东台、兴化、高邮之线，四十九军则为钳制队以夺取如皋为目的。"认为"要击破顽之企图，必须达到歼灭他四至六个师的目的，才能改变现在情势。要能达到这个目的，需要二至三个战役，非一个战役所能完成。以现有之六、七、八三个纵队之力量，只能打一个战役，要连续打下去必须增加新的力量。因此建议，需四、五旅调回华中"。关于华中与山东两个战略区的配合问题，电报提出，"倘苏中两个战役胜利后，即以六、八纵队，四、五两旅，配合九纵队、九旅，包围徐州，占领徐蚌段，在可能时则配合山东夺取徐州或济南及海州、灌云等城，以改变华中与山东的斗争形势。这个布置，我们要求山东在整个战役上应让华中先在苏中取得一二个战役的胜利后，再转移兵力"。

后来的实践证明，这个战略构想以及对主要作战方向的判断，对战争发展趋势的预测，基本上是符合解放战争初期华中战场的实际情况的。蒋介石果然把苏中作为主要攻击方向。随着战局的发展，主战场逐步由解放区前部转入纵深地区，再由淮海区转向山东。

苏中位于整个中国解放区的东南前哨，与国民党的政治、经济中心南京、上海地区隔江对峙。抗日战争一结束，蒋介石就把夺取苏中、苏北作为重要目标。从 1946 年 6 月中旬到 7 月初，蒋介石先是通过马歇尔，后来又亲自出马，要中共让出苏北（国民党所说的苏北，指江苏省长江以北地区，包括苏中在内），作为恢复和平谈判的先决条件。他用最后通牒式的语言说："苏北地方并不大，让出来不算什么，你们还有许多地方可以生存。现在大家都看到，你们在苏北，对南京、上海威胁很大。"

长期战斗在大江南北的粟裕，对于苏中的战略地位和蒋介石的阴谋早有清醒的认识，并且及时完成了在苏中地区作战的准备。

6 月 6 日，在中共中央发出"你们的工作必须是一切准备打"的指示当天，华中军区就把在苏中作战的部署报到了中共中央军委和新四军军部。

华中军区的电报，分析华中地区敌我态势及其发展趋势，认为长江北岸国民党主力部队四个军"有以泰州为出发点攻占我兴化、东台、高邮之极大可能"。"如果兴化、东台一失，苏中九百万人口之富裕区无法坚持，只有变为游击区，盐阜、两淮变为战场，使华中地区受极大威胁。"根据这样的认识，提出了华中南线作战部署："为转变这一不利形势，我军决心集中一、六两师及七纵队（共十六个团）对扬州、泰州线之宜陵、白塔加以攻占，吸引顽二十五军、一百军（共五个师及两个纵队）出来决战，在此一地求得打两个至三个大仗，达到歼灭顽二个至三个师后，相机夺取泰州，以巩固南线。"

6 月 7 日，粟裕率领华中野战军指挥机关到达苏中的东台，与 5 月初到达苏中前线的刘先胜参谋长、钟期光主任会合，布置临战前的准备工作。

6 月 11 日，毛泽东为中共中央起草致张鼎丞、粟裕、邓子恢、谭震林并告陈毅的复电，同意华中军区的作战部署，指出："（一）国民党攻我淮南（津浦）路东，现又攻我（津浦）路西及南通区，我向国民党某区取主动攻势，在政治上是没有问题的。（二）军事上究竟应否攻宜陵、白塔，由你们根据实情决定之。（三）我必须用一切办法歼灭敌人于南线，保卫九百万人口的南线各区。"①

陈毅于6月12日发出致华中分局并告中共中央的电报,表示"中央巳真(即6月11日)电悉。请分局根据此方针执行"。同时提出了在华中组织两个野战军、兼顾两个主要作战方向问题,而将作战重点置于淮南。电报说:"华中宜注意沿江汤恩伯、李品仙两个主要进攻方向",为此"已令五旅归建,可在淮南组织二万人以上的野战军,保卫(津浦)路东"。陈毅认为,"如淮南无适当部署,即令苏中突击有效,亦得不偿失"。

粟裕于6月16日召开各师、纵队首长会议,讨论如何执行中共中央和陈毅军长的指示。大家分析敌我态势,权衡在苏中或在淮南作战的利弊得失,认为在苏中作战比在淮南作战更为有利。在兵力使用上,应当集中于主要作战方向。如果同时组织两个野战军,在两个方向同时对敌军作战,不仅现有力量难以做到,而且分散我们的力量。为此建议将五旅调至高邮附近,首先集中兵力于苏中方向。待苏中作战取得决定性胜利后,再适时将主力西移,以挽回淮南一时之损失。这时敌情发生新的变化,国民党第一百军(即整编第八十三师)已集结泰州,第二十五军和第四十九军已分别集中于扬州、南通,并且沿扬泰线和口岸至泰兴一线修筑据点网,第一绥靖区司令官汤恩伯亲自到扬州部署作战。我军如按原计划攻击泰州,虽能打开缺口,但费力很大,难以拖住北进之敌。如果高邮、兴化失守,不仅苏中局势会恶化,对整个华中局势也将产生很大影响。因此决定调整作战部署。

会后,粟裕即将新的作战部署上报陈毅军长,建议将第五旅调至高邮附近,"俟五旅到达高邮,增强高邮、邵伯防务后,即集中一、六两师及七纵攻占白蒲(白蒲系停战后被顽侵占,虽向执行组提出交涉,至今数月毫无结果),与歼灭可能由南通来援之四十九军(即整编第四十九师)"。

陈毅于6月18日和19日先后发出给华中野战军的复电,表示"一般同意粟所提主力集结使用原则",但是坚持将五旅调往淮南。对于敌情的判断,认为我们对"顽之进攻情况素不明了",敌人"目前先进攻天长可能性大"。在作战部署上,主张"让敌先动,放开两手,让敌深入,然后择一路歼灭之,再逐次横扫。作战方案不可预先肯定"。

二、提出战争初期内线歼敌建议。中共中央对外线出击的战略方针作重要调整。

进入6月中旬,蒋介石的统帅部完成了发动全面内战的部署。他们的战略企图是:以主要的铁路干线为轴线,主力由南向北进攻,首先夺取和控制各解放区的城市和交通线,并歼灭人民解放军主力;或将黄河以南的人民解放军逐步压迫

---

① 《毛泽东军事文集》第三卷,军事科学出版社、中央文献出版社,1993年12月,第1版,第263页。

至黄河以北，然后聚歼于华北地区。进攻的矛头，首先指向处于国民党军四面包围之中的中原解放区和严重威胁国民党统治中心的华中解放区。

蒋介石对这个计划颇为得意，踌躇满志地说：我们有空军，有海军，而且有重武器和特种兵。如果能配合得法，运用灵活，就一定能速战速决。

中共中央判断，"七月初即将大打"，"我须速定战略方针，以利作战"。毛泽东为中共中央起草的电报说："观察近日形势，蒋介石准备大打，恐难挽回。大打后，估计六个月内外时间，如我军大胜，必可议和；如胜负相当，亦可能议和；如蒋军大胜，则不能议和。因此，我军必须战胜蒋军进攻，争取和平前途。"①

1946年6月下旬，中共中央制定了南线和北线的战略计划，征询各战略区领导人意见。

毛泽东为中共中央起草的《全局破裂后太行和山东两区的战略计划》和《对南线作战的补充指示》提出，由晋冀鲁豫、山东、华中三支野战军进行的南线作战，分为两个阶段：第一阶段，"太行（晋冀鲁豫）区以豫东地区为主要作战方向"，集中主要兵力占领陇海路开封至徐州一线以及豫东、淮北各个县城，"主要着重在野战中消灭敌军有生力量，相机占领开封"；"山东区以徐州地区为主要作战方向"，集中山东主要力量，配合苏皖北部各区，攻占津浦路徐州至蚌埠段各个要点，"主要着重调动徐州之敌于野战中歼灭之，相机占领徐州"；"以苏中地方兵团吸引并牵制（南）通扬（州）线上之敌，粟谭率主力占领蚌（埠）浦（口）间铁路线，歼灭三、四分区（指华中军区所属淮南军区第三、第四分区）之敌，策应北面作战"。第二阶段，"以太行、山东两区主力渡淮河向大别山、安庆、浦口之线前进"。中共中央强调指出，"这一计划的精神着重向南，与蒋的精神着重向北相反，可将很大一部蒋军抛在北面，处于被动地位"；"如能逐步渡淮而南，即可从国民党区域征用人力物力，使我老区不受破坏"。②

显然，这一战略计划是服从于六个月内外战胜蒋军进攻、争取和平前途这个政治目标的，是一个外线出击的战略方针：蒋军向北，我军向南，敌进我进，迫蒋议和。

中共中央发出上述指示的时候，粟裕正在苏中海安华中野战军司令部，紧张而有秩序地进行在苏中地区作战的准备。

6月21日，粟裕召开营以上干部会议，作形势和任务报告，着重讲了大兵团作战应当注意的问题。

6月22日，作战部署就绪。

6月23日，向新四军军部和华中军区发出电报，报告当面敌军动态，提出作战方案："拟于二十五日以一部攻占白蒲（停战后被占的），而以主力歼灭其由南通来援之敌。"同时对《新华日报》华中版记者发表谈话，警告国民党反动派悬崖

---

① 《毛泽东军事文集》第三卷，军事科学出版社、中央文献出版社，1993年12月，第1版，第277页。
② 《毛泽东军事文集》第三卷，军事科学出版社、中央文献出版社，1993年12月，第1版，第283—284页、第292页。

勒马，遵守协定，实现和平民主。否则，"因此而产生的任何严重后果，都应该由你们来负完全责任"。

6月24日，蒋介石终于撕下假面具，公开宣称："四十八小时以后将有惊人之举。"两天以后，调动30万军队围攻中原军区部队，打响了全面内战第一枪。

面对这种形势，毛泽东于6月26日为中共中央起草致华中分局并告陈毅、舒同的电报，指令华中野战军西出津浦线作战。电报说："你区应以一部在苏中吸引并牵制通扬线上之敌，粟谭率主力（不少于十五个团）位于三分区（津浦路以东、运河以西地区），与陈舒配合，一举占领蚌浦间铁路线，彻底破坏铁路，歼灭该地之敌，恢复三、四分区失地，并准备打大仗，歼灭由浦口北进之敌。"要求他们在7月10日以前完成一切攻击准备。①

陈毅随即电令华中野战军主力西进淮南，执行津浦路蚌浦段作战任务，首先"集中陶（勇）、王（必成）两纵、五旅及谢（祥军）纵在六台、天长之间整训"。

粟裕和刘先胜、钟期光原计划到林梓前线指挥已布置好的作战，接到中央军委和新四军军部的命令，立即下令停止行动。

粟裕认为，中共中央筹划的这一场大战，对未来战局的发展关系重大，必须做到初战必胜。他从实际情况出发，对如何执行中央军委和新四军军部的指示，以及可能发生的各种情况，进行了认真的分析研究，权衡在苏中作战和在淮南作战的利弊得失，认为在苏中打一仗再西移更为有利。粟裕说："仗是非打不可的，南边走得脱，北边也走不脱。苏中是我们的老根据地，地形复杂，物产丰富，群众基础好，有苏皖、鲁南、豫皖、中原各方策应，条件是很好的。要打就在这里打。"

6月27日，粟裕发电报给中央军委、陈毅军长和华中军区，提出了在苏中先打一仗再西移的建议。

粟裕的电报说："在三分区集中大兵团作战，粮食、民夫和交通运输均极困难。如集中兵力过多，则所需粮、夫必超过当地负担，不仅影响当地，且影响战斗更大。"因此，提出两个可供选择的方案：第一方案，由五旅、淮南独立旅和第九纵队等八至十一个团担负淮南作战任务，华中野战军主力"以扬、泰为进攻目标，以钳制顽军西移"；第二方案，华中野战军主力西移淮南，但须留下第十纵队（即谢祥军纵队）和第七纵队守卫苏中。他认为，在战争初期，对士气民心尤应特别重视。"目前我们主力都集中于苏中，民夫及作战用具都已准备完毕，如不在苏中打仗即西移，不仅对群众很难说服，即对部队亦难说服。因一、六师和七纵指战员大多是苏中人，有些家中已遭顽摧残。为此，我们是否在苏中先打一仗再西移。"②

第二天，粟裕召开各师和纵队首长会议，传达中共中央和新四军军部的指示。各部队首长一致要求，首先在苏中打一个胜仗。粟裕认为，这个行动关系战略全局，应当由华中分局作出决定。会议一结束，就从海安出发，长途跋涉300余里，

---

① 《毛泽东军事文集》第三卷，军事科学出版社、中央文献出版社，1993年12月，第1版，第301页。
② 《粟裕军事文集》，解放军出版社，1989年7月，第1版，第244—245页。

赶到华中分局、华中军区驻地淮安，与张鼎丞、邓子恢、谭震林面商如何执行中央军委和新四军军部的指令。

与此同时，粟裕在实际工作中作了在苏中作战或到淮南作战两手准备。他要求华中军区测绘队突击翻印淮南、淮北军用地图，开始筹划华中野战军西进淮南的作战行动。

张鼎丞、邓子恢、谭震林赞同粟裕的意见，四人联名于6月29日发出向中共中央和新四军军部的报告。

这个报告首先分析了华中野战军主力在苏中和在淮南作战的利弊，认为"华中主力转至淮南后，不仅粮食须由苏中供给，即民夫运输恐难支持，因淮南地广人稀（仅一百三十八万人口），交通不便"。而"苏中公粮收入占全华中二分之一，人口亦占五分之二（共九百万人口），对支持今后长期战争有极大作用"。"苏中当面共有顽军九个师（旅），我军主力亦集中于苏中，如即向淮南转移，不仅七月十日难以到达（须迟至七月二十日），且将使苏中有迅速被顽攻占之极大可能。""如苏中失陷，淮南战局万一不能速胜，则我将处于进退两难（苏中大部为水网，如被顽占据不易夺回），如是不仅对苏中本身不利，即对华中整个作战部队之供应更有极大影响。为此我们建议：在作战第一阶段中，王陶两纵仍位于苏中解决当地之敌，改善苏中形势与钳制敌人，使顽无法西调；至山东及刘邓主力完成第一阶段进行第二阶段时，我们再以王陶两纵加入（八月中旬）蚌浦段作战。但在第一阶段时，我们可以四旅（以九纵对调）、五旅配合，及淮南独立旅担任蚌浦段之破击，阻止浦口敌人北进，以配合山东主力于淮北作战，即或调五军进至蚌埠而在徐州顽军北进及刘邓切断开（封）徐（州）段，以及淮南九个团阻止顽军情况下，我们此种部署对徐蚌段作战无大影响。"①

6月30日，陈毅给军委并告华中野战军的电报说："我们认为七月间非打不可，则王陶纵队应立即西开，保证于七月十五日到七月二十日前后能按时发起战斗。"

中共中央和毛泽东考虑了双方的意见，于6月30日发出两个复电。一电给华中军区，指示："部队暂缓调动。待与陈军长商酌后，即可决定通知你们。"另一电给陈毅，指出："华中二十九日酉时电，主力留苏中确保财源，而将淮南作为钳制方向，以九个团担任破路阻敌，此意见似有理由，你们觉得如何？望告。"

显然，中共中央已经倾向于华中的建议。

就在这时，蒋介石向南线各解放区发动进攻的情报纷纷传来。中共中央判断："胶济、徐州、豫北、豫东、苏北之顽可能同时向我进攻。"7月4日，中央军委毅然决定先在内线作战，指出："我先在内线打几个胜仗再转至外线，在政治上更为有利。"②

这个决定，实际上批准了华中军区的建议。

根据中共中央的决定，粟裕加紧进行苏中战役的准备。

---

① 《苏中七战七捷》，江苏人民出版社，1986年9月，第1版，第78—79页。
② 《毛泽东军事文集》第三卷，军事科学出版社、中央文献出版社，1993年12月，第1版，第320页。

7月13日，粟裕接到毛泽东当天为中央军委起草的电报，指出："苏北大战即将开始，蒋军将由徐州向南，由津浦向东，由江北向北，三方面同时动作，先求解决苏北，然后打通津浦、平汉。"指示："在此情况下，待敌向我苏中、苏北展开进攻，我苏中、苏北各部先在内线打起来，最好先打几个胜仗，看出敌人弱点，然后我鲁南（按：指山东野战军）豫北（按：指晋冀鲁豫野战军）主力加入战斗，最为有利。"①

"先打几个胜仗，看出敌人弱点"，这是中央军委、毛泽东赋予华中野战军在苏中作战的任务，说明苏中战役带有战略侦察和战略试战性质。

粟裕回忆这一段经历时说："确定先在内线打几个胜仗，再转至外线，这是战争初期中央军委对原定战略计划的一次重要调整，对于解放战争的胜利发展起着重要的作用。苏中战役，就是在中央调整了的战略计划指导下发起的。"②

应当指出的是，粟裕的几次建议，对中央军委调整战略计划作出了重要贡献。

三、出奇制胜首战宣泰，声西击东再胜如南。面对四倍于我的敌军，粟裕说"还他一个六打一"。

粟裕说："我们对付敌人，不单斗力，更要斗智。"在苏中战役的战役决策上，粟裕与蒋介石及其手下将领之间，首先展开了一场谋略竞赛。

蒋介石在围攻中原军区部队同时，发动对华中解放区的进攻。他凭借占绝对优势的兵力，采取"多路向心突击"的战法，兵分三路，会战两淮（淮阴、淮安），企图消灭华中野战军，或逼迫华中野战军北撤山东，一举攻占苏皖解放区。

蒋介石的第一作战目标是攻占苏中、苏北。他在苏中南部地区南通、靖江、泰州、扬州一线集结了5个整编师（军）15个旅12万人的兵力，还在江南武进、江阴一带集结2个整编师（军）7个旅作为第二梯队，准备随时加入战斗。企图首先攻占如皋、海安一线，扫清沿江地带，然后由海安、扬州北进，与徐州、淮南之敌会攻两淮。

这时，华中野战军集结于海安、如皋一线的部队，有第一师、第六师、第七纵队共19个团3万余人。

在苏中战场上，国共双方兵力对比是4∶1。

蒋介石得意忘形，扬言："三个星期足以收复苏北，再三个星期结束苏皖会战。""苏皖会战"部署就绪，就优哉游哉地带着夫人到庐山避暑去了。然而他做梦也没有想到，等待他的是粟裕的当头一棒。

自从中共中央作出先在内线打几个胜仗的决策以后，粟裕就严密注视敌人动向，精心筹划即将到来的大战。他认为，战争初期作战的胜负，对于战争的全局及其发展具有重要影响。在作战指导上，既要避免与敌人的重兵集团决战，又要

---
① 《毛泽东军事文集》第三卷，军事科学出版社、中央文献出版社，1993年12月，第1版，第340页。
② 《粟裕战争回忆录》，解放军出版社，1988年11月，第1版，第360页。

用积极的作战行动挫败敌人速战速决的企图，消灭敌人的有生力量，保存自己的有生力量，为尔后的作战行动创造有利条件。

7月10日，从可靠的情报渠道得知，长江北岸的国民党第一绥靖区所属部队，将在三四天内从南通、靖江、泰州、泰兴出发，向如皋、海安发起进攻。

粟裕说："敌众我寡，敌强我弱，等敌人攻到跟前再抵御就晚了。不能硬拼，只能巧取。"

他从战争初期的作战任务出发，根据敌我双方的实际情况，坚持集中兵力各个歼敌的作战原则，在作战地域、首歼目标和出击时机上进行比较选择，迅速定下决心：在苏中前部地区作战；以整编第八十三师（即原第一百军）为首歼目标；到敌人进攻的出发地宣家堡和泰兴去打。

当年新四军军部作战科长叶超，谈到苏中战役的首战决策，说道："粟裕同志从敌我双方的战略意图和地形特点、群众基础等条件出发，果断决定不采用我军传统的诱敌深入战法，而把战场选在苏中解放区的前部地区；根据敌我态势和尔后连续作战的需要，不采用后发制人的手段，而大胆歼敌于其进攻出发地；对于打击目标的选择，又没有拘泥于先拣弱的打这一普遍原则，而把矛头指向装备最好、战斗力最强，也最骄傲的敌嫡系整编第八十三师。没有全局在胸，没有透过现象抓住本质的洞察力，没有实事求是、从实际出发的科学态度，不经过周密思虑和分析综合的创造过程，就绝不可能在这样三个关键环节上逐一作出在机械论者看来悖乎常理的正确决策。"①

后来的事实证明，粟裕的决策完全符合实际，指挥高敌一筹。几十年后，粟裕的对手李默庵回顾往事，说对于宣泰之战事前确实没有想到。

交战双方差不多同时召开作战会议。

7月10日，华中野战军作战会议在海安举行。出席会议的有各师、各纵队首长。会议由粟裕主持。他首先传达了中共中央的南线战略计划和先在内线打几个胜仗等一系列指示，分析了苏中前线敌我态势，提出了作战方案，阐明了战役指导思想和对部队的要求。他说："在我们面前，有一连串的问题：敢不敢打？怎么打？战役指导上要求我们有哪些改变？这些，我们都要根据毛主席的指示，在实战中逐渐取得经验，切实加以解决。现在敌人是三路而来，拉开架子要和我们拼消耗。我们恕不奉陪，专打他一路。问题是打两翼还是打中间。两翼嘛，是南通和泰州，坚固筑城，对我军不利。中路敌人虽然占据泰兴、宣家堡半年有余，但我们群众条件好，对我军是有利的。"他强调指出，"这是初战，必须打好"。他请大家畅所欲言，进行讨论。

大家对作战方案进行了热烈的讨论。首先分析敌我双方条件，算了一笔细账：苏中是抗日战争中创建的老根据地，苏中人民经过艰苦斗争的考验；不久前进行了土地改革，进一步调动了广大农民群众支持战争的积极性；参战部队大部是在

---

① 《一代名将》，上海人民出版社，1986年8月，第1版，第151页。

苏中发展起来的人民子弟兵，熟悉民情、地形。这些都是对我军极为有利的条件，是我们的政治优势。我军在数量上装备上居于劣势，这是不利条件。但是，只要我们扬长避短，发挥优势，集中兵力，各个歼敌，就有把握战胜敌人。

经过讨论，进一步明确了具体部署：除以第七纵队3个团监视东路之敌、第十纵队3个团牵制邵伯方向之敌外，集中第一师、第六师12个团的兵力歼灭中路敌人2个团。

粟裕在会议结束时说："敌人12万人马进攻我们3万多人，是四打一。我们这么一来，还他一个六打一！"

会议一结束，7月10日24时，华中野战军司令部就在海安景家庄（现名太平庄）发出了《关于攻击泰兴、宣家堡之敌的作战命令》，并且召开了参战部队营以上干部参加的动员誓师大会。

这是一次别开生面的动员会。会场设在海安一座剧场里。虽然天气很热，到会的干部仍然着装整齐，悄悄议论着即将开始的战事。突然，一声"起立"的口令，粟裕司令员、刘先胜参谋长、钟期光主任陪同滕代远出现在主席台上。

滕代远曾任八路军副总参谋长，刚刚参加过国共关于整军和停战的谈判，根据中共中央的指示，由南京出发，经过苏中，就任晋冀鲁豫军区副司令员。

粟裕和滕代远这两位同乡、同学和战友，当年曾经并肩战斗在湖南常德第二师范，经受住了革命低潮的严峻考验；今天又并肩战斗在解放区，在中国两种命运两个前途的决战中作出自己的贡献。

老同学老战友久别重逢，分外亲热。粟裕嘱咐身边工作人员，给滕代远配备最好的战马，还有一匹驮运行李的骡子。粟裕向滕代远详细汇报了华中军区和华中野战军的情况，把作战方案送给他审查，请他指示。滕代远一再表示，不影响他的指挥决心，说：你看可以就打。现在大战即将开始，他们一起对参战部队作动员讲话。

粟裕在热烈的掌声中从容地走到台口，用炯炯的目光注视全场，然后开始讲

粟裕（左）与滕代远1946年在苏中

话。他首先传达了中央军委的指示，分析了全国形势以及在苏中地区作战的有利条件和困难，宣布华中野战军司令部的决心。

粟裕说："同志们，要打仗了！国民党蒋介石已经把刀架在我们的脖子上啦！全面内战，迫在眉睫。我们只有一条出路，针锋相对，以打对打，坚决、彻底、干净、全部地消灭他们，夺取自卫战争的胜利。"

他说："内战打过多年了，我们实在不想打、不愿打；但是，人家要打，我们也只得奉陪。一定要打，我们不怕，怕也没用。他们打第一枪，我们打第二枪，自卫还击。国民党的枪炮比我们好、比我们多，不要紧，那些武器很快就会送到我们手里。我们手里的哪支枪、哪颗子弹是我们自己造的？飞机么？也不可怕。"他用手势比画着说："在800公尺上空朝下看，一个人只有5寸长短，只要不走不动，他哪里看得清是什么东西。"会场里不时发出会心的笑声。

最后，他以斩钉截铁的语言号召："同志们！作好战斗准备，随时投入战斗！彻底粉碎国民党顽固派的进攻！保卫苏中解放区！夺取自卫战争的胜利！"

当时是第六师政治部宣教部长、后来成为著名作家的吴强，奉命担任大会的"司仪"，负责领呼口号。他记述当时的情景说："在每一位首长的讲话中间，我常要摘下几个警句，作为口号振臂呼喊，以活跃会场气氛和鼓动听众情绪。粟裕同志的讲话，语言结构简明，长句很少，且语言通俗，有幽默感。在他的讲话中，我呼的口号就比较多，效果也比较好，常常在会场引起共鸣的笑声。"

在讲话过程中，粟裕宣布科、团以上领导干部上台同大家见面，首先由华中野战军政治部主任钟期光逐一介绍华中野战军指挥机关科以上干部，然后由各师、各纵队首长逐一介绍所属各团领导干部。对于这个崭新的做法，许多干部感到迷惑不解。这时粟裕继续讲话说："为什么要团以上干部上台同大家见面呢？这是作战的需要，打大仗的需要。由于今后是大规模的运动战，情况复杂多变，战斗紧张激烈，部队建制有时难免会被打乱，甚至可能被打散。如果出现了这种情况，你们就应当主动请求并接受友邻部队首长指挥。即使不是直接领导，你们也要听从指挥，也要坚决服从命令，指到哪里就打到哪里。今天让团以上干部与大家见面，就是直接授予你们这种命令。"

三天以后，7月13日，国民党第一绥靖区的作战会议在常州举行。主持会议的是刚刚上任的司令官李默庵。

在作战会议上，李默庵拿出同陈诚商定的作战计划，请到会各师师长发表意见。各师师长认为这个计划大体可行，只有一点异议，就是认为对中共军队的力量估计过低，用一个整编旅独当一面可能吃亏，但是也不认为绝对不行。李默庵初来乍到，对各师情况问得很细。李天霞不耐烦了，说："干吧，老拖着干吗！我那里没有问题。如果再拖下去，或许拖出问题来。"整编第二十五师师长黄百韬略为清醒一些，说："论两军战力，灭苏北之敌毫无问题。问题是苏北赤化甚深，敌人情报灵通，行动自如，我军则有盲目作战之感，常予敌以集中兵力击我一点之机会，不得不慎。"李默庵决定，按照预定计划，7月15日发起攻击。

李默庵的作战会议刚刚结束,华中野战军的宣泰作战就打响了。

驻守宣家堡的是整编第八十三师的一个团。整编第八十三师原来的番号是第一百军,曾经作为远征军到缅甸作战,半美式装备,战斗力较强,相当骄傲。他们狂妄地说:"如果共产党打下宣家堡,那么他们可以倒扛着枪,一弹不发进南京。"

听到宣泰方向有战斗,李默庵连忙打电话给回到泰州的李天霞查问情况。李天霞说:"'敌驻我扰'嘛!还不是游击战的老一套。人马不多,请放心。"

粟裕在战斗开始时投入兵力确实不多,目的在于麻痹敌人,傍晚才以优势兵力发起总攻。李天霞感到情况不妙,但并未予以足够重视。

李默庵不测华中野战军虚实,唯恐粟裕声西击东,偷取南通,急令已进至白蒲的整编第四十九师主力于7月13日缩回平潮。15日判明华中野战军主力确在宣、泰,又急令整编第四十九师再次北进。这一缩一伸,白白送给粟裕两天时间。

经过三天激战,华中野战军第一次作战胜利结束,歼灭国民党军整编八十三师2个团另2个营共3000多人,首创歼灭美械装备的蒋介石嫡系部队的纪录。

对于这样的敌人,能不能战而胜之,当时还是一个未经实践证明的问题,自然引起中央军委的关注。战斗刚刚结束,毛泽东就来电询问:"我在泰兴及宣家堡所打者是否即八十三师?该师消灭多少,尚存多少?"

当宣泰作战还在进行的时候,粟裕就严密注视着各路敌人的动向,筹划下一步作战方案。

7月15日,李默庵得知华中野战军主力仍在泰兴、宣家堡地区,立即调整作战部署,命令位于江南的整编第六十五师火速北渡,会同靖江的第九十九旅,增援泰兴,进攻黄桥;又令整编第四十九师昼夜疾进,乘虚攻占黄桥,截断华中野战军东去之路;命令整编第八十三师由泰州东进,企图三路夹击华中野战军主力于如皋、黄桥之间。

李默庵的作战部署很快就被华中野战军侦察得知。粟裕当即决定转兵东进,长途奔袭,歼灭正在运动中的第四十九师。同时布置疑兵,要第六师留下部分兵力继续围歼泰兴城内残敌,造成华中野战军主力仍在宣泰地区的假象,诱使东面敌人放心大胆地向如皋进犯。

华中野战军一、六两师和七纵主力,发扬"打得、跑得、饿得"和连续作战的作风,经过两昼夜激战以后,又急行军一百几十里,在沿途人民群众的热情支援和掩护下,隐蔽和及时地到达预定作战地域如皋东南地区,并于7月18日发起战斗。

战斗打响以后,粟裕就深入参战部队具体指导。这是他的一贯作风,每当作战部署完毕,就带上少数参谋来到第一线,就近指导主攻部队作战。哪里的战斗任务最重,哪里遇到了困难,他就出现在那里。

负责歼灭左路敌军的第六师主力和第七纵队经过两天两夜的攻击,将整编第四十九师第七十九旅大部歼灭,剩下一个团的敌人固守在有深沟围绕的宋家桥负隅顽抗,部队屡攻不克。深夜10点钟光景,第六师指挥员正在为战斗不够顺利而焦急不安，粟裕悄然来到。

宋家桥战斗僵持不下的战况，粟裕已经了然于心，但进屋之后若无其事，过了一会儿才发问道："宋家桥的敌人是一个团？"

"一个加强团。"第六师参谋长杜屏回答。

"打不下，就不要打了。"粟裕说。

王必成副师长说："那怎么行？可以打下来！"

江渭清副政委说："我们打算在拂晓前再组织一次攻势。"

杜屏参谋长说，他刚从前沿阵地回来，同两个团的负责干部研究了，他们一致表示有信心歼灭这个敌人。

"怕是眼睛打红了！"粟裕轻轻地摆摆手，对六师几位指挥员说，"通知阵地上，停止攻击。"

"不打了？"杜屏参谋长问。

粟裕说："仗有得打的，马上就有新的任务。等一会儿同你们谈，东方不亮西方亮嘛！"

然后转过头来，朝站在一旁的吴强说："吴强同志，给你一个任务。"

吴强想不到在这个当口会给他什么任务，近前一步听着。

粟裕说："来个政治攻势看看。你写封信，用我的名义，要宋家桥国民党军队的团长放下武器。信上告诉他，他们的一个师已经在鬼头街被我军全部歼灭，他们这个师的大部分也被歼灭了，师长王铁汉已经当了俘虏，希望他们不要心存幻想，而要当机立断，立即放下武器。放下武器之后，我们将切实保证他们全体官兵生命财产的安全。"

吴强立即拿起纸笔草拟劝降信；时近午夜，阵地上只有零落的枪声和犬吠声，烛光在指挥所的小屋里摇曳着。吴强抬头一看，粟裕躺在门板搭的床铺上和衣睡着了。

经过四天四夜激战，华中野战军歼灭国民党整编第四十九师一个半旅和整编第六十五师、第九十九旅各一部共1万余人，生俘少将旅长胡坤以下6000多人，整编第四十九师师长王铁汉被俘后化装潜逃。华中野战军实现了第二次作战预定目标，主动撤离如皋县城。

第六师这一仗开始没有打好，粟裕当时一句也没有批评。吴强当时不理解。直到半年以后的莱芜战役结束，粟裕谈起这件事，他才恍然大悟。那时第六师已改称第六纵队，在莱芜战役中打得很好，缴获很多，上上下下情绪高涨。

粟裕笑着问吴强："这回莱芜战役，你们六纵打得很好，俘虏最多，抓了两万多俘虏，吃饱了吧？"

"是啊！"吴强说。

"是不是有些人得意忘形、冲昏头脑啊？"

"有。"

"在这个时候，在打了胜仗以后，倒是要针对问题，加以批评，泼泼冷水，使头脑清醒清醒。"

"冷水真还不太好泼哩!"

"所以说,思想工作要做细一点。"粟裕说,"当一个部队仗没打好,部队的指挥员正处在困难之中,他们的情绪一定不好。这时候,上级指挥员就不能对他们多加指责,要体谅他们。特别是在火线上,在激烈交战的时候,甚至一句也不要批评。这种时候的指责、批评,不但不会有良好的效果,而且会使被指责、批评的人情绪更坏,会压得他们去硬拼蛮干,打得更糟更坏。"

吴强说:"怪不得,那次宋家桥战斗,我们没打好,你来了一句没有批评。"

粟裕笑了笑说:"当时你们王司令、江政委的脸阴沉沉的,他们已经够难受的了,还能再去责备他们?仗没打好,责备、批评就打好了?不是说不能责备、批评,有时候也要作声色俱严的责备、批评,那要看在什么时机,对什么样的问题,是非责任是不是弄清楚了。譬如第二次涟水战役没有打好,原因很多,有下面的,有上面的,把全部责任推给你们六纵是不对的。"

吴强说,这是一次难忘的谈话,"使我看到了他——一位将军的一颗通情达理的真挚的心"。

第二次作战结束当天,中央军委毛泽东主席发来贺电:"庆祝你们打了大胜仗。"

战后,参战部队在如(皋)黄(桥)路上的搬经镇召开干部大会,滕代远和粟裕先后发表讲话。

滕代远结合自己与国民党谈判的亲身经历,愤怒谴责蒋介石集团撕毁停战协定、发动全面内战、祸国殃民的罪行,号召大家坚信党中央、毛主席的英明领导,树立蒋军必败、我军必胜的信心。他说:"苏中打得好,粟司令指挥有方,部队英勇善战,已经打了两个干脆痛快的歼灭战,国民党的将军当了我们的俘虏。希望打更多的漂亮仗。"

粟裕在讲话中说:"最近国民党的中央社和军闻社广播说:'苏中匪首粟裕负重伤,已送东台医院救治。'你们看,我是粟裕吧?负伤了没有?住院了没有?粟裕不是活得好好的吗?还要打更多的漂亮的歼灭战哩!国民党从来就是靠造谣欺骗蒙蔽人民和士兵。让我们多打大胜仗,更多地整师整旅整团地歼灭敌人,用它来粉碎敌人'一个月消灭苏北共军,三个月解决中共'的狂妄梦话,撕掉他们造谣欺骗的画皮吧!"

苏中首战,旗开得胜。这个胜利来之不易,不仅因为对手是在数量上占有四倍于我的优势、全部美械装备的精锐部队,而且是在内部不同意见的争论中实现的。

7月13日,华中野战军发起第一次作战。7月14日,陈毅等发电报给中央军委、刘伯承、邓小平、张鼎丞、邓子恢、谭震林、张云逸、黎玉,说:"敌本月如大举进攻苏皖,这是分区蚕食的狡计,苏皖现有力量难以胜任应付,必须友邻区暂时出动配合才足以挽救。我们意见应即执行前定作战计划,截断津浦南段、陇海徐西段,造成山东、太行主力在淮北之会合,准备渡淮作战。只有全面大打才能制服蒋分区蚕食的狡计。"①

中央军委权衡两种意见，倾向于先在内线打几仗再采取更大行动。7月15日，毛泽东为中央军委起草两份电报。一份答复陈、宋7月14日的电报，说"在蒋军尚未进攻苏皖时，我军仍在现地待机，最近几天可看一看泰兴战斗结果如何"。另一份给张鼎丞、邓子恢、谭震林转粟裕并告陈毅、宋时轮："此次泰兴作战不论胜败如何，均须于结束战斗后，立即整理部队，准备再战。即使打了大胜仗，也要如此，因敌人会继续进攻，我军在南线须准备打四五个大仗，方能解决问题。"②

7月20日，苏中战役第二仗如南作战胜利结束。

第二天，毛泽东为中央军委起草发给粟裕的电报："（一）庆祝你们打了大胜仗；（二）敌情尚严重，望将参战主力集中休整，补充缺额，恢复疲劳，以利再战。"③

苏中初战的实践证明，实行内线作战的方针是符合战争初期的客观规律的。一向尊重实践经验的中共中央，进一步调整了原定的战略计划，决定由先在苏中打一仗改变为打四五仗。在毛泽东和中共中央的领导和支持下，在不同意见的争论中，粟裕逐步争取实现了内线作战的战略构想。

四、智撤海安，奇袭李堡。为夺取战争主动权创造战机。为坚持内线作战方针"斗胆直陈"。

如南作战接近尾声的时候，粟裕又开始筹谋下一步的作战行动。

这时，国民党军第二梯队开始渡江北进，东西两路向如皋集中靠拢。华中野战军部队经过十几天连续作战，已经相当疲劳，继续与敌人纠缠下去不利，作战过程中暴露出来的与大兵团作战不相适应的问题也急需加以解决。7月21日，粟裕发出向中共中央、新四军军部、华中分局的请示电，建议乘胜收兵，休整待机，准备再战。电报说："我们为保卫与巩固已得胜利和争取部队休息，争取主动，暴露敌人弱点，制造敌人错误，拟即乘胜收兵，将主力一、六两师撤到海安东北地区休整，并以海安为防御中心（已筑有较强工事），南面尽可能控制如皋，西面尽可能控制曲塘，使敌人不能合击海安，使部队能争取休息，并以大力加强敌后游击战争，并争取时间解决土地问题，以便更有效巩固解放区。"④

毛泽东为中央军委起草复电："同意粟电乘胜收兵，休整两星期后再战。"

宣泰、如南两仗，使蒋介石和他的参谋总长陈诚大为震惊。陈诚急忙到南通召开党政军联席会议，下令第二梯队六个旅十余万人渡江北进，集中兵力向海安进攻。

---

① 《从延安到北京——解放战争重大战役军事文献和研究文章专题选集》，中央文献出版社，1993年5月，第1版，第141—142页。
② 《毛泽东年谱》下卷，人民出版社、中央文献出版社，1993年12月，第1版，第108—109页。
③ 同上书，第113页。
④ 《苏中七战七捷》，江苏人民出版社，1986年9月，第1版，第124—125页。

海安，东临黄海，西通扬（州）泰（州），南达长江，北接盐（城）阜（宁），贯穿南北、沟通东西的三路两河（通榆公路、通扬公路、海安至黄海公路，串场河、运粮河）在此处交汇，历来为兵家必争的咽喉要地、"南北跳板"。元末，朱元璋与张士诚争夺江海平原，常遇春在海安筑城，切断张士诚增援和运粮通道，使张士诚苦守的泰州孤城不攻自破。明代凤阳巡抚唐顺之为抵御入侵倭寇（日本海盗集团）在海安筑城扼守，打破了倭寇西窥淮扬、侵扰中原的阴谋，"淮（阴）扬（州）凤（阳）泗（州）得安枕而卧"。

蒋介石及其手下将领此次进攻苏北，也把攻占海安作为第一步作战的重要目标，企图构成西至扬泰、东达海边的封锁线，以巩固苏中南部占领区，打通苏中通向淮北的门户。然后，实现其第二步作战计划，与徐州南下部队会攻两淮，实现其"解决苏北"的战略目标。他们认为，海安战略地位重要，华中野战军势在必争。因此，依恃其优势兵力，采取分进合击的战法，企图一举攻占海安，歼灭华中野战军主力。为了防止被各个击破，采取锥形攻势，正面不足30华里，纵深10余华里，各旅靠拢前进。

强敌迎面压来，粟裕沉着应战。要不要固守海安，是他反复思考的中心问题。

粟裕分析敌我态势，权衡利弊得失，认为在适当时机撤出海安是必要的。因为当时还处在战争初期，中共中央早已明确指示，一切作长期打算，以歼灭敌人有生力量为主要目标，要求我们不要轻易放弃战略要地，更要求我们保存有生力量，掌握战争的主动权。如果我们固守海安，那就正中敌人毒计。因为敌人集中六个旅的优势兵力向海安进攻，并且有强大的第二梯队作为后援，我军即使能够暂时守住海安，也要付出很大代价，消耗有生力量，最后仍然要被动地撤出来。如果我们先以小部队实行运动防御作战，歼灭敌人的有生力量，同时掩护主力部队休整待机，然后主动撤出海安，不仅可以使敌人背上包袱，分散兵力，便于我军各个击破，而且可以造成敌人的错觉，以为我军被迫撤退而骄傲麻痹起来，从而造成有利于我的战机，夺取战争的主动权。

根据这样的分析判断，粟裕提出了初步的作战方案：一、六两师集结于海安东北地区休整待机，七纵在海安外围打运动防御战。

这个方案一提出来，许多同志想不通，认为撤出海安可惜。他们说："党中央不是要求我们不要轻易放弃要地吗？打了两个胜仗还要放弃海安，前两仗岂不是白打了？"有的同志说："敌人没有什么了不起，我军已经打了两个胜仗，为什么不敢在海安同敌人决战？"

粟裕感觉到，战争的胜负决定于有生力量的消长而不在于一城一地的得失，这个重要思想还没有为大多数干部所掌握。要重视他们的意见，做深入细致的思想工作，把领导的意图变成广大干部的自觉行动。

粟裕还想到，主动撤出海安，这是关系华中全局的重大决策，必须采取慎重态度。他虽然自信自己的决策是正确的，但是不敢独自作出决定。当时华中分局和华中军区的其他领导同志都在淮安，只有粟裕一人在300里外的海安前线。强敌压境,时间紧迫。粟裕决定立即返回淮安,请华中分局和华中军区领导同志集体讨论决定。

7月28日下午4时,粟裕带上一名警卫员,开始了一日一夜300余里的急行军。

在战争年代,粟裕要求身边工作人员必须具备一定的指挥能力,还要掌握骑马、游泳和开汽车等技能。他以身作则,不仅会骑马、游泳、骑自行车,还会开汽车、摩托车、划船。有一次练习摩托车,摔到河里,摔断了一根手指。幸亏他游泳技术高,才从沉到河底的摩托车下钻了出来。这一次,为了争分夺秒赶路,他把一切可以利用的交通工具统统用上了。

粟裕驾驶摩托车从海安出发,经东台、盐城到湖垛镇(今建湖县),西边是草荡、水网地带,摩托车不能行驶了。粟裕无可奈何地摇了摇头,对警卫员说:"下车,从现在起,向北绕道益林镇,要靠我们的小车走路了。"

"什么小车?"警卫员疑惑不解地问。

"11号。"粟裕笑着指指警卫员的双脚。

警卫员惊讶地瞪大了眼睛,心想这里到淮安还有100里路程。

粟裕朝淮安方向望望说:"没多远了!"说罢,甩开大步向前走去。烈日当头,汗水湿透了他的军装。

走到益林镇,实在太累了,就乘黄包车走了一段路,然后改乘小船沿涧河西开淮安。

在离淮安50多里的地方,他们找到一座制造手榴弹的兵工厂,借了一辆自行车。一车两人,如何走法?警卫员说:"首长骑车,我跟着跑。"

"胡扯!"粟裕说,"那还不如两人都走路哩。"

最后达成协议:一人踏车,一人搭乘,交替前进。

警卫员身材高大,可是骑车技术不好,大部分路程不得不由粟裕带着他骑行。警卫员看到首长累得满头大汗,心中不安,又不得不服从首长的命令,不禁热泪盈眶。

经过一天一夜的长途跋涉,他们终于按计划赶到淮安。

当时,粟裕的夫人楚青在淮安华中分局工作,身边还有一个大病初愈的孩子。粟裕路过家门,只进去喝了一点水,就匆匆赶到华中分局和华中军区驻地,提议召开华中分局常委会议。

华中分局常委会议,在淮安城东南角巽关水门洞里举行,到会的有张鼎丞、邓子恢、粟裕、谭震林、曾山诸同志。选择这个地点开会,是防备敌人空袭。

会议对粟裕提出的主动撤出海安、在运动中歼敌的作战方案进行了郑重的讨论,决定在海安实施运动防御,尔后主动撤离,创造新的战机。会议认为,对于同志们的疑虑,除进行必要的思想工作以外,主要靠打胜仗的实践来解决。

华中分局把会议的决定上报中共中央、华东局和新四军军部,很快就被批准实施。

毛泽东为中央军委起草的致张鼎丞、邓子恢、粟裕的电报指出:"在我军主力未获充分补充休息恢复疲劳以前，及敌未进至有利于我之地形条件以前，宁可丧失一些地方，不可举行勉强的无把握的作战。此次粟部歼敌二万，打得很好，今后作战亦不要过于性急，总以打胜仗为原则。敌以十万大军向我进攻，我损失若干地方是不可免的。你们应有对付恶劣环境之精神与组织准备。"①

华中分局常委会议结束后第二天，8月1日上午，粟裕就返回海安前线。

作为战区指挥员，为了一次战役的决策，日夜兼程跋涉300余里，去请求华中分局集体讨论决定，这种事例在古今中外战史上是罕见的。它表现了粟裕对党的集体领导的尊重，对下级不同意见的重视，对重大战役决策的谨慎。

海安之战，按照预定作战方案进行，一举取得两个胜利。

海安外围运动防御战，从7月30日打到8月3日，华中野战军第七纵队用3000多兵力抗击5万多蒋军的轮番进攻，以伤亡200多人的代价杀伤敌人3000多人，创造了敌我伤亡15比1的新纪录，仅一次夜间袭扰就使敌人消耗炮弹1万多发，在一次伏击中就缴获子弹100多箱。达到预定作战目的后，第七纵队主动撤离海安。这是第一个胜利。

第二个胜利，是第一、第六两师主力部队按计划进行了十多天的休整。除了补充兵员、恢复体力以外，特别重要的是总结前两次作战的经验教训，进一步明确和统一了大兵团作战的指导思想。在团以上干部会议上，粟裕作《改进今后作战的几个问题》的报告，对前一段作战正反两方面的经验作了理论的概括，强调树立大兵团作战的观念。他说："大兵团作战，是各种力量的比赛，等于一架机器一样，要全部开动，一个螺丝钉也不能有丝毫障碍，才能顺利的生产出好东西来。整个作战计划也像做一道算术题那样，一个数字错了，全盘都会错。"他指出，"在战术上一定要采取以多胜少，三个到五个打敌人一个。只有集中优势兵力，才能于短时间内干净消灭敌人。不要存在爱面子或者怕缴获被别部瓜分了的想法，而一个兵团包打。这并不是说我们弱，或我们哪个兵团不能打，而是为了迅速解决敌人，迅速变劣势为优势，变被动为主动，不失时机进行第二个战斗。今后敌人会采取稳重打法，使用多数兵力在一个狭小地带作战。我们要歼灭敌人，必须制造一些机会，求得各个击破敌人"。他还强调，"我们对付敌人，不单斗力，更要斗智"。"用各种欺诈手段来欺骗敌人，越能欺骗敌人越好。所谓兵不厌诈，就是这个意思。"②

粟裕还与钟期光一起，指导华中野战军政治部发出《关于撤出海安的解释要点》，要求各级干部辩证地认识和处理歼灭敌人有生力量和保卫战略要地的关系。这个解释要点指出，"在敌人数量上装备上占优势的兵力进攻下，虽然我们有力量可以守住海安，但消耗了有生力量，不能消灭敌人，对于我们是非常不利的。主动地撤出了海安，保存了主力的有生力量，在不久的将来，不仅可以收复海安，而且可以收复其他被反动派侵占的地区"。"战争的胜败，决定于双方人力、财

---

① 《毛泽东军事文集》第三卷，军事科学出版社、中央文献出版社，1993年12月，第1版，第369页。
② 《粟裕军事文集》，解放军出版社，1989年7月，第1版，第251、254、256页。

力、物力消长的对比,特别是人民站在哪一边,那一边最后是要胜利的,而不在于一城一地一交通线的暂时得失。"①

经过思想教育和战争实践,进一步统一了干部的战略战术思想。这种思想上的统一很快就转化为物质力量,奠定了以后连战连胜的思想基础。

果如粟裕所料,华中野战军撤出海安,国民党军得意忘形,各部纷纷报捷,总计歼灭华中野战军人数竟达两三万人。第一绥靖区司令部错误地判断:"苏北共军已经一败涂地,主力第一师、第六师下海北逃。"

其实,华中野战军指挥机关和第一、第六两师主力部队三万多人已经在海安东北稳稳当当休整两个星期,有的部队驻地距海安城仅仅一二十里,天天出操上课,开会唱歌。但是,由于这里是老根据地,地方政府和民兵、群众严密封锁消息,查捕敌人谍报、坐探,使敌人成了瞎子、聋子,对我军动向毫无所知。

国民党军以为他们的第一步作战目标已经达到,决定按照预定作战计划,调整部署,分兵占地,在东起海边西至扬州的300里地段上摆出一字长蛇阵的封锁线,企图"清剿"封锁线以南占领区,然后实行第二步作战计划,与徐州南下部队会攻两淮。

粟裕时刻注视敌军动向,及时捕捉有利战机。他手下的侦察队伍和解放区党政军民各系统,源源不断地给他送来敌军动向情报,使他得以进行"去粗取精,去伪存真,由此及彼,由表及里"的分析研究,作出符合实际的决策。

在华中野战军司令部里,有一支代号"四中队"的技术侦察队伍,掌握当时条件下的"高科技",受到粟裕的特别关注。早在1945年10月组建华中军区和华中野战军的时候,粟裕就指定情报处长朱诚基负责,组建、培训一支技术侦察队伍。在苏中战役过程中,他总是把四中队驻地安排在靠近指挥所的地方,随时进行具体指导。战前,向他们说明意图,交代任务。作战过程中,经常查问情况,解决困难,有时还和大家一起"攻关"。战斗结束,不是到驻地看望大家,就是打电话表示慰问。

这支队伍接连侦察、破译敌人的作战部署等重要密令,为华中野战军首长掌握敌情、作出决策提供了可靠的情报。粟裕对他们的工作很满意,称赞他们是"无名英雄"。

海安、李堡作战,时值盛夏,骄阳似火,天气闷热。四中队的同志坚守岗位,挥汗工作,常常赤膊上阵。

一天下午,同志们正在全神贯注地监视敌人动向,突然传来口令:"起立,立正!"原来粟裕司令员来到了值班室。

技术侦察人员有的光着脊背,穿条短裤,满脸通红,自愧违反军风纪,对首长太不礼貌。

粟裕招手让大家坐下继续工作,摸着他们冒着热汗的头说:"小鬼啊,天实在太热了,你们昼夜值班,确实辛苦。好在没有老乡,以后可要注意军风纪啊!"

粟裕对四中队的同志们说:"你们的工作非常重要,是我们的千里眼、顺风

---

① 《苏中七战七捷》,江苏人民出版社,1986年9月,第1版,第158—159页。

耳。我们打这么多大胜仗，也有你们一份功劳。多亏你们及时提供了许多真实可靠的情报，使我们能正确判断敌情，果断定下决心，指挥作战，歼灭敌人。我代表野指和各位领导同志感谢你们，希望大家更好地工作，坚守岗位，严密监听敌台，及时获取更多真实可靠的情报，让我们更多地消灭敌人，更快更彻底地打败老蒋。"

事后，粟裕要副官处给四中队配备骡马、挑夫、汽车，在行军时为四中队运送设备，保证他们顺利展开工作，还给四中队每人发了一件汗衫。

李堡之战，四中队又立一功。8月6日，他们从无线电侦察中得知，进占海安之敌分兵东进，整编第六十五师一〇五旅开始由海安向李堡进犯。

粟裕得知这一情报，兴奋地说："此乃一良机也，不可错过！"8月7日早晨，他发电报给中共中央和华中分局，报告"歼敌良机已到"，同时建议在淮南的第五旅东调苏中参战，以便集中兵力于主要作战方向。

8月8日，毛泽东为中央军委起草复电，表示"歼敌良机已至，甚好甚慰"，指示："预备部队或钳制部队如有可调者，望张邓谭尽可能满足粟之要求，集中最大兵力于主要方向。"①

根据中央军委指示，华中野战军政委谭震林率领第五旅和华中军区特务团到海安参战。

这时，国民党第一绥靖区正忙于经营"一字长蛇阵"，于8月9日、10日命令整编第六十五师经海安去泰州、黄桥接替整编第二十五师和第九十九旅防务，又令新七旅由海安东开接替整编第六十五师一〇五旅在李堡的防务。

国民党军队频繁调动，给华中野战军造成了在运动中歼敌的大好时机。

粟裕当机立断，决心抓住这一有利战机，首先寻歼李堡之敌于运动之中。

李堡位于蒋军"一字长蛇阵"的东端，孤零零地摆了一个团的兵力。此时，蒋军新七旅副旅长田从云率领一个团来接替一〇五旅三一四团的防务，交防者的电台、电话刚刚拆除，接防者的电台、电话尚未架好，华中野战军突然发起攻击。蒋军猝不及防，阵脚大乱，一夜之间两个团被全部歼灭。接着，蒋军新七旅旅长黄伯光率领的一个团也落入华中野战军打援部队预设的"口袋"，再遭全歼命运。李堡之战，历时20小时，华中野战军歼敌1个半旅9000多人，生俘少将旅长金亚安、少将副旅长田从云。

听说抓到了国民党的将军，第一师副师长陶勇说："物以稀为贵，找来谈谈。"

来的是少将副旅长田从云。他满头花白发，一口云南土话，嗫嗫嚅嚅，有些拘束。陶勇请他吃过饭以后，话才慢慢多起来。

陶勇问："你们怎么一下子把兵力拉得这么散？"

田从云答："海安打得正热闹，谁知你们到哪里去了。各部向上报，消灭贵军多少多少，算起来总有两三万。上面说，'苏中共军一败涂地，主力一师、六

---

① 《毛泽东军事文集》第三卷，军事科学出版社、中央文献出版社，1993年12月，第1版，第392页。

师下海北逃'，忙着要我们占地方，说是'巩固收复区'。地方这么大，兵就这么多，一撒开可不就散了。"

"我们这次过来，难道你们一点也没有察觉？"

"情报失灵嘛！我们一过来，老百姓躲得老远，耳不聪，目不明。"田从云叹了口气说，"老百姓躲开倒也罢了，遍地是民兵，分不清哪个是兵，哪个是民，到处打冷枪，到处抓我们的谍报人员、坐探，捉得一干二净，去一个捉一个，去两个捉一双。唉！我们成了睁眼瞎了，哪能不打败仗！"

这个少将一番话从反面说明，人民战争确实是威力无比，粟裕的决策和指挥确实是料敌如神，所向无敌。

海安、李堡两次作战进程中，也始终伴随着不同意见的讨论。讨论的问题，依然是内线歼敌和外线出击的利弊得失，以及与此相关的华中野战军主力使用方向问题。

宣泰、如南两战以后，进攻华中解放区的国民党军队虽然受到一定打击，但在数量上仍然占有很大优势。他们在东面继续进攻海安，西面突破了淮南，北面则向淮北进犯，华中形势日趋紧张。

粟裕分析敌我双方态势，总结前一段实践经验，认为要粉碎敌人的进攻，更多地歼灭敌人的有生力量，必须在主要作战方向上集中更大的兵力。因此于7月25日向华中军区、陈毅军长、中共中央报告："我们经十天或半个月之休整与兵源及干部补充，尚可再战。但以当面尚有顽十师（旅）之众，而我们仅能集中三万五千人（官兵在内）之野战军于一个突击方向，于短时期中恐难使战局打开更大局面。现目前我淮南部队形势，很难保住天长与盱眙。果若如此，则淮南仅以少数坚持即可。故建议在淮北战役尚未大打时，仍将五旅调至苏中参战，比留淮南更为有效。如何？盼考虑。"

这时，陈毅为执行外线出击的作战计划，已率领山东野战军主力从鲁南到达淮北。接到粟裕的电报后，陈毅于7月27日复电，提出："淮南五旅不改东调仍留淮南，粟部亦宜逐渐向西转移。"7月28日，再次强调，"五旅不宜东调，因津浦线是主战线已苦兵力不足"。

粟裕接到陈毅的复示，认为有必要向中共中央、陈毅军长、华中军区陈述自己的意见，再次提出五旅东调、集中兵力歼敌的建议，同时对"只有全面大打才能制服蒋分区蚕食的狡计"的论断表明自己的看法。他说："我各战略区除在战略上应互相配合外，在战役上似不应要求一定之配合（事实上也很难做到），而在单独作战，以自己力量解决当面敌人，否则会影响到另一战略区之机动。依目前华中兵力，实无法组成两个野战军。现天长、盱眙既失，五旅等部留在淮南已无大作用。因此建议将淮南主力大部东移苏中参战。只要苏中局面打开，则淮南形势亦可能逐渐改善，而后我再以主力西移，则淮南局面亦可能打开。"[①]

8月2日，毛泽东为中央军委起草致粟裕并告陈毅和华中军区的电报，询问：

[①] 《粟裕军事文集》，解放军出版社，1989年7月，第1版，第245—246页。

"一个月内在苏中再歼敌两个旅有可能否?如你们能在八月内歼敌两个旅,南线情况即将改观,那时粟可率主力转至淮南作战。"①8月4日,毛泽东为中央军委起草致陈毅、宋时轮的电报,指出:"粟裕集团应否于此时调动各有利害,待考虑再告。"②

8月5日,粟裕答复中央军委8月2日电报的询问,第三次建议五旅到苏中参战,集中兵力在苏中大量歼敌。

在战争年代,有一条不成文的规矩:下级向上级提建议,同样的内容,只允许提出三次。这是第三次,也是最后一次了。因此,粟裕采取十分郑重的态度,使用了"斗胆直陈"的措辞。现有资料表明,在解放战争期间的电报中,这是他第一次使用这样的措辞。

粟裕认为,华中野战军主力的使用方向关系战争全局,必须慎重处理。他从三个方面权衡利弊得失:

第一,蒋介石在美帝支持下向我发动进攻,在力量对比上暂时具有很大的优势,这场战争势必是长期的,根本的问题在于消灭敌人的有生力量。经过八年抗日战争和日本投降后保卫抗战胜利果实的斗争,我党已建立大块的巩固的根据地,在内线同敌人作战有很大的回旋余地,这与第二次国内革命战争时期有很大的不同。中央军委7月30日曾有电报指示:"总以打胜仗为原则。"从这个原则出发,我军在战略防御阶段以执行内线歼敌方针,推迟外线出击时间为有利。充分利用内线作战的有利条件,多打些胜仗,以大量歼灭敌人。

第二,战争初期,各主要作战方向,应充分利用内线歼敌的有利条件,哪里好消灭敌人就在那里打仗,各战区之间有战略性的配合,不宜过早作战役性的配合;如果急于作战役性的配合,我军兵力作更大的集中,则敌人兵力也将随之作更大的集中,对我各个歼敌不利。在兵力对比敌优我劣的情况下,过早地进行大会战,我们是难以有胜利把握的。在战争初期,我军兵力应该随着敌我力量的消长,我军指挥艺术的提高,和战局向我解放区纵深发展,而逐步集中,由一次歼敌一个旅,逐步集中兵力发展到一次歼敌几个旅,这样比较有利。

第三,从当面实际情况看,在苏中打歼灭战的条件较淮南为有利:1. 苏中敌军已遭我几次打击,与淮南之敌比较是弱军,有利于我继续歼击。2. 由于淮南解放区已被敌人突破,如主力向西,必须首先打下盱眙、天长,以开辟战场,需付出一定的代价;如舍盱眙、天长不打而直趋铁路线,则战场狭小,不利于我军机动,后方亦不安全。3. 淮南正值雨季,大雨滂沱,平地积水甚深,部队运动及粮弹运输供应比苏中困难。③

根据以上分析,粟裕在电报中提出:"在五旅增到苏中条件下,于八月内再歼敌人两个旅是有把握的。如五旅不来,而仅以现有兵力作战则感到吃力,对九

---

① 《毛泽东年谱》下卷,人民出版社、中央文献出版社,1993年12月,第1版,第117页。
② 《毛泽东军事文集》第三卷,军事科学出版社、中央文献出版社,1993年12月,第1版,第377页。
③ 《粟裕战争回忆录》,解放军出版社,1988年11月,第1版,第382—383页。

月份战斗亦将有影响,且对苏中局面不能得较快的好转。"因此,"要求五旅及特务团仍东调参战,以期早改变苏中战局,以便主力西移。否则淮南、苏中均成僵局,于整个战局亦不利。斗胆直陈,尚祈明示"。①

8月6日和7日,毛泽东先后为中央军委起草两份电报:一份电报给陈毅,说"似以同意粟裕意见在苏中再打一仗,然后主力西调为有利。因粟部西调过早,一则苏中人心不顺;二则敌军亦将早日西调。如西面仗打不好,怨言必多,故不如让粟部在苏中再打一仗(不论胜负)然后西调,各方皆无话说"②。另一电报给粟裕,询问:"由你率主力与陈军长会合集中力量打开淮北局面,或出淮南切断蚌浦线,直接配合陈宋、刘邓之作战,这是一个方案。照你微午(5日午时)电办法,八月内再在苏中打一仗然后西移,这是又一个方案。你对以上两方案意见如何盼告。"③

此时,苏中出现有利战机,粟裕急电报告"歼敌良机已到","如以五旅加入苏中作战,则苏中战局很可能于最近有新的开展"。中央军委指示"尽可能满足粟之要求,集中最大兵力于主要方向"。

这个指示表明,中央军委已经确认苏中为主要作战方向,并接受了粟裕的建议。陈毅也于8月8日复电,"同意以一、六师、七纵及五旅集中东(台)海(安)间待机歼敌"④。

中央军委决定,华中野战军主力仍留苏中作战一个月。8月9日,毛泽东为中央军委起草电报,指示南线三支野战军负责人刘伯承和邓小平、陈毅、粟裕:8月10日至9月10日一个月内,"如我粟裕军能在苏中歼敌二至三个旅,陈(毅)宋(时轮)军能在徐蚌线及其以东歼敌二至三个旅,刘(伯承)邓(小平)军能占领汴(开封)徐(州)线及豫东、淮北十余城,并歼敌二至三个旅,共歼敌六至九个旅,则于大局有极大利益。一则蒋军向苏中、苏北之进攻必受顿挫,二则新黄河受我军威胁,这两点均将迫使蒋介石从我中原军方面抽调至少数个旅向东向北增援。如嗣后我军有更大胜利,中原军面前之蒋军被调向东向北者必愈多,因而使我中原军能在陕南、豫西、川东、鄂西、鄂中、鄂东、皖西等七八处地方站住脚跟,即是战略上一大胜利"⑤。

三天以后,李堡作战胜利。当时把宣泰、如南两次作战称为第一战役,把海安、李堡两次作战称为第二战役。中央军委发来贺电:"庆祝你们第二次大胜利。"

8月12日,毛泽东为中央军委起草致陈毅、宋时轮的电报,指出:"粟裕军前日在苏中第二个胜仗,不但使苏中蒋军陷入极大困难,亦将使淮南第五军无法北调。粟部在苏中民情熟悉,补给容易,地形便利,苏中敌军装备亦比第五军差,

---

① 《苏中七战七捷》,江苏人民出版社,1986年9月,第1版,第164—165页。
② 《从延安到北京——解放战争重大战役军事文献和研究文章专题选集》,中央文献出版社,1993年5月,第1版,第110—111页。
③ 《毛泽东年谱》下卷,人民出版社、中央文献出版社,1993年12月,第1版,第118页。
④ 《苏中七战七捷》,江苏人民出版社,1986年9月,第1版,第173页。
⑤ 《毛泽东军事文集》第三卷,军事科学出版社、中央文献出版社,1993年12月,第1版,第396页。

较易取胜。马上调淮南,因敌人硬,地势险,不一定能完成切断蚌浦路任务。不如令粟部再在苏中作战一时期,再打一、二个胜仗,使苏中蒋军完全转入守势,保全苏中解放区,对全局有极大利益。这样配合淮北作战,更为有利。"①

8月19日,中央军委一天连发两电:一电给粟裕、谭震林并告陈毅、宋时轮,指示:"苏中各分散之敌利于我各个击破,望再布置几次作战。即如交通总队,凡能歼灭者一概歼灭之。你们如能彻底粉碎苏中蒋军之进攻,对全局将有极大影响。"②一电给粟裕,再次询问:"你部以西移淮南作战为有利,还是以在苏中利用群众地形等有利条件再打一仗然后西移为有利?"③

8月14日,粟裕和谭震林联名答复中央军委的询问,认为在苏中作战有多种有利条件,较去淮南作战更为有利。8月15日,毛泽东为军委起草复电指示:"所见很对。望利用苏中各种有利条件,继续在那里作战。如你们能在今后一个月内再打二三个胜仗,继续歼敌二三个旅,则对整个局势助益极大。"④8月20日,毛泽东为中央军委起草的电报进一步指示:"粟谭主力留在苏中作战暂时不要西移。待苏中作战任务彻底完成而淮南方面又有十分必要时再行考虑西移。"

陈毅也于8月13日电告粟裕、谭震林:"宜就地继续开展局面,而不必忙于西调,军委亦有此指示,望照办。部队宜争取数日休息,再求新的机动,反较西调为更有力配合各方。"⑤

不同意见的争论,随着李堡作战的胜利而告一段落。通过战争的实践和不同意见的讨论,进一步明确了内线歼敌的作战方针。

五、奇兵险棋顿收奇效,攻黄救邵打援一举三得。
苏中民谣:粟司令打仗仗仗胜。

从7月13日到8月12日,在一个月时间内,华中野战军连续四次作战,歼敌三万余人,打破了蒋介石三个星期解决苏中问题的迷梦,使苏中战局出现了有利于人民的变化。

这时苏中国民党军队的机动兵力已经不多,难以继续全面进攻,不得不调整部署:东面重点扼守南通经如皋到海安的公路干线,西面由扬州沿运河北上进攻邵伯、高邮,正面加强海安至泰州线以南占领区的"清剿"和防御。南通、如皋一线兵力比较薄弱,是其暴露的侧翼。

粟裕设想,如果避开正面,攻其侧翼,在南通、如皋之间打开缺口,必将严重威胁敌人的后方基地,打乱敌人的部署,造成歼敌良机,寻歼敌人于运动之中。

---

① 《毛泽东军事文集》第三卷,军事科学出版社、中央文献出版社,1993年12月,第1版,第402页。
② 《毛泽东军事文集》第三卷,军事科学出版社、中央文献出版社,1993年12月,第1版,第406页。
③ 《苏中七战七捷》,江苏人民出版社,1986年9月,第1版,第200页。
④ 《毛泽东军事文集》第三卷,军事科学出版社、中央文献出版社,1993年12月,第1版,第410页。
⑤ 《苏中七战七捷》,江苏人民出版社,1986年9月,第1版,第201页。

8月19日，华中野战军司令部获悉蒋介石8月25日将在庐山召开军事会议。粟裕、谭震林决定立即南下作战。他们在给中共中央和陈毅、张鼎丞、邓子恢的电报中说："我为争取二十五号顽庐山会议前，给顽一个严重打击，决以一、六师及五旅南下，攻占白蒲、丁堰、南通、海门一线，以使顽主力南援时，求得歼灭一个旅至两个旅。"①

中央军委和陈毅于8月20日复电，同意华中野战军主力南下行动计划。中央军委随后又发电指出，在攻占丁堰、白蒲、南通、海门之线以后，海安、如皋之敌也有固守原地不敢南下的可能。"此种情况下，请考虑第二步是否可以攻占磨头镇、张黄港、加力市，并相机攻占黄桥，调动或迫退海、如之敌。"强调指出，"将这些敌后市镇上之敌军，哪怕每处一营一连予以歼灭，均有极大意义"。②

粟裕认为，中央军委的指示来得及时，十分正确。当即决定从丁堰、林梓打开缺口，以黄桥为进攻方向，插到敌人侧后去打。

这个敌人侧后，是国民党军队在其占领区构筑的东西百余里、南北数十里的封锁圈。它南临长江天堑，东、北、西三面是许多据点构成的封锁线。黄桥位于封锁圈的中心地带。

用三万多主力部队插到敌人封锁圈里去打仗，这是一着奇兵，也是一着险棋。粟裕说："这个行动好比孙行者打牛魔王的办法，钻到敌人肚子里去打，带有危险性。"他敢于走这步险棋，是因为有广大的人民群众做后盾。

所谓敌人侧后，实为新四军的老根据地。这个地区的人民经过六年抗日斗争和反顽斗争的锻炼，又刚刚进行了土地改革，参加和支援自卫战争的积极性空前

指挥七战七捷
时的粟裕

---

① 《苏中七战七捷》，江苏人民出版社，1986年9月，第1版，第207页。
② 《毛泽东军事文集》第三卷，军事科学出版社、中央文献出版社，1993年12月，第1版，第417页。

提高，虽然暂时沦入敌手，但一刻也没有停止斗争。

华中野战军主力大部分战士成长于苏中解放区，与苏中人民有着亲如骨肉的联系，不仅为人民的利益而战斗，而且时刻注意维护人民群众的利益，积极支持土地改革。

在如南作战以后，粟裕部署下一步作战，同时决定"大力加强敌后游击战争，并争取时间解决土地问题，以便有效地巩固解放区"。在进入敌占区的时候，粟裕和谭震林、刘先胜、钟期光又连续发出"爱惜民力"的指示和告全体指战员书，指出"爱惜民力、物力，在今天争取战争最后胜利，是决定的因素"，规定了节省民力的七项措施，要求部队使用民夫（除担架外）不得超过部队人数的四分之一，号召全体指战员"正确使用民力，爱护群众切身利益"。

人民的军队爱人民，人民的军队人民爱。地方党政机关的口号是："一切为了前线，一切为了胜利！"要人有人，要物有物。据不完全统计，在苏中战役期间，有15万民工随军行动，50万群众直接为支援前线服务，仅第一分区就提供军粮360多万石，柴草70多万担，其他物资无法计算。支前的民工肩挑车运，输送弹药，供应粮草，护理伤员。部队打到哪里，人民群众的支援就到哪里。民兵、游击队站岗放哨，封锁消息，打击"还乡团"，并且直接配合主力部队作战。党政军民同心协力，展现出一幅人民战争的壮丽画卷。

华中野战军三万多主力部队进入敌后，如鱼得水，行动自如。夜间行军，军民都习以为常，连犬吠之声也难以听到。国民党军队更是蒙在鼓里，对华中野战军的行动一无所知。

8月20日下午6时，华中野战军司令部发出攻击丁堰、林梓的作战命令。21日夜间发起战斗。第一师、第六师、第五旅主力部队，犹如三把钢刀，一齐向蒋军"一字长蛇阵"的腰部砍去。

丁堰、林梓是（南）通如（皋）公路上的两个集镇，位于国民党占领区东面封锁线中部，驻有交通警察总队的6个大队和第二十六旅1个营约3700多人。

交通警察总队号称国民党的"袖珍王牌军"，由抗日战争时期的"忠义救国军"和上海税警团改编，名义上属交通部，实际归"军统"指挥，由美国特务梅乐斯和国民党特务头子戴笠合作训练，拥有美械装备，每人配备长短枪各一支。这支部队政治上极其反动，配合地主武装"还乡团"血腥镇压革命干部和人民群众，是人民群众恨之入骨的凶恶敌人。

华中野战军突然发起攻击，国民党军队仓皇应战。经过一夜一天激战，一、六两师全歼丁堰、林梓之敌。五旅乘胜扩大战果，攻占了丁堰以北的东陈镇。这一仗，歼灭交通警察总队5个大队和第二十六旅1个营共3500多人，生俘少将总队副以下2000多人，解救出许多被捕的地方干部、民兵和土改积极分子，实现了预定作战目标，打开了突入敌后向西作战的大门。

这次作战，缴获了大批军火物资，包括美国制造的十轮卡车、机枪、卡宾枪以及堆满几间房子的标有"USA"字样的手铐脚镣。

华中野战军部队换上美械装备，如虎添翼。战士们抚摸着崭新的卡宾枪，笑逐颜开，议论纷纷："蒋介石这个运输大队长真不错，知道我们的汉阳造不好用，就给送来了卡宾枪，连收条都不要。我们来多少，收多少，欢迎再来！"从此以后，蒋介石就以"运输大队长"这个诨号名播中外。

丁林作战结束的第二天，粟裕来到第六师第十八旅驻地，停留在村头一架风车旁，目光凝视西方，思考着下一步作战部署。他要参谋把旅长饶守坤找来，一见面就问："现在部队情绪怎么样？"

"部队连续打胜仗，装备也换了，从干部到战士情绪高得很。"饶守坤回答。

粟裕说："我现在可是吃不下饭，睡不着觉，考虑下一仗怎么打。我们打下丁堰、林梓后，威胁到如皋的敌人，他们很可能调兵增援。你们要准备连续作战。"

果然不出粟裕所料，李默庵判断华中野战军部队将要进攻如皋城，急令黄桥守军增援如皋，同时命令黄百韬率整编第二十五师向邵伯进攻。这时北线国民党军队已经占领淮北睢宁，正准备向华中首府两淮进犯。李默庵认为，华中野战军主力集中在如皋东南，如要增援邵伯，从北面绕过他的封锁圈，需要不少时间。利用这段时间，他就可以攻下邵伯，沿运河北进，配合北线蒋军进逼两淮。他的如意算盘打得很精：既救了东头，又拣了西头，东西呼应，一举两得。

粟裕的对策，出其不意，高敌一筹：攻黄（桥）救邵（伯）打援，一举三得。

粟裕认为，蒋军如果攻占邵伯，将会威胁苏中侧翼和两淮，邵伯势在必救。如何救法？要出奇制胜。东线敌军连吃五个败仗，已经一蹶不振。他留下第七纵队控制海安、贲家集以北一线，在海安、姜堰之间发动钳制性攻势。西线，他要已在当地的第十纵队和第二军分区部队共五个团坚守邵伯，阻止敌军北进。第一师、第六师、第五旅和特务团则按照原定计划向敌人封锁圈中心挺进，进攻黄桥、泰州，用"围魏救赵"的战法来调动敌人，寻歼敌人于运动之中，并解除邵伯之围。

第一师副师长陶勇接到西进的命令，把侦察科长找来，给他交代任务："你马上出发，向西，一直穿过如黄公路到泰州，沿途侦察敌情。发现有不好过的河流，要架桥。大部队马上就要进去。"

"不是要去救邵伯吧？怎么不朝北，反而插到敌后去？"侦察科长疑惑不解地问。

陶勇说："现在朝北绕圈子还来得及吗？我们也是去救邵伯，而且是走近路。"

王集成副政委补充说："泰州是黄百韬二十五师的后方。黄百韬倾巢出犯邵伯，泰州空虚。我们这么一插，如果拿下泰州，黄百韬就要陷于前后受敌、进退两难的地步，必然回兵救泰州。这样一来，不光解了邵伯之围，更重要是可以造成在运动中歼敌的良好战机。"

8月23日夜间，第一师、第六师、第五旅和特务团一齐向敌占区开进。部队刚刚穿过如黄公路，突然接到命令：停止前进。原来四中队截获了敌人的重要情报：李默庵判断我军将攻如皋，急令黄桥守军九十九旅增援。九十九旅怕在运动中受到打击，迟迟不敢轻进，反而要求如皋守敌接应。计算时间，两路敌军恰好与我军撞个满怀。

送上门的礼物，如何不收！粟裕立即下令，要部队在行进中严密注意敌情，准备在如黄路上打一场预期遭遇战。

陶勇回忆当时情况说："我们几个人研究了命令，觉得野司这一决定真是高明。表面看来，这一仗似乎可以不打。因为一来敌军增援如皋是李默庵的一着空棋，无足轻重，可以置之不理；二来为了策应邵伯而攻泰州，事在紧急，也应该避开途中敌人，以免延误；况且敌后作战，也须慎重。但是野司现在决定打这一仗，又应该棋看三着：如黄路上的九十九旅就像'掌中之蝇'，一击就毙；这里一打，又可调动敌人，再歼来援之敌；敌人东线一乱，黄百韬怕他老窝被捣，围攻邵伯也会动摇。一举而赢得三着！敌变我变，真是个机动的、大胆的决定。"①

这个预期遭遇战在 8 月 25 日打响。黄桥守军第九十九旅刚刚进至黄桥东北之分界，就与华中野战军第六师部队遭遇，并被团团包围，展开激战。

这时，李默庵才发觉华中野战军主力西进，急令如皋守军第一八七旅加第七十九旅一个团、第九十九旅一个营增援。结果，在加力、谢家甸之间被华中野战军第一师、第五旅包围。国民党军实有兵力远比华中野战军原先侦察得知的兵力要多，又采取集团固守的战法，经过一夜激战，分界和加力两地都未能解决战斗。

这时西线邵伯的战斗正激烈进行，国民党军队已经突破华中野战军在乔墅的阵地。粟裕认为，我军主力如果在如黄路上拖延时间，邵伯一旦失守，战局将发生不利于我的变化。要想歼灭当面之敌，必须集中优势兵力。可是手中兵力不多，又没有预备队可调。怎么办？他使出他擅长的绝招：在战场上及时转用兵力。

粟裕当机立断，立即调整部署，堵住敌人后路，同时隔断东西两路敌军联系，采取在战场上转用兵力的办法，造成兵力对比上的绝对优势，各个歼灭分界、加力之敌。

粟裕打电话给陶勇，命令第一师第一旅西调，配合第六师歼灭分界之敌第九十九旅，并要第一旅旅长张震东当面接受任务。

张震东到达华中野战军司令部时，看到粟裕正在盯着地图沉思，就轻轻地走过去。

粟裕指着地图说："老张，敌人已经被我们包围在加力、分界两地，如果两地同时打，我们兵力不足，不能迅速解决战斗。你们那边敌人是三个多团，如皋还有两个团。你们和五旅是九个团，9 比 5。如果如皋的两个团出援，打起来要延长时间，形成僵局。不如干脆把一旅加到六师那边，来一个雷公打豆腐，先集中兵力歼灭分界的九十九旅，然后再转用兵力歼灭加力的敌人。你们旅立即奔赴分界，协同六师歼灭九十九旅。"

"是，坚决完成任务！"张震东向粟裕敬礼，飞身上马赶回部队。

8 月 26 日，第六师和第一师第一旅、特务团以 5 比 1 的绝对优势兵力，向分界之敌发起进攻，只用两个小时就解决战斗，全歼蒋军第九十九旅两个团 3000 多人，活捉少将旅长朱志席、少将副旅长刘光国。然后向东转移兵力，把第六师、第一旅、特务团调到加力，造成 15 个团对 3 个团的绝对优势，将加力突围之敌一

---

① 《苏中七战七捷》，江苏人民出版社，1986 年 9 月，第 1 版，第 341—342 页。

举歼灭。数百名国民党军队在向如皋逃窜途中，恰好被第五旅截住去路。第五旅着黄色军服，与苏中部队的灰蓝色军服不同，而与蒋军的黄绿色近似。蒋军误认为援兵到来，顿时欢呼跳跃，在兴高采烈中当了俘虏。

驻守黄桥的蒋军第一六〇旅五个连此时已孤立无援。粟裕命令第五旅乘胜扩大战果，夺取黄桥。第五旅一夜急行军到达指定位置，将黄桥团团包围，军事压力、政治攻势并举。敌人突围无望，于8月31日全部缴械投降。黄桥再次回到人民手中。

这一仗打得干净利落，歼灭蒋军两个半旅1.7万余人，创造了解放战争以来一次作战歼敌数字的新纪录。

新四军原新二师副师长成钧率领第五旅参加了这次作战，留下了深刻的印象。他回忆当时的情景说："我和第五旅的几个领导同志巡视周围的地形，展望那纵横交错的水沟、稻田和芦苇荡，我们几个人当时都有一种说不出的畅快，深感华中野战军首长'攻黄救邵'的作战部署十分英明、正确。"①

在如黄路战斗进行过程中，粟裕同时密切注视着邵伯保卫战的态势。

在半年前的高邮邵伯战役中，粟裕曾经亲临前线指挥。苏中战役前夕，他又视察第十纵队的阵地，对那里的情况了如指掌。就在那次视察中，粟裕对邵伯的兵力部署和作战方针作了详尽指示，强调指出了防守乔墅的重要性。乔墅位于邵伯以东五公里。蒋军前两次进攻邵伯，都是正面攻击，未能得手。这一次可能同时进攻乔墅，以迂回邵伯。他要第十纵队充分考虑这种可能性。

视察结束时，他明确提出保卫邵伯的作战方针，对第十纵队指挥员说："第十纵队和第二军分区的部队，总共只有六个团的兵力，第八十二团、第八十四团是才上升的地方武装，火器配备尚待加强，只有第八十七团、第八十九团和第二军分区的第四团，战斗力比较强。除担任正面防御的部队以外，你们顶多只有三个团的机动兵力。进攻邵伯的敌人是黄百韬的整编第二十五师，下辖第四十旅和第一〇八旅。以你们三个团的机动兵力，要歼灭来犯之敌是困难的。因此，应当采取各团轮番守备的方式，依靠阵地，作短促的反突击以击退敌人。这样才能坚守邵伯。"②

果如粟裕所料，黄百韬这次进攻邵伯兵分三路，而以战斗力较强的第四十旅进行乔墅，迂回邵伯，在飞机、炮艇配合下，向邵伯、乔墅、丁沟三地猛烈进攻。华中野战军第十纵队和第二军分区两个团，按照预定作战方针，适应水网地带正面狭窄的地形特点，采取各团轮番守备的战法，顽强防守，英勇反击，坚持四天四夜。一直打到8月26日黄昏，阵地岿然不动，毙伤蒋军2000多人。黄百韬得知九十九旅已在如黄路上被消灭，他的侧后受到严重威胁，再打下去凶多吉少，急忙撤回扬州。邵伯保卫战胜利结束。

中央军委8月15日要求苏中在"今后一个月内再打二三个胜仗，继续歼敌二三个旅"。华中野战军从8月21日到31日连打三仗，三战三胜，其中如黄路一仗就歼敌两个半旅，提前半个月超额完成了中央军委给予的任务。

---

① 《苏中七战七捷》，江苏人民出版社，1986年9月，第1版，第441页。
② 同上书，第432—433页。

■ 苏中战役中缴获的山炮（解放军画报社提供）

苏中战役，从 7 月 13 日到 8 月 31 日，华中野战军以 3 万多人对付国民党军 12 万余人，七战七捷，首创一个战役歼敌 5.3 万余人的纪录，歼敌总数为华中野战军参战兵力总数的 1.76 倍，打出了人民解放军的神威，创造了战争史上的奇迹。

苏中战役也是两种战略思想的较量。在战争初期，华中野战军的战略指导思想是歼灭敌人的有生力量，而不争一城一地之得失。毛泽东有一句名言："存人失地，人地皆存；存地失人，人地皆失。"① 蒋介石也有一句名言："无都市即无政治基础，无交通就无政治动脉。"② 他的指导思想是首先攻城略地，然后消灭解放

■ 苏中战役胜利后，一师三旅举行庆功会现场。

① 《毛泽东年谱》下卷，人民出版社、中央文献出版社，1993 年 12 月，第 1 版，第 176 页。
② 《毛泽东传》，中央文献出版社，1996 年 8 月，第 1 版，第 778 页。

军。苏中战役的胜利,也是毛泽东战略思想对蒋介石战略思想的胜利,证明粟裕提出的内线作战方针和集中兵力各个歼敌的战法是正确的。粟裕的对手李默庵回忆苏中战役,认为"毛泽东的战略很高明","特别是粟裕卓越的战斗指挥艺术很值得总结"。他说:"粟裕集中兵力打我一点,而且有时是集中五六倍的优势。这样,我的部队就吃不消了。这样的打法确实很厉害。"

作为苏中战役的策划者和指挥者,粟裕受到了苏中军民的热烈拥护和颂扬。

> 毛主席当家家家旺,粟司令打仗仗仗胜。

这是苏中地区广泛流传的民谣。几十年来,这首民谣被改编为歌曲、鼓词、故事,至今仍在群众中流传不息。

六、苏中战役经验的科学总结。歼敌数字以外的意义。

粟裕指挥的苏中战役,是解放战争初期南线战略试战,具有战略侦察性质。初战胜利,不仅解决了对美械装备的蒋军打不打得胜的问题,使全党全军全国人民树立了"蒋军必败,我军必胜"的信心,而且初步探索出解放战争,特别是战争初期的一些特殊规律,在实践中形成了内线作战的正确战略方针,创造了一些带有普遍指导意义的作战经验。毛泽东为中央军委起草发给全军各战略区首长的电报,推广华中野战军的经验。

中央军委指出:

> 我粟谭军从午元(7月13日)至未感(8月27日)一个半月内,作战六次(注:当时中央军委尚未接到第七次作战报告),歼敌六个半旅及交通总队五千,造成辉煌战果。而我军主力只有十五个团,但这十五个团是很充实与很有战斗力的,没有采取平均主义的补充方法。每战集中绝对优势兵力打敌一部(例如未宥集中十个团打敌两个团,未感集中十五个团打敌三个团),故战无不胜,士气甚高;缴获甚多,故装备优良;凭借解放区作战,故补充便利;加上指挥正确,既灵活,又勇敢,故能取得伟大胜利。这一经验是很好的经验,希望各区仿照办理,并望转知所属一体注意。①

苏中战役胜利的消息传到延安,中共中央军委副主席刘少奇、朱德和彭德怀等在刘少奇住所聚会,热烈庆祝这一胜利。刘少奇是新四军原任政委,回到延安后仍负责指挥华中方面的工作。朱德在后来的一次会议上说:"粟裕是学习毛泽东军事思想的楷模。他在苏中战役中消灭的敌人比他自己的兵力还多。"

延安总部发言人8月29日对新华社记者发表谈话,指出:"我粟裕将军所部

---

① 《毛泽东军事文集》第三卷,军事科学出版社、中央文献出版社,1993年12月,第1版,第438页。

在广大民兵配合之下保卫苏中,自 7 月 13 日至 8 月 27 日七战七捷","这一事件对于今后的战局的发展,是有重大影响的"。"我中原大军之突围胜利,及苏中保卫战胜利,已奠定解放区军民之胜利信心。"9 月 8 日晋冀鲁豫野战军取得定陶战役胜利以后,中共中央机关报《解放日报》发表《蒋军必败》的社论,进一步指出,中原突围、苏中战役、定陶战役"这三个胜利,对于整个解放区的南方战线起了扭转局面的重要作用。蒋军必败,我军必胜的局面是定下来了"。

8 月 31 日,即苏中战役结束的当天,粟裕在华中野战军排以上干部会议上作题为《四十五天自卫战的简述》的报告,着重从战略指导上系统总结了苏中战役的经验。

他指出,所以能够取得这样大的胜利,"在政治上来说,我们是自卫,是为了消除内战、保卫和平民主独立而战,是正义的战争,得到解放区人民全力的支持,得到全国乃至全世界爱好和平的民主人士、广大人民的同情拥护,特别是有党中央与上级的正确领导"。在军事上,"首先是由于我们没有机械地教条主义地运用战略指导原则"。针对"我们在军事上是胜利了,在战略上是失败了"的错误说法,他从理论与实践的结合上回答了"撤出如皋、海安是否战略上的失败"问题。他说,"表面上看,我们撤出海安,是违反了'在所必争'的原则,其实不然。如果机械地教条主义地执行这一原则,当然是违反了;如果用辩证的眼光,客观地针对当时当面的具体情况,就会了解到在当时海安是需要撤出的。革命的战略指导原则要求我们不要轻易放弃要地,但更要保存有生力量,掌握战争的主动权。大家知道,如果我们死守海安,敌人以七个师的优势兵力,集中在狭小的正面向海安进攻,即或我们能守住海安但不能歼灭敌人,而在海安一点拼消耗,把有生力量消耗了,那么海安仍旧要放弃的。那样,就与我们主动撤出大不相同,正中敌人的毒计。海安撤出后,不但我们的有生力量保存了,而且转入了主动,待机作战,对我们是有利的"。他强调指出:"我们对进攻苏中的敌人作战,所以能取得巨大的胜利,完全改变了过去的形势,除了上述政治军事原因之外,主要

■ 延安总部发言人评七战七捷。

延安《解放日报》专文《苏中七战七捷的指挥者粟裕将军》。

是消灭了敌人的有生力量。因此,大家要记住:谁保存了有生力量,谁就会胜利;谁消耗或者丧失了有生力量,谁就会失败。"

这个报告,与他在9月25日所作的《苏中战役总结》,特别是其中的理论部分,内容基本相同。

在苏中战役刚刚结束的时候,粟裕就对实践经验作出科学的概括,实现了"由感性认识到理性认识之能动的飞跃",不是偶然的。早在十年内战时期,他就认识到探索和掌握战争规律的极端重要性,自觉地运用唯物辩证法于作战指导,探索不同历史阶段、不同作战对象、不同区域战争的特殊规律,多次成功地实行军事战略转变。在苏中战役中,强敌的压迫、内部的争论,促使他深入探索解放战争的特点和规律,不失时机地作出决策或提出建议,作出了具有独创意义的贡献。

苏中战役的全过程,也是不断探索解放战争客观规律的过程。在这个过程中,始终伴随着不同意见的讨论。正确的战略指导思想和作战方针,在实践中,在争论中,逐步明确和完善,不断深化和发展。这种在实践中探索战争规律以指导战争的经验,是苏中战役歼敌数字以外的另一重要收获。

37年以后,粟裕回忆苏中战役,特别看重的正是这种歼敌数字以外的意义。

他说:"为了迅速准确地探明并掌握新的战争的特殊规律,以指导战争并赢得胜利,运筹帷幄的最高统帅部密切注视着战争初期的作战,并且用心组织和诱导战区指挥员对初期作战中若干问题进行反复深入的讨论。在苏中战役过程中对一系列重大问题的探讨和争议,正是积极探索新的战争特殊规律的求实精神的表现,也是高度的战争责任感的体现;然而,只有作战的实践才可以把不同的意见统一起来,得到一个正确的答案。随着时间的推移,苏中战役所提供的具体经验,有的将会失去它的作用。但是,这种从敌我双方的实际情况出发,研究战争的特殊规律以指导战争的经验,对我们学习和领会毛泽东军事思想,以及研究未来战争是会长期有益的。这是苏中战役在歼敌数字以外的另一重要意义。"①

---

① 《粟裕战争回忆录》,解放军出版社,1988年11月,第1版,第395页。

第十三章 艰难和胜利的转折

一、华中野战军挥师北上奋战淮海。粟裕预言：撤出两淮是对蒋军大规模歼灭战的开始。

从 1946 年 9 月两淮失守到 1946 年 12 月宿北战役和 1947 年 1 月鲁南战役胜利，是华东战局的第一个转折过程。这一转折的基本内容是：华中主战场由解放区前部转入纵深地区；敌我双方兵力更加集中，华东战区打歼灭战的规模越来越大；华中野战军和山东野战军由战略上配合作战转为战役上协同作战，直至组成统一的华东野战军。

在这一转折过程中，粟裕面对强敌压迫和内部不同意见，以对党对人民高度负责的革命精神和实事求是的科学态度，积极提出关系战略全局的建议，出色地完成了中央军委赋予的战役指挥任务，表现了驾驭全局、掌握未来的战略才能，因敌变化、出奇制胜的谋略思想和指挥艺术，顾全大局、勇挑重担的高尚品德，以及不断探索战争规律、善于总结实践经验的理论创造作风。

1946 年 8 月下旬，在粟裕的前线指挥所里，又挂起了各种比例尺的地图，有当面战场的，有华中及其邻近地区的，还有全国范围的。

此时苏中战役的最后两仗正在激烈地进行。

粟裕料定苏中战役已经胜券在握，开始把注意力转移到下一步作战方向的选择上，一次又一次地进行面对地图的计算和思考。

人们都知道粟裕爱看地图，但是许多人不知道其中的奥妙。有人问他："您天天看地图，这上面究竟有什么奥妙啊？"

粟裕回答："奥妙无穷啊！熟悉地图，熟悉地形，是军事指挥员的基本功。不谙地图，勿以为宿将。"

面对地图的计算和思考，是粟裕决策思维的一种特有方式。通过这种方式，他把定性分析和定量分析结合起来，把抽象思维和形象思维结合起来，把静态分析和动态分析结合起来，对敌我双方的实际情况以及可能的发展趋势进行分析、预测，对可供采用的方案进行比较、选择，从而作出准确的判断和正确的决策。

在他的头脑里，地图不是平面的，而是立体的；不是抽象的，而是具体的；不是静止的，而是运动的。各种作战方案、千军万马的行动，都像放电影一样，在他头脑里一一演示出来。

当年的作战参谋秦叔瑾回忆说："在我所接触到的军事指挥员中，还没有一个像他那样精通地形图而又熟记战区地形的。粟司令用图有一个特点，他不仅看当面五万分之一的地图，而且要看友邻部队地区的二十万分之一图，还有更大范围的五十万分之一图和全国一百万分之一图。也就是说，他不仅是考虑当面的战役、战斗，还要从战略全局考虑问题。所以，他总是把战役的局部和战略的全局结合得很好。"①

"不谋万世者，不足谋一时。不谋全局者，不足谋一域。"古今中外的优秀军事家都十分重视和强调军事决策上的全局观念和战略远见。粟裕不仅深得此中精髓，而且善于把它变成活生生的实践。现在，他和华中野战军的其他指挥者一起，从"谋全局"而"谋一域"，从"谋万世"而"谋一时"，正在精心筹划华中野战军的下一步作战行动。

当时华中战场的态势是：南线国民党军队，经过苏中几战，被华中野战军阻截于海安、如皋以南地区，它所占据的海安、如皋成为孤立的据点；北线国民党军队，经过朝阳集、泗县两战，与山东野战军对峙在淮阴、淮安以北的泗阳、众兴一线。种种迹象表明，国民党军正在调整部署，增调兵力，策划第二期作战行动，企图南北对进，会攻两淮。

粟裕判断，战场将由华中解放区前部向纵深转移，这是可以预见的发展趋势。但是，转移的时机和方向，以及转移以后的战略布局，则是尚待解决的问题。

8月31日，苏中战役的最后一仗胜利结束，粟裕就在发给中央军委和陈毅、张鼎丞、邓子恢的电报中提出了华中野战军"今后之作战方针"。电报说："我们现在包围海安，加强政治攻势，迫广东军（共五个营及师旅两个直属队）起义，否则拟于军事准备充分而有把握时攻占之。但在此期间如敌二十一师（两个旅已到南通）及二十五师（一个旅已到泰州口岸线）来援时，则决舍海安而歼灭其援队。海安得手后，部队必须休整二十天至一个月，再行相机攻占泰州、仙女庙之线，但必须予二十五师以歼灭性打击，与扫除扬泰线，以巩固邵伯外围，而后转移主力于淮南，恢复三分区（即淮南津浦路以东地区），并设法截断蚌浦路，以配合淮北之作战。"

这是一个过渡性的作战部署。攻占海安还是打击援敌，对海安是围而不攻还是攻而取之，都作了两手准备。关键在于争取时间组织部队休整，为下一步作战创造条件。因为华中野战军主力部队经过四十多天激战，平均每六天打一仗，已经十分疲劳，急需休整和补充兵员。加上冬季即将到来，又急需准备越冬衣物。

此电发出前后，粟裕与谭震林曾于8月27日、8月29日、9月2日发出三电，向中共中央军委、新四军军部和华中分局报告华中野战军行动计划，基本精神与此电相同。

---

① 《一代名将》，上海人民出版社，1986年8月，第1版，第239—240页。

中共中央军委于8月31日、9月2日、9月4日连发三电，认为粟裕和谭震林"所见甚是"，"计划甚好"，指示"各事照你们计划办理"，不管敌情如何变化均须休整，"养精蓄锐，以备再战"。中央军委指出："如能照你们所说吸引蒋军数个师向苏中增援，那对于全局有很大利益。"9月4日的复电进一步明确指示："希望能于九月上半月完成东面作战任务，下半月休整。十月上旬攻取扬泰线，中旬休整，下旬进入淮南作战。"同时指出，"准备在主力他调后仍有得力部队留苏中作战，保卫苏中不失"。①

与此同时，中央军委8月29日发电报给陈毅，指出"现在敌人逐步向东，企图打通陇海线并威胁淮阴、临沂，我军必须寻找机会歼敌"。要求陈毅率山东野战军主力"在睢宁以东地区待机，仿粟裕办法，集中主力歼敌一部"，"每次歼敌一团一旅，打五六次，即可造成有利局势"。中央军委指出："九月正是作战时机，刘邓军、中原军均希望你军配合。此时不打，敌占地愈多，威风愈大，我士气民气均将受损，故必须寻机作战，灭敌人威风，壮自己志气。"②

由此可见，中央军委当时的意图仍然是将华中野战军主力使用于南线，北线的作战任务由陈毅率领的山东野战军承担。

五天以后，国民党军整编第七十四师、整编第二十八师进至宿迁、睢宁一线，第七军的两个师则进至泗阳以北的洋河、凌河一带，即将与集结在泗阳地区的山东野战军主力当面对峙。9月4日，陈毅和宋时轮提出了山东野战军行动的三个方案，上报中央军委，并告华中分局。

陈、宋提出的三个方案是："第一案，北移沭阳，迎击东进之七十四、六十九师，可保持鲁南联系，但只能留九纵守泗阳、众兴，力量是不够的；第二案，就地出击洋河，估计要打桂系两个师，必拼消耗，不合算；第三案，留现地待机，桂系来攻，可予以歼击，桂系不来，则待蒋军分路东进后，北打蒋军为有利。"

从9月5日到7日，华中分局和华中野战军负责人邓子恢、张鼎丞、粟裕、谭震林连发四电给陈毅、宋时轮并报中央军委，建议山东野战军主力留在淮阴、泗阳地区集中兵力打仗。

粟裕和谭震林在电报中判断："敌占宿迁、洋河之线，有进犯两淮之极大可能，来直捣我华中之心脏，与截断华中与山东之联系。"而"山野目前之布置似乎尚让敌过运河以东再与敌决战，如决战顺利两淮当无问题，否则华中局势将受极大影响"。因此，"请求山野必须在淮泗地区打几个仗以挫敌锐。否则两淮不保。如两淮失掉，不仅政治影响不佳，且直接影响南线作战甚大。斯时，扬泰敌军有再攻邵伯、高邮的可能，在淮南敌人亦有过南山河及宝应向淮宝进攻可能。如是我运河线三面受敌，尤其影响战争动员与供应（目前因淮南、淮北被占，使苏中部队炮弹、榴弹极感缺乏）。如此对山野大军作战固不利，对苏中兵团亦将受很大影响"。粟裕和谭震林提

---

① 《毛泽东军事文集》第三卷，军事科学出版社、中央文献出版社，1993年12月，第1版，第449、454、461页。

② 同上书，第445页。

出,"如山野必须离开淮泗而向北转移攻势,则请求将二纵(四、九旅)留下。我们当于攻占海安后,暂时放弃苏中之较有利局面,而转移主力于淮泗"。

这是粟裕、谭震林第一次主动提出,华中野战军主力的作战方向由西进改为北上。

9月7日,陈毅到淮安华中分局,与张鼎丞、邓子恢商谈淮北战局和作战部署。同一天,他们收到了中共中央9月6日发出的给陈毅并告山东、华中领导人的电报。电报说:"请你考虑调第八师即回鲁南,暂时受叶飞指挥,协同一纵及两个地方旅组成鲁南前线,我们准备派徐向前同志来鲁负鲁南前线指挥之责。你率二、七师及九纵组成淮海前线,准备敌截断陇海时,亦有一个时期留在淮海区域。如此则胶济、鲁南、淮海、苏中四个前线均有适当兵力与指挥人员,而你则负统筹各个前线之责,并直接指挥淮海。这样是否妥当,或有其他方案,望考虑见复。"这个电报表明,中共中央正在考虑改变华东现有指挥体制,而要陈毅留在淮海地区指挥作战。

经过商谈,陈毅与张鼎丞、邓子恢取得一致意见,认为"集中兵力在淮北大有开展机会","全国战局均需要在淮北打几个胜仗",目前秋高水落,敌情及气候、地利开始发生有利于我的变化,"九、十两月在淮北集中兵力正好作战,可望改变战局"。因此,建议第八师暂不北调。9月7日,陈毅和邓子恢、张鼎丞向中央报告了会商结果。

9月7日,晋冀鲁豫野战军取得定陶战役的重大胜利。中央军委于9月8日电复陈毅、邓子恢、张鼎丞:"我刘、邓已大胜,对你们必有帮助。同意八师暂不北调,俟秋高水落,集中兵力在淮海歼敌,并与粟、谭南北配合,巩固两淮,开展局面。"①

根据中共中央军委的战略意图和敌军南北夹攻两淮的严重局势,粟裕和谭震林于9月8日发出两电:一报中共中央并陈毅、宋时轮、张鼎丞、邓子恢,再次提出"苏中主力决心放弃围攻海安,求得十天左右之休整,逐渐转回泗阳地区,求得给桂顽以打击,稳定华中局势";一报陈毅、宋时轮并中共中央、张鼎丞、邓子恢,认为"军长将主力转至沭宿间阻顽东进之方案,在实质上将使敌人迅速占领两淮及运河线,变成放弃华中而使山野主力被迫撤回山东。如此,苏中主力势必造成我军因无后方补给,在强敌三面包围下没法北撤,只有渡长江南进"。提出:"如军长仍坚欲北开,则我们坚决要求调二纵全部留下由韦国清统一指挥,钳制敌人,俟苏中主力北转,以求阻击南下之敌。否则华中局势变化,责任难负。"

9月9日,中央军委电复粟、谭9月8日两电:"同意放弃〔攻取〕海安,休整十天,准备向北机动。"②这是中央军委对华中野战军主力作战方向的一次重要调整,即由向西进军改为向北机动。至于何时向北机动以及要不要攻取海安,随着战局的发展,经过了几次变动。

---

① 《毛泽东年谱》下卷,人民出版社、中央文献出版社,1993年12月,第1版,第131页。
② 同上。

第一次变动在9月9日和10日，由放弃攻取海安改为继续攻取海安。粟裕、谭震林考虑到定陶战役大胜的有利形势，同时收到陈毅和宋时轮表示决心歼击宿迁东进之敌，"保证可以改变战局"，并要"粟、谭部队仍以打下海安，争取休整，相机转移为最好"的电报，于是下决心攻占海安。粟裕的电报说："原以淮北战局尚未开展，两淮告急，故拟放弃〔攻取〕海安北上参战。现刘邓军大捷，军长率部亦准备出击，淮北战局开始好转，两淮危险大减。因此我们仍决定继续攻占海安，以争取苏中万余人之参军补充。"海安得手后，休整一短时期，"再定北移或西攻"。9月10日，中共中央军委复电指示："如你们认为攻占海安于大局有利，则可决心攻取海安。"

第二次变化发生在9月10日和11日，由攻取海安改为放弃攻取海安，华中野战军主力休整待机。9月10日，粟裕所举影响淮北战局的两个有利因素发生变化。定陶战役的胜利，虽然已将整编第十一师及第五军吸引向定陶、曹县地区，但是并未改变敌人向华中增调兵力以求"迅速结束苏北战事"的战略部署。陈毅与山东野战军各师会商的结果，"均不主张在泗阳作固守防御，故采取由北转西的进攻方针"，山东野战军主力北移六塘河以北，准备"由宿北绕道攻古邳、双沟、睢宁等地"，而在敌人南进之两淮方向只留第九纵队守备泗阳。同时又得到情报，汤恩伯将接替李默庵负责南线指挥，准备于10月初发起第二期进攻。粟裕认为，"此种可能性极大"，而且"估计敌人不增援则已，如欲增援则必有强大部队和整个行动"，"其第二期进攻兵力可能比第一期为多，唯进攻手段可能会比第一期更疯狂、毒辣、谨慎"。"我即或攻占海安而今后仍有失陷之极大可能。""依作战指导来说，恐在第二期作战中尚须引诱敌人更深入一些（或在必要时再放弃一些地方），才更便于消灭敌人与粉碎其第二期进攻。因此，与其现在占海安则不如以攻海安之伤亡留作第二期作战消耗，对整个战局之长远打算更为有利。"9月10日，粟裕将上述估计和对策报告中共中央军委、陈毅并张鼎丞、邓子恢、谭震林，建议放弃攻占海安的计划，第五旅北援淮北，第一、第六两师集结于苏中整补待机。

9月11日1时，中共中央军委电复粟裕、谭震林并告陈毅，对华中野战军主力行动方向提出两个可供选择的方案："你们必须于数日内夺取海安，以便休整十天，于九月下旬采取新行动，事前破坏汤恩伯计划；或放弃海安进攻扬泰线，得手后休整待机。究以何者为宜，望按实情处理。"此电表明，中央军委对华中野战军主力的出击方向，尚未最后确定。

第三次变动发生在9月11日和12日，中央军委指令"粟、谭率主力即开两淮"。此时，淮北战局急剧变化，国民党集中第七军、整编第七十四师和整编第二十八师等三个军南下，向两淮进攻。粟裕于9月11日连发两电给陈毅、宋时轮、张鼎丞、邓子恢、谭震林并报中共中央军委，认为"敌既集中三个军向泗阳进犯，九纵无论如何吃不消"。虽已令第五旅北开，但因天雨所阻，沿途为水网地带，先头部队18日才能赶到淮安，第一、第六两师最快25日集结两淮。"因此，在一、六师未到前，建议山野主力当依靠泗阳正面阻击部队之翼侧向敌作反突击，歼敌一部，以挫敌锐。待一、六师到齐后，两个野战军配合击敌，效果较大。如山野单独挺入敌后，恐难于短期转变战局，亦不易调转向两淮进攻之敌。"

陈毅于9月11日午时和酉时连发两电给中共中央军委并告张鼎丞、邓子恢、粟裕、谭震林，称已与张鼎丞、邓子恢商定，"山野决心在淮泗间歼敌，以保卫两淮，以改变战局。部队明晚即可部署就绪。分批歼敌两旅到三旅是有把握的"。

中共中央军委也于9月11日连发两电给陈毅、张鼎丞、邓子恢、粟裕、谭震林，第一电指示"粟谭率主力即开两淮机动位置。到达后，如北面南下之敌已歼灭，则在两淮休整待机，或配合二、七、八师全力打开淮海局面，或向南攻取扬泰线，或向淮南路东歼敌"。第二电指出，"敌六个旅南下，两淮危急"。指令"粟率苏中主力（一、六师）立即开两淮，准备配合陈宋主力彻底歼灭该敌。但陈宋现应独立作战，务于粟、谭到达前歼灭南下之敌一至两个旅，顿挫敌之前进，争取时间，以待苏中主力到达，协力歼敌全部"。① 9月12日，中共中央军委又连发两电给陈毅、宋时轮，进一步明确指出：你们此次歼击南下之敌，务期必胜，首先只打一个旅，以期速决尽歼，得手后再打一个旅，决不可同时打两个旅。特别强调："此战关系大局，望集中全力以赴"。②

粟裕接到中共中央军委电令，立即收拢部队，冒着酷暑大雨，昼夜兼程北上。9月13日，粟裕（谭震林已于10日由苏中前线返回淮安）率领华中野战军指挥机关到达东台县城以南的富安，在那里发电报给陈毅和张鼎丞、邓子恢、谭震林，报告："五旅一部昨晚已由东台北来，其余正续进中。一、六师北来参战当不成问题，祈放心。虽然他们对苏中有些恋恋不舍，但会绝对服从整个战争利益的。"粟裕到达富安时已是半夜，没有停留，立即乘汽车北上，第二天下午到达华中军区驻地淮阴城东十余公里之马厂王高村。

此时国民党整编第七十四师已经攻占泗阳，开始向淮阴进攻，与华中野战军第九纵队、第十三旅在泗阳、淮阴间激战。淮安城内时闻炮声隆隆，形势异常紧张。

陈毅决定由谭震林组织指挥所，统一指挥第十三旅十八团、第五旅、第九纵队及淮宝地方部队，担任保卫两淮和淮宝地区的作战任务；以山东野战军主力第二纵队、第八师和第二十旅阻击可能由众兴东犯之国民党第七军。同时指令谭震林："为防万一，请准备随时能炸破淮阴北大桥。"

9月15日，两淮保卫战开始。

粟裕与张鼎丞、邓子恢、谭震林分析两淮战场敌我态势，认为第七十四师已经进至淮阴西南的马头地区，我阻击部队的反突击只能阻延敌军前进，而不能歼灭该敌，改变战局，两淮仍然危险。同时，据守泗阳、众兴一带的敌第七军动向尚未判明。如仅以山野各部对付第七军，"恐难解决战斗，且仍是一场恶战，对今后继续作战不利"。因此，他们在9月15日和16日连发两电给陈毅并报中共中

---

① 《毛泽东年谱》下卷，人民出版社、中央文献出版社，1993年12月，第1版，第133页。
② 同上。

央，建议山东野战军主力即移淮阴附近，首先集中全力歼灭整编第七十四师一个旅，然后再进行第二步作战。电报说："我们始终认为，山野不宜守待七军，而以转移主力首先歼灭七十四军为宜。其理由如下：甲，战局不宜长期僵持，否则敌人深入马头，逼近两淮，对我有重大威胁，于今后作战不利。乙，初战必须完全胜利，应以先打战力较弱的七十四军为宜，该军弹药消耗至尽。丙，目前单以山野与七军作战，恐难完全解决战斗，即或能顺利解决，亦消耗较大，对今后续战不利。丁，初战选较弱敌人打，完全取胜利，对于鼓励士气、振奋人心、发动后勤及顿挫敌锐，均有极大作用。在一、六师未到前，单以五旅、皮旅及九纵，只能抵挡七十四军前进，尚嫌单薄，但又不便抽兵协同山野对七军作战。如山野以一部钳制七军，则一、六师虽未到，我们亦可集中七个旅（山野四个旅及华中五旅、皮旅、九纵）对七十四军作战。此战胜利，一、六师已可到齐。斯时即可集中两个野战军西进或对七军作战，均可有把握打开局面。有上述理由，特再建议先集主力解决七十四军。"

9月17日，第五旅到达淮阴。第六师先头部队到达淮安北郊的板闸墚。粟裕于当天拂晓由华中军区驻地马厂赶到淮阴指挥作战。他和淮阴前指一天连发四电给陈毅，报告淮阴战况，说明"此间局势很坏"，建议和恳请山野主力南下参战，"否则淮阴难保"。同时报告，"王营南北大桥均已架好，可二路纵队通过。山野如南来，一部可在淮阴飞机场西北地区宿营，一部可在王营宿营"。

9月18日，陈毅先后发出三电给粟裕、谭震林。第一电说"为保卫淮阴，决以二纵全部六个团今（十八）星夜赶赴淮阴，协助守军（皮旅、五旅、九纵）歼击七十四师，以七、八师仍于渔沟、来安间阻击桂顽"，要华中野战军"无论如何坚持两天，韦（国清）到即分配出击任务"。第二电说"桂顽三个团猛攻渔沟，我各部遂加入战斗"，"但仍尽可能一二个团今夜南下淮城"。第三电发出时已是18日18时，说"决派十九旅五十六团明晓赶到王营"。

国民党军整编第七十四师、整编第二十八师四个旅，分作一、二梯队，在空军配合下，向淮阴城轮番发动猛烈进攻。华中野战军守军以劣势兵力英勇抗击，17日一天就击退敌人五次进攻，18日又击退敌人三次进攻。粟裕得知陈毅决定第二纵队全部来援，立即调整作战部署，以一部分兵力转入敌后，给第二纵队援军让出阵地。他在发给中共中央和张鼎丞、邓子恢、陈毅、宋时轮的电报中说："淮阴危机，已屡祈救。念我六师一个旅今晨可到板闸墚，军长已决四、九旅来援，因此我们明晚即可转入反攻，首先歼敌人之一个旅，尔后再歼敌其余部。"中共中央连夜复电，表示"甚好甚慰。望鼓励士气，完成歼敌任务"。

接到陈毅18日18时来电后，粟裕立即指派参谋张剑到淮阴以北迎接五十六团，并要他转交一封亲笔信。

团长、政委同志：

欢迎你们南来参战。特派张剑参谋前往迎接。你们到淮阴后，找五旅联络，归成钧旅长、启民政委统一指挥。预祝你们胜利。

粟裕

9月19日3时

张剑骑马走过淮阴城北的盐河，看到王营大桥已经修复，桥面铺上了木板和柴草。他在王营以北接到五十六团，随即把他们带到淮阴城下。

此时国民党整编第七十四师部队已突进淮阴城关，由两个连迅速扩大到一个团。谭震林赶赴淮安督促第六师先头部队北开，粟裕在淮阴城郊的洪福庄坚持指挥。考虑到淮阴守军经过一周激战，极其疲劳，而且华中野战军主力、山东野战军援军均未赶到，再打下去要吃亏，决定主动撤离淮阴，到两淮以东地区休整待机。

华中野战军守军撤出淮阴以后，中共中央军委于9月20日发出给陈毅、粟裕、谭震林并告张鼎丞、邓子恢的电报，指示："我放弃淮阴后，各部主力撤至距敌较远地区休整，以一部扰击敌人，待一、六师到达之后，待敌分散有机可乘之时，各个歼灭敌人。依据苏中经验，敌分散占领我区，利于我各个歼敌，人民亦可从战争中获得锻炼，唯军事工业须迁往安全地点。"①

为了避免有利于敌不利于我的决战，华中分局和华中军区随后撤出淮安。

两淮保卫战，使气焰嚣张的蒋军整编第七十四师第一次尝到华中野战军铁拳的滋味。但是，两淮是华中解放区首府。国民党军占领两淮，自然是大喜过望，一片欢呼。徐州绥靖公署副主任李延年连夜向蒋介石报功，说张灵甫"深体委座宏旨，指挥有方"，"出师三日，连下两淮"，"粟裕主力死伤殆尽，争相逃之夭夭"。蒋介石立即传电全军："张灵甫不愧为模范军指挥官，李延年果不负党国厚望。两淮既克，平定苏皖不远，希再接再厉，迅速扩大战果，谨备勋章重赏以待。"在庆功会上，李延年手捧蒋介石的嘉奖令，大吹大擂："国军像整编七十四师这样的部队不要多，只须十个，就安邦定国了！"

然而蒋军官兵中也有头脑冷静的人。据说当时蒋军中流传着这样一则趣闻：蒋军七十四师猛攻淮阴，死伤惨重，阵亡团长2名、营长6名，本拟调回南京休整，但蒋介石突然来了一个电报，对该师进占两淮"备极嘉奖"。师长张灵甫为此冲昏了头脑，拍着胸膛说："拿下涟水再说！"10月19日该师向涟水猛扑。结果，涟水没有拿下，七十四师6000余官兵却在涟水城下找到了他们的归宿。因此有人说，蒋介石的嘉奖令是张灵甫的催命符。

放弃两淮终究是一件大事，在华中党政军民中引起了种种议论，有人认为应当像"保卫马德里"那样坚守两淮，有人认为撤出两淮是打了败仗。

9月25日，粟裕对新华社记者发表谈话，指出："我军的撤出两淮，绝对不是我们军事上的失败，而是对蒋军大规模歼灭战的开始。众所周知，我们所进行的运动战，胜败不决定于一城一地之得失，而决定于有生力量的消长。如果我们

---

① 《毛泽东年谱》下卷，人民出版社、中央文献出版社，1993年12月，第1版，第135页。

的有生力量没有损失，则某些城市的暂时放弃，正可以分散敌人的兵力而造成有利于消灭敌人的条件。"①

粟裕后来谈到淮阴失守的经验教训，进一步指出：两淮不应该也不可能长期坚守，当时我军还不具备歼灭整编第七十四师的条件。为了保存有生力量，主动撤出两淮，是符合我军战略方针的。若因两淮是华中首府，便以保守这个城市为目标，同敌人进行战役决战，则是错误的，那就会吃大亏。但是，我们没有想到丢得那样快，我们的工作又没有放在两淮较快失守的可能性上，以致造成工作上的被动，部队、地方一度产生思想混乱，甚至埋怨情绪。这是一个值得十分重视的教训。

二、华中分局建议山野和华野集中行动改变战局。中共中央指示："战役指挥交粟负责。"

华中野战军撤出两淮以后，华中战局发生了重大变化。南北两线国民党军队对华中形成半包围态势。主战场将由解放区前部转入纵深地区。山东野战军和华中野战军在淮海地区会师，有必要也有可能从战略上配合作战转变为战役上协同作战。

面对这种形势，如何迅速改变战局，夺取战争的主动权，成为当时战略决策的中心问题。

粟裕认为，随着战争向解放区纵深发展，战线逐步缩短，敌我双方兵力更加集中，战役的规模越来越大，将是战争发展的必然趋势。两大野战军会师，为我军集中兵力打大歼灭战创造了必要条件。争取主动、改变战局的关键，在于集中更大兵力打更大规模的歼灭战。只有大量歼灭敌人的有生力量，才能打破敌人的战略围攻，掌握战争的主动权，使战局朝着有利于我的方向发展。

9月20日，即撤出淮阴的第二天，粟裕就和邓子恢、张鼎丞、谭震林一起发电报给中共中央军委和新四军军部，提出了两个野战军集中行动以改变战局的建议。电报说："为了改变华中局势，我们建议，以集中华中、山东两个野战军攻下宿迁，得手后再向西扩张战果，攻占睢宁、灵璧、泗县，并扫除陇海东端之曹八集、大许家等处敌人，以恢复淮北路东地区，第二步攻占津浦路，配合刘邓包围徐州。这样李延年部必然东调，我可在其运动中求得逐步歼灭他之有生力量。"②

陈毅于9月21日发电报给中共中央并张鼎丞、邓子恢、粟裕、谭震林，"同意华中分局哿（20日）夜建议，山野、华野集中由淮海区向西行动的办法，并主张两个野指合成一个"。

张、邓、粟、谭和陈毅的电报先后传到中共中央所在地延安。

9月22日和23日，中央军委先后发出由毛泽东起草的两份电报，同意集中两个野战军"统一指挥，向淮海行动，打开战局"，并且指示："山野、华野两军集中行动，两个指挥部亦应合一。提议陈毅为司令员兼政委，粟裕为副司令员，

---

① 《粟裕军事文集》，解放军出版社，1989年7月，第1版，第280页。
② 同上书，第282页。

谭震林为副政委。如同意请即公布（对内）执行。"①

这个战略决策和与之相应的组织决定，是在上下结合的基础上作出的，并且为后来的战争实践证明是正确的。然而在实践中落实，却经历了一个艰难曲折的过程。

粟裕接到中共中央 9 月 23 日电示，立即率华中野战军主力由益林县城（现阜宁益林镇）北移涟水以东地区，并指示华中野战军司令部赶印淮海地区的地图，准备执行两军会合在淮海作战的任务。

两军会合以后第一仗怎样打，才有取胜把握和有利于转变战局？在中央军委和陈毅、粟裕之间进行了反复的讨论。

9 月 26 日，中央军委发电报给粟裕、谭震林："山野、华野会合后，第一仗必须打胜。你们对于当前战役意见如何？两军何时可在何地会合？你们两人是否应当早日去陈处共同计划一切？"

粟裕、谭震林于 9 月 27 日将与陈毅会商的结果报告中央军委，说华野与山野已在涟水南北地区会合，并与陈毅反复会商作战部署。陈毅提出，集中 21 个团歼击由宿迁东进之桂系第七军。粟、谭建议，第一仗以打蒋系整编第七十四师为宜。电报回答中央军委关于当前战役的询问说："我们意见，两军会合，初战必须全胜。华野全部经两淮月余之战斗，未得休整之前，暂不宜与桂顽进行恶战。山野部队亦应以先打较弱之敌以提高士气为宜。如我主力与桂顽决战于沭（阳）涟（水）中间地区，则沭涟两城有被七十四军（按：即整编第七十四师）及六十九师攻占可能。因此，我们曾建议以山野一部守沭阳，使一部钳制桂顽，而集全力解决由两淮进攻涟水之敌七十四师（可能有二十八军之一部配合），而后再依战况发展集全力歼灭六十九师或桂顽。如获全胜，也可乘胜收复两淮。"

中央军委于 9 月 28 日电示陈毅："两军会合第一仗必须打胜。我们意见：（一）不要打桂系，先打中央系；（二）不要分兵打两个敌人，必须集中打一个敌人。"②

粟裕分析华东战区敌我态势及其发展趋势：徐州绥靖公署主任薛岳指挥下的 12 个军（整编师）29 个旅，其中 12 个旅集中于淮海地区；山东野战军与华东野战军合并后总兵力将达到 10 万人以上。他认为，我军必须在 1946 年冬到 1947 年春歼敌 20 个旅 20 万人，才能根本改变华东战局。只要在指挥上不犯错误，是可以完成这个艰巨任务的。淮海地区的作战是有决定意义的作战。"淮北战斗之胜败，不但关系华东及山东之安稳，而且对全局都有重要之作用。如果我在淮北把敌人打下去，逼蒋无法分向其他方向增援，这对山东、热河、东北、山西都是一个直接的援助。" 9 月 30 日，他和张鼎丞、邓子恢、谭震林、曾山联名，将上述分析和估计报告中共中央和华东局。③

同一天，中央军委电示陈毅、粟裕、谭震林并告刘伯承、邓小平："你们须力争于三个月内外歼灭薛岳七至十个旅，刘邓则担任歼灭五军及十一师。总之，

---

① 《毛泽东年谱》下卷，人民出版社、中央文献出版社，1993 年 12 月，第 1 版，第 136 页。
② 《毛泽东军事文集》第三卷，军事科学出版社、中央文献出版社，1993 年 12 月，第 1 版，第 500 页。
③ 《粟裕军事文集》，解放军出版社，1989 年 7 月，第 1 版，第 283—284 页。

今后一时期内，主要打击薛岳，转换战局。"①

中央军委和粟裕的电报同时发出，不谋而合，对华东战局、主要打击对象和作战任务的分析判断几乎完全一致。

根据中共中央的指示，陈毅与华中分局诸同志一起，商定了作战部署以及山野、华野合并后的指挥体制，于10月1日上报中共中央。陈毅在报告中提出，集中山野、华野主力于宿迁、沭阳之间，六塘河以北地区，准备歼灭渡运河东进之敌，或西渡运河收复淮北。报告中还说："两次到分局会议，他们战争方针很正确"，"今后集结张（鼎丞）、邓（子恢）、粟（裕）在一起，军事上多由粟下决心，定可改变局面"。

中共中央于10月3日电复陈毅并告张鼎丞、邓子恢、粟裕，指出："部署甚好，望坚决执行"，"希望你们在淮海方面打几个好胜仗"，"目前你处与刘邓之任务是集中全力歼灭薛岳十个旅左右，即能转换战局"。②

中共中央这个战略决策和相应的组织决定（山野和华野两个指挥部合并，陈、粟统一指挥），由于敌情的变化和我军内部不同意见的讨论，未能立即付诸实施。

10月上旬，敌情发生变化。国民党军队得知华中野战军主力北移，并且得知山野、华野主力有进攻宿迁、截断其后路的企图，便采取避实击虚的策略，一面由两淮东犯涟水，威胁华野后方，一面由鲁南进占峄县、枣庄，威胁山东解放区首府临沂。

面对这种形势，粟裕和张鼎丞、邓子恢于10月7日连发三电给陈毅，建议首先歼灭由两淮东犯涟水之敌，同时积极准备执行淮北作战任务。他们认为，如此才能保障坚持苏中之后路，对今后进入淮北亦有很大帮助，否则苏中全失，于华中固不利，于山东及整个大局亦不利，并且提出"盼军长来此间统一指挥"。电报中说，"我们始终认为，统一指挥是今后取胜的基本条件，因此建议山野、华野司政机关必须合并，不要仍存两套司、政"。"为确保指挥统一、指挥协同计，建议陈、粟会合在一起。"

陈毅于10月7日和8日电复张鼎丞、邓子恢和粟裕，同意华中野战军南移作战计划，同时提出"目前趋势是分布南北作战，你们南下负责打南面，我在北面照顾"。"如鲁南紧张，则应考虑山野回固根本"，"我便不能南来你处，只好分任南北"。10月9日，陈毅决定山东野战军回鲁。他在发给中共中央并告华中和山东负责人的电报中提出："我意山野必须迅速回鲁，华野应迅速北上或派队巩固淮海区"，"或竟不顾淮海糜烂，让山野北上打仗之后再南下"。

华中分局张鼎丞、邓子恢、曾山接到陈毅10月9日电报，当天就发电报给中共中央，陈述自己的意见。他们认为，"山野、华野分开行动，对将来战局无法改变，对全国战局亦有害处"。因此"坚决反对陈这种布置"。第二天又发电报给中共

---

① 《毛泽东年谱》下卷，人民出版社、中央文献出版社，1993年12月，第1版，第138页。
② 《毛泽东军事文集》第三卷，军事科学出版社、中央文献出版社，1993年12月，第1版，第511页。

中央并告当时在涟水前线的粟裕、谭震林，说他们三人当天就去陈毅军长处商谈。

他们的做法，无论是向中共中央报告自己的意见，还是向陈毅当面陈述自己的意见，完全符合中国共产党的组织原则，是党内政治生活的正常现象。中国共产党第七次全国代表大会通过的《中国共产党党章》规定，党员有权"向党的任何机关直至中央提出建议和声明"。当时，粟裕正在涟水前线，并未参与张鼎丞、邓子恢、曾山发电报提意见这件事。可是，在1958年的军委扩大会议上，有人却把这封电报诬蔑为"反陈毅"，无中生有地指责粟裕在这份电报上签了名。

这时敌情又发生变化。两淮地区的国民党军队得知华野主力南下，立即停止向涟水进攻，而集结于两淮附近。粟裕和谭震林决定，停止对两淮东进之敌作战，华野主力转兵北上。粟裕、谭震林于10月10日将上述决定报告华中分局。10月11日，粟裕发电报给中共中央并陈毅和华中分局，建议集中山野、华野主力沿陇海路西进，威胁徐州，直逼津浦，迫使鲁南、淮海之敌回援。他说："目前鲁南局势骤紧，此对华中之坚持亦有极大影响。鲁南不保，华中将难于坚持。但华中如不能坚持，则将使我大军局促于鲁中地区更为不利，造成山东莫大困难。为欲挽救此种危局，非集中华野、山野全力以赴不可，为此必须抛开次要，求其主要。"他还特别说明，这个方案完全是从全局利益出发，"对鲁南极有利，唯华中要吃亏，特别是后方冬衣（均在曹甸以东地区）有损失可能"。①

中共中央考虑了各方面的意见，于10月13日发电报给陈毅、张鼎丞、邓子恢、粟裕、谭震林，明确指示："你们仍照过去决定集中山野、华野全军（包括八师）在淮海地区打几个大仗，开展局面，对淮海本身，对鲁南，对苏中，对配合刘邓均好，对将来出大别山转入外线作战（几个月之后）亦有利。"②

陈毅接到中共中央指示后，提出了山野、华野全军入鲁的主张。他在10月13日亥时（21—23时）发给中共中央的电报中说："目前行动以迅速出击鲁南为宜。在淮北，敌有准备，工事坚固，敌火下渡河有困难，战场不好。在鲁南，战场好，供应便利，易求运动战，可避开桂系。山野、华野同去，胜利有把握。"

对于这场有关战略出击方向和出击时机的争论，中共中央采取了极为慎重的态度。10月14日8时至9时，一个小时之内，毛泽东为中央军委起草两份电报，一份发给陈毅，一份发给张鼎丞、邓子恢、粟裕、谭震林。

中央军委给陈毅的电报说："现在因感渡运（河）向西作战困难，而主张全军入鲁，假如入鲁后仍感作战困难，打不好仗，而苏北各城尽失，那时结果将如何？且渡运作战是你自己曾经同意之方案。此次你与张、邓、曾会商，亦以渡运作战列为方案之一。何以元亥电又不相同？如按元亥电实行，你与张、邓、粟、谭诸同志间关系是否将生影响？请对各方利害分析再告。"

中央军委给张、邓、粟、谭的电报说："陈军长元亥电仍主张山野、华野全军去鲁南，你们意见如何？速告。你们觉得全军去鲁南歼敌把握如何？如确有歼

---

① 《粟裕军事文集》，解放军出版社，1989年7月，第1版，第284页。
② 《毛泽东军事文集》第三卷，军事科学出版社、中央文献出版社，1993年12月，第1版，第522页。

敌把握，自以去鲁南打较在淮海打为有利。因鲁南敌歼灭后，即可出陇海、淮泗，对华中局面并非不利。问题是歼敌究以在何地为宜。"

粟裕接到中央军委的电报后，认真分析在淮海作战和在鲁南作战的利弊得失。他认为，从战略防御阶段的作战要求来看，把鲁南作为诱敌深入的底线固然比淮海好。但是，从战局发展趋势来看，也存在四个必须认真考虑的问题。第一，蒋介石军队当前的进攻重点在华中，如果我全军即刻入鲁，敌人的进攻重点也将由华中转入山东，华中将过早地丧失，对于我长期作战不利。第二，两淮失守后，敌人已对我军形成半包围态势，如果不在淮海地区打一个大规模的歼灭战，下一步作战就会陷入腹背受敌的困境。第三，我军撤出两淮，在群众中引起了一定程度的思想波动，如果不打一个胜仗就全军入鲁，对民心、军心不利。第四，为在苏北敌后开展游击战争，也需要主力部队再打一个胜仗。因此，在全军入鲁以前，应当在淮海地区打一个好仗。①

在中共中央、中央军委的指导下，经过反复商谈，陈毅与华中分局诸同志取得一致意见，决定暂缓去鲁南，而首先在淮海地区打几个好仗。10月15日子时（23—1时），陈毅与张鼎丞、邓子恢、曾山将商谈结果报告中共中央。当天就收到中共中央的复电。

中共中央的复电指出："决心在淮北打仗，甚慰。南京息，蒋方计划，引我去山东，我久不去，乃决心与我在淮北决战。此种情况于我有利。望你们集中山野、华野全力（决不可分散）歼灭东进之敌，然后全军西渡收复运西，于二至三个月内务歼薛岳七至十个旅，就一定能转变局势，收复两淮，并准备将来向中原出动。为执行此神圣任务，陈、张、邓、曾、粟、谭团结协和极为必要。在陈领导下，大政方针共同决定（你们六人经常在一起以免往返电商贻误戎机），战役指挥交粟负责。"②

一场关于战略出击方向和指挥体制的讨论，在中共中央的直接指导下，终于得出了正确的结论。

中共中央作出了一个不同寻常的组织决定：在司令员在位的情况下，赋予副司令员以战役指挥权。这不仅在当时各战略区、各野战军中是绝无仅有的，在中外军事史上也是不多见的。

陈毅和华中分局诸同志按照中共中央的战略决策和组织决定统一行动，山野、华野主力集结于沭阳、宿迁两侧，待机迎击东犯之敌。

10月18日，陈毅、粟裕、谭震林联名将上述部署报告中共中央军委。中共中央军委第二天复电指出："部署很好，望坚决执行。"

从此以后，粟裕就担负起合并后的华中野战军与山东野战军以及后来正式组成的华东野战军的战役指挥重任。

---

① 《粟裕战争回忆录》，解放军出版社，1988年11月，第1版，第406—407页。
② 《毛泽东军事文集》第三卷，军事科学出版社、中央文献出版社，1993年12月，第1版，第525页。

三、涟水城畔铁拳痛击张灵甫。利用矛盾妙算智斗"猴子军"。

淮海地区的一场大战尚在酝酿过程中,华中野战军和山东野战军在苏北和鲁南相继举行了六次规模不等的战役,包括东台防御战、涟水保卫战、峄东反击战、台枣反击战、淮沭路反击战和盐南反击战。粟裕直接指挥了其中的东台防御战、涟水保卫战和盐南反击战等。

涟水保卫战,是六仗中持续时间最长、杀伤敌人最多的一仗。在作战指导上,粟裕特别注意处理第一仗与第二仗以及以后诸仗的关系,强调在打第一仗时要为第二仗、第三仗创造条件。

10月19日,山东野战军和华中野战军主力刚刚集结于涟水以北的沭阳、宿迁地区,陈毅与张鼎丞、邓子恢、粟裕、谭震林会合在一起,两淮地区的国民党军队就重施"避实击虚"的故伎,向涟水城发起进攻。

敌人的动向,不仅早在粟裕预料之中,而且对此作了充分的准备。五天以前,他就把一支奇兵埋伏在涟水城内。

10月14日清晨,第五旅(当时改称第十一纵队)司令部传达粟裕的指示,要该旅第十五团团长李士怀到涟水城北的樊卜庄华野前线指挥所,给这个团下达了"不惜一切代价在涟水防守七天七夜"的战斗任务。

李士怀对这次粟裕面授机宜留下了深刻的印象。他记述当时情景说:

> 根据以往的经验,指名一个团长到粟司令那里去,由他面授机宜,任务一定非比寻常。我一时猜不透粟司令会给我什么样的任务,心情不由得有些紧张。但当我想到几小时后,就可见到苏中七战七捷的卓越组织者指挥者、使敌人闻名胆寒的粟裕司令,又不由得无比兴奋。早饭后,我跨上战马,带着一名作战参谋和一个警卫员,风驰电掣地奔向华野前线指挥所。刚跨进门,粟司令高兴地迎了上来:"你们辛苦了!弄水喝,休息休息。"
>
> 我一面喝水休息,一面注视着在屋里漫步的粟司令。他身穿灰布军装,腿上打着绑腿,腰上束着皮带,显示出军人特有的干练利索气质。他矮矮的个子,清瘦的面容,浓黑眉毛下面,一对略微下陷的眼睛,更显得炯炯有神,给人一种沉着冷静、质朴谦和、平易近人的感觉。粟司令拉开遮在后墙上的白色帷幕,一幅巨大的苏北、鲁南形势图显露出来。
>
> 粟司令说:"现在把野战军交给你们的任务讲一讲。"我跨前两步,站到了地图跟前。
>
> "依据敌军当前的部署,蒋介石很快就要向我们发起一个新的进攻。进攻方向可能有两个:一是集结于宿迁及洋河、埠子集地区的敌六十九师四旅、保一纵等五个旅。自宿迁东犯我陇海线上的新海地区,以切断我山东、华中两大解放区的联系;二是盘踞于高(邮)宝(应)、兴化地区的敌二十五军、

来安、渔沟、王营、马头一线的桂系七军和猬集于两淮及其以东的七十四师、二十八师，自两淮进窥涟水，或沿通榆公路北犯盐阜，借以分割我整个华中。"粟司令讲到这里，两道浓眉紧锁起来，眼睛里射出逼人的光芒，用湖南乡音深沉地说："敌人是一个大胆的行动。形势对我们来说是严峻的。为了粉碎敌人的进攻阴谋，华中分局研究决定，把华中主力集中在六塘河以北、沭阳以西和淮安、马厂、钦工一线的机动位置上。"

粟司令简明扼要分析形势之后，把话题转到第十五团的任务上来，说："最近得到消息，七十四师可能要进攻涟水。为了争取主动，决定把原来防守涟水城的皮（定均）旅调出来，作为机动部队，派你们这个团来接替涟水的防务。"

提到七十四师，我团指战员没有一个不咬牙切齿的。它是蒋介石发动内战的急先锋。近三四个月来，真是"冤家路窄"：在六合，我们和七十四师打；到天长、马坝，又和七十四师打；淮阴保卫战，我们的对手还是七十四师。这次防守涟水县城，一对"冤家"又要碰头了。我不由得脱口而出："七十四师！"

"对，七十四师一定会来！"粟司令说，"七十四师侵占两淮，损失惨重，被我击毙团长2名，营长6名，主力五十八旅已不能再战，本拟调回南京休整，但蒋介石突然打来一个电报，对该师侵占两淮'备极嘉奖'，弄得张灵甫昏头昏脑，争着留在苏北参战，要结束苏北战事再回南京。"粟司令下达命令："你这个团，要不惜一切代价，在涟水城防守七天七夜！"

"当然，一个团想挡住七十四师，守住涟水城七天七夜，是困难的。你们先守起来。你们旅有三个团控制在茭菱附近，还有其他友邻部队也可以随时来增援你们。把过多的兵力陷在阵地上，削弱机动兵力，对大规模歼灭敌人是不利的。"粟司令把我引到摆在桌上的涟水地图前，对第七十四师可能选择的主攻方向，以及我们如何设防，进行了具体、详尽的分析和指示。听了这些分析和指示，我的头脑中立刻构成了一幅如何摆兵布阵、坚守七天七夜的作战蓝图。

最后，粟司令关切地问道："这次任务很重要，很艰苦，还有什么困难？"

我说："粟司令，我提点要求怎么样？"

"可以！"

我们有三条要求：一是伤病员能及时运下来；二是弹药再能补充一些……

说到这里，粟司令接过话来说："你们在如皋的加力战斗中缴获不少嘛！"我不得不佩服粟司令对下情了解的精细。的确，我们在加力战斗中有大批缴获。我点点头表示是的。接着我又提出了第三条要求：战斗减员望能及时补齐。

粟司令高兴地说："好嘛！能解决的尽快解决。"

时间已经是中午了。粟司令见我叫警卫员备马,热情地挽留我们一起吃午饭。

接受粟司令给予的任务以后,李士怀立即率领部队开往涟水城内,投入了紧张的战前准备。

与此同时,苏北地区党政军民也紧急动员起来,为保证涟水保卫战的胜利,抓紧进行后勤准备工作。淮海区、盐阜区各县都成立了后勤司令部,由县长任后勤司令,县委书记任政委,建立了具有严密组织、科学分工和统一指挥的战地后勤机构。组织了民兵参战团,组建了粮草供应站和伤员转运站,筹措了大批粮草物资。在涟水县(含涟东县),两万多青壮年参加担架和运输队;妇女连夜磨面,做军鞋;儿童团在各个要道路口站岗放哨,盘查可疑行人;一万多名学生开展多种形式的宣传教育,慰问伤病员和军烈属。民兵参战团加紧修路、造桥,协助部队赶修作战工事。他们克服各种困难,在废黄河、盐河、六塘河上修建了几座简易大桥,保证部队运动和支前物资的转运。涟东民兵参战团一昼夜在涟水城南废黄河大堤上协助部队挖战壕500多丈。在涟水境内,建成了两个可供给万人需要的油盐供应站。在部队行军路上,每三里设一茶水供应站。涟水城镇工商界千方百计组织货源,尽可能满足部队需要。真正做到了一切为了前线,要人有人,要物有物。

果如粟裕所料,整编第七十四师和整编第二十八师一九二旅共四个旅三万余人,在张灵甫指挥下,兵分三路,向涟水城扑来。

陈毅和粟裕、谭震林当机立断,改变集结整训计划,集中23个团的兵力,迎击整编第七十四师和整编第二十八师一九二旅于涟水城下。陈毅、粟裕、谭震林、张鼎丞、邓子恢于10月21日将上述作战部署报告中共中央。当天晚上,粟裕就率领华野司令部部分人员开赴涟水前线。

粟裕分析当面敌军情况,对张灵甫的整编第七十四师和桂系整编第二十八师采取了区别对待的策略。

整编第七十四师,是国民党军队的"五大主力"之一,美械装备,训练有素,战斗力较强,号称蒋介石的"御林军"、"王牌军"。在战争初期,它从南京开赴内战前线,首占六合、天长,再占淮阴、淮安,骄横跋扈,气焰嚣张。对于这个内战急先锋,粟裕决定集中华野主力第一师、第六师和第十纵队,予以歼灭性打击。

整编第二十八师,战斗力较强,战术比较灵活,被称为"猴子军"。在淮南、淮北的战斗中,表现特别顽强,尤其担心在战斗中大量减员,我军要俘虏他一人往往要付出伤亡四五人的代价。针对这一特点,粟裕指令部队,在与整编第二十八师第一九二旅交战中,要尽量杀伤敌人,迫使它知难而退,对内战采取消极态度。

张灵甫志在必得,指挥三万余军队,在飞机掩护下向涟水城发起猛烈进攻,企图速战速决，占领涟水。他兵分三路，而把攻击的重点摆在涟水城南的废黄河河套地区。

废黄河，又称淤黄河。南宋光宗五年（1194年），黄河在铜瓦厢（今河南兰考境内）决口南下，夺淮入海，流经涟水。清咸丰五年（1855年），黄河再次在铜瓦厢决口，河道北徙，改经山东入海。涟水一带黄河故道泥沙淤积，河床高过两岸平地。废黄河河堤横亘涟水城南，高过城墙，成为涟水城的天然屏障。

张灵甫把他的五十一旅摆在正面，向废黄河河堤冲击，以为只要渡过河堤，涟水城就唾手可得。然而他没有料到，粟裕早就把一支奇兵埋伏在这里，第五旅第十五团在河堤上构筑了防御工事，沿废黄河北岸大小三道河堤设防，阵地前沿及河床底部设置鹿砦，全线以交通沟相连。指战员们斗志昂扬，摩拳擦掌，严阵以待。

国民党军的进攻，遇到了华野部队的顽强抗击，每发动一次攻击，就留下一堆尸体。激战至10月28日，粟裕下令全线反击，敌军有的被歼，有的投降，有的溃退。张灵甫组织"督战队"，以几十挺机枪阻击溃退蒋军。整编第二十八师一九二旅大部被歼，旅长曾振负伤，率残部溃退，被张灵甫的"督战队"杀伤数百人，还有不少人在渡河时落水身亡。曾振丢开整编第七十四师，率残部逃往淮安。随后，张灵甫也急忙收拾人马，逃回淮阴。

涟水保卫战，从10月19日开始，到11月1日结束，历时14天，歼敌9000多人，其中整编第七十四师6000多人，整编第二十八师一九二旅3000多人，缴获各种炮15门，各种枪7000多支、炮弹和枪弹40多万发，击落敌机1架。张灵甫再次尝到了粟裕铁拳的滋味，打破了七十四师不可战胜的神话。

这一仗，华野部队也付出了伤亡6000多人的代价。特别是第十纵队司令员谢祥军光荣牺牲，是一个重大损失。粟裕为此深感痛惜。他后来说，涟水保卫战基本上是一个消耗战。但是，这一仗打得气焰嚣张的七十四师伤了元气，使我军取得了打大仗、打恶仗、打硬仗的经验，保住了涟水城，对华中区领导机关转移山东起到了掩护作用，在稳定华中战局上具有重要意义，更重要的是为后来宿北战役的胜利创造了条件。如果不打这一仗和东台防御战、峄东反击战、台枣反击战以及后来的盐南反击战，放敌人长驱直入，集中兵力打宿北战役的决心就不那么好下了。

经过这一战役，粟裕对整编第七十四师、整编第二十八师区别对待的策略也收到了预期的效果。张灵甫发电报给整编第十一师师长胡琏、第七军军长方先觉，头脑显得稍为清醒了一些。他说："匪军无论战略战役战斗皆优于国军。数月来，匪军向东则东，往西则西。本军北调援鲁，南调援两淮，伤亡过半，决战不能。再过年余，死无葬身之地。吾公以为如何？"不过，他还是过于乐观了。实际上，并未等到"年余"，仅仅过了半年，他和他的整编第七十四师就全军覆没了。而"猴子军"整编第二十八师则惊叹："中共军避实击虚，迅雷不及掩耳，使你措手不及。"有了这一仗的教训，整编第二十八师以后打仗就不再那么积极了。

四、一手抓打仗,一手抓建军。总结战争初期的实践经验。

涟水战役前后,粟裕一手抓打仗,一手抓建军,组织部队利用战斗间隙抓紧整训。这次整训,从9月下旬延续到11月上旬,其间因涟水战役而一度中断。整训的主要内容,是组织部队、特别是干部学习中共中央的《三个月总结》和中央军委《关于集中优势兵力各个歼灭敌人的指示》,总结战争初期的实践经验,进一步统一战略战术思想,提高部队的军政素质。他自己"在战争中学习战争",同时组织部队"在战争中学习战争"。

9月25日,粟裕利用撤出两淮以后的短暂休整时间,在华中野战军干部大会上作苏中战役总结报告。这个报告,在8月31日报告的基础上进一步系统化理论化,对战争初期的实践经验作了科学的总结。他从理论与实践的结合上深刻阐述了战略指导思想和战略战术原则,强调作战的基本指导思想是消灭敌人的有生力量。根据这个基本指导思想,"我们执行了战略上以少胜多的原则,但在战术则恰恰相反,采取了以多胜少的打法",实行战略上的持久战和战术上的速决战。"我们要迅速转劣势为优势,变被动为主动,必须迅速消灭敌人一路或两路,迅速解决战斗。尤其是在敌人占优势的战役中,必须采取各个击破的战法","在战斗中采取三个至五个打敌人一个的办法"。只要把这个报告与中央军委《关于集中优势兵力各个歼灭敌人的指示》和中共中央的《三个月总结》加以比较对照,就可以看出,粟裕在战略战术指导思想上与中共中央、中央军委是如何的一致,他对毛泽东军事思想的丰富和发展作出了何等重要的贡献。

10月中旬,华中野战军和山东野战军在苏北地区会师,粟裕及华中军区其他领导同志与陈毅会合于涟水与沭阳交界的陈师庵地区。10月20日,陈毅报告中央军委和刘伯承、邓小平:"山野、华野两机关靠拢,相距五里,我与粟、谭即日会合,住华野开始工作。"但是,第二天国民党整编第七十四师和整编第二十八师就向涟水进攻,因而决定改变集结整训的计划,发起涟水保卫战,粟裕到前线指挥作战。10月27日,涟水保卫战取得决定性胜利。陈毅和张鼎丞、邓子恢决定:粟裕、谭震林率华中野战军在涟水城西附近整训,陈毅率山东野战军司令部和第八师返回鲁南。

在返回鲁南以前,陈毅在华中军区军直干部大会上作报告,讲了三个问题:(1)三个月自卫战争中经验的总结;(2)粉碎蒋美的政治攻势与和平攻势;(3)我们今后的工作。当时负责会务工作的华野政治部秘书处长谭肇之回忆,陈毅到场就向到会干部拱手致意说:"你们打得好啊!佩服!佩服!"陈毅的讲话给人们留下深刻印象的是:战略要地也可以放弃,最后还可以收回。他从淮阴失守讲起,说:两淮能不能守?是不是"马德里"?失守不可避免,造成的困难是有的,但对整个局势没有大的影响。临沂能不能守?也可以守一下,最后还是不能守。张家口,敌人是要进攻的,能不能打?也可以打一下,最后是要放弃的。延安能不能守?

我看也要放弃的。这些统统都不要紧，最后全中国都是我们的。陈毅作完报告，当天晚上就率领山东野战军指挥机关和第八师返回鲁南。

涟水战役以后，粟裕抓紧战役间隙，继续组织部队休整。从 11 月中旬到 12 月初，华中分局和华中军区先后在涟水附近召开华中军区党代表大会和营以上干部大会。粟裕在会上作军事工作报告，着重讲组织大兵团作战问题。他还和华中野战军政治部主任钟期光一起，组织指导部队总结了"立功运动"、"溶化俘虏"、"评定伤亡"等政治工作经验。

立功运动，原称"功劳运动"，是在苏中战役中首先在华中野战军第一师第二团开展起来的。1946 年 11 月，延安新华社广播推广了这个团的经验，称它为"人民自卫战争中的一个创举"。1947 年 2 月 4 日，《解放日报》发表《再论立功运动》的社论，指出："自从去年苏鲁皖部队首创立功运动以后，全解放区部队机关已经普遍推行。这一运动，显然已经成为人民解放军争取胜利的有效工具和很大的推动力量。"

溶化俘虏，是在忆苦教育的基础上，首先在华中野战军第一师第三团开展起来的。在苏中战役中，被俘的国民党军士兵大多数是饱受剥削压迫的工农家庭子弟。经过忆苦教育，提高了阶级觉悟，立即掉转枪口参加战斗。他们受过正规的军事训练，战术、技术比较好。参加革命队伍后，不少人迅速成长为战斗英雄、基层干部，不仅解决了我军的兵员补充问题，还有利于我军战术、技术的提高。有些人说：蒋介石不仅是一个"运输队长"，还是一个"训练部长"。那时部队中随处可以听到这样一首歌："天下穷人是一家，蒋介石叫我们互相来残杀。如今来到解放军，不分什么你我他，团结在共产党领导下，地主军阀都打垮。"

评定伤亡，也叫"民主战评会"，是在华中野战军第一师第九团首先开展起来的。涟水战役以后，九团用这种方法总结伤亡较多的经验教训，不仅增强了指战员之间的团结，而且促进了学习战术、技术的积极性。评定伤亡与立功运动互为补充，既提倡英勇作战，又讲究战术技术，是提高部队战斗力的有效措施。粟裕对这一经验非常重视，认为它找到了政治工作和军事工作的结合点。

这三项具有独创性的经验，当时被称为"政治工作的三把钥匙"。在粟裕和钟期光等人的热情支持、积极推广下，迅速在华中野战军各部队中广泛开展起来，成为华中野战军越打越多、越战越强的重要保证。

五、宿北战役。华东战局第一个转折的标志。在解放战争的战役指挥中最感紧张的第一次。

第一次涟水战役以后，华东野战军主力部队经过短暂的整训，又在粟裕的组织指挥下，从 11 月 26 日至 12 月 8 日发起了盐南反击战，歼灭由东台北犯之敌 5000 多人。12 月 9 日，延安《解放日报》发表题为《盐城前线之捷》的时评，指出"这是五个月来粟裕将军所部的第十一次大胜仗。这十一次大胜仗歼灭蒋军足足有九万人。苏皖军民光荣的自卫战绩,最生动地证明了蒋军的必败"。

与此同时,粟裕密切注意华东以至全国战局的发展,筹谋未来的作战行动。

这时全国战局发展到了一个新阶段,经过7月到10月四个月的作战,国民党军队被歼灭32个旅,占其总兵力的六分之一。虽然侵占了解放区153座中小城市,却不得不分兵把守,反而成了它的"包袱",能够机动作战的兵力日益减少,因而战线太长与兵力不足的矛盾日益突出。相反,人民解放军却由战争开始时的127万人增长到137万人,野战兵团在战争中不断充实和加强,机动兵力大大增加。战局的变化,正如延安《解放日报》社论《论战局》所指出的那样,今后几个月,对于战争双方都是"最紧张的一段"。

处于这个"最紧张的一段",战争双方都在谋划新的对策,竭力争取战局朝着有利于自己的方向发展。

延安制定了新方针。11月21日,周恩来率领中共和谈代表团由南京返回延安的第三天,毛泽东和刘少奇、周恩来在延安枣园举行会议,分析当前的形势,确定以后的方针。他们认为,蒋介石召开一手包办的"国民大会",和平谈判的大门已被关闭,"边谈边打"的局面已经改变。毛泽东说:蒋介石对共产党的方针是一无自由,二要消灭,他是不允许共产党在保持一块地方的条件下签订城下之盟的。因此,"我们的方针是战争的方针,这是确定了的"。毛泽东指出,过去几个月内消灭了国民党38个旅,使有些战场上的国民党军队停止了进攻,证明打歼灭战是可能的,也是能够改变战局的。他说:用半年到一年的时间,消灭国民党七八十个旅,就可以消耗掉美国七八年中援助蒋介石的所有积蓄,使国共双方的力量达到平衡。"达到平衡后就容易超过,那时我们就可以打出去,首先是安徽、河南、湖北、甘肃,然后就可以再向长江以南",大约用三到五年的时间达到这一目标。①毛泽东强调,今后数月的关键仍然是大量歼灭敌人的有生力量,逐步扩大歼灭战的规模,从根本上扭转战场形势,夺取战争主动权。

南京发动了新攻势。蒋介石坚持武力统一中国的反动政策,悍然召开一手包办的"国民大会",又从后方抽调5个军约16个旅到内战前线,维持其对解放区的全面进攻。其进攻的重点仍然摆在华东战场,投入了25个整编师(军)68个旅(师)的兵力。投入兵力之多,居全国各战场之冠。

因此,全国各个战场比较,在华东战场上,双方投入的兵力最多,仗打得最激烈,战役的规模也最大。

1946年11月底到12月初,蒋介石为配合其伪国大的召开,制订了一个迅速结束苏北战事的计划。在徐州绥靖公署主任薛岳指挥下,集中12个整编师(军)28个旅(师)的兵力,从东台、淮阴、宿迁、枣庄和峄县四路进攻,企图切断山东与华中的联系,聚歼华中野战军主力,或者逼迫华中野战军退到陇海路以北。

这时,粟裕指挥的华中野战军主力位于苏北盐城、涟水一带,陈毅指挥的山

---

① 《毛泽东传》,中央文献出版社,1996年8月,第1版,第781—782页。

东野战军主力位于鲁南地区。

在北起鲁南峄县南至苏中东台的100余里的战线上，包括国民党"五大主力"之中的整编第七十四师和整编第十一师在内的几十万蒋军三面压来，对华野和山野形成了半包围态势。国民党军队在兵力和态势上占据优势，华野和山野处于相对劣势和被动地位。

为了寻求正确的战略战役决策，迅速化劣势为优势，变被动为主动，在中共中央军委的指导下，粟裕与陈毅进行了反复的讨论和探索。

12月6日，陈毅先后提出四个作战方案，上报中共中央并告华中军区。他认为，四个作战方案，各有利弊，"以集中力量确保沭阳，歼击十一师之一路为最好"。7日又电示华中野战军：集中兵力首先歼击由两淮进犯涟水之敌，尔后集中山野、华野全力夹击进犯沭阳之敌。

粟裕接到陈毅的方案时，正在盐城以南指挥作战。他分析敌我态势，认为在四路敌军中以由宿迁东犯沭阳、新安镇的一路对我威胁最大。只有集中主力歼灭这一路敌人，才能化被动为主动。但是，当时华野主力正在盐南作战，阻击东犯沭、新敌军的兵力比较薄弱。如让宿迁之敌东进，势将形成三面应敌的不利局面。因此，他在12月8日与谭震林联名发电报给陈毅，建议山野主力迅速南下，至少进至陇海路边，以便能在两日内赶到宿迁、沭阳地区参战。陈毅12月9日复电，同意粟、谭8日电部署，决定率领山野主力连夜转移到山东与江苏交界处的马头、沂河北岸机动位置，两夜即可到达宿沭路作战，同时兼顾打击鲁南之敌。

这样，集中山野、华野主力先打宿沭一路蒋军的决心就基本上定下来了。

正确的战略意图，必须通过战役的胜利来实现。

中共中央军委认为，歼灭进攻沭阳之敌极为重要，而且两军会合第一仗必须打胜，对这次作战的组织指挥极为关注。12月9日，中共中央军委电示陈毅并告张鼎丞、邓子恢、粟裕、谭震林："应待盐城作战结束，粟率一师北返，并待敌情完全明了后再考虑部署。届时请粟提出计划电告。"

12月9日，粟裕向中共中央军委和新四军军部报告盐南战役歼敌5000多人。12月11日，中共中央军委复电："庆祝盐城大胜，望对指战员传令嘉奖。"同时指示："望粟即日北返，部署沭阳作战。"[①]把战役指挥的重担加在了粟裕肩上。

粟裕接到中央军委电示，立即由前线出发，昼夜兼程，赶到位于涟水、沭阳交界处的华中军区驻地张集，同从鲁南南下的陈毅会合，共同策划和指挥宿北战役。

粟裕多次谈起，他在解放战争的战役指挥中有三个最紧张的战役：宿北、豫东和淮海。宿北战役是第一次。他说：我协助陈毅同志指挥宿北战役，深感责任重大，心情紧张。这一仗是山野和华野会合后第一次协同作战，也是华东战场上化被动为主动的关键一仗。直接参战的部队大部分属于山东野战军，指挥机关也是山东野战军司令部，我对指挥机关和参战部队不熟悉，感到心中无底。中央军委早有要

---

① 《毛泽东年谱》下卷，人民出版社、中央文献出版社，1993年12月，第1版，第154页。

求,"两军会合第一仗必须打胜"。如何完成中央军委交给的战役指挥任务,又处理好上下左右的关系,是一个棘手的不得不认真考虑的问题。但是,考虑到战争全局的利益,考虑到中央军委的重托,决心打消一切顾虑,把这一仗打好。

粟裕和陈毅等领导人一起,密切注视敌情的变化,不断调整自己的部署。他们分析敌我态势,判断在四路敌军中,东台、两淮、峄枣三路敌军曾遭到我军打击,顾虑较多,进展不会太快,而由宿迁东进之敌,以为我山野、华野主力尚在鲁南和苏北地区,可能乘虚冒进。这一路中的整编第十一师,装备精良,兵多将骄,刚从中原战场调来,对淮北地形、民情不熟悉。整编第六十九师由三个不同建制的旅合编而成,内部矛盾较多,战斗力较弱。师长戴之奇是"三青团"中央委员,政治上极端反动,不久前刚被蒋介石提升为中将师长。此人军事指挥无能,政治冒险精神十足,必图邀功冒进。于是,决定出其不意,中央突破,集中兵力,先打弱敌,以24个团的兵力,首先围歼立足未稳之整编第六十九师于宿迁、沭阳、新安镇三角地区,分割、阻击并视情歼灭整编第十一师;同时以28个团的兵力分别监视和阻击其他三路敌军。

12月14日,陈毅、粟裕将这个作战部署上报中共中央军委。第二天就收到中共中央军委复示:"决心与部署甚好。战况望随时电告。"

果如粟裕等人所料,敌人按照预定的计划,由宿迁向沭阳、新安镇攻击前进,整编第六十九师和整编第十一师主力呈扇形展开,出现了我军予以穿插分割,各个歼灭的大好战机。陈、粟当机立断,调整部署,指挥部队隐蔽按敌,向整编第六十九师发起突然攻击。

在这次战役中,第一次使用"华东野战军"名义。12月13日发出的预备命令,署名"华东野战军司令员兼政委陈毅,副司令员粟裕,副政委谭震林,参谋长陈士榘"。指挥机构称华东野战军前线指挥所。几位领导人的分工是:陈、粟一起指挥全战役,谭震林指挥阻击进犯涟水和盐城之敌,陈士榘和政治部主任唐亮直接指挥第一纵队、第八师作战。

战役发起以前,陈毅和粟裕率领前线指挥所到达宿迁东北的阴平、叶庄;战役进行中,又前进到靠近主战场的司吾山五华顶。在整个战役进程中,陈、粟密切合作,紧紧把握瞬息万变的战场态势,及时地对部队发出具体指令。据华东野战军前线指挥所《宿北战役阵中日记》记载,从12月14日到19日,陈、粟发出的指令有34次,其中标明"陈示"或"陈令"的8次,标明"粟示"或"粟令"的14次,只标明"示"或"令"的12次。除此以外,还有陈毅、粟裕写给陈士榘、唐亮的指示信1件。

当时的淮海区第三中心县委和第三支队负责人章维仁,曾经奉命来到前线指挥所,亲眼看到陈、粟紧张而和谐指挥的生动景象。

前线指挥所设在阴平西面叶庄的一个独立家屋,三间坐北朝南的草房,前面是土墙围绕的小院子。

12月15日清晨,章维仁走进草房,只见墙上挂满了地图,粟裕副司令员站在一条板凳上，一手按着地图，一手拿着话筒，正在与前线指挥员通话。他有时对站在左边的陈毅司令员讲几句话，陈毅点点头，又继续与前线通话。大约过了半小时，才与前线通话完毕。

陈毅司令员转过身来，对章维仁说："这次我们布了一个口袋阵，六十九师已经被我军完全包围。"他哈哈大笑，用右手指指军服上的口袋说："这一仗是瓮中捉鳖，我们完全有把握在一周之内消灭它！"

战役于15日黄昏发起。华东野战军出其不意的攻击，打了蒋军一个措手不及。第一纵队经过一小时战斗，歼灭整编第十一师工兵营和骑兵营大部，攻占了距离整编第十一师师部仅300米的曹家集，接着又切断了整编第十一师与整编第六十九师的联系。第八师经过彻夜激战，先后四次向据守峰山之敌发动猛烈冲击，在16日拂晓占领峰山，并且打退了敌人的多次猛烈反扑，控制了关系战役全局的制高点。第七师、第五旅和第九纵队则控制了嶂山以北以东阵地，进一步切断了整编第六十九师师部与所属四十一旅的联系。整编第六十九师陷入重重包围之中，不断向整编第十一师师长胡琏呼救。在徐州绥靖公署副主任吴奇伟与前线指挥官胡琏、戴之奇之间，展开了一场惊慌失措、相互指责的呼叫。戴之奇哀求："拉兄弟一把！"吴奇伟命令胡琏："请你强渡六塘河，向戴先生靠拢！"胡琏则哀叹："戴先生不堪设想了！"

为了不给敌人以喘息机会，粟裕命令第一纵队、第二纵队、第九纵队和第五旅，以迅速勇猛的动作，向被包围在人和圩等地的整编第六十九师展开进攻。17日下午2时，陈、粟命令：第九纵队归第二纵队指挥，并于今日集中全力解决人和圩之敌。第二纵队和第九纵队当即调整部署，运动接敌，但是到18日零时仍未展开攻击。粟裕下令：务限于18日拂晓前坚决攻下人和圩！各部队奉命发起攻击，由于准备不足，未获成功。当即总结教训，经过充分准备，于18日黄昏发起总攻。经过三个多小时激战，全歼整编第六十九师师部及其二六七团，接着又歼灭其四十一旅大部。至此，蒋军整编第六十九师全军覆没，中将师长戴之奇自杀，中将副师长饶守伟、少将参谋长张东彝被俘，宿北战役胜利结束。

在宿北战役进程中，华东野战军在鲁南、涟水和盐城方向的部队积极打击敌人，对宿北战役起了有力的钳制和策应作用。其中涟水阻击战，虽然由于指挥上的一时失误，被敌军攻占涟水，我军伤亡4000多人，打了一个消耗仗，但是毙伤整编第七十四师4000多人，并把它阻止在六塘河以南，保障了宿北战役的胜利进行。

宿北战役歼敌2.1万余人，是解放战争以来一次作战歼敌人数最多的战役，也是华东战场上歼灭战规模越来越大的良好开端，是华东战局第一个转折的标志。

中共中央军委于12月18日发出贺电，"庆祝宿沭前线大胜利"，指出"此战胜利，整个苏鲁战局好转"，"涟水暂失，不足为患"。中共中央机关报《解放日报》为此发表题为《蒋介石孤注一掷的失败》的社论，指出："这是苏皖解放区超过以前十一次大捷的空前的大胜利，也是今年七月以来整个爱国自卫战争中空前的大胜利"，"宿北大捷对于今后的战局，将产生重大的影响"。

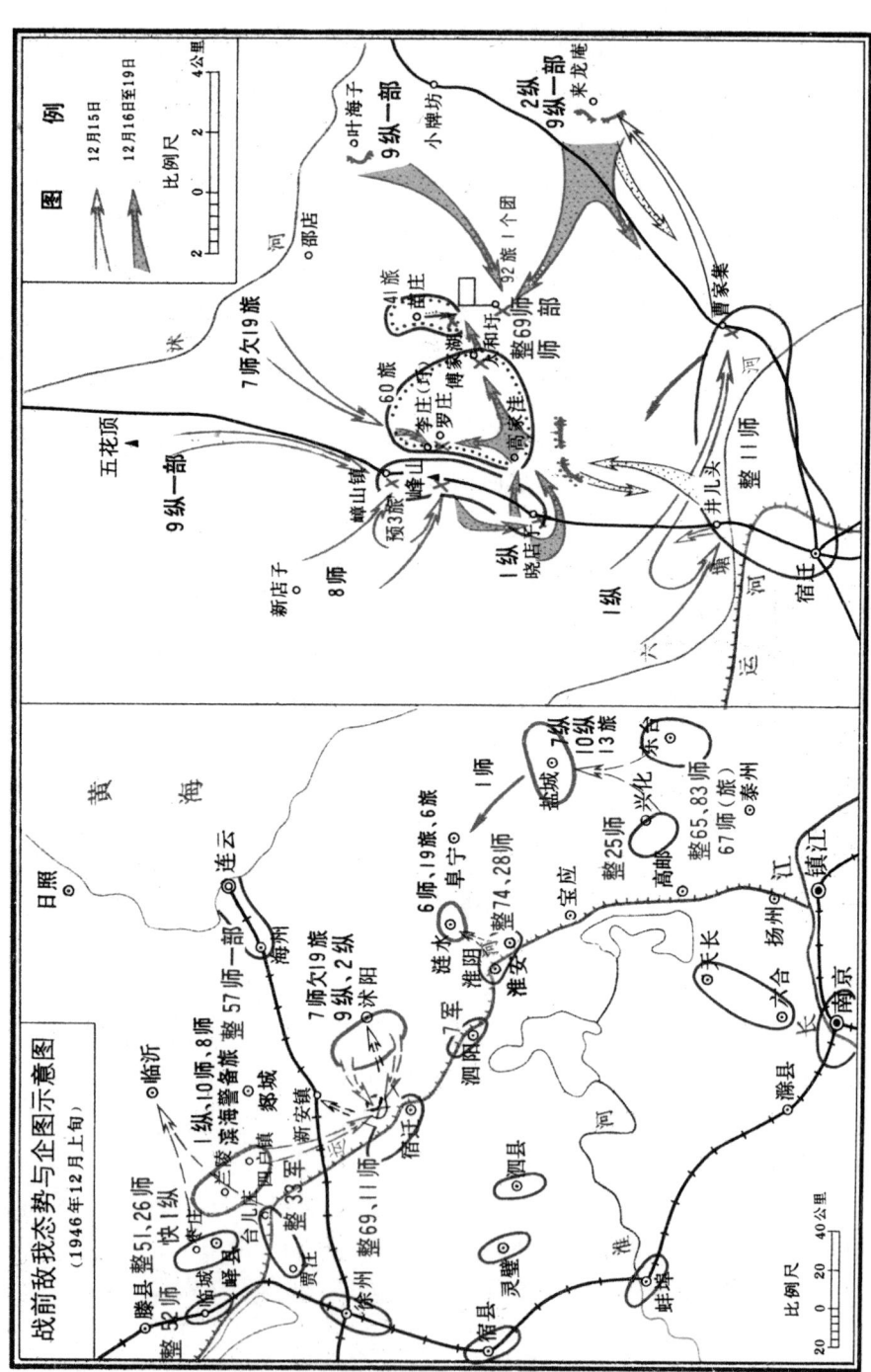

六、鲁南大捷。胜利实现华东战局的第一个转折。独创性的战争转折理论。

宿北战役接近尾声的时候，粟裕和陈毅等一起开始酝酿组织下一次战役。粟裕认为，宿北战役虽然给一路敌军以歼灭性打击，迟滞了其余三路敌军的进攻，但还只是把敌人的半包围圈打开了一个缺口，敌人并没有改变他的进攻企图。从总的战略态势来看，我军尚未完全摆脱被动局面，只是开始扭转战局。要从根本上改变战略态势，还必须组织新的战役，以新的胜利实现我军的战略意图。问题在于如何选择有利的作战方向和打击目标。

这也是中共中央军委正在考虑的问题。

从1946年12月18日至25日的七天时间里，他们密切注视着形势的发展，设想过多种作战方案。

还在9、10月间，陈毅就曾经和华中分局的同志多次酝酿过，集中主力，西渡运河，恢复淮北，逼近津浦路及徐州，以调动敌人，寻机歼敌于运动中。12月18日辰时（7—9时），陈、粟把这一设想进一步具体化，上报中央军委。同一天12时，中央军委尚未接到陈、粟建议电以前，毛泽东为中共中央起草致陈毅、粟裕并告张鼎丞、邓子恢，张云逸、黎玉的电报，指出："第二步作战，似以集中主力歼灭鲁南之敌，并相机收复枣（庄）峄（县）台（儿庄），使鲁南获得巩固，然后无顾虑地向南发展，逐步收复苏北、苏中一切失地。"①正当粟裕和陈毅等人认真研究领会中共中央指示精神时，又接到中共中央复电，同意他们提出的"迅速西进迫近津浦徐州"的方案，说"如你们觉得这样有利，可以这样做"。

战场情况瞬息万变。12月19日中午得到情报：薛岳令整编第七十四师及桂系第七军之第一七一师由涟水向北进攻，限23日攻占沭阳。陈、粟立即召开紧急会议，商讨行动方针。认为国民党军如果按照薛岳的命令北进，势必孤军冒进，有利于我就近转移兵力将其歼灭在运动中。陈、粟决定，除以一部兵力北上攻歼邳县地区之敌外，主力先南下歼灭运动中的整编第七十四师。12月19日和20日，中共中央军委连发两电，同意陈毅、粟裕的主张，指出："七十四师向沭阳前进，先打该师，甚为必要。只要有好仗打，在内线多歼灭几部分敌人再转外线作战更为有利。"②可是，直到23日，整编第七十四师仍在原地未动，并与第七军、整编第二十八师互相衔接，企图等待欧震兵团到齐后再继续北犯。敌人队形密集，不易分割。

敌变我变。陈、粟果断放弃歼灭整编第七十四师的计划，决定按中央军委的意图，主力回师鲁南，并于24日将这个方案报告中央军委。当天，中央军委就复电指示，如放弃打整编第七十四师的计划，似宜集中25个团左右的兵力，在鲁南

---

① 《毛泽东军事文集》第三卷，军事科学出版社，中央文献出版社，1993年12月，第1版，第581页。
② 同上书，第587页。

地区歼灭蒋军整编第二十六师，迫退冯治安部。25日又电示陈、粟："鲁南战役关系全局。此战胜利即使苏北各城全失亦有办法恢复。你们必须集中第一、第六、第八、第四、第九、第十各师及一纵、警旅等部，并有必要之部署准备时间，以期打一比宿北更大的歼灭战。"①

这个过程表明，中共中央军委和战区指挥之间，心往一处想，劲往一处使，互相尊重，互相启发，终于求得最优作战方案。

粟裕说：经过这样一个反复酝酿的过程，加深了我们对于在鲁南作战重要性的认识。中央军委和毛泽东一再指示，要在鲁南作战，使鲁南获得巩固，实际上是指出了在今后一定时期山东将是华东的主要战场。如果继宿北战役之后再在鲁南打一个大歼灭战，不仅能打破敌人的包围圈，使山东、华中两路野战军完全会合，而且能为今后在山东作战创造良好的战场条件。鲁南巩固了，以后南下、北上或西进，都会取得行动的自由。如果分兵进入淮北，远离后方，不仅需要作好充分准备才能行动，而且不一定能调动进攻鲁南和苏北之敌回援。

确定了作战方案以后，如何选择打击目标，就成为定下战役决心的重要问题。

向鲁南解放区进犯的一路国民党军，这时仍停留于临沂西南地区。其中马励武指挥的整编第二十六师及第一快速纵队是蒋介石的嫡系部队，全部美械装备，是这一路的主力，位于峄县以东的马家庄、太子堂地区；周毓英指挥的整编第五十一师，原是东北军部队，位于枣庄地区；冯治安指挥的整编第三十三军（后改称第三绥靖区），原为西北军部队，位于台儿庄、四户镇地区。后两支部队装备较差，与蒋介石的嫡系部队有矛盾，有浓厚的保存实力思想。

针对上述敌情，陈、粟等原来准备先打弱敌，首先歼灭冯治安部的整编第五十九师；后来改为先打强敌，首先歼灭马励武的整编第二十六师和第一快速纵队。

为什么作出这种改变？他们认为，这样才能更好地实现中共中央军委的意图，也更加切合当时鲁南战场的实际。整编第二十六师是鲁南一路蒋军主力，消灭了它，华东战局即可好转；若先打整编第五十九师，即使全胜，恐也一时不能从根本上解决鲁南问题。整编第二十六师和第一快速纵队虽是强敌，但它孤军突出，态势对它不利，又与冯治安部有矛盾，冯部不会积极增援，存在着强中有弱的因素。先打强敌，我军虽有不利因素，但有利条件更多，特别是战役一开始就可以集中27个主力团打蒋军6个团，兵力四倍半于敌，占有绝对优势。粟裕说："选弱敌打，这是我军常用的一条原则。但有时为了迅速改变态势，扭转战局，我们也在有把握或既有一定把握又有一定风险的情况下先打强敌。"②

战争的实践告诉我们，这种反常用兵并非违反战争的客观规律，恰恰是适应战争的特殊规律。出奇制胜，常常被视为险着，也确实具有风险性。要做到似险而非险，必须使自己的行动建立在对敌我双方情况科学分析的基础上。历代军事名家都是反常行险的行家。"善用兵者，无不正，无不奇，使敌莫测。故正亦胜，

---

① 《毛泽东军事文集》第三卷，军事科学出版社、中央文献出版社，1993年12月，第1版，第591页。
② 《粟裕战争回忆录》，解放军出版社，1988年11月，第1版，第436页。

奇亦胜。"粟裕就是这种善于反常用兵、出奇制胜的行家里手。

作战部署确定以后,除谭震林留在苏北指挥坚持华中的部队以外,陈毅、张鼎丞、邓子恢于24日、粟裕于25日先后向鲁南转进,29日又在陇海路以北的桃林会合在一起。经中共中央批准,华东局与华中分局、山东军区与华中军区、山东野战军与华中野战军机关合并,实行统一领导、统一指挥。

1947年1月2日,鲁南战役发起以前几小时,毛泽东仍在关注战役的准备和指挥,他为中共中央军委起草电报询问:"打马励武是否准备完毕?粟及一师是否已至鲁南与你们在一起?"指示:"你们应以宿东战役(即宿北战役)为例,力争打大歼灭战。"①陈毅、粟裕于1月3日联名复电,报告他们已经会合在一起,第一师已经参战,对马励武的作战已于1月2日晚上开始。

陈、粟强调,对整编第二十六师和第一快速纵队的作战,要突然发起进攻,迅速包围分割,各个歼灭敌人。参战部队夜行晓宿,隐蔽开进,到达指定地域集结待命,在紧张的战前准备中度过1947年元旦。

陶勇率领第一师部队昼夜兼程北进,越过陇海路时,被国民党空军侦察发现。陶勇请示粟裕,是否还要昼夜兼程。粟裕说:"为什么不能将计就计迷惑敌人呢?"命令他们以营连为单位继续白天行军。这一反常行动,果然造成了敌人的错觉。他们认为,我军一贯夜间活动,现在竟在白天行军,断定我军"败退山东,不堪再战"。

马励武的整编第二十六师和第一快速纵队对华东野战军的作战意图毫无察觉,仍按预定计划由峄县向东进攻,一路进展颇感顺利,几天内就攻占了向城、下庄等许多城镇,到达临沂县境。马励武以为临沂城指日可得,下令部队停止在马家庄一线,搜罗鸡猪牛羊,运来兰陵美酒,大吃大喝,庆祝新年。喝得醉醺醺的马励武口出狂言:"再过三天,我可以打赌,国军一定能进临沂城。进不去,砍我姓马的脑袋!"然后,就离开部队,回峄县城里过

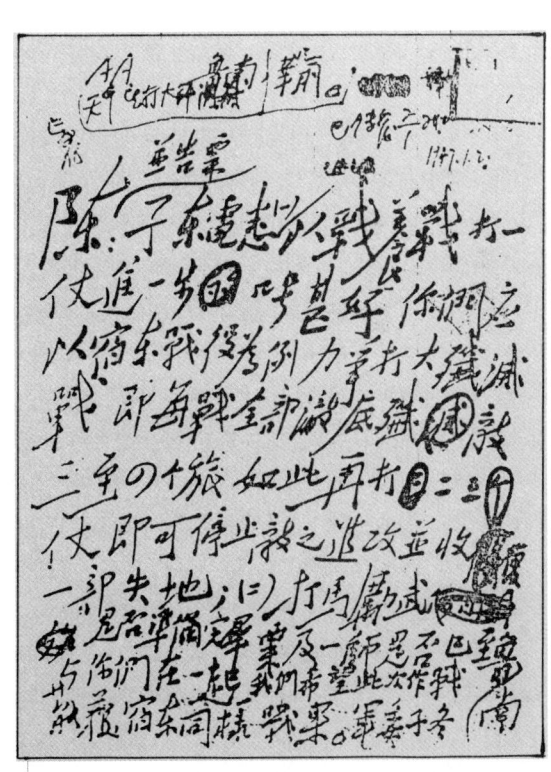

■ 毛泽东为中央军委起草的1947年1月2日电文手迹

---

① 《毛泽东军事文集》第三卷,军事科学出版社、中央文献出版社,1993年12月,第1版,第599页。

新年去了。

正当马励武在峄县城内怡然自得地观看京剧《风波亭》时候，风波果然来了。华东野战军比预定计划提前两小时发起对整编第二十六师和第一快速纵队的攻击，把敌人打了个晕头转向，很快就失去了统一指挥。经一夜激战，歼灭整编第二十六师师部及两个旅大部，把整编第二十六师残部和第一快速纵队包围在一个狭小地区里。

1月4日，华东野战军即将发起总攻的时候，突然寒风劲吹，雨雪齐降，顿时坑里积水，道路泥泞。参谋请示粟裕："计划有无改变？"粟裕说："不变！这是天老爷帮我们的忙。雨雪交加，道路难行，把敌人的重装备陷在那里，他就更难逃脱了。"

整编第二十六师残部和第一快速纵队眼看增援无望，企图向峄县方向夺路逃窜，恰巧进入下湖、漏汁湖一线水洼地带，汽车、坦克、大炮等重型装备在泥泞中艰难地爬行。华东野战军部队冒着寒风雨雪奋勇攻击，只用几小时就把号称"国军精华"的快速纵队打成了瞎子、聋子、瘫子。到4日下午3时，除7辆坦克漏网逃到峄县以外，整编第二十六师和第一快速纵队3万余人全部覆灭。

马励武在日记中哀叹："此诚余带兵以来对外对内作战损失最惨痛之一役也！"他认为，造成这一"空前覆败之局"的原因，是他们战略指导错误，而共军作战计划完善。他写道："孤军深入已属兵家之大忌，而况孤军久立不退亦不进，致为匪所乘"；而"匪对我孤军深入一切明了后，乃下定一完善之作战计划，将我包围，所以陷入重围，成为被动"。

战斗刚刚结束，粟裕就同华野司令部的几位同志赶到战场视察，只见坦克、大炮和汽车漫坡遍野横七竖八地停在那里，各种枪支、弹药以及通信、工兵器材累积成堆，美国造的生活用具、食品、药物、被服遍地皆是，一批批全身沾满泥污的俘虏被押下战场。第一快速纵队的坦克兵说："我们在印缅战场作战三年，一直是向前冲，美国人对我们也很看得起，想不到今天会败得这样惨！"华东野战军指战员忘记了连续几昼夜奋战的疲劳，在凛冽的寒风中打扫战场，用冻僵了的双手比画着讲述打坦克、缴大炮、捉俘虏的经过和体会，双眼红肿、布满汗垢的脸庞上露出自豪和胜利的笑容。粟裕目睹此情此景，心想：这些忠诚无畏的勇士们，是多么可敬可爱啊！人民子弟兵在革命英雄主义精神鼓舞下所发挥出来的巨大物质力量，是敌人永远也无法估量的。

粟裕说，他在鲁南战役的指挥上，同宿北战役一样，最特出之处是慎重。因为这次作战有几个特点：一是敌人阵势摆得很长，成犄角之势，易于相互策应，我军处于几路敌人紧逼之中；二是作战对象生疏，除了美械装备的蒋介石嫡系主力部队，还有多兵种组成的快速纵队，过去未曾打过；三是两个野战军会合作战，与半数参战部队初次接触，互不熟悉，不大摸底。这些都使他兢兢业业，格外慎重。现在初战虽胜，仍不敢松懈，又进入紧张的思考。他的注意力集中在第二阶段作战方向的选择上。

鲁南战役经过要图

(1947年1月2日—20日)

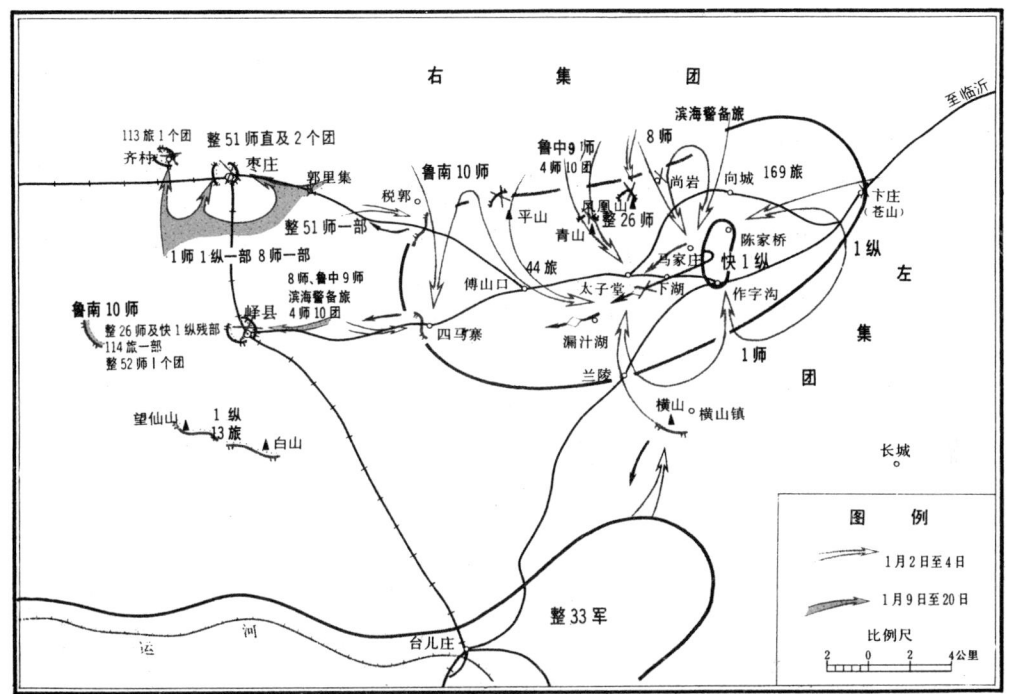

第二阶段的作战任务,预定方案是寻歼冯治安的整编第三十三军,相机收复台儿庄、峄县。在第一阶段作战过程中,粟裕就反复思考,怎样才能更好地实现中共中央的扭转战局、巩固鲁南的战略意图。他认为,为了打开鲁南局面,为继续打大歼灭战创造较好的战场条件,只打下峄县不行,还要攻克枣庄。枣庄是敌人在鲁南的重要据点之一,位于我军出击方向翼侧,如果不打下来,敌人就会依托这个据点从侧后攻击我军,对我很不利。枣庄有日伪时代就开始修筑的坚固防御工事,攻克它可能要付出较大的代价,但对打开鲁南局面极为重要。战役第一阶段结束以后,敌情发生变化,冯治安的整编第三十三军退缩到运河以南,寻歼整编第三十三军的战机已失。粟裕当即向陈毅提出战役第二阶段同时攻取峄县、枣庄的建议。陈毅表示同意。中共中央军委迅速批准了他们的作战方案。

为了及时、准确地掌握战场情况和指挥部队作战,粟裕率领一个轻便指挥所,于1月9日拂晓到达峄县、枣庄前线指挥作战。

攻打峄县的战斗进展顺利。1月9日晚发起攻击,11日凌晨就全歼守敌,生俘敌中将师长马励武。攻城部队第八师中矿工出身的指战员较多,擅长爆破技术,在攻城战斗中发挥了威力。峄县战斗一结束,粟裕就进城研究爆破技术,要第八师指战员详细介绍了突破南门以及巷战中火力、爆破、突击结合运用的经验,并且立即把他们的经验通报枣庄攻城部队第一师。

攻打枣庄的第一师,素以擅长野战、灵活机智、作风顽强著称,但是较少城市攻坚经验。驻守枣庄的国民党军整编第五十一师,在日伪遗留工事基础上,又构筑了大批集团地堡,形成了核心阵地与外围阵地紧密连接的防御工事,自吹"固若金汤"。攻城部队虽然打得英勇顽强,但受不会爆破的限制,进展迟缓,仅攻占大部分前沿据点,两次攻城失利。这时,国民党军整编第十一师及整编第六十四师已全部进至台儿庄、韩庄一线,整编第七十四师正向新安镇前进中。当务之急,就是力争在敌援兵到达之前攻克枣庄。

1月14日,粟裕下令停止攻击,研究对策。他与第一师副师长陶勇、第一纵队司令员叶飞、第八师师长何以祥商量,增加攻击枣庄的兵力,第一纵队派两个团,第八师派一个团,协助第一师攻打枣庄。同时,把第一师第三团团长康林找来,一起研究如何在攻城部队中学习和推广爆破技术。

粟裕招呼康林坐下,对他说:"康林同志,你们三团历来是能打硬仗的,可是啃枣庄却啃不动了,怎么样,碰到麻烦了吧?我们师对坚固设防之敌的攻击还是第一次,我把你找来,是想听听你下一步的打算。"

康林说:"师长(当时粟裕仍兼一师师长)命令停止进攻是正确的。我也正准备向张(震东)旅长汇报,我们三团善于打野战,而眼下是攻坚,部队缺乏攻城的作战经验,一下子很难适应。"

"说得对。"粟裕点点头,"但是办法你想过没有,工兵参谋同志?"在粟裕担任新四军江南指挥部副总指挥的时候,康林在那里担任工兵参谋。

康林讲了他对攻城作战的想法和建议。康林认为,要攻破敌人的坚固防御工事,必须使用连续爆破的办法。建议组建一个五六十人的攻城先遣组,分成爆破、火力、突击几个小组,进行专门训练。另外挖一条坑道,直通枣庄城墙脚下,这样爆破更加安全可靠。

粟裕高兴地说:"好啊!毛主席说知己知彼,百战百胜。我们的想法真是不谋而合啊!"转身征询陶勇等同志的意见:"你们以为如何?"陶勇等表示赞成。

粟裕问康林:"你过去学过爆破,你觉得这次有把握吗?火线练兵需要多长时间?敌人的城墙有一丈余宽,炸药包不能太小,这可不像炸个小炮楼子那么容易。"

"有三天时间就可以训练出爆破组。再准备好火力和突击力量,攻城问题可以解决。为了增大爆破威力,一包炸药来它三四十斤。只要炸开一个缺口,部队就可以进去了。"

"对!"粟裕眉毛一扬,"还应该再大一点儿,每包来它五六十斤,让敌人好好地坐坐咱们的土飞机。我们不攻则已,攻则必破。就这样定了,你马上回去组织实施。"

康林临走时,粟裕又嘱咐他:"你回去后,要发动群众,多调查研究。让广大指战员都懂得爆破技术的重要性,学会用爆破来消灭敌人。"

三天以后,粟裕又把康林叫来,了解组建和训练爆破组的情况。康林汇报说,按照师长的指示,发动群众献计献策,解决了不少技术难题,不到三天战士们就掌握了爆破技术，还反复进行了抢占突破口的训练，指战员个个摩拳擦掌，信心百倍。粟裕满意地笑了，点点头说："很好！"

与此同时，第一纵队、第八师抽调的三个团也冒雪到达指定攻击位置。各部队准备就绪。为给原为东北军的整编第五十一师留最后一次机会，特地给师长周毓英送去陈毅、粟裕署名的劝降信，但是未见积极反应。

粟裕的指挥所离前线很近，敌机不时飞来轰炸扫射，曾经两次射中粟裕住房。有一次，敌军在飞机掩护下朝粟裕的指挥所扑来。粟裕轻轻拍掉敌机轰炸时落在身上的尘土，镇定自若地指挥部队歼击来犯之敌。

在敌机频繁轰炸的情况下，为了不暴露目标，不能生火做饭，粟裕和指挥所的同志一起，用井水泡又冷又硬的煎饼、窝窝头充饥。他对这种生活早已习以为常了。负责生活管理的副官周俊才记述当时情景说：那时野战军首长的伙食标准是每餐一荤一素两菜一汤。但货源少，条件差，有时没有荤菜，就清炒辣椒。粟司令生活简朴，对自己要求很严。有时来了客人，才关照好好招待，也不过是增添一两个菜。枣庄战斗胜利结束后，粟司令说：今天请你们吃一顿。我们做了白米饭、两个菜、一个猪肉炒大葱，一个炒鸡蛋，大家美美地饱餐一顿。

1月19日下午，华东野战军按预定计划对枣庄守敌发起总攻。在炮兵火力支援下，各部进行连续爆破，共打开五个突破口，突入市区，与敌展开逐屋逐堡争夺。战斗到20日13时，守军整编第五十一师师部及两个团被全部歼灭，中将师长周毓英以下官兵3700多人被俘。慑于华东野战军威力，国民党援军迟迟不敢前进，只有临城一路援军与华野第一师第一旅稍有接触。

鲁南战役胜利结束。在从1月2日至20日的18天的时间内，经过两个阶段连续作战，全部歼灭国民党军整编二十六师、整编五十一师和第一快速纵队共5.3万余人，生俘2个中将师长，缴获坦克24辆、汽车474辆、各种炮217门以及其他大量武器装备，创造了华东战场上一个战役歼敌数字的新纪录。1月14日和21日，毛泽东为中共中央军委先后起草两份电报，指示："枣庄攻克，五十一师全歼，甚好甚慰。望对有功将士予以嘉奖。"指出："三十五天内你们歼灭第六十九、第二十六、第五十一等三个整师，取得空前大捷"，"鲁南胜利，局面打开，我已夺取主动，敌已陷于被动"。[①]

1947年1月23日是农历春节，华东战区双喜临门：一个是鲁南空前大捷，一个是华东野战军正式成立。自从1946年9月23日中共中央指示"山野、华野集中行动，两个指挥部亦应合一"以来，经过四个月的曲折道路，两个野战军终于在胜利声中正式合编为华东野战军，陈毅为司令员兼政治委员，粟裕为副司令员，谭震林为副政治委员，下辖11个步兵纵队，还有一个新组建的特种兵纵队。

粟裕此时感到少有的轻松。他对机要秘书说："走，小徐，散步去。"

他们踏着积雪，朝村外走去。大雪之后，田野白茫茫一片。除了村头几声犬

---

① 《毛泽东军事文集》第三卷，军事科学出版社、中央文献出版社，1993年12月，第1版，第618、632页。

吠,大地静悄悄的,一改几天来枪炮轰鸣的紧张气氛。粟裕边走边哼学生时代就喜欢唱的歌曲《月明之夜》。

> 云儿飘,星儿摇摇,
> 海早息了风潮。
> 声儿静,夜儿悄悄。
> 爱奏乐的虫,
> 爱唱歌的鸟,
> 爱说话的人,
> 都一齐睡着了。
> ……

从宿北战役到鲁南战役,胜利实现了华东战区战局的第一个转折。宿北战役是这一转折的标志,鲁南战役是宿北战役的继续。

粟裕说,在解放战争中,华东战场经历过三个转折:第一转折是从两淮失守到鲁南战役,是主战场由解放区前部转入纵深,两支野战军由战略上配合转为战役上协同的转折;第二个转折,从"七月分兵"到沙土集战役,是由内线歼敌到外线出击的转折,也是由战略防御到战略进攻的转折;第三个转折,从豫东战役到淮海战役,是由战略进攻到战略决战的转折。在这三个转折中,我们有一个由不够自觉到比较自觉的过程。第一个转折,不够自觉,但是取得了实践经验。有了这个经验,第二个、第三个转折就比较自觉了。

后来,粟裕在总结战争实践经验的基础上,创造性地提出了战争转折理论。他认为,战争进程中的转折,包括三个层次,即战略转折、战区转折和战役转折。他所说的战区转折,就是在一个战略区范围内的全局性战略性转折。他说:"在战争全局的转折和战役的转折这两个高低不同层次之间,还存在着一个层次,就是战区的转折。因为中国是一个大国,在全国性的战争中,必须划定几个战区。拿华东战区来说,人口、面积相当于一个中等国家,华东我军兵力也相当于一个中等国家战时兵力,在中央总的战略方针下,有相对独立自主的一个方面。在这个战区内,根据敌我双方的变化,(战局的发展)又形成若干段落。在这一个段落与下一个段落之间,形成了战区的转折。这时,战争的许多方面,如作战对象、作战地域、作战规模、作战方法会发生变化,各方面的关系表现得错综复杂。作为一个战区的指挥员,要注重各个段落之间的转折。这是在战区指挥上最不容易掌握的时节。"[①]

这一战区转折理论,加上他的战略转折理论和战役转折理论,构成粟裕的战争转折理论,是他对军事科学的独创性贡献。

[①]《粟裕战争回忆录》,解放军出版社,1988年11月,第1版,第425—426页。

第十四章 沂蒙连战连胜

一、适应两军合编、战争发展的新形势,增强全军团结凝聚力,统一作战指导思想,特别关注技术兵种建设。

1947年2月的山东解放区,虽然残冬尚未退尽,时有大雪纷飞,但已显露勃勃生机,预示着春天即将到来。

对于刚刚正式组成的华东野战军来说,军事形势与自然气候一样,尽管仍然面临着敌人重兵进攻的严重挑战,但是全军上下满怀必胜信念,迎接新的胜利的春天。

还在鲁南战役即将结束的时候,粟裕就与陈毅一起分析敌我战略态势和战争发展趋势,判断徐州地区之敌不久就会发动新的攻势,决定利用战役之间的间隙,完成山东野战军和华中野战军的合编,召开华东野战军前敌委员会第一次扩大会议,组织部队进行为期两周的休整,为迎接战争的新发展作好各项准备。

粟裕对这次休整特别重视。他认为,面对敌人的重兵进攻,战役间隙通常是很短暂的。作为战役指挥员,要十分重视、抓紧和利用休整时间,这是我军得以连续胜利作战的保证。在一定意义上说,要像对待创造战机和捕捉战机那样,组织战役间隙的休整。由于两支野战军刚刚合编,战争又有新的发展,在建军和作战两方面都面临着许多新问题,使这次整训更有特别重要的意义。

在这次合编中,组成了以陈毅为书记的中共华东野战军前敌委员会,以陈毅为司令员兼政委、粟裕为副司令员、谭震林为副政委的华东野战军指挥部,建立了统一集中的指挥体制。根据中共中央指示,在陈毅领导下,大政方针共同决定,战役指挥交粟裕负责。陈毅对粟裕说:我们一如既往,军事上主要由你考虑。按照毛主席、党中央赋予的作战任务,有计划有步骤地消灭敌人。至于先打谁,后打谁,什么时间,什么地方,怎样打,请你大胆负责地考虑和指挥。粟裕说:我还是像过去一样,尽力当好你的助手。粟裕反复强调,全野战军都要尊重陈毅的领导和指挥。他自己更是以身作则,重大问题都向陈毅请示报告。两军合编以后,人们仍然习惯地称他为粟司令。粟裕总是立即纠正,说:"我现在是副司令员,怎么还叫粟司令?只有一个司令员,没有两个司令员。应当叫我副司令员。"后来华野参谋处给华野首长编了代号,陈毅是501,粟裕是502,谭震林是503……粟裕对这个办法很欣赏,连连称赞说:"很好,又顺口,又保密,又好写。以后就叫我502好了。"陈毅对粟裕的工作大力支持,在战役决策和战役指挥上尊重粟裕的意见。在战役发起以后,常常离开指挥室,说:"我离开这里很必要,免得粟司令事事向我报告,延误时间。"但是,当粟裕在指挥中遇到故障时,陈毅就站出来讲话,有时拿起电话就说:"粟司令的意见就是我的意见,你们坚决执行。"

陈、粟互相尊重,密切协作,以身作则,率先垂范,给部队树立了榜样,促进了全军的团结协作,增强了部队的凝聚力。在原来的山东部队和华中部队之间,互相学习,取长补短,共同提高,蔚然成风。"在陈、粟指挥下打胜仗",成为广大指战员的坚强信念,为刚刚合编后的华东野战军顺利实行集中统一的指挥提供了重要的思想保证。

在这次整训中,根据华野前委的统一部署,着重抓了统一作战指导思想、提高大兵团作战能力和技术兵种的建设问题。

粟裕密切注视战争的发展趋势,探索战争发展的客观规律。他认为,经过战争初期的较量,主战场由解放区前部转入纵深,战线进一步缩短,敌我双方兵力进一步集中,作战规模进一步扩大,战略战术也将发生新的变化,这是战争发展的必然趋势。在战争指导上,必须适应战争的新发展,进一步提高大兵团作战能力,加速技术兵种的建设,准备对付敌人更大规模的进攻,打更大规模的运动战、歼灭战。

■ 陈毅、粟裕1947年1月与华东野战军部分指挥员合影。左起:叶飞、丁秋生、韦国清、邓子恢、陈毅、唐亮、粟裕、陈士榘、谭震林。

在作战指导思想上，粟裕特别强调树立大踏步进退的运动战思想和以歼灭敌人有生力量为主要目标的歼灭战思想。他说："本来，大踏步进退是运动战的特点之一。一切的走都是为了打，都是为了歼灭敌人，夺取战争主动权。大踏步后退，实际上也是大踏步前进，是进到另一个方向去歼灭敌人。"但是，这一作战指导思想一时还没有为广大指战员所完全理解。大家对大踏步前进是乐于接受的；对于大踏步后退，特别是打了胜仗以后还要大踏步后退，则不容易想通。过去，部队从苏中退到苏北，从苏北退到鲁南，都曾经遇到这个问题，部队中流传着一个发牢骚的顺口溜："反攻反攻，反到山东。手拿煎饼，口咬大葱。大好形势，思想不通。有啥意见？要回华中。"经过宿北、鲁南两战胜利的实践，提高了广大指战员、特别是高中级干部对运动战、歼灭战指导思想的认识。通过华野前委扩大会议，进一步统一了作战指导思想，为后来在莱芜战役、孟良崮战役中实行大踏步进退，打更大规模的歼灭战，打下了良好的思想基础。

在提高大兵团作战能力上，粟裕特别强调各级干部、特别是高级指挥员树立协同作战的整体观念，提高大兵团作战的指挥艺术，组织部队学习大兵团作战的战略战术，充实和改善战斗部队的兵员和装备。粟裕提议，华东野战军前委决定，每个纵队人数由万把人增加到两万人，每个团由千把人增加到两千人。各个战斗部队的武器装备也有所改善。特别是利用鲁南战役中缴获的现代化装备，组建了特种兵纵队，加强了各个纵队的炮兵部队，更使华东野战军如虎添翼。这些措施，进一步提高了部队的战斗力、特别是大兵团作战和连续作战的能力。

对于技术兵种的建设，粟裕给予了特别的关注。他认为，我们进行的革命战争的一个突出特点，是以弱胜强，以劣胜优。我们必须正视武器装备上敌优我劣的现实，树立用"小米加步枪"战胜"飞机加大炮"的坚强信心，充分发挥人民战争的优势，依靠正确的谋略和巧妙的指挥战胜敌人；同时又要看到，武器装备上敌优我劣的情况并不是一成不变的，我们不能满足于用"小米加步枪"作战，而要积极创造条件改善武器装备，积极学习和掌握使用新式武器装备的战术和技术，逐步实现技术装备上由劣势到优势的转化。因此，他特别重视技术兵种的建设、技术干部的培训和军事工业生产。他具体指导了特种兵纵队的组建，并派干部到东北筹建制造炮弹的工厂。

1947年2月，陈毅和粟裕找新上任的特种兵纵队司令员陈锐霆谈话。

陈锐霆，山东即墨人，1936年加入中国共产党，曾经在国民革命军部队里当过炮兵团长。1941年4月，在豫皖苏边区举行反内战起义，参加新四军，曾任新四军司令部参谋处长兼炮兵司令员。此次鲁南战役开始后，陈、粟派他到战场上收集缴获的武器装备，为成立特种兵纵队作准备。

陈毅对陈锐霆说，前委决定成立特种兵纵队，把步兵以外的骑兵、炮兵、装甲兵、工兵统一管起来，以适应打大歼灭战的要求；同时成立一所特科学校，培养技术干部，迎接特种兵的更大发展。前委分工粟副司令员主管，今后有事直接向他请示报告。

粟裕着重谈了特种兵纵队和特科学校的建设方针问题。

粟裕说，特种兵纵队的建设，应当采取重点突出炮兵建设的方针。这和作战一样，必须集中兵力、火力于主要突击方向，才能取胜。就是说，在你们特种兵纵队骑、炮、装、工四个兵种中，突出炮兵建设。这是战争形势发展的需要，不是有什么偏爱，也不是你懂得炮兵就以炮兵建设为重点。中央2月1日指示，依据全国战争形势发展的要求，确定今后军事建设以炮兵、工兵建设为重心。根据我们华东地区部队半年战争的体验，仗是越打越大，打大的运动战，歼灭敌人的大兵团，没有炮兵是困难的。所以，突出炮兵建设是我军今后作战的急切需要。事关全局，必须以炮兵建设为重点，不能有其他选择。建设炮兵本身，也应该有重点和分工。轻型的为山炮，归各纵队建设，加强各自的炮兵团。特纵搞重型的火炮，编有野炮和榴弹炮。骡马牵引的野炮和汽车牵引的美式榴弹炮比较，应以机动性强的榴弹炮为重点。美式榴弹炮团，现有榴弹炮48门，本来可以编两个团，为了集中力量，提高效率，目前只编一个团。团的建设也要有重点，不能把干部、技术人员、火炮、车辆、仪器、器材平均分配到各营，要重点配备一个营，或每营重点搞一个连。只有这样抓住重点，才能快一点拿到前方作战。我考虑过，对榴弹炮兵部队的要求有三点：第一要很快编组起来，拿到前方作战，以应战争急需。第二要有过硬的战斗作风。第三要重视掌握技术。为了加快建设榴弹炮团的步伐，并能有过硬的战斗作风，我考虑了一个办法，就是从步兵团中，每连调一个打过仗的、军政素质好的、有点文化的班长，来当炮手。以他们作主体，再补充部分地方军升级上来的战士，争取团结教育改造一部分炮兵俘虏，并且把各个纵队的炮兵牵引车统统调给你们。这样，很快就可以建成一支能打仗的炮兵部队。

粟裕还指出，从长远来看，还必须抓紧技术干部的培养，以准备打更大的歼灭战，缴获更多的火炮，迎接特种兵的更大发展。华野前委决定，以华东军政大学炮兵大队为基础，组建特科学校，归特种兵纵队来管。

粟裕最后说，概括起来，你们有两个重点，当前的和长远的，但有轻重缓急。当前的重点是美式榴弹炮团的建设，集中最主要的力量赶急火，把榴弹炮兵突击出一部分，拿到前方去打仗。训练不足不要紧，陈司令讲过"以战教战"。另外一个重点是特科学校的建设，培养技术干部，这是长远的基本建设。

陈锐霆后来回忆说："粟裕同志这次谈话，事实上为初建的特纵制定了建设发展的纲领。从这次谈话中，使我更加体会到，粟裕同志是一位经验丰富、知识渊博的领导者，是一位相当老练成熟的领导者。"他们按照粟裕指示的方针和重点，抓特种兵纵队和特科学校的建设，很快就抓出了成效，既满足了当前作战的需要，又培养了特种兵发展需要的技术干部。两个月后，榴弹炮团就参加了蒙阴战役的主攻作战。两年以后，炮兵部队就由一个团发展为六个团。陈锐霆说："炮兵成倍地发展，并没有感到干部不足的困难，主要得力于华野前委和粟裕同志的远见卓识、正确领导。"[①]

[①]《一代名将》，上海人民出版社，1986年8月，第1版，第207—210页。

在组织部队休整的同时，陈、粟等还在中共中央华东局的统一领导下，与地方机关一起，统一部署地方支援前线的工作，筹集大量粮草、弹药和其他军用物资于临沂地区，进一步部署了苏北、苏中和淮北、淮南的敌后军事斗争。

这次休整，虽然时间不长，但为以后的胜利作战打下了思想上、组织上和物质上的基础，使华东野战军顺利地进入了建军作战的新阶段。

二、示形于鲁南，决胜于鲁中，沂蒙山区首创莱芜大捷。
陈毅说：粟裕将军的战役指挥愈出愈奇愈打愈妙。

1947年初，全国战局继续以华东战场为中心展开，主战场转入山东解放区境内。

面临和平攻势破产、军事进攻惨败的国民党反动派，采取集中重兵于主要战场的战略部署，企图与人民解放军作孤注一掷的较量。蒋介石主持制定了一个"鲁南会战"计划，调集15个整编师（军）59个整编旅（师）31万人于华东战场，企图迫使华东野战军主力决战于临沂地区。其中单是用于南北两线突击集团的兵力，就有11个整编师（军）29个整编旅（师），包括"五大主力"之中的两个整编师。集中兵力之多，作战规模之大，是蒋介石发动内战以来空前的一次。为了实现"15天澄清鲁南局势"的企图，蒋介石特派他的参谋总长、"第一员大将"陈诚坐镇徐州指挥，下令空军总司令周至柔亲自率领空军对鲁南地区实行"战略轰炸"。陈诚叫嚣："党国前途，剿匪成败，全赖于此，只许成功，不许失败！"

中共中央政治局及时发出了"迎接中国革命的新高潮"的号召。2月1日，毛泽东在为中共中央起草的这一指示指出，中国时局将要发展到一个全国范围的新的人民大革命的阶段，全党要为争取这一高潮的到来及其胜利而斗争。军事形势已向有利于人民的方向发展，我军已歼灭进攻解放区的蒋介石军队的四分之一强，开始在几个战场上夺取了主动权。中共中央强调："为着彻底粉碎蒋军的进攻，必须在今后几个月内再歼蒋军四十至五十个旅，这是决定一切的关键。"[①] 1月31日和2月3日，中共中央军委电示华东野战军：采取诱敌深入的作战方针，连续打数个大歼灭战，准备在1个半月到2个月内歼敌10个旅左右，彻底粉碎蒋军向鲁南的进攻。[②]

国共双方的战略态势表明，一场规模空前的大战迫在眉睫。

1月31日，鲁南战役结束刚刚十天，国民党军队就发起了新的进攻。按照蒋介石的"鲁南会战"计划，集结于南北两线的蒋军组成两个突击集团。南线的欧震集团8个整编师（军）20个整编旅（师）为主要突击集团，从陇海路向北攻。北线李仙洲指挥的3个军9个师为辅助突击集团，从胶济线向南攻。两个突击集团南北对进，企图夹击集结于临沂地区的华东野战军主力。此外，还把原在冀南、豫北

---

① 《毛泽东选集》第四卷，人民出版社，1991年6月，第2版，第1215页。
② 《毛泽东军事文集》第三卷，军事科学出版社、中央文献出版社，1993年12月，第1版，第649—651页。

的王敬久集团1个军加3个整编师调到鲁西南地区，企图隔断华东野战军与晋冀鲁豫野战军的联系，并伺机加入鲁南、鲁中作战。国民党军队吸取过去作战被各个歼灭的教训，采取"集中兵力，稳扎稳打，齐头并进，避免突出"的战法。在兵力部署上，采取"烂葡萄里夹硬核桃"战术，在南线主要突击集团三路部队中，每路安排一个精锐主力部队作骨干，左路夹"五大主力"之一的整编第十一师，中路夹"五大主力"的王牌整编第七十四师，右路夹战斗力也相当强的整编第二十五师。陈诚依恃其兵力上的优势，扬言："即使全是豆腐渣，也能撑死共军！"

时刻注视敌军动向的陈毅和粟裕，早在1月26日就得知敌人有"集结更大优势兵力与我在鲁南决战"的企图，决定集中50个团的兵力，粉碎敌人的新攻势。如何打法？则经历了一个由"南征"改为"北战"的战役决策过程。

2月1日，华东野战军前委制订了一个先打南线之敌，诱敌北进到临沂外围，予以各个歼灭的作战方案。决定由第三纵队正面抗击中路之敌，诱使左右两路敌军急进突出，相机歼灭其中易于歼灭的一路，然后各个击破其余两路。但是敌人不中我计，坚持其稳打稳扎、齐头并进的战法，左右两路不仅没有突出冒进，反而就地构筑工事，且有向中路靠拢之势。此时，南线敌军重兵密集，难以分割歼灭；而北线敌军乘势南下，2月4日进占莱芜，威胁华东野战军后方。

面对这种形势，如何错乱敌人的部署，创造有利的战机，成为决定战役胜败的关键问题。

中央军委2月4日来电指示："不管邱（清泉）军到鲁与否，敌愈深进愈好，我愈打得迟愈好；只要你们不求急效，并准备于必要时放弃临沂，则此次我必能胜利。"①

粟裕认为，中央军委作出必要时放弃临沂的指示，不仅给华野作战以更大的回旋余地，而且对如何击败敌人逼我在临沂地区决战的企图以很大启示。他分析战场态势，认为南线之敌在兵力、装备和物力等条件上占有优势，而且行动谨慎，不易各个击破。我军在不能给敌军以大量消耗和实施分割包围的情况下，不宜过早地与敌人决战。而北线之敌兵力比较少，战斗力相对不强，蒋介石嫡系和桂系军队之间矛盾较多，而且孤军深入，已形成对我后方的威胁。敌人在战略指导上拘泥于"攻其必争之地"的教条，认为临沂为我山东解放区首府，我军非在临沂决战不可。如果我军放弃临沂，主力隐蔽北上，歼击北线之敌，既可置南线敌人强大兵团于无用之地，避免不利条件下的决战，又可出其不意地歼灭北线的李仙洲集团，粉碎敌人南北夹击的企图。然后，我军还可乘势进击胶济线，打通鲁中、胶东、渤海地区联系，创造集中更大兵力打更大规模歼灭战的条件。

这时，陈毅提出了一个"舍南取北"的作战构想。他说：与其在南线待机过久，不如置南线之敌不顾，而以主力转兵北上，以绝对优势兵力歼灭李仙洲集团。

陈、粟二人不谋而合。

---

① 《毛泽东军事文集》第三卷，军事科学出版社、中央文献出版社，1993年12月，第1版，第655页。

陈毅要粟裕进一步思考并提出具体作战方案。粟裕分析华东战场敌我态势和战争发展趋势，考虑改变部署后可能遇到的各种问题，设计了应付战局发展变化的对策。经过华东野战军前委讨论同意，制订了北上歼敌的作战方案，于2月5日未时（13—15时）上报中央军委，陈毅、粟裕、谭震林联合署名。

在这份电报里，他们提出了三个可供选择的方案，而倾向于第三方案，着重说明了执行第三方案的好处。

这个第三方案是："如南线敌仍不北进，或北进时不便消灭，则除以一个纵队留临沂地区与敌纠缠外，其余主力急行北上，彻底解决北线敌人，平毁胶济线，威胁济南，以吸引南线敌人进入临沂以北山地或增援胶济线，尔后我再举全力反攻，各个歼灭之。如执行此第三方案，至少可以彻底解决北线敌人，利于我今后全力向南；如临沂敌人继续北进，更便于对敌歼灭。"

2月6日，毛泽东为中共中央军委起草复电，表示完全同意第三方案，认为"这可使我完全立于主动地位，使蒋介石完全陷于被动"。中央军委指示："总之，先打弱敌，后打强敌，力争主动，避免被动"。为此，南线华东野战军部队"在原地整训，对外装作打南面模样"，待北线之敌占领莱芜、新泰、博山之线以后再秘密北移；北线渤海区部队停止攻击，以使李仙洲集团放手南进。①

就这样，最高统帅部和战区指挥员上下结合，互相启发，互相补充，一个切合实际的莱芜战役作战方案形成了。

肩负战役指挥重任的粟裕，立即展开紧张复杂的战前准备和战役组织工作。在他面前，摆开了一系列错综复杂的问题。

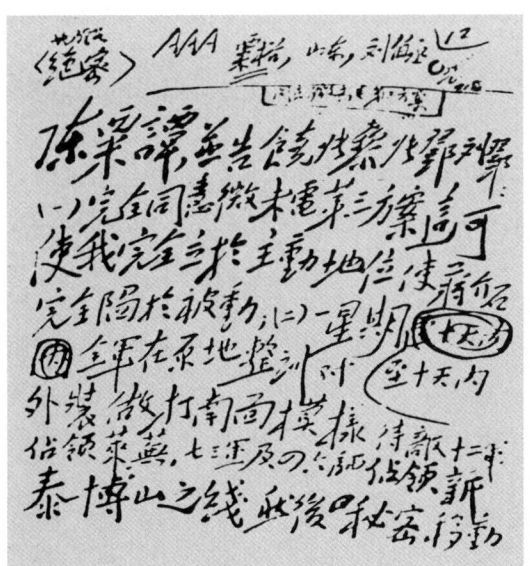

■ 毛泽东为中央军委起草的1947年2月6日电手迹

---

① 《毛泽东军事文集》第三卷，军事科学出版社、中央文献出版社，1993年12月，第1版，第658页。

部队指战员对大踏步远程北上没有思想准备，为了隐蔽作战意图一时又不能对广大干部战士讲明作战计划，必然会产生许多思想问题。必须充分发挥政治思想工作的保证作用，使广大指战员进一步树立大踏步进退的运动战思想。

准备必要时放弃临沂，又不能放得太早，要恰到好处，掌握在我军主力有可能在北线抓住李仙洲集团之时。

沂蒙山区只有几条主要通路，而且山高路窄，崎岖难行，几十万大军同时北上，要解决许多难以预料的问题，协调各支部队的行动。

六十多万支前民工掉头北进，已经运到临沂地区的达数亿万斤的粮草、弹药和其他作战物资也要及时转运北线，要进行深入的政治动员和细致的组织工作。

最重要的是隐蔽我军意图，造成敌人的错觉，错乱敌人的部署，创造有利的战机，迅速抓住李仙洲集团。

为了迷惑和调动敌人，陈、粟采取了一系列"示形于南，击敌于北"的策略。

一示南征之形。为了在政治上造成有利的影响，在军事上隐蔽北上歼敌的意图，决定在撤出临沂之前，给南线之敌一个打击。2月6日，指令第二纵队发起讨伐郝鹏举叛军的战斗。郝鹏举是一个看风使舵、反复无常的政客，原系国民党收编的伪军，1946年在我强大军事压力和政治争取下起义，1947年1月又叛变投靠蒋介石，在"鲁南会战"中担任侧翼掩护任务。华东野战军第二纵队动作神速，经一日一夜激战，歼灭郝鹏举叛军总部和两个师，生擒叛徒郝鹏举。

二示决战之形。主力部队协同地方武装，在临沂及其以南构筑三线阵地，摆出决战架势。粟裕说，声势愈大愈好，以迎合敌人企图在临沂与我决战的心理。在主力部队北上后，留下两个纵队于临沂以南地区，伪装华东野战军全军，阻击和钳制敌人，造成华东野战军主力仍在南线的假象。

三示失利之形。主动放弃临沂，使敌人产生我军连战疲惫、不堪再战的错觉。

四示西进之形。组织地方武装进逼兖州，在运河上架设浮桥，在黄河边筹集渡船。粟裕说，这样一来，即使敌人发现我军主力离开临沂地区，也会错误地判断华东野战军西进与晋察鲁豫野战军会合，而难以辨明我军北上作战的真实意图。

"兵以诈立"。示形用诈，本是用兵常法，难在运用之妙。粟裕此次用诈，妙在诈得合理，诈得可信。诈得合理，即符合一种可能的发展趋势。诈得可信，即投合敌人的心理状态。国民党军队依恃优势兵力，竭力谋求在临沂地区与华东野战军决战；又过低估计华东野战军力量，认为华野"伤亡过大，不堪再战"，预料华野不败即退。华野先是摆出与敌人决战的架势，然后主动放弃临沂，主力隐蔽北上，出其不意地歼击北线之敌。

国民党军果然中计。蒋介石、陈诚得意洋洋，陶醉于手下将领频频上报的"空前大胜"，判断"华东共军伤亡惨重，无力与国军决战，企图西渡运河与刘邓会师"。国民党的《戡乱战史》说，在华野主力向北作战略转移时，他们"一时竟不知匪军主力所在。及至判明其企图与行动时，我南进兵团（指李仙洲集团）已被各别包围于古马陵道中"。古马陵道，即孙膑减灶诱敌、智歼庞涓的马陵之战古战场，在鄄城、范县之间，不在莱芜。《戡乱战史》虽然未能准确指出马陵的方位，但却道出了蒋军重蹈庞涓覆辙的事实。

2月9日，在莱芜、新泰地区进行敌前侦察的华野司令部侦察科长严振衡，与华东军区派到桂系第四十六军的杨斯德（化名李一明，公开身份是军长韩练成的秘书）相遇，获得了北线蒋军作战部署的最新情报：第四十六军担任前锋，2月8日进占新泰城；李仙洲总部率第七十三军的第十五师、第九十三师和第十二军的新编第三十六师居中，位于新泰以北的颜庄地区；第十二军主力第一一一师和第一一二师担任后卫，位于莱芜城和城北吐丝口镇。从地图上看，蒋军的阵势好像是从胶济线倒垂下来的一嘟噜葡萄，是北上歼敌的极好目标。莱芜、新泰地区是沂蒙山区的老根据地，群众条件好，又是理想的战场。

粟裕和陈毅一起听了严振衡的详细汇报。粟裕沉思片刻说："桂系想保存实力，王耀武偏偏要四十六军打头阵，把嫡系七十三军放在中间，让东北军的十二军殿后。我们可以充分利用敌人内部矛盾，予以各个击破。在南线情况不明或对我军有利时，四十六军可能不会积极动作；如果敌人在南线得手，那就不一定了。"他向陈毅建议："是否要李一明告诉韩练成，我们有把握粉碎蒋军的南北夹击，要韩练成千万持重。为了不致打错，四十六军有什么行动，李仙洲集团部署有什么变化，请韩随时派李、刘（即刘贯一，化名刘质彬，也是华东军区派到第四十六军的秘密工作人员，公开身份是韩练成的高级情报员）两同志来告诉我们。我们可以根据原来的计划，迅速切断四十六军与七十三军的联系，首先全歼李仙洲集团总部和七十三军、十二军，乘胜攻占胶济线，或视情况各个击破。"

"这个办法好。"陈毅赞成粟裕的意见。他要李一明转告韩练成：我们将粉碎蒋介石这次进攻，请他等着听我们的捷报。我们打李仙洲集团时，将不打四十六军，但一定要把部署和行动事先告诉我们，免得打错。特别不要同七十三军搞到一起，否则会玉石俱焚。同时告诉李一明，如果四十六军同七十三军搞到了一起，就要劝说韩练成放下武器，我们保证他的生命安全。

2月10日，陈毅、粟裕、谭震林发出在北线作战的行军命令，指令南线的一、四、六、七纵队和北线的八、九、十纵队向莱芜战场集结地域隐蔽开进。为了迟滞南北两线敌军行动，给我军主力部队开进集结地域争取充裕的时间，又在南北两线巧设奇兵疑兵，指令第七纵队第十九旅一部在陇海线阻击北进的整编第七十四师，鲁中军区部队阻击由莱芜南下的第四十六军。

陈毅、粟裕把第十九旅副旅长张铚秀找来，当面交代任务，要他带领第十九旅一个团和华野特务团，直接受华野司令部指挥，在沭阳地区阻击张灵甫的整编第七十四师，不让他越陇海路北上。

鲁中军区第二军分区司令员封振武奉命来到华野指挥部。陈毅、粟裕当面向他交代任务，要他率领三个团的部队，阻击敌人五天到七天，使敌人不能迅速占领蒙阴，问他有没有信心。

封振武面有难色，一时犹豫未答。他想：我这三个团，多数是新建的，武器装备也差，怎么能抗击现代化装备的四十六军呢？

陈毅笑着说："当年诸葛亮大摆空城计，身边只有两个老兵、一个琴童，迷惑了拥有重兵的司马懿。你现在有三个团的兵力，还不能同敌人周旋一番吗？你这个阻击战打得越好，越有利于我们大部队调整部署。详细情况，请粟司令给你谈吧。"

粟裕把封振武带到地图前，具体介绍了敌我双方情况和我军作战部署，然后说："这次给你的任务很艰巨，但也有很多有利条件，争取抗击五天到七天不成问题。首先，敌人这个部队同它的上级有矛盾，对进犯蒙阴不甚积极，正处在进退两难之际。另外，你们可以打出主力部队的番号，虚张声势，迷惑他们。陈军长不是叫你们唱空城计吗？就是要造成敌人的错觉。古时候不是有个孙膑战庞涓的故事吗？孙膑用每天减灶的办法诱使庞涓上当。你这次不妨来一个增灶法，使敌人摸不清我军的虚实。"

听了粟裕这番明确具体的分析、指点，封振武茅塞顿开，信心倍增。他按计而行，"增灶示强"，打出三个主力部队的番号，机动灵活地同敌人周旋。在每一个宿营地，特地多搭一些草铺，多砌一些锅灶，转移时一个不拆。敌人不知我军虚实，行动犹豫迟缓。经过一个星期的战斗，把敌人阻挡在蒙阴以北30里的地方，圆满完成了任务。

南线主力部队，按照陈、粟的行军命令，分三路向北急进，不顾山高路险，冒着雨雪风寒，每天从"日落村"出发，到"天亮庄"宿营。与部队并肩前进的，还有几十万支前民工。从临沂到蒙阴150公里的地区内，白天宁静，夜晚沸腾；山上山下，人欢马叫；村前屯后，熙熙攘攘；大小道路，车轮滚滚；千军万马，浩浩荡荡。

第六纵队司令员王必成和政委江渭清并马而行，看到这一幅人民战争的壮丽画卷，兴奋地议论："陈粟会合，相得益彰，挥军自如，连战皆捷。这次挥师北上，兵力之强大，气势之雄伟，前所未有。看来李仙洲集团是难逃被歼的命运了。"

2月15日，华东野战军主动放弃临沂，同时下达围歼北线之敌的作战预令。

国民党军队占了临沂一座空城，却捏造了"歼灭共军16个旅"的战绩，又从空军侦察发现华野部队向西北运动，在运河架桥。蒋介石的统帅部一阵狂欢，作出了华野"全面退却"、"已无力与国军决战，欲与刘邓部会合"的错误判断。陈诚大吹大擂："鲁南决战空前大胜"，"山东之大局指日可定"。

然而，国民党军将领并非都是昏庸无能之辈。坐镇济南的第二绥靖区司令官王耀武，得知华野主力向北运动，南线蒋军未经激烈战斗就占领临沂，判断华野可能改变作战方向，有包围李仙洲集团的企图，就自行命令李仙洲全线后撤，同时打电报给陈诚要求"准予机动作战"。

陈诚和蒋介石先后回电和写信，坚持认为"共军主力已被击溃，有过黄河避战企图"，"已败之师，无足顾虑"，严令王耀武重新占领莱芜、新泰，"恢复先前态势"，借机实行南北夹击，歼灭华野主力于沂蒙山区，警告他不得擅自撤退，"切勿失此良机"。

王耀武无奈，只好命令第四十六军重占新泰，第七十三军军部率一个师折返颜庄。不过还是打了折扣，命令其余部队原地不动。后来，王耀武查明华野主力确有北上攻歼新泰、莱芜蒋军的企图，就不顾蒋介石、陈诚一再严令南进，而急令新泰、颜庄部队星夜北撤。

蒋介石、陈诚与王耀武对华野行动意图判断不同，在作战指导上发生分歧，因而引起北线敌情的多次变化，李仙洲集团六七万人忽而北缩，忽而南伸，调动频繁，较大的部署变动就有四次。

"用兵之法，要在应变。"

粟裕密切注视敌军动向，敌变我变，因势利导，适时调整作战部署。但是变中有不变，鉴于北线敌军态势没有发生根本性的变化，因而始终坚持原定的围歼李仙洲集团的作战决心，并且加速实行战役合围部署。在作战指导上坚持变与不变的辩证法，达到了炉火纯青的地步。

北线蒋军突然后撤，是华野撤出临沂后北线敌情的第一次变化，也是最大的一次变化。当时许多指挥员担心抓不住敌人，有的纵队指挥员建议提前出击，认为这样即使不能抓住全部敌人，也可以切掉敌军的"尾巴"。

粟裕对这一建议进行了审慎的研究，认为我主力部队尚未全部到达预定集结位置，还不能达成合围，仓促发起战役，无取胜把握，并且可能将敌人赶跑。相反，如果继续隐蔽集结主力，不过早惊动敌人，就可能使敌人一时难以判明我军企图，因而举棋不定。即使敌人不再南来，我待主力到齐后再突然发起攻击，至少还可以在胶济路抓住敌人。因此，他坚持原定决心，没有采纳提前出击的建议，而督促各部加速隐蔽开进，尽快完成对敌人的合围。战后，粟裕说，幸亏没有同意提前出击的意见，否则部队一伸出去，这五万多敌人就很难消灭了。

王耀武执行南京统帅部的命令，要第四十六军重新南下占领新泰，第七十三军军部率一九三师折返颜庄。这是敌情的第二次变化。粟裕认为，敌军犹豫徘徊，重新南下，证明我军作战企图尚未暴露。因此，只是针对敌军南下的新态势适当调整了具体作战部署，而仍然坚持歼灭李仙洲集团于莱芜地区的作战决心。

王耀武发现华野主力在莱芜地区集结，判断华野有攻歼新泰、莱芜蒋军的企图，再次下令已进至新泰、颜庄的四十六军和七十三军星夜北撤莱芜，并令驻扎于胶济线张店的七十三军七十七师经博山南下归建。这是北线敌情的第三次变化。根据这个变化，粟裕决定于2月20日发起战斗，首先以伏击手段歼灭七十七师于博山地区，然后攻歼集结于莱芜、颜庄地区的蒋军主力。

蒋军七十七师行动迅速，在华野预定发起战斗之前就进入华野伏击地域，华野部队提前两小时发起攻击。王耀武和李仙洲因此获得调整部署时间，急令在颜庄的四十六军撤到莱芜与七十三军会合。北线敌情发生第四次变化。粟裕当机立断，指挥部队尽快歼灭七十七师，迅速完成对莱芜地区蒋军的合围。

2月21日，华野八纵、九纵全歼蒋军七十七师，首战告捷。一纵攻克莱芜城以西以南诸村落，击退与华野争夺莱芜城北各要点之敌。六纵突入莱芜城北吐丝口镇，歼灭由青石桥南援之敌。至此，华野部队已全部展开，在莱芜地区形成了兵力对比上的绝对优势，基本上完成了对李仙洲集团的战役合围。

王耀武明知中计，但无可奈何，只好孤注一掷，要李仙洲冒险突围。王耀武特派他的副参谋长罗辛理去南京，当面向蒋介石报告突围计划。蒋介石计穷智竭，只好批准王耀武的计划。

此时，粟裕把他的注意重心集中在如何达成对李仙洲集团的全歼上，在作战指导上辩证地处理网开一面与四面包围的关系。

当时，李仙洲的总部和七十三、四十六两个军麇集莱芜城内。粟裕认为，让敌人撤出莱芜城，在运动中予以歼灭，对我军更为有利。为此，他首先采取围三阙一、网开一面的战法，令城北正面阻击部队略向后缩，调虎离山，纵敌出城。莱芜城内敌军大部撤出时，有的纵队指挥员建议截击敌人后尾部队。粟裕没有同意，而坚持待敌人完全撤离莱芜以后再发起攻击。他说，否则敌军主力见势不妙，缩回城内，将增加我歼敌困难。而在敌人全部撤出莱芜城，进入我设伏阵地时，他又采取四面包围、收网捉鱼的战法，下令城北部队尽快攻占吐丝口镇，坚决卡死敌军北撤的咽喉要道；指令已攻占莱芜城的部队积极向北进击，防止敌人回窜；又令预伏于东西两翼的突击集团乘势猛烈夹击。国民党第四十六军军长韩练成，在华东军区秘密工作人员安排下，于李仙洲率部突围的关键时刻，悄悄离开指挥岗位，使蒋军更加慌乱。到2月23日中午，5万多蒋军被团团包围在东西三四公里、南北十一二公里的袋形阵地里，北进不能，南退不得，东冲西突，指挥失灵，乱作一团。到下午5时，李仙洲集团大部被歼灭。乘隙逃出的第七十三军军长韩浚及其残部5000多人，也被华野部队截击全歼。

莱芜战役至此胜利结束。这一仗打得干净利落，只用三天时间就大获全胜，华东野战军以伤亡8000多人的代价，消灭国民党1个绥靖区前敌指挥所、2个军部，7个师共5.6万余人，生俘第二绥靖区中将副司令官李仙洲、第七十三军中将军长韩浚和少将17名，击毙少将师长、副师长2名。然后乘胜扩张战果，几天之内就控制胶济线250公里，解放县城13座和重镇几十个，使鲁中、渤海、胶东、滨海4个解放区连成一片，大大改善了华东野战军的战略态势，华东战场的形势从此转入一个新阶段。

莱芜战役的胜利，提前完成了中共中央给予的一个月至一个半月歼敌十个旅左右的作战任务。奏捷之速，歼敌之多，代价之少，创造了解放战争以来华东战场的空前纪录，也是中国战争史上少见的奇迹。

莱芜战役的胜利，一举粉碎了蒋介石和陈诚全力策划的"党国成败在此一举"的"鲁南会战"计划，给极力推行全面内战的国民党反动派以严重打击，加深了它的政治危机和经济危机，加剧了它内部的矛盾和争吵。蒋介石指责陈诚指挥失当。陈诚埋怨蒋介石干涉过多。蒋介石气急败坏地飞到济南，大骂王耀武失职、李仙洲无能。王耀武有口难辩，哀叹："莱芜战役，损失惨重，百年教训，刻骨铭心！"不久，蒋介石又下令撤销徐州、郑州两个绥靖公署，组成"陆军总司令部徐州司令部"，以陆军总司令顾祝同坐镇徐州，统一指挥徐州、郑州两绥靖公署所属部队。粟裕对此评论说："薛岳用兵尚属机敏果断，而顾祝同则历来是我军手

莱芜战役经过要图
(1947年2月20日—23日)

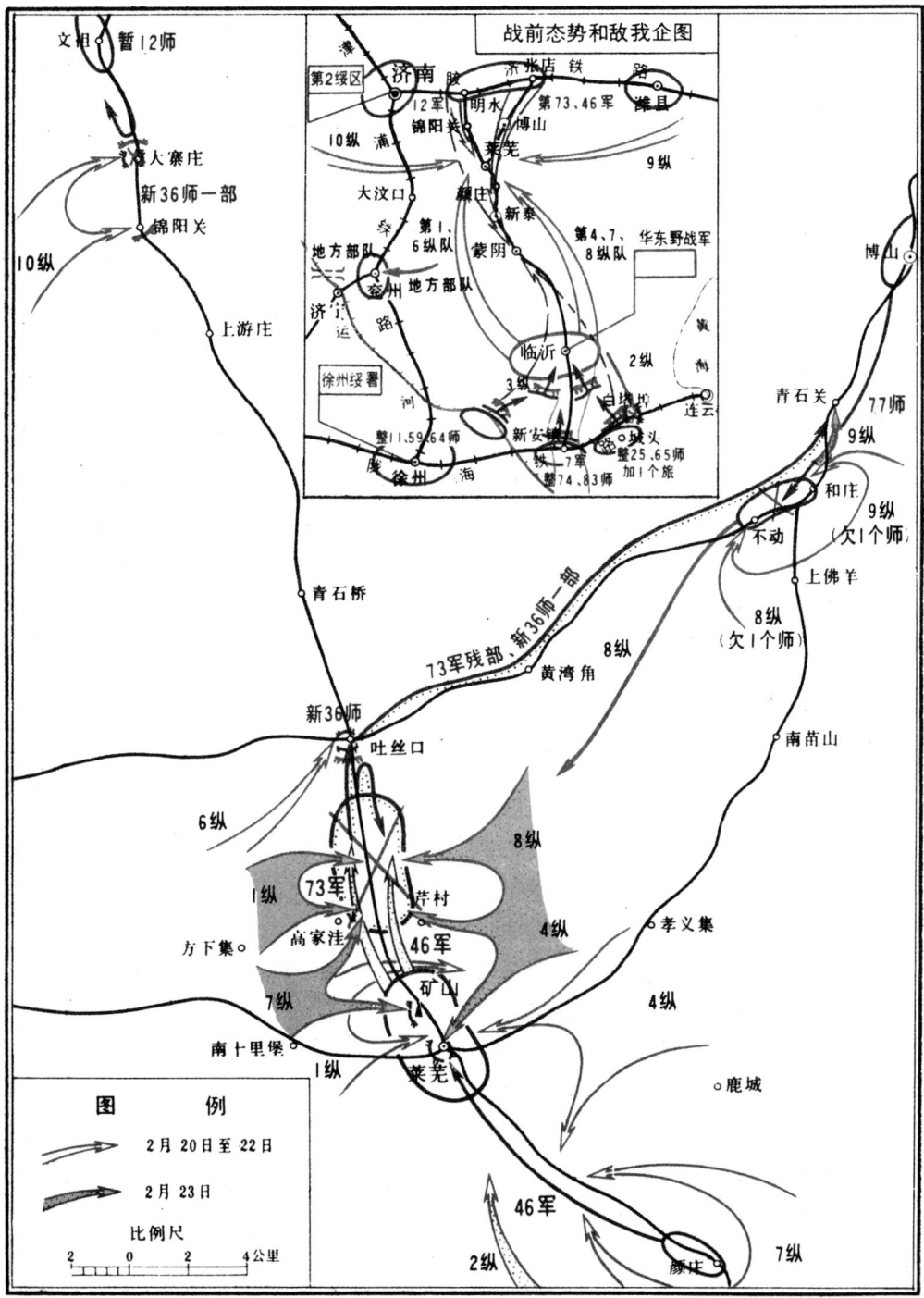

下的败将,这无异以庸才代替干才。在高级军事指挥人员的更迭上,正象征着国民党的日暮途穷,最后必然会走向崩溃。"①

莱芜战役的战略指导和战役指挥,在敌我双方都引起了强烈反响。

蒋介石和他的手下将领无可奈何地承认,华东野战军的决策和指挥令他们"寒心"。蒋介石说:"现在匪军往往用佯动突击来欺骗我们国军,使我们不能捉摸他主力的所在","莱芜和吐丝口一带作战的失败,匪军能集中兵力,攻击我们的弱点,消灭我们的大军","可以说是(国军)最可耻的失败"。莱芜战役中被俘的国民党军将领说:华东野战军"作战指导方针正确","指挥卓越,捕捉战机迅速",为了"确保主动,不以一城一地之得失而稍受牵制,集中优势兵力,遂行各个击破,从而主宰了战局"。

延安总部发言人发表评论,"盛赞华东人民解放军全体将士及其领导者陈毅、粟裕两将军",指出莱芜战役取得的空前大捷"已彻底粉碎国民党最高当局企图在山东会战中歼灭我军主力的计划,并使国民党军遭受空前未有的严重打击,因而必然引起对于国民党军是最严重的后果"。陈毅对记者发表谈话,认为莱芜战役的空前大胜,"证明了我军副司令粟裕将军的战役指挥一贯保持其常胜纪录,愈出愈奇,愈打愈妙"。②华野广大指战员联系解放战争以来的亲身体验,充满信心地说:"再难打的仗,有502指挥,胜利就有把握。"

在莱芜战役的实践中,粟裕不仅再次表现了卓越的谋略思想和巧妙的指挥艺术,而且再次表现了善于总结实践经验的理论创造作风,对莱芜战役的经验迅速作出了科学的概括。

在战后召开的华野高级干部会议上,粟裕作《莱芜战役初步总结》。他不用讲稿,一口气讲了两个多小时,着重从谋略思想和指挥艺术上总结了莱芜战役的经验教训。他指出,"在一次战役中,仅以六十三个小时就俘虏四万多敌人,加上被我毙伤的,共歼敌六万人左右,我仅伤亡六千余人,这在中国战史上是少有的"。莱芜战役的胜利,在政治上军事上都给予国民党反动派以沉重打击,加深了敌人的政治和经济危机,使敌人在战略上陷入被动地位。"在战略上我们争取了主动权,我们已开始能够调动敌人,使敌人听从我们的指挥了","铁一般的事实证明了毛主席战略指导的正确","在军长和华东局的领导下,毫不留恋地放弃临沂,北上歼敌,证明是完全正确的"。他还指出,"这次战役值得今后学习的是,制造了敌人的错误,错乱了敌人的部署,并掌握与利用了敌人内部的矛盾,争取了我们的胜利"。同时指出,"我们对敌情的了解还不够,特别是对王耀武的指挥特性了解很差。如果我们了解到王的性格大胆果断,能命令其部队一天一晚后撤数百里,那我们即可大胆地将部队插到济南附近。这样,敌十二军(其当时部署于胶济路张店、明水一线)也就无法逃跑了。这说明我们不仅要了解敌人的番号、兵力、装备、战斗力及部署等,还应了解敌指挥官之性格特点。如对方是多疑的,

---

① 《粟裕军事文集》,解放军出版社,1989年7月,第1版,第304页。
② 《陈毅年谱》上卷,人民出版社,1995年12月,第1版,第489页。

我可多设疑兵；如对方是猛将，我们则来一套软的"。

粟裕说，这次战役的重要收获之一，是进一步取得了大兵团打运动战的经验。在这次战役中，"各兵团首长在山地作战、通信联络困难及超越敌第一线作战等条件下，能按照总的意图，机动灵活、果敢坚决地完成了任务，也是这次胜利的重要原因"。他指出，"大兵团作战，情况瞬息万变，除非敌人实行总退却，个别部队决不能改变整个部署的决心。第一次敌情变化后，如果我们同意截敌后尾，则五万多敌人就不易消灭。正因为我们没有动，敌人就不再怀疑，否则王耀武即使接到陈诚再向南进的命令，也不见得就会执行的"。又说，"大兵团作战，各纵队求缴获之心不应过于迫切，而应局部服从全局，个别服从整体"。"在大兵团作战中，往往有的部队很吃力，但缴获很少；有的部队所付代价不高，但缴获很多。因此，在评定战绩时，主要应视对整个战役是谁起了决定作用。"

在关于以后作战和建军的意见中，粟裕强调指出，必须适应战争发展的需要，加速技术兵种的建设，培养掌握新式武器装备的技术干部，加强司令机关和参谋工作。他说："根据战争发展趋势，当敌人被歼灭到一定程度失却进攻能力时，可能改取守势，我将由内线作战转入外线作战，由运动战进至阵地攻击。这就需要我们开展爆破运动，学习土工作业，加强炮兵、工兵的建设。"同时要"选择培养和大批提拔有发展前途的新老干部，学习各种武器的不同性能和结合使用的方法，研究对敌人新武器（如坦克、火焰喷射器等）的对策，以期在现有水平上提高一步；如仍停留在现阶段上，将不能担负起今后更重大的任务"。①

在粟裕的具体指导下，华野特种兵纵队和特科学校迅速组建起来，于3月8日在沂南县苍子坡正式成立。各个纵队也组建了自己的炮兵营，并准备在条件具备时扩建为炮兵团。莱芜战役中缴获的大量武器装备，使这些技术兵种在装备上得到充实和加强。

粟裕的《莱芜战役初步总结》是在3月8日作的，距离莱芜战役结束只有十多天。在如此短暂的时间里，就把实践经验上升到理论高度，而且具有很强的科学性、创造性、预见性，是他军事理论的代表作之一。

三、打乱蒋介石的重点进攻部署，用"耍龙灯"的办法创造战机。泰山脚下再歼蒋军第七十二师。

莱芜战役和乘胜进行的胶济线作战刚刚结束，一场更大规模的较量随即拉开序幕，敌我双方统帅部展开了又一回合的谋略竞赛。

中共中央和中央军委鉴于内线作战更有利于大量歼灭敌人有生力量，改变了要陈粟与刘邓一起于5月转入外线作战的决定，指示华野"大约本年全部时间均可用

---

① 《粟裕军事文集》，解放军出版社，1989年7月，第1版，第310页。

于内线作战"，赋予他们在以后十个月内歼敌40至50个旅的作战任务。指出："考虑行动应以便利歼敌为标准。不论什么地方，只要能大量歼敌，即是对于敌人之威胁与对于友军之配合，不必顾虑距离之远近。转入外线之时间现亦不必顾虑。"①

蒋介石集团总结了前一段作战失利的教训，也改变了原来的战略方针，由对解放区的全面进攻改为重点进攻。蒋介石说，国民党军队"占地愈多，则兵力愈分，反而处处被匪军牵制，成为被动"，"而匪军却时时可以集中兵力，采取主动，在我正面积极活动，将我们各个击破"。因此，他决定采取"空心战术"，在大后方只留下3个正规军，而将95%的主力部队调到前线，继集结重兵进攻陕北解放区并攻占延安之后，进而集结重兵对山东解放区实行重点进攻。蒋介石认为，"目前山东是匪我两军的主战场"，"匪军的主力集中在山东，同时山东地当冲要，交通便利，有海口运输。我们如能消灭山东战区的主力，则其他战场就容易肃清了"。蒋介石这个如意算盘，被称为"黄河战略"。

从3月中旬开始，蒋介石开始实施他的"黄河战略"。3月13日，发起对陕北解放区的进攻。3月15日，下令"堵黄复故"，堵塞花园口决堤口门，迫使黄河改流豫鲁两省故道，企图切断华东解放区与晋冀鲁豫解放区的联系。紧接着发动对山东解放区的重点进攻。

蒋介石集团对山东的重点进攻，有几个显著特点：一是兵力特多，共有24个整编师（军）60个旅（师）45.5万人，占其进攻解放区总兵力的27%，占其重点进攻总兵力的66%；二是强敌云集，"五大主力"在关内的3个主力整编第七十四师、整编第十一师和第五军，全部使用于山东战场；三是改变战法，采取"密集靠拢，加强维系，稳扎稳打，逐步推进"的方针，进一步加强兵力密度，成纵深梯次部署，作弧形一线式推进，企图摆脱被各个击破的命运，而陷解放军于战略战役上的被动不利地位；四是直接指挥，蒋介石坐镇南京统筹决策，陆军总司令顾祝同进驻徐州统一指挥，而由蒋介石的爱将汤恩伯担任主攻。蒋介石把最大的赌注押在山东，企图孤注一掷，改变全国战局。

蒋介石和他的手下将领又一次错误地估计形势，其势汹汹，志在必得。蒋介石扬言："陈毅两战之后，元气大伤，钻进沂蒙山，以山大王战术与我周旋。我们就在沂蒙山区把他一扫而光！"后来的事实证明，等待他们的是陈粟大军一记又一记铁拳，被一扫而光的是他们的"王牌军"第七十四师。

不过，陈、粟并不急于动手。他们的对策是：持重待机，调动敌人，创造战机，大量歼敌。

从2月底到3月初，陈、粟率领华野指挥机关和五个纵队集结于淄博地区和胶济路沿线，决定利用战役间隙进行为期半个月的休整，召开华野前委扩大会议以及参谋工作、政治工作、后勤工作会议，学习中共中央关于时局和任务的指示，总结莱芜战役经验，策划和准备即将进行的大战。

---

① 《毛泽东军事文集》第四卷，军事科学出版社、中央文献出版社，1993年12月，第1版，第1页。

粟裕密切注视敌军动向，为筹划下一步作战而深思熟虑。在那些日子里，部队纷纷召开庆功会，举行联欢、会餐活动。粟裕却手持中央发来的电报和各种情报资料，在地图前踱步沉思，全神贯注地筹划作战方案。

此情此景，周围同志看在眼里，急在心头：502的身体日见消瘦，长此下去，身体如何吃得消！大家多么希望他能好好休息一下，但是又不敢前去劝止。因为陈司令有规定：粟总在地图前构思歼敌方案时，任何人不准打扰。

正当大家焦急的时候，陈毅闯了进来。"好啊！大家都在饮庆功酒，你一个人关在屋里念什么经啊！走，一起打猎去。"

"我有点累了，想休息一会。"粟裕说。

"莫来这一套。你要会休息，我还不来呢。走吧，今天一定要好好耍一下子，痛痛快快玩一场。"

陈毅拉上粟裕，同司令部工作人员一起去打猎，一路上说说笑笑。突然，一只又肥又大的兔子跑过。陈毅眼疾手快，一枪命中，兴高采烈地对粟裕说："502，你看这只兔子该怎么个吃法？"

粟裕身在猎场，心在战场，脱口而出："这是蒋介石五大主力中的王牌，硬吃是不行的，必须智取，而且一定要全歼。"

粟裕的回答，使在场的同志莫名其妙。陈毅哈哈大笑："好嘛，好嘛！这只兔子身价不低，成了张灵甫。看样子，这个张灵甫命里注定要成为我们庆功宴上的下酒菜喽！"

古今中外的战史说明，如此全神贯注的深思熟虑，乃是将帅正确决策必需的心理素质，然而确能具备者为数不多。拿破仑说："军事领袖必须能够关注一组目标，并作锲而不舍的全面考虑。"戴高乐说："战争中的伟人经常是冷静思考的人。"与中外名将比较，粟裕有过之而无不及。决策前深思熟虑，寻求最佳方案；看准了则坚定不移，敢对历史负责。这是他决策和指挥的突出特点之一。

蒋介石对山东解放区的重点进攻部署是：顾祝同指挥下的24个整编师54.5万人，除以7个整编师约20万人担任重要点线的守备和对突击兵团的策应以外，集中17个整编师约25.5万人，以"五大主力"中的整编第七十四师、整编第十一师、第五军为骨干，组成3个机动兵团，由汤恩伯、王敬久、欧震分别担任一、二、三兵团司令，执行机动突击任务，在打通津浦路徐济段和兖州至临沂的公路、占领鲁西南以后，同时向沂蒙山区进犯：汤恩伯兵团由临沂向北，欧震兵团由泗水向东北，王敬久兵团由泰安向东，对华野主力形成弧形包围态势。

"泰山崩于前而色不变，麋鹿兴于左而目不瞬。"

这是粟裕喜爱的名言，也是他举重若轻、指挥若定的大将风度的生动写照。

面对大军压境、强敌云集的严重形势，陈、粟沉着应战。他们冷静地观察和分析形势，筹谋对策。粟裕认为，敌人在兵力上占有很大优势，战略战术也有所改进，有利于我的战机可能比过去少得多。但是，敌人存在着不可克服的矛盾。在战争指导上，存在着战略上要求速决与战役上迟疑犹豫的矛盾。在内部关系上，存在着嫡系与非嫡系、主力与非主力、中央军与地方军、上级与下级、官兵之间的矛盾。这些矛盾必然会表现出来，想要达到指挥和行动上集中统一是不可能的。蒋介石依恃其强大的兵力优势，企图尽快与我军主力决战。而他的战场指挥员力求保存实力，邀功请赏，一与我军接触，立即收缩靠拢，甚至见死不救。这种情况，给我们利用敌人矛盾，创造有利战机，提供了客观条件。从这种实际情况出发，华野前委决定坚持集中优势兵力各个歼灭敌人的作战方针，决心与敌人作几次大的较量，动员全军准备打大仗、打硬仗、打恶仗。在敌人重点进攻开始阶段，则采取持重待机的方针，发挥我军优势，利用敌人矛盾，以积极主动的作战行动，吸引、调动、疲惫、迷惑敌人，审慎地观察战场形势的细微变化，分析掌握敌人的行动规律，能动地创造和捕捉战机。如果条件具备了，就坚决歼灭之。条件不具备，就改变和放弃原定计划，绝不轻躁作战。

从4月初到5月初的一个多月时间里，陈、粟指挥华野十个纵队，利用在解放区腹地作战的有利条件，同敌人在鲁南和沂蒙山区周旋，时南时北，忽东忽西，欲擒故纵，避实击虚，有利则打，不利则撤，而将主力始终集结于便于机动作战的位置，处于主动地位。陈毅把这种战法比喻为"耍龙灯"：我军挥舞彩球逗引，敌军像长龙一般回旋翻滚。用这种办法调动和迷惑敌人，创造有利战机。

陈、粟原来计划打由陇海线北进的汤恩伯兵团的整编第七十四师，派三个纵队南下陇海路东段。汤恩伯察觉华野意图，不仅不派兵回援，反而把两个军调到临沂，密集靠拢，使华野部队不能分割歼敌。陈、粟随即改变计划，绕到刚刚调到山东的王敬久兵团侧后，抓住他左翼薄弱环节，攻击占据泰安的整编第七十二师。

整编第七十二师，是具有几十年历史的川军主力，日美混合装备，有山地作战经验，但非蒋介石嫡系。地形对它有利也有弊：泰安地形和工事利于固守，但北有泰山、南有徂徕山相隔，不利于它与济南王耀武部、曲阜邱清泉部的相互支援，而有利于华野实行分割围歼。

陈、粟抓住这个战机，迅速下定围泰（安）打援的决心，于4月20日发起泰蒙战役，以三个纵队围歼泰安之整编第七十二师，以四个纵队待机歼灭可能来援之敌。4月24日完成了对泰安城的四面包围。

粟裕特派陈锐霆率领特种兵纵队榴弹炮团开赴泰安前线参战，进行实战锻炼。刚刚组建不久的榴弹炮团大显神威，在围攻嵩里山制高点的战斗中，与第三纵队密切配合，很快就把嵩里山守敌一个营击溃全歼。整编第七十二师师长杨文泉被俘后说："你们有这么多大炮，完全出乎我们意料。你们炮兵火力组织得这么好，步炮协同得这样好，更是我们没有想到的。"

在战斗过程中，杨文泉几次乞求增援，邻近泰安的各路蒋军都见死不救，距泰安仅一日行程的整编第七十五师和整编第八十五师一直按兵不动。

经过三天激战，华野部队攻克泰安城，歼灭整编第七十二师师部和两个旅，生擒中将师长杨文泉，连同南线共歼敌2.4万余人，取得了沂蒙山区作战的第二个胜利。

不过，华野这段时间行动的主要目的，还是调动和迷惑敌人，创造打大歼灭战的战机。从 4 月初到 5 月初，除了泰安战役以外，华野部队与国民党军队还有几次交锋，由于敌军密集靠拢、增援较快又行动谨慎，而几次改变原定作战计划，放弃出击郯城、马头、新安镇，放弃打击进犯临蒙公路之敌，撤了对进占新泰之敌的包围，以及回师鲁中等等，没有打上一个痛快的大歼灭战。不少指战员沉不住气了，顺口溜又流传开了：

"陈司令的电报嗒嗒嗒，小兵们的脚板嚓嚓嚓。"

"机动机动，只走不打，老耍龙灯。"

这个情况迅速反映到陈、粟那里。陈、粟认为，指战员们这种高昂的斗志令人喜爱，但是还要使广大指战员认识这样做的必要性，在实践中进一步理解和体现运动战、歼灭战的指导思想。他们说："我们的电报不嗒嗒嗒，他们的脚板不嚓嚓嚓，怎么能调动敌人呢？我们就是要用耍龙灯的战法，把敌人拖得疲惫不堪，造成有利的战机，打更大规模的歼灭战。"陈、粟指示在全军进行深入细致的思想政治工作，把运动战、歼灭战的指导思想变成广大指战员的自觉行动。

为了进一步调动和分散敌人，陈、粟计划以两个纵队南下鲁南，以一个纵队南下苏北，威胁敌人后方，吸引敌军回师或分兵，以便在运动中歼敌。5 月 3 日，他们把这个设想上报中央军委。第二天，毛泽东就为中央军委起草复电，肯定了他们持重待机的方针，指出："敌军密集不好打，忍耐待机，处置甚妥。只要有耐心，总有歼敌机会。"①5 月 6 日，中央军委又电示陈、粟："目前形势，敌方要急，我方并不要急"，"五六两月你们除以七纵位于滨海外，其余全部似宜集中莱芜、沂水地区休整待机，待敌前进或发生别的变化，然后相机歼敌。第一不要性急，第二不要分兵，只要主力在手，总有歼敌机会"。②

根据中央军委的指示，陈、粟立即决定放弃以第七纵队南下苏北和第一纵队去鲁南的计划；命令已位于新泰以西的第六纵队就近南下至平邑以南地区，不再以牵制敌人为主要任务，不采取积极行动，而隐伏于鲁南敌后待命，必要时即可作为一支奇兵使用；主力则后退一步，集结于莱芜、新泰、蒙阴以东地区待机。

国民党军队果然焦急起来了。

华野的"耍龙灯"式的机动作战，诱使国民党军队跟着进行千余公里的"武装大游行"，不仅直接削弱了敌人，更重要的是暴露了敌人内部的矛盾，错乱了敌人的部署，造成了敌人的失误，造成了打大歼灭战的有利战机。

蒋介石原想直接指挥，高度集中，速战速决，立见成效。与他的愿望相反，由于在他的部队中存在着不可克服的派系矛盾，许多将领为保存实力而避免与华东野战军决战，甚至对非本派系部队见死不救，因而行动迟疑，进展缓慢。蒋介石为此焦躁不安，严令顾祝同加快"进剿"，限 5 月初"打掉陈、粟主力"。

蒋介石、顾祝同得知华野主力东移，他们未经严重战斗就占领了临沂、新泰、莱芜一线，错误地判断华野"攻势疲惫"，已向淄川、博山、南麻、坦埠、

---

① 《毛泽东军事文集》第四卷，军事科学出版社、中央文献出版社，1993 年 12 月，第 1 版，第 52 页。
② 同上书，第 58 页。

沂水、莒县一线撤退。于是决定"跟踪进剿",并且把"稳扎稳打"的战法改变为"稳扎猛打",三个兵团同时向莒县、沂水、悦庄、淄博一线推进,企图围歼华野主力于沂蒙山区,或者把华野主力赶过黄河。国民党的《中央日报》为此狂呼:"雄师北指,气吞沂蒙!"

这样一来,"稳打"改为"猛打","逐步推进"改为"全线急进",使国民党军队密集靠拢的态势很快发生了变化。有利于华野的战机终于出现了。

粟裕总结这一段机动作战的经验,指出:这个"战机不是自然地出现的,而是通过我军的指挥得当,广泛机动,诱使敌人因应而动创造出来的"。针对把这一阶段作战行动与孟良崮战役分割开来的观点,他进一步指出:"这一段作战行动是非常必要的,不能同孟良崮战役割裂开来。孟良崮战机的出现,是这一段作战行动的结果。创造战机与出现战机是因果关系,没有前者就没有后者。两军相争,都力争主动,力避被动,以为有利战机是'守株待兔'可以得来的,那是违背战争指导规律的。"①

四、以中央突破对中央突破,"于百万军中取上将首级",
孟良崮上全歼蒋军"王牌"整编第七十四师。

在战机即将出现的关键时刻,粟裕注意的中心问题是:及时抓住有利战机,果断作出最佳决策。

5月10日,顾祝同命令欧震、汤恩伯、王敬久三个兵团向莒县、沂水、悦庄、淄博一线推进。蒋介石的"急先锋"汤恩伯不待欧震、王敬久两兵团统一行动,就指挥第一兵团八个整编师向沂水、坦埠方向进攻。

当天深夜,华野指挥部侦察得知,汤恩伯兵团的第七军和整编第四十八师先头部队已经进至河阳以北的苗家庄、界湖,有继续进犯沂水模样。这两支部队位于敌军右翼,比较暴露。陈、粟当即决定,首先歼灭该敌于沂水、苏村地区。他们一面下令参战部队向预定战场开进,一面上报中央军委。

但是,粟裕认为第七军和整编第四十八师并不是理想的打击对象。这两支部队属于李宗仁、白崇禧的桂系,号称"猴子军",打仗很狡猾,又比较顽强,同他们作战难有俘获,往往打成消耗仗。因此,作战命令下达以后,粟裕一面指派专人给参战部队调配充足的弹药,以保障参战部队用强大火力攻歼该敌;一面密切注视敌情的细微变化,寻找更加有利的战机和最佳作战方案。

5月11日,张灵甫的整编第七十四师从垛庄出发,经由孟良崮西麓,向坦埠以南华野第九纵队阵地进攻。

敌人的行动引起了粟裕的高度重视。粟裕判断敌人已经发现华野指挥部位置。蒋军这一行动究竟是局部行动,还是新的全线进攻?他特地通知情报部门严密监

---

① 《粟裕战争回忆录》,解放军出版社,1988年11月,第1版,第491页。

视敌军动向，尽快查明敌人的作战部署。

当天晚上，华野技术侦察部门截获汤恩伯限整编第七十四师于5月12日攻占坦埠的电令。

粟裕得知这个关系全局的重要情报，沉思大约半个小时。虽然他早就把整编第七十四师作为预定歼击对象，为此反复构思作战方案，但是此时作出歼灭整编第七十四师的决策，还是采取了十分慎重的态度。他要情报处核查情报的准确性，并进一步搜集有关情报。根据从各个渠道得到的情报，查明了汤恩伯兵团的作战部署：以整编第七十四师为中心，整编第二十五师、整编第八十三师为左右翼；又以整编第六十五师保障整编第二十五师翼侧，第七军和整编第四十八师保障整编第八十三师翼侧，限于12日（后改为14日）攻占坦埠。同时查明，王敬久兵团之第五军、欧震兵团之整编第十一师等部已由莱芜、新泰出动向东进犯。整编第七十四师与左右两翼国民党军相距只有一至二日行程。

粟裕认为，尽管敌军行动尚未完全明朗，但可断定敌人决定发动全线进攻，其部署显然是以整编第七十四师为主要突击力量，在两翼和后续强大兵团掩护下实施中央突破，矛头直指华野指挥部驻地坦埠，企图一举击中我指挥中心，陷我军于混乱和四面包围之中，聚歼我军主力于沂蒙山区，或者将我军逼向胶东一隅，赶过黄河。

粟裕认为，这是一个难得的有利战机，立即提出了新的作战方案：不打第七军和整编第四十八师，改打中路强敌整编第七十四师。迅速就近调集几个强有力的部队，以"猛虎掏心"的战法，以中央突破对付敌人的中央突破，从敌人战斗队形的中央楔入，切断对我威胁最大的中路先锋整编第七十四师与其友邻的联系，将整编第七十四师全部干净消灭掉。

在如此短暂的时间内，果断改变已经付诸行动的计划，作出带有很大风险性的决策，从敌人重兵集团中分割歼灭强敌，不仅需要有压倒强敌的英雄气概，而且要有驾驭战局发展变化的战略才能。

粟裕这一新的设想，是在辩证分析敌我态势及其发展趋势、权衡两种作战方案的利弊得失的基础上，得出的科学结论。

粟裕认为，整编第七十四师是蒋介石的"王牌军"，是这次重点进攻的骨干和急先锋，又是我军多次寻歼的死敌。歼灭整编第七十四师，将会给敌人以实力上精神上最沉重的打击，对我军指战员则是一个极大的鼓舞，可以立即挫败敌人的进攻，迅速改变战场态势，获得最有利的战役效果。如果打第七军和整编第四十八师，敌人很可能置该部于不顾，继续对我实行中央突破，从而使我军陷于两面作战的困境。这次敌人采取挟重兵以求中央突破的战法，估计我不是主动后撤就是被突破。我们针锋相对，一改先打薄弱之敌、孤立之敌的传统战法，以中央突破对付敌人的中央突破，打最强的整编第七十四师，出其不意，攻其无备，必将大奏奇效。

粟裕辩证地分析敌我兵力强弱和战场条件，认为强和弱是相对的，或强或弱，部队本身所具有的战斗力不是唯一的因素，而是诸多因素共同作用的结果。从兵力对比上看,敌人对山东实施重点进攻的总兵力为24个整编师(军),其中在鲁中山区集中有17个整编师(军),我军在鲁中只有9个步兵纵队加1个特种兵纵队,敌人占有很大优势;但是,整编第七十四师已经进入我军主力集结的正面,我军部署不须作很大的调整,即可在局部地区对整编第七十四师形成5比1的绝对优势。从武器装备和战斗力来看,我军经过十个月作战,特别是宿北、鲁南和莱芜战役的锻炼,战术技术水平有很大提高,各级指挥员积累了大兵团作战经验,武器装备也有很大改善,特种兵纵队已有相当基础,火力大大加强,具备了围歼强敌的基本条件。整编第七十四师虽是强敌,但也有其弱点。它是重装备部队,进入山区,地形对其不利,机动受到限制,重装备不能发挥威力,甚至成为拖累,其强的一面就相对削弱了。同时,该师十分骄横,与其他敌军矛盾很深,在我围歼该敌又坚决阻援的情况下,其他敌军不会奋力救援。我们可以利用山区地形,采取正面反击、两翼揳入、断敌退路、阻击援敌的战法,把整编第七十四师从敌人的重兵集团中分割出来,予以全部、干净、彻底歼灭。

粟裕认为,这是一个既有取胜把握又有一定风险的决策。能否取得胜利,关键在于正确的决策和巧妙的指挥。只要缜密部署,指挥上没有失误,就可以实现全歼整编第七十四师的意图。

粟裕后来谈起孟良崮战役的决策,针对"张灵甫孤军冒进"的错误说法,指出:有人说是"虎口拔牙",但老虎的嘴巴并不是张开的,只有一点空隙,我们硬切进去,好像天桥的把式开硬弓,将敌人左右两翼撑开,把七十四师从敌人的重兵集团中挖出来予以歼灭。不能说七十四师孤军冒进,它只是稍形突出,而且随即又缩回去了。还是"于百万军中取上将首级"的说法确切一些。

战机稍纵即逝。粟裕立即把他的想法向陈毅汇报。陈毅当即表示赞同:"好!我们就是要有于百万军中取上将首级的气概!"

陈、粟决定,以五个纵队担任主攻,四个纵队阻击援敌,歼灭整编第七十四师于坦埠以南、孟良崮以北地区,特种兵纵队配属主攻部队作战。随即作出周密的作战部署,立即组织实施,派参谋分头追赶已经出发的部队,下令部队就地停止待命,各纵队首长到指挥部受领新的作战任务;又派参谋处长向已到南线的谭震林转告陈、粟的决定,请他就近向第二、第七两个纵队传达并作出部署。

如何对待这个突如其来的重大改变,对于各级指挥员都是一个严峻的考验。开始虽然有的指挥员不能理解,但是很快就取得了一致认识,大家坚决拥护和执行陈、粟的决定。这说明,华野全军上下作战指导思想的一致和对陈、粟决策指挥的信任。

5月12日,毛泽东为中央军委起草致陈毅、粟裕的电报,指示:"敌五军、十一师、七十四师均已前进。你们须聚精会神选择比较好打之一路,不失时机发起歼击。究打何路最好,由你们当机决策,立付施行,我们不遥制。"[①]

中央军委授予陈、粟"当机决策"的权力,体现了毛泽东、中央军委对陈毅、

---

① 《毛泽东军事文集》第四卷,军事科学出版社、中央文献出版社,1993年12月,第1版,第70页。

粟裕的充分信任,为争取孟良崮战役的胜利创造了必不可少的条件。"我们不遥制",体现了毛泽东的指挥风格。熟悉中国历史的毛泽东,深知"将在军,不从中制"的道理,主张在保证全军指挥集中统一的前提下,给前线指挥员以临机专断的权力,反对"锋镝交于原野而决策于九重之中,机会变于斯须而定计于千里之外"。他认为宋太祖遣将用兵而"遥制方略"、前线将领指挥作战"咸听成旨",是一种用兵"弊法",往往贻误战机,导致"覆师丧旅"。

5月13日,陈、粟发电报给中央军委并刘伯承、邓小平,报告围歼第七十四师的决心和计划:"(甲)七十四师真(11)日开始向坦埠进攻,八十三师在青驼寺以北跟进,二十五师在蒙阴东南为其左翼部队,桂顽则在临沂东北汤头、葛沟。(乙)我们今晚集结一、四与八、九纵向七十四师出击,于明晨完成包围。战斗约需两三天。待歼灭七十四师后,再视机扩张战果。"第二天就接到中央军委复电:"以一、四、八、九纵歼击七十四师极为正确。"①

孟良崮位于蒙阴东南60公里的芦山山区顶峰,海拔500余米。沂蒙山区的山峰生得古怪,四周陡峭,形同圆柱,顶端平坦,可以种田,当地人称之为崮。崮崮相连,据说有72崮。张灵甫的整编第七十四师据守在芦山、孟良崮、大崮顶几个山头、几条山谷里。

孟良崮战役,按照预定计划,于5月13日黄昏发起。粟裕到前线指挥作战,把他的指挥所设在坦埠以西艾山脚下的岩洞里。当地群众称这个石洞为"老君洞",战后改名为"将军洞"。从这里向南,直到孟良崮,是一片开阔的山间平地,也是华野正面阻击蒋军的战场。站在艾山南麓,可以用望远镜直接观察战场情况。粟裕对这个地方很满意,说:"好!指挥所就设在这里。"随后,就爬到山头观察一个多小时,又到前沿视察了第九纵队的炮兵阵地。回到指挥所,看到警卫员正准备去村里借门板搭床铺,粟裕坚决不准,说:"门板是给老乡守家的,你把它借来,他们怎么关门呢?买点高粱秸子,铺在

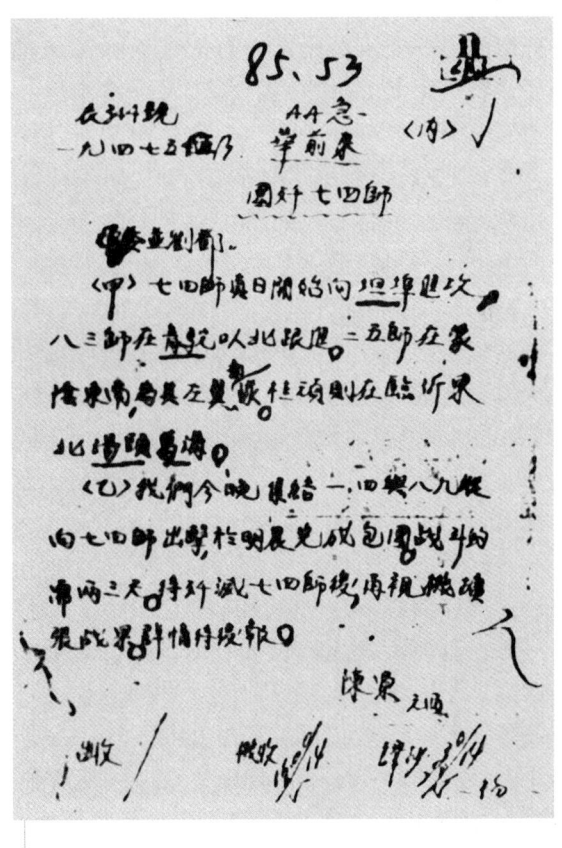

■ 陈毅、粟裕关于围歼七十四师给中央军委的报告

---

① 《毛泽东军事文集》第四卷,军事科学出版社、中央文献出版社,1993年12月,第1版,第73页。

沙子上，就可以睡觉。这是打仗，不是安家。"

粟裕认为，实现战役决心的第一个关键问题，是隐蔽我军意图，达到对整编第七十四师的合围。为此，他采取了一系列措施。

一令第四、第九两纵队全力抗击向坦埠进攻的整编第七十四师，堵住他的前进道路。

二令第六纵队协同第一纵队抢占孟良崮西南的垛庄，切断整编第七十四师退路。

三令第一、第八两纵队分别以小部队向敌左右两翼整编第二十五师和整编第八十三师发起攻击，使敌人一时无法判明我军矛头所向而无暇他顾，主力则乘机向纵深猛插，隔断整编第七十四师与左右两翼的联系。

四令第二、第七、第三、第十4个纵队分别在敌人左右两翼外围阻击敌人援军。

华野各个纵队都出色地完成了自己的任务。从13日黄昏到14日上午，就大体形成对整编第七十四师的包围态势。15日拂晓，由鲁南北上的第六纵队在第一纵队协同下攻占垛庄，第八纵队攻占万泉山，最后封闭合围口，完成了对整编第七十四师的包围。

十天以前，当第六纵队奉命在鲁南隐蔽待机的时候，第六纵队司令员王必成提出的唯一要求就是："打七十四师，绝对不要忘了六纵！"

整编第七十四师是第六纵队的老对手、死对头。第六纵队在第二次涟水战役中与整编第七十四师交锋，吃了亏。广大指战员愤恨难平，发誓有机会一定要吃掉它。

宿北战役以后，粟裕在行军途中遇到六纵宣教部长吴强，关切地询问六纵部队情况。吴强告诉他："这一回没能把七十四师吃掉，反而让他占了上风，部队上上下下都很懊恼、气愤。"

粟裕说："告诉大家，七十四师、张灵甫逃不掉，总是要把他吃掉的！仗打得不痛快，吃了亏，受了损失，情绪不稳定，是很自然的，要多做思想工作。"

"什么时候再打七十四师？"吴强以为很快就要发起打七十四师的新战役，焦急地问。

"现在条件还不成熟。"粟裕十分理解部队急于求战的心情，对吴强说，"再打七十四师，少不了你们六纵的份。"

这一次，王必成又担心错过打七十四师的机会。粟裕立即给他一个满意的答复："你放心，打七十四师一定少不了你们六纵。到时候，你不想打也得打。"

在制订孟良崮战役计划时，粟裕特别提醒起草作战命令的参谋处：不要忘记六纵。

在孟良崮战役即将打响的时候，六纵指战员听到北进敌军的炮声越来越远，北上参战的命令却不见到来，有些人沉不住气了，怪话也出来了：

"把我们忘了，把我们扔在鲁南吃闲饭！"

"我们只能吃豆腐，嚼烂葡萄，啃不了硬骨头！"

他们不知道，粟裕已经给他们安排了一个艰巨的作战任务：切断七十四师的退路。

5月12日16时，一份陈、粟签署的电报发到王必成手中，命令六纵昼夜兼程，北上参战，以48小时120公里的急行军，抢占沂蒙公路上的重镇垛庄，切断七十四师的唯一退路，参加围歼七十四师的战斗。

以"虎将"著称的王必成，接到命令，立即率领六纵指战员两万多人以一日一夜130公里的急行军，飞兵疾进。到14日凌晨，先头部队提前8小时到达垛庄以南，15日凌晨就在第一纵队协助下攻占垛庄，犹如神兵天降，全歼守敌一个战斗辎重连。汤恩伯指令张灵甫派重兵死守垛庄，保护通路。可是，等到张灵甫派出的部队赶到，垛庄已经被华野部队攻占一小时。张灵甫不得不丢掉他的美制重炮和其他现代化装备，收兵退缩孟良崮、芦山地区，企图负隅顽抗，等待援军到来。

六纵指战员回想起粟裕的谈话，无不为他的神机妙算而心悦诚服。他们说："把我们放在鲁南，原来是一着妙棋。""说打七十四师少不了六纵的份，就是没有少了我们六纵的份。粟司令可是个说话算话的有心人。"

粟裕总结孟良崮战役的经验，指出"动用隐伏于鲁南的六纵队是关键的一着"。他说："在战役指挥中，设想可能出现的情况，走第一步就预想到第二步，有时要巧妙地预留伏笔，是灵活用兵的重要一着。此次我军诱敌深入，而又预伏第六纵队于鲁南待机，这着棋一旦动起来，全盘就活了。"

华野敢于围歼整编第七十四师，完全出乎国民党军意料。华野完成对整编第七十四师的合围以后，出现了不同寻常的战场态势：华野以5个纵队包围着整编第七十四师，国民党军又以10个整编师（军）包围着华野。蒋介石利令智昏，错误地判断这是"歼灭共匪完成革命惟一良机"，一面令整编第七十四师据险固守，吸引华野，一面令第五军、整编第十一师、整编第六十五师、整编第二十五师、整编第八十三师、第七军、整编第四十八师各部火速向整编第七十四师靠拢，又令整编第六十四师、整编第二十师、整编第九师赶赴垛庄、青驼寺、蒙阴增援，企图内外夹击，与华东野战军决战。

粟裕分析战场态势，认为此时战役指挥的关键问题，一个是能否迅速解决围歼整编第七十四师的战斗，一个是能否挡住敌人的援军。他要求各级指挥员都到第一线督战，作战形式主要转入阵地战。

5月15日，华野发起对整编第七十四师的总攻。围歼整编第七十四师的部队展开了激烈的阵地攻坚战，15日晚上就把整编第七十四师压缩于东西3公里、南北2公里的狭窄山区，16日下午攻占七十四师占据的所有高地。每争夺一个山头一个高地，都要经过几次到十几次的冲锋，直到刺刀见红，战斗的激烈程度为解放战争以来所少见。

与此同时，华野阻援部队则展开了艰苦的阵地防御战，挡住了敌人一波又一波的冲击，把敌人的各路援军阻止、钳制在华野包围圈以外。蒋军整编第二十五师、整编第八十三师虽然与整编第七十四师相隔只有五公里左右路程，炮火已能打到孟良崮，其余援敌八个整编师（军）距整编第七十四师也只有一日至二日行程，但在华野部队的顽强阻击下，眼看着整编第七十四师被围歼，而不能越雷池一步。

正当蒋介石一再严令增援、张灵甫频频呼救的时候，华野各部已会师于孟良崮、芦山顶峰。第六纵队特务团团长带领突击队冲到张灵甫负隅顽抗的山洞，一举歼灭隐藏在山洞里的整编第七十四师指挥所，击毙骄狂不可一世的张灵甫。

5月16日下午，孟良崮战役接近尾声。参战部队纷纷向前线指挥所汇报战果，有的部队开始打扫战场、收拢部队。这时天气突变，山雨欲来，阴云密布，能见度低。各部报告的战果，只抓到几百名俘虏。华野情报处长报告，通过技术侦察发现，敌人还有电台在联络求援。这些情况引起了粟裕的警觉。

作战科长拿来向中央军委报捷的电报稿。粟裕摆手示意，报捷电报缓发，同时指示："命令各部队重新汇报战果，歼俘敌人的数字要力求准确无误。命令各部队继续搜查，不可放松警惕，特别是比较隐蔽的山沟更要仔细搜查。没有命令，不许停止。"

看到大家迷惑不解，粟裕解释说："兵法上有穷寇勿追，是说狗急了要跳墙，弄不好会被反咬一口。我们主张打歼灭战，硬是要追穷寇，不论这只狗发疯也好，跳墙也好，都必须把它确确实实地打死才行。我把各部队上报的歼敌数字与七十四师编制数字反复核对，还差7000人左右。7000人不是个小数目，弄不好会给我们带来不必要的损失。"

参谋处根据各部队清查后的战果统计，并与整编第七十四师编制人数核对，发现各部队上报歼敌总数2.5万余人，与整编第七十四师应有人数3.26万余人相比，还少七八千人。技术侦察发现，孟良崮山区仍有敌军电台讯号。

粟裕当机立断，命令各纵队组织轻装部队，严密搜索。果然在孟良崮、雕窝之间的山谷里发现集结有7000多敌军，正准备突围。粟裕命令第七、第八、第九3个纵队立即出动兜剿。各纵队指战员不顾疲劳，英勇奋战，全歼残敌，无一漏网。至此，蒋介石的"王牌军"整编第七十四师被华东野战军全部、干净、彻底消灭，孟良崮战役胜利结束。

捷报传来，全军振奋，欢声如雷。指战员们纷纷称赞粟裕料敌如神的谋略和高人一筹的指挥。陈毅紧紧握住粟裕的手说："老伙计，这个仗，你硬是越打越神了！"

在围歼整编第七十四师的紧张战斗中，陈毅和粟裕密切合作、互相支持，给华野指挥部的同志留下了深刻的印象。有一次，粟裕与一位纵队指挥员通话，发生了"故障"，这位指挥员以部队伤亡太大为由讨价还价。粟裕对他说："好了，现在陈司令同你讲话。"陈毅一面走向电话机，一面问接电话的是哪一位，拿过话筒就说："你现在在哪里？你们几个师长到了什么地方？"对方回答后，陈毅查看了一下地图，接着说："你们几个师长都要到山顶去。刚才粟裕同志讲的，就是我的意见，你们要坚决执行。部队伤亡大一些，不要紧，我手里还有预备兵力，你伤亡多少，我给你补充多少。"电话里的对方平静了。

从莱芜战役到孟良崮战役，粟裕脑力、体力消耗很大，身体日见消瘦，由高血压引起的头痛症时常发作，不得不戴着一种铝制的健脑器坚持工作，在与敌人

孟良崮战役经过要图

(1947年5月13日—16日)

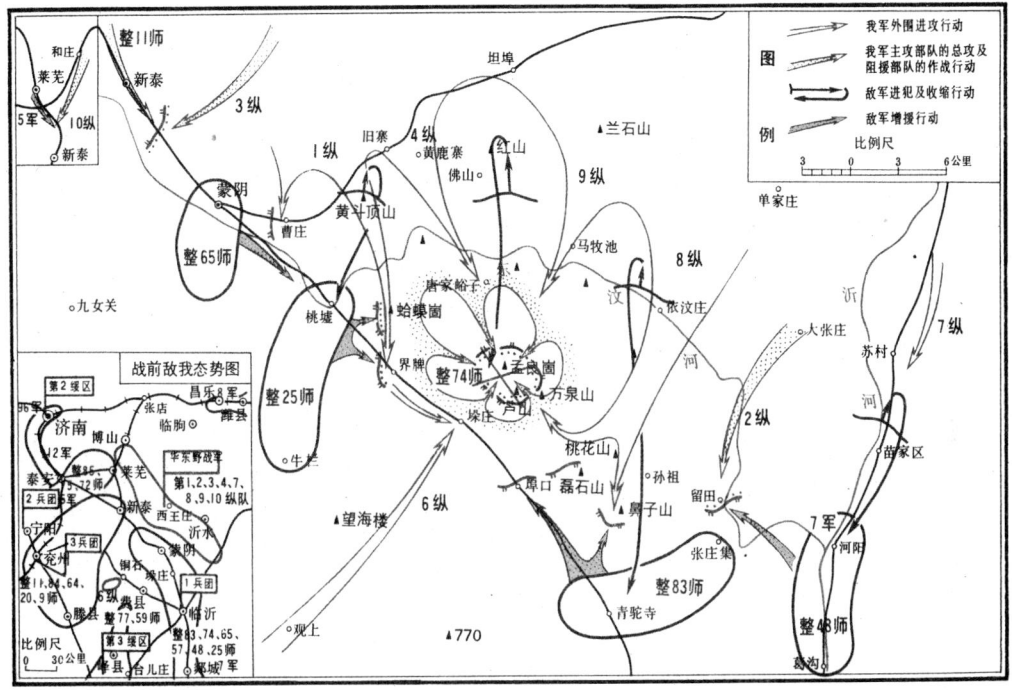

进行激烈搏斗的同时,还要同疾病进行顽强的斗争。在孟良崮战役中,连续几天几夜不休息,脸涨得通红。战后测量血压,血压竟然达到220毫米汞柱。

孟良崮战役的胜利,对国民党反动派是最沉重的一击,对解放区军民是极大的鼓舞,严重顿挫了蒋介石对山东的重点进攻,迅速改变了山东战局,并且推动全国战局向有利于人民的方向发展。

5月22日,毛泽东为中央军委起草的电报指出:"歼灭七十四师,付出代价较多,但意义极大,证明在现地区作战,只要不性急,不分兵,是能够用各个歼击方法打破敌人进攻,取得决定胜利。"[①] 同一天,延安新华社发表时评说:"华东人民解放军和华东解放区的人民,在全中国人民的爱国自卫战争中,担负的任务最严重,得到的成就也最荣耀。""这次蒙阴胜利在华东人民解放军的历史上更有特殊意义,因为:第一,这是打击了蒋介石今天最强大的和几乎唯一的进攻方向;第二,这是打击了蒋介石的最精锐部队(四五个精锐师之一个);第三,这个打击是出现于全解放区全面反攻的前夜。""蒋介石以近一百个旅使用于华东战场,欲以此决定两军胜负。这个主观幻想业已接近于最后破灭。"

---

① 《毛泽东军事文集》第四卷,军事科学出版社、中央文献出版社,1993年12月,第1版,第81页。

孟良崮战役后,粟裕(左二)与陈毅(左一)视察华野炮兵射击演习。

整编第七十四师是蒋介石多次嘉奖的"模范军",也是王耀武赖以起家的部队。"跛子将军"张灵甫是蒋介石的心腹爱将,死时只有43岁。蒋介石痛心疾首,哀叹整编第七十四师全军覆没是"空前的大损失",是"剿匪以来最可痛心最可惋惜的一件大事","必须等到我们全军一番起死回生的改造之后,乃能作进一步的打算"。王耀武则哀鸣:"七十四师之失,有如丧父之痛。"战后,蒋介石故伎重演,将第一兵团司令官汤恩伯撤职,整编第八十三师师长李天霞交付军事法庭审判。

孟良崮战役是粟裕军事生涯中的得意之笔。这次战役的决策和指挥,鲜明地表现了他谋略思想和指挥艺术的独特风格,反映了他反常用兵、出奇制胜的创造精神。他自觉地运用唯物辩证法于作战指导,在尊重客观规律的基础上,高度发挥人的自觉能动性,敢于和善于适时把战局推向新水平,开创了人民解放军在敌人重兵集团中割歼强敌的范例,是战役指挥艺术上的重大突破。

粟裕总结孟良崮战役的经验,指出:"孟良崮战役是解放战争以来我军与蒋军在华东战场上一次正面的大规模的较量,表明了我军的作战指导、指挥艺术、战术技术和军队士气都大大高于敌人。孟良崮战役还使我体会到,作为战区指挥员,应不断地研究、分析敌我力量的对比变化,发挥主观能动作用,敢于适时地把战局推向新的水平,而不能坐待条件完全成熟。到了应该把战争推向一个新的高峰时,指挥员看不出来,不敢下决心,就不可能推进胜利的进程。从孟良崮战役到豫东战役,再到淮海战役,都使我体会到这一点。"

1947年5月,人们期盼的胜利的春天终于到来了。沂蒙山区,峰峦起伏,山花烂漫，一片大好风光，人们又唱起了富有地方特色的山歌。

　　人人那个都说哎沂蒙山好，
　　沂蒙那个山区哎好风光。
　　青山那个绿水哎多好看，
　　风吹那个草低哎见牛羊。
　　……

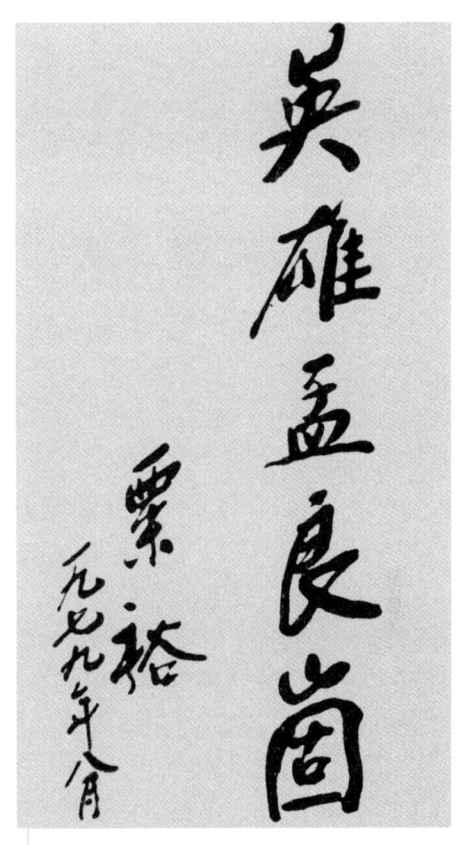

粟裕题词：英雄孟良崮

　　从莱芜战役到孟良崮战役，华东野战军接连粉碎敌人两次重兵进攻，取得一个"空前大捷"超过一个"空前大捷"的胜利，创造了古今中外战争史上的奇迹，也给悠久的山东历史添加了光辉的一页。

　　山东，古属齐鲁两国，在战争史上占有特别荣耀的地位。特别是在军事思想活跃、军事人才辈出的春秋战国时代，举世公认的"兵圣"孙武和被毛泽东称为"千古高手"的孙膑就出生于当时的齐国境内，被后人视为用兵范例的"围魏救赵"、"减灶诱敌"等著名战法也产生在这里。现在，在决定中国命运的解放战争中，陈毅、粟裕指挥的华东野战军创造了堪称现代战争楷模的崭新战法，"示形于鲁南，决胜于鲁中"，用"耍龙灯"的战法创造战机，以中央突破对付敌人的中央突破，"于百万军中取上将首级"，在中国战争史上再创辉煌，而与春秋战国时代交相辉映。担任战役指挥重任的粟裕，以其卓越的谋略思想和高超的指挥艺术，不仅为夺取沂蒙几战胜利、推进战争进程作出了独特的贡献，而且把作战指导的辩证法提高到了一个新的水平。

第十五章　从"七月分兵"到经略中原

一、自觉服从战略全局利益的决策。
"七月分兵"后的几个消耗仗。

1947 年夏季，解放战争处于由战略防御转为战略进攻的关键时刻，也是华东战局由内线作战到外线出击的转折过程。南线敌我双方的较量，继续在由陕北经中原到山东的"乙"字形黄河流域展开。

蒋介石集团虽然在过去一年里军事上政治上都打了败仗，但他们在兵力数量上仍然占有优势，仍然坚持他的"黄河战略"，继续在陕北和山东两个方向上保持强有力的攻势，从而更加暴露了他哑铃式战略布局的弱点。

中共中央的战略决策是：不等敌人的重点进攻被完全粉碎，也不等我军在数量上超过敌人，就由战略防御转入战略进攻，把战争引向国民党统治区域。

中共中央撤离延安以后，毛泽东和周恩来、任弼时主持中共中央、中央军委工作，运筹于陕北窑洞之中，决胜于大河上下、长城内外，帅旗高高飘扬在陕北高原。用周恩来的话来说，是"在世界上最小的司令部里，指挥了最大的人民解放战争"[①]。

1947 年 6 月，毛泽东率领这个"世界上最小的司令部"转移到陕北靖边县小河村。7 月 21 日至 23 日举行的中共中央小河会议，第一次提出了解放战争"五年解决"的设想，并且作出了解放战争第二年的战略部署。

毛泽东在小河会议上的讲话中提出："对蒋介石的斗争，计划用五年解决。看过去这一年的成绩，是有可能的。"[②] 关于解放战争第二年的战略部署，毛泽东说："蒋介石搞了个黄河战略，一个拳头打山东，一个拳头打陕北，想迫使我们在华北与他决战。可他没想到，自己的两个拳头这么一伸，他的胸膛就露出来了。所以，我们呢，给他来个针锋相对，也还他一个黄河战略：紧紧拖住他这两个拳头，然后对准他的胸膛插上一刀！"[③]

[①]《周恩来传》，中央文献出版社，1998 年 2 月，第 1 版，第 712 页。
[②] 同上书，第 693 页。
[③]《胡乔木回忆毛泽东》，人民出版社，1994 年 9 月，第 1 版，第 483 页。

6月30日，刘邓大军强渡黄河天险，发起鲁西南战役，揭开了全国性战略进攻（当时称"战略反攻"）的序幕。

在刘邓大军渡过黄河前一天，6月29日，毛泽东为中央军委起草致陈毅、粟裕、谭震林并告刘伯承、邓小平的电报，指出："蒋军毫无出路，被迫采取胡宗南在陕北之战术，集中六个师于不及百里之正面向我前进。此种战术除避免歼灭及骚扰居民外，毫无作用，而其缺点则是两翼及后路异常空虚，给我以放手歼击之机会。你们应以两个至三个纵队出鲁南，先攻费县，再攻邹（县）、滕（县）、临（城）、枣（庄），纵横进击，完全机动，每次以歼敌一个旅为目的。以歼敌为主，不以断其接济为主，临蒙段无须控制，空费兵力。此外，你们还要准备于适当时机，以两个纵队经吐丝口攻占泰安，扫荡泰安以西、以南各地，亦以往来机动歼敌有生力量为目的，正面留四个纵队监视该敌，使外出两路易于得手。以上方针，是因为敌正面既然绝对集中兵力，我军便不应再继续采取集中兵力方针，而应改取分路出击其远后方之方针。"①

中央军委这一指示，改变了原来要华野集中兵力坚持内线歼敌的方针。

早在孟良崮战役发起以前，中央军委就在致刘、邓、陈、粟的电报中指示，刘邓军于6月1日以前休整完毕，6月10日以前南渡黄河，第二步向中原进击；"陈粟军在巳灰（即6月10日）以前应集结全力（二十七个旅）寻求与创造歼敌机会，并准备于巳灰以后配合刘邓军大举出击"②。孟良崮战役以后，中央军委对这个部署作了调整，指示华野集中兵力在现地歼敌，并且指出山东仍是主要战场。中央军委5月22日的电报指出："在现地区作战，是于我最为有利，于敌最为不利。现在全国各战场除山东外均已采取攻势，但这一切攻势的意义，均是帮助主要战场山东打破敌人进攻。蒋管区日益扩大的人民斗争，其作用也是如此，刘邓下月出击作用也是如此。而山东方面的作战方法，是集中全部主力于济南、临沂、海州之线以北地区，准备用六七个月时间（五月起）六七万人伤亡，各个歼灭该线之敌。该线击破之日，即是全局大胜之时，尔后一切作战均将较为顺利。"③ 6月22日，中央军委的电报进一步指出："山东战事仍为全局关键。你们作战方针，仍以确有胜利把握然后出击为宜。只要有胜利把握，则不论打主要敌人，或打次要敌人均可，否则宁可暂时忍耐，不要打无把握之仗。"④

蒋介石经过40余天的策划与准备，再次对沂蒙山区发动新的进攻。蒋介石在南京、徐州多次召开会议，并且起用日本战犯冈村宁次为顾问，提出"并进不如重叠，分进不如合进"的战法。调集9个整编师25个整编旅的兵力，摆在不到50公里的战线上，三四个师摆成方阵，前后重叠，交互前进，企图迫使华野主力在鲁中山区狭窄地带迎战。

---

① 《毛泽东军事文集》第四卷，军事科学出版社、中央文献出版社，1993年12月，第1版，第113页。
② 《毛泽东年谱》下卷，人民出版社、中央文献出版社，1993年12月，第1版，第188页。
③ 《毛泽东军事文集》第四卷，军事科学出版社、中央文献出版社，1993年12月，第1版，第81页。
④ 同上书，第111页。

根据中央军委的指示和当面敌我态势，华野前委决定在1947年底以前，集中全部主力在内线各个歼敌。为此，于1947年6月初在沂水以北的坡庄召开华野团以上干部会议，强调认清战局，戒骄戒躁，准备打大仗、恶仗，粉碎敌人的新进攻，为转入战略反攻创造条件。考虑到正面之敌重兵密集，尚不具备分割歼敌条件，决定首先以三个纵队分别向敌人的侧翼和后方出击，迫敌回援，创造战机，主力则集结在沂水地区待机。

正当这一作战部署即将付诸实施的时候，中央军委发来了三路分兵的指示。华野前委立即认真研究，认为刘邓大军即将出击，全国战局将有重大发展，局部利益必须服从全局利益。于是决定改变坚持内线作战的部署，执行中央军委新的指示，由陈士榘、唐亮率领第三、第八、第十3个纵队向鲁西挺进，由叶飞、陶勇率领第一、第四2个纵队向鲁南出击，陈毅、粟裕、谭震林直接指挥第二、第六、第七、第九4个纵队和特种兵纵队在沂水地区待机出击。这一部署于6月30日上报中央军委，同时命令各部队7月1日开始执行。中央军委7月2日复电，认为"布置甚好"，并指出："我军必须在七天或十天内，以神速动作攻取泰安南北及其西方、西南方地区，打开与刘、邓会师之道路，如动作迟缓，则来不及。"①

这就是人们常说的"七月分兵"。

华野5个纵队出击敌后的行动，给在山东的国民党军队以严重威胁。7月上旬，叶、陶2个纵队攻占费县、峄县、枣庄，陈、唐3个纵队攻占津浦路大汶口至万德段，威胁敌人的后方基地兖州和徐州。蒋介石集团急忙调整部署，抽调已进入鲁中山区的邱清泉第五军等7个整编师（军）分路西援，留下胡琏的第十一师等4个整编师在鲁中山区固守要点。

对于战局的这一变化，华野领导人作出了不符合实际的判断，把整个局势的可以乐观与当面情况的仍然严重混淆起来，认为敌人对山东的重点进攻已被粉碎，留在鲁中山区之敌军势必相继西撤。因此，在作战部署上也着重于截断敌人退路。后来发现蒋军并未撤退，再调整部署，转移兵力攻击敌人，又为大雨阻隔于沂河、弥河两岸。而蒋军则利用控制桥梁和渡口的有利条件，集结兵力于南麻、临朐两地，并且迅速构筑起数以千计的子母堡工事。由于对当面敌情的严重性估计不足，对分兵以后出现的许多新变化也估计不足，为了配合刘邓大军作战，急于打像过去那样的大胜仗，因而发生轻敌急躁情绪，导致作战指导上的失误。

7月中旬，华野前指作出新的作战部署：指令陈、唐3个纵队迅速西进，围攻济宁、汶上，密切配合刘邓大军作战；指令叶、陶两个纵队迅速攻克滕县、邹县，然后转兵北上，寻歼西援之敌；陈、粟、谭直接指挥的4个纵队，则乘敌未全部后撤前，首先歼灭位于南麻的整编第十一师5个团，切断整编第九师等蒋军退路，然后与叶、陶2个纵队协力歼灭整编二十五师和整编第六十四师。

这个作战计划，饶漱石、黎玉和陈毅、粟裕、谭震林联名，于7月14日14

---

① 《毛泽东军事文集》第四卷，军事科学出版社、中央文献出版社，1993年12月，第1版，第119页。

时上报中央军委，陈毅、粟裕、谭震林等于7月15日发出南字第21号作战命令。7月18日，中央军委复电，询问14日电"所述作战计划是否已付诸实施，歼击十一师结果如何"，指出："整个山东局面之改变主要依靠你们这一计划成功，造成继续歼敌的有利条件。"

可惜，这一作战计划未能如愿以偿。

7月17日黄昏，南麻战役按照预定计划发起。陈毅、粟裕、谭震林率领华野司令部进驻南麻东北的三岔店，一起指挥这一战役。

战役一打响，陈、粟、谭就发现敌情与原来的了解不符。整编第十一师师长胡琏接受张灵甫全军覆没的教训，行动十分诡谲小心。6月29日占据南麻地区以后，迅速在南麻周围大小山头和村庄构筑起密密麻麻的子母堡2000多个，形成火力互相支援的地堡群，各个据点间用交通壕连接，外围设有铁丝网、鹿砦等障碍物，阵地前500米内的树木、庄稼一律砍光，驻地村民一个不留地赶走。可是华野得到的情报却是南麻敌军构筑工事未成。战斗过程中，华野部队每攻克一个堡垒，都要付出伤亡数十人上百人的代价。加上时值雨季，连日大雨滂沱，山洪暴发，河水陡涨，部队行动受阻，弹药受潮失效，天候宜守而不利于攻，更增加了作战困难。经过三日三夜恶战，把整编第十一师压缩到纵横5公里的包围圈内。华野有的部队一天之内连续打破敌人十几次反攻，打得英勇顽强。

在战斗激烈进行的时候，粟裕亲自到第一线指挥。他要作战科副科长金冶立即组织一个精干的观察所，设置在南麻东北830高地上的山洞里，洞口正对南麻方向。南麻是一块四面环山的盆地。观察所居高临下，不借助望远镜也可看到战场情况。

7月19日，粟裕来到观察所，观察战场情况。此时蒋军飞机穿梭般轰炸扫射，攻击华野部队阵地。下午3时，华野部队发起总攻，炮兵开始射击，南麻顿时迷迷蒙蒙。粟裕手持电话，命令部队积极动作，攻击前进。可是，攻击受阻，进展很慢。

7月20日，粟裕再次来到观察所。他看到第一线部队正在英勇地攻击敌人的子母堡群，遭到敌人交叉火力封锁，一次又一次遭受挫折。粟裕问随行人员：部队攻打子母堡的战术动作过去训练过没有？随行人员回答：攻打以地堡为核心工事的战术训练过，但对攻打这样密密麻麻的子母堡群的战术没有训练过。粟裕说：这是一个教训啊！这次战役结束后，要认真总结经验教训，要重视攻打子母堡的战术技术训练。随行人员提出一个问题：这次分兵出击，避开雨季，是不是更好些？粟裕说：这次作战，雨季影响很大。但是要知道，我们的行动是紧密配合晋冀鲁豫野战军作战。他们6月底突破黄河，进入鲁西南地区作战。我们在鲁西、鲁南、鲁中的作战行动，同他们互相呼应，是战略性任务。我们忍受一定伤亡、损失，是值得的必要的。

在观察所里，粟裕亲眼看到第九纵队英勇顽强作战的情况。在第九纵队正面，蒋军的主阵地高庄就有80多个子母堡。经过两天两夜激战，被第九纵队攻克50

多个。蒋军依恃其优势装备，以强大炮火疯狂反扑。守卫在高庄西山的第九纵队第二十五师第七十三团，一天之内连续打垮敌人13次冲锋。

战后，粟裕特地表扬了七十三团指战员英勇顽强的战斗作风。他对第九纵队副司令员聂凤智说，在山上看得很清楚，七十三团方向打得十分激烈，敌人十一师的炮火集中倾泻在七十三团阵地上，七十三团打得英勇顽强。

此时整编十一师粮弹两缺，士气低落。胡琏唯恐落得整编第七十四师的下场，急电蒋介石速派援兵，空投粮弹。蒋介石颁发手令，严令整编第九师、整编第二十五师、整编第六十四师、整编第七十五师增援。20日上午，国民党援军进至距南麻只有10公里的地方，并突破华野阻援部队阵地。陈、粟、谭估计歼灭南麻之敌尚需五到七天甚至十天时间，而手中已无预备队，不能增加打援兵力，以保证攻克南麻必需的时间。根据这种形势，决定于7月21日晚上撤出战斗，以造成敌人错觉，然后再捕捉战机歼敌。

南麻一仗，歼灭蒋军整编十一师少将旅长覃道善以下官兵9000多人，华东野战军付出了伤亡4000多人的代价，没有达到预期的作战目的，打了一个消耗仗。

7月22日，华野南麻战役参战部队刚刚转移到临朐县城西南地区，就得到情报：从胶济线昌潍地区南下的李弥第八军奉令抢占临朐城，企图切断南北交通，威胁华野后方安全，但是第八军主力尚在进军途中。陈、粟、谭决定，乘敌人立足未稳，突然发起攻击，歼灭第八军于临朐城及其东北地区。

不料蒋军进展甚快。23日中午，李弥率领的五个主力团进入临朐城内，当天就控制了临朐城周围各个制高点，并且迅速构筑起每班至少一个地堡工事。得知这一情况，陈、粟、谭发出作战命令，于2月24日黄昏发起战斗，决定用速战速决的战法，歼灭临朐之敌。

命令刚刚发出，天气突然由晴天转为暴雨，顿时山洪暴发，河水泛滥，临朐城外一片汪洋，平地水深过膝，部队行动受阻，弹药受潮失效。蒋军凭借坚固的工事负隅顽抗，伺机反扑。天时地利都对华野不利。经过两天两夜恶战，华野部队多次攻城未能奏效。已攻入城内的七个连，与敌人展开激烈的巷战，因为后续部队未能突入，众寡悬殊，伤亡过半。这时南线北援蒋军已经前进到临朐以南的三岔店地区，并且突破了华野阻援阵地。再打下去，对华野不利。陈、粟、谭决定，主动撤出战斗，转移到诸城、莒县山区休整。中共中央华东局和中共中央军委于26日、27日先后复电同意。7月28日，陈、粟、谭率领华野指挥机关和参战部队向胶济路北和诸城地区转移。

与此同时，华野进入鲁西、鲁南的5个纵队打得也很艰苦。部队在齐腰或齐膝的大水和泥泞中连续行军作战，80%的指战员烂脚，非战斗减员严重。第一、第四两个纵队各伤亡约5000人，非战斗减员各约5000人。第一纵队三个师，除第二师尚余两个团外，其余两个师均只有一个团。第三纵队第七、第九两师都缩编为两个团。第十纵队伤亡近2000人。部队实力大减，思想比较混乱，有些人对全国大反攻的形势发生怀疑，说："反攻反攻，丢掉山东。"

由于"七月分兵"后几仗没有打好，有些人对"七月分兵"的决策发生怀疑。他们说："七月分兵是否太仓促了？如果在内线再坚持两个月，避开七、八月的雨季，经过充分准备再出击，是不是要好一些？"

针对这一问题，粟裕回答说："我们当年执行军委分兵的方针是必要的。如果我们将眼光局限于山东，在内线坚持几个月当然是可以的。因为当时山东还有50多个县城在我手中，而且连成一片，胶东、渤海、滨海三个地区还可以回旋，在内线歼敌的条件还是存在的。但是，刘邓大军在6月底将南渡黄河，军委已经告知我们，我们必须以战斗行动来策应刘邓大军的战略行动。当然，策应刘邓大军南渡可以有另一种方式，如果我们在7月初能集中兵力打一个像孟良崮那样的大仗，将敌人牵制在鲁中，对刘邓大军的配合将是有力的。无奈当时难以肯定数日内必有战机出现，而刘邓大军按军委规定日期出动，我们不能以作战行动作有力的配合，这对全局是不利的。这就是我们立即执行军委分兵的指示的主要原因。同时，集中与分散是兵力运用上的一对矛盾。集中优势兵力，各个歼灭敌人，是我军的作战原则。所以集中是这对矛盾的主要方面，但并不排除必要时的分散，分散也是对付敌人的一种手段。孟良崮战役发起前，1947年5月上旬，军委曾指示我们不要分兵。我们遵照军委指示改变了计划，但当时我们也不是绝对不分兵，而是留下六纵隐伏于鲁南。后来这一着在孟良崮战役时起了重要作用。我们分路出击，就可以将敌人扯散，而我军则可以由分散转为集中，以歼灭孤立分散之敌。也就是先以分散对付集中，再以集中对付分散。后来战局的发展果然如此，沙土集战役就达到了我们预期的目的。"①

二、为华野几仗未打好引咎自责，认真总结经验教训，进一步探索战争发展规律。

7月几仗没有打好，粟裕心情沉重。他分析几仗得失，认为"七月分兵"以后的作战行动，调动与扯散了敌人，打乱了敌人维持对山东"重点进攻"的部署，配合了刘邓大军在鲁西南的战略行动，这是战略上的胜利；但是，有几仗没有达到预定作战目的，打成了消耗仗，付出的代价较多，应该认真总结经验教训。作为负责战役指挥的指挥员，更应该引咎自责。

7月30日，部队在转移途中，陈毅、粟裕、谭震林发电报给张云逸、饶漱石、黎玉并报中共中央和刘伯承、邓小平，报告已经放弃临朐，同时报告："我们接连几仗未打好，待检讨后，详细具报。"8月初，华野指挥机关转移到益都地区，陈毅、粟裕、谭震林一起商议如何总结经验教训，向中共中央写报告。陈毅和谭震林提议，由粟裕起草南麻、临朐战役初步总结的电报稿。粟裕很快就完成了起草工作，从战略指导和战术指导两方面分析了两仗未能打好的原因，以及由

---

① 《粟裕战争回忆录》，解放军出版社，1988年11月，第1版，第512—513页。

此得出的经验教训。8月4日，粟裕把电报稿交给陈、谭审阅。陈、谭都不同意电报稿上的意见，认为在战略指导上没有问题，而是"军事部署上的错误与战术上的不讲究"。

粟裕逝世以后，在清理他的遗物时，发现了这份电报的手稿。现节录引起争议的部分如下：

陈谭粟报中央并华东局：未支（8月4日）

南麻临朐等役，均未打好，影响战局甚大。言念及此，五内如焚。经初步检讨，其主要原因分述如下：

（甲）在战略指导上

（一）对整个反攻前途固可乐观，但对当前战局亦过分乐观，而对蒋顽继续维持其重点进攻之判断错误。当顽五军及欧（震）兵团等西向以对付我桀唐及叶陶兵团时，即认为敌之重点进攻已被粉碎，故较肯定的认为南麻东里店等地之敌必会相继西撤，顽八军亦不敢进犯临朐，或即进入临朐，在知我主力回兵时，亦将迅速向昌潍退去，随之发生轻敌。因此，在具体部署上亦着重于截断敌人退路。但敌人并未退窜。斯时再调整部署，转移兵力，以攻击敌人，则我军又为雨水所阻，分割于沂河（南麻）及弥河（临朐）两岸，虚耗两三天时间，而敌人则控制有桥梁渡口，能将沂河以南之兵力集中南麻，弥河以东之兵力退集临朐城。此为天候之限制。但其主要原因，还在于对敌人维持其重点进攻之判断错误。事实上，当时五军及欧兵团等之西移，并非对付刘邓，而系对付我分出之桀唐叶陶兵团，其全部兵力还是压在山东地区及华野身上，这只能说是敌人重点进攻的局部修改。直至临朐撤围，桀唐等与刘邓会合，敌人才有将桂顽转用于兰封之部署。

（二）七月分兵，失去重点。此间四个纵队，虽较桀唐、叶陶两兵团为多，但占整个华野不及九分之四（战力不如西兵团平均，二、七纵不充实）。西兵团虽有五个纵队，分为两路，亦非重点。因之，既无足够打援部队，即不能取得充分的攻坚时间，于是南麻、临朐、滕县诸役，均因此而被迫退出战斗。

（三）东北及刘邓各军开始反攻，屡获伟大胜利，而华野各部自五月中旬迄今已近两月无战绩可言。因此，发生轻动，而急于求战，致有错失。

（四）过去九个纵队集中使用时，每战只要求歼敌一个整师，与歼其援队之一部或大部。但此次分兵之后，由于过分乐观与轻敌所致，仍作歼敌一个师（南麻）与对付其援队之打算，故兵力与要求不相称，致不能取胜。

（五）对敌人土工作业之迅速及其守备能力认识不深刻。当费县战斗之前，以为冯顽会闻风逃窜，故未作充分之攻坚准备，迨陶纵以九团之众围攻费县冯顽两个团，六昼夜未下，始稍改变部署，停攻邹县与泗曲，而集中力量攻占滕县及济汶，但对敌人之守备战力认识仍不够深刻，致不能奏效。同时只知南麻敌人工事未成,顽八军才进占临朐一日立脚未稳,但事实上南麻敌人早已完成普遍之子母地堡,每连约二十个(每班一个至两个子堡)地堡,其全部地堡总以千计,而顽八军进入临朐,仅四小时,每班即已完成一个地堡。在我军围攻之下,敌更日夜加修,其工作速度实为我军不能计及。于是仍采速决战法,致未能奏效。

(六)过去敌人不敢增援,但近来在蒋、顾连坐法及所谓"总动员"和高价奖励(赏守临朐之顽八军三亿元)下,较前大为积极,其增援队攻击甚猛。而我军之重心则又置于攻坚方面,故南麻临朐两役均因援队逼近而撤回。

由于没有取得一致意见,粟裕起草的这份电报稿未能发出。粟裕当即另行起草一份短电,引咎自责,请求处分。电报全文如下:

中央军委并华东局:

自五月下旬以来,时逾两月无战绩可言,而南麻临朐等役均未打好,且遭巨大之消耗,影响战局甚大。言念及此,五内如焚。此外,除战略指导及其他原因我应负责外,而战役组织上当有不少缺点及错误,我应负全责,为此请求给予应得之处分。至整个作战之检讨,俟取得一致意见后再作详报。

粟

八月四日午时

8月4日,即粟裕发出引咎自责、请求处分的电报同一天,谭震林写了一封长信给粟裕。信中说:"在这一年多的自卫战争以来,使我觉得必须给你一些帮助才对。"他从苏中战役讲起,列举第二次涟水战役、宿北战役、鲁南战役、莱芜战役、蒙泰战役和孟良崮战役,认为粟裕"在军事上常常粗心大意,缺乏远见","常常只看到一二步"。他说:"数十万大军的指挥,如果不能看远是很危险的。"关于几仗没有打好的原因,谭震林在信中说:"如果拿五仗未打好的主要原因放在乐观这点上去检讨是不能把问题彻底弄清的,也说服不了下面的同志。故〔固〕然我们受到了这些挫折,这只能是给蒋介石有一点喘息的机会而矣〔已〕,并不能挽救他的死亡。我们很耐性的休整一个月或两个月,把损失补齐,把战术提高一步,将来不仅是一只猛虎,而且是如虎添翼,蒋介石又有什么办法呢?所以我们不能因此得出一个蒋介石了不起的结论,当然轻视他是不应该的。"

谭震林把这封信首先送给陈毅,并请陈毅转交粟裕。陈毅看过后,认为"对粟有帮助",当天就把谭震林的信转交给粟裕,并邀粟裕彻夜长谈。

粟裕反复看过谭震林的信以后,认为有许多问题需要与谭震林讨论。当时谭震林已经率领第二、第七两个纵队转移到胶东地区休整,就写了一封复信给谭震林。

关于南麻临朐战役,粟裕在复信中说:"你和军长要我起草南麻临朐战役初步总结报告军委(详末支电稿)。草成后,你们都不同意我那电稿上的意见,而认为'是军事部署上的错误与战术上的不讲究'。我承认军事部署上确有错误,战术上确很低劣,这些我应负其全责。但我仍认为'过分乐观'是南麻临朐战役未能取胜的主要原因,至少是主要原因之一。由于过分乐观而发生轻敌,由于轻敌而企图'啃硬核桃',企图'一锅煮',企图歼灭十一师后乘胜歼二十五、六十四等师,而与叶陶各纵会师蒙阴。因此部署上就以攻坚为主,而不以打援为主。这种乐观,我也是其中的一个,但我觉得你比我和陈军长更乐观,而有过分乐观的表现。"

复信最后表示:"总之,自卫战争以来,一切军事部署上、战术指导上的缺点、弱点和错误,我应负其全责。今后当遵照你的来信及时地加以改进,并诚恳地接受你对我的帮助,还希望今后毫不顾虑地对我不时地提出批评和给我以更多的帮助。"

8月6日,中央军委和华东局先后发来对粟裕请求处分的电报的复电。

中央军委的复电说:"粟裕同志支午电悉。几仗未打好并不要紧,整个形势仍是好的。请安心工作,鼓励士气,以利再战。"在这之前,中央军委于8月4日、8月5日连发四电,要粟裕速去鲁西南指挥陈唐叶陶五个纵队作战,表明中央军委对粟裕的充分信任。

华东局复粟裕并报军委的电报更是洋溢着一片同志关切之情。电报说:"二十年革命战争中,你对党对人民贡献极大。近两个月来的战斗,虽未能如五月以前那样[取得]伟大胜利,却已给敌强大杀伤。近月来伤亡均较大,主观上虽可能有些缺点,但也有客观原因。只要善于研究经验,定能取得更大胜利。自七十四师歼灭后,你头晕病久未痊愈,我们甚为怀念,望珍重。"

同一天,陈毅发出给中央军委和华东局的电报,谈他对几仗未能打好的看法,以及他对粟裕的评价。电报中说:"我认为我党二十多年来创造杰出军事家并不多。最近粟裕、陈赓等先后脱颖而出,前程远大,将与彭(德怀)、刘(伯承)、林(彪)并肩前进,这是我党与人民的伟大收获。"又说:"我们对战役指导部署历来由粟负责。过去常胜者以此。最近几仗,事前我亦无预见,事中亦无匡救,事后应共同负责,故力取教训以便再战。"①

8月11日,毛泽东为中共中央起草给陈毅、粟裕和饶漱石的电报,认为陈毅8月6日的电报"所见甚是,完全同意","七月几仗虽减员较大,并未妨碍战略任务,目前整个形势是有利的"。②

"七月分兵"以后正反两方面的经验以及不同意见的讨论,促使粟裕深入分析华东以至全国战局及其发展趋势,进一步探索战争发展的客观规律。他认为,当时正处在由战略防御到战略进攻的转折过程中。我军在全国范围内已经转入战略进攻,敌人在战略上处于被动地位。但是,敌人在兵力数量上仍然占有优势,因而在局部地区(例如山东)仍可保持强有力的进攻。所以,我们的战略进攻有自己的特点,而不能和苏联斯大林格勒战役后的反攻形势一样,完全以

---

① 《陈毅年谱》上卷,人民出版社,1995年12月,第1版,第499—500页。
② 《毛泽东军事文集》第四卷,军事科学出版社、中央文献出版社,1993年12月,第1版,第189页。

压倒的优势把敌人一直压下去。我们的基本方针是把战争引向蒋管区,打乱他的战略部署,不断消灭他的有生力量,不断扩大解放区,缩小蒋占区,争取我军的全部优势,最后达到消灭全部敌人、取得革命完全胜利的目的。因此,我们不能因为几仗没有打好就忽视"七月分兵"以后取得的胜利,更不能由此得出悲观失望的结论。同时也要看到,我们还没有取得绝对的优势,在前进道路上还有困难和曲折,而不能过分乐观。南麻、临朐两仗没有打好的主要原因,就是把整个局势的可以乐观与当面情况的仍然严重混淆起来了,产生了轻敌骄傲情绪,总想来个"空前的空前"胜利,放松了主观的努力,造成了某些错误。

粟裕认为,从9月到12月这几个月,是由敌强我弱转为敌弱我强的关键时刻,全国战争形势将会发生重大变化。随着敌我力量的消长,战略战术的变化,我军的歼灭战将进一步向更大规模发展,这可能是战争发展的客观规律。孟良崮战役以后,我军一直没有找到打大歼灭战的战机,就是因为敌人在多次遭受我军歼灭后,兵力已大为集中;如果我们不能集中更大的兵力,打更大规模的歼灭战,则战机势必难寻。我们必须适应战争发展的新形势,集中更大兵力,打更大规模的歼灭战。这样,才能夺取战争的主动权,推动战局朝着有利于我的方向发展。

一个月以后,9月3日,在外线出击的紧急进军途中,粟裕在华野直属队干部大会上作《关于七月份作战检讨和今后反攻形势的报告》,对上述观点作了系统的阐述,对"七月分兵"以后的经验教训作了理论的概括,对战争规律的探索又前进了一步。

三、毛泽东说:"粟裕同志巧酉电意见极为正确。" 华东战局第二个转折的标志——沙土集战役。

中共中央在小河会议作出"三军配合,两翼钳制"的战略部署以后,立即调兵遣将,组织实施。

7月23日,中共中央小河会议结束当天,中共中央军委电示刘邓、陈粟谭和华东局,指令刘邓大军千里跃进大别山,要求他们"立即集中全军休整十天左右",然后"下决心不要后方,以半个月行程,直出大别山";指令"陈粟谭率鲁中主力并在刘邓到大别山后,指挥陈唐担负整个内线作战任务";"陈谢集团至豫西后受刘邓指挥作战"。①

8月1日,陈士榘、唐亮率领的华野三个纵队与叶飞、陶勇率领的两个纵队在济宁附近会师,随即渡运河西进鲁西南,与刘邓大军靠拢。

8月4日,中央军委连发三电,指令粟裕带炮兵速去鲁西南,统一指挥陈唐叶陶五个纵队,积极策应刘邓作战,并决定组成华野西兵团,"提议以粟裕为司令员兼政委"。中央军委指出:"刘邓南下作战能否胜利,一半取决于陈唐叶陶五

---

① 《毛泽东军事文集》第四卷,军事科学出版社、中央文献出版社,1993年12月,第1版,第147—148页。

个纵队是否能起大作用。"①

粟裕接到中央军委电报，联系全国战局领会军委战略意图。他认为，就战略全局来看，我军已由战略防御转入战略进攻，战略重心已由内线转到外线，主战场也由山东转移到中原，华东野战军今后的主要作战方向和指挥重心也将相应地转到外线，转到外线的几个纵队是华野的主力。为了更好地完成中央军委赋予的任务，并考虑到"人事关系与指挥便利"，粟裕向陈毅提出三点建议：（一）请陈毅一同西去，以加强领导；（二）为了进一步集中兵力，造成战役上的优势，增调第六纵队到西线；（三）留在山东的第二、第七、第九3个纵队组成东兵团，执行内线作战任务。陈毅同意粟裕的意见，8月5日将上述建议报告中央军委和华东局。

中央军委于8月6日复电，"同意陈粟率野直及六纵去鲁西南，谭（震林）黎（玉）许（世友）组成东兵团"，"惟陈粟应速西去，愈快愈好"。同日另电又指出："此次华东各部虽有几仗未打好，但完成了集中兵力、分散敌人之巨大任务。待陈粟率野直及六纵到郓（城）巨（野），我军实力更厚，领导更强，对于争取新胜利极为有利。"②

按照中央军委的指示，陈毅和粟裕立即组织华野指挥机关和部队展开外线出击的各项准备工作。

一天，正在后方疗养的乔信明突然接到电报，要他立即到华东野战军司令部谈工作。乔信明大吃一惊："我不能打仗，还有什么工作可做呢？电报不会发错吧？"他把电报再仔细看一遍，的确是发给他的。

乔信明是1930年入伍的老红军，曾经在国民党的牢狱里受过长达三年的折磨，抗日战争时期曾任苏中军区第二分区副司令员。三年牢狱的摧残和艰苦的战斗生活损伤了他原本健壮的身体，刚到中年就身患重病，下肢失去知觉，不得不离开工作岗位，到后方疗养。

他接到电报，立即坐担架出发。走了一天一夜，到达华东野战军司令部驻地，已经是凌晨3点了。司令部的各个房间里人影绰绰，烛光闪闪，滴滴答答的发报声和嘀铃铃的电话声交织在一起，一派大战在即景象。

乔信明的担架刚刚进到院子里，一个熟悉的声音就传了过来："把担架抬到这里来！"接着，一只手伸过来和乔信明的手握在一起。

"啊，是粟司令！"乔信明说。

粟裕亲切地问："路上辛苦了吧？"

"粟司令，你还没休息？"

"蒋介石不批准嘛！"粟裕诙谐地一笑。

乔信明深受感动，说："你要注意休息啊！我这个教训还不够吗？"

"更重要的教训是贻误战机。"粟裕郑重地说。

"这倒是的。"乔信明想，几年不打仗，说话也跟不上形势了。

---

① 《毛泽东军事文集》第四卷，军事科学出版社、中央文献出版社，1993年12月，第1版，第165页。
② 同上书，第175—177页。

粟裕等乔信明在炕上坐定，说："你大概也很想快点谈工作吧？我们抓紧时间，你不感到疲劳吗？"

"不疲劳，又没走一步路，倒是你太累了。"

"我嘛，抢着时间就是胜利。"粟裕回头对乔信明的警卫员说，"谈完工作，你们首长要立即回去，你们快去准备担架。"

粟裕对乔信明说，华东野战军主力部队执行外线出击任务，要准备打大仗、恶仗。留下后方机关大约五万人，要成立一个总留守处，把分散在各地的后方机关迅速集中起来，整顿组织，整顿思想，减少前方指战员的后顾之忧。过一段时间还要办妇女大学，组织留在后方的女同志学习，为她们进入大城市工作作准备。这个任务交给乔信明负责。

乔信明说："粟司令，我一不能走路，二没有文化，又病了这么多年，这样大的摊子，这样高的要求，恐怕我干不了。"

粟裕充满信心地说："你干得了的。你主持这项工作，前方各纵队的干部放心，他们都是你的老战友嘛！有他们的支持，是做好工作的一个重要因素。当然你说的困难也是事实。你有自知之明是很好的。依靠广大干部群众，虚心向他们求教，一定能把工作搞好。"

乔信明毅然接受了这个任务。华野后方总留守处的工作在短期内取得了显著成绩。在前方作战的同志万万没有想到，在紧张的战争环境里，他们的妻子儿女还能上学读书，进幼儿园，无不深深感到党组织的温暖和首长的关怀，把对组织的感激化作对敌作战的力量，斗志昂扬地投入新的战斗。

后来，粟裕转移到中原地区以后，又给乔信明送来一辆马车。这辆马车，是后勤部门专为粟裕制作的。粟裕肩负战役指挥重任，经常为工作彻夜不眠，行军途中才能抓紧时间休息一下。这辆车是给他在行军途中使用的。粟裕坐上马车，想到下肢瘫痪的乔信明，立即派人把马车送到位于山东德州附近的华野总留守处。

乔信明收到这辆马车，激动得不知如何是好，让警卫员把他抱上车去，抚摸铺着棉花的坐垫，又让他的夫人于玲找来地图，用火柴梗测量从河南到德州的距离，不禁热泪盈眶，自言自语地说："粟司令在前线那么紧张，还想着我这个残疾人。俗话说'千里送鹅毛，礼轻情义重'。粟司令是千里送马车，礼重情更重啊！"

8月初，蒋介石调集8个整编师（军）18个旅约14万人的兵力，企图分进合击正在鲁西南休整的刘邓大军主力，同时阴谋策划乘连日大雨破坏黄河大堤，水淹刘邓大军。刘伯承、邓小平得知这一情况，当即决定提前结束休整，于8月7日突然隐蔽南进，执行挺进大别山的战略任务。

8月8日，陈毅、粟裕率领华野指挥机关和第六纵队、特种兵纵队向鲁西南进军。他们选择的路线是：从胶济路北的桓台、广饶地区出发，北渡黄河至山东惠民地区，再从禹城附近越过津浦线，到达阳谷、寿张地区，由此南渡黄河至鲁西南前线。这一路都是老解放区，是我军的后方，没有敌人阻拦，既可以大大减少行军中的兵力消耗，又可以隐蔽我军行动意图。

8月16日,粟裕于行军途中收到中央军委来电,询问陈、粟对西线兵团今后行动的打算。这时陈毅已离开华野前指前往渤海军区处理后方工作。

粟裕分析敌我态势,思考最佳行动方案。他知道,对于华野西兵团的行动,中央军委有过明确指示,要求华野各纵队从刘邓大军的相反方向钳制敌人,"陈唐不可轻出陇海以南","陈粟六纵全部必须从内线,即从你们(指刘邓大军)的反对方向钳制敌人,才是最有力的钳制"。但是,当前的形势已经发生变化,刘邓大军越过陇海路以后,受到大批敌军前堵后追,处境紧迫。他认为,为了更有力地策应刘邓大军作战,华野西兵团作战区域必须扩展到陇海路以南。这样,不仅可以适应当前拖住敌人、策应刘邓的作战需要,而且可以为将来三军配合经略中原创造条件。8月18日,他把自己的想法和建议报告中央军委和华东局。他在电报中说明,由于陈毅去渤海军区未回,此电是他个人的意见。

粟裕在电报中说:"依近日情况判断,敌有大部随刘邓南去可能。果如是,则刘邓很吃力,我们应尽一切努力多拖住一些敌人。因此,西兵团目前应位鲁西南及陇海线上行动,必要时以一部挺入路南,破袭津浦,威胁徐州,才能有效拖住敌人,并寻机歼灭薄弱之敌。此计划如能有效实施,不仅可拖住一部敌人不能南去,且可迫使鲁中、胶济线抽一部分敌西来。如是,则又会减轻我鲁中及胶济线负担,并使敌人进犯胶东腹地及烟台之可能性更减少。"①

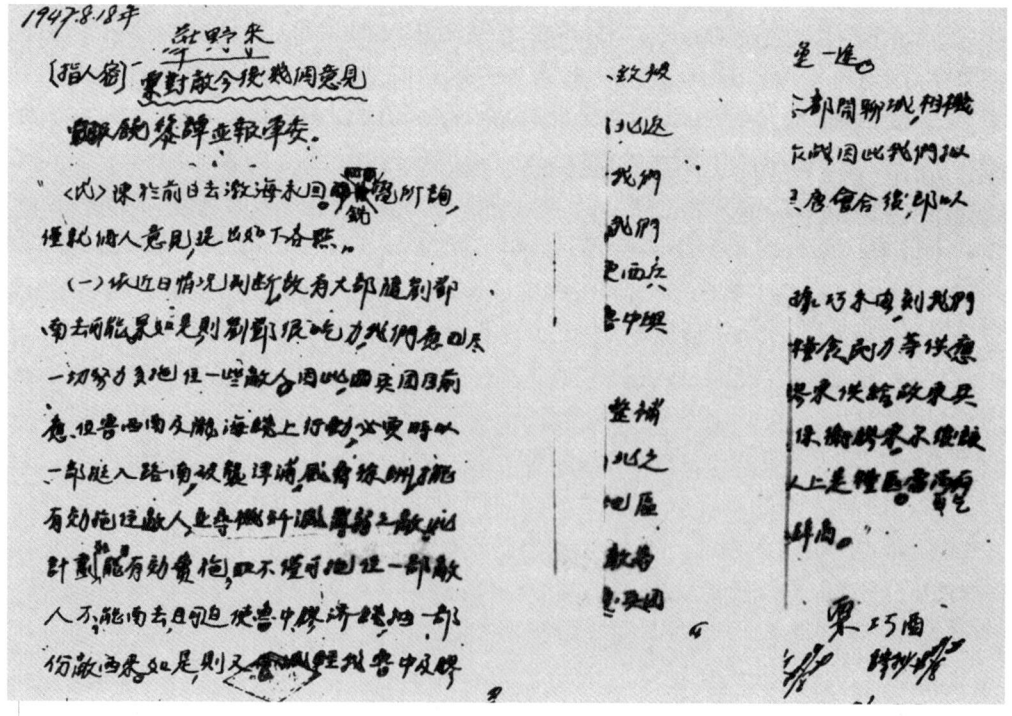

■ 粟裕的巧酉电

---

① 《粟裕军事文集》,解放军出版社,1989年7月,第1版,第318—319页。

这封电报于 18 日酉时（17—19 时）发出。按照韵目代日、地支代时的惯例，称之为"巧酉电"。这是一份从战略全局利益出发为本战区任务主动加码的电报，也是为未来战局发展创造有利条件的电报。

毛泽东于 8 月 24 日复电，指出："粟裕同志巧酉电意见极为正确。西兵团作战范围规定为黄河以南，淮河以北，运河以西，平汉以东，望转示（陈士）榘唐（亮）、叶（飞）陶（勇）及六、十两纵及炮纵坚决执行。"这样，就改变了"陈唐不可轻出陇海以南"和"陈粟六纵必须从内线"钳制敌人的决定，进一步明确了陈粟与刘邓、陈谢三军共同经略中原的战略任务，完善了"三军配合，两翼牵制"的战略布局。毛泽东的复电特别指出："我华东军在第一年作战中，已表现自己为全国各区战绩最大的军队①，七月减员较多，无损大局。希望你们尽速赶至鲁西南，统一指挥西兵团各纵，配合当地地方兵团，完成中央付给我华东军的伟大任务。我相信你们必能完成此种任务。"②

接到毛泽东的电报指示，粟裕反复思考，进入鲁西南以后，如何打好第一仗，夺取战争主动权。

此时刘邓大军南进以后处境困难。中央军委、毛泽东连发急电，通报刘邓大军情况，指令陈、粟率部迅速南下歼敌，直接援助刘邓大军。8 月 27 日的电报说："敌大军向刘、邓追击，情况异常紧迫"，要陈、粟率六纵、十纵、炮纵"星夜兼程急进"，统一指挥陈唐叶陶五个纵队，"歼灭与抓住几部敌人，直接援助刘邓"，"至急至要"。

已进入鲁西南的陈唐叶陶五个纵队打得也很艰苦。在敌人重兵进攻下，部队频繁转移，一直受敌人尾追，未能摆脱被动，一个多月没有打过一个像样的仗。部队减员较多，思想较乱。有的干部说："运动战，运动战，只运不战。我走弧形，敌走直线，敌人走一，我们走三，昼夜不停，疲劳不堪。"有的说："这样下去，只有拖死。与其拖死，不如打死。"有的说："鲁西南水多，泥鳅成了龙。吴化文是我们手下败将，居然敢跟着我们屁股追！"宋时轮则率第十纵队擅自撤到了黄河以北。敌人因此产生错觉，错误地判断"山东共军溃不成军，不堪再战"，"鲁西南共军陷入绝境，南有陇海路，东有津浦路，西、北两面有黄河，四面被围，无路可走"。过去敌人行动比较谨慎，现在骄狂起来，一个团也敢自成一路尾追。

粟裕认为，扭转战局的关键，是尽快捕捉和创造战机，打一两个歼灭战。这样，才能有力地配合刘邓作战，才能迅速打开鲁西南局面，才能克服指战员中的思想混乱。他认为，当时已经具有打歼灭战的基本条件和可能出现的有利战机。

---

① 据延安总部公布的战绩统计，1946 年 7 月至 1947 年 7 月，人民解放军全军歼敌正规军 46 个完整师，其中华东歼灭 29 个，占 63%；全军毙俘敌将军 121 名，华东俘 65 名，占 53.7%；其中中将以上军官 10 名，华东占 7 名，不包括俘后潜逃的王铁汉；全军歼敌 2 万以上的大战役 8 个，华东占 6 个。

② 《毛泽东军事文集》第四卷，军事科学出版社、中央文献出版社，1993 年 12 月，第 1 版，第 207—208 页。

我军与敌军在同样的地理、天候条件下作战，敌人在大雨泥泞中追击一个多月，也是疲劳不堪，而他们的素质和士气是不能同我军比拟的。我军实力虽然下降，但已经高度集中，完全可能对敌人造成战役上的兵力优势。同时，敌人骄狂失慎，错误地判断我军北逃，很可能分兵轻进，形成有利于我的战机。我军突然南下，出其不意，攻其不备，必将大奏奇效。

根据这样的分析，粟裕提出了两个可供选择的作战方案：

第一方案：渡过黄河与陈唐会合以后，开个会，休息几天，补充弹药、物资，恢复部队体力，再打第一仗。好处是战役指导思想统一，布置周到，易于协同。不利之处是，敌人可能谨慎靠拢，或进入据点固守，不易分割歼灭。

第二方案：在陈粟率六纵、十纵和特纵渡河次日就发起战役。由陈唐部将敌诱至距我渡河点以南三四十公里之适当地区，集中三个纵队，包围敌整编第五十七师或整编第六十八师，另以一个纵队钳制敌整编第五师（由第五军改称）；第六纵队、第十纵队赶去参战。这样，可以出敌不意，易于取胜，而且能迅速打开鲁西南局面，及时南下豫皖苏配合刘邓大军。但战前来不及开会，不便取得密切协同，万一打不好，对整个战局不利。

这时，陈毅已自渤海军区返回华野前指。陈毅同意粟裕的设想，并提议在作出决定以前征询陈士榘、唐亮、叶飞、陶勇的意见。

8月30日，陈、粟又接到毛泽东署名的急电："现在欧震、张淦、罗广文、张轸、王敬久、夏威各部均向刘、邓压迫甚紧，刘、邓有不能在大别山立脚之势，务望严令陈、唐积极歼敌，你们立即渡河，并以全力贯注配合刘、邓。"①陈毅和粟裕立即决定，采取第二方案，率领第六纵队、第十纵队和特种兵纵队南渡黄河，与第一、第三、第四、第八纵队会合于郓城地区，相机歼灭北犯之敌。当天就发出"西字第一号命令"。陈、粟立即率领华野指挥机关和第六、第十纵队渡过黄河，原在黄河以南各部亦遵令兼程急进。从9月3日到5日，三天之内，华野七个纵队及拨归陈、粟指挥的晋冀鲁豫第十一纵队就集结于预定作战区域。

为了保证初战必胜，粟裕首先进行调查研究，找西兵团一些同志谈话。他发现，在纵队以上指挥员中，对于要不要打这一仗，思想并不一致。多数同志主张打，也有打胜的信心。他们早就憋了一肚子气，求战的心情甚为迫切。他们说："曾几何时，我们在雨雪交加的鲁南，消灭了配属快速纵队的整编第二十六师，活捉了马励武；在沂蒙山区，消灭了蒋军王牌军整编第七十四师，打死了张灵甫。如今反被我们手下的败将追得东奔西跑，真是窝囊！""我们和敌人所处的天候、气象、地形条件是一样的，敌人能打，我们为什么不能打？"一向英勇善战的"独臂将军"廖政国，为部队减员过大、作战被动感到痛心，一见到粟裕就掉下了眼泪，坚决要求打一个翻身仗。但是，有的高级指挥员主张休整一下再战。他们认为，敌人多路尾追，密集靠拢，战机难寻；时值雨季，积水甚深，不便机动；没

---

① 《毛泽东年谱》下卷，人民出版社、中央文献出版社，1993年12月，第1版，第224页。

有后方，伤员安置困难；特别是部队减员多，消耗大，未得补充，实力大减，没有必胜把握。

粟裕分析当时情况，认为统一作战指导思想是打好这一仗的首要问题。他向陈毅汇报了调查研究的结果，以及解决这个问题的设想。陈毅同意粟裕的意见。二人决定紧急召开纵队以上领导干部会议统一思想。

会议在9月6日晚上举行，充分发扬军事民主，两种不同主张的同志畅所欲言，阐述了自己的想法。粟裕针对干部中的思想问题，反复说明早打的必要性和取胜的可能性，阐述如何处理打和走的辩证关系。他指出，首先要承认困难，正确对待困难。我们外线出击以来，第一次脱离根据地作战，又逢大雨和洪水，确有不少困难，休整一下再打，当然好一些。但是，刘邓大军告急，毛主席电令我们迅速行动，积极歼敌，全力配合刘、邓，这是全局。局部必须服从全局，我们再困难，也要自己克服，尽力争取早打。要克服目前的困难，变被动为主动，关键是打好一仗。只有打，才能有力地配合刘邓；只有打，才能扭转现在的被动局面；只有打，才能得到补充；只有打，部队才能得到休整。打好了，鲁西南根据地就能重建起来。对于敌我双方的有利条件和不利条件，要作全面分析。当前部队虽然疲劳，但求战心切；实力虽然下降，但兵力已高度集中，完全可以造成对敌人的战役优势。敌人一个多月来对我军前堵后追，错误地判断我军向北溃退，因而骄狂失慎。我们利用敌人企图压迫我军退到黄河以北心理，将计就计，用第一、第三两个纵队诱敌北犯，敌人很可能分兵轻进，从而造成有利于我的战机。我三个纵队渡河南下，突然投入战斗，可以收到攻其不备的效果，取胜的把握很大。至于部队的思想问题，实践已经多次证明，打胜仗是解决思想问题的最好办法。

粟裕列举实践经验，从理论上阐述了打和走的辩证关系。他说，变被动为主动的关键，是处理好走和打的辩证关系。在敌人统治区内活动，不能只走不打。当然，不能盲目地打、硬打。但是，如果只有走，没有打这一手，那就走也走不好，走也走不了。当前要扭转战局，争取主动，关键是打好一两个歼灭战。至于战机问题，要作全面分析，既要看到不利因素，又要看到有利条件，还要创造有利条件。同样的部队，同样的条件，对同样的敌人作战，能否取得胜利，指挥员的分析判断和决心起主导作用。如果指挥得当，就可以变被动为主动，取得胜利；反之，如果指挥失当，那就不能恢复主动地位，接下去可能是失败。

经过讨论，统一了思想，大家决心打好这一仗，并且一致同意首先歼灭较弱的整编第五十七师，然后再视情歼灭整编第五师（即邱清泉的第五军）。

这次会议的决定，在部队中层层传达，迅速提高了广大指战员敢打必胜的决心和信心，把领导的决心变成了群众的自觉行动。大家奔走相告："陈、粟到前线了，我们要打胜仗了！"

按照上述作战部署，华野西兵团各个纵队集结于沙土集南北地区。

沙土集位于山东省郓城县西南，是一个名不见经传的小集镇。然而，它周围地区却是历史上著名的古战场和农民起义发源地。它北面的鄄城，是著名军事家孙膑的故乡，他指挥的减灶诱敌、智歼庞涓的马陵之战就发生在鄄城与范县之间。它西面的菏泽，古称曹州，是震撼唐王朝统治的黄巢农民大起义发源地。北宋末年纵横十郡"官军莫敢撄其锋"的农民起义军首领宋江，传说就出生在郓城县。天翻地覆今胜昔。在这块历经沧桑的英雄土地上，陈、粟即将导演一幕有声有色威武雄壮的活剧，全歼蒋介石的整编第五十七师。

蒋军五十七师整编以前是九十八军，是华野手下败军。1945年6月的天目山战役中，曾被粟裕指挥的苏浙军区部队全部歼灭，后来恢复重建。在1946年12月的宿北战役中，又被陈、粟指挥的华东野战军歼灭一个整编旅。此次在鲁西南地区作战，他神气起来，骄狂失慎，伴随邱清泉的第五军猖狂进攻，已经进至郓城西南皇姑庵附近，而与第五军拉开了20公里的距离。

陈、粟当机立断，抓住这一有利战机，指挥部队发起攻击。他们集中3个纵队共8个师即4倍于敌人的优势兵力，攻歼整编第五十七师；以3个纵队加1个师即超过主攻部队的兵力阻击援敌，并以1个纵队作为战役预备队。

9月7日，华野部队发起攻击。整编第五十七师见大势不好，急忙收缩到沙土集附近几个村庄。华野迅速完成对整编第五十七师的合围。

粟裕密切注视战场情况。他发现，在围歼整编第五十七师的部队中，除第六纵队以外，大都弹药不足，特别是缺少炮弹，不能充分发挥我军威力。于是立即写信给负责后勤供应的刘瑞龙，要他迅速往前方运送炮弹和其他弹药。

刘参谋长瑞龙同志：

我们正包围攻击五十七师于沙土集、双庙及其以北地区，但参战部队除六纵有迫炮弹外（十纵任钳制），其余均无炮弹，对作战影响甚大。而此战又关系我军今后之能否在鲁西南站脚的重大关键。因此请尽一切努力迅速将迫炮及山炮、六〇炮弹往前送，越快越好，越能往前送越好。望切实办到，万勿延误，至盼至盼。

并致

敬礼

粟裕

九月七日晨

信后附有炮弹和其他弹药的分配原则，具体规定每个纵队发多少，不必全部发完，余数暂留黄河以北。

刘瑞龙按照粟裕的指示，立即调动一切运输力量，把弹药送到前线。

这件事给刘瑞龙留下了深刻印象。刘瑞龙说："一方面使我感到战前疏于检查，有负职守，这是应该引以为戒的。更重要的是，粟裕同志不仅从战略上部署战役，而且切实从事当前战役的组织和指导，随时了解战役的补给情况，发现问题及时采取有力措施，满足前线需要。这些，都是我们要学习的。"

粟裕1947年9月7日致刘瑞龙信手迹

沙土集一战打得干净利索。从9月7日至9月9日凌晨，只用不到三天的时间，就歼灭整编第五十七师9500多人，其中俘虏中将师长段霖茂以下官兵7500多人，缴获大量枪炮弹药和其他军用物资。陈、粟向中央军委报告："此役经十日来与五军纠缠始吸引五十七师落网，同时打垮刘汝明两个旅数次增援和五军整六日的不断进攻。"

这一仗打出了华东野战军的神威，使骄狂不可一世的国民党军将领佩服得五体投地。新华社战地记者季音采访了浑身粘满污泥、穿着士兵服装的段霖茂和他的部下少将旅长罗觉元、副旅长张毓彬等人。他在《战败将军一席谈》的报道中说：

现在，我们面前这几个国民党高级将领对我说："我们的指挥完全错误，耳聋眼瞎，情况不明，完全陷于被动。贵军好像在指挥我们一样，我们当然必败无疑！"

"共产党不但会指挥自己的部队作战"，秃头大顶、满嘴短须的一一七旅副旅长张毓彬站起来插嘴说，"有人说，他还会指挥敌人，我看这话真不假。"

这位记者还说，这些被俘蒋军将领与过去被俘将领的情绪显著不同。在沂蒙山区作战的时候，被俘蒋军将领并不认输，常常把失败的原因归结为偶然的失误，说："我们吃亏是偶然的，这次是中了你们的诡计。"现在不同了，他们输得口服心服,急切盼望的是把他们送到黄河以北去吃小米。季音说:"这种俘虏情绪的显著变化,不是从一个侧面反映了战局的根本变化吗?"①

沙土集战役的胜利,是华东战局第二个转折的标志,它不仅从根本上扭转了华野在鲁西南的被动局面,为恢复和建设鲁西南根据地创造了条件,为向豫皖苏进军打开了道路,而且迫使蒋介石从大别山区和山东内线战场抽调四个师驰援鲁西南,有力地配合了刘邓大军和山东内线我军的行动。中共中央来电视贺并慰问华野西兵团全军,指出:"郓城、沙土集歼灭五十七师全部之大胜利,对于整个南线战局之发展有极大意义。"②粟裕对新华社记者发表谈话,指出:"这一胜利,说明蒋军在山东一再挣扎的重点攻势已最后宣告破产。蒋军从此变为被动,我军从此转为主动。"③

四、纵横驰骋于"四战之地",胜利完成三军配合经略中原的战略任务。

沙土集大捷以后,中共中央于1947年9月11日发出致陈、粟并告刘邓等人的电报,一方面指出这一战役对南线战局发展的极大意义,一方面指示陈粟迅速南下,完成在"三河一线"之间创造巩固根据地的战略任务,协助刘邓、陈谢创造鄂豫皖与鄂豫陕两大根据地,协助饶黎谭保卫山东根据地,协助苏中、苏北恢复根据地。中共中央强调指出:"你们处在上述四大根据地之中间地带,你们的胜利有重大战略意义。"④

中共中央所说的这个"中间地带",位于三河(黄河、淮河、运河)一线(平汉线)之间,横跨河南、安徽、江苏三省,是一个纵横6万余平方公里、包括30余县的广阔平原,历来是兵家必争的"四战之地"。从公元前1057年武王伐纣的牧野之战起,晋楚争霸中原的鄢陵之战,楚汉逐鹿中原的彭城之战和垓下之战,岳飞大败金兵的郾城、颖昌之战,以及元末的红巾军起义、明末的李自成起义等,到民国初年军阀混战中的中原会战等等,许多著名战役都发生在这块土地上。抗日战争期间,这里是彭雪枫领导的新四军游击支队创建的抗日根据地。蒋介石发动全面内战以后,国民党军队侵占了这块土地,当地人民群众再次遭受"水旱蝗汤"的苦难。(汤,指汤恩伯,抗战期间任国民党第三十一集团军总司令,驻防河南,祸害人民,被视为与水灾、旱灾、蝗灾并列的又一灾害。)从此以后,共产党领导的人民革命斗争一天也没有停止,创建了由吴芝圃、张国华领导的豫皖苏解放区,地方武装已发展到2.5万余人。但是,国民党军队和地方反动武装仍然占有大部分县城和重要交通点

---

① 《陈粟大军挺进豫皖苏》,安徽人民出版社,1991年7月,第1版,第274—280页。
② 《毛泽东军事文集》第四卷,军事科学出版社、中央文献出版社,1993年12月,第1版,第240页。
③ 《粟裕军事文集》,解放军出版社,1989年7月,第1版,第329页。
④ 《毛泽东军事文集》第四卷,军事科学出版社、中央文献出版社,1993年12月,第1版,第240—241页。

线,在陇海、津浦、平汉三条铁路线部署了7个正规师(军),连同地方反动武装共约15万人。因而形成了根据地、游击区、蒋管区并存的局面。

沙土集战役以后,陈、粟曾经设想歼灭由陇海线北犯的整编第十一师于曹县地区。战斗于9月23日打响。整编第十一师据险固守,援敌第五军、整编第七十五师、整编第十师等部逼近。陈、粟判断,敌人有集中五个整编师(军)迫我在曹县、成武地区决战企图,于是当机立断,决心放弃对整编第十一师的攻歼,以避免与敌人过早决战,使我军保持主动地位。他们决定,留下第十纵队和晋冀鲁豫第十一纵队在鲁西南钳制国民党第五军和整编第十一师,陈、粟率领六个纵队向豫皖苏进军。

在这之前,1947年9月,中共中央决定成立包括陈毅、粟裕在内的晋冀鲁豫中央局,指定"陈粟代表该局指导黄河以南、淮河以北、运河以西、平汉路以东之党政军民工作"。

陈、粟对挺进豫皖苏的行动作了周密部署,规定六个纵队分两路南进以分散敌人的注意力。华野前委发出越路南下政治工作和新区地方工作的指示信,组建了从野战军到纵队、师、团的地方工作委员会,每个纵队抽调200至300人组成地方工作队,明确提出了南进以后"发动群众和开辟新区、削弱与打击敌军主力两大任务",详细规定了在根据地、游击区、蒋管区三种不同区域的任务和政策,并且准备了沿途散发的"宣布本军主张"的布告。他们强调指出,两大任务的完成,"必更使蒋匪阵线混乱,更有力地配合和推动全国反攻形势"。

陈、粟署名的布告中说:"为了彻底灭蒋,本军大举南征。此来宗旨所在,救我苦难人民。反对美国侵略,争取民主生存。废除中美条约,保存领土完整。实行民主政治,打倒蒋党专政。成立民主政府,人民自做主人。肃清贪官污吏,打倒恶霸豪绅。保护人身自由,特务一律肃清。实行土地改革,农民分田自耕。取消苛捐杂税,不准拉夫抽丁。没收官僚资本,开仓救济贫民。保护工农商业,买卖一律公平。保护民主教育,信仰自由认真。实行民族平等,回汉一体相亲。解放军行所至,纪律素重严明。实行三大纪律,八项注意遵行。人民一针一线,本军不动毫分。俘虏官兵不杀,优待条例分明。如有违犯规条,准予扭送严惩。人民快快起来,共除蒋贼祸根。"①

陈、粟于9月28日向中央军委和刘伯承、邓小平报告上述行动计划。9月30日收到中央军委和刘、邓的复电。中央军委指出:"你们分两路前进方针很好。""各纵辗转活动,破击三条铁路,歼灭分散之敌,极为重要。"②刘、邓的复电指出,陈、粟大军南下的行动已造成有利战机,说"你们越陇海路,南面敌人已有强烈反应","拟乘敌北进时,主力向黄麻及长江沿岸转进"。

陈、粟大军以神速动作,越过陇海路,挺进豫皖苏,以纵队为单位机动歼敌,扫荡地方反动武装,摧毁地方反动政权。从9月27日至10月2日七天内,在

---

① 《陈粟大军挺进豫皖苏》,安徽人民出版社,1991年7月,第1版,第33—35页。
② 《毛泽东军事文集》第四卷,军事科学出版社、中央文献出版社,1993年12月,第1版,第277页。

300公里正面前进150公里,攻克敌占县城13座和重要集镇几十处,切断津浦和陇海两条铁路线,歼灭反动武装5000多人,完成了战略展开,初步站定脚跟。

中央军委10月3日电示:陈粟大军的活动范围扩大到长江以北,"直达寿县、合肥、巢县之线以东,长江以北地区,与刘邓区域、苏中、苏北完全衔接"。中央军委的电报说:"你们兵力业已展开于广大地区,现应确定一个月至两个月内,只打小仗,不打大仗。""如一个月至两个月时间不够,还可酌量延长,使敌主力置于无用之地,疲于奔命,而我则于短期内歼灭了敌之爪牙,建立了我之根据地,为不久将来集中兵力作战打下基础。此种工作看似不甚重要,实则具有伟大战略意义。"①

10月上旬,陈粟大军两路主力部队会师,粟裕在华野指挥机关干部大会上作形势和任务报告。他说,现在党中央给我们的任务更加明确,陇海路以南,津浦路以西,平汉路以东,长江以北,都归我们开辟、创造、建设。

这时,人民解放军已在全国范围内转入战略进攻,国民党军由"重点进攻"转为"全面防御"。在豫皖苏战场上,蒋介石集中六个整编师组成机动兵团,依托陇海、津浦铁路,机动转用兵力,与陈粟大军主力纠缠;同时又在陇海、津浦沿线设防,企图隔断人民解放军南北东西联系,阻止人民解放军在中原地区立足生根。

陈、粟审时度势,决定采取新的作战部署,除用一部兵力继续执行开辟和扩建解放区的任务外,集中6个纵队的主力部队展开陇海路和津浦路破击战,以削弱敌人的机动能力,打通南北东西交通,为在豫皖苏广大地区回旋作战创造条件。他们将6个纵队和豫皖苏独立旅分别组成3个兵团,加上铁路两侧解放区15万民工,从10月中旬到11月中旬,展开了声势浩大的破击战。陈、粟向中央军委和晋冀鲁豫中央局的报告说:"我们作战方针是尽量使战争引向陇海路以南,引向敌人主要交通线,迫使敌人去守护交通线及要点,以分散敌人兵力,便于我在广大农村及中小城市进行群众工作与恢复和建设根据地。"

作战命令发出以后,陈毅和粟裕就深入部队指导作战,亲自到铁路上视察。战斗打响以后,几百里长的铁路线上火光冲天,蒋军碉堡在火花迸射中崩塌,成排的钢轨在震天动地的吼声中被翻倒在路旁。华野的战士们笑指被围困在据点内的敌人说:"过去咱们跑路,你们坐火车,嗨,现在一起来用两条腿比赛比赛吧!"

这次陇海、津浦两路破击战,歼敌1.1万余人,破坏陇海铁路200多公里,切断了敌人的交通命脉,威胁敌人的战略重地徐州。与此同时,担任开辟新区任务的部队辗转作战,歼敌1万余人,攻克县城24座以及广大乡村集镇,并且广泛发动群众,实行土地改革,建立人民政权,使豫皖苏解放区由3个分区迅速扩大为6个分区。在中原战场上,陈粟与刘邓、陈谢三路大军互相配合,互为犄角,形成了"品"字形战略格局。

11月8日,陈毅离开华野指挥机关,先到华野后方基地朝城检查工作,再到晋冀鲁豫中央局商谈后勤供应问题,后来又奉命到西柏坡中央工作委员会和陕北

---

① 《毛泽东军事文集》第四卷,军事科学出版社、中央文献出版社,1993年12月,第1版,第281页。

中共中央汇报工作，直到1948年4月返回濮阳华野驻地。在这段时间内，粟裕独立地担负起华野西兵团和豫皖苏解放区的领导指挥重任。

在解放战争的三年时间里，陈、粟在一起的时间大约有12个月，其余24个月是分开活动，其间偶尔有短暂的会合，分合时间之比大约是2∶1。

此次陈、粟分开活动以后，粟裕除了指挥部队作战以外，还用很大精力抓新解放区的开辟、创造和建设。他在调查研究的基础上，自己动手写出《部队进入豫皖苏地区工作情况、思想倾向及克服办法》的报告，于11月20日报告邯郸局并中共中央、华东局，针对部队中存在的对歼灭地方反动武装的重要性认识不够、不愿抽调干部做地方工作、不愿打小仗等问题，提出了解决这些问题的办法，主要是：（1）加速完成部队中的土地改革教育，帮助群众进行土地改革，纠正不愿打小仗、不愿打民团等现象。（2）加强对部队的政策教育和纪律教育，发动部队普遍参加群众工作。（3）每个纵队分工负责一个分区作为固定联系区，为该区提供干部和武装，并指导该区工作；对新开辟的分区，则拨一个正规团作为该区地方武装骨干。（4）除继续在部队中抽调干部到地方工作外，并请华东局、邯郸局继续抽调大批干部到豫皖苏地区。毛泽东为中共中央起草复电，指出粟20日电所指各点是正确的，并指示按照粟裕的报告布置实施，"以今年九月初至明年八月底之一年时间，做到完成土改、消灭敌人两大任务"。①

11月22日至25日，粟裕主持召开有豫皖苏区党委负责人和各纵队代表参加的前委扩大会议，检查和部署部队帮助地方党政军民开辟和建设解放区的工作，并通过了根据粟裕给中共中央的报告起草的《前委扩大会议决定》。粟裕在讲话中强调，各纵队要坚决执行会议的决定，加强土地改革、城市政策和组织纪律教育，提高广大指战员的政策水平，除了已经抽调的1000名干部外，再抽调1000名干部到地方工作，指定新开辟的四、五、六分区分别为第六纵队、第八纵队和第三纵队的固定联系区。会后，他具体指导，狠抓落实。

1948年1月下旬，华野指挥机关转移到河南、安徽两省交界的界首县。粟裕在这里听取了界首县领导干部的汇报，对如何加强界首县建设作了具体指示。界首县党政领导干部反映，有的纵队在执行新区政策上一度发生"左"的偏差，例如没收官僚资本扩大化，把一些民族工商业的财产也没收了，因而出现了商店关门、商人逃反、市场萧条现象。粟裕对这个问题很重视，责令有关部队检查错误，赔偿工商业者的损失，并且总结经验教训，提高执行党的政策的自觉性。后来又指示其他纵队检查执行新区政策中的偏差，立即加以纠正，并将这些情况如实报告中共中央。粟裕对界首县的领导干部说："你们在这里开辟工作很不容易，但你们坚持下来了，发展了武装，发动了群众，建立了政权，取得了很大成就。"他又指出，界首处于豫皖苏中心，战略地位重要，应当加强这里的武装力量。当即决定从华野警卫团抽调两个半连200余人枪与界首县大队合并，扩建为界首支队。这个支队很快

---

① 《毛泽东年谱》下卷，人民出版社、中央文献出版社，1993年12月，第1版，第255页。

就组建起来,由 700 多人发展到 1000 多人,成为豫皖苏军区的一支重要武装力量。

新开辟的豫皖苏军区第五分区,位于陇海、平汉两条铁路相交处的三角地带,战略地位非常重要。粟裕决定调第八纵队第二十四师副师长王建青和政治部主任华楠带领一个主力团和部分干部到第五分区工作。出发以前,粟裕特地把王建青叫来当面交代任务。粟裕指出,五分区北枕陇海路,能够瞰制河南省首府开封,西临平汉路,可以直接威胁战略要地许昌,是豫皖苏解放区的西北前哨。建设好五分区,对豫皖苏解放区的巩固和扩大,对整个中原地区的战局发展,具有重要的战略意义。他嘱咐王建青,到五分区要依靠地方党,发动群众,积极进攻,多打胜仗,要特别注意破坏敌人交通并及早同豫西解放区取得联系。最后说:"你看,很不巧,陈司令员到中央开会去了。要是他在家,可以对你们做地方工作作更多更具体的指示。我只会打仗,对地方工作研究不多,想不出什么新办法,全靠你们在实践中创造了。"

王建青和华楠率领部队到达五分区,与原来在那里坚持斗争的党政机关和地方武装会合在一起,消灭了当地的土杂反动武装,粉碎了国民党军队的"扫荡",后来又参加了攻克许昌的战斗,使五分区成为豫皖苏解放区以至整个中原战场上一个重要的战略支撑点。

王建青后来回忆说:粟裕很谦虚。其实他不仅会打仗,而且在地方工作上也有丰富经验。①

的确是这样。从 1935 年至 1945 年的十年内,粟裕先后领导创建浙南、苏中、苏浙三个根据地,长期独当一面,担负党政军主要领导职务,积累了丰富的实践经验,并且对这些经验作了理论的概括。只是在解放战争以来一年多时间里,他才集中精力于野战军的作战指挥。因此,他处理开辟和创建新区中的种种问题,可以说是轻车熟路,得心应手。

在豫皖苏党政军民密切配合下,粟裕领导和指挥华野西兵团胜利完成了歼灭敌人、土地改革两大任务,使豫皖苏解放区迅速巩固和扩大,从而配合了刘邓、陈谢两路大军作战,打乱了敌人的战略部署。

蒋介石为了改变战略上的被动地位,采取"确保中原"的战略部署,调集 33 个旅的兵力,由国防部长白崇禧亲自指挥,向大别山区的刘邓大军实行全面围攻;同时用 11 个旅对付陈粟大军,用 22 个旅守备陇海、平汉两线要点。

粟裕得知这一情况,于 12 月 8 日发电报给刘邓并中央军委、邯郸局,改变原定作战计划,转兵平汉路郑(州)许(昌)段,以调动南线敌军,"直接配合大别山作战"。经中央军委批准以后,于 12 月中旬先后发起平汉路郑(州)许(昌)段破击战和陇海路郑(州)兰(考)段破击战,破坏铁路 200 公里,攻克敌人的战略后方基地许昌以及县城 11 座、车站和集镇 36 处,歼敌 3.2 万人,切断了敌人两大军事动脉。但是没有达到调动大别山之敌的目的,蒋介石仍然坚持其对刘

---

① 《陈粟大军挺进豫苏皖》,安徽人民出版社,1991 年 7 月,第 1 版,第 212—213 页。

邓大军的"围剿"计划。

粟裕判断，蒋军"似拟集中全力，弄垮我大别山后，再转移兵力，以对付其他地区"。因此于 12 月 19 日丑时（1—3 时）发电报给刘邓并中央军委，再次建议："我们及陈谢必须长期配合刘邓行动，直至完全粉碎敌人对大别山之进攻为止。"① 中央军委 12 月 20 日复电："完全同意粟皓丑电意见，粟及陈谢两部长期配合刘邓行动，直至粉碎敌人对大别山之进攻为止"，同时"提议由粟亲率（一、三、四、六等 4 个纵队）南下与陈谢会合，并归粟统一指挥，沿平汉向南直迫武汉"。② 同一天，又发电指示："你们应不为从前划定之界限所束缚，而向整个平汉路及其两侧机动，以破坏平汉路及歼灭敌若干个旅为目标（希望能歼敌五六个旅）。"③ 这样，陈粟大军的活动区域，就冲出了"三河一线"，而到达黄河以南、长江以北的广大地区。

粟裕当即奉令南下，与陈赓及其率领的部队会师，于 12 月 25 日对驻守河南省遂平、西平之间的国民党第五兵团司令部及所属整编第三师发起攻击。经两日激战，全歼第五兵团部及整编第三师（缺驻守南阳的 1 个团）于祝王寨、金刚寺地区，只有中将司令官李铁军率几十名骑兵逃窜。27 日又继续南下，围攻驻守确山之敌。粟裕和陈赓部队的凌厉攻势，迫使白崇禧紧急抽调 13 个旅增援，其中包括用

■ 1947 年 12 月粟裕（左）与曾希圣（中）、陈赓合影。

---

① 《粟裕军事文集》，解放军出版社，1989 年 7 月，第 1 版，第 338 页。
② 《毛泽东军事文集》第四卷，军事科学出版社、中央文献出版社，1993 年 12 月，第 1 版，第 344 页。
③ 同上书，第 346 页。

于大别山的8个旅。

与此同时,留在豫东和鲁西南的3个纵队发起了菏考战役,歼敌1万余人,解放了山东菏泽、河南兰考之间广大地区。

从12月13日至31日,陈粟、陈谢两路大军歼敌4.5万余人,破路400余公里,解放许昌等城镇50余座,使豫皖苏、鄂豫皖、鄂豫陕三大解放区连成一片,与刘邓大军靠拢在一起,创造了集中兵力打大仗的成功战例,并为进一步集中兵力打大歼灭战创造了有利条件。

在平汉路战役中,粟裕与陈赓互相尊重,密切合作,给两路大军作出了榜样。在他们的影响和带动下,两军指战员之间呈现出一派互相学习、亲密团结的动人景象。新华社战地记者生动地报道了金刚寺会师的情景:

"华东同志过来吧,俺们是陈赓部队。"

"好哇,陈赓部队同志,我们是华东部队。"

一群群来自山东、江苏的人民子弟兵和来自太行山、中条山的子弟兵,欢乐地在金刚寺西边的雪地上会合了。他们在雪地上生起篝火,聚在一起聊起天来。陈赓部队的战士们争相询问莱芜、孟良崮大捷情况。粟裕部队的战士出神地听陈赓部队一位指导员讲述抢渡黄河天险的事迹。

"真不简单,真要向你们学习啦!"华东的战士们说。

"你们华东野战军才不简单哩!我们要向你们学习。"

一位从苏中打到山东的战士说:"你们说巧不巧?去年年底我们与山东野战军会师,第一仗就歼灭了敌人的二十六师和第一快速纵队。今年又是年底,同你们一起歼灭了整编三师。我们兄弟部队一碰头,就打一个漂亮仗作见面礼。"

打扫战场的两军指战员则在互相推让战利品。陈赓部队一位连长坚持把20名俘虏和一挺机枪送给从后面追上来的华野部队。他说,他们不过在前面拦了一下,实际功劳应该属于华野的同志。华野部队的同志则一定要把一大堆武器送给陈赓部队同志。战士们朝天试射缴获的枪械,顿时响起噼噼啪啪的枪声,如同春节之夜的爆竹,庆贺两军胜利会师。[①]

从9月底到12月底,经过三个月的艰苦转战和深入工作,陈粟大军歼敌7万人,攻克县城24座,帮助地方党政机关建立了20余县的人民政权,发展地方武装6万人,使中原地区由敌人进攻解放区的战略后方变为我军举行战略进攻的前进基地,与刘邓、陈谢两路大军共同完成了经略中原的战略任务。

"兵家互胜负,凡百慎前筹。"战争的发展趋势如何?下一个战略行动是什么?在经略中原的胜利进程中,粟裕不断地探索和思考,运筹于军旅之次,已有成算在胸。

[①] 《陈粟大军挺进豫皖苏》,安徽人民出版社,1991年7月,第1版,第321—326页。

陈粟大军挺进豫皖苏作战经过要图

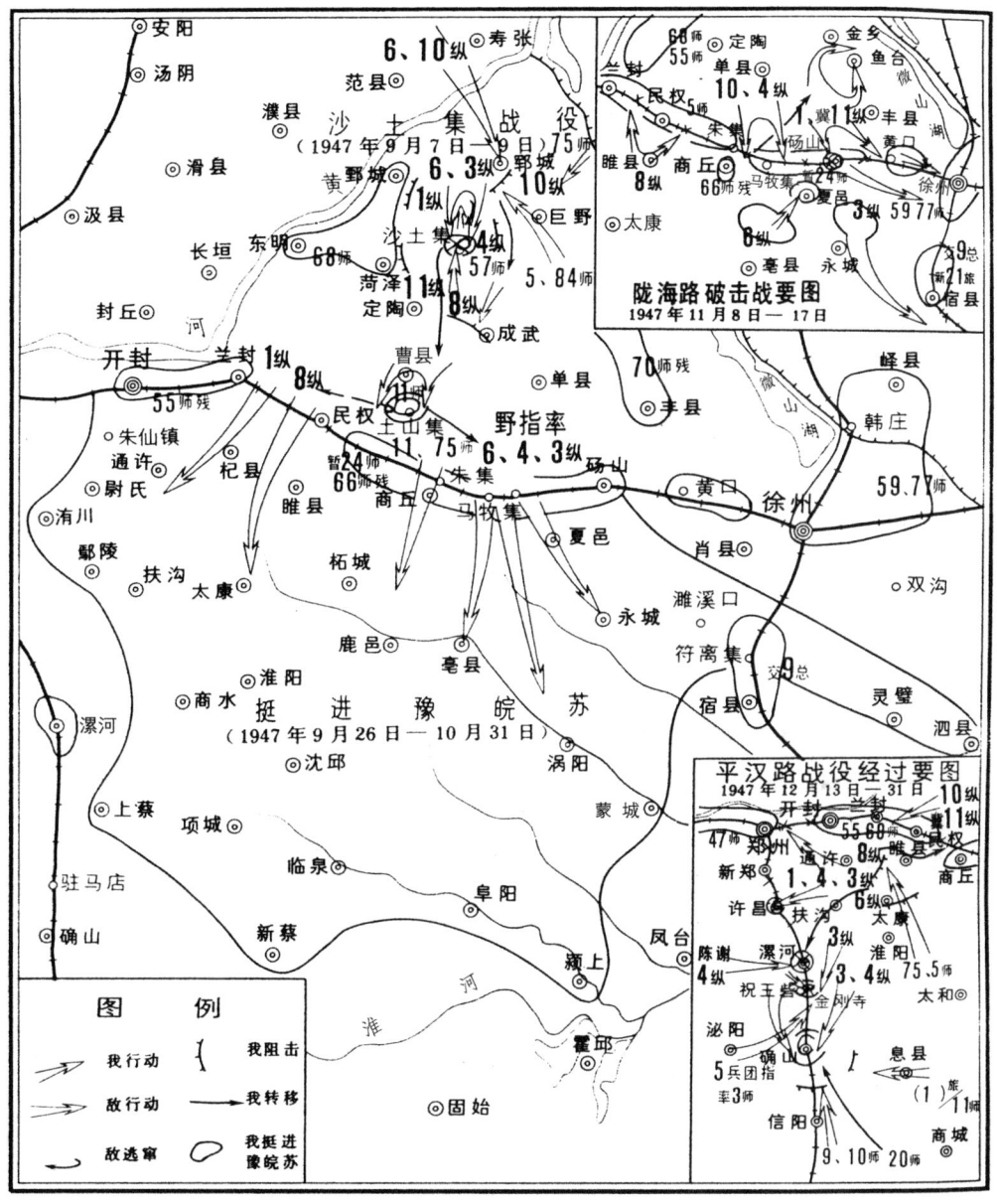

第十六章 从子养电到豫东之战

一、在"中原逐鹿"的关键时刻,"斗胆直陈"发展
战略进攻、改变中原战局的建议。

1948年1月,粟裕率领华野指挥机关和四个纵队集结于河南省的许昌、临颍、漯河地区。根据中央军委的指令,他们将在这里进行为期一个月的休整,传达贯彻中共中央1947年12月会议精神,进行新式整军,为执行新的作战任务作准备。

这时,中国人民革命战争达到了一个新的历史转折点,就是毛泽东所指出的,"蒋介石的二十年反革命统治由发展到消灭的转折点","一百多年以来帝国主义在中国的统治由发展到消灭的转折点"。从刘邓大军千里跃进大别山开始,人民解放军在全国各个战场陆续转入战略进攻,国民党军队被迫由"重点进攻"转为"全面防御",又由"全面防御"转为"分区防御",主战场则由山东移到了中原地区。

中原战场的胜负,成为交战双方战略指导上关注的焦点。蒋介石为改变他战略上的被动地位,以维持其在全国的反动统治,采取坚守东北、力争华北、集中力量加强中原防御的战略部署,调集重兵于中原战场,一再叫嚣"确保中原"、"肃清中原"。毛泽东为实现用五年左右时间打败蒋介石的战略目标,指挥刘邓、陈粟、陈谢三路大军经略中原,强调指出:"中国历史告诉我们,谁想统一中国,谁就要控制中原。今天中原逐鹿,就看鹿死谁手了。"

这种"鹿死谁手"的较量,当时正处于难解难分的关键时刻。在中原战场上,刘邓、陈粟、陈谢三路大军犹如三把钢刀插进敌人胸膛,纵横驰骋于江淮河汉之间,胜利完成了开创中原新解放区的战略任务,并且调动和吸引南线蒋军兵力160个旅中约90个旅于自己周围,对于迫使敌人在战略上陷入被动地位起了决定性的作用。但是,蒋军在兵员数量和技术装备上仍然占有相当优势,在局部地区仍有可能集中优势兵力。蒋介石调集强大兵力于中原战场,除以相当兵力担任8个绥靖区重要点线的防御外,还将其主力部队组成6个机动兵团,采取避实击虚的战法,在各个要点之间往返驰援,对人民解放军实行战役进攻。刘邓、陈粟、陈谢三路大军分兵作战,"我集敌亦集,我散敌亦散",如以一路大军对当面之敌作战则难获全

胜，如待三路大军集中又往往失去战机，只能打中小规模的歼灭战；由于敌人不易分割，又增援较快，有时连中小规模的歼灭战也打不成。特别是被围困在大别山地区的部队，在无后方依托的条件下连续行军作战，无法集中行动，无法获得休息，处境十分困难。因此，中原战局在一段时间内形成反复拉锯的僵持状态。

面对这种形势，应当采取何种战略行动，才能迅速改变中原战局，继续发展战略进攻，进而夺取解放战争的全国胜利呢？这是战略指导上亟待解决的问题。

身处战争第一线并且时刻关注战争全局的粟裕，在半年来的战争实践中，深切感受到解决这一问题的迫切需要，促使他积极探索战争发展的客观规律，逐步形成了发展战略进攻、改变中原战局的战略构想。粟裕回忆这一战略构想的形成过程说：我军自孟良崮战役后一直没有找到打大歼灭战的战机。我对此不断地进行思考。我认为，随着敌我力量的消长，战略战术的变化，我军的歼灭战将进一步向更大规模发展，这可能是个客观规律。因为敌人在多次遭受我歼灭后，兵力已大为集中。如果我们不能集中更大兵力，打更大规模的歼灭战，而是打中小规模的歼灭战，战机则势必难寻。当时在中原地区很少打到歼灭战，很重要的一条原因，是敌我兵力对比过于悬殊。敌人总是集中三四个整编师（军）一起行动，我军主力较为分散，因而许多战机不得不放弃。我军必须高度集中兵力，打更大规模的歼灭战，才能逐次歼灭敌军主力，迅速改变中原战局。①

粟裕分析敌我战略态势及其发展趋势，认为改变中原战局进而发展战略进攻，不仅是必须的，也是可能的。当时，我军在政治上战略上已经居于优势地位，但是敌人在兵员数量上和技术装备上仍然占有优势，在局部地区仍能保持优势兵力，因而在中原战场上出现了反复拉锯的僵持态势。要扭转中原战局，发展战略进攻，进而夺取全国胜利，关键在于集中更大兵力打更大规模的歼灭战，大量消灭敌人的有生力量，使我军在兵力对比和技术装备上走向优势。当时我军在中原战场上集结有十几个具有相当作战能力的纵队，并且有华东、华北和中原的新老根据地作依托，已经具备打大歼灭战的客观条件。只要我军能打两三个大歼灭战，形势必将改观。粟裕预料，如果我们在中原战场上取得决定性胜利，并且在数量上技术上取得优势，战争形势即可急转直下，也将推动政治局势的迅速变化，革命的全国胜利即可迅速到来。

1948年1月22日，粟裕将他的战略构想以及相应的建议报告中央军委和刘伯承、邓小平。电报全文如下：

对今后作战建军之意见

（一）目前敌人虽已被迫作全面防御，但尚有一定兵力，作为其攻势防御之机动使用。观其目的，不仅在破坏我建设新解放区，而且企图争取时间，以待其新军之训练，或政治阴谋之从容布置。因此，目前江北（中原，鄂豫

---

① 《一代名将》，上海人民出版社，1986年8月，第1版，第101—103页。

陕及豫皖苏）敌我是处在反复的拉锯形势中。这种形势，本给我们以有利而且多的运动战机会，但由于新区反动势力未完全打倒，反动武装未肃清和新区群众尚未完全发动，故使我们难以保密和及时捕捉战机。而敌人则多采取避实击虚的战法，我兵力分散时则进犯，我集中兵力时则后缩，敌我兵力相等则与我纠缠，不让我安定休整。在上述情况下，我一个战略区之兵力对当面之敌作战，则难取全胜；如待三个战略区兵力集中，则又失去战机。而敌人则利用其较我优良的运输条件和建制的临机变动，以集中或分散对付我军。但我军则因缺乏固定补给来源和足够的运输能力，又不便长期集中强大的兵团于一个地区（或方向）作战。因此，建议三军（刘邓、陈谢和我们）在今后一个时期，采取忽集忽分的作战方式，以求能较彻底地歼灭敌人一路（我们一军如不担负打援，兵力是够用的）。只要邻区能及时协同打援或钳制援敌迟进，歼敌一路是很可能的。在此区歼灭战结束，敌向此区集中，则我又分散或转至邻区，总以何区便于歼敌，即向何区集中。如此能有两三次歼灭战，则形势可能变化。管见是否有当，请示知。如认为可行，则请刘邓统一指挥。

（二）敌由于二十年的堡垒政策和许多失败经验，其守备技术加强了，筑工效率提高了（每班三小时即可完成一个地堡，四至五小时全盘工事大体可以完成）。如不在敌占三小时以内发起战斗，则每战均须攻坚。今后敌完全转入守势，则其工事将更为加强。部队之攻坚技术（坑道爆破）和增强攻坚炮火，实为急需。否则伤亡大而收效少。目前我们各种口径炮为数不少，但炮弹（后膛炮弹）供应有限，仍不能发挥其最大威力。因此建议军委统一计划调剂和加强该项炮弹之生产，以增强反攻之效能。

（三）依二次大战经验，似攻一防线均可攻破，惟依据大城市所设之防御则很难攻破，如再加以优越之技术与政治条件（如斯大林格勒、列宁格勒）则实不可攻破。依形势发展，敌将恃物质技术条件，固守在我解放区之某些中心城市。我们不知东北对于近代技术兵种之建设情形如何，不便发表意见。如已有成绩，而能调集各兵种彻底解决一个地区之敌固佳；如无此种可能，似以让敌背上守备大城市之包袱，我则先解放全国之广大农村及中小城市，以缩小敌人之兵源及粮源，则敌人虽有美援亦必不能久持。俟其大厦已倾，则敌固守之大城市似已难存在矣。为能迅速变新区为解放区，则又须从老区抽调大批干部前往新区工作，否则丧失时机，甚为可惜。

（四）自全国转入反攻以来，我军在政治上固属优势，在战略上亦取得优势，但在数量上、技术上则尚非优势。而技术上优势之取得，必须有一定之工业基础。为适应今后之需求，除建议以东北之兵员成分及其他优越条件训练大批技术兵种，以为全国军队骨干外，并建议统一全国之建军思想，使无地域与界限之分，减少与消除指挥者及被指挥者相互间之顾虑与打破本位主义（由于我军供应尚难统一，故在打破本位方面较难完全实现），并尽可能统一编制与番号及干部训练，而增强作战效能。

管见所及，斗胆直陈。是否有当，尚盼裁示。①

这就是著名的"子养电"。按照电报地支代月、韵目代日的惯例，"子养"即1月22日，故称"子养电"。

在这份电报里，粟裕根据他对中原以至全国战局的科学分析，提出了发展战略进攻、改变中原战局的战略构想，以及与此相应的关于作战和建军的重要建议。值得注意的是，他分析决定战争胜负及其发展趋势诸因素的时候，除了政治、战略、兵员数量以外，还把技术装备放在相当重要的地位。他指出，如果我军在已有政治优势、战略优势的基础上，再取得数量上技术上的优势，战争形势的发展即可急转直下，迅速解放全中国。后来的实践证明，这是一个符合战争发展规律的科学预见。

粟裕这个战略构想，不是一时心血来潮的产物，而是在总结正反两方面实践

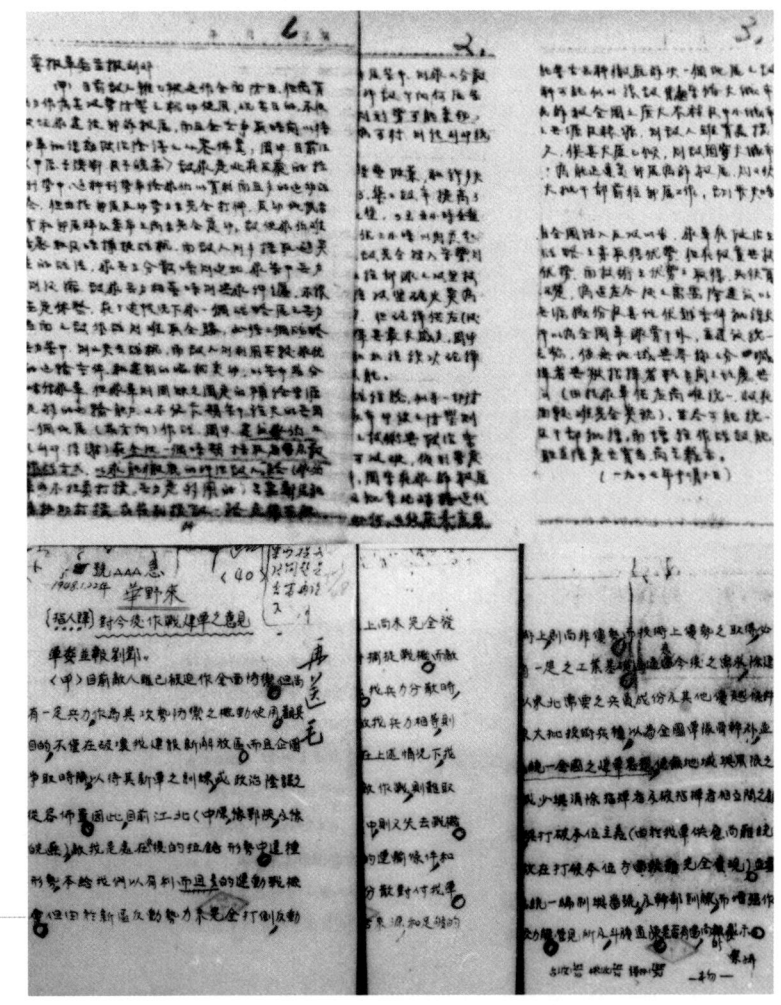

子养电（粟裕存件和军委抄收件）

---

① 《粟裕军事文集》，解放军出版社，1989年7月，第1版，第344—346页。

经验基础上长期深思熟虑的结晶。现有档案资料表明,在"子养电"发出前后,从1月5日到3月15日,粟裕在上报中央军委和华东局、刘邓的四份电报中,在华野直属队干部大会和华野政治工作会议、师以上干部会议上的三次讲话中,先后七次反复阐述"子养电"的基本观点,说明他对这个基本观点是坚信不疑的。

然而,正式提出这个建议,粟裕还是采取了不同寻常的慎重态度。粟裕保存的抄件说明,这份电报早在1947年12月10日就起草好了,又继续观察思考40多天,方才果断发出,并且使用了"斗胆直陈"的措词。在解放战争过程中,粟裕提出的关系战略全局的重要建议在十次以上,但是像这样直接地全面地对全国战局和全军建设提出建议还是第一次。他的建议不仅关系战争全局及其未来发展,而且与中央军委已有的战略决策大不相同。当时他虽然不知道中共中央已经作出分兵渡江南进的战略决策,但是他主张依托根据地集中兵力打大歼灭战的思考,与中央军委一再强调的不要后方的战略跃进和在中原地区打中小规模的仗的指示,显然是不同的。12月9日,即预定发出此电的前一天,粟裕收到中共中央军委电示:"目前时期,华野仍以打中等规模之仗为有利。"① 面对这种情况,粟裕虽然坚信自己的意见是正确的,但是唯恐考虑不周,干扰中央军委的决策,因此采取了格外谨慎的态度。

二、在中共中央作出分兵南进的战略决策的时候,
再次"斗胆直陈"集中兵力打大仗的意见,
建议华野三个纵队暂缓渡江南进。

粟裕的"子养电"传到中央军委的时候,在陕北米脂县杨家沟召开的中共中央12月会议已经结束,中共中央作出了打倒蒋介石、解放全中国的战略部署,正在为此运筹帷幄、调兵遣将。毛泽东特地电召陈毅到陕北,与他当面商定一个重大行动计划:由粟裕率领华野三个纵队渡江南进,执行宽大机动作战任务。

陈毅离开华野已有两个月了。他于1947年11月上旬到晋冀鲁豫中央局商讨华野外线兵团的后勤供应问题,12月上旬又奉命到西柏坡中央工作委员会汇报工作,到达陕北中共中央驻地已是1948年1月7日。

陈毅"热烈主张把解放战争第三年(1948年7月中旬起)上半年战略重点放在跃进江南的行动上"②,并且向中共中央提出华东野战军"可于秋季出三个纵队作机动使用"。

中共中央决定,由华东野战军主力组建东南野战军,执行南进战略任务,同时成立中共中央东南分局,陈毅任东南野战军司令员兼政治委员,粟裕任副司令员兼副政治委员,又兼东南野战军第一兵团司令员兼政治委员,同时任中共中央东南分局书记。毛泽东为此专门写了一个手令,交给陈毅。毛泽东与陈毅商定,

---

① 《毛泽东军事文集》第四卷,军事科学出版社、中央文献出版社,1993年12月,第1版,第343页。
② 《陈毅传》,当代中国出版社,1991年8月,第1版,第402页。

首先由粟裕率领第一兵团三个纵队于1948年夏季或秋季渡江南进，随后由另外三个纵队组成第三兵团于1949年2、3月间渡江作战。陈毅为此赋诗："小住杨沟一月长，评衡左右费思量。弯弓盘马故不发，只缘擒贼要擒王。北国摧枯势若狂，中原逐鹿更当行。五年胜利今可卜，稳渡长江遣粟郎。"

粟裕的"子养电"引起了毛泽东的重视。从现存中共中央收电译稿上看到，毛泽东在阅读时逐句圈点，送给周恩来、任弼时、陈毅传阅时特别注明："再送毛。"周恩来阅后批注："请陈考虑，粟所提各项问题，是否需再议一下？"复议的结果是坚持既定决策。

五天以后，1月27日，中共中央军委发电报给粟裕，要他率领三个纵队渡江南进，执行宽大机动作战任务。关于渡江南进的时机、地点和方法，提出三个方案，认为各有利弊，请他"熟筹见复"。此电强调指出，采取这个战略行动的意图，是迫使敌人改变集中强大兵力于中原的战略部署。电报说："你率三纵渡江以后，势将迫使敌人改变部署，可能吸引敌二十至三十个旅回防江南。你们以七八万人之兵力去江南，先在湖南、江西两省周旋半年至一年之久，沿途兜圈子，应使休息时间多于行军作战时间，以跃进方式分几个阶段达到闽浙赣，使敌人完全处于被动应付地位，防不胜防，疲于奔命。渡江地点似以秭归、宜昌附近，宜都、江陵附近，石首、监利附近，择地渡江进入湘西为较适宜。由洪湖、沔阳地区渡江至鄂南，敌似更不及料，亦可考虑。"①

接到中央军委的电报，粟裕感到，中央的决策与他的建议大相径庭。他认真研究领会中央军委的战略意图，认为中央军委采取这一重大战略决策，显然是为了进一步把战争引向敌人的深远后方，以配合正面战场主要是中原战场作战，扭转中原战局，发展战略进攻。这一战略行动能否达到预期目的，不仅对中原战场和华东战场有重大影响，而且对解放战争全局都会发生重大影响。如何实现这一战略意图？存在着两种战略设想，一个是分兵渡江南进，一个是集中兵力在中原地区打大歼灭战。究竟采取何种战略行动，才能确有把握地实现我们的战略目标？粟裕对此进行反复深入的思考。

粟裕军事决策上的一个重要特点是：决策前深思熟虑，寻求最佳方案；看准了则坚定不移，敢对历史负责。这一次，他一如既往，一面积极研究执行中央军委的指令，提出了渡江时机、路线和方法的具体方案，并且立即着手进行渡江南进的各项准备，例如派出一个加强营和200多名干部到皖南地区，派原皖江区党委书记曾希圣带百余干部到皖江地区加强工作，派原新四军第七师参谋长孙仲德带领一批干部到长江北岸开展水上工作，等等；同时，进一步研究改变中原战局、发展战略进攻的方略。经过三天的缜密思考，写出一份长达2000字的电报，于1月31日上报中央军委。

在这份电报里，粟裕在提出渡江南进时机、地点和方法的方案同时，重申他在"子养电"中的观点和建议："职对于中原战局认识，除已于一月二十二日电呈外，

---

① 《毛泽东年谱》下卷，人民出版社、中央文献出版社，1993年12月，第1版，第271—272页。

认为我军以原有之政治优势,于反攻中又取得了战略优势,但在数量上及技术上并非优势。加以土改又为反攻中最主要政治内容,故进展较慢。在军事上,如能于最近打几个歼灭战,敌情当有变化。因此于最近时期,将三个野战军由刘邓统一指挥,采取忽集忽分(要有突然性)的战法,于三个地区辗转寻机歼敌(华野除叶王陶外可以三至四个纵队参战),是可能于短期内取得较大胜利的。如是则使敌人机动兵力大为减少,而我军在机动兵力的数量上则将逐渐走向优势,同时也可因战役的胜利,取得较多的休整与提高技术的时间。如果我军在数量上及技术上取得优势,则战局的发展可能急转直下,也将推进政治局势的迅速变化。"①

这段话插在讲渡江时机的第一部分和讲渡江地点及方法的第三部分之间,表面看来不合逻辑,其实含有深刻用意。他用这种方法,提请中央军委注意他在"子养电"中的观点和建议。

接到粟裕的电报,毛泽东特意把原定于2月1日动身返部的陈毅留下来一起研究。研究的结果,仍然坚持由粟裕率领三个纵队渡江南进的决策,认为从调动中原敌军主力去江南的意图考虑,向蒋介石的要害地区出击是最有效的,但是采纳了粟裕关于渡江时机、地点、方法以及采取"忽集忽分"战法的建议。

2月1日午夜,毛泽东为中央军委起草给粟裕的复电,表示完全同意粟裕提出的渡江作战方案,指令他们休整一个半月,3月下旬出动。同时指示:"三、八、十、十一等四纵集中配合刘邓、陈谢两军,由刘邓统一指挥,采忽集忽分战法,机动歼敌。"②后来情况发生变化,中央军委对渡江作战时间又作了几次调整。4月4日,中央军委指示,按照全军统一部署,进行整顿纪律工作,休整到5月15日为止。渡江时间相应地由3月下旬推迟到5月15日以后。

为了更好地完成中央军委赋予的战略任务,粟裕率领华野指挥机关和第一、第四、第六、两广和特种兵纵队北渡黄河,于2月下旬进入濮阳地区休整,渡江南进的各项准备工作随即全面展开。

根据中央军委指令,华东野战军第一、第四、第六3个纵队编组为东南野战军第一兵团,粟裕兼任司令员兼政治委员。根据粟裕的提议,华野前委报请中央军委批准,调华野第二纵队副司令员张震任华野副参谋长兼第一兵团参谋长。

在普遍开展新式整军运动的基础上,召开了华野前委扩大会议,对军阀主义和骄傲自满、违反纪律等不良倾向进行批评和自我批评,总结经验教训,为执行新的战略任务奠定了良好的政治思想基础。

针对江南作战条件,部队进行了水网稻田地带行军、作战和以攻坚、巷战为主要内容的军事训练。

派遣一个加强营到长江沿岸地区,以各种手段侦察敌军动态。

中共中央调集了一大批准备随军南下的干部和民工,组织他们学习和研究新区政策。

---

① 《粟裕军事文集》,解放军出版社,1989年7月,第1版,第351页。
② 《毛泽东军事文集》第四卷,军事科学出版社、中央文献出版社,1993年12月,第1版,第385页。

印制了到新区使用的"东南流通券"。

总之，用张震参谋长的话来说，当时已是"万事俱备，只待渡江"了。

然而，粟裕并未停止他的探索和研究。对于中央和上级的指示，他的一贯态度是：坚决执行而不机械呆板，灵活机动而不随心所欲。他认为，"不结合实际情况具体灵活地执行上级指示，即使是在正确路线的领导下也是应当加以反对的"[①]。在那段时间里，他常常拿着中央军委的电报阅读、沉思，在地图前观察、测算，反复分析研究敌我双方情况，寻求改变中原战局、发展战略进攻的最佳方案。

粟裕研究的中心问题是：从战争全局和中原实际来看，是分兵渡江作战有利，还是集中兵力在中原作战有利？他认为，从全局来看，为了改变中原战局，进而协同全国其他各战场彻底打败蒋介石，中原和华东我军还要同国民党军进行几次大的较量，打几个大歼灭战，尽可能多地把敌人主力消灭在长江以北。从当时情况来看，要打大规模的歼灭战，分兵渡江南进是做不到的，而在中原黄淮地区打大歼灭战的条件却正在成熟。在中原战场上，我军有十个主力纵队，加上两广纵队、特种兵纵队和地方武装，只要统一指挥，集中兵力，是有力量打大歼灭战的。中原黄淮地区地势平坦，交通发达，固然便于敌人互相支援，但也利于我军机动作战。敌人虽然在中原地区集结重兵，但是重要点线防守的包袱背得很重，机动兵力相对减少，我军可用积极行动调动敌人，创造歼敌战机。特别重要的是，我中原新解放区已有初步基础，又背靠山东和晋冀鲁豫老解放区，可以及时得到人力物力的支援，充分发挥人民战争的优势。这些，都是我军在中原黄淮地区打大歼灭战的有利条件。

相反，如果华野三个纵队渡江南进，到敌人深远后方进行宽大机动作战任务，无疑会给敌人以相当的震惊、威胁和牵制，但是估计难以实现预定的战略企图。他联系1934年红军北上抗日先遣队的历史经验，预测渡江南进可能遇到的各种问题，认为这次南进虽然与当年形势大不相同，但是我三个纵队和地方干部近十万人，在敌占区转战几个省，行程几千里甚至上万里，在无后方条件下连续作战，同敌人的围追堵截作斗争，兵员的补充、粮弹和其他物资的供应、伤病员的安置和治疗等方面都将遇到很大的困难，预计将有五六万人的减员，剩下的部队就难以对敌人形成大的威胁。他又从政治上军事上分析敌人可能采取的对策，认为我三个纵队渡江南进的战略行动，可以调动江北部分敌军回防江南，但是调动不了敌人在中原战场的四个主力军。这四个军（整编师）战斗力较强，是中原敌军骨干。其中第五军、第十八军是蒋介石的嫡系部队，到江南作战难以发挥它机械化装备的优势，蒋介石不会把他们调到江南跟我们打游击；而第七军和第四十八军是桂系部队，蒋介石从政治上考虑，也不会"纵虎归山"，把它们调到江南。如果调不走敌人的四个主力军，我三个纵队又渡江南进，势必分散我军兵力，我军在中原战场势难打大歼灭战。如果三个纵队留在中原，则可以充分发挥他们善于野战的长处，用减员五六万人的同样代价，歼敌三个至五个军。

[①] 《粟裕战争回忆录》，解放军出版社，1988年11月，第1版，第139页。

权衡两种方案的利弊得失,粟裕认为,集中兵力在中原黄淮地区打大歼灭战,更有利于迅速改变中原战局,进一步发展战略进攻。

要不要向中央军委再次提出自己的意见,粟裕开始是有顾虑的,主要是担心自己看问题有局限性,对如此重大的战略决策提出不同看法,会不会干扰统帅部的决心,而且部队的准备工作已经达到"万事俱备,只待渡江"的程度。为了做到确有把握,他两次向陈毅详细汇报自己的想法和建议。对"稳渡长江遣粟郎"充满信心的陈毅大感意外,迟疑地说了一句:"中央要你过江,你不过江?"但是同意粟裕把自己的意见报告中央。在上报中央之前,粟裕又将他的建议报告刘伯承、邓小平,征求他们的意见。当时有一种意见,认为中原无大仗可打。这些情况,也促使他采取谨慎态度。

但是,粟裕又想到,作为一个战区指挥员,在执行中央军委赋予的作战任务的时候,理应结合战争的全局来思考,从战略全局考虑利弊得失,把局部和全局很好地联系起来。全局是由许多局部组成的。从局部看到的问题,也可能对全局的战略决策有参考价值。既然自己已经深思熟虑看准了,就要敢于承担历史责任。

1948年4月18日,粟裕再次"斗胆直陈",向中央军委建议,华东野战军三个纵队暂不渡江南进,而集中兵力在中原黄淮地区打几个大规模的歼灭战。同时建议,向淮河以南到长江以北地区派出几个以旅或团为单位的游击部队,配合正面战场作战;向长江以南的敌人深远后方派出多路游击队,与当地人民武装结合,在广大范围内辗转游击,以求大量调动敌人,策应中原地区作战。这样,三线密切配合,推动战局较快与较大发展。粟裕在电报最后特别声明:"我们对南渡准备仍积极进行,决不松懈。"①

在战略转折的关键时刻,在涉及战争全局的战略决策上,粟裕一再"斗胆直陈",提出不同于中央既定方针的建议,再次表现了他无私无畏、实事求是的特有风格。显然,没有对党的事业高度负责的革命精神,没有实事求是的科学态度,没有战略家的远见卓识,没有置个人得失于度外的坚强党性,是不可能作出这种在一般人看来是超越常规的决断的。

三、城南庄会议决定华野三个纵队暂缓过江,粟裕觉得是向中央立了军令状。有口皆碑的"二让司令"。

粟裕关于发展战略进攻、改变中原战局的三次建议,引起了毛泽东等中央领导人的高度重视。1948年3月10日,毛泽东在陕北发电报给在西柏坡的刘少奇,通知中共中央将于3月20日东移,并在到达西柏坡后"拟约粟裕一商行动计划"②。接到粟裕4月18日的电报,毛泽东在4月21日为中央军委起草致陈毅、粟裕的电报,请他们到中央工委开会,"商量行动问题"。4月25日,毛泽

---

① 《粟裕军事文集》,解放军出版社,1989年7月,第1版,第353—356页。
② 《毛泽东年谱》下卷,人民出版社、中央文献出版社,1993年12月,第1版,第293页。

东在河北省阜平县城南庄致电在西柏坡的刘少奇、朱德、周恩来、任弼时,提议召开中央书记处会议,议题之一就是"陈粟兵团的行动问题"。①

陈毅、粟裕接到中央军委来电的时候,华野前委扩大会议正进入总结阶段。他们抓紧时间作完总结报告,就于4月25日黄昏从濮阳出发,昼夜兼程,赶到西柏坡已是4月29日,第二天就同刘少奇、朱德、周恩来、任弼时等一起到达阜平县城南庄。

粟裕到毛泽东住地报到。据当时在场的警卫人员李银桥、阎长林回忆,毛泽东一改会见党内同志从不迎出门外的习惯,大步走到门外,同粟裕长时间握手,二人互相热烈地问候。

"我们的英雄回来了!欢迎你,粟裕同志!"毛泽东激动地说,"17年了啊,有17年没见面了吧?"

粟裕说:"是的,17年不见了,主席。主席好吧?"

17年前,那时粟裕只有二十三四岁,先后担任红十二军六十四师师长、红四军参谋长,在毛泽东、朱德指挥下参加三次反"围剿",打了一个又一个胜仗。17年以后,这位当年的"青年战术家"已经成长为担负战略区指挥重任的战略家,在解放战争中打了许多令敌人闻名丧胆的大歼灭战。抚今忆昔,两人都很激动。

毛泽东说:"你们打了那么多漂亮的大胜仗,我们很高兴啊!你们辛苦了。

■ 1948年春,粟裕于西柏坡与朱德等合影。左起:薄一波、蔡树藩、李先念、粟裕、彭真、朱德、陈毅、聂荣臻。

---

① 《毛泽东年谱》下卷,人民出版社、中央文献出版社,1993年12月,第1版,第304页。

这次要好好听听你的意见哩。"

历史上常常有这种情况：一个原本不引人注意的小地方，一个偶然的机会，发生了一件关系国家民族命运的大事情，因而身价百倍，名垂史册。河北省阜平县城南庄就是一例。

中共中央书记处扩大会议于1948年4月30日至5月7日在城南庄举行。参加会议的，除了时称"五大书记"的毛泽东、刘少奇、周恩来、朱德、任弼时以外，还有陈毅、粟裕、彭真、薄一波、聂荣臻、李先念等人。这是"五大书记"会合后第一次全体会议，也是部署夺取全国胜利的一次重要会议。毛泽东提出"军队向前进，生产长一寸，加强纪律性"三条方针。会议讨论的各项议题，都是在这三条方针指导下进行的。

"军队向前进"，就是按照中共中央的既定战略方针，把战争引向敌人的深远后方。"陈粟兵团的行动问题"原来列为会议的第六个议题，实际上是首先讨论的问题。

4月30日，会议第一天，"五大书记"一起听取了粟裕的汇报。粟裕着重汇报了三个纵队暂不渡江南进、集中兵力在中原黄淮地区大量歼敌的方案，详细说明了提出这个方案的依据。毛泽东、刘少奇、周恩来、朱德、任弼时听了粟裕的汇报，当即研究决定，在既定战略方针不变的前提下，同意华东野战军三个纵队暂缓渡江南进，留在中原黄淮地区大量歼敌。"这是一个重大的战略决策，构成了以后淮海战役设想的最初蓝图。"①

粟裕后来回忆说："党中央领导同志这种处处从实际情况出发，十分重视前线指挥员意见的领导作风，使我深受教育和感动。"

有人说：在历史上，只有极个别的人，才是敢于和善于提出不同意见，并且能为毛泽东主席接受的。在解放战争历史上，粟裕就是一个突出的人。

不过，要做到这一点是很不容易的，毛泽东并不是一个轻易被说服的人，要看提出建议者是否具有令人信服的真知灼见，并且他自己在实践中体会到确有改变既定方针的必要。解放战争以来，粟裕的历次建议，称得上言必有中、算无遗策，是经得起实践检验的。毛泽东对此已有深刻印象。但是，这一次作出暂缓渡江南进的决定，仍然经过了三个多月的观察考虑，才确定下来。1950年，粟裕到中南海向中央军委副主席周恩来汇报工作，由中央军委作战部部长李涛陪同吃饭，席间谈起粟裕当年的建议。李涛说：你那次建议是对的。如果不是这样，派几万人到敌人后方去，要站不住脚。所以，中央同意了。粟裕说：当时有两种意见。我考虑，与其带几万人去江南，不如在中原打。

中共中央书记处虽然采纳了粟裕关于三个纵队暂不过江的建议，但是认为有必要强调坚持渡江南进的既定方针。在5月3日的会议上，提出了"南进战略是否对"的问题，反复强调渡江南进是"坚定不移的方针"。毛泽东没有参加这次会议，刘少

---

① 《周恩来传》，中央文献出版社，1998年2月，第1版，第721页。

奇传达了他的指示。毛泽东说：将战争引向国民党地区无疑会有很大困难，打出去的主力会减弱，打不了很多胜仗，但无此一条不能战胜国民党。刘少奇和周恩来在发言中指出，要从过去的经验认识渡江南进的正确性，从解决上百万人的吃饭问题认识渡江南进的必要性。刘少奇说：去年大军出中原，河北（指黄河以北）大胜利，而大军在中原很困难，主力削弱了，胜仗打少了。但是，义无反顾，总要南下，不能北返。现在江北至多支持一年。如果搞不好，江北支持不住，主要问题是吃饭。渡江很困难也要前进。周恩来说：军队向外线转，不断开辟新的外线，是坚定不移的方针。现在暂不跃进，暂采波浪式前进，先迫江边。朱德说：战略方针向南，必须向南才有胜利。任弼时说：打向国民党区域，是决定战争胜利快慢之一条。

中共中央领导人如此尖锐地提出渡江南进的战略方针是否正确的问题，使粟裕更加深刻地认识到，即将采取的战略行动实际上体现了两种不同的战略方针，因而更加强烈地感觉到自己承担的历史责任的分量。

5月5日，中共中央书记处会议还在进行，毛泽东就为中央军委起草致刘伯承、邓小平并华东局的电报，指出："将战争引向长江以南，使江淮河汉地区之敌容易被我军逐一解决，正如去年秋季以后将战争引向江淮河汉，使山东、苏北、豫北、晋南、陕北地区之敌容易被我军解决一样，这是正确的坚定不移的方针。惟目前渡江尚有困难。目前粟裕兵团（一、四、六纵）的任务，尚不是立即渡江，而是开辟渡江的道路，即在少则四个月多则八个月内，该兵团，加上其他三个纵队，在汴徐线南北地区，以歼灭五军等部五六个至十一二个正规旅为目标，完成准备渡江之任务。"①这样，华东野战军三个纵队暂不渡江南进和在中原战场的作战任务，就以中央军委命令的形式确定下来了。"这是对重大战略决策所作的关键性的变动。它对此后南线作战的整个过程，包括豫东战役、济南战役、淮海战役、渡江战役等，产生了深远的影响。作为第一线高级指挥员的粟裕，在经过深思熟虑后，敢于实事求是地大胆地对中央重大战略行动部署提出不同意见，是难能可贵的。作为最高统帅的毛泽东，能实事求是地重视并采纳部属的不同意见，根据实际情况果断地调整重大战略部署，也表现了高度的智慧和勇气。对需要高度集中的军事指挥来说，这可以说是决策民主化和科学化的典范。"②

当时，国民党一个旅相当于整编前的一个师，约8000人。十一二个旅共约10万人，相当于粟裕当时指挥的部队总数。中共中央给予粟裕的作战任务是相当重的。

中共中央同时采取的一项重要组织措施，就是决定调华东野战军司令员兼政治委员陈毅到中原军区、中原野战军工作。中央书记处会议结束时，毛泽东对粟裕说："陈毅同志不回华野去了，今后华野就由你来搞。"

对于中共中央这个决定，粟裕毫无思想准备，大感意外，非常着急，再三请求让陈毅仍回华野。从抗日战争到解放战争，他和陈毅结成了"陈不离粟，粟不

---

① 《毛泽东军事文集》第四卷，军事科学出版社、中央文献出版社，1993年12月，第1版，第459页。
② 《毛泽东传》，中央文献出版社，1996年8月，第1版，第847—848页。

离陈"的深厚友谊。他深深体会到,华野的全盘工作责任实在重大,有陈毅主持全局,他才能集中精力搞好战役指挥。

毛泽东说:"中央已经决定了,陈毅同志和邓子恢同志到中原局、中原军区工作,华野还是你来搞。"

粟裕知道这是中央已经作出的决定,于是提出了最后的请求:陈毅同志在华野的司令员兼政委职务继续保留。

毛泽东沉思片刻,表示同意粟裕的意见:"那好吧,陈毅同志仍任华野司令员兼政委,但是中原那边工作很需要他,现在必须马上去。"

粟裕心想,既然中央已经作出决定,陈毅去中原局和中原军区工作责任重大,自己必须服从全局利益,不能也不好再坚持自己的要求了。

不久,中共中央和中央军委就发出正式决定。5月9日,中共中央军委任命陈毅为中原军区和中原野战军第一副司令员,仍兼华东野战军司令员及政治委员。①5月14日,陈毅、粟裕在致华东局、中原局和陈士榘、唐亮的电报中,传

陈毅、粟裕致华东局、中原局和陈士榘、唐亮电,传达中共中央三个方针和"陈在华野党政军职务由粟代理"的决定。

---

① 《毛泽东年谱》下卷,人民出版社、中央文献出版社,1993年12月,第1版,第309页。

达中共中央的决定:"陈(毅)邓(子恢)粟(裕)参加中原局根据地的建设工作,陈在华野党政军职务由粟代理。"5月30日,中共中央军委发出致中原局、华东局、华北局的电报,"任命粟裕同志兼华野副政委,负担副政委各项工作责任,并于陈毅同志不在华野总部工作时代理政委职权"。6月24日,中共中央军委又任命粟裕兼豫皖苏军区司令员。

从此以后,粟裕就以代司令员兼代政治委员职务,担负起领导和指挥华东野战军的重任。

这就是有口皆碑的粟裕"二让司令"。

粟裕回忆当时的心情说:中央和毛泽东同志采纳了华东野战军三个纵队暂缓渡江南进、集中兵力在中原打大仗的建议,陈毅同志又暂时离开华野。我深感自己肩上担子沉重,觉得这次是向中央立了军令状,一定要把仗打好,用战场上的胜利来回答党中央和毛泽东同志的殷切期望。同时通过实践来检验自己的战略构想,证明在中原黄淮地区集中兵力打大歼灭战是切实可行的。

中共中央书记处会议5月7日结束。陈毅和粟裕5月8日离开城南庄到石家庄。应陈粟的要求,朱德总司令准备同他们一起去濮阳,动员华野部队完成新的作战任务。

随行参谋的日记记述了粟裕在石家庄的一些情况:"5月9日中午,粟裕首长沐浴出来,耐心地向我交代任务,要我等待接收晋察冀工业局生产的一批弹药,并具体地告诉我弹药的种类和数量。晚上,我们几个人逛大街,在灯光下又碰到粟司令。他独个儿在溜达,这边看看,那边看看,平凡而自在。人们哪里知道,这就是指挥千军万马的常胜将军。"

■ 1948年5月,粟裕(左)与朱德(中)、陈毅于河南濮阳。

5月中旬，朱德总司令在陈毅、粟裕陪同下，亲临华东野战军指挥机关和部队驻地濮阳，代表党中央、中央军委和毛泽东主席对华野指战员表示慰问，在团以上干部会上作了《目前形势和军队建设问题》的重要讲话，召开了营以上干部和战士代表座谈会。朱德号召大家，总结经验，提高战术，用"钓大鱼"的战法寻机歼灭邱清泉的第五军，想方设法把敌人剩下的几个主力部队彻底消灭。

华野指战员第一次见到日夜思念的敬爱的朱德总司令，亲自聆听他思想深刻、鼓舞人心的报告，群情振奋，决心以实际行动来回答中共中央和中央军委的关怀和期望，圆满完成新的作战任务，打几个漂亮的大歼灭战。

四、扭转中原战局的豫东之战。驾驭战局转折的指挥艺术。第二个作战指挥上最紧张的战役。

中共中央决定把粟裕兵团渡江南进时间推迟四到八个月，给予他们在中原地区歼敌五六个到十一二个旅的作战任务，这就创造了一个条件，得以在实践中检验已经作出的战略决策，证明究竟应该采取何种战略行动，才能迅速改变中原战局，继续发展战略进攻，进而夺取解放战争的全国胜利。

5月21日和22日，毛泽东先后为中央起草给陈毅、粟裕和刘伯承、邓小平的电报，进一步明确了此次作战的任务、参战部队和指挥关系。电报指出："以歼灭五军（按：即整编第五师）为夏季作战之中心目标"；"陈毅不参加此次作战"，"粟裕全权指挥一、三、四、六、八及十一纵之作战，并指挥许（世友）、谭（震林）在津浦线上之配合作战"；"各方协助粟兵团歼灭五军"。"望本此方针，部署一切。"①

粟裕密切注视着中原战场动向，筹谋即将开始的战略行动。在他面前，展开的是一幅中原战场敌我态势图。

在中原战场上，国民党军集结有25个整编师（军）57个旅（师）。其中13个整编师30个旅担任重要点线的守备，控制着郑州、开封、徐州、蚌埠、信阳、商丘等

华东野战军代司令员兼代政委粟裕

---

① 《毛泽东年谱》下卷，人民出版社、中央文献出版社，1993年12月，第1版，第310—311页。

城市，以及陇海路东段、津浦路和平汉路南段交通线。另外12个整编师27个旅和4个快速纵队编成4个兵团，执行机动作战任务，邱清泉兵团在鲁西南，胡琏兵团在驻马店，孙元良兵团在郑州，张轸兵团在南阳。

鲁西南位于中原战场东北部，是一个由黄河、运河及陇海路徐（州）开（封）段构成的正三角形地区。邱清泉的第五军集结在这个三角形地区的中心定陶、成武一带，企图截击渡河南下的华野部队，与华野主力兵团决战。

邱清泉，1902年出生于浙江省永嘉县，黄埔军校第二期毕业，30年代曾到德国陆军大学留学，40年代当过蒋介石的侍从副官，1943年升任第五军中将军长，是蒋介石一手提拔起来的嫡系将领，以骄横跋扈、惯打滑头仗著称。这次他被蒋介石派到中原战场，气势汹汹，不可一世，口出狂言："活捉粟裕。"

人民解放军在中原战场上共有13个野战纵队以及各个军区的地方部队。其中，刘邓指挥的中野4个纵队和暂归刘邓指挥的华野第十纵队，分布在大别山、桐柏山地区；粟裕指挥的8个纵队，一、四、六和两广、特种兵纵队在濮阳地区，三、八纵队在许昌、襄城地区，中野第十一纵队在豫皖苏地区，兵力尚未集中。

粟裕审时度势，权衡利害，选择大量歼敌的最佳方案。他并不像有人说的那样，"为一心一意打五军而苦思冥想"，也没有"受固定对象和固定地域的束缚"，而是坚持他的一贯做法，把中央军委的指示同当面实际情况结合起来，提出两个以上的预案，权衡利弊得失，从中选择最佳方案。

根据中央军委赋予的作战任务，他首先认真地考虑在鲁西南地区歼灭第五军的作战方案，认为歼灭第五军虽然具有一定有利条件，但不利因素较多，主要是我军兵力尚未集中，打援兵力不足，又是背水作战，地形对我不利，不能稳操胜券，钓第五军这条大鱼并不是理想的作战方案。这时又得到开封守军兵力薄弱的重要情报。因此设计了一个"先打开封，后歼援敌"的作战方案。但是，他考虑到中央军委已经明确规定以歼灭第五军为夏季作战的中心目标，朱德总司令又亲自作了动员，不宜强调打第五军的不利，而把"先打开封，后歼援敌"作为腹案，没有上报下达。有人问他为什么这样做，他说："我已经提过三个纵队暂不过江的意见，不能总是不同意中央的决定吧。"

"先打开封，后歼援敌"的方案虽然没有上报下达，但是在作战部署上是预有准备的。粟裕首先命令第三、第八两个纵队自许昌地区向淮阳方向开进，吸引国民党第五军南下；然后率第一、第四、第六纵队和两广、特种兵纵队南渡黄河，力求歼灭鲁西南守敌一部，吸引第五军回头北上，我第三、第八、第十一3个纵队尾敌北进。他设想，如果歼灭第五军的条件成熟，即南北夹击其于鲁西南地区；如果歼灭第五军的条件不成熟，也可造成敌人错觉，使敌人误以为我军要在鲁西南与其决战，我军即可对开封之敌实行出其不意的攻击。

有人提出疑问：既然不准备打五军，为什么动员打五军？粟裕说：我们当时的考虑，就是用打五军的物质和精神准备来打比五军更弱的敌人，造成力量对比上的优势，这样把握更大，并且用这样的部署调动敌人，造成敌人的失误，创造有利的战机。

果如粟裕所料，敌人跟着粟裕的指挥棒频繁调动：华野第三、第八两个纵队向淮阳开进，邱清泉的第五军即南下截击；华野第一、第四、第六和两广、特种兵纵队渡河南下，国民党军统帅部急令第五军主力和整编第七十五师北返，并且增调三个整编师加一个旅到鲁西南地区，企图与华野渡河南下部队决战。此时鲁西南地区蒋军兵力集中，队形密集，不易分割；华野兵力不足，地形不利，前有重兵，左有运河，右有黄河，形势严峻。但是，华野第三、第八两纵队已经进至离开封只有一日行程的通许、睢县、杞县地区。战场情况变化表明，打五军的条件尚未具备，打开封的时机却已到来。已有成竹在胸的粟裕当机立断，把战场由鲁西南转向豫东，实行"先打开封，后打援敌"的作战方案，一面上报中央军委和中原军区，一面下令部队执行。时间是1948年6月16日午时。

6月17日，中央军委复粟裕、张震并告中原局、华东局电："完全同意铣午（6月16日午时）电部署，这是目前情况下的正确方针"，指示："情况紧张时，独立处置，不要请示。"①刘伯承、陈毅、邓小平也于同日复电，同意第一步以打开封为主，第二步打谁看情况再定，并决定调五个纵队全力阻击胡琏兵团北援，要攻打开封的部队对南面敌人"可勿顾虑"。

不打五军，先打开封，许多同志没有想到。有一位纵队司令员对粟裕说："502啊，难怪人家说你打仗跟别人不一样，拗着来。还说……"

"说什么？别吞吞吐吐嘛！"粟裕很有兴趣地追问。

"人家说，你从来不打别人想打的那个敌人，从来不打别人想到的那个地方。"

"这没有什么不好嘛！"粟裕笑了，"出其不意，攻其无备，兵家所贵嘛。连自己都想不到，敌人就更想不到了。"

攻打开封这着棋，果然出乎敌人意料。国民党的国防部和徐州"剿总"判断华野在鲁西南与第五军决战，开封守敌也认为"开封无真正战斗"。华野部队突然兵临城下，蒋军仓促应战。从6月17日到22日，只用五个昼夜，华野就攻克了蒋介石吹嘘"绝可确保无虞"的开封，全歼守敌3万人，并在阻援方向歼敌1万人，共歼敌4万余人，取得了豫东战役第一阶段的胜利。

攻打开封是攻其必救，重要目的在于打援。整个战役分为攻城和打援两个阶段。这是一个完整的作战方案。尽快攻克开封并及时掌握用于打援的足够兵力，是整个战役的转折点。

战役发起以后，粟裕就把注意的重心放在实现全战役的转折上，督促攻城部队迅速突破敌城垣主阵地，尽快攻克开封。6月20日夜间，开封守敌核心阵地龙亭尚未攻下，但城区之敌已基本肃清，第一阶段作战胜利在握。粟裕就同华野副参谋长张震、政治部副主任钟期光一起，赶到攻城部队指挥所。在这个战役转折点上，他要亲自到第一线指挥，指令三、八纵队留下足够兵力继续攻打龙亭，多数部队则迅速撤出开封，准备再歼援敌。

---

① 《毛泽东年谱》下卷，人民出版社、中央文献出版社，1993年12月，第1版，第316页。

华东野战军部队攻占河南全省保安司令部。

粟裕和张震、钟期光乘坐吉普车连夜驶向开封。吉普车由警卫员唐洪驾驶。为了适应战争发展的需要,粟裕要求身边工作人员,包括秘书、医生、警卫员在内,除了掌握专业技能以外,还要学会骑马、游泳、开汽车。这几天连续作战,唐洪没有睡好觉,加上天气闷热,没走多远,就打起瞌睡来。吉普车突然翻倒,把车上的人抛了出去。

唐洪吓出一身冷汗,惊问:"首长,没有事吧!"

粟裕第一个站起来,拍拍身上的土说:"我没事,大家各自检查一下,看伤了没有。"

张震也站了起来,连说:"没事,没事!蒋介石没有打倒,全国没有解放,马克思是不会接收我们的。"

检查结果,四个人除了头上碰个包、身上擦破皮以外,没有重伤。于是,一起把汽车翻过来。粟裕抢先坐在驾驶员座位上,对唐洪说:"小唐啊,这几天你太累了,我给你开一会儿,你给我睡一觉。"

车子跑得又快又稳,很快就到达目的地。唐洪连忙跳下汽车,拦住三位首长说:"请求首长,给我个处分吧!"

粟裕微微一笑:"好,就处分你把汽车开到那棵枣树下,在车上躺一小时。"

唐洪朝粟裕指示的方向望去，枣树就在前线指挥所门前，而且在哨位旁边，在那里睡觉既安全又不误事，不由得心头一热，热泪盈眶，哽咽着喊了一声："首长！……"

粟裕严肃地说："小唐啊，一个革命军人，必须首先适应战争，才能赢得战争。抓紧时间休息吧！"

在开封前线指挥所，粟裕得知龙亭敌军阵地尚未攻下，蒋介石为了挽回败局，令邱清泉兵团继续向开封攻击前进，又令新组建的区寿年兵团经睢县、杞县迂回开封，企图在开封地区与华野决战。粟裕对攻城部队说："龙亭是要打下来的，但不要急，迟一点不要紧。有点残敌，可以作为钓邱兵团这条大鱼的钩子。你马上打下龙亭，他来援就不积极了。"

豫东战役第一阶段的作战，从战役开始到三、八两纵主力撤出开封，只用五昼夜就完成了全战役的转折，掌握了战场的主动权。这时，粟裕才感到心里踏实下来，因为手中已经控制了足够的机动兵力，为下一步歼击援敌创造了有利条件，可以随时投入第二阶段的作战了。

1979年，粟裕总结豫东战役的经验，对战役转折问题作了理论的概括。他说："开封战役的实践再次证明，战役指挥的重心放在哪里，对能否掌握战场主动权关系极大。我从历次参加的战役指挥中体会到，每个战役都有一个转折点。这个转折点，就是在对战役有决定影响的环节上我们掌握了主动，打赢了敌人，从而使我军确有把握取得战役的全胜。因此，战役指挥员不仅要对整个战役有通盘的考虑，预见情况可能的发展变化，在打第一仗时就想打第二仗和第三仗的问题，而且要把自己注意的重心放在战役的转折点上，充分发挥主观能动作用，全力以赴，采取一切手段促使战役转折的实现。在敌人有强大兵力增援的情况下，

1948年6月，粟裕在豫东前线指挥所。

转折出现得越早越好,要力争在全战役预计时间的二分之一以前,最好在三分之一甚至四分之一的时候到来。这样,作战就主动了。如果转折在全战役时间的二分之一以后到来,就会因时间紧迫而仓促作战,使部队伤亡增大,疲劳加重,士气受到影响,有时还会陷入被动,不得不撤出战斗,打成夹生饭。"①

豫东战役的转折只用了5天时间,占全战役持续时间20天的四分之一,是粟裕设想的最佳结果。

在第一阶段即将结束的时候,要不要按照预定计划打第二仗,发生了不同意见的讨论。在开封作战过程中,中原野战军指挥机关酝酿着一个进攻郑州的计划。6月20日,刘伯承、陈毅、邓小平致电中央军委,提出在攻克开封以后,集中陈赓、谢富治、陈锡联、粟裕等主力部队,以攻击郑州的国民党第四十七军为主要作战目标。6月21日,刘伯承、陈毅、邓小平再电中央军委,提出因敌军兵力集中,攻郑打援可能打成僵局,拟先休整一短时期,待机歼敌。6月22日,毛泽东为中央军委起草复刘伯承、陈毅、邓小平并告粟裕、陈士榘、唐亮的电报,同意"放弃攻郑计划",并指示:"目前打很大规模的歼灭战,主客观条件都不成熟,故须避免";要求刘陈邓、粟陈唐两大集团分开行动时"每次歼敌以不超过一个整编师为限度",集中行动时"一次歼敌以不超过两个整编师为限度"。②在华东野战军前指内部,也有人认为部队打得太疲劳了,应当转入休整,不宜再打第二仗。显然,如果就此罢手,上下左右都会满意。

粟裕认为,这一仗不仅是扭转中原战局的关键一战,而且是对我们的战略决策的实践检验,必须争取全胜。时值盛夏,天气酷热,部队连续作战,确实很疲劳,下决心时必须充分考虑这种情况。但是,当时战机已经出现。为了战争全局的利益,必须发扬我军连续作战、敢打硬仗、不怕牺牲的革命英雄主义精神,坚持按照预定作战计划,集中优势兵力,寻歼援敌于运动之中。在多路援军进逼的形势下,首先以攻城部队挥师南下的行动调动和分离敌人。

粟裕起草好电报,首先签上自己的名字,然后请同意的同志签名。电报立即发出。时间是6月24日19时。

第二天,中央军委复电同意,认为"部署甚好"。26日,中央军委针对"似嫌歼击企图太多太大"的意见,进一步指出:"在此情形下粟(裕)陈(士榘)张(震)部署在睢杞通许之线(或此线以南)歼敌一路是很适当的。"③

在强敌多路进逼的形势下,作出这样的决策,不仅需要智慧,而且需要胆略。对于这一点,中原野战军几位领导人有过评论。陈毅说:"粟裕同志浑身是胆!"

蒋介石的统帅部一错再错,不仅没有想到华野会作出如此出奇制胜的决策,而且再次低估人民解放军连续作战的能力,判断华野"似无积极企图","必向津浦路前进"。于是,急令邱清泉兵团和区寿年兵团全力追堵,同时命令增援兖州的黄

---

① 《粟裕战争回忆录》,解放军出版社,1988年11月,第1版,第558—559页。
② 《毛泽东军事文集》第四卷,军事科学出版社、中央文献出版社,1993年12月,第1版,第489页。
③ 同上书,第492页。

百韬兵团掉头南下豫东,西面的孙元良兵团积极东进,南面的胡琏兵团兼程北上,企图围歼华野主力于黄淮地区。华野部队于6月22日完全解放开封,6月26日主动撤出开封。骄狂的邱清泉急于进占开封和尾击华野以捞取资本,多疑的区寿年在睢杞地区犹豫徘徊,原本相距甚近的邱、区两兵团一夜之间拉开了40公里距离。

战机稍纵即逝。

粟裕及时抓住这一战机,不待查明敌军的具体部署,就指挥隐蔽集结于睢杞地区的华野主力部队,迅速楔入邱、区两兵团之间,围歼战斗力较弱的区寿年兵团,并在战斗中进一步查明敌军部署。经过六天激战,歼灭区寿年兵团兵团部、整编第七十五师师部和第六旅一个团,接着又给增援的黄百韬兵团以歼灭性打击,共歼敌5万余人。

7月6日,豫东战役第二阶段的战斗进入关键时刻,既要迅速歼灭区寿年兵团残部,又要争取歼灭援敌黄百韬兵团,还要准备对付可能来援的邱清泉、胡琏、孙元良三个兵团。中央军委电示刘伯承、陈毅、邓小平:"为保粟军胜利,你们行动有二方案:(一)全军(一、二、三、四纵)尾敌北进,直达睢杞地区;(二)以四纵尾十八军北进直达睢杞,以一、二、三纵歼吴绍周。以上方案择一而行。如不取第一案,则必须取第二案,务使十八军于午灰(7月10日)前不超过睢杞。"后又电示:"望粟(裕)陈(士榘)唐(亮)以一部进至淮阳地区,协同匪斌四个团阻击十八军,如无正规军可派,可派地方军。"粟裕当即电令冀鲁豫独立旅向南急进,并要他们伪装主力番号,以阻止国民党第十八军北援。

此时,黄百韬兵团和邱清泉兵团从东西两面向华野部队进攻,胡琏兵团从南面向北进攻。尤其是黄百韬兵团增援积极,已经进抵靠近睢杞的帝丘店地区。粟裕十分重视南面的情况,专派一个侦察营监视胡琏兵团的动向。7月6日17时,侦察营电话报告,胡琏兵团(十八军)的先头部队已突破豫皖苏军区两个团的阻击,到达距离睢杞战场只有几十华里的太康地区。

面对这种情况,粟裕当机立断,决定撤出战斗。

粟裕认为,我军攻克开封,又在睢杞地区歼灭大量援敌,基本上达到了预期的战役目的。部队经过连续作战,减员较大,十分疲劳,急需转入休整。为使我军顺利地撤出战斗,他决定采取先声夺人的战法,给运动中的黄百韬兵团以歼灭性打击,同时迅速歼灭区寿年兵团残部。这一仗,不仅把黄百韬兵团打得焦头烂额,而且使邱清泉不寒而栗,起了一箭双雕的作用。在华野与蒋军脱离接触时,黄百韬惊魂未定,一动也不敢动。邱清泉、孙元良两兵团遭到还击后,也未敢再进。华野部队在多路援敌进逼下,一下子跳了出来,进入鲁西南预定地区休整。等到蒋军查明华野部队集结位置,华野部队已经休整一周了。打了硬仗、恶仗、胜仗之后,顺利地撤离战场,是全战役中一个十分重要的环节。粟裕果断巧妙的指挥使这个环节为全战役画上了一个圆满的句号。

与此同时,粟裕又指挥在津浦线上配合作战的许世友、谭震林兵团,利用黄百韬兵团回援豫东战场之机,举行了兖州战役,一举攻克兖州,共歼敌6.3万多人,为华野下一步集中兵力举行济南战役创造了有利条件。

有的同志不理解:为什么打了胜仗,还要主动撤离战场?粟裕解释说:在战役指挥中,组织转移是一个值得深思熟虑的问题,它不仅关系到与下一步作战任务的衔接,而且直接影响战役本身的成果。战役打得好,如果转移不当,也会转胜为败;反之,战役进行得不顺利,但转移得当,就可以减少损失,改变不利态势。豫东之战歼敌近十万,我军也有一定数量的伤亡。部队恶战近月,十分疲劳,需要休整。打了胜仗以后,主动撤出战场,这是胜利转移,而不是被动转移。胜利转移,是下一个大胜仗的基础。

为了组织部队安全撤出战场,粟裕作了周密部署。他直接打电话给负责掩护大部队北撤的第二十九师萧锋师长和李曼村政委,指示:"你们不仅要阻击老对手五军,以掩护部队北撤,还要做好后尾收容工作",特别强调"心目中一定想着战士"。第二十九师出色地完成了阻击和收容任务。粟裕为此通令嘉奖:"十纵二十九师以阶级友爱,后尾收容友邻部队伤员1200余名,师长、政委抬担架步行70里。他们高度关心战士、心目中想着战士的思想很可贵。同时,他们在林七口顶住了五军前进,使全线顺利北撤郓城,值得表扬。"

中共中央高度评价睢杞之战的胜利,认为这是继开封胜利之后又一"伟大胜利","这一辉煌胜利,正给蒋介石'肃清中原'的呓语以迎头痛击,同时也正使我军更有利地进入了中国人民解放战争的第三年度"。中共中央在贺电中以深切关怀之情表示:"值此盛暑,特向同志们致慰念之意。"①

五、实践证明在中原地区集中兵力打大仗是正确的,中共中央再次调整战略部署,决定解放军第三年仍然全部在长江以北作战。

粟裕说,豫东战役是他经历的最复杂最剧烈最艰苦的战役之一,也是他在解放战争的战役指挥中最紧张的三个战役之一,是华东野战军两年来作战中一次最大的歼灭战。在这次战役中,交战双方都投入了尽可能多的兵力。除了战略上配合作战的部队以外,直接参战的部队,解放军约20万人,国民党军约25万人。在这次战役中,粟裕驾驭战局转折的指挥艺术得以淋漓尽致的发挥。这一点,连对手也不得不承认。蒋介石的国防部说,此次豫东会战,"共军表现特异"的有三点:"敢集中主力作大规模之会战决战","敢攻袭大据点","对战场要点敢作顽强固守,反复争夺"。

豫东战役的胜利,不仅创造了解放战争史上一个战役歼敌9万余人的空前战绩,达到了中央军委提出的四至八个月歼敌五六个至十一二个旅10万人的基本要求,更重要的是迅速改变了中原战局,并且推动全国战局由战略进攻向战略决战

---

① 《周恩来传》,中央文献出版社,1998年2月,第1版,第722页。

豫东战役经过要图
（1948年6月17日—7月6日）

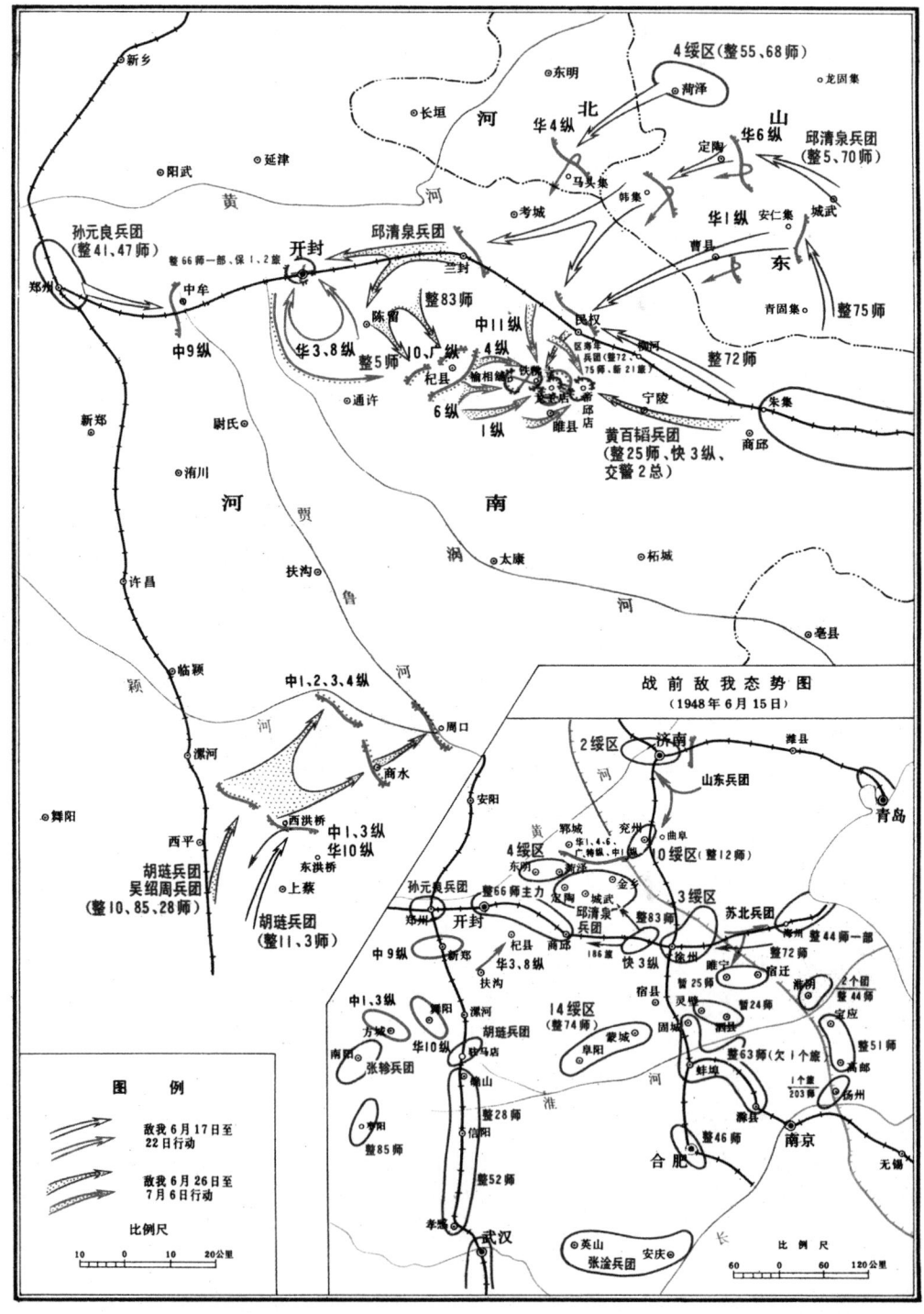

发展。后来的战局发展，果如粟裕所料，形势急转直下。豫东战役以后，不到半年时间，解放战争的形势就发生了根本性的变化。

对于解放战争的发展趋势，毛泽东用他那战略家兼诗人的特有气质，作过一个形象的估计。他说："同蒋介石的这场战争可能要打六十个月。六十个月者，五年也。这六十个月又分成两个三十个月：前三十个月我们是'上坡'、'到顶'，也就是说战争打到了我们占优势；后三十个月叫做'传檄而定'，那时候我们是'下坡'，有的时候根本不用打仗了，喊一声敌人就投降了。"①

豫东战役以后，毛泽东在西柏坡接见华东野战军特种兵纵队司令员陈锐霆和晋察冀军区炮兵旅长高存信时，兴奋地说："我们过山坳了！"他左手握拳，右手食指沿拳头顶端滑过，"解放战争好像爬山，现在我们已经过了山的坳子，最吃力的爬坡阶段已经过去了。"他还对陈锐霆说："你回去代我问粟裕同志好，告诉他，我把黄百韬、邱清泉记在他名下了。"

豫东战役的实践证明，中原黄淮地区确有大量歼敌的必要和条件，集中兵力在中原黄淮地区打大歼灭战的决策是正确的，而分兵渡江南进的决策则是不符合或不完全符合实际的。因此，中央军委再次调整了原来的战略部署。豫东战役以后第七天，1948年7月13日，毛泽东为中央军委起草致中原局并告粟裕和陈士榘、唐亮的电报，指示："粟兵团应在现地作战至明年春季或夏季，歼灭五军、十八军等部，开辟南进道路，然后南进（不歼灭五军、十八军不走）。"② 1948年9月的中共中央政治局会议进一步明确决定："人民解放军第三年仍然全部在长江以北和华北、东北作战。"③ 毛泽东在会议结论中说："明年不能渡江，而不是不需要渡江。那么就得在长江以北打。因为蒋的力量百分之八十在江北地区，消灭了他的力量，也就算打倒他了。所谓蒋政权，也就是表现在他的军队上。"

在豫东战役过程中，华野部队中普遍流行着两个口号："钓大鱼"、"中原逐鹿"。此战胜利，既大量歼灭了敌人的有生力量，又有力地扭转了中原战局，可谓"鱼"、"鹿"兼得。华野第四纵队政治部副主任谢云晖，这位20世纪30年代的北京大学学生，战后信口作歌：

鱼兮怡兮，鹿兮乐兮，二者得兼，万众欣兮。
三军司命，国之魂兮，幸甚至哉，天道维新。

"斗胆直陈"献奇谋，"中原得鹿"建奇功。在这场逐鹿中原的竞赛中，粟裕在战略决策和战役指挥两方面都作出了独特的贡献，有口皆碑的"斗胆直陈"和"二让司令"表现了他无私无畏、坚持真理、实事求是的特有风格，而扭转中原战局的豫东战役则成为他谋略思想和指挥艺术的代表作之一。

---

① 《毛泽东传》，中央文献出版社，1996年8月，第1版，第834页。
② 《毛泽东年谱》下卷，人民出版社、中央文献出版社，1993年12月，第1版，第321页。
③ 《毛泽东军事文集》第五卷，军事科学出版社、中央文献出版社，1993年12月，第1版，第58页。

第十七章　揭开战略决战的序幕

一、逐步形成南线决战的战略构想。
建议集中华野全军攻济打援。

1948年7月,豫东战役结束以后,粟裕率领华野指挥机关和参战部队,转移到鲁西南、豫皖苏地区,组织部队休整,筹划下一步作战。这时,他反复考虑的是,从战争全局的发展趋势来看华东野战军的未来出击方向问题。

豫东战役以前,他在4月18日的电报中向中央军委建议,华野三个纵队暂不渡江南进,而集中兵力在中原黄淮地区打大歼灭战。当时就提出,在打完第一个歼灭战以后,"除以一部相机攻占济南外,主力则可进逼徐州,与刘邓会师,寻求第二个歼灭战"[①]。

经过豫东战役的实践,粟裕对战争规律的探索又前进一步,逐步形成了南线决战的战略构想。他回忆这一探索过程说:"解放战争以来,随着敌我力量的消长和战略战术的变化,我军歼灭战不断向更大规模发展是个客观规律。这种大歼灭战发展下去,势将成为同敌人的战略决战。而要进行这种大规模的决战,必须考虑时机,还要考虑战场条件和后勤供应条件。对于战场和后勤供应条件,我考虑在长江以北决战比在长江以南决战有利得多;而在长江以北决战,又以在徐蚌地区为最有利。因为徐蚌地区不仅地形开阔,通道多,适宜于大兵团运动,而且大部地区是老解放区和半老解放区,群众条件好,背靠山东和冀鲁豫老根据地,地处华东、中原接合部,距华北也不远,能得到各方面的人力、物力支援。还可以利用蒋桂之间的矛盾,集中兵力打蒋系的徐州集团。如兵出中原,我军将处于白崇禧的武汉集团与刘峙的徐州集团之间,桂系可能参战。"[②]

这个过程表明,粟裕对战争规律的探索在实践中不断前进,他不仅预见到随着歼灭战规模的不断发展势必形成同敌人的战略决战,而且通过对江南和江北、

[①]《粟裕军事文集》,解放军出版社,1993年12月,第1版,第356页。
[②]《粟裕谈淮海战役》,《党的文献》1989年第6期。

中原和徐蚌的比较分析，得出了徐蚌地区是进行这一决战最佳战场的科学结论。

粟裕认为，豫东战役的胜利，实现了由战略进攻向战略决战的转折。当前的问题，是如何推动战局向战略决战的方向发展。无论是正在酝酿的济南方向的作战，还是未来的徐州方向的作战，都要同南线决战的战略构想联系起来考虑。

7月13日，华东野战军许谭兵团一举攻克济南、徐州之间的兖州。济南周围300公里的广大地区被华野控制，国民党第二绥靖区司令官王耀武据守的济南成了一座孤城。这样，就把举行济南战役问题提上了日程。

7月14日，中央军委来电提出："拟令许谭于攻克兖济后，休息两星期，即向济南攻击，迫使邱黄两兵团分兵北援（敌非北援不可）。此时，你们则寻敌一部攻击，使敌既被迫分散，又首尾不能相顾，利于我之各个击破及尔后之大休整。"中央军委的电报指出，采取这一行动的主要目的，是为了分散敌人，保证华野主力安心休整。认为"此种分散敌人的行动，似以许谭攻击济南为最有效"。同时指出，"目前许谭不宜和你们集中行动，若许谭加入鲁西南，将迫使邱、黄集中，不易求得歼击机会"。①这一作战部署，当时还是征询意见，要他们考虑电复。但是，从14日到16日，中央军委连续发出七份电报，一次比一次明确地提出，要许谭兵团在十天内外迅速夺取济南，然后"于十月间南下配合粟陈、韦吉打几个大仗，争取于冬春夺取徐州"②。

这个部署与粟裕的战略构想显然有所不同。如何执行中央军委的指示？在什么时机、用什么样手段攻占济南更为有利？粟裕为此反复思考。他分析敌我态势和部队现状，权衡各种方案的利弊得失，进行认真的分析比较，并且征询陈士榘、唐亮、张震的意见。经过三天深思熟虑，终于得出了自己的结论。

他认为，即将进行的济南战役，是继豫东战役以后又一次高度集中统一的大兵团攻坚战歼灭战，战役的规模可能更大，对华东以至全国战局将产生深远的影响。此战胜利，不仅可以解除我军南进的后顾之忧，而且可以为在徐蚌地区进行战略决战造成有利战略态势。在战略决战即将到来的关键时刻，攻济是否成功，与战略决战关系很大，必须谨慎从事，经过充分准备，集中兵力来打。同时，无论是从当前敌我态势还是从战争发展趋势来看，有必要也有可能集中华野全军打更大规模的歼灭战。济南北靠黄河，南倚群山，地势险要，易守难攻。济南守敌10余万人，而且拥有在日伪工事基础上扩建的坚固完备的防御体系。打这样坚固设防的省会，华野还是第一次。同时，敌人在徐州地区集结有邱清泉、李弥、黄百韬3个兵团，其机动兵力约有17万人，随时可以北援，攻济与打援势必同时进行。能否取胜，关键在于集中更多的兵力。只有集中华野主力全力以赴，才能确有把握地争取攻济打援的胜利。只有集中更多的兵力打更大规模的歼灭战，才能从根本上改变战略态势，推动战局向南线战略决战发展。

---

① 《毛泽东军事文集》第四卷，军事科学出版社、中央文献出版社，1993年12月，第1版，第514页。
② 《毛泽东年谱》下卷，人民出版社、中央文献出版社，1993年12月，第1版，第322页。

他还认为，当时攻占济南的条件还不成熟。华野几个兵团虽已互相靠拢，但尚未完全集中，部队连续作战后急需休整补充。许谭兵团兵力不足十万，攻济与打援势难兼顾。如果攻济主要是为了分散敌人，以保证华野主力休整，则不必采取这一行动，因为已经采取互为犄角的兵力部署，达到了保证休整的目的。同时，在豫东战役以后，我军已经掌握了战争主动权，济南战役的筹划和准备不像以往的战役那样紧迫，可以在作好充分准备以后再动手。

根据这样的分析判断，粟裕和陈士榘、唐亮、张震于7月16日联名发电报给中央军委，提出华野全军首先休整一个月，然后协力攻济打援的建议。电报中说："建议许谭与我们争取时间休整一个月，尔后协力攻打济南，并同时打援，于打援中选择有利阵地，求歼邱兵团之大部或全部，均有可能。为求迅速攻占济南，必要时间可抽出几个长于攻坚的部队参战（估计有半个月时间即可）。只要济南能解决，打援方面又取得胜利，则战局可能迅速向南推移，今冬攻占徐州之计划似有极大可能。"①

中央军委充分考虑了粟裕的意见。当时华东进入雨季，部队运动、作战将会遇到许多困难。中共中央决定采纳粟裕的建议，改变要许谭兵团立即攻占济南的决定，指令华野各部立即转入休整。中央军委的7月23日、26日电报指出，"雨季已到，你们决心进入休整是正确的"②。休整结束以后，集中华野主力，或在陇海路南北打几仗然后攻济南，或先攻济南并打援，由粟裕和陈士榘、唐亮、张震依情况提出计划并统一指挥。③

根据中央军委的指示，华野各部先后转入休整。

为了给打更大规模的歼灭战创造条件，确有把握地争取攻济打援的胜利，粟裕又两次向中央军委建议，集中华野全军执行下一步作战任务。8月10日，他在与陈士榘、唐亮、张震、钟期光联名的电报中提出，雨季休整结束后，集中华野全部（包括许谭兵团、韦吉兵团在内）30余万人，或先攻济南，或先转到外线打大规模的歼灭战。④ 8月23日，他和谭震林、陈士榘、唐亮等联名建议，调苏北兵团参加济南战役。中央军委批准了他们的建议，"同意调苏北兵团主力参加攻济及打援战役"⑤。

按照这个部署，华野各个兵团开始从苏北、皖北、豫东各地向山东集结。在攻济打援战场上，华野参战兵力达到15个纵队32万人，超过了国民党济南守军和可能增援之军总数28万人，第一次实现了华东战场上华野兵力超过蒋军的优势，从而使华野在战役和战略上都掌握了主动权。

到了8月下旬，国民党统帅部才发现解放军向山东增兵，判断华东野战军先攻徐州再夺济南，后来又判断华东野战军"围济打援"。蒋介石指令制订了一个投

---

① 《粟裕军事文集》，解放军出版社，1989年7月，第1版，第371页。
② 《毛泽东军事文集》第四卷，军事科学出版社、中央文献出版社，1993年12月，第1版，第546页。
③ 《毛泽东年谱》下卷，人民出版社、中央文献出版社，1993年12月，第1版，第322页。
④ 《粟裕军事文集》，解放军出版社，1989年7月，第1版，第373页。
⑤ 《毛泽东军事文集》第四卷，军事科学出版社、中央文献出版社，1993年12月，第1版，第575页。

入27万兵力的会战计划，要王耀武率10万守军"确保济南"，要杜聿明指挥邱清泉、李弥、黄百韬3个兵团随时准备北上增援，在兖州、济南之间同华野主力会战。然而，这个部署不仅晚了一步，而且由于蒋军内部矛盾重重，迟迟未能落实。

"胜兵先胜而后求战。"在战前这场谋略竞赛中，华野不仅先敌一步，而且高敌一筹，未战而胜负之势已定。

二、攻济打援并举的作战方针。用兵布阵的辩证运筹。

1948年8月上旬，华野各部休整尚在进行，粟裕就率领华野指挥机关由豫皖苏转移到鲁西南地区，与在兖州地区的华野副政委谭震林会合，并在曲阜主持召开华野前委扩大会议，统一攻济打援的作战指导思想，调整华野各部会合以后的内部关系，制定攻济打援的具体作战部署。攻济打援的各项准备，随即全面展开。

8月10日，粟裕与陈士榘、唐亮、张震、钟期光联名发电报给中央军委，报告华野全军休整后的作战计划，再次提出攻济打援的作战方针。他们提出三个可供选择的方案，并且权衡三案利弊，认为以执行第三方案最好。这个第三方案是："攻占济南与打援同时进行，但应有重点配备与使用兵力。"他们认为，这个方案的好处是：可以使攻济与打援有重点地进行，达到一箭双雕之目的；在预设战场上打击援敌，可以利用有利地形运动歼敌；部队在有后方条件下作战，人民支援，补给容易，将大大提高战斗力。此战取得决定性胜利，就可以使华东、华北两大解放区连成一片，把战场向南推进，使徐州处于我军包围之中，造成在中原黄淮地区大量歼敌的更多有利条件，从而迅速改善中原战局而威胁长江南北。

中央军委8月12日复电，估计济南战役有三种可能的结果，提出攻济打援作战的初步设想，"倾向于攻城打援分工协作，以达既攻克济南，又歼灭一部援敌之目的"[①]。

此后十余天内，中央军委与华野之间电报来往频繁，华野高级指挥员之间也反复商讨，讨论的主要问题是如何认识和处理攻济打援的辩证关系。

粟裕认为，攻济打援这种战法的特点，就是在保证有足够兵力攻下济南的前提下，以较多的兵力用于打援，求得在攻克济南的同时，歼灭敌人援军之一部。当时济南已是一座孤城，而可能增援之敌是3个兵团17万人的机动兵力。只有攻济打援并举，并以较多兵力用于阻援和打援，才能造成有利的战略态势，给攻济作战以足够的时间保证，并且确有把握地消灭一部分援军，力争消灭邱清泉的第五军。

攻城打援并举的战法，在粟裕的战斗历程中是曾经采用过的。在抗日战争中，粟裕指挥的车桥战役，就是采取攻坚打援并举的方针，用较多的兵力打援，目的是攻取日军据点车桥，并解放一片土地。粟裕在谈到车桥战役的作战方针时说过，这是敌我力量对比发生有利于我的质变条件下，所采用的新战法。在长期革命战

[①] 《毛泽东军事文集》第四卷，军事科学出版社、中央文献出版社，1993年12月，第1版，第567页。

争中，敌强我弱的形势很明显，我军一直是以歼灭敌人有生力量为基本作战指导思想。当前，敌我力量对比已经出现空前变化。中国革命战争在走农村包围城市的道路上，已经发展到最后夺取大城市的新时期。要以新的发展的观点来认识歼灭敌人有生力量与夺取大城市的辩证关系。这次济南战役与过去的"攻坚打援"、"攻城阻援"、"围城打援"以及"攻城打援"不同。即使是刚刚结束的豫东战役也有不同，那是"先打开封，后歼援敌"，目的仍在歼灭敌人有生力量。这次济南战役，不仅要歼灭敌人的有生力量，而且要达到夺取济南城并巩固占领之目的。

对于攻济打援的战法，开始并没有被所有高级指挥员理解和接受。在讨论作战方案过程中，不断有人提出问题："攻济打援，到底哪个是重点？""在兵力分配上如何保证重点？"有人认为，既然济南战役的主要目的是攻克济南，就应当把兵力部署的重点放在攻济上，阻援打援不必使用那么多的兵力。担任攻城指挥的许世友极力主张，把作战部署和兵力分配的重点放在攻城上。

针对这种情况，粟裕把统一战役指导思想作为首要任务来抓，组织纵队以上指挥员学习领会中央军委的指示精神，辩证地认识攻济与打援的关系。

在曲阜作战会议上，粟裕首先阐明了济南战役的作战方针及其战略意义。他指出，济南战役的作战方针是打下济南并歼灭援敌，结束山东战局，以全力夺取中原。打下济南以后，就可以将战局推进一步，在中原战场的敌我力量对比上占有优势，把战争推向长江沿岸，造成随时可以渡江的条件。同时指出，济南战役将是一场严重的艰苦的战斗。济南是徐州的屏障。没有徐州就没有中原。守济之敌会死守，增援之敌猛而多。王耀武指挥能力较强。济南城长期设防，迭次增修，不同于潍坊、兖州、开封、洛阳，不能轻敌。中央军委指示，阻歼援敌才能争取时间，争取时间才能打下济南。预计有三种可能：援敌很远已经打下来，援敌很近才打下来，援敌逼近仍打不下来。我们要避免第三种可能，争取第一、第二种可能。

毛泽东也亲自出面做思想工作。他在给许世友的电报中指出："此次作战目的，主要是夺取济南，其次才是歼灭一部分援敌，但在手段上即在兵力部署上，却不应以多数兵力打济南。如果以多数兵力打济南，以少数兵力打援敌，则因援敌甚多，势必阻不住，不能歼其一部，因而不能取得攻济的必要时间，则攻济必不成功。"[①]

在上下互相启发和不同意见的讨论中，不仅统一了作战指导思想，而且丰富和完善了攻济打援的战法。

在统一战役指导思想的基础上，粟裕主持制定了攻济打援的作战部署。这个部署提出，济南战役于9月16日发起，以攻占济南为唯一目的，并求歼援敌之一部，坚决阻击援敌使其不能迫近济南，以保证攻济集团有足够时间攻占济南。在兵力部署上，以参战兵力的44%用于攻城，以56%的兵力用于打援。攻城集团，由六个半纵队、特种兵纵队大部分和一部分地方武装共14万人组成，大部分是长于攻坚的部队。打援集团，由八个半纵队、特种兵纵队一部分和一部分地方武装共18

---

① 《毛泽东军事文集》第五卷，军事科学出版社、中央文献出版社，1993年12月，第1版，第6页。

万人组成，大部分是长于野战的部队。根据中央军委的指示，华野前委决定，在粟裕统一指挥下，攻城集团由山东兵团司令员许世友、华野副政委兼山东兵团政委谭震林、山东兵团副司令员王建安指挥，打援集团由华野司令部直接指挥。

这个作战部署于8月31日上报中央军委，9月2日就得到中央军委复电："完全同意未世电所提攻济及打援之整个部署。"①

这种攻济打援的战法以及兵力部署上的辩证运筹，不仅经过济南战役的实践检验是正确的，而且在后来的淮海战役中取得了更大的成功。几十年后，粟裕回忆济南战役时，针对一些人把攻济与打援割裂开来，认为"济南战役就是攻济，打援则是另一个未能实现的战役计划"的说法，指出攻济与打援都是济南战役不可分割的组成部分。徐州地区的敌人，正是慑于我军打援集团兵力强大，才不敢贸然进犯。敌人援兵不敢北上与我打援部队交手，正说明攻济打援方针的正确。

"用兵之法，无恃其不来，恃吾有以待之；无恃其不攻，恃吾有所不可攻也。"②

三、中共中央军委指令"全军指挥由粟裕担负"。周恩来说：三大战役的序幕是济南战役。

1948年9月6日，离济南战役发起时间还有十天，粟裕就率领华野指挥机关由曲阜转移到宁阳西北的大柏集，进入指挥位置。大柏集位于济南、兖州之间，南靠打援战场，北距济南80公里。在这里，他可以更好地关照全局，兼顾攻济打援两个战场。

济南战役是华东野战军东西兵团重新会合后第一次大兵团集中作战。大兵团作战，要求指挥上的高度集中统一，要求各部队密切协同动作。当时陈毅已调到中原工作。中共中央决定，陈毅在华野的党政军职务由粟裕代理。粟裕担负着领导和指挥华野全军的重任，除了集中精力对付敌人以外，还要用不少精力调整内部关系。他的指挥环境是相当艰难的。为此，毛泽东为中央军委起草的致许世友的电报中强调指出，"这次作战部署是根据军委指示决定的"，并在指令许世友、谭震林、王建安担负攻城集团指挥责任的同时，再次重申"全军指挥，由粟裕担负"，表明了中央军委对粟裕指挥环境的了解和全力支持。③

济南战役按照预定计划进行。粟裕把他的指挥重心首先放在攻济作战上。

粟裕指挥作战，一向主张知彼知己，把决策和指挥建立在对敌我双方情况调查研究的基础上。据当年的华野参谋回忆，粟裕每打完一仗，总是首先抓三件事：一是要参战部队搜集敌方的电报密码，以供研究、破译之用；二是派参谋人员下部队了解作战情况、作战经验以及各级指挥员在作战中的表现；三是找俘虏的敌军高级将领谈话，请他们谈我军战斗动作的优缺点，谈他们所认识的敌军将领的

---

① 《毛泽东年谱》下卷，人民出版社、中央文献出版社，1993年12月，第1版，第340页。
② 《孙子兵法·九变篇》。
③ 《毛泽东军事文集》第五卷，军事科学出版社、中央文献出版社，1993年12月，第1版，第7页。

指挥特点。在他随身携带的资料中,除了有附有照片的我军团以上干部名册以外,还有记载敌军师以上指挥官情况的卡片。这一次,他在对济南守敌及其主帅王耀武调查研究的基础上,主持制定了周密的作战部署。

王耀武是粟裕的老对手了。在一年前的莱芜战役中,陈、粟指挥的华东野战军"示形于鲁南,决胜于鲁中",决心歼灭李仙洲集团于莱芜地区。与蒋介石、陈诚的错误判断相反,王耀武判断华野有北上企图,立即下令李仙洲向北撤退。这件事给粟裕留下了深刻印象。粟裕在总结莱芜战役的经验教训时指出:"这次战役值得今后学习的是,制造了敌人的错误,错乱了敌人的部署,并掌握与利用了敌人内部的矛盾,争取了我们的胜利。"同时指出:"我们对敌情的了解还不够,特别是对王耀武的指挥特性了解很差。如果我们了解到王的性格大胆果断,能命令其部队一天一夜后撤数百里,那我们即可大胆地将部队插到济南附近,这样,敌十二军也就无法逃跑了。"①所以,粟裕认为,"王耀武之指挥,经一年多了解,是蒋军中指挥较有才干者"②,在部署攻济作战时,必须把这个因素考虑在内。对付济南守敌,既要斗力,更要斗智,依靠正确的谋略和巧妙的指挥,造成敌人的失误,错乱敌人的部署。

王耀武在8月间就发现华野部队北上,并判断华野下一个作战目标"必是济南无疑"。于是加紧进行备战活动,请求蒋介石增调八十三师加强济南防务,修筑工事和城东飞机跑道,储备粮食弹药等等。但是,他错误地判断华野的作战意图,又过高地估计自己的防御能力。他以为华野将沿用围城打援的战法,目的在于打援。因而心存侥幸,以为只要坚持十天半月就可以渡过这一关。他自恃工事坚固,估计外围能守半个月,市区至少能守一个月。不料华野这次作战是攻济打援并举,不仅要消灭援敌,而且要拿下济南城。

在攻城作战部署上,曾经发生重点放在西面还是放在东面的争论。粟裕坚持把攻城重点放在西面。他分析王耀武的兵力部署,寻找他作战部署的弱点和要害,从而选择集中使用兵力的重点。王耀武把济南划分为东西两个守备区,东守备区由国民党中央军五个旅担任守卫,西守备区由吴化文的整编第九十六军等杂牌部队五个旅另两个总队担任守卫,在兵力部署上东强西弱,显然以东线为作战部署的重点。西线的吴化文战前已有弃暗投明表示,如能在战场起义,就可以使敌人西部防线出现缺口。飞机场也在城西,我军攻下机场,不仅可以切断敌人的空中补给线,断绝敌人的兵力和物资来源,造成"瓮中捉鳖"之势,而且还会给敌人以精神上的严重打击。所以,西线就成为敌人作战部署的弱点,也是他的要害。我们攻其弱点和要害,就可以打乱敌人的部署,还可以促使吴化文起义。针对敌人防区广阔、兵力分散、机动兵力少的弱点,粟裕将攻济部队分为东西两个集团,实行钳形攻击,同时并进,多路突击,连续进击,使敌人难以判明我军主攻方向,不给敌人以喘息时间。同时利用敌人内部矛盾,军事打击与政治瓦解相结合,争

---

① 《粟裕军事文集》,解放军出版社,1989年7月,第1版,第307页。
② 同上书,第377页。

取吴化文起义。他特别强调，将攻城兵力首先重点使用于西线，以迅速攻占机场为第一作战目标。为了保证西线作战有足够的兵力，粟裕决定从总预备队第十三纵队抽调一个师或更多的兵力加入攻击机场的战斗。

在战役即将发起时，许世友、谭震林提出从西线抽调一个纵队到东线。粟裕坚持仍按原定部署实施。他指出，集中兵力的原则是对的，但要使用在重点上，再次强调"总以能迅速攻占机场为第一步作战目标"①。粟裕后来谈到这一点说："毛泽东同志说集中兵力说起来容易做起来难，我的体会，如何判断和选择重点是关键。"②

为了打好这关键的一仗，粟裕特地由大柏集赶到西兵团驻地，参加他们的作战会议，研究制订西线作战方案，并在营以上干部大会上作动员报告。他在报告中指出，西兵团的任务是夺取吴化文守备的机场和商埠等地段以后，攻向老城。济南虽然不是一座"固若金汤"的城市，但它毕竟有王耀武的十万重兵把守，有日寇占领时期和近期王耀武抢修的坚固防御工事。因此，我们既要藐视敌人，树立必胜的决心和信心，又要不犯轻敌的错误。吴化文受我政策感召，可能率部起义。但是我们夺取济南战役的胜利决不能寄希望于吴化文的起义，而要毫不动摇地建立在打的基础上。要采取穿插迂回、大胆揳入、打开口子、突入纵深、分割围歼的战法，肢解敌人的防御体系，"打到济南府，活捉王耀武"。

华野把攻击的重点放在西面，这确实是致敌于死命的一招。王耀武也料到了这一点。他判断"解放军的主力在西，先集中力量取下飞机场，以截断守军空运"。于是，急令他的总预备队抽调两个旅向西增援。这样一来，恰好为华野东线作战造成了有利条件。

9月16日夜，正是中秋节前一天，秋高气爽，月明如昼。王耀武和他手下将领忙于准备过节月饼。华野东西两兵团按照预定计划同时发起攻击。经过一夜激战，东兵团以出乎王耀武意料的速度，迅速攻占王耀武视为济南屏障的茂岭山、砚池山。

华野东线攻势迅猛凌厉，王耀武又错误地判断形势，以为华野主攻方向在东线，急忙把已经调到西线的两个旅调到东线，并将原来部署在飞机场以西的一个旅调到商埠加强城防。这样一来，又给华野西线作战造成了有利条件。

华野西线兵团以排山倒海之势迅速扫清敌人外围据点，并用炮火控制了西郊机场，切断了敌人的空中通道。军事进攻和政治争取相结合，促使吴化文率领3个旅2万余人起义，在敌人的西部防线打开了一个大缺口。

王耀武坚守济南的信心动摇了，连忙发电报给蒋介石，请示"可否一举突围"。蒋介石复电，要他"坚守待援"。王耀武无奈，重新调整部署，作垂死挣扎。

粟裕认为，以西线为重点攻城目的已经达到。为了不给敌人喘息机会，决定乘敌人调整部署之机迅速扩大战果，指令攻城集团实行东西对进，充分发挥钳形攻势的作用，向商埠和城区猛攻。9月20日，他在给攻城集团指挥员的电报中指

---

① 《粟裕军事文集》，解放军出版社，1989年7月，第1版，第382页。
② 《粟裕战争回忆录》，解放军出版社，1988年11月，第1版，第582页。

出:"战局可能迅速发展,望令各部就现势以三、十及十三纵并力向商埠攻击,得手后,则全力攻城。"

在向商埠攻击过程中,围攻邮电大楼(第二绥靖区司令部驻地)的战斗打得十分激烈。经过反复较量,华野攻城部队终于把负隅顽抗的蒋军一个团统统消灭,战士们冲进第二绥靖区司令部大楼。豫东战役中的解放军战士熊金发第一个冲上楼顶,从旗杆上扯下青天白日旗。在战士们的欢呼声中,那面破旗伴着硝烟飘落下地。

在熊金发背后,是他的排长。这位来自苏中老根据地的青年干部,对粟裕怀有深厚的感情,高兴时喜欢说:"我们是粟司令的战士。"批评人时常讲:"你自己看看,哪一点像粟司令的兵!"熊金发转过身来问:"排长,我像不像粟司令的兵?"排长响亮地回答:"你是粟司令指挥下的英雄战士!"

从20日到23日,华野攻城部队攻占商埠和外城,紧接着向内城发起总攻。

9月22日,粟裕为防止济南守敌突围逃跑作出部署,命令第十一纵队进至莱芜地区,第六纵队进至新泰地区,苏北兵团抽一个纵队进至蒙阴桃墟地区,组成三道截击线,命令第一纵队主力于济宁、兖州间机动,配合攻城部队,截击济南突围之敌。

王耀武看到大势已去,丢下他的残兵败将,化装潜逃。可是他终不能逃出人民战争的天罗地网,刚刚逃到寿光县,就被当地民兵活捉了。

在阻援打援战场上,粟裕采取"夹运(河)而阵"的作战部署,把打援集团的18万部队分别部署于运河两岸。在运河以西,配置2个纵队另2个旅,利用水洼地带易守难攻的有利地形,构筑四道防线,坚决阻击由鲁西南北犯之敌。在运河以东,配置6个纵队另4个团,将打援战场选择在运河以东的邹县、滕县之间,准备歼灭由运河以东或沿津浦路北进的援敌,以歼灭邱清泉的五军为主要作战目标。粟裕认为,这种部署的好处是:无论敌人沿津浦路还是沿运河两岸北进,都不容易靠拢,而易于被我各个分割歼灭;我军以兖州为中心布阵,主力部队转移方便;打援战场距济南较远,有利于保障攻济部队作战,也有利于尔后扩大战果。

后来得知,指挥邱、黄、李三个兵团增援济南的徐州"剿总"副总司令杜聿明,果然随着粟裕的指挥棒行动。他自作聪明地采取声东击西的策略,扬言主力沿津浦路北进,实际上大部沿运河东岸北进。如果他放胆北进,正好投入粟裕预设的打援战场。但是,他们得知华野有强大

■ 化装潜逃的王耀武被俘

打援兵团严阵以待，又慑于豫东战役区寿年兵团被歼的命运，虽经蒋介石一再严令督促，仍然迟迟不敢向前推进，每天只缓缓前进一二十华里，避免与华野打援集团交战。直到华野攻克济南，邱清泉兵团才进至鲁西南的成武、曹县地区，而黄百韬、李弥两个兵团则尚在徐州地区集结过程中。邱清泉得知济南失守，连忙缩回徐州、商丘一带。

在阻援打援战场上，国民党援军虽然逃脱了被歼灭的命运，华野却也达到了坚阻援敌使其不能迫近济南，使攻城部队有足够时间攻占济南的目的。

粟裕作为济南战役的主要指挥者，不仅参与了济南战役的战略决策，主持制定了攻济打援的作战部署，并且指挥了济南战役的全过程。这本来是十分清楚的历史事实。可是，由于后面将要提到的原因，在一些出版物中，包括党史、战史资料和某些将军的回忆录，甚至在有关济南战役的纪念物上，济南战役的主要指挥者竟然换上了别人的名字。济南战役是谁指挥的？这个不成问题的问题，今天却成了需要考证的问题，实在不能不令人感慨系之。

四、当济南巷战尚在激烈进行的时候，提出下一步举行淮海战役的建议。

济南战役实现了中央军委设想的最好结果，只用八天八夜就攻克济南城，全歼守敌 10 余万人（包括起义者 2 万余人），生俘王耀武以下国民党将领 23 名，并且迫使临沂、烟台等地敌军弃城而逃，山东全境除青岛等少数据点外都获得解放。由于在阻援打援战场上不战而胜，担任阻援打援任务的八个半纵队就成了下一步作战的生力军。

中共中央对济南战役的胜利给予了很高的评价，指出"这是两年多革命战争发展中给予敌人最严重的打击之一"，"胜利影响已动摇了蒋介石反动军队的内部"，"华东和中原的全部解放，已经更加迫近"。济南的攻克，"证明人民解放军强大的攻击能力，已经是国民党军队无法抵御的了，任何一个国民党城市都无法抵御人民解放军的攻击了"。周恩来后来说："三大战役的序幕是济南战役。"[1]

济南战役创造了攻打敌人重兵防守、坚固设防的大城市的成功经验，同时宣告敌人"重点防御"战略方针的破产。蒋介石对他的美国主子说，他对"济南之战的结局深表失望"，"过去不惜任何牺牲以坚守坚固据点或主要城市的老战略必须改变"。美国舆论界的调子也来了一个 180 度大转变。济南战役以前，他们说"共产党的军事力量尚未达到夺取国民党任何一个防守较强的城市中心的程度"。现在，他们说："自今而后，共产党要到何处，就到何处，要攻何城，就攻何城，再没有什么阻挡了。"[2]

---

[1] 《毛泽东传》，中央文献出版社，1996 年 8 月，第 1 版，第 865 页。

[2] 同上。

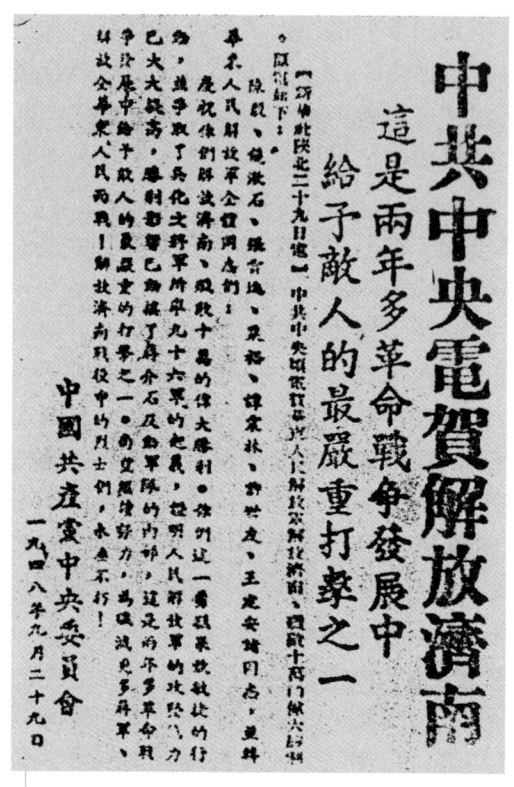

中共中央电贺济南战役胜利。

济南战役还创造了接管大城市的成功经验。在济南战役准备过程中，华东局和华东野战军就组建了济南军事接管委员会和警卫部队，抽调并组织接管人员学习城市政策，制定了接管敌人军政机关、处理敌伪人员、稳定社会秩序和保障人民生活供应的具体措施，因而济南一解放就迅速建立了新的政治、经济秩序，防止了各种破坏现象，为以后接管南京、上海等大城市提供了可以借鉴的经验。

济南战役最重要的意义，是揭开了解放战争战略决战的序幕，并促使中共中央对原来的战略部署作了进一步调整。

济南战役前夕，中共中央于9月8日至13日召开政治局会议，提出了用五年左右时间，建军500万，歼敌500个正规师，从根本上打倒国民党的反动统治的战略目标。两个月以后，中共中央考虑到从豫东战役到济南战役、辽沈战役的实践经验以及全国战局的发展，改变了对战争进程的估计。毛泽东说："中国的军事形势现已进入一个新的转折点，即战争双方力量对比已经发生了根本的变化。人民解放军不但在质量上早已占有优势，而且在数量上现在也已经占有优势。""这是由于四个月内人民解放军在全国各个战场英勇作战的结果，而特别是南线的睢杞战役（即豫东战役）、济南战役，北线的锦州、长春、辽西、沈阳诸战役（按：即辽沈战役）的结果。""这样，就使我们原来预计的战争进程，大为缩短。原来预计，从一九四六年七月起，大约需要五年左右时间，便可能从根本上打倒国民党反动政府。现在看来，只需从现时起，再有一年左右的时间，就可能将国民党反动政府从根本上打倒了。"① 从此以后，中共中央进一步调整了原定战略部署，继辽沈战役之后，又连续发起淮海战役和平津战役，加快了整个解放战争战略决战的历史进程。

1983年夏天，有几位党史军史工作者访问粟裕，提出了一个问题："听说在济南战役结束的头一天，您给毛主席提出建议，下一步打淮海战役。是这样的吗？"

粟裕回答："是这么回事。打仗像下棋一样，作为一个高级指挥员来说，不能看一步走一步，至少要看两步走一步。淮海战役，在济南战役前就考虑了。"

---

① 《毛泽东军事文集》第五卷，军事科学出版社、中央文献出版社，1993年12月，第1版，第218—219页。

1948年8月到9月，粟裕在筹划和指挥济南战役过程中，就反复考虑华野未来的行动方向问题。他认为，济南战役结束后，华野还是以兵出徐蚌线以东为宜。如果回师中原，与中原野战军会合，寻战于徐州西南，我军将处于蒋军的徐州集团与武汉集团之间，一开始就将与优势之敌决战。如果兵出徐蚌线以东，首先攻占淮阴、淮安、高邮、宝应，那就可以暴露津浦线，孤立徐州，并迫使敌人退守（至少要加强）津浦沿线及江边。这样，就可以减少敌人的机动兵力，便于我恢复江边工作，为将来渡江作战创造有利条件。将来华野全军进入陇海路以南作战时，也便于得到华中人力物力的更大支持和交通运输的方便。

基于这样的考虑，粟裕在8月23日给中央军委的请示电报中就提出："两个月以后，我们即可举全力沿运河及津浦南下，以一个兵团攻占两淮及高（邮）、宝（应），则苏北局势即可大大开展。"① 当时就是想以这一作战行动为下一步作战和渡江创造条件。

在济南战役过程中，徐州援敌在华野阻援打援部队阵地前徘徊，不敢北上与华野交战。粟裕认为，这说明敌人是在避免在不利条件下与我军打大规模的仗，也说明我军对敌人进行战略决战的有利条件已逐渐成熟。因此，他进一步策划在徐蚌地区的作战行动。他设想，在南下作战攻取两淮及高邮、宝应时，也采取"攻济打援"的战法，以苏北兵团加一个纵队担任攻城任务，全军主力则置于宿迁至运河车站之间的运河两岸，以歼灭可能自徐州、海州线来援之敌。如果敌人不来增援或者来援被阻，则进行第二步作战，以三个纵队攻占海州、连云港。② 这个战役的名字，他也想好了，就叫淮海战役。

9月24日早晨7时，当济南城内巷战尚在激烈进行的时候，粟裕判断攻济战斗已经稳操胜券，徐州之敌停止北援的可能性很大，就将上述方案报告中央军委，建议举行淮海战役。

粟裕在电报中说："建议即进行淮海战役。该战役可分为两阶段：第一阶段以苏北兵团（须加强一个纵队）攻占两淮，并乘胜收复宝应、高邮，而以全军主力位于宿迁至运河车站沿线两岸，以歼灭可能来援之敌。如敌不援或被阻，而改经浦口、长江，自扬州北援，则我于两淮作战结束前后，即进行战役第二步，以三个纵队攻占海州、连云港，结束淮海战役，尔后全军转入休整。"③

有人说，粟裕是走在时间前面的人。在战争指导上，他常常在认识上居于领先地位，在实践上又走在前列。他的战略远见，不带有任何主观随意性，而是实事求是的科学预见。经过豫东战役的实践，他对战争规律的探索又前进一步，逐步形成了南线决战的战略构想，并且通过济南战役揭开了战略决战的序幕，进而提出举行淮海战役的建议，一步一步地推动战局向南线战略决战方向发展。

---

① 《粟裕军事文集》，解放军出版社，1989年7月，第1版，第376页。
② 《粟裕战争回忆录》，解放军出版社，1988年11月，第1版，第593、601页。
③ 《粟裕军事文集》，解放军出版社，1989年7月，第1版，第393—394页。

第十八章　南线决战建奇功

一、在"小淮海"演变为"大淮海"的关键时节，
　　提出三个关键性建议。

1948年9月，金秋伴着胜利来到齐鲁大地，给人民带来了解放和收获的欢乐。

9月30日，济南战役刚刚结束，粟裕就率领华野指挥机关，冒着连绵不断的秋雨，由宁阳转移到曲阜。

这是粟裕二进曲阜。一个月前，他在这里召开华野前委扩大会议，部署济南战役。行动匆匆，没有来得及尽情观赏孔府孔林的壮丽景色。这一次，他们将在这里长住一个多月，召开传达贯彻中央政治局九月会议精神的华野前委扩大会议，部署即将进行的淮海战役。粟裕等华野前委领导同志住在孔府。华野前委扩大会议的会场设在孔林。古老的孔府孔林，地面车水马龙，空中电波迸射，打破了往常的幽静。孔府竟然成了华东野战军发号施令的大本营，在这里策划了一场决定中国之命运的大决战。

对于淮海战役，史学界有"小淮海"、"大淮海"之说。一般认为，11月8日以前筹划的淮海战役是"小淮海"，11月9日以后筹划的淮海战役是"大淮海"。由最初的"小淮海"演变为南线战略决战的"大淮海"，有一个发展过程。

在这个发展过程的几个关键时节，粟裕都提出了关键性建议。

粟裕第一次献策，是9月24日提出举行淮海战役的建议。

对于这个建议，中央军委采取了谨慎的态度。9月25日，即接到这个建议的第二天，毛泽东先后为中央军委起草两份电报，要粟裕"召集许（世友）谭（震林）王（建安）及其他可能到会之干部开一次讨论行动问题的会议，以最后斟酌的意见电告我们审查"，并"将徐（州）海（州）铁路线上及沂河区、峄（县）台（儿庄）区、东海灌云连云港区、两淮区之敌情电告"。当天下午，刘伯承、陈毅、李达电报军委并致粟裕，表示"同意乘胜进行淮海战役"[①]。经过

[①] 《淮海战役》第一册，中共党史资料出版社，1986年10月，第1版，第50页。

一天慎重考虑，中央军委于19时发出毛泽东起草的第三份电报，表示"我们认为举行淮海战役，甚为必要"，同时指示将两步作战改为三个作战，"第一个作战应以歼灭黄（百韬）兵团于新安、运河之线为目标"，要求他们在10月10日以前作好充分准备，并"开一次像上月曲阜会议那样的干部会，统一作战意志，调整内部关系"①。

遵照中央军委指示，粟裕主持召开华野前委扩大会议。这次会议，从10月5日开始，到10月24日结束，历时20天，传达贯彻中共中央九月会议决定和中共中央关于反对无纪律无政府倾向的指示，讨论通过了《华东野战军前委扩大会议关于加强纪律性克服无纪律无组织无政府状态的决议》。同时，召开三次作战会议，讨论和制定淮海战役作战方案。

从9月下旬到10月中旬，粟裕等华野指挥员与中央军委之间，电报往来频繁，反复商讨淮海战役的作战方针和部署。10月11日，毛泽东为中央军委起草《关于淮海战役的作战方针》的电报，确定淮海战役的作战任务主要是歼灭徐州刘峙集团主力之一部，开辟苏北战场，使山东和苏北打成一片。然后，华野分为两个兵团，以五个纵队组成东兵团在苏北、苏中作战，其余主力组成西兵团出豫皖两省，协同刘、邓在中原作战。②这个部署仍然是人们所说的"小淮海"，还不是南线战略决战的"大淮海"。

10月下旬，陈毅、邓小平指挥的中原野战军先后攻克郑州、开封，进至徐州、蚌埠地区，配合华东野战军作战。粟裕分析战场态势，预见到华东、中原两大野战军将由战略上配合作战发展为战役上协同作战，战役的规模也比原来设想的要大。形势要求，必须建立统一的指挥体制，才能统一作战指导思想，协调作战行动，最大限度地发挥两大野战军的整体威力。为此，他向中央军委建议，由已经到达徐州前线的陈毅、邓小平（刘伯承尚在豫西）统一指挥淮海战役。

10月31日，粟裕发电报给中央军委、陈邓、华东局、中原局，表示遵令于11月8日晚发起淮海战役，同时建议："此次战役规模很大，请陈军长、邓政委统一指挥。"③这是粟裕第二次献策。

粟裕的电报传到西柏坡的时候，毛泽东、周恩来、朱德等人正在为辽沈战役进行紧张的运筹指挥，同时关注着淮海战役的战前准备。他们面临的重要问题之一，就是华东、中原两大野战军会合以后的指挥问题。粟裕的电报来得恰逢其时，毛、周、朱当即研究同意。11月1日，毛泽东为中央军委起草的复电指示："整个战役统一受陈邓指挥。"④11月2日，陈毅、邓小平复电："本作战我们当负责指挥，唯因通讯工具太弱，故请军委对粟谭方面多直接指挥。"⑤

---

① 《毛泽东军事文集》第五卷，军事科学出版社、中央文献出版社，1993年12月，第1版，第19页。
② 同上书，第66—69页。
③ 《粟裕军事文集》，解放军出版社，1989年7月，第1版，第416页。
④ 《毛泽东军事文集》第五卷，军事科学出版社、中央文献出版社，1993年12月，第1版，第161页。
⑤ 《淮海战役》第一册，中共党史资料出版社，1986年10月，第1版，第111页。

就这样,淮海战役的统一指挥问题,在不到三天的时间内,就顺利解决了。

淮海战役发起以后,根据淮海战役已发展为南线战略决战和中原、华东两大野战军指挥员均已聚集淮海战场的实际情况,中央军委又于11月16日决定,由刘伯承、陈毅、邓小平、粟裕、谭震林组成淮海战役总前委,以刘伯承、陈毅、邓小平为常委,邓小平为书记,统一领导和指挥淮海前线作战和支前工作。

华东野战军主力向淮海战场进军。

了解这段历史的人士认为,粟裕的建议帮助中央军委解决了当时面临的一个关键问题。初期参加淮海战役的部队,有粟裕率领的华东野战军15个纵队、暂归粟裕指挥的中野第十一纵队共16个纵队,陈毅、邓小平率领的中原野战军4个纵队。中原野战军配合华东野战军作战。按照惯例,在一次战役中,几支部队联合作战,一般是主要方向上的指挥员指挥次要方向上的指挥员,先打响的部队指挥员指挥后打响的部队指挥员,兵员多的指挥员指挥兵员少的指挥员。在中央军委尚未作出由谁统一指挥的决定以前,粟裕主动提出由陈毅、邓小平统一指挥的建议,对于顺利解决南线决战的指挥问题作出了重要贡献,再次表现了他大公无私、光明磊落的高尚品德。

粟裕第三次献策,对于中央军委作出南线决战的战略决策,使"小淮海"演变为"大淮海",作出了独特的贡献。

11月7日,即淮海战役发起一天之后,粟裕一面紧张地组织指挥部队对黄百韬兵团及其援军实行分割包围,一面冷静地观察分析当前敌情和全国战局,预测

淮海战役中的粟裕

敌人可能采取的对策，筹划下一步以及未来几步的作战方案。

此时辽沈战役已于11月2日胜利结束，战争双方力量对比发生了根本变化，解放军在全国范围内取得了优势。中央军委决定淮海战役由陈毅、邓小平统一指挥，使两大野战军在一个战场上协同作战得到了组织领导上的保证。当面敌情也发生了重要变化，海州、连云港蒋军已经撤退，原定打海州的计划不再需要执行；驻守台儿庄、贾汪地区的何基沣、张克侠即将率部起义，华野部队可以通过其防区迅速南下徐东，切断黄百韬兵团退路。

粟裕认为，这些情况表明，淮海战役发展为南线决战的条件已经成熟。

11月7日早晨，粟裕率领华野指挥机关到达临沂地区，得知徐州蒋军有南撤企图。他和陈士榘、张震一起议论，认为不论战局如何发展，孤立徐州，截断徐州之敌陆上退路甚为必要。从9时到13时，他们先后发电报给陈毅、邓小平、谭震林、王建安和中央军委、华东局、中原局，报告徐州之敌有南撤企图，何基沣、张克侠有起义可能，判断淮海战役发起后"有提前夺取徐州或孤立徐州，使敌不能南撤可能"，"目前主要关键为能否全歼黄（百韬）兵团，同时作下一步准备"，建议中原野战军主力直出津浦路徐蚌段，谭震林、王建安所部依预定计划迅即出陇海线，截断徐州之敌退路，下一步或继续歼灭黄维兵团，或歼灭蚌埠之孙元良兵团。11月8日，中央军委复电指出："估计及部署均很好。"[1]

11月7日晚上，华野指挥机关转移到临沂以西的码头。陈士榘随前指行动。粟裕与张震接着白天的话题彻夜长谈。粟裕兴奋地说："现在东北全境已经解放，解放战争到了一个新的转折点。要从这个角度来考虑仗怎么打，怎样能更快地给蒋介石以决定性的打击。"[2]他们分析全国战略态势，估计敌人可能采取的方针，权衡各种方案的利弊得失，认为必须当机立断，不失时机地使淮海战役发展为南线战略决战。

粟、张谈话结束，已是深夜。机不可失，时不再来。他们认为，必须把他们的判断和建议立即报告中央军委、陈（毅）邓（小平）和华东局、中原局。于是，

---

[1]《粟裕军事文集》，解放军出版社，1989年7月，第1版，第417—419页。
[2]《一代名将》，上海人民出版社，1986年8月，第1版，第38页。

粟裕冒着严寒，奋笔疾书，起草电报，字斟句酌，反复修改，完稿时已是旭日东升。他和张震郑重签名，注明发报时间："齐辰"。按照传统的韵目代日、地支代时方法计算，齐辰即 8 日 7 时到 9 时。

电报全文如下：

军委，陈邓，并报华东局、中原局：
　　对敌可能采取方针估计与对策
　　（一）由于近来全国各战场的不断胜利，尤其是东北的伟大胜利与完全解放，促成战局的急剧大变化。在此情况下，蒋介石有采取下述两种方针可能：
　　第一，以现在江北之部队再加上由葫芦岛撤退之部队，继续在江北与我周旋，以争取时间，加强其沿江及江南及华南防御。
　　第二，立即放弃徐、蚌、信阳、两淮等地，将江北部队撤守沿江，迅速巩固江防，防我南渡，并争取时间整理其部队，以图与我分江而治，候机反攻。
　　（二）蒋介石如采取第一方针，使我在江北仍有大量歼敌的机会。如果能在江北大量歼敌，则造成今后渡江的更有利条件，且在我大军渡江之后，在苏、浙、皖、赣、闽各省不致有大的战斗（如在江北大量歼灭了敌人，则严重的战斗要在华南才有打的），也不致使上述各省受战争之更大破坏，使我军于解放后容易恢复。但如此，对江北及华北各老解放区的负担仍将加重，又为不利。
　　如果蒋介石即采取第二方针，可以大大减轻我江北及华北各解放区的负担，使这些解放区迅速得到恢复，但我今后渡江要困难一些（困难仍完全可能克服），并于渡江之时在苏、浙、皖、赣各省尚须进行一些严重的战斗和部分的拉锯战，且在江南大量歼敌的条件亦较江北差一些，这又是不利的一面。
　　（三）我们不知各老解放区对战争尚能支持到如何程度。如果尚可能作较大的支持的话，则以迫使敌人采取第一方针为更有利。如果认为迫使敌人采取第一方针是对的，则我们在此次战役于歼灭黄（百韬）兵团之后，不必以主力向两淮进攻（新海敌主力已西撤），而以主力转向徐（州）固（镇）线进击，抑留敌人于徐州及其周围，尔后分别削弱与逐渐消灭之（或歼孙兵团，或歼黄维兵团），同时以主力一部进入淮南，截断浦蚌铁道，错乱敌人部署与孤立徐、蚌各点敌人。为此，在战役第一阶段之同时，应即以一部破坏徐蚌段铁道，以阻延敌人南撤。管见是否有当，请即电示。

粟裕　张震
齐辰（8 日 7—9 时）①

这就是著名的"齐辰电"。
张震后来谈到"齐辰电"说："在起草这份电报的过程中，我深为粟裕同志

---

① 《粟裕军事文集》，解放军出版社，1989 年 7 月，第 1 版，第 419—420 页。

的深谋远虑所折服。此电中心问题是分析：将敌人主力抑留在江北逐次歼灭有利？还是将其赶过江南留待将来歼灭有利？如果歼灭黄百韬兵团后挥军南下淮阴、淮安、宝应、高邮地区，则可能把敌人赶过江去；如果西取徐州，不仅抑留了徐蚌间现有敌军，且调动黄维之十二兵团拼命北上以解徐州之围。粟裕同志不仅想到了下一仗下两仗该怎么打，而且想到了我大军渡江后在江南的仗该怎么打，而且想到了全国解放后江南各省的恢复问题。"

电报发出以后，粟裕长长地呼了一口气。度过了几个不眠之夜，他太需要休息了。然而，在这个战略转折的关键时刻，在分割包围黄百韬兵团的关键时刻，他必须争分夺秒，坚守岗位，立即投入紧张的战役指挥。同时以急切的心情等待中央军委的复电。

11月9日深夜，中央军委的复电终于来了。

粟张，并告华东局，陈邓，中原局：

　　齐辰电悉。应极力争取在徐州附近歼灭敌人主力，勿使南窜。华东、华北、中原三方面应用全力保证我军的供应。

军委

佳亥（9日21—23时）①

这份电报表明，中央军委已经下定决心，把淮海战役发展为南线战略决战，歼灭长江以北的蒋军主力于徐州及其周围地区。几十年后，粟裕谈到淮海战役，谈到中央军委9日复电，仍然抑制不住激动的心情。他说："这个电报虽短，但是字字千钧！"

后来的战局发展，果如粟裕所料，蒋介石集团被迫实行了粟裕所说的"第一种方针"。10月中旬，国民党南京统帅部就察觉在鲁中的华野和在豫北的中野有南下、东移动向，徐州首当其冲。蒋介石认为"徐州乃四战之地，易攻难守"，一度考虑"放弃徐州，守淮保江，拱卫京沪"，并且批准了国防部在10月29日提出的"守江必守淮"的作战计划。但是，他们判断不明，举棋不定，误认为华野和中野"行动甚缓"，"企图不明"，"陈（指华野）刘（指中野）是否合力尚难断定"。因此，"守江必守淮"的计划并未付诸实施。此时辽沈战役大局已定，蒋介石担心，辽沈战败，再加徐州撤退，影响人心，导致政局不稳，因而改变决心，准备将兵力集结于徐州及徐蚌段铁路沿线，作攻势防御。11月4日，蒋介石派顾祝同到徐州"剿总"，传达蒋介石的决定，调整作战部署。这时，离华野发起淮海战役只有两天时间。华野迅速完成对黄百韬兵团的分割包围，截断徐州之敌南撤通路，国民党军队不得不在徐州地区与人民解放军决战，想要退守淮河也不可能了。这正是粟裕设想的最佳态势。

---

① 《毛泽东军事文集》第五卷，军事科学出版社、中央文献出版社，1993年12月，第1版，第184页。

对于这一点,国民党内有识之士也所见略同。他们说:"我们在徐州愈久,就中了敌人之计","在徐州附近开打,是被迫无奈的","未战而败局已定"。徐州战场上蒋介石的几员战将,虽然表面上气壮如牛,扬言依靠手中的几十万军队可以与解放军打五六个月,实际上胆小如鼠,无可奈何地承认面临着丧师覆旅的命运。

"用兵之法,先谋为本。"在淮海战役的战略决策中,粟裕频出奇谋,连献三策,对于中央军委作出举行淮海战役并发展为南线决战的决策,对于顺利解决淮海战场的指挥问题,作出了独特的贡献。

二、提前两天发起战役的果断决策。
中共中央军委授权"机断专行"。

1948年10月下旬,淮海战役的各项准备基本就绪。10月23日,粟裕与谭震林、陈士榘、张震一起,发出淮海战役预备命令,决定集中华野全军兵力,与中原野战军主力密切配合,首先歼灭黄百韬兵团,并求歼冯治安一部或大部,尔后视情况发展进击淮阴、淮安、高邮、宝应及新安镇、海州,或再歼由徐州东援之邱清泉兵团、李弥兵团一部或大部,乘胜扩张战果,西进津浦,南逼长江,打烂蒋介石的防御体系,迫使敌人完全转入防御。

预备命令发出以后,华野全军立即进入紧张的战前准备,粟裕和华野指挥机关整装待发。

■ 华东野战军代司令兼政委粟裕(中)在淮海战役前线指挥所听取汇报。右二为张震。

10月30日，华东局书记饶漱石突然接到毛泽东为中央军委起草的电报。

漱石同志：

自中央子虞电至今已九个月，未寒电至今亦已两个半月，华野前委书记对于执行中央请示报告制度及在军队中开展反对无纪律无政府状态反对事前不请示事后不报告经验主义与游击主义的恶劣作风，至今没有表示态度，亦未申明理由，在此问题上失去主动性，落在一切兵团之后，实属不合。你是华东军区及华野全军的政治委员，现责成你传达中央意旨，处理此项问题，并以结果电告为盼。

军委
三十　亥

这是一份不同寻常的电报。批评的是华野前委书记，可是并不直接发给华野前委代理书记粟裕，而是发给华东局书记饶漱石。何况在电报指出的这段时间内，粟裕和中央军委之间电报来往频繁，大事都有请示报告，而且毛泽东在10月6日为中共中央起草的给粟裕并告饶漱石的复电中明确指示："你们七月间关于部队思想情况的报告，算得是一个综合报告。九月的报告可在这次会议（指10月间召开的华野前委扩大会议）后做，即将会议情况报告即可。"①六天前刚刚结束的华野前委扩大会议，主要议题就是传达贯彻中央政治局九月会议精神，就加强纪律性问题进行批评和自我批评，并且通过了相应的决议。10月29日，毛泽东为中央军委起草的致华野前委诸同志电说："我们收到并阅悉了华野前委扩大会议关于加强纪律性，克服党内无纪律无政府状态的决议，认为这个决议是正确的。"可以说，粟裕已经用他的实际行动表明了对中央关于建立报告制度的决定（即子虞电）和在军队中开展反对无纪律无政府状态的指示（即未寒电）的态度。

毛泽东为什么要发这么一份电报？当时没有见到解释，现在也不好揣测。问题是它来得不是时候。

当时军情紧急，刻不容缓。各种迹象表明，国民党军队有南撤企图，发起淮海战役时不我待。军委于10月23日、30日两次来电，指令"粟谭速赴南线指挥"，要"粟谭专心指挥作战"。②接到军委10月30日电报后，饶漱石约粟裕谈话，建议他给毛泽东主席写一个检讨报告。粟裕肩负中央军委给予的战役指挥重任，实在没有时间坐下来写这个检讨报告。他对饶漱石说："这个检讨报告迟早是要作的，等打完这一仗再说吧。"可是，粟裕一直把这件事放在心上，在紧张的战役指挥中，仍然争分夺秒赶写综合报告。11月9日，在分割包围黄百韬兵团的关键时刻，终于向中共中央主席和军委送上了关于华野前委扩大会议检讨无纪律

---

① 《毛泽东年谱》下卷，人民出版社、中央文献出版社，1993年12月，第1版，第355页。
② 《毛泽东军事文集》第五卷，军事科学出版社、中央文献出版社，1993年12月，第1版，第121、153页。

无政府现象的情况报告，作为补作的9月份综合报告。

粟裕密切注视战场态势的变化，及时调整自己的作战部署。

10月28日，粟裕与饶漱石、谭震林联名向中央军委、刘伯承、陈毅、邓小平报告调整后的作战计划：采取声西击东的策略，"运（河）东作战以歼灭黄百韬兵团为主"，同时在运河以西"造成我南北聚歼李（弥）兵团、攻略徐州之态势"。战役发起时间，运河以西各部为11月7日晚，运河以东各部为11月8日晚。① 10月30日，中央军委复电指示："计划与部署甚好，望即照此执行。只有一点，分为虞齐两晚发起作战，是否有使黄兵团闻声警觉，于齐日白天你们尚未接近该敌时迅即收缩集结之虞，似不如同时于虞晚或齐晚各处一起动作，使各处之敌同时受攻，同时认为自己处于危险境地，互相不能照顾，要在两三天后才能查明我之主攻方向。"② 粟裕于10月31日发出给军委并陈毅、邓小平、华东局、中原局的电报，报告他已经到达前线，"淮海战役当遵命于十一月八日晚同时发起战斗"③。

此时，蒋介石集团也加紧策划"徐蚌会战"。11月3日，蒋介石派国防部第三厅副厅长许朗轩携带"徐蚌会战"计划到葫芦岛见杜聿明，督促杜聿明到徐州上任。11月4日，又派他的参谋总长顾祝同到徐州，具体部署"徐蚌会战"。在顾祝同主持的军事会议上，黄百韬、邱清泉、李弥、孙元良、冯治安都说在自己防区当面发现解放军重兵集结。他们估计，解放军主力将由鲁西南南下，而不会由徐州以东发动攻势。最后，顾祝同拍板定案，放弃海州、连云港，固守徐州，集结兵力于津浦路徐蚌段，作攻势防御。

华野指挥机关很快就侦察得知蒋军动向，判断蒋军有"集中兵力固守徐州及徐海段、徐蚌段，以阻我南下攻势，掩护其加强江防及江南后方部署"。11月6日又发现驻守海州的第四十四军有西撤新安镇并归黄兵团指挥的动向，在冯治安部的共产党员何基沣、张克侠在发动起义上"行动要求更趋积极"。形势的发展表明，淮海战役的发起时间宜早不宜迟。

粟裕当机立断，决定把淮海战役的发起时间提前两天，即由11月8日晚改为11月6日夜间发起攻击。当天戌时（19—21时），就把作战部署上报中央军委和陈毅、邓小平并饶漱石、康生、张云逸、舒同、刘伯承、邓子恢、李达，同时下令部队执行。

作出这样一个决定，不仅需要智慧，而且需要胆略。粟裕心里明白，他刚刚受到毛泽东的严厉批评，这次机断专行虽然为争取战争胜利所必须，但也可能被视为无纪律行为而再次受到批评指责。可是，为了党和人民的利益，为了争取战争的胜利，他置个人得失于度外，毅然决定提前两天发起战役。

第二天，11月7日，粟裕收到中央军委的复电。中央军委指示："完全同意

---

① 《粟裕军事文集》，解放军出版社，1989年7月，第1版，第405—406页。
② 《毛泽东军事文集》第五卷，军事科学出版社、中央文献出版社，1993年12月，第1版，第153页。
③ 《粟裕军事文集》，解放军出版社，1989年7月，第1版，第416页。

鱼（6日）戌电所述攻击部署，望你们坚决执行。非有特别重大变化，不要改变计划，愈坚决愈能胜利。在此方针下，由你们机断专行，不要事事请示，但将战况及意见每日或每两日或每三日报告一次。"①

这件事给粟裕留下了深刻的印象。后来，他谈到毛泽东作为军事统帅的优良作风时说："他总是既通观和掌握战争全局，又处处从战场实际情况出发。他十分重视战场指挥员的意见，给予应有的机动权和自主权，充分发挥战场指挥员的能动作用。""把我军的高度集中统一和充分发挥战区指挥员的主观能动作用最好地结合起来。这是我军得以克敌制胜的一个重要原因，也是我军指挥关系的优良传统，是我们党领导的人民军队本质的生动体现。"②

时间是军队。时间就是胜利。后来的实践证明，粟裕争取到的两天时间，是多么宝贵的两天啊！

这两天时间，打乱了敌人的作战部署，创造了分割包围黄百韬兵团的有利战机。11月5日顾祝同主持的徐州军事会议，决定撤出海州、连云港和徐海线驻军，向徐州集结兵力。同日，刘峙指令驻守海州的第四十四军西撤，同时电令黄百韬兵团掩护，待第四十四军到达新安镇以后再开始行动。为此，黄百韬在新安镇等了两天，到7日凌晨3时才开始西撤，白白送给华野两天时间。

与此同时，华野全军分三路向南挺进，从徐州东南西北几个方向同时发起攻击，横扫陇海路以北150公里广阔地区的敌军阵地，先后攻克鲁南的郯城和苏北的邳县，迫近黄百韬兵团。11月8日，发现黄百韬兵团有继续西撤迹象，粟裕立即命令华野各部迅速截歼。

在这两天时间里，华东局和华野前委成功地组织指导了何基沣、张克侠的起义。

何基沣、张克侠都是中共中央直接联络的共产党党员，公开的身份是国民党徐州"剿总"第三绥靖区副司令官。第三绥靖区前身是冯玉祥的西北军第二十九军，被蒋介石改编以后仍然保留了一些民主民族革命传统，在抗日战争中打过喜峰口、卢沟桥等著名的仗。抗战胜利以后，改编为第三绥靖区，被蒋介石推上内战前线，驻守徐州东北的贾汪、台儿庄地区。但是，多数官兵对蒋介石排斥异己的政策不满，厌恶中国人打中国人的内战。共产党在这支部队里有一定的工作基础，不少人对共产党领导的人民民主革命抱有同情态度。

早在淮海战役发起之前，华东局和华野前委就根据中共中央的指示加强了对第三绥靖区部队的工作，派人通知何基沣、张克侠，解放军将发起淮海战役，要求他们争取率部起义。粟裕和谭震林提出，对第三绥靖区部队采取军事攻势配合政治争取的方针，并且规定三条原则：第一，力争该部起义；第二，如不起义，则要给我军让开通路；第三，如果既不起义，又不让开通路，则坚决予以歼灭。

何基沣、张克侠冲破蒋介石特务的监视和反动将领的阻挠，经过紧张的策划，

---

① 《毛泽东军事文集》第五卷，军事科学出版社、中央文献出版社，1993年12月，第1版，第177页。
② 《粟裕战争回忆录》，解放出版社，1988年11月，第1版，第138、435页。

毅然于 11 月 8 日凌晨率部起义。参加起义的有 1 个军部 3 个半师 2.3 万余人。于是，徐州东北大门洞开。华野右路大军 3 个纵队迅速通过起义部队防区，渡过运河、不老河，直插陇海路，攻占大许家、曹八集，切断了黄百韬兵团西撤通路。这个消息传到西柏坡，毛泽东和周恩来兴奋异常，以茶代酒，举杯祝贺。毛泽东在 11 月 8 日的电报中说："北线何张起义是（淮海战役）第一个大胜利。"①

粟裕后来谈起提前发起战役的决策，特别强调"兵贵神速"对争取淮海战役第一阶段作战胜利的意义。他说："如果再晚四个小时，让黄百韬窜入徐州，那仗就不好打了。"

华野的神速行动和何、张的起义，在南京国民党统帅部和徐州"剿总"引起强烈震动。他们惊叹："没有料到共军行动这样迅速！"

黄百韬虽然侦察得知华野集结于鲁南临沂地区，并有南进企图，但是他也没有料到华野行动如此迅速，更没有想到会有何、张起义。等到他开始西撤的时候，粟裕指挥的华东野战军已经从四面八方包抄过来。

在他的后面，从海州、连云港方向转兵西进的第一、第六、第九和鲁中南 4 个纵队，沿陇海路南侧紧追不舍。

在他的右侧，第四、第八两个纵队沿陇海路北侧追击，直插运河东岸，与黄百韬兵团的先头部队展开激战。

在他的左侧，苏中第十一纵队和江淮军区两个旅沿运河西岸北进，挡住了他的左翼掩护部队第六十三军的去路。

在他的前方，由贾汪、台儿庄地区南下的第七、第十、第十三 3 个纵队，同由宿迁、睢宁北进的第二、第十二、中野第十一 3 个纵队，南北对进，直接威胁徐州，切断了徐州之敌与黄百韬兵团的联系。

紧紧跟随华野部队前进的，是数不清的支前民工。他们推着小车，扛着担架，如同滚滚洪流，源源不断。部队打到哪里，他们就跟到那里，保证粮弹的不间断供应。

华野前委发出政治动员令，要求部队抓住在江北大量歼敌的有利战机，不为小敌迷惑，不为河流阻挡，勇猛果敢出击，敌人逃到哪里，我们就追到那里，"活捉黄百韬，全歼黄兵团"。

华野各路大军以排山倒海之势向黄百韬兵团猛扑，有的部队以一天行军 60 公里到 70 公里的速度飞速前进。遇到小河拦路，战士们跳进河里，扛起门板，搭成"人桥"，保证部队通过。战士们饿了啃几口干粮，渴了喝几口冷水，脚上磨出一层又一层血泡。有的战士鞋底磨破了，干脆脱掉鞋子，赤脚前进。越是艰难困苦，越是斗志昂扬，在紧张的急行军中依然谈笑风生。战士们管黄百韬叫"往北逃"，用他名字的谐音编顺口溜：

---

① 《毛泽东军事文集》第五卷，军事科学出版社、中央文献出版社，1993 年 12 月，第 1 版，第 241 页。

往北逃，逃不掉。往西逃，没有道。东逃是大海，南逃更难逃。

华野文工团的文艺工作者们深入到各个纵队，随突击部队一起前进。他们走到哪里，宣传鼓动工作就做到那里，部队的情绪顿时活跃起来。华野文工团一团团长沈亚威随八纵行动。这位后来成为中国音乐家协会副主席的著名音乐家，夹在追击的洪流里，一股不可遏止的创作激情涌上心头。他一面奔跑一面对文工团员韦明说："快，写个词！"

"写……什么？"跑得气喘吁吁的韦明问。

"就写：追上去！追上去！"

于是，一首响彻淮海战场的歌曲《乘胜追击》在战火中诞生了。

追上去！追上去！不让敌人喘气！
追上去！追上去！不让敌人跑掉！
……

指战员们唱着这首歌追击黄百韬兵团，后来又唱着这首歌追击杜聿明集团。1949年4月，它又作为《淮海组歌》的组成部分，由第三野战军文工团带到北京演出。党和国家领导人在中南海看了他们的演出。毛泽东称赞说："三野的仗打得好，歌也唱得好。"

粟裕率领华野司令部随突击兵团前进，11月9日就到达运河车站，住在运河车站以南的花庄。他的注意力集中在运河车站及其以南的窑湾截击黄百韬兵团的战斗上。

运河车站位于新安镇以西约50公里处，南北向的运河与东西向的陇海路在此处交叉，是黄百韬兵团西撤的主要通道。黄百韬的兵团部和主力部队十余万人，加上从海州、连云港撤出的地方官员和眷属，靠仅有的一座铁桥抢渡运河，人马拥挤，乱作一团。他赖以起家的第二十五军，尚未到达运河，就被消灭了一个师。担任左翼掩护的第六十三军，预定由运河车站以南的窑湾渡河，刚刚从新安镇走出20公里，就被华野部队追上，被歼灭一个师，其余部队又被华野第一纵队紧紧包围在窑湾地区。

粟裕刚刚放下行装，就与第一纵队副司令员张翼翔通话（一纵司令员叶飞因病留后方治疗），了解他们歼灭第六十三军的决心和部署。他告诉张翼翔，东北野战军已将卫立煌的47万人就地歼灭，傅作义的60万人处于华北、东北我军夹击之中，刘峙集团这个庞然大物也是一夕数惊，惶惶不可终日，整个形势对我们非常有利。

粟裕问："你们一个纵队消灭敌人一个军，有把握吗？"

张翼翔坚定地回答："有！"

"好，预祝你们胜利！"粟裕提醒他，"六十三军虽然士气低落，军心动摇，但受反动宣传较深，不了解我军俘虏政策，可能负隅顽抗。因此要注意把军事打击和政治争取结合起来。"

一纵的歼灭战打得很艰苦，也很漂亮。经过两天两夜的激烈战斗，歼灭第六十三军2个师5个团1.3万余人，军长陈章在泗水逃窜时身亡。

粟裕与张翼翔通过电话，紧接着赶到运河铁桥。第八纵队刚在这里歼灭了敌人守卫桥头堡的一个团，战场尚未来得及清理，到处都是敌人遗弃的尸体、枪械，还有敌人的伤兵、散兵。部队和支前民工拥挤在一起，秩序很乱，影响大部队通过。时间就是胜利。早一分钟渡过运河，就多一分胜利的希望；多延误一分钟，就可能给敌人多一分喘息的机会。如何组织部队顺利通过铁桥，加快向运河以西前进的速度，成为亟待解决的问题。

粟裕在桥头召开紧急会议。会议开得别开生面，各纵队首长先后到达，分批开会。他站在桥头大声说："同志们！我们是毛主席的部队，是有纪律的军队。大家想尽快通过，早消灭敌人，是好的；但是必须有先有后，有秩序地通过。"听到粟司令的声音，部队立刻平静下来。粟裕指示：组织部队扑灭桥上的火焰，铺好枕木、桥板，清理敌人遗弃的尸体、杂物，保证坦克、汽车、炮兵、民工顺利通过；设置桥头指挥岗，统一安排过桥顺序，使部队有秩序地迅速通过；各纵队根据所处地段的条件和水情，架设浮桥，利用民船，抢渡运河，水浅的地方则组织步兵徒涉或泅渡。总之，要利用一切可以利用的条件，迅速渡过运河，完成对黄百韬兵团的包围。

在粟裕的组织指挥下，华野各个纵队迅速渡过运河。指战员们说："我们的粟司令不仅在战役全局上英明指挥，而且在重要关节上亲临一线果断处理，保证作战胜利。"

与此同时，国民党第一百军第四十四师渡过运河后，抢先向徐州撤退，刚刚走到曹八集，就被沿运河西岸北进的华野第十一纵队全部歼灭。

就这样，大战尚未开始，黄百韬就损兵折将，被歼灭1个军、2个师，其余的4个军则被团团包围在碾庄圩地区。

三、选择关羽打过败仗的土山作指挥所，要在这里打一个全歼黄百韬兵团的大胜仗。

粟裕时刻关注着整个淮海战场以至全国战局的发展，及时调整华野的作战部署，并对全局战略决策提出建议。现在，他考虑的是，不仅要吃掉黄百韬兵团的十几万人，而且要吃掉整个徐州地区的国民党军队80万人。

11月9日，他和陈士榘、张震作出歼灭黄百韬兵团于运河以西的作战部署，并向中央军委和华东局、中原局报告："现刘峙有以徐州为中心与我决战模样"，正在调整部署，"实为歼敌良机"。当天16时，中央军委采纳粟裕的建议，作出"极力争取在徐州附近歼灭敌人主力"的战略决策，24时又复电指出华野"迅速部署截断敌退路以利围歼是正确的"①。

11月10日1时至3时，中央军委接连发出三份电报，指令中野集中四个纵队攻取宿县，控制徐蚌段铁路，切断徐敌南撤通路；指令华野以勇猛神速手段歼灭李弥兵团，切断黄百韬兵团西撤通路。三电皆以"至要至盼"作为结语。②

11月11日，粟裕指挥华野各个纵队完成对黄百韬兵团的分割包围，切断了黄百韬兵团西撤通路，并且根据战场态势调整了作战部署，决定用六个纵队围歼黄百韬兵团，用七个纵队阻击徐州东援之敌。

这时敌情正在发生重大变化。黄百韬处境危急，蒋介石匆忙挽救。11月10日，蒋介石召开军事会议，作出一系列决定：要杜聿明③连夜赶到徐州上任，指令黄百韬"固守待援"，指令邱清泉、李弥两兵团迅速东进，指令黄维兵团立即向徐州开进。然而，蒋介石及其手下将领仅仅发现华野"有包围歼灭黄兵团之企图"，并未察觉歼灭其江北主力于徐州地区的整个战略意图。杜聿明后来回忆说："他们（顾祝同等人）并未料到解放军已有一半以上兵力担任阻击打援，并准备在淮海战役中实行战略决战，消灭国民党军。当然我也未料到这点。"④蒋介石的如意算盘是"集中全力迅速击破运河以西之共军"，救出黄百韬兵团。

但是，蒋介石的算盘从来是由毛泽东和他手下的将领们拨动的，形势的发展与他的主观愿望恰恰相反。粟裕说过，蒋介石有一个怪脾气，"你要他一点，他连半点也不给你。如果你拿下了他大的呢，他连小的也不要了"。他为了保住四十四军，让黄百韬在新安镇等了两天，结果使黄兵团陷入重围。为了救黄百韬兵团，他又把邱清泉、李弥、孙元良、黄维等几个兵团集中在徐州地区。他所采取的措施，正沿着粟裕在"齐辰电"中设想的第一种可能，一步一步地走向被迫在徐州周围进行战略决战的道路。

面对集结于碾庄圩地区的黄百韬兵团和由徐州东进的邱、李两兵团，粟裕采取"攻济打援"的战法，以歼灭黄百韬兵团为主要作战目标，同时争取在阻援打援中歼灭一部分援敌。他把指挥重心首先放在围歼黄百韬兵团上。

11月11日，粟裕率领华野司令部转移到运河以西的议堂。11月12日，又前进到离碾庄不到五公里的过满山，就近指挥围歼黄兵团的作战。

这是他的惯常做法。历次战役，他的指挥位置总是设在靠近前线的地方。他认为，这样才能及时掌握瞬息万变的战场情况，才能同前线指战员保持呼吸相通的密切联系，才能作出准确的判断和及时的指导。

粟裕一到过满山，没有进指挥所，就带着警卫员上了山，站在一棵小槐树旁，用望远镜观察战场情况。

---

① 《毛泽东军事文集》第五卷，军事科学出版社、中央文献出版社，1993年12月，第1版，第182页。
② 同上书，第188—190页。
③ 杜聿明就任徐州"剿总"副总司令兼前进指挥部主任不久，就奉命随蒋介石到东北指挥葫芦岛国民党军队撤退，1948年11月9日又奉命到南京参加蒋介石主持的军事会议。
④ 《淮海战役亲历记》，中国文史出版社，1996年1月，第1版，第23页。

警卫员提醒他:"首长,别在这里,到东边去目标小一点。你有望远镜,他们也有望远镜呀。"

"好,听你的!"粟裕爽快地回答。

30年后,粟裕当年的警卫人员回忆往事,仍然念念不忘老首长粟裕的优良作风。他说,首长六次负伤,患有多种疾病,但是一直坚持战斗在第一线。打起仗来,他常常几天几夜不睡觉,两个汽灯换着点。为了不暴露目标,还把作战室门窗堵起来。整天整夜围着地图转。实在疲倦了,就喝点咖啡提神,说今天晚上就靠咖啡过夜了。有时上山观察地形,连警卫员也不带。首长和我们在一个党小组过组织生活,我们就开小组会给他提意见:打仗时间还长,你老不睡觉怎么行呢?你招呼也不打,老自由行动,怎么行呢?首长说:大家的意见很好,我接受。

粟裕就是这样自觉和愉快地接受群众的监督,也自觉和愉快地接受来自上面的监督。

11月12日,粟裕转移到过满山的当天,中央军委发来电报,指出华野前指位置太靠前,要他们后撤5公里。13日凌晨,粟裕遵照中央军委指示,转移到土山镇东南的火神庙,离碾庄不到15公里。火神庙有前后两院,房舍宽敞,周围林木葱郁,便于隐蔽。作战室和机要室在前院,首长和警卫人员住在后院。粟裕在作战室里搭了一张行军床,就在那里休息。这个地方,北可眺望碾庄圩地区战场情况,西可与阻援打援部队保持密切联系,是一个理想的指挥位置。直到全歼黄百韬兵团,粟裕才离开此地。

这一带是东汉末年的古战场,当年的风云人物曹操、刘备、关羽、张飞等等,留下了许多遗迹和传说。土山,相传是关羽被困降曹的地方。黄百韬在部署碾庄圩作战的时候,曾经指令第六十四军进驻土山一线,遭到军长刘镇湘的坚决反对。刘镇湘一个说不出口的理由,就是忌讳这个倒霉的地名。粟裕平时喜欢读《三国演义》,有时在车上马上也读,不只是为了文艺欣赏,也是从中吸取可供借鉴的谋略。现在,他对这些历史遗迹也产生了兴趣,可是他没有国民党将领那样的忌讳。他选择关羽打过败仗的地方作指挥所,要在这里指挥打一个全歼黄百韬兵团的大胜仗。

黄百韬是粟裕的老对手了。这位当年北洋军阀的传令兵,虽然并非蒋介石的嫡系,现在却是蒋介石"期望至殷"的中将司令官。早在抗日战争中,他担任第三战区参谋长的时候,就多次参与制造同陈毅、粟裕指挥的新四军江南指挥部部队的"摩擦",并且参与制造了震惊中外的"皖南事变"。抗日战争胜利后,他充当蒋介石发动的全面内战的急先锋,在苏中战役、孟良崮战役、豫东战役中,多次与粟裕指挥的华中野战军和陈、粟指挥的华东野战军交锋,并且以在豫东战役中"救援有功"而被蒋介石授予"青天白日勋章",升任第七兵团司令官。淮海战役开始后,蒋介石把五个军交给他指挥,使黄百韬兵团成为淮海战场上国民党军队兵力最多的兵团。虽然在西撤过程中被消灭了一个军两个师,但仍保持四个军的建制,而且战斗力是比较强的。它先后由驻守之敌变为运动之敌,再变为驻守之敌,并且拥有李弥兵团驻守碾庄圩时修筑的工事。黄百韬崇拜拿破仑的"团式集中法",曾经建议"集结各兵团于徐州周围",并被蒋介石采纳。不料刚刚开始集结,就被解放军以神速行动分割包围为几块。现在,他把"团式集中法"用在碾庄圩,把他的四个军十余万人摆在以碾庄圩为中心、纵横十余公里的狭小地区,企图与华野一决雌雄。不过,他毕竟是国民党将领中比较有战略头脑的一个,预感此战凶多吉少,临战之前在蒋介石派来的战地督察官面前坦率陈词。他说:"这次战事与以前战役性质不同,是主力决战,关系存亡。""国民党是斗不过共产党的。""胜则举杯相庆,败则出死力相救,我们是办不到的。"后来战局的发展,果然被他言中。

围歼黄百韬兵团的战斗从 11 月 11 日开始,开头三天进展不够顺利,许多阵地要经过反复争夺。在作战地图上,有些村庄上午插上红旗,下午换上蓝旗,晚上又插上红旗。包围圈虽日渐缩小,但华野部队伤亡也较多。国民党为此而大吹大擂"碾庄圩大捷",陈诚拍案大叫:"黄百韬真英雄也!"

从前沿阵地回来的参谋报告说:"黄百韬难打啊!100 米宽的正面就有 20 多挺机枪,子弹像泼豆子一样。我们的战士英勇啊,一波一波地往前冲!"

粟裕走到指挥所附近的野战医院,了解到的伤亡数字显然比部队上报的数字大得多。回到指挥所,他拿起电话,首先与第四纵队司令员陶勇通话:"陶勇,你们那里伤亡情况怎么样?"

"部队情绪很高,请放心,坚决完成作战任务!"

"我是问伤亡情况。"

陶勇报了个数字,说:"不严重。"

"骗鬼!"粟裕认真了,"你给我如实报告。"

陶勇沉默了一会,声调沉重地说:"是的,我们这里伤亡情况很严重。粟司令,你既然知道了,我也不好瞒你,眼下伤亡已经达到 4300 多人。"紧接着声调一扬:"不过,请粟司令放心,我们坚决完成作战任务!"

粟裕放下电话,静静地沉思。他认为,围歼黄百韬兵团是一个大仗、硬仗。黄兵团拥有五个军的兵力,战斗力虽不算一等,也是中等偏上的。一次战役消灭敌人五个军,这样规模的仗我们过去没打过。歼敌数量的增长必然带来兵力使用和战术技术等一系列新问题,增加指挥与作战过程中的难度。黄百韬兵团已由运动之敌变为驻守之敌,并且在李弥兵团原有阵地基础上构筑成完整的防御阵地。我们虽然在发起围攻前提醒部队,应将运动之敌与驻止之敌的打法严格区分,并指示九纵采取近迫作业的战法,但是部队由迅猛追击运动之敌转为围攻驻守之敌,许多准备难以在运动中完成。部队随到随打,炮兵没有跟上,各个部队之间,步兵炮兵之间,缺乏统一的指挥和协调。

11 月 14 日 9 时,粟裕和陈士榘、张震发电报给谭震林、王建安,具体分析了战斗进展不快的三个原因:(1) 地堡、交通壕结合,不易爆破,再加敌人连续反击。(2) 收缩一团,分割不易,必须逐庄攻击。(3) 指挥不一,动作不协同,炮火无统一指挥。同时提出了明确指挥关系的两个方案,由谭震林、王建安统一指挥攻击部队或者统一指挥打援部队，征求他们的意见。

14 日晚上，粟裕召集担任主攻的六个纵队首长开会，主要议题是调整部署，改进战法，明确指挥关系。粟裕在讲话中指出，黄百韬兵团已由运动之敌变为驻守之敌，我军的战法必须由运动战转为村落阵地攻坚战，用近迫作业的办法突破敌人的坚固防御阵地。利用暗夜把交通壕挖到敌人阵地前沿，然后突然发起攻击。要先打弱敌，后打强敌，攻其首脑，乱其部署，逐个争夺敌人的火力点和所占村庄。在逐点争夺中，要集中炮火，组织好步炮协同。决定由谭震林、王建安统一指挥围歼黄百韬兵团的六个纵队。

会议一直开到 14 日深夜 24 时。

从 15 日凌晨开始，华野各部队就按照统一的部署行动起来。包围圈内枪炮声突然沉寂，代之而起的是挥锹抡镐的挖土声。一条条坑道向前推进，直到蒋军阵地前沿不到 100 米处。

黄百韬突发奇想，对他的参谋长说："派小部队去侦察一下，是不是共军逃跑了？"他的小部队一出来，就遭到迎头痛击，狼狈回窜。黄百韬兵团的官兵们不得不龟缩在越来越小的包围圈内，不敢越雷池一步。

全歼黄百韬兵团虽然还需要一些时日，但是黄百韬全军覆没则是确定无疑的了。粟裕把他的指挥重心转向对徐州东援之敌的阻击作战上，决定前进到西线指挥。毛泽东接到他的电报以后，来电指出："粟到韦（国清）吉（洛）处指挥极好。"①

杜聿明奉蒋介石命令于 11 月 10 日到达徐州，与刘峙等人反复磋商，直到 12 日晚上才发出作战命令，命令邱清泉、李弥两兵团主力，从 13 日开始，沿陇海路南北两侧，向东攻击前进，目的是击破华东野战军一部，解黄百韬兵团之围。杜聿明估计，邱、李两兵团集结位置距离碾庄圩不到 40 公里，一周之内即可达到目的。

与杜聿明的估计相反，邱、李两兵团遇到了华东野战军的顽强阻击。他们每攻占一个阵地都要经过反复争夺，每前进一步都要付出沉重代价。激战两天两夜，仅仅前进三四公里到六七公里。

华野担任阻击的 3 个纵队打得十分顽强，也十分艰苦。第十纵队的 1 个团据守徐州通往碾庄的要道寺山口。敌人用 2 个团的兵力，在 6 辆坦克掩护下，整营整连地向十纵部队据守的山岭发动一次又一次进攻。十纵部队指战员子弹打完了，就用石头打，用刺刀戳，高呼"把敌人消灭在寺山口外"的口号，仅 12 日一天就打退敌人 10 余次冲锋，毙伤敌军 500 多人，牢固控制了寺山口要道，不让敌人前进一步。

华野指挥所的电话里不断传来前线指挥员的战况报告。张震放下话筒，对粟裕说："粟司令，前面紧张，营长以下全拼刺刀了！"

参谋处长夏光把手里的文件夹一丢，向粟裕请示："粟司令，我去想点办法，

---

① 《毛泽东军事文集》第五卷，军事科学出版社、中央文献出版社，1993 年 12 月，第 1 版，第 233 页。

把我们机关人员的弹药收集起来,给他们送去。"

"能收多少?"粟裕眼睛一亮。

"不会少。"

"好!"粟裕点点头说,"这里面还有精神因素哩。先集中我们警卫员的。"

虽然子弹不过三千,手榴弹不过五百,可是前线指挥员感动得在电话里直叫:"粟司令,你放心好了,我们决不准他杜聿明前进一步!"

粟裕在地图前踱步沉思。他在考虑,怎样给增援的邱、李两兵团更有力的打击,以改变徐东阻击战的形势。他的目光注视着徐州东南的潘塘。

潘塘,位于徐东战场的南端,是徐州机场的门户,陇海、徐淮两条陆路交通干线的咽喉。津浦铁路徐蚌段被切断以后,这里就成为徐州国民党军队的唯一交通命脉。绕过潘塘,向西可以迂回邱清泉东援部队侧背,向东也可以迂回华东野战军阻援部队侧背。这是一个牵一发而动全身的关键地段。

粟裕在组织指挥部队围攻黄百韬兵团的同时,除了部署三个纵队正面阻击徐州东援之敌以外,还部署苏北兵团的三个纵队于徐州以南和东南的宿迁、睢宁一带,担任钳制、堵截徐州之敌东援、南逃的作战任务。现在他决定使用这支部队,要他们前进到潘塘、房村一线,从侧背攻击邱兵团东援部队后路,用攻其必救的战法,迫使邱、李兵团西顾徐州,不敢放胆东援。

杜聿明也对潘塘发生了兴趣。11月14日,向东增援黄百韬的蒋军,由于受到华野的猛烈阻击,邱兵团日进只有两三公里,李兵团只攻占两三个村庄。蒋介石特派参谋总长顾祝同到徐州督战,一见杜聿明就责问:"敌人不过两三个纵队,为什么我们两个兵团还打不动?"严令督促邱、李两兵团攻击前进。当天,杜聿明就向邱清泉下令:"即日以有力部队不顾一切牺牲,钻隙迂回,向大许家突进。限在一日内确实占领大许家,以解黄百韬兵团之围。否则军法从事!"

杜聿明与邱清泉商定,将第二线部队第七十四军星夜调往潘塘镇附近集结,然后从潘塘顺双沟公路迂回攻击大许家,在华野阻击部队侧背猛戳一刀,以打开正面攻不动的僵局。

既然战争双方都看中了潘塘,于是就发生了戏剧性的潘塘之战。

11月16日凌晨3时,两支对向开进的部队在潘塘东南的张集遭遇,遂即展开激战。天亮了,双方将领都大吃一惊:在以潘塘为中心的纵横约五公里的战场上,交战双方部队犬牙交错地纠缠在一起。国民党第七十四军阵地几度被突破,第一〇七军二六一师被击溃。第七十四军军长邱维达难以想象的是,在他面前出现了解放军四五个纵队的番号,其中一个团离他的指挥所只有三里。华野第二纵队司令员滕海清发现,国民党的一支部队离他的司令部只有一沟之隔。

邱清泉闻报大吃一惊,急令在徐州以西的第七十军增援潘塘,又令在第七十四军右翼的第十二军一一二师参加战斗,同时向南京请求空军派飞机支援。

经过一天一夜激战,六次反复较量,双方各有伤亡,战事呈胶着状态。

粟裕密切注视着战场态势。11月17日,他发现敌人援军到达潘塘一线,立即下令主动撤出部分阵地,让敌人放胆东进,诱敌深入到大许家而后歼灭之。

18日凌晨,蒋军前线指挥员报告:"潘塘镇东南共军有撤退模样。"蒋军空军侦察也发现解放军部队后撤。邱清泉、杜聿明和刘峙都判断"共军是在总溃退",下令部队追击。刘峙大喜若狂,立即向蒋介石和各省主席发电报,通报"潘塘大捷",布置开会庆祝,敲锣打鼓,燃放鞭炮,上演了一出自欺欺人的闹剧。

正当"潘塘大捷"闹剧紧锣密鼓的时候,黄百韬兵团的丧钟敲响了。

11月17日,华野向黄百韬兵团发起总攻,迅速攻克碾庄圩外围五六个村庄的蒋军阵地,歼灭第一百军、第四十四军全部和第二十五军一部,黄百韬的兵团部和残余部队乱作一团。李弥兵团的增援部队,被华野阻止在离碾庄圩不到15公里的地方,不能再前进一步。黄百韬爬上屋顶,引颈西望,只闻炮声隆隆,不见援军踪影。他垂头丧气地说:"如果李弥有邱清泉的力量,解围还有点希望。现在是无望了!"

11月19日,华野向碾庄圩发起总攻,只用三天时间就全部彻底干净地消灭黄百韬兵团的兵团部及其第二十五军、第六十四军残部,黄百韬在逃窜时毙命。

黄百韬是淮海战役中第一个败在粟裕手下的国民党兵团司令官。据说他临死之前发出"三不解"的哀叹:"一、我为什么那么傻,要在新安镇等待四十四军两天?二、我在新安镇等了两天,为什么不知道在运河上架设军桥?三、李弥兵团既然以后向东进攻来援救我,为什么当初不在曹八集附近掩护我西撤?"然而,他至死也不明白,这是他坚持与人民为敌的反动立场,执行错误的战略方针的必然下场。

至此,粟裕指挥的华东野战军,在中原野战军的有力配合下,超额完成了中共中央军委赋予的淮海战役第一阶段作战任务,不仅全部歼灭黄百韬兵团5个军12万人,而且争取了何基沣、张克侠率领的第三绥靖区2.3万余人起义,给邱、李两兵团以沉重打击,解放了徐州以东直到海州、连云港的广大地区。中原野战军一部攻占宿县,隔断了徐州与蚌埠的联系,使徐州蒋军处于孤立地位,为完成南线战略决战创造了有利条件。

11月23日,中央军委发出给淮海前线指挥员并告华东局、中原

■ 全歼黄百韬兵团。(图为蒋介石给黄百韬的亲笔信及黄的照片、胸章)

局等的电报,指出"这是一个伟大胜利",并说:"在战役发起前,我们已估计到第一阶段可能消灭敌人十八个师,但对隔断徐蚌,使徐敌完全孤立这一点,那时我们尚不敢作这种估计。"指示:"你们及各级干部必须认识这一伟大胜利的重要意义。"①

"兵无常势,水无常形,能因敌变化而取胜者谓之神。"这是粟裕喜爱的名言。在全歼黄百韬兵团的作战指挥中,他把这句名言变成了活生生的现实。

四、战役关键阶段一肩勇挑三担,度过他战役指挥中第三个最紧张时刻。

粟裕晚年谈到淮海战役时说:"我在解放战争的战役指挥中有三个最紧张的战役:宿北、豫东和淮海。而淮海战役中最紧张的是第二阶段。我曾经连续七昼夜没有睡觉,后来发作了美尼尔氏综合症,带病指挥。战役结束以后,这个病大发作起来了,连七届二中全会也没有能参加。"

许多人不理解,淮海战役第二阶段主要是打黄维,粟裕不担任主攻方向的指挥,为什么最紧张?其实,全面了解了当时淮海战场的实际情况,这个问题就迎刃而解了。

在那时的淮海战场上,国民党军总兵力还有 6 个兵团 18 个军 50 余万人,分别集中在三处:江苏徐州地区,有徐州"剿总"和邱清泉、李弥、孙元良 3 个兵团 8 个军 30 余万人;安徽蒙城地区,有黄维兵团 4 个军 12 万人;安徽蚌埠地区,有李延年、刘汝明 2 个兵团 6 个军 10 余万人。

三个战场一盘棋。如何确定主要打击目标,如何处理主攻战场与钳制、阻击战场的关系,有计划有步骤地消灭这三部分敌人,是关系整个战役胜负的关键问题。

对于第二阶段的作战任务,中央军委和战区指挥员之间反复商讨,随着战场形势的发展,曾经作过多次设想和调整,在实践过程中逐步明确和完善。

粟裕从淮海战役发起之时开始,就一直关注着第二阶段作战对象的选择。早在 11 月 7 日的电报和 8 日的"齐辰电"中,就提出下一步歼灭黄维兵团或孙元良兵团。中央军委判断,在打完第一仗以后,徐州之敌有南撤和不撤两种可能,在 11 月 7 日的电报中提出:"如果敌人不撤,我们即可打第二仗,歼灭黄维孙元良,使徐州之敌完全孤立起来。"②可见,把黄维兵团作为第二阶段的歼击目标,一开始就是作为南线战略决战的重要组成部分提出来的。

在第一阶段作战过程中,中央军委一度设想第二阶段"歼灭邱李,夺取徐州"③。那时围歼黄百韬兵团的战斗刚刚开始,其余各部蒋军的动向尚未判明。所以,中央军委 11 月 15 日指示:第二阶段作战"需待黄(百韬)兵团歼灭以后,依邱清泉、

---
① 《毛泽东军事文集》第五卷,军事科学出版社、中央文献出版社,1993 年 12 月,第 1 版,第 263 页。
② 同上书,第 177 页。
③ 同上书,第 197 页。

李弥、黄维三部的情况，才能决定作战方针"①。在第一阶段作战中，粟裕把对邱、李的作战始终限于在阻援打援中歼其一部的范围内，并且于11月18日向中央军委和刘伯承、陈毅、邓小平报告："邱、李东援部队进程甚缓"，"估计邱、李已不敢大胆东援，纵（敌）东援歼灭可能不大"，而随时准备转移兵力到南线作战。

在第一阶段作战临近结束的时候，南北两线战场态势发生重大变化：全歼黄百韬兵团已成定局，邱、李两兵团积极东援的情况并未出现，集结于蚌埠、蒙城地区的黄维、李延年、刘汝明3个兵团开始向北增援。中央军委和淮海战场指挥员注意的重心转移到南线。中央军委认为，南线之敌25个师"是一个大敌，必须妥筹对策"②。11月18日，中央军委提出，在北线歼灭了黄百韬，南线歼灭了李延年、歼灭或驱逐了刘汝明之后，"即可全力歼灭黄维，如像在碾庄歼灭黄百韬那样，获得一个伟大胜利"③。同一天，黄维兵团3个军进至蒙城地区，向中野一纵发起攻击。刘伯承、陈毅、邓小平于11月19日提出，华野在歼灭黄百韬兵团之后，"即将主力集中于徐东、徐南，监视邱、李、孙三个兵团，争取休息十天半月，同时以尚未使用之五个纵队或三个纵队用于南线，协同我们歼击黄维、李延年"。④粟裕和陈士榘、张震于11月20日亥时复电，表示"完全同意刘陈邓指示，抽出四至五个纵队，必要时还可增加三个纵队，协同中野歼击黄维、李延年"，并且建议"首先求得彻底歼灭黄维兵团为主"。当晚就派4个纵队分途南进。他们在复电中还判断，黄百韬被全歼后，邱、李兵团与黄维、李延年兵团有"以宿县为中心对进，以图打通津浦线联系之极大可能"。为此决定以4个纵队加2个旅阻止李、刘兵团北进，以8个纵队成大弧形包围徐州，监视和钳制徐州之敌，阻止他们南援，"全力保刘陈邓歼黄（维）胜利"⑤。刘伯承、陈毅、邓小平11月21日复电，"完全同意哿（20日）亥电部署"。但是，在集中兵力打一个敌人还是分兵打两个敌人问题上，商榷还在继续。11月21日，中央军委电示："华野今后一个时期内的主要任务是歼灭李延年。请粟陈张、谭王从目前起，即将主要注意力及兵力部署的重点放在歼灭李延年三个军的上面。"⑥11月23日，刘伯承、陈毅、邓小平提出："战役第一步由中野全力对黄维，华野全力歼李延年、刘汝明（宿县城由华野控制）。尔后视战况发展，实行调整。"

11月22日，华野全歼黄百韬兵团，同时给邱、李两兵团以沉重打击，第一阶段作战胜利结束，给下一步作战创造了极为有利的条件。11月23日，黄维兵团向中野南坪集阵地发起猛烈进攻，而李延年、刘汝明两兵团则迟迟不进，出现了歼灭黄维兵团的有利战机。刘伯承、陈毅、邓小平于23日22时发电报给粟裕、陈士榘、张震并报中央军委，认为"歼击黄维之时机甚好"，"我们意见，除王

---

① 《毛泽东军事文集》第五卷，军事科学出版社、中央文献出版社，1993年12月，第1版，第221页。
② 同上书，第230页。
③ 同上书，第245页。
④ 《淮海战役》第一册，中共党史资料出版社，1986年10月，第1版，第175页。
⑤ 《粟裕军事文集》，解放军出版社，1989年7月，第1版，第421—423页。
⑥ 《毛泽东军事文集》第五卷，军事科学出版社、中央文献出版社，1993年12月，第1版，第258页。

(秉璋）张（霖之）十一纵外，请粟陈张以两三个纵队对李（延年）、刘（汝明）防御，至少以四个纵队参入歼黄维作战"。粟、陈、张于 24 日午时（11—13 时）复电："我们当遵命，首先以大力协同中野歼灭黄维兵团，对刘（汝明）、李（延年）暂采阻击与歼灭其一部之方针，对徐州方面则以七个纵队（一、三、鲁、十二纵为第一线，四、八、九纵为第二线）全力阻其南援"。决定除王张十一纵请刘、陈、邓直接调用外，另令二纵担负对刘、李两兵团的阻击，六、七及苏十一等三个纵队兼程向宿县前进，准备加入歼灭黄维之作战。中央军委于 24 日 15 时复电："（一）完全同意先打黄维；（二）望粟陈张遵刘陈邓部署，派必要兵力参加打黄维；（三）情况紧急时机，一切由刘陈邓临机处置，不要请示。"[1]粟裕、陈士榘、张震接到中央军委电报，于 25 日巳时（9—11 时）复电，表示"我们完全拥护先集中兵力歼灭黄维的作战方针"，并对参加歼灭黄维作战以及阻击南北两线援敌作出具体部署：决定再抽调三个纵队，连同已归刘、陈、邓指挥的王张十一纵，先后投入歼灭黄维的作战；以三个纵队加江淮军区两个旅，坚决阻击李、刘两兵团向西增援、向北进犯，隔断它与黄维兵团和邱、李、孙三兵团的联系；以八个纵队阻击邱、李、孙三兵团，使其不能向南向西增援。[2]

这样，第二阶段的作战方针就最后确定下来，并开始付诸实施了。粟裕指挥的华东野战军一肩三副重担，除了先后派出 5 个纵队参加主攻战场作战以外，还担负着钳制、阻击南北两线敌军一个"剿总"指挥部、5 个兵团约 40 万人的作战任务。

粟裕认为，第二阶段是一个承前启后的阶段，是整个战役的关键阶段。在大兵团作战中，钳制和阻击战场不仅直接保障主攻战场作战，而且关系下一阶段战局发展。淮海战役的转折点，是在杜聿明所率邱、李、孙三个兵团被围死，李延年、刘汝明两兵团被阻住，我军已能集中足够兵力全歼黄维兵团的时候。在这以前，战场形势还有很大的不确定性。在战役指挥上，必须充分发挥自觉的能动性，争取战役转折早日实现。

首先遇到的问题，是如何切断三部分敌军的联系。

黄百韬兵团被歼灭的消息犹如晴天霹雳，使南京、徐州乱作一团，国民党最高统帅部急忙寻求对策。11 月 23 日，蒋介石电令刘峙、杜聿明到南京参加官邸会议，决定采用国防部提出的作战方案："徐州方面以主力向符离集进攻，第六兵团及第十二兵团向宿县进攻，南北对进，一举击破共军，以打通徐蚌间交通。"这个部署，与粟裕 11 月 20 日电的估计完全相同。

刘峙、杜聿明回到徐州，立即下令邱清泉、孙元良两兵团沿津浦路东西两侧向符离集攻击前进。粟裕部署在徐州以南的七个纵队加两个旅早已严阵以待。经过三天激战，邱、孙两兵团仅仅前进 10 到 15 公里。蒋介石得知此情，暴跳如雷，一天几次电话，严令杜聿明与黄维、李延年"克日会师于符离集"。然而在华野部队的顽强阻击下，邱、孙两兵团到第三天就不能再越雷池一步了。

---

[1]《毛泽东军事文集》第五卷，军事科学出版社、中央文献出版社，1993 年 12 月，第 1 版，第 269 页。
[2]《粟裕军事文集》，解放军出版社，1989 年 7 月，第 1 版，第 425 页。

南线蒋军的情况也不妙。11月25日，蒋介石派顾祝同到蚌埠督战。当天，黄维兵团就被中野七个纵队包围在双堆集地区。李延年兵团和刘汝明兵团刚刚前进到浍河以北的任桥地区，就受到华野四个纵队迎头痛击。11月26日，华野第十三纵队和江淮军区两个旅攻克任桥东面的灵璧，全歼临时划归李延年指挥的国民党第十二军第二八三师，威胁李、刘兵团侧背。李延年、刘汝明眼看大势不妙，立即指挥北进部队缩回浍河以南。

在华野和中野两大野战军密切协同下，蒋介石的南北对进、打通徐蚌线的计划刚刚出笼，就宣告破产了。

在第二阶段作战中，徐州敌人的动向一直是粟裕最为关注的问题。他分析敌我态势，认为杜聿明集团的下一步行动有两个可能，一个是固守徐州，一个是突围。蒋介石后方已无机动兵力，放弃徐州的可能性较大。敌人突围对我并非不利，让他离开"乌龟壳"再消灭他是最好不过的。如果敌人固守徐州，以坚固设防的大城市为依托，将加大我军歼灭该敌的难度。因此决定不把敌人堵死在徐州，而准备对付敌人突围。

11月28日，中央军委来电指出："黄维解决后，须估计到徐州之敌有向两淮或向武汉逃跑可能。"①

接到中央军委的电报，粟裕进一步分析敌我态势，认为徐州之敌有不待黄维被歼灭就放弃徐州的可能，并且判断敌人突围有三个可能的方向：一是沿陇海路向东，经连云港海运南逃，优点是可以迅速摆脱被歼灭的命运，但要迅速解决装载三个兵团的船只和码头是困难的，如遭我尾击则会陷入背海作战的境地，有被全歼危险。二是直奔东南走两淮，经苏中转向京沪，优点是可避开我军主力，但这一路河川纵横，要经过水网地区，不便于大兵团、重装备行动，而且都是我老根据地，将陷入我地方军和民兵包围之中。三是沿津浦路西侧绕过山区南下，这一带地形开阔，道路平坦，便于大兵团、重装备行动，距黄维兵团又近，可以同李延年、刘汝明相呼应，南北对进，既可解黄维之围，又可集中兵力防守淮河，可谓一箭双雕，缺点是将遭到我两大野战军的强大打击。不过，敌人总是过高地估计自己的力量，走这一路的可能性最大。如果杜聿明与黄维会合，战场形势将发生不利于我的重大变化，所以是对我们威胁最大的一着。因此，在兵力部署上，要把重点放在敌人向西南逃窜这一种可能上。

粟裕的判断和部署于11月29日上报中央军委、刘陈邓和华东局。中央军委第二天复电指出："各项估计及意见均甚好。"②

正当粟裕根据上述判断调整北线部署的时候，中央军委发来电报，指出徐州蒋军"逃跑的方向以两淮或连云港两处为最大"，指令华野"必须马上有所准备"，"务使敌人不能向这两个方向逃跑"。

接到这个电报，粟裕感到左右为难。他虽然认为敌人不会由这两个方向逃窜，

---

① 《毛泽东军事文集》第五卷，军事科学出版社、中央文献出版社，1993年12月，第1版，第289页。
② 同上书，第295页。

但是中央军委已有明确指示，万一敌人真的从这两个方向逃窜，而自己部署失当，个人贻误军机且不说，势将影响同敌人进行战略决战。相信这个判断吧，如果杜聿明向西南走，与黄维会合，后果更难设想。经过再三分析比较，粟裕确认，徐州之敌走两淮和连云港的可能性不大。于是下定决心，把华野在北线的七个纵队部署于徐州以南津浦路东西两侧，把注意的重心放在西南方向。他认为，采取这样的部署，即使杜聿明集团向两淮或连云港方向逃窜，受地形条件的限制，逃跑的速度也不会快，我们也可以赶得上。

粟裕布下天罗地网，只待杜聿明集团来投。

11月28日，蒋介石急令刘峙和杜聿明到南京密商，决定撤出徐州，经徐州西南的永城转到淮河以北的蒙城、阜阳地区，然后依托淮河向北攻击，以解黄维兵团之围。杜聿明返回徐州，决定在11月30日全面发动佯攻以迷惑解放军，当天晚上秘密撤出徐州。

杜聿明对他这一手颇为得意，自吹以神速的行动决定了撤退大计。他对邱清泉、李弥、孙元良说："预料这次迅速决定撤退的行动是成功的。依照共军平日作战的规律，每经过一次激烈的战役，至少有两个月以上的休整。我看共军只可能有一小部分部队留置在徐蚌地区，切断我军的补给线并牵制我军的行动，决不可能在吃掉黄百韬兵团以后，还未曾消化得了，就有持续作战的能力。兵贵神速，这次撤退的行动正钻在他们大战后的间隙中，达成预定的任务，以退为守，以救出黄维兵团为目的。"①

11月28日这一天，正逢杜聿明的母亲七十大寿。蒋介石授意在上海、徐州为杜母祝寿。刘峙请杜聿明点戏，杜用手一点，二人相视哈哈大笑。

杜聿明点的是《空城计》。

然而，粟裕不是司马懿。

11月30日晚上，杜聿明刚刚撤出徐州，攻进徐州机场的华野第十二纵队就从机场空无一人的情况判断敌人已经撤出徐州。紧接着，各条渠道的情报纷至沓来：敌人已经撤出徐州，向西南方向逃窜。

粟裕立即作出追歼逃敌的部署，一面上报中央军委和刘、陈、邓，一面下令华野各个纵队火速追击。除了北线的7个纵队以外，加上从南线抽出的3个纵队以及从山东调来的渤海纵队，总共11个纵队，采取多路多层尾追、平行追击、迂回截击、超越拦击相结合的战法，全面兜围杜聿明集团30万人马。粟裕的部署是网开三面："你向西去也好，向北去也好，向东去也好，就是不让你向南。"他把可以集中的兵力都用在西南方向上，其他方向都唱"空城计"。到12月4日，只用五天时间，就把杜聿明集团30万人马团团包围在陈官庄地区，并于12月6日全部歼灭向西南方向突围的孙元良兵团。

在料敌如神、用兵神速的粟裕面前，杜聿明自以为得计的"空城计"唱砸了。

---

① 《淮海战役亲历记》，中国文史出版社，1996年1月，第1版，第95页。

华东野战军主力进入徐州。

这时,粟裕才松了一口气。"非常危险啊!"几十年后,粟裕谈到这次追击时说,"尽管我们估计到了他们的撤退方向,却没有想到他们撤得这么快。万一让他们30万部队撤到淮南,问题就大了。"

在粉碎敌人徐蚌线南北夹攻和追击杜聿明集团的同时,粟裕还时刻关注着围歼黄维兵团的作战,特别关心围歼黄维兵团的时间。当时刘、陈、邓估计,三天就可以全歼黄维兵团。粟裕根据打黄百韬的体会认为,黄维兵团被合围以后,我军难于以野战手段迅速达成全歼,势将转入以近迫作业为主的阵地攻坚战。黄维兵团比黄百韬兵团装备精良,战斗力较强,三天消灭它是不可能的。如果时间拖长了,杜聿明再跑出来,与黄维会合,仗就不好打了。因此,对围歼黄维兵团的时间要作足够的估计。他把这一点作为部署华野钳制、阻击作战的出发点。

12月1日,总前委与华野指挥部之间的电话接通。粟裕刚向陈毅问好,陈毅便打断他的话说:"你先不要说。我问你一个问题:你们打黄百韬用的是什么办法?"

原来围歼黄维兵团的战斗也遇到了围歼黄百韬兵团初期的问题,部队由运动战转为攻坚战,一时不能适应,进展较慢,伤亡较大。

粟裕说:"近迫作业啊!挖坑道,迫近敌人阵地,然后突然发起攻击,分割歼灭它。"他向陈毅详细介绍了华野在围歼黄百韬的战斗中改进战法,由运动战转为村落攻坚战的情况。

陈毅连说:"好!好!"转身对刘伯承、邓小平说:"你们都听到了吧?我看是好办法。"

这次通话以后，刘伯承、陈毅、邓小平决定，在围歼黄维兵团的战斗中，调整部署，改进战法，"立即使用华野之七纵、十三纵（预备队）加入进攻，其战法仍采用碾庄经验"①。

12月上旬，华野得到情报：武汉的宋希濂兵团将要东移浦口，向蚌埠开进；蒋介石派他的儿子蒋纬国带领装甲部队到达蚌埠，增援黄维兵团；杜聿明向蒋介石建议，抽调几个军空运蚌埠，与李延年、刘汝明合股北援。而当时华野和中野两大野战军分别在三个战场作战，兵力均感不足。粟裕认为，不论杜聿明的建议能否实现，即使只有宋希濂兵团赶到，我南线阻击部队必更吃紧。万一出乱子，势必影响对黄维作战。他估计围歼杜聿明集团还需要半个月到20天时间，可以首先集中兵力歼灭黄维兵团，然后再集中兵力歼灭杜聿明集团。

12月10日早晨，他和陈士榘、张震联名，把上述分析和意见上报刘伯承、陈毅、邓小平并中央军委、华东局，"建议再由此间抽出一部分兵力，以求先解决黄维"，然后"再集中华野解决杜、邱、李兵团"。②

刘、陈、邓接到粟、陈、张电报，立即通过电话与粟裕等人商定，由华野再抽三个纵队和炮兵一部参加对黄维的作战。当天晚上，就由华野参谋长陈士榘率领南下。出发之前，粟裕特别交代，缴获的武器装备，一支枪一粒子弹也不留，全部交给中野。

五天以后，12月15日，围歼黄维兵团的战斗胜利结束。

与此同时，华野又将李弥兵团歼灭近半，将邱清泉兵团歼灭三分之一。

在淮海战役过程中，特别是第二阶段作战中，已经深入到淮南敌后的华野先遣纵队发挥了重要作用。

这个纵队，是根据粟裕的指示，于1948年4月组建起来的，由华野司令部1个加强营侦察部队和第一、第四、第六3个纵队各抽调1个加强营组成。孙仲德任司令员，谭启龙任政治委员，华野司令部侦察科长严振衡兼参谋长。粟裕要求先遣纵队在组织上适应战略侦察和敌后斗争的需要，人员要精干，武器要精良。按照这个要求，所有干部一律降一级任职，师长担任团长，排长担任班长，战士则由正副班长和老兵充当，共产党员占百分之七八十。9月24日，粟裕建议举行淮海战役的同一天，就电令先遣纵队南渡淮河，进入淮南敌后开展游击战争，为大军南下和渡江作战创造有利条件。11月19日，在即将发起淮海战役第二阶段作战的关键时刻，粟裕电示先遣纵队，要他们坚持淮南敌后游击战争，以配合主力作战为中心任务，协同江淮军区部队破袭津浦路徐蚌段，切断徐州之敌南逃、宁汉之敌北援的通路，钳制李延年、刘汝明两兵团增援徐州杜聿明集团和黄维兵团的行动。

先遣纵队出色地完成了任务。他们把对津浦线的破袭战贯穿于淮海战役全过程，使蒋军始终未能发挥津浦路的作用，使李延年、刘汝明两兵团不能放胆北进，直接配合了围歼黄维和阻击李延年、刘汝明的作战。淮海战役结束以后，他们又

---

① 《淮海战役》第一册，中共党史资料出版社，1986年10月，第1版，第228页。
② 《粟裕军事文集》，解放军出版社，1991年7月，第1版，第428页。

与苏皖地方部队并肩作战，在津浦路两侧阻击南逃之敌，乘机解放了合肥以及江苏、安徽两省江北大小城市，并为后来的渡江作战作了必要的准备。

在淮海战役第二阶段，粟裕度过了他战役指挥上最紧张的时刻。华野一肩三副重担。作为华野代司令员兼代政委，粟裕深知肩上责任重大，不敢稍有松懈。战场情况复杂多变，上下左右对战局的估计和处置不同，要求他独立地作出判断，设计应付各种情况的对策，频繁调整部署，及时转用兵力。特别是黄维兵团已被围住，杜聿明集团未被围死的时候，中央军委指令华野立即歼击李延年兵团，这使他感到极度紧张。他担心打上了李延年，而围歼黄维的战斗不能迅速结束，北线七个纵队又难以完成围歼杜聿明的任务。当时主攻战场与阻援战场相距只有五六十公里。如果让杜聿明与黄维打通联系，将给全局带来难以预料的后果，势必影响把蒋军主力歼灭在长江以北的战略意图的实现。为此他日夜守候在指挥所里，密切注视战局的发展，设想临机处置的方案，度过了极度紧张的七天七夜。后来，李延年行动不积极，我军一动，他就后缩，没有打上。粟裕说："幸亏没有打上，当杜聿明突围时我们才得以从南线抽调3个纵队，与北线的7个纵队，加上刚刚南下的渤海纵队，共11个纵队，一起参加兜围。在使用兵力上已经达到极限了。"

粟裕当年身边工作人员回忆：打起仗来，粟裕几天几夜不睡觉是常有的事。他六次负伤，两次伤在头部，有块弹片一直留在头颅内。战伤的后遗症和过度的劳累损伤了他原本健壮的身体，刚到中年就患有高血压、肠胃病和美尼尔氏综合症，经常头晕头痛，靠戴着健脑器工作。高血压、美尼尔氏综合症发作时，血压高达180至200毫米水银柱，戴上健脑器也不起作用，他就冒着大雪纷飞的严寒，一次又一次地用冷水浇头。身边工作人员问他："首长，你头痛起来是什么感觉？"他说："啊呀，不好受。头昏目眩，恶心呕吐，每根头发都像针扎一样，手都不敢碰。"在追击杜聿明的时候，有几天实在支持不住了，他不得不躺在担架上指挥。身边工作人员说："粟司令就这样靠坚强的毅力坚持思考和指挥，这是常人难以想象的，是医学上的奇迹。要知道什么是无私奉献、忘我工作吗？粟司令就是活的榜样！"

五、再献解决百万人吃饭问题良策。
总前委第一次全体会议策划即将到来的渡江作战。

粟裕指挥华野11个纵队完成对杜聿明集团的包围以后，就把他的指挥所向前推进到紧靠包围圈的蔡凹。

蔡凹位于安徽萧县和河南永城交界处，是黄淮平原上一个普通农村。粟裕的指挥所设在小村北部一座土坯砌成的北房里。窗前有一棵枝干光秃的石榴树。

这些天来，粟裕心情轻松愉快。他给杜聿明集团设置的包围圈，纵深阵地一般有六七层，最浅的地方也有五层。杜聿明集团30万大军已如瓮中之鳖。

12月12日，毛泽东为中央军委起草致刘、陈、邓、粟、谭的电报，提出："黄维歼灭后，请刘、陈、邓、粟、谭五同志开一次总前委会议，商好在邱李歼灭后的休整计划，下一步作战计划及将来渡江作战计划，以总前委意见带来中央。"①

自 11 月 16 日中央军委决定成立总前委以来，总前委还没有开过一次全体会议，刘、陈、邓与粟、谭之间只靠电报电话联络和协商。

12 月 17 日，总前委第一次全体会议在蔡凹华野指挥部举行。粟裕为这次会议作了周密的准备，安排会场和刘、陈、邓、谭及其随行人员的住房，派参谋到濉溪公路交叉口迎接，还特地派人到符离集买来两筐烧鸡。

当天晚上，刘、陈、邓来到蔡凹。老首长老战友久别重逢，分外亲热，互相问候，笑声不断。

粟裕和刘伯承已有 17 年没有见面了。17 年前，刘伯承是中央红军学校的校长兼政委，粟裕由红四军参谋长调到学校任学员队队长。相处时间虽然不长，但都留下了深刻的印象。粟裕紧紧握住刘伯承的手说："刘校长，我们有 17 年没见面了！"

"啊，对，对。那时你才 20 多岁，现在都胡子八茬了！哈哈哈哈……"

陈毅与粟裕分别刚过半年，看到粟裕比过去更加消瘦，让随行医生马上给他检查身体。医生心痛地说："粟司令，看你瘦成这个样子！"

粟裕笑笑说："打完这一仗，就可以休息一下了。"

总前委会议从 17 日晚上开始，18 日结束。因为淮海战役的下一步作战歼灭杜聿明集团已是稳操胜券，所以着重讨论了未来的渡江作战和部队整编问题，并且决定由粟裕和张震负责起草渡江作战计划。第二天，刘伯承和陈毅就携带总前委的意见到西柏坡中共中央开会。

在淮海战役第二阶段，粮食供应成了关系战役胜负的一个关键问题。华野、中野两大野战军和地方部队、支前民工云集豫皖苏第三分区狭小地区内，吃饭人数达到一百三四十万人，还不包括不断增加的俘虏。由于战线迅速西移，部队调动频繁，加上华东、华中、中原和冀鲁豫四个根据地之间没有统一的协调机构，使粮食供应遇到了前所未有的困难。早在 11 月 23 日，中央军委提出"隔断徐蚌歼灭刘峙主力的总方针"时，就指出："解决粮食问题是实行此项总方针的重要环节。"②

粟裕及时地抓住了这个问题。12 月 15 日，他发电报给邓子恢、李达并报刘伯承、陈毅、邓小平、华东局、中央军委，建议召开一次包括华东、中原、冀鲁豫、华中四方面代表的联合支前会议，统筹解决粮食及其他支前问题。在这个电报中，他把定性分析和定量分析结合起来，不仅从宏观上分析了整个战役粮食供需形势，而且从微观上精确计算和设计了解决问题的办法。精确到把毛粮和加工粮加以区分，注意到各个解放区使用的计量标准不同，每斤从 13 两 6 钱到 14 两 4 钱、16 两不等。他认为，为了有力地解决这个问题，必须"由统一支前机构在总前委意图下通盘筹划"，在供应制度上实行五个统一：斤两统一，粮票统一，粮食折合率统一，粮弹运输能力统一调剂，新区就地借粮政策统一。他建议迅速召

---

① 《毛泽东军事文集》第五卷，军事科学出版社、中央文献出版社，1993 年 12 月，第 1 版，第 382 页。
② 同上书，第 267 页。

总前委成员在蔡凹华野指挥部合影。左起:粟裕、邓小平、刘伯承、陈毅、谭震林。

开四方联合支前会议,建立统一的支前机构,统筹解决粮食供应问题。①

毛泽东说过:如果不考虑战争消耗,不考虑几百万人的吃饭穿衣,就不是战略家。粟裕不仅考虑到了这个问题,而且提出了解决这个问题的具体办法。这份电报表明,他如何把战略家的宏图大略与科学家的严谨求实很好地结合起来。

中央军委和总前委采纳了粟裕的建议,指定由刘瑞龙、傅秋涛主持,于12月26日至29日在徐州召开有四个解放区和华野、中野代表参加的联合支前会议,进一步明确了各个解放区的支前任务和分工协作办法,顺利解决了淮海战场面临的粮食供应等问题。这次会议以后,各地支前工作步调一致,互相配合,不仅对争取淮海战役的最后胜利提供了有力的保障,而且为战后部队休整以及渡江作战创造了有利条件。

粟裕有一句名言:依靠人民群众,不是一句美丽动听的政治口号,而是战略思想。据完全统计,在淮海战役中,参战支前的民工多达543万人,还有100多个民兵团执行战地勤务和保卫后方安全,相当于参战部队人数的10倍。此外,还有广大人民群众作为坚强后盾。他们在"一切为了前线,一切为了胜利","解放军打到哪里,我们就支援到哪里"的口号下,出动大小车88.1万辆、担架22.6万副、扁担35.5万副、船8539只、牲畜76.7万头,把数量庞大的粮食、弹药等物资及时运送到前线,单是粮食一项就有9.6亿斤,对争取战争胜利提供了有力的物资保障。到淮海战役结束时,前方尚存余粮2000多万斤。粟裕晚年专门写了一篇回忆人民群众支援解放战争的文章,热情称赞人民群众是"真正的铜墙铁壁"。他说:"华东的解

---

① 《粟裕军事文集》,解放军出版社,1989年7月,第1版,第442—444页。

放,特别是淮海战役的胜利,离不开山东民工的小推车和大连生产的大炮弹。"

在淮海战场上,国共正规部队人数对比是80万比60万,人民解放军在数量上居于劣势。许多人,包括斯大林、蒙哥马利在内,对于人民解放军用60万人打败国民党军队80万人感到迷惑不解。他们不知道,在60万后面还有500多万支前大军,有亿万人民群众作坚强后盾。依靠人民战争这个法宝,有力地改变了敌我力量的对比,陷敌人于人民战争的汪洋大海之中。粟裕说:"在计算我方有生力量时,不能单纯地计算主力部队,而应包括地方武装。过去很多人认为红军很神秘,兵的数量少、武器坏,对付强大的优势的敌人却能打胜仗,就是因为他们没有把群众算在里面,没有把地方武装算在里面。"所以他强调指出,依靠人民群众是人民战争的战略思想。①

六、军事攻势与政治攻势齐显神威。杜聿明集团30万大军土崩瓦解。

淮海战役进入第三阶段以后,粟裕认为形势已经完全明朗,我军已占绝对优势,杜聿明已成了瓮中之鳖,绝对逃不脱被全歼的命运。现在的问题是从战争的全局来考虑,在什么时间发起总攻最为有利。

12月11日,中央军委为了稳住平津地区的傅作义部队,不使蒋介石迅速决策海运平津诸敌南下,准备令刘、陈、邓、粟在歼灭黄维兵团之后,留下杜聿明集团余部,"两星期内不作最后歼灭之部署",以使平津、淮海两大战役互相配合。12月14日电示粟裕:"你们围歼杜邱李各纵,提议整个就现阵地态势休息若干天,只作防御,不作攻击。"②

粟裕认为,中央军委的英明决策给淮海战场造成了一个极好的机会,既可利用这个时间组织部队休整,又可乘机对敌人展开政治攻势。根据粟裕的指示,华野司令部和政治部立即作出部队休整计划,发出对敌人展开政治攻势的指示。

在部队休整中,他们运用华野政治工作的"三大创造",广泛开展"立功运动"、"评定伤亡"和"即俘即补"等活动,进行战前练兵,总结经验,补充兵员,整顿组织,养精蓄锐,准备决战。经过20天的休整,华野各个纵队兵员充实,装备改善,战术提高,士气上升。特别是在"溶化俘虏"基础上发展起来的"即俘即补"大显神威,取得了令人惊奇的成绩。许多国民党军队士兵,原本是被"抓壮丁"抓来的劳动人民,经过"诉苦教育",提高了阶级觉悟,立即掉转枪口参加战斗,连军服也来不及换。为此,粟裕决定赶制10万顶军帽发给"解放战士",以便识别敌我。到淮海战役最后阶段,华野部队中的"解放战士"达到总人数的80%。以至有人说笑话:在淮海战场上,是"共产党指挥的国民党军队同国民党军队作战"。华东野战军经过这场大决战,不仅没有减员,反而更加壮大。淮海战役开始

---

① 《粟裕军事文集》,解放军出版社,1989年7月,第1版,第47页。
② 《毛泽东年谱》下卷,人民出版社、中央文献出版社,1993年12月,第1版,第416—417页。

时，华野总人数为36.9万人，战役过程中伤亡10.5万人，战役结束时增长到55.1万人。增长的部分，除了补充几个地方团以外，主要是补进"解放战士"。

对敌政治攻势更是大放异彩。除了反复广播毛泽东起草的《敦促杜聿明等投降书》以外，粟裕还亲自主持起草致杜、邱、李的劝降信。

这封劝降信写道："贵军现已粮弹两缺，内部混乱，四面受围，身陷绝境。希望增援乎？则黄维兵团已被歼大半，即将全军覆没，李延年、刘汝明兵团已被我追阻于蚌埠以南，南京方面正忙于搬家，朝不保夕。希望突围乎？则我军已布下天罗地网，连日事实证明无望。继续抵抗乎？则不过徒作无益牺牲，必然与黄百韬遭受同一命运。语云：识时务者为俊杰。望三思之。时机紧迫，希早作抉择。"

广大指战员创造了许多攻心战法，阵地广播、释俘劝降、发射传单、给蒋军士兵送饭等等，造成了"四面楚歌"的强大声势，促进了蒋军的动摇和瓦解。华野包围圈越缩越紧，蒋军阵地越来越小，蒋军空投物资大量落在华野部队手中。加上"天不佑蒋"，时值严冬，北风呼啸，大雪纷飞，蒋军官兵饥寒交迫，把包围圈内老百姓的门窗甚至棺材板都烧光了，把麦苗、树皮、马皮等一切可以吃的东西都吃光了。为了争夺吃的，蒋军官兵互相残杀，甚至活埋伤兵。蒋军士兵和下级军官纷纷携械投降。在华野发起总攻以前的20天内，蒋军被毙伤、瓦解10余万人，其中整连整营投降的就有1.4万余人。到华野发起总攻时，杜聿明集团的30万人马只剩下了不足20万人，只用4天时间就被全部歼灭了。粟裕说："敌人最后被解决得这样快，应该归功于政治攻势的成功。四天四夜还不到，就歼敌十多万，平均每天歼敌四五万人。如果没有政治攻势，最后解决敌人不会这样快，我军的伤亡一定还要大些。证明攻心为上是正确的。"[①]

从1948年底到1949年初，蒋介石和杜聿明加紧策划突围。杜聿明一再向蒋介石建议，用集中兵力决战的办法，保存长江以北的部队，认为靠现有力量突围是下策。可是处于内外交困中的蒋介石，既无机动兵力可调，又因内部矛盾有兵也调不动，不得不下令杜聿明突围，并且悍然下令使用毒气弹。杜聿明集团奉命行动，左冲右突，四处碰壁，寸步难移，最后决定孤注一掷，分头突围，自寻生路。

华野指挥机关很快就侦察到敌人的动向，估计杜聿明可能突围。粟裕说："杜聿明现在是内无粮草，天天挨炮，外无援兵，天天减员。天也和他作对，飞机只能高空飞行。因此，敌人见天上地下来援的希望越来越渺茫，可能企图拼死突围。虽然敌人是关在笼内的老虎，但要准备他逃出笼来打。"决定乘敌人调整部署、兵慌马乱之机，于1月6日发起总攻。

摧枯拉朽，风卷残云。从1月6日16时到1月10日16时，经过四昼夜96小时激战，华东野战军全部、干净、彻底地歼灭了杜聿明的徐州"剿总"前进指挥部和邱清泉、李弥2个兵团残部近20万人，生擒杜聿明，击毙邱清泉，只有李弥化装潜逃。

---

① 《粟裕军事文集》，解放军出版社，1989年7月，第1版，第454页。

■ 杜聿明集团全军覆没，大批俘虏被押出战场。

至此，蒋介石集团的"五大主力"消灭殆尽。新一军、新六军消灭在东北战场，整编七十四师消灭在孟良崮，第五军、第十八军消灭在淮海战场。

历时 66 天的淮海战役大获全胜，共歼灭国民党 1 个"剿总"司令部、5 个兵团、22 个军、56 个师共 55.5 万人，基本上歼灭了蒋介石在长江以北的精锐部队，解放了华东、中原广大地区，取得了解放战争的决定性胜利，为人民解放军渡江南进、解放全中国奠定了胜利基础。

七、毛泽东说：淮海战役，粟裕同志立了第一功。

1948 年 5 月，中共中央决定采纳粟裕的建议，集中兵力在中原黄淮地区打大仗的时候，提出用 4 至 8 个月歼敌五六个至十一二个正规旅（师）的任务。从那时起，到淮海战役结束，正好 8 个月，粟裕指挥的华东野战军消灭了国民党正规军 62 个旅（师），是中央军委提出的最高指标 12 个旅的 5 倍多，实现了把国民党的主力部队尽可能多地消灭在长江以北的战略构想，把蒋介石王朝赖以生存的"命根子"基本上打掉了。

淮海战役是粟裕建议发起的。在战役发展的关键时节，特别是在演变为南线战略决战的关键时刻，他都提出了重要的建议，对中央军委作出正确的战略决策起了举足轻重的作用。

粟裕指挥的华东野战军 17 个纵队加 1 个军（包括先遣纵队和第二阶段以后参战的渤海纵队与第三十五军，不包括暂归华野指挥的中野第十一纵队），以及江淮军区、豫皖苏军区、冀鲁豫军区部队，共 42 万人，占淮海战役我军参战兵力总数的 70%。

粟裕直接指挥的华东野战军歼灭敌人1个"剿总"前进指挥部、4个兵团、18个军共44.3万余人（包括起义投诚4.4万余人），占淮海战役歼敌总数的80%。

粟裕指挥的华东野战军越战越强，由战前的36.9万人发展到55.1万人。在新成分大量涌进的情况下，士气高昂，装备改善，战术进步，战斗力不断提高。

八个月来的战局发展，正如粟裕所预料的，人民解放军在政治上战略上已经取得优势的基础上，再取得数量上技术上的优势，战争形势即可急转直下，也将推动政治局势的迅速发展，革命的全国胜利即可迅速到来。

谈到淮海战役的特点，粟裕说："在战役上我们是劣势，是以少胜多，在战术上是以多胜少。当时我们中野和华野加起来不过60万人，而国民党军在徐州地区的兵力有70多万，将近80万。兵力上装备上我们都是劣势，我们却打了胜仗，兵力还越打越多。"三大战役相比，辽沈战役解放军以70余万对国民党军55万，歼敌47.2万人；平津战役解放军以100万对国民党军60余万，歼敌（包括改编）52.1万人，都是以多胜少；唯独淮海战役是解放军以60万对国民党军80万，歼敌55.5万人，创造了古今中外战争史上的奇迹。

在创造这个奇迹过程中，粟裕在战略决策和战役指挥两方面都作出了独特的贡献，并且在实践中丰富和发展了毛泽东军事思想，特别是大兵团作战的指挥艺术。

淮海战役歼敌人数超过第二次世界大战中苏联军队进行的莫斯科会战和库尔斯克会战（两战均歼德军50万人）。斯大林得知淮海战役胜利的消息，在笔记本上写道："60万战胜80万，奇迹，真是奇迹！"1951年，斯大林派尤金到中国了解淮海战役情况，对他说：淮海战役打得很成功，是中国革命战争史上的奇迹，也是世界战争史上少有的。这个战役值得我们学习研究，也值得世界各国人民学习研究。你到中国帮我办一件事，就是收集研究淮海战役胜利的原因。尤金到中国后，向毛泽东转达了斯大林的要求。毛泽东说：这个战役是粟裕同志在济南战役快结束时提出来的，中央军委确定了方针、原则和战役的兵力部署，战役的具体指挥是总前委的刘伯承、陈毅、邓小平、粟裕、谭震林五位同志。

毛泽东在1949年的一次谈话中还说：

*淮海战役，粟裕同志立了第一功。*①

这是一个经得起实践检验的历史结论。

---

① 李银桥：《在毛泽东身边十五年》，河北人民出版社，1991年6月，第1版，第117页。

第十九章　军政全胜过大江

一、稳操胜券的京沪杭战役部署。周密组织渡江作战各项准备。

1949年8月28日下午4时，毛泽东在中南海接见华东海军人员时发表谈话，从中国人民解放军的发展历程谈到结束不久的渡江战役，谈到粟裕在渡江战役中的作用。他说："中国人民解放军在开始创造的时候和受到挫折以后，总有些人没有信心。过后发展了，又胜利了，他们又有信心了。就这样，从无到有，从小到大，从弱到强嘛！"又说："对于渡长江也是一样，开始我们许多同志对于突破蒋介石的长江防线也是缺乏信心的，粟裕他们几个同志有信心。结果，又是我们胜利了，而且比预想的要顺利，要快。"

对中国历史了如指掌的毛泽东深知，长江是名副其实的"天堑"。他说："长江不是个阴沟，而是阳沟，过长江不容易。"① 在中国战争史上，对于进攻者一方来说，渡江之战历来败多胜少。从三国赤壁之战、宋金采石之战到西晋灭吴之战，历次渡江之战的经验教训说明，无论进攻与防守，无论胜利与失败，长江天险并非决定因素，关键在于战略指导的正确或错误。

在渡江战役开始之前，蒋介石集团曾经梦想依靠长江天险阻止人民解放军前进。他们说："长江自古天险，曹操、苻坚都渡不过来，何况共产党，除非他们是天兵天将。"这一次，他们又打错了算盘，中国共产党领导的人民解放军一夜之间就突破了蒋介石自吹"固若金汤"的千里江防，百万雄师过大江，宣告延续22年之久的蒋家王朝破产，创造了战争史上的奇迹。实践再次证明，决定战争胜败的关键是战略指导和战役指挥的正确与否。

粟裕晚年谈到渡江战役时说：渡江不紧张，国民党的江防算不了什么，那时我们的火力已经超过并压倒敌人了。当然，我们在战术上和具体部署上是很重视很周密的。

---

① 《粟裕军事文集》，解放军出版社，1989年7月，第1版，第452页。

粟裕对渡江作战的必胜信念，是建立在对敌我战略态势的科学分析和丰富实践经验基础之上的。抗日战争期间，他曾经在南京至江阴段三次成功地率军渡江。1940年，他率领新四军江南指挥部主力部队渡江北上，执行开辟苏北、发展华中的战略任务。1944年，他率领苏中主力部队和地方干部近万人分两路渡江南下，执行向苏浙皖边发展的战略任务。1945年抗日战争胜利以后，他率领苏浙军区部队和地方干部六万余人分批渡江北进，贯彻执行"向北发展，向南防御"的战略方针。那三次渡江，都是在敌强我弱的形势下，采取出其不意、避实就虚的战法，选择敌人的薄弱部位偷渡。粟裕从三次渡江的实践中体会到，长江并不是不可逾越的防线。这一次是粟裕第四次率军渡江作战，他已有成竹在胸，并且进行了长达十个多月的准备。

粟裕认为，即将进行的渡江战役，是在南线战略决战胜利，把蒋介石的精锐部队歼灭在江北以后进行的，与中共中央1948年初设想的渡江南进大不相同。一是形势任务不同。那时，中共中央决定渡江南进的目的是将战争引向国民党深远后方，调动中原战场国民党军队20个到30个旅回防江南，以扭转中原战局，发展战略进攻。现在，人民解放军已发展到358万人，解放区总人口达到约2亿人，在政治上、战略上、数量上和技术上都取得了优势，而蒋介石赖以发动内战的精锐主力部队已被消灭殆尽，残存的作战部队仅有146万人，国民党反动集团在军事上、政治上、经济上都已濒临总崩溃境地。人民解放军"全国作战的总任务，是打过长江去，解放全中国，摧毁国民党统治机构与残余军事力量"。① 二是斗争更加复杂。这次渡江作战是在国共两党重开和平谈判的政治背景下进行的。蒋介石玩弄"求和"、"引退"阴谋，企图保住江南半壁江山，伺机卷土重来。长江沿岸，特别是京沪杭地区，是国民党反动统治的政治、经济中心，也是帝国主义侵略中国的重要基地，对战后新中国的建设具有举足轻重的作用。这次渡江作战不是单纯的军事行动，而是军事斗争与政治、经济、外交斗争相结合的复杂斗争。它不仅要与国共两党的和平谈判密切配合，而且要准备对付帝国主义者可能的武装干涉；不仅要在军事上打败敌人，还要在政治上打垮敌人；不仅要取得战争的胜利，还要考虑到战后的经济恢复和建设问题。三是作战方法不同。这次渡江作战，是在人民解放军占有强大优势条件下，采取以实击实的战法，大部队公开地、宽正面地强渡。作战地域之广阔，参战兵力之众多，作战方式之复杂多变，不仅在解放战争史上是空前的，在中国以至世界战争史上也是罕见的。仅第三野战军参战部队就有65万人，担负着700余公里正面、300余公里纵深的作战任务，既有江河进攻战，又有野战追歼战，更有解放战争中最大的城市攻坚战，要求进行更充分、更扎实、更科学、更严密的准备。

华东野战军渡江作战的准备工作，早在1948年初就开始进行了。那时，粟裕虽然建议并经中共中央批准暂不渡江南进，但并没有放松渡江南进的准备。他组

---

① 《粟裕军事文集》，解放军出版社，1989年7月，第1版，第455页。

建了渡江先遣纵队,先后派出几百名干部到沿江地区开展工作,一个加强营和 200 余名干部到皖南,请东北解放区代为购置了一批改装木船为汽船的引擎。济南战役结束当天,粟裕就指令渡江先遣纵队南进到淮河以南、长江北岸,后来又派出几个加强营到皖中、苏中地区,在中共地方党组织和游击队配合下,广泛发动群众,进行调查研究,侦察沿江敌情,勘察沿江地形,对长江渡口、水文以及相连的河湖港汊进行了详细勘测并绘制成图。这些工作,对于制订正确的作战方案、保证大部队顺利渡江起了重要作用。

淮海战役一结束,粟裕就把精力集中到渡江作战上来。他分析敌我战略态势,反复思考渡江作战方案,加紧进行各项准备工作。

1949 年 1 月 8 日,中共中央政治局会议通过毛泽东起草的《目前形势和党在一九四九年的任务》的决议,决定"几个大的野战军必须休整至少两个月,完成渡江南进的诸项准备工作。然后,有步骤地稳健地向南方进军"。1 月 12 日,中央军委电示华野和中野休整两个半月,"完成渡江作战诸项准备工作,待命出动"。

1949 年 1 月中旬,根据中央军委关于统一全军编制、番号的决定,华东野战军进行整编,改称第三野战军,下辖第七、第八、第九和第十的 4 个兵团、16 个军、1 个特种兵纵队,粟裕任副司令员兼第二副政委,在陈毅司令员兼政委不在三野期间,仍担任代司令员兼代政委职务,并主持三野前委工作。

■ 第三野战军代司令员兼代政委粟裕在渡江战役前夕。

2 月兼任华东军区副司令员。3 月任中共中央华东局常委委员。2 月 9 日,粟裕以代司令员兼代政委名义颁发第三野战军各兵团、军师编制序列番号命令。

1 月 19 日至 26 日,粟裕主持召开第三野战军前委扩大会议(亦称第一次贾汪会议),传达贯彻中共中央政治局 1 月 8 日会议精神,着重部署了渡江作战的准备工作。粟裕在《淮海战役的伟大胜利和华野一九四九年六大任务》的报告中指出:"淮海战役以后,中央给我们新的光荣任务:打过长江去,解放全中国。我们两个月休整,一切是为了打过长江去,一切是为了如何渡过长江。能不能顺利地打过长江,决定于此次休整的好坏。如果休整不好,则过江困难;如果休整得好,则渡江容易。过江不能光凭勇敢,还有许多技术问题、思想问题、物质准备问题,都要解决"。"现在蒋介石'引退'了,敌人内部混乱不堪,正是我们发起冲锋打倒敌人的最好机会。因此,休整时间也可能缩短。""毛主席说,再有一年左右可以从根本上打倒国民党。如果打得好一些,时间还要缩短。只要渡江准备早日完成,在京沪地区进行一两个战役,也许年底就结束全国战争。"他指出,必须适应战争发展的要求,加强部队的正规化现代化建设。今后作战规模更大,更需要高度集中,与兄弟兵团密切协同,必须遵照统一的编制、番号、制度条令、法规手续行事,不得自作主张,各自为政。要组织部队学习新的作战方法,针对南方山地多、河川多、森林多、雨水多、道路少的特殊情况,学会河川战、山地战以及雨季作战的方法。要培养大批新干部和技术人才,组织部队学习使用新式武器,来制服敌人可能使用的军舰、坦克、飞机和喷火器等现代武器。他还强调指出,在京沪杭地区作战,更要正确执行党的各项政策,严肃群众纪律,把做群众工作看做与歼灭敌人同等重要的任务,不仅要用枪杆子去消灭敌人,而且要用政治工作去消灭敌人,争取军政全胜。①

这次会议以后,第三野战军渡江作战的准备工作随即全面展开。首先是政治思想准备,广泛深入地进行以"将革命进行到底"为中心的形势任务教育,新区政策、城市政策和纪律教育,以及与江南地方党组织和游击队会师的教育。其次,展开全面的战役战术侦察活动,组织军师干部率领侦察队到江边侦察,调查预定渡江地段的敌情、地形、水情、天候,为制订渡江作战计划提供依据。第三,进行以强渡长江作战为重点的战术技术训练,召开战术研究会,研究山地、河川作战特点和战术技术问题。第四,协同地方党政机关筹集船只,动员船工、渔民随军参战,按照突击、火力、运输三种船队分别编组训练。第五,协同地方党政机关开展大规模的支援前线工作,筹集粮草,修复道路,疏河开坝,组织庞大的群众支前队伍。

1月中旬,经中央军委批准,第三野战军一个兵团南下。第三野战军各部和苏皖地方部队先后解放蚌埠、合肥、扬州,席卷江北,饮马长江,直接威胁国民党统治中心南京。

蒋介石面对军事上节节败退、政治上众叛亲离的形势,被迫宣告"引退",将总统职务交给副总统李宗仁代理,国民党政府宣布以中共中央所提八项条件为基础进行和平谈判;同时加紧部署长江防御体系,从上海到宜昌的1800公里战线上摆出一字长蛇阵,由汤恩伯、白崇禧两大集团70万人马加上2个海军舰队、4个空军大队担任长江防务,企图阻止人民解放军渡江南进,保住江南半壁江山,伺机卷土重来。

2月3日,中共中央电示:国民党有在京沪线组织抵抗及放弃该线将主力撤至浙赣路一带之两种可能,我们必须有应付两种可能的准备。"如果证明今后国民党仍然采取在京沪组织坚决抵抗方针,则我应按原计划休整至三月底止(华野、中野)准备四月渡江,否则我应作提前渡江一个月行动准备。华野、中野应休整至二月底止,准备三月即行渡江作战,占领京沪地区。"粟裕立即作出部署,指令三野各部加速完成整编和渡江准备工作。

2月9日,粟裕到河南商丘参加总前委会议。这次会议,根据中共中央2月3

---

① 《粟裕军事文集》,解放军出版社,1989年7月,第1版,第452—467页。

日电示讨论和决定了渡江作战部署。一致认为,渡江时间以在3月半出动,3月底开始渡江作战为最好。战役部署,确定以三野四个兵团和二野一个兵团为第一梯队,三野四个兵团分别在江阴、扬州段,南京东西段,芜湖东西段,铜陵、贵池段展开,二野一个兵团在安庆东西段展开。二野另两个兵团除以一个军进至黄梅、宿松、望江段佯动外,其余五个军作为总预备队。建议第四野战军三个军约20万人迅速南下,于3月底进至武汉附近,牵制白崇禧,配合三野、二野作战。总前委提出,渡江作战"预定的突破重点位置,拟在芜湖、安庆地段"。至于张黄港至三江营地段,究竟是作为重点突破地段,还是作为辅助突破地段,要熟悉该地情况的粟裕作进一步考虑,作出决心和部署。总前委当天就将会议讨论意见报告中央军委和华东局。中央军委2月11日复电指示:"同意你们三月半出动,三月底开始渡江作战的计划,望你们按此时间准备一切。"同时决定:"总前委照旧行使领导军事及作战的职权,华东局和总前委均直属中央。"①

粟裕把选择突破地段与向纵深发展攻势、迂回包围歼灭敌人联系起来,经过几天深思熟虑、反复测算,认为应当把三江营至张黄港段亦作为重点突破地段,并且设计了东集团和中集团渡江后东西对进围歼逃敌以及调整兵力部署的方案。他的意见得到总前委其他委员的一致赞同。

2月12日晚上,粟裕到三野作战室系统地谈了他对渡江作战的设想。他认为,大军渡过江去困难不大,主要问题是渡江后必须抓住敌人,大量歼灭敌人有

■ 总前委部署渡江战役的张菜园会议。右起:前排陈毅、康生、邓小平、饶漱石、刘伯承,后排粟裕、宋任穷、谭震林、张际春。

① 《毛泽东军事文集》第五卷,军事科学出版社、中央文献出版社,1993年12月,第1版,第500页。

生力量。他说："三野突破江防后，第一步是包围歼灭南京、芜湖、镇江之敌，周密组织东线（东集团）四个军由三江营至张黄港段突破江防成功，切断京沪铁路，楔入京沪敌人之间，对于协同西线（中集团）合围南京地区之敌，至关重要，对整个战役极为有利。东集团渡江后与敌争夺京沪铁路的战斗比较艰苦，无论如何也要排除困难，坚决打好这一仗，把汤恩伯集团拦腰切成两段。根据敌人江防纵深力量单薄这一致命弱点，也是完全可以达成这一任务的。"他指出，长江芜湖至江阴段向北弯曲成为弧形，是实施钳形突击、达成战役合围的有利条件。估计国民党是不会轻易放弃南京的，只有在我军钳击攻势严重威胁之下才会撤离。敌人撤退的方向，首先是利用京沪铁路向上海逃窜；如果我东线主力迅速切断京沪铁路，敌人则会沿京杭公路向杭州方向逃跑。他反复测算东、中两集团渡江后东西对进合围敌军的距离，以及南京、芜湖、镇江之敌可能逃跑的路线和行程：东集团渡江后，直指无锡、漕桥的太湖边，只有40至50公里行程，战斗顺利约2至3天，如果江阴要塞策反成功则只要1至2天，就可以切断南京至上海的通道；中集团渡江后，东进至广德、长兴地区约150至220公里，战斗顺利约5天就能切断南京至杭州的通道。南京至广德、长兴约140公里，如果敌人向杭州逃跑，行程约需4至5天，加上受到我军阻击，还要通过部分山区，前进速度会受到一定影响。敌人定下逃跑的决心至少要晚于我军渡江1至2天。因此我军先期到达或与敌军同时到达长兴、广德地区的可能是存在的。如果东集团战斗顺利，向宜兴、溧阳方向挺进，切断京杭公路，将先于西线部队。根据上述分析判断，粟裕主张把东线的三江营至张黄港段亦作为重点突破地段。他准备亲自指挥东集团作战。为了更好地发挥各个部队的特长，在兵力部署上作适当调整，把熟悉苏中、苏南情况的第二十三军、第二十军由中集团调到东集团，把熟悉苏浙边区和皖南情况的第二十四军、第二十五军由东集团调到中集团。这些部队不仅对当前战场情况了如指掌，而且与当年的根据地人民骨肉情深，更有利于完成作战任务，发挥人民战争的总体威力。粟裕指示作战股长按照这个设想起草京（指南京；本章下同）沪杭战役预备命令预案。

2月19日，在三野前委扩大会议（亦称第二次贾汪会议）期间，粟裕主持召开有各兵团各军首长参加的作战会议，讨论了京沪杭战役预备命令预案，陈毅也到会作了指示，形成《第三野战军京沪杭战役预备命令》（京字第1号）。2月20日以司令员兼政治委员陈毅、副司令员兼第二副政治委员粟裕、副政治委员谭震林、参谋长张震的名义发布。

预备命令指出："本野战军受命自沪、宁（南京）、芜（湖）安（庆）段强行渡江，首求割歼京沪及芜湖沿线之敌，夺取京沪杭要地，打下继续配合兄弟兵团向南进军之基础。"对四个兵团的作战任务、战斗序列、集结位置和开进时间作了具体规定，要求各部在3月15日以前到达渡江作战集结位置。三野指挥机关进至高邮地区，战役发起时再往前靠，以加强东线渡江作战指挥。

后来的实践证明，粟裕主持制定的第三野战军京沪杭战役作战方案完全符合战役发展的实际情况，是一个稳操胜券的战役构想。

第三野战军各部按照预备命令的要求,从2月下旬开始分路南下,3月12日前陆续到达长江北岸集结位置,紧张有序地进行战前准备。

首先是传达贯彻中共七届二中全会精神,继续深入进行形势、政策和纪律教育,树立军队是战斗队又是工作队的思想,为进入南京、上海、杭州等大中城市作好思想准备。为此颁发《入城三大公约十项守则》命令,要求各级军政机关教育所属部队指战员人人了解、个个熟记、切实遵行。

继续征集渡船,训练水手,开辟渡船进入长江的水道。经过一个多月的努力,收集到各种类型的木船8000余只,自制了一部分汽船和运送火炮、车辆、骡马的竹筏和木排;动员了1.9万余名船工,每个兵团还抽调有撑船和游泳经验的指战员各训练了1000至2000名水手;开辟了从湖泊通向长江的引河,船只隐蔽集结在江堤之下。

组织部队进行渡江作战的战术技术训练,利用湖泊及内河进行航渡和突破滩头阵地以及水上射击、打击敌舰等战术技术训练,并利用暗夜在长江中试航,有些突击团还在江中进行适应性训练,使许多不习水性的指战员由"旱鸭子"变成了"水上蛟龙"。

指令各军派出侦察部队先期渡过长江,初步掌握了江岸地形、水情、敌情和敌舰活动规律等情况。有的兵团还派干部率领小部队偷渡到长江南岸侦察,并建立了隐蔽点线联系。

协同地方党政军机关动员广大人民群众,筹集粮草,修复公路铁路,疏通水路交通。各路部队受到沿途沿江人民群众的热烈欢迎,全力支持,"要人有人,要船有船,要粮有粮",动员了332万民工运粮、修路,还有7700名民工、16个地方团队随军参战。特别是当年战斗在苏皖解放区的部队终于实现了"一定要打回来"的誓言,以胜利进军的姿态回到成长壮大的根据地,许多老大爷、老大娘眼含着热泪说:"可把你们盼回来了!就看你们打过长江去,解放全中国了!"

加紧进行对敌军的政治瓦解工作,特别是对江阴要塞敌军起义的策划。江阴要塞,处于长江下游江面最窄、水流最急的地方,东临上海,西依南京,背靠京沪铁路,素有"江防门户"之称,是国民党军队重点设防的据点,也是人民解放军渡江作战的重点突破地段。对江阴要塞的策反工作,早在1947年就已开始,此时江阴要塞的要害部位已为中共地下党员控制。在渡江战役前夕,粟裕请华东局调社会部科长王澂明协助潜伏在江阴要塞的地下党员唐秉琳等策动敌军起义。粟裕对第十兵团司令员叶飞、政委韦国清说:你们兵团从靖江两侧渡江,对岸江阴是汤恩伯部署的重点防守地段,江阴要塞是敌人的防御重点。据华中工委陈丕显、管文蔚说,经过几年的艰苦工作,要塞已被我地下党员控制,要塞司令戴戎光已被架空。华中工委已令他们作好接应你们渡江的准备,要他们做好策动起义的工作。叶飞、韦国清向王澂明交代任务时特别指出,叫你来搞这一工作,是粟司令点的名。江阴要塞地下党的任务是保持60里防区,控制3至4个港口,不开枪、不打炮,迎接我军登陆。十兵团还采纳王澂明的建议,抽调4名富有斗争经验的团营干部打入江阴要塞,配合地下党组织工作。

与此同时，粟裕又组织指挥各部队扫除敌人设置在长江北岸的大部分桥头堡和一部分江心洲据点，控制了长江航道，开辟出渡江通路。

在粟裕的精心组织指挥下，第三野战军渡江作战的各项准备工作基本就绪，只待中央军委和总前委一声令下，即可挥师扬帆过大江了。

二、白马庙运筹帷幄，扬子江雄师扬威。争取军政全胜的战役指导思想。

1949年3月上旬，中共七届二中全会在西柏坡举行。毛泽东在所作的报告中指出："辽沈、淮海、平津三战役以后，国民党军队的主力已被消灭。国民党的作战部队仅仅剩下一百多万人，分布在新疆到台湾的广大的地区内和漫长的战线上。今后解决这一百多万国民党军队的方式，不外天津、北平、绥远三种。用战斗去解决敌人，例如解决天津的敌人那样，仍然是我们首先必须注意和必须准备的。"[①]

粟裕是中共第七届候补中央委员，原定参加七届二中全会，由于在淮海战役中过度劳累，淮海战役后又接着进行紧张的渡江作战准备，导致美尼尔氏综合症复发，不得不请假到济南作短期疗养。但是，他身在济南，心在前线，仍然不断进行调查研究，反复思考如何实现中共中央的战略意图，指导京沪杭战役的各种问题。

粟裕得知随行副官周俊才是上海人，就问他："家里还有什么亲人？你在上海做工，熟悉上海的马路吗？"周俊才回答："家里还有父亲和妹妹，上海的马路我是熟悉的。"粟裕说："好，进上海时，你来带路。"后来，5月27日上海解放时，粟裕果然让他同乘一辆吉普车带路，率领三野指挥机关进入上海市区。

中共七届二中全会结束以后，陈毅、饶漱石、邓小平、谭震林在返回徐州途中，特地到济南看望正在疗养的粟裕，商谈军事问题，并于3月18日将商谈结果报告中央军委。中央军委原来指令三野于3月中旬或下旬攻占浦口并炮击南京，以促成国共两党的和平谈判。粟裕等认为，攻占浦口及炮击南京以及夺取江北敌人据点应同时进行，而且应紧接着开始渡江作战，否则既可使敌人在战役战术上作比较从容的部署，又会使潜伏在江南敌军内部的地下工作者遇到很大困难，我们则会丧失可能的战役战术突然性而增加渡江的困难。因此建议将攻击浦口作战推迟至4月1日开始，以便与4月10日开始的渡江作战相衔接。中央军委采纳了他们的建议，指示以一个兵团监视浦口、浦镇之敌，其他兵团于4月2日开始攻占长江北岸敌军据点，4月13日或14日开始渡江作战。

3月下旬，粟裕停止疗养，由济南经徐州返回三野指挥机关。这时，三野指挥机关已与华东局、总前委一起南下，进驻蚌埠东南的孙家圩子。3月28日早晨，粟裕到达孙家圩子，当天下午就听取了张震参谋长的汇报，进一步研究渡江作战方案。他们分析渡江作战准备情况和客观条件，认为在我军占有绝对优势的

[①]《毛泽东军事文集》第五卷，军事科学出版社、中央文献出版社，1993年12月，第1版，第513页。

条件下，在 100 多公里战线上实行宽正面渡江作战，敌人防线空隙甚大，兵力强弱不等，防不胜防，我军一处成功，其他各处即可继续生效。只要准备更充分，组织得更好，对各种意外情况有应付办法，则渡江成功是有保证的。渡江成功以后，力求苏南和皖南两方面迅速东西对进，打通联系，集结兵力，形成对南京的包围，对沪杭及赣东警戒，先争取解决南京问题，再逐步解决沪杭问题。决定将主渡方向选择在江阴、扬中地段，以求迅速截断京沪交通，切断南京周围之敌退路。总前委与华东局决定，三野前委继续由粟裕主持，并率领三野指挥机关按原计划东移苏中泰州地区，统一指挥三野全部渡江作战。3 月 30 日，以三野前委名义将三野渡江作战准备情况和作战部署上报中央军委并二野，同时发出《第三野战军京沪杭战役作战命令》（京字第 2 号）。

3 月 31 日，总前委制定了《京沪杭战役实施纲要》，决定于 4 月 15 日全线渡江作战，整个战役分为三个阶段：第一阶段达成渡江，实行战役展开；第二阶段达成割裂包围敌人之任务，并确实控制浙赣线一段，断敌退路；第三阶段分别歼灭包围之敌，完成全战役。第一阶段作战，分为三个突击集团，东路突击集团由三野第八、第十两个兵团组成，中路突击集团由三野第七、第九两个兵团组成，西路突击集团由二野三个兵团组成。东、中两路（四个兵团）统归粟裕、张震指挥。两路之具体作战部署，第七、第九两兵团之东进路线，均由三野首长以详细命令规定之。《纲要》强调指出，无论敌人采取何种处置，情况发生何种变化，中、东两路主力必须实行东西对进，力求迅速会合，达成割裂包围敌人之目的，"此着实为全战役之关键"。这个《纲要》于 4 月 1 日上报中央军委并告刘伯承、张际春、李达。4 月 3 日，中央军委复电"同意《京沪杭战役实施纲要》"。邓小平和陈毅率领总前委机关转移到合肥以南的瑶岗村主持全局，刘伯承主持二野前委指挥西集团作战，粟裕主持三野前委并直接指挥东集团作战，谭震林指挥中集团作战。

4 月 1 日，粟裕率领三野指挥机关冒雨东移，于 4 月 5 日到达江苏泰州东南的白马庙。在三野司令部作战室，系统地谈了他对渡江作战和解放京沪杭的三个设想。

第一，"在我大军展开战略追击中，对于国民党的一些杂牌军队，争取局部或地区性的和平解决的可能性是存在的。但对于国民党统治中心的南京、经济中心的上海来说，对于像汤恩伯集团这样的蒋介石嫡系军队来说，这种可能性极小。只有采取天津方式，即用战斗去解决敌人，只有在战场上敌人眼见就要被消灭的情况下，才会有局部的被迫投降。因此，对三野面前解放南京、上海的任务，应着眼于战斗来解决问题"。

第二，"国民党已失去主力部队，剩下的绝大部分是被我军歼灭后重建或受到我军歼灭性打击后重新补编的军队，战斗力非常之弱。当我大军渡江成功后，敌人处于危急情况下，会被迫转入战略总退却，长江不守，退守沪杭及浙赣线；浙赣线不保，退守华南、西南及沿海岛屿。因此，在我军部署上，要时刻注意防敌逃跑，必须采取战略包围、战役合围，各级指挥员必须有大踏步前进猛打猛追的思想准备。也就是要有战略追击不顾疲劳的准备，不让敌人有喘息机会退守第二、第三道防线"。

第三,"根据中央军委一贯要求的攻取大城市,必须保持城市完整,不能只从军事着眼打烂城市,严格规定在攻城战法上少用大炮,在部署上采取迫敌投降或诱敌离开城区和重要建筑物而歼灭之"。

这三个设想,辩证地处理战斗方式与和平方式、消灭敌人与保全城市、争取战争胜利与战后恢复建设的关系,进一步明确和深化了京沪杭战役的指导原则,是一个争取军政全胜的指导思想。

4月6日和19日,粟裕先后两次召开东集团军、师以上干部会议,听取第八、第十两兵团渡江作战准备情况汇报,并作会议总结报告,传达中共中央和总前委的战略意图,反复阐述京沪杭战役的指导思想,进一步明确了三野两个集团四个兵团的作战部署。

当时国共两党的和平谈判已经开始,政治斗争和军事斗争进入关键时刻。如何处理渡江作战与和平谈判的关系,实现进军江南解放全国的战略目标,是战略指导和战役指导的首要问题。为了配合和平谈判,中共中央决定推迟渡江时间。当时有些同志认为,1946年的国共和谈,我们吃了和平亏;现在的国共和谈,不能再上当了。粟裕指出,这种看法是不对的,1946年的和平谈判我们也没有上当,党中央决定与国民党进行和平谈判是正确的。那时候,我们的军事力量在数量上只有现在的九分之一,装备技术比敌人更差,又刚从分散到集中;政治上虽然有利,但还不像现在这样占有优势,蒋介石还有一部分群众。我们利用争取到的短暂的和平时间,克服我们的弱点,集中我们的力量,将解放区打成一片,赢得了这个时间是非常有意义的。现在我们无论在政治上还是军事上均处于优势,同国民党进行和平谈判,是为了增加我们政治上的优势,进一步分化敌人,使我们更好地团结争取各方面力量以孤立主要敌人,便于军事上解决敌人,并不是对国民党抱有什么幻想。在这个问题上,要反对两种偏向,一是根本不相信和谈,二是过分相信和谈。战争是达到政治目的的手段,战争服从于政治。七届二中全会提出,今后解决国民党剩余军事力量有天津、北平、绥远三种方式。虽然和平渡江的可能性不大,我们也不放弃和谈,如果能以小的让步换取大的胜利,这对人民是有利的。《孙子兵法》说过,不战而屈人之兵是上策。但是,我们要保持清醒的头脑,自己有力量才能保证真正的和平。如果我们胜利渡过长江,迅速包围敌人,在军事上逼其就范,就有可能争取北平式的局部和平解决。现在和谈已进入决定性阶段,虽然延长了渡江时间,但在政治上取得了很大胜利,起到了团结人民、分化敌人的作用,在军事上渡江作战的准备更加充分。主动权完全掌握在我们手中,不管敌人是否在和平协定上签字,我们都要过江。

粟裕指出,这次渡江战役是中国历史上最伟大的一次大进军,等于最后挖取敌人心脏,对完成中国革命有决定性的意义。敌人现在集结江岸的番号、兵力相等于淮海战役参战兵力的总数,大部是被歼重建者,战斗力很弱,但是我们仍然应当做强敌来打。

粟裕分析渡江作战发展趋势，估计在我军全线渡江以后可能出现三种情况，并提出了相应的对策。

第一，敌以南京、芜湖地区的兵力，对付我中集团，阻止其向东发展，同时集中南京至上海之间的兵力，寻求在京沪之间与我军决战。如出现这种情况，则要求东集团在渡江成功之后，主力控制在江阴、武进、无锡三角地带，下决心在京沪线上打一个恶仗，打上三五天，打出一个好局面来。这就要求中集团在渡江成功之后，除留足够兵力歼灭沿江当面之敌外，主力迅速向东发展，与东集团打通联系。

第二，南京、镇江等地区之敌向杭州、衢州撤退，在浙赣线上组织第二道防线；京沪线之敌向上海收缩，固守上海。如出现这种情况，则三野先集中兵力协同二野解决浙赣线上之敌，然后再围攻上海之敌，各个击破之。

第三，我军渡江一举成功，并迅速突入敌人防区纵深，把南京、镇江的敌人退路切断，敌人全线溃退，一片混乱。如出现这种情况，要求东集团只用一部兵力监视上海之敌，主力迅速向吴兴急进，与中集团密切配合，将逃敌围歼于郎溪、广德地区。同时要求中集团渡江成功后迅猛东进，到达吴兴地区与东集团会师，围歼逃敌，不使他逃入杭州等大城市。

粟裕指出，要力争第三种情况的出现，同时做好应付第一种情况的准备。要求各个部队协同作战，迅速渡过长江，力求向纵深发展，切断敌人退路，分割歼灭敌人。

这两次会议，在粟裕主持下，充分发扬军事民主，大家畅所欲言，统一了对形势和任务的认识，进一步明确了战役指导思想和具体部署。

4月8日，粟裕与张震下达渡江作战补充命令，确定以江阴东西地区作为东集团的主攻方向，"为求主攻方向强渡顺利，决定八兵团以积极动作钳制镇江、扬中段之敌，而以十兵团附二十三军、特种兵纵队主力于江阴东西地区强渡（前头部队采取偷渡），力求当晚南渡三个军或四个军之大部，务须当晚控制江阴、武进、无锡三角地区，坚决歼击敌之反击，尔后乘胜扩展，开辟镇江、无锡段南北地区广大战场，以利野战军主力尔后之作战"。

4月10日，中共中央军委发电报给总前委并刘伯承、张际春、李达、粟裕，征询对渡江时间的意见。电报说："我们和南京代表团的谈判已有进展，可能签订一个全面和平协定。签字时间大约在卯删（即4月15日）左右。如果此项协定签订成功，则原先准备的战斗渡江即改为和平渡江，因此渡江时间势必推迟半个月或一个月。关于江水情况如何，推迟渡江时间有何不利，望即告，以便决策。"①

粟裕当即召集三野前委讨论并于当日复电军委。他们认为，4月下旬为黄梅雨季，现已到桃汛，江水日涨，稻田放水，渡江将发生许多困难，江阴下游则无法渡江。粟裕在电报中提出："我不知道李（宗仁）签字后能否统率蒋军，其内部会起何种变化。如协定不成再行渡江，则镇江下游较为困难。""如仍需强渡，则

---

① 《毛泽东年谱》下卷，人民出版社、中央文献出版社，1993年12月，第1版，第477—478页。

依原定［时间］为好。"

总前委和刘伯承、张际春、李达也于同日复电。总前委认为，推迟渡江将发生极大困难，只有在能保证和平渡江的条件下才好推迟渡江时间，"先打过江，然后争取和平接收，为更有利"。刘、张、李认为按原定计划于4月15日渡江为宜，推迟则有诸多不便。

中央军委考虑了总前委及二、三野指挥员的意见，于11日电复总前委并告粟裕、张震、刘伯承、张际春、李达："依谈判情况，我军须决定推迟一星期渡江，即由十五日渡江推迟至二十二日渡江，此点请即下达命令。"①

4月12日，粟裕再次向军委和总前委建议：为渡江便利计，不要再推迟至22日以后，以20日前后为最好。

4月17日，总前委向中央军委报告："我们两周来，经过反复研究，并设想种种困难之后，均一致认为，二十日后开始渡江作战，到二十二日全部投入夺取南岸的总行动，以后完全占领皖南五个县，均有把握胜利完成。三野苏中方面，虽是敌人主力所在，可能困难多些，但亦认为可以胜利完成。故一致请军委考虑，如是全局上二十日可以开始，二十二日实行总攻，则一气打到底，完成渡江后，再考虑停顿；如认为二十日开始太早，则请于十八日先期通知延期，因二十日开始到二十二日总攻不能再停，主要原因是我军确已属于半渡状态，全军均已投入战斗，如加停顿，必陷于非常不利。"

中央军委于4月18日电示总前委、粟（裕）张（震）、刘（伯承）张（际春）李（达）谭（震林）："完全同意总前委的整个部署，即二野、三野各兵团于二十日（卯哿）开始攻击，二十二日（卯养）开始总攻，一气打到底，完成渡江任务以后，再考虑略作停顿，采取第二步行动。请你们即按此总计划坚决地彻底地执行之。此种计划不但为军事上所必需，而且为政治上所必需，不得有任何的改变。至于粟张方面要求提前于十六日起攻占江北及江心据点，也是必需的，我们早已同意了。"中央军委强调指出："此次我百万大军渡江南进，关系全局胜利极大，希望我二野、三野全军将士同心同德，在总前委及二野三野两前委领导下完成伟大任务。"②

粟裕立即命令部队待命出击。他反复检查渡江作战的准备，力求做到万无一失。

在千头万绪的准备中，攻克蒋军盘踞的江心洲，扫除大军渡江障碍，是重要的一环。4月19日下午，粟裕两次打电话给主攻江心洲的部队，直接询问作战准备情况，有什么需要解决的问题，要不要炮火支援。主攻部队指挥员施亚夫报告："一切都准备好了，完成任务很有把握。如果有炮火支援，可以减少伤亡，早点结束战斗。"粟裕说："好，我们用炮团支援你们。"一小时以后，炮就打响了。再过一小时，部队胜利完成攻占江心洲的任务。

4月20日下午，第二十三军担任渡江作战第一梯队突击师的第六十九师师长谭知耕率领参谋人员，对突击队、二梯队、指挥所、炮兵阵地进行最后检查。在江边

---

① 《毛泽东年谱》下卷，人民出版社、中央文献出版社，1993年12月，第1版，第478页。
② 《毛泽东军事文集》第五卷，军事科学出版社、中央文献出版社，1993年12月，第1版，第546—547页。

指挥所，谭知耕向陶勇军长报告："一切准备就绪，只等时间一到，立即起航。就是老刮东南风，对帆船南渡不利。"陶勇说："风向也有可能变化的。"谭知耕放下电话，走出指挥所，发现气象台的风向标突然停止转动，然后由东南风变成了东北风。在场的指战员和船工欢呼跳跃。几位年长的船工说："诸葛亮借东风打败了曹操。这次毛主席借来了北风，一定能打败蒋介石！"谭知耕说："这次的东北风，是毛主席从全国人民那里借来的。打倒蒋介石，解放全中国，是全国人民的心愿。"

4月20日上午，在渡江作战即将开始的时候，首先打了一场突如其来的反击外国武装干涉的战斗。

4月20日和21日，英国皇家海军远东舰队四艘军舰溯江而上，不顾三野部队鸣炮警告，闯进三野部队防区江面，双方展开激烈炮战。这个老牌帝国主义者，曾经两次发动鸦片战争，驾驶他们的炮舰闯进长江，迫使清朝政府签订丧权辱国的《南京条约》。时间过了一百多年，它又企图重温"炮舰政策"的旧梦。然而，它面对的不再是腐败的清朝政府，而是中国共产党及其领导的人民解放军。

4月20日，在三野炮兵还击中，闯进江都县三江营江面的英军护航驱逐舰"紫石英号"和"伴侣号"中弹负伤，"紫石英号"被迫挂起白旗停泊江面，"伴侣号"向长江下游狼狈逃窜。

4月21日，英军"伦敦号"巡洋舰和"黑天鹅号"护航驱逐舰在英国海军远东舰队副总司令官梅登中将率领下，闯进江阴以西的口岸江面，阻碍三野炮兵向南岸射击。榴弹炮团团长请示，可否开炮把英舰驱走。第二十三军军长陶勇说："打英舰是涉外事件，暂不开炮，立即请示粟司令。"此时英舰悍然向江岸三野部队阵地开炮，打死打伤三野部队指战员40余人，第二〇二团团长邓若波当场牺牲。陶勇义愤填膺，立即下令向英舰猛烈还击。他说："中国人民被欺侮的时代已经过去了，帝国主义者还想称王称霸，是白日做梦。打，狠狠地打！"

在连续两天的炮战中，英舰打死打伤三野部队指战员252人。三野炮兵击伤英舰"紫石英号"，其余三艘英舰挂起白旗逃窜。

粟裕立即把这一突发涉外事件的经过报告中央军委，请示处理办法。在4月21日午时的电报中，他报告："我已令部队：如悬挂外国旗号之舰向我射击以阻我渡江时，应予还击，并建议新华社广播，警告外籍船舰在此战时停止行驶，妥否请示。"

中央军委当即复电指示："凡擅自进入战区，妨碍我渡江作战的兵舰，均可轰击。"4月22日，新华社广播毛泽东撰写的述评新闻《人民解放军战胜英帝国主义国民党军舰联合进攻》。4月30日又发表毛泽东撰写的《中国人民解放军总部发言人为英国军舰暴行发表的声明》，庄严宣告："中国的领土主权，中国人民必须保卫，绝对不允许外国政府来侵犯。""人民解放军要求英国、美国、法国在长江黄浦江和在中国其他各处的军舰、军用飞机、陆战队等项武装力量，迅速撤离中国的领水、领海、领土、领空，不要帮助中国人民的敌人打内战。"[①]同时声

[①]《毛泽东军事文集》第五卷，军事科学出版社、中央文献出版社，1993年12月，第1版，第568—569页。

明愿意在平等、互利、互相尊重主权和领土完整的基础上与外国建立外交关系，但是建交国必须断绝同国民党残余力量的关系，并且把它在中国的武装力量撤回去。根据中央军委指示，三野派出谈判代表，与英国代表进行了有理、有利、有节的斗争，打了一次胜利的外交战。

中国人民解放军炮击英舰的新闻震动了世界，宣告了一百多年来帝国主义对中国的"炮舰政策"的破产。帝国主义的"炮舰政策"，在1840年的鸦片战争中由英国开其端，在1949年的解放战争中又由英国收其终。这个历史的巧合，反映了历史的必然。

4月20日，南京国民党政府悍然拒绝在国内和平协定上签字。当天夜间，中国人民解放军按照预定部署发起渡江作战。

4月21日，中国人民革命军事委员会主席毛泽东和中国人民解放军总司令朱德发出《向全国进军的命令》，命令中国人民解放军"奋勇前进，坚决、彻底、干净、全部地歼灭中国境内一切敢于抵抗的国民党反动派，解放全国人民，保卫中国领土主权的独立和完整"。

渡江作战开始以后，粟裕通宵坚守在指挥所里。他对身边工作人员说："为了保证渡江战役胜利，今夜你们谁也不能睡，我也不睡。你们不要考虑我的休息，有什么情况马上告诉我，我就守在电话机旁。"

4月20日20时，人民解放军中集团首先实施渡江作战，千帆竞发，强渡"天堑"，只用一个多小时就突破鲁港至铜陵段蒋军江防阵地，21日攻占铜陵、顺安、繁昌、峨桥等地，把蒋介石的千里江防拦腰斩断。

4月21日19时，粟裕直接指挥的东集团4个军在江阴至扬中段渡过长江后，迅速突破蒋军防御阵地，打退敌人3个军的多次反扑，建立了东西50公里、纵深10公里的滩头阵地，继续向纵深进击。刘伯承指挥的西集团在江西省彭泽县至安徽省贵池县地段突破敌人江防，并迅速向纵深发展，隔断了汤恩伯集团与白崇禧集团的联系。蒋介石集团苦心经营三个多月的长江防线顷刻土崩瓦解。

与此同时，在中国共产党和人民解放军政治争取和中共地下组织的策动下，江阴要塞国民党守军7000多人起义，生俘要塞司令戴戎光，并立即调转炮口支援解放军渡江作战；国民党第二舰队司令林遵率领所部25艘舰艇在南京附近起义，另一部23艘舰艇在镇江投降，其余海军舰艇逃往上海，蒋介石部署在长江的海军舰队顿告瓦解。

4月23日，华东军区海军在白马庙成立，由第三野战军机关部分干部、教导团和在苏中"土海军"海防团基础上发展起来的苏北军区海防纵队，以及起义、投诚的国民党海军舰队等部队组成。后来，就把4月23日定为中国人民解放军海军成立纪念日。

4月25日，粟裕率领三野指挥机关渡江南进，特地到江阴要塞视察，接见了组织起义的中共地下党员唐秉琳等人。粟裕说："你们为大军胜利渡江作了重要的贡献，为党为人民立了大功，党和人民是不会忘记你们的。"

人民解放军以迅雷不及掩耳之势一举渡江成功，国民党反动派乱作一团，仓促部署实行总退却，代总统李宗仁率领留在南京的国民党政府部分机构人员逃出南京。4月22日，粟裕根据各方面情况判断，"南京敌已极形混乱，正向南或向东撤退"，指令各部加速渡江，截歼逃敌。粟裕的电令指出："如南京之敌逃窜，则三十五军应即渡江进占南京，维持秩序，保护敌人遗弃之一切公私财产，该军应特别注意遵守政策，严肃城市纪律。"

4月23日，在南京中共党组织和人民群众接应下，第三野战军部队胜利进占南京，冲进蒋介石的总统府，降下国民党的青天白日旗，宣告统治中国22年之久的蒋家王朝覆灭。

人民解放军冲破长江天险、解放南京的消息传到北平，毛泽东兴奋异常，挥笔题诗：

　　钟山风雨起苍黄，百万雄师过大江。
　　虎踞龙盘今胜昔，天翻地覆慨而慷。
　　宜将剩勇追穷寇，不可沽名学霸王。
　　天若有情天亦老，人间正道是沧桑。

渡江以后，粟裕在三野干部会议上的讲话指出，渡江战役的胜利"对中国革命的发展具有极大的意义"，"单从军事上去看国民党的崩溃是不够的，更重要的

■ 第三野战军占领蒋介石的总统府。（邹建东 摄）

毛泽东在双清别墅看南京解放消息。(徐肖冰 摄)

是从政治上去看。我们不仅在军事上过了江,而且在政治上过了江"。

三、机断专行一着神算,乘胜追歼十万逃敌。

三野各部还在强渡长江作战过程中,粟裕就把指挥重心及时转移到追歼逃敌上来。

粟裕认为,渡江成功之后,立即向纵深发展,实行东西对进,切断敌人退路,包围歼灭南京、芜湖、镇江之敌,是争取战役全胜的至关重要的一着。在指挥作战过程中,他密切注视敌人动向,捕捉追歼逃敌的战机,力争实现他所设想的第三种可能。

4月20日夜,中集团一举渡江成功,到21日拂晓已有10个师28个团到达南岸,控制了东西120多公里、纵深20多公里的滩头阵地,将蒋介石的千里江防拦腰斩断。三野值班参谋报告:"中集团突破江防时,守敌抵抗甚微。"

粟裕判断,东、西两集团全面渡江以后,势将造成敌人全线溃乱的局面,出现原来设想的第三种情况。我军应当乘登陆胜利之威,迅速展开并插向敌之纵深,实行东西对进,切断敌军退路。这样,不仅可使敌人无暇调整部署,而且会促成敌人的更大混乱,造成我军分割包围各个歼敌的有利态势。

4月21日午时，总前委电示渡江以后作战部署，指令三野七、九两兵团于25日以前消灭沿江当面之敌，从26日开始第二步作战，准备继续向东挺进支援东集团作战，并要求"在战术上仍应稳扎稳打，有组织有准备进行战斗，防止轻敌乱碰"。

总前委此电与粟裕的设想大不相同。粟裕认为，如果动作迟缓，将会失去歼敌良机。21日19时40分，他与张震联名发电报给总前委并报中央军委及刘伯承、李达，对渡江以后的作战部署提出建议。他们认为，"我全线渡江后，定将造成敌之紊乱，尤以南京上游机动兵力既少又弱，我应乘登陆胜利之威，迅速展开插向敌之纵深，如此不仅使敌无暇调整部署，且将促成敌之更大混乱，达成分割包围"。为此建议：第九兵团除以第三十军监视芜湖之敌待交二野第四兵团外①，主力应排除障碍，不为小敌所阻，向东北挺进，截断南京之敌向杭州的退路，孤立和分割敌人，有效地协同东集团作战，该兵团先头部队力求于26日前进至郎溪及其东北地区；第七兵团攻歼当面之敌后，尾九兵团之后，力求于27日前后进至广德地区待命；第十兵团渡江成功以后，立即向宜兴、金坛、溧阳挺进，切断太湖南北走廊，会同第九兵团部队围歼南逃之敌；第八兵团待命攻占南京，然后主力参加太湖会战。

4月22日，三野收到总前委和谭震林于11时同时发出的电报。谭震林提出第七、第九兵团渡江后作战部署，指令第二十五、第二十七两军于4月24日占领南陵、青弋江、湾沚镇并包围宣城后，25日集结休整一天，26日继续东进，28日进至郎溪附近；第三十三军随后东进；第二十四军24日进至宣城以南地区，26日继续东进，29日进至广德附近。总前委指示："我们同意震林此部署，并令其在皖南沿江敌后撤条件下，我七、九两兵团应迅速向东挺进，不为沿途敌据点所抑留"，并决定即日起"谭震林率七、九两兵团直归粟裕指挥"。

这时传来情报：国民党统帅部正在部署撤退，南京、镇江、芜湖的国民党军队开始向南逃跑。粟裕判断，敌人可能集中一部力量与我军争夺京沪铁路常州东西地段，其余主力则可能沿京杭公路向杭州撤退，当务之急是迅速切断京杭公路，追歼南京、镇江、芜湖逃窜之敌。为此必须加速七、九两兵团的行动。于是立即电令第九兵团率第二十五、第二十七两军以急行军向郎溪、溧阳之线挺进，不为小敌所阻惑；令第七兵团迅速将攻击箭头转向宣城方向，在第九兵团右侧后成梯次队形前进。4月22日17时，粟裕和张震将上述部署下达，并上报中央军委、总前委，电报说："此间各部已照上述部署进行，请七、九兵团即遵此电执行，并请总前委追认批准。"总前委于23日2时复电："同意你们的部署，望七、九兵团迅速东进打通东西联系。"

果如粟裕所料，从4月22日夜开始，南京、镇江、芜湖之敌纷纷逃窜，除四个军分别撤向上海、浙赣线外，其余七个军则沿京杭公路及其两侧向杭州撤退。

---

① 《京沪杭战役实施纲要》原来规定，二野主力渡江后东进，担任攻占南京、芜湖任务。后因南京之敌弃城南逃，刘伯承建议二野主力免出南京与三野交叉运动，而全力直出浙赣线。总前委同意刘伯承的建议，免去二野四兵团攻占南京、芜湖任务，南京城防任务改由三野八兵团担任。

粟裕立即下令东集团第二十八军兼程急进，抢占宜兴，第三十一军向太湖西岸挺进，第二十三军向金坛、溧阳挺进，截断沿京杭公路南逃之敌通路；同时命令中集团第二十五军、第二十七军全力兼程向郎溪、溧阳之线挺进，与东集团部队打通联系，完全切断敌人南逃退路。

粟裕预计围歼逃敌的战场将在郎溪、广德、长兴地区。敌我到达这个地区的距离和行程，他已经反复测算过了，认为双方的时间和空间条件相差不多，谁能在时间上抢在前面，提前到达郎溪、广德、长兴地区，谁就赢得了主动权。

为了抢在敌人的前面，使东、中两集团部队迅速会师合围，粟裕和张震于23日至24日晨连发几道电令，严令各部"迅速猛进，阻击、截击与尾追"，务须追上敌人主力，完全封锁敌人退路，围歼南逃之敌于太湖西岸长兴、广德、郎溪地区。命令的中心就是一个"快"字：快追，快堵，快截，快歼。

三野东西两线部队发扬"跑得，打得，饿得"的传统作风，冒着连绵不断的春雨，踏着泥泞的道路，昼夜兼程，猛追猛打，将战役纵深扩展到百余公里，即将到达长兴、广德、郎溪地区，实现东西对进围歼逃敌的战役企图。

在这个关键时刻，发生了要不要继续追歼逃敌的问题。4月24日，总前委致粟裕、张震电，认为"此次渡江已取得了伟大胜利，但迄今为止敌人被歼不多。我军应派队追击敌人，一面应整顿态势，克服并停止渡江追击所形成的紊乱现象"。指令三野"东西追击部队到宜兴、长兴、吴兴、广德地区后，主力即应暂时停止"。同一天，第十兵团指挥员在报告中提出："估计在宜兴、吴兴不会有大的战斗，不可能在该处包围敌人，因为敌人退得很快，请决定第二阶段作战计划，先围攻杭州，或上海、杭州同时围攻"。如果按照上述指示和意见去做，这场对整个战役至关重要的追歼战就可能功亏一篑。

在对这个问题的处理上，粟裕再次表现出机断专行的指挥风格。他根据总前委指示调整部署，于4月25日10时30分发电报给三野各兵团首长并报总前委、中央军委，"决定首先歼灭以杭州为中心之敌，孤立上海，尔后再视机会攻上海"。同时指出："敌四军、五一军尚在溧阳地区。如我追击部队到达将其截住，则不受此令限制，应机动坚决分割歼灭之。如敌已集结，则先行包围待命总攻。但九兵团先头军应于感日（即27日）前后进至长兴、吴兴地区，截断敌之退路，与十兵团会师。"

为了及时掌握战场情况，指挥追歼逃敌以及解放上海、杭州之战，粟裕率领三野指挥机关前进到常州。

粟裕指令东西两线部队加速钳形攻势，力争将南逃之敌歼灭在郎溪、广德山区。4月25日，第二十八军占领宜兴，第二十三军占领溧阳，切断南京至杭州的通道，歼灭蒋军两个军大部3万余人。准备撤往杭州的蒋军五个军，不敢再沿京杭公路南下，而改向溧阳以西山区逃窜，进入粟裕预设战场。4月27日，西线第二十七军通过郎溪、广德进至吴兴地区，28日凌晨与东线第二十八军会师，完全封闭了合围口，把蒋军五个军的大部分8万余人团团包围在郎溪、广德之间山区。

蒋军如瓮中之鳖，狼奔豕突，四处碰壁，乱作一团。三野部队猛插猛打，向心突击，经一天多激战，全歼逃敌，生俘军长、副军长以下官兵5万余人。

与郎广追歼战同时，粟裕向中央军委和总前委建议，为配合二野在浙赣线的行动与乘敌混乱之际，由第七兵团迅速占领杭州。经中央军委、总前委批准，立即付诸实施。粟裕要求第七兵团特别注意设法抢占杭州大铁桥，使之不为敌所破坏。他对张震说：钱塘江大桥能过火车、汽车，非常重要。如果破坏了，严重影响我军下一步战略行动。5月3日，第七兵团部队顺利进占杭州，秩序井然，鸡犬不惊，使这座秀丽的古城完整地回到人民手中。在中共杭州党组织和人民群众配合下，在蒋军开始爆破的关键时刻，抢占了钱塘江铁桥，保住了向东南进军的通路。

至此，第三野战军胜利完成了渡江作战任务，共歼灭蒋军13.9万余人，解放南京、杭州等大中城市，并造成围攻上海的有利态势，粟裕"东西对进，追歼逃敌"的一着神算圆满实现。

张震在谈到渡江战役时，特别推崇粟裕机断专行的指挥风格。他说："他总是坚定不移地在上级战略意图下积极地机断行事，十分果敢地定下大兵团作战的战役决心。当敌情有了较大变化，原定方案难以保证上级意图更好实现的时候，他总是勇于负责，果断地改变原定决心，在情况紧急时一边报告、一边直接指挥部队行动，有时则独立处置，事后报告。""渡江战役突破敌江防后能迅速转入追击，达成对南逃之敌六个军的战役合围，也与粟裕同志机断行事的优秀指挥素质分不开。"

四、精心设计解放上海的两全之策。粟裕说："对上海采取完整接收，宁可让敌逃窜。"

1983年上半年，粟裕曾经就身边工作人员的提问，谈到组织指挥上海战役的指导思想。

有人问：你是什么时候考虑上海战役的呢？

粟裕说：淮海战役一结束就考虑了，渡江以前考虑就更多了。我对渡江和解放上海是通盘考虑的。渡江不紧张，国民党的江防算不了什么，那时我们的火力已经超过并压倒敌人了。当然，我们在战术上和具体部署上是很重视很周密的。当时考虑的主要是怎样截住上海的汤恩伯集团。那是一大坨，而且还包不死，他有海上的路可走。这同打济南是不同的。

粟裕说：上海战役是我军在战略追击阶段最大的一次城市攻坚战。它是京沪杭战役的一部分，又是相对独立的一个战役。打上海有几种打法，打烂了是一种打法，不打烂又是一种打法。不能打烂。有人说，上海战役不要那样硬攻，把敌人围困起来就行了，这样可以减少伤亡。这不对。那样大的城市，围起来，人民怎办？还是要争取尽早解决。当时解决剩余的一百万国民党军队的方式有三种：天津方式，北平方式，绥远方式。解放上海，基本上是天津方式，但又不完全相同，主要在不把上海打烂了。如果把上海打烂了，对全国经济建设的影响就太大了。

这是一个既要消灭敌人又要保全城市的指导思想。

在筹划和部署京沪杭战役过程中，粟裕反复阐述上述指导思想。在1949年4月6日的白马庙作战会议上明确提出："对上海采取完整接收，宁可让敌逃窜。"

在郎广追歼战即将结束的时候，粟裕就把指挥重心转移到上海战役上来。4月29日，他和张震发出致各兵团各军首长并报总前委、中央军委的电报，作出肃清残敌、攻占杭州和准备夺取上海的部署，指令第九、第十两兵团担负攻占上海的作战任务。根据中央军委指示，为使汤恩伯在上海稳住一时期，然后有准备地夺取上海，要求第九、第十两兵团各部在对上海的接收工作尚未准备充分之前，分别在吴兴以南、苏州以西地区集结，进行城市政策和外交政策教育，部署接收城市的各项准备工作。中央军委于4月30日复电指示："部署甚妥，如你们能于一星期内完成此项部署并完成对于攻占上海的政治准备工作与军事准备工作，则你们可以立于主动地位。"同时指示总前委"迅速抓紧完成占领上海的准备工作。"①

上海是中国第一大城市和经济中心，也是近代历史上帝国主义侵略中国的重要基地。此时集结在上海的国民党军队，有京沪杭警备总司令汤恩伯指挥下的8个军25个师、30余艘军舰、120余架飞机共20余万人，拥有纵深数十里由4000余个碉堡组成的永久和半永久性工事，以及由外围阵地、主阵地、核心阵地组成的防御体系。4月27日，已经宣布"引退"的蒋介石再次披挂上阵，乘军舰到黄浦江亲自部署上海防务，要求汤恩伯坚守上海六个月。企图利用这段时间，抢运上海的大量黄金、白银和其他重要物资到台湾，同时等待国际形势变化，利用上海的特殊地位挑起国际争端，促使帝国主义武装干涉，借机卷土重来。汤恩伯疯狂叫嚣："要让上海成为一次大战中的凡尔登、二次大战中的斯大林格勒！如果上海守不住，就要把它搬空、打烂、炸完！"

粟裕分析敌我态势和全国战局，认为解放上海之战有三种可供选择的打法。

第一，围困战法。解放战争后期，我军对内地的若干城市采用了此种战法。但是上海情况特殊，有600万居民，生活资料依靠外地运入，尤其是粮食和煤炭，所需数量很大。如果长期围困，不仅人民没有吃的，工厂机器不能运转，连自来水都没得喝，人民的生活将陷入绝境。而敌军则有海上通道，我们围不死。从战略上考虑，我军渡江以后，应当力争迅速解放全国。所以，长期围困的战法是不可取的。

第二，选择敌人防御薄弱的苏州河以南实施突击。这一战法，虽避开了敌人设防的重点吴淞，伤亡也可能减少，但主战场将在市区，城市会被打烂。所以，这一战法也不可取。

第三，把攻击的重点放在吴淞，钳击吴淞，暂不攻击市区。这样可以封锁敌人海上退路，并迅速切断敌人抢运上海物资的通道。如果敌人要坚守下去，必将

---

① 《毛泽东军事文集》第五卷，军事科学出版社、中央文献出版社，1993年12月，第1版，第566页。

为保护其唯一的海上退路而集中兵力在吴淞周围与我军决战。如果出现这一情况，就可避免在市区进行大规模的战斗，使城市少受破坏，达到完整接管的目的。吴淞周围是敌人防御的强点。因此，这种战法，将是一场硬碰硬的艰巨的攻坚战、一场激烈的反复争夺战，我军要付出较大的代价。但是，我们是人民的军队，一切为了人民。为了保存城市的完整，保护上海人民的生命财产，付出一定的代价是必要的、值得的。

粟裕权衡三案利弊得失，认为第三方案是最佳方案。根据上述指导思想作出准备攻占上海的部署，于5月1日电令九、十两兵团执行，并报总前委、中央军委、二野。5月2日，粟裕和唐亮由常州去丹阳，向总前委汇报攻占和接收上海的大体设想和部署。5月4日、6日，粟裕先后主持召开三野前委会议，布置上海解放后的接收工作和警备工作。解放上海的各项准备工作随即全面展开。

5月5日，毛泽东为中央军委起草致陈毅、饶漱石、粟裕并告刘伯承、邓小平的电报，征询对上海战役发起时机和步骤的意见。电报说："据上海吴文义（即吴克坚，当时任中共上海市委委员）几次报告，敌人正在搬走上海物资。我们判断，搬运物资是确定的，在短期内似难搬走很多物资，但如时间拖长则搬走的物资可能较多。在此种情况下，请你们考虑是否可以在五月十号以后数天内先行占领吴淞、嘉兴两点，切断敌从吴淞及乍浦两处逃路，然后从容布置，待你们准备好了的时候，再去占领上海。这样做是否有利，望考虑见告。"陈毅和饶漱石复电，认为这样做是有利的，并不妨碍接收准备工作，反可争取和平接收并使破坏者不敢放肆。中央军委电示："请粟张即行部署于辰灰（即5月10日）以后、辰删（即5月15日）以前数日内先行占领吴淞嘉兴两点，封锁吴淞江口及乍浦海口，断绝上海敌人逃路，使上海物资不致大批从海上逃走（据上海吴文义几次报告，汤恩伯正在运走物资），并迫使用和平方法解决上海问题成为可能，请粟张以具体部署电告。"同时指出，"占领吴淞、嘉兴并不放弃推迟占领上海的计划。何时占领上海，仍须依照我方准备工作完成的程度来作决定，最好再有一个月左右的时间，充分完成准备工作，但是你们仍须准备在不可避免的情况下，早日去占领上海"①。

中央军委关于先行占领吴淞、嘉兴两点的指示，与粟裕设想的第三种打法不谋而合。粟裕和张震随即作出具体部署，于5月7日巳时（9—11时）上报中央军委和总前委。他们提出，集中九、十两个兵团8个军于5月12日和13日发起攻击，首先扫清上海郊区敌人据点，然后从两翼迂回钳击吴淞口，切断敌人退路，阻止敌人抢运物资或提前逃走，并准备下一步会攻上海或在和平解决时进入市区警备。他们判断，截断敌人海上退路后，敌人可能经南汇、川沙撤退。如果出现这种情况，就以两个军进入浦东，切断敌人退路。中央军委于5月8日复电：同意虞（7日）巳时电部署，请即照此执行。"和攻占吴淞、嘉兴等处之同时，派

---

① 《毛泽东军事文集》第五卷，军事科学出版社、中央文献出版社，1993年12月，第1版，第575—576页。

足够兵力占领川沙、南汇、奉贤，将敌一切退路封闭是很必要的。"①

粟裕随即率领三野指挥机关于5月8日进驻苏州。5月10日，发出《第三野战军淞沪战役作战命令》（京字第3号）。战役预定分两个阶段：第一阶段，从5月12日起，两翼迂回，钳击吴淞，切断敌人海上通路；第二阶段，待接管上海的准备工作就绪后，向市区发起总攻，全歼守敌或迫敌投降，解放全上海。命令规定，在进入市区作战时，力争不使用火炮等重武器，尽量减少城市建筑物的破坏和人民生命财产的损失。

5月12日，九、十两兵团向上海外围守敌发起进攻，主要箭头指向吴淞。蒋军依托坚固的防御工事负隅顽抗，在舰炮和飞机支援下频繁反扑。三野部队每攻克一个地堡群，都要经过激烈争夺，付出重大代价。战至5月15日，没有大的进展。

粟裕分析战场情况，认为要加快战斗进程，就必须改进战术，采用锥形队形，力求打开几个缺口，乘势插入敌之纵深。5月15日和16日连发两电，调整作战部署，下达战术指示，指出：目前作战不同于野战，也不同于一般攻坚战，而是济南战役以后又一次大攻坚战。对敌人永久性设防阵地的进攻，必须周密组织，选择敌突出、薄弱部与接合部，楔入其纵深，从敌侧背或由内向外打；集中火力轰击其一点，挖交通壕接近碉堡，以小群动作，轮番攻击；充分发挥炸药的作用，以炸药包开路；发挥孤胆精神，纠正集团进攻的方式。根据这一指示，各部队总结经验教训，改变进攻方式，收到了一定的效果。

吴淞地区战事吃紧，汤恩伯被迫从市区调出三个军增援，从而使市区更加空虚。粟裕认为，这完全符合原来的设想，把敌人吸引到郊区，有利于保持城市的完整。但是，吴淞濒江临海，正面狭窄，河流纵横，我军兵力展不开，优势难以发挥出来，伤亡消耗很大，战役时间拖长。因为受接管准备时间的限制，不能乘虚攻占市区。因此，他和张震于5月18日向中央军委、总前委建议：如果对沪攻击不受时间地区限制，我们意见，从四面八方向市区发起攻击，"惟不知接管准备与其他方面是否已准备完毕"②。总前委当日复电："我们进入上海的政治准备业已初步完成，你们攻占上海的时间不受限制。"第二天，中央军委复电指出："在上海已被我军包围后，攻城时间似不宜拖得太长。你们接收准备工作已做到何种程度，是否可以于辰有（5月25日）前后开始攻城？攻城时，似应照粟、张意见，先歼苏州河南及南市之敌，再歼苏州河北及吴淞之敌。"③

根据中央军委和总前委指示，粟裕和张震于5月21日上报总攻上海的作战部署。第一阶段，全歼浦东地区之敌，控制黄浦江右岸阵地，封锁敌人的海上逃路。这一任务限于5月25日以前完成。第二阶段，夺取吴淞、宝山地区之外围碉堡，完成对苏州河北地区敌军之包围。内定于5月27日发起攻击。第三阶段，聚歼可

---

① 《毛泽东年谱》下卷，人民出版社、中央文献出版社，1993年12月，第1版，第498页。
② 《粟裕军事文集》，解放军出版社，1989年7月，第1版，第484页。
③ 《毛泽东年谱》下卷，人民出版社、中央文献出版社，1993年12月，第1版，第503页。

能溃缩苏州河以北、吴淞宝山以南黄浦江左岸,以江湾为中心之敌,达成全部攻略淞沪全区之目的。中央军委22日复电指示:"同意马午(21日午时)电所述攻沪部署,望即照此执行。"粟裕随即发出《第三野战军淞沪战役攻击命令》(京字第4号)。

5月20日,中共中央就接管上海的机构和干部配备问题复饶漱石并华东局电,指示:上海军事管制委员会以陈毅为主任,粟裕为副主任;军事接管委员会应改为军政接管委员会,以粟裕为主任。

5月22日,粟裕接到敌情侦察报告:汤恩伯率领一部兵力逃到吴淞口外的军舰上,苏州河以北之敌正向吴淞收缩,苏州河以南只剩下五个交警总队。他判断,敌人将从上海撤退。于是决定次日晚上提前发起总攻,第一阶段与第二阶段计划同时进行。再次提醒攻城部队:为了不打烂城市,进入市区作战时,尽可能不使用重炮轰击。

部队指挥员说:"野司的这个抉择,是非常及时、十分高明的,过早或过迟都不行。早了,攻击就可能遇到挫折;迟了,城市可能遭敌破坏。因此,攻击的时机,只能选在敌人准备撤退,而又在搞破坏之前。抓准了时机,就是胜利。"

5月23日夜,第三野战军各部从四面八方向上海守敌发起总攻。第二十军、第二十三军、第二十七军和第二十六军分别从东西南三面向市区攻击。第三十军、第三十一军继续攻歼高桥地区守敌。第二十五军、第二十八军、第二十九军、第三十三军继续强攻杨行、月浦地区。24日,发现上海守敌全面退却,粟裕当即命令三野各部迅速追击,大胆楔入敌军纵深,快速跃进,勇猛穿插,迂回包围,聚歼逃敌。5月25日,经一日两夜激战,第二十七军、第二十三军和第二十军分别攻进上海市区,占领苏州河以南地区,乘势向苏州河以北进击,战斗进入关键时刻。

三野部队攻进上海市区。

粟裕密切注视战场动向，及时进行具体指导。据《第三野战军京沪杭战役阵中日记》记载，5月25日一天之内就对九、十两兵团发出三次指示。

"9时，502（粟裕代号，下同）指示九兵团：包围市内残存之敌，以二十军、二十七军各一个师担任警卫，以主力向北宝及以东地区发展，高桥东南我炮兵向吴淞实行超越射击。"

"12时，502指示十兵团：以三个军集中力量对吴淞作重点攻击，切断吴淞口敌退路，集中炮火射击吴淞口舰艇。"

"22时，502、505（张震代号）指示九兵团：以主力迅速北渡苏州河，配合十兵团向江湾吴淞口攻击，并要十兵团猛进。"

这时，第二十七军第七十九师所属"济南第一团"歼灭了苏州河南岸的敌人，与盘踞北岸的青年军第三十七军第二〇四师隔河对峙。蒋军依托北岸高大建筑物负隅顽抗，严密封锁苏州河面，阻止三野部队前进。第二十七军其他部队也被阻隔在苏州河南岸。各师纷纷打来电话，要求解除不准使用重炮轰击的禁令。粟裕要求部队严守纪律，说明这些财产很快就成为人民的财富，决不能因为一时感情冲动毁于一旦。

第二十七军军长聂凤智立即主持召开军党委紧急会议，经过不同意见的讨论，统一了认识：为了完整地保全上海，付出必要的代价是义不容辞的，但要把这种代价减少到最低限度，以最小的牺牲消灭敌人、保全城市。为此，坚持不准使用重炮攻击，同时采取两项对策：一是改变战术手段，在苏州河正面佯攻，一部分兵力利用黑夜在西郊涉水过河，然后沿北岸向东进攻；二是与上海地下党密切配合，利用敌人败退的混乱局面及其内部矛盾，发动政治攻势，争取和胁迫敌人放下武器。

"济南第一团"对面是蒋军第二〇四师的师部和3个营。双方对峙已有十多小时。该团"济南英雄连"指导员带着两名战士，从一条臭水沟进入苏州河，利用阴天黑夜涉水过河，突然冲进敌军营房，俘虏了蒋军第二〇四师副师长，逼使他下令所属部队缴枪投降。不费一枪一弹，就迫使第二〇四师师部和3个营1000多人投降，突破了敌苏州河正面阵地。

5月26日凌晨，第二十七军与中共上海党组织互相配合，促使国民党淞沪警备司令部副司令刘昌义率领所部4万余人投诚。第二十七军通过他们的防区越过苏州河，于27日凌晨肃清苏州河以北、九龙路以西国民党守军。

5月26日至27日凌晨，第二十军在铁路管理局等地接受国民党守军1500人投降。第二十三军在造币厂等地歼灭国民党守军9400多人。第二十六军攻占真如车站等地，俘虏和接受投诚国民党军3.2万余人，进至江湾以东地区。

5月26日凌晨，第三十军、第三十一军全歼高桥地区国民党守军，接着完全攻占浦东地区。

5月26日拂晓，第二十五军、第二十八军、第二十九军、第三十三军分别攻占宝山、杨行等地，在吴淞截歼企图逃跑的国民党军队，俘虏1.8万余人。

5月27日,在第三野战军的强大军事压力和政治攻势下,在上海工人群众的逼迫下,据守杨树浦发电厂和自来水厂的国民党第二百三十师8000多人缴械投降。

至此,上海完全解放。

在上海战役过程中,发现在黄浦江内有外国军舰载运国民党军队逃出吴淞口,或炮击解放军阵地。粟裕两次报告中央军委、总前委,请示处置办法。中央军委指示:"黄浦江是中国内河,任何外国军舰不许进入,有敢进入并自由行动者,均得攻击之;有向我发炮者,必须还击直至击沉击伤或驱逐出境为止。"[①]三野部队奉令行动,对侵入黄浦江向我军开炮者坚决还击,显示了保卫中国领土领水的坚强决心。一直游弋于吴淞口外的帝国主义军舰不得不悄然离去,蒋介石集团挑拨帝国主义武装干涉的阴谋连同帝国主义的炮舰政策一起宣告破产。

总攻上海的战斗和接管上海的工作,在中共上海党组织和各界人民群众的密切配合下,进展比预想的还要顺利。从24日至27日,经过三天三夜战斗,就肃清了市区的国民党军队。上海国民党守军20万人,除汤恩伯率领5万余人乘船从海上逃走以外,其余15万余人悉数被歼。在战斗过程中,上海党组织领导工人护厂,学生护校,保护公共财物,维护社会治安,积极支援部队作战。在激烈的战斗中,保证全城不间断供电供水,电话照常畅通,创造了战争史上的奇迹。

战上海的枪声刚停,华东局率领的接管工作人员即随部队进入上海市区,在地方党和群众配合下,按系统有秩序地展开了接管工作。三野参战部队,除担负警备任务者外,立即撤离市区。进入市区的机关和部队,严格遵守城市政策纪

■ 1949年5月,上海解放,粟裕(前右二)与陈毅(前右四)等检阅入城部队。

① 《毛泽东年谱》下卷,人民出版社、中央文献出版社,1993年12月,第1版,第504页。

律,坚决执行约法八章,并把后方置于市区 15 公里之外。在币制没有明确规定之前,不购买物品。同时积极维护社会秩序,制止不法行动,打击敌特破坏活动,收容散兵游勇;保护公共财产,保护民族工商业,保护外国侨民。在进入上海之前,粟裕就规定"战斗部队初入城时,如一时找不到公房,一律过露营"。第三野战军进入市区的部队露宿于街道两旁,吃的是 15 公里以外送来的冷饭。上海市民清晨走出家门,看到一幕从未见过的景象:一排排一队队解放军指战员,怀抱武器,头枕背包,酣睡在马路两侧。中共上海党组织领导的护厂队和护校队立即把部队接到厂内校内,旅店也敞开大门让部队进去休息。此情此景,迅速传遍上海,传遍世界。人民解放军的模范行动,不仅得到上海市各阶层人民的拥护、爱戴和赞扬,而且在世界上扩大了中国共产党和人民解放军的政治影响。

上海解放,是继南京解放后又一件轰动国内外的大事,不仅在军事上取得了伟大胜利,在政治上也取得了伟大胜利,在中国人民解放事业中具有特殊重要意义。正如当时新华社时评所指出的:上海解放,表示了中国人民无论在军事上、政治上和经济上都已打倒了国民党反动派,结束了国民党二十余年的反动统治;也表示了中国人民已经确立了民族独立的基础,结束了百年来帝国主义侵略奴役中国人民的历史。

粟裕说:"这次战役,在上海外围特别是吴淞口地区,打得十分激烈,用的时间也较长。但在市区打得并不激烈,用的时间也较短。这样,既歼灭了大量的敌人,而市区也没有遭受大的破坏。这正是战前我们期望的最佳结局。"①

6 月 2 日,第三野战军解放了位于长江入海口的崇明岛,历时 43 天的京沪杭战役胜利结束。这次战役,歼灭国民党 11 个军 46 个师约 43 万人,解放了南京、上海、杭州等 120 座城市,彻底粉碎了蒋介石集团"划江而治"以图卷土重来的阴谋,为解放全中国、建设新中国奠定了坚实的基础。其中,粟裕指挥的第三野战军歼敌 28 万余人,占歼敌总数的 65%,并且解放了南京、上海、杭州等重要城市。

在这次开创中国历史新篇章的伟大进军中,粟裕以他高瞻远瞩的战略思想和驾驭战局的战略才能,以他神机妙算的指挥艺术和大兵团作战的组织才能,以及对争取战役全胜所作的独特贡献,载入中国人民革命和建设事业的光荣史册。

---

① 《粟裕战争回忆录》,解放军出版社,1988 年 11 月,第 1 版,第 628 页。

粟裕组织指挥的主要战役战斗示意图

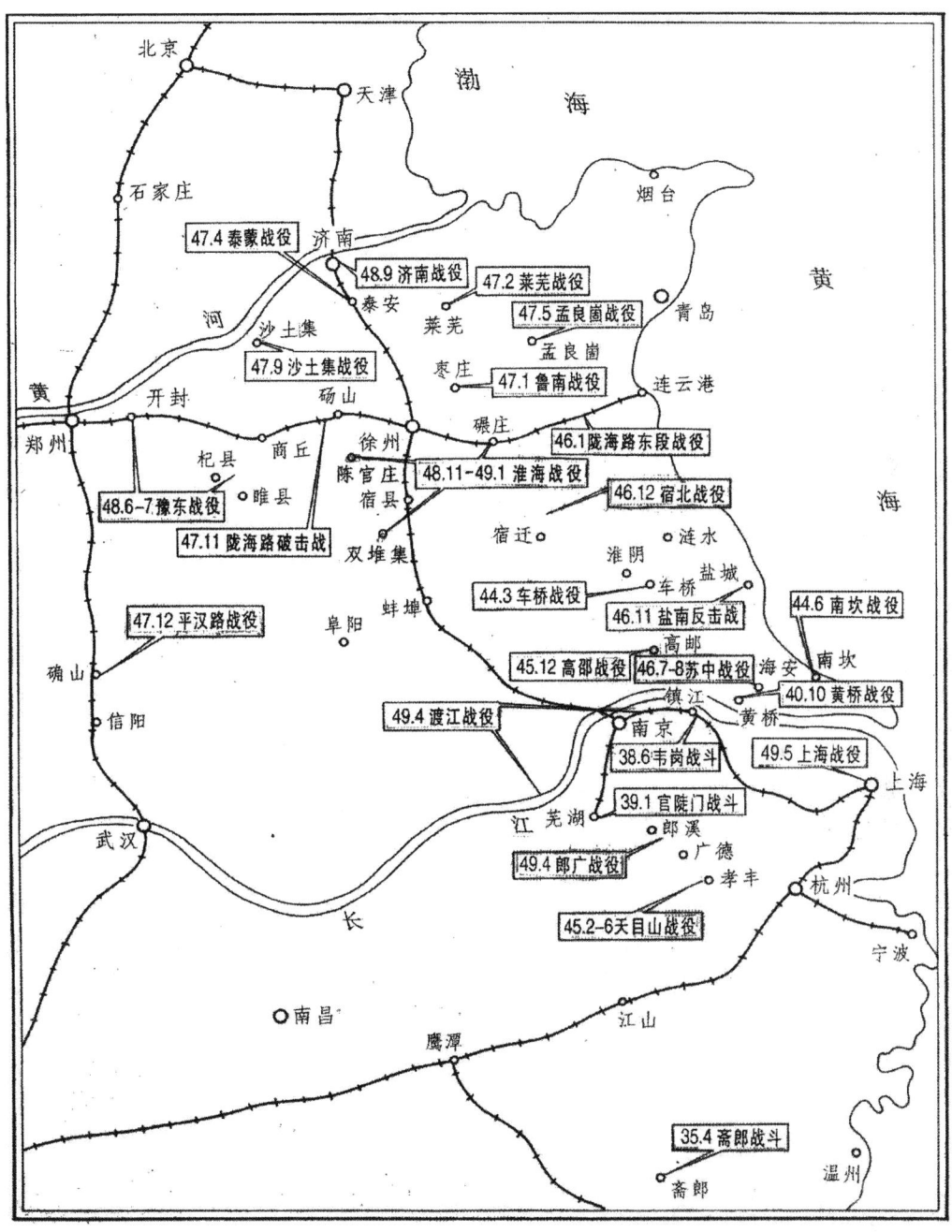

第二十章　在历史转折关头

一、自觉实行由战争到建国的战略转变。
组织指挥进军浙闽和解放华东沿海岛屿之战。

上海解放以后,粟裕继续以三野前委书记主持第三野战军的工作,并担任新成立的中共中央华东局常务委员、华东军政委员会副主席、上海军事管制委员会副主任、上海军政接管委员会主任。7月中旬,第三野战军与华东军区指挥机关合编并由上海移驻南京以后,他以华东军区党委第二书记(第一书记陈毅在上海)主持华东军区工作,又担任中共南京市委书记、南京军事管制委员会主任等职。

此时中国正处于由战争到建国的历史转折关头。中国两种命运两个前途的决战已经取得决定性胜利,但是国民党的残余军政力量还在作垂死挣扎,新解放区的恢复和建设刚刚开始。解放全中国的战略目标即将实现,建设新中国的战略任务已经摆在面前。战争和建设交错进行,百废待兴,百业待举,工作千头万绪。

在这个历史转折的关键时刻,粟裕时刻保持着清醒的头脑,自觉地适应战略转变的要求,组织指挥进军浙闽和解放华东沿海岛屿作战,用相当多的精力抓新解放区的恢复和建设,同时把新中国华东方面的国防建设和军队现代化正规化建设提上议事日程。

当渡江战役还在进行的时候,粟裕就把注意力转移到如何争取解放战争的全部胜利上。他认为,从战略全局来考虑,第三野战军下一步的作战任务,主要是解放沿海岛屿和解放台湾,以及肃清华东沿海地区的国民党残余军事力量。5月22日午时,即发出淞沪战役攻击命令的第二天,粟裕和张震发出向中央的请示电,提出第三野战军部队提前入闽问题。

军委:
依据蒋匪整个局势观察,已全线溃退,福建守敌不多。遵照军委予四野相机进入粤桂任务,如此我入闽部队是否可能提早?应准备何时出动?以便淞沪战后进行准备，调整部署。如何，请示。

粟张

养午①

中央军委于 5 月 23 日复电，同意三野部队提早入闽，同时对各个野战军向全国进军作出新的部署。中央军委指示三野："你们应当迅速准备提早入闽，争取于六七两月内占领福州、泉州、漳州及其他要点，并准备相机夺取厦门。入闽部队只待上海解决，即可出动。"②

上海战役结束当天，5 月 27 日中午，粟裕下令：不担任警卫任务的各军于战斗结束后撤至市郊休息，第十兵团全部进行入闽准备。

这一战略决策，使一些指挥员感到突然，因为比中央军委原定进军福建的时间整整提前了一年。

毛泽东为中共中央起草的党内指示《目前形势和党在一九四九年的任务》指出，"一九四九年和一九五〇年将是中国革命在全国范围内胜利的两年"。"一九四九年夏秋冬三季，我们应当争取占领湘、鄂、赣、苏、皖、浙、闽、陕、甘等九省的大部，其中有些省则是全部。"③对于福建，中共中央决定在 1949 年相机占领靠近浙江的闽北地区，1950 年再解放全省。中共中央所以作出这样的决策，是因为占领京沪杭地区以后，需要一段巩固和恢复时间，然后依靠这里的资源向南方各省进军；同时，还考虑到对付美帝国主义直接出兵干涉中国的解放战争。这在当时都是必要的。但是，战争的发展比预料的要顺利得多，渡江战役一举成功，国民党政权土崩瓦解，美国不敢轻举妄动。面对这种形势，中共中央决定，一鼓作气歼灭国民党的残余军事力量，提前一年解放全中国。粟裕的提早入闽建议，来得适当其时，中共中央立即采纳。

根据中共中央、中央军委的指示，粟裕于 6 月 7 日主持召开第三野战军军事会议，对进军福建和加强华东沿海地区守备作出全面部署。他把这次会议称为"国防部署会议"。会议决定，第十兵团 3 个军进军福建，第九兵团等 7 个军集结上海、南京地区，第七兵团 3 个军集结浙江地区，第三十二军 2 个师驻守青岛，第二十四军 2 个师驻守徐州、1 个师驻守连云港，第二十五军 2 个师驻守海门、启东，1 个师驻崇明。会后，粟裕就组织指挥各部队，进行解放福建和长山列岛、舟山群岛等沿海岛屿作战。

进军福建之战，由叶飞率领的第十兵团三个军承担，并且得到在福建坚持斗争的闽浙赣游击纵队、闽粤赣边区纵队等人民武装力量的配合。开头几仗打得比较顺利。8 月 11 日发起福州战役，只用七天时间就解放福州，全歼 4 万逃敌于闽

---

① 《从延安到北京——解放战争重大战役军事文献和研究文章专题选集》，中央文献出版社，1993 年 5 月，第 1 版，第 519 页。

② 《毛泽东军事文集》第五卷，军事科学出版社、中央文献出版社，1993 年 12 月，第 1 版，第 591 页。

③ 同上书，第 472—474 页。

中山区。9月16日发起漳厦战役，解放泉州、漳州和闽中、闽南广大地区以及平潭岛等沿海岛屿，形成了对厦门、金门两岛三面包围的有利态势。10月17日解放厦门和鼓浪屿，除坐镇厦门的新任福建省主席汤恩伯和4000多蒋军侥幸逃窜外，守敌大部被歼。至此，第十兵团取得了歼敌10万的重大胜利，福建全省除金门、马祖等几个岛屿外全部解放。但是，进攻金门一战却严重失利。

金门岛位于厦门与台湾之间，以"金汤永固，雄镇海门"而得名，战略地位十分重要。蒋介石把它视为"重要的反攻基地"，说"无金门便无台（湾）澎（湖），有台澎便有大陆"。为了保住这个"反攻基地"，给台湾留下一个屏障，蒋介石决定不惜一切代价"挫败共军之行动"。他急电汤恩伯固守金门，严令"必须就地督战，负责尽职，不得请辞易将"。同时，不顾李宗仁的广州国民党政府安危，严令胡琏兵团北开金门，并令第二舰队少将司令黎玉玺急率旗舰"太平号"增援金门。

第三野战军从战略上考虑，认为金门扼大陆与台湾交通要冲，是东南海防重地，必须予以攻占，为解放台湾创造条件，决定发起解放金门之战。

金门之战，是从9月下旬开始准备、10月中旬开始发起的。在这段时间内，粟裕一直在北京参加全国全军的重要活动，先是率领三野代表团出席中国人民政治协商会议第一次全体会议和中华人民共和国开国大典，后又奉命参加中央军委召开的军事会议，直到10月23日才返回南京。在此期间，留在南京主持三野日常工作的是华东军区党委第三书记唐亮、代参谋长袁仲贤、副参谋长周骏鸣。但是，重要的作战部署，都由唐亮、袁仲贤、周骏鸣转报陈毅、粟裕。

第十兵团在9月底、10月初提出的作战方案是"金厦并取"，决定于10月13日"同时发起攻歼金厦两岛"战斗，以第二十九军2个师、第三十一军3个师共5个师进攻厦门，以第二十八军率一八二师并指挥第二十九军2个团，"首以两个团于齐日（8日）攻歼大嶝小嶝之敌，尔后于山后（金门东海岸）古宁头间，与攻厦门之同时择点登陆金门岛。得手后，继以一部兵力攻歼小金门之敌"。10月7日，第十兵团将上述方案报告三野。

10月10日，粟裕在北京收到袁仲贤、周骏鸣转来第十兵团7日的金厦战斗部署。粟裕认为，这个"金厦并取"的方案表现有轻敌情绪，用于攻取金门的兵力不足。他在11日的复电中提醒第十兵团指挥员，注意分析金厦两地敌军情况和我军准备程度（尤其是船只），同时攻取金厦两地是否有把握，明确指示"总以充分准备有把握的发起战斗为宜"，"首求攻歼厦门之敌"。复电全文如下：

> 七日电十日收悉。同意你们来电部署，依战役及战术要求最好是按来电同时攻歼金厦两地之敌。但请你们考虑：根据金厦两地敌之兵力及敌之内部情况（刘汝明、王修身之关系如何）及我方准备程度（尤其是船只），如以五个师攻厦门（有把握）同时以两个师攻金门是否完全有把握？如考虑条件比较成熟，则可同时发起攻击，否则是否以一部兵力（主要加强炮火封锁敌舰阻援兵与截逃）钳制金门之敌，首求攻歼厦门之敌。此案比较稳当，但有使

金门之敌逃跑之最大坏处。究如何，请你们依实际情况自行决定之，总以充分准备有把握的发起战斗为宜。

10月17日，唐亮、袁仲贤、周骏鸣报军委、华东局电，改变了第十兵团"金厦并取"的方案，"决定先攻厦再攻金"，"俟厦门之敌肃清后再歼金门之敌"。战斗发起时间推迟到10月下旬。

这时敌情发生重大变化。10月9日，在金门附近的大小嶝岛战斗中，抓获有胡琏兵团主力第十一师的俘虏。俘虏供称，胡琏兵团已有两个师到达金门。10月12日，又得到确实情报：原在广东的胡琏兵团奉命增援金门、厦门。同时我军的准备尚未完成，第二十八军只收集到运送三个团的船只。可是第十兵团指挥员没有重视这些情况，仍决定按原定计划发起进攻，强调要抓住战机，抢在胡琏兵团尚未全部到达金门之前发起进攻。第二十八军于24日黄昏发起进攻，第一梯队三个团登上金门岛。第十兵团向三野司令部报告：已登陆三个半团，25日晚可解决战斗。不料第一梯队到达金门海滩，所有船只就因为落潮而搁浅，随即被敌人炮火摧毁。第二梯队无船可渡，不能增援，只能隔海观战。登上金门岛的三个团指战员，在孤立无援的形势下，与三个军的敌人浴血奋战两昼夜，大部壮烈牺牲。

粟裕从第十兵团27日的电报中得知这一情况，28日与袁仲贤、周骏鸣发出上报中央军委并致第十兵团和福建省委的电报，对三个团指战员壮烈牺牲表示"甚为痛惜"，指出："查此次损失，为解放战争以来之最大者。其主要原因，为轻敌与急躁所致。当你们前次部署攻击厦门之同时，拟以一个师攻占金门，即为轻敌与急躁表现。当时，我们曾电你们，应先集中力量，攻占厦门，而后再转移兵力攻占金门，不可分散力量。但未引起你们深刻注意，致有此失。除希将此次经验教训深加检讨外，仍希鼓励士气，继续努力，周密准备，须有绝对把握时，再行发起攻击。并请福建省委用大力为该军解决船只及其他战勤问题。至失散人员，仍望设法继续收容。"①

10月29日，毛泽东为中央军委起草致各野战军前委和各大军区的电报，全文转发粟裕、袁仲贤、周骏鸣10月28日的电报，指出："当此整个解放战争结束之期已不在远的时候，各级领导干部中主要是军以上领导干部中容易发生轻敌思想及急躁情绪，必须以金门岛事件引为深戒。对于尚在作战的兵团进行教育，务必力戒轻敌急躁，稳步地有计划地歼灭残敌，解放全国，是为至要。"② 12月28日，毛泽东在给林彪的电报中再次指出，"渡海作战，完全与过去我军所有作战的经验不相同"，"三野叶飞兵团，于占领厦门后，不明上述情况，以三个半团九千人进攻金门岛上之敌三万人，无援无粮，被敌围攻，全军覆灭。你们必须研究这一教训"，"并望你向粟裕调查渡海作战的全部经验，以免重蹈金门覆辙"③。

---

① 《毛泽东文集》第六卷，人民出版社，1999年6月，第1版，第18页。
② 同上书，第18—19页。
③ 同上书，第32—33页。

10月30日到11月2日，第十兵团党委召开扩大会议，检讨金门作战失利的教训。会议一致认为，华东局、三野前委及福建省委关于金门战斗失利问题的指示和批评是完全正确的。第十兵团党委书记、司令员叶飞代表兵团党委作金门战斗失利的检讨。他说："此次金门战斗中，三个多精干的建制团全部损失，自卫战争以来第一次。其责任不能推向下面，而应该由我们负主要责任。此次金门战斗的失利，研究其原因，主要轻敌、草率、急躁。"他列举轻敌、草率、急躁的四点具体表现是：第一，"兵团组织金厦战役的开始，战役指导上就犯了重厦门轻视金门的思想"。第二，24日发起攻击时，"胡琏兵团基本上已全部到达大小金门，兵团没有更好更慎重的考虑，更没有断然的下令停止攻击"。第三，"对敌人垂死挣扎的顽强性认识估计不足"。第四，"厦门战斗教导我们，由于船工、风向、潮汛等客观原因，船只来回使用基本上困难的，甚至不行的，可是金门战斗中，我们对这个问题没有专门去研究，追求解决的办法"。第二十八军副军长萧锋等在发言中作了自我批评，认为这次失利是骄傲轻敌的结果，请求给予应得的处分。

三野前委并未追究前线指挥员的责任，而是指导他们总结经验教训，做好善后工作，为争取新的胜利进行积极准备，并向中共中央承担金门之战失利的责任。10月31日，粟裕决定将第三十四军第一〇一师全部拨归第十兵团建制，以"补充此次损失之建制团"，并在给叶飞、陈庆先（第十兵团参谋长）、福建省委并报华东局、中央军委的电报中指出："金门战斗虽失利，但部队及作战行动极为英勇，望对部队多加鼓励。""今后对金门作战，如准备尚未充分，可以推迟些时间。"询问："你们对金门作战兵力，依十兵团现在情况，是否够用，盼告。"11月15日，粟裕发专电给毛泽东主席，承担金门、登步两岛作战失利的责任。他说："关于金门、登步两岛战斗失利，虽由于各该方面之高级干部犯轻敌骄傲与急躁等毛病，但职未尽到检查与督导之责亦不能辞其咎。除已于十四日酉时及十一月十四日两电（均发中央）给各该部指示并多加注意对他们的指导外，今后当遵钧示执行。"

此后，粟裕在各种场合多次重申承担责任。1949年11月22日，在给毛主席并军委的电报中，总结金门、登步两岛作战失利的经验教训，再次表示："金门、登步两岛作战遭受损失，虽由于该方面之高级指挥干部轻敌骄傲与急躁所致，但职未能及时予以指导与教育，亦应负其责咎。"

解放长山列岛的作战，由山东军区和第二十四军七十二师、三野榴弹炮团承担，进展比较顺利。

长山列岛位于胶东半岛与辽东半岛之间，是渤海湾的唯一门户和锁钥，历来是帝国主义侵略中国的跳板，是国民党在北中国仅剩的一个海军据点。夺取长山列岛，对于保卫北京、天津，打破敌人的海上封锁，建立新中国的海防，具有重要意义。

6月下旬，山东军区根据华东局和三野指示制订了攻击长山列岛的作战方案。粟裕和周骏鸣、张震复电指出："夺取长山岛之作战，我们意见，由二十四军派出一个师，协同警四旅、警五旅攻取较为稳当，并应详细侦察岛屿地形及敌岸上部队布防状况、工事状况（强处与弱处），我航渡水情、道路。在器材准备上，特别强调船只的组织训练、部队强渡的训练。在作战指导上，一切应作强渡的组织准备，而战术手段上则应尽量争取偷渡成功，不成功时则继之以迅速勇猛的强攻。"中央军委复电："同意你们复山东军区关于夺取长山岛的作战意见，最主要的是详查敌情地形，认真准备强渡强攻的战术和技术，但不放弃对于偷袭的争取。"

根据中央军委和粟裕等三野首长的指示，参战部队经过一个多月的准备，于8月11日发起战斗。经过一天两夜激战，攻占长山岛，全歼守敌，生俘敌军1500多人，缴获运输舰1艘，各种炮63门。"渤海锁钥"从此控制在人民中国手中。

解放舟山群岛之战，是与上海防空战和解放台湾的准备结合进行的，作战任务由第七兵团3个军和第九兵团3个军承担。

舟山群岛位于东海杭州湾外，由400余个大小岛屿组成，主岛定海形似舟船，故名舟山。其中有佛教圣地普陀山和远东三大渔市之一的沈家门，号称"东海明珠"。舟山群岛为沪（上海）杭（州）甬（宁波）天然屏障，战略地位十分重要。在19世纪两次鸦片战争中，英国侵略军以定海为跳板，入侵浙江沿海。蒋介石也看中了这个地方。他在宣告"引退"的时候，交给儿子蒋经国办理的第一件事，就是要空军总部把定海机场迅速修建起来。上海解放以后，他又下令组建"舟山防卫司令部"，以4个军6万余人驻守舟山，企图使舟山成为封锁长江入海口、袭扰京沪杭地区的基地。

攻占定海的作战，早在上海战役过程中，粟裕就开始筹划了。5月25日，粟裕得知第七兵团部队已经占领宁波，即将占领镇海，国民党第八十七军有向定海撤退企图，判断蒋介石企图将定海作为他残余力量的海空军基地，认为如果让他的企图实现，对沪杭甬及沿海地区的安全危害甚大。因此指令第七兵团："你们应乘沪敌主力尚未撤退之前，迅速以足够力量占领定海及其各重［要］岛屿。如此，不仅可以［起］阻碍沪敌撤退作用，尤其重要者是予今后沪杭甬沿线防务更臻巩固。"后来，由于上海蒋军5万余人逃到定海，舟山蒋军力量加强，粟裕改令第七兵团暂缓攻击，但仍须积极准备，"于绝对有把握时再行攻占定海"。

第七兵团把解放舟山的任务交给第二十二军，决定首先逐次攻占外围岛屿，然后攻占舟山本岛。从7月8日到10月7日，先后攻克大陆与定海之间的大榭岛、金塘岛和桃花岛，把攻击矛头指向定海的最后屏障登步岛。

舟山岛战事吃紧，蒋介石"御驾出征"。10月11日，蒋介石带领他的东南军政长官陈诚、空军司令周至柔、海军司令桂永清在定海召开陆海空三军将领会议，决定成立"东南军政长官公署舟山指挥部"，将定海机场扩建为可保障重型轰炸机起落的机场，将海军一、五两个舰队和胡琏兵团的第六十七军调到舟山，至少调一个团加强登步岛防守。这样，舟山守敌达到9万人，并有海空军配合作战。

针对这种情况，粟裕等于10月28日电示第七兵团：登步岛战斗，必须充分准备（特别是船只），集中优势兵力，有把握有重点地实行逐岛攻占，确实掌握敌情、水情、风向、气候的变化，严格检查参战部队的作战部署和各项准备工作，防止领导上的官僚主义和指挥上的粗枝大叶。在11月1日上报军委的《定海作战方案》中，再次强调"力戒轻敌骄傲，弱敌当作强敌打。充分的战前准备工作，要打有准备有把握之仗","集中兵力、火力,求得一举成功。用足够先头突击部队,打乱敌人防御体系"。中央军委复电:"同意你们戍东(11月1日)电所述定海作战方案。我们认为,你们采取慎重态度,集中优势兵力,事先作充分准备,力戒骄傲轻敌的方针是正确的。"

第七兵团指挥员决定,以1个师发起攻占登步岛之战。11月3日,第一梯队发起攻击,风向突然逆转,船队在风浪中散乱,9个连中只有7个半连1000多人登上登步岛。开始打得很好,以锐不可当的攻势歼灭敌军8个连,控制全岛四分之三的地区。但是,由于风向、潮汐变化,我后续梯队不能及时起渡增援;而敌人却有4个团上岛增援,并有海军、空军支援。经过两天两夜激战,第七兵团部队杀伤蒋军3200多人,自己也伤亡失踪1488人。蒋军增援源源不断,形势对三野部队不利。师指挥员果断决定撤出战斗。

登步岛战斗失利,毛泽东甚为重视。他于11月14日发电报给粟裕并告陈毅、饶漱石,指示:"鉴于金门岛及最近定海附近某岛作战的失利,你们须严重注视对定海作战的兵力、部署、准备情况及攻击时机等项问题。如果准备未周,宁可推迟时间。"①

同一天,粟裕连发两电给三野各兵团并报中共中央、华东局,提出以金门、登步两战失利的教训教育部队干部,研究和学习新的作战方法。他指出:"自我大军南进以来,蒋匪整个兵力及政治条件虽已处于绝对劣势,但其防线缩短与垂死挣扎,其抗击力已适当增加。而我们干部却忽视此点,并机械地强调内线作战时及运动战时之争取战机,而忽视对已设防敌人的充分攻击准备,同时亦未意识到目前敌人在海空军方面仍是优势的作战情况。""加以指导干部主观上之错误,虽有部队之坚定战斗意志亦无法避免损失。""为此各部应以金门、登步岛之教训深刻教育部队干部,尤其在各高级干部更应深加研究讨论,了解新的情况,研究和学习新的作战方法(对海岛强固设防及有海空军优势的敌人之攻击的作战方法),勿骄勿躁,充分准备,敌人虽大势已去,我军仍应本以多胜少的原则部署作战,这样才能达到消灭敌人有生力量的目的。如我能在舟山群岛及沿海各小岛全歼敌人主力,则造成攻占台湾之更有利条件。"同时指出"在我军已占绝对优势的整个形势下,战机之意义已有变更。因此今后机动发起攻击之权限应加以缩小,以收统一之效"。规定要经过三野指挥机关审查批准,才能发起攻击。

此后,粟裕用一个多星期时间,进一步总结金门、登步两战经验教训,分析敌我态势,研究新的战法,11月22日,将他的看法和建议上报毛泽东主席和中央军委。

粟裕认为,蒋介石集团"主力虽将在大陆上最后被歼灭,但似不致轻易放弃沿海诸岛。尤其在金门、登步两战之后,更鼓励了匪军固守的企图,甚至于有继续将台湾兵力增强舟山、金门诸岛之企图。这样,虽然增加了我们攻占舟山、金门诸岛的困难,但如能在这些岛上尽歼匪军,则对将来攻台行动在政治及军事方

---

① 《毛泽东军事文集》第六卷,军事科学出版社、中央文献出版社,1993年12月,第1版,第42页。

面均属有利,可以促成台匪之更加动摇与兵力的薄弱。因此,我们提出尽歼沿海诸岛的匪军,以造成攻台的更有利条件"。

粟裕分析敌我双方情况,认为当时尚不具备解放舟山群岛的必要条件。他说:"由于匪军海空军尚占优势,且能直接配合其作战,加以敌匪防线缩短,凭岛屿固守,故适当地增强了他的守备能力。而我们高级干部除犯了轻敌骄傲与急躁的毛病外,还不懂得怎样对有海陆空直接配合而凭岛固守的敌人作战,更不懂得计算海上之潮汐、风雨、气候以及暗礁、沙滩、陷泥、悬崖、峭壁和淡水、咸水等有利条件之选择与配合,仍凭一股大陆作战之勇气,致使自己无用武之地,而陷被动;对敌匪海空军之优势亦欠给以适当力量之压制,因此使我方所准备之船只在敌空军和海军有效的攻击下遭受损失。由于我们没有海空军,尤其是空军的配合,目前渡海作战确有困难。"

根据上述分析判断,粟裕建议:"将对定海作战之时间推迟至明年(1950年)一月或二月,以便充分准备足够之船只",并集中海军的17至20艘舰艇、空军的数十架飞机和5个高射炮团参加舟山作战,"使攻台部队得到一次最实际的演习"。粟裕还提出,他将于12月初到江浙前线召开一次参战部队高级干部会议,解决对海陆空军直接配合下守备岛屿之敌作战的战术思想等问题。

毛泽东于12月5日电复粟裕,同意将攻击舟山的时间推迟到1950年1月或2月,并要他在开完高干会议后到北京面商攻击舟山群岛的时间和战法。后来,中央军委又决定将解放舟山的时间推迟到1950年春夏,从新建的海军、空军中抽调部分部队配合陆军作战。

根据中央军委的决定,粟裕立即组织进行陆海空协同渡海作战的各项准备。除了第七兵团的3个军以外,又增加用于攻台作战的第九兵团3个军,陆军总兵力达到2个兵团6个军约20万人。海军有华东海军第四舰队的登陆舰19艘。空军有华东空军第四混成旅的战斗机、轰炸机50多架。在华东党政机关的大力支持下,征集到木船2000余艘,并将其中一部分改装成机帆船,可以有把握地一次运载10万人渡海作战。解放舟山之战,已是胜券在握。

果如粟裕所料,蒋介石在金门、登步两战之后错误地估计形势,梦想把舟山经营为日后卷土重来的前进基地,把战斗力最强的第五十二军从台湾调到舟山,又从金门调来第十九军。到1949年底,舟山守军增加到5个军16个师,连同海军、空军和特种兵部队,总兵力达到12万人。

1950年5月1日,第四野战军部队在南海渡海作战胜利,全部解放海南岛。海南岛的解放,舟山群岛对面解放军声势浩大的战前准备,迫使蒋介石重新考虑舟山群岛的命运。蒋介石部署在舟山的军队有12万,相当于他残余陆军兵力的三分之一,一旦被歼灭,守备台湾就成了问题。为了集中力量固守台湾,蒋介石不得不作出痛苦的也不失为明智的抉择:从舟山撤军。

第三野战军不战而胜,于5月19日解放舟山全岛。

"百战百胜,非善之善者也;不战而屈人之兵,善之善者也。"

解放舟山的战前准备,不仅迫使蒋介石放弃舟山,消除了国民党军队对长江口的封锁和对沪杭地区的空中威胁，粉碎了蒋介石把舟山经营为反攻基地的阴谋，而且使参战部队经受了一次渡海作战的实战训练，为解放台湾创造了有利条件。

从进军福建到解放舟山，在不到一年的时间内，粟裕指挥第三野战军部队，不仅解放了福建、浙江的大片国土，控制了1.2万余公里的海防线，并且攻占除台（湾）澎（湖）金（门）马（祖）以外的华东沿海岛屿，为争取解放战争的全胜作出了重大贡献。

二、精心组织指导两航起义和上海防空。深谋远虑的华东空军建设方针。

从渡江战役开始，粟裕在组织指挥打仗的同时，还用相当多的精力抓了两航起义、上海防空战和华东空军的建设工作。

1949年4月渡江战役开始后，中央军委副主席周恩来派军委华东航空接管委员会主任兼上海空军部部长蒋天然，来到第三野战军指挥机关，随即着手筹建上海空军部。

上海空军部属于第三野战军建制，受中央军委和第三野战军双重领导。粟裕事先已经准备好接管国民党在上海和华东的航空事业的计划纲要。他把这个计划纲要交给蒋天然，交代了对国民党航空事业高级技术人员的政策，并且给他配备了行政管理和后勤干部，对他说：接管中国航空公司和中央航空公司（以下简称两航）的工作，等上海解放后，摸清情况再定。

进入上海以后，接管两航的工作，在中央军委周恩来副主席领导下，由粟裕和蒋天然、吴克坚（上海市委情报委员会书记）组织实施。首先进行争取两航起义的工作。

两航约50架飞机和价值5000多万美元的器材设备以及大部飞行机械人员那时已转移到香港，只有少量航空人员和资金、器材、几架待修的飞机留在上海。可是，上海解放以后，一下子冒出五个航空公司，有些不法分子冒充中共地下人员，硬说他们拥有两航资产，逼迫上海空军部承认他们的公司，无理取闹，纠缠不清，甚至到周恩来副主席那里告状，给接管工作带来意外的困难。面对这种情况，粟裕直接出面向中央军委说明真相，揭穿这些不法之徒的骗局，才排除了这个干扰。

一波未平，一波又起，在处理两航的政策上又发生了严重分歧。有人指责争取两航起义的政策是错误的，说蒋天然草拟的方案是"右倾方案"。粟裕又亲自去向这些同志解释。他说：我们虽然在两航有一定工作基础，但蒋介石也在极力拉拢两航去台湾，两航人员正处在去台湾还是返上海的十字路口。面对这种情况，我们必须采取正确的政策，只要走错一步棋，就可能把他们推向敌人一边，那就要犯下严重错误。因此对两航要采取特殊政策，保留原职原薪原机构不动。这是一项敏感的政策，可以立即影响在香港的两航人员，用事实给两航总经理吃定心丸。虽经粟裕一再解释，不同意见的争论仍然很大。陈毅说："我同意这个计划。有人不同意，但时间不等人，不能再扯皮了。请粟司令将他们的意见一并上报，由中央军委决定。"周恩来副主席复电："争取两航工作计划，同意粟（裕）蒋（天然）吴（克坚）的决定。"再次排除干扰，使争取两航起义的工作按预定计划进行。

在执行过程中，又几经周折，发生矛盾。在给两航人员发薪金时，工作人员误发一半银元。蒋天然将此事报告粟裕，请示如何处理。一位领导干部大发脾气，严厉批评蒋天然违反财经纪律，要他立即把发出的银元收回。粟裕正好来到，插话说："这件事由我负责。我视察龙华飞机修理厂时，他们请示民航职工能不能发薪金。我答复马上可以发，原职原薪，但是没有注意交代不发银元，也没有想到他自作主张发了一半银元。已经查明，蒋部长事先不知道。我已经同陈老总研究决定：将办事处主任调离民航，给予批评教育。银元不能退回，这涉及共产党的信誉。我们刚刚与民航打交道，不能朝令夕改，失信于民。"

与此同时，上海空军部接收了四五十名国民党航空工程技术人员。粟裕认为这是建国建军的宝贵人才，几次接见他们，并决定成立华东军区航空处航空工程研究室，组织他们参加修建机场、修理飞机、建立航空站、气象站、雷达站以及编写航空知识教材等工作，有的则到航空教导总队担任教员。不料又有人提出不同意见，说这些人在未得出审查结论以前不能使用。粟裕当即出面制止这种干扰。他说："我和陈老总已经报请周副主席批准，对于高级知识分子，只要他爱国，愿意为新中国服务，不反对共产党，就既往不咎，要看他们的现在和将来。我们欢迎他们，信任他们，这就是我们的政策。目前需要的是他们热情工作，而不是等待他们的审查结论。此事分工由我负责，不要干预。"这批工程技术人员得到了妥善安排，其中许多人后来担任研究所所长、大学教授、总工程师，为新中国航空事业的发展作出了重要贡献。

1949年10月，周恩来副主席在中南海西花厅召开会议，听取粟裕和蒋天然关于争取两航起义的汇报，并传达中共中央书记处的决定："中央同意：中国、中央两航公司起义归来后，我们采取原封不动地保留两航机构、资金和财产的政策。允许中国、中央两航公司在上海、南京、北京、天津、武汉、广州、沈阳、西安、重庆等地开设分公司或营业部。允许他们的总公司设在北京，北京西郊机场划归民航使用。起义时间和飞行安排，按军委批准的上海计划。华北和中南地区由聂（荣臻）老总安排，华东六省二市由粟司令安排。"①

11月9日，两航全体员工在刘敬宜、陈卓林两位总经理率领下起义，毅然脱离国民党反动势力，投入祖国人民怀抱。他们的爱国行动顿时轰动世界。毛泽东主席在贺电中指出："这是一个有重大意义的爱国举动。"

蒋天然回忆这一史实，满怀深情地说：在争取两航起义的复杂斗争的各个环节，粟裕表现出令人敬服的领导气魄和政治家风度。

1950年初，蒋介石在台湾草山召开高级军事会议，决定加紧对上海及沿海城市、

---

① 《一代名将》，上海人民出版社，1986年8月，第1版，第201页。

港口的空中轰炸,破坏新中国的经济恢复和建设,阻挠解放军解放沿海岛屿,将轰炸的重点置于上海。他们自恃占有海空军优势,扬言:"共产党能攻占上海,但保卫不了上海。"蒋介石穷凶极恶地叫嚣:"要毁掉上海,臭掉上海,叫上海瘫痪!"

当时蒋军还盘踞在舟山群岛。舟山距离上海140公里,只有20分钟空中航程。蒋介石的轰炸机利用定海基地向沿海城市狂轰滥炸。从1949年10月到1950年2月,对上海市区轰炸26次。其中2月6日一天出动几十架次的轰炸机和战斗机,轮番轰炸、扫射上海电力公司、水电公司等重要目标,造成大范围停电,人民群众1400多人伤亡,导致不少工厂企业停工,市场物价波动,群众恐慌不安。迅速建立上海及华东沿海的空中防务,保证上海的安全和建设以及解放沿海岛屿战备工作的顺利进行,成为一项急迫的战略任务。

中共中央、中央军委决定,成立上海防空司令部,组建上海防空军,紧急抽调原拟用于首都防空的两个高射炮团到上海,又聘请苏联一个混合空军防空集团协助,进行上海防空战。上海防空军司令员由陈毅兼任。中共中央决定,粟裕暂时放下南京方面的工作,到上海协助陈毅指挥作战。陈毅担任上海市市长,政务工作很忙,军事方面的事务主要由粟裕处理。

有些干部存在着盲目轻敌情绪,对中共中央的决定不理解。有人说:"上海有个陈老总还不够,还要把粟司令请来?究竟有多大的事,大惊小怪,制造紧张空气啊!老子小米加步枪打出了天下,一个上海有什么了不起!"针对这些思想,粟裕首先对干部进行新形势新任务的教育。在上海防空军干部会议上,他作了一个论述"五个新"的报告。第一,面对新的情况,采取新的对策。过去我们打了几十年地面战争,现在要同敌人在空中进行轰炸反轰炸的军事斗争,必须使用新的防空手段。第二,新的思想。我们必须改变墨守成规的老皇历,纠正保守思想,具备新的现代化作战思想,才能适应新的情况,走向现代化。第三,新的武器。上海防空战使用的是苏联援助的最新防空设备,必须提高科学知识水平,努力学习,熟练掌握,才能发挥它的有效功能。第四,新的作战方法和新的技术。诸兵种协同对空作战,每一个动作都要经过战术设计、精确计算,因而要求我们研究、学习新的作战方法、新的合同战术。第五,在新的地点上海,打一场新的防空战争。上海不同于野外战场,目前只解放了领土,没有解放领空,只能说解放了一半。没有制空权的大上海,如果遭到敌人空袭是不能生存的。因此,我们要同美蒋争夺制空权,必须打赢这场新的战争。一切和平麻痹思想都是错误的。他的报告,高屋建瓴,深入浅出,摆事实,讲道理,对于解决部队中的思想问题起了重要作用。

粟裕把上海防空战同华东空军建设、国防建设有机地结合起来,大处运筹帷幄,小处周密计划,重点具体指导,而且走一步看几步。上海防空军创建初期,他就预见到空军将有更大发展,提出上海防空指挥所和训练大队要同时培养三套指挥人员,为以后的发展作准备。在上海防空战期间,中央军委指示,由第三野战军和华东军区负责组建华东军区空军。粟裕到北京请示周恩来副主席,并与军委空军协商,计划第一批建立五个空军师,第二批组建四个空军师。组建上海防空军和华东空军,进展比较顺利，特别是没有发生干部缺少的困难，这与他早有预见和准备是分不开的。

与此同时，粟裕又抽调160个连的部队参加防空基地建设，在上海、南京、浙江、徐州、济南、青岛建成一级机场9个、简易机场1个，还有5个飞行基地、6个场站、1个飞机修理场。其中上海虹桥机场一个月完成一年半的工作量，建成为一级机场，创造了机场建设史上的奇迹。苏联空军中将巴基斯基到现场参观以后感叹："陈毅就是力量，粟裕就是力量的支柱。"的确是这样，每一个机场都留下了粟裕的足迹，关键的机场建设他亲自指挥，哪里遇到了困难他就出现在哪里。有一天，他一夜未睡，天亮才回到住处。陈毅问："不是分工你睡觉吗？你到哪里去了？"原来他到江边码头去了。那里为机场运输砂石的船只堵塞，他到那里组织指挥，疏通船只。

从1950年2月到5月，历时三个多月的上海防空战，由于新中国空军夺得了部分制空权，又由于舟山的解放端掉了蒋介石的空军基地，而胜利结束。在此期间，我空军共击落了美制蒋机16架，锻炼出了我军第一支空军战斗部队以及王海、张积慧、刘玉堤等一批著名的优秀飞行员，同时完成了华东空军和基地的建设，再次展示了粟裕驾驭全局、掌握未来的战略远见和战略才能。

三、毛泽东主席两次点将，要粟裕担负解放台湾和抗美卫国之战指挥重任。

从解放战争末期到建国初期，随着国内形势和国际形势的发展，人民解放军的主要战略方向由东南沿海转向东北边疆，主要作战任务由解放台湾、统一祖国转变为抗美援朝、保家卫国。

在这个战略转变过程中，中共中央和中央军委主席毛泽东两次点将，要粟裕担任主要战略方向的指挥员。

毛泽东第一次点将，要粟裕担任解放台湾的指挥重任。

解放台湾之战，早在渡江战役开始以前就开始筹划了。1949年3月中共七届二中全会以后，在一次关于华东任务和人事安排的座谈会上，中共中央确定粟裕担任华东局常委，分管军事。在讨论华东局的管辖范围时，毛泽东提出"还要加上台湾"。他说：这地方很应该注意，有海军、空军及其他军队，有资材，很有生意做。在上海战役过程中，粟裕和张震建议提早入闽，就是与解放台湾联系在一起考虑的。粟裕说：解放上海以后，我们的主要任务是解放沿海岛屿和台湾，进军福建是肃清残敌的问题。1949年6月14日，中央军委在答复粟裕、张震关于第十兵团入闽时间的建议时指示："请开始注意研究夺取台湾问题，台湾是否有可能在较快的时间内夺取，用什么方法去夺取，有何办法分化台湾敌军，争取其一部分站在我们方面实行里外结合，请着手研究，并以初步意见电告。如果我们长期不能解决台湾问题，则上海及沿海各港是要受很大危害的。"[①] 6月21日，中共

[①]《从延安到北京——解放战争重大战役和研究文章专题选集》，中央文献出版社，1993年5月，第1版，第520页。

中央又电示华东局、粟裕等:"在你们面前目前几个月内有四件大工作:(一)经营以上海为中心的苏、浙、皖、赣新占城乡广大地区;(二)占领福建及厦门;(三)帮助二野西进;(四)准备占领台湾。"①

根据中央军委的指示,粟裕立即着手进行解放台湾的各项准备工作。他密切注视敌我双方的战略态势以及国际形势的发展,着重研究现代战争条件下陆海空三军配合渡海作战的新战法,要来东南沿海十年来水文气象资料,研究潮汐、气候和沿海地形的变化规律及其对渡海作战的影响。在调查研究的基础上,提出了一整套作战方案和战前准备措施。在这个过程中,他几次到北京,向毛泽东主席和主持中央军委日常工作的周恩来副主席请示、汇报。经过中共中央、中央军委批准以后,一一付诸实施。

粟裕认为,解放台湾之战,将是在当时条件下一场陆海空协同作战。这次作战,以陆军为主,但必须有海空军配合,不仅必须加速我们的海空军建设,而且要使参战部队学习掌握陆海空协同作战的新作战方法。因此要把解放台湾的准备同军队现代化正规化建设结合起来。他提出,要调一些人去搞海空军,每个军的炮兵要增加三倍,要发动全军学习科学技术知识。针对当时干部中的疑问,粟裕在1950年1月5日的讲话中指出:进军准备重要,还是现代化正规化重要?两者同等重要。因为目前的战争是现代化正规化的战争。同时指出,必须从我国我军的实际出发,"要贯彻陆海空联合作战中以陆军为主的协同思想,不要依赖海空军"。

1950年2月初,粟裕在华东军政委员会第一次会议上作关于华东军事情况的报告,指出:"解放东南沿海诸岛,特别是解放台湾,是一个极其重大的问题,是中国战史上从来没有的一个最大的近代化作战的战役。""近代作战的胜负,除了政治条件而外,也就是人力、物力、财力、武力的总决赛,谁在人财物武上占优势,谁就能够取得胜利。""渡海作战,完全是一个新的问题,是一个近代式的作战,更需要大量人力物力财力武器的供应,需要优良的技术指导。为了彻底消灭残匪,为了减少人民的损失,为了解放全部领土与领海,保障革命已得胜利,使我们全国得以迅速转入和平建设,我们就必须支付这笔不可缺少的战费,否则人民、特别是华东人民就长期得不到安宁。"

1950年5月,粟裕组织华东军区团以上参谋长和参谋学习现代化作战指挥,邀请苏联军事顾问讲课。他在总结讲话中指出,学习现代化作战指挥,要掌握新、速、效、协四个字。新,就是用新的战法来对付敌人,与敌人斗智,使敌人不能找到我们的作战规律。速,就是加强部队的机动性,掌握机械化装备。效,就是充分发挥武器装备的效能,射击要准确,威力要大。协,就是要像乐队一样,统一指挥,协同动作,发挥部队的整体威力。

粟裕还把上海防空战、解放舟山之战、剿匪作战同解放台湾之战有机地结合起来,积极创造解放台湾的有利条件。在上海防空战中,筹建华东空军,修建沿

---

① 《毛泽东年谱》下卷,人民出版社、中央文献出版社,1993年12月,第1版,第519页。

海空军基地。把解放舟山之战作为陆海空协同作战的实战演习，抽调准备用于攻台作战的第九兵团和部分海空军参加解放舟山之战。通过沿海地区的剿匪作战，为解放台湾创造巩固的后方。

中共中央军委曾经设想，华东海军北移青岛，并由军委直接指挥。粟裕从解放台湾作战的需要出发，于1949年7月30日午时向中央军委建议，华东海军暂缓北开，以便参加对台作战部队的联合演习。中共中央军委8月2日复电："同意粟裕陷午（即30日午时）电意见，张爱萍海军系统暂时不迁青岛，并仍归华东系统即归粟裕指挥。"同时指出："你们积极准备攻台湾是正确的。"①至于攻占时间暂不确定，"必须推迟到我方空海两军（特别是空军）条件充分具备之时"。在粟裕领导下，华东海军第一、第二两个大队于1949年11月成立，是为新中国海军第一支战斗部队。粟裕又向华东局建议，将在上海接收的登陆舰艇和招商局的一批船只交给海军使用，并拨出经费专供海军修造船舰，以增强海军力量，为对台作战作准备。

粟裕还以很大精力抓空军建设和参战训练。1950年2月上旬，正在苏联访问的毛泽东连发两电：一电给粟裕，询问起义过来的伞兵第三团情况，并指示："这批伞兵盼加强对他们的政治训练，我们需要以这批伞兵作基础训练一个伞兵部队，作为台湾登陆作战之用"；一电给刘少奇，"同意粟裕调四个师演习海战"。

由此可见，从毛泽东到粟裕所设计的解放台湾之战，都是在当时国情条件下的陆海空三军协同作战，而且是在作好充分准备有绝对把握时才发起战役，与失利的金门之战决然不同。几十年后，有人断言："50年代初，在我海、空军正处于劣势的条件下，要仅仅靠木帆船横渡台湾海峡，解放台湾，现在看来，恐怕是会吃比攻打金门失利更大的苦头的。"这是不符合历史事实的。

粟裕密切注视台湾敌军及其幕后支持者的动向，根据形势的发展，及时调整解放台湾的作战部署。

上海解放以后，三野部队担负着进军福建、解放华东沿海岛屿和新区剿匪的繁重任务，仍准备抽调8个军用于攻台作战，而以第九兵团3个军作为第一梯队，立即投入战前准备。金门、登步两战失利以后，蒋介石错误地判断形势，抽调台湾兵力加强舟山、金门诸岛防守，同时乞求外援，准备招募外籍雇佣军固守台湾。粟裕立即向中央军委报告敌情变化和我方对策。他在给中央军委的电报中说，目前台湾守军约7个军20万人，估计其战斗部队为十三四万人，如果把雇佣军估计在内，"则台湾蒋军战力应以二十万人计算"。因此，"三野原拟以八个军参战已属不够"，"对台作战必须三野全部参加，加上后勤人员及特种部队共约五十万人"，并建议"请四野以一个军移驻苏州，请华北一个军移驻山东，以策应海防"。这是对原定作战部署的第一次较大修改。

第二次较大修改，在海南、舟山二岛解放以后。海南岛守军7万人逃往台湾，舟山群岛守军12万也撤到台湾，使台湾守军增加了一倍，达到40万人。针对这

---

① 《毛泽东年谱》下卷，人民出版社、中央文献出版社，1993年12月，第1版，第541页。

一变化，粟裕对攻台作战部署再次作较大修改，决定将第九、第七两个兵团作为第一梯队，三野其余各军作为第二梯队，约 50 万人，其中战斗部队 30 万至 38 万人。敌我力量对比，我方还不算优势。他向中央军委建议，为使攻台作战有把握取胜，"如能从其他野战军抽出三至四个军作为第二梯队或预备队则更好"。他认为，大兵团渡海作战，仅靠海军船舰运输是远远不够的，还要解决大量陆军"过得去"的问题。攻台部队以 50 万人计算，每人所占面积约 0.6 平方米，加上所带武器装备和物资约 13.54 万吨，共需千吨以上的船只 575 艘。第一梯队如以 6 万人计算，共需登陆艇 2000 艘，而当时征集到的渡船不足第一梯队需要量的一半。因此，粟裕建议由中央"统筹建造大量渡海运输舰艇，并将我国现有的华东、华南、华北（包括东北）之船只分别编为三个运输舰队"，用于渡海作战。在建国初期经济困难的情况下，这些准备短期内是难以完成的。因此建议"攻台作战如无绝对把握，不仅不应轻易发起，而且宁愿再推迟一些时间"。

1950 年 6 月上旬，在中共七届三中全会上，粟裕汇报了解放台湾的准备情况和作战方案。他认为，由于参战部队不仅包括第三野战军全部，还有其他野战军四个军参加，已经成为全国全军的重大战略行动，对太平洋和东南亚局势将发生重大影响，建议中共中央派刘伯承或林彪主持台湾战役，他作为华东军区领导人全力协助。出于对粟裕的信任，毛泽东主席宣布，解放台湾之战仍由粟裕指挥。

中共七届三中全会以后不久，国内外形势发生巨大变化。6 月 25 日，朝鲜内战爆发。6 月 27 日，美国悍然出兵侵略朝鲜，并派第七舰队开进台湾海峡，企图以武力干涉中国人民解放军解放台湾。中共中央审时度势，当机立断，推迟解放台湾的时间，将主要战略方向由东南转到东北。1950 年 7 月 6 日 23 时，毛泽东发出致粟裕并告陈毅、饶漱石电，指示："现有重要任务委托粟裕同志执行，请粟于七月十六日前将三野事务处理完毕，于七月十八日来到北京接受任务，粟来时可随带秘书及参谋人员数人。"（《建国以来毛泽东军事文稿》上卷，第 157 页）

1950 年 7 月 7 日和 10 日，根据毛泽东主席指示，周恩来总理先后两次召开国防会议，讨论朝鲜局势与我国国防问题。会议决定，抽调战略预备队 4 个军以及配属的炮兵、空军等部队共 25.5 万人，组成东北边防军，其任务是保卫东北边防，必要时支援朝鲜人民军作战。东北边防军，以粟裕为司令员兼政委，萧劲光为副司令员，萧华为副政委，李聚奎为后勤司令。后来，毛泽东又派陈毅向粟裕传达，明确要粟裕担负抗美援朝作战指挥任务。

这是毛泽东主席第二次点将，首先考虑把抗美援朝的重任交给粟裕。

这时粟裕身体状况不好，高血压、肠胃病、美尼尔氏综合症时常折磨着他。但是，解放台湾和华东方面的军事重担在肩，仍然坚持工作。得知中共中央的决定，他认为这是党中央对自己的信任，义不容辞，理应勇挑重担。又考虑到自己的身体状况，恐怕顶不下来，要误大事。因此，向毛泽东主席提出，是不是可以考虑另外的同志。他说：接受了这个任务，如果指挥不当，下面就难以指挥了，是要误事的。毛泽东仍坚持要粟裕去。

粟裕立即着手进行担负新任务的准备，要华东军区司令部选配指挥作战的参谋、通信班子，要华东空军的蒋天然调查研究侵朝美军空军的飞机数量和作战能力，并向中央军委建议增调原准备用于攻台作战的三野第九兵团参战。他说："如果毛主席一定要我去，我就不能推辞了，我还是要去。"

不料他的病情日益加重，不仅难以坚持工作，甚至不能左右环视，吃饭时要把饭菜摆在正面一条直线上。不得不向毛泽东主席请假治疗，力求尽快康复。7月14日，经中央军委、华东局批准，到青岛疗养。半个月后，病情仍未见好，他心急如焚。8月1日，特地托到青岛的罗瑞卿带信给毛泽东主席，报告自己的病情和心情。

毛泽东看到粟裕的信，立即复信如下：

粟裕同志：

　　罗瑞卿同志带来的信收到了，病情仍重，甚为系念。目前新任务不甚迫切，你可以安心休养，直至病愈。休养地点，如青岛合适则在青岛，如青岛不甚合适，可来北京，望酌定之。

　　问好！

毛泽东
八月八日

1983年4月，粟裕将这封保存多年的毛泽东来信送给中央文献研究室时，亲笔作了如下说明："这是1950年我在青岛休养时向主席写信报告我的病情后主席给我的回信。信中所指新任务是参加抗美援朝作战，因我的病经久未愈，后来改由彭德怀去担任了。"

中共中央作出决定，将东北边防军改为中国人民志愿军，由彭德怀担任司令员兼政委。同时，与苏联协商，安排粟裕到莫斯科继续治疗。

1950年11月2日，粟裕抱病出席在上海召开的华东军区高级干部会议，并在会上讲话，就抗美援朝的军事战略（主战场与

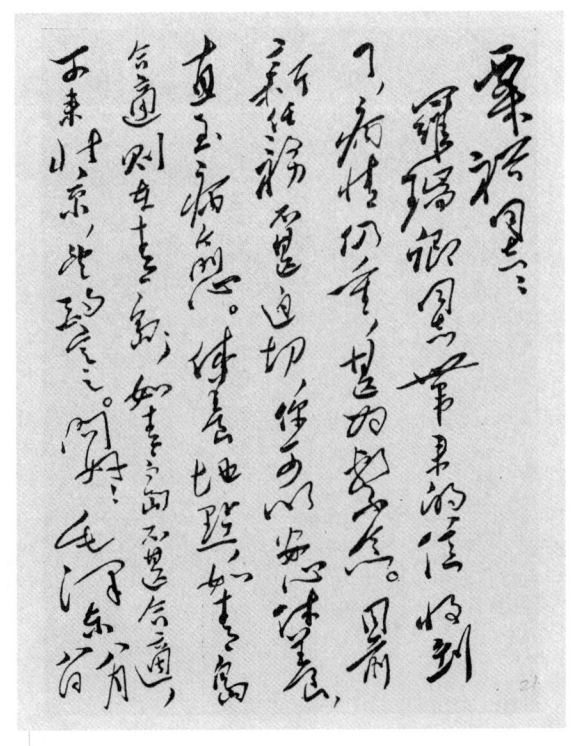

毛泽东致粟裕的信手迹

次战场、突击方向与牵制方向、持久战与速决战)、军队现代化建设以及如何认识和对付原子弹等问题,提出了深思熟虑的意见。他说:"承中央和华东局关心,允许我到外边休息,但我感到不安,因为时局很紧张,任务很紧迫。只有等休养好了,再回来同大家一道工作。"

四、以沧海一粟自况,以普通一兵自律。

1949年9月和10月初,中国共产党领导的解放战争取得基本胜利,中华人民共和国诞生。粟裕积极参与了开国建国的一系列重要活动。他作为第三野战军代表团首席代表,出席了9月下旬召开的中国人民政治协商会议第一次全体会议。会议期间,刘伯承称赞"粟裕将军百战百胜,是解放军最优秀的将领之一",《人民日报》记者称他为"常胜将军"。9月30日,参加庄严的人民英雄纪念碑奠基仪式。10月1日,在天安门城楼参加具有历史意义的开国大典。在中央人民政府第一次委员会议上,被任命为人民革命军事委员会委员。还陪同毛泽东、朱德会见和宴请民主人士、起义将领。

这时,中国两种命运两个前途的决战以中国人民的胜利宣告结束,开始了人民中国建设的新纪元。三年以前,当战争与和平两种可能同时存在,内战尚未全

1949年10月,人民革命军事委员会部分委员在中南海颐年堂合影。右起第一排:陈毅、刘少奇、程潜、毛泽东、朱德、周恩来、粟裕;第二排:张云逸、邓小平、张治中、高岗、聂荣臻;第三排:刘斐、刘伯承、傅作义、蔡廷锴、贺龙、罗瑞卿。

面展开的时候，粟裕曾经预言：这场战争可能一直打下去，直到打出一个新中国。现在，这一预言已经变成现实。在这场斗争中，人民一定胜利，蒋介石一定失败，这是由战争的性质决定的，不以个人意志为转移的历史发展趋势。但是，胜利如此之大，来得如此之快，却大大出乎人们的意料。这不能不归功于以毛泽东为核心的中共中央和中央军委的正确领导，以及全军全国人民的集体奋斗。在战争进程中，在战略决策的各个关键时刻，粟裕都提出了关系全局的重要建议，并以出色的战役指挥保证中央军委战略意图的胜利实现，对于缩短战争进程，夺取全国胜利，对于丰富和发展毛泽东军事思想，作出了独特的贡献。

解放战争的胜利，执政党的地位，对于每一个共产党员，特别是战功卓著的领导干部来说，都是一次严峻的考验。

面对接踵而来的信任、荣誉和职权，粟裕保持着清醒的头脑，始终以沧海一粟自况，以普通一兵自律。他对身边工作人员说："我之所以能对革命作出点贡献，是毛主席、中央军委正确领导的结果，是各野战军配合的结果，是广大指战员流血牺牲的结果，是广大人民群众积极支持的结果，我个人只是沧海之一粟。"①

在即将进入南京、上海等大城市以前，粟裕就针对干部中正在滋长的居功骄傲、贪图享乐的不良倾向，反复告诫大家：艰苦奋斗的优良传统不能动摇，防止腐化思想和私有观念的增长。进入上海以后，在纪念中国共产党成立28周年的干部大会上，再次敲响拒腐防变的警钟。

粟裕在讲话中指出：我们虽然取得了很大的胜利，但是不能骄傲。正如毛主席所说，还只是万里长征走了第一步，今后的任务更伟大更艰巨，我们不能满足现状，松懈斗志。翻开历史看一看，李闯王进北京，腐化了，堕落了；国民党最初是革命的，后来进入大城市，也腐化了，堕落了。我们革命为了谁？为广大人民。上海600万人，至少有550万生活是不好的，不要只看少数坐汽车的人。现在"武戏"已经演过了，人民要看"文戏"。"文戏"是什么？政治斗争，经济斗争，思想文化斗争。胜利以后，有些同志产生了享乐观念，以为敌人已经消灭了，就可以享福了，而没有看到还有没有被消灭的敌人，敌人还会采取各种形式同我们作斗争。公开的敌人拿着枪杆子，我们一个普通战士就可以看出来，把他消灭；而对付隐蔽的敌人，则必须有清醒的头脑。上海是个大熔炉，也是个大染缸。我们要立场坚定，在这里锻炼成钢，而不要跌到污水坑里去。

在当时的情况下，这个讲话恰似一声警钟，起了振聋发聩的作用。

在中国人民政治协商会议第一次全体会议上，粟裕代表第三野战军指战员庄严地表示："中国人民解放军是永远属于人民的，是人民自己的子弟兵，人民利益的保卫者和人民祖国的捍卫者。""我们深刻体验：经过八年的抗日战争和三年的解放战争之后，人民生产尚未完全恢复，人民生活尚未改善，国家建设百业待举，经费开支浩繁。我们当想尽办法，克服困难，以维持最低生活为满足，并以

---

① 《一代名将》，上海人民出版社，1986年8月，第1版，第533页。

1949年9月,粟裕任第三野战军首席代表赴北京参加中国人民政治协商会议。图为在南京车站向欢送人群告别。

'多贡献少享受'为我们革命军人的无上光荣。"他的发言体现了人民军队全心全意为人民服务的崇高精神,在与会代表中激起了强烈的反响。

1949年10月24日,粟裕由北京回到南京的第二天,在南京干部大会上作《新形势下的各种转变》的报告,指出:"中国人民已经胜利,但还要从政治上、经济上、军事上、文化上争取建设工作的胜利,来巩固和发展革命的胜利。要从政治上、思想上、组织上、工作方式上来一个转变。""干部从旧的工作岗位转到新的工作岗位,要虚心学习,从头学起,不要计较地位,不安心。因为干部少,干部要多才多艺,适当保持'万金油'。将来干部多了,要提倡专、精,做专家。安心不安心工作,要以这一工作是否对革命有利为原则。"

言行一致,以身作则,要求大家做到的,自己首先做到,这是粟裕的一贯作风。

1949年7月,粟裕率领华东军区和第三野战军领导机关从上海转移到南京,兼任南京市军事管制委员会主任、中共南京市委书记。为了便于工作,组织决定,为担任地方党政职务的同志每人做一套便衣。后勤部门提出,粟裕同志应该做一套毛料服装。

粟裕一听就不赞成,说:"不行!为什么要毛料的呢?做套布的不行吗?刚进城就讲究穿着不好嘛,要脱离群众的!人民群众不是看我穿得好不好,而是看我的工作做得好不好,是不是为他们服务。"

后勤部门按照粟裕的意见,给他做了一套蓝灰色卡其布中山装。他就穿着这套衣服同南京人民见面了。以后,无论是到市委、市政府办公,还是到工厂、学校、商店调查,他都脱下军装,换上这套便服。后来,粟裕调到中央军委任副总参谋长,把这套衣服从南京穿到北京,直到变成灰白色,还舍不得丢掉。

当时还发给他一双军用短靴。他很喜爱,笑着对身边工作人员说:"我们部队要现代化了,着装也应该改进,体现出军人的威严。穿靴子有好处,一是精神,二是保护脚踝。"他白天穿着这双靴子办公,晚上自己动手把它擦拭干净。十多年过去了,这双皮靴换了两次底,裂开的靴面缝补了好几块,松紧口也坏了好几次,而靴子仍然是干干净净的。部队换发服装时,秘书想给他换双新的,粟裕不肯,说:"还好嘛,换什么?"秘书说:"首长,你干吗这样节省?"粟裕笑笑说:"你这个小鬼!我要穿得衣冠楚楚,干部、战士就会敬而远之的。何况节俭是劳动人民的本色。"

粟裕是华东局常务委员、华东军政委员会副主席、华东军区副司令员。华东局设在上海,华东军区司令员陈毅也常住上海。为了开会和商谈工作,粟裕经常往来于南京、上海之间。按照规定,他是可以乘坐公务车厢的。可是他从不这样做,有时连软席车厢也不坐,而与随员一起坐到硬席车厢里,利用一切机会接近人民群众。随员知道,江浙一带许多人认识粟裕,很为首长的安全担心。粟裕对他说:"没关系。这也是体验生活,联系群众,在硬座车厢里可以听到人民群众的声音。"

1950年7月,粟裕在青岛疗养时,青岛警备区司令员赵一萍等同志在一天中午去看望粟裕,身边工作人员考虑到粟裕正在休息婉言谢绝了。粟裕得知后,严厉批评说:"我休息,他们工作,人家来看我,一定有事。"要身边工作人员打电话向赵一萍等同志道歉,邀请他们来谈,后来又应邀参观了他们的炮台和军舰。

1951年,中央军委决定粟裕到北京担任副总参谋长。粟裕一家搬到北京。他在南京的住所原来是国民党一个高级官员的别墅,室内外设备齐全。离开南京时,工作人员想把他平时休息时使用的弹子球台带到北京。粟裕发现后,特别嘱咐负责搬家的同志:"一定要按规定办,除了我们自身的东西,公家的东西一律不准带。"

> 一尘不染出秦淮,
> 两袖清风上北京。
> 唯大英雄能本色,
> 是真公仆自廉明。

每个人都在书写自己的历史,用一步一个脚印的实践,而不是华丽动听的辞藻。粟裕用他的实践证明,在枪林弹雨的战场上,他出生入死,叱咤风云,一派"于百万军中取上将首级"的英雄气概;解放战争取得基本胜利以后,居六朝金粉之地,一尘不染,两袖清风,以沧海一粟、普通一兵自律,无私奉献、艰苦奋斗的本色不改,表现了共产党人的纯洁党性和高尚情操。

第二十一章 进入统帅部任副总参谋长

一、毛主席亲自点将。周恩来、朱德登门传达中共中央命令。就任副总参谋长。

1950年12月，粟裕赴苏联检查治疗疾病。多年的戎马生涯，紧张的作战指挥，加上战争中先后六次负伤，颅内、体内留有弹片、弹头，粟裕的身体受到严重损害，经常头晕头痛，解放战争结束时头痛已发展到十分剧烈的程度。为了能早日恢复他的健康，中共中央决定粟裕去苏联治疗。他在夫人楚青陪同下到达莫斯科，经一个月的初步检查，诊断为长期过度紧张疲劳及受伤次数较多，且有两次伤及脑神经，需较长期治疗休养。去高加索进行两个月物理治疗后，脑功能有不少恢复，即返回莫斯科，旋又发作严重腹痛，这也是他在战争年代多次发作的病痛。经检查认为是慢性阑尾炎，决定手术。开刀后发现并非阑尾炎，而是整个肠子错位，且互相扭结，有的地方已阻塞得很细。手术进行了近六个小时，把肠子恢复到基本正常的位置。医生判断这是战争中翻滚，摔打，跌撞过重、过频造成的严重内部伤害。腹部手术后脑神经毛病又复发，经一段治疗有较大进步，肠胃也比过去好得多。赴苏联检查和治疗初步达到了预期目的。

新中国成立以后，人民解放军现代化建设的新课题一直萦绕在粟裕心中。为了解苏军现代化建设的状况以作我军建设之借鉴，他在治疗期间抽空参观了莫斯科周围的坦克、炮兵等特种兵院校。1951年5月，徐向前总参谋长率中国政府兵工代表团赴苏商谈购买武器和我国兵工厂建设问题，粟裕与徐向前一起，又参观了苏军的一些院校和军事工厂。8月，粟裕身体基本痊愈。9月，从苏联回国，在北京稍事休息。

一天，周恩来和朱德一起来看望粟裕。简短的相互问候之后，周恩来对粟裕说："中央决定，调你到总参谋部工作，中央让我们俩来同你谈谈，向你传达中央的这个命令，希望你能尽快到职。"粟裕听后大感意外。

从国外回来后，粟裕也想到过下一步工作的事。他认为国家正面临由战争向建设的重大转变。军队的任务也正经历着历史性的转变。在这个过渡时期，他希望能够有一个机会,系统地总结整理一下过去战争的经验,并探索、研究未来战争问题,这就需要有一个适当的工作环境,最好是部队或学校,就是没有想到过到总部工作。听了周恩来和朱德传达中央命令,他便恳切地推辞说:"我水平很有限,总部的工作恐难胜任,是否考虑别的同志为好?我到下面抓抓部队工作或搞学校工作都可以。"周恩来、朱德说:"你来总部工作是毛主席点的将,我们认为你来工作是合适的,你还是服从决定吧!"粟裕只好说:"既然组织决定了,我服从组织决定就是了。"

10月1日上午粟裕登上天安门城楼参加国庆阅兵典礼,晚上又去城楼观看广场上空的焰火。毛泽东与他亲切交谈。

任人民革命军事委员会副总参谋长时的粟裕

关于粟裕是不是少数民族,是不是苗族这个问题,毛泽东就是在这次交谈中问及的。

国庆节以后,粟裕返回南京,向华东军区和南京市领导作工作交代,同时向军区机关干部及正在召开的华东军区暨三野第一届英模代表大会作了多次国内外形势报告。11月12日,中共中央军委正式任命粟裕为中央人民政府人民革命军事委员会第二副总参谋长(聂荣臻为第一副总参谋长,代总参谋长)仍兼华东军区副司令员的职务。不久,中共中央办公厅杨尚昆主任打电话给粟裕,传达毛主席指示,催他尽快到京上任。粟裕略事准备,即于12月9日离开南京,11日到达北京,次日即向中央军委报到,就任副总参谋长。

粟裕的右臂战争年代负过伤,子弹头一直留在臂内,也许是太劳累的原因,刚上班几天旧伤突然复发,疼痛难忍,不得不住院手术,取出了残留的子弹。粟裕人在医院心挂念着统帅部的工作,1952年元旦刚过,1月2日就急着出院。人民革命军事委员会办公厅随即下达通知:"粟副总长已到部开始办公。"

自从中国人民获得了解放战争的胜利以后,我国军事建设的客观情况发生了基本的变化,进入了高级阶段,也就是进到掌握现代技术的阶段。与现代化装备相适应的,就是要求部队建设的正规化,就是要求实行统一的指挥、统一的制度、统一的编制、统一的纪律、统一的训练。粟裕在这样一个历史的重要时刻进入统帅部工作,而粟裕参加军队二十多年,一直在第一线作战,从未在统帅部工作过,这无疑加大了工作的难度。但面对党中央的信任和托付,他勇敢地担起了历史的重担,在指导全军作战及建设的岗位上,他的军事才能闪耀出了新的光辉。

二、以主要力量抓大事、抓战略性问题。
毛泽东说：粟裕能比较好地看出问题。

从战区来到中央，从野战军进入统帅部，领导工作应该如何开展，粟裕认真地思考着、比较着。粟裕到任以后，分工管作战、训练及海军、空军和陆军各特种兵。

情况明才能决心大。粟裕把领导工作的重心，首先放在了解总部机关的情况上。解放初期的总参谋部在中南海居仁堂办公。总参二级部和总部各单位驻地很分散。他每天到各单位去直接听取汇报。他给随身秘书交代："你们是秘书，不是收发和传达。接到情况报告和收到文件要作些调查研究，提出你们的见解，你们的意见被我采纳了，就是我的意见，如果出了问题就是我的问题。现在首要的是先了解情况。"

这时抗美援朝战争正在进行，国内肃清国民党军残匪和解放沿海岛屿的作战尚未结束，军队已开始精简整编和加强正规化、现代化建设，工作千头万绪。粟裕经过全面了解情况和认真思考，认为总参谋部是中共中央、中央军委统帅全军的办事机构，在千头万绪的工作中，应以主要力量抓大事，抓战略性问题，给党中央和中央军委当好参谋，并根据党中央和中央军委的指示，做好军队作战和建设的组织协调工作。

那么，什么是当前军事工作的大事和战略性的问题呢？

粟裕感到，现代化、正规化和诸兵种合成军队建设，军队体制和定额，条令和规章制度的制定，等等，这些无疑都是需要急办的事，但由于种种因素，当前在军事建设上和作战准备上，还存在较严重的分散主义和步调不一致的问题，国防建设的重点也不明确，一些重大问题尚待确定。而这些问题的解决，都必须首先明确总的战略方针，明确统一的作战和建军计划。不解决方针和计划，难以从总体上协调和合理地安排作战、建军的一系列问题。

他把这些想法，先后和各军兵种领导同志交谈，征求他们的意见。他们都同意他的看法。他又把这些想法当面向中央军委周恩来副主席和毛泽东主席作了汇报。周恩来支持他的看法。毛泽东也向他表示："应有个作战计划。"

与此同时，粟裕建议加强总参作战部的领导力量，中央军委决定调张震来当作战部长。

1952年春，国家着手制订从1953年开始的第一个五年建设计划，责成粟裕参加制订计划的工作，以制订相应的军队建设五年计划。粟裕认为拟制军队建设计划，必须请中共中央和中央军委首先确定国家总的战略方针，如假定作战对象、防御方向、建设重点等，才能使制订计划有所依据。为此，他于1952年4月4日向毛泽东、朱德、周恩来等军委领导呈送了建议首先确定国家整个战略方针的书面报告。报告说："我们的海军、空军与各特种兵都有了三年或五年的建设计划，陆军也有了全盘的整编与装备计划，但以上计划还只是各兵种、部门各自的单个的计划，而未能全盘配合起来，以致发生一些紊乱现象与不应有的浪费，甚至相互发生矛盾或脱节的现象。"粟裕在报告中举例说，如要塞的建筑，设于"与整个战略无关重要的地点"，基地的建设"未能很好照顾到基地在国防上的意义与价值"等等。同时"对国防建设经费开支主要方面是什么？次要方面是什么？目前尚未订出一定比例，以致各兵种都认为自己系统的建设重要，都希望多得经费，而未能照顾到整个国防建设的需要与其重点所在以及将来是否适用"。"总之，在大陆业已全部解放，全国完全打成一片的今天，大规模工业建设行将开始，为了应付敌人侵袭，更有力地保卫国防与国家建设的安全，军队系统中的这些各搞各的紊乱现象应该停止。"为使军委各部门的建设计划"有机结合起来"，使"整个建军计划与整个国家建设计划密切地配合起来"，"必须首先确定我们国家的整个战略方针"，包括假定作战对象及其可能进袭方向和我们的建设重点等等，以制订我们的国防建设计划和作战腹案。

这是粟裕到总部后提出的第一个很有见地的建议，引起了中央军委领导同志的重视。4月5日周恩来作了批示："上星期六，粟裕同志来和我谈了这些问题。我告他本来拟在'三反'后请林（彪）来主持谈谈这类国防问题，然后提中央讨论。现在林病尚未好，拟乘刘伯承来京时期，约集少数军委同志先座谈一下这类问题，归纳出几个具体意见，再提中央讨论。"后来中央军委约少数同志进行座谈，归纳出几点意见上报中共中央。中共中央又进行讨论，明确了亟须确定的战略性问题。

粟裕到总部半年多时间，就建军、作战、教育训练等方面问题，先后上送了七八个有分量的报告，均得到中央领导肯定，毛泽东认为粟裕反映的情况和看出的问题"好得多"（1952年7月26日毛泽东在粟裕报告上的批示）。

根据中央军委的指示，5月27日，粟裕给各总部、各军兵种正式签发通知："为重新制订全军之国防建设五年计划，请即拟订你们的国防建设五年计划及逐年实现之计划大纲。定于5月30日上午9时在居仁堂开会，统一审核，并订出整个的国防建设五年计划大纲。"在5月30日前后，粟裕参加了各军兵种、各部门五年建设计划的汇报会，结合未来作战发表了许多重要见解，指出各军兵种现在的弱点、未来战争中应达到的要求及建设的重点等等。他和彭德怀、聂荣臻一起听取海、空军和特种兵关于五年建设计划的汇报后，强调要重视空军后备力量的建设问题。他说，陆军步兵后备力量有民兵，装甲兵和炮兵有拖拉机手。海军虽困难，还有民用商船可以培养海员。空军就比较困难，尤其空勤最困难，飞行员是大事。因此，航空学校要增加，先增加预科总队。选调飞行员全国部队要普遍查体、登记。各大城市要组织工人、学生参加航空俱乐部，培养航空后备力量。

1952年6月24日，聂荣臻和粟裕联名向毛泽东主席上报了经过综合平衡的全军《军事建设五年建设计划初稿》。初稿提出五年内达到完成必要的作战准备和全军建设、军兵种建设的重点和要求，并就敌情估计、国防部署等提出了具体意见和建议。

毛泽东于 1952 年 7 月 18 日对这个计划作了批示："聂粟所拟军事五年计划及附件已阅过，基本同意，可即照此部署，请彭主持。"彭德怀于 7 月 19 日正式在军委主持日常工作。

这是建国初期第一个由中央军委审定的军队建设的全面计划，它成为指导这一时期国防和军队建设的重要依据。

为落实《军事建设五年建设计划》的装备与技术方面的有关事项，1952 年 8 月 17 日至 9 月 24 日，粟裕参加了周恩来率领的中国政府代表团到苏联访问。粟裕负责与苏联有关部门商谈《军事建设五年建设计划》中需请苏方帮助解决的技术、装备等方面的问题。由于粟裕的努力，计划中关于主要技术、装备的要求，都得到了由苏方提供的保证。

1952 年夏，粟裕还主持了胶东半岛地区设防问题的研究。研究前他先派视察组和测绘队到现地视察和勘测，然后召集有关单位及苏联专家研究了数次。研究到构筑工事的要求时粟裕说，现代科学技术发展已使武器装备有了极大变化，在敌人拥有海、空优势的情况下，我们要辩证地处理好保存自己与消灭敌人的关系。阵地的构筑应以坑道为主，结合一部分掘开式的掩盖工事，同时要重视工事的隐蔽、伪装和绿化。参加会议的部分苏联专家却提出了完全不同的意见，他们主张海岸炮要构筑暴露阵地，能打 360 度。并且坚持非要我们接受他们的意见不可。粟裕严肃地对顾问说："我们的飞机没有你们多，海岸炮没有掩蔽阵地，如果给敌人打掉了，360 度连一度都不度！"粟裕不唯外国专家的意见是从，坚持从国家实际情况出发的态度，受到了与会不少同志的称赞。

8 月 9 日，粟裕向毛泽东、朱德、彭德怀上报了关于胶东半岛地区设防问题的报告。报告共分四个部分：一、关于重点设防方针问题；二、关于工事构筑的要求；三、关于胶东半岛修建国防工事的组织领导问题；四、准备工作。在关于重点设防的方针中，粟裕建议"首先以×××为重点，争取在 1954 年夏、秋季完成该区的国防工事建设"。"争取在两三年内完成山东半岛有计划、有步骤的国防建设计划"。在关于工事构筑的要求中，粟裕认为，根据朝鲜战争的经验，"敌人在海、空军方面还占有相当优势的条件下，我们的海岸炮兵工事，必须要能坚固持久的抗御敌人巨型炸弹和巨型舰炮的轰击；步兵的工事能抗御××加农炮的轰击和发扬我火炮的威力两者并重。因此，在工事的建筑上，应采取以坑道为主结合一部掘开式的掩盖工事。但目前对于这一问题即有两种不同的见解"。然后粟裕将部分苏联专家主张的"建设露天阵地使射界能达 360 度"的意见，和大多数同志主张"以坑道为主，结合掘开式的掩盖工事"的意见，进行了介绍，并认为："海岸炮兵露天阵地建设对于发扬火力有其优点，但在我还不能握有制空权和制海权时，这种工事容易被敌空军海军所摧毁，不能持久易失效能。""而坑道工事虽易受炮音震撼和瓦斯的影响，这些技术问题可以用通风、避音、散音等设备来解决。至于坑道工事建筑虽较困难，但其主要优点为坚固性大，可以持久的控制一定的航路（水道），对敌舰进行战斗。"

■ 1952年粟裕参加以周恩来为首的中国政府代表团访问苏联。图为签字仪式，中方周恩来（左十）、李富春（左八）、张闻天（左七）、粟裕（左六）参加，苏方斯大林（左十一）、马林可夫（左十二）等参加。

粟裕最后表示："我们意见，似以后者为好。这一问题请决定，便于由工司与专家和有关部门进行作业图案的设计。"

8月11日，毛泽东对粟裕的上述报告作了批示："构筑国防工事的两种不同意见，我倾向于同意粟裕等人的意见。"这就解决了当时国防工程建设上的一个重大问题，使我国后来的国防工程建设走上了一条符合我国国情的道路。

1953年12月至1954年1月，中央军委召开全国军事系统高级干部会议，对人民解放军的建设进行了总体规划和部署。在会议筹备过程中，粟裕对将在会议上作的军委报告的基本精神和主要内容积极参与了意见。这次会议在中国人民解放军由低级阶段进到高级阶段的转换时期，起了统一思想的作用，对指导人民解放军现代化、正规化建设沿着正确道路前进，具有深远意义。

1952年12月2日粟裕任华东行政委员会副主席。

三、建设一支诸军兵种合成的现代化军队。从解决建设方针、建设重点抓起。

建设诸军兵种合成的现代化正规化的革命军队，粟裕有着特殊的感情。他在第一线指挥大兵团作战的时候，一直期望有朝一日将我军建成为一支诸军兵种合成的现代化军队。南京一解放，粟裕就很有远见地给司令部交代："司令部要有管空军、海军的部门，哪怕是一个股也好。"他指示将林遵起义的国民党江防舰队改为人民解放军海军，并以此充实了刚刚建立的华东海军。粟裕到总参谋部工作后，分管海、空军和陆军特种兵的建设，正是实现他多年愿望的绝好机会。他亲自到下面调查了解各军兵种的情况。1952年4月12日，粟裕陪同朱德副主席视察了位于北京长辛店的第一战车学校，接见了全体教员和学员。为加强对军兵种部队建设的管理和领导，在他建议下，总参作战部设立了特种兵处，调了一批有军兵种实践经验和理论知识的干部来工作。那时要解决的重大问题很多，有一段时间他每周都要向毛泽东主席汇报军兵种的有关情况，使各军兵种的建设迅速走上了轨道。

粟裕深深感到，人民解放军建设现代化的诸军兵种合成军队，首先要解决的应该是这样一些问题，即采取什么样的方针？重点是什么？使我军能够在现有条件下快速建设起自己的现代化合成军队。为此他深入各军兵种了解情况，与各军兵种领导同志广泛交换意见。

新中国建立初期，经济实力还弱，战争仍在继续，需要从国外大量进口武器装备，以适应军队作战和建设之需要。但粟裕从实际工作中体会到，我们不能长期依赖外国，必须及早建立自己的军事工业，否则势必影响诸军兵种合成军队建设的顺利发展。以空军为例，如果仅仅依靠向外国订购飞机，外国不但会在数量、时限、零备件以及配套的装备等方面限制我们，大修时还要"回娘家"，付出一大笔修理费，长此下去，绝非良策。

1952年7月20日，粟裕给毛泽东主席写报告，对建设航空工业与空军建设提出具体意见。

报告分析了一旦战争爆发可能出现的情况和空军的任务之后说："我国空军建立不久，且工业尚未发达。但应加强我们的空军力量，否则我们虽有强大的陆军及其无比强大的后备力量，也难以发挥其强大的作战能力，更难确保我国工业建设的安全。"

报告列举确凿的事实说：我空军现有各种飞机因缺乏备份零件无法修理而停飞者已占相当一部分。而1952年国外订货，除飞机一项已得对方复电，但未能满足我原订数字外，其他各种飞机备份零件对方全部未作答复。为此，粟裕在报告中直抒己见："建议军委对建设航空工业的方针，迅速作明确的决定。""不论朝鲜何时停战，似以早下决心为宜。""我如不以大力建设航空工业，则自造飞机固无法解决，即目前教练机与备份零件之来源亦大成问题，且现有各部队飞机亦将逐渐停飞……如今后数年内战争再起，我国亦将等于没有飞机。"

报告还谈到了建设空军后备力量问题，认为"我国建设航空工业之困难虽多，在我主观努力及友方援助下仍可克服解决。但飞行员不能像飞机一样日夜三班用机器大量制造，故飞行员之培养更属重要"，"需下大本钱，才能适应今后需要"。

报告最后说："基于上述种种原因，经再三考虑，为增强空军后备力量，似应多办几个航校（至少须于1953、1954年各增加三个航校），并以大力进行航空工业之建设，以解决飞机生产与目前迫待解决之飞机修理与备件制造问题。""建议全国各大城市建立航空俱乐部，展开群众性航空滑翔与跳伞运动，借资帮助空军培养后备力量。"

这个报告引起了毛泽东的重视。毛泽东完全同意粟裕的建议，次日（7月21日）就作了批示："我意可以照办。请彭（德怀）以电话与周总理一商。"彭德怀与周恩来商量后于7月23日批示："照所拟办理。"空军建设上的重大问题就这样顺利解决了。

粟裕又转过身来抓落实，一件一件实施经中央军委批准的报告中的各项内容。

1952年8月3日，北京西郊机场，一场精彩的航空表演正在进行。粟裕亲临观看。这场航空表演是粟裕提议并报请军委领导批准举行的，目的就是贯彻培养空军后备力量的决策精神，鼓励部队和社会青年进行体育锻炼，提高对航空的兴趣。表演非常精彩，非常成功，军民争相观看，一睹为快。没有能够看到的纷纷写信给有关部门，要求再举行一次。粟裕从群众的情绪中看到了空军建设的大好形势和美好前景，心中十分高兴，并决定在8月10日再举行一次表演，满足群众的要求。这两次航空表演对提高群众对航空的兴趣起了很大作用，许多青少年从这里激发起爱国热情，献身空军，实现报国之志。

经过一段时间探索、研究和实践，粟裕对合成军队建设的重点形成了自己的观点。

1954年6月25日，粟裕给中共中央写报告，提出加强空军为主的建议，得到了中共中央的肯定。

他在报告中说："鉴于我国第一、第二个五年计划主要投资于重工业，不可能抽出大量经费用于国防建设，根据目前国际形势，三五年内爆发战争的可能性虽不大，但为预防战争一旦发生，有备无患，应以有限之军费用于最迫切需要的方面。我国陆军已有相当基础，但海空军尚年轻，今后应主要加强海空军为主。而最近十年或十余年内尤以加强空军为主"。

为了实现加强空军建设的思想，粟裕积极为之创造条件。一天，他召开会议，研究各特种兵年度的经费分配。各军兵种都想为自己部队的建设争取多得到些经费。粟裕边听边记。大家讲完后，他从容不迫地站起来，平和但又坚定地说："各位同志的发言不无道理，大家急于把部队建设好的思想是一致的。但是如果把大家所提出的数字加在一起，几乎超过这次分配总额的一倍。我们的国家刚刚建立，经济力量比较薄弱。现在是僧多粥少，又正在进行抗美援朝作战。请同志们不要见怪，常言说得好：钱要用在点子上，钢要用在刀刃上。必须保证重点，没有重点则一事无成。所以请大家腾出些钱来，相对地集中用于空军建设，这是迫在眉睫的任务，也是对空军的支援。空军搞好了，也会支援你们的。作为一得之见，请大家考虑。"粟裕一席话，把到会同志说得心悦诚服。海军萧劲光司令员首先主动削减自己报的数字，接着大家纷纷提出了较大的削减数字。散会后，空军司令员刘亚楼对粟裕说："粟副总长，您支持了我们空军建设！"粟裕说："这是大家的支持。空军建设应该是重点，必须保证。请你们精打细算，千万不要浪费。"①

在中央军委的重视和关怀下，至1954年初，空军航空兵共组建了28个师70个团，拥有各型飞机3000余架，形成了包括歼击、强击、轰炸、侦察、运输航空兵的空中力量。建立航校13所，培养训练飞行员近6000名。并且初步建设了自己的航空工业，1954年8月，试制成功我国第一架国产飞机。

关于海军建设，粟裕坚持从我国国情出发的建设道路。1952年粟裕参加海军

---

① 《一代名将》，上海人民出版社，1986年8月，第1版，第517、518页。

军事、文化教育会议,全面阐述他的观点和看法。他说:"为了保卫祖国,保卫东方与世界和平,我们必须巩固海防,只有巩固海防才能巩固国防,没有海防就没有国防。因此,加强我们的海军建设,使之成为一支坚强的海上力量,是万分必要的。""但是,我们必须充分地认识,建设现代化的海军,依靠于重工业的发展。在我国重工业刚刚开始建设的今天,要在很短的时间内建设起强大的海军是不可能的。"他形象地比喻说:"在建设海军上,我们是刚进幼稚园,一下子就想进大学是不可能的,必须经过一定的时间和步骤。如果我们的同志不懂得这一点,脱离现实条件而过急地要求,结果是会悲观失望的。"

海军建设应遵循什么样的路子呢?粟裕在一次会议上根据国家的经济、工业、技术情况指出,当前的海军建设,"采取先艇后舰的办法,先装配后建造"。从1954年起,中国造船厂开始利用从苏联购买的材料、设备与技术资料进行装配、制造舰艇的生产。粟裕考虑到建造海军舰艇的有些工厂,从开始设计到全面生产需时颇久,便在第一个五年计划中抽出一部分经费,安排了高速、中速柴油机厂的建设及透平机厂的设计等,使海军建设走上了扎实而又较快速的发展道路。海军司令员萧劲光说:海军建设得到较快发展,是粟裕同志帮助和支持的结果。

至1955年,海军共拥有各种舰艇14.1万吨。各种飞机500余架。

陆军各特种兵的建设,粟裕尤其重视炮兵和装甲兵的发展。粟裕分析我国交通地形条件和炮兵数量不足的情况,率先提出建立由军委直接指挥的战略炮兵。

■ 1955年3月,总参谋长粟裕(前排右二)陪同朱德副主席(前排右三)与参加空军首届英模合影。

到 1954 年战略炮兵已初具规模。他根据我国淮河以北可以大量使用坦克的地理条件，提出要重视装甲兵建设，把装甲兵培养成有突击力量的兵种。他于 1954 年 6 月提出：根据未来战争需要与我军建设趋势，须组建若干机械化师（坦克与摩托化步兵、炮兵混合编成）。装甲兵至 1954 年已建成 3 个坦克师另 6 个独立坦克团及 40 多个步兵师属坦克团。

粟裕负责领导的特种兵建设迅速发展，使人民解放军在 1953 年就完成了由单一兵种向诸兵种合成军队的转变，1954 年合成军队的建设更上了一个新的台阶。与此同时，总参谋部坚决贯彻中央军委精简整编部队的要求，大幅度压缩步兵和机关员额，到 1953 年底，全军减少员额 160 万，其中主要是陆军步兵部队，而各特种兵的人数则有所增加，在全军中所占比例明显上升，其中陆军特种兵在陆军中所占比例达到 15% 以上，为人民解放军的现代化奠定了基础。

四、建军先建校。整编整顿已有军校，筹划建设新院校。

粟裕到总参谋部工作不久，就在一个报告中提出：要建设完全统一的现代化国防军，必须从培养干部做起。他说：只有勇而无谋不能成为将才。现代战争要求各级指挥员不仅有勇，还要有谋，谋要有各方面的知识，其办法首要的是办好学校。

粟裕在战争年代没有机会进军校学习，但他深知军校对培养军事人才的作用，并为之付出了很多心血。中央苏区时期他担任过红军学校队长。抗日战争开始以后，在十分艰苦的条件下，他先后兼任平阳抗日救亡干部学校、抗大九分校、苏中公学、苏浙公学、雪枫大学等校校长，常常在戎马倥偬中抽出时间去学校上课，检查、视察工作，了解教学和教职学员的思想情况，帮助解决教学中的实际问题。现在他站在一个新的时代高度，为着完成国家赋予军队的新的重要职责及任务，考虑着军队高层次高素质人才的培养，并且首先把重点放在大力抓好军队院校的整编和整顿工作。

经过新中国建立初期的改建和增建，到 1952 年初，人民解放军有高初级步校 17 所，同时有一大批专业技术学校。粟裕对这些学校的情况进行了调查，发现学校比较杂乱，数量多而质量不高，没有典型的好学校，有的学校领导和师资力量不强，办校思想不明确，不能适应军队建设发展的需要。1952 年 2 月，粟裕提出对现有军校进行统一整编，统一学制，明确教学分工和办学方针，并根据建军要求新建必要院校的设想。

粟裕责成总参谋部有关部门与总政治部、总干部部及其他有关部门协商研究，提出了初步的军校整编方案。粟裕想到这个方案必须与在军事上有很深造诣的军事教育家刘伯承商讨一次，征求他对军校整编方案的意见，并和他商量军事学院的扩编事宜。1952 年 3 月，粟裕向毛泽东主席报告了他的想法。经毛主席批准，南京军事学院院长刘伯承于 3 月 30 日抵京。粟裕立即召集会议，邀集各有关单位领导与刘伯承一起商讨军校的整编问题。粟裕在会上说："联合兵种联合作战的一套，我们未学到，在座者只有刘院长学过。今天我们特请他来，把我们已经研究的学校整编初步方案,交换一下意见。"他接着介绍了步校整编的初步方案,谈了军事学院在保持原来状况的基础上,增加海军系、空军系、政治系,并考虑增设装甲、炮兵系的意见,最后又谈了干部教育、学员条件、师资培养等方面的问题。粟裕说:"必须采取少而精的办法,办好几个学校。""要集中力量进行干部教育,所有排以上干部都要进军校学习,经过一次正规的教育。学员入学条件要把严,有些干部要先学文化,提高文化水平,可以缩短进学校的时间。""为了解决教员的不足,军校可以先办一期,把学员培养出来,变成更多的教员。"

粟裕把他的想法详细介绍以后,大家进行了热烈的讨论,刘伯承院长完全同意粟裕的院校改革思路和所提的军校整编方案及办学要求,对军事学院增开几个特种兵系和政治系,也表示赞同。军队学校的整编方案就在这次会上基本确定下来了。

4月18日,粟裕与代理总长聂荣臻联名写报告给中央军委毛泽东主席,朱德、周恩来、林彪副主席。报告提出:为统一干部培养和统一教育方针与内容,提高教学质量,建议对军队院校进行整编。拟将军事学院增加到9个系,其中2个系(速成、政治)招收师以上学员,余为团、营干部。步兵学校由现在的17所缩编为总高级步校1所、高级步校2所、步兵学校9所。总高级步校主要训练团、营干部,高级步校主要训练副营级干部,步兵学校主要训练连排干部。报告建议学校的整编和今后学校的管理分别由总参军训部和各大军区负责。

因毛泽东主席身体欠安,中共中央办公厅秘书处当时未呈送这个报告。5月17日,毛泽东才对这个报告作了批示:"同意。退聂粟。"

1952年4月,粟裕召集各军兵种司令员及有关部门负责同志开会,继研究各步兵学校整编之后,又研究了特种兵学校的整编问题,确定将各军兵种学校整编为24所,并明确了各校的分工及领导关系。接着对后勤所属的各类学校也进行了相应的整编和整顿。

粟裕认为,一切工作的出发点和落脚点,不仅在于做好当前工作,还要深谋远虑地预见与关注未来。他在领导对已有学校整编和整顿的同时,着眼于世界军事形势的发展、未来战争的要求和人民解放军长远建设的需要,提出了新建一批军事院校的建议。

粟裕首先考虑办一所全军的军事工程学院。他认为,我军技术兵种发展较快,但发生事故也比较多,除了纪律不严外,技术不高也是重要原因。而各技术兵种技术人才缺乏,应该办一所全军的高水平的工程学校,以培养军兵种建设所需的技术人才。粟裕把这个想法先和军训部萧克部长和有关部门作了探讨。大家都支持他的想法。随后,他又当面向周恩来副主席汇报。周恩来同意粟裕的意见。

1952年3月18日,粟裕正式写报告给毛泽东主席,朱德、周恩来、林彪副主席,提出建立军事工程学院。报告说:"两年多以来,我军各特种部队发展甚快,成绩亦大,其装备正日益增加和复杂。唯在技术上尚落后于部队的发展和不能满足部队的要求。""长此以往,则势必影响特种兵部队的建设和质量的提高。且各特种兵武器的供应,不宜长期依赖苏联的帮助,必须从建设国防工业、培养自己的技术人才上着手"。为此,"有即着手建立军事工程学院,藉以培养军事工程技术干部之必要"。报告对该学院部系的设置、学制及校址等提出了具体意见。

周恩来看了这个报告,即于3月19日批示:"请林彪同志审阅或约粟裕同志一谈,如觉可行再送主席批办。"

朱德、林彪阅后均批示:"同意。"

毛泽东于3月26日阅后批示:"同意。退粟裕办。"

创办军事工程学院的各项事宜,又责无旁贷地落到了粟裕肩上。粟裕想到的第一件事,就是选一个好的校长。他深知,一个学校如果没有一个好的校长,是难以办好的,何况这是全军技术院校的首府,更需要一个政治、文化素养高,实践经验丰富,在全军有威望的领导。粟裕想到了黄埔军校毕业当过红军学校校长的陈赓。解放战争中他们在一起配合打过仗,陈赓很善于开创局面,由他去当军事工程学院的院长是最合适不过了。但是这时陈赓正在朝鲜战场,能否调他回国,必须由中共中央决定。粟裕将他的想法首先报告了周恩来,经周恩来与毛泽东商量,决定调陈赓回国,任军事工程学院院长。1952年6月陈赓从朝鲜返国,即对军事工程学院进行具体筹备。为保证军事工程学院有足够的师资力量,粟裕报请周总理准予从政府系统教育部门延聘一批教授。

在粟裕统一筹划和领导下,空军、防空军、海军和各大军区都根据需要,增建了一批院校。

粟裕对新建军事院校教学的重要环节,作了周密的考虑。为了使军事院校的教学与新装备接轨,他建议拨出一个步兵师的进口装备,分配给各军事院校供教学用。他亲自同装甲兵司令员许光达商谈说:目前部队少一辆坦克影响不大,从长远打算,拨一部分技术装备给院校教学、研究是合算的。在他的关心下,满足了军事工程学院和一些军校对技术装备的要求。为了加强对全国军校的管理领导,粟裕提议成立了专门的军校管理部。

1952年6月,粟裕根据基本确定的军队院校整编、整顿和新建方案,草拟上报了《调整全

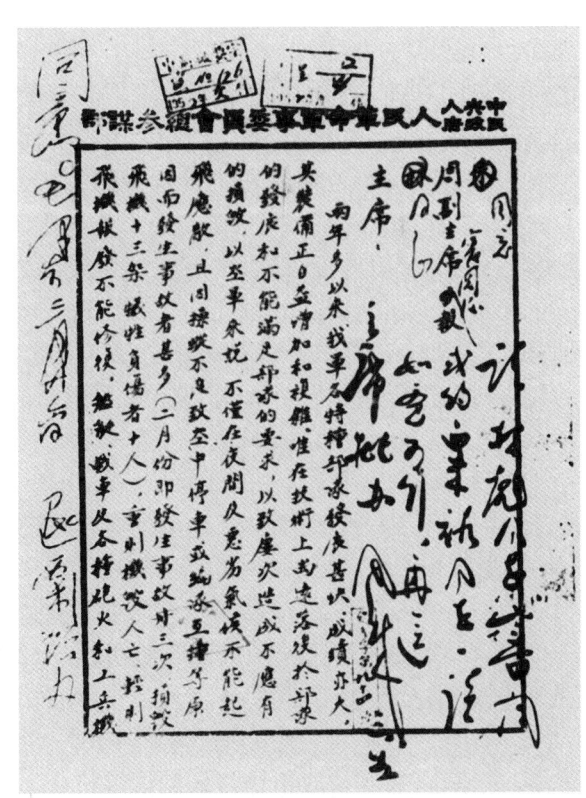

■ 1952年3月毛泽东等领导对建立军事工程学院报告的批示

国军事学校命令》稿。6月23日经毛泽东主席批准,以中央人民政府人民革命军事委员会的名义颁布。至此,军队院校教育初步形成了初、中、高相衔接,专业门类齐全的培训体系。

学校教育是人民解放军培养提高干部的重要路子,但每年进学校学习的毕竟是少数。因此,粟裕积极提倡在职学习,要求有条件的单位组织在职干部集训,学习现代化知识。1952年6月,在粟裕倡导下,总参组织各总部、各军兵种主要领导干部共128人学习现代化合成军队作战知识,每周在中南海居仁堂请专家来讲一次课,严格规定上课期间不安排其他工作,无特殊原因不准请假。粟裕以身作则,带头听课,并且给各部队提出:"人民解放军的每一个战斗人员,都必须精通自己手中的武器,掌握现代军事技术;每一个指挥员更要精通战术,善于组织和指挥战斗,提高战术素养和指挥艺术,而且不仅要精通自己兵种的战术和武器性能,同时还要熟悉其他兵种的战术和武器性能,以便诸兵种协同作战。"[①]各部队通过这一时期的学习和训练,以较短的时间掌握了新装备新技术,初步学会了诸兵种联合作战。

粟裕脑海里又在考虑军队正规化建设的另一个重要问题,建立军队的正规制度。他和军训部领导及军校首席顾问谈话,强调建立条令条例的必要。他说:过去我们的战士从农村入伍,为应付战斗情况,不能按部就班地搞正规教练,而是入伍就学战斗动作,或未经学战斗动作即拉上战场,部队基本教练未打下基础。现在我军虽已成为强大的正式兵团,但无正规制度习惯。粟裕认为,我军政治上已打下巩固基础,但军事生活、工作制度不严格,军事纪律不如党的纪律,工作效率低。这种现象如不改正,会成为走向现代化的障碍。

1952年1月在总参及军训部领导的会议上,粟裕提出:为加强部队的管理教育,要重新审修条令。2月,粟裕通知军训部准备成立机构,进行条令的统一编写。他和萧克反复协商,决定成立条令局。粟裕特别提出要把内战、抗战、解放战争和志愿军在朝鲜的战争经验包括进去,要选调文武兼备的干部来担负条令的编写工作。他亲自参加共同条令的审定,结合自己从士兵、基层干部到高级干部的经历,及执行条令的切身体会和带兵经验,提出了许多切合实际的意见。

经过总参谋部与有关总部一年的努力,编写出了内务、纪律、队列和警备四大条令。1953年5月1日,中央人民政府人民革命军事委员会正式颁布修改过的共同条令,即《内务条令》、《纪律条令》、《队列条令》,人民解放军在实行统一编制、统一装备、统一训练、统一纪律、统一制度的正规化建设方面,迈出了重要的一步。

五、力主利用抗美援朝和抗法援越战争锻炼部队。提高海军出海作战能力。

对于军队来说,战争是最好的锻炼机会。1950年6月,朝鲜战争爆发。在这

[①] 粟裕:《加速我军现代化建设》,载1954年7月31日《人民日报》。

场战争中，美军使用了当时除原子弹以外所有的现代武器。1950年10月，中国人民志愿军赴朝鲜作战。粟裕认为，我们既要千方百计地争取战争的胜利，又应不失时机地运用这个现代化战争的实践场所锻炼部队，吸取现代化作战的经验。

1952年5月7日，粟裕与空军领导谈话时说，正在进行的朝鲜战争就是锻炼部队很好的机会，空军要利用朝鲜战争求得锻炼，为此而损失一些人员、装备应在所不惜。5月15日，中央军委召开会议，周恩来副主席传达了毛泽东主席关于空军歼击机部队"加打一番"（即空军所有歼击机部队赴朝再轮番实战锻炼一次），抓紧实战锻炼的指示。6月12日，粟裕提出了空军在朝鲜作战的方针建议。根据敌我友空军装备、技术、补充对比情况及作战实践，粟裕提出，空军"目前作战方针，仍以锻炼为主"，"作战目标，以打小机群、中机群为主，避免与敌大机群决战"。"如实行大决战，即或能歼敌过半，然敌补充快（估计一个月内又可能增加新的前来），我则非一年半后，不能恢复元气。"粟裕还从建军的角度提出："空军建设与陆军建设，仍有很大的区别。在陆军建设来说，战斗作风好的，以新兵补充，可带起新部队，保持作风。在空军来说，则主要是飞行员锻炼与飞行员补充问题。加以我空军新建数量还少，故仍需采取轮番实战锻炼与新的建设结合。"粟裕建议各军区空军司令员及所属司令部人员，"分别派到安东（即今丹东）轮番参加实战指挥学习"。

中央军委采纳了粟裕的建议，在朝鲜空战中积极稳妥地使用空军，不与敌人拼消耗，不争夺前线战场的全面制空权，但要协同友军夺取并保持局部的制空权。在兵力使用上，采取轮战形式，使更多的部队得到锻炼，战斗力迅速提高，取得了锻炼提高和较好战果双丰收。

鉴于朝鲜战争有长期化的可能，毛泽东提出赴朝作战部队"采取轮换作战的方针"。粟裕非常拥护毛泽东主席的指示，1952年8月6日写报告给中央军委，对陆军步兵轮换入朝作战提出了"以军为单位"、"以师为单位"轮换等几个方案，"使国内80%以上部队，均能取得对美帝国主义作战的经验及使在朝多数的军得到休整改装"。对于兵团机构的轮换，鉴于国内各大军区之兵团机构均已取消，重新组成进行轮换确有困难，粟裕提出以"干部交流"和"多设副职"的办法，达到干部轮换休息的目的。

毛泽东主席于8月11日批示，同意粟裕的报告，并指出"应从今年8月起，在12个月内轮换完毕"。此后，人民解放军的大批干部、战士得到了与美军进行实战锻炼的机会。

粟裕很重视组织国内机关干部赴朝参观。只要时间允许，参观团出发时，他都亲自作动员，回来时亲自听汇报，指导干部吸取更多的现代战争经验，作为建设现代化国防军的重要参考。他要求参观团在了解敌方情况时要注意：不仅了解敌人使用的兵力，而且要了解敌之战术，了解敌兵力部署配备的方式和敌军指挥上的特点，以及其炮兵如何配合步兵，进攻和防御采取什么方式及特点；海上和空中如何配合，对我危害最大的手段和我们对付的办法等等。对于我方情况，粟裕提出要了解步兵、空军、防空军以及司令部机关的作战经验及我之长处与不足。还要联系到今后部队和训练上如何改进,提出意见。

1952年5月3日,粟裕听取西南赴朝参观团汇报后指出:高级领导机关应从敌人、自己两方面出发思考问题,如单方面看会得出片面经验。粟裕发现有的赴朝参观见学人员,只注意观察在朝部队的缺点,不注意学习在朝部队的长处,批评他们说:"让你们去取宝,你们这样做不对么!等于没有完成任务。"以后他又建议将赴朝参观见学改为去朝部队代职,直接取得亲身实践的经验。

在这一个时期,粟裕根据中共中央和中央军委的指示,具体指导了援越抗法的斗争。应越方的邀请,我国在越南派有军事顾问团。粟裕十分注意研究越南的地理、气候条件和法军的特点及越南人民军作战的实际情况,指导顾问团的工作和越南抗法斗争,并从中吸取对我有用的经验。1954年春越南举行奠边府战役,他对战役部署、攻击重点及战术运用等方面提出了许多重要意见。战役发起后,粟裕又于5月3日致电中国援越顾问团建议:可考虑以最精锐部队先控敌心脏,分裂其肢体而后逐个歼灭;抽调必要兵力加强后方,防敌空降伞兵截断后方交通补给线。越南军民在中国的大力支持下,于5月7日完全解放奠边府。此后粟裕参与了越南建军方针和作战方针我方建议方案的制订工作,承办了为越方办学、代训部队和支援物资装备等方面的大量工作。在支持越南争取国家独立和主权完整的进程中,作出了应有的贡献。

与此同时,粟裕对成立不久的海军如何到大海中去锻炼,向中共中央提出了一系列重要建议。

人民海军诞生在粟裕领导的华东战区,1949年4月23日在江苏省泰州白马庙成立,当时叫华东海军。粟裕随即要他们出海去锻炼。华东海军的舰船大部分由原国民党江防舰队的舰船组成,多数是平底,刚刚从陆军改装为海军的指战员不敢出海,或者出去不久就回来。粟裕反复给他们做思想工作,指出海军出海对保卫海防和提高技能的意义,动员他们下决心出海锻炼,不要动辄上岸。军委海军正式建立后,少数人员中也存在着只愿蹲在大城市不愿出海的思想。已经担任副总长的粟裕,从各方面做工作纠正这种倾向。1952年8月2日,他与海军领导同志谈话说:"过去国民党防守上海主要设防黄浦江口。我们设防与其相反,依靠自己,依靠大陆,面向海洋,设防尽量往前伸。要克服海军不愿下海,不愿上岛的思想。"同年9月,粟裕在海军军事、文化教育会议上讲话指出:"海军是应该出海还是应该在岸上呢?海军当然应该出海,否则就不能叫海军。有一部分同志不愿出海,是不对的。海军不出海就得不到锻炼,就不能完成保卫海防的任务。""只有将防线推到海防前线去,才能保卫我们的领海与领土,保卫我们的大城市和工业区。蹲在大城市里只是被动挨打的。"

粟裕从保卫海防前线与发挥海军现有作战能力着眼,报请中央军委批准,对海军基地与指挥位置作了较大调整,将吴淞基地移至定海,黄埔基地移至湛江。这样既可以避免为敌封锁,又便于支援和指挥海上作战。

1953年6月15日，粟裕利用在苏、浙、闽休养的时间，对海军情况作了一次实地调查。他参观华东海军军舰、海军基地、岸炮阵地、造船厂，乘军舰出吴淞口到舟山，看了沿海岛屿并视察海军部队。他把调查情况上报毛泽东主席并中共中央，对目前海军建设提出了有针对性的意见。粟裕认为，三年多来的海军建设，从无到有，已初具雏形。目前尚存在着或多或少的保守思想，认为把现有力量保存起来，待进一步建设后才能与国民党海军作战。这种想法，与我军历来的建设方针不相符。为改善这种状况，求得海军实战锻炼，打击敌人的窜扰和支援浙、闽沿海渔民，粟裕建议：华东海军应轮番派遣小队舰、艇至浙闽沿海作游击活动，打击蒋海匪之扰乱，保护沿海治安。华东海军主力应尽早向穿山港推进，以求坐镇与领导建设该港。南海及北海舰队亦应不时派小舰队进出海面，以求得实战锻炼。

粟裕认为："只要我们海军在活动上有周密的部署计划，适时地协同动作和坚强的政治保证，某些意外的损失能够减少和避免，而所获得的实际经验，对于提高海军战斗力来说，其收获将是很大的。"

粟裕的这个报告和他多次陈述的看法和建议，引起了中共中央和中央军委的重视。1954年3月12日，中央军委召开第五十四次例会，作出了"同意海军'关于组成练习舰队的建议'"的决策，以加强海军的海上锻炼。明确规定"各种舰艇人员每周均应下海活动几天，以便逐渐使所有人员都能在五六级风的海上执行任务"。

后来的实践证明，粟裕的意见和建议是正确的。

从1954年3月18日起至5月20日，华东海军在浙东沿海猫头洋进行了一场护渔战，先后出动6艘护卫舰、10艘炮艇和1个团的航空兵，在海防部队密切配合下，击伤蒋军舰艇9艘，击沉与截获帆船各1艘，击落飞机9架，击伤3架，并解放了东矶列岛。部队经历了实战锻炼，提高了战斗能力。首次出击的胜利，大大鼓舞了海军官兵出海作战取胜的信心。

1954年5月18日粟裕又向毛泽东提出了《加强海军训练与实战结合》的报告，建议"华东海军主力推进到定海石浦地区"；将一批防空部队和"水陆坦克教导团拨给海军"；并"从空军抽调1个歼击机师和10架杜-2轰炸机加强宁波、岱山的海空战斗力量"。5月19日毛泽东批示："照办。"

1954年6月22日粟裕向毛泽东主席和刘少奇、朱德副主席写报告，提出为加强浙江沿海空军警戒活动，求得实战锻炼，建议调一两个空军师到浙东，并在路桥修临时机场，以加强海、空军配合，适应当前斗争。

这个报告同样得到了毛泽东的批准。

从通过抗美援朝、援越抗法，不失时机地吸取现代化作战的经验，到海军要出海锻炼和加强沿海攻势作战，粟裕一系列被中共中央及时采纳的重要建议，充分显示他在人民军队建设新阶段积极活跃的国防战略思想。

第二十二章 就任总参谋长

一、受命担任总参谋长。毛泽东亲自谈话，传达中共中央命令。毛泽东说："根据我的了解，你可以胜任！"

1954年10月31日，中共中央正式通知：粟裕任中国人民解放军总参谋长。这是毛泽东主席亲自提名任命的。通知下达前，毛泽东主席找粟裕谈话，向他传达中共中央这个决定。粟裕听了感到很吃惊，马上向毛泽东表示："主席！我不能胜任！"毛泽东肯定地说："根据我的了解，你可以胜任！"鼓励他大胆工作。接着毛泽东又说："不过牡丹虽好，还需绿叶扶持。你努力干吧！"粟裕时年47岁。

11月9日，毛泽东主席根据第一届全国人民代表大会常务委员会第二次会议的决定公布命令，任命粟裕为中国人民解放军总参谋长。

这时抗美援朝战争已经结束，国家已全面开始社会主义建设，人民解放军的现代化、正规化建设也同时展开。但台湾和一些沿海岛屿尚未解放，帝国主义不断在我国的台湾和周边地区建立军事基地，制造紧张局势，战争的危险依然存在。粟裕根据国际形势和国内情况，进行了全面的思考。他从现代战争的要求和国际形势的大背景，从国家、军队的实际情况出发，认为军队建设和国防建设，必须研究解决以下几个方面的问题：一是未来战争可能是什么样的模式；二是如何尽快地建立起必要的防御反击力量和积极防御体系，以对付敌人可能对我的突然袭击；三是制订军队建设的远景规划和作战计划，以有效地指导军队建设和战备工作。为了实现这些设想，他付出了巨大的努力，但在工作中却碰到了意想不到的困难和阻力。尽管如此，他仍然兢兢业业工作，为实现这些设想，为军队建设、国家安全尽了他的全力。

中共中央在任命粟裕为总参谋长的同时，任命张宗逊、李克农、陈赓、王震、许世友、邓华、彭绍辉、张爱萍、杨成武、韩先楚为副总参谋长。

这10位副总长的实际情况是：张宗逊原管军训、军校，下一步兼任训练总监部副部长（当时军委设8个总部，训练总监部属总部之一）；李克农原管3个情报部门分工不变；陈赓70%力量参加总参工作，30%力量搞军事工程学院；王震仍管铁道兵；许世友、邓华仍管南京、沈阳军区工作；彭绍辉待西北工作结束后，来京兼任训练总监部副部长；张爱萍拟调来总参工作；杨成武拟调来总参工作但现还不能来；韩先楚现在军事学院学习，要两年半后才毕业。如此，副总长中仅李克农、张爱萍（实际调来是1955年春）可以全部力量在总参工作，陈赓大部分时间在总参工作。其他各位副总长只能在各自单位，多从总参角度考虑一些问题。

在这样的情况下，粟裕与几位能实际参加总参工作的副总长商量作了分工：李克农仍管情报，张爱萍管军务动员和行政管理，陈赓管作战。粟裕除抓总外，侧重抓作战和涉及国防、军队建设中的大事。他在工作中顾全大局，任劳任怨，和几位副总长工作协调，团结一致，从不独断专行，有事情找大家商量，尊重大家的意见。工作决定后放手让别人干，从不干预。他和同事们感情融洽，交往正常。若干年后，当时的一位副总长回忆那一段时光，非常怀念和赞赏粟裕良好的领导方法和对同志的真诚友谊。

粟裕接着召集总参二级部领导开了一次会，中心是谈总参应该如何领会和实现军委的意图，并讲了他经过调查和思考对军队建设、国防建设和对敌斗争的意见。他对我情、敌情的了解和研究，对军事技术、军事地理的渊博知识，使大家深受启发，深为佩服，鼓舞了大家在粟总长领导下做好总参谋部工作的信心。

二、对未来战争类型和模式的科学预测。"我们并不怕原子战争，但应积极准备……有备无患。"

1954年中央军委明确了军事建设的总方针、总任务。这就是：建设一支优良的现代化革命军队，以保卫中国社会主义建设，防御帝国主义侵略，并且从当年起全面开展了军队的现代化、正规化建设。

1954年12月22日，粟裕刚任总参谋长一个多月，便向中央军委上送了一个《在原子时代关于陆海空军军事建设方针的建议》报告。这个报告中提出军队建设方针的前提是"原子时代"。粟裕认为"在今后战争中，敌人可能广泛使用原子武器，不仅使用于战略轰炸，且将使用于战术轰炸和炮击，一旦战争爆发，不分前方后方，均有遭受敌人原子袭击的危险"。1955年2月，粟裕在《第五次国防工程会议》上的讲话中指出："我们并不怕原子战争，但应积极准备，加强国防力量，才能粉碎敌人的进攻，做到有备无患。"同年3月，粟裕在中国共产党全国代表会议上的发言中又指出："今后战争不同于以往任何战争的特点之一，战争已从线或面的形式发展为原子时代的立体战争。""帝国主义正在疯狂地准备原子战争，应引起我们的应有警惕。全世界人民包括帝国主义国家的人民在内，要求和平，反对战争和反对使用原子武器的运动正日益开展，但我们的国防建设决不能寄托在这些客观的辅助因素上。""这就迫切要求我们对防御原子战争有所准备，以防患于未然。"

粟裕反复地向中共中央和全党全军提出这样的问题，不是耸人听闻，而是作为总参谋长,对未来反侵略战争一旦发生,将可能是什么类型的战争,给国家造成什么样的局面,负责地提出看法,使全党全军对此应有所认识和准备。而这个看法是粟裕观察研究当时国际形势和探索现代战争所得出的科学论断。

从这个论断出发,粟裕进行了周密思考,思考的重心是,如何在国内有限的财力、物力条件下,尽快建立起必要的防御反击力量。并据此提出了各军兵种建设的方针、重点。

粟裕《在原子时代关于陆海空军军事建设方针的建议》的报告中,论述了未来战争中在敌人使用原子武器的情况下,国家和军队应采取的对策和防护办法;论述了各军兵种在原子条件下如何发挥作用,进而提出了全军建设的中心和各军兵种建设的重点。

他说,对付敌人原子袭击的最好办法是以原子对原子,这样可能促使敌人不敢使用原子武器;在我们还没有原子武器时,我们有必要而且有可能以防护的方法来对付敌人的原子袭击,以大大减轻原子袭击对于我们的损害。他提出:"为了比较有效地对付敌人的原子袭击,保卫我国的社会主义建设,使我国工业在战时仍能发展生产和再生产,为了掩护我国的强大陆军有效地进行防御和顺利地开展进攻,以发挥其应有作用,以及为了掩护海军的作战和活动,均须有足够空军参加作战,为此建设一支比较强大的空军和国土防空力量,应成为全军建设的中心环节。"

报告根据我国国情和军队实际情况,对海军建设提出了看法和建议。报告说:"我国海岸线漫长,海区辽阔,敌人对我进攻主要将来自海上,故建设一定数量的适合于我国具体情况和适宜于今后作战的海军力量是完全必要的。"

但由于我国空军数量有限,不可能派大量飞机给海军。而我国工业和技术还比较落后并受经济和物质条件限制,短期内不可能建设起一支很强大的海军。所以目前"海军建设应以鱼雷快艇、潜艇和水鱼雷轰炸机为重点"。使我海军在"无足够空军掩护情况下"亦可"大大发挥其袭击作用"。

对于陆军建设,粟裕认为在使用原子武器条件下,坦克机械化军队在战争中的地位将更加重要,不论进攻或防御,都要求军队具有高速度的强大的机动突击力量。如敌于实施原子突击后,以大量坦克机械化军队和空降部队同时登陆与着陆发展进攻,我仅靠徒步步兵及其配属的少量坦克,将无法迅速堵住由原子爆炸而形成的缺口。为了应付可能的突然事变,现有坦克部队应作适当调整,再组建一些坦克师团,作为统帅部的机动突击力量。他在报告中还提出:"为使统帅部握有拳头,能在全国主要战略战役方向上保持强大的突击力量,必须首先发展统帅部预备队炮兵","炮兵必须装备有快速运动力的火炮",以在战时能"迅速堵住由于原子弹而形成的裂口,并对付敌人的空降部队"。

粟裕报告的基本思想很明确,就是在原子条件下,从国家和军队现实状况出发,军队建设突出重点,首先发展那些在反侵略作战中至关紧要的而国家经济力量又能支持的军兵种;在军兵种建设中又要突出各自的重点,以迅速建立起必要的防御反击力量。

1955年2月17日，中央军委向中共中央呈送了《1954年的军事工作》书面报告，把粟裕建议的内容写入了报告："根据最近期内我国工业建设发展的情况和我军战略的要求，我国军事建设的重点，主要的应是发展空军和国土防空部队"；"陆军的建设，则应以发展炮兵、装甲兵和建设若干个机械化师为重点"；海军建设"以发展潜水艇和鱼雷快艇为重点，并相应地发展水鱼雷轰炸机"。

　　以上报告得到了毛泽东的批准。尽管这个军事建设重点在落实过程中遇到种种阻力，但这个报告确定的军事建设重点，成为了当时和以后相当一段时间指导军队建设的重要依据。

　　粟裕多次论述原子条件下现代战争的特点，并概括为突然性、残酷性、快速性、广泛性。从这些特点出发，他对部队训练提出了严格的要求。1955年1月15日，他向中央军委建议："军事训练应增加对原子、化学的防御问题。"1月18日军委批复"同意"。以后在全军增加了防原子、防化学的训练。粟裕同时指示空军：1955年空军除防空任务外，要全力以复杂气象条件下和干部训练为主。不久，他给海军航空兵下达了同样的指示："以复杂气象作为一个重要课目。"1955年3月，总参谋部下达了组织战役训练的指示，要求高级干部学习在核、化学武器条件下的集团军进攻战役和滨海地区防御战役。各军区先后组织了军、师首长司令部野外演习以及师、团规模实兵战术示范演习。为加强全军防化学战的能力，1955年4月中央军委批准成立防化学部，指定粟裕负责组建。粟裕积极筹办，防化学部于1956年1月正式成立，1957年改称防化学兵部。同年10月8日，粟裕给《防化杂志》创刊号题词指出："防化兵的建立，标志着我军在现代化建设中，又将获得新成就，因为在原子化学战争条件下，如果没有这样一个兵种，我军就很难，甚至不可能完满地完成作战任务。"为使部队能适应艰苦的战争环境，他多次提出"部队每年应搞一次两至三个月的野营生活，列为训练项目"。他的这个很有见地的意见，虽然当时由于种种原因未能付诸实施，但是引起了一些部队领导的注意。60年代初中期，有些部队搞了野营拉练演习，毛泽东给予充分肯定，后来遂在全军普遍推开了这一训练项目。

　　1955年9月27日，粟裕被授予大将军衔，位于十位大将第一名，并荣获一级八一勋章、一级独立自由勋章和一级解放勋章。

　　1955年11月，粟裕参与导演了人民解放军历史上规模最大、最能体现这一时期军事特点的辽东半岛抗登陆战役演习。这次演习由训练总监部代部长叶剑英任总导演，粟裕、陈赓、邓华、甘泗淇、萧克任副总导演。参加演习的有陆、海、空军师以上指挥机关18个，部队6.8万余人。全军高、中级干部800余人随演习部队参观见学，一起作业。并请苏联、朝鲜、越南、蒙古四国派军事代表团参观整个演习过程。

　　为了组织好这次演习，粟裕参与审定整个演习方案，1955年6月又与叶剑英一起去辽东地区实地为演习作准备。

　　演习于11月13日开始，14日结束。粟裕于10月29日即去旅大协助叶剑英

1955年9月27日,粟裕接受周恩来总理(前左一)授予的大将军衔。

授衔后的粟裕大将

1955年10月,总参谋长粟裕在部队干部会议上讲话。

1955年11月,粟裕在大连观看军事演习。

具体组织指导演习。

这次演习着重研究现代条件下歼灭登陆和着陆之敌的有利时机、抗登陆同时抗着陆、提前实施反冲击和反突击、各军兵种的协同作战等问题。通过演习，丰富了人民解放军在现代条件下抗登陆作战的知识，提高了军队高级干部组织与指挥抗登陆战役的能力，取得了组织大规模战役演习的经验。刘少奇、周恩来、邓小平、彭德怀、贺龙、聂荣臻、陈毅等观看了演习，给予高度评价。

1956年9月，粟裕出席中共第八次全国代表大会，被选为中共中央委员。11月任中共中央军事委员会委员。

中共"八大"会议后，中央军委召开了"八大"军队代表和各总部、各军种、兵种首长座谈会讨论建军方针问题，粟裕因病未能参加。但是粟裕对军队现代化建设的深层问题和与军队现代化相关的一些问题有若干思考。11月4日粟裕把他的思考向中共中央和中央军委作了书面报告，报告的题目是：《对建军方针若干问题的建议》。粟裕认为，我军现代化建设七年来已取得一定成绩，但距离真正现代化的要求，还相差很远。今后决定战争胜负，除政治条件外，物质技术条件也是重要因素之一。因此，集中力量加速国家工业化和向科学进军，是完全正确的。为了抽出大量人力、物力、财力支援国家建设，完全同意裁减军队。关于裁减军队问题，粟裕提出应定出各军种、兵种和部队、学校、机关的适当比例，采取一次确定、分期完成的方法，免得年年确定编制，又年年变动，并提出了裁军的具体措施。他认为统帅部总部太多，形成多头领导，政出多门，职责不明。可将总干部部、军事法院、军事监察院合并到总政治部，总财务部和总军械部合并到总后勤部，训练总监部和武装力量监察部，至少可以合并为一个单位。各总部下属的部有的亦可以合并，如总参动员部、总政兵役部、总干预备役干部部、训总军外训练部可合并为一个部。全军近百所文化学校和预备学校，可考虑全部或大部撤销。他说："紧缩机关，必须采取砍头的办法，如舍本逐末，一个人一个人的抠，虽费九牛二虎之力，但收效甚微。"粟裕在报告里特别强调："要建设一支现代化的革命军队，必须保持和发扬我军优良传统。"针对部队情况，提出了一些值得重视的问题，如抗美援朝的胜利，强调了美帝国主义纸老虎的一面，但对敌人长处，却未引起应有注意。粟裕认为，我们在政治上必须藐视敌人，但在军事上决不能轻敌，要从最困难方面来考虑。

1957年1月中央军委召开扩大会议，通过了《关于裁减军队数量加强质量的决定》。决定将解放军员额裁减三分之一，并调整全军组织编制，把原来的陆、海、空、防空、公安5个军种改为陆、海、空3个军种，即防空军与空军合并，公安军撤销，并精简总部。"决定"中的许多内容都吸收了粟裕的建议。从1957年2月起粟裕主持了空防合并、公安军撤销以及总部的裁并、整编等一系列会议。裁并、整编总部机关对加强军队领导，节省财力、物力，加强军队现代化建设起了重要作用。1958年2月13日，粟裕在向毛泽东上送的报告中再次就"机关庞大，某些机构重叠"及领导机关作风等问题提出改进建议。毛泽东于2月16日批示"看过,很好"。

粟裕对未来反侵略战争规律的认识,随着他的实践和研究不断深化。1957年10月,他在全国兵役工作会议上首先提出了要重视战争初期的观点。他说:"今后的战争是很紧张的,特别是在战争初期。""我们必须承认今后战争的最初十天至半个月,是决定战争长短的重要因素。这就是说,如果我们应付不好,那困难就会更多,战争就要拖长。"后来,他又不断发展和完善了关于重视战争初期的观点。

三、提出重新划分全国军区方案。协助军委确定战略方针。主持制订作战计划。

1954年4月27日,中共中央政治局扩大会议决定撤销大区一级党政机构。中央军委决定撤销与各大区相当的军区机构,并确定由粟裕负责,与有关方面研究提出重新划分全国军区的方案,提交在年底召开的军委扩大会议讨论决定。

从1954年6月起,粟裕就重新划分军区问题进行了调查研究,7月8日向中央军委呈送了重新划分军区的两个初步方案。11月8日军委第十一次会议作了研究,决定由粟裕再邀集有关方面作一次讨论。

12月初,粟裕召集各总部及各大军区负责人会议,专门讨论大军区撤销及重新设置问题。粟裕首先讲话,谈了撤销及重新设置军区的目的、意义、依据和方案制订的过程,然后与会同志进行了热烈讨论。大家都很关心未来战略区和战场的划分、后勤机构的设置等问题,粟裕对此作了补充发言。经过几天认真讨论,大家统一了认识,同意粟裕提出的初步方案。

12月14日,在军委第十七次会议上,粟裕汇报了经过各单位领导同志讨论的重新划分军区的方案。军委会议认为:"重新划分全国军区时,主要应考虑以下几方面:(一)便于平时进行战场建设,战时统一指挥;(二)便于军委集中领导;(三)便于抽出一批干部充实军委各机关和进入学校学习;(四)应注意到是否便于指挥,以及不会将原来的军区划得太乱。因此,基本同意粟裕同志所提的第一方案。"军委决定由粟裕准备,向军委扩大会作关于全国军区划分的报告。

根据军委会议讨论的意见,粟裕对原方案略作调整。12月17日至29日军委召开扩大会议,粟裕在会上作了《关于全国军区划分的几个初步方案》的发言。粟裕说:"鉴于现代科学技术的发展和在今后战争中可能广泛使用原子武器,当帝国主义者决定发动战争时,可能利用其所谓'原子优势'采取不宣而战,对我进行闪击。为了应付敌人的突然袭击和今后更复杂的战争情况,要求指挥上的高度集中统一和各战区、各兵种的密切配合协同……平时组织即须为战时作准备。""因此须以敌人兵力及其可能进攻的方向、地形条件、交通状况以及我军的战略意图、作战方向和今后战争可能发展的趋势,作为军区划分的主要依据。为使军区划分符合今后作战的要求,并力求减少层次,使上级意图能迅速下达到部队","精简机构,减少冗员，使领导机关深入下层，克服官僚主义，统一调配全军干部，充实军委各部和加强前方部队，同时抽出大批干部入学受训并从目前建军和今后作战着眼，求得战术思想的完全一致，特提出关于全国军区划分的几个初步方案"。

粟裕介绍了军区划分的六个方案。第一方案，建议海陆边防划分 6 个军区，为准备战区；内地划分 8 个军区，为战略储备区。并将第一方案与其他方案分别作了比较，认为第一方案利多弊少，以实行第一方案为好。同时还就军区的任务和职权、各特种兵的机构组成及领导关系提出了意见。

经过会议讨论，一致同意粟裕所提的第一方案，但建议内地军区适当合并，军区总数减为 12 个。中央军委在会议总结中指出："关于全国军区划分问题，粟裕同志根据平时便于进行战时准备的原则，在报告中所提出的第一方案，已获得大家一致同意。"

1955 年 2 月 11 日，国务院根据军委扩大会议讨论结果，决定建立沈阳、北京、济南、南京、广州、武汉、成都、昆明、兰州、新疆、内蒙古、西藏 12 个大军区。实践证明，这次军区设置的重大改革，既便于军委的集中领导和平战结合，又抽出一批干部充实了军委机关和进入学校学习，同时使军区领导机关在体制编制上基本上成为合成军队的战役指挥机构。

在调查起草重新划分军区方案时，粟裕又从战场划分联系作战方案作了思考。他认为作战方案决定着战场建设、军队建设、装备的配备和发展，以及国防建设的规模和顺序。有了作战方案，才能有效地指导军队和国防建设，使军队的战备工作走上有序的轨道。

制订作战方案问题，早在 1952 年就已得到了毛泽东的同意。粟裕就任总参谋长后，立即把这件事提到了议事日程，他首先向总参的几位副总长提出这个问题，得到大家的一致赞同，然后又和各军兵种领导同志交换意见。大家都认为应该有一个作战方案。1955 年 1 月，粟裕提出再作一些调查研究后，召开一次作战方案问题的研究会。

这时，中央军委正准备拟制保卫祖国的战略方针，指示总参谋部先作研究，提出方案，供军委考虑。为使战略方针更好结合国家和军队的实际，使作战方案更好体现战略方针，粟裕决定将研究战略方针和作战方案的工作结合起来进行。

1955 年 6 月 15 日，粟裕主持召开了研究拟制作战方针和方案的座谈会，各总部、各军兵种、各军区主要领导人陈赓、张宗逊、王震、邓华、彭绍辉、杨成武、杨勇、黄永胜、陈伯钧等参加。会议认真分析国际形势，根据我国的国情和军队、国防建设的情况，统一了对毛泽东积极防御战略方针的认识，提出了拟制作战方案的原则和要求。粟裕在会议总结时指出："通过座谈，思想统一了，认识更一致了，对作战方针更明确了。"同时提出："我们需要拟制作战计划，以便能有计划、有步骤地安排军队建设各项工作。"并强调说："拟制作战计划，必须从实际出发，计算各种可能，同时还要考虑国家的现实情况。"他要求总参作战部编写总的作战计划，其他各单位依此原则拟订出本单位、本地区的作战计划和作战保障计划。

从 8 月起,粟裕分别参加了作战部、各军兵种的作战计划和作战保障计划审查会议,并在会上对这些计划分别提出和补充了许多重要的内容。

从 1955 年以来,粟裕围绕制订战略方针和作战计划所进行的工作,以及最后上报中央军委的建议和方案,为 1956 年春召开的军委扩大会制定战略方针,提供了充分的理论和实际依据,为军委扩大会议作了重要准备。1956 年 2 月上旬,根据军委领导人指示,总参谋部组织起草了《关于保卫祖国的战略方针和国防建设问题的报告》。1956 年 3 月 6 日至 15 日,中央军委召开扩大会议,彭德怀在会上作了上述报告,会后经毛泽东主席审阅同意,正式确定了保卫祖国的积极防御战略方针。

会后,总参根据中央军委指示,又召开有关总部、各军兵种和军区负责人参加的会议,再次讨论总参拟制的作战计划草案。大家认为此作战计划符合军委扩大会议精神,所提各项措施切实可行。总参当即将作战计划上报了中央军委。

1957 年,在粟裕主持下对作战计划又作了一次修订,形成了新中国成立以来第一个较完善的作战计划。

作战计划是执行战略方针、使战备工作走上有序轨道的重要措施。但是这个作战计划一直到 1958 年尚未得到正式批准,因此没有能在军队建设和战争准备上起到它应有的作用。在 1958 年夏召开的军委扩大会议上,许多同志由于不了解内中情况,批评总参执行战略方针缺乏具体措施,没有作战计划。7 月 18 日,军委秘书长黄克诚在军委扩大会上发言,为中央军委承担了责任,他说:"在战备工作上,正如同志们所批评的,对于执行保卫祖国的战略方针缺乏具体措施,这就是没有作战计划,没有建军远景规划,这个缺点,不应由总参谋部负责,而应由我负责。""总参有关部门虽多次提议,而我没有给他们以应有的支持。现在看来,规划还是需要的,即使是不断变化和修改,对军队建设也有好处。"

四、一系列富有创见的建议,围绕一个目标:努力建成积极防御体系。

粟裕在担任总参谋长后,在抓军队建设的同时,还重点抓了国家防务建设,用他的话说就是建设积极防御体系。他反复强调国家防务建设要在以下几个方面统一认识,加强工作:第一,思想上要有准备,要未雨绸缪。第二,组织上要有充分准备,抓好干部训练,高级干部要学会指挥大兵团作战。第三,提高部队的科学文化水平。我军如果不能掌握新科学、新技术,就要被动挨打。第四,要搞国防工程,重点设防。第五,要改善装备,不能只搞人员不搞装备,兵不在多而在精,把节省下来的钱,用于发展装备。第六,在强调人的因素为前提的条件下,加强后勤保障,现代战争是打后勤,打钢铁。第七,军队建设服从大局,服从国家建设,如工农业不发达军队养得再多也不行,军队建设不能削弱国家建设，要结合国家建设，搞平战结合。第八，加强人民武装建设，要寓兵于民，搞人民战争。

为了落实国家防务的各项工作，粟裕亲自下去调查研究和具体指导，提出了许多重要建议。

关于国防工程建设

粟裕常说，根据毛主席积极防御的思想和我国的国情，设防要有重点和纵深，不能分兵把口，搞一线式防御，摆出一副"教师爷挨打"的架势。设防要有通盘规划，不能这个司令来要挖这里，那个司令来又要挖那里，一个司令一个令。由于缺乏通盘规划和调查研究，盲目施工，造成人力物力的浪费。1955年2月25日，粟裕参加全国第五次国防工程会议，他在讲话中说，我们的国防工程要做到："既要防御周到，又不是到处分兵把口。我们的防御不能像万里长城连成一片，也不能像做游戏手拉着手，必须有重点。""必须根据国家经济力量、国防力量、炮火生产情况等进行。"后来军委正式确定了国防工程要"全面筹划，重点建设"的原则。粟裕又亲率工作组对沿海设防地区考察，会同沿海军区确定设防部署。他向边防海岛守备部队指挥员讲解国防工程必须"重点设防，重点守备"的道理，消除一些干部"工事修得越多越好"的错误心理，增强了重点设防的自觉性。

粟裕认为：今后的战争不仅有威力很大的原子弹和超音速的喷气式飞机，而且进一步出现了氢弹，这就加强了我们的任务，怎样在原子时代加强我们的国防力量，成为一个极重要的问题。1954年12月8日，粟裕在一个文件上批示："明年之工事构筑……必须加入原子防御诸问题。"1955年2月他又强调指出："国防工程建设应以防原子着眼，适当加强和改善工事。"接着他指示工程兵进行防爆波试验，在取得基本数据资料的基础上，于4月11日向军委写报告提出了防原子工程的设计标准和隐蔽伪装问题，得到了军委的批准。从此，在国防工程中增加了防原子设施，并有了统一的标准。

国防工程的建设原则、标准和要求有了，应该在什么时候完成建设计划呢？1955年底，粟裕对军委批准的国防工程计划和当时已完成的工程数量进行了仔细计算，如按已有年度工程进度计算，完成剩余工程和对已建工程按防原子标准加固改建，尚需16年到20年时间。这和当时的形势是极不相适应的。为了应付突然事变，粟裕认为必须加快国防工程的构筑速度。他设想从1956年起每年拿出30万部队参加国防工程的突击建设，以两年时间完成××万米的坑道及若干军用公路，到1957年底全国坑道工程可基本完成。他向彭德怀当面报告了以上设想，彭德怀当即表示："你们可以具体部署。"1955年12月31日粟裕向军委正式提出了抽调30万部队参加国防工程建筑的具体建议。

1956年2月粟裕在外地休养，2月4日他从广州得悉抽调30万部队参加国防工程的计划尚未落实，即发电报给代他主持总参工作的副总参谋长陈赓，再次建议采取此项重大措施。次日又给陈赓并军委秘书长黄克诚写信。信中说：毛主席

"警告我们要注意防止可能的突然事变。正是为了应付突然事变，就要加快各项建设的速度。因此，我认为加速国防工程建筑，也是必须积极进行的"。信中指出，"为了加速此项重要的国防工程建筑，尽可以暂时停止建设其他各项建设的开支，譬如，机关宿舍、办公楼及其他福利事业等暂时停建或少建，甚至于可以根本停止建设礼堂"。信中最后提出："我仍再三建议，今年必须以三十万人左右（或者二十几万人）参加工程建筑，以便争取时间，加强国防，而防万一。"

信写好后，粟裕特派秘书专程送回北京。2月16日，军委办公厅把粟裕这封信印发中央军委领导及有关同志。

中央军委在1956年3月举行的扩大会议上，对国防工程建设作出了安排，要求到1962年完成前沿和纵深的基本防御体系。由各海、边防军区有计划地组织施工。

从1955年开始，粟裕亲自抓了第一个指挥防护工程的建设。这个工程是中共中央批准建设的，任命粟裕为工程建设委员会主任。粟裕深知工程的重要性，必须做到万无一失。他从地面到空中作了详细勘察，提出了点址选择方案，报经周恩来总理批准定了点。以后多次召开会议和到现场办公，对工程的设计、施工和安全、保密、环境绿化等作出了周密安排，及时解决施工过程中出现的种种问题，使这一重要工程的建设顺利地走上了轨道，为后来各地的指挥防护工程做出了榜样。

关于守备和机动

1955年12月31日，粟裕在向军委的建议中提出："为使我军主力的绝大部分能够机动作战，在战时成为强大的突击兵团，不致陷于处处设防、分兵把口而造成被动，平时必须将国防第一线的守备部队编组起来，其守备兵力一般地不应超过各该地区总兵力的×分之一。"他强调守备人员不宜过多，"主要是加强火炮和工事构筑，既能节约兵力又有坚强的守备力量"。同时他还强调要明确守备区与当地海军、陆军野战部队及友邻守备区、要塞的关系及任务区分。要实现战区的统一指挥。

关于机动兵团的组建，粟裕主要强调了机械化部队的建设。他提出："将国防前线第一线守备部队编成后，则我军主力绝大部分可以摆脱平时的守备任务，成为各该军区的机动兵团。但在原子条件下，如单靠徒步的陆军步兵、炮兵部队，是不能适应战时的紧张情况，特别是堵塞原子突破口的需要。为此，我们应考虑在全军现有的坦克部队中抽出一定的数量，组成×至×个坦克师，作为快速部队的基础，到一定时候，附以汽车载运之步兵部队和牵引的炮兵，即可成为机械化部队。"

他在1956年3月军委扩大会议的发言中又强调了这个观点。他说："我要对组建机动兵团提出一点建议。在使用原子武器条件下，坦克机械化军队在战争中的地位将更加重要，不论进攻或防御，都要求军队具有高速度的强大的机动突击力量。""如敌于实施原子突击后，以大量坦克机械化军队和空降部队同时登陆与着陆发展进攻，我仅靠徒步步兵及其配属的少量坦克，将无法迅速堵住由原子爆炸而形成的缺口。"为了应付可能的突然事变，"建议将现有坦克部队作适当调整，再组建一些坦克师团，作为统帅部的机动突击力量"。他最后说："我们采取这样的编组，可使统帅部握有拳头，也增强了方面军的机动突击力量，这样也符合毛主席集中主要力量使用于主要方向的战略指导原则。"

1956年11月4日，粟裕给中共中央、中央军委上送了关于军队建设的报告，再次提出"应在全国主要战略方向，组建一定数量具有防原子辐射和冲击波杀伤能力而机动性较大的装甲兵团，以便在敌实施登陆作战时进行反击，并迅速堵住由原子爆炸而形成的缺口"。

1957年7月11日，粟裕在研究老铁山水道设防的会议上又一次提出："原子战争的防御方向是如何堵住原子突破口，原子突破口要以机械化部队去堵。因此炮兵也要机械化。"

增建机械化师，1955年春，中央军委曾列为陆军建设的重点之一。粟裕在任总参谋长期间多次提出过落实的方案，并在1955年8月5日提出了机械化部队的装备"原则上不向外订购，在国内统一调剂解决"的具体建议。

这个建议以及粟裕在任总参谋长期间还提出过的建立战略预备队等方面的建议，由于种种原因均未能实现。

关于后备力量建设

在建立积极防御体系中，粟裕始终把后备力量建设放在重要的地位。

1955年春天，中国共产党举行全国代表会议，粟裕在会上发言，全面阐述积蓄后备力量问题。他说：两三年后，将有几百万经过长期战争考验的复员军人分布全国各地。加强对他们的领导，使他们成为组训民兵、巩固治安和训练预备役的骨干。战时即可以他们为骨干，迅速动员组织若干个有战斗力的师。粟裕还说：为了增进人民体质为国防服务，建议大力开展国防体育运动，在全国各大城市普遍成立国防航空协会或航空俱乐部，开展跳伞、滑翔运动，使我军飞行员的培养有足够的后备力量。建议民航部门注意培养后备空军人员，船运、水产部门注意培养后备海军人员，交通、邮电部门注意培养后备司机和无线电通信人员，国营农场和拖拉机部门注意培养后备坦克人员，同时希望各部门注意在干部中培养战时为军队所需要的各种人才，更好地为积蓄后备力量打下基础。

1955年9月19日，总参谋部召开队列、动员工作会议，粟裕到会讲话，把积蓄后备力量提到了更高的高度。他指出："总参谋部的基本工作和任务，在平时是积蓄武力，在战时是使用武力。在平时，我们要在各方面积蓄和培养武装力量，即积蓄在额的常备军和不在额的预备役，以及其他对战争有决定意义的各种力量和因素。"他进一步指出：只要我们积蓄了强大的后备力量，一旦发生战争，就能在很短的时间内，在现有基础上，把部队扩大好几倍。这样不仅能应付突然事变，而且在突然事变中能争取主动，争取战争的最后胜利。

粟裕提出必须在农村、国营农场、机关、学校以及其他各个方面来进行预备役的训练。这个工作如果做得好，就可以花钱少，甚至可以不花国家的钱，而培养出强大的后备力量。这是现代战争中最重要的工作。必须对已经复员和将要复员的军人编组训练。他还指出，全国大陆解放后民兵工作较前松懈，内地某些地区有的取消民兵的组织，今后必须重视该项工作。

1957年6月，中央军委发出了《关于改进兵役工作的指示》，决定将民兵和预备役合二为一。为了贯彻军委的决定，粟裕根据不同地区的对敌斗争形势提出了不同的要求。1958年3月12日至4月22日又亲赴华东对兵役工作进行调查研究，先后到了南京、上海、杭州、苏州等地，召开座谈会，了解情况，指导工作的落实。

关于经济建设结合国防建设

1955年3月，中国共产党全国代表会议讨论第一个五年建设计划，粟裕在会上发言全面阐述了国家经济建设如何结合国防建设的问题，并提出了具体建议。

他认为，城市建设中应注意加强城市防空设施的建设，建议在全国大、中城市建筑地下防空室。新建的多层建筑物应有计划地建筑地下室的设备，首都和某些主要城市逐渐建筑地下电车道，在城市近郊山区开采石子时，应预先计划将开凿部分作为将来防空之用。城市规划上宜多留广场、空地、适当加宽马路，以便战时起降直升机和防止一旦遭受敌人袭击水源断绝，而使火势无限制蔓延。同时建议研究城市发展规模，并在全国人民中进行原子防护常识的教育等。

他建议在规划建设铁路、公路、港湾、码头和开凿运河时，既照顾经济需要，又照顾国防需要，修建水库堤坝除用于水利外，应考虑战时便于利用；修建防护林除用于防风、防沙、调节气候和水土保持外，应考虑战时隐蔽集结军队，并便于就地取材构筑工事。

1956年2月5日，正在广州的粟裕看到中央公布的《1956—1967年全国农业发展纲要修正草案》后，立即联想到纲要与国防建设有关的问题，便给副总长陈赓和军委秘书长黄克诚写信。信中说："农业发展计划纲要草案颁布后，其中有许多问题与国防有密切关系，譬如：交通道路的修建，通信线路的架设，水利的建筑，绿化运动的开展，以及拖拉机手的选择和训练，都与我们国防有密切的关系。我们必须将我们的国防方面有关交通道路、通信联络、水陆运输和水障以及防护林带的培植，和坦克手预备人员（拖拉机手）的培养等，与农业发展计划有关问题衔接起来。因此，建议军事系统有关部门即行着手研究，提出计划，并求得与地方计划相衔接。"这封信阐述的思想和内容，是对他在1955年3月中共全国代表会议上发言的重要补充。

1956年11月4日，粟裕给中共中央、中央军委写报告，再次提出"在国家进行大规模经济建设的同时，必须注意与国防建设相结合"。他建议国家建设的布局、工业基地的选择，政府有关部门应多与军事机关商量。他的这些意见和建议，即使在40多年后的今天仍然很有指导意义和价值。

五、指导华东沿海对敌斗争。踏勘边防海岛。

解放初期，被人民解放军赶出大陆的国民党军队，盘踞东南沿海岛屿，不时对我进行军事骚扰，妄图卷土重来。1954年夏，粟裕参与制订了关于加强对台湾蒋军积极斗争的军事计划。8月31日，中央军委颁布了《关于对台湾蒋匪军积极斗争的军事计划与实施步骤》。粟裕领导总参立即作了积极部署，并以相当的精力指导了华东沿海的对敌斗争。

1954年11月14日，浙江前线人民解放军海军部队击沉国民党"太平号"军舰。这是人民解放军鱼雷艇部队的首次作战，旗开得胜，沉重打击了国民党军在浙江一带海面的活动，鼓舞了海防前线军民。

1955年1月11日，总参谋部向华东军区发出指示：1955年应选择闽浙沿海若干国民党军所占岛屿为攻击目标，集中力量先攻占设防薄弱又距海岸较近之小岛，取得经验，并继续实施确有把握的攻击。粟裕随即领导总参部署了解放浙东沿海敌占岛屿的作战行动。确定首先攻击的目标是位于浙江沿海大陈岛西北10公里处的一江山岛。这个岛是大陈岛国民党军的外围重要据点，面积约1.6平方公里，有国民党军1100余人驻守，筑有永久性的环形防御工事。解放该岛，大陈岛敌军将失去坚固的屏障。1954年12月9日，华东军区向军委上报了《关于进攻一江山岛作战计划方案》。12月11日毛泽东主席批示，要彭德怀、粟裕考虑攻击一江山岛时机。彭德怀、粟裕召集有关军区领导来京汇报，直接打电话向浙江前线了解情况。粟裕提出，如必要时他可以亲自到前线去看看，后因故未能成行。彭德怀和粟裕根据各方了解的情况，认为目前可以打这一仗，报请毛泽东同意后，总参谋部复电浙东前指，同意攻击一江山岛，并指出必须充分准备，要在气象良好确有把握时进行，攻击时间可自行选择。1月18日8时，战区气象条件良好，陆海空军部队开始攻击。总参及时向毛泽东主席和彭德怀作了报告，并指示部队上岛后要利用地形设法固守。部队登陆成功后，粟裕指示登岛部队要加强防空，构筑工事，挖坑道，疏散隐蔽船只和器材，防备敌海空军反扑；把过去国民党军遗留在江苏、浙江沿海的活动碉堡运去使用；派部队搜索并占领百夹山。19日，解放一江山岛战役胜利结束，共歼敌1000多人，缴获火炮20多门。这次战役是人民解放军陆海空三军首次实施的联合登陆作战，经过实战锻炼，积累了岛屿登陆作战的初步经验。

1955年2月12日至14日，人民解放军解放大陈、披山、渔山各岛，并加紧了对浙江沿海南端的南麂山岛国民党军的围困。2月22日夜及23日，浙东前线和华东军区相继电报总参：南麂山敌军在我军压力下可能撤逃，并提出我军拟采取的措施。粟裕于23日指示总参作战部答复华东军区，原则同意他们所提的处置意见。2月25日，南麂山岛国民党军撤逃。至此，浙江沿海岛屿全部解放。

从此时起，华东沿海的对敌军事斗争重心转移到了福建方向。粟裕关注的重点也随着南移到了福建沿海。

1955年3月初，粟裕召集总参、海军、空军有关领导及南京军区许世友、聂凤智等，就如何加强福建沿海的对敌军事斗争问题，进行了反复研究，根据对敌情的分析判断，提出了具体部署和需解决的问题。3月5日，粟裕将讨论意见书面上报中央军委。3月9日，中央军委批示同意粟裕的部署。粟裕接着又亲自抓各项部署的落实。

斗争重点南移以后，华东和中南地区海上作战和护航任务日益繁重。4月22日和6月20日，粟裕两次给中央军委写报告，建议从空军拨给海军航空兵飞机及部队。军委批准了粟裕的报告。在空军和陆军等部队的配合下，人民解放军逐步掌握了浙东沿海的制空权。

1955年5月12日，粟裕向中央军委写报告说："福建地区新建机场将于6月底竣工，为配合外交斗争，保护浙闽沿海航线的安全，防止和打击敌机对福建沿海主要城市的空袭，并为解放金门、马祖创造条件，当上述基地竣工后，我即应进驻部队。"并对进驻部队的原则及可能发生的情况和预定措施，提出了具体建议。毛泽东于5月19日批示："退贺（龙）、粟（裕）照办。"

根据上述批示，总参研究拟于6月底准备完毕，待军委命令再行转场。后因雨季，拟再推迟准备时限。彭德怀6月3日返京后，粟裕即将上述情况报告了彭德怀。彭面示："进驻福建空军以7月中旬四大国首脑会议前后再去为宜。"（粟裕1955年7月11日致毛泽东、彭德怀的报告）据此，空军司令员刘亚楼去上海、杭州进行必要的布置，对有关部队进行动员、审查飞行员及入闽后的作战组织准备等。总参拟待一切准备完成后，再报军委下令转场。刘亚楼到达杭州，正好毛泽东在杭州，6月11日刘亚楼去看望毛泽东。毛泽东问刘亚楼到杭州干什么？刘亚楼说：准备组织空军入闽。毛泽东问：这么大的问题，为什么中央还未讨论就决定了？谁决定的？

在毛泽东批评后，虽然主要责任不在粟裕，粟裕仍主动承担了责任。7月11日向毛泽东作了书面检讨。检讨对"敌情估计不足"，对"政治上复杂的外交斗争理解不深刻"，并检查了自己的"官僚主义"。

8月6日，毛泽东对粟裕的检讨报告作了批示："我已于5月19日批示同意你们的意见，因此你们无不事先请示的责任；只有在后来决定具体部署没有请示的责任。"

福建沿海对敌斗争涉及方方面面。粟裕亲自出面做协调工作，如一、二线机场的修建，公路建设，船只及船用主机置备，其中有些项目和重大行动要报经中共中央、中央军委、国务院批准。粟裕亲自写报告请示，保证了华东沿海对敌斗争的顺利进行。

由于国际国内原因，福建沿海对敌军事斗争的作战部署几经改变。1958年7月18日，毛泽东主席亲自召集会议，决定对金门、马祖的国民党军进行惩罚炮击。7月19日，粟裕即召集海军、空军、炮兵及总参谋部有关领导人，研究炮击金门及海军、空军入闽的具体部署。经过紧张的准备，8月23日开始了震惊中外的炮击金门作战行动，显示了中国人民的决心和力量。这个行动一直持续到1979年1月1日才完全停止。

从士兵到高级将领的粟裕，他的工作习惯是力争经常接触部队，了解下面的实际情况。他到总部工作后，尽管大事繁忙，仍挤出时间下部队考察，特别是多次到边防海岛实地勘察，指导工作。他说：只有了如指掌，才能作出正确部署。

1955年6月20日，粟裕去旅大、辽东半岛及老铁山水道察看地形，研究设防，广泛听取了当地陆、海、空驻军领导的意见。6月27日返回北京，8月5日向军委写报告，对防御部署、部队编组以及公路、运河的建设等五个方面的问题提出了意见。这既是粟裕这次调查后对这个方向我军防御上极为重要的建议，也是他多年思考国家防务问题的成果。报告上送军委后，引起了军委领导同志的高度重视，在报告上多处批示："可以办"、"可以这样办"、"很好，照这样办"等。这个报告对这一区域后来的防卫建设起了重要的作用。

1955年9月8日至20日，粟裕赴天津、河北一带察看了京、津外围地形。北京军区司令员杨成武、副司令员郑维山及总参作战部副部长王尚荣等随同前往。粟裕先后到了通县、杨村、天津、塘沽、唐山、滦县、遵化、喜峰口、古北口、密云、怀柔、顺义。无论是晴天或雨天，都按计划行动。每到一地都和大家一起徒步踏勘，攀登制高点，无论是荆棘丛生的高山峻岭，还是泥沙遍地的河床海滩，也不论是旧的炮台要塞，还是现在的边防驻军哨所，他都要亲自走到，亲眼看一看，仔细向当地驻军、群众和地方领导询问情况，特别是详细了解那里历史上发生过什么战事、经过和结果怎样。

9月14日，粟裕一行爬上了蜿蜒于崇山峻岭中的长城，并到达险要的喜峰口，许多人的衣服都被荆棘、树杈挂破了，有的还擦破了皮。粟裕精神抖擞，毫无倦意。眼观关内关外，感慨无限。他说："喜峰口是一个英雄的关口，抗日斗争中它曾立下了不朽的功勋。未来的战争和抗日战争期间不同，它也不同于我们以往所经历过的任何一次战争，我们须要好好研究它的规律、掌握它的特点，才能取得战争的胜利。"

这次考察历时13天。紧接着粟裕带领空军及北京军区的领导同志乘坐飞机从空中进行了一次勘察，进一步了解京、津及河北一带的地形地貌。

辽东半岛、胶东半岛及其怀抱的渤海湾，是京、津的前哨和门户，战略地位十分重要。从1955年11月16日起，粟裕进一步勘察了渤海海峡和辽东、胶东两半岛的海情、地形。粟裕先到旅大的老铁山，攀登上主峰察看，然后由旅顺乘"开封号"军舰考察外长山列岛、庙岛列岛、内长山列岛及老铁山和南北矶等水道，登上北隍城、砣矶、海阳及北长山诸岛，11月26日到胶东半岛的龙口上岸。接着沿海边勘察了蓬莱、烟台、威海、刘公岛、成山角、石岛、海阳、青岛一线，既察看地形、工事，又巡视部队。

一路上粟裕反复强调说，要防止帝国主义走八国联军的老路，必须在易登陆和要害地段重点设防。他指示：敷设海底电缆，要先敷设北京—××—旅顺的主要路线。要密切军队与地方党的关系，以保证未来反侵略战争中做到全民皆兵，使岛民变成步兵，驻岛部队变成炮兵，妇女成为后方人员。12月6日经济南返回北京。接着，粟裕就这次勘察发现的问题及如何加强渤海海峡防务问题，召开了有沈阳、济南军区及海军和总部有关单位领导参加的渤海海峡防务会议。12月31

日粟裕向军委上报了《赴渤海海峡、胶东半岛所了解的情况》和《关于封锁老铁山水道和加强渤海海峡防务问题的建议报告》。这两个报告同样引起了军委领导的重视，多处作了批示，认为他的建议可以逐步实行。

1956年1月4日，粟裕因病离京去南方休养。他带病考察了湖南、广东一些地方，特别看了从中山至惠阳一带的海边防地形及邻近澳门、香港地区的地理环境，前后达一个半月。同年6月，粟裕去青岛休养。他把这次休养作为进一步了解胶州湾地理和海军建设现状的好机会，在长达70天时间内，军港码头、潜艇基地、水上飞机训练场等，都留下了他的足迹。

1956年11月21日，粟裕赴华东，先后到了南京、无锡、苏州、上海、嘉兴、杭州，实地看了东海舰队军舰、码头、仓库及陆军第二十七军师、团部队，考察了上海外围的海岛防御。1957年1月15日，粟裕早上5点半起床，按照原计划要到上海外围的佘山岛考察。天突然下雨了，气象预报佘山岛附近有7级大风。东海舰队陶勇司令员、彭德清副司令员劝他改日再去。他坚持按原定计划不变。风浪这样大，佘山岛海情又复杂，大家一再劝阻，粟裕才同意不去佘山岛，改去大戢山岛。军舰9时40分起航，这时天气越来越坏，不仅刮风，而且雨雪交加，视线很差。陶勇又和粟裕商量，改去铜沙嘴勘察。粟裕冒着风雨雪察看了铜沙嘴，返航时又遇大雾，能见度越来越低，快到吴淞口时军舰不得不临时抛锚，等待大雾稍散才进港靠码头上岸。这一天，粟裕整整忙了12个小时。这次华东之行历时2个月，1957年1月23日返回北京。

1956年1月，粟裕在深圳勘察地形。

1957年8月13日起，粟裕率工程兵司令员陈士榘、总参作战部部长王尚荣等赴东北勘察地形，先后到了沈阳、哈尔滨、齐齐哈尔、吉林、牡丹江、延吉、图们、通化、临江、辑安、丹东、旅大等地,察看了图们江、鸭绿江和辽东半岛沿线地形、工事,视察了驻军和军事工厂,9月7日返京,历时26天。9月21日,粟裕就这次勘察情况、勘察中发现的问题及处理意见向中央军委写了书面报告。报告根据图们江、鸭绿江、辽东半岛及老铁山地形情况,提出了边境交通建设及设防的具体建议,并就改进边防警备、加强部队训练及军工建设等问题阐述了自己的看法和建议,主要有以下几点:

1. 缩减边防警备部队。粟裕认为:边防警备工作应以少数部队结合民兵为骨干,密切依靠群众进行,如单靠部队巡逻,不仅收效不大,徒然浪费兵力。建议中朝边境之警备部队应予缩减,国境检查站应移交地方公安部门。

2. 建议加强部队冬季训练和进行野营训练。粟裕在视察部队时,有的部队首长反映:"东北冬季气候严寒,不好进行训练,要求缩短年度训练期限。"粟裕认为:"部队训练必须适应战区地形和气候特点。""敌人在冬季作战中虽然也有困难,但决不会由于我们害怕寒冷而选择在夏季进攻,那种认为寒区部队在冬季不好训练的想法是错误的。"他根据有些部队存在的问题提出:"目前部队驻营房,干部缺乏严格军事生活锻炼,有些机关干部吃不得苦,像一个文弱书生,不像一个军人。为了提高军队素质,养成吃苦耐劳、不畏严寒酷暑的习惯,建议全军部队每年应以几个月的时间进行野营训练。"并且说:"此事过去也曾向训练总监部建议过。"

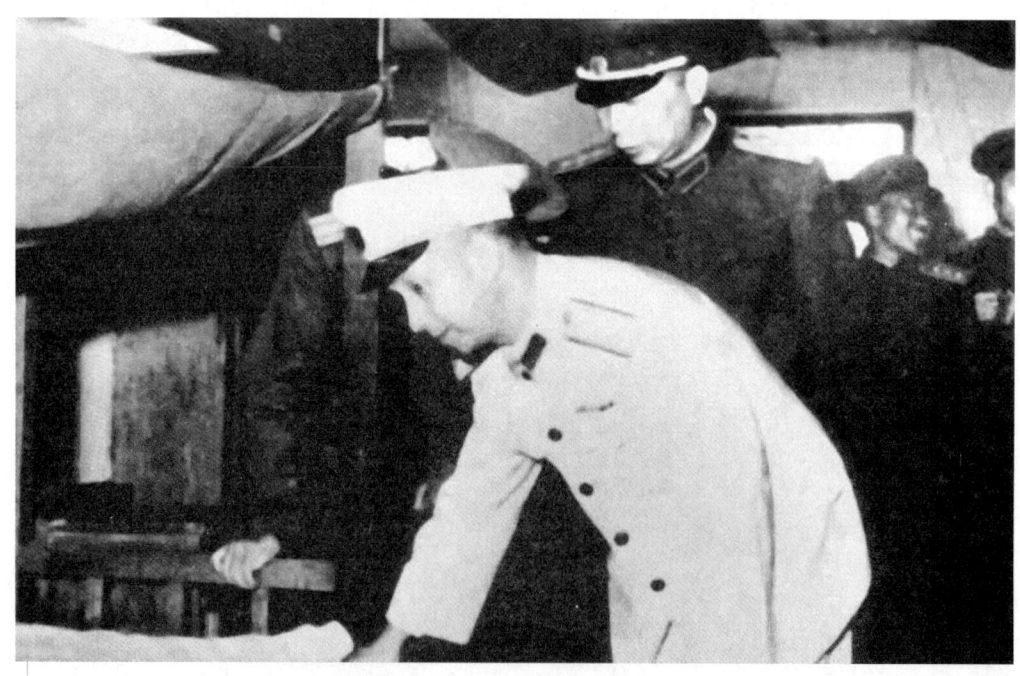

■ 1957年,总参谋长粟裕视察部队时查看战士生活情况。

3. 发挥军工厂潜力,生产先进装备。粟裕在视察中发现,几乎所有工厂非直接参加生产的人员均太多,机构庞大,人浮于事。有个厂共有职工9500人,按现有任务仅需1400人即可完成。很多工厂的生产潜力未能充分发挥。鉴于直升机在今后战争中作用很大，他建议生产性能先进的新型号直升机。

粟裕的这个报告，军委领导审阅后被列为军委会议文件，有些意见和建议被吸纳到了后来的军队建设和管理工作中。

同年10月中旬，粟裕赴济南洛口，在黄河下游河段上检验工程兵3个舟桥团和2个工兵团渡河连架设浮桥和漕渡门桥的演习。

1958年4月初，粟裕视察了浙江军区机关及驻杭州的部队，并在军区机关排以上干部大会上作报告。粟裕指出，我军要建设成为一支优良的、现代化的革命军队，没有大量的军事专家是不行的。他反复强调学习科学技术的重要性，号召各级军官下苦功钻研军事科学技术。

粟裕每次外出，无论是专程去作调查，还是休息疗养，返京以后都要给中共中央或中央军委写报告，直率反映部队和地方的情况及问题，坦诚提出自己的思考和建议。粟裕重视调查研究，不仅使自己的认识比较好地符合实际，同时也使中共中央和中央军委领导更多了解到来自部队实际的情况。

粟裕每次外出，都给随行人员规定纪律：不准向当地提出工作之外的要求，不准收受礼物，不准接受特殊招待，按规定交纳伙食费。粟裕自己带头执行，看电影自己掏钱买票，和大家一起走进电影院观看，谁也不知道这位瘦小的人就是大将粟裕。

六、代表中共中央、中央军委完成的一项特殊使命。

新中国成立的时候，地域闭塞、经济落后的一些少数民族地区，还停留在农奴制、奴隶制社会。随着社会主义革命的深入，这些地区的民主改革逐次展开，改革和反对改革的斗争相当激烈。

1955年12月，四川省一边远少数民族地区少数反动首领发动了对抗民主改革的叛乱，经过当地政府和驻军的努力，叛乱基本被平息。中共中央为了掌握确实情况，决定派人深入实际摸清情况，研究如何从军事上保障民主改革的实施，以便中共中央下决心采取相应措施。中共中央指示总参派一位领导同志前去，要求总参作准备。粟裕对此非常重视，他的目光也随着移向大西南。

从1957年3月23日起，粟裕召集总部有关部门开会，他提出了前往四川了解情况的要点和实地察看的范围。研究了如何从军事方面保证中央对该地区民主改革的顺利实施。

中共中央认为，派去的领导同志除了解实际情况外，还须能及时处理相应的重大事宜，及时部署必要的军事行动。3月底，中共中央决定派粟裕代表中共中央和中央军委前去西南。粟裕受命即于4月2日乘火车从北京出发，随行的有总后勤部张令彬副部长、总参谋部作战部王尚荣部长、总后勤部卫生部饶正锡部长及总参谋部、总政治部、总后勤部、总干部部的部分干部。途经郑州、西安，由宝鸡南下。当时宝成线刚刚修通，尚未正式营运，火车在这一段路上摇摇晃晃、走走停停，6日上午才到成都。

当天下午粟裕即拜会四川省委书记李井泉，传达了中共中央意图。李井泉向粟裕介绍了有关情况。接着成都军区和四川省委召开专门会议，向粟裕介绍情况。成都军区领导着重汇报川西平叛经过及今后意见，省委领导介绍了少数民族地区民主改革情况。粟裕听了大家的介绍和汇报后说：少数民族地区的民主改革，政治斗争占着很大比重，必须很好地执行政策纪律，重视政治工作。粟裕提出要使军队变成政治工作队，无战斗情况时都做政治工作，调查研究，发动群众；一旦有了战斗，连同地方干部在内，又都是战斗队。在平息叛乱、进行民主改革的地区，党政军应该统一领导。

粟裕还和大家研究了赴川西的行动方案，决定分两路，一路前往西昌、凉山，一路前往甘孜。

4月10日，粟裕率两路人马从成都乘吉普车出发，下午4点抵雅安，住下后即与地委及军分区领导谈话，了解情况。次日，粟裕一行考察了驻雅安军队医院、汽车团、速成中学及旧机场等。粟裕在医院看到西昌转来的伤病员60%为冻伤、消化不良和风湿性关节炎，心脏病也不少，便对饶正锡部长说："高原高寒地区的地形气候特点对人身体的影响，给我们的卫生工作者提出了新的问题，尤其军区卫生部门更应注意研究适当的对策。"4月12日，粟裕及张令彬、饶正锡等在成都军区参谋长茹夫一陪同下前往西昌，王尚荣率部分人员赴甘孜。

粟裕等从雅安出发向南，经荥经到汉源即进入大山区，公路一侧绝壁凌空，另一侧万丈深渊，谷底大渡河涛声震天，汽车在起伏不平的石子路上颠簸，一会冲向绝壁，一会直朝深渊，令人头晕目眩。粟裕患有心脏病、高血压及脑供血不足诸症，为了完成中央交给的任务，为了西南少数民族地区民主改革的顺利进行，他早已把身体健康置之度外。

12日下午6时抵石棉县，粟裕抓紧时间向县领导了解该县少数民族民主改革和新兴石棉矿开发等情况，当晚在石棉县住宿，粟裕已感心脏不适。次日，天下

■ 1957年4月22日粟裕一行于凉山调查途中（粟裕在前车）。

起了雨，粟裕决定按原订计划前进。汽车在崎岖的公路上冒雨行进，驶到一个叫菩萨岗的地方时，雪花从天而降。这里海拔4000米以上，空气稀薄，呼吸骤感促迫，且寒气袭人。粟裕穿上大衣，加了棉裤。大家稍事休息，吃了一点干粮，继续行进，下午4时多抵达西昌。

西昌位于安宁河畔，地势北高南低，南有邛海，四季如春，农产品极为丰富，但交通不便，较为闭塞。到西昌第二天，粟裕召集地委、军分区、专署的领导人开会，听取他们关于民主改革和军事保障情况的汇报，对军事工作如何配合民主改革和军事部署作了指示。晚上又找地委、军分区、专署的领导人逐个谈话，抽空看望了驻西昌的部队。

经过几天调查了解，粟裕对情况比较清楚了。4月17日，粟裕根据中央的意图和当地实际，向地委、军分区、专署机关干部作了重新加强军事部署配合民主改革的动员报告。报告就民主改革的意义、改革的方针政策、群众工作等问题，并针对部队干部的思想状况，详细作了阐述和解释动员，使与会者深受教育。随行同志考虑到粟裕的身体和连日奔波劳累，再三提醒他讲得短一些，一次讲不完下次再讲。他却作了一个内容丰富的长篇报告，连续讲了几个小时。为了便于部队指战员记住任务、政策、战术要点，粟裕还亲自编拟了"四字口诀"共28句，受到了广大指战员的热烈欢迎。成都军区特地将粟裕在西昌等地的报告和他编拟的"四字口诀"，转发给了有关的军分区。

4月19日，粟裕告别西昌，向凉山军分区进发，途经四开，去看了一个部队营部。营部住的是茅草小屋，由于昨日刚下雨，室内遍地是水。这里的气候是"四季如春，一雨成冬"，部队生活很艰苦。粟裕交代随行的秘书张剑把茅草营房拍照下来，带回北京去。

19日午后1点多到达昭觉。这里是凉山军分区、凉山彝族自治州政府所在地。解放前城区直径100米，仅8户人家，海拔2600多米。由于地势较高，粟裕感到呼吸较困难。粟裕知道自己的心脏有病，在高原缺氧地区停留时间长了可能会发病，影响整个工作部署，所以把在昭觉的工作节奏安排得很紧凑。在昭觉刚刚住下，即去拜会自治州州长瓦渣、副州长王海民（均彝族）及州委书记等领导同志。次日上午继续找军分区及州的领导谈话，了解情况，指示工作。下午给军分区及州机关干部作了加强军事部署、保障民主改革的动员报告。

4月21日上午8时半，粟裕一行从昭觉出发回成都。在确定路线时，一是原路折回，一是走东线，经乐山返成都。东线公路塌方较多，还要翻越大凉山。军分区及随行的其他领导同志都主张走原路。粟裕考虑走东线虽然困难较多，可是能多看一些地方，多了解一点情况，吃点苦也值得。他给张令彬、饶正锡同志做工作，最后确定走东线。

第一天原计划走300多公里到确营，但因公路塌方及几处桥梁毁坏，一路逢障开路，遇水搭桥，加上翻越大凉山，到下午4点多才到谷堆，全天仅走了150多公里，决定在这里住下来。这里是凉山军分区、地委前指所在地，虽然盖了一点住房,但周围一片荒凉,夜里刮大风,飞沙走石。次日大家起了个早,6点即出发,中午才到确营,吃了点冷馒头继续前进,晚上7时抵达乐山。

4月23日,粟裕从乐山致电中共中央和中央军委并告总参、成都军区,报告来川西的工作情况和建议。粟裕估计西昌、凉山两地区年底以前可完成民主改革。为完成上述任务,粟裕建议从军队中抽500名干部,直接加强到乡,协同乡干部专门发动群众,组织群众武装及基层政权工作;拨出一定数量的武器、弹药,加强地方干部的自卫力量,并给基层拨配必要的通信联络器材。电报最后提出:拟于5月初在成都召集四川之茂县、康定、西昌、凉山、乐山,云南之丽江、昭通,甘肃之夏河、果洛及西藏之昌都等军分区部队负责人到成都开会,交流在少数民族地区开展群众工作等方面的经验,研究保障民主改革的军事部署及相互协同等问题。

四川省委见到上述电报,表示完全支持粟裕的建议,于4月30日致电中共中央、中央军委称:"粟裕同志4月23日给军委和中央的简报中所提有关我省民族地区工作的几项建议,我们完全同意。如何,请中央军委审批。"

4月25日,粟裕由乐山返回成都。经过几天紧张准备,四川、云南、甘肃、青海四省少数民族地区军分区、地委领导及西藏昌都工委书记联席会议5月2日在成都召开。会议由粟裕主持,各区介绍了本区民主改革、军事保障改革的基本情况和主要经验教训。粟裕在会上讲话,论述在金沙江以东地区完成民主改革的重大意义和几个与军队有关的民族政策以及对少数民族的正确认识等问题。粟裕

■ 1957年5月8日粟裕向成都军区机关、直属部队干部作报告并接见军区系统高级知识分子。

■ 1957年粟裕赴四川返回途中于重庆。前排左一粟裕，左二张令彬。

■ 1957年11月4日粟裕（右二）在苏联莫斯科土申诺机场参观，同行的有空军司令员刘亚楼（右三）。

指出，今后从军事上保障民主改革的实施，应彻底发动群众、组织群众。5月6日会议结束。次日，粟裕请李井泉出面主持召开座谈会，专门商讨几个省边缘地区地方工作互相支援配合问题。这期间，粟裕还抽空为成都军区机关排以上干部作了形势和整顿作风的报告，并接见了军区系统高级知识分子。

5月10日，粟裕离开成都到重庆，召开座谈会和实地调查，了解驻渝部队和军工厂生产情况。由于多日劳累，粟裕于15日发心脏病，不得不卧床休息治疗。病体尚未痊愈，5月20日便给驻渝部队8000官兵作形势和整风报告，返回招待所便犯心脏病晕倒。稍事调养后于5月27日返回北京。

6月24日，粟裕就这次外出检查工作、部署从军事上保障金沙江以东少数民族地区继续进行民主改革，以及须请中共中央、中央军委通盘考虑解决的一些问题，向中共中央、中央军委作了全面报告。

7月31日，中央军委致电成都军区党委及四川省委，同意粟裕在四川检查川西藏族、彝族地区部队工作时提出的各项改进工作的意见。

西南之行是一项新的特殊任务，阶级矛盾、民族矛盾，政治斗争、军事斗争，错综复杂地交叉在一起。粟裕善于从政治上、从民族团结的全局上考虑和处理问题，部署军事斗争，圆满完成了中共中央、中央军委赋予的任务。他提出的许多措施和建议，对少数民族地区的长期稳定和发展，都具有重大意义。粟裕不仅是军事家，也是政治家。他的忘我工作精神在大西南各族干部、群众中留下了深刻印象。

七、坚持原则，不卑不亢——总参谋长的国格、人格。

20世纪50年代，中国军队的现代化建设，在国际上主要依靠苏联。苏联卖给中国武器装备，提供技术资料，派专家来帮助工作，这对当时中国人民解放军的现代化建设起到了重要作用。但是，人民解放军现代化建设的根本立足点应该放在哪里？身居军队领导工作要职的粟裕，时时提醒大家要在两个方面做好工作：一方面要尽快熟练掌握进口的先进装备，把一切先进技术学到手；一方面又不能长期依赖外国，要建立自己国家的军工生产和武器研制系统。从长远看，后者更为重要。

1955年4月27日，粟裕在全军第一次装备计划工作会议上讲话，对这个观点作了全面论述。他说："依靠外援，终究不是长久之计，应该逐步做到自力更生，才是解决问题的根本办法。""研究今后以至长远的军队装备，这就是装备计划部门今后主要的任务。"关于聘请苏联专家、顾问，他指出："不能长期依靠人家。要培养自己的专家、教员。""要有自己的工程师。"这段时间，粟裕召集各兵种负责人讨论关于发挥苏联顾问作用与搞好关系的会议上又说："尊重对方意见，但应有主见；问题不是不可争论，但态度要好；生活上要照顾，但不过分。"并提出："今后只请教员，少请或不请顾问。"各总部、各军兵种、各院校提出1955年度要增聘顾问、专家。他召集有关单位研究了三次，将聘请的人数从366名削减到139名，其中顾问46名，专家93名。对于一些核心机密部门，粟裕主张既不要依靠外援，也不要去援助外国，交往中要注意留有余地。他多次给有关部门打招呼，要他们严格把关。总参某局的一位领导深有感触地说："过去觉得我们这个部门未请顾问是个遗憾，现在觉得没有请是对的。我们搞的××业务，想去向别国要教材，总长不同意，给我们把了关。"在当时的历史情况下，粟裕能保持清醒的头脑是难能可贵的。

在对外交往中，特别是处理与被称为"老大哥"的苏联顾问的关系，粟裕始终保持坚持原则、不卑不亢的立场。

1954年8月4日，军委发电给各大军区及军委各总部、各军兵种，对给苏联顾问提供材料作了规定。规定下发后，有的军区的苏联顾问提出意见，说是不是有些事情不愿让顾问知道？限制顾问的活动？苏联总顾问团向我方反映了这些意见。10月底和11月初，粟裕两次接见副总顾问，严肃指出：中央军委发的文件并无不完满之处。你们提出这样的问题，我们不能理解，且亦妨碍了我们之间的关系。粟裕进一步明确说：顾问要材料要经过一定组织手续，不能随级乱要。各军区、各兵种顾问所要材料超出本军区、本兵种范围者，则宜经总顾问团批准后再要。下面顾问如对此规定有意见，总顾问团应予解释，不能以他们的片面意见作为总顾问团本身的意见。粟裕有理有节的谈话，驳斥了一些顾问的错误意见，指出了总顾问团的不当举措，维护了我军的尊严。苏联副总顾问不得不表示经过粟裕的谈话，他"明白了"，"误会可以澄清了"。事后粟裕将谈话情况报告中央军委，军委各同志一致赞同粟裕的处置。

有的苏联顾问的一些建议和要求，明显地脱离了中国的实际，他们总想搞大规模、多项目的军事建设，不顾中国的经济技术条件。粟裕总是耐心地给他们讲明中国的情况，从不随声附和。他和顾问团的负责人交谈中常常说：由于旧中国反动派搞得很糟，目前中国的状况是工业不发达，技术落后。我们军队现在是在有限经费下进行建设和训练，要把钱用于必要的地方，一个钱当两个钱花，一个人当两个人用。

1954年，在海军的苏联顾问提出在较短期间内建设大海军的计划。粟裕指出，我国现在无重工业、无透平机、无高速柴油机和燃料，在较短期内建设大海军是不可能的。1955年2月2日，粟裕与代总顾问及海军、防空军顾问谈话。代总顾问一再坚持空军某教学单位要分两摊子，并且说："这个问题，还是照这样办，因苏联除了空军学院外，还有航空技术等学校。"粟裕回答说："我当然不反对多办些学校，不过目前中国情况不同，犹如苏联1922—1923年的情况，而有些同志以苏联现在社会主义的尺度衡量我们，我们反对不合乎目前情况的建设。"终于否定了顾问们的建议。

1954年第四季度，苏联国防部某领导来我国访问，军委决定由刘伯承、贺龙副主席及粟裕总参谋长陪同赴外地参观，原定坐火车到上海，谁知临开车前一小时，苏方提出不愿坐火车，要改乘飞机。外事部门感到很为难，便请示粟裕。粟裕毫不犹豫地让他们告诉外宾说："为保证我军委两位副主席的健康和安全，我们按原来安排坐火车走。至于你们如何走，爱坐什么交通工具，我们可以安排。"给了对方一个不软不硬的回答。

中国是社会主义国家，对其他社会主义国家应该承担国际主义义务，但在对外援助方面应当采取什么样的原则呢？1955年1月28日，粟裕主持有外交部、中央联络部、外贸部、总后勤部及总参有关领导人参加的研究援×问题的会议。他指出：过去战争时有求必应，为的是争取胜利，现在要使他们知道物资装备来之不易，知道节约，促使他们自力更生，逐步由自己解决。2月3日，粟裕将这次会议讨论的情况向军委和周恩来总理作了书面报告，提出了对×军援的三原则。2月6日，周恩来总理批示："退粟裕办。原则同意。"从此，我国的对外军事援助有了可遵循的原则。

在粟裕主持的外事活动中，有一件事情需要单独叙述。

1945年8月14日，中国国民政府与苏联政府签订了《中苏友好同盟条约》及《中苏关于旅顺口之协定》，规定中苏共同使用旅顺口海军基地30年。新中国成立后，1952年1月，中苏商定苏军自旅顺口撤军年限不晚于1952年。后因朝鲜战争爆发，推迟了苏军撤出时间。1954年10月14日中苏发表联合公报，宣布苏军将从旅顺口海军根据地撤离回苏联。苏方决定把该基地所有武器、技术装备都卖给中国，同时苏方还决定将在安东（今丹东市）的部分空军和防空装备也卖给中国。为此粟裕立即召集有关各方面领导，多次研究接收委员会的组成、接收部队的确定、接收的原则及接收后部署的调整等问题。

1954年10月22日，粟裕写报告给中央军委，提出接收安东装备的具体方案，建议安东接收委员会以空军司令员刘亚楼为主任，防空军副司令谭家述为副主任。10月28日军委批准了粟裕提出的方案和接收委员会人选。

粟裕亲自负责这项工作，就接收旅顺口和安东两处装备的问题与苏联顾问团多次磋商。粟裕掌握的一个重要原则，就是尽量给国家节省开支。他向苏方表示，我国对外援助负担很重，军事经费不能突破预算，否则会打乱全国建设计划，所以接收苏军装备要根据经费来确定，请苏方照顾我们的困难。粟裕还对我方参加接收工作的人员提出了严格要求。

1954年12月3日，中央军委批准了粟裕关于接受旅大物资的分配原则及接收委员会负责人的建议，萧劲光（国防部副部长）、邓华（副总参谋长）为正副主任。12月11日军委会议讨论并基本通过了12月8日粟裕提出的旅大防卫区接收方案。

经过几个月的工作，1955年5月24日，中苏联合委员会举行了接交旅顺防卫区的签字仪式。接着，粟裕为调整防务部署做了许多工作，使旅大地区与内地的防卫密切结合，装备配置更趋合理。

粟裕在四年的总参谋长岗位上，不负毛泽东的重望，为建设巩固的国防，为国家的安全，兢兢业业，殚精竭虑。坚持原则，秉公办事。既不失职，也不越权。对现代战争中面临的许多新课题，进行了艰苦的有价值的探索研究，及时提出了许多意见和建议。但是他的工作是艰难的。他的工作精神并不为有的领导所欣赏。工作常常受到掣肘。不正常、不公正的工作处境，使他不能充分施展自己的才智和能力；军事思想上的不同认识，更使他的许多重要建议和努力未能产生应有的效果。尽管如此，他仍以坚韧不拔的精神，呕心沥血，任劳任怨，于自己职责范围内不懈地努力，在军队建设、战略方针、作战指导、战场建设和对敌斗争等方面作出了重大贡献。

第二十三章 一九五八年蒙冤

一、在军委扩大会议上,突然受到历时五十多天的批判。

1958年3月,中共中央召开成都会议,毛泽东主席在会上明确指出"军队落后于形势,落后于地方"①,正式建议军委召开一次扩大会议,用整风方式,检查总结建国以来的军事工作。但是,由于受到党内"左"的思想影响,在这次军委扩大会上把刘伯承作为"教条主义"的代表人物,把粟裕作为"资产阶级个人主义"的代表人物,进行了批判和斗争。批斗的范围涉及到了萧克等一批军队高级干部。

对粟裕的批斗,是从解决所谓"总参和国防部关系"发难的,并把此列为军委扩大会的一个议题。对此,粟裕事前一无所知。

1958年5月24日,中央军委扩大会议举行第一次小型会议,中央军委委员、军队中的中共中央委员、没有中央委员的大单位的党委书记参加。彭德怀在会上宣布军委扩大会议的内容主要是整风、整编两大问题。

5月26日,军委在中南海居仁堂召开了一次小范围会议。会上责成粟裕就所谓"总参与国防部关系"等问题作了检讨,与会者对粟裕进行了批判。

5月27日,军委扩大会议开幕。在检查总结建国以来的军事工作中,会议采取了整风的方式,对军委和总部的工作提出了批评意见。会议开始不久,就有人提出所谓"总参与国防部关系"问题,指责粟裕"一贯反领导"、"向国防部要权"、"告洋状"等。接着,对粟裕进行了批判。在这种情况下,5月28日,粟裕被迫在有50多人参加的军委扩大会第二次小型会上作检讨。

5月30日,在第三次小型会议上,黄克诚传达了毛泽东"把火线扯开,挑起战来,以便更好地解决问题"②的指示。

这样会议由开始只有300多人参加,主要是军内的中共中央委员,中央军委委员、各总部、各军兵种、各军区领导,范围比较小,从6月7日起,扩大到全

---

① 《黄克诚自述》,人民出版社,1994年10月,第1版,第246页。
② 同上。

军军以上单位和部分师级单位的主要领导干部,人员增至1400多人。

7月2日起,开始在有1000多人参加的大会上批判粟裕,温度越来越高,有人提出要把粟裕"斗倒斗臭"。还组织地方干部来参观军委扩大会大字报,把粟裕等人的"问题"搞到了军外。

面对这突如其来的打击,粟裕表现了他一如既往的坚强性格和可贵的坚持原则精神。他冒着戴"态度不老实"和"严重政治"帽子的危险,在高压之下仍然对一些原则问题的事实真相作了必要说明。参加会议的领导干部,不少人对批粟不理解。居仁堂会议期间,叶剑英就曾找总参的一位同志问,到底出了什么事?并且说:"我看粟裕最多是个骄傲问题吧!"不少人过去与粟裕浴血沙场,并肩战斗,深深了解粟裕的为人。有的人建国后与粟裕一起在总参工作,许多事情是共同经历的。他们又都是受党多年培养教育,政治、思想都很强,是非真假自有他们的看法和判断,虽然在"12级台风"下不得不加入"批粟"的行列,说一些违心话,但仍有人在发言中对粟裕过去的革命贡献、个人品德以及在总参的作为,作出了一定的实事求是评价。有人甚至对一些无中生有的诬陷,大胆地提出了不同看法。

批判中强加给粟裕的罪名是"反党反领导的极端个人主义者",主要有:

(一)"一贯反领导",与陈毅、聂荣臻、彭德怀三位领导都"搞不好"。说粟裕"随饶(漱石)反陈(毅)"。说粟裕"直接向(毛)主席报告,使聂(荣臻)受批评"。说粟裕与彭德怀"将帅不和","主要责任在粟裕"等。

关于抗日战争期间新四军军部的"黄花塘事件",粟裕在7月8日的小组会上作了严正的说明:"1943年饶漱石在淮南黄花塘赶走陈毅同志,当时我在一师根本不知道这件事,不仅我,别的师的干部也根本不知道。事实上饶的这种阴谋,他是不敢向下讲明的。"

说粟裕同陈毅的关系搞不好,所谓"反陈",更是无中生有,陈粟指挥的华东野战军在解放战争中所建树的辉煌战绩,便使这一"罪名"不攻自破。粟裕是陈毅的老部下,对陈毅一贯十分尊重。陈毅也十分器重粟裕,大胆放手和支持他的工作。解放战争期间,粟裕受中共中央之命负责华东野战军的战役指挥,作为华野司令员兼政治委员的陈毅对粟裕的指挥给以全面的支持。粟裕视陈毅为华野的统帅。1947年8月,中央军委命令粟裕去鲁西南统一指挥华野在外线的六个纵队,并且任命粟裕为华野外线兵团司令员兼政治委员。粟裕认为,这六个纵队是华野主力,必须由陈毅亲临指挥,建议陈粟同去。中共中央同意了粟裕的请求。1948年春,中共中央决定调陈毅到中原工作,华东野战军交由粟裕全面负责。粟裕向中共中央再三恳请,保留陈在华野的领导职务。这都反映了粟裕从革命的事业出发所表现的大公无私精神和坦荡胸怀。

会上,也有同志对逼迫粟裕承认"搞阴谋"愤愤不平。这些人明确表示:对"粟裕同志'阴谋'不'阴谋'没有体会","主席团提的(粟裕)'阴'的问题,还未接触到"。

关于粟裕"直接向(毛)主席报告,使聂(荣臻)受批评"是怎么一回事呢?

此事发生在 1952 年 7 月。那时聂荣臻任代总长，他对呈送毛主席和中共中央的文件有所控制。张震回忆说："聂总说：毛主席他们管的事多、太忙了。你们的东西事无巨细地都报上去不好，以后报到我这里就行了，需要毛主席他们知道的由我批后转报。从那以后，我们送到毛主席、刘少奇同志、朱老总那里的东西就少了。后来毛主席召开会，把几个老帅都找去，我也被叫去。毛主席对我说，早先还见得着你们作战部的报告，后来也看不到了，现在党政民系统的东西一大桌菜吃不完，军事系统就没有吃的，干饿。"① 毛泽东批评后，粟裕认为向毛泽东反映情况少，自己也是有责任的。刚到总参谋部工作时，毛泽东就规定粟裕每半月向他直接汇报一次工作。粟裕起先是按规定执行了的，聂代总长有了以上交代后，执行就不够坚决了。同时粟裕认为，自己是副总长，作为总参领导人之一也应该承担一定责任，便也向毛泽东作了书面检讨，检讨了未按毛泽东要求每半月报告一次情况的错误，并且说虽然毛泽东没有指名批评他，但对他教育很大。不料毛泽东在他的检讨上作了批示，不但写上"此种检讨很好"，而且把粟裕和聂荣臻的工作作了对比，肯定了粟裕半年来的工作，对聂荣臻则又作了批评。结果，这次会上把粟裕向毛泽东写检讨报告说成是"告阴状"。

这件事，粟裕无论从个人行为还是党的组织原则来说，向中共中央领导直接写报告作检讨都是无可非议的，是光明磊落和符合组织原则的，何况对毛泽东会作这样的批示粟裕也是没有预料到的。陈毅 1948 年在濮阳曾说过，粟裕"受过别人的打击，决不会打击人家"。也正如 1979 年粟裕在给中央申诉报告中说的：他"没有在背后搞过任何同志的鬼，没有任何两面行为"，何来"告阴状"？即使在当时那种政治气氛的会议上，也有同志发言明确表示不同意见："说粟是个人野心家或说品质恶劣等都是不合适的。"

关于粟裕与彭德怀的关系问题。彭德怀是 1952 年 7 月主持军委日常工作的。粟裕在他的领导下在总参工作了六年多。粟裕对彭德怀是尊重的。但毋庸讳言，在对未来战争的认识和战争准备问题上，粟裕与彭德怀是存在分歧的，比如根据战略方针制订作战计划和建立战略预备队及增建机械化师等问题上，他们都存在不同认识和处理对待上的分歧。在工作作风上他们之间也存在一定的差异。但是，他们之间的意见和分歧，也是为了更好地搞好国防部及总参的工作，为了把我军的"三化"建设尽快搞上去，探索出一条和平时期我军建设的路子。

然而，在这次会议上，对粟裕同彭德怀之间工作上的不同意见，上升到资产阶级个人主义的错误进行批判，把一切责任都推到了粟裕身上。

（二）"向党要权"、"向国防部要权"、"争夺军队权限"。给粟裕扣上这样的大帽子，主要有下列两件事：

一是关于起草国防部与总参职责条例问题。中国人民解放军是中国共产党绝对领导下的军队。中央军事委员会是在中央政治局领导下处理军事问题的最高领

---

① 张震：《总参谋部回忆史料》，解放军出版社，1995 年 12 月，第 1 版，第 326 页。

导机关，它通过解放军各总部机构实施对全军的领导。1954年第一届全国人民代表大会决定在国务院设立国防部，但并没有改变上述军队领导体制和关系，各总部仍然直接受中央军委的领导。后来，由于学习苏军，为了体现国防部的领导，许多原来由中央军委和总部颁发的命令、指示，都要求改由国防部署名。但是，我军此时正处在和平时期建设正规化、现代化革命军队初期，国防部及军委各总部没有正规、完善的职责条例。哪些文件以国防部的名义发，哪些不用，尚没有明确的规定。总参为中央军委起草的和总参下发的命令、文电，常常因署名问题受到批评。文件有时没有署国防部的名受批评，有时署了也受批评。为此粟裕提过希望加以明确的意见，以便在日常工作中有所遵循。1955年3月16日中央军委会议决定，责成总参起草国防部与总参职责条例。1958年批判粟裕时，竟把总参执行军委起草职责条例的决定，说成是粟裕借此争军权。

二是关于是否组建统帅部战略预备队问题。为应付突然事变，粟裕任总参谋长后，提出抽出×个军作为统帅部的战略预备队，配置在便于机动的地区，平时由各军区领导，但不编入各军区战斗序列，战时由统帅部统一机动。对此，主持军委日常工作的领导同志表示反对，认为无此必要，说全国都属解放军，一旦战争爆发，统帅部完全可以从各军区临时抽调部队组织战略预备队。粟裕认为，等战争爆发再抽调组织这支部队，一是会打乱各军区的作战计划；二是战争一爆发，交通被破坏，部队行动受阻，将会失去战机。为此，他据理力争。这个纯属工作范围的争论，在批判粟裕时竟被扣上了"有争夺这几个军的阴谋！"而若干年后，中央军委从战备需要出发，建立了类似粟裕当年建议的部队。

（三）"告洋状"。这是指1957年11月粟裕在苏联访问时的一次正常的外事活动，但完全被人搅浑了。那次粟裕参加以彭德怀为首的访苏军事代表团。访问中有这样一项安排，代表团各位成员对口拜会苏军领导，粟裕以中国人民解放军总参谋长的身份，拜会了苏军总参谋长索科洛夫斯基。粟裕鉴于军委责成总参谋部起草国防部及总参职责条例，虽已五易其稿，尚未获得通过，从借鉴外军经验出发，便趁这次拜会的机会，向苏军总长提出请对方提供一份苏军"关于国防部和总参谋部工作职责的书面材料"，以便参考。苏军总长说他们没有现成的材料，只在交谈中简单介绍了一下苏国防部和总参谋部的组成、职责（有关的书面材料，到1958年3月苏方才向我方提供）。除此之外双方没有谈及其他事情。整个会见只有20多分钟，除去见面时的寒暄和翻译需要的时间，双方总长顶多只能各讲5分钟左右的话。就是这样一件事，批判粟裕时被诬为粟裕"向国防部要权"、"告洋状"，后来又被无限上纲说成为"里通外国"。对于这些吓人的帽子，即使在高压之下，粟裕也没有接受，并对基本事实作了委婉的陈述。6月30日他在第一次大会检讨中说：自己"没有意识到这是'告洋状'，当时的动机，还是想参考一下苏军的经验，来草拟我们已经写过五次还没有定稿的工作职责条例"。这个基本事实，随粟裕前往拜会的我方翻译孙立忠也作了证实。孙在1994年11月12日写的一份材料中说，那次会见"是一次礼节性的拜会，谈话很简短，时间不长，前后加上翻译时间在内大约 20 多分钟，双方主要谈友谊、友好"。他还写道，"文革"中有人向他调查，这次拜会是不是粟裕"告洋状"、"里通外国"？他回答说："粟总长在拜会时顺便向苏方要一点苏联国防部和总参谋部的分工材料，以便带回国内作参考，不能说是'告洋状'，更不是什么'里通外国'。粟总长第一次同索科洛夫斯基见面，过去根本不认识，也没有什么交往……怎么能向第一次见面的人'告洋状'和'里通外国'呢？"新中国建立后，粟裕在对外工作中一贯坚持原则，即使是在 50 年代"一边倒"的情况下，也保持了清醒的头脑。何况他又不懂俄语，同对方谈话都要经过翻译，如何绕过翻译去"告状"，去搞"里通外国"？

大会主持者既不顾这些基本事实，也不愿听粟裕的说明和会上一部分同志正确公道的声音，一再地加温加压。粟裕忍受着屈辱和痛苦，接受这个突如其来的打击。他精神上极端痛苦，夜夜不能成寐。他一次次地在大会小会上作检讨，总共达八次之多。每次检讨都要痛苦地说一些违心话，同时想通过检讨的机会，对一些原则问题、重大事实作一些说明。但粟裕每次说明之后，招来的是更严厉的批判。他内心极度悲愤，思想剧烈斗争着。为了维护自己的人格，维护历史的尊严，他决心不惜一切抗争到底。但理智又使他冷静下来，最终战胜了感情。粟裕

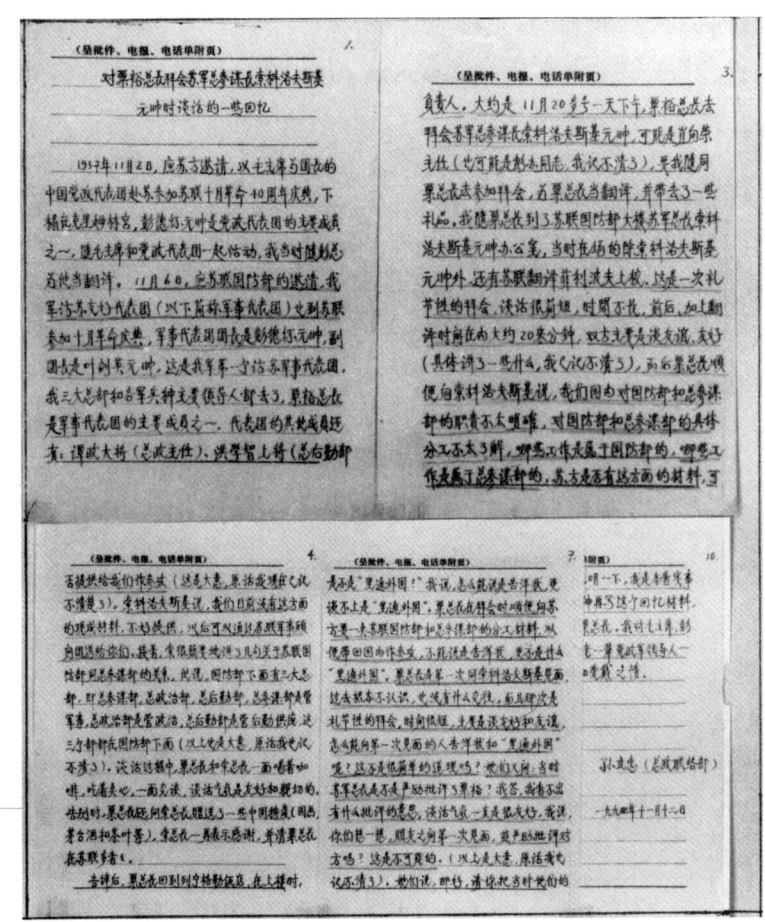

孙立忠关于 1957 年粟裕会见苏军总参谋长的回忆

1962年春节，粟裕（左）与钟期光在杭州。

认为："我的生命不属于我自己，而属于革命事业。"为了不致被打成敌我矛盾，他完全违心地作了第二次大会检讨，把别人强加给他的罪名，差不多都兜了下来，稍加归纳整理，上台宣读。

  这时毛泽东也在关注着粟裕。军委扩大会议开始以后，有一次毛泽东找萧劲光谈话，问他对粟裕的看法。萧劲光说："粟裕同志为人正派，没有二心，是好人。"① 毛泽东点了点头表示赞同。在粟裕第二次作大会检讨之前，毛泽东评价粟裕说了一段话："粟裕同志战争年代打仗打得好，是为公的。到北京以后是为公还是为私？不能说都是为私吧！请大家来判断。"这几句话对粟裕，起了决定性作用。毛泽东肯定了战争年代的粟裕，对建国后的粟裕也未全盘否定，实际上是保了粟裕。毛泽东的话传到会上，陈毅领会了毛泽东的意图。7月14日，粟裕作了第二次大会检讨，陈毅走上前，握着粟裕的手说："讲得很好"，带头鼓掌表示通过。次日，陈毅在大会讲话又讲了这样一段话：粟裕"昨天他的检讨，我觉得很好……我个人表示欢迎。过去他在三野军事上贡献是很大的，这是不能抹杀的，战场指挥搞得好的，主要是打胜仗的……他转了就很好，欢迎他这个态度"。

  军委扩大会于7月22日结束，但会议掀起的风浪尚未平息。有人继续在中央领导中施加影响，把粟裕拜会苏军总长一事由"告洋状"进一步诬为"里通外国"。8月31日，中共中央政治局会议通过了"解除粟裕总参谋长职务"的决定，并决定将他的"错误"口头传达到军队团一级、地方地委一级。

  先在大会上批判，然后撤销职务，并把被批判者的"错误"传达到全党全军，但对受批判者又不作结论，不作决定，这样的做法开了党内斗争极端不正常的先例。

---

① 《一代名将》，上海人民出版社，1986年8月，第1版，第14页。

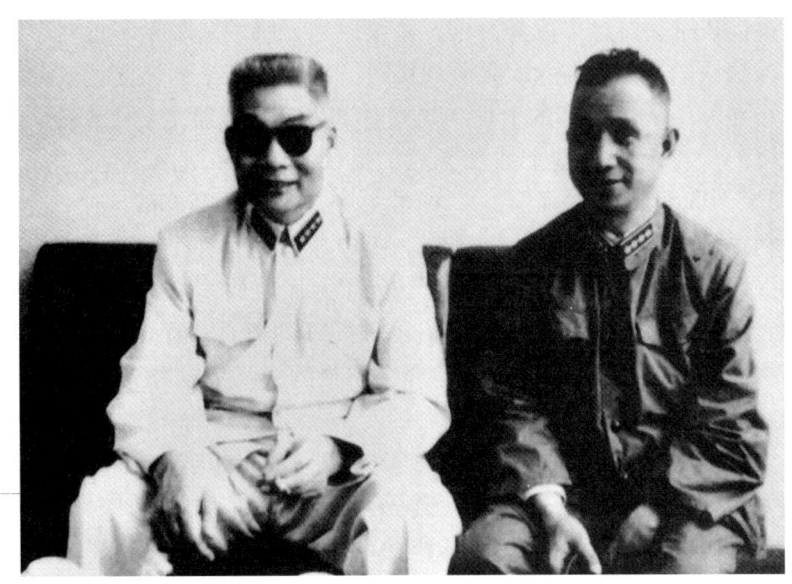

1963年，粟裕（右）与萧劲光在一起。

二、这场悲剧的主因。

粟裕在军委扩大会上所以受到残酷的批判和打击，有多方面的原因。

1956年2月，苏联共产党召开第二十次代表大会，全面否定斯大林。不久，东欧发生了波兰、匈牙利事件。1957年，苏联又出现了朱可夫事件。作为社会主义阵营的一员，苏联和东欧发生的这些事件，不能不在我国产生影响。毛泽东对中国是否会出现类似的情况，也有所考虑和警惕。他对国内形势极为关注，军队自然是他关注的重中之重。这时，党的指导思想上已经出现的"左"的错误日益加重，把两个阶级、两条道路的斗争作为了国内的主要矛盾，以至于在领导工作上失去了清醒的头脑。这是国际国内的大背景。

在这种"左"的错误影响下，这次军委扩大会议上不适当地强调以大鸣大放、大争大辩、大字报的形式进行整风，检查军队建设的各项工作。但有的人借机进行无限上纲以泄私愤，把一些思想认识问题、个人工作上的、性格上的问题，提高到思想意识甚至阶级立场的高度，进行过火的政治批判和斗争。这样斗争的结果，不仅破坏了党内民主生活，伤害了一大批革命同志，而且将正确的东西，只要是遭批判的人所做的和主张的许多事情，都当做错误的东西进行贬斥，对遭批判和斗争的人历史上的功绩，也颠倒是非地说成是"个人野心"、"个人主义"等，甚至对历史进行歪曲。

粟裕的军事才华和他在中国革命战争特别是解放战争期间作出的特殊贡献，深为中共中央器重，也为有的战略区指挥员赞赏。有人称赞粟裕战役指挥以智取胜，以奇制敌，是打"神仙仗"，有人赞赏他战争指挥上的胆略和气魄。豫东之战胜利后，一位战略区的指挥员说："像豫东战役那样的仗，我是不敢轻易下决心打的。"著名民主人士黄炎培，1955年9月28日应邀参加元帅授衔典礼后对人说，粟裕总参谋长过去打过多次大胜仗,是可以当元帅的。表示了他对粟裕军事才能和功绩的深深钦佩。但是在这次批判粟裕时,功绩却带来另一面的效应。解放战争初期,粟裕在苏中战场指挥的七仗,延安总部发言人概括为"七战七捷"。而在这次批判粟裕的大会上,对这个战役竟大加挞伐,说什么七战七捷"战略上是错误的",是"粟不顾大局"。进而说:"两淮失守是因为粟裕恋战苏中","导致了淮南地区失利,又把责任推给别人"等等。1949年9月,在全国政协会议召开期间,《人民日报》记者经刘伯承将军推荐,访问了人民解放军第三野战军参加政协会议的首席代表粟裕。9月27日记者在《人民日报》发表了一篇《中国人民政协代表访问记——常胜将军粟裕》,实事求是地介绍粟裕的戎马生涯和光辉战绩。这样一篇文章,在这次会议上也成了粟裕"个人主义"的罪状,大加批判。

另一个原因,就是粟裕忠实地按照党性办事,按照党的政治原则办事,不懂得当时党内斗争的复杂性,更不会在错综复杂的矛盾中保护自己。1955年3月中共全国代表会议期间,揭露和批判高(岗)饶(漱石)联盟,有人在分组会上对粟裕进行过火的和不符事实的批判,企图把粟裕向饶漱石线上挂,而粟裕还毫无察觉。长期革命生涯的磨炼,粟裕养成了"实"和"坚"的性格特征,即实事求是,朴实无华;坚持真理,坚韧不拔。粟裕在担任总参谋长后,处境困难,但他以总参谋长责任为重坚持工作。他不唯书,不唯上,只唯实。他对于关系党和人民利益的重大问题,在经过认真调查研究和深思熟虑后,认为是正确的,不管是否符合上级领导的想法,不管是否会得罪人,都要提出自己的意见和建议,并且敢于坚持真理,敢于承担历史责任。在处理人际关系上的表现则是朴实无华:对上尊敬拘谨,只有工作关系,而无私交来往。这种处事和待人原则反映在总参工作期间,在军事思想和涉及战备、建军等重大问题,他与主持军委日常工作的领导人有不同认识时,他认为自己是正确的便毫不让步,反复提出意见,甚至当面力争。他的这种性格和表现,在党内民主生活正常的情况下,至少是无可厚非的。但在党内民主生活不正常的情况下,显然难为有的人所容忍。

粟裕受到错误批判,是在党内政治生活开始出现不正常的历史条件下,发生的一场根本违反党的政治、组织原则的悲剧,不能不认为是我党历史上的一个失误。

三、历经坎坷,长达36年的冤案最终得到公正了结。

1958年军委扩大会议后,中共中央决定撤销粟裕总参谋长职务。粟裕从此离开了军事指挥第一线,并被限制接触部队。他调离总参时,中共中央一位领导人找他谈话说,调你到军事科学院去工作,今后你就待在那里在北京搞学术研究,不必到部队去跑了。但是粟裕认为军事学术研究不能离开部队实际。以后粟裕每次外出想顺便去部队看看,都要先写报告。对粟裕过去的功绩则逐步加以淡化、转移,乃至磨灭。若干军史出版物把解放战争中明明是粟裕提的重要建议和他的重大行动,笼而统之地改写成"华东野战军"、"华野首长"。解放战争中粟裕有三分之一的时间代理华野司令员兼政治委员职务,有些正式出版物根本不提及。1958年原华东军区和野战军的主要负责人,在苏中有的县提及"粟裕"和"七战七捷"的信件上正式批示:"这并不好,也无必要。"从此粟裕指挥的毛泽东高度评价过的"七战七捷"在苏中大地也不敢提了。

1959年庐山会议时,有位老战友建议粟裕把1958年受错误批判的事乘机会提一提。粟裕坦荡地表示,不愿在彭德怀受批判的时候提自己的问题,并掷地有声地说:"我绝不利用党内政治风浪的起伏","我相信我几十年的革命实践足够说明自己!"几句话,强烈地表现了粟裕特有的光明磊落风格和对自己的自信,也表现了一个真正共产党人的浩然正气。以后,也有一些老战友老部下不断对粟裕说,1958年你受冤枉的事你不好讲,我们替你向上面讲。粟裕说:"这不关你们的事,你们不要管。"

1960年1月,粟裕参加中共中央在上海举行的政治局扩大会议,毛泽东在会上讲话时特地转过脸来,朝着粟裕说:粟裕呀,你的事可不能怪我呀!那是他们那个千人大会上搞的。粟裕听了非常兴奋,认为毛泽东等于代表中央给自己平反了。然而,中共中央并未就此向全党发出明确的指示或作出决定,有的领导人对粟裕仍然持怀疑和不信任态度,这样的政治阴影还浓重地笼罩着他。粟裕以一个老革命家、老军人的高度责任感,在十分受限制的条件下,对国家防务和军队现代化建设面临的许多新课题,进行了长期的、执著的、艰苦的和有价值的探索研究,一如既往地不顾风险、不怕疑忌,向中共中央、中央军委直陈自己的观点,提出了许多重要的看法和建议。但是,在那时的政治气候和条件下,粟裕的许多对国家安全和军队建设具有独到见解的思想、观点和建议,不为中共中央和有关部门重视,未能起到作用,他的军事才华未能继续得到应有的发挥。种种不公正对待,长期心情压抑,粟裕的身心健康受到了严重损害。一些正直的人感叹"粟裕是被浪费了的人才!"

中共十一届三中全会后,中共中央着手处理历史上遗留下来的冤假错案。邓小平说:要了结1958年军委扩大会这桩公案。"反党集团"(指萧克等)要专门平反;另一种情况(指没有戴"反党"帽子的)也要平,情况不一样也要平。

1979年夏,粟裕在烟台看望叶剑英副主席时,向叶副主席报告:我1958年受到错误的批判,20多年来一直背着沉重的包袱。由于长期以来党内民主生活不正常,自己一直克制,现在才提出来,要求组织上能对这个问题作个公正的结论。叶副主席说,这件事应该解决一下,你写个报告给中央,我回京后同小平同志也说一下。以后从叶副主席处得知,叶副主席已同小平同志谈过,小平同志同意。1979年10月9日粟裕就1958年军委扩大会议对他进行的批判,向中共中央主席、副主席正式写了申诉报告,要求撤销1958年军委扩大会议对他的错误批判和强加给他的一切诬蔑不实之词。申诉说:

在党的三中全会方针鼓舞下,我对1958年军委扩大会议对我进行批判提出申诉。

1958年军委扩大会议上,把我作为反党反领导的极端个人主义者拿来批判,

1972年1月,毛泽东(右一)和粟裕(左一)在陈毅追悼会上。

混淆是非界限,破坏七大以来党内民主和实事求是的优良作风,把会议引向了歧路,在军内开了很坏的先例。

在当时的形势下,我无法为自己作实事求是的申明。而且,为了不致被打成敌我矛盾,只得违心地作检讨。尤其是我的第二次(大会)检讨,完全是违心的,不符实际的,把强加给我的罪名差不多都兜了下来,把自己说得简直不成样子。

那次军委扩大会发动对我批判,用心是不好的,方法是错误的,强加给我的罪名是莫须有的,我在长期革命斗争中,包括我在总参工作期间,我对人民对党一贯是忠诚的,任何时候没有反党反领导,没有向党争权,没有在背后搞过任何同志的鬼,没有任何两面行为。我深信,我参加革命50多年的实践是足以证明自己的,也是经得起组织上审查的。

申诉在列举了1958年军委扩大会议上,对他种种的不实事求是的批判和给他扣的许多莫须有的罪名后说:

1958年对我的批判,虽未形成正式决定,但曾经传达到团一级,影响及于全党全军。而且那些不符事实的发言、简报,我的违心的检讨等等,均已作为历史文件存档。20多年来,它已成为压在我身上的沉重负担,使我内心深为痛苦。但是,由于20多年来,党内民主生活很不正常,我一直克制自己,没有提过申诉。现在,我们党已经取得了粉碎林彪、"四人帮"的伟大胜利。在党的三中全会方针指引下,历史上许多冤假错案已经陆续纠正。我迫切恳求中央能将我的冤案予以甄别,撤销1958年军委扩大会议对我的错误批判。请求中央受理我的申诉,使我在今后有限的余年终于能放下这个沉重的包袱,更好地为革命贡献全部力量。

中央领导收到粟裕的申诉后,叶剑英副主席于10月16日作了批示,批示中说:"我认为五八年召开军委扩大会议,检查总结建国以来的军事工作是必要的,至于那次会议的错误,我建议总政组织力量,认真地研究,向军委提出实事求是的报告,以便在适当的时候,妥善处理。当否,请酌。"叶剑英的这个批示,华国锋、邓小平、李先念等领导同志均圈阅同意。

1983年经胡耀邦总书记批示,中共中央、中央军委决定直接受理粟裕的冤案,不久提出了具体方案,并征求了粟裕本人的意见。决定即由中央指派一位代表同粟裕本人正式见面。但这一方案未能付诸实施,粟裕在受错误批判26年后离开了人世。他没有能等到组织上为他平反。他身心虽饱受折磨,但走得坦坦荡荡,坚定地相信自己几十年的革命实践足够说明自己,留下的遗愿是和当年频繁转战在东南数省的十数万战友们长眠在一起。

粟裕逝世后,中共中央、中央军委又一次指示,要在讣告里正面解决他生前申诉而未来得及解决的问题,着重写他能征善战,运筹帷幄,英勇气概,对中国人民解放事业和社会主义建设的重大贡献;还要正面写他任总长时的功绩,以去掉免去总长职务后,有些人给他的不公平的言论与不实之词;表彰他对党、对革命无限忠诚、无比高尚的思想品德、情操。讣告里写了这样一段话:"粟裕同志对党对革命无限忠诚。他坚持真理,坚持实事求是,顾全大局,一切以党和人民的利益为重。他具有坚强的党性,坚持原则,严守党的纪律,维护党的团结。他襟怀坦白,光明磊落。""粟裕同志担任人民解放军副总参谋长、总参谋长期间,在党中央和中央军委领导下,呕心沥血,任劳任怨,为保卫和巩固我国国防,为把我军建设成一支强大的现代化、正规化的革命军队作出了重大贡献。"1987年9月11日,中央军委常务会议决定,在《中国大百科全书·军事卷》"粟裕"条目的文字中写上这样一句:"1958年在所谓反教条主义中受到错误的批评。"该书于1989年7月出版。虽然措辞尚待完善、准确,但这是第一次在国家编纂的具有权威性的出版物中,正式指出1958年军委扩大会议上对粟裕的"批评"是错误的。

给予粟裕的正式平反,是在他去世十年之后。1993年10月,南京军区原粟裕老部下六位同志上书中央军委和总政治部,要求给粟裕1958年受批判蒙冤之事"平冤狱",恢复粟裕名誉。经中央军委批示,南京军区和总政治部先后代中央军委起草了有为粟裕平反内容的文章。1994年12月25日,中央军委副主席刘华清和张震,联名发表了由中央军委江泽民主席批发的题为《追忆粟裕同志》的文章,在党中央机关报《人民日报》和中央军委机关报《解放军报》同时刊登,文章除对粟裕的丰功伟绩和崇高品德,作了全面的实事求是的评价外,特别明确指出:"1958年,粟裕同志在军委扩大会议上受到错误的批判,并因此长期受到不公正的对待。这是历史上的一个失误。这个看法,也是中央军事委员会的意见。"这篇文章经总政治部、中央军委、中央党史领导小组三级党委修改审定,最后由江泽民总书记审决发出。这个代表中央军委为粟裕正式、公开的平反,虽然来得太迟,但终于还历史以本来面目,还粟裕以清白高洁,既告慰了九泉之下先烈的英灵,也实现了广大干部群众久久盼望的心愿。这一长达36年的公案总算得到了公正的了结。

第二十四章　战斗在军事科研战线上

一、协助叶剑英创建军事科学院。
在逆境中坚持实事求是研究军事科学。

1958年8月31日，中共中央政治局会议在解除粟裕总参谋长职务的同时，决定调他担任国防部副部长和军事科学院副院长。9月17日粟裕与新任总参谋长黄克诚共同主持了总参谋部第六次部务会议，对总参谋长工作正式进行了交接，9月19日粟裕到军事科学院上班。从此，粟裕在新的战线和岗位上，锲而不舍，开拓进取，为军事科研作出了巨大的贡献。

新中国成立以后，人民解放军已由单一兵种逐步建设成为拥有一定现代化武器装备的诸军种、兵种合成军队，但在军事理论指导上还不能完全适应新形势的发展需要。我军长期的作战经验也未系统总结。为此，1956年冬，中央军委决定建立军事科学院，以便有计划有步骤地开展军事科学研究工作，推动我军迅速建成一支优良的现代化的革命军队。经过一年多的筹备，军事科学院于1958年3月15日正式成立，叶剑英任院长兼政委。粟裕到任时，军事科学院处在初创阶段，营建尚未完成，科研干部也未调齐。调来的干部中，对军事科研觉得很新鲜，但有的对军事科学的研究对象、研究范围、研究方法都不是很了解。特别是当时刚开过军委扩大会，批判了教条主义，无形中形成了许多思想禁锢。新成立的军事科学院面临的思想建设、业务建设、物质建设任务都很艰巨。在这种情况下，粟裕到军事科学院工作，叶剑英极为欢迎。在全院欢迎会上叶剑英讲话说，粟裕战斗一生，战功巨大，他的到来是对军事科学院领导力量的很大加强。

不久，军科院党委分工，粟裕任党委第一副书记（书记为叶剑英），负责院领导的常务工作。后来叶剑英因为军委其他领导工作任务繁重，提出军科院领导实行"二线配备、四面分工"的建议，即由粟裕主持第一线领导工作，叶剑英居于二线，以便集中精力于军委其他领导工作和学术研究工作。其他院领导又以政治、行政、科研、技术馆等四个方面作了分工，重点力量放在科研领导上。粟裕对叶剑英院长非常尊重，叶院长对他也非常信任和器重，两人合作很融洽，粟裕成为叶剑英的得力助手。

粟裕以极大的热情投入到了军事科研的领导工作上。尽管工作比较艰巨复杂，但他没有了在总参工作时的那种压力，不仅能比较顺畅地开展工作，还把自己在军事思想和军事学术上的许多见解，比较大胆地阐发出来，以自己丰富的实践经验和才智，在军事科研战线上当一名开拓者、创新者和掌舵者，为军事学术研究、国防建设作出了应有的贡献。

粟裕到院不久，叶剑英即率中国军事代表团出国访问，军委指示在叶剑英出国期间，军事科学院党委和日常行政工作由粟裕负责。1958年7月，毛泽东曾指示："我们应该集中一批有丰富经验和战斗经验的同志，搞出一本自己的战斗条令来。"10月9日，粟裕主持召开了院党委扩大会，讨论12月召开全军编写条令座谈会的工作，确定军事科学院以五分之四的力量完成编写条令的中心任务。11月25日粟裕到武昌参加中共八届六中全会，并为全军编写战斗条令座谈会作准备。12月10日六中全会结束，11日粟裕即协助叶剑英在武昌召开了有关总部、军兵种、大军区和院校领导参加的关于如何编写战斗条令的座谈会。1959年1月上旬，粟裕在北京主持了全军军事科学研究工作会议的预备会议，1月12日协助叶剑英在北京三座门主持召开了全军军事科研工作会议。会议明确了全军科研工作要统一规划、全军动手，确定了发动全军编写条令的方针、方法，并讨论了1959—1960年两年军事科学研究工作纲要。6月23日粟裕又召开军事科学院领导同志会议，检查研究编写合成军队战斗概则专业会议的准备工作和会议开法问题。6月25日动身到南京为这个会议作进一步准备。7月，在南京协助叶剑英主持了全军编写合成军队战斗概则专业会议。在这一系列会议和活动中，粟裕作了多次发言、结论性讲话和问题解答，对如何开创我国的军事科研工作，提出了许多很好的意见。

我国军事科研的方针是什么？叶剑英院长提出：以毛泽东思想为指针，以总结我军经验为主，同时认真研究敌人，有选择地吸取外国军事上有益经验，探讨现代条件下人民战争的指导规律，为国防建设和未来反侵略战争需要服务。粟裕完全同意叶帅的观点，并以自己的认识反复阐述了军事科学的任务及军事科学研究工作的方针、原则和方法，使全军和军事科学院的同志刚刚接触这项工作，就对军事科学研究工作有了初步认识，并明确了方向，树立了信心。

在论述军事科学的范畴和任务时，他说，军事科学是社会科学的组成部分。只要战争还未最后消灭，军事科学就仍然有研究发展的必要。军事科学除了研究战争的各种规律、军事思想、军事学术和军事技术之外，它还要求研究国家的政略、军事政策和国防经济等复杂的问题。

他特别指出，军事科学要注意研究新情况、新问题。他说，现代科学技术的最新成就，莫不首先运用于军事。新式武器装备的出现，虽然不会也根本不可能改变战争的性质与战争的根本规律，但是必然要促进军事学术的发展，给军事科学研究工作提出新课题。我们的军事学术研究工作必须正视这些新情况，根据新的情况来研究问题。

对于人民解放军来说，军事科研是个全新的课题，有人觉得很神秘，不可捉摸；有人则认为很简单，没有什么深奥的学问。针对这两种观点，粟裕发表了一系列讲话，表达了他的见解。

他认为军事科学研究要利用人类自觉的能动性的特点。他说，自觉的能动性是人类的特点。军事科学研究的任务，就在于利用人类所具有的这种自觉的能动性来揭示战争的本质，认识战争的规律，从而研究能克敌制胜的战略战术。

在谈到研究工作者的立场、观点和方法时，他说，研究军事学术问题，必须有正确的立场、观点、方法，也就是马列主义的立场、观点、方法。我们主张以唯物的、辩证的、发展的观点来观察和研究问题，反对用主观的、机械的、静止的观点来对待学术问题。研究军事学术，必须掌握发展的观点，战争和战争指导规律都是发展的，各个历史阶段有各个历史阶段的特点，不能呆板地移用于不同历史阶段。

他强调学术研究必须联系实际和发扬民主。他说，科学研究工作的成果是从许许多多失败和胜利的实践中，是在教学、研究、演习、训练的反复实践中取得的，科学研究工作既需要有高度的政治热情，还要有深入实际、实事求是和百折不挠的顽强精神。要结合国防建设、战备训练中的问题进行研究。

在谈到学术民主时，他说，学术问题，不同于行政问题，不能靠行政命令，不能用少数服从多数的原则，更不能依靠军衔、资格来解决，学术问题没有经过充分的讨论、取得统一的认识，就忙于作结论，这样对问题的深入研究和训练、作战都是不利的。解决的办法还是要走群众路线，靠大家来解决，以理服人，从思想上解决问题，使大家的认识在实践中趋于一致。在这个基础上得出的结论，才能为大家所接受。

军事科学院和全军的军事科研工作起步的时候，正是1958年军委扩大会议之后，军委扩大会议上出现的一些不正常现象，军事领域里的唯心论、形而上学的日益流行，自然会影响军事科研工作的健康正常开展，对军队的现代化建设和军事思想理论建设，产生了相当严重的影响。尽管粟裕刚受到错误批判身处逆境，他以政治上的无私无畏和理论上的创造精神，发表了一系列从实际出发的见解，极力宣传军事辩证法思想，批评唯心论、形而上学。他在7月17日编写合成军队战斗概则专业会议上发言，从军事学术高度论证了毛泽东军事思想是不断发展的科学体系，辩证地论述了以我为主与学习外国经验等问题。他旗帜鲜明地提出："我们主张以唯物的辩证的发展的观点来观察和研究问题，反对用主观的机械的静止的观点来对待学术问题。"他以"十六字诀"和"十大军事原则"为例说明，"对一般军事原则，必须辩证地加以理解，不能机械地搬用"；"如果不能适应情况的变化，一味墨守成规，就要挨打或丧失战机"。譬如"十六字诀"第一句"敌进我退"，这是一般原则，但在一定情况下也不是没有敌进我进的，而敌进我进正是敌进我退的灵活运用。又如"十大军事原则"中有一条说"先打分散孤立之敌，后打集中强大之敌"，这无疑是正确的，是解放战争全过程的指导思想。但是在解放战争后期，就不能机械地搬用这一原则，而必须灵活地运用这一原则。譬如在

1959年7月编写合成军队战斗概则专业会议同志合影。前排右六为叶剑英、右五为粟裕。

渡江战役之后，由于我军已占绝对优势，因而就应想尽一切办法寻找敌人的主力作战。正如毛泽东所指出的"一切战争的指导规律，依照历史的发展而发展，依照战争的发展而发展，一成不变的东西是没有的"。这种发展，特别表现为军事斗争能够最迅速最集中地反映现代科学技术的发展。"现代的科学技术最新成就，莫不首先运用于军事……这些新武器和技术装备的发展，必然要促进军事学术的发展，给军事科学研究工作提出新的课题。我们的军事学术研究工作必须正视这些新的情况，根据这些新的情况来研究问题。"

1958年军委扩大会确定了"以我为主"的军事科研方针，然而在认识上很不一致。有人对我军的经验看不起，认为是"低级"的东西；有人则不敢提学习外国经验怕犯"教条主义"的错误；还有一些人一提苏军的东西，就不加分析地盲目批评，似乎苏军经验一无是处。粟裕针对这种情况指出："我军经验既丰富又宝贵，它是发展我军军事科学的基础，任何轻视我军经验的想法和做法都是不对的。""但是'以我为主'并不是排除学习外国经验，'以我为主'绝不是闭关自守闭门造车。有主就有次，'以我为主'正是对着学习外国经验而来的。如果根本不需要学习外国经验，也就无所谓'以我为主'。"他又说："反对机械搬用外国经验，反对盲目迷信外国经验，也是为了更好地学习外国经验。""但是，苏联和苏军有许多情况是与我们不同的"，"我们一方面不能原封不动地照搬苏军的经验；另一方面也应看到苏军有苏军的特殊情况，不应用我们的情况去衡量苏军的经验，轻易否定人家的东西。我们应该尊重自己的经验，也应该尊重人家的经验"。"正确的态度是以我为主，有选择地学习外国经验。"

他还指出："有些同志在学术研究中还有顾虑，还不能大胆表达自己的观点，这对于开展军事学术研究是不利的。因此,我们还要继续发扬学术民主,提倡学术争论,提倡敢想敢说敢做。"

在当时的历史条件下发表这样一些讲话,在一些人看来是不合时宜的,因而令人惊讶,特别是粟裕此时的处境,没有坚持真理的革命精神,没有实事求是的科学态度,是根本做不到的。

1959年4月28日,根据二届全国人大一次会议决定,毛泽东主席任命粟裕为国防委员会委员。

二、以毛泽东思想和唯物辩证法指导军事科研。协助叶帅做好"军委训委"工作。

全军和军事科学院各项科研课题的研究和编写条令的工作开始以后,为解决工作中遇到的困难,在叶剑英的建议下专门组织了"学术组",由粟裕担任组长。粟裕在指导学术研究工作中,以毛泽东军事思想为指针,以自己的军事实践为依据,运用唯物辩证的方法,本着与大家切磋、探讨的精神,多次回答了大家提出的问题。

如何正确认识与对待总结过去、立足现实与照顾未来之间的关系?粟裕说,总结过去,是为了现在,也是为了将来。过去的经验是可贵的,必须加以重视,但不能也不应该原封不动地照搬到现在和将来,而是要结合现实与将来的情况,灵活地运用,并加以发展。在现实与将来的关系上,我们的立足点又应放在现在,在现实的基础上照顾到将来。所谓现实,不仅是我国我军的现实,而且包括时代的现实、友军的现实、敌人的现实。

关于现实与未来的关系。他说,我们准备的是未来的卫国战争,这个战争还没有打起来,还不是现实,还是未来的事。因此,我们不仅应立足于现实,还应照顾到未来可能的发展,未来是现实的发展,应在现实的基础上科学地预见到最近将来敌我双方可能的发展。两方面都考虑到了,而又把重点放在现实,就会有备无患。以出现原子弹等尖端武器技术装备的现实条件来说,我们在研究军事学术时必须考虑它的影响,不仅要考虑如何对原子防护,而且在作战原则、战斗的组织与指挥、战斗保障、工程保障、后方勤务等方面都应考虑尖端武器带来的影响。

在回答关于战略、战役与战术的关系问题时,粟裕以作战指导原则为例,举出以下几种情况加以说明。他说:有一种作战指导原则是战略、战役、战术都适用的。如"不打无准备之仗,不打无把握之仗"。其精神实质是强调要打有准备、有把握之仗,这当然在任何时候、任何范围都是适用的。然而这一原则在战略、战役、战术范围内的内容和具体运用,则又是不完全一样的。

第二种情况是:表面上看起来,战略的原则与战役、战术的原则是相反的。譬如,战略的内线持久防御和战役、战斗的外线速决进攻。但实质上两者是相辅相成、互相为用的。

还有一种情况是:有些原则在战略上是适用的,但在战役、战术上则是不能搬用的。譬如，从我国的社会性质和政略出发，战略上我们是不主张先发制人的。在战役、战斗上虽然必须服从战略这一原则，但战争一旦爆发，在战役、战斗上绝不能死搬硬套这一原则。

粟裕由此得出结论：所以我们既要看到战略、战役、战术的联系，又要看到它们的区别，不能混为一谈。军事原则贵在明确，以免发生混乱和误解。如果像有些人那样把"诱敌深入"、"打得赢就打，打不赢就走"等运动战在战略、战役范围内的原则，照搬到战术范围内的阵地防御战斗中，是非常危险的。

谈到进攻与防御的关系，粟裕指出：进攻与防御是矛盾的统一，是相互依存、相互渗透、相互转化的。因此，我们必须根据情况灵活地运用这两种战斗类型，并使二者密切结合起来。

粟裕曾多次指出，作战原则不是绝对的一成不变的圣经，而是随着客观情况的发展变化而发展变化的，要把原则性和灵活性结合起来。

粟裕这些充满辩证唯物论又密切结合实际的思想认识，较好地回答了全军科研中的问题，推动了军事科研工作的开展，不仅是对当时军事科学研究的重要指导，也是对一般军事工作的思想指导。

在正确的思想指导下，军事科学院和全军军事研究人员共同努力，到1959年底总共编写出军兵种战斗概则和各种条令20余种，编写出各种专业条例、教程、教范、教材1.5万余份。这些条令和教材基本体现了人民军队、人民战争的思想，反映了现代战争的特点，成为我军军事科研的第一批成果。它对我军的现代化建设起了积极的推动作用。

编写全军战史，是人民解放军军事科研工作的一件大事。粟裕多次对编写方针及注意事项作了详尽指示。他指出，战史主要写经验教训。战史不单是写战争，更不单是军事史，还包括党的路线、根据地建设等等。要从全局出发照顾团结，从具体单位出发照顾整体。谈到编写时间，他说：形势需要我们很快把战史写出来，以教育后代，教育社会主义接班人。

在他的督导下，军科战史研究工作在培养提高干部、收集资料、课题研究等方面做了大量工作，从1963年起转入战史编写工作，经过多年的努力，1987年出版了多卷本的《中国人民解放军战史》。

人才是事业的根本。军事科研工作要尽快适应形势和任务的要求，首要一环就是做好军事科学研究人员的培养和教育。从这个认识出发，粟裕积极倡议，军事科学院在建院之初先后举办了文化学习班和古代兵法讲座。他又积极提议架通了军事科学院与附近两所高级学府——高等军事学院和高级党校的专线，使科研干部直接听到两个高级院校的重要课程。他提出研究人员要学外文，搞翻译的可以向研究工作方向发展，军事科研干部要有决心成为专家。他身体力行，以身作则，努力学习与军事科学研究有关的知识，院内统一组织的各项学习，他都着装整齐地按时到课，认真听讲。还利用休息时间，找人辅导语文、政治经济学和哲学等课程。

他还提出，研究干部要与部队干部交流，研究干部要下部队代职或搞调查研究，使研究工作与部队实际紧密结合，和现实斗争相结合。他认为，军事科研与现实斗争结合起来，研究工作才会有生气。为此他多次向叶院长提出，自己和研究人员都应多下部队。叶院长也积极支持他的意见。但是在当时的政治气氛下，他的这个合理要求没有得到满足，有关领导不愿他接触部队。有一次，他又给叶院长说：搞军事科研不到下面部队去怎么行？叶帅说：这个意见不能再提了！可见粟裕当时处境的微妙。

为了便利我军高级干部学习和掌握现代兵器技术知识，叶剑英院长提出要建立军事技术教研馆。粟裕积极支持叶帅的这一极有远见的主张，亲自检查该馆的教学准备。粟裕指出：教学内容要与教学对象紧密结合，教材应充实最新的资料，保密的目的是要使敌人糊涂，自己聪明，不要把它神秘化。他认为可以将一些导弹、飞机等拿出来展览，供大家学习，增长科学知识。

粟裕的这些重要思想，对军事技术教研馆的创立和发展起了很好的指导作用。1963年军事技术教研馆基本建成，仅1964年至1965年，就接受军委直属院校学员和部队师以上干部8批（包括部分外宾）共1600多人参观和见学，还组织了军师干部160人集训。技术教研馆的直观教学受到了广大干部欢迎。

1961年7月，军委成立军事训练和军事学术研究委员会（简称军委训委），负责指导全军院校和部队的教育和训练，叶剑英任主任，粟裕、张宗逊为副主任。从此粟裕以相当的精力参加军委训委的工作，积极协助叶剑英研究、解决反教条运动以后军事训练如何搞的问题，在军队建设中突出军事训练的地位，确立在和平建设时期以军事训练为中心的指导思想，并进行了院校改革、训练改革和推广郭兴福教学法等。粟裕不仅支持叶剑英的思想和倡议，而且积极出谋献策，做了很多不出头不露脸的实际工作。

三、"对镜不须叹白发，白发犹能再挥鞭。"
——一个老兵的高尚情操。

在枪林弹雨中度过了前半生的粟裕，1958年军委扩大会以后离开了军事指挥第一线，但他仍时刻关注着军队和国防建设。他勤于调查，善于思考，对涉及国家安危的一些大事，不断提出有重大价值的看法和建议。

1960年1月22日至2月27日，中央军委在广州召开军委扩大会议，研究讨论人民解放军的战略方针、国防建设及1960年国防建设工作纲要。与会同志都企盼听到粟裕的意见，不少人积极鼓励、动员他讲一讲。林彪也找他谈话，提出军事科学院应成为总参谋部的参谋部。在这种情况下，粟裕对战略方针、国防建设的一些重大问题作了多次发言，把他在总参工作期间多年思考未能竟言的一些思路和建议，作了比较畅快的阐述。他从对敌情的估计谈起，讲到如何正确理解积极防御的战略方针，对加速军队现代化建设和积极备战、军队制度的改革、后备力量建设等重大问题，都作了全面的并有正误对比的论述。他从现代战争的高度，紧密结合国际形势和国家、军队实情所作的分析和提出的见解，引起与会者的极大兴趣和有关部门的重视。

粟裕形象地论述现代科技发展给军队作战带来的影响和变化，提出了一些有针对性的建议，如：

（1）加强战略侦察措施。他指出，由于导弹的发展，今后战争的突然性大大增加了。以远洋导弹飞行 6000 公里的时间算，只有 14 分钟，这样短的时间，用来作一个营的紧急集合还不够，所以必须加强我们的战略侦察，以防敌人的突然袭击。

（2）陆军要成为机械化的合成军队。他指出，现代战争中，战役的机动性大大增加了，火力也大大增强了，如果单靠步兵来完成作战任务是很困难的，陆军走向摩托化、机械化的合成军是必然趋势。他还期望地说，我们如能将几百万常备军逐渐地全部机械化，都变成特种兵，而把几千万民兵来接替现在的步兵，我们就可以无敌于天下。

（3）加强工程兵，特别要增加它的机械化程度。他说，工程兵在现代战争中的作用大大提高了。根据原子弹的威力，国防工程要求更加坚固，野战部队也势必要经常构筑坑道工事。伪装隐蔽固然是防护的一种手段，但单靠伪装是不能解决防原子问题的。因此建议军区和部队的工程兵都要加强，特别要增加工程兵的机械化程度。他还提出了快速构筑野战工事的具体设想。

（4）加强对战争的领导。他从三个方面作了阐述：一是加强司令部工作。他指出："现代条件下的战争，没有健全的、具有头脑作用的、懂得各方面科学知识和熟悉敌我情况的司令机关是不可能指挥现代化战争的。"二是配备好指挥干部。他指出，配备干部除首先考虑政治条件外，要考虑任务的区分、干部和部队的特点，特别要注意干部的特点，有的干部和部队善于进攻，有的善于防守，有的又善于打钳制。因此要注意不把不善于守备的干部配在海岛上，同时要把大胆勇猛的和多谋慎重的干部穿插配档，互相取长补短，这样才能很好完成任务。三是要注意培养主力部队，并掌握在自己的手中作为有力拳头。每个主力部队特别要培养机动灵活、勇猛顽强、不怕困难、不怕伤亡的战斗作风，这对完成任务极为重要。

粟裕还强调要客观地看到敌人的长处。他说，我们除看到敌人的致命弱点外，也应客观地看到敌人的长处。敌人还是强大的，技术装备现代化，而且对技术的掌握比较熟练。对于敌人的技术兵器必须认真对付。

1962 年初夏，粟裕正在上海休养，他得知蒋介石军队可能窜犯大陆的消息，以一个老兵对国家安危负责的态度，抱病颠簸两天两夜赶到福州。在这个关键时刻，福州军区领导同志看到粟裕来了倍感高兴。军区第一政委叶飞当即安排次日由军区向他汇报并听取他的意见。粟裕说："让我先到下面去看看吧，是不是回来再谈？"叶飞急忙说："还是先汇报吧，顺便休息一天。"第二天上午，粟裕听取了军区领导关于军委作战方针和军区部署的汇报。汇报后军区领导同志请他作指示。粟裕只礼节性地说了几句，第三天一早便出发到下面调查去了。他先后到了闽中泉州湾和闽南赤湖一带，尔后到了厦门。经一段调查和思考，粟裕形成了一个新颖的作战构想,为了不干扰福州军区原来的作战部署,他准备先回京向军委报告。可是一回到福州,军区司令员韩先楚和其他领导一再要求他讲一讲,粟裕只好将自己的想法向福州军区领导作了介绍。他说:"如果敌人真的上来,据我想,经过一番苦战,把它赶下海去不难;但要把上来的敌人全部消灭掉,叫它'肉包子打狗——有来无回',则不那么容易。我们的着眼点是后者,而不是前者。"接着他又说,"你们的作战计划是经过中央军委批准的,我提不出什么意见。为了彻底消灭上陆的敌人,我有一个想法"。随即他谈了经过调查思考后的一个奇特构想。福州军区几位领导听了顿时感到打歼灭战的办法多了,决心更大了,信心更强了。粟裕再三说:"我的这个意见你们可以考虑,但作战部署不要动,待我向军委汇报后,由军委决定。"几天后粟裕返回上海。

6月23日,新华社发表电讯,揭露国民党军队妄图窜犯大陆的阴谋,蒋介石知道人民解放军已作好准备,严阵以待,被迫放弃了窜犯大陆的军事冒险行动。因此粟裕的歼敌构想已没有必要再报告军委了。但是他将在福建等地了解到的情况,写信报告了叶剑英元帅。信中指出,如果敌人知道我福建防务加强,则有可能在粤东、浙南和浙东登陆。信中说,如认为他的意见可以考虑的话,就请叶帅转报军委。果然国民党军在"反攻大陆"的阴谋破产之后,于当年秋冬之间,先后派遣了九股武装特务在广东登陆。我海边防部队和民兵早已有了准备,登陆之敌均被歼灭。

特别要说明的是,粟裕从上海赶往福建,并没有受任何组织和领导人的委托,而且在1958年的军委扩大会后,他被限制到部队。但是,在形势发展的关键时刻,粟裕早已把个人安危和得失抛到了九霄云外,粟裕以对国家安危的高度责任感,尽了"一个革命几十年、打了一辈子仗的老兵"应尽的责任。

> 半世生涯戎马间,征骑倥偬未下鞍。
> 爆炸轰鸣如击鼓,枪弹呼啸若琴弹。
> 疆场纵横任驰骋,歼敌何计百万千。
> 对镜不须叹白发,白发犹能再挥鞭。

这是粟裕作于1964年的《老兵乐》。它说出了粟裕心系国家安危,为保卫国家安全随时准备再上战场的心情。

四、叶剑英说:"不要换小班,要准备接大班。" "你是战将,要准备打仗。"

20世纪50年代末到60年代中,中国和苏联关系逐渐恶化,中国周边的国际局势趋向紧张。为了维护民族尊严和国家的独立自主,反对霸权主义,保卫世界和平,中国领导人对战争危险作了严峻估计,备战成为影响国家政治战略的重要因素。随着战备工作的开展,粟裕这位沙场战将,又受到了人们的注意。

1965年10月2日，主持军委日常工作的林彪找正在上海休养的粟裕谈了一次话。林彪说："你现在身体不好，主要是休息，等你好一些，可以多到部队里去跑跑，看看部队的情况，发现什么问题，或者有什么意见，可以直接反映面谈，打电话或者写信都可以。"并且反复询问粟裕对部队工作和国防建设有什么意见。粟裕说自己长期离开部队，提不出什么意见。在林彪反复征询下，他谈了几个过去感觉到的问题。

1. 关于大军区的干部配备。他认为大军区在战时要单独担任一个大战区的任务，建议在干部配备上要配套成龙，既要有战将，又要有谋士。高级领导干部英勇善战当然是决定因素，很重要，但同时要有战略眼光，有政治远见。

2. 关于干部交流问题。粟裕举了他前几年去过的一个军的例子，在干部交流中，这个军的领导干部全部换班了，只有一个后勤部长是原来这个部队的干部。然后说："干部交流取长补短，互相学习是必要的，但全部大换班，对保持部队优良的战斗作风和熟悉情况有影响。"并且又举例说明："主要领导干部对部队的作风是有很大影响的。"

3. 关于加强第一线军分区的干部和工作，以便战时有能力配合第一线少数守备部队作战的问题。粟裕说，过去省军区、军分区的干部配备，大都是安置老弱病残，人很多，可是真正能做事的不多。特别是国防第一线军分区应该加强，以便在战时能够迅速有效地补充和有力地配合与支援少数守备部队，挡住敌人初期的进攻，而使主力不致过早使用和消耗，以便统帅部握有拳头，有力地打击和歼灭敌人。

粟裕谈的以上几点意见，林彪都表示赞同，告别时再一次说，等身体好一些时，可多到部队走走。

这次谈话后，粟裕作了慎重的思考。他考虑自己的身体状况，去年春犯心肌梗塞，卧床休息了半年，下半年稍好一些，勉强出院边工作边休息。随着全国战备工作的开始，自己一心想再能参加打一仗。为使自己的身体能适应未来作战，所以今年又休息了一段时间。现在身体已有较大恢复，原打算回京去换换军科几位领导的班，他们身体也不好，让他们轮流休息一下，现在军委领导又提出自己身体好些时多到部队去走走的意见，到底是回去换班好，还是下部队搞点调查研究好呢？粟裕反复思忖，决定先听听叶剑英院长的意见。

11月初，叶剑英由北京到杭州，路经上海稍作停留，粟裕便把林彪找他谈话的内容和自己的考虑，当面向叶剑英作了汇报。叶剑英高瞻远瞩地说："不要换小班，军科就叫宋（时轮）、钟（期光）他们去搞，要准备接大班。你是战将，要准备打仗。"并赞同粟裕在身体好一些时多下部队走走。叶帅还决定由军事科学院组织一个班子，随同粟裕一起下部队调查研究，这样也可以摸一摸如何使科学研究工作和部队的现实情况更紧密地结合起来。

在上海休息的粟裕根据军委领导指示，对今后作战问题作了一些考虑，于11月24日给中央军委上送了一个《关于培养飞行员问题的报告》。报告说，在未来战争中，"如果在重要的方向或重要的战役，我军能取得制空权，则我陆军将更能如虎添翼,将更有利于战役战斗的速决"。"要达到上述目的,除了要有足够数量性能良好的飞机之外,更重要的是要有足够数量的、政治上坚强的、训练有素的飞行人员"。报告还提出了今后几年飞行员培养的数量和办法。

12月3日,粟裕由上海回到北京。他一面参加军事科学院的领导工作,一面作下部队调查的准备。他再三考虑,决定以"加强国防第一线军分区的干部和工作,以便于战时有力地配合第一线少数守备部队作战的问题"为调查的中心题目。他觉得这是未来反侵略战争中首当其冲的重要问题。他在和林彪谈话提到这个问题时,还是根据过去的一些印象,没有把握,想通过实际调查,检验一下这个认识是否正确。调查地点确定在东南沿海。军科有关部门积极组织了调查研究班子,准备随粟裕下去。

1966年2月11日,军科外军部部长刘静海率领工作组先行出发。粟裕根据医院安排完成治疗后,于3月16日离京南下。他先到杭州,听取省军区司令员张云龙、政委龙潜的汇报。第二站到福州,与福州军区党委常委举行专题座谈,听取先期到达的工作组的汇报,然后沿海边南下调查了莆田、泉州、漳州一带的守备部队、民兵情况和守备工事,听取当地军分区的汇报,并调查了解驻地野战军的情况。第三站到厦门,调查了沿海设防守备和当地驻军情况。第四站返回杭州,调查了浙江沿海温州、台州、宁波军分区及舟山群岛的海防守备和陆、海军驻军情况。最后到达上海,调查了解上海守备的有关情况,并乘船到长江口外视察岛礁。调查结束后于6月9日返回北京,历时近三个月。

这时"文化大革命"已经开始,粟裕回京后一面参加运动,一面整理调查研究材料,于7月初及8月18日先后向中央军委并总参谋部上送了四个调查报告。第一个报告是《关于加强第一线军分区的干部和工作,保证战时迅速有效地动员兵员的建议》。其主要观点是:第一线军分区平时应集中全力做好民兵工作,不要兼管守备部队,实践证明两头兼顾,领导精力主要放在守备部队,势必削弱民兵工作;将省军区部队的主要兵力分给所属军分区和县,平时做民兵工作,战时作为扩大部队的基础;加强第一线人民武装干部;守备部队要搞好军民联防,保障战时就地兵员补充。第二个报告是《闽浙沿海军分区民兵工作调查报告》。第三个报告是《海防与部队建设方面的几个问题》。第四个报告是《关于反对铺张浪费、培养革命接班人、加强对敌政治攻势的意见》。在第四个报告中,粟裕不仅反映了部队在铺张浪费方面存在的问题,也反映了地方政府和领导干部存在的一些问题。培养接班人,报告除反映有些部队重才轻德、保留战斗骨干等方面存在的问题外,主要提出要解决好老干部离职休息的问题。

在上送这几个报告的同时,粟裕还向有关领导作了口头补充汇报。

粟裕在这次调查中发现的问题和提出的建议,涉及到战备和战争初期的许多重要问题,引起了有关领导和部门的注意,但这时"文化大革命"的浪潮已经汹涌而至,领导和机关已没有精力去进一步研究解决这方面的问题。粟裕的有些建议是在若干年后才得以落实的。

第二十五章　名将不减当年勇——"十年动乱"中

一、逆流中奋击。被江青、康生列入黑名单。林彪集团说他有"特嫌",对他进行秘密审查。

1966年6月,"文化大革命"已经在全国掀起,军事科学院也无例外地被卷到了运动中。粟裕对眼前的这场运动"很不理解",他静观形势发展,在激流中把好军事科学院的航舵。他多次主持院党委常委会议,分析和估计军事科学院的状况,指出社会上来势迅猛的浪潮,势必会冲击军事科学院机关,再三叮嘱常委同志遇到突然情况要严肃对待,妥善处理,决不可掉以轻心。他向院政治部交代:"军事科学院人数虽然不多,但是人员来自各方,军衔从元帅到士兵各级都有,相互间不很了解,现在要顺势善诱,发现问题、解决问题。"

军事科学院终于"乱"起来了。部分干部贴出大字报,矛头指向前一段主持院日常工作的副院长、副政委,说他们搞"修正主义",是"三反分子",提出要撤掉他们的职务,并要求叶剑英、粟裕接见。

这时粟裕的心脏病犯了,医院要他住院治疗。他身在病房,心里惦记着全国、全军和军事科学院"文化大革命"的形势,对正在发生的一些事情十分忧虑。他认为,叶剑英是军事科学院的院长兼政委,又是中央军委副主席兼秘书长,在军委肩负重任,主持军委日常工作,他的住地就在军事科学院院内,他的安全出了问题,便会影响军队的大局,因此绝不能把叶元帅推到第一线。为此,他向医院要求出院回去工作。医院没有同意。他又向叶剑英提出让他"自由上班",也就是人仍住在医院,但在身体条件可能时,尽量参与院的领导工作,以减少叶剑英因军事科学院的事而对中央军委工作的分心。叶剑英同意了他的要求。

粟裕从医院回到军事科学院大院,他先看大字报,然后接见群众组织代表,耐心地给大家做工作。他会见群众代表,常常从白天延续到晚上八九点钟,顾不上吃饭,得不到休息。对军事科学院工作中的一些问题,他主动承担责任,说我是"大副",应该负更大的责任,请大家多提出批评。有人要求打倒两位主持日常工作的院领导,撤销他们的职务。他坚定地表示:"我们对干部终归要有一个基本的看法！我和他们共事很久，我了解他们，他们主持日常工作，难免会有缺点和错误，对他们的错误先不要戴帽子、作结论，也不要开大会批斗。他们的问题要经过核实之后才能确定性质。"并且明确指出："他们可以不参加对运动的领导，但不能撤职，撤职要按任免权限规定批准。"

针对运动中出现的问题，粟裕坚持摆事实讲道理，实事求是，科学分析，正确引导。他特别提醒一些人，对人的问题，一定要慎重，不能猜测臆断。他说，1952年不是打了许多"老虎"吗？最终有几个是真"老虎"！

其实，粟裕这时的处境也是非常险恶的。1966年10月，江青、康生等人就已经把他列入"叛徒、特务、反革命修正主义分子"的黑名单。林彪集团说粟裕有"特嫌"，在京西宾馆组织了专案组，对他进行着秘密审查。1967年1月，粟裕参加叶剑英主持的军委碰头会。这次会被林彪、江青一伙说成是为"二月逆流"作舆论准备的会，粟裕也就被他们怀疑。不久，康生一伙非法无理拘捕了他的小儿子。军事科学院一部分人喊出了打倒叶（剑英）、粟（裕）、王（树声）的口号，妄图夺院党委的权，还派人到粟裕的住地闹事，企图抄他的家。但是粟裕不顾个人安危，从大局出发，勇敢地站出来，认真妥善地做工作，在原则问题上绝不妥协、让步。党的八届十一中全会以后，全国掀起了批判所谓"资产阶级反动路线"的高潮，粟裕准备抱病在大会上作"检查"。许多干部听说后纷纷贴出致院党委的"公开信"，提出鉴于粟裕同志的身体状况，"不宜亲自出面检查"。这在当时是极为鲜有的事。

粟裕在逆流中把住了军事科学院这一条航船的舵把子，全院基本保持稳定，在惊涛骇浪中没有出现大的问题。

二、"主席说过，你过去有战功。现时打不倒，你去支撑这个局面吧！"临危受命，负责国防工业军管。

1967年初，上海刮起了"一月风暴"后，"造反派""夺权"之风遍及全国，生产无法正常进行，社会一片混乱。3月，周恩来总理召见粟裕，对他说："现在的情况很困难，国防工业系统已处于半瘫痪状态。主席说过，你过去有战功。现时打不倒，你去支撑这个局面吧！"粟裕听后进行了思考：自己在1958年受批判后，到军事科学院任职，在这个时候用他，绝不仅仅是因为他有战功，而主要是他已经是个"死老虎"，对别人没有什么危险了。他还想到，在"文革"这样复杂的环境里，担负这样的重任，困难可想而知，能否完成任务也难预料。但是有周总理的领导，又使他增加了信心。他决定在这样一个岗位上，他只认一个头，就是周恩来总理。

随即中央军委和全军文革领导小组先后下达了军事科学院集中力量担负到地方执行军管任务的通知。3月27日，周总理召集粟裕、王树声去他那里开会，交代军事科学院负责国防工业口，对国防工办和第二至第七机械工业部实行军管，并负责这六个机械工业部在京所属工厂、院所的军管。指定粟裕到国防工办军事代表组挂帅,任国防工业军管小组组长,并为国务院业务组成员。国务院业务组成立于1967年初。因当时几位副总理均不能工作,周恩来总理又太忙,故经毛泽东批准成立了国务院业务组。业务组在周总理主持下,协助总理处理国务院的日常工作。其成员相当于原国务院副总理组成的国务院常务会议成员。

接受中共中央的新任务后,粟裕立即在军事科学院向全体同志传达了国务院和军委的通知、指示,宣布军事科学院暂停运动,组织全体干部学习军管文件。

4月8日,国务院又下达指令,军事科学院增加对第一机械工业部的军管任务,统由粟裕负责。

经过一个多月的学习准备,并听取周恩来总理亲自作的动员报告后,5月,粟裕率军事科学院及其他单位来的军管干部,进入国防工办和国防工业各机械工业部及在京的院、所、厂单位。粟裕召开大会宣布国防工业军管小组正式开始工作,决定在军管小组领导下成立两个班子,一个管"文化大革命"运动,一个管生产业务。去一机部的军管人员也于9月份进点。

1967年7月,中共中央还决定粟裕兼任中国科学院军事代表。这时国防工业系统的军管工作已使粟裕相当紧张、忙于应付。他再三向中央提出推辞。8月3日,粟裕写信给周总理办公室请向总理报告:"由于担负国防工业系统几个部的军管工作,已十分感到吃力,不仅时间应付不过来,尤其我个人能力很差,实在应付不下。如再加上兼任国家科学院军代表工作,将更无法应付,为此请求免去国家科学院军代表的兼职,以免将来犯更多的错误。"8月5日周总理让办公室周家鼎转告粟裕:"兼任中国科学院军事代表一事,是主席的指示,不好再动。"粟裕只好服从。随后,周总理在中南海召开中科院大会,亲自宣布粟裕为中国科学院首席军代表。根据周总理指示精神,他到中科院参加多次会议,和郭沫若院长密切协作,稳定了科学院形势,恢复了部分科研工作。

1967年初,国防工业系统处于"全面内战"状态,科研院、所大部已瘫痪,工厂生产陷于停顿和半停顿状态,严重影响了部队和国家援外武器装备的保障供应。粟裕临危受命,决心在这个特殊的岗位上协助周总理做一些事情。而这时他自身的处境也十分困难,林彪集团和江青、康生等人在加紧对他进行秘密审查,不断通过抓粟裕部下的所谓"特嫌"、"投敌"等问题,企图把他打成这些人的"后台"和"主使者",进而把他打翻在地。抗日战争时期,中共中央华中局和新四军军部决定,苏中四分区汤景延团,在反"清乡"斗争中以"灰色"的面目潜伏在敌军中。"文化大革命"中有人别有用心地拿这件事做文章。为此,粟裕不知道写过多少次说明事实真相的材料。在林彪、江青刮起的所谓反击"二月逆流"时,国防工办有人喊出了"打倒粟裕"的口号,说他是"二月逆流"的成员。后来周恩来总理出面追查喊口号的人,这些人才不得不停止这种活动。国防工业军管小组领导工作困难重重,遇到的问题错综复杂。部队参加军管的人来自四面八方,成员也比较复杂。军管小组一进点,就不断遇到来自所谓"无产阶级司令部"的斥责,来自"群众组织"的攻击,和军管人员内部错误思想的干扰。面对这种情况，粟裕充分显示了大将风度。他平时沉默寡言，然而头脑十分清醒。他认为："国防工业是周总理直接管的，必须坚决按总理的指示办。"对周总理的指示，不管大事、小事都详细认真传达，亲自抓贯彻落实。国防工业系统中的情况和问题，他都及时如实地向周总理汇报，重大的事情从不过夜，连夜给周总理打电话报告。这些在平时看来是极为正常和容易做的事，在当时的复杂情况下，却不是所有人都能做得到的。有一次周总理在国务院系统军管小组负责人会议上说："你们现在也不给我反映情况了，只有粟裕同志胆子大，还是常常给我打电话，有时一天两个电话。"

粟裕从林彪、江青的种种倒行逆施中，看清了他们不可告人的目的，因此始终和他们保持距离，对他们保持高度警惕。各派群众组织依恃自己有后台，各自标榜为"左派"，要求军管会表态支持。有的好心人也来劝说粟裕：某派是"中央文革表过态的，你支持这派吧"，某派是"副统帅支持的，你表态吧"。粟裕都斩钉截铁地说："国防工业军管小组是受周总理领导的，总理要求搞大联合，我们应按总理的指示办。"在整个军管时期，他始终坚持对群众组织"一碗水端平"的原则。

社会上盛行所谓"大批判"，群众组织今天要揪斗这个领导干部，明天要揪斗那个"学术权威"。有的领导派人向粟裕传话：某某人"应该揪出来！"对某某"应该组织批判！"对某部一批干部要"点名重点揭发批判"。不管来自何方的干涉和示意，粟裕都巧妙周旋，拖延不予办理，进行了坚决的抵制。他领导的国防工业军管小组从没有开过一次批判大会，组织召开的大会都是为了促进大联合和贯彻抓革命促生产指示。

粟裕认为国防工业和国防科研战线的革命领导干部和广大科学研究、工程技术人员是国家的宝贵财富，他们的安全关系到国家的安全，必须对他们坚决加以保护。1968 年 6 月 8 日，火箭金属材料研究所所长姚桐斌被"造反派"中的坏人毒打致死。这位十年前从英国归来的杰出专家被害，引起了周总理和粟裕的震惊。粟裕立即赴现场亲自处理。为了争取时间，粟裕乘直升机直抵南苑机场，从那里带了一个排的部队，驱车直达东高地研究所。这时"造反派"头头为掩盖事实真相，把姚桐斌的遗体藏起来，把姚的妻子软禁起来，封锁消息。粟裕一到研究所就把"造反派"头头找来，严令他们立即交出凶手。头头们开始矢口否认，后又支支吾吾不肯承认姚桐斌是被他们打死的。粟裕严厉的目光逼视着他们说："我现在传达总理的命令，如果不把凶手交出来，就把你们铐起来！"这时姚桐斌的小女儿从门外跑进来，一下子扑到粟裕怀里，放声恸哭，从口袋里掏出她妈妈写的一张小纸条交给粟裕说："粟爷爷，我爸爸被他们打死了，我爸爸就躺在对面那座楼的地下室里……"粟裕强忍着眼泪，安慰小女孩，愤怒的眼睛瞪着"造反派"头头们。"造反派"头头们一个个低下了头，不敢正视粟裕，终于交出了凶手。粟裕亲自出马处理杀害科学家的行动，大大震慑了为非作歹的"造反派"。

6 月 22 日，粟裕召集七机部两大派头头开会，严厉向他们指出：不管哪一派，破坏国家科研资料都要负完全责任；打死人要交出凶手，要严办；已拿走的机密文件资料，都要交给军管会。教育他们要正确对待干部，坚决执行党对科技人员的政策。

国防工业和科研系统武斗时有发生，粟裕不顾个人安危，亲自赶到现场制止了多起武斗。1968年夏，七机部一院发生严重武斗，粟裕赶到现场责令对立两派立即撤离武斗区域，并找来两派头头谈话，严肃指出："你们不顾国家利益搞武斗，已经超出闹派性的范围，发展下去就要走向反面，是很危险的。"粟裕在现场和他们谈了整整一夜，次日又在三座门召集两派头头开会，继续做工作，坚决刹住武斗歪风。

群众组织的大联合和解放干部是两大难题。粟裕通过举办毛泽东思想学习班，吸收各派头头和革命领导干部参加，耐心细致地反复做工作，逐个解决遇到的难题，到1968年中，国防工业口各级军管会共举办近千期学习班，有4.4万多人参加学习，解放领导干部182名，占应解放的69.8%，保护了一批知识分子，国防工业口在京的110个单位中有50个实现了"三结合"，基本稳定了局势。

遵照周总理指示，粟裕以更多的精力投入到国防工业系统的生产方面。当时抓生产不仅有很大困难，而且存在着很大的危险，随时都可能被扣上"以生产压革命"的帽子。粟裕认为，国防工业系统和一机部的生产既关系到国家安危，又关系到国计民生，应维持必要的生产，尽量少受损失和破坏。他首先听取了国防工办各局及各机械工业部的汇报，并立即处理了一些关键问题，如恢复武器装备的生产，解决核心项目的科研、基建、生产安排等，保证了我国第一颗氢弹爆炸成功。接着经周总理同意，于1967年7月召开了国防工业系统抓革命促生产的"七三"会议。粟裕在会上讲话，提出根据国际国内形势的需要，一批重要工厂要停止"四大"（即大鸣、大放、大字报、大批判）转入正面教育，以保证生产任务的完成，并当场宣布正面教育的单位。这一决定得到了工人和干部的热烈欢迎。10月又召开了有总参、空军、国家计委及有关机械工业部和40多个企业单位参加的"一〇九"会议，要求大家齐心协力，共同完成军队装备和援外的生产任务。这期间他还根据越南战争经验及我国情况，提出小三线的生产重点；根据国防需要，提出一些尖端产品应加速工程建设的建议。这些建议都得到了国务院和中央军委的批准。他经常深入工厂、科研所调查研究，总结生产搞得好的经验。1968年的春节他是在北京东郊四机部的一些工厂过的。他向春节坚持生产的干部和工人拜年，鼓励大家完成国家赋予的生产任务。经粟裕和军管会全体同志的努力，多数企业的出勤率显著提高，生产也回升了，保证了军工生产和国防尖端试验任务的完成。

1967年4月到1968年4月，粟裕受命担任中央军委常委。他协助军委副主席兼秘书长叶剑英对搞乱军队的阴谋进行了坚决的斗争，顶住了冲击全国军事机关的浪潮，并采取各种措施，把军队的运动限制在院校和部分机关进行，保持了部队的相对稳定。

1968年3月中共中央决定，国防工业口的军管任务由驻京陆海空三军接替，军事科学院干部大部撤回。根据周总理的指示，粟裕仍任国防工业军管小组组长，以主要精力抓国防工业的生产。1968年8月，粟裕召开国防工业口大规模抓革命促生产的"八一五"会议，促进了国防工业口的生产发展。1969年2月召开了国防工业在京工厂生产协作会议，解决了当年就地协作项目131项，沟通了各厂间的协作关系渠道，解决了一些长期没有解决的问题。与此同时，他在调查研究的基础上联系部队和国防建设，对国防工业的发展和国家建设提出了一些重要建议。1968年5月20日，他向毛泽东等中央领导上报了《关于发展现代化电子工业的初步设想的报告》。12月21日，就"六三"式自动步枪的生产与装备，向军委和周总理提出报告，认为该枪支应先装备常备军，新建兵团和地方军暂装备半自动步枪。因自动步枪每分钟可发射600发子弹，如果全部装备这种枪支，一旦发生战争，工业生产能否供应所需弹药，即或能生产出来，运输车辆及交通道路也难有保障。1969年6月2日，就北京地铁建设向国务院业务组提出建议：车站出入口要加宽，便于紧急防空时群众迅速隐蔽疏散和容纳更多的人；地铁顶层路面要宽，被覆坚固，战时可用做飞机起降场，故绿化应尽量靠近两侧建筑物，地面电线尽可能转入地下。他的这些建议，有的当时就被采纳，有的给后人提供了极有价值的参考。

粟裕心系国防工业生产，每时每刻都在思考排除干扰、破坏的措施和办法，尽可能地维持生产，以保证国家和军队的急需。1969年3月，他参加全国计划会议。会议规定与会代表不准外出，不准请假。粟裕便用写信的办法，不断与军管小组其他领导联系，对如何保证生产的正常进行、产品调整、质量要求以及工厂向三线搬迁等工作，提出自己的意见，从3月11日至24日13天时间共写了9封信，有时一天竟有3封。在他的努力下，国防工业完成了军队装备、援外和国家的急需任务。1968年1月，我国自行设计、制造的万吨轮"东风号"胜利建成下水。同年12月和次年9月两次氢弹爆炸试验成功。

1969年4月，粟裕出席中共第九次全国代表大会，被选为中央委员。在九届一中全会上被选为中共中央军委委员。

1969年12月18日，粟裕根据国防工业各机械工业部已分别由解放军各总部、各军兵种接管的情况，向周总理和军委办事组写报告提出：国防工业军管小组已无存在的必要，建议即行撤销。并表示交接工作基本完成后便回军事科学院。12月23日，周总理电话指示：同意国防工业军管小组结束，但粟裕仍留国务院业务组工作。

在"文化大革命"中，粟裕一直没有被打倒，一是他在1958年的军委扩大会议上受到批判，被撤掉了总参谋长职务，在有的人看来他已经是一只"死老虎"了；二是毛泽东说了：粟裕有战功；三是得力于德高望重的周恩来的保护。周总理调他、留他在国务院业务组工作，也是有意保护的一个措施。

三、"将来一旦打起仗来，我还要重上前线！"7000公里边境行。实地考察诺曼底登陆场。

1970年1月4日，国防工业军管小组宣告正式结束工作。此前周恩来总理特意找粟裕谈了一次话。周总理说："军管小组工作结束了，部队你也回不去了，留在我身边工作吧！你仍参加国务院业务组工作。"粟裕清楚地知道周总理把他留在身边是为了保护他。作为一名老兵，他怎么能放心得下军队和国防呢？便说："我打了一辈子仗，不会搞地方工作。"周总理说："不会搞，学嘛！"他向总理说："我请求总理替我向毛主席报告，将来一旦打起仗来，我还要重上前线！"周总理答应了他的请求，说："你可以经常到外地工厂去作点调查研究，对将来作战也有帮助。"粟裕表示赞同。

不久，周总理又对粟裕说："你关心国防，我给你创造个条件，去西北、华北边疆走走，一方面学习地方工作，一方面了解边防情况"，粟裕欣然受命。随后他将奉周总理指示，准备到外地工厂看看，"顺便也看看地形和学习部队战备经验"的打算，报告了中央军委领导，得到了同意。

4月5日粟裕从北京出发，先后到了甘肃、青海、宁夏、内蒙古、河北五个省、自治区。他先沿河西走廊到玉门、嘉峪关，由酒泉转向中蒙边境的额济纳旗、居延海，4月下旬到了青海的西宁、大通一带。5月初由兰州北上，经白银、靖远到宁夏的中宁、青铜峡、银川、石嘴山等地。5月中旬到了内蒙古吉兰泰盐湖、阿拉善左旗，又东返经银川到包头，北转至海流图，沿中蒙边境经白云鄂博、百灵庙到呼和浩特。再经集宁、化德、张北到张家口，5月23日返抵北京。历时近50天，行程7000公里。途中共调查视察了中央企业28个，地方小厂25个，农业生产大队2个。他以国务院业务组成员的身份，对坚持在生产建设第一线的工人、农民和工程技术人员表示了亲切的慰问。就这些地区和单位的生产、基建、资源综合利用、管理体制等方面的问题，进行了重点指导。

作为一位军事家，粟裕心中一直萦绕着"将来一旦打起仗来，还要重上前线"的想法，在他的心目中，此行的主要目的是对未来反侵略战争中可能发生战事的地域，进行一次实地调查勘察。他感到这是一次难得的机会。他从打仗的角度，对甘肃的河西走廊、居延海和宁夏、内蒙古境内的贺兰山、狼山、大青山及以北的戈壁滩、草原，内蒙古边境附近的海流图、固阳、白云、百灵庙、集宁、化德，河北的张北以及从张家口到北京等军事上有特殊意义的兵要地区，都进行了实地踏勘，看望了驻军和边防一线守备部队，获得了大量第一手战备资料。

考察中，他坚持乘坐吉普车，轻车简从，不要当地领导陪同。凡是与战备有关的，无论是狭小的地下民防工程，还是现代化的飞机洞库，是内地驻军还是边防站点，是民兵还是正规部队，他都亲自走到，实地察看战备的实际情况，找各级指挥员交谈，召开座谈会，了解部队的思想和存在的问题。有一次他要去一个离边境很近的边防点，这里地形北高南低，正处于对方的火力控制之下，兰州军区司令员皮定均几次劝阻他不要去。粟裕坚持要去看看地形，看望边防战士。边防干部和战士见到早已闻名的大将粟裕来到身边，深受感动。他们说："我们这个边远地方，从来没有这么大的首长来过！"

深入就能真正了解到指战员的心声。有人大胆地向粟裕反映对上面确定的防御方针和战争准备的怀疑，对未来作战的种种疑虑。粟裕知道他们的怀疑和疑虑是有道理的，视察中他进一步感到形而上学、唯心主义和极左思潮，已经在军事领域造成很大影响和破坏，不仅反映在军事思想领域，也祸及到国防建设、国防工程方面。他看到某区域的人造山工程，七座人造山摆在距前沿较近的地方，远离后方依托，守备方向也不对。他越看越感到忧虑，国家花了巨大的资金，广大指战员付出了艰辛的劳动，但这种人造山工程无论从战略还是战术的角度，以及摆置方法，都是错误的。而形成这些错误的思想往往来自上面。他认为形而上学、唯心主义对军队和国防建设危害之严重，应该引起中央高度重视。

返京后，粟裕给周总理并国务院业务组和军委办事组分别写了调查报告。

粟裕在给国务院的报告中说，他这次下去，开阔了眼界，增长了见识。他对调查中发现的问题，提出了许多建议：一是战备和建设的关系问题。西北和内蒙古地区个别的地方干部有等待打仗或打完仗再建的消极思想。他认为这些地区的工业建设如何搞，是个很重要的问题。二是基本建设摊子大、周期长，未能尽快形成生产能力。他认为必须彻底克服基本建设上存在的贪大的错误思想，应从主管部门到工厂集中力量打歼灭战完成基建任务。三是工业资源的综合利用问题。西北和内蒙古地区共生矿很多，其中有许多贵重金属和稀土元素，但现有厂矿大都是只提炼其中的某一种普通金属，其他金属和稀土元素，都随着废渣跑掉了。他建议此点应引起有关部门重视，科研工作要大踏步上去，以解决资源的综合利用问题。四是工业管理体制方面的问题。他建议无论是在各地的下放企业，还是不下放的企业，都要解决好中央和地方的关系，以利发挥中央和地方两个积极性。此外，他还就加速建设刘家峡水电站、提前筹建龙羊峡水电站和西北三省区（甘肃、青海、宁夏）及内蒙古的粮食过关等七个问题，作了专题报告，提出了建议。

粟裕最为忧虑乃至寝食不安的是调查中深深感受到的形而上学、唯心主义对边防和军队建设的深重危害。他觉得必须把自己的看法向中共中央报告，但是在极左思潮猖獗的情况下，这些看法又难以坦率地写在给军委的报告中。粟裕想到了周总理，决定单独给周恩来总理汇报，把自己的看法报告上去。有的同志提醒他说，某项边防工程是经毛主席批准的。粟裕说："作为一个老兵，对国家安危负有义不容辞的责任，看到问题不说，就是犯罪；不能因为主席批了就不如实反映情况。有的虽然是主席批的，但也要看当时对情况是怎样报告的。"不久，粟裕给周总理汇报工作，把亲眼看到感到的我军军事思想、国防建设受到形而上学、唯心主义和极左思潮严重破坏的许多事和指战员的心声，以及自己的看法、想法，作了坦率的陈述。周恩来当即表示："我同意你的观点。"粟裕的担忧稍稍得到了宽慰。

1970年6月17日至7月1日，粟裕率中国军事代表团访问刚果，返回时在巴黎作短暂停留。这是粟裕第一次到巴黎。我国驻法大使曾涛去看他，并问："你在这里想看点什么？"粟裕说："想去诺曼底看看。"他的回答大大出乎使馆人员的意料。巴黎是世界名城，第一次来巴黎的人，都要去参观市里的名胜古迹和世界著名的博物馆，而粟裕却选择了二次大战盟军登陆场——诺曼底。

次日一早，他在使馆人员陪同下，经过近 4 个小时的路程，到达诺曼底登陆地域阿洛芒什镇。从维湾至奥恩河口近 100 公里是登陆正面的中间偏西地段。向东看去，是一望无际的海滩，向南 50 公里，为登陆场纵深。从 1944 年 6 月 6 日开始，历时 49 天，盟军共在这里投入 4 个集团军，陆海空总兵力 280 万大军，1.3 万多架作战飞机；各类舰只 9000 余艘，作战坦克和各种运输车 17 万辆。粟裕非常重视这次登陆战役，他认为美英军队在诺曼底登陆，夺取并扩大登陆场，使之成为第二次世界大战中最大的一次登陆战役，它标志着欧洲第二战场的开辟，具有重大军事、政治意义，值得加以研究。

在参观过程中，粟裕提出了许多问题。有的问题陪同人员给他作了解答，有的问题陪同人员解答不了的就请纪念馆人员帮助解答，可是粟裕提的有些问题，纪念馆的人员也无法给他作出满意的答复。譬如粟裕十分重视登陆战役使用过的登陆工具和运输工具，以及在战役的最初几天，盟军在塞纳湾构筑人工港的情况。他仔细地询问，甚至刨根问底，比如，人工港为什么能够浮动？水泥墩的体积多大？大小是否都一样？又是怎样浮动的？又是如何固定的？等等。由于解说员也无法作出满意的答案，他便去实地考察。他们一行来到海边，硬是在滩头深处一步一个泥水脚印，足足走了二三里路，才找到了当年人工港的一些水泥墩残骸，一一丈量，仔细计算，这才解决了粟裕的问题。

这里就提出了一个问题，粟裕为什么对异域的战争遗迹要进行如此仔细的考察？这正是粟裕的一个重要特点。就是说他十分重视调查研究，不断从古今中外的战争经验中吸取有用的东西，通过不断的积累，着眼于变化了的情况，通过缜密的思索，得出对当前建军、作战、国防建设的新见解。这也就是粟裕从战争年代到新中国建立后直至晚年，所以能够在客观条件不断变化的情况下，研究探索出新的规律性认识，提出数十个有战略价值的军事报告的原因。

1970 年 8 月 23 日至 9 月 6 日，粟裕出席在庐山举行的中共九届二中全会。林彪、陈伯达制造"称天才"理论，一时迷惑了不少人。粟裕始终保持了冷静的头脑，不跟着他们"起哄"，在会上发言时批驳了他们的种种谬论。同组的同志在他的把握和影响下，也没有犯跟着"起哄"的错

1970 年 6 月至 7 月，粟裕率中国代表团访问刚果，返回时考察了法国诺曼底。图为在诺曼底。

■ 1970年前后，粟裕与长子戎生（右）、次子寒生（左）合影。

■ 1972年，粟裕（右二）与夫人楚青（右四）与长子戎生（左二）、次子寒生（右一）、女惠宁（左三）、长媳李曼俊（左一）合影，怀抱者为长孙志军。

粟裕与夫人楚青于南京。

误。大家对他政治上的坚定、敏锐深表敬佩。

四、整顿交通口。"为革命工作就要大胆好好干，要打倒，我们一起打倒！"

1971年3月，周恩来总理让粟裕再考虑一下他在国务院业务组的分工问题。1970年2月总理就提出过这个问题，粟裕当时说："我对哪个部的业务都是外行，最好给哪位同志当个助手，请总理指定"，并表示"一定尽自己力量，努力学习，给总理和其他同志当好参谋"。周总理说："那你就当个机动力量吧。"现在周总理再次提出这一问题，他不好再推辞了。经过考虑，他觉得自己分管的部门最好和现在的备战及未来指挥作战关系密切一些，于是他选择了包括原铁道、交通、邮电三个部在内的交通部，并向周总理作了报告。周总理同意他的想法，正式交代由他过问交通口的工作。后来国务院成立港口建设领导小组和造船统筹办公室，也由粟裕负责。

5月，粟裕在交通部办公楼内设立了办公室，正式开展工作。

他首先对交通系统各方面派出调查小组，并亲自去各地调查研究，以掌握交通系统的实际情况，进行切实有效的指导。5月31日，赴郑州铁路局调查铁路运输、安全情况的小组先行出发。7月30日又派出七个小组，分赴大连、秦皇岛、天津、青岛、上海、黄埔、湛江七个港口，调查研究那里的压船压货问题。此后不断派出调查研究小组，了解铁路、港口、内河等部门的生产建设情况，掌握了大量第一手材料。1971年8月6日，粟裕亲自率工作组到天津、秦皇岛、大连及东北等地，了解港口、铁路装卸、运输及建设情况，一路上听汇报，看现场，找人座谈，商量问题，终因劳累过度，9月中旬在大连发作心脏病。稍事休息以后，于9月21日返回北京。

1972年9月，山西存煤积压多达180多万吨，自燃面积扩大，情况严重。粟裕批示交通部采取有力措施扭转晋煤外运被动局面，9月4日至12日亲自到晋煤外运的关键路局地段石家庄、阳泉、太原、大同等地实地调查，现场处理问题，协调各方面关系。在粟裕指导下，至9月下旬运出存煤近40万吨，10月份将全部积压存煤运出。

粟裕在深入第一线解决晋煤外运的同时，还从战备的角度，察看了山西的地形，并特意去了忻县、原平、雁门关一带勘察国防工事，看望部队。

由于全国动乱的破坏，交通系统生产秩序严重混乱，铁路运输不畅，港口压船压货，水陆交通处处告急！特别是极左思潮泛滥，谁抓生产谁有罪，许多干部眼看着生产受破坏、国家受损失，而不敢说，更不敢管，怕被扣上"不突出政治"、"单纯技术观点"、"穿新鞋走老路"等帽子，受批挨整。粟裕目睹这种状况，心急如焚。他召开会议大声疾呼，个别谈话耐心细致地做各级领导干部的思想工作，鼓励交通系统的干部："不要怕，为革命工作就要大胆好好干！要打倒，我们一起打倒！"在他的激励和带领下，许多干部解除了顾虑，积极参加交通运输的疏通工作。

为了维护国家的经济命脉，粟裕甘担风险，毅然对交通系统进行整顿。

第一，恢复和建立必要的规章制度，并要求严格贯彻执行。1971年6月和7月，粟裕先后召开了运输安全工作会议和交通运输会议，亲自到会讲话。针对江青一伙制造的规章制度是对工人"管、卡、压"的谬论，他正气凛然地指出："技术业务上的合理规章制度，不能说成是'管、卡、压'，合理的还是要执行，没有制度不行！何况交通运输是现代化的设备，没有规章制度怎么行？"他特别强调指出："交通部门是准军事部门，除了不带枪炮，别的和解放军是一样的。要学解放军有组织、有纪律、有规章制度。"他严厉批评了干部、工人中存在的"不敢管、不会管和不听管"现象。干部、群众从内心拥护粟裕抓的整顿，铁路、交通部门先后发了"紧急通知"，召开各种会议，发动群众讨论，很快恢复了必要的规章制度，保证交通运输的基本畅通和安全。

第二，积极购买远洋船只，发展远洋船队。新中国成立初期，远洋运力不足。20世纪70年代初，国际市场船价下跌，粟裕经过调查研究，积极主张用贷款买进一批远洋船，发展我国远洋船队，重新组建远洋公司，并提出了具体建议。此时江青等人正在竭力批判"洋奴哲学"，批判"造船不如租船，租船不如买船"的观点。粟裕提出这样的建议，无疑是顶风而上，其风险是可想而知的。他在交通部的干部会议上说："这是买来时间和速度，只要我们高质量地把国家建设好，就能立于不败之地。"一些领导人有顾虑，他积极做他们的思想工作。最后，报请国务院同意，买进了一批廉价远洋船只，很快建立起了远洋运输公司，这对增加我国远洋运力，加速发展远洋船队，起了积极作用。到1972年底，我国远洋船队拥有184艘214万吨的运力。

第三，整顿工资待遇，调动交通系统工人生产积极性。铁路机车乘务人员和调车人员工作强度大，责任重，可是在"平均主义"思想影响下，他们的工资和别的工种差不多，这部分人员工作积极性不高。1971年底进行工资调整，粟裕大胆触及这个极其敏感的问题。12月30日他报请国务院批准，对上述人员的工资调整，比照井下工人工资调整办法，放宽一级，使交通部系统工资调整的面由22.44%上升到23.92%，受到了工人、干部的欢迎。解决港口压船压货，他也从工人工资待遇制度上想办法。他批准给远洋船员增加生活补贴，重新确定船员出国费用，建立船员制服发放制度。广州黄埔港率先试行计件工资制，大大提高了工人的劳动生产积极性。"文化大革命"中，计件工资制是被作为"物质刺激"和"资本主义工资制度"批判的，粟裕支持黄埔港把这个制度试行下去，明显改善了港口压船压货状况。

第四，逐步恢复"文革"前的业务范围和行政体制。由于"文化大革命"和极左思潮，行政体制被搅得混乱不堪，许多正常的业务也被扣上各种各样的帽子停止了。1971年6月初，粟裕听取邮政总局汇报，明确指示："要恢复邮票出口和集邮业务"，并指出："邮票要印一些供国外集邮者需要的票面。"根据粟裕的意见，中国邮票出口公司（即中国邮票总公司的前身）于1972年7月1日正式成立，恢复了邮票出口和集邮业务。邮电部门与交通系统其他部门业务关系并不密切，强合在一起反而削弱了领导。他极力支持邮电部门从交通部划出去独立成部。粟裕亲自做工作，经过半年多与各方面协商，国务院于1973年3月作出决定于当年6月1日正式宣布恢复邮电部。

五、动乱中争来的水运工业"黄金时代"和港口建设高潮。

粟裕一心扑在交通系统的一系列整顿中，工作越深入他越发现交通部内部的怪现象：铁路运输十分紧张，而水上运输却很不活跃。一个浅显的道理谁都知道，铁路建设耗资巨大，且耗费时日，而水道运输只要有船有港口就行，建设起来比较方便，还可以大中小并举。如果把船和港口两方面的问题解决了，水运就能比较快地上去。

长期以来，交通部的水运工业在造船和修船之间反复摇摆，方针不定，5万多名职工，近5万台机床，未能充分发挥作用，以致发展缓慢。修船能力只能满足需要的60%左右，远洋船80%要到香港或国外去修。国家为此每年要花去大量外汇。而国内修船费用低廉，仅相当于国外的一半。粟裕认为这个问题应该尽快解决。1972年11月5日他向周总理和国务院就交通部水运工业的发展提出建议报告。报告说：水运工业是发展水路运输的物质基础，为适应水运发展多方面的需要，交通部水运工业应以"修造并举，以修为主，造船以造中小船为主，从小到大"为方针，加强配套能力，修建一批大船坞，加强水运工业内部及水（运）工（业）和铁（路）工（业）的相互协作支援。在今后三五年内把水运工业较快地搞上去，为"五五"计划期间的进一步发展打下基础。他的建议很快得到了国务院的同意，并落实到国家计委和交通部具体执行。1972年12月至1973年1月，交通部专门召开水运工业会议，研究落实国务院批准的粟裕建议。粟裕到会讲话，重申水运工业发展的方针，着重指出要处理好发展水运工业的几个关系，如"土和洋"的关系，要"土洋并举，从土到洋"；"总装和配套配件"的关系，要"狠抓配件配套"的生产；"扩建改建和新建"项目的关系，要"充分利用原有老厂，对老厂进行扩建、改建、技术改造，同时进行必要的新建"；中央直属船厂和地方船厂的关系，要发挥中央和地方两个积极性；等等。发展水运工业需要加强技术力量，粟裕指示将在湖北阳新干校劳动的原交通部水运规划设计院的工程技术人员调回北京，恢复工作。

粟裕关于发展水运工业的思想和具体措施，受到交通系统广大干部、技术人员和工人的支持，从动乱中走出一条道来，完成基建投资10亿多元，新建10个3000吨级以上的船坞，扩建、新建修造船厂14个。

粟裕的建议和工作成效，引起了国务院领导的注意。1973年2月27日，周总理又交给粟裕一项新任务，要他抓一抓国家各系统和军队的造船统筹工作。粟裕随即对交通部、六机部、海军、农林部等单位的造船工业情况进行了广泛的调查研究，和有关部门领导反复协商。在摸清船舶工业基本情况的基础上，他从6月到9月，向周总理和国务院业务组提出了一系列报告和建议。粟裕首先提出了发展船舶工业的方针，认为船舶工业应当执行军民结合、修造并举、统筹兼顾、发挥两个（中央和地方）积极性的方针。处理好军用和民用、修理和制造、中央和地方、生产部门和使用部门等各方面的关系。这其中，粟裕提出了许多新的设想和建议，如：他提出六机部是国家主要造船部门，为利于军民结合、以民养军，六机部应在完成军品任务的同时，积极安排民用船舶的修造任务，增加民用船舶的比例；他提出为了抢时间，必须充分利用现有老厂和依托工业基础较强的地区，就是说有些项目要放到沿海，而不是放在三线地区；他提出必须打破行业界限，分工协作，改进计划和组织工作；他提出为了争取时间，不仅要进口船用主机，还应引进主机专利；他提出对部分舰船实行"三定"，即定型、定点、定批量，并实行船舶标准化等。粟裕的这些建议，都是从国家实际情况出发，但有的与当时国家的某些方针、提法不相符合。他便与国务院和国家计委领导反复协商，终于落实了这些建议。

造船方针确定之后，粟裕紧接着提出了1974、1975两年造船统筹的船型和数量以及1980年以前的造船统筹的设想。并建议成立造船统筹小组和造船统筹办公室。他的设想和建议很快得到了批准。国务院决定，在国务院领导下成立由国家计委、六机部、交通部、农林部、海军及第一、第四、第五机械工业部有关领导组成的造船统筹小组，下设办公室，作为造船统筹的具体办事机构。由粟裕负责领导造船统筹小组的工作。在粟裕的努力下，造船统筹工作立即启动。我国造船工业不仅充分发挥了各系统的潜力，而且走上了规范化大批量生产的轨道。在当时的历史条件下，水运部门的人称那段时间为"水运工业的黄金时代"。

沿海港口压船压货情况严重，要害是什么？出路在哪里？粟裕在抓水运工业的同时，又对这个问题进行了研究，发现主要原因是港口深水泊位不足。沿海15个主要港口，只有92个万吨级泊位，而外轮平均在港艘数，1971年为67艘，1972年为103艘，1973年1月上半月即达到171艘，加上国内远洋船只和沿海大型船舶也需要在这些港口装卸，港口已到了无法承受的程度。除此以外，航道淤浅、港口基本设施不足，与港口衔接的铁路不适应，也影响了港口的效益。船上的货不能及时卸下来、运出去，自然就要压船压货了。

弄清了情况，也就有了解决问题的办法。1973年1月26日，粟裕向国务院提出建议，为满足"四五"计划后三年到"五五"计划初期经济发展的需要，在沿海八个主要港口（上海、天津、秦皇岛、连云港、青岛、黄埔、湛江、大连）增建四十几个深水泊位，增建必要的仓库、货场、铁路专用线。为完成上述任务，他建议国务院有关部和省市组成港口建设领导小组，下设精干的办事机构，统筹规划，全面安排，分工负责，密切合作。

2月27日，全国计划会议领导小组向周恩来总理汇报工作。周总理深感港口问题的严重，提出"三年改变港口面貌"。这时粟裕马上向总理汇报说，我们已作了一个三年增建四十几个深水泊位的具体规划。周总理听了很高兴，立即要粟裕把报告送给他看。粟裕连夜将详尽的资料和完整的方案，呈送给了周总理。紧接着总理指定粟裕负责抓港口建设，要他到沿海每个港口去看一看。

2月28日，国务院港口建设领导小组成立，粟裕任领导小组组长。粟裕建议谷牧任副组长，外贸部、交通部、物资部、六机部和海军派人参加，办公地点设在国家建委。国务院副总理李先念说："港口工作要有个秦始皇。"意思是说港口建设必须有一个权威领导。粟裕和港口建设领导小组实际上就是这一时期的权威的领导机构。不久港建领导小组提出并经国务院批准，决定"四五"计划后三年安排建设50个左右深水泊位，其中建成投产40个左右。

3月9日，粟裕邀集参加全国计划会议的八个沿海省市的负责同志开会，传达周总理关于"三年改变港口面貌"的指示，初步确定了各省市的任务。粟裕认为，大规模港口建设必须加强领导，他建议有关省市的领导同志亲自挂帅，成立港口建设指挥部或领导小组，领导和统筹各方面力量，保证建港任务的按时完成。

1973年6月6日至7月3日，粟裕率国务院港口建设领导小组办公室和交通部有关同志，赴沿海港口检查各地落实港口建设任务的情况，先后到了湛江、黄埔、杭州、镇海、上海、乍浦、江阴、无锡、南京、连云港等地。历时近两个月。他返京后向周总理和国务院写报告，着重汇报各地落实"三年改变港口面貌"指示的情况，同时对南方港口的布局等提出了建议。他认为"港口布局要大中小结合、军民结合、远近结合"。从南方几个港口的布局看,他提出"今后在建设黄埔、上海港的同时,应进一步发展利用湛江、连云港、镇海港,并在长江下游选择适当港口进行扩建,进一步发展江海联运"。他的这些思想和建议为后来建港时采纳和运用。

9月27日至10月17日,粟裕主持召开了全国港口建设工作会议。会议开幕当天他就作了一个系统报告,详细阐述加强港口建设的任务和重要意义,分析三年改变港口面貌的可能性,并提出了港口建设中的方针政策性问题。与会同志围绕粟裕报告深入讨论,一致拥护这个报告,同意报告中提出的"新建深水泊位51个,三年内建成投产40个"的港建任务及一系列方针政策。会议起到了明确任务、统一思想、沟通情况、交流经验、鼓舞干劲的作用。

12月6日,国家计委、建委、国务院港口建设领导小组联合发文,指示有关省、直辖市、自治区革委会、港建领导小组、建港指挥部及国务院有关部:"粟裕同志在港口建设会议上的讲话和会议上的各项部署业经国务院审查同意,不另行文,请即研究执行。"

这次会议以后,全国沿海各省、直辖市、自治区立即掀起了港口建设的高潮,按期完成了任务。

粟裕在70年代初对水运事业倾注的心血和做出的成就,在尔后中国的改革开放中发挥出了巨大的潜力和作用。

六、身在地方工作,心系国家安危,两次上书中共中央, 提出现代条件下卫国建军方略。

1972年11月,粟裕被任命为军事科学院第一政委、党委第一书记。到国务院业务组工作以来,粟裕对军事科学院的领导,一般只过问重大原则性事情。担任第一政委、第一书记之后,他仍然和过去一样,军事科学院日常工作交由军事科学院其他领导同志负责,他的主要时间和精力仍放在国务院业务组。

多年来,他身在地方工作,但一直未放松对国防和军队建设的关注。粟裕对"文革"中盛行于军事领域里的唯心主义、形而上学深恶痛绝。林彪等人对未来反侵略战争的特点不作深入研究,只强调对敌人总体上、战略上的藐视,视而不见国外高新科技发展的真实情况,不实事求是地研究对付的措施,似乎抽象地高喊人民战争的口号就解决一切问题,就会战胜一切敌人。粟裕对此深为忧虑。未来战争一旦爆发,这仗该怎样打?粟裕的脑海里不时地思考着这个重大问题,他以实事求是的科学态度作调查研究,形成了自己的许多观点和看法。林彪自我爆炸后,他急切地想把自己对未来反侵略战争的一些想法和建议向党中央和中央军委报告。1972年初,他找了几位同志,先后几次向他们谈自己的观点和看法,请他们帮助整理成文。粟裕的不少观点与党内军内占主导地位的观点明显相左,报告拖了一年尚未最后形成。粟裕决定自己动手。1973年2月2日,也就是农历的除夕,粟裕到了天津,一方面看望在港口和船厂坚持生产的工人、干部,和他们共

1971年粟裕（右一）与叶剑英（左一）在中共军事科学院第一次党员代表大会主席台上。

度春节；一方面利用春节休假机会，完成向中共中央和中央军委的报告。古老的中华民族历来看重春节。室外爆竹声声，千家万户都在互相拜年，祝贺新春。粟裕住地一片宁静。然而局外人并不知道，宁静中也蕴涵着几分紧张。粟裕在口述，夫人楚青在记录，起草给党中央、中央军委的报告。楚青记着记着，手中的笔不知不觉停下来了。几十年相濡以沫的共同战斗和生活，楚青深深了解粟裕，也深知他的一些观点、看法是正确的。但这样直率地提出来会不会招致不测，不免心情紧张，便对粟裕说："你这是何苦呢，难道你为直言而吃的苦头还不够么！"粟裕严肃而又激动地说："战争是要死人的！我是一个革命几十年、打了一辈子仗的老兵，如果面对新的形势看不出问题，或者不敢把看出来的问题讲出来，一旦打起仗来，就会多死多少人，多付多少代价。而我们这些老兵就会成为历史的罪人。"楚青知道，粟裕认定的真理以及对真理的追求，是谁也无法阻拦的。她再没有提出不同意见，重新拿起笔来记录，帮他把报告整理完成。

粟裕一行于1973年2月15日返京，22日即向毛泽东、周恩来、叶剑英报送了关于未来反侵略战争中作战指导思想等方面的建议报告。

报告首先对未来反侵略战争作战的方向问题，根据他多年的调查思考，提出了自己的看法，然后就作战指导思想方面存在的问题，有针对性地提出了意见，主要有：

——针对林彪提的作战方针等问题，提出战争初期在战略布局上，"第一线兵力不要摆得太多，更不要分兵把口"。

——针对较普遍存在的不敢讲阵地战，怕被扣上"消极防御"帽子的问题，提出"某些城市和要点必须坚决固守，有的要死守"。

——针对忽视平原作战，提出"今后主要作战地域在平原和交通要道"。

——针对"乌龟壳不可怕"的片面宣传，提出"要把打坦克集群摆在对地面敌人作战的首要位置"。

——针对对现代化战争中如何打运动战、歼灭战及应具备的条件缺乏实事求是研究的倾向，指出打大的运动战，一定"要力争夺取局部制空权"。

这是林彪自我爆炸后，粟裕向中共中央和中央军委写的第一个军事报告。

这个报告标志着粟裕对现代战争的研究探索，由此进入了一个新的阶段，其研究重点为当时历史条件下我军的战略方针、作战指导思想和作战方法等。

由于全国"左"的错误还在继续，粟裕的正确意见不可能引起重视和积极反应。但是，出于对国家安全的高度责任，粟裕对如何打好未来反侵略战争的探索和研究并未因此而停止。又经过一年多的思考，粟裕于1974年12月25日上送了他的第二个军事报告。

这个报告在上一个报告的基础上，从打常规战争出发，对一些问题作了更深入的探讨，对一些方面提出了更加肯定的建议。如关于集中兵力打歼灭战的问题，指出在兵力部署的认识上存在的问题。认为这些问题反映了"某些部队打歼灭战的思想不浓"和"某种程度的军事保守思想"。又如在论述加速发展空军的问题时，强调了空军在现代战争中的作用，指出："如果我们连局部制空权也不能掌握，要在平原地区打大规模的歼灭战，将是非常困难的。"他认为"从目前我国国民经济基础和技术水平来看，加速发展航空工业、改善空军装备的条件已经成熟"。为了适应国民经济发展的需要和从现代战争作战出发，粟裕还在这个报告中提出减少兵员、合理区分部队任务和适应战时需要的编制等意见。中共中央收到这个报告后，于1975年1月5日以12号文印发在京政治局同志。

1974年10月粟裕去海南岛休息。他利用这个机会考察了海南岛的防务，回到广州与广州军区领导交换了意见。1975年1月26日粟裕向军委叶剑英、邓小平副主席上报了关于海南防务的报告，对海南的防御思想和方针、兵力部署、后方建设等提出了意见。同年2月5日，广州军区根据军委和粟裕对海南战备建设的建议向中央军委上报了《关于加强海南岛设防的勘察情况报告》，对海南岛的设防部署、海军建设、后勤建设等作了调整，加强了海南的防务。

七、与"四人帮"最后一搏——再任军委常委后的特殊任务。

1975年1月初，正在广州的粟裕接到李先念副总理从北京打来的电话，要他回京参加第四届全国人民代表大会第一次会议。粟裕1月5日由广州动身返回北京，1月13日至17日出席全国人大会议，任解放军代表团团长。会议期间，粟裕邀请中央军委副主席叶剑英、邓小平来代表团接见全体代表，给军队代表作指示，同时高度警惕"四人帮"插手军队代表团。果然，江青让她的办公室工作人员向军队代表团工作人员示意：江青要见见军队代表。粟裕得到报告，未予置理。

江青不甘心，便自己闯到军队代表团驻地，见了粟裕和军队代表团几位领导。粟裕只好虚以应付。那时代表都分散在各自房间里看文件。代表团个别领导慑于江青的"威势"，当着江青的面几次提醒粟裕召集代表团全体成员，"请"江青作"指示"。粟裕装着没有听见，不加理睬。江青显然被冷落在一旁，气愤而去。事后，粟裕召集全家人，平静地讲述了事情的经过，让全家对江青一伙可能进行的政治迫害作充分的思想准备。

这次大会后，国务院业务组的工作结束，粟裕回到军事科学院工作。这以后他的主要精力放在了对未来反侵略战争的研究方面。

1975年2月5日，中共中央决定成立中共中央军事委员会常务委员会，粟裕被任命为中央军委常务委员会委员，从此开始了长达八年的军委常委工作。

这时正是邓小平提出军队要整顿的重要时刻，也是十年动乱中难得的一段调整、发展阶段。军委领导十分繁忙，粟裕全力投入了军委常委的工作。

1975年4月17日至6月14日，粟裕受叶剑英、邓小平两位副主席之托，以近两个月的时间，对华东地区部队进行了调查，先后到了十二军、六十军和安徽、江苏两个省军区，共跑了20多个县市。同军、师、团、营、连各级干部广泛座谈，对4个连队和2个县人民武装部作了专题调查，并同沿途地市县级干部座谈。他这次外出的公开任务是对南京军区几个单位作调查，实际上是实地观察、了解"四人帮"插手部队的动向，同时相机对一些老同志打招呼。

4月23日，粟裕在合肥考察。这时，"四人帮"乘周恩来总理病重，以国务院名义下发文件，要各地建立"民兵指挥部"，搞第二武装。针对这种情况，粟裕利用安徽省委召开地委书记会议的机会，召开了一次座谈会。粟裕在座谈会上讲话说："50年代我当总参谋长的时候，亲耳听到毛主席说过，鉴于苏联贝利亚事件的教训，一个国家不能有两个军队系统。现在既有人民武装部，又搞'民兵指挥部'，值得研究"。他说这番话，目的是向出席会议的同志们打招呼，让一些同志心里有个底，提高对"四人帮"搞阴谋的警惕性。粟裕以后到江苏，也同好几位地市委书记说到这一点。

华东地区不少军队和地方的负责同志，曾是粟裕的老部下。调查期间，粟裕同他们个别交谈，抓住时机做工作，给他们打招呼，提醒他们"对上海那几个人要注意！"粉碎"四人帮"后，许多人回忆说：在那是非混淆的日子里，粟裕同志语重心长的嘱咐，使我们看清了方向！

6月初，粟裕抵达上海。他不顾风险，在夫人楚青陪伴下，悄悄地去看望刚刚解除"监护"、处境还十分艰难的陈丕显夫妇。"文化大革命"前任上海市委第一书记的陈丕显，战争年代曾与粟裕并肩战斗，感情深厚。陈丕显夫妇见到粟裕深深感动了。他们向粟裕诉说"十年动乱"中遭受的迫害。粟裕向他们讲述"四人帮"倒行逆施的种种罪恶，愤怒地说："这伙人是可恶的政治流氓，是地地道道的蜕化变质分子！"

从5月11日至6月23日，粟裕将外出调查、了解的情况，先后向中央军委写了四个报告,即《对南京军区几个单位的调查报告》、《调整加强人武部门干部队伍的几点意见》、《对连队建设中几个问题的调查》和《对当前部队学习运动情况的调查》。考虑到当时王洪文、张春桥已窃取了军队要职,这些报告也要送给他们看,所以字斟句酌,在可能的条件下反映了部队存在的一些问题。

返回北京后,粟裕单独向军委副主席叶剑英、邓小平作了口头汇报,主要讲"四人帮"的问题,涉及的内容是:(1)"四人帮"插手部队,搞"第二武装",在安徽、江苏、山东等省搞"飞地",要警惕他们搞"东南武装割据"。(2)"四人帮"虽然力图插手部队,但团以下战斗部队是稳定的,他们的手插不进去。然而部队也有少数投机分子跟"四人帮"很紧,还有一些糊涂人,以为"四人帮"代表正确路线,盲目信从。(3)有些领导干部脑子不清醒,热衷拉山头、搞派性,压一派、亲一派,这样搞得不好会把一些人压到"四人帮"方面去,不自觉地成为他们的"间接同盟军"。叶、邓两位副主席仔细听着,从粟裕的汇报中了解到了下面的真实情况。当粟裕谈到"团以下战斗部队是稳定的,他们的手插不进去"时,邓副主席连声说:"这就很好,这就很好!"军委两位领导都认为粟裕汇报的内容很重要,完全同意粟裕对问题的看法。当年夏季军委召开扩大会议,叶、邓两位副主席的讲话都吸收和采纳了粟裕调查所得的一些材料和观点。

军委扩大会议后,经党中央、毛泽东批准,成立了以叶剑英、聂荣臻、粟裕、陈锡联等组成的领导小组,对各大单位的领导班子进行调整。从8月到年底,先后调整了各总部、各军兵种、各大军区、北京卫戍区、国防科委等二十几个单位的领导班子。调整中,粟裕完全支持叶剑英的意见,建立精干的、敢字当头的、强有力的领导班子,形成坚强的领导核心,特别注重干部在同林彪集团斗争中的表现和对"四人帮"的态度。政治上不强的,坚决不予重用。对犯了错误又能改正的人,本着党的干部政策予以安排适当工作。粟裕建议领导班子调整时要保留熟悉业务、领导能力比较强、身体比较健康的二、三把手,同时注意选调较强的领导干部充实政治工作干部队伍。他的这些建议均为领导小组采纳,在调整工作中贯彻实施。在此同时,领导小组对北京市及其附近战略要地的部队部署也进行了调整。这些措施对于稳定全国局势,特别是为后来粉碎"四人帮",奠定了牢靠的组织基础。

粟裕对林彪、江青反革命集团打倒大批干部的做法深恶痛绝。十年中他为几十位同志出具过证明,推倒污蔑之词,还他们政治上的清白,多次上书提出解放干部的建议。动乱初期,他不怕牵连自己,为解救干部奔波。通过向周总理报告,保护了一批干部,为被迫害致死的干部申了冤。一天夜里,张震的孩子带着张震的血衣来京找粟裕,诉说张震已被绑架。粟裕听后非常着急,半夜即给周恩来总理打电话。周恩来气愤地说:"他们这么搞不对嘛,我打电话给他们!"在周总理的干预下,"造反派"释放了张震。粟裕听到陶勇被害的消息,极度震惊、悲愤,当即向周恩来陈述陶勇的冤情,认为陶勇绝不会自杀。"造反派"一次次找粟裕调查陶勇的情况,粟裕写的材料都是说陶勇对敌斗争坚决,政治上清白。粟裕还多次督促海军领导给陶勇平反。一些干部无端被关押、挨整。他一方面安慰、保护他们的家属子女，一方面设法营救，或以确凿事实据理力争，证明他们是好人；或者以他们身体不好需要治疗和以工作需要为由，要求解除关押、监护。在他的奔走努力下，一批党的好干部免遭残害。仅"文革"后期，他就为章蕴（原全国妇联负责人）、崔义田（原国家卫生部长）、彭德清（原交通部长）、何凤山（原内蒙古建设兵团司令员）等十几位曾担负重要职务的干部，向中央有关领导和军队有关部门写信，使他们得到了重新工作的机会。一位长期在北京卫戍区工作的老同志说："十年动乱"中，我们看到粟裕同志的一些报告，都是要求解放干部的，没有见到一件是由他建议抓人的。在林彪和"四人帮"横行的日子里，有的受难的老同志托粟裕转信，粟裕处理的原则是，凡是送周总理的他都转上去，若是托他向林彪、"四人帮"集团转呈申诉的，他都一律回绝，因此也使一些同志失望。但在当时情况下，他不能直言，只能默默承受一些人的误解。

1975年10月中旬，粟裕突患心包炎、胸膜炎、肺炎，用他自己的话说叫"三箭齐发"。11月，"四人帮"开始了"反击右倾翻案风"，次年1月，周恩来总理去世。对形势的极度忧虑和悲愤，使粟裕心情沉重，心脏病频繁发作。

不久，毛泽东病重，"四人帮"加紧了篡党夺权的步伐。粟裕机警地注视着形势动向，和叶剑英保持着密切联系。叶剑英对粟裕说，现在要把嘴巴闭得紧紧的，眼睛、耳朵张得大大的，多听多了解各方面情况。叶剑英又交代粟裕，要加强戒备，注意掌握部队和各方面的动向，防止发生意外事件。粟裕根据叶剑英的指示，密切关注各方面的动向，发现情况及时向叶剑英汇报，并在军事科学院内加强了对叶剑英住地的警戒。

1976年9月9日，毛泽东主席逝世，粟裕彻夜难眠，担心"四人帮"篡夺党和国家的最高领导权。悼念毛泽东的活动刚结束，叶剑英就找粟裕去他那里，让粟裕摸一下北京周围某部队的情况。粟裕知道解决"四人帮"的时机已经到来，心里无比高兴。他亲自了解这个部队的情况，及时报告叶剑英。1976年10月6日，叶剑英等老一辈革命家英明运筹，一举解决了"四人帮"问题，神州一片欢腾。粟裕兴奋不已，一扫压在心头的阴霾。

粟裕在十年动乱中，始终保持了清醒的头脑。无论是在军队还是到地方工作，都以党和国家、军队、人民的最高利益为重，不顾个人安危，不怕再次被打倒，勇敢地做了许多共产党员应该做的事。显示了他的大将风度和唯物主义者的高贵品质。

第二十六章 鞠躬尽瘁

一、全身心地投入拨乱反正的斗争。叶剑英说："你这第一政委这一关把得好！"力主开展军事外交。

粉碎"四人帮"的胜利，结束了长达十年的"文化大革命"。国家从此有了长治久安的希望，粟裕的心情顿时好了起来，身体也逐渐康复。他全身心地投入了拨乱反正的斗争。

从1976年冬起，粟裕参加了中共中央、中央军委召开的一系列重要会议。中央通过这些会议，统一高级干部思想，稳定全国的局势，揭批"四人帮"反革命罪行，安排政治、经济、军事等方面工作。粟裕在会上积极发言，为加强党中央的领导、落实党的政策献策。他提出了加强中央政治局和中央领导的具体建议，尖锐批评个别在"四人帮"问题上"欠了账"的政治局委员。受"四人帮"迫害的大批干部亟待解放，平反和落实政策的工作量很大。粟裕认为必须坚持实事求是、对党对干部负责的原则，尽快做好这项工作。他在中共第十一次代表大会上发言指出："毛主席多次指示要落实党的政策，'四人帮'及其余党横加破坏、阻挠，使不少同志长期不能解放，没有结论。现在'四人帮'打倒了，他们的反革命帮派体系正在被砸烂，对他们残酷迫害革命干部、群众的严重罪行，必须彻底清算，对极少数进行阶级报复、犯下严重罪行的凶犯，应予严肃处理，以致必要的制裁。对'四人帮'

粉碎"四人帮"之后的粟裕

强加于人的一切诬蔑不实之词，应予推倒。对因受'四人帮'、林彪诬陷、折磨而牺牲的革命干部，一定要昭雪，妥善安置其遗属。对处理错了的要重新处理。对长期没有解放和未作出结论的，要按照政策，尽快妥善解决。"他多次指示军事科学院迅速查清干部受林彪、"四人帮"迫害的情况，进行公开平反。1978年12月，军事科学院在基本查明情况的基础上召开了全院平反落实政策大会，粟裕亲自到会讲话，代表院党委为二十多位在"文化大革命"中受迫害、诬陷的同志平反，向他们的家属子女表示亲切慰问，并认真总结了院党委应该记取的教训。

在清查林彪、"四人帮"余党的工作中，粟裕始终把握对于人的处理取慎重态度，既不含糊敷衍，又不损害同志的原则，实事求是地分清大是大非与干部犯错误的界限。军事科学院有一位领导，"文化大革命"中曾在某单位任司令员，粉碎"四人帮"后，该单位揭发了这位同志的一些问题。粟裕亲自找他谈话。这位同志对粟裕说：我在原单位工作时有许多缺点甚至错误，但与林彪、"四人帮"的反革命阴谋没有任何牵连。粟裕认真分析揭发材料，又听了他本人的申诉，认为这位领导的话是可信的。粟裕主持党委会议研究。大家同意粟裕的看法，认为这位同志的检讨和说明是符合实际的，同时认为他到军科院工作后的政治、思想和工作表现是好的，并以党委名义将以上意见上报中央军委和总政治部。后来原单位又揭发这位领导的秘书"参与转移、匿藏机密文件"的问题，因而又牵涉到了这位同志。在军事科学院党委会议上有人说："这次恐怕不能再保他了。"有人提出要定他为"林彪集团分子"。粟裕严肃地说：作为一级党委对一个同志要负责，不能轻易作结论。即便有"转移、藏匿机密文件"，也是秘书藏的，不是他藏的。根据他的一贯表现还是应该保他。接着粟裕参加军委常委会议，在会上他阐述了这些意见。反对他意见的人气得拍了桌子。他仍然坚持自己的观点，据理力争，终于没有定这位同志为"反党集团分子"。会后有人说：粟裕真是老实人，为一个人费那么大劲，还惹别人生那么大的气！这件事反映出粟裕对干部负责的精神和坚韧的性格。后来查清，"转移、藏匿机密文件"的事，与他的秘书无关。

1980年6月，浙江省军区副司令员、三年游击战争期间坚持浙南斗争的老战士刘亨云给粟裕来信，对刘英写的《北上抗日与坚持浙闽边三年斗争的回忆》一文中违背事实的记述提出意见。刘英的"回忆"讲道，在斗争最艰苦的时候，"刘亨云将枪支埋起来，自己给土豪做儿子"。刘亨云要求对他的这段历史"重新审查，并正式结论"。刘英的这篇文章，粟裕过去并未看过，但听到当年在浙南坚持游击战争的一些老同志说过对这篇文章有些意见。接到刘亨云来信后，便找来看了一下，发现该文不仅对刘亨云的历史情况作了错误的记述，而且所说的一些重要情节与当时实际情况不符，有一些重要观点粟裕也不能同意，而且违反实事求是原则点了好多人的名。文章的题目虽似个人回忆录，内容却是对那一地区党的工作和斗争作总结性的阐述。粟裕本着对同志、对历史、对党负责的态度，于1980年12月28日分别给总政治部并中央宣传部、中央党史研究室、党史资料征集委员会写了信，并将刘亨云的来信，转给了总政治部处理。

粟裕的信中说：

> 这篇文章我过去没有看过，但曾听到过当年在浙南坚持游击战争的一些老同志说过对这一篇文章有些意见。前些时候我找来看了一下，我认为其中一些重要情节与当时实际情况不符，有一些重要观点也不能同意，而且里面违反实事求是地点了好多人的名。这篇文章的题目虽似个人回忆录，其内容却是对那一地区党的工作和斗争作总结的阐述。刘英同志写这篇文章时没有同当时的主要负责同志交谈过，事后也没有送给我们看过，因而只能代表他的个人意见。为免研究党史的同志把这篇文章作为组织文件来对待，我要求将我的这封信列入有关档案。

总政治部接到粟裕的信后，对刘亨云的这段历史，立即作了调查、了解，没有发现刘英回忆文章所说的"把枪支埋起来，自己给土豪做儿子"的事。南京军区对此已做过审查结论。总政治部于1981年2月13日让南京军区干部部转告刘亨云："放下包袱，安心工作。"

1980年有人在报纸上发表回忆文章，在没有确凿证据和组织结论的情况下，把被敌人杀害的红军北上抗日先遣队负责人刘畴西称为"叛徒"。粟裕看到后非常生气。刘畴西已经牺牲四十多年了，他在北上抗日先遣队领导工作中有错误，但这与"叛徒"有着原则的区别，混淆不得，绝不能认为他已经牺牲而对他的政治生命采取不负责任的错误态度。这时，粟裕又接到刘畴西亲属来信反映生活困难。粟裕便于12月28日给中共中央组织部和宣传部写信，郑重提出："这个问题，涉及已被敌人杀害的党的高级干部的政治声誉，还影响到他们的后代。我认为，在涉及任何一个同志是否有过叛变这样大的问题上，应取十分慎重的态度，特别是鉴于十年浩劫中的沉痛教训，更应慎之又慎。在没有确凿的、充分的证据并经相应的组织作出正式结论之前，在个人回忆录中不应轻易地下断语，更不能公开发表，以免造成不良后果。""对刘畴西同志，如组织上没有掌握确凿证据材料，仍应以烈士对待。"随信还给中央组织部转去了刘畴西亲属给粟裕的信。

粟裕的这封信引起了中央有关部门重视。中共中央宣传部主办的《宣传动态》1981年第9期（3月2日出版）专门发表了一篇题为《报刊文章涉及个人政治历史要十分慎重》的文章。文章引述了粟裕致中组部、中宣部信的重要内容和观点，并指出："粟裕同志的意见值得引起注意。""一个人的政治历史关系极大，一定要十分严肃地对待。报刊发表回忆录和纪念文章时，凡涉及到这个问题，要有严肃的政治责任心，谨慎从事，不能轻率。"

粉碎"四人帮"后，粟裕在军事科学院领导拨乱反正，及时把军事科研工作的重点，转移到了为提高我军的军事理论和军事学术水平，为国防现代化服务上来。针对军事领域长期存在的极左路线、形而上学、唯心主义，肢解、歪曲毛泽东军事思想造成的混乱和思想僵化，粟裕大声疾呼必须使人们的思想从长期的禁锢中解放出来。他指出：为了活跃军事学术思想，我们一定要发扬学术民主，解放思想，敢于冲破军事科学领域的"禁区"。并提出军事科研要贯彻实事求是的思想路线。他说："我们一定要发扬实事求是的优良作风和苦干实干的革命精神。我们是搞军事科学研究工作的，科学是老老实实的学问，必须抱老实的态度。我们提倡做老实人，说老实话，办老实事，一定要言行一致，理论和实践密切结合，反对华而不实和任何虚夸。"（粟裕在军事科学院第二次代表大会上的讲话）

华国锋担任军委主席以后，有人提出，要以军事科学院的名义写一篇从历史上论述华国锋为我军的统帅当之无愧的文章。粟裕知道后明确表示，这事不必搞。并指出："我们搞了这样的文章，怎样向老同志交代？我们吃不实事求是的苦头还少吗？而且军事科学院作为下级这样去评一位领导也不好。"在他的一再坚持下，这篇文章才未公开发表。过了不久，叶剑英就这篇文章的事对粟裕说："你这第一政委这一关把得好！"

1977年8月，粟裕在中共第十一次全国代表大会上被选为中央委员。

这一时期，粟裕还以相当的精力和时间投入了军事外交活动。

粉碎"四人帮"后，我国接待了一批批来访的外国军事代表团，其中有的想和我军的高级领导人探讨一些问题，了解中国的军事政策、战略意向。国防部外事局的同志认为，对这样的来访者，必须请有相应身份、又在军事理论和军事战略上有见地的人接待，粟裕便是外事部门认为适合的人选之一。粟裕是积极主张开展军事外交的。因此，凡是这一类来访的军事代表团，国防部安排粟裕接待的比较多。仅1976年冬到1980年夏，就安排粟裕接待来访的外国军事代表团30余次。粟裕根据中共中央、中央军委的接待原则，与来访者进行了会谈和谈话。

1978年8月中旬至9月初，粟裕率军事代表团一行18人访问朝鲜。这是他20年后再次到朝鲜，上次是1958年，他参加周恩来总理率领的政府代表团赴朝鲜，与朝方具体协商部署志愿军由朝鲜全部撤军的事，那次行期匆匆，又赶上过春节，对朝鲜的军事防御工程没有来得及仔细参观。粟裕这次到朝鲜，除了做加强中朝友谊的工作外，在平壤、开城、板门店、元山、金刚山、南浦等地参观了陆海空军部队、民兵，重点考察了前沿阵地、坑道洞库等军事工程。他认为朝鲜工程构筑的一些经验值得我们借鉴。

军事代表团返京后向中央军委专门写了报告，建议今后多派一些专业性代表团，赴友好国家进行对口访问学习。对西方一些国家，建议多派点内行的干部进行一些专门考察，以借鉴外军正反经验为我所用，加速我军现代化建设。

1979年5月7日至6月7日，粟裕以中日友好之船访日代表团最高顾问的身份，访问了日本。在一个月时间内友好之船绕日本列岛一周，先后停靠了下关、大阪、名古屋、东京、室兰、新潟、富山、鸟取、博多、长崎共十个港口城市。日本军方很想利用粟裕来日本的机会，和中国军方接触。粟裕为了加强对日本军界的工作，推进两国军事友好往来，经请示国内同意，与日本军界进行了必要的接触，前后有三次会见，其中一次与官方会见，两次与退伍军官会见。5月18

1978年中央军委常委、国防部副部长粟裕率中国军事代表团访问朝鲜。图为在平壤与金日成等合影。前排左三起：吴振宇、粟裕、金日成、杨得志。

日，中日友好之船刚到东京，当天日方便安排粟裕由我驻日使馆副武官张俊发陪同，去日本防卫厅长官办公室，拜会了防卫厅长官山下元利。日方参加会见的有防卫厅事务次官亘理彰、参谋长联席会议主席高品武彦、防卫厅国际关系参事官冈崎久彦等20多位现役高级军官。

见面时，日方将领对粟裕表示了十分的尊敬和仰慕之情。山下元利说：我久仰阁下大名，听说阁下是这次友好之船访日团的最高顾问，我早就很想同阁下见面，今天能有这样直接的坦率的谈话机会，我说不出的高兴。高品武彦说：以前就听说过阁下的大名，是常胜将军。我以为是身体魁梧的、怕人的，现在见到阁下，觉得很亲切。双方进行了友好的交谈。会见结束时，双方都表示希望能有机会再次见面。

5月20日，粟裕在东京于中日友好之船明华轮上会见了三冈健次郎等16位退役军官。这些人多年致力于中日友好工作，对中日关系的发展作出过很多贡献。粟裕和他们进行了友好的交谈，回答了他们提出的问题，并对他们对我军建设和训练方面的善意意见表示感谢。在会见的客人中，有一位是日军前陆军中将松金久知，1978年5月粟裕在北京会见过他。他对粟裕说："我昨天刚从欧洲、美国旅行回来。5月7日，我在美国军事大学（War College）向美国高级干部讲演，讲到去年见到粟裕将军，将军给我留下的一句印象很深的话，那就是'军人有退役，但爱国、关心国防是没有退役的'。粟裕将军的这句话，博得了他们的好评。我现在向您汇报这件事，并且特别向您表示感谢！"松金久知还谈道，据他了解，美国从军事上了解中国的人很少，他认为中国同美国军队领导人交流，有利于两国军队之间的相互了解，有利于中国军队的现代化。粟裕表示，不仅是美国，许多先进国家的军事科学技术，都值得我们学习。

中日友好之船到达日本神户，粟裕接见了一位从大阪赶来的曾参加过中国人民解放军的日本退伍军人山田英一。他一见到粟裕便立正敬礼，连声道："首长，您好！"接着递上名片。粟裕一见名片便说："啊！我记得你，你曾是我们的炮兵营长哩！"山田忙答道："对！对！对！首长的记忆力真好！"原来山田是抗日战争末期参加新四军的，加入了日本反战同盟。他原是日军炮兵尉官，粟裕就请他为我们训练炮兵。他干得很出色，后又成为我军的炮兵营长。他参加了解放战争全过程，后来又参加抗美援朝，1958年经组织上动员回到日本。会见中，他向粟裕叙述了回国后的简况。粟裕也很高兴，与他亲切谈话。告别时，粟裕没有用接待组准备的礼物，特地从自己的衣箱里拿出一件准备自己穿的新衬衣和一条新领带送给山田，说："这是我准备自己穿用的，特送给你，以表达我和你当年在一条战线上共同战斗的友谊！"

粟裕在日本与军界（包括退伍军人）的这些会见，对加强中日友好和开展、推进两国的军事往来起了积极的作用，同时也引起了日本国内和国际上的注意。在粟裕会见山下元利前，日本时事社就报道说："解放军大人物将同山下长官会谈"，并说"粟裕是一位身居中央军委负责人要职的了不起的军队高级领导人。他是参加过1927年南昌起义的地道的军人。这次可能是出于对日本的关照，才以全国人大常委的官衔参加友好之船的。然而，在400名团员中，他是唯一的军人"。5月21日，苏联《真理报》发表文章，对东京同北京的军事交往表示关注。塔斯社当天转发了这篇文章。

1980年9月，粟裕在第五届全国人民代表大会第三次会议上被选为全国人大常委会副委员长。

二、首要问题是"统一全军作战指导思想"。 提出在新形势下军事改革设想。

十年动乱后，担任军委常委的粟裕工作十分繁忙，他在积极参加军委日常工作的同时，以更大的精力投入了对未来反侵略战争指导规律和作战方法的探索。

粟裕对未来反侵略战争规律和作战指导思想、作战方法探索的基本思想是：现代生产力和科学技术的发展并作用于军事，必然引起军事思想、战略战术、作战方法的变化。我们必须承认并适应这种变化，产生新的军事思想和作战方法，一句话就是必须要变革，否则我们就要在新形势下被动挨打。

1976年11月中旬，叶剑英要粟裕对1977年的军队工作提出意见。12月31日，粟裕提出了一个《加强军队建设的几点建议》的书面提纲，上送给了叶剑英和军委主席华国锋，同时也秘密送给了尚未出来工作的邓小平。这个提纲针对林彪、"四人帮"对军队的破坏，着重讲了统一全军作战指导思想的问题。粟裕认为"这是当前战备建设中的首要问题"。他指出，长期以来形而上学猖獗，唯心主义盛行，在军事领域里，在作战问题上流毒不浅，严重妨碍全军作战指导思想的统一。他列举了作战指导思想上存在的突出问题：

——对未来反侵略战争的特点不作深入研究，甚至不敢正视，将来的仗怎么打，心中无数，信心不足。

——只讲战争指导规律的普遍性，不讲或很少讲未来战争的特殊性。似乎抽象地讲讲人民战争，就解决了战争中的一切问题。

——强调对敌人总体上、战略上的藐视，这是对的、必要的；但是，对在具体上、战术上要重视敌人注意得很不够。

——对于积极防御的战略方针，缺乏统一正确的理解。因而对打运动战和阵地战、诱敌深入和坚守要点、机动作战和重点守备，存在着种种模糊认识。

——对未来反侵略战争初期的突然性、剧烈性、快速性和情况的复杂多变性，缺乏足够估计和必要准备。

他指出："由于作战指导思想不统一，不仅直接影响到部队的部署，而且对各军兵种建设规划、武器装备发展方向、国防工程和战场建设等方面带来许多问题，对部队建设和战备工作影响极大。"为此，他建议集中我军一部分高级干部，通过召开一定会议形式，认真分析研究敌人军情和作战特点，求得在毛主席军事思想的基础上，把全军作战指导思想统一起来。

在这个提纲里，粟裕还就军队的装备建设、军事训练和加强军情建设等方面的问题提出了建议。他谈到装备建设时指出："武器装备的发展，要以我军作战指导思想为依据，要从各军兵种作战任务、战术技术的需要出发，同时考虑到国民经济发展的实际可能。"他建议在两三年内把打坦克、打飞机的武器装备作为重点抓紧解决好。关于军队训练，他认为要切实扭转不敢狠抓军事训练和训练脱离实际、搞形式主义的倾向。并且要加强反坦克和合成军队的演练。

1977年3月24日至26日，中央军委召开军委座谈会，讨论战备工作。粟裕原来想在这次座谈会上就战备工作中带战略性的问题作一个较全面的发言，但由于会议时间短，议程安排紧，他不好占会议更多的时间，便将准备发言的内容整理了一个详细提纲，上送军委领导。

这个发言提纲针对军队的情况和存在的问题，对影响战争全局带战略性的问题，如作战指导思想、作战方向、作战形式、装备建设、战场建设，以及战争规模的估计，都提出了看法和建议，许多认识比以前更深刻，观点更鲜明。

关于统一作战指导思想。粟裕指出："现在，敌我双方比过去都已发生了很大变化，战争的历史条件和作战地域也有很大变化。在新的条件下，如何着眼于战争的特点和发展，更好地贯彻执行毛主席关于人民战争、积极防御、打运动战、打歼灭战的战略思想，这个问题，从理论和实践的结合上，认识和步调不完全一致。有的还是打日本、打国民党的那一套打法。"

关于打较大规模的歼灭战。粟裕指出："这里的一个关键问题是取决于我能否掌握局部制空权。""如果我们连局部制空权也不能掌握，要在平原地区打大规模的歼灭战，将是非常困难的，甚至是不可能的。"

关于加强武器装备建设。粟裕指出："必须批判'四人帮'的所谓'唯武器论'，把他们颠倒的路线是非纠正过来。"他说："我们加强和发展武器装备，就能更有力地打击和消灭敌人，更有效地保护自己，更好地发挥我军英勇顽强、不怕牺牲的作战特长，更好地发挥人在战争中的决定作用。这决不是什么'唯武器论'，恰恰是避免了把人与武器对立起来的机械论。"

关于战场建设。粟裕提出要对已构筑工事"进行全面勘察研究，提出改进措施"，要建设各战区之内、各战区之间的交通通道。要在未来敌可能进占区做好开展人民战争的部署。

这一年8月至9月，粟裕从战备的角度，专程到新疆和山西、河北等地调查勘察。

8月下旬至9月上旬，粟裕在新疆先后到了乌鲁木齐、伊宁、独山子、石河子、鄯善等地，察看了边防要点和军事工程，并从空中观察了天山南北的地形，与新疆军区领导就战备问题交换了意见。

9月中下旬，粟裕踏勘和考察了山西东部和河北西部一带的地形和人防工程，与山西、河北两个省军区领导交换了战备工作方面的意见，看望了当地驻军。

粟裕返京后，于10月27日和11月10日，就上述两次考察，分别向中共中央主席、副主席、中央军委和军委战略委员会写了报告，提出了这两个地区战备建设的具体建议。

以后几年，粟裕又多次赴河北、山东、江苏、浙江、安徽、上海、江西、湖北、广东等地勘察地形、视察部队，考察过去作战的战场，并与当地驻军和地方党政领导同志，探讨未来反侵略战争可能遇到的问题和采取的措施。经过几年的调查和思考，粟裕认为在未来反侵略战争中，战争初期是一个关键阶段。由于敌人在战略上居于主动，军事装备上占有优势，我首要的是对付好敌人来势凶猛的"三板斧"，打破敌人速战速决的战略企图，逐步夺取战争主动权，为尔后坚持持久战、大量歼敌创造条件。因此，战争初期对于整个战争发展的进程关系极为重大。为此，他集中较大精力考虑和研究战争初期的作战问题。

在中共中央十一届三中全会召开前的1978年1月2日，粟裕向军委主席、副主席报送了《有关战争初期作战问题的几点意见》。这是他多年来就未来反侵略战争初期作战思考的结晶。在这个报告里，他大胆提出了许多与传统观点不同的看法和建议，如决战的地域、阵地战的地位和作用、平原地区要不要堆人造山等，都根据新的情况，提出了自己的看法。

这个报告写了三个部分，一是战略布局，二是作战方法，三是作战准备。

关于战略布局。粟裕提出战略部署要"突出重点"、"形成拳头"。"确定防守要点，要从战略全局着眼"。战略布局"要尽可能地预见和照顾到以后作战阶段的发展和变化"，解决好战区接合部的指挥关系。

关于作战方法。粟裕认为"最根本的是靠人民战争。战争初期，必须按照积极防御的战略方针,把坚守要点与诱敌深入、重点守备与机动作战、正面作战与敌后作战紧密地结合起来,充分发挥野战军、地方军和广大民兵三结合武装力量的整体威力,灵活地使用和变换战术,不拘一格,把仗打活"。

关于作战准备的几个具体问题。粟裕提出"各军兵种特别是空海军的疏散隐蔽和对空作战问题,要下很大功夫研究落实"。为保障战时机动,要增修一些铁路、公路和水下隧道。"工事要着眼于能够对付敌人大量坦克进攻,不只是藏,尤其重要的是打"。"坑道工事要解决火炮发射的排烟、消震问题,使火炮能够在坑道口内发射,在关键时刻不致中断射击"。他对60年代军委和毛泽东主张的平原堆山工程提出了不同看法。他说:"平原堆山目标大,耗费多,又易为敌封锁或绕过,可结合农田水利建设,修堤坝,挖沟渠,在堤坝上设置火力点。"

中央军委收到粟裕的这个报告后,军委主要领导同志都传阅了,然后批转给总部有关部门。军委和总部采纳了粟裕报告中所提的一些建议。1978年5月,军委决定将济南、南京、武汉三个战区接合部的连云港、徐州方向划归南京军区指挥。当年9月军委炮兵和济南军区在青岛进行了火炮战斗射击试验,对火炮在工事内射击产生的噪音和瓦斯的防护措施作了实际检验。

粟裕认为,未来反侵略战争是关系到国家生死存亡的大事,所以一定要持科学而审慎的态度。1978年春天,有的同志建议他把自己的研究心得在较大范围内讲一讲。他说:未来反侵略战争初期作战这个问题,实在是太大了,对于这样一个问题,我是有一个逐步认识的过程,现在还不能说得上是认识上的深化,需要进一步研究。当然随便放一炮是可以的,放炮要考虑到后果,如影响到部队的士气,起了"动摇军心"的作用,那就不好了。这之后,他对未来反侵略战争初期作战,转入了更深入的研究。

为了使自己的一些思考能及时记录下来并整理成文,1978年春,他从军事科学院选了几位研究员帮助他记录和整理材料。4月12日粟裕向他们详细谈了自己关于未来战争初期作战的想法。从科学技术的发明、创造、运用对于未来战争的影响,到在敌我武器装备差距较大的情况下,反侵略战争能不能打,打不打得赢?过去的作战方法、方式和手段在未来战争中哪些需要变革?粟裕高瞻远瞩地以渊博的知识、丰富的经验,作了深入浅出的讲解,此后又有重点地和他们讲解了若干次。

4月26日,粟裕应邀出席总参机关"三查三整"(查斗志、纪律、作风,整顿软散懒、官僚主义、文风)动员大会。他在讲话中指出:总参是中共中央、中央军委统率全军的办事机构,负有特殊重大责任,在统一作战思想、统一训练、统一战备等方面,全军对总参都抱有很大期望。同时谈了他对未来反侵略战争的看法。他说,接触了一些同志,大家对未来战争很关心,也很担心,有的缺乏信心。怎么样才能打好未来的反侵略战争,这是一个关系到国家生死存亡的大问题。他接着说,有不少同志对未来战争担心,这是有一定理由的。由于十年动乱的破坏,使我们的科学技术至少落后10年至15年。他接着指出:"现代战争就常规战争来说,已经由枪战为主进入到以炮战为主,或者说已经由轻武器为主进入以重武器为主。""在新的情况下,没有新的打法,是很难解决问题的,是要付出过大代价的。"他特别强调:"我们不仅要研究现代条件下一般的作战方法,更重要的要研究现代条件下以劣势装备战胜优势装备的作战方法。"他说,未来战争究竟怎样打?需要统一作战思想,这是全军对总参寄以希望的一个大问题。他举了由于作战思想不统一,反映在战备工作上的问题。他还指出,统一训练也是全军期待总参的一个大问题。未来作战是立体战争,我们是一个合成军队,敌后与正面如何配合,各军兵种如何协同等等,都具有许多新的特点。我军以运动战为主要作战形式,但是在未来战争中,运动战的运用和打法,必然很大不同于过去,如果我们的演习、训练还是过去打国民党的那一套,干部战士会缺乏信心。他举了炸药包打坦克的问题,认为在敌人的翼侧或敌后,对付小部队活动敌人是可以使用的,但是对付正面敌人大量的坦克集群冲击,靠炸药包就不行了。如果我们不承认这一点,不去研究和进行现代条件下对付坦克集群的训练,还是照过去的一套办法,干部战士也会缺乏信心。

粟裕的这个讲话在总参受到了欢迎,大家反映他考虑的问题具有战略的高度,讲得很深刻、很现实,对总参是一个震动。

其实这是粟裕对未来反侵略战争初期作战若干思考中的几个方面。

1978年12月25日至1979年1月2日,粟裕出席军委座谈会。他在会上发言建议根据新情况,注意研究新问题,活跃军事学术思想,发展我军的战略战术。这个建议也是他对未来战争思考中的一个重要部分。

■ 1979年7月,中央军委常委粟裕(前右二)陪同中央军委副主席邓小平(前右一)视察海军北海舰队。

在此期间,他还向中共中央领导提出,要加强对全国人民的爱国主义教育;加强党对军队的绝对领导等重要建议。

三、一篇报告引起强烈反响。系统提出未来反侵略战争初期作战的战略、战术构想。

1979年1月,党的十一届三中全会刚刚开完,粟裕应军事学院萧克院长和中央党校廖盖隆同志要求,分别于1月11日和13日在这两个院校作了题为《对未来反侵略战争初期作战方法几个问题的探讨》的重要报告。这个报告所阐述的观点,是粟裕长期研究、探索现代战争规律重要成果的一次总结,标志着他的研究达到了新的高度。报告从敌我双方都已发展、变化了的情况出发,提出问题,研究问题,解决问题,既讲理论原则,又讲具体办法,系统地提出了未来反侵略战争、特别是战争初期的战略战术构想;率先冲破军事领域里的禁区,提出了按照唯物辩证法办事、活跃军事学术思想、发展我军战略战术的问题。报告共讲了六个方面的问题:

一是科学技术的发展并广泛应用于军事,必然促进作战方法的改变。发展战略战术已成为当前军事战线上的一项迫切任务。

二是战争初期首要的是抵抗住敌人的战略突袭。在作战指导上,既要避免战略决战和大的战役决战,又要以积极的作战行动,挫败敌人速战速决的企图,稳住战局,为尔后大量歼敌创造条件。

三是运动战、阵地战、游击战三种作战形式要紧密结合运用,要有一些新的打法。

四是贯彻集中优势兵力、各个歼灭敌人的原则,在现代条件下要有新的做法和要求。

五是要把战场建设提到战略高度来对待。

六是活跃军事学术思想是发展我军战略战术的重要条件。

粟裕的报告贯穿了一个变革的思想。他认为根据新的情况,军事思想、军事原则、作战方法都必须大变革。

报告一开始,粟裕首先谈到的是新的生产力和作战方法的关系问题,基本观念必须转变,从形而上学、唯心主义所造成的僵化的思想观念回到唯物主义的思想观念上来。他指出:"科学技术的发明创造常常是首先或最终必然应用于军事领域,使军队的武器装备得到改进,而军队装备技术条件的发展变化,又必然促使作战方法改变。"这是他这一篇讲话论述一切问题的出发点。这个观点无疑是辩证唯物主义的观点,是马克思列宁主义的观点。可是长期以来,在不恰当地强调"人的因素第一",而对人的因素要发挥人对科学技术的发明,人对新武器的掌握能力却不予重视的情况下,这个观点被淹没掉了,不准提,也没有人敢提,怕被戴上"反动观点"的帽子。粟裕把这个马克思列宁主义的老观点重新鲜明地提出来,一下子说到了大家的心坎上。粟裕说:"现代科学技术的发展并广泛运用于军事领域,已经促使军队武器装备出现了一个阶段性(即发展到了以导弹、核武器和电子技术装备为代表的这样一个阶段)的变化。这种变化,向我军的一些传统战法提出了挑战,它迫切要求我军发展战略战术。我们必须承认这个客观现实,努力探索和研究现代条件下的作战指导规律,否则,一旦敌人向我们发动大规模侵略战争,我们就有可能适应不了战争形势的需要,甚至会付出过多过大的代价,延迟战争胜利的进程。"

粟裕指出:必须看到和承认我们武器装备的落后。研究以劣势装备战胜优势装备的方法,必须反对唯心主义的抽象空谈,找出新条件下的新办法。他说,苏美军队"大体到50年代中期,已经完成由轻武器为主到以重武器为主的过渡",而我军目前"正处在这样一个过渡阶段"。粟裕认为,轻武器"在人民战争的广阔战场上,特别是在敌后战场和次要战场,在近战、夜战和一定地形条件下的作战,仍将发挥重要作用"。但是,"在未来反侵略战争的正面战场和主要作战方向上,特别是在进行战役决战和战略决战的时候,就必须以重武器为主。这是一个很现实的问题。作为唯物主义者,我们必须看到并且勇于承认这一点"。在一个比较长的时间内,我们还要准备以劣势装备对付高度现代化的敌人。但是"应当是建立在客观实际情况的基础之上,并且要在新的条件下研究新的办法,完全不顾实际情况,不研究具体办法,抽象地空谈劣势装备战胜优势装备,是唯心主义的,是害死人的"。他说:我们"必须立足于现有,着眼于发展,从现代战争的客观实际情况出发,特别是要着重研究在现代条件下以劣势装备战胜优势装备敌人的作战方法"。

粟裕指出:"帝国主义一旦发动对我国的全面侵略战争,将依恃其武器装备的优势,先发制人,实行大规模的闪电式的突然袭击",而且"很可能是从空中、地面、海上一起来"。"现代的杀伤力、破坏力空前增大的武器和远战技术兵器,将会极大地增强突袭效果,在短时间内即可突袭到我政治、经济、军事的主要战略目标。"而在这个时候,我军装备还占劣势的情况下,如果大量的,几十万人,上百万人,甚至几百万人展开了,只有遭受伤亡,恰恰上了敌人的当。

那么我们怎么样保存自己、消灭敌人,怎样以劣势装备战胜优势装备的敌人呢?粟裕在讲话中提出了办法:

■ 1980年,粟裕在讲战役指挥经验。

一是不过早和敌人主力决战。他说："战争初期,敌人在军事力量上明显地居于优势,气焰正盛,希望我们集中主力与之决战,以便实现其战略上速决的企图。而在这个时候我们大口大吃地歼灭敌人是困难的,所以不应当集中主力同敌人进行战略决战和大的战役决战,而应尽量保存自己的主力,迫使敌人打持久战,打消耗战"。这样,我们就可以把强大的主力部队、各级的预备队,特别是战略预备队,比较完整地保存起来,这就为我们开始反攻创造了有利条件。

二是战役、战斗上都要有一定兵力打防御战。粟裕说,长期以来在强调运动战的同时,对于防御作为战争的一种手段是不大提的,甚至是不敢提的,一提就怕被扣上"消极防御"的帽子。粟裕在讲话中提出,未来战争的初期作战,"我们的打法应该是,不仅在战略上坚持内线的持久的防御战,而且在战役、战斗上也要有一定数量的兵力打防御战。同时使用相当数量的兵力进行战役、战斗上外线的速决的进攻战",以达到"尽量保存自己的主力,迫使敌人打持久战,打消耗战"的目的。

三是贯彻重点设防,重点守备原则。在重要的作战方向上,坚守要点,打坚固阵地防御战,以制止敌人的长驱直入。粟裕指出:"重点设防、重点守备地区,包括一些需要坚守的城市、海岛和海岸,以及某些战略要点,都要打坚固阵地防御战。"其中"有的固守到一定时候予以放弃,有的则要长期死守,有些重要城市不但要守住,而且还要利用城市打斯大林格勒保卫战那样的仗,把城市作为大量消耗、消灭敌人的战场"。

四是在坚守防御作战的紧密配合下,抓住战机,歼灭敌人。要"制造与选择与我有利的条件和时机,例如引诱敌人,使敌人犯错误等,一发现有利战机,就不失时机地发起进攻作战,打规模不等的歼灭战,对敌人进行有力的歼击。比如,对进到我预设战场的敌人,对突出冒进的敌人,对翼侧暴露的敌人,对疲惫不堪而又缺乏补给的敌人,以及其他小股敌人,等等,都应当及时抓住战机予以歼击"。

粟裕提出,运动战、阵地战、游击战三种作战形式,在未来作战中要有新的发展。

他认为,运动战是转换战局、解决战争命运的主要作战形式。但是运动战的形式,必须根据新的条件赋予它新的内容。他说:"我们过去打运动战,主要是打大踏步前进和大踏步后退的运动战。"但是,"在我军武器装备没有大的改善以前,我们想要大踏步地前进和后退,也踏不起来"。粟裕以现代战争敌我双方的实际为依据,对毛泽东讲的"打得赢就打,打不赢就走"这句话,作了新的科学的解释。他指出:"过去,我们可以打得赢就打,打不赢就走,现在我们无论打得赢还是打不赢,都有个走不走得了的问题。"因此,运动战的打法将与过去有很大不同。对此,粟裕提出了自己的三种设想:"战争初期,我们必须在搞好战场建设的基础上,力求在预设战场依托阵地(包括屯兵设施)和不远离阵地,打一些中小规模的运动战。"他举例说,如打与坚守要点相结合的小规模运动战和在我第一线防御部队后面的预设战场上,打中等规模的运动战。另一种是打规模大一些的运动战。即当我军初步取得对敌作战经验,武器装备进一步得到改善,并且能够夺取短暂的局部制空权的情况下，可以在某些重要方向和地区，创造和捕捉战机，每次歼敌一至两个建制师。粟裕在这里强调"打规模大一些的运动战，必须夺取局部的制空权，否则是难以取得胜利的"。除此之外，就是打游击性的运动战，"以机动作战部队的一部，或以转入敌后的主力部队和地方部队，对分散孤立之敌，用奇袭的办法打，一次歼敌一两个连到个把营，抓一把就走"。

他认为："未来反侵略战争初期作战，阵地战的比重增加了。对于必须坚守的地方和城市，已经不是不计一城一地的得失，而是必须树立顽强坚守、反复争夺、独立作战和长期作战的指导思想。"他还从加强阵地战在未来战争中的作用出发，提出把战场建设提高到战略高度对待，"它不仅是个技术问题，而且是和我们的作战思想、战术运用有关联的问题，是个具有战略意义的问题"。

他认为："游击战在未来反侵略战争中占有很重要的战略地位。"他提出："为了把游击战提高到新的水平，更大地发挥游击战的威力，必须增强打游击战的力量。除地方武装和民兵要在敌人所到之处广泛开展游击战之外，有些坚守要点的部队，在完成坚守任务，或者确实难以继续坚守时，可以有组织、有计划地转入敌后作战。在某些重要方向和地区，还可以从野战军中抽派一些师和团到敌后去。"

粟裕指出：在现代条件下，贯彻集中优势兵力、各个歼灭敌人的原则，要有新的做法和要求。粟裕认为："打歼灭战的规模，势必要经过一个由小到大的发展过程。"他说：打歼灭战不仅是兵力集中，火力也必须集中。"今后的集中兵力，主要是对敌人坦克、装甲战车而言；形成优势，不仅仅是指兵力对比，也包括火力对比。""因此，必须加速研制、生产和给部队装备较多的反坦克武器和其他重武器。""在兵力配置上，在未来反侵略战争初期，为了保持还击力量，迅速机动兵力打歼灭战，或加强某一方向的防御力量，建立新的防御体系，必须在战前就建立强大的战略预备队和战役预备队。"

在报告的最后部分，粟裕还针对当时军事学术界的状况，指出发展我军战略战术的重要条件，就是活跃军事学术思想，使自己的思想从长期禁锢下解放出来。当前首要的问题是应当明确如何正确地理解和贯彻以毛泽东军事思想为指针的问题。他说："毛泽东军事思想，是我党我军的宝贵财富，是我军克敌制胜的传家宝，是加强我军建设和研究我军战略战术的指针。这是不能有任何怀疑和动摇的。但是，这决不意味着毛泽东军事思想就不需要发展了，更不意味着只能去照搬照套"。我们讲研究战争要以毛泽东军事思想为指针，"简言之，就是实事求是地分析现代战争的具体情况，实事求是地研究现代战争及其指导规律。毛泽东同志指导战争的基本原则仍然适合今天的客观情况，但是，也必须结合实际灵活运用；至于限于历史条件，毛泽东同志没有提出的，没有讲过的，而在今后战争中又是必须解决和回答的问题，则要敢于创新，敢于发展。我们这样做，不仅不是违背毛泽东军事思想，恰恰是真正坚持了以毛泽东军事思想为指针的这个正确原则"。

粟裕这个报告，引起了强烈反响。

听过报告的人员认为，粟裕所讲的内容，正是他们想要解决的问题，讲得很清楚,很实在,很解渴,听了很受教育,很受启发。军事科学院的学员说,报告把毛泽东军事思想与当前的实际情况结合起来,充满了辩证法和实事求是精神。粟裕提倡学术民主,自己首先带头,给大家做出了榜样,对活跃军事理论研究树立了榜样。大家一致要求整理印发粟裕的这一报告,并建议把报告的有些内容编入教材。

总部机关得知粟裕在两校作战争初期的报告后,纷纷要去了报告的录音带,组织干部收听、讨论。许多单位领导干部亲自主持学习,有的单位还编印了《粟裕同志讲话名词解释》小册子,帮助大家理解报告的内容。到3月上旬总部机关有70%以上的干部学习了粟裕的报告。大家反映,粟裕的报告内容丰富,提出的问题很重要。报告以毛泽东军事思想为指针,从分析敌我双方实际情况入手,着眼其特点和发展,探讨了未来战争初期作战的若干重要问题,对我军的战略方针、原则的理解和战役、战术的研究有独到见解,有创新。他从实际出发、坚持辩证唯物主义的研究方法,对广大干部学习和研究军事,活跃军事思想,起到了示范和推动作用。

各单位还联系本单位实际讨论研究。海军的同志提出,敌人从海上来,海军首当其冲,海军的作战指导思想、作战原则需要具体研究明确。总参军训部和炮兵等单位的同志认为,做好战场准备工作,包括战场设施、物资储备、军事交通等建设和规划,要提到议事日程上来,由军队和地方通盘考虑安排。总后等单位的同志提出,如何利用现代科学技术提高我们的后勤保障能力,对三种作战形式的后勤保障,以及集中兵力作战时的后勤保障等,这些问题的研究尚需深入。

1979年1月11日粟裕在军事科学院讲话,新华社记者到场聆听,以记者的敏感掂量出了这篇讲话的重要性,迅速向国内外播发了新闻,《人民日报》等首都报纸在显著地位刊登。报道强调粟裕提出要解放思想,发扬民主,完整准确地领会和掌握毛泽东军事思想的精神实质,这对军事领域的拨乱反正,解决现代条件下的作战问题,具有重要的指导意义。

《军事学术》1979年第3期和5月15日《解放军报》发表了粟裕《对未来反侵略战争初期作战方法几个问题的探讨》文章,很快在全军掀起了研究战争初期作战问题的热潮,大大活跃了我军的军事学术思想,也引起了国际上研究军事战略专家的注意。澳大利亚国防部情报组织副主任保罗·迪布看到粟裕这篇文章后,在题为《80年代中国的战略形势和防卫选择》的研究报告中说:"中国主要的战略发言人粟裕讲过,'现代条件下的人民战争',其中特别强调积极防御和机动能力,人民战争的理论将会继续相当长的时间。80年代军事理论更强调机动和防御。"

这篇报告是粟裕在领导军事科研岗位上,通过深入调查研究,以深厚的军事理论根基,敏锐地洞察现代战争的发展变化,结合我国未来反侵略战争的特点和实际写成的。他不计个人得失,不顾个人安危,从实际出发,大胆提出反对形而上学、唯心主义的国防对策和作战指导思想,反映了粟裕一心以国家安全大局为重,敢于坚持真理说真话的崇高品德和大无畏精神。1979年粟裕写了一首"抒怀"诗,正是他这种精神的写照。

1980年粟裕读《列宁选集》。

> 半世生涯戎马间，一生系得几危安。
> 沙场百战谈笑过，际遇数番历辛艰。
> 松苍敢向云争立，草劲何惧疾风寒。
> 生死沉浮寻常事，乐将宏愿付青山。

从1973年到1979年间，粟裕涉及现代战争规律研究和战备建设的报告就有十多个。他生前多次说过，他的许多报告、建议，还没有完全表达他的思想，是"言犹未尽"。他"未尽"的是什么？说到底就是两个发展（即军事思想、战略战术要发展）、两个调整（即战略思想和作战指导思想要调整）。在这些方面，他有许多观点没有讲出来。按粟裕的计划，他还准备写一篇军事辩证法的文章，由于种种原因也未能实现。他在军事理论方面及对国防和军队建设的许多重要的有实际指导意义的新观点新认识，未能全部留下来，确实是令人惋惜的事情。

四、重病中的特殊奉献和最后的金玉良言。

1980年下半年，粟裕患腰痛病卧床数月。10月，中共中央召开《关于建国以来党的若干历史问题的决议》草案讨论会，邀请粟裕参加。粟裕因健康状况未能亲自到会参加讨论。他在病床上坚持阅读决议草稿，深入思考，11月18日将自己对草稿的看法和意见整理成书面发言，报告了中共中央。

粟裕表示赞成中央确定的写决议"宜粗不宜细"，"成绩要讲够，问题要说透"的起草原则。对一些重大问题提出了自己的看法。他特别对同军队和军事有关的重要历史问题,提出了自己的意见。他认为"文化大革命"是毛泽东同志强加给军队的。当时,毛泽东同志作为党的化身,以他的崇高威望,用党的名义,通过组织渠道,命令军队介入"文化大革命",在这种情况下,军队是不可能有其他选择的。军队奉命"三支两军",不能因此责备军队。至于在"三支两军"的过程中出了个别坏人,也有一些人犯了严重错误,那是另外性质的问题。他认为,如果不这样看,就不符合历史事实,也无助于加强军政、军民团结,作为总结教训,任何时候都不能设想军队同党对立,否则后患无穷。

粟裕还特别指出,军事上的路线是非也应分清。他说:"我认为1958年的军委扩大会议是错误的。批判'教条主义'、批判'资产阶级军事路线',蓄意整人,扣'反党'帽子,破坏了七大以来党内民主和实事求是的优良作风,在军内开了很坏的先例,对以后的军事建设和党的生活都产生了严重的影响。这个案至今还没有正式翻过来。"

为了总结战争指挥经验,使未来战争指挥者有所借鉴,粟裕在晚年还抓紧时间坚持进行战争回忆录的撰写工作。1976年夏天,粟裕犯心脏病后身体初愈,那时"四人帮"正在猖狂掀起"反击右倾翻案风"恶浪,许多工作无法开展,难有作为,粟裕对夫人楚青说:"你多次希望我把自己亲身经历过的战役、战斗写出来,但我从来不准备写。现在我郑重考虑了,决心写,这也许是现在情况下我能够为党做的一点工作了。"粟裕就从这时开始了撰写战争回忆录。他对军事领域的形而上学、唯心主义深恶痛绝。他说:"毛泽东军事思想的灵魂是唯物辩证法,把毛泽东军事思想归结为几条固定的公式,把错综复杂的战争进程表述为高明的指挥者早就规划好的,并以这些观点来教育下一代,打起仗来是会害死人的。"他表示:我写回忆录,主要是想通过自己亲身经历的战争实践,通过叙述战役和战斗的背景、作战方针和部署的产生、战场上敌我形势的演变、指挥员在当时所作的思考和决断,以及交战过程和结局,以求能如实地反映一个战役指挥员是怎样去认识和掌握战争规律以夺取胜利或者导致失败的,去证明毛泽东军事思想的灵魂是唯物辩证法,证明我军在战略、战役指挥上所取得的一系列胜利也是唯物辩证法的胜利。他对协助他撰写的同志说:"我这样写,可能会受到有些人的非议,但我没有别的办法,因为离开战争指挥者的种种思考去写战役、战斗,就是死的,最多也只能算是战斗详报。"他还说:"要写,就要坚持实事求是,按历史的真实来写,时间隔得很久了,你们要对我的回忆找有关材料核实。至于观点,我欢迎你们参加讨论,提出意见,但是最后还要按我所认识的程度来写,这就是实事求是和文责自负。"粟裕的这些谈话及亲身经历,构成了他日后撰写战争回忆录的指导思想。

撰写回忆录的工作很快开始了。粟裕讲述,身边的秘书记录整理。不久"四人帮"被粉碎了,粟裕积极投入了拨乱反正的斗争。他说:"写回忆录的事,现在不急了。"虽然讲述和整理工作一直在进行着,但进展较为缓慢。为了协助粟裕整理回忆录,军事科学院抽了几位同志,组成了一个小班子,他们先根据史料,整理出有关战役资料,请粟裕看,帮助他回忆当时情况,然后请他讲述,根据讲述整出回忆初稿,再请粟裕修改定稿。用这样的办法撰写,加快了一些进程,从1978年起陆续整理成文并发表了一批回忆文章。1981年春,粟裕突发脑溢血,数月后又发作脑血栓,思维和语言表达能力受到了一定影响。有的领导同志从关心粟裕身体出发,劝他说:你身体不好,用脑子太多不好,回忆录的事就放下吧。有的人干脆说他不必再搞回忆录的事。军事科学院指派来帮助整理回忆录的同志也陆续被抽了回去。但是粟裕撰写回忆录的决心不变。他认为撰写回忆录也是为党做工作,他不放过这个为党工作的机会。只要病情稍有稳定,他就思考回忆录的问题,并将一些关键要点及时记录下来,然后讲给别人听。有时根据别人提出的问题,他认真思考后予以回答。有时为了引起自己思考和回忆,他要别人给他说说某个战役的某些情况。以当时粟裕的身体情况看,他从事这项工作是很吃力的,整个工作的进行也是非常艰难的。但是,粟裕以坚韧不拔的毅力坚持写下去,重要的回忆基本完成了,终于把他宝贵的军事指挥经验留给了后人。最后汇编定名为《粟裕战争回忆录》近40万字的巨著,在他逝世四年后出版,受到了军内外广大读者的好评。

粟裕患脑溢血后久住医院,但是他并未放弃脑力的思考和对国家、军队大事的关心。特别是有的人当面向他请教问题时,他总是以负责的精神热情、耐心地解答,直到请教者满意为止。

1981年夏,《中国大百科全书·军事卷》军史副主编张照远去医院探望粟裕,看到粟裕病情稳定,精神较好,便把他编写战史条目中遇到的问题提出来,向粟裕请教。他说,在编写我军现代和我国历代战史条目中,我想不着重写经过而是

■ 相濡以沫的老两口

突出写战役指挥，但是我对战役指挥的基本规律摸不准，是否能请首长给予指教。粟裕很高兴地接受了他的请求，不假思索地就从理论到实际系统地给他讲了九条：

1. 胸中有全局，积极主动为实现战略全局需要而战，力争夺取最佳战果，实现战略意图。

2. 作战指导上必须解决好第一仗与尔后诸仗，直至夺取全胜的关系。

3. 乘敌之隙，出其不意，集中优势兵力歼灭其有生力量。

4. 战役发起后，指挥重心要放在促使战役致胜的转折点上，以相机夺取全胜。

5. 根据战役情况的发展变化，灵活用兵，及时改变作战方式和战法。

6. 发挥各兵团（部队）指挥员和部队的特长，执行各种类型的作战任务，并与诸兵种、地方军、民兵协调一致，形成整体力量打击敌人。

7. 战役前线指挥所既要达到稳定的不间断的指挥，掌握战场全面情况，又要做到保障指挥员观察到主要作战方向上军队的行动，以不失时机地夺取胜利。

8. 抓住战役间隙，及时整补训练部队，充分作好再战准备。

9. 增强后方勤务、保障作战能力。

粟裕每讲一条，都结合自己战役指挥的实例，详细加以解释说明。张照远大受启发，觉得完全解决了他编写战史条目中遇到的问题。

这是粟裕最后一次对战役指挥作系统阐述。他在事先毫无准备的情况下，即席谈出如此全面、系统、深刻的见解，说明了他军事上深厚的功底和造诣，也说明他虽身患重病，但对军事问题的思考从未停止。

1982年2月，中共中央任命粟裕为中央党史编审委员会委员。他在指导党史编写和党史、军史工作要坚持实事求是的记述等方面尽了自己的所能。对华东、苏中党史的编写更给予了特别的关怀。11月，他与江苏省党史编委会工作人员谈话指出："编党史光有组织还不行，还要有适当的领导人。编写苏中党史比较适合的领导人是陈丕显同志。"12月，他先后写信给江苏省领导同志和陈丕显，建议苏中党史的编写工作由陈丕显担任领导小组组长，江苏省和陈丕显都表示接受粟裕的建议。苏中党史编写工作进展顺利。

1982年8月1日，纪念建军55周年，《解放军报》发表了朱德撰写的《从南昌起义到上井冈山》和粟裕撰写的《伟大的转变——读朱德同志的〈从南昌起义到上井冈山〉有感》。粟裕的这篇文章不到2000字，含义却很深刻。粟裕认为："从北伐战争的失败到土地革命的兴起，是我党领导中国革命斗争进行第一次伟大转变的时期。"而从"南昌起义开始我党独立领导武装斗争，到毛泽东同志率领秋收起义部队上井冈山创建农村革命根据地，是这个转变的主要标志"。文章对这个转变的意义作了高度的评价，同时指出：转变的激烈斗争，产生和锻炼了革命的领袖，锤炼出了新型的人民军队。转变也是对每一个人的毫不留情的考验。1982年的中国和中国共产党，正处在一个历史的大转变中，粟裕回顾历史，着眼现实，警示和提醒一些同志，在当前的转折中不要迷失方向，要跟上时代的步伐。文章最后说："今天，我们党领导的社会主义革命和社会主义建设，正处在一个新的

1982年9月1日,粟裕(左二)与胡耀邦(右一)等同志在中共十二大会议休息室。

历史发展时期","我坚信,在久经考验的伟大的中国共产党的正确领导下,一定能把我国建设成为现代化的、高度民主、高度文明的社会主义强国"。文章字里行间渗透着一位老革命家对党的事业及未来无限关怀的深情和信心。

1982年9月,粟裕出席中共第十二次全国代表大会,被选为中央顾问委员会常委,退居二线。在身体条件极差的情况下,他仍默默地奉献着。

1984年1月3日,中央顾问委员会办公室通知,中央顾问委员会、中央组织部、总政治部准备于春节前召开在京退居二三线老同志茶话会。中顾委副主任薄一波说,粟裕同志是一位很有威望的老同志,如果不能出席,请能准备一个书面发言,以便在会上宣读。粟裕考虑到身体情况,表示他不准备出席了,同意以书面发言的形式谈谈自己的心情。1月25日,在中顾委举行的春节茶话会上,中顾委秘书长荣高棠宣读了粟裕的书面发言。发言说:"铁的事实又一次证明,以马列主义、毛泽东思想为指导的中国共产党,完全能够依靠本身的力量,克服自己的阴暗面,纠正自己的错误,也完全有能力领导全国各族人民战胜前进道路上的任何困难,不断夺取新的胜利。""伟大的转折,常使一些意志薄弱的人发生眩晕甚至动摇。现在,有的共产党员,其中有的还是担负领导责任的共产党员,为'十年动乱'的严重挫折所吓倒,对马克思主义、毛泽东思想产生了怀疑,似乎运用马克思主义的立场、观点、方法已经不再能够解释我们的社会,不再能够指导我们的斗争了。这是很值得深思的。也有一些共产党员,正当全国人民欢欣鼓舞、奋勇前进的时候,他们夸大了前进道路上的困难和暂时存在的某些阴暗面,对党的顽强的战斗力产生了怀疑。这也是一种软弱的表现。共产主义事业是需要由好几代人前赴后继、长期奋斗的伟大的革命运动，在前进的道路上，没有困难，没有曲折，是不能想象的。共产党人的气概，从来都是知难而进的。""同全国绝大多数同志一样，我对于马列主义、毛泽东思想的伟大真理，对于中国革命和建设的光辉前途，对于共产主义事业的美好未来，是满怀必胜的信念的。""我们这些老同志，常被人称为'有影响的人士'。我以为影响，主要是党的光辉、战斗的业绩、革命的传统，作用于我们身上所产生的影响。让我们珍惜这种影响，在有生之年，为党为人民发出最后的光和热吧！"

这个千余字的发言，博得了老同志的热烈欢迎。一位老同志说：粟裕同志的发言"是一篇代表老干部又教育老干部和所有同志的金玉良言。特别是他的最后一段，说得太好了。粟裕同志所说的我们老同志有影响，说得十分确切，也是文如其人，说出了他自己对党对人民的忠诚。他的心中只有人民、只有战士、只有同志、只有党和国家"。

1月26日《人民日报》全文刊登了粟裕的这篇书面发言。然而粟裕的这篇被称为"金玉良言"的书面发言，竟成为了他的绝笔！

1984年1月中旬，粟裕病情转重，下旬病情恶化，经多方抢救无效，于1984年2月5日16时33分与世长辞。

粟裕逝世后，他的夫人楚青向中共中央、中央军委转述了粟裕生前的意愿："我在革命战争年代，在党的领导下，身经数百战，在和我共同参加战役、战斗的同志中，牺牲了的烈士有十数万，而我还活着，见到革命的胜利。在我身后，不要举行遗体告别仪式，不要举行追悼会，希望把我的骨灰撒在曾经频繁转战的江西、福建、浙江、安徽、江苏、上海、山东、河南几省、市的土地上，与长眠在那里的战友们在一起。"

1984年4月1日至6月2日，粟裕的亲属和身边工作人员等，遵照粟裕生前意愿，在粟裕曾经战斗过的土地上，撒下了他的骨灰，实现了这位为中国人民和民族解放事业，为国家安全为人民幸福奋斗毕生的革命者朴素而崇高的心愿。

4月2日在送撒骨灰途中，粟裕的夫人和战友楚青，饱含热泪写诗一首，以寄托和粟裕共同战斗、生活40多年的深情。

遣 怀

时晴时雨正清明，
万里送君伴君行。
宽慰似见忠魂笑，
遣怀珍惜战友情。
唯思跃马挥鞭日，
但忆疆场捷报频。
东南此刻花似锦，
堪慰英灵一片心。

粟裕生平大事年表
（1907—1984）

1907 年　诞生
- 8月10日　农历丁未年（清光绪三十三年）七月初二，出生于湖南省会同县伏龙乡（今坪村镇）枫木树脚村。侗族。

1913 年　6 岁
- 进私塾读书。

1916 年　9 岁
- 转到邻村第八国民学校读书，接受新学教育。

1918 年　11 岁
- 全家迁居会同县城，先后进入私立初级国民学校和县立第一高等小学读书。

1923 年　16 岁
- 参加会同第一高等小学学生抗议军阀部队欺压群众的罢课，与同学一起智斗"痞子兵"。
- 报考湖南省立第二师范，被录取为选送生。

1924 年　17 岁
- 离家出走，经洪江到常德，准备进入第二师范读书。因第二师范考期已过，先后进入第二师范附属小学和平民中学读书。参加爱国反帝、抵制洋货等活动。

1925 年　18 岁
- 春　进入湖南省立第二师范读书，参加校内共产党和共青团组织领导的读书会活动和学生运动，逐渐建立起为共产主义事业献身的信念。
- 6月　上海"五卅惨案"以后，参加常德各界声援上海工人的游行示威等活动。

1926 年　19 岁
- 4月　参加为支援桃源第二女子师范罢课而引起的学潮。

- 11月　加入中国共产主义青年团。参加支援北伐和工农革命运动的学生运动。

1927年　20岁
- 5月　参加常德各界声讨蒋介石发动"四一二"反革命政变罪行的斗争，被国民党当局通缉，逃到武昌，参加中国共产党领导的叶挺部国民革命军第二十四师教导队，任学员班长。
- 6月　转为中国共产党党员。
- 7月　随二十四师教导队离开武昌，经九江开赴南昌。
- 8月1日　参加南昌起义。
- 8月6日　随南昌起义军南下，向广东进军。
- 10月3日　南昌起义军在潮汕作战失败后，所在部在广东饶平附近与朱德率领的起义部队会合。在朱德指挥下转战闽赣交界地区。
- 10月16日　参加武平战斗，头部中弹负伤。
- 10月下旬　转战赣粤边界，先后参加朱德主持召开的信丰军人大会和朱德、陈毅领导的大庾整编，被任命为步兵五连政治指导员。
- 11月上旬　随起义军在湘粤赣交界地区开展游击战争和农民运动。改任第五纵队第二支队二连指导员。

1928年　21岁
- 1月　参加湘南起义，任工农革命军第一师第一团五连党代表。
- 4月下旬　随朱德率领的起义部队上井冈山，与毛泽东领导的秋收起义部队会师。
- 6月　调任二十八团三连连长。在七溪岭战斗中，率领一个班俘虏敌军100多人。

1929年　22岁
- 1月14日　随毛泽东、朱德率领的红四军离开井冈山，出击赣南、闽西。
- 2月　参加大柏地战斗、宁都战斗。进攻宁都时臀部负伤。
- 3月　参加长汀战斗。
- 4月初　任红四军第一纵队第一支队第三大队政委。
- 6月　调任红四军第一纵队第二支队政委。参加在龙岩召开的中共红四军第七次代表大会。
- 12月　任红四军特务支队政委。参加在古田镇召开的中共红四军第九次代表大会。

1930年　23岁
- 2月底—3月初　在富田作战中被炮弹炸伤头部，弹片一直留在颅内未取出。
- 6月　红四军、红六军、红十二军在长汀整编，组成红一军团。任整编后的红十二军第五支队队长。
- 8月　奉命率部向湖南进军。月底参加第二次围攻长沙的战斗。
- 12月　任红十二军六十五师师长，月底改任六十四师师长。参加创建和坚持中央苏区的斗争。在第一次反"围剿"中，与兄弟部队协同作战，活捉国民党军第十八师师长张辉瓒。后率部参加歼灭谭道源师的战斗。

1931 年　24 岁
- 4 月—5 月　率部参加第二次反"围剿"作战。
- 6 月　六十四师改为红四军第十三师，仍任师长。
- 7 月—9 月　参加第三次反"围剿"作战。
- 11 月　调任红四军参谋长。不久调红军学校任学员连连长。

1932 年　25 岁
- 2 月　由红军学校调回红四军，仍任红四军参谋长。
- 12 月　任红一军团教导师政委兼政治部主任。

1933 年　26 岁
- 2 月　任红十一军参谋长。参加第四次反"围剿"作战。
- 3 月中旬　率部参加东陂、草台冈两次战役，胜利完成伪装主力、创造战机任务。朱德称两次战役是"红军战术上最好的战例"。
- 5 月　在硝石战斗中负重伤，左臂留下残疾。
- 10 月—11 月　任红七军团参谋长兼二十师师长、政委。率部参加第五次反"围剿"作战。

1934 年　27 岁
- 7 月初　任红军北上抗日先遣队参谋长。7 月 6 日晚从瑞金出发，向闽浙赣皖进军，一路攻克福建省的大田、罗源，浙江省的庆元、常山县城等地。
- 9 月下旬　转战于皖赣边区。在战斗中右臂负伤，弹头到 1951 年才取出。
- 10 月下旬　进入闽浙赣边苏区。
- 11 月　调任闽浙赣军区参谋长。根据中共中央革命军事委员会命令，红军北上抗日先遣队与方志敏领导的红十军及地方武装合编，成立红军第十军团。下旬，红十军团奉命转到外线作战，调任红十军团参谋长。

1935 年　28 岁
- 1 月　红十军团在谭家桥战斗失利后，又在怀玉山遭到敌人围歼。率领先头部队果断突出封锁线，安全到达闽浙赣苏区。
- 2 月　根据中共中央指示，组建挺进师，挺进浙江，创建新的根据地。任挺进师师长。刘英任政委。
- 4 月 28 日　指挥挺进师夺得斋郎战斗胜利。随即进入浙西南开辟根据地，实行由正规军到游击队的战略转变。
- 5 月—8 月　与刘英一起指挥粉碎国民党军队对挺进师的第一次"进剿"。浙西南根据地扩大到 5 个县，纵横百余公里。挺进师发展到近千人，另有地方武装和地方工作人员不下 2000 人。

- 9月　开始持续八个月的反"围剿"斗争。采取"敌进我进"的作战方针，率主力跳出包围圈，在浙闽边开展游击战争，开辟新的根据地。
- 10月5日　中共闽浙边临时省委和闽浙边临时省军区成立，任省军区司令员、省委组织部长。

1936 年　29 岁

- 3月　率领挺进师主力重返浙西南活动。
- 夏　在云和县以南的一次战斗中脚踝负伤。这是他第六次负伤。
- 秋　与刘英分开活动。适应全国抗日救亡运动高涨和浙江商品经济比较发达等实际情况，适时调整政策，开始实行由国内革命战争到抗日民族战争的战略转变，以抗日、反蒋为前提，扩大团结对象，缩小打击目标，创造武装斗争与游击根据地相结合的新经验，打开了新的发展局面。

1937 年　30 岁

- 上半年　率领挺进师粉碎国民党军队从1936年底开始的动用43个团兵力的第二次"围剿"。总结出"敌进我进"的游击战战略方针和六项战术原则。
- 10月14日　与国民党遂昌县政府代表谈判，达成共同抗日协议。几天后，率红军挺进师一部和地方干部告别遂昌县，抵达平阳北港，与刘英会合。部队改编为"国民革命军浙闽边抗日游击总队"，任司令员。刘英任政委。
- 11月—12月　临时省委和游击总队先后举办三期干部训练班，培训军队连以上干部、地方县以上干部。粟裕亲自给学员上课。

1938 年　31 岁

- 1月　兼任抗日救亡干部学校校长，讲授游击战争的战略战术，论述了游击战在抗日战争中的战略意义和战术原则。
- 3月18日　率浙闽边抗日游击总队从平阳县山门街出发，开赴皖南，加入新四军战斗行列。部队整编为新四军第二支队第四团第三营。任第二支队副司令员。
- 4月28日　奉命组建新四军先遣支队，任先遣支队司令员，向苏南敌后挺进，执行战略侦察任务。
- 6月11日　奉命执行挺进南京、镇江间破坏铁道任务。
- 6月17日　指挥先遣支队在镇江以南的韦岗进行伏击战，毙伤日军少佐土井以下官兵数十名，击毁日军汽车4辆，缴获许多枪支弹药和军需物资。此战为新四军在江南抗日的处女战。
- 6月中下旬　先遣支队于6月21日撤销。回到第二支队，后任代司令员。
- 8月—12月　指挥所部进行小丹阳战斗。组织指挥袭击南京中华门、雨花台以及坍桥伏击、和尚桥夜袭、狸头桥和禄口等战斗，神出鬼没地打击日本侵略军。

1939 年　32 岁

- 1月6日　指挥水阳镇伏击战，歼敌31人。

- 1月8日　指挥横山战斗，歼敌50余名。
- 1月12日　与第二支队参谋长罗忠毅合编《实战经验录》。延安于2月25日翻印出版。
- 1月20日　率第二支队一部长途奔袭芜湖附近日军险要据点官陡门，8分钟解决战斗，俘敌57名，缴获大批武器弹药。
- 2月23日　赴云岭新四军军部参加中共中央军委副主席周恩来与新四军领导人研究确定"向南巩固，向东作战，向北发展"战略方针的会议。
- 3月下旬　在第二支队参谋工作会议上作关于军事工作条例的报告。
- 4月10日　组织指挥狸头桥战斗，毙伤日伪军70余名。
- 7月　在狸头桥欢迎来访的国际友人史沫特莱。
- 8月　新四军江南指挥部成立，任副指挥。陈毅任指挥。
- 10月4日　指挥第二支队第四团一部在沪宁线上的伏击战，歼敌110余名，炸毁火车一列。
- 11月11日　与陈毅一起命令张道庸（陶勇）、卢胜率第四团团部及第二营渡江北上，开辟江北抗日根据地。

1940年　33岁

- 2月22日　指挥所部击溃偷袭江南指挥部驻地水西村的日军。
- 4月16日　向准备渡江北进的江南指挥部主力部队指挥员作《关于组织战斗》的报告。
- 5月29日　与陈毅联名致电中共中央，建议新四军向敌后前进，迅速发展。
- 6月15日　与陈毅率江南指挥部北移。途中急电中共中央，建议皖南军部方面宜速部署。
- 6月18日　指挥西塔山保卫战，击溃国民党冷欣部两个团，为新四军主力渡江北上赢得了准备时间。
- 7月8日　率新四军江南指挥部及第二团、新六团近2000人北渡长江，执行开辟苏北、发展华中的战略任务。
- 7月12日　新四军江南指挥部改称新四军苏北指挥部，仍由陈毅、粟裕分任正副指挥。
- 7月25日　前后在苏北指挥部参谋工作会议上作《战时参谋工作》报告。
- 7月29日　指挥所部攻克黄桥。与陈毅率苏北指挥部进驻黄桥。
- 9月6日　指挥营溪战斗，歼灭国民党保一旅一个多团。
- 9月13日　指挥所部攻克姜堰，歼国民党守军1000余人。
- 10月3日—6日　指挥黄桥决战，歼敌1.1万余人，并进占海安、东台等地，打开了华中抗日战争的新局面，奠定了苏北抗日根据地的坚实基础。
- 10月下旬　与陈毅联名致电中共中央，建议："一、军部移江北统一华中指挥，否则应即行解决总的指挥机关。二、请中央从华北酌抽一部精锐（约5万人）增强华中。"
- 10月　在干部会议上作《黄桥战役总结》报告。

- 11月7日　与陈毅等欢迎中共中央中原局书记刘少奇和八路军第五纵队司令员黄克诚到海安，并一起研究决定组建新四军华中总指挥部。
- 11月29日　指挥发起曹甸战役，歼灭国民党军队8000余人。

1941年　34岁

- 1月16日　出席中共中央中原局与华中总指挥部召开的会议，讨论"皖南事变"以后的形势和对策。
- 1月17日　自盐城返回东台苏北指挥部，筹建新四军第一师。1月25日任新四军第一师师长。
- 2月18日　任讨逆总指挥，指挥所部发起讨伐叛国投敌的李长江部，攻克泰州城，俘虏李长江部叛军5000余人，并争取两个支队反正。
- 2月18日　中共中央军事委员会发布命令，正式任命粟裕为新四军第一师师长。
- 3月上旬　率第一师指挥机关到达海安、东台以东地区，在以三仓河为中心的沿海滩涂地带创建抗日民主根据地，以积极的军事行动粉碎了日伪军摧毁新四军首脑机关和围歼第一师主力的阴谋。
- 4月10日　在海安角斜旧场召开第一师直属队干部会议上，作《由正规战转变为游击战的一些问题》的报告，提出工作重心由城镇转入农村，广泛开展游击战争。同时，开辟海上交通，组建海防部队。
- 4月中旬　发动对日伪军据点的攻势作战，首创生俘日军的纪录。
- 4月20日　苏中军区正式成立，兼任苏中军区司令员。
- 5月27日　在第一师参谋工作会议上作《现代战争中的参谋工作》的报告。
- 6月7日　在苏中区地方武装工作会议上作《关于地方武装建设问题》的报告。
- 6月中旬　指挥反"扫荡"作战，以先发制人的行动袭击敌人，在战略上策应保卫盐城部队作战。
- 7月中旬—8月初　指挥苏中军区主力对日伪军发动凌厉攻势，并以"围魏救赵"的战法突袭日军南浦旅团部驻地泰州，迫使日伪军转兵南下，再次粉碎日伪军围歼新四军首脑机关的阴谋。
- 8月13日　指挥苏中军民反击日伪军报复性的"扫荡"，连续作战42个昼夜、130余次，歼敌1300余人。
- 8月中旬起　领导和指挥持续八个月的要点争夺战，"七保三仓"，"五保丰利"，保持了相对稳定的根据地基本区。同时，发动"十团大战"，向苏中各地日伪军薄弱据点广泛出击。
- 10月5日　率领第一师指挥机关和直属部队到海上进行三天的调查研究和战斗演习。
- 10月7日　新四军第六师第十八旅从苏南到达苏中的江（都）高（邮）宝（应）地区。后该旅划归第一师建制。
- 12月26日　与楚青在黄海之滨石家庄（今如东县石庄）结婚。
- 12月　中共中央华中局和新四军军部决定调整各师各战略区范围，第一师和苏中区管辖范围向北扩大到盐城，向南扩大到江南京沪铁路以北的镇（江）丹（阳）武（进）地区。后来又决定将苏南的苏常太、澄锡虞地区划归苏中区党委领导。

- 年底　领导总结在平原水网地带开展游击战争的经验，发动群众展开改造地形的群众运动。

1942 年　35 岁

- 1 月中旬　率第一师指挥机关转移到苏中第四分区，具体指导第四分区的反"扫荡"斗争。
- 2 月 15 日　刘少奇在中共中央华中局第一次扩大会议上作总结报告，指出："我一师几年来工作是获得了最大的成绩，在抗战中建立了最大的功劳。在我全军中以第一师部队作战最多，战果最大。"
- 2 月下旬—3 月中旬　指挥第一师机关和部队进行反"扫荡"作战，打破了日伪军聚歼第一师指挥机关的企图。
- 3 月 16 日　中共中央军委电令新四军第六师部队统一由第一师指挥，第六师番号不变。10 月 26 日，中共中央军委、总政治部电示："一、六两师领导机关对内合并，由粟裕同志统一指挥。"
- 4 月中旬　主持召开苏中军政党委员会第二次扩大会议，根据太平洋战争爆发以后的新形势和苏中的特殊战略地位，提出"一面巩固，一面发展"的方针。
- 5 月 26 日　向新四军军部报告"基点争夺战"的作战方针和主要经验。
- 5 月 28 日　向新四军军部报告组建海上部队的情况。
- 5 月　抗日军政大学苏中大队改称抗大九分校，粟裕兼任校长。
- 6 月 3 日　指导第一师第七团进行斜桥伏击战，歼灭日军 70 余人、伪军 140 余人，缴获平射炮 1 门。
- 6 月 5 日　向新四军首长建议，乘日军发动浙赣路战役、国民党军队向南溃退之机，新四军主力向苏浙皖边区发展。
- 6 月中旬　率领一个精干的指挥班子留在"清剿"区内，具体指导反对日伪军第一次"清剿"的斗争。
- 7 月 19 日　发出致新四军首长的电报，提出实行党政军民一元化领导、改善三结合武装力量体制的建议。7 月 29 日，再次提出关于实行一元化领导等组织形式的建议。
- 8 月上旬　指挥石港攻坚战，全歼守敌 500 余人，并击退各路增援之敌。
- 9 月上旬　组织领导第一师和苏中军区部队统一整编，使主力部队与地方部队的战斗力都得到提高，"三结合"的武装力量体制进一步改善。
- 9 月 25 日　指挥第一师第三旅一个团进行谢家渡战斗，歼灭日军南浦旅团第五十二大队大队长保田以下 110 余人。
- 11 月中旬　根据中共中央和华中局决定，建立一元化领导体制，撤销苏中军政党委员会，成立苏中区党委，粟裕任书记。
- 11 月 12 日　苏中区党委决定，出版苏中区党委机关报《苏中报》，粟裕任党报委员会书记。
- 11 月 25 日　欢迎著名爱国民主人士邹韬奋，并安排他到苏中各地参观访问。
- 12 月下旬　指令王必成率领第二旅一部及苏中党校、抗大九分校渡江南下，坚持和发展苏南抗日斗争。
- 12月 以苏中军区海防团为基础扩建海防纵队,任命第三旅旅长陶勇兼司令员。

1943年 36岁

- 1月1日 在第一师干部会议上作《坚持原地斗争,保存有生力量》的报告。
- 1月10日 向华中局和新四军军部报告苏中反"清乡"斗争部署,提出"以公开的武装斗争为主,达到坚持原地斗争的目的"的方针。
- 1月25日 在第一师直属干部会议上发出五项政治号召:一、一切为了坚持原地斗争,反对退却逃跑;二、一切为了胜利,反对盲目硬拼;三、一切为了革命利益,反对个人打算;四、一切为了战争的胜利,要做困难时的英雄;五、巩固党内外的团结,拥护党的绝对领导。
- 2月1日 发出致王必成、江渭清电,提出第二旅南移以后苏南的斗争方针。
- 2月中旬 为配合盐阜区反"扫荡"斗争,指挥苏中部队展开攻势作战。
- 3月1日 发出致各旅各分区电,指出:"反'清乡'的总的策略方针,是团聚一切反'清乡'势力,集中力量反对敌人'清乡'。"
- 3月8日 作出反"清乡"斗争军事部署,率精干指挥班子留在第四分区指导斗争。
- 3月中旬 指令第十八旅向北挺进至曹甸地区,打通与第三师、第四师的联系,控制这个战略枢纽地带。
- 3月 提出《反"清乡"与反"清剿"报告提纲》。
- 6月15日 主持召开苏中区党委第一次扩大会议,作《半年来苏中工作总结及今后四大任务》的报告。
- 6月23日 自东台出发去新四军军部驻地黄花塘汇报工作,10月3日返回第一师师部,历时3个月零12天,行程500余公里,有意识地选择南北两条路线进行实地调查,形成了在淮宝地区发起以夺取车桥、泾口为目标的攻势作战的设想。
- 7月1日 组织领导苏中军民进行对日伪军"清乡"封锁墙的大破袭战,烧毁竹篱笆150公里。
- 10月18日 发出关于加强攻坚打援战术研究的指示。
- 11月5日 对《滨海报》记者发表谈话:《大江南北反"清乡"斗争的胜利》。11月21日,延安《解放日报》转载。
- 11月25日 在《党风》杂志上发表题为《实行党员军事化》的文章,指出"军事上的学问是特别无止境的",战术是"活生生的辩证法"。
- 12月2日 为苏中党委机关报《苏中报》撰写发刊词《武装头脑是进行武装斗争的先决条件》。
- 12月6日 指挥所部反击国民党顽固派陈泰运部的进攻。

1944年 37岁

- 1月1日 在《苏中报》上发表题为《我们去年在苏中做了些什么?今年还要做些什么?》的文章。1月24日,延安《解放日报》以《坚持苏中敌后斗争》为题转载该文第二部分。

- 1月9日　发出致第四分区并报华中局的电报：《提高群众反"清乡"斗争情绪》。
- 1月16日　发表《告和平军将领书》和《告和平军士兵书》。
- 1月18日　在苏中军区干部大会上作整顿财经工作、反对贪污浪费的报告。
- 1月25日　在第一师直属队干部大会上作关于一年来战略指导的报告。
- 1、2月间　发起春季攻势作战，解放国土近3000平方公里、村镇150多处，争取伪军1000余人反正。
- 2月10日　苏中区党委决定以抗大九分校为基础创办苏中公学，粟裕兼任校长。
- 2月下旬　主持召开苏中区党委扩大会议，讨论决定发起车桥战役，提出"在战略相持阶段，争取有利时机，推进局部战略反攻"的重要观点。
- 3月5日　组织指挥车桥战役，歼灭日军大佐以下官兵460余人（内生俘24人），揭开了苏中战略反攻的序幕。
- 4月18日　苏中区党委决定全面展开整风运动，成立整风学习委员会，粟裕为主任委员。
- 6月26日　发起南坎战役。在以南坎战斗为中心的一系列作战中，主力兵团、地方兵团和民兵共拔除日伪据点七八十处。
- 9月21日—10月31日　组织指挥讨陈战役，反击国民党顽固派陈泰运部，并打击来援伪军，歼灭陈泰运部及伪军2300余人。
- 10月24日　中共中央采纳粟裕的建议，决定由粟裕率苏中军区主力一部南下，发展苏浙抗日根据地。11月2日，中共中央决定成立苏浙军区，任命粟裕为司令员。
- 11月26日　又指示：粟裕南进后，统一指挥江南斗争。
- 12月5日　组建南下司令部（公开称"练兵司令部"），派干部到江边侦察，积极进行南下准备。
- 12月27日　率领新四军第一师指挥机关、三个主力团和地方干部近万人渡江南下。12月31日到达江南溧阳地区。

1945年　38岁

- 1月6日　率部到达浙江省长兴县，与在当地坚持斗争的第十六旅会合。
- 1月13日　根据中央军委指示，成立苏浙军区，粟裕任军区司令员，统一指挥苏南、浙西、浙东部队。
- 1、2月间　组织团以上干部集训，学习毛泽东的《中国革命战争的战略问题》，解决由游击战向运动战的战略转变问题。向连以上干部作山地战和大兵团作战的战术报告。
- 2月12日—18日　组织指挥天目山战役第一次作战。
- 2月22日　组建苏浙公学，兼任校长。
- 3月6日—27日　组织指挥第二次反顽作战，全部占领天目山地区。
- 4月　受华中局委托，代表华中局领导苏南、浙西、浙东三个区党委的工作。
- 5月29日—6月23日　组织指挥第三次反顽作战，取得天目山战役的完全胜利。
- 6月　在中国共产党第七次全国代表大会上，当选为中共中央委员会候补委员。
- 8月初　主持召开苏浙区高级干部会议，研究如何执行中共中央给予的"破敌、收京、入沪"的战略任务。

■ 8月10日 得知日本政府发出乞降照会，在演出《前线》话剧的晚会上宣布日本投降、抗战胜利的消息。

■ 8月11日 根据中共中央华中局和新四军军部指令，下令苏浙军区所属部队实行总反攻，命令苏浙地区日伪军和一切伪组织投降、反正。

■ 8月12日 新四军军部电令苏浙军区部队立即行动，控制京沪杭要道，并占领上海、南京、杭州三大城市，任命粟裕为南京特别市市长。

■ 8月19日 发出致各纵队各分区并报新四军军部的电报，作出反攻作战部署。到9月中旬，接连解放县城11座、重要集镇100余处及广大乡村，苏浙解放区面积扩大到10.87平方公里，人口增加到400余万。

■ 8月24日 发出向华中局的报告，判断日本投降后国民党军即将进入京沪杭地区，反内战阶段即将到来。认为"苏南为南京外围，在内战条件下，四面受敌，地形不利，不能长期作为我军之根据地"。提出"现在一面应准备作坚持苏南、浙西、浙东现有阵地之打算，一面应即作建立新根据地之打算"。

■ 9月1日 华中局指示，成立苏浙区党委，统一领导苏浙地区工作，以粟裕为书记。

■ 9月下旬 组织苏浙军区部队和地方干部北撤的准备，同时进行坚持江南斗争的部署。10月3日至8日，率领苏浙军区部队和地方干部6.5万人分批渡江北上，到达苏中地区。

■ 10月6日 华中局向中共中央报告华中分局和苏皖军区（后称华中军区）组织方案，提出"华中分局以邓子恢、谭震林、粟裕任常委"，苏皖军区以粟裕为司令员。10月8日，中共中央复电，"同意粟裕留华中任司令"。

■ 10月15日 在华中局看到中共中央任命他为苏皖军区司令、张鼎丞为副司令的电报，当即向华中局负责同志提出建议，并直接发电报给中共中央，请求由张鼎丞任司令，自己改任副职。10月24日，中共中央复电坚持"粟为司令，张为副司令"。10月27日，粟裕再次发电报给中共中央，建议以张鼎丞为司令。10月29日，中共中央复电，"同意以张鼎丞为华中军区（不称苏皖军区）司令，粟裕为副司令并兼华中野战军司令"。

■ 10月27日 发出给中共中央的电报，建议在抽调部队到山东、东北时，"尽可能不过多破坏建制"，以保持部队的传统作风和战斗力。10月29日，中共中央复电，认为粟裕的提议"是有理由的"，指示"各师建制应尽可能不分割"。

■ 11月上旬 组建华中军区和华中野战军。华中军区下辖8个军分区。华中野战军下辖第六、第七、第八、第九4个纵队。

■ 12月3日 与张鼎丞、邓子恢、谭震林、曾山一起报中共中央并陈毅等电，建议举行高邮邵伯战役。经中央军委和新四军军部批准，于12月19日发起高邮邵伯战役，26日胜利结束。

■ 12月15日 发出致新四军军部和华中军区电，于1946年1月间组织陇海路东段战役。经批准，于1月13日发起陇海路东段战役，实现了打通华中与山东联系的战略目标。

1946年　39岁

- 2月2日　在华中军区干部大会上作报告，指出：我们真诚拥护和平，但要密切注意蒋介石假和谈真内战的阴谋。一方面要看到，经过斗争，可能谈出一个和平局面；另一方面也要看到，可能一直打下去，直到打出一个新中国。
- 3月2日　与谭震林一起乘飞机由淮阴去徐州，参加周恩来、张治中、马歇尔"三人军事小组"主持的谈判，主要谈"粟裕部与顾祝同部的摩擦问题"。
- 3月7日　军事调处执行部淮阴执行小组成立。指派苏中军区政治部主任韩念龙等参加执行小组，并指示如何同美蒋代表作斗争，借机进行战略侦察。
- 5月5日　与张鼎丞、谭震林联名发电报给中央、陈毅，请示可否在蒋军进攻中原地区新四军第五师时，"不待苏中顽军之动作，而先行发动攻势"。
- 5月8日　领导华中野战军完成精简整编，共精简老弱病残人员1017名，主力部队扩充为2个师、3个纵队。
- 5月中旬　华中局召开土地改革会议。粟裕坚决主张立即开展土地改革，认为这是具有重大战略意义的战争准备。
- 5月　组建华中雪枫大学，兼任校长。
- 5月31日　与张鼎丞、邓子恢、谭震林、曾山联名发电报给新四军陈毅军长和中央军委，全面分析华中地区敌我战略态势，提出华中战略区在全面内战爆发后实行内线作战的设想。
- 6月6日　向中央军委、新四军军部报告华中地区南线作战部署。
- 6月7日　自淮安出发去苏中前线。
- 6月16日　在苏中前线东台召开各师各纵队首长会议，并于当天将作战部署报告陈毅军长，建议将五旅调至高邮附近，首先集中兵力于苏中方向。
- 6月21日　在华中野战军干部大会上作报告，讲目前形势和任务以及大兵团作战问题。
- 6月22日　中共中央发出《全局破裂后太行和山东两区的作战方针》的电报，指示"太行区以豫东地区为主要作战方向"，"山东区以徐州地区为主要作战方向"，"粟谭主力对付江北之敌，配合你们作战"。6月26日又致华中分局并告陈毅、舒同的电报，指令"粟谭率主力（不少于十五个团）位于三分区，与陈舒配合，一举占领蚌浦间铁路线，彻底破坏铁路，歼灭该地之敌，恢复三、四分区失地，并准备打大仗，歼灭由浦口北进之敌"。
- 6月27日　发出给新四军军部、中央军委和华中军区的电报，请示"我们是否在苏中先打一仗再西移"。
- 6月30日　中央军委电示华中野战军："部队暂缓调动。待与陈军长商酌后，即可决定通知你们。"
- 7月4日　中央军委致刘伯承、邓小平、陈毅、华中分局电，指出："我先在内线打几个胜仗再转至外线，在政治上更为有利。"
- 7月10日　主持华中野战军作战会议，根据中央军委指示和敌我态势制定作战部署，决定第一仗在苏中前部地区作战，以整编第八十三师为首歼目标，到敌人进攻的出发地去打。11日，将作战部署上报中央军委、新四军军部、华中军区。

- 7月13日　指挥华中野战军发起苏中战役第一次作战。
- 7月18日　指挥华中野战军发起苏中战役第二次作战。
- 7月25日　发出给新四军军部、华中军区并中共中央的电报，建议将在淮南的第五旅调至苏中参战。
- 7月28日　由海安出发去淮安，请华中分局讨论决定是否主动放弃海安，以造成敌人错觉，创造有利战机。29日，华中分局会议讨论同意粟裕的意见。会后即将作战部署上报中共中央、华东局、新四军军部。
- 8月3日　苏中战役第三次作战胜利结束，华中野战军主动撤出海安。
- 8月5日　电复中央军委询问，认为"在五旅增调到苏中条件下，于八月内再歼敌两个旅是有把握的"。因此"斗胆直陈"，"要求五旅及特务团仍东调参战"。
- 8月7日　得知海安之敌分兵东进的情报，立即向中央军委、华中分局报告"歼敌良机已至"，决定发起李堡作战。11日，苏中战役第四次作战胜利结束。
- 8月14日　和谭震林联名电复中央军委询问，认为"再在苏中打仗为有利"。中央军委15日电示："所见很对。望利用苏中各种有利条件继续在那里作战。如你们能在今后一个月内再打二三个胜仗，则对整个局势助益甚大。"
- 8月20日　发出关于攻击丁堰、林梓的作战命令。21日，苏中战役第五次作战胜利结束。
- 8月25日　发起如黄路战斗，27日第六次作战胜利结束，并于31日乘胜攻克黄桥。26日，国民党第二十五军得知如黄路作战失利，急忙撤回扬州，苏中战役第七次作战胜利结束。
- 8月28日　毛泽东为中央军委起草致各战略区首长的电报，推广苏中战役经验。
- 8月29日　延安总部发言人对新华社记者发表谈话说："我粟裕将军所部在广大民兵配合之下保卫苏中，自七月十三日至八月二十七日七战七捷，前后消灭蒋军七个整旅（即七个师）之多。"
- 8月31日　在华中野战军排以上干部会议上作题为《四十五天自卫战简述》的报告，总结苏中战役经验。
- 同日　与谭震林一起发出致中共中央、陈宋、张邓电，报告下一步作战计划：9月份完成苏中战场第一期作战，然后即按中央指示西进，夺取扬泰，恢复三、四分区。
- 9月7日　与谭震林一起发出致陈毅、宋时轮并中央军委、张鼎丞、邓子恢电，"请求山野必须在淮泗地区打几个仗以挫敌锐，否则两淮不保"，并提出"如山野必须离开淮泗而向北转移攻势"，"我们当于攻占海安后，暂时放弃苏中之较有利局面，而转移主力于淮泗"。
- 9月10日　发出致中共中央、陈宋、张邓谭电，报告苏中国民党军队将于10月初发动第二期进攻，认为我军在作战指导上应引诱敌人更深入一些，必要时放弃一些地方，以便歼灭敌人，决定放弃攻占海安，主力休整待机。
- 9月11日　中央军委连发两电给陈毅、张邓、粟谭，指令粟谭主力即开两淮机动位置，准备配合陈宋主力歼敌。
- 9月13日　率领华中野战军主力一、六两师北上。

- 9月17日　拂晓由华中军区驻地马厂赶赴淮阴前线。因一、六两师部队大部未到达两淮地区，与谭震林连发五电给陈毅，建议和恳请山东野战军主力南下参战。陈毅派一个团增援。
- 9月19日　决定撤离淮阴，华野主力转移到两淮以东地区休整待机。
- 9月20日　与张鼎丞、邓子恢、谭震林联名发电报给中共中央和新四军军部，提出华中、山东两个野战军集中行动改变战局的建议。中共中央23日复电指示："山野、华野集中行动，两个指挥部亦应合一，提议陈毅为司令员兼政委，粟裕为副司令员，谭震林为副政委。如同意，请即公布（对内）执行。"
- 9月25日　在华中野战军干部大会上作苏中战役总结报告。
- 同日　对新华社记者发表谈话，指出："我们所进行的运动战，胜败不决定于一城一地之得失，而决定于有生力量的消长。""我军的撤出两淮，绝对不是我们军事上的失败，而是对蒋军大规模歼灭战的开始。"
- 9月30日　与张鼎丞、邓子恢、谭震林、曾山联名发电报给中共中央和华东局，报告对华东战局的分析及对下一步作战的建议，认为在淮海地区的作战是有决定意义的。
- 10月7日　与张鼎丞、邓子恢联名发出三电给陈毅，建议陈、粟会合在一起，山野与华野指挥机关合并，"盼军长来此统一指挥"，认为"统一指挥是今后取胜的基本条件"。
- 10月15日　中共中央复陈毅、张鼎丞、邓子恢、曾山电指示："决心在淮海打仗，甚慰。""为执行此神圣任务，陈、张、邓、曾、粟、谭团结协和极为必要。在陈领导下，大政方针共同决定（你们六人经常在一起以免往返电商贻误戎机），战役指挥交粟负责。"
- 10月21日　与陈毅、谭震林一起决定，集中23个团歼灭进攻涟水之敌，并于当天晚上率领华野司令部部分人员开赴涟水前线。10月30日，涟水战役胜利结束。
- 12月2日　在华中军区营以上干部大会上作军事工作报告，着重讲组织大兵团作战问题。
- 12月3日　自涟水出发去盐城前线，指挥盐南战役。
- 12月9日　中央军委为组织宿北战役电示陈毅并告张邓粟谭："应待盐城作战结束后，粟率一师北返，并待敌情完全明了后，再考虑部署。届时请粟提出计划电告。"11日再次电示："粟即日北返部署宿沭作战。"
- 12月12日　返回华中分局和华中军区驻地张集，同从鲁南南下的陈毅会合，与张鼎丞、邓子恢、谭震林一起，共同策划宿北战役，并将作战部署上报中央军委。
- 12月13日　以华东野战军副司令员名义，与司令员兼政委陈毅、副政委谭震林、参谋长陈士榘发出宿北战役预备命令，并于次日发起宿北战役。12月18日，宿北战役胜利结束。
- 12月24日　与陈毅一起向中央军委报告北上鲁南歼灭冯治安部及二十六师的作战部署。中央军委25日复电指示："很好，很必要，望坚决执行。"
- 12月27日　率领华野指挥机关和第一师等部队北上鲁南。

■ 12月30日 与陈毅一起主持制定《华东野战军峄东作战计划》,决定集中27个团兵力,首先歼灭国民党第二十六师。

1947年 40岁

■ 1月3日 与陈毅电复中央军委询问,报告他们二人已于上月29日会合,"共同主持战役"。同日,发起鲁南战役,经四昼夜激战,全歼国民党第二十六师和第一快速纵队3万余人。

■ 1月6日 建议乘胜攻取峄县、枣庄,并到峄枣前线指挥作战。11日,指挥第八师攻克峄县,全歼守敌。20日,枣庄战斗胜利结束,全歼守敌,生俘中将师长以下3700余人。

■ 1月下旬 华东野战军组成,任副司令员。

■ 2月5日 与陈毅一起提出"舍南取北"作战构想以及"主力急行北上,彻底歼灭北线之敌"的作战方案,并于当天电报中央军委。中央军委6日复电"完全同意"。

■ 2月10日 与陈毅一起召开纵队以上高级干部会议,决定集中53个团歼灭李仙洲集团。15日,主动放弃临沂,同时下达围歼李仙洲集团的作战预令。20日,发起莱芜战役。经三日激战,歼灭国民党军队5.6万余人,生俘第二绥靖区副司令官李仙洲以下将领17名。

■ 3月8日 在华东野战军前委扩大会议上作《莱芜战役初步总结》报告。

■ 3月10日 陈毅对山东《大众日报》记者发表谈话,指出华东野战军在宿北、鲁南、鲁中接连取得空前大胜,"证明了我军副司令粟裕将军的战役指挥一贯保持其常胜纪录,愈出愈奇,愈打愈妙"。

■ 3月28日 与谭震林、陈士榘联名发出报中共中央、陈饶、张黎并告刘邓电,提出对付国民党军队重点进攻的作战部署。4月7日,中央军委复电同意。

■ 4月22日 指挥发起蒙阴战役,战至26日,攻克泰安县城,歼灭整编七十二师师部和两个旅,生擒中将师长杨文泉。

■ 5月3日、4日 与陈毅复中央军委电,认为蒋介石"以进攻山东为其战略要点",敌军密集靠拢、增援较快、行动谨慎,我们"正考虑作更远的打算",决定适时改变作战计划,以调动和迷惑敌人,创造打大歼灭战的战机。中央军委电示:"敌军密集不好打,忍耐待机,处置甚妥。"

■ 5月11日 华东野战军情报部门截获汤恩伯限七十四师于5月12日攻占坦埠的电令。粟裕判断,敌人企图在两翼和后续强大兵团掩护下实行中央突破,首先摧毁我军指挥中心,然后聚歼我军主力。认为这是难得的有利战机,建议改变原定打第七军和整编四十八师的计划,以中央突破对中央突破,将整编第七十四师于敌人重兵集团中割裂出来予以歼灭。陈毅赞同粟裕的意见,说:"我们就是要有于百万军中取上将首级的英雄气概!"5月13日,向中央军委并刘、邓报告围歼整编第七十四师的决心和计划,"我们于今晚集结一、四与八、九纵向七十四师出击,于明晨完成包围。战斗约需两三天,待歼灭七十四师后再视机扩张战果"。中央军委14日复电指出:"以一、四、八、九纵歼击七十四师极为正确。"15日指挥华野各部发起总攻,16日全歼整编第七十四师于孟良崮山区,击毙中将师长张灵甫。

■ 6月29日　中央军委致陈毅、粟裕、谭震林电,改变原来要华东野战军集中兵力坚持内线歼敌的方针,要求华东野战军以两三个纵队出鲁南,以两个纵队出鲁西,以四个纵队监视正面之敌。指出:"以上方针是因敌正面既然绝对集中兵力,我军便不应再继续采取集中兵力方针,而应改取分路出击其深远后方之方针。"根据中央军委指示,陈粟谭决定兵分三路,7月1日开始行动,于6月30日将这一部署上报中央军委。中央军委7月2日复电指示:"周内数电悉,布置甚好。"

■ 7月10日　与陈毅、谭震林连发两电给中央军委并刘邓,判断"蒋仍决心维持东攻西守政策",建议刘邓切断津浦、陇海两路,华野全军西进,与刘邓会师,打大歼灭战。7月13日,得知敌军调整部署,与饶漱石、黎玉、陈毅、谭震林报告中央军委,改变计划,先歼南麻之敌十一师五个团。7月17日,发起对南麻之敌整编第十一师的进攻,歼敌9000余人,我军伤亡400余人,21日撤出战斗。

■ 7月23日　得知李弥率领国民党第八军五个团进占临朐县城,企图切断南北交通,威胁华东野战军后方。与陈、谭决定,乘敌人立足未稳,以速战速决的战法,歼灭第八军于临朐城及其东南地区。经两天两夜恶战,多次攻城未能奏效。加上暴雨成灾,山洪暴发,部队行动受阻,决定撤出战斗。

■ 8月4日　起草并发出给华东局并报中共中央、刘邓的电报,从战略指导和战术指导两方面分析两仗未打好的原因及经验教训,并表示自己"应负全责,为此请求给予应得之处分"。8月6日,中央军委复电指出:"几仗未打好并不要紧,整个形势仍是好的。请安心工作,鼓励士气,以利再战。"

■ 同日　中央军委连发三电,指令粟裕率领炮兵主力速去鲁西南,统一指挥陈、唐、叶、陶5个纵队,积极策应刘邓作战。粟裕建议:(一)请陈毅一同西去,以加强领导;(二)为了造成战役上的优势,增调第六纵队到西线;(三)留在山东的二、七、九3个纵队组成东兵团,执行内线作战任务。取得陈毅同意后,当天上报中央军委和华东局。8月6日,中央军委复电,"同意陈粟率野直及六纵去鲁西南,谭黎许组成东兵团"。8月8日,陈、粟率领华东野战军指挥机关和第六纵队、特种兵纵队向鲁西南进军。

■ 8月15日　与陈毅致电陈士榘、唐亮并报中央军委、刘邓,指示:克服急于回内线情绪,配合刘邓打几个好仗。中央军委于19日复电指出,陈、粟15日电"极为正确"。

■ 8月16日　中央军委致陈、粟电,询问西线兵团下一步行动打算。此时陈毅已去渤海区处理后方工作。粟裕于18日复电,报告自己的想法和建议,提出"西兵团目前应位鲁西南及陇海线上行动,必要时以一部挺入路南,破袭津浦,威胁徐州,才能有效拖住敌人"。毛泽东24日复电指出:"粟裕同志巧酉电意见极为正确。西兵团作战范围,规定为黄河以南,淮河以北,运河似西,平汉以东。"

■ 8月31日　根据中央军委指示,与陈毅率领华野指挥机关及六纵、十纵、特纵日夜兼程南进,9月2日渡过黄河,9月5日与陈、唐、叶、陶率领的五个纵队会合于山东郓城地区，支援和配合刘邓大军挺进大别山的行动。

- 9月3日　在华野指挥机关干部大会上作报告，总结"七月分兵"以后作战指导上的经验教训，分析我军战略进攻的特点，指出"今后几个月正是由敌强我弱转变为敌弱我强的关键时期"。
- 9月6日　主持召开纵队以上干部会议，决定发起沙土集战役。经三天激战，全歼国民党整编第五十七师9500余人，俘虏中将师长段霖茂以下官兵7500余人。
- 9月22日　中共中央决定组成包括陈毅、粟裕在内的晋冀鲁豫中央局，陈、粟代表晋冀鲁豫中央局指导黄河以南、运河以西、平汉以东、淮河以北之党政军民工作。晋冀鲁豫第十一纵队归陈粟指挥。
- 9月24日　与陈毅一起决定向豫皖苏进军。从9月27日到10月2日，指挥华野西兵团主力分两路越过陇海路，在3000公里正面前进150公里，攻克县城13座和重要集镇几十处，切断津浦、陇海2条铁路线，歼灭反动武装5000余人，完成战略展开，初步站定脚跟。
- 10月23日　与陈毅向中央军委报告，决定集中主力发起陇海路破击战。中央军委复电同意。从11月8日到17日，破坏铁路150余公里，歼敌1.1万余人，攻克县城9座、车站17个，威胁战略要点徐州，迫使敌人抽调15个旅向北增援，推迟围攻大别山的计划。
- 11月8日　陈毅离开华野指挥机关去邯郸局商谈后勤供应问题，后又奉命到西柏坡中共中央工作委员会、陕北中共中央汇报工作，直到1948年4月返回濮阳华野驻地。在此期间，粟裕担负独立指挥华野西兵团作战任务。
- 11月16日　向中央军委和刘邓报告徐蚌路破击战情况，建议刘邓、陈谢两路大军乘敌部署未妥之机，提前发起平汉路破击战。
- 11月20日　向邯郸局并中共中央、华东局报告《部队进入豫皖苏地区工作情况、思想倾向及克服办法》。中共中央于28日复电指出"所指各点是正确的"，并指示"今年九月初到明年八月底之一年时间做到完成土改、消灭敌人两大任务"。
- 12月7日　得知蒋介石集中33个旅围攻大别山区的刘邓大军，决定改变原定作战计划，主力转向平汉线，直接配合大别山作战。经中央军委批准，发起平汉路郑州许昌段和陇海路郑州兰考段破击战。
- 12月10日　经过几个月的研究探索，认为我军歼灭战不断向更大规模发展是解放战争发展的客观规律，改变中原战局、发展战略进攻的关键是集中更大兵力打更大规模的歼灭战。在这个基础上，写出了《对今后作战建军之意见》。
- 12月19日　发出致中央军委电，建议："我们及陈谢必须长期配合刘邓行动，直至完全粉碎敌人对大别山之进攻为止。"中央军委于20日复电，"完全同意粟皓丑电意见"，"提议由粟亲率（一、三、四、六等4个纵队）南下与陈谢会合，并归粟统一指挥，沿平汉线向南直迫武汉"。
- 12月24日　与陈赓会合，决定于25日发起平汉路战役。战至27日，歼灭国民党整编第三师于祝王寨、金刚寺地区。然后乘胜南进，围攻确山之敌，重创敌整编第二十师。迫使敌人从大别山抽调13个旅增援。

- 12月底　经过三个月的艰苦转战和深入工作，陈粟大军与刘邓大军、陈谢大军共同完成了经略中原的战略任务。

1948年　41岁

- 1月1日　率领华东野战军指挥机关和四个纵队集结于河南临颍地区休整待机。
- 1月5日　在华野直属机关干部大会上作报告，指出："去年一年的战争，我们只是在战略上争取了优势，今年我们要在数量上技术上争取优势。如果我们在各方面都完全取得了优势，那时候反攻的形势即可急转直下，革命的全国胜利即可迅速到来。"
- 1月17日　发出致中共中央、华东局电，报告豫皖苏新区土改和地方武装建设情况。毛泽东复电指出："你的布置极为适当。"
- 1月22日　发出致中央军委、刘邓电，"斗胆直陈"1947年12月10日起草的《对今后作战建军之意见》。
- 1月25日　在华东野战军政治工作会议上作《政治工作是军队的生命线》的报告。
- 1月26日　在华野师以上干部会议上讲话，再次论述战略进攻的特点和优势劣势的转化问题。
- 1月27日　中央军委电示粟裕，由他率领华野3个纵队渡江南进，在湘赣浙闽诸省执行宽大机动作战任务，以吸引中原地区敌军20个至30个旅回防江南。渡江时间和地点，提出3个方案，认为各有利弊，要他"熟筹见复"。粟裕于31日复电，报告对渡江时间、地点和路线方案的意见，同时重申1月22日电的基本观点以及在中原地区集中兵力打歼灭战的建议。3月上旬，率领华野指挥机关和部队集结于黄河以北的濮阳地区休整，进行渡江南进准备。
- 3月10日　毛泽东致刘少奇电，通知中央机关将于3月20日东移，"届时拟约粟裕一商行动计划"。
- 3月15日　主持召开华野前委扩大会议，贯彻中共中央关于整顿纪律的指示。
- 4月2日　陈毅由西柏坡中共中央工作委员会返回华东野战军驻地濮阳，与粟裕会合。
- 4月18日　发出致中央军委、华东局电，再次"斗胆直陈"对目前战局的认识和对作战方针的建议，提出华野三个纵队暂不过江，而集中兵力在中原黄淮地区打大歼灭战。
- 4月21日　中央军委电示陈毅、粟裕，请他们到中央工委开会，"商量行动问题"。25日，毛泽东提议召开中央书记处会议，议题之一是"陈粟兵团的行动问题"。30日，与陈毅一起到达阜平县城南庄，同日参加中共中央书记处扩大会议，着重汇报了华野三个纵队暂不渡江南进、集中兵力在中原黄淮地区打大歼灭战的建议。中共中央书记处决定，在既定战略方针不变的前提下，采纳粟裕的建议。
- 5月7日　毛泽东约粟裕谈话，传达中共中央决定，调华东野战军司令员兼政委陈毅到中原军区、中原野战军工作。粟裕再三请求陈毅仍留华野，后又建议继续保留陈毅在华野的职务。5月9日，中共中央决定，陈毅任中原军区、中原野战军副司令员,仍兼华东野战军司令员及政委职务,"陈在华野党政军职务由粟裕代理"。

■ 5月10日　与陈毅陪同朱德总司令离开石家庄南下,12日到达华东野战军指挥机关驻地濮阳。

■ 5月14日　与陈毅一起发出致华东局、中原局及陈士榘、唐亮电,传达毛泽东主席提出的"军队向前进,生产长一寸,加强纪律性"的方针。同日,召开华东野战军团以上干部大会,欢迎朱德总司令。

■ 5月20日　与陈毅报中央军委电,提出三个纵队夏季作战预案。中央军委于21日复电,指示"以歼灭五军为夏季作战之中心目标","陈毅不参加此次作战","粟裕全权指挥一、三、四、六、八及十一纵之作战,并指挥许(世友)谭(震林)在津浦路上之配合作战"。

■ 5月28日　率领华野指挥机关和五个纵队由濮阳出发,31日渡过黄河,向鲁西南城武地区挺进。

■ 5月30日　中央军委任命粟裕"兼华野副政委,负担副政委各项工作责任,并于陈毅同志不在华野总部工作时代理政委职权"。

■ 同日　指导组建华东野战军渡江先遣纵队。

■ 6月初　分析中原地区敌我态势,认为在鲁西南歼灭五军的条件尚未成熟,因而设想了一个"先打开封,后歼援敌"的作战腹案。6月15日,与张震联名报告中央军委、刘邓(小平)、陈邓(子恢)、华东局。16日午时,再报中央军委,说明"因情况急迫,请示不及,已令各部执行"。中央军委于17日复电指示:"完全同意铣午电部署。这是目前情况下的正确方针。""情况紧张时,独立处置,不要请示。"

■ 6月16日　发起开封战役(又称豫东战役第一阶段)。激战五昼夜,22日攻克开封,全歼守敌及部分援敌共4万余人。

■ 6月23日　中原局报中央军委,请中央批准豫皖苏分局名单。中央军委于24日电示同意,并令"粟裕兼军区司令员"。

■ 6月27日　发起睢杞战役(又称豫东战役第二阶段)。激战六天,歼灭区寿年兵团的兵团部、整编第七十五师师部和第六旅1个团。接着,又给增援的黄百韬兵团以歼灭性打击。共歼敌5万余人。

■ 7月12日　发起兖州战役,歼敌6.3万余人,使王耀武盘踞的济南陷于孤立。

■ 7月13日　中共中央致中原局并告粟裕等电,指示:"粟兵团应在现地作战至明年春季或夏季,歼灭五军、十八军等部,开辟南进道路,然后南进(不歼灭五军、十八军不走)。"

■ 7月16日　与陈士榘、唐亮、张震联名发电报给中央军委,"建议许谭与我们争取时间休整一个月,尔后协力攻打济南,并同时打援"。中央军委于17日、23日复电同意休整,并指示:休整完毕,或在陇海路南北打几仗然后攻济南,或先攻济南并打援,"由粟裕、陈士榘、唐亮、张震依情况提出计划并统一指挥"。

■ 8月10日　与陈士榘、唐亮、张震、钟期光联名发电报给中央军委、华东局、中原局并致山东兵团、苏北兵团,提出休整以后"集中华野全部(包括许谭、韦吉共约三十万人），或先攻济南，或先转到外线进行大规模歼灭战"，并提出"攻占济南与打援同时进行"的作战方案。

■ 8月23日　与谭震林等发出报中央军委并致管文蔚、陈丕显、韦国清、吉洛电，建议调苏北兵团参加济南战役。同时提出，"两个月以后，我们即可举全力沿运河及津浦南下，以一个兵团攻占两淮及高邮、宝应"。

■ 8月25日—29日　主持召开华东野战军前敌委员会扩大会议，传达学习中央军委指示，统一战役指导思想，制定攻济打援作战部署。8月31日，向中央军委报告攻济打援作战方案。中央军委9月2日复电，"完全同意未世电所提攻济及打援之整个部署"。

■ 9月1日　粟裕、谭震林、唐亮、钟期光签发《济南战役政治动员令》，号召"打到济南府，活捉王耀武"。2日，下达《徐济作战预备命令》。

■ 9月9日　到攻城部队西集团参加作战会议，并在干部大会上作动员报告。

■ 9月11日　中央军委复许世友并告粟裕等电，指示："整个攻城指挥，由你们担负。全军指挥，由粟裕担负。"

■ 9月16日　发起济南战役，24日胜利结束，全歼济南守敌10.4万余人（包括起义2万余人），生俘国民党第二绥靖区司令官王耀武以下将领23名。在阻援打援战场上，敌军迟迟不敢北上增援，我军不战而胜。

■ 9月24日　发电报给中央军委、毛泽东并华东局、中原局，建议下一步举行淮海战役。25日19时，中央军委复电指示："我们认为举行淮海战役，甚为必要。"

■ 10月5日　主持召开有师以上干部参加的华野前委扩大会议，传达中共中央政治局九月会议精神，讨论通过《关于加强纪律性克服党内无纪律无组织无政府状态的决议》，并三次召开作战会议讨论制订淮海战役作战方案，于10月24日结束。

■ 10月11日　中央军委致饶粟谭并告华东局、中原局电，提出淮海战役的作战方针及淮海战役之后的作战计划。

■ 10月23日　签发淮海战役预备命令。

■ 10月28日　向中央军委报告淮海战役第一阶段作战计划。中央军委30日复电指示："计划与部署甚好，请即照此执行。"

■ 10月31日　发出致中央军委、陈毅、邓小平、华东局、中原局电，报告"淮海战役当遵令于齐（8日）晚发起战斗"，建议"请陈军长、邓政委统一指挥"。中央军委于11月1日复电指示："整个战役统一受陈邓指挥。"

■ 11月4日　发出《华东野战军淮海战役攻击命令》。6日，率领华野指挥机关进至山东临沂。根据敌军动向和潜伏于冯治安部的共产党员何基沣、张克侠在发动起义上更趋积极，决定将淮海战役发起时间提前两天，于6日晚发起攻击。同日戌时将作战部署上报中央军委、陈邓等。中央军委7日20时复电："完全同意鱼戌电所述攻击部署，望你们坚决执行，非有特别重大变化，不要改变计划，愈坚决愈能胜利。在此方针下，由你们机断专行，不要事事请示，但将战况及意见每日或每两日或每三日报告一次。"

■ 11月7日　与陈士榘、张震发出致谭震林、王建安并报陈邓、中央军委、华东局、中原局电，判断淮海战役发起后，"有提前夺取徐州或孤立徐州，使敌不能南撤可能"，认为"目前主要关键为能否全歼黄兵团，同时作下一步准备"，"孤立徐州，截断徐敌陆上退路甚为必要"，建议中原、华东两野战军主力攻击徐蚌段。中央军委于8日7时复电指出"估计及部署均很好"。

■ 同日　与张震彻夜长谈，分析全国战略态势，认为在辽沈战役胜利后，应当迫使蒋介石采取继续在江北与我周旋的方针，不失时机地使淮海战役发展为南线战略决战。8日发出电报，向中央军委、陈邓并华东局、中原局建议：华东野战军在歼灭黄百韬兵团之后，"不必以主力向两淮进攻（新海敌主力已西撤），而以主力转向徐固线进击，抑留敌人于徐州及其周围，尔后分别削弱与逐渐消灭之（或歼孙兵团，或歼黄维兵团）"。中央军委9日电示："齐辰电悉。应极力争取在徐州附近歼灭敌人主力，勿使南窜。华东、华北、中原三方面应用全力保证我军的供应。"

■ 11月8日　何基沣、张克侠率领冯治安部2.3万余人起义。华野3个纵队通过起义部队防区，迅速切断黄百韬兵团西撤通路。

■ 11月9日　率领华野指挥机关前进到运河车站，指挥华野各部追击黄百韬兵团，11日完成对黄百韬兵团的包围。

■ 11月13日　率领华野指挥机关转移到邳县土山镇东南之火神庙，就近指挥围歼黄百韬兵团。

■ 11月14日　与陈士榘、张震9时致谭震林、王建安电，分析11日以来围歼战斗进展不快的三个原因，提出调整指挥关系的两个方案，征询谭、王意见。当天晚上，召集主攻纵队首长会议，总结经验，改进战法，调整部署，决定由谭震林、王建安统一指挥围歼黄兵团的六个纵队。15日发出歼灭黄百韬兵团攻击令。17日发起总攻，22日胜利结束，全歼黄百韬兵团。

■ 11月16日　中央军委电示刘、陈（毅）、邓并粟、陈（士榘）、张（震）等，决定由刘伯承、陈毅、邓小平、粟裕、谭震林组成总前委。

■ 11月18日　与陈士榘、张震连发两电，向刘、陈、邓和中央军委报告，"邱李东援部队进程甚缓"，"估计邱李已不敢大胆东援，纵（敌）东援歼灭可能性不大"，建议"争取时间首歼碾庄之敌。尔后再转移一部南下，配合中野歼灭李、刘或黄维"。

■ 11月19日　中央军委电示粟、谭并告刘、陈、邓，指出"南线集中中野三、四纵及叶飞一纵歼灭李延年于宿县以东地区，是极关重要的一着。李延年歼灭后即可续歼刘汝明或将其驱至蚌埠，则黄维便陷孤立"。"尔后即可全力歼灭黄维，如像在碾庄歼灭黄百韬那样，获得一个伟大胜利"。同日，刘、陈、邓致中央军委、粟、陈、张电，建议先打黄维兵团。20日2时，粟、陈、张复电，表示完全拥护军委指示对南线作战方针。同日亥时（21—23时），又发电报给刘、陈、邓并报中央军委、华东局，表示完全同意刘、陈、邓指示，抽出4至5个纵队，必要时还可增加3个纵队，协同中野歼击黄维、李延年，并建议"首先求得彻底歼灭黄维为主"，华野"全力保刘陈邓歼黄胜利"。刘、陈、邓于21日15时复电，表示"完全同意二十日亥时电部署"。

■ 11月21日　中央军委电示粟、陈、张并告刘、陈、邓等，指示："华野今后一个时期内的主要任务是歼灭李延年。请粟陈张、谭王从目前起，即将主要注意力及兵力部署的重点放在歼灭李延年三个军的上面。"

- 同日 18 时　与陈士榘、张震致刘、陈、邓、中央军委并谭震林等电，决定以七个纵队监视徐州近郊之邱、李、孙兵团，采取逐次削弱，坚决阻击其南窜，以保刘、陈、邓中野歼灭黄维兵团，并作出具体部署。刘、陈、邓于23日辰时（7—9时）复电，"完全同意二十一日十八时电部署"，并指示"战役第一步由中野全力打黄维，华野全力歼李延年、刘汝明（宿县城由华野控制）。尔后再视战况发展，实行调整"。

- 11月23日22时　刘、陈、邓致粟、陈、张并报中央军委电，指出黄维兵团之十八军向我南坪集阵地发起进攻，"歼击黄维之时机甚好"，"我们意见除王张十一纵外，请粟陈张以两三个纵队对李刘防御，至少以四个纵队参加歼黄作战"。粟、陈、张于24日午时（11—13时）、25日巳时（9—11时）复电，表示"完全拥护先集中力量歼灭黄维的作战方针"，决定除王张十一纵外，再派三个纵队先后参加歼黄作战，并作出阻击南北两线敌军的部署。

- 11月28日　中央军委于4时、22时先后发出两电，指出："黄维解决后，须估计到徐州之敌有向两淮或武汉逃窜可能"，因此战后应应付意外。粟裕分析敌我态势，认为徐州之敌有不待黄维被歼灭就放弃徐州的可能，判断敌人突围有三种可能的方向，而以沿津浦路西侧绕过山区南下的可能性最大。因此，将兵力部署的重点放在敌人向西南逃窜的可能上。29日，即将上述判断和部署上报中央军委、刘陈邓、华东局。中央军委于30日复电指出"各项估计及意见均甚好"。

- 11月30日　华野指挥机关从各种渠道的情报得知，杜聿明集团已撤出徐州，向西南方向逃窜。粟裕一面上报中央军委和刘陈邓，一面组织指挥华野11个纵队追击、兜围。12月4日，将杜聿明集团30万人马团团包围在陈官庄地区，并于12月6日全歼企图突围的孙元良兵团。

- 12月10日　得知蒋介石有调兵增援黄维和杜聿明的动向，判断围歼杜聿明集团还需半月20天时间，可以首先集中兵力歼灭黄维兵团，决定再抽调一部分兵力参加歼黄作战。10日晨，将上述分析和建议上报刘、陈、邓和中央军委。刘、陈、邓接到此电，立即通过电话与粟裕等商定，由华野再抽两个纵队和一部分炮兵参加歼黄作战。当天晚上，就由陈士榘参谋长率领南下。

- 12月11日　中央军委提出，为着不使蒋介石迅速决策海运平津诸敌南下，准备令刘伯承、邓小平、陈毅、粟裕留下杜聿明集团余部，两星期内不作最后歼灭之部署。14日电示粟裕："你们围歼杜邱李各纵，提议整个就现阵地态势休息若干天，只作防御，不作攻击。"粟裕于当天亥时复电，报告围歼杜聿明集团情况及调整后的作战部署。毛泽东16日1时复电："部署甚好。"

- 12月15日　建议召开一次包括华东、中原、冀鲁豫、华中四方面代表的联合支前会议，统筹解决粮食供应及其他支前问题。中央军委和总前委采纳粟裕的建议，于26日到29日在徐州召开联合支前会议。

- 12月17日　参加在华野指挥机关驻地蔡凹举行的总前委第一次全体会议，着重讨论渡江作战和部队整编问题。

- 12月31日　与陈士榘、张震一起发出致中央军委、刘陈邓张（际春）、华东局电，建议乘敌饥寒交迫、士气低落之机发起对杜聿明集团的进攻。中央军委于1949年1月2日复电,指示:"同意你们世亥所提作战意见,望即照此实施。"当天,华野发出全歼杜聿明集团命令。

1949年　42岁

- 1月6日　指挥华东野战军对杜聿明集团发起总攻,全歼国民党徐州"剿总"前进指挥部和邱清泉、李弥两兵团及孙元良兵团残部近20万人,生俘杜聿明,击毙邱清泉,李弥化装潜逃。1月10日,淮海战役第三阶段作战胜利结束。

- 1月12日　与陈士榘、张震发出致中央军委并华东局电,建议以六、七、十三3个纵队,配合江淮部队,南下控制蚌浦段铁路线。中央军委于13日13时复电,"同意12日午时电部署"。从20日到24日,华野先后解放蚌埠、合肥等重要城市以及长江以北广大地区。

- 1月15日　中央军委电示,华东野战军改称第三野战军,下辖七、八、九、十4个兵团,每个兵团下辖4个军,共58.1万余人。陈毅不在三野期间,粟裕仍为代司令员兼代政委,并兼前敌委员会书记。2月11日,以代司令员兼代政委名义发布第三野战军各兵团、军、师、团编制番号令。

- 1月20日　在徐州东北的贾汪主持召开华东野战军前敌委员会扩大会议,作《淮海战役的伟大胜利和华野一九四九年六大任务》的报告。

- 2月9日　出席在河南商丘附近张菜园召开的总前委会议,讨论渡江作战部署。

- 2月18日　在贾汪召开第三野战军前委扩大会议上,传达毛泽东主席关于部队整训工作的指示,学习有关城市工作和新区工作的政策,检查和部署渡江作战的准备工作。

- 2月19日　召开三野军以上干部会议,讨论渡江作战计划。20日,发出《京沪杭战役预备命令》(京字第1号)。

- 3月5日　中共七届二中全会在西柏坡举行。粟裕因病到济南疗养未能参加。17日,陈毅、邓小平由西柏坡到济南探望粟裕,并商谈渡江作战问题,建议将攻占两浦、炮击南京的时间推迟到4月1日,以便与整个渡江战役相衔接。

- 3月28日　自济南返回三野指挥机关驻地孙家圩子,下午与张震等研究作战部署。30日发出《第三野战军京沪杭战役作战命令》(京字第2号)。

- 4月1日　率领三野指挥机关东进,5日到达江苏省泰州以南的白马庙,提出指导京沪杭战役的三个设想。6日主持召开东集团师以上干部会议,部署第三野战军渡江作战。

- 4月10日　电复中央军委关于渡江时间的询问,建议以原定时间为好。12日再次建议,以20日前后为最好,不要再推迟到22日以后。

- 4月19日　在白马庙召开东集团作战会议,并作会议总结,进一步明确了作战部署和各部任务。

- 4月20日　国民党政府拒绝在《国内和平协定(最后修正案)》上签字,国共和平谈判彻底破裂。20时,人民解放军按预定计划发起渡江作战。

- 同日　英国军舰"紫石英号"、"伴侣号"闯进长江,炮击北岸三野阵地。三野炮兵还击，迫使"紫石英号"搁浅，"伴侣号"逃窜。21日，粟裕向中央军委报告，外籍兵舰两艘炮击我军阵地，请示如何处理，建议新华社广播声明：外籍船舰停止在长江行驶。中央军委于当天复电指示："凡擅自进入战区妨碍我渡江作战的兵舰均可轰击。"同时，由新华社发表新闻述评：《人民解放军战胜英帝国主义国民党军舰联合进攻》。

■ 4月21日　与张震致总前委并中央军委电，建议中集团之第九兵团主力即向东北挺进，截断京杭国道，使南京之敌无法向杭州退却，以分割孤立敌人，有效地协同东集团作战。总前委于22日复电，决定中集团迅速东进策应东集团行动，并决定七、九两兵团即日起直归粟裕指挥。

■ 4月22日　判断南京国民党军主力可能沿京杭公路南逃，指令第十兵团截断京杭公路，第九兵团、第七兵团以急行军向郎溪、溧阳之线挺进。同时将这一部署报告中央军委、总前委，并请总前委追认批准。总前委于23日复电："同意你们部署。"24日，率领三野指挥机关前进到常州，就近指挥追歼逃敌之战。28日20时，下令围歼南逃之敌于郎广山区。

■ 4月23日　三野第三十五军攻占浦镇、浦口后，同日乘胜解放国民党统治中心南京。

■ 同日　华东军区海军在白马庙成立。

■ 4月27日　发出报总前委、中央军委并致二野、三野第七兵团等电，决定"为配合二野浙赣线之行动，与乘敌混乱以迅速占领杭州"，指令第七兵团"特别注意设法抢占杭州大铁桥，使不为敌破坏"。5月3日，三野第二十一军、第二十三军解放杭州，并于敌人实施破坏的关键时刻占领钱塘江大桥。

■ 4月29日　与张震致三野各兵团各军并报中央军委、总前委电，作出肃清残敌、占领杭州和准备进占上海的部署。中央军委30日复电指示："部署甚妥，如你们能于一星期内完成此项部署并完成攻击上海的政治准备工作与军事准备工作，则你们可以立于主动地位。"5月2日，赴丹阳向总前委汇报上海战役作战部署及接管工作的设想。

■ 5月3日　指挥华野部队解放杭州。

■ 5月6日　中央军委电示："请粟张即行部署，于辰灰（5月10日）以后，辰删（5月15日）以前数日内先行占领吴淞嘉兴两点，封锁吴淞江口及乍浦海口，断绝上海敌人逃路，使上海物资不致大批从海上逃走，并迫使用和平方法解决上海问题成为可能"。5月7日，粟张向中央军委和总前委报告作战部署。中央军委8日复电指示："（一）同意七日巳时电部署，请即照此执行。（二）和攻占吴淞、嘉兴等处之同时，派足够兵力占领川沙、南汇、奉贤，将敌一切逃路封闭是很必要的。"11日，发出《第三野战军淞沪战役作战命令》（京字第3号），指挥九、十两兵团于12日发起进攻。

■ 5月15日—16日　连发两电给三野参战各兵团各军并报中央军委、总前委，针对前几天作战进展不大的情况，调整作战部署，下达战术指示，指出此战不同于野战，也不同于一般攻坚战，对永久性设防阵地的进攻必须周密组织，改进作战方式。

- 5月17日　总前委致粟、张电,提出在敌固守上海的情况下,在部署上似应同时由南向北实行攻击。粟、张于18日复电,表示"完全同意17日亥时电示,对淞沪实行全面攻击,惟不知接管准备与其他方面是否已准备完毕","如对沪攻击不受时间地区限制",建议从四面八方发起攻击。总前委当天复电:"我们进入上海的政治准备业已初步完成,你们攻占上海的时间不受限制。"中央军委于20日复电,指示:"只要军事条件许可,你们即可总攻上海。"21日,粟、张将总攻上海的作战部署上报中央军委,同时发出《第三野战军淞沪战役攻击命令》(京字第4号)。中央军委22日复电:"同意二十一日来电所述之攻沪部署,望即照此执行。"
- 5月20日　中共中央复饶漱石并华东局电,同意上海军事管制委员会以陈毅为主任,粟裕为副主任;军政接管委员会以粟裕为主任,其任务增加接管国民党政府机构各部门。
- 5月22日　与张震向中央军委请示:"我入闽部队是否可能提早?应准备何时出动?以便淞沪战后进行准备,调整部署。"中央军委于23日复电指示:"你们应当迅速准备提早入闽",同时作出各野战军向全国进军部署。
- 5月23日　得知上海敌军有撤退动向,决定于当天晚上提前发起总攻。
- 同日　与张震报中央军委、总前委电,提出关于全军装备标准化的五点建议。
- 5月27日　率领三野指挥机关由苏州进入上海。三野部队经三天四夜激战,在上海共产党组织和人民群众的密切配合下,歼灭国民党上海守军15万余人,上海市区全部解放。
- 6月2日　指挥三野第二十五军解放崇明岛。京沪杭战役胜利结束。
- 6月7日　主持召开华东国防部署会议,对进军福建和解放沿海岛屿以及加强要塞守备,作出全面部署。会后,组织指挥三野各部展开进军福建、解放沿海岛屿的作战。
- 6月14日　中央军委电示粟裕等:"请开始注意研究解决台湾问题","并以初步意见告"。
- 6月17日　中央军委复华东局并告粟裕等电,同意华东军区及三野指挥机构设在南京,粟裕兼南京市军事管制委员会主任及中共南京市委书记。
- 6月27日　发出致山东军区并报中央军委电,提出对夺取长山列岛作战方案的意见。中央军委30日复电同意。8月11日发起战斗,经一天两夜激战,攻克长山岛,生俘国民党守军1500余人。
- 7月1日　在上海纪念中国共产党成立28周年干部大会上讲话,指出:上海是个大熔炉,也是个大染缸。我们要立场坚定,在这里锻炼成钢,而不要跌到污水坑里去。
- 7月13日　率领华东军区和第三野战军领导机关由上海移驻南京。
- 7月30日　发出致中央军委电,考虑到解放台湾作战的需要,建议华东海军暂缓北开。中央军委于8月2日复电:"同意粟裕陷午(30日午时)电意见,张爱萍海军系统暂时不迁青岛,并仍归华东系统即归粟裕指挥。"
- 8月13日　指令第十兵团发起福州战役。17日解放福州,乘胜追歼逃敌,歼敌4

万余人。

- 9月19日 指令第十兵团发起漳厦战役。10月15日至17日，解放厦门，歼敌2.7万人。
- 9月中旬—10月中旬 率领第三野战军代表团出席在北京召开的全国政治协商会议、中华人民共和国开国大典和中央军委召开的军事会议。当选为全国政协委员。被中央人民政府任命为中国人民革命军事委员会委员。
- 10月10日 在北京收到三野代参谋长袁仲贤、副参谋长周骏鸣转报的第十兵团7日电所报作战部署："决于本月中旬（内定13日）同时发起攻歼金厦两岛。"于11日复十兵团电，指出："如考虑条件比较成熟，则可同时发起攻击。否则，是否以一部兵力（主要加强炮火封锁敌舰阻援兵与截逃）钳制金门之敌，首求攻歼厦门之敌。""请你们依实际情况自行决定，总以充分准备有把握的发起战斗为宜。"17日，三野副政委唐亮和袁仲贤、周骏鸣报中央军委、华东局电："因船只不够，不能同时发起攻击，故决定先攻厦再攻金。"同日，第十兵团攻克厦门。24日，第十兵团指令第二十八军发起金门战斗。第一梯队三个团登陆后，与三个军的敌人激战两昼夜，全部壮烈牺牲。27日，接到第十兵团报告，当即转报中央军委和华东局，并于28日发出致第十兵团叶（飞）陈（庆先）及福建省委电，指出："查此次损失，为解放战争以来之最大者。其主要原因，为轻敌急躁所致。当你们前次部署攻击厦门之同时，拟以一个师攻占金门，即为轻敌与急躁表现。当时，我们曾电你们，应集中力量攻占厦门，尔后再转移兵力攻占金门，不可分散力量。但未引起你们深刻注意，致有此失。除希将此次经验教训深加检讨外，仍希鼓励士气，继续努力，充分准备，周密部署，须有绝对把握时，再行发起攻击。"29日，毛泽东为中央军委起草致各野战军前委、各大军区电，全文转发粟、袁、周28日电，指出："当此整个解放战争结束之期已不在远的时候，各级领导干部主要是军以上领导干部中容易发生轻敌思想及急躁情绪，必须以金门岛事件引为深戒。"
- 10月24日 在南京干部大会上作《新形势下的各种转变》的报告。
- 10月 出席中央军委副主席周恩来在中南海西花厅召开的会议，汇报争取国民党中国航空公司和中央航空公司员工起义的工作。这项工作，从上海解放开始，就在周恩来副主席领导下，由粟裕和蒋天然（华东航空接管委员会主任）、吴克坚（上海市委情报委员会书记）组织实施，提出了切合实际的政策，进行了艰苦细致的工作，终于达成协议。周恩来传达中央书记处的决定，"中国、中央两航空公司起义归来后，我们采取原封不动地保留两航机构、资金和财产的政策"，"起义时间和飞行安排，华北和中南地区由聂（荣臻）老总安排，华东六省二市由粟司令安排"。11月9日，两航全体员工在总经理刘敬宜、陈卓林率领下，毅然脱离国民党反动势力，投入祖国人民怀抱。
- 11月1日 向中央军委上报定海作战方案，强调"力戒轻敌骄傲，弱敌当做强敌打，充分的战前准备"，要求"集中兵力、火力，求得一举成功"。中央军委于4日复电同意，指出："你们采取慎重态度，集中优势兵力，事先作充分准备，力戒骄傲轻敌的方针是正确的。"7日，第七兵团以一个师发起攻占登步岛战斗，经两天两夜激战，由于风向、潮汐变化我后续部队不能增援，而敌人援军源源不断，登岛部队主动撤出战斗。

■ 11月14日 毛泽东致粟裕并告陈饶电，指示："鉴于金门岛及最近定海附近某岛作战的失利，你们须严重注视对定海作战的兵力、部署、准备情况及攻击时机等项问题。如果准备不周，宁可推迟时间。"粟裕15日报告毛泽东主席："关于金门、登步两岛战斗失利，虽由于各该方面之高级干部犯轻敌骄傲与急躁等毛病，但职未尽到检查与督导之责亦不能辞其咎。除已于14日酉时及11月14日两电（均发中央）给各级干部指示并多加注意对他们的指导外，今后当遵钧示执行。"此后，用一个多星期时间，进一步总结金门、登步两战经验教训，分析敌我态势，研究新的战法。11月22日，发出给毛主席并军委的电报，总结渡海作战的经验教训，再次表示承担"未能及时予以指导与教育"的责任，建议"将对定海作战之时间推迟至明年一月或二月"，以便充分准备运输登岛部队的足够船只，并集中17至20艘海军舰艇、数十架空军飞机、5个高射炮团，"使攻台部队得到最实际的一次演习"。

■ 12月 为准备解放台湾，在南京召开各军参谋长座谈会，研究陆海空联合作战条件下的参谋工作。

1950年　43岁

■ 1月6日 赴北京向中央军委汇报攻取舟山和解放台湾方案。

■ 1月11日 正在苏联访问的毛泽东致粟裕电："请回答下列问题：（一）你们对舟山群岛之敌有无办法进行策反工作，你们是否进行了此项工作，结果如何？（二）你们对舟山群岛进攻的准备工作做到了什么程度，船只的准备是否增加了？（三）叶飞对金门岛进攻的准备工作如何，何时可以攻金门岛？（四）你何时可到北京与聂荣臻、刘亚楼会商？"粟裕13日、15日先后发出两电给毛泽东和中央军委，报告解放台湾和攻击舟山的各项准备工作情况。

■ 1月27日 出席华东军政委员会成立会议，就任华东军政委员会副主席。

■ 2月4日 毛泽东致粟裕电，询问起义过来的国民党军伞兵第三团情况，指示："盼加强对他们的政治训练，我们需要这批伞兵作基础训练一个伞兵部队，作为台湾登陆作战之用。"

■ 2月7日 在华东军政委员会第一次全体会议上作华东军事情况报告，指出："解放东南沿海诸岛，特别是解放台湾，是一个极其重大的问题，是中国战史上从来没有的一个最大的近代化作战的战役。"

■ 2月10日 毛泽东在苏联致刘少奇电，"同意粟裕调四个师演习海战"。

■ 2月 中共中央、中央军委决定，为对付国民党空军对上海及其他沿海城市的袭击，成立上海防空司令部，组建上海防空军，由陈毅任司令员。粟裕暂时放下南京方面的工作，协助陈毅指挥上海防空作战。粟裕即到上海。在三个多月的上海防空作战中，共击落国民党军飞机16架，我军夺得了部分制空权，培养锻炼了我军第一支空军作战部队和优秀飞行员。
- 3月8日—4月8日　在北京参加中共中央召开的各战略区负责人会议。
- 3月　根据中央军委指示，组建华东空军，要求同时培训三套指挥人员，为日后空军发展作准备。
- 4月25日　召开华东陆海空三军联合作战会议，决定集中陆海空三军20万兵力举行舟山战役。蒋介石为了保存舟山12万守军，集中力量固守台湾，决定放弃舟山。第三野战军不战而胜，于5月19日解放舟山群岛。
- 5月18日　中央军委转发粟裕对占领舟山群岛后的处置意见，指出："我们认为这一处置是正确的。海南岛、广东海中的各岛及沿海岸线亦应照此处置。"
- 6月上旬　出席中共七届三中全会。会议期间，建议中央军委直接指挥台湾战役。毛泽东宣布，攻台作战仍由粟裕负责。
- 6月23日　发出致中央军委、毛泽东主席电，报告攻台作战准备情况，建议在无绝对把握的情况下，不轻易发起攻击，宁愿再延长一些时间。
- 7月上旬　毛泽东主席提议，周恩来总理主持召开国防会议，讨论朝鲜局势和中国国防问题。中央军委作出《关于保卫东北边防的决定》，决定组建东北边防军，以粟裕为司令员兼政治委员。毛泽东于13日批示："照此执行。"
- 7月14日　复发高血压、美尼尔氏综合症。经中共中央批准，到青岛治疗。8月1日，托罗瑞卿带信给毛泽东，报告病情未见好转，为不能立即承担新任务感到焦急。毛泽东8日复信说："病情仍重，甚为系念。目前新任务不甚迫切，你可以安心休养，直至病愈。"12月，经中共中央批准，到苏联疗养。

1951年　44岁

- 9月　从苏联回国。周恩来、朱德向他传达中共中央要他到总参工作的决定。
- 10月初　回到南京。
- 11月1日　出席华东军区暨第三野战军第一届英模代表大会，在会上作形势与任务报告。
- 11月12日　中央军委任命粟裕为中央人民政府革命军事委员会第二副总参谋长，仍兼华东军区副司令员。
- 12月9日　离开南京，于11日到北京。
- 12月12日　向中央军委报到，就任人民革命军事委员会副总参谋长。

1952年　45岁

- 1月10日　中央军委决定粟裕负责管理作战、训练及海、空军和各特种兵的工作。
- 1月28日　奉命去南京、上海，向华东党政军领导干部传达毛泽东关于"三反"的指示，2月6日返回北京。
- 3月18日　与聂荣臻代总长一起写报告给中央军委，为适应特种兵发展的需要，建议建立军事工程学院。毛泽东于3月26日批示："同意。退粟裕办。"
- 3月31日　主持召开全军学校会议，研究学校的调整、整编。
- 4月4日　向中央军委呈送《关于国防建设问题的报告》，建议首先确定国家的战略方针以制订作战腹案，尔后制订国防建设计划及干部培养和军队训练的方针步骤。

■ 4月12日　陪同朱德副主席视察北京长辛店第一战车学校。

■ 4月18日、24日　与聂荣臻代总长一起向中央军委写报告，提出军队院校整编方案。

■ 5月23日　与聂荣臻代总长一起向中央军委上报《全国部队第一期整编计划执行情况报告》。

■ 6月12日　向中央军委建议空军目前仍以"锻炼为主"，并提出"加强指挥进攻战术，积极寻歼敌人。作战目标以打小机群为主，避免与敌大机群决战"的作战方针。

■ 6月24日　与聂荣臻一起向毛泽东上报《军事建设五年建设计划初稿》。

■ 6月　在粟裕提议下，总参组织各总部、各军兵种主要领导学习现代化合成军队作战知识，每周请专家讲一次课。

■ 7月20日　就建设航空工业与增强空军后备力量问题，写报告给毛泽东。

■ 8月2日　指示海军领导，设防要尽量往前伸。要克服海军不愿下海、不愿上岛的思想。

■ 8月6日　向中央军委上报拟订的入朝步兵部队轮换方案。

■ 8月9日　向中央军委写报告，提出胶东半岛设防问题的建议。

■ 8月17日—9月24日　参加周恩来总理率领的中国政府代表团到苏联访问。负责与苏联有关部门商谈《军事建设五年建设计划》中需请苏方帮助解决之装备与技术方面的问题。

■ 9月25日　《八一杂志》第十八期发表粟裕在海军军事、文化教育会议上关于《海军建设中的几个问题》的讲话。

■ 10月18日　就当前中国空军在朝鲜空战中的若干问题，再次向中央军委提出："今后作战方针，似仍以锻炼与配合友军作战为主"，并"早作出海作战之准备"。

■ 12月2日　任华东行政委员会副主席。

■ 12月19日　因病离京赴南京休养。

1953年　46岁

■ 1月7日　由南京到杭州，后又到福州、厦门、建瓯、杭州、上海等地，30日返抵北京。

■ 6月15日　向中共中央和毛泽东主席报告休养以来情况，同时将去南方休养了解到的一些情况和建议，分三个报告呈送中共中央和毛泽东：1.《对目前海军建设的意见》，建议华东海军应轮番派遣小队舰艇至浙、闽沿海作游击活动。南海及北海舰队，亦应不时派小舰队进出海面，以求实战锻炼。2.《在闽所了解情况的报告和建议》，提出福建除修建铁路外，应部署港口、公路、机场的修建。3.《有关国家建设的几点意见》，建议严格控制审查基建经费，以保持国家有限资金主要用于重工业与国防建设。

■ 6月中旬　赴青岛休养。

■ 10月初　赴上海、杭州休养。11月30日返回北京。

1954 年　47 岁

- 1月31日　出席中央军委副主席和各大部领导人联席会议。
- 2月5日　听取陈毅传达中共中央指示,奉命与张鼎丞一起去饶漱石处与饶谈话。
- 2月6日—10日　参加中共七届四中全会。
- 2月13日—23日　参加"关于饶漱石问题座谈会"。
- 2月13日　听取空军王秉璋副司令汇报。指示空军要拨一些飞机给海军,或练习海上飞行,以应需要。
- 2月24日　与陈毅、张鼎丞、谭震林一起讨论中共七届四中全会精神传达和华东本年度工作的布置。
- 3月3日　听取工程兵司令员陈士榘等汇报时指出:工事太多,到处要摆兵,我则无后备力量。根据我们的情况,工事构筑必须要采用坑道式。
- 3月4日　听取炮兵司令员陈锡联、副司令员陈锐霆汇报,研究炮兵整编、学校教育与部队衔接问题。
- 3月8日　听取装甲兵司令员许光达等汇报工作,指示:军事工程学院所需之坦克,应尽量满足其要求。目前部队少一辆坦克影响不大,给院校教学用对长远打算是合算的。
- 3月30日、4月6日　召集总参有关部、炮兵、工程兵等领导研究援越装备炮兵师问题。
- 4月13日　召集总参、总后各部及各军兵种首长讨论1955年对外军事订货问题。
- 5月6日　召集海军、空军、防空军及总参有关部领导讨论加强海军空中力量及防空力量和东南沿海作战问题。粟在讲话中指出:海军要逐渐加强海防作战,还要练习两栖作战。
- 5月18日　写报告给毛泽东,提出:1.华东海军推进到定海、石浦地区。2.配给海军特种兵部队。
- 6月1日　写报告给毛泽东主席和朱德、刘少奇副主席,报告今晨在大陈岛以北发现大批敌舰、飞机,及我之处理意见。毛泽东6月2日批示:"处理正确。"
- 6月7日　就苏军总顾问彼得鲁瑟夫斯基奉该国国防部委托,征询中国空军是否建设某部队问题,向中共中央提出书面报告。
- 6月12日　听取空军刘亚楼司令员汇报,指出:整个空军还有些未经过战斗锻炼的部队,今后可以两个师部队轮番作战。
- 6月22日　向毛泽东、刘少奇、朱德写报告,针对台湾空军动向建议抽调一两个空军师到浙东,并在路桥修临时机场,以适应当前斗争。
- 同日　参加有各大区及某些省负责人参加的军委会议,研究大军区撤销后军区的划分问题。此后就重新划分军区继续进行了调查研究。
- 6月25日　遵刘少奇副主席指示,向刘少奇及中共中央报告工作情况,并提出:今后应主要加强海、空军,而最近十年或十余年内尤以加强空军为主。
- 6月29日　答复海军副司令方强请示的问题,指出:海岸炮阵地应强调隐蔽。
- 7月8日　向中央军委上送了重新划分军区的两个初步方案。

- 同日　因身体不好，遵照毛主席的批示，动身赴青岛休养。
- 7月31日　为纪念八一建军节27周年，在《人民日报》发表题为《加速我军现代化建设》的文章。
- 8月21日　由青岛动身于22日返抵北京。23日向毛泽东和中央军委书面报告，正式恢复工作。
- 8月30日　在作战部上报的《关于山东设防部署及施工问题的报告》上批示："成立长山要塞区司令部，统一指挥各岛。"
- 9月9日—26日　参加以彭德怀为团长的军事代表团赴苏联斯维尔德洛夫斯克参观原子弹爆炸演习。任军事代表团副团长兼秘书长。
- 9月27日—28日　出席第一届全国人民代表大会。毛泽东主席根据第一届人民代表大会第一次会议的决定，于9月27日任命粟裕为国防委员会委员。
- 10月5日　听取驻越南军事顾问团团长韦国清等汇报工作情况。
- 10月上旬　在总参谋部召开的队列、动员会议上讲话。
- 10月8日　与刘伯承、贺龙一起，陪苏联国防部副部长、总参谋长安东诺夫大将赴上海、青岛、广东等地参观访问，16日返京。
- 10月18日　出席毛泽东召开的第一次国防委员会会议。
- 10月19日　参加朱德主持的与苏安东诺夫所率代表团座谈会。
- 10月22日　召集总部及总参各部会议，研究接收苏军在安东、旅大两地装备问题。28日军委第四次会议通过粟裕所拟的"接收安东装备的具体方案"。
- 10月29日、11月9日　两次接见苏军副总顾问康德拉契也夫，指出中央军委供给顾问材料的规定并无不妥。
- 10月31日　中共中央通知：粟裕任总参谋长。
- 11月5日—6日　在中南海居仁堂召集各总部、各军兵种负责人会议，讨论第一个五年计划内军队建设计划的两个方案和十五年军队建设计划总指标。制定《五年计划纲要》（草案）。提出："力求保证全军应以发展空军和国土防空力量为重点。陆军以发展炮兵、坦克和机械化部队为重点。海军以发展潜水艇和鱼雷快艇为重点。"
- 11月9日　毛泽东主席根据第一届全国人民代表大会常务委员会第二次会议决定，任命粟裕为中国人民解放军总参谋长。
- 11月16日　参加军委第十二次会议。会议确定1954年12月间召开军委扩大会议，由粟裕向大会报告关于全军军区划分问题。
- 11月24日　上午主持讨论增派越南顾问团的组织工作问题。下午听取空军汇报空军建设训练等问题。
- 11月25日　听取铁道兵王震司令员汇报部队组织及任务情况。粟示：赶修铁道问题，主要是鹰厦及玉门。
- 12月2日　与陈赓一起听取工程兵司令员陈士榘、副司令员徐德操汇报国防工程进展情况。
- 同日　就华东作战问题发电报给华东军区许世友副司令、唐亮副政委，提出三点意见。

- 12月3日　参加军委第十五次会议。会议决定"同意粟裕提出的接收旅大物资的分配原则"。12月6日至7日，主持研究接收旅大及相应部署调整问题。12月8日向中央军委上报了《关于接收旅大防卫区工作方案》的报告。
- 12月8日　在作战部呈送的《对国防永备筑城建设计划的建议》上批示：明年之工事构筑必加入原子防御诸问题。
- 12月8日—9日　根据中央军委11月8日会议决定，召集总部及大军区领导讨论大军区撤销及重新划分设置问题。14日，军委第十七次会议基本同意粟裕所提的全国军区划分第一方案。
- 12月17日—19日　参加军委扩大会议，作《关于全国军区划分的几个初步方案》的报告。经会议讨论，一致同意粟裕提出的第一方案。
- 12月22日　向中央军委呈送《在原子时代关于陆海空军军事建设方针的建议》。提出：建设一支比较强大的空军和防空力量，应成为全军建设的中心环节。建议目前海军建设应以鱼雷快艇、潜艇和水鱼雷轰炸机为重点。陆军加强坦克机械化部队的建设。加强有快速运动能力火炮的炮兵建设。

1955年　48岁

- 1月5日　听取总参三部部长李涛汇报。指示：原子战争时代，防原子空袭很重要，要有准备在战争时能继续工作，考虑建立第二线工作单位。
- 1月11日　向中央军委呈送《关于第一个五年计划军队装备和物资保证中的几个问题》的报告。
- 1月12日　听取驻苏使馆武官石侠、张瑛谈使馆武官工作情况。
- 1月16日　总参复电浙东前指，同意18日开始攻击一江山岛。战斗发起后，粟裕多次指示前指：部队上岛后要利用地形设法固守；要加强防空，构筑工事；疏散隐蔽船只器材。防敌海空反扑。
- 1月20日　听取情报部刘少文、张挺汇报后说：我们作为军人，军事政策应随时准备打。
- 同日　为加强我军部队的战斗锻炼和为解放金门、台湾创造条件，写报告给中央军委，建议在漳州、晋江（青阳）、汕头修建二级机场，同时整修福州旧机场。
- 1月28日　主持研究援外问题。2月3日向中央军委和周恩来总理作了书面报告，提出对×军援的三原则。
- 1月29日　听取海军副司令方强汇报海军航空兵建设及作战问题。
- 1月31日　主持听取旅大接收委员会汇报会议。
- 2月2日　根据当天中央军委第二十一次会议决定，三次召集各总部、各军兵种、各院校负责同志会议，研究本年度聘请苏军顾问、专家的数字，总数由366名削减到139名。
- 2月5日　与海军副司令方强、空军副参谋长张廷发等商谈闽、粤机场和公路修建问题。
- 2月25日　在全国第五次国防工程会议上讲话，着重指出国防建设中必须解决几个矛盾问题：1.既要隐蔽有生力量，又要发扬火力。2.既要坚固耐用以防原子着眼，又要节省经费。3.在兵力配置上既要适当疏散，又不能因此而削弱火力；既要防御周到，又不能分兵把口，并须留出相当的预备队。

- 2月28日和3月3日、4日　召集空军、海军及总参、总后领导及华东军区副司令许世友及华东空军司令聂凤智讨论福建沿海对敌斗争问题。3月5日向中央军委上报福建沿海对敌军事部署的报告。
- 3月1日　听取工程兵副司令徐德操汇报国防工程施工情况，指示工程构筑以坑道为主结合掘开式工事，便于保存有生力量。
- 3月16日　参加军委第二十六次会议。会议决定由总参谋部研究拟订国防部与总参谋部的工作职责条例。
- 3月21日　为空军首届英模代表大会题词："高度发扬革命英雄主义的精神，为建设强大的人民空军而努力。"
- 3月21日—31日　出席在北京举行的中国共产党全国代表会议。23日在会上就第一个国家五年建设计划联系国防建设发言。指出：形势迫切要求我们对防御原子战争有所准备，以防患于未然。
- 4月4日　出席在北京召开的中共七届五中全会。
- 4月11日　就第五次全国人防工程会议情况写报告给中央军委，提出防原子工程构筑的原则及隐蔽和伪装问题。
- 4月15日　主持研究海防部署调整。
- 4月21日　召集会议研究沿海作战问题。
- 4月27日　在第一次全军装备计划工作会议上讲话，指出：依靠外援，终究不是长久之计，应该逐步做到自力更生。不但要研究自己的装备，而且还要研究敌人的装备。
- 5月10日　就美机入侵安东事写报告给中央并报中央军委，提出今后我之对策。
- 5月11日　空军司令员刘亚楼等谈：福建机场竣工后，是否立即进驻部队？粟表示应即进驻部队。但须报军委批准。5月12日粟就福建进驻空军部队写报告给中央军委。5月19日毛泽东批示"照办"。6月3日彭德怀面示：空军进驻福建以7月中旬四大国首脑会议前后再去为宜。空军为此即行准备。6月11日毛泽东问：准备组织空军入闽是谁决定的？这么大的问题，为什么中央都还未讨论，就决定了？虽主要责任不在粟裕，粟裕仍于7月11日向毛泽东写了检讨报告。毛泽东于8月6日批示："我已于5月19日批示同意你们的意见，因此你们已无不事先请示责任；只有在后来决定具体部署时没有请示的责任。"
- 5月20日　就苏海军司令提出的对我海军建设的意见，写报告给中央军委提出自己的意见。
- 同日　主持研究成立防化兵部的问题。粟指出：化学兵组建是为了应付将来的战争。培养干部是全军中心的中心。
- 6月13日　向福建前线发出战备工作指示。
- 6月15日　在北京主持召开研究拟制作战计划的座谈会。强调拟制作战计划必须从实际出发，计算各种可能，同时还要考虑国家的现实情况。

- 6月20日—27日　去旅大参观接收苏军准备、基地及营房，并察看地形。
- 6月29日　在中南海居仁堂听取中国赴越南军事代表团汇报越建军作战等问题。
- 7月5日—30日　出席第一届全国人民代表大会第二次会议。
- 7月15日、18日　军委第四十次会议决定：粟裕任辽东半岛方面军首长——司令部抗登陆演习副总导演。
- 8月5日　就渤海湾及山东半岛设防问题，向中央军委提出建议报告：1. 关于封锁老铁山水道和加强渤海海峡防务。2. 建议修建胶（州湾）莱（州湾）通航运河问题。3. 关于北战区海军舰队编组、辖区和修建小型快艇基地问题。4. 关于组建第二个机械化师问题。5. 关于旅大地区部署的调整问题。
- 8月—9月　主持讨论研究各军兵种作战方案保障计划。
- 9月8日—20日　赴天津、河北一带勘察地形。
- 9月27日下午2：30　参加周恩来总理授予将军军衔的仪式。周恩来把授予大将军衔命令状第一个授予粟裕，毛主席授予粟裕一级八一勋章、一级独立自由勋章和一级解放勋章。在1603名将军中，粟裕名列首位。
- 10月4日　写报告给中央军委：为适应国防的要求，建议在第一个五年计划内，山东再追加三条公路干线：1. 潍县至莱阳；2. 大汶口经临沂至云港；3. 潍县至青岛。
- 10月4日—11日　出席中共七届六中全会（扩大）。
- 10月17日　中央批准成立首脑地下工程建设委员会，粟裕任主任。
- 10月29日—11月15日　去旅大参与主持辽东半岛抗登陆演习。
- 11月16日—12月6日　辽东半岛演习结束后，勘察渤海海峡、胶东半岛地形。
- 12月26日　主持讨论老铁山水道设防问题。指示组织一个修建委员会，由海军负主要责任。
- 12月31日　就11月至12月察看渤海海峡、胶东半岛地形所了解的情况、发现的问题、处理意见以及关于封锁老铁山水道和加强渤海海峡防务问题，经与沈阳、济南、海军等方面研究后，向中央军委上送了两个报告。
- 同日　拟制"1956年总参谋部应做的一些工作以及带全军性的一些主要问题向军委建议"。其中提到为加速国防工程的构筑，拟于1956年以全军步兵的三分之一（约30万人）参加是项工程。

1956年　49岁

- 1月4日　动身去广东养病。在此期间视察驻广东、湖南部队、机场，察看地形等。
- 2月4日　得悉抽出30万部队参加国防工程建筑事未能按计划进行，即发电报给陈赓，建议采取此项重大措施。
- 2月5日　写信给陈赓并黄克诚，就抽调30万部队参加国防施工及思考到的几件事，提出意见。
- 2月16日　离广州北返，21日回到北京。
- 2月22日　参加关于作战方案的讨论并发言。
- 2月25日　主持总长集体办公会，在会上谈了精简机构、总直机关训练及电子反干扰等问题。
- 2月29日　主持总参部务会议。讨论为即将召开的军委扩大会作准备事。
- 3月6日—15日　出席在北京召开的军委扩大会议，在会上发言特别强调：高级领导要从应付突然事变的情况出发考虑问题。
- 3月20日—22日　主持会议讨论作战计划草案。
- 3月31日　军委第六十二次会议决定，粟裕因病休养半年，总参谋长工作由陈赓代理。
- 6月4日—8月15日　去青岛养病。在养病期间，视察了胶州湾和青岛军用码头、潜艇基地、水上飞机等。并请数学教员上课。
- 8月22日、9月8日、9月13日　出席中共七届七中全会。
- 9月15日—27日　出席中国共产党第八次全国代表大会。当选为中央委员。
- 9月28日　出席中共八届一中全会。
- 11月4日　因病未参加八大军队代表和各总部、各军兵种首长讨论建军方针的座谈会，特于今天将自己关于军队建设及其他方面的一些意见送中央军委并中共中央。
- 11月10日—15日　出席中共八届二中全会。
- 11月20日　中央军委通知，决定增加粟裕为中央军委委员。
- 11月21日　去南京、上海、杭州等地养病。

1957年　50岁

- 1月23日　返回北京。
- 2月13日　就总参动员、队列、总政兵役、总干预干、训总外训部合并为总参动员部事，写报告给中央军委。
- 2月18日　主持讨论防空军并入空军的具体方案。
- 2月23日　主持讨论总部及总参的整编问题。
- 3月15日　听取西藏军区张国华司令员汇报整编及部署。
- 3月22日　参加全军第一次后勤先进工作者代表会议开幕式，并在会上讲话。
- 3月27日　主持讨论总参谋部1957年工作要点。提请各部注意：加强战备工作。要防止突然事变。作军事工作的人应随时准备战争。部队每年应过三个月的野营生活。
- 4月2日　根据中共中央书记处的决定，代表中共中央、中央军委赴四川部署从军事上保障金沙江以东少数民族地区民主改革的问题。
- 4月6日　抵成都，拜会四川省委书记李井泉，传达中共中央意图。
- 4月8日　在成都召开会议，听取成都军区、四川省委介绍情况。
- 4月10日　由成都军区参谋长茹夫一陪同，乘车经新津于午后抵雅安。
- 4月13日　抵西昌。
- 4月14日—16日　召集会议听取西昌军分区、地委、专区领导汇报。指示：重新加强部署，从军事上配合民主改革。17日向西昌分区、地委机关干部作了重新加强部署配合民主改革的动员报告。

- 4月19日　离西昌抵凉山军分区驻地昭觉。拜会凉山自治州州长、副州长及地委书记。
- 4月20日　与凉山分区及州的领导谈话，了解情况，指示工作。下午给军分区及州机关干部作报告。22日返抵乐山。
- 4月23日晨　发电致中央军委并中共中央，告总参、成都军区，报告了来川西了解的情况，建议从军队中抽5000名干部，协同乡干部专门进行发动群众和组织群众武装及基层政权工作；拨出一定数量的武器、弹药，加强地方干部自己的力量；投资修建公路，改善交通；给基层拨配必要的通信联络器材等。
- 4月24日　与乐山军分区首长谈话，了解该区少数民族地区改革及其他工作情况。25日由乐山返成都。
- 5月1日　再次向中共中央、中央军委发电报，提出对奴隶主与对资产阶级的赎买政策有所区别。并对彻底发动群众，进行民主改革，提出了具体建议。
- 5月2日—6日　主持召开川、甘、青、滇四省少数民族地区军分区负责同志及西藏昌都工委书记联席会议。粟着重讲了在金沙江以东地区完成民主改革的重大意义和几个与军队有关的民族政策问题。
- 5月8日　上午，给成都军区直属机关、部队3000多名排以上干部作报告。下午，接见了军区系统高级知识分子。
- 5月9日　与成都军区党委同志交换意见。发电报给中央军委并中共中央，报告从2日至6日的军事联席会议及9日前的活动情况。
- 5月10日　由成都赴重庆。在重庆先后听取贵州军区何光宇司令员汇报，召开驻渝各军校负责干部座谈会，参观军工厂和军事院校。
- 5月20日　向驻渝部队、机关、学校干部、学员和士兵代表共8000人作报告。报告后犯心脏病。
- 5月23日　乘轮船离渝，经武汉，27日深夜抵京。
- 5月下旬　在全军首届军械先进工作者代表会议上讲话。
- 6月24日　向中央军委、中共中央上送《关于检查和部署西昌、凉山、康定等少数民族地区平息叛乱工作情况的报告》。
- 7月11日　主持研究老铁山水道勘察安置基地的情况。
- 7月中旬　乘飞机在北京周围及天津外围看地形。
- 7月25日　出席军委第一一七次会议，讨论粟裕上送的《关于检查和部署西昌、凉山、康定等少数民族地区平息叛乱工作情况的报告》。1.报告中提出的有关政策问题，建议请中央书记处讨论解决。2.需要由军队方面解决的问题，同意粟裕同志的意见。
- 同日　纪念建军30周年，在《人民日报》发表《南昌起义前后》的回忆文章。
- 8月1日　纪念建军30周年，在《人民日报》发表题为《加强国防，巩固革命胜利果实！》的文章。
- 同日　在北京三座门俱乐部主持中国人民解放军建军30周年招待会，招待各国驻华武官、副武官及其夫人。
- 同日晚　应北京大学邀请，向1000多名师生作建军30周年报告。

- 同日　在南京军区《人民前线》报上发表《和南京军区同志谈几句话》的文章，指出南京军区在国防意义上"成了我国最重要的战区之一"。
- 8月13日—9月7日　赴东北勘察地形、巡视部队、参观国防工厂。9月21日，就这次勘察情况和发现的问题及处理意见，向中央军委写了报告。
- 9月20日　出席中共八届三中全会。
- 9月28日—10月4日　赴南京为南京军区及军事学院、总高级步校干部授勋。
- 10月12日　赴黄河下游某地视察工程兵架设浮桥和漕渡门桥的检验性演习。
- 10月18日—31日　出席总参、总政在北京召开的兵役工作会议并讲话。
- 10月18日　在全军第二次军队侦察工作会议上作报告。
- 11月6日—12月4日　参加彭德怀、叶剑英率领的中国军事友好访苏代表团赴苏。参加苏联庆祝十月社会主义革命40周年活动。
- 12月11日　接见苏军副总顾问格列波夫。听取格汇报上海抗登陆战役集训的情况。
- 12月25日　在总直属队机关第三次党代表大会上讲话。
- 12月26日　听取捷克斯洛伐克国防部长关于捷军队情况介绍。

1958年　51岁

- 1月2日　召开总参部务会议，讨论1958年度总参谋部工作计划。指出战备和国防建设工作，应时刻准备应付突然事变。
- 1月12日　就最近心脏病加重及脑神经、关节炎发作以致妨碍工作，拟住院休息几天，写报告给中央军委。13日住院治疗检查。
- 1月25日　出席第一届全国人大第五次会议预备会议。
- 1月　就北上抗日先遣队在闽东活动情况，写信给福建罗源县委。
- 2月1日—11日　参加第一届全国人代会第五次会议。
- 2月7日　写报告给中央军委并中共中央，报告去年四川少数民族地区平息叛乱情况及西藏上层的动向，并提出成都军区在解决康南叛乱中应注意的问题，和在西藏积极进行战备工作的意见。
- 同日　根据毛泽东1月24日关于撤回志愿军致金日成的电报，提出"关于志愿军撤军方案和回国后部署方案的报告"。
- 2月10日晚　去毛泽东主席处谈话。
- 2月13日　在前晚毛主席谈话的启发下，向毛泽东上送了《关于军队工作和军事工作中的若干问题的请示报告》。
- 2月14日—22日　参加以周恩来总理为首的政府代表团访问朝鲜。粟此行主要与朝方协商部署志愿军回国事宜。
- 2月21日　庆祝苏联建军40周年，在《解放军报》发表《向伟大的苏联军队学习，为建设一支优良的现代化革命军队而努力》的文章。
- 2月23日下午　毛泽东在颐年堂主持在京中委、候补中委70余人会议，听周恩来作赴朝报告。陈毅、张闻天、粟裕作了补充发言。
- 3月初　接见南京军区副参谋长、战史资料编辑室主任王德，就编写战史的指导思想、内容、步骤、方法等问题作指示。
- 3月12日　离京赴南京调查兵役制问题。先后到南京、上海、杭州、苏州等地，召集军队及市、县兵役局领导座谈有关兵役制的情况。22日返回北京。
- 5月5日—23日　出席中国共产党第八次全国代表大会第二次会议。
- 5月24日—7月22日　参加在北京召开的军委扩大会议。在会上被错误地扣上"资产阶级个人主义"的帽子，受到批判和斗争。
- 6月11日　召集兰州、成都军区及总部有关领导研究目前川、甘、青、藏整个藏族地区的叛乱态势和应采取的措施。6月13日将会议研究的情况书面报告中央军委。
- 6月30日晚　主持总参谋部第四次部务会议，讨论军委扩大会议提出的有关总参工作和军队建设方面的重大问题。
- 7月5日　就东南沿海航空兵和高射炮兵的部署调整，写报告给中央军委。
- 7月19日　根据中央军委的部署，召集海军、空军、炮兵及总参有关部门领导，研究炮击金门及海军、空军入闽的具体部署。
- 8月13日　根据军委扩大会议决议，提出改革军队体制、加强司令部建设的建议，并主持拟制了总参工作制度和工作方法十条（草案）。
- 8月16日、8月23日　听取总参各部、局整风情况汇报。
- 8月20日　检查中央首脑防卫工程。
- 8月30日　召集有关部门负责同志研究铁道兵的定额和供应关系等问题。
- 8月31日　中共中央政治局会议决定：解除粟裕总长职务，调粟裕任国防部副部长和军事科学院副院长两职务。
- 9月1日　在工程兵召开的全军工程兵及施工部队技术革新经验交流会上讲话。
- 9月10日上午　出席军委第一五五次会议。听取动员部傅秋涛部长汇报民兵建设情况。
- 9月16日下午　出席军委第一五六次会议，会上传达了中共中央政治局8月31日关于军委几个人事问题的决定。
- 9月17日　与黄克诚共同主持总参第六次部务会议，交接总参谋长的工作。
- 9月19日　正式到军事科学院任副院长、党委第一副书记，负责院的常务工作。
- 9月26日　陪同叶剑英赴徐水、保定等地参观，视察六十九军。
- 10月5日　中央军委批复军科党委报告，"同意在叶剑英同志出国期间，科学院的党委和日常工作由粟裕同志负责"。
- 10月9日　主持院党委扩大会，讨论军事科研务实计划、全军编写条令等事项。
- 11月25日　去武昌参加于11月28日召开的中共中央八届六中全会。
- 12月11日　协助叶剑英召集有各总部、军兵种、大军区、院校领导参加的关于编写战斗条令座谈会。
- 12月30日　国防部命令：经周恩来总理决定，粟裕为国防部副部长兼军事科学院副院长。

1959年　52岁
- 1月10日　主持在三座门召开的全军军事科学研究工作会议，28日代表叶剑英作

- 大会总结。
- 1月30日　因高血压、心脏病住北京医院。根据粟裕病情，中央军委同意他休养。
- 2月6日起　先后到南京、海南岛、广州、南昌、杭州、上海等地休养。
- 4月2日—5日　参加在上海举行的中共八届七中全会。
- 4月28日　中华人民共和国主席令，根据第二届全国人民代表大会第一次会议决定，任命粟裕为国防委员会委员。
- 5月26日　向战史工作者谈抗日战争时期新四军第一、第二支队及一师、苏中、苏浙军区的历史。
- 6月12日　从上海回京。
- 6月23日　召集军科院领导同志会议，研究编写合成军队战斗概则专业会议的开法问题。
- 6月25日　离京赴南京，参与主持全军编写合成军队战斗概则专业会议。
- 7月17日　在会上讲话，谈学术研究的立场、观点和方法，论述新技术装备与学术研究，以我为主和学习外国等方面的关系。23日返回北京。
- 8月1日　去庐山参加中央八届八中全会。会议期间，有人向粟建议，把1958年粟在军委扩大会受批判的事乘机会提一提。粟表示："我不愿在彭德怀受批判的时候提自己的问题"。并且说："我决不利用党内政治风浪的起伏。我相信我几十年的革命实践足够说明自己！"
- 8月19日—9月12日　参加军委扩大会。
- 9月4日晚　在三座门召集华东战史编委会第一次会议。针对有人提出"写战史最好不要当事人参加"的观点，指出：战史没有高级干部参加是写不好的。

1960年　53岁

- 1月5日　审阅军科战史部草拟的《解放战争战史纲目》，指出编军战史要多注意友邻地区和部队的作用。
- 1月7日—17日　参加中共中央在上海举行的政治局扩大会议。
- 1月21日　赴广州参加军委扩大会，在会上多次发言，就敌情估计、战略方针、作战形式、战争准备及加强战略侦察、军队建设、国防工业建设、民兵、义务兵役制及工作作风和总参工作等问题，作了全面阐述。
- 2月10日　林彪找粟谈话，指出军科研究要自己出题目，多提问题研究。军科应成为总参谋部的参谋部。
- 4月　第二次审阅《解放战争战史纲目》，对华东战场的若干问题谈了看法。
- 同月　到南京、上海等地养病，病中专门请教员辅导学习政治经济学、哲学等课程。6月29日回到北京。
- 7月28日—8月20日　去大连养病。
- 8月24日　写信给军科杨至诚副院长，表示不同意为自己建房。

1961年　54岁

- 1月14日—18日　参加中央八届九中全会。

- 7月8日　中央军委决定成立军委军事训练和学术研究委员会（简称军委训委）。叶剑英任主任，粟裕、张宗逊任副主任。
- 9月6日　在叶剑英建议下，到东北疗养、休息。10月25日返回北京。
- 11月22日起　去南京、上海、杭州、宁波、温州、金华、泰顺等地休息考察。

1962年　55岁

- 3月　致信军科副政委钟期光并请转报叶帅，报告在华东休养及身体情况。
- 6月初　得知蒋军拟窜犯大陆的消息，抱病从上海到福建。到闽中泉州湾一带及闽南赤湖和厦门周围察看地形。在军区领导要求下，提出了一个不论敌人从闽中或从闽南登陆，均可予以全歼的方案。
- 6月10日　从漳州电军委，对今年征兵规定提出意见，建议以城市精减之合格工人代替部分农民应征，以减轻地方困难。
- 6月22日　写信给叶剑英，对敌情的估计及我军战备方面的问题提出看法，并请叶帅认为可以参考的话予以转报军委。
- 9月24日—27日　参加中央八届十中全会。

1963年　56岁

- 2月20日　在上海参加新四军战史座谈会。
- 3月22日　听取新四军战史编写工作汇报，并作指示，指出不要随便给那个地方党扣"右倾机会主义"帽子。
- 4月　开始间断地在军科二号楼军委训委办公处上班。
- 7月6日　叶剑英在军科院党委会上提出两线配备（粟搞第一线，叶第二线）、四面分工（政治思想、学术、技术馆、行政）的领导方法。7月11日在军科院会上作了传达。
- 9月13日　听取战史部汇报，指出战史不单是写战争，更不单是军事史，还包括党的路线、根据地建设等等。
- 11月1日—2日　检查技术教研馆教学准备时指示：1. 慎重初战，初战必胜；2. 教学内容必须与教学对象紧密结合；3. 教材中充实最新的资料；4. 保密问题。并提出军官应学会开汽车。
- 11月17日—12月3日　参加第二届全国人大第四次会议。
- 12月10日　经武汉去广州疗养。到广州后去肇庆、七星岩、从化等地参观休息。

1964年　57岁

- 1月　在从化休养时突发心肌梗塞，回广州抢救。
- 5月　军科院党委正式决定粟休息一年。
- 12月1日　对军科院研究工作作指示，指出学术研究要搞一个长远规划。
- 12月15日　为参加中央工作会议，勉强出院，参加了部分会议。
- 12月20日　参加全国人大三届首次会议，被选为人大常委会委员、国防委员会委员。

1965年　58岁

- 1月9日　参加国防委员会全体会议。
- 1月19日—4月20日　连续五次出席全国人大常委会会议。
- 4月12日　参加中共中央政治局扩大会。
- 4月16日　要秘书告军科院战术部和教研馆，研究敌在朝、越使用和准备使用的技术兵器及对付办法，以教育部队。
- 4月26日　在军科院常委会上提出再休息半年，准备再参加打一仗。
- 5月5日—8月25日　连续八次出席全国人大常委会会议。
- 9月3日　出席庆祝抗日战争胜利20周年大会。
- 9月17日　去上海。在上海期间参观了尖端产品展览及部分国防工厂。
- 9月　去国防科委参观装备革新技术交流会。
- 10月2日　林彪在上海找粟谈话，要他多到部队去跑跑，发现什么问题或者有什么意见，可以直接向林反映。
- 11月7日　叶剑英到上海，粟向叶汇报了林找他谈话的情况和原准备回军科院换其他同志休息的想法。叶表示：军事科学院就让宋（时轮）、钟（期光）去搞，要准备打仗，你是战将，硬是要把身体养好，准备打大仗、接大班。叶还要军事科学院组织一个班子，随粟下部队去搞调查研究。
- 11月24日　向中央军委上送《关于加强空军建设积累培训更多飞行员的建议》。
- 12月3日　从上海返京。10日开始上班工作。
- 12月16日、30日　两次出席全国人大常委会议。

1966年　59岁

- 1月26日—27日　主持军科院党委谈心会，指出科研工作要和当前战备工作结合起来才会有生气。
- 1月　积极准备去东南沿海调查事宜。给陶勇等十多位同志写信，请他们为军科院《论游击战》编写组介绍有关游击战的经验。
- 3月16日　出发去东南沿海调查，先后走了浙江、福建、上海等九个地区。
- 6月9日　返回北京。下旬，将外出调查的汇报内容提要呈送中央军委。8月18日，分别写信给军委各位副主席，报告外出调查的主要情况，并附调查报告四份：1.《关于加强第一线军分区的干部和工作，保证战时迅速有效地动员兵员的建议》；2.《闽浙沿海军分区民兵工作调查报告》；3.《海防与部队建设方面的几个问题》；4.《关于反对铺张浪费、培养革命接班人、加强对敌政治攻势的意见》。
- 6月14日、16日、17日　连续主持军科院常委会讨论"文革"运动问题。
- 7月2日、11日　针对军科院运动中的倾向，两次批评"人人过关"的提法不对，指出"人人受教育，不等于人人过关"。
- 7月22日　因心脏和脑神经不适住院治疗。
- 8月1日—12日　参加中共八届十一中全会。
- 8月25日　抱病参加军科院党委扩大会，指出运动要由党委领导，宋时轮、钟期光（两人均已靠边站）可不参加领导，但不能撤职，撤职要按任免权限规定批准。
- 10月　江青、康生等人把粟裕列入"叛徒、特务、反革命修正主义分子"的黑名单。林彪集团说他有"特嫌"，在京西宾馆组织了专案组，对他进行秘密审查。
- 10月3日　向叶剑英提出他上自由班，即人仍住医院，身体允许时尽量参与院的领导。此后，他通过到院工作、在医院听汇报等方式掌握院的运动情况。强调院的运动要按机关要求进行。
- 10月9日—28日　参加中央工作会议。

1967年　60岁

- 1月　参加军委碰头会。这次会议被林彪、"四人帮"认为是为"二月逆流"造舆论准备。
- 同月　针对"文革"运动中出现的问题，给群众做工作指出：要摆事实讲道理，实事求是，作科学分析，不能猜测臆断。
- 2月16日　接见造反组织常委，指出按党中央、中央军委八项命令、七条规定办事。
- 2月26日　在全院大会上动员执行八项命令、七条规定。
- 3月　周总理找粟裕谈话，说："现在情况很困难，国防工业系统已处于瘫痪状态。主席说过，你过去有战功，现时打不倒，你去支撑这个局面吧！"
- 3月16日　接全军"文革"指示，军科院担负到地方执行军管的任务。粟立即宣布军科院暂停"文革"运动，学习军管文件。
- 3月27日　周总理召集粟裕、王树声开会，交代军科院负责国防工业口"支左"工作，对国防工办和第二、三、四、五、六、七机部实行军管。指定粟裕到国防工办军事代表组挂帅，任国防工办军事代表组组长、国防工业军管小组组长，并参加国务院业务组为成员。4月8日又增加一机部军管任务。
- 4月　任中央军委常委。
- 5月4日—6月2日　处理了国防工业口生产上的几个关键问题，如武器装备生产，核心项目进洞等。
- 5月8日　周恩来对军科干部讲话，动员参加国防工业军管。粟即率军科干部500余人进入国防科委、国防工办开始实行军管。
- 6月13日　在京西宾馆听取工办各局关于当前军工生产与存在问题的汇报。
- 7月　毛主席指示，粟裕兼任中国科学院军事代表。
- 8月9日　在抓革命、促生产的"七三"会议上讲话指出，一批重要工厂要停止"四大"转入正面教育，以保证生产任务的完成。
- 9月26日　李富春、李先念给粟裕写信，要求尽快派军管人员去一机部。粟即派军管人员于当月进入一机部。
- 9月29日　在国防科研、工业系统庆祝建国18周年大会上讲话，号召团结起来，夺取国防科研、国防工业战线，革命生产双胜利。
- 10月9日　召开有空军、总参、国家计委、物资部及有关机械部和40多个企事业单位参加的一〇九会议。研究红旗二号生产问题。

- 10月15日　参加毛主席接见越南黎清毅、黄文欢率领的党政代表团及越南南方民族解放阵线代表团的活动。
- 11月8日　写报告给国务院、中央军委，建议小三线建设以高射炮为重点。
- 12月1日　军科院临时党委提出成立宋时轮等三人的专案调查小组。粟在报告上批示："如要组织专案则须先报告中央和军委批准后再组成。"
- 12月10日　陪同周恩来接见四个军工厂群众组织代表及部分军管人员。

1968年　61岁
- 1月13日　为尽早取得尖端产品，建议加速某项工程的建设，给周总理、李富春等写报告。
- 2月10日　会见以越国防部副部长为首的军事代表团。
- 2月24日　在三座门会见阿尔巴尼亚武官哈图夫妇，并共进午餐。
- 3月22日　在国防工业口军管会上宣布，根据上级决定，军科干部大部撤出国防工业口军管。粟仍任国防工业军管小组组长。
- 3月下旬起　中央军委常委工作逐步被军委办事组所代替。
- 5月20日　根据中央领导的批示，向毛主席、林彪、周总理上报《关于发展现代化电子工业的初步设想的报告》。
- 6月8日　亲自到南苑处理打死归国火箭专家姚桐斌的案子，及时查出杀人凶手。
- 6月9日　奉周总理之命，亲自到七机部一院制止两派武斗。
- 6月22日　召集七机部两大派勤务员座谈会，指出不管哪派，破坏了国家资材都要负完全责任，打死人的要交出凶手，拿走机密文件资料的都要交给军管会。
- 8月15日　主持召开国防工业口大规模的抓革命促生产"八一五"会议，促进了国防工业口的生产发展。
- 10月13日—31日　出席中共扩大的八届十二中全会。

1969年　62岁
- 2月6日—11日　主持召开国防工业在京工厂生产协作会议，解决1969年需就地协作项目131项，沟通了各厂的协作关系渠道。
- 3月11日—24日　参加全国计划会议。
- 4月1日—24日　出席中共第九次全国代表大会，被选为中央委员。
- 4月28日　出席中共九届一中全会，被选为中央军委委员。
- 6月2日　关于北京地铁建设向国务院业务组提出建议。
- 10月　写信给国务院业务组各同志，为适应远洋运输的需要，建议外购及自造远洋船各两万吨，买主机两万吨。
- 12月18日　鉴于各机部已分别交总参、总后、海空军和国防科委管理的情况，向周总理及军委办事组提出：建议即行撤销国防工业军管小组。

1970年　63岁
- 1月4日　国防工业军管小组宣告解散。周总理决定粟仍参加国务院业务组工作。

粟说："我请求总理替我向毛主席报告，将来一旦打起仗来，我还要求重上前线。"周总理答应了他的请求。
- 2月—3月　参加全国计划会议。
- 3月7日　给中共中央写报告，建议采取集中兵力打歼灭战的办法，力争在二三年内把大小三线地区的中小型水电站建设起来。
- 4月5日—5月23日　根据周总理安排他"去西北、华北边疆走走，一方面学习地方工作，一方面了解边防情况"的指示，到甘肃、青海、宁夏、内蒙古、河北调查研究。行程7000公里，共参观调查50多个单位、70多个基层点，深感形而上学、唯心主义对边防和军队建设的深重危害。回京后向周总理汇报时作了坦率陈述。
- 6月17日—7月1日　率中国军事代表团访问刚果，途经法国考察了诺曼底。
- 7月　陪外宾到上海，利用时间参观了一些科研单位，返京后向周总理写了关于激光研究、新技术提铀等方面的具体建议报告。
- 8月23日—9月6日　出席在庐山举行的中共九届二中全会。

1971年　64岁
- 1月2日　接见井冈山革命纪念馆赴京调查组同志，向他们介绍井冈山斗争的一些情况。
- 3月　周恩来总理正式交代由粟过问交通口的工作。
- 6月7日　在交通部铁路运输安全工作会议上讲话，指出合理的规章制度要执行，没有制度不行，不要怕说"管、卡、压"。
- 6月初　指示邮政总局：要恢复邮票出口和集邮业务；邮票要印些供国外集邮者需要的票面。
- 7月26日　在交通运输会议讲话中指出：要处理好革命与生产、政治与业务的关系。
- 7月30日　派出七个小组赴大连、秦皇岛、天津、青岛、上海、黄埔、湛江港口调查研究，疏通港口。
- 8月6日　到天津、秦皇岛、大连等地了解检查港口、铁路方面的工作，同时派人到齐齐哈尔、哈尔滨、吉林、长春、沈阳等地检查交通运输方面的情况。
- 9月13日　林彪事件爆发后，积极参加揭批林彪反革命集团的斗争。
- 10月20日—11月2日　主持接待了以基西马国防部长为首的马里军事代表团。
- 12月9日　代表国防部接受奥地利新任驻华大使汉斯·塔尔宝格的拜会。
- 12月16日—1972年2月中旬　参与领导全国计划会议的召开。
- 12月30日　写信给李先念，建议交通部机车乘务员和调车组人员比照井下工人，工资调整放宽一级。

1972年　65岁
- 1月10日　去八宝山参加陈毅追悼会。在会上毛泽东拉着粟裕的手深有感触地说："井冈山的老同志不多了！"

- 1月13日　在交通部召开的运输安全紧急会议上讲话，对各级领导提出三点要求：1.正确处理政治与业务的关系，坚持"抓革命促生产"的方针；2.关心群众生活，注意工作方法；3.团结起来，争取更大的胜利。
- 1月14日　为解决当前远洋运输紧张状况，提出一要买船，二要成立远洋公司。
- 2月12日　在军工座谈会上讲话，提出要根据作战对象及其装备和战略战术，生产我们的军事装备；对付坦克和飞机是当前作战首要考虑的问题，并提出了空海军的发展方向等意见。
- 2月　与数学家华罗庚谈如何把"统筹法"用于国防及生产建设方面。
- 4月29日　到机场迎接罗马尼亚军事代表团，并陪同主要活动。
- 8月20日—9月15日　负责接待并主持和赞比亚国防部长祖鲁秘的会谈。
- 8月26日　在全国地方交通安全生产紧急会议上讲话，指出抓安全要狠抓思想教育，加强领导，放手发动群众，把事故消灭在萌芽状态。
- 9月4日—12日　去石家庄、阳泉、太原、忻州、原平、雁门关、大同等地处理晋煤外运问题。顺便察看了这一带地形及国防工事，看望了部队。
- 11月5日　写报告给周总理及国务院业务组，提出发展我国水运工业的意见。
- 11月25日　在交通部远洋工作会议上讲话，论述利用国际市场船价下跌的机会，买进一批远洋船的意义。
- 11月　任军事科学院第一政委、党委第一书记。
- 11月27日　在军事科学院党委"批林整风"扩大会上讲话。
- 12月8日　写信给海军政治部，对"陶勇专案小组"所谓陶勇在抗日战争中的历史问题提出不同意见，并写了证明。1973年5月16日又对海军党委关于陶勇问题复审平反结论中几个不符事实的提法提出意见。
- 12月19日　在地方交通安全生产电话会议上讲话。

1973年　66岁

- 1月7日起　参加全国计划会议。
- 1月9日　在水运工业会议上讲话，指出我国发展水运工业大有可为。
- 1月26日　为解决港口压船压货，向国务院提出港口航道建设、船舶修理配套和港口疏运问题的建议。
- 同日　指示军科院解决几位干部的被关押和任职问题。
- 1月30日　写报告给有关领导，要求解除对原交通部副部长彭德清的隔离，让其出来治病。彭于2月2日正式出狱。
- 2月　周总理指示粟裕抓一抓国家各系统和军队的造船统筹工作。后国务院决定成立有关部委领导组成的造船统筹小组，由粟裕负责。
- 2月2日—15日　到天津看望节日在港口和船厂坚持生产建设的干部和工人，和大家一起过春节。在津期间起草了向中共中央的军事报告，于2月22日上送毛泽东、周恩来、叶剑英，提出未来反侵略战争中作战指导思想等方面的建议。
- 2月27日　向周恩来提出增建四十几个港口泊位的建议。
- 2月28日　任国务院港口建设领导小组组长。

- 2月28日—3月14日　出席全国陆地边防会议。
- 3月2日　主持召开港口建设会议。
- 3月9日　邀请参加全国计划会议的八个沿海省、直辖市、自治区的负责同志开会，传达周总理关于"三年改变港口面貌"的指示。建议有关省市区由领导同志挂帅，成立港口建设指挥部或领导小组。
- 6月6日—7月30日　率港口建设领导小组办公室和交通部工作人员到沿海各港调查研究。
- 8月9日　写信给全国妇联军代表，证明原全国妇联负责人章蕴在苏中工作期间，表现是好的，对敌斗争是坚决的。
- 8月24日—28日　出席中共第十次全国代表大会，被选为中央委员。
- 8月30日　出席中共中央十届一中全会。
- 9月27日—10月17日　主持召开全国港口建设工作会议。
- 10月23日　听取海军副参谋长刘华清等汇报海军八年装备规划，指出海军怎么发展，要根据国民经济可能、作战需要、战略方针、其他军种配合可能。

1974年　67岁

- 1月21日　进行了胃四分之三切除和胆囊摘除手术。
- 8月11日　给华国锋写信，建议对原军科院干部陈鲁生问题早日结案。华批给公安部办。于1975年春正式结案。
- 同日　给纪登奎写信并呈送解除原军科院副政委钟期光隔离审查的上报情况，希望予以催办尽快批复。
- 9月18日　给李先念等国务院领导同志建议认真落实政策、抓紧解决彭德清的问题。
- 10月11日—1975年1月6日　赴海南、广西、广东休息并调查研究，听取了广州军区、海南军区的汇报，参观了海防阵地。1975年1月26日，向中央军委上报了对海南防务的意见。
- 12月25日　向毛泽东主席和军委上送了对未来反侵略战争的一些考虑。提出集中兵力打歼灭战及军队编组要适应作战需要和修建南疆铁路等具体建议。

1975年　68岁

- 1月13日—17日　出席第四届全国人民代表大会第一次会议。任解放军代表团团长。被选为人大常务委员会委员。
- 2月5日　中共中央决定成立中共中央军事委员会常务委员会，被任命为常务委员会委员。
- 3月3日　向中央军委上送了关于修建黄河地下隧道问题的报告。
- 3月12日下午　与叶剑英和三总部联席会议同志听取了新疆生产建设兵团十位常委的汇报。
- 3月16日—18日　出席人大常委会议。
- 3月22日和4月2日、3日、9日、10日　参加叶剑英副主席召开的军工座谈会。

- 4月17日　离京赴华东考察。
- 4月23日　针对"四人帮"搞"民兵指挥部"的做法,在安徽省地委书记座谈会上讲话时说,他当总参谋长的时候,亲耳听到毛主席说过,一个国家不能有两个军队,现在既有人民武装部,又搞"民兵指挥部",值得研究。沿途就"四人帮"问题向一些老同志打了招呼。
- 4月29日　抵南京,听取了南京军区、江苏省军区及当地驻军的汇报。
- 5月12日—6月3日　赴苏北各地视察。行程五百余公里。
- 6月14日　返回北京。将调查了解的情况,先后写成四个报告,呈报中央军委。
- 6月24日—7月16日　参加军委扩大会,在发言中衷心拥护邓小平提出的军队要整顿的决策。军委扩大会议后,参加以叶剑英为首的六人领导小组,对各总部、各军兵种、各大军区、北京卫戍区、国防科委等二十几个单位的领导班子进行了调整加强。同时对北京及附近战略要地部队的部署进行了研究调整。
- 7月7日晚　代表国防部在人大会堂举行宴会,欢迎以总参谋长法尔上校为团长的塞内加尔军事代表团。
- 7月25日　参加军事科学院有师以上干部参加的院党委常委扩大会,传达军委扩大会议精神,就"四人帮"问题向大家打招呼。
- 8月11日　写报告给叶剑英、邓小平,建议调整领导班子中,保留熟悉业务、领导能力比较强、身体比较健康的二、三把手,同时注意选调较强的领导干部充实政治工作干部队伍。
- 8月21日　为原国家卫生部负责人崔义田的历史问题,写信给卫生部说:崔义田同志对新四军的医务工作和野战医疗的建设是有贡献的。
- 10月18日　就沙甸作战及战斗中大量消耗弹药事,写信给叶剑英、邓小平副主席,"建议总参、总政派得力干部深入第一线去调查总结经验和了解执行民族政策方面的问题"。
- 11月25日　给总政梁必业、徐立清写信转去曾在汤景延团工作的沈仲彝来信,并指出"汤(景延)团"打入敌军是华中局决定的。沈仲彝同志要求工作,建议予以考虑。
- 12月16日　对军科院送审的"1975年工作情况和1975年工作打算",提出了1976年军事科研配合全军作战、训练和政治工作的建议。

1976年　69岁

- 1月21日　出席国务院常务副总理和军委常委联席会议。
- 1月23日　出席三总部审查《中国人民解放军合成军队战斗概则》的联席会议。代表军事科学院介绍编写"概则"的情况。
- 4月　"四人帮"制造"天安门事件"。在此危难时刻,常把听到的各方面情况及时向叶剑英报告。
- 夏　开始了回忆录的撰写工作。
- 9月9日　毛泽东逝世。从当日至9月18日,参加对毛泽东的吊唁、悼念活动。
- 9月29日　批示军事科学院:建议对"坦克在未来战争中的地位和作用"进行一

些研究。
- 10月6日 "四人帮"被粉碎之后,积极参加揭发、批判"四人帮"罪行的活动。
- 11月6日 会见斯里兰卡海军司令古纳塞克拉少将。
- 12月31日 根据叶剑英副主席的要求,提出《加强军队建设的几点建议》的书面提纲,着重阐述统一全军作战指导思想的问题。

1977年 70岁
- 1月8日 在军事科学院纪念周恩来逝世一周年大会上讲话,号召大家学习周恩来的彻底革命精神和崇高品质。
- 3月10日—22日 参加中央工作会议,发言中着重讲了加强党对军队的领导、深入宣传贯彻毛泽东军事思想和路线,以及搞好我军光荣传统教育等问题。
- 3月24日—26日 出席军委座谈会。在这次会议上,将他考虑的关于战备工作方面的意见整理了一个详细提纲,上送军委领导。
- 5月10日 向华国锋主席转呈前上海市委统战部长陈同生之妻张道城揭发"四人帮"杀人灭口、迫害陈同生致死的罪行材料和信件,并请求对陈予以平反昭雪。
- 5月14日 参加党和国家领导人接见全国学大庆会议代表的活动。晚,去叶剑英同志家祝贺叶八十寿辰。
- 7月16日—21日 出席中共十届三中全会。
- 7月29日 与谭震林合写的缅怀陈毅的文章《光明磊落,革命一生》在中央各报发表。
- 7月31日、8月1日 参加在人大会堂举行的庆祝中国人民解放军建军50周年大会及招待会。
- 8月2日 为纪念中国人民解放军建军50周年,发表题为《毛主席战争指导路线的伟大胜利》的文章。
- 8月12日—18日 出席中共第十一次全国代表大会,被选为中央委员。
- 8月19日 出席中共十一届一中全会。
- 8月28日—9月7日 赴新疆考察,对新疆的战备工作作了指示。返京后于10月27日向军委书面报告了考察情况。
- 9月9日 参加纪念毛主席逝世一周年及毛主席纪念堂落成典礼。
- 9月17日—27日 赴山西大寨及河北石家庄、西柏坡地区参观考察。11月10日对石家庄及太行山地区的战备工作向军委提出了书面意见。
- 10月11日—11月2日 先后五次参加军委战略委员会讨论战略方针问题的会议。
- 10月15日 在人大会堂宴请瑞典三军司令内格伦上将。
- 11月18日 在人大会堂会见了以坦克兵副司令乌尔德努·迪拜里乌中将为首的罗马尼亚军事友好代表团。
- 12月12日—31日 出席中央军委全会。

1978年 71岁
- 1月2日 向军委主席、副主席报送了《有关战争初期作战问题的几点意见》。

- 1月3日、6日　参加军委战略委员会召集的有各大军区领导参加的讨论战备的会议。
- 2月18日—23日　出席中共十一届二中全会。
- 2月26日—3月5日　出席第五届全国人民代表大会第一次会议，任解放军代表团团长。被选为人大常委会委员。
- 3月7日　出席人大常委会议，就《关于兵役制的决定》（草案）向会议作说明。
- 3月15日　参加军事科学院建院20周年庆祝活动。
- 3月18日—31日　参加全国科学大会的主要活动。
- 4月8日、15日　分别向叶剑英、徐向前副主席汇报大区和省的干部和领导班子、作战区域部分指挥关系调整、开展军事外交等问题。
- 4月26日　在总参机关"三查三整"动员大会上讲话。
- 4月30日—5月9日　参加对突尼斯国防部长阿卜杜拉·法哈特的访华接待工作。
- 5月7日—10日　参加对墨西哥国防部长加尔万的访华接待工作。
- 5月21日　会见日本退役将军访华团。
- 5月23日　赴华中、华东等地视察工作。
- 6月15日　到皖南泾县云岭新四军军部旧址参观并题词。
- 6月18日　为整理红军北上抗日先遣队一段历史，特意去先遣队曾打过仗的黄山东麓谭家桥看地形。7月8日返回北京。
- 7月23日　会见以副总长吴克列为首的朝鲜军事代表团。
- 8月16日　出席五届人大第三次常委会议，代表军委就《中国人民解放军干部服役条例》向会议作说明。
- 同日　写信给军事科学院领导同志，要迅速查清干部受林彪、"四人帮"迫害的情况，并进行公开平反。
- 8月18日—9月1日　率中国军事友好代表团赴朝鲜访问，会见了金日成，并在金日成综合军事大学发表演说。
- 11月9日—12月15日　参加中央工作会议。
- 12月1日　回忆录《激流归大海》在中央各报发表。
- 12月9日　召开军事科学院平反落实政策大会，在会上讲话。
- 12月18日—22日　出席中共十一届三中全会。

1979年　72岁

- 1月11日、13日　分别向军事科学院高级系毕业班和中央党校作《对未来反侵略战争初期作战方法几个问题的探讨》的报告。系统地提出了未来反侵略战争，特别是战争初期的战略战术构想。率先冲破军事领域里的禁区，提出了按照唯物辩证法办事、活跃军事学术思想、发展我军战略战术等问题。
- 1月24日—2月6日　去武汉休息、考察。
- 2月11日　参加中共中央政治局扩大会议。
- 3月8日　复信卫生部政治部，对崔义田的历史问题，重申1975年8月21日给该部写的证明的观点。
- 4月5日—20日　出席中央工作会议。

- 5月7日—6月6日　任"中日友好之船"最高顾问，乘"中日友好之船"——明华轮去日本参观访问。
- 6月18日—7月1日　出席五届人大第二次会议，任解放军代表团团长。
- 6月23日　会见了日本国防会议前事务局长、防卫厅前事务次官久保卓也。
- 7月10日　会见了日本海军退役军人第二次访华团。
- 7月11日　去青岛休息并考察了解情况。7月29日，陪邓小平副主席观看海军北海舰队举行的水上飞机和直升机表演，并一起接见了出席海军青岛会议的同志。
- 8月22日—9月5日　到烟台、莱阳等地视察。
- 9月10日　会见了喀麦隆武装部队国务部长乌杜。
- 9月21日　写信给军委几位副主席及秘书长，建议在党中央一大批老同志健在的时候，解决正确评价毛主席的问题和尽快研究解决军队建设中某些政策性问题、组织路线等问题。
- 9月25日—28日　出席中共十一届四中全会。
- 10月8日　代表国防部、公安部举行宴会，欢迎以国防部副部长巴卡里为团长的、内政部副部长姆丘莫为副团长的坦桑尼亚友好联合代表团。
- 10月9日　向中共中央提出申诉，要求撤销1958年军委扩大会对他的错误批判和强加给他的一切污蔑不实之词。
- 10月14日　参加中央领导同志接见八个民主党派代表的活动。
- 10月26日　去广州、汕头等地视察，看望了当地驻军，同军、师、团的一些干部进行了座谈，还在肇庆、新会等地听取了军分区、人武部的汇报。
- 12月5日　给浙江省委领导同志写信，建议对老区的发展予以关照，对革命烈士遗属及老同志的实际困难予以帮助。

1980年　73岁

- 1月3日　在广州写信给叶剑英，简要报告在南方视察中了解到的涉及政策性的一些问题。1月5日返京。
- 1月8日、9日、14日　代表国防部主持接待来我国参加第三十四届国际军体理事会的50多个国家来宾，并在会议开幕式上讲话。
- 2月23日—29日　出席中共十一届五中全会。
- 3月3日—12日　出席军委扩大会议，就改革我军体制问题发言。
- 3月11日　在人大会堂会见了日本防卫研修所第一战史室室长岩岛久夫和防卫大学教员土井宽。
- 3月22日　在人大会堂会见了突尼斯总统特使穆罕默德·恩纳赛及大使级顾问乌阿内斯。
- 3月　为江苏《淮安报》题词："以周恩来同志为光辉榜样，宣传群众，动员群众，在新的长征中奋勇前进！"
- 3月24日　去南京考察，30日上午赴上海。
- 4月23日　写信给南京大学马列主义教研室，对建立"新四军和华中抗日根据地研究会"表示支持。

- 5月17日　返京参加刘少奇追悼大会。5月21日去上海。7月6日返京。
- 5月　为记叙原华东某军英勇战斗业绩的《江海风云》一书题词。
- 6月　为《浙江民兵斗争史》一书题词。
- 7月16日—8月8日　去承德休息考察，并在驻军副处长以上干部会上就如何研究未来反侵略作战问题讲话。
- 7月31日　看到《解放军报》7月27日发表的《中国人民解放军简史》（资料），没有提到主力长征后留在南方坚持三年游击战争的红军的革命斗争，写信给《解放军报》负责同志，建议采取措施予以补正。
- 8月1日　回忆山东人民支援前线的文章《真正的铜墙铁壁》在济南军区《前卫报》发表。
- 9月10日　第五届全国人民代表大会第三次会议选举粟裕为副委员长。
- 9月27日　回忆录《挺进苏北与黄桥决战》在南京《新华日报》发表。
- 10月8日　就汤景延之子来信要求为其父全部平反，并使家属得到应有的待遇，写信给江苏省委负责同志，认为这个要求是合理的。
- 11月18日　因病未能参加讨论《关于建国以来党的若干历史问题的决议》（草稿）的中共中央政治局扩大会议，将自己的意见写成书面发言，上送中央办公厅。
- 12月28日　就有的报纸发表的回忆文章，仅仅根据某些传说，就轻易地把被敌人杀害的红军北上抗日先遣队负责人刘畴西称为叛徒一事，写信给中共中央组织部、宣传部说："涉及到任何一个同志是否有过叛变这样大的问题，应取十分慎重的态度。"
- 同日　就刘英写的《北上抗日与坚持浙闽边三年斗争的回忆》一文，写信给总政、中共中央宣传部及党史研究部门，声明自己的看法，并要求将这封信列入有关档案。

1981年　74岁

- 1月3日　写信给江苏省委秘书长，要求江苏省委有关部门继续做好汤景延烈士的平反及家属遗留工作。
- 2月1日　患脑出血。
- 7月26日　回忆录《回顾红军北上抗日先遣队》在《解放军报》发表。
- 夏　接见《中国大百科全书·军事卷》军史副主编张照远，谈了战役指挥的九条原则。
- 9月23日　接见遂昌县委赴京访问粟裕的三位同志。

1982年　75岁

- 2月21日　中共中央任命粟裕为中央党史编审委员会委员。
- 4月　回忆录《鲁南大捷》在《军事学术》杂志发表。
- 5月7日　应《淮海千秋》摄制组要求，参加有关淮海战役的座谈会。
- 6月24日　与谭震林、江一真、伍洪祥一起撰写的回忆张鼎丞的文章《党和人民的忠诚战士》，在《人民日报》上发表。

- 7月3日　回忆录《豫东之战》在《河南日报》、《新华日报》、《军事学术》1982年第7期同时发表。
- 8月1日　在《解放军报》发表《伟大的转变——读朱德同志的〈从南昌起义到上井冈山〉有感》的文章。
- 9月1日—11日　出席中共第十二次全国代表大会，被选为中央顾问委员会常委。
- 9月13日　列席中共十二届一中全会。
- 11月3日　会见江苏省党史编委会工作人员。提出编苏中党史比较适合的领导人是陈丕显同志。
- 11月18日　写信给浙江省委领导同志，建议对浙江遂昌县云峰公社门阵村按老区待遇，并落实有关各项政策。
- 12月3日、13日　写信给陈丕显和管文蔚，建议苏中党史的编写工作，由陈丕显担任领导小组组长。

1983年　76岁

- 5月6日　写信给党中央："感谢党中央委托（薄）一波同志向我传达中央关于人事安排的若干决定。我年老病重，实难担任人大常委的重任，退出人大是我的衷心意愿。"
- 7月6日　回忆录《回忆浙南三年游击战争》在解放军《党史资料征集情况》增刊一号发表。
- 7月　为苏中反"清乡"斗争胜利40周年题词："人民斗争的胜利"。
- 8月　为《白衣战士忆陈总》一书写了序言。
- 9月29日　与叶飞、钟期光、王必成一起撰写的纪念陶勇的文章——《战将陶勇》，在《人民日报》发表。

1984年　77岁

- 1月18日　病情加剧。
- 1月25日　在中顾委举行的春节茶话会上作书面发言。
- 2月5日16时33分　在中国人民解放军总医院逝世。

后 记

《粟裕传》从编写筹措、资料准备到最后完成，经历了一个比较长的过程。粟裕同志逝世后，在继续整理完成他的战争回忆录和选编他的军事文集的同时，朱楹就着手对粟裕有关资料的全面收集、采访工作，历经七年，为传记的编写作了必要的基础准备。这期间熊铮彦参与了部分资料的收集、采访和研究工作。1991年下半年起，温镜湖参加了传记的编写工作，与朱楹一起有计划地赴粟裕同志家乡、青少年时期活动的地方以及战争年代的主要作战指挥地域和工作过的单位作调研，采访了上百位和粟裕同志一起战斗、工作过的同志，并再次深入有关档案部门收集资料。

1994年3月，《粟裕传》编写组正式成立，成员有：朱楹、温镜湖、熊铮彦、徐充四人，制订了《粟裕传》编写大纲及编写计划。经两年的重点补充采访、收集资料，1996年转入正式撰稿。当年，徐充因身体原因，其承担的任务逐步转出。传记组于当年先后吸收董保存、杜魁元参加编写工作。1997年下半年董保存因故不再参加传记组工作。最后承担撰稿直至完成的为朱楹、温镜湖、熊铮彦、杜魁元四人。朱楹撰写了第21—26章，温镜湖撰写了第1、8及11—20章，熊铮彦撰写了第2—5章，杜魁元撰写了第6、7、9、10章；最后由朱楹、熊铮彦负责统稿。

徐充在前期资料的收集、采访中做了大量工作，并且作了许多资料的研究和传稿的试写。董保存在参加本书的编写过程中也作了许多资料研究和试写工作。

本书编写过程中得到了中央军委领导的关心，军委原副主席张震为《粟裕传》的编写作了批示，并题写了书名。本书还得到了军事科学院几届领导和有关部门的关怀和支持，得到了粟裕同志的夫人和战友楚青同志自始至终的支持与帮助，得到了中央档案馆、军委档案馆、军事博物馆、有关军区、部队和粟裕同志老战友、老部下提供的珍贵资料和具体帮助。其中孙克骥、严振衡、姚旭和秦叔瑾、张剑等同志，对本书的编写给予了特别的指导和帮助。在此谨表衷心感谢！在这里还要提到的是朱楹的夫人曾庆云同志，她不仅对朱楹的工作给予大力支持和保障，而且在本传资料的整理、文稿的抄录和校对等方面做了大量的具体工作，如今她已不幸去世，我们谨以深深怀念之情，感激她对本传所作的贡献。

《粟裕传》的编写和成书，不仅是我们传记组的愿望，而且是史学界特别是军事史学界和我军将士、粟裕研究者,粟裕的战友、部下多年的诚挚愿望。将这位把一生献给无产阶级革命事业并且创造了战争史上奇迹的军事家、战略家实事求是地向大家作一个介绍是我们的责任。在编写过程中,我们坚持以辩证唯物主义和历史唯物主义为指导,忠于史实,客观公正,对传主为中国人民的解放事业作出的卓越贡献写足写够,对他的坎坷经历也不回避,按照历史本来面目秉笔直书,写出信史。由于我们所掌握的素材和本书的篇幅有限,本传记叙的仅是传主军事、政治生活的主要方面。本书可能还存在这样那样的缺点和不足,敬请广大读者和专家批评指正。

《粟裕传》编写组

2000年4月